U0920624

2002
中国电信年鉴

中 国 电 信 博 物 馆　编

北 京 燕 山 出 版 社

《中国电信年鉴》编纂委员会

《中国电信年鉴》编辑部

中国电信集团公司总经理　　周德强

前 言

多年来，在党中央、国务院的正确领导下，经过几代电信职工的艰苦奋斗，中国电信由弱到强，迅速成长，成为推进国民经济发展和社会进步的重要力量。原中国电信集团自2000年5月组建以来，积极应对内外环境的变化，解放思想，顾全大局，团结拼搏，在发展中改革，在改革中发展，保持了稳定、健康发展的良好态势。

2002年5月16日，根据国家电信体制改革的总体部署，新的中国电信集团挂牌成立。这是我国深化电信体制改革的重要举措，也是中国电信继续壮大发展的新起点。我们将以此为契机，全面创新，求真务实，努力奋斗，力争用五年左右的时间把中国电信建设成为世界级的现代电信企业集团。为此，应该进一步解放思想，转变观念，抓住机遇，迎接挑战，全面提升核心竞争力，把企业做大、做优、做强，逐步发展成为效益、服务和管理水平领先的国际化电信公司。

为用户、为社会、为企业创造更大的价值是中国电信始终不渝的追求。我们将坚持发展不动摇，紧密跟踪国际通信技术发展趋势，不断增强通信能力，完善网络功能；大力发展话音和数据业务，加快培育宽带接入以及各类信息服务；积极推行业务与服务集成，提供多样化、多层次、个性化服务和“一揽子”解决方案，满足社会不同层次的信息通信需求。

中国电信将一如既往地视服务为企业生存发展的命脉，秉承“用户至上，用心服务”的理念，实施品牌战略，进一步提升服务质量，树立崭新的企业形象，以诚信立足，以信誉赢得尊重，以品质求得发展。我们将继续完善以用户为中心的服务质量保证体系，加大服务投入，改进服务手段，优化服务结构，改善服务环境，提高服务效率，使中国电信不仅在网络规模上，而且在电信服务上具有更强的竞争力。

创新是宝贵的财富，是不竭的动力。我们将通过不断创新，建立科学的管理模式和高效的运营机制，建设适应市场经济要求的现代企业集团。继续以五项集中管理和五项机制创新为切入点，全面加强企业运行管理，深化内部改革，为企业注入新的活力。逐步推进企业管理和业务流程再造，建立以用户为中心、以市场为导向、以效益为目标的协调高效的流程和组织结构体系，提高企业运转效率和市场反应能力。

坚持以人为本，加快企业文化建设。营造公平、高效的内部环境，形成相互尊重、相互信任、积极进取、紧密协作的和谐氛围。创新学习型企业，加强员工的培训与沟通，为员工的职业发展创造条件，让每一位员工在中国电信的大舞台上充分施展才干，展现自我的价值，与企业同成长。

中国电信将以更加积极、开放的恣态，广泛增进国际、国内的交流合作。同时，加快公司化改造步伐，逐步建立多元化的产权结构，尽快融入国际资本市场。中国电信还将认真遵守各项政策、法规，自觉地服从政府部门的行业管理和业务指导，与其他电信运营商一起，共同发展，共同促进中国电信业的繁荣。

把中国电信事业不断推向前进，是历史赋予我们的光荣职责。面对新的目标和征途，我们要在邓小平理论和“三个代表”重要思想的指导下，以对历史和事业高度负责的精神，不断解放思想，勇于开拓创新，为把中国电信建设成世界级的现代电信企业集团而奋斗，为我国改革开放和现代化建设做出更大的贡献。

中国电信集团公司总经理　周德强

中国电信集团公司领导合影：周德强总经理（前排中）、常小兵副总经理（前排右）、吴安迪副总经理（前排左）、张继平副总经理（后排左一）、黄文林副总经理（后排右一）、李平副总经理（后排左二）、韦乐平总工程师（后排右二）。

1
2

■1. 2002年2月12日（正月初一），中共中央政治局常委、国家副主席胡锦涛来到黑龙江省电信公司，向在岗工作的电信员工拜年。在省劳模、180服务热线话务员罗敏台席前，胡锦涛副主席俯在电脑终端前认真察看服务热线受理用户电话的内容。■2. 中共中央政治局委员、上海市委书记黄菊，市长徐匡迪等领导来到上海市电信公司，听取公司总经理、党委书记程锡元的工作汇报。

3
4 5

■3. 2001年8月，信息产业部吴基传部长来到贵州省电信公司镇宁县营业厅考察调研。 ■4. 2001年11月，APEC会议在上海举行。信息产业部吴基传部长来到上海电信视察APEC通信保障工作。 ■5. 2001年5月17日，信息产业部科技委主任宋直元来到湖北电信，在省电信公司总经理赵振宇陪同下考察“卡秀”网站工作组。

6
7 8

■6. 周德强总经理在安徽电信合肥分公司五里墩营业厅视察工作。 ■7. 2001年7月，周德强总经理在新疆电信视察工作。 ■8. 周德强总经理为中高级工商管理研修班学员颁发证书。

9 10
11 12

■9. 2001年7月15日，西藏昂仁—阿里光缆工程建成并投入运行，常小兵副总经理与西藏自治区党政领导一起参加开通典礼活动。 ■10. 吴安迪副总经理出席集团工作会议。 ■11. 张继平副总经理在福建厦门电信分公司，视察全国青年文明号——江头营业厅和1000综合服务热线。 ■12. 黄文林副总经理2001年春节期间来到内蒙古电信职工家中慰问。

13	14
15	
16	17

■13. 宽敞明亮的浙江电信杭州市庆春路营业厅。 ■14. 规范整齐的陕西电信西安市钟楼营业厅。 ■15. 云南电信思茅分公司利用休息日走上街头宣传电信业务。 ■16. 在3·15消费者权益日，云南电信昆明分公司上街宣传电信业务。 ■17. 云南电信流动市话上街促销。

18 19
20 21

■18. 河北电信在街头进行业务宣传。 ■19. 浙江省杭州市电话升8位，宣传画吸引了社区居民。■20. 陕西电信利用展会进行企业形象宣传展示。■21. 江西电信鹰潭分公司举行“小灵通”试运行庆典。

22 23
24 25

■22. 电话进农家，老农笑哈哈。 ■23. 贵州电信加快农村电话建设步伐，边远的苗族村寨用上了程控电话。
■24. 在陕西咸阳市“西藏民族学院”的学生宿舍里，少数民族学生使用“校园卡”和远方的亲人通电话。
■25. 福建电信漳州分公司举行“建设新农村，电话进农家”大会战，利用电话帮助农民发家致富，图为现场受理装机。

■26．陕北民间艺人用上了“小灵通”无线市话。

27 28
29 30

■27. 陕西电信“小灵通”无线市话宣传演示。 ■28. 河南城市街头的公用电话亭。 ■29. 阿克塞哈萨克青年拨打甘肃电信的“小灵通”。 ■30. 河北电信的IC卡公用电话。

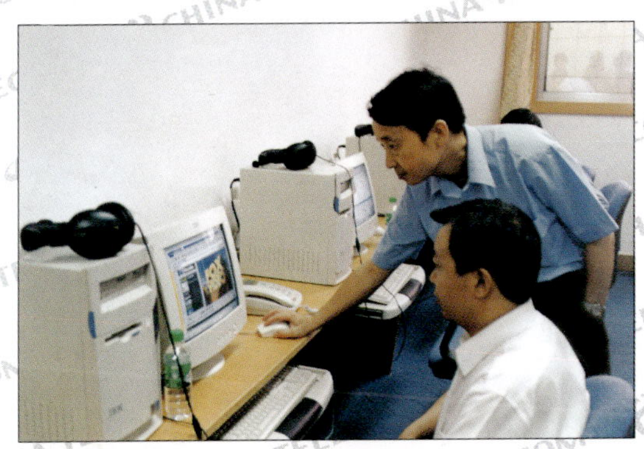

31	32
33	34
35	36

■31. 云南电信在新平彝族、傣族自治县每年一次的花街节期间，宣传电信业务，普及电信知识，受到了少数民族群众关注。 ■32. “网络通”是福建电信推出的新一代多媒体通信终端，它集拨打电话、上网浏览、终端计费等功能于一体，受到用户欢迎。 ■33. 贵州电信工作人员向用户演示电信数据宽带业务。 ■34. 浙江电信杭州市分公司深入社区，现场受理宽带业务。■35. 广东电信在街头宣传数据通信业务。 ■36. 甘肃电信加快宽带建设步伐，在5·17世界电信日，他们把电信宽带业务演示现场设在街头，市民们争相上网浏览。

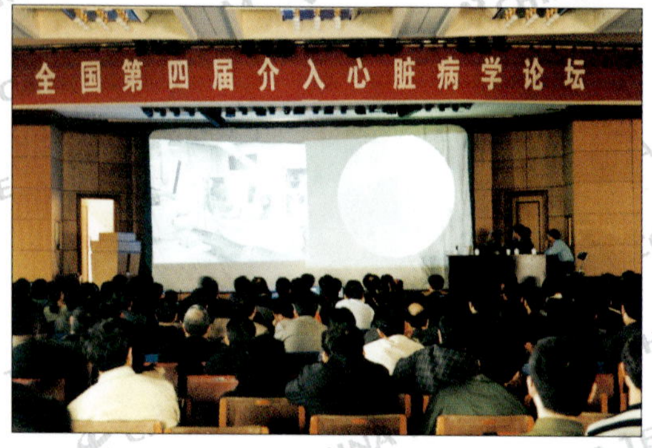

37	38
39	40
41	42

■37. 浙江电信杭州市分公司利用新春过后各大院校学生回校之际，开展现场受理201电话卡活动，使卡类业务成为新的业务收入增长点。 ■38. 宁夏电信在5·17世界电信日之际，在全区进行大规模的新业务宣传活动。 ■39. 2001年12月，甘肃电信在甘南州昔日不通电话的玛曲等13个乡镇开通了世界先进的卫星电话，受到当地政府的称赞。图为开通签字仪式现场。 ■40. 内蒙古锡盟电信在偏远地区大力发展ETS无线市话，不仅为广大牧民的日常通信提供了极大的方便，而且在牧民抵抗自然灾害、应付突发事件等方面发挥了重要作用。 ■41. 安徽电信可视电话新业务演示走上街头。 ■42. 2001年4月，重庆电信首次采用电视电话会议系统，成功地完成了“全国第四届介入心脏病学论坛”的多点远程医疗及远程教学的传输任务，赢得医学界的高度评价。

43	44
45	46

■43. 河北电信的可视电话会议系统。 ■44. 甘肃电信的160、168语音声讯信息台。 ■45. 河南电信开展互联网可视聊天室新业务。 ■46. 甘肃电信的电视电话会议系统。

47 48
49 50

■47. 中国电信集团公司召开总经理座谈会。 ■48. 2001年4月，中国电信集团公司与华为技术有限公司签订“通信服务合作协议和长途省际数字电路租用框架协议”。 ■49. 福建省电信公司与铁通福建分公司签订“网间互联及结算协议”。 ■50. 宁夏电信石嘴山市分公司通过协商，将多家企业专网并入电信公用网。

51 53
52
54 55

■51. 福建电信以“福建电信与数字福建”为主题，与新闻媒体举行恳谈会。 ■52. 浙江电信杭州市分公司的客户经理上门为大客户服务。 ■53. “第五届中国西部通信展”陕西电信展台。 ■54. “小灵通”受到广大用户的欢迎，图为海南电信营业厅首日销售现场。 ■55. 贵州电信从2001年12月1日起，在电信营业厅设立磁卡兑换处，办理电话磁卡更换业务。

56	57
58	59
60	61

■56. 江西电信召开宽带高速互联网业务推介会。 ■57. 宁夏电信公司开展街头数据新业务宣传和上网演示活动。 ■58. 在"中原国际贸易洽谈会"上，来自非洲的朋友通过河南电信的宽带互联网与国外进行联系。 ■59. 甘肃电信面对激烈的市场竞争，动员组织职工上网，掀起全员上网冲浪的热潮。 ■60. 为纪念第33届"世界电信日"，由福建省电信公司主办的"中国电信—福建热线"杯互联网知识大奖赛在福建电视台进行决赛。 ■61. 江西电信九江分公司举办互联网与电脑知识抢答赛。

62 63
64 65

■62. 河北电信一“网友之家”。■63. 河北电信举办“网上夏令营”。■64. 内蒙古电信鄂尔多斯市分公司利用文艺演出形式宣传互联网业务。■65. 西安街头的陕西电信网吧。

66	68
67	
69	70

■66. 陕西省电信公司西安市分公司114测试中心。 ■67. 山东电信程控机房。 ■68. 贵州电信光纤通信传输机房。 ■69. 甘肃电信程控交换中心的技术人员正在进行技术维护。 ■70. 郑州本地网网管交换维护中心。

71 72
73 74
75 76

■71. 宁夏电信举办军、警、民联合护线宣传月活动。 ■72. 江苏电信的维护人员外出作业。 ■73. 云南电信的维护人员正在抢修因山体滑坡而阻断的南宁—昆明马龙段国家一级干线。 ■74. 2001年4月，甘肃电信成立了电信传输局专业应急抢修队，保证光缆运行的畅通安全。 ■75. 河南电信鹤壁分公司的线务员正在抢修线路。 ■76. 宁夏电信的维护人员深夜抢修受损光缆。

77 78 79

■77. 贵州电信引进光缆吹放新技术。 ■78. 云南云县的电信员工正在架设电缆。 ■79. 贵州山高地险，微波通信架起了空中的信息传输通道。

80 81
82 83

■80. 云南省昆明卫星地球站。 ■81. 发展中的西藏电信卫星地球站。 ■82. 贵阳卫星通信地球站。 ■83. 兰州卫星通信地球站。

84 85
86 87

■84. 上海电信应急通信车辆在执行任务途中。 ■85. 陕西电信应急通信车赴西藏为“中国第二届青藏高原国际公路自行车拉力赛”提供实况转播服务。 ■86. 陕西电信应急通信演练。 ■87. 甘肃电信应急机动通信可在任何地方迅速建立起单一或综合通信系统。

88
89 90

■88. 在第33届“世界电信日”到来之际，福建省电信公司、福州电信分公司在福州五一广场举办宣传贯彻《电信条例》咨询服务活动。 ■89. 西藏电信与社会各界共同举办迎春联谊会。 ■90. 安徽电信在“3·15消费者权益日”，举办街头咨询服务活动。

91	92
	93
94	95

■91. 广东汕头电信举办“金秋服务周”活动。 ■92. 甘肃电信召开全省电信服务管理工作座谈会，宣传推广部分分公司在服务、管理工作上取得的成功经验。 ■93. 湖北省电信公司开通总经理热线“96180”，赵振宇总经理坐上服务席，接听用户的申告，及时解决电信服务中的问题。 ■94. 福建省电信公司刘耀明总经理来到电信服务窗口前提出新的服务要求。 ■95. 甘肃省电信公司开通了总经理热线服务电话，恩广礼总经理正在接受用户咨询。

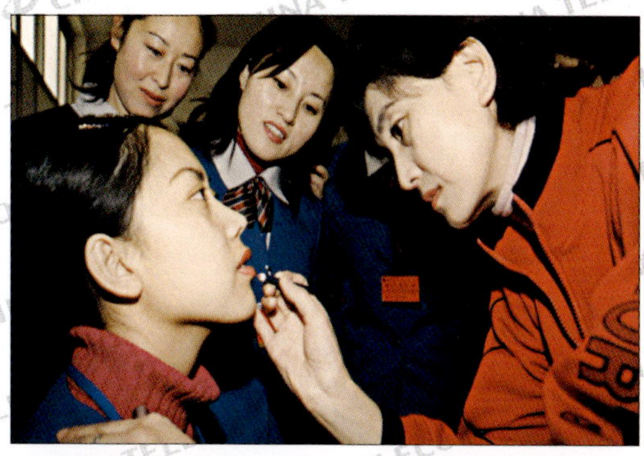

96	97
98	99
100	101

■96. 浙江电信杭州市分公司各营业厅每天开门前都要召开班前会，对职工进行服务教育。 ■97. “全国青年文明号”厦门江头电信营业厅热情地为客户服务。 ■98. 甘肃电信加大服务的软硬件设施建设力度，为用户提供舒适良好的服务环境，图为兰州市电信分公司营业大厅。 ■99. 甘肃电信职工培训中心对学员进行礼仪化妆培训。 ■100. 内蒙古电信巴盟分公司为提高服务水平，在每个114台前配备了一面小镜子，以方便话务员随时调整自己的服务情绪。 ■101. 江西电信为贴近用户，实行开放式营业，方便用户洽谈业务。

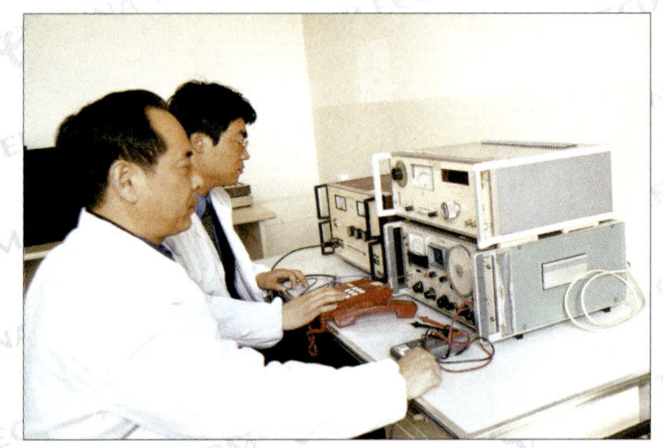

102 103
104 106
105

■102. 宁夏电信在全区各大营业厅特设客户接待区，对大客户进行面对面的业务介绍和宣传。 ■103. 陕西电信的科研人员为用户测试电话机。 ■104. 浙江电信杭州市分公司的技术人员上门为浙江大学院士安装调试ADSL。 ■105. 用户在哪里，电信就服务到哪里。福建沿海渔排上有了福建电信业务服务点。 ■106. 让用户明明白白地消费。浙江电信杭州市分公司推出长话帐单和“小灵通”帐单的投送服务。

107 108
109 111
110

■107. 山西电信太原第二长途电信枢纽工程奠基仪式。 ■108. 云南大理电信大楼。 ■109. 扩建中的宁夏吴忠市市内电缆管道工程。 ■110. 沪杭福惠干线工程福建段的建设者们聚精会神地接续光缆。 ■111. 建设中的宁夏区二级干线光缆银川至吴忠段。

■112. 新落成的上海信息大楼。

113 114 115
116 117 118

■113. 陕西电信西安第二长途电信枢纽大楼。 ■114. 贵州电信贵阳第二长途电信枢纽大楼。 ■115. 建设中的甘肃电信第二长途电信枢纽工程。 ■116. 2001年4月，建筑面积13920平方米，总投资5000多万元，提供综合信息数据通信业务服务的宁夏电信信息大厦投入使用。 ■117. 浙江电信杭州市分公司电信大楼。■118. 夜色中的甘肃电信兰州第一长途电信枢纽。

119 120

■119. 第21届世界大学生运动会期间，北京电信提供了优质的通信服务。图为国际奥委会主席罗格先生视察电信营业厅。 ■120. 在北京申奥期间、国际奥委会评估团来北京电信考察。

121 122

■121. 北京电信设在大运会新闻中心的电信营业厅。 ■122. 北京电信在大运村为来自世界各国的6000多名运动员提供全方位的通信服务。

123 124
125 126

■123. 2002年1月24日，中国电信高速传输环网正式开通。图为开通仪式现场。 ■124. 中国电信集团第二批光缆集中采购合同签字仪式。 ■125. 中国电信集团2001年工程建设项目审计研讨会。 ■126. 西藏自治区党委副书记、区人大主任热地为西藏自治区阿里地区光缆工程开通典礼鸣锣。

127 128
129 130

■127. 中国电信与北京大学签署EMBA合作项目。 ■128. 集团公司劳动工资部举办岗位评价与绩效管理研讨会。 ■129. 福建省电信公司邀请电信专家举办"WTO与中国电信发展"专题讲座。 ■130. 江西电信举办第一期工商管理知识培训班。

131 132
133 134

■131. 福建省电信公司公开招聘管理人员。 ■132. 河北电信张家口市分公司举办“电信条例及业务知识竞赛”。 ■133. 贵州省电信公司组织开展“职工劳动权益维护知识竞赛”活动。 ■134. 宁夏电信石嘴山市分公司组织女职工开展“巾帼建功”法律知识竞赛活动。

135 136
137 138

■135. 中共中国电信集团公司直属机关委员会对2001年机关先进党支部进行表彰。 ■136. 2002年4月，河南省电信公司直属机关召开第一次党员代表大会。 ■137. 甘肃省电信公司获得省委、省政府颁发的"省级文明行业"光荣称号。 ■138. 贵州省电信公司被省委、省政府授予首批"贵州省文明行业"光荣称号。

■139. 在中国共产党建党八十周年之际，江西电信新党员来到红都瑞金红军烈士纪念塔前进行入党宣誓。

140 141
142 143
144 145

■140. 福建省电信公司开展“三讲”学习教育活动。 ■141. 重庆电信积极开展青年文明号助万家和为老弱病残军烈属上门服务活动。大坪电信综合营业厅的姑娘们与大坪彭家花园干休所的老红军们在长期交往中结下了不解之缘。 ■142. 贵州电信积极开展扶贫济困献爱心活动。 ■143. 2001年5月，新疆电信公司举办了“无声世界，有情网络”大型公益活动，并向乌鲁木齐市聋人学校捐赠了价值12余万元的电脑设备。 ■144. 西藏自治区电信公司满载捐赠慰问物资的车队驶向对口扶贫点。 ■145. 西藏电信公司荣获信息产业部、共青团中央授予的“青年文明号”和西藏自治区人民政府纠风办授予的“2001年民主评议行风群众满意单位”光荣称号。

146 147
148 150
149

■146. 西藏自治区电信公司纪检组长、工会主席青其同志来到对口扶贫点看望当地村民。 ■147. 捐赠仪式在对口帮扶当地举行。 ■148. 海南省电信公司举办纪念中国共产党建党八十周年知识竞赛。 ■149. 宁夏电信企业文化建设硕果累累。 ■150. 山西电信省直机关举办纪念中国共产党建党八十周年"山西电信杯"党的知识竞赛。

151
152 153

■151. 由中国电信集团工会主办、广东省电信公司承办的“全国光缆接续测试竞赛”，2001年10月在广东省肇庆市举行。 ■152. 江西电信举行抢修光缆演练与比赛。 ■153. 在“全国光缆接续测试竞赛”中，来自全国各省级公司的选手们紧张有序地进行比赛。

154
155 156

■154. 中国电信集团总部举办“共创美好未来”文艺联欢会，集团领导登台与员工联欢。 ■155. 甘肃电信举办职工服装表演赛。■156. 重庆电信开展员工自编自演的文艺表演活动。

157
158 159

■157. 安徽电信开展丰富多采的文体活动。 ■158. 西藏电信举办“庆祝西藏和平解放50周年，建党80周年全区电信系统文艺汇演”。 ■159. 广东电信举办乒乓球比赛。

160	161	162
163	164	165
166	167	168
169	170	171

■160. 庆祝中国电信集团公司成立CNT–IC–P18(2–1) ■161. 庆祝中国电信集团公司成立CNT–IC–P18(2–2) ■162.《用户至上用心服务》 CNT–IC–74(2–1) ■163.《用户至上用心服务》CNT–IC–74(2–2) ■164. 九寨沟 CNT–IC–71(5–1) ■165. 九寨沟 CNT–IC–71(5–2) ■166. 九寨沟 CNT–IC–71(5–3) ■167. 九寨沟 CNT–IC–71(5–4) ■168. 九寨沟CNT–IC–71(5–5) ■169. 上网工程CNT–IC–G8(3–1) ■170. 上网工程CNT–IC–G8(3–2) ■171. 上网工程CNT–IC–G8(3–3)

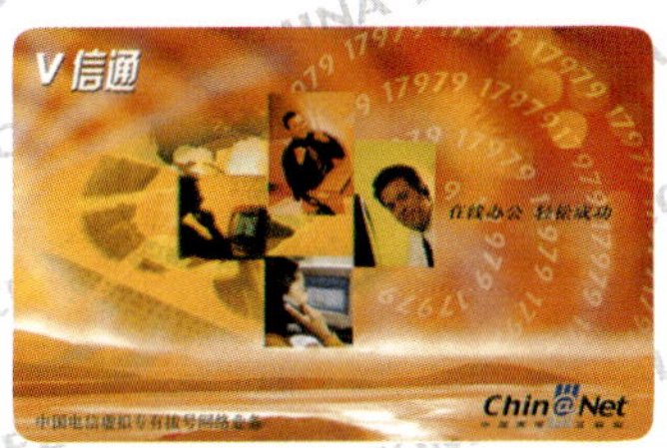

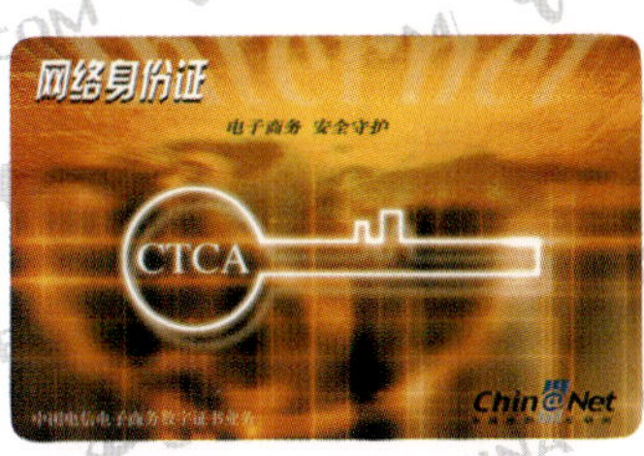

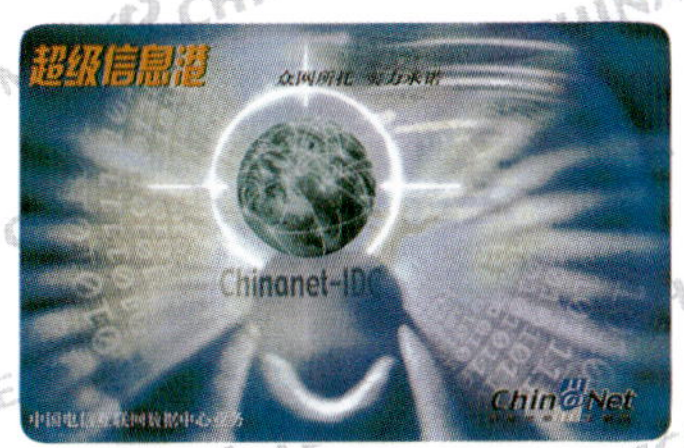

172	173	174
175	176	177
178	179	180
181	182	183

■172. 亚太经济合作会议 CNT-IC-73(4-1) ■173. 亚太经济合作会议 CNT-IC-73(4-2) ■174. 亚太经济合作会议 CNT-IC-73(4-3) ■175. 亚太经济合作组织会议 CNT-IC-73(4-4) ■176. 中国宽带互联网 CNT-IC-G12(4-1) ■177. 中国宽带互联网 CNT-IC-G12(4-2) ■178. 中国宽带互联网 CNT-IC-G12(4-3) ■179. 中国宽带互联网 CNT-IC-G12(4-4) ■180. 珍稀动物系列——海洋生物 CNT-IC-69(4-1) ■181. 珍稀动物系列——海洋生物 CNT-IC-69(4-2) ■182. 珍稀动物系列——海洋生物 CNT-IC-69(4-3) ■183. 珍稀动物系列——海洋生物 CNT-IC-69(4-4)

编辑说明

一、《中国电信年鉴（2002）》是中国电信集团公司第二部年鉴。该年鉴是一部综合性的资料工具书，由《中国电信年鉴》编委会主持编纂，中国电信博物馆负责编辑工作。

二、本年鉴以马列主义、毛泽东思想、邓小平理论为指导，按照江泽民“三个代表”的要求，紧紧围绕中国电信关于“机制创新、管理创新、技术创新”的发展目标，全面、翔实地反映中国电信的发展进步和企业文化建设。

三、由于中国电信集团公司于2002年5月拆分，为保持资料的完整性，本年度年鉴记述时限为2001年1月——2002年5月，主要记载中国电信集团公司拆分前各方面的新情况、新变化、新成就和新经验。

四、为配合中国电信集团公司企业文化建设的需要，本年鉴特增设各地电信公司企业形象宣传彩色专页，以期通过图文并茂的形式更直观地宣传企业的最新成绩和精神风貌。

五、本期年鉴卷首设重要文献、专文、体制改革、综述、大事记；正文采用栏目——分目——条目三级结构，全书分设16个栏目。条目为主要载体和基本撰稿形式。正文前刊载照片100余幅。

六、本年鉴中所采用的资料及有关统计数据均以中国电信集团公司对外公布的为准。

目　录

1

江泽民强调推动信息网络化迅速健康发展

2001年7月11日，中共中央在中南海怀仁堂举办“运用法律手段保障和促进信息网络健康发展”的法制讲座。中共中央总书记江泽民主持讲座并作重要讲话。他强调指出，对信息网络化问题，我们的基本方针是积极发展，加强管理，趋利避害，为我所用，努力在全球信息网络化的发展中占据主动地位。我们要抓住机遇，加快发展我国的信息技术和网络技术，并在经济、社会、科技、国防、教育、文化、法律等方面积极加以运用。同时，要高度重视信息网络化带来的挑战。各地各部门的领导干部，必须加紧学习网络化知识，党的建设工作、思想政治工作、组织工作、宣传工作、群众工作，也都应适应信息网络化的特点。既要积极推进信息网络基础设施的发展，又要大力加强管理方面的建设，推动信息网络化迅速而又健康地发展。

当今世界，科技进步突飞猛进，特别是信息技术和网络技术发展迅速，对世界政治、经济、军事、科技、文化、社会等领域产生了深刻的影响。这必须引起我们的高度关注。党的十五届五中全会提出，要大力推进国民经济和社会信息化，以信息化带动工业化，发挥后发优势，实现社会生产力的跨越式发展。这是关系我国现代化建设全局的战略举措。

近几年来，我国信息技术和信息产业的发展是很快的，其中计算机信息网络尤为突出。信息网络的发展，不仅为我国经济增长提供了新的动力和支撑点，而且为群众丰富文化生活，为党和国家机关改进工作，提供了新的手段和途径。但必须看到，信息网络化的发展也给我们政府管理和社会管理提出了新的问题。比如，网上一些迷信、色情、暴力和其他有害信息的传播，对人民群众尤其青少年的身心健康造成很大危害；网络违法犯罪行为日益突出，网上诈骗等种种违法活动，干扰了市场的有序运行。对保证我们国家的信息安全等问题，必须进一步研究和采取切实有效的办法，同时，更要注意充分运用法律手段，搞好对信息网络的管理工作，以推动网络快速健康发展。

首先，要充分认识依法保障和促进信息网络健康发展的重要性。在大力推进我国国民经济和社会信息化的进程中，必须高度重视信息网络的安全问题。要积极支持和大力推进信息网络化，也要加强规范，依法管理，保障和促进我国信息技术和信息网络健康有序地发展。其次，要加强和完善信息网络立法。我们在信息网络立法方面制定了一些法规和规章，但总体上讲，还不能满足依法促进和管理信息网络的需要。要进一步加强这方面的工作，要制定管理性的法律规范，也要制定促进信息技术和信息产业健康发展的法律法规，还要有促进信息网络从业单位行业自律的规定。要建立和完善信息网络安全保障体系的法规及有效防止通过网络传播的管理机制，制定通过信息网络实现政务公开和拓宽公民参政议政渠道的法律规范，制定通过信息网络引导和鼓励全社会弘扬中华优秀文化的激励机制等等。第三，要加强信息网络方面的执法和司法。要努力完善这方面的行政执法体制，健全执法机构，明确职责，做到依法决策、依法行政、依法管理。要加强信息网络领域的司法工作，通过司法手段保护公民的合法权益，保障国家的政治和经济安全，保障和促进信息网络健康有序发展。第四，要积极参与国际信息网络方面规则的制定。信息网络是国际化的，不仅需要通过国内法律进行规范，还需要通过国际性规则予以调整。我们要在相应国际组织中积极参与制定有关信息网络的国际条约，加强国际交流与合作。第五，要加强信息网络管理人才的培养。信息网络管理是一个新的领域，没有一大批政治素质高、业务能力强、具有信息网络知识、法律知识和管理能力的复合型人才，工作是很难做好的。一定要把这方面人才的培养工作摆上战略位置，采取多方面措施加紧推进。

江泽民考察南海信息化建设时要求“提高认识 协调统一 着眼应用”

2001年11月11日，江泽民总书记在考察广东南海市信息化建设时强调：信息化是系统工程，各级领导干部要进一步提高认识，解放思想，深化改革，不仅自己要努力掌握信息技术，更要加强领导，协调统一。同时，要着眼于应用，以信息化带动工业化，以信息化推动现代化。进入21世纪，信息技术越来越深刻地影响着人类社会的发展。中央高度重视信息化建设，党的十五届五中全会提出以信息化带动工业化，实现跨越式发展的战略部署。中央将进一步采取措施推进信息化，各地要根据条件加强信息化建设。

近年来，南海市根据党中央、国务院的要求，作出了以信息化推动现代化的决策，并以应用为重点，在国内同级城市中率先全面启动信息化建设工程，取得明显成效，提高了经济发展水平和党政机关工作效率，促进了广大市民素质的提高。

江泽民总书记听取了南海市委书记邓耀华的汇报后，兴致勃勃地观看了南海市电子政务应用系统、人民法院案件流程管理系统、国土管理信息系统、党内基本信息系统以及镇（区）财政结算中心管理系统、农村管理信息系统等软件演示。

他对南海市信息化建设取得的成绩表示赞赏和祝贺，希望他们继续努力，不断完善，取得新的更大的成绩。

江泽民 李岚清等中央领导除夕看望中南海电信局职工

2002年除夕上午，刚刚在人民大会堂参加完春节团拜会的江泽民总书记，来到北京电信中南海电信局亲切看望了这里的电信职工。

陪同江总书记一起来的还有中办主任王刚、副主任由喜贵。江总书记首先到机要保密室视察了首脑热线设备，又健步来到话务中心。江总书记亲切地向大家挥手问好、致意。在亲切的交淡中，中南海局局长赵泉同志诚恳地查找工作中的不足，江总书记略带几分赞许地说：“都像你们这样就好了。”

看到数字座席设备，江总书记感慨地说：“我学《电话学》时，还是磁石式、共电式的，后来上海是旋转制，再后来是纵横制，现在是程控制了，发展很快，不得了！”接着，江总书记饶有兴趣地询问电话的转接步骤，刘敏同志详细地作了介绍：“现在不用插塞子了，来了电话也没有振铃了。”总书记兴致很高地坐到话务员的座位上，亲自拨通了夫人王治平同志的电话并风趣地转达了夫人对中南海电信职工的问候。

同日下午，李岚清副总理看望了中南海电信职工。李岚清副总理首先来到机房，详细询问了设备情况，听取了赵泉局长对交换、传输设备状况的汇报。李岚清副总理来到话务中心。他亲切地向话务员们问好，道辛苦，给大家拜年。赵泉同志主动征求意见说：“我们有服务不周到的地方，请您给我们提出来。”李岚清同志很肯定地说：“没有不周到的地方。”然后，他微笑着向话务员们说：“你们赵局长问你们服务有没有不周到的地方，我说没有遇到过，非常周到。”

领导的关怀如春风化雨，鼓舞着电信职工在新的世纪发扬中南海局“五个精神、一个坚持”的优良传统，为中央通信服务再立新功。

朱镕基视察南海信息化建设并给予充分肯定

走在全国信息化建设前列的广东南海市，不断将信息化工作向纵深推进，受到各方关注。2001年10月17日，前往出席广交会的朱镕基总理，专程来到南海视察。他饶有兴趣地听取了南海市委书记邓耀华关于信息化建设情况的汇报，观看了该市应用信息技术的实例演示。朱总理对一个县级市能有这么高的信息化水平深表赞赏，指出：南海信息技术的应用实在、有特色，社会管理方面确实不错。信息化建设首先要解决领导的观念问题，而解决观念问题的关键是领导要不断学习，懂得信息化。

经过十多年的建设，南海市的信息化建设取得了显著成果。目前全市有计算机主机系统6000台（套），个人电脑10万台，上网用户13万户，建成各类网站5000个，信息化小区近60个，并建成了教育网、公安户籍网、税务网等专业网络数十个。在电信部门的支持下，城区光纤基本到大楼、小区；农村光纤已接入全市250个行政村，基本实现了村村通光纤、户户可上网。

朱总理对南海市利用信息技术改造提升传统产业和强化政府社会管理职能颇感兴趣。他认为南海在主要行业建立创新中心，适合中小型企业，所开发“管材”软件比较实用，而且完善，堵住了管理的漏洞，体现了社会制度的要求，具有推广价值。抓应用是南海信息化建设的最大特色。目前，信息技术、信息网络已广泛应用于南海的政务、教育、医疗、农村管理、企业发展等各方面。

朱总理对西樵等镇、区的结算中心财务管理系统建设很感兴趣，这些试点把镇、区下属所有行政事业单位的财务核算通过信息化纳入统一管理的轨道，形成了以会计核算为核心的精简、统一、效能的信息化财务管理系统。朱总理看完演示后说，如果全国各市县都实行信息化管理的话，财政就好办多了。

朱总理认为南海市以应用为核心，全面开展全民培训，提高各个层面对信息化建设的认识，使社会管理网络延伸到村，很不简单。目前，南海城市小学从三年级开始，农村小学从四年级开始，所有中学、师范学校、职业学校等全面普及信息技术教育。全市每10名学生已拥有一台电脑，已形成了以光纤连接全市所有中小学的统一的教育网络平台。现在，南海已把信息化教育广泛融于学前教育、学校教育、职业教育、社会教育和特殊教育之中，为提高全民素质、创建“学习型社会”奠定了坚实的基础。

吴邦国致信全国信息产业工作会议

2002年1月，信息产业部召开“全国信息产业工作会议”，信息产业部吴基传部长在会上宣读了“吴邦国副总理致全国信息产业工作会议的信”，信中指出，党的十五届五中全会明确提出，要把推进国民经济和社会信息化放在优先位置，努力实现我国信息产业的跨越式发展。今年是“十五”计划的第一年，希望信息产业部门的同志们充分认识肩负的重任，戒骄戒躁，开拓进取，按照党的十五届五中全会和中央经济工作会议的要求，进一步转变政府职能，统筹规划，依法行政，加强行业管理，尤其是要强化对电信市场的监管，促进电信企业改进服务，提高服务质量；要加强计算机网络与信息安全管理，切实维护网络信息安全；要积极推进电信网络、计算机网络的建设与结构优化，大力发展软件产业和集成电路产业并力争取得突破性进展；要努力推进信息化与工业化的结合，促进国民经济和社会信息化迈上新的台阶。

吴邦国强调信息化是企业创新升级的突破口

2001年11月26日，吴邦国副总理在北京召开的推进企业管理信息化工作现场会上强调，要进一步贯彻落实党的十五大和十五届四中、五中全会精神，统一思想，提高认识，不失时机地抓住和利用信息化所带来的技术成果和发展机遇，大力推进企业信息化建设，努力提高企业的整体素质，切实增强企业的国际竞争力。

企业信息化建设是一场革命，是带动企业各项工作创新和升级的突破口。党中央、国务院历来高度重视企业管理工作。各地区、各部门和企业在这方面做了大量工作，一些企业还进行了积极有益的探索，积累了不少经验。但也必须清醒地认识到，管理仍然是当前企业工作中的一个薄弱环节，一些问题已严重制约了企业经济效益的改善和市场竞争能力的提高。企业信息化建设走在前面的企业实践充分说明，企业信息化是增强市场竞争力的客观需要，是实现管理创新的重要途径，也是解决当前管理中突出问题的有效措施。

企业信息化，是一项系统工程，能否与企业各项工作相融合，关系到企业信息化工作的成败。推进企业信息化，要统筹规划，突出重点，整体推进。要紧密围绕企业改革和发展两大主题，以全面提高企业管理水平和整体竞争能力为根本目的，搞好三个“结合”，即企业信息化建设要与“三改一加强”、强化企业的基础管理和引进先进的管理理念相结合。

企业信息化领导是关键。企业信息化不单纯是个技术问题，它涉及到企业的方方面面，企业一把手的高度重视、直接决策、宣传推动和组织实施，至关重要。

吴邦国在讲话中突出强调了培养造就企业信息化复合型人才的问题。他说，人才是推进企业信息化的根本，人才短缺是大多数企业普遍存在的问题。抓紧培养一大批热心于企业信息化建设，既善于经营管理、又懂得信息技术，还具有先进管理理念的复合型人才，是推进企业信息化建设的当务之急。

吴邦国致信祝贺中国电信和中国网通成立

(2002年5月16日)

值此中国电信集团公司、中国网络通信集团公司成立之际，谨表祝贺！

党的十一届三中全会以来，我国电信业在改革中发展，在发展中改革，取得了令人瞩目的成就，对经济和社会的发展起到了有力的推动作用。

组建中国电信集团公司和中国网络通信集团公司，是深化电信体制改革、进一步促进我国电信事业发展的一项重大举措，对于完善社会主义市场经济体制、推进国民经济和社会信息化具有深远意义。希望两集团公司以此次重组为契机，抓住国家实施“以信息化带动工业化”战略的历史机遇，加快建立现代企业制度，提高企业管理水平和运营效率，努力为广大人民群众提供优质、高效的信息通信服务，为国民经济和社会主义现代化建设做出新的更大的贡献。

全面推进我国信息产业的改革与发展

——吴基传部长在全国信息产业工作会议上的报告

（2002年1月28日）

这次全国信息产业工作会议，是在我国改革开放和现代化建设进入新的历史阶段、信息产业发展面临新的机遇与挑战的形势下召开的。会议的主要任务是，贯彻党的十五届五中、六中全会及中央经济工作会议精神，总结2001年信息产业工作，分析当前形势，部署2002年任务，推动信息产业更快更好的发展。

一、2001年全国信息产业工作情况

刚刚过去的一年，是我国政治经济生活中不平凡的一年。在世界经济增长放缓的情况下，我国经济继续保持快速增长。面对新的形势，全国信息产业部门坚持以邓小平理论和“三个代表”重要思想为指导，认真贯彻落实党中央、国务院的决策和部署，积极应对外部环境变化，努力克服前进中的困难，加大发展、改革、创新和监管力度，全行业实现持续快速健康发展，为国民经济和社会发展作出了新的贡献。2001年，信息产业增加值占国内生产总值的比重达到4.2%。通信业务收入完成4006亿元，比上年增长14.5%；通信固定资产投资完成2430亿元，增长5%；新增电话用户9400万户，达到3.24亿户；全国电话普及率达到25.9%，通电话的行政村比重达到83%。电子信息产品制造业实现销售收入8237亿元，增长20%；完成工业增加值1774亿元，增长16%；实现利税750亿元，增长9.4%；完成出口额650亿美元，增长17.9%；软件与系统集成销售额750亿元，增长34%。全年宏观调控目标基本完成，“十五”计划的实施有了一个良好的开局。

——通信业继续保持快速增长。国家扩大内需政策的实施，企业经营服务的改善，有效地激发了信息通信市场需求，通信业在面临许多困难的情况下，继续保持两倍于国民经济的发展速度，整体水平实现了新的跨越。全年电信业务收入完成3535亿元，增长

15%。新增电话用户超过1997年前的总量，固定电话用户达到1.79亿户，主线普及率13.9%；移动电话用户达到1.45亿户，普及率11.2%，用户规模跃居世界第一位。继固定电话之后，移动电话开始进入千家万户，通信普及程度进一步提高。通信固定资产投资连续两年超过2000亿元，总资产超过 1 万亿元。CDMA网络建成投产，模拟网退网关闭，移动通信网实现了数字化。互联网国际出入口总带宽达到7.6G，带宽的"瓶颈"制约得到有效缓解。数据与多媒体通信、IP电话、移动短信息及各类信息服务业务迅速发展，上网成为普通百姓生活的重要内容。邮政业加大业务结构调整力度，传统业务保持平稳发展，电子邮政、物流配送和金融等新型业务快速增长，全年完成业务收入471亿元，增长11.1%，实现盈利6000万元。经过全国邮政干部职工的艰苦努力，圆满完成了扭亏目标，三年减亏179亿元。

——电子信息产品制造业整体水平明显提高。"十五"计划和各产品专项逐步得到实施，手机、程控交换机、微机、显示器、组合音响等产品产销保持快速增长，国内品牌产品的市场占有率进一步扩大，元器件配套能力得到明显提高，电子信息产品制造业继续保持制造业第一大产业的地位。产业结构调整力度加大，投资类、消费类、元器件类产品协调发展，结构趋于合理。全行业涌现出一批规模较大、实力较强的大公司，已有6家企业销售额超过200亿元，其中突破600亿元的两家。电子信息百强企业销售收入和实现利税分别占全行业总量的63%和65%，产业集中度进一步提高。坚持引进、消化、吸收与创新相结合，加大科研开发投入，在计算机网络、移动通信、数字化终端产品和新型元器件等领域科研开发及产业化取得新的突破。技术改造、电子发展基金和企业上市取得了良好效果，新增投资三百多亿元，有效地补充了产业发展的资金需求。"三线"地区电子军工国企脱困工作取得实质性进展。在出口环境趋紧的形势下，电子信息产品出口稳步增长，占全国外贸出口的比重达到24.3%，对全国外贸出口增长的贡献率为58%，创历史最好水平。一批有实力的家电企业在国外投资建厂，国产通信系统进入几十个国家的市场。根据国务院的部署，积极筹建中国电子科技集团公司。军工电子工业突出抓了高质量电子装备、系统及关键元器件基础产品的研制，圆满完成了各项科研生产任务。

——行业管理工作进一步加强。国务院颁布了《外商投资电信企业管理规定》，围绕贯彻落实《中华人民共和国电信条例》，部陆续出台了一系列部门规章，依法行政工作得到加强。省区市通信管理局组建工作顺利完成，各管理局在人员少、任务重的情况下，做了大量开拓性工作。加大互联互通工作力度，互联互通取得明显效果。按照国家整顿和规范市场经济秩序的要求，与有关部门共同开展互联网上网服务营业场所专项清理整顿活动；加大对通信建设市场的监管力度，与有关部门联合对违规光缆建设项目进行清理整顿，收到了明显效果。经国务院批准，对电信资费进行了有升有降的结构性调整，并取消了电话初装费和入网费，使长期形成的结构性矛盾得到有效缓解，资费整体水平大幅度降低，有力地拉动了通信消费，带动了相关产业的发展。切实加强对市场竞争的引导和规范，主导企业竞争力逐步提高，新兴企业快速成长，全国获准经营无线寻呼和增值电信业务的企业达到四千四百多家，市场竞争格局进一步形成。在党中央、国务院的领导下，加大网络与信息安全管理力度，初步建立了信息安全保障体系，配合有关部门，在取缔"法轮功"等重大政治斗争及查处有害信息工作中，发挥了重要作用。加强无线电管理，采用评选（招标）的办法分配 3.5 GHz地面固定无线接入系统频率，取得了良好的效果。加大知识产权保护力度，实施《半导体集成电路布图设计保护条例》等法规，打击盗版软件。加强标准制订工作，颁布了一批重要技术标准。加快推进质量认证机构改革，加强了对产品质量的监督。

——软件产业和集成电路产业快速成长。909工程和海外投资新建的一批芯片生产企业，进一步提升了我国集成电路规模化生产水平和技术档次。国家级软件产业基地的建设，方舟一号、龙芯CPU设计验证系统、红旗LINUX操作系统等具有自主知识产权产品的开发成功，标志着我国软件和集成电路设计水平又取得了重要进展。配合有关部门，拟订软件产品的政府采购管理办法。国务院18号文件的落实工作取得明显效果，产品和企业认定工作全面展开，全年共认定软件企业2141家，登记软件产品4471个，为软件企业退税约20亿元，有力地支持了软件和集成电路设计业的发展。各地也结合本地实际出台了相应的扶持政策，我国软件和集成电路产业发展的良好环境正在形成。

——推进信息化工作取得新的进展。积极配合有关部门，加快“金卡”、“金税”、“金关”等信息化重点工程建设，利用公用网组建的全国性计算机信息系统达到187个，共同开发、积极推广银行卡、社保卡及配套产品，为国家经济运行、经济安全提供了先进的作业手段和技术保障。企业信息化建设不断深入，涌现出联想、海尔、斯达等一批典型企业，起到了很好的示范带头作用。城市信息化逐步开展，广东南海试点工作积累了有益的经验。信息技术推广应用工作深入开展，利用信息技术、网络技术改造传统产业取得积极成果。信息资源开发水平进一步提高，电子商务、远程教育、远程医疗、电子娱乐及电子政务等新的应用广泛开展。全国计算机社会拥有量超过3500万台，互联网上网人数3370万人。信息化指标体系评测工作有序进行，“家庭上网”工程开始启动，信息化培训工作深入开展。

——精神文明建设迈上新台阶。结合行业改革、发展实际，组织干部职工认真学习江总书记“七一”讲话和六中全会精神，按照“三个代表”的要求，进一步加强行业精神文明建设和作风建设，成立了全国行风建设和创建精神文明活动指导小组。针对社会反映较强烈的交费难、话费查询难等8个方面的热点问题，制订了阶段性目标。加大服务质量监管力度，定期向社会发布电信服务质量公告，促进了服务质量的改善和行业作风的明显好转。落实六中全会精神，部机关在学习查摆的基础上，制订了加强作风建设的实施意见，机关作风有了明显转变。深入开展反腐倡廉工作，按照国务院的要求，进一步清理和规范了行政审批权限。

一年来，在外部环境发生明显变化、行业发展面临许多困难的情况下，经过全行业广大干部职工的艰苦努力，信息产业各项工作取得了显著的成绩，成绩来之不易。在此，我代表信息产业部党组，向全国信息产业部门的干部职工表示崇高的敬意，向离退休老干部、老职工表示亲切的问候，向关心、支持信息产业发展的各级地方党委、政府和中央各有关部门以及社会各界表示衷心的感谢！

二、正确认识当前信息产业面临的形势

2002年是我国政治经济生活中具有重要意义的一年。我们党将召开十六大，“十五”计划的实施进入关键时期，加入世贸组织将使我国改革开放进一步深化和扩大。同时，我们将面临比亚洲金融危机更为严峻的国际经济形势，国内经济工作也面临着一些突出的矛盾和问题。新的形势要求作为基础设施和支柱产业的信息产业继续保持快速健康发展，充分发挥对扩大内需、增加出口和信息网络化建设的促进作用，也使我们面临着比以往更多的问题和困难，某些方面的形势还比较严峻。面对新的机遇与挑战，我们要把思想和行动统一到中央经济工作会议精神上来，充分认识在大局之下做好今年信息产业工作的重要意义，全面分析、正确把握形势，要按照江总书记的要求，“宁可把困难估计得严重一点，把影响时间预想得长一点，把应对预案准备得充分一点”，增强紧迫感、危机感和使命感，在工作中争取主动。

一是国际经济形势变化使我国信息产业面临新的挑战。当前，世界信息产业进入新的发展时期，发展与融合、调整与变革成为全球大趋势。在新技术革命与经济全球化的推动下，微电子、软件、计算机、通信技术进步日新月异，通信网、计算机网与有线电视网加快融合，国际市场竞争日益激烈，跨地区、跨国界的兼并、重组层出不穷。近一两年来，受世界经济增长放慢，以及市场过度投资、网络经济泡沫破灭等因素的影响，全球信息产业由连续多年的快速增长滑向市场低迷，许多跨国公司效益下滑，股票下跌，大量裁员，不少企业破产倒闭。“9.11事件”更使美国经济雪上加霜，由增长放缓滑向衰退，并给世界经济带来巨大冲击，美国、日本、欧盟三大经济体自1975年以来第一次同时陷入低潮，全球贸易量增幅锐减，国际直接投资明显下降，金融市场可能出现新的动荡，信息产业也愈加不景气。

对于世界经济衰退及“9.11事件”的影响，我们要认真对待，不可低估。首先是我国电子信息产品出口局面将更加严峻。据世贸组织预测，去年世界贸易额仅增长2%左右。作为我国电子信息产品主要出口市场，美国经济滑向衰退，日本经济持续低迷，这两个国家在我国电子产品出口市场中的比重占到33%左右，如果加上转口贸易部分，这些市场的比重还要大。由于主要市场需求减少，新兴市场还有待开发，我国电子产品出口面临很大的困难，去年以来增长速度明显下降，考虑到国际市场影响的滞后性，今年可能会更加困难。目前电子产品出口占国家外贸出口总额的24.3%，在整个电子信息产业中也占有较大比重，出口下滑将对全局产生不利影响。同时，国际资本市场上网络股、电信股一片萧条，对我们的企业境外上市将造成不利影响。目前我国通信业所享受的扶持政策绝大部分已不复存在，上市融资将成为建设资金的一个重要来源。随着电信企业新一轮改革重组的实施，将有更多企业到国内外市场上市融资，已上市的企业也需要通过资本市场筹集更多资金，而国际资本市场持续低迷，将使企业上市增加许多不确定因素和预料不到的困难。随着对外开放的不断扩大，我国企业将不可避免地处于国际化的市场环境之中，增强抵御和防范国际市场风险的能力，将成为信息产业发展中必须面对的一个新问题。

二是我国信息产业发展面临一些深层次的矛盾和问题。当前全行业发展形势总体上是好的，但也出现了一些新的情况。近几年通信业发展基数不断加大，用户结构发生变化，低端用户增多，整体消费能力相对减弱，导致增长速度放缓，而新业务市场还需要逐步培育。一方面，通信整体水平还不能完全满足经济、社会发展的需求，需要继续加快发展；一方面，用户规模不断扩大而消费能力相对较低的矛盾日益突出，通信业实现有效益的快速增长将面临更大的压力。从电子信息产品制造业的情况看，结构调整取得了积极的成果，但还不能适应复杂多变的市场形势。产业规模小、创新能力差、分散重复等问题依然存在，尤其是在核心技术方面，与国外的差距还很明显，市场需要的很多芯片、软件和整机产品我们还不能提供。在国家大力推进信息化建设的形势下，进一步提高信息技术装备和软件的支撑能力，成为十分紧迫的任务。

三是面对入世的挑战，我们在认识上和工作上还存在诸多不适应。入世对信息产业来说，既有机遇，又有挑战。我们要结合行业实际，全面地认识这个问题，既不夸大对我国的冲击，也不低估可能带来的负面影响，做到心中有数，沉着应对。允许外商投资电信业务，是入世带来的一大变化，同时也是电信领域多年来对外开放的延续和深化。我国政府的有关承诺，是按照国际惯例和我国国情，分层次、分步骤、分阶段，逐步、有序地开放。我国加入世贸组织文件和国务院颁布的《外商投资电信企业管理规定》，都对有关问题做出了明确的规定，我们要认真学习掌握，保持清醒的头脑，不要人云亦云。对制造业来说，有些产业、产品和企业已具备一定的国际竞争实力，但入世后我国绝大部分信息技术产品的进口关税将降为零，配额、许可证、特定招标等非关税措施也将逐步取消，市场竞争将更加激烈，一些竞争力不强的企业将受到较大冲击。

近年来，信息产业部门的管理体制、管理制度进行了相应的改革，取得了明显的成效，但面对入世的新形势还存在着明显的差距。主要是：法制建设滞后，政府管理体系薄弱，对按照国际规则依法进行公平、透明、有效的管理，还缺乏实践经验；管理方式还没有真正转型，不少单位仍然习惯于计划经济时期政府管理经济的一套做法和思维方式，有些该管的事没有管住、管好，同时又管了一些不该管、也管不好的事，管理工作越位、缺位、错位的问题还没有很好解决，政府职能有待进一步转变。特别是在思想观念上，许多同志的认识仍停留于表层，缺乏基于国情和行业实际的深入了解与准确把握，缺乏真正的紧迫感和忧患意识。对这些问题，必须引起高度重视并认真加以解决。

在分析问题、矛盾和困难的同时，也要充分看到有利条件。第一，国家进一步实施扩大内需的方针，加快推进信息化带动工业化战略，将从更广的范围、更深的层次激发社会对通信信息服务、信息技术产品的需求。随着国家发展农业各项政策的逐步落实，农民收入水平和消费水平将逐步提高，户籍制度的改革也将推动农村劳动力的流动，农民的信息通信和家电产品需求也将随之而增大。这些都将为信息产业的发展创造更大的市场空间，有利于我们对内需和外需进行全方位的结构调整，提高行业效益，实现持续增长。第二，国家进一步整顿和规范市场经济秩序，加快法制建设，加快转变政府职能，继续重点支持企业技术改造，深化电信企业改革重组，将有力地推动市场公平有效竞争，提高企业的竞争力，形成有利于信息产业发展的政策法规环境。第三，我国加入世贸组织后，对外开放环境进一步改善，全球范围正在进行新一轮产业结构调整，许多发达国家加大对我国信息产业的投资，并将信息产业制造能力向我国转移，关税的降低也有利于我们自身的发展，这就为我国企业的改组、改造，提高研发生产能力，实施“走出去”战略，提供了难得的机遇。

特别是要看到，信息产业作为高新技术产业，在国民经济中具有重要的地位，在当前应对国际形势变化、迎接入世挑战和调整经济结构、拉动国民经济增长的经济工作全局中，将发挥重要的作用。同时，对信息产业、网络经济的发展与调整也要有一个正确的认识，网络经济过热时，不应跟风炒作；网络经济遇到暂时困难时，不要悲观失望，要坚定信心。要看到，全球信息产业经过“挤水分”式的调整，正在走上更加理性、务实的发展道路，我国越来越多的企业积极发展电子商务，以信息技术改造传统产业的步伐大大加快，调整后的信息产业将充满新的生机与活力，信息网络化仍然是当今世界经济、社会发展的大趋势，我国信息产业的发展仍然是机遇大于挑战。只要我们充分利用一切有利条件，千方百计克服困难，做好矛盾转化工作，就完全能够使今年的各项工作再上一个新台阶。对此，我们必须充满信心。

三、今年信息产业要做好的主要工作

2002年是实施“十五”计划的关键一年，是我国加入世界贸易组织的第一年，也将是信息产业形势比较严峻的一年。今年信息产业工作的总体要求是：以邓小平理论和“三个代表”重要思想为指导，深入贯彻江总书记“七一”讲话和党的十五届五中、六中全会及中央经济工作会议精神，按照以信息化带动工业化的战略部署，正确把握国际经济形势和国内发展环境的变化，精心谋划，沉着应对，趋利避害，不断开创工作新局面。继续坚持扩大内需的方针，大力推进结构调整，提高经济运行的质量与效益；坚持技术创新、制度创新与管理创新，积极推动公平有序竞争，提高企业与行业的国际竞争力；坚持依法行政，转变政府职能，加快建立与国际接轨的法律法规体系和市场监管体系；切实加强作风建设，求真务实，团结奋斗，促进行业持续快速健康发展，为信息化建设提供全面的技术装备与网络服务，为“十五”计划的全面实施奠定坚实基础，以信息产业两个文明建设的新成就迎接党的十六大召开。

今年信息产业的宏观调控目标：信息产业增加值占国内生产总值的比重达到4.4%。通信业务收入4450亿元，增长11%；通信固定资产投资2300亿元；发展固定电话用户2100万户，移动电话用户5500万户；固定电话主线普及率和移动电话普及率均达到15%。电子信息产品制造业销售收入9900亿元，增长20%；完成工业增加值2000亿元，增长12.7%；实现利税810亿元，增长８%；出口总额700亿美元，增长7.7%。软件与系统集成销售额达到1000亿元，增长33%。

今年要重点抓好以下几方面的工作：

（一）立足国内国际两个市场，加大电子信息产品制造业结构调整力度

结构调整是“十五”发展的主线。电子信息产品制造业要着眼国内国际两个市场、两种资源，全方位、多层次进行结构调整，提高内需比重，力保出口市场，着力解决结构中的深层次矛盾，提高为信息化建设提供技术和系统装备的能力，增强产业整体竞争力。

按照“做精、做大、做强”的原则，进一步提高产业集中度。要积极创造条件，促进企业联合兼并和资产重组，培育一批核心能力强、市场份额大、能带动行业发展的大公司和企业集团。要着眼于国际国内市场链条，以市场为纽带，积极参与分工合作，提高专业化生产水平，形成一批高附加值、高技术含量、市场前景广阔的优势产品，通过做精达到做大、做强的目的。今年要形成销售额超过２００亿元的大公司９家，其中销售额３００亿元至７００亿元的２家，７００亿元以上的２家。要继续抓好电子信息百强企业的发展，加强国有大中型企业的技术改造，进一步采取多种方式搞活国有中小企业。

下大力气开拓国内市场，扩大内需比重。继续实施信息产业各产品专项，围绕信息基础设施建设、传统产业改造和电子商务、电子政务等方面的需求，重点发展计算机网络、移动通信、智能交通系统、空管系统、数字化终端产品等高附加值产品，提高为国民经济各部门提供系统装备的能力。要针对市场不同层次的需求，开发生产中间技术的适用产品，提高规模化水平，培育和形成新的经济增长点。同时要加强对农村市场的研究，开发出适合广大农民生活水平的消费类电子产品，拓展市场空间。实施多元化战略，千方百计扩大出口。要加大对传统市场出口力度，密切关注和及时掌握市场的变化，有针对性地调整出口产品结构，力争少受影响或有所增长。同时，大力开拓俄罗斯、东欧、拉美等出口市场。目前俄罗斯经济正在复苏，需求潜力很大，各级主管部门和企业要把拓展对俄出口作为今后的重点工作，加强市场开拓，以优质产品打开市场，今年要取得实质性的突破。继续实施“走出去”战略，鼓励具备条件的企业到境外投

资设厂和承包工程，实现出口方式多元化。

抓住跨国公司向外转移生产能力的机会，加强合资合作，进一步提高加工制造能力。有条件的省市要进一步发挥自身已形成的优势，支持企业为跨国公司做OEM和ODM，重点发展高附加值、高技术产品，扩大生产规模，完善产业发展链条，形成面向全球的信息产品生产加工基地和研究开发基地。西部省区信息产业要努力抓住西部大开发的机遇，因地制宜，利用已有基础，发展有特色的信息产品。

（二）加快软件产业和集成电路产业发展，进一步提高技术创新能力

软件和集成电路是信息产业的核心和基础。提高信息产业的技术创新能力，必须在软件开发和集成电路设计以及成果产业化上下功夫，通过技术的创新、扩散和融合，加快具有自主知识产权产业的发展。

继续贯彻落实国务院18号文件，保持软件产业和集成电路产业的快速发展。要大力开发各类应用软件和工具软件，建立中间件构件库和应用开发平台，积极发展有自主知识产权的基础软件。扶持国家级软件产业基地和重点骨干软件企业上规模、打品牌，提高市场占有率并增加出口。已挂牌的产业基地要重实效、出成绩，不搞形式主义，部将加强指导和检查。要突出抓好集成电路设计公司的发展，以嵌入式芯片、移动通信用芯片和第二代身份证芯片为市场契机，不断开发出量大面广的产品，占领国内市场，壮大产业规模。要加快发展信息安全产品，涉及国家政治、经济、信息安全的核心技术一定要掌握在自己手中。认真贯彻《计算机软件保护条例》和《半导体集成电路布图设计保护条例》等法规，督促制定和完善国务院18号文件相关实施细则，加强对软件和集成电路认定机构的指导和监督，推进集成电路与软件国家技术创新专项立项和政府采购政策的出台，努力为软件产业和集成电路产业的发展创造良好的外部环境。

进一步加强科研攻关，提高技术创新能力。落实信息产业科技发展“十五”计划，加快实施数字电视、新一代数字移动通信、新型元器件等自主开发与技术创新专项，在有比较优势的领域不断开发出有自主知识产权的产品，同时要加强国际技术合作，引进、消化吸收新技术，提高技术进步的起点。

（三）围绕市场需求，实现通信业有效益的持续发展

今年通信业的各项工作，要继续按照“在发展中改革，在改革中发展”的思路，紧紧围绕扩大内需的方针，坚持扩大用户规模与提高经营效益并重，坚持社会效益和经济效益的统一，继续保持快速增长。

坚持以规划和政策指导发展。我国通信业正在向市场经济转轨，通信网正在向下一代信息网络演进，新的情况和问题层出不穷，应在充分发挥市场机制作用的同时，加强宏观规划和政策指导，以保证行业的健康发展。在竞争开放、市场主体多元化条件下，尤其要坚持国家通信网的完整性、统一性和先进性。要根据电信业改革重组后的新格局，按照“十五”计划的总体要求，进一步加强对网络建设、业务发展的规划指导，以及对各大集团公司发展规划的协调，加大网络技术标准和互联互通工作力度，以优化资源配置，维护国家整体利益。应根据市场需求，拓展新的融资渠道，利用国际、国内资本市场筹集建设资金，进一步加大投资力度，同时要优化投资结构，提高投资效益。部将加强指导与协调，推动企业上市工作的开展。

坚持以市场为导向正确引导发展。目前，市场因素正在对通信发展的速度、质量和效益起着决定性的作用。因此，发展新技术、新业务，既要考虑技术的先进性，更要考虑市场的适用性，坚持以市场为导向，以适合消费者需求为出发点，注重市场的培育，逐步形成新的经济增长点。要注意吸取国外在这方面的教训，规避投资风险，防止产生泡沫。第三代移动通信技术的应用，现阶段基本上还是以语音业务为主，要把发展趋势与现实情况结合起来，按照“积极跟进，先行试验，培育市场，支持发展”的原则，组织好相关的技术试验。宽带接入网的发展要坚持务实的原则，将发展的重点放到内容的建设上，克服重网络、轻应用的倾向，以丰富、适用的内容吸引用户，培育市场。要切实加强对用户驻地网试点、宽带固定无线接入技术商用试验的规范和引导。

坚持以竞争机制促进发展。随着新一轮改革的实施，我国通信领域竞争格局进一步形成，竞争机制对行业发展的促进作用将更加充分地发挥出来。各骨干运营企业要以贯彻国务院36号文件为契机，加快建立现代企业制度，推进体制和机制创新，增强核心竞争力，逐步在我国形成若干个管理先进、服务一流、规模效益、具有国际竞争力的特大型通信集团公司。同

时，要通过政策引导，鼓励更多的中小企业进入增值业务领域，以增强市场活力，形成不同规模、不同业务、不同所有制企业相互竞争、优势互补、共同发展的市场格局。通信运营企业要增强竞争意识、市场意识和消费者意识，树立新的经营理念，根据用户结构的变化，开发多样化、个性化的服务，促进潜在需求向现实消费的转化。要抓住入世带来的机遇，积极创造条件"走出去"，发挥比较优势，在开拓国际市场、实现经营结构多元化方面取得突破。要认真做好电信改革重组工作，加强对过渡期业务发展、通信安全等工作的指导与协调，做到改革、发展相互促进。通信的基本功能是服务，通信企业的竞争力最终也取决于服务水平的高低。运营企业要坚决摒弃不计成本的恶性竞争行为，不打"价格战"，要打服务战，把企业的主要资源和精力放到增强服务能力、提高服务水平上来，以优质的服务赢得用户，赢得市场。政府部门要进一步依法加强规范和管理，各集团公司要切实采取自律措施，自觉维护市场经济秩序。

保证通信普遍服务是政府部门的一项基本职责。要抓紧建立普遍服务基金，从机制上保障不同地区之间的协调发展，使边远地区、经济欠发达地区和广大农村地区，在竞争开放条件下能够享受到基本的通信服务。同时，在普遍服务机制建立之前，必须保证西部和农村地区现有的通信水平不降低、不倒退，这是社会主义国有企业应尽的责任，也是实践"三个代表"和落实西部大开发战略的要求，各运营企业要从国家利益出发，采取措施切实予以保障。

（四）以应用为重点，加大信息化推进工作力度

最近，国务院对信息化建设做出了一系列重要部署。作为推进信息化工作的主管部门，我们必须从信息化带动工业化的大局出发，进一步提高认识，扎扎实实地抓好落实，充分发挥信息产业在推进信息化建设中的主导和骨干作用。

今年要按照国务院领导同志的要求，突出抓好企业信息化建设和电子政务发展，在利用信息技术改造传统产业、提高政府管理效能等方面取得明显成效。要按照全国企业管理信息化现场会的精神，把推进企业信息化作为整个信息化建设的重中之重，加强规划、政策与标准等方面的指导，密切与有关部门的协调配合，努力做好推进工作。要加强分类指导，对大型企业，应引导并帮助他们进行生产、经营、服务流程再造，建立科学高效的信息应用系统；中小企业的信息化建设，应推广广东南海市的成功经验，利用政府公共信息网络平台开展各种信息化应用。要积极推进电子政务的发展，加快政府信息化的步伐。配合有关部门进一步加快和完善"金卡"、"金关"、"金税"、"金盾"等信息化重大工程建设，帮助和支持各级政府依靠基础信息网络建立高效的工作系统，提高行政管理的信息化水平，增强政府办事的透明度和公平性。要加强信息资源的开发利用，提高计算机和网络的普及应用程度，建立和完善电子商务认证体系，推动电子商务深入开展。继续抓好国家信息化指标评测，完善计算机信息系统集成资质管理体系。各部门、各地区与企业的信息化建设应服从国家规划，充分利用国家网络平台资源，避免重复建设，以提高信息化的整体效能。

通信业要在网络的规划、布局等方面超前考虑企业信息化和电子政务发展的需要，并积极帮助应用单位解决上网过程中遇到的实际困难，为专用信息系统的建设提供高效可靠的信息传输通道和电子商务交易平台，提供优质、优先、优惠的形式多样的服务，充分满足信息化建设对网络带宽资源的需求。电子信息产业要在集成电路和软件方面取得重点突破，在高速路由器、网络与信息安全产品等领域形成产业化，并针对信息化建设的薄弱环节，进一步加快各类中文操作系统、中文软件平台、管理软件和数据库的开发，大力发展应用软件和系统集成，为信息化提供全面的技术支持与装备保障。继续实施电子信息技术推广应用"倍增计划"，推动传统产业技术改造和产品升级。

在信息化建设中，信息产业不仅要为各部门服好务，而且必须带好头。目前信息产业在自身信息化建设上取得了一些进展，但总体上差距仍然较大，还不能适应入世后日益激烈的国际竞争的需要。企业要切实增强紧迫感，充分发挥在信息技术、网络条件等方面的优势，加大投入，培养人才，以信息化推动管理水平的提高。运营业、制造业各大集团公司和骨干企业要在两年内基本实现企业信息化。要结合实际制定切合实际的方案，通过生产流程再造，有效整合、充分利用现有资源，把信息技术与基础管理结合在一起，利用信息技术改善管理手段，提高管理效率，实现管理创新。今后部将把信息化应用水平作为电子百

强企业评选考核的指标之一，各信息产业厅和通信管理局也要联系一、两个企业，加强对企业信息化工作的指导与协调，以企业信息化带动行业信息化，推进社会信息化。要进一步加强机关信息化建设，在部机关办公自动化系统已投入使用的基础上，加速省级管理部门的办公自动化系统建设，尽快实现全国联网，并加强部网站建设，全面提高信息产业行政管理的信息化水平，在推广电子政务工作中起到带头作用。

（五）适应入世要求，切实加强行业管理

通信业要围绕贯彻落实国务院36号文件，在加强对改革重组指导的同时，完善和强化以中央为主的电信监管体系建设，争取在解决难点问题和薄弱环节上取得新的突破，推动电信监管各项职责和任务的全面落实。当前，通信法制建设要围绕贯彻《电信条例》，抓好现有部门规章的贯彻落实，加强配套规章和制度的建设，在全国形成统一、完善的法律环境。同时，做好《电信法》起草和《邮政法》、《无线电管理条例》的修订工作。要加强电信市场准入管理，认真贯彻落实《外商投资电信企业管理规定》和《电信业务经营许可证管理办法》，规范市场准入行为。进一步加强互联互通管理。新一轮电信重组完成后，互联互通工作涉及的面更广、情况更复杂、工作难度将更大，必须加强监管与协调，重点是要提高对互联互通工作的认识，保证互联互通各项制度规定的落实。要严格互联互通纪律，坚决杜绝人为造成的网间通信不畅和中断通信现象，加大互联互通后通信质量监管力度，确保联得上、通得好。

要按照市场经济体制要求和通信行业特点，深化电信资费管理体制改革，逐步实现资费管理法制化、程序化和透明化。对竞争较充分的电信业务，逐步实行市场调节价，将定价权交给企业；对垄断和竞争不充分的少数基础电信业务，实行政府定价和政府指导价。要加强资费管理，严格定价程序，认真查处不计成本的价格竞争行为。要加强码号资源的规划和管理，研究制订码号资源有偿使用办法，争取年内基本完成电信运营商长途标识码预置工作。进一步加强网络与信息安全管理，完成组建省级管理机构工作，逐步建立和完善新形势下的网络与信息安全保障机制。加强协调、管理和服务，做好多运营商条件下党政专网、战备应急通信和国际通信出入口管理工作。继续查处和纠正通信建设市场违规行为，进一步规范市场秩序。切实加强无线电管理，按照《无线电频率划分规定》，继续做好频率规划工作，全面清理频率审批和使用情况，改革频谱资源收费和使用办法，查处有害干扰。有关省市通信管理局和企业要积极做好奥运会通信准备工作。

按照“政府监管、企业自律、用户监督”的原则，加强通信服务监管工作。要继续落实部制定的服务工作8项阶段性目标，督促企业采取措施，尽快在解决话费查询、大用户服务时限、网络接通率等热点问题方面取得实际效果。要进一步完善服务质量公告制度和报告制度，真实地向社会通报企业服务质量情况。对公布的问题，企业要认真处理，提出改进措施，并及时向主管部门、消费者组织和用户反馈。各集团公司要建立全国性的大用户服务中心，不断改善服务质量，以优质服务赢得用户。

电子信息产品制造业要进一步加强统筹规划，做好政策扶持和行业指导工作。进一步做好电子发展基金管理工作，提高资金使用效率。会同有关部门制止无序竞争和不正当竞争，规范市场竞争秩序。加强技术标准、知识产权保护、产品认证和质量监督等工作，发挥标准在规范市场、提高产品与服务质量和增强企业国际竞争力等方面的作用。根据加入世贸组织新形势，加强行业协会、学会建设，发挥其桥梁纽带作用。

要加强对世贸组织规则的学习。面对入世的挑战，当前最紧迫的是实现政府职能的转变。因此，各地要加强对世贸组织规则的学习，特别要掌握与信息产业相关的信息技术协议、基础电信协议和知识产权协定等内容。学习应该抓住要害，深入了解领会世贸组织规则的法律精神，熟悉世贸组织规则，有目的、有针对性地结合实际工作去运用。通过学习，促进信息产业主管部门职能和工作方法的转变，学会运用国际贸易的思维来分析解决问题，按照法制统一和公开透明的原则，废止和修改不符合世贸组织规则和我国对外承诺的法规，坚持依法行政。近期，部已分批组织世贸组织知识学习培训班。省级主管部门和各大公司也应纳入日程，尽快组织相关的学习培训，把应对工作抓紧、抓好、抓实。

（六）加强作风建设，提高队伍的整体素质

切实加强作风建设，转变政府职能。要按照六中全会精神，对照“八个坚持、八个反对”，加强行业思想政治建设和作风建设，将作风建设与推进行业改革与发展结合起来，引导干部和职工学习、掌握中央的方针政策，正确处理改革中的利益调整，确保改革期间队伍稳定、各项工作顺利进行。要针对当前改革和发展中的矛盾和问题，深入基层，调查研究，了解真实情况，使我们的决策更加符合实际，更加具有科学性和指导性。要继续抓好领导干部廉洁自律各项规定的落实，加大查处违纪违法案件力度，认真落实党风廉政建设责任制，扎实推进党风廉政建设和反腐败工作深入开展。最近，中纪委召开第七次全会，江总书记在会上作了重要讲话，国务院也将召开会议对廉政建设工作进行部署。部将根据这两次会议精神研究提出信息产业的贯彻落实意见。要认真做好行政审批制度改革工作，切实减少行政审批事项，制约审批权限。要在全行业倡导求真务实、扎实工作的作风，坚决反对上有政策，下有对策，反对弄虚作假和浮夸风。在改革不断深化，机构变化较大的情况下，要特别重视和加强老干部工作，从政治上生活上关心离退休干部和职工，努力为老同志服好务。

加强人才培养，提高队伍整体素质。入世后，人才竞争将更加激烈。要采取有力措施，多种形式、多种渠道，加大培养和吸引人才的力度，抓住世界信息产业结构调整的有利时机，积极吸引海外人才回国创业，提高信息产业队伍的整体素质。要建立人才激励机制，创造良好的环境，以事业留人、感情留人、适当的待遇留人。政府管理工作政策性很强，面对繁重的任务，必须加强学习，优化人员结构，培养既懂专业、又具备法律和经济管理等方面知识的复合型人才，逐步建立一支适应新形势要求的、高素质的行业管理队伍。政府部门的同志要发扬艰苦奋斗的作风，勤政廉洁，务实高效，无私奉献，提高政府管理工作的整体水平。部机关要进一步牢固树立为基层、为企业服务的意识，工作制度的制定，工作方式的转变，都要以方便基层工作为原则。要进一步落实部有关规定，切实解决“文山会海”问题，请基层的同志们进行监督，使机关作风建设收到实效。

我国信息产业面临着新的机遇和挑战，面临着光荣而艰巨的任务。我们要在以江泽民同志为核心的党中央领导下，统一思想，坚定信心，与时俱进，扎实工作，全面推进信息产业的改革与发展，为信息化带动工业化战略的实施作出新的更大的贡献，以优异的成绩迎接党的第十六次全国代表大会召开！

吴基传部长勉励中国电信员工在深化改革同时加快发展

2002年2月26日，中国电信集团公司召开电视电话会议，信息产业部吴基传部长对中国电信2001年的工作给予了高度评价和充分肯定。2001年中国电信面对资费大幅下调、初装费和附加费取消以及业务分流、异质竞争加剧、深化电信体制改革和加入WTO带来的新压力、新课题，知难而进，团结拼搏，正确把握改革、发展、稳定的关系，“在发展中改革，在改革中发展”，做到了发展不断、队伍不乱、人心不散，既保持了通信业务持续、健康发展，又促进了改革的深化。吴部长勉励全国电信员工继续做好今年的工作，在深化改革的同时，加快发展。

吴基传部长在讲话中指出，全国电信员工都要加深对国务院关于电信体制改革决策的认识和理解。发展是硬道理，改革是进一步加快发展的需要，改革的目的是为了促进发展，引进竞争的目的也是促进发展，因此，决不能因为改革而影响发展。目前国内通信市场的需求很旺盛，一些地方，特别是一些大城市，电话实装率已达80%，一些地方还出现了装机困难和电话装不上的情况。可以说，现在的发展时机非常好。各地企业在发展上不能彷徨，不能因为改革而

贻误时机。

现在放松半年，将来或许三年都补不上。新的中国电信集团公司和中国网络通信集团公司不久将挂牌成立，两大公司成立后，必将在能力建设、网络建设上掀起新的高潮，投资总额将不会低于上年水平。

深化改革是我国通信业应对入世和进一步对外开放的需要，是中国的电信业走向国际市场的需要。加入WTO要求我们要按照国际惯例实施政企分开，建立独立于企业之外的监管体系和机构；WTO的非歧视原则、市场开放原则、公平竞争原则，要求我们必须强化公平竞争意识，共同培育公平竞争的市场环境；要求我们加快发展，增强实力，把自己放到国际竞争的环境中去衡量，早日具备到国际市场竞争的资格。

国民经济信息化的大趋势要求我们进一步坚持发展不动摇。党的十五届五中全会提出推进社会和国民经济信息化，以信息化改造传统产业。信息化离不开网络这个基础，这就为电信运营企业提供了良好的发展机遇。两大集团要尽快理顺管理机制，建立现代企业制度，在信息化建设上早作考虑、加大力度，在深化改革的同时加快发展，力争走在行业的前面。

2001年，中国电信在十分困难的情况下保持了业务的持续发展。全年完成通信业务收入1810亿元，因受电信资费调整影响，比上年增长5.66%（按同比口径实际增幅应为15%左右）。新增电话用户3415万户、互联网用户1669万户，用户总数分别达到1.79亿户和3204万户。在服务和推动国民经济信息化进程中，中国电信积极为各部门、各行业及企业提供高效可靠的信息传输通道和多样化的服务，促进电子政务、电子商务、远程教育和企业信息化的发展，对利用信息技术改造传统产业、提高全社会信息应用水平发挥了重要作用。

注重效益，确保重点，通信能力有效发展。在保持一定投资力度的情况下，资产负债率得到有效控制，全年完成固定资产投资1007亿元，资产负债率由47.9%下降到45.9%。三个全国高速环网基本建成，完成了CHINANET三期和ATM网二期工程，互联网国内带宽达到800G，国际出口带宽达到6G。宽带接入网取得较为迅速的发展。全年运营支撑系统和网管系统投资达40亿元。全年压缩土建及非生产性投资达150多亿元，比重下降了13个百分点。

服务面貌得到明显改善，互联互通工作取得成效。围绕"用户至上、用心服务"的理念，通过强化思想教育、实施规范化服务、加强后台支撑保障、开展营业前台竞争上岗、强化内外监督等一系列综合治理措施，服务面貌大有改观。信息产业部投拆中心反映的数字表明：去年，中国电信的投诉量比上年下降了75%，投诉量在总量中所占比重下降30个百分点，用户满意度在各运营商中名列第一。由于正确理解、高度重视互联互通和接入服务，一年来，中国电信先后为联通、网通、移动、铁通、吉通等开放了多项网间互联服务，使我国电信网间互联互通工作取得重大进展，得到了信息产业部的肯定和其他运营商的认可。

吴基传部长在通信行业作风建设工作会议上的讲话

（2001年8月2日）

在举国上下认真学习江泽民总书记"七一"重要讲话、深入贯彻"三个代表"重要思想的形势下，通信行业作风建设工作会议今天召开了。这次会议具有十分重要的意义，通过总结交流和部署工作，将进一步统一思想，提高认识，明确任务，推动通信行业的服务工作与行风建设，促进整个信息产业两个文明建设再上一个新台阶。对这次会议，部党组非常重视，专门作了研究，有关的要求和部署，春江同志还要作工作报告，下面我先讲几点意见。

一、以"三个代表"重要思想为指导，进一步提

高对通信服务与行风建设工作的认识

江总书记在“七一”讲话中明确提出，“三个代表”要求，是我们党的立党之本、执政之基、力量之源，也是我们在新世纪全面推进党的建设，不断推进理论创新、制度创新和科技创新，不断夺取建设有中国特色社会主义事业新胜利的根本要求。通信属于国民经济基础设施，是代表先进生产力的高新技术产业，又是与人民群众密切相关的服务性行业，在国家的信息网络化和现代化建设中担负着重要的职责和任务。因此，通信行业的一切工作，包括发展、改革、管理、服务，包括行业作风建设和创建文明行业活动，都必须自觉地以“三个代表”来统一思想认识，将“三个代表”重要思想全面深入、不折不扣地贯彻落实到各项工作中去。

改革开放以来，通信部门坚持发展为主线，改革为动力，服务为宗旨，促进了两个文明建设的共同发展，服务质量得到明显改善，行业风气有了明显好转。但是，与党和人民的要求相比，仍存在明显的差距，原有的服务问题缓解了，又出现新的热点问题，某些方面用户反映相当强烈，服务问题与行风建设已成为通信行业发展中的一个薄弱环节。同时，通信业实行政企分开、产业重组、引入竞争，也使市场结构、企业结构发生很大变化，行业服务与行风建设工作的指导、协调与监管中出现了许多新的情况和问题。我们必须进一步转变观念，调整思路，以适应新形势的要求。

邮电分营、产业重组后，通信业分为邮政、电信两个专业，市场也由一家垄断转变为多家竞争，企业正在建立现代企业制度，加快市场化转型。但是，不论怎么变，人民邮电的服务宗旨不能变，为人民服务仍然是我们一切工作的出发点和归宿。在社会主义市场经济条件下，通信业发展的根本目的仍然是满足人民群众日益增长的通信需求，我们深化改革，加快发展，破除垄断，引入竞争，是为了使广大通信用户，使12亿人民群众都能够享受物美价廉的通信信息服务，是为了实现最广大人民群众的根本利益。以用户为本，以群众为基，人民是我们的衣食父母，通信行业的干部职工必须牢记这一点，进一步提高认识，增强自觉性，努力做好新形势下的通信服务工作，开创行风建设的新局面。

二、坚持两个文明一齐抓，处理好服务工作与发展建设的关系

通信的特点是生产与消费同时发生，服务质量与行业风气直接关系到网络运行效益和生产力的发展。目前我国已拥有世界第二大规模的网络，技术层次位居世界前列，各种新业务层出不穷。但是，与不断发展的通信能力和通信业务相比，我们的服务水平还很不适应，服务滞后的矛盾日益突出，很大程度上制约了网络整体效能的发挥。特别是我国即将加入世贸组织，面对跨国公司以高水准服务为核心的国际竞争，我们面临着巨大的压力。近几年来，通信业的管理体制、运营机制发生了深刻的变革，行业发展已由依靠优惠政策向依靠市场机制转变，但我们的思想观念、队伍素质还不能适应这种变化，一些地方和单位的服务工作和行风建设程度不同地有所削弱，损害了行业形象，也影响了行业的发展。这些情况表明，两个文明建设是相辅相成、密不可分的，在体制改革不断深化、市场经济不断发展的形势下，必须继续坚持“两手抓”、“两手都要硬”的方针，将通信服务、行风建设与业务建设有机地结合起来，推进两个文明共同发展。按照国务院关于“谁主管、谁负责”和“管行业必须管行风”的要求，部成立了行风建设和创建精神文明活动指导小组，这是对企业脱钩后加强行业文明建设的有益探索，各省也要抓紧建立机构，并与当地有关部门密切配合，在地方党委政府的指导下做好工作。

通信业的基本职能是为经济、社会发展和人民生活提供通信信息服务，因此通信行风建设必须以服务工作为重点，以解决群众反映强烈的服务热点问题为突破口，以此来带动行业风气的根本好转。现在有一些地方和单位，对服务工作的认识很不到位，对服务质量问题习以为常，麻木不仁，处理问题推诿扯皮，以致激化与用户的矛盾，引起社会强烈反响，严重影响了行业形象。各地通信主管部门和运营企业要以这次会议为契机，以行业作风建设和创建文明行业活动来促进服务热点问题的解决。开展活动必须与解决实际问题相结合，不作表面文章，力戒形式主义。要结合本地区实际，找准服务工作主要矛盾，制定阶段性目标，采取切实有效的措施，真正做几件群众满意、社会公认的实事，在解决热点问题、改善服务工作方面取得实实在在的效果。

三、坚持效率优先、兼顾公平的原则，处理好市场竞争与普遍服务的关系

改善服务质量，转变行业风气要靠新的机制，这个机制就是竞争机制。国家在通信业破除垄断、引入竞争的一个重要目的，就是为了克服计划经济体制下形成的种种弊端，有效地解决长期存在的服务质量差的问题。这几年的实践表明，竞争机制的引入，竞争使企业增强了改善服务的压力和动力，有力地推动了通信服务工作。通信企业的产品就是服务，其竞争力的高低，最根本的是要体现在服务质量上。运营企业应进一步明确竞争与服务的关系，摒弃各种不规范的恶性竞争行为，真正把竞争的立足点放到加强基础管理、改善服务质量上来，以市场竞争为动力，努力形成新的服务机制，通过优质高效的服务占领市场，做大市场，不断扩大市场占有率，进而推动整个通信行业服务水平的提高。

我国实行的是社会主义制度，改革的目标是建立社会主义市场经济。这就决定了通信业的市场化进程必须坚持效率优先、兼顾公平的原则，在引入竞争机制的同时，保证东、中、西部地区，城市、农村地区的协调发展，使不同地区之间的“数字差距”逐步缩小。在竞争条件下，通信业既要为城市服好务，也要为农村服好务；既要为大用户和高收入者服好务，也要为普通用户和低收入者服好务，普遍服务的原则必须坚持，不能动摇。开展竞争、提高效益，不能以削弱普遍服务、牺牲经济不发达地区群众的通信权益为代价，我国是个发展中国家，通信普及程度还不高，处理好这个问题尤为重要。对当前通信普遍服务中出现的问题，必须高度重视，认真加以解决。一方面国家要制定有关政策，加快建立相应的补偿机制；一方面通信企业要根据不同消费层次的特点，“量身定制”，开发和提供多种服务，以满足不同收入、不同需求消费者的需要。

四、坚持齐抓共管，处理好政府监管、企业自律与社会监督的关系

企业是通信服务的主体，各种改善服务的措施最终要靠企业来实施，同时，解决服务问题离不开政府部门的监管和社会各界的监督。为此，部里前几年明确提出，要形成“政府监管、企业自律、社会监督”通信服务工作机制，并出台了一系列有关规定和办法，收到了很好的效果。必须强调，政企分开、企业脱钩后，政府部门的主要职责是宏观管理，其中非常重要的一项任务就是加强对服务工作的监管，包括对部颁服务标准执行情况的监督检查，对重大服务问题的督促处理，等等。各级通信管理部门必须把服务监管作为政府监管工作的重中之重，摆到重要位置，下大力气抓紧抓好，抓出实效。政府部门要切实维护用户合法权益。由于信息的不对称，用户缺乏对有关服务、资费情况的了解，发生质量问题和矛盾时往往属于弱者，主管部门要为用户说话，为用户提供有关的政策信息和帮助。对严重侵犯消费者权益的问题，主管部门要认真查处，并欢迎和支持用户利用法律手段维护自身权益。要充分发挥用户监督、舆论监督和社会监督的作用，定期向社会公布企业服务情况，将政府监管与社会监督紧密结合，形成推动改善通信服务的大环境。

五、转变工作方式，处理好改善服务与加强宣传的关系

随着通信业的快速发展，通信的业务种类、资费价格发生了很大的变化，同时，消费者的自我维权意识也明显增强，对通信服务的标准、质量、资费政策等问题更加关心，不仅要享受服务，而且要求有知情权，要求“明明白白消费”。主管部门和企业必须高度重视这个问题。要在提供服务的同时，进一步加大宣传工作力度，广泛、深入、全面地做好通信政策、通信业务等方面的社会宣传，当前特别要重点加强电信资费政策的宣传解释，争取用户的理解和支持。要充分发挥新闻媒体的作用，使广大用户和社会各界客观地了解国家有关政策，了解通信发展、改革情况，努力创造一个良好的外部环境，以促进通信服务的改善与行业风气的进一步转变，促进我国通信业在新世纪的更大发展。

吴基传部长在中国电信集团公司和中国网络通信集团公司成立大会上的讲话

（2002年5月16日）

按照国务院（2001）36号关于电信体制改革方案通知的要求，在吴邦国副总理的直接领导下，今年初专门成立了由中组部、中央企业工委、国家计委、国家经贸委、财政部、信息产业部等部门领导组成的电信体制改革工作小组。经过五个多月的紧张筹备，现已顺利完成了领导班子组建、资产划分、公司组建方案和章程的审批等工作。今天，中国电信集团公司和中国网络通信集团公司正式宣布成立。首先，让我代表信息产业部，对两大集团公司的成立表示热烈祝贺！向关心支持通信事业发展的各部门及社会各方面，表示衷心的感谢！

两大集团公司的成立，是我国深化电信体制改革、适应加入世贸组织要求、应对21世纪信息技术飞速发展带来新挑战的重大举措，标志着我国电信体制改革在前一阶段基础上又取得了新的突破，全局性的战略重组基本完成，对于形成公平有效竞争、加快通信事业发展、推进国民经济和社会信息化，具有重大而深远的意义。党中央、国务院非常关心通信事业的改革与发展，吴邦国副总理专门就两大集团公司的成立作了重要指示，提出了殷切希望。刚才，中组部孙晓群副部长代表中央宣布了领导班子并作了重要讲话，对班子建设及领导干部提出了明确要求。我们要认真贯彻落实中央的决定和要求，努力把工作做得更好。

改革开放以来，我国通信事业持续快速发展，改革步伐也不断加快。特别是1998年信息产业部成立以来，认真贯彻落实党中央、国务院的决策，在全行业实行了政企分开、邮电分营和电信重组，还组建了各省、区、市通信管理局。目前，我国电信业已初步形成了不同规模、不同业务、不同所有制企业相互竞争的市场格局，初步建立了较为完整的电信监管体系。在大发展的同时，实现了管理体制和管理机制的大变革。几年来，通信行业在改革力度大、任务重的情况下，克服种种困难，以较短的时间，走过了许多发达国家需要七、八年时间才能走完的改革路程，并保持了全行业发展力度不减。我国固定电话和移动电话用户总数已达到了3亿5千多万户，网络规模跃居世界第一位，通信业综合实力实现了历史性跨越。

最近，党中央、国务院在有关电信体制改革的文件中，充分肯定电信业走出了一条“在发展中改革，在改革中发展”的道路。成绩来之不易。这是全国通信部门认真贯彻党中央、国务院的决策部署，开拓进取、努力工作的结果，也是与广大干部职工识大体、顾大局，参与改革、支持改革分不开的。实践证明，通信行业的干部职工经受了机构改革和利益调整的考验，是一支听党的话、作风过硬、可以信赖的队伍。有了这样一支队伍，我们一定能够战胜任何艰难险阻，我们的事业一定会更加兴旺发达。在此，我代表信息产业部党组，向为我国通信发展作出贡献的全行业干部职工，致以崇高的敬意！

当前，我国通信业面临着日趋复杂的国际、国内发展环境，面临着落实“十五”计划、加快行业发展的艰巨任务，既有机遇，更有挑战。希望两个集团公司领导班子以邓小平理论和江总书记“三个代表”重要思想为指导，贯彻党的十五届四中、五中和六中全会精神，积级开拓，大胆探索，研究新思路，采取新举措，带领企业在市场环境中不断发展壮大。希望两大集团公司进一步深化企业内部改革，加快建立现代企业制度，建立法人治理结构，切实转换经营机制，并加大服务工作力度，进一步改善服务质量，以改革、服务促发展，增强市场竞争能力。有关企业要将新的机制、新的理念与长期以来形成的好传统、好作风结合起来，取长补短，加快融合，尽快形成合力。同时，也希望所有运营企业树立大局观念，处理好竞争与合作的关系，在新的市场格局下自觉维护国家基础网络的完整性、统一性和先进性，优化资源配置，

维护市场秩序，实现共同发展。改革是手段，发展是目的。我们要通过竞争、开放，逐步在我国形成若干个管理先进、服务一流、真正具有中国特色又能参与国际竞争的大型通信企业集团。各基础电信运营企业要朝着这个目标积极努力，为国家通信整体实力的提高作出贡献。

国务院在有关文件中强调，电信体制改革的指导方针是打破垄断、公平竞争、优化配置、加强监管。为此，信息产业部将进一步转变职能，完善和强化以中央事权为主的监管机构，形成有中国特色的电信监管体系，积极推进法制建设，做好公平配置资源、实现互联互通及保障普遍服务等方面的工作，推动市场公平竞争，努力为企业与行业的发展创造一个良好的外部环境。

我国通信事业的发展壮大，经历了几代人的艰苦奋斗。进入新世纪的今天，我们一定要与时俱进，进一步深化改革，使行业焕发出新的生机与活力。让我们在以江泽民同志为核心的党中央领导下，团结一致，奋力拼搏，应对挑战，在国内外竞争环境下实现新的跨越，为我国改革开放和现代化建设作出更大的贡献！

张春江副部长在宽带无线接入研讨会上的讲话

（2001年4月26日）

在全球信息网络化快速推进、我国以信息化带动工业化战略加快实施的今天，对宽带网发展问题进行研讨，既有现实性，又有前瞻性，是一件很有意义的事情。在此，我代表信息产业部，对会议的召开表示衷心祝贺，对参加会议的中外专家和业界朋友表示热烈欢迎!下面，就我国信息网络化建设及宽带接入发展等问题谈一些看法。

进入新的世纪，经济全球化和信息网络化进程日益加快，对世界各国产生了深刻的影响。特别是以微电子、计算机、通信及互联网等为代表，信息技术日新月异，信息产业蓬勃兴起，信息基础设施以前所未有的速度和规模向前发展，极大地促进了人们生产方式和生活方式的变革，推动了经济结构的调整与人类社会的进步。顺应世界潮流，我国政府正在从战略的高度，积极推进信息化建设。中国共产党十五届五中全会提出，大力推进国民经济和社会信息化，是覆盖现代化建设全局的战略举措，要把国民经济和社会信息化放在优先位置，以信息化带动工业化，发挥后发优势，实现社会生产力的跨越式发展。江泽民总书记在有关讲话中也多次强调，要加快发展外国的信息技术与网络技术，并在经济、社会、科技、国防、教育、文化、法律等方面积极加以运用，努力在全球信息网络化的发展中占据主动地位。九届人大四次会议审议通过的“十五”计划中，也对新世纪之初我国信息化建设作出了部署。党中央、国务院如此大份量、强力度地突出信息产业和信息化建设，这在我国改革开放以来还是第一次。这充分说明，信息化建设在国家的现代化进程中被赋予了历史性重任，我国信息化建设进入了一个新的发展时期。

以信息化带动工业化，是我国实现民族复兴的战略选择，是实现第三步发展目标的必由之路。我国正处于推进工业化时期，又面临全球信息化大潮，这对于我们发挥后发优势，实现跨越式发展，加快现代化建设的步伐提供了非常有利的条件与环境。我国即将加入世界贸易组织，这一新的形势也要求我们尽快增强自身的竞争力，以迎接全球化带来的挑战。所以，以信息化带动工业化战略的提出，对于中国这样一个正在努力推进现代化的发展中国家来说，具有特别重大的现实意义和深远的历史意义，我们必须深刻理解，不折不扣地加以贯彻落实。

当前，全球网络经济发展过程中出现了一些波折和问题，对我国也产生了一定的影响，对此要全面、客观、辩证地看待，要有正确的认识。一方面，在信息网络化发展中，要将借鉴国外经验与立足本国国情结合起来，从自身经济水平、发展阶段的实际出发，充分考虑与发达国家在经济结构、国民素质及信息化程度等方面的差异，避免盲目跟风，坚持走自己的路。一方面，对发展中出现的矛盾和问题，应认真总结经验和教训，进一步完善发展的思路和模式，但决不能因此而丧失信心，更不能由此否定信息网络化的作用。对我国而言，正确地反思网络经济的发展，最重要的，也是当务之急，是要将信息化与工业化紧密结合，在抓应用、抓改造传统产业方面下功夫，这是我们消除泡沫、走出萧条、保持健康发展的根本所在。总之，在网络出现泡沫的时候，要头脑冷静，网络出现萧条时，更要保持头脑冷静，要进一步坚定对中央提出的“信息化带动工业化”战略决策的信念，扎扎实实地抓好落实，不断开创信息化发展新局面。

信息网络化的迅猛发展，对作为其基础设施的带宽资源提出了越来越高的要求。近年来，我国通信信息基础设施建设取得了长足的进展，整体水平发生了质的飞跃，本地电话网和移动通信网规模容量均跃居世界第二位，网络技术层次进入世界前列。特别是带宽建设成效显著。到2000年底，全国光缆总长度达到125万公里，其中长途光缆28.6万公里，中国电信、中国联通长途光缆网功能不断完善，中国网通宽带互联网工程也取得了重大进展，互联网骨干网间互联带宽达到100兆以上，国际出入口带宽达到2799兆。目前，SDH光通信系统、密集波分复用技术大量应用于干线网络，ATM宽带交换骨干网已经建立，IP和多媒体网初具规模，窄带、宽带等技术逐步应用，接入网建设步伐明显加快。电信网络正在加快向新一代宽带高速网演进，为我国信息化建设提供了坚实的网络基础。同时应当清醒地看到，与信息化迅猛发展的形势相比，与旺盛的市场需求相比，现在这样的网络规模和带宽是远远不够的。带宽资源相对不足，仍然是当前困扰我国信息化发展的“瓶颈”之一。

为此，国家“十五”计划明确提出，要大力发展高速宽带信息网，重点建设宽带接入网，扩大利用互联网，促进电信、电视、计算机三网融合。今年全国信息产业工作会议也将网络建设放到十分突出的位置，要求“十五”期间加快建设超大容量、技术先进、灵活高效、安全可靠的信息基础设施，在带宽“瓶颈”上取得突破。由此可以看出，发展宽带接入网具有战略意义，我们要从多方面入手，以积极务实的态度推进这项工作。

第一，着眼于信息通信发展趋势，研究和明确宽带接入的发展方向。实现网络的宽带化，不仅需要拓展长途干线网和城域网的带宽，而且必须解决好接入网的带宽问题。作为信息化的“最后一公里”，接入网是直接连接用户、提供网络服务和新业务的重要环节。随着通信技术和业务的不断发展，特别是以互联网上各种应用的爆炸性增长，提供高速宽带接入和IP多媒体综合业务应用承载，已成为接入技术发展的必然趋势。当前，宽带网络接入技术如DSL、光纤接入、以太网接入、无线接入等网络接入新技术不断成熟，应用步伐不断加快。从全球来看，接入网在整个电信网建设中的投资比例呈现出逐年加大的趋势。可以预见，在未来的信息通信网络建设中，充分满足宽带业务需求的新一代宽带接入网建设，将成为信息通信发展一个非常明显的趋势。在我国，目前网络接入技术也正由单纯为解决电话业务而构建的窄带接入网，向融合多种接入手段的、能够提供多种综合业务的宽带接入网方向转变。特别是宽带无线接入技术由于其灵活的组网方式受到广泛关注，成为新一轮接入网的热点。在我国信息化建设进程中，积极发展宽带接入网，消除信息化“最后一公里”的“瓶颈”，满足人们对宽带多媒体通信的网络接入需求，已成为国家信息基础设施发展的重中之重，成为实现三网融合的关键。

第二，坚持应用为主导，将技术与市场两方面因素有机地结合起来。一项先进技术能否形成产业，为社会创造财富，关键在于应用，在于市场的定位、培育与发展。在宽带接入的发展中，必须深入研究市场需求与应用前景，既要考虑技术的先进性，也要注重市场的可行性，避免“重技术、轻市场”的倾向。特别是要注重宽带接入的业务开拓，丰富业务种类，努力做到网络能力与网络内容的发展同步，使网络在形成宽带化、综合化、智能化的同时，能够适应全业务发展趋势的要求。要认真研究不同层次消费者的需求与承受能力，采取多样化的业务服务，确定合理的资费价格，做到先进性与适用性的统一。网络运营企业

要积极与社会各信息源单位合作，广泛开门纳库，加大信息资源的开发、接入力度，尤其是加强与文化娱乐、新闻出版、影视媒体等部门的联合，进一步丰富网络信息资源，实现社会信息资源共享。要大力发展电子商务，开展网上纳税、网上缴费、网上银行、网上购物、网上订票等，大力发展远程医疗、远程教学、视频点播等，争取在应用方面迈出较大步伐。

第三，加强统筹规划，引入竞争机制，推动宽带接入市场快速有序发展。目前，通信业有效竞争、有序竞争的市场格局正在逐步形成，基础电信网间互联互通基本实现，这将为宽带接入这一新业务的发展创造有利的网络环境与市场环境。信息产业部正在按照《电信条例》的要求，抓紧研究制订开放本地接入市场的办法和配套政策，对包括有线和无线，全国性和区域性在内的各类接入网络，都要在加强政府宏观管理的前提下，引入竞争机制，利用市场的力量促进宽带接入业务的发展。

在发展规划方面，要以市场为导向，本着适度超前的原则，多种技术模式并举，统一规划、统一标准，保证网络规划的合理性、适应性和可过渡性。应考虑到各地需求不平衡的实际情况，坚持实事求是、因地制宜，避免一刀切、一哄而上、盲目投资。这是避免低层次重复建设，保证宽带接入网健康发展的基础和前提。无线电管理部门要在试点的基础上，与有关运营、科研、生产单位密切合作，做好宽带无线接入系统的频率规划。

我们将本着公平、公正、公开的原则，为每一个真正具备条件的运营企业提供平等进入市场的机会，以最大限度地发挥各方面的积极性。同时，要采取有效措施，确保用户自由选择宽带业务服务的权力，维护广大消费者的合法权益。宽带接入是一项新业务，我们将在试点的基础上逐步推开，并着手研究有关的技术标准、许可证发放、互联互通、收费管理及网络元素非绑定办法等问题，以规范市场秩序，加快宽带接入的商用步伐。作为行业主管部门，信息产业部将依照有关的法律法规，加强政策引导与市场监管，努力为宽带接入业务的发展提供良好的外部环境。

第四，实行联合建设，加强国际合作。在宽带接入的发展上，要积极探索，大胆实践，形成符合市场经济与通信信息发展要求的新思路、新模式。要坚持广泛联合、互利互惠、共同发展的原则，采取合建、自建、租用等多种建设方式，包括同当地的规划、城建等部门及房地产开发商合作，以加快建设步伐。同时，要进一步加强国际技术合作，学习借鉴各国在宽带接入网络、业务应用等方面的经验和作法，结合国情加以消化、吸收和创新，逐步走出一条有自己特色的发展路子。希望中外专家和业界朋友在这次研讨会上开展广泛、深入的交流和研讨，并提出宝贵的意见和建议，以帮助我们科学决策，共同加快宽带网在中国的发展。

张春江副部长发表世界电信日讲话
“发展互联网 推进信息化”

2001年5月17日

互联网的蓬勃兴起，使信息的集成化、网络化趋势日渐明显。今天，网络已深入到生产、流通、管理、科研、教育、文化、卫生等各个领域，引起人们生活习惯、工作方式、思维方式及价值观念等诸多方面的深刻变化。面对发达国家的技术、资金和市场优势，我国还存在明显的差距。西方国家和敌对势力不断利用网络进行意识形态渗透，国内网络犯罪、有害信息传播等问题也日益突出。我国在推进信息网络化、维护信息安全方面，面临着巨大的压力和挑战。发展互联网，必须认真贯彻江泽民同志提出的“积极发展，加强管理，趋利避害，为我所用”的指导方针，深入研究信息网络化的特点和规律，发挥后发优势，努力推进国民经济和社会生活信息化。

——*发展互联网，要取人之长，探索适应我国国情的发展道路*。我国在发展互联网过程中，必须重视统筹规划。现在各方面对于发展互联网都有很高的热情，接入网建设、信息资源开发等许多领域呈现出生机勃勃的局面。这无疑是一件大好事。但无论是国家还是企业，在从事这些投资的同时，应当充分考虑潜在的风险，力戒一哄而起又一哄而散。发展互联网，诸如体制标准、域名管理、数据库资源的开发共享等有关工作，必须保持集中统一，只有这样，才能以最小的投入获得最大的效益。

——*发展互联网，要正确处理发展网络经济与改造传统产业的关系*。互联网尽管在优化物质经济增长方面具有不可比拟的重要作用，但它同样不可能取代物质经济增长。当前要特别注意防止两种倾向：一种是认为只要有了“信息化”，就可以将工业、农业和第三产业取而代之，实现“非物质经济增长”，我国就可以与发达国家并驾齐驱；一种是把互联网说得一钱不值，认为网络经济不过是一堆“泡沫”。事实上，这两种认识不仅脱离实际，而且十分有害。我们要科学认识网络经济和传统产业的关系，从打基础入手，抓好传统产业的改造升级，扎扎实实推进信息化建设。

——*发展互联网，要把技术先进、功能完善的网络作为重要基础，重视信息资源的开发和利用*。信息资源的开发、电子商务的发展、信息应用系统的建设，对网络基础设施提出了越来越高的要求。我国信息基础设施虽然有了很大的改善，但还不能满足经济社会发展的需求，尤其是带宽不足，已成为制约信息网络化建设的“瓶颈”。我们要突破带宽的“瓶颈”限制，建设面向21世纪的国家信息基础设施。要抓住世界信息技术革命带来的机遇，采用密集波分复用、第三代移动通信等各种先进技术，使网络逐步演进成为一个融语音、数据、图像为一体，超大容量、灵活高效、经济实用、安全可靠的宽带高速信息网，满足各种宽带多媒体业务需求，在信息网络化中发挥主导作用。我们要努力在应用上取得突破，集中力量抓好信息资源的开发利用。要以政府上网、企业上网、家庭上网和学校上网工程为载体，积极推动经济运行与宏观管理部门信息应用系统的发展，组织好重点领域信息资源的开发利用，鼓励发展各类公共数据库。要加快利用信息技术改造传统产业的步伐，促进产业结构调整和升级，促进农业、第三产业规模的扩大和效率的提高。要充分重视网上思想文化阵地的建设，积极发展远程教育、远程医疗等各种面向社会和广大群众的信息服务。加强信息知识的普及教育，扩大社会电脑拥有量，提高上网普及率，满足人民群众日益增长的信息需求。

——*发展互联网，必须深化改革，形成有利于发展的市场环境*。我国通信业已实现政企分开和产业重组，初步形成了市场竞争格局。要在继续支持主导电信企业加快发展、增强国际竞争力的同时，进一步加大对新兴电信企业的扶持力度。要在国家政策允许的范围内，引导国内外更多投资主体进入电信与信息服务市场，并对所有的信息传输网络带宽资源进行统筹规划，积极加以利用。要加强宏观调控。各部门、各地区发展互联网、推进信息化，都要从自身实际出发，以市场需求为导向，避免盲目发展造成低水平重复建设和国家资源的浪费。发展互联网，法制建设至关重要。应尽快出台有关电信管理、外商投资、网络与信息安全等方面的法规，建立能够保证市场公平有效竞争的法律法规体系。要在兼顾国家、企业、用户三者利益的前提下，对电信资费进行有升有降的结构性调整，降低资费总体水平，促进和引导信息消费。要根据国务院颁布的《鼓励软件产业和集成电路产业发展的若干政策》，抓紧制订实施细则，推动信息网络化领域的技术创新。

——*发展互联网，必须加强网络与信息安全管理*。网络与信息安全已从一个产业问题上升为事关国家政治稳定、社会安全、经济增长和社会主义精神文明建设的全局性问题。信息与网络只有安全，才能有强大的生命力；只有建立有效的网络安全保障体系，才能使信息化建设健康发展。要提高各级领导、网络运营者、各应用单位对信息安全工作重要性和紧迫性的认识，增强全社会的信息安全意识。要努力构筑技术先进、管理高效、安全可靠、建立在自主科研开发基础之上的信息安全体系。要有效地监控有害信息，消除安全隐患，打击网络犯罪，为国家安全、社会稳定和经济发展提供强有力的信息安全保障。

——发展互联网要充分发挥中小企业的作用。富有创新精神和能力的中小企业进入电信市场，有利于在各个环节与大型骨干企业展开竞争，从而改善面向全社会的电信服务，帮助传统企业进行信息化改造，提高竞争力，使互联网产业链的每个环节都充满活力。

张春江副部长对中国电信集团行风建设给予充分肯定

2001年11月6日，信息产业部副部长张春江、驻部纪检组组长李雪莹、副组长苗建华、电信管理局副局长王秀军等来到中国电信集团公司调研，着重听取了中国电信贯彻落实信息产业部行风建设会议情况的汇报，并就有关工作进行了座谈。

2001年8月，信息产业部召开全国行风建设会，提出了取消话费交费时限，加强计费设备管理等改进通信服务工作的8条措施。中国电信集团高度重视，及时进行了贯彻和部署，继续坚持“用户至上、用心服务”的理念，针对其中涉及中国电信工作的6项内容迅速提出实施意见，具体落到实处。

至目前，中国电信各省、地（市）已基本实现全月交费制度，有三分之一省份在今年上半年实现了全日制交费制度。全国338个本地网已经实现计费帐务集中管理的有165个，占48.8%，11月底将达到81.9%。为加强互联互通工作，中国电信集团主动调整了网络架构，提高互联互通和接入服务的能力。同时，为进一步加大管理和服务力度，中国电信总部及各级企业成立互联互通部。今年6月份以来，中国电信相继与铁通、联通、吉通签署了13个互联互通协议。此外，在执行国家资费政策、加强电话卡管理等方面也都严格按照信息产业部的要求，不断改进自身工作。今年以来，用户对中国电信服务的投诉明显下降，特别是第三季度用户投诉数量为51件，占整个电信运营商投诉总数的36%，比去年同期下降42个百分点。

张春江副部长对中国电信所做的工作表示满意，认为中国电信在各项任务十分繁重的情况下，为落实信息产业部行风会议精神做了大量工作，思想上高度重视，成效也非常显著，为电信行业整体服务水平的提高作出了贡献。希望中国电信在今后的工作中，继续将纠正行业不正之风的8条措施与业务工作紧密结合起来，与企业发展等项工作一起部署、一起检查、一起考核，并不断总结经验，推出电信行业中李素丽、徐虎式的典型人物，促进行业形象的不断改善。中国电信集团公司总经理周德强表示：中国电信将尽快按部领导的指示精神，进一步落实有关工作，为行风建设作出应有的贡献。

深化企业改革 迎接入世挑战

信息产业部副部长张春江

2001年11月

经过15年的艰苦谈判，中国终于在2001年11月10日加入WTO，这是中国经济发展的一个里程碑，必将对我国经济和社会发展产生巨大影响。对于世贸组织的任何一个成员国来说，加入WTO意味着权利和义务的统一，既有机遇也有挑战，是一把双刃剑，通信企业要充分认识这一点。过分的高兴或害怕都是不对的，正确的态度应该是实事求是地分析自己的优势和劣势，并通过改革，扩大优势，转变劣势，充分做好各方面的准备，包括思想观念准备和机制物质准备，从容应对挑战。

经过20多年的改革开放，中国的通信企业得到了长足发展。我国的固定电话网和移动电话网的规模均居世界前列，电话用户从1979年的209万户增长到2000年末的2.29亿户。电信业实现了从经济建设和对外开放之初的“瓶颈”到适度超前于经济发展水平的历史性转变，成功地解决了“供应不足”这一主要矛盾。我们坚持技术上高起点，实行以技术换市场的政策，因此我国通信网的技术含量和层次并不比发达国家差，可以毫不夸张地说，发达国家已经应用的技术，我国通信网上绝大部分都已经使用，有些重要技术我们已拥有自己的知识产权。在当前许多国际通信运营公司业务紧缩、利润下降、困难重重的情况下，中国的电信业在经过十多年超高速发展后，目前仍以较高速度发展，今年电信业务量可望比去年增长26%左右，这说明我国的通信企业充满着活力。我们拥有巨大的日益成长发展的国内通信市场与庞大的通信基础网络结合起来的先入为主的优势，是任何国际运营商所不具有的。此外，我们在经营管理、服务理念等方面也正在向世界水平靠拢，我们逐步培养建立了一支有较高水平的管理技术人才队伍，等等，这些都是我们迎接挑战的基础，或者说是优势。通过我们扎实而有成效的工作，一定能将这些优势转化为胜势，赢得入世挑战的胜利。

当然，我们也有薄弱点，如从总体上讲，通信企业经营者的思想观念还比较落后，从思想到机制尚没有完全实行市场转型，明显不适应加入WTO后市场竞争的需要；多数通信企业的现代企业制度还没有真正建立，不具有完善有效的公司治理结构，经营管理机制不活，难以驾驭瞬息万变的国际市场风云。

总之，我们的网络、技术、市场等“硬件”条件是好的，是有一定实力的，足以参与国际市场的拼搏，而思想、观念、管理等“软件”明显薄弱，需要迅速转变和提高。只有软、硬条件都过硬了，我们就不怕来自任何方面的挑战。

转变中国通信企业“软件”过“软”的状况，比较好的方法是深化企业改革，加快建立现代企业制度。加入WTO，实际上“锁定”了我国改革的方向，也“锁定”了改革开放的进程。从通信企业来说，必须在有限的过渡时期内，加快改革步伐，以改革应对挑战。企业改革的目标就是建立现代企业制度，这是企业参与国际市场竞争必备的制度条件，只有在市场开发、企业经营管理、资本运营、人力资源开发等方面与国际接轨，才能有较强的国际市场应变能力。

建立现代企业制度就是要实现产权清晰，权责明确，政企分开，管理科学。建立符合市场经济要求的国有资产的管理、运营和监督体制，落实企业法人财产权，做到产权清晰，是建立现代企业制度的一个基本条件。做到产权清晰的关键，一是设立必要的组织机构，确保国家所有者权能到位；二是确立企业法人财产制度和有限责任制度，实现国家出资者所有权与企业法人财产权的分离；三是通过资产重组、资本运营、兼并收购、产权流动、产权交易等方法，逐步实现通信企业资产的多元化。建立现代企业制度必须实行政企分开，这是一个前提条件。政府要把政府的事情办好，让企业集中精力开发市场，完成经营发展目标，为企业创造一个良好的外部发展环境。企业也不

要去做政府的事情，承担过多的社会责任，以便有更多的精力去考虑发展战略，开拓市场，管理好企业。

建立规范的公司法人治理结构是现代企业制度建设的核心，要按照《公司法》的有关规定，在通信企业逐步建立股东会、董事会、监事会和经理层，建立科学的领导体制、决策程序和责任制度，形成所有者、经营者和劳动者之间的激励和制衡机制，使三者的权利得到保障、行为受到约束。中国通信企业目前存在的管理粗放、效率不高、机制不活、素质低下是影响市场竞争力的一个关键因素，是建立现代企业制度面临的一个难点和重点，也是应对入世挑战的一个突出问题。各级通信企业要高度重视管理问题，重视管理理念的转变和创新，重视管理制度的完善和创新，切实提高企业的管理素质。

人才问题是应对入世的焦点，是建立现代企业制度的一个重要内涵，也是深化企业改革的难点和重点。加入世贸组织后，中国通信企业首先遭遇的是与国际运营商的人才争夺，如果我们不能建立良好的吸引和留住人才的机制，就难以应对入世挑战。虽然近几年通信企业普遍开始重视人力资源管理，加强了对人才的培养、使用和开发，但由于人才管理机制还很落后，分配上的“大锅饭”、使用上的随意性，严重妨碍了人才积极性的发挥。因此，吸引和留住人才，关键是要尽快建立灵活的人才管理机制。

如分配机制，要重视知识和技术的价值，让知识和技术作为劳动要素参与分配，并制订切实可行的分配办法。再如，人才选拔要引进竞争机制，由“相马”变为“赛马”，并实行任前公示制，保证是人才就能得到相应的工作岗位。又如，要建立正确的企业价值观，弘扬企业团队精神，形成良好的吸引和凝聚人才的企业环境。做到这些，对于新兴通信企业来说要相对容易一些，而对于原有的通信企业，由于有深厚的思想观念和规章制度的历史沉淀，改革起来较困难，但又不得不改，这就必须下定决心，由易到难争取在较短的时间内改革到位。

通信企业深化改革、建立现代企业制度还涉及很多方面，如选拔企业经理人员如何由上级组织考察任命转变为职业化、市场化，如何建立适应通信企业特点的经营者的激励和约束机制，如何由生产经营转变为资本运营，等等，从计划经济走过来的通信企业对这些领域还比较陌生，需要下大力气去学习和探索。我们只有在这些方面与国际先进企业接轨，在同一个管理水平上进行竞争，才有可能取得竞争的胜利。

现代企业制度建设和企业管理是一门大学问，可学习探索的内容永无止境，希望中国的通信企业借入世之机用心学习世界先进企业的管理理念和管理经验，并最终有所突破，有所超越。

中　国　电　信　年　鉴

专　文

周德强总经理在广东调研时强调“规范管理 夯实基础 促进企业健康发展”

2001年5月，周德强总经理在广东省电信公司调研。调研期间听取了有关方面的工作汇报，视察了部分生产现场和营业网点，并就企业竞争策略、体制改革、业务发展、内部管理、互联互通等方面进行了广泛深入的调查研究。调研中，周总对广东电信的五项集中管理、主辅主附分离、业务发展等工作给予了充分的肯定，同时针对当前的电信工作提出了具体要求。

一、关于五项集中管理工作

在网络集中管理上，不能仅仅停留在技术层面，集中网管要在保障网络畅通的基础上，进一步为企业的经营和管理提供高层次、多样化的服务。一方面可以通过对网络资源的动态分析，为企业经营决策提供参考依据，促进企业市场营销能力的提高；另一方面，还可以提供企业运营成本的实际情况，向政府部门汇报，影响政府制定政策。

要在过去重视网络管理的基础上，重视抓好本地网计费集中管理工作。计费问题仍是当前电信服务工作中的热点问题，计费问题不解决，企业服务质量就上不去，企业效益就得不到最终的体现。而要解决计费中的问题就是要建立以本地网为中心的帐务管理体系，进行集中统一管理，把好计费帐务管理过程中相关数据采集、过滤、分析、稽核、质检等各道关口，保护好用户和企业的利益。

实施集中管理切忌从单纯的平台建设入手，这样只能是用新平台去适应旧的管理流程，从而造成新一轮的投资高潮，造成不必要的浪费，集中管理工作要在管理流程和规范程序上下功夫，要通过提高管理水平从根本上形成对网络资源的有效控制和对市场的快速反应能力，使网络资源得到最有效、最充分的利用。

二、关于主辅、主附分离工作

主业、实业分营后，如何顺利地渡过磨合期，实现共同发展，这也是此次调研的重点。周总指出实业公司要以主实分营工作为契机，面向市场建立崭新的、灵活的现代企业制度，转换机制，练好内功，要实行规范的公司化运作，独立核算、自主经营、自负盈亏、自我发展，不断提高管理水平的竞争能力。

实业公司要认真清理规范下属的三产公司，对那些管理混乱、亏损严重的公司要坚决关停并转，实业公司下属的四、五级法人要坚决去掉。实业公司要在为中国电信做好服务的同时，眼睛向外，面向社会，争取为其他运营商提供优质服务，扩大市场份额，形成自己的市场品牌。

无论主业还是实业都要下大力气搞好内部基础工作，降低成本，提高劳动生产率，增强服务水平。主实业公司的领导都要关心职工的生活，为职工解决实际问题，发挥企业主人翁的积极性和创造性。

三、关于经营发展

加强和改进经营工作，坚持速度与效益、数量与质量、规模与结构、投入与产出的统一，继续保持健康发展的态势。电话仍是当前主营业务，要努力提高发展的质量。要加快发展效益好的各类卡式电话业务。要重视做好专用网的服务工作，要加大话务量营销力度，促进话务量增长。

要积极推进宽带接入建设。要广泛开展社会合作，采取灵活的经营方式，创立适应用户需求的商务模式，加快宽带业务的推广。在发展宽带业务中要树立双赢或多赢的观念，善于让利于人，通过准确的市场定位和市场细分，有所为有所不为。与其他运营商共同发展，更好地满足社会的需求。要发挥大客户部的作用，要赋予大客户部相应的责权利，使大客户部在抢占市场中发挥排头兵的作用。

四、关于人才问题

要在待遇留人和感情留人的基础上，大力倡导事业留人。对人才最有吸引力的是能够提供一个充分发挥其聪明才智、干出一番事业的舞台。中国电信的网络规模最大，专业技术最全，这正是人才全面发展不可多得的舞台，要充分发挥中国电信的这一优势，鼓励员工立足岗位，建功立业。对于边远山区人才匮乏的问题，要通过培养骨干力量，发挥骨干力量的带头作用，让骨干带动其他人才成长的方式来解决。另外，要改革企业内部分配机制，拉大收入分配上的差距。

五、提高认识，转变观念

要把观念的更新当作最重要的一项工作来抓，要求牢固树立市场意识、竞争意识、企业意识、效益意识、发展意识、改革创新和企业文化等七个意识，并用这些思想来指导实际工作的开展。目前企业面临的经营环境和管制环境还比较严峻，在这种形势下，要进一步做好对外的宣传和公关工作，多宣传其他运营商的情况，突出宣传中国电信与其他运营商共同发展，认真研究为电信企业创造宽松环境的策略。

落实“三个代表”要求 推进中国电信发展

——中国电信集团公司总经理周德强

2001年7月

江泽民总书记在纪念中国共产党成立80周年大会上的讲话，是新时期马克思主义的纲领性文件。讲话自始至终以马克思主义、毛泽东思想、邓小平理论为指导，回顾和总结了中国共产党80周年的光辉历程和基本经验，全面阐述了“三个代表”重要思想的科学内涵，深刻回答了在新的历史条件下加强和改进党的建设需要解决的重大问题，进一步阐明了党在新世纪的历史任务和奋斗目标讲话内容丰富，思想深刻，富有很强的时代精神。讲话在理论上有许多重大突破，是我们一切工作的重要指导思想。我们将深入学习，深刻理解，吃透精神，并紧密结合中国电信的实际认真贯彻落实。我们的国家正处于一个十分重要的历史发展时期。作为特大型国有骨干企业，中国电信面临着十分艰巨的改革与发展任务。以“三个代表”为指导，结合中国电信的实际情况抓好落实，将极大地加快和推进中国电信的发展。

——要按照代表中国先进社会生产力的发展要求，以发展为主题，以结构调整为主线，以改革和科学技术为动力，以人民群众根本利益为出发点，加快中国电信的改革和发展步伐。江泽民总书记在讲话中指出，我们的各项工作“必须努力符合生产力发展的规律，体现不断推动社会生产力的解放和发展的要求，尤其要体现推动先进生产力发展的要求，通过发展生产力不断提高人民群众的生活水平。”作为一个处于高科技前沿的企业，中国电信一直坚持发展是硬道理的指导思想，将科学技术作为第一生产力，努力追踪和研究国内外信息技术的发展趋势，以国际先进的信息技术武装自己，提高自身的科技含量，取得了长足进步。为了适应先进生产力发展的要求，中国电信集团还加大改革力度，进行了主辅主附分离工作，并积极推进分配、用工、用人等机制改革。今后，中国电信集团将继续按照先进生产力发展的要求，进一步解放思想，更新观念，努力克服资费调整造成收入下降的不利影响，注重数量与质量、速度与效益、规模与结构、投入与产出的有机结合，走内涵式发展的路子，实现由粗放型发展向集约型发展的转变。加快本地网、骨干网和互联网的建设与发展，加强市场研究，加快新技术的利用和新产品的开发步伐，为社会提供更加丰富多彩的通信产品，在推进社会和国民经济的信息化中贡献自己的力量。

——要正确处理发展、改革与稳定的关系，在加快发展的同时，保持职工队伍的稳定，进一步深化企业运行机制的改革。以人为本，不断转变企业运行机制，深化绩效考核机制、竞争上岗机制、评估晋升机制、薪酬分配机制、教育培训机制等各项改革，继续推进主辅主附的改革工作，以改革促发展。

——要不断强化企业的管理，夯实管理基础，提高管理水平。在加强企业各项基础管理的同时，把以本地网为中心的计费账务、网络资源、本地网、市县财务、设备采购等五个方面的集中管理，作为中国电信加强管理实现由粗放型向集约型转变的重要切入点，理顺管理程序，把中国电信内部管理提高到新层次。

——要按照代表中国最广大人民的根本利益的要求，把人民群众的根本利益作为出发点和归宿。要继续强化“用户至上，用心服务”的理念，继续强化服务质量领导责任制，完善激励与约束机制，深入推进服务的规范化建设，提高窗口服务水平，建立高效的后台支撑。同时要不断完善服务质量管理体系，加大监督检查与考核的力度。正确理解、高度重视做好互联互通和接入服务工作，把这项工作当作主体电信企业的法律责任，严格按照信息产业部的要求，保质、保量、及时完成相关任务。认真落实“首问负责制”，对于用户有关资费方面的投诉，要以良好的态度耐心解释，实事求是，合情合理地解决好，不该收的坚决不能收。要加强后台的支撑，认真检查各种计费设备，要高度重视互联网计费的准确率，把好出账关，确保计费账务的准确性。

——要按照代表中国先进文化的前进方向的要求，建立符合中国电信实际的先进的企业文化。中国的先进文化是体现发展面向现代化、面向世界、面向未来的和民族的科学的大众的社会主义文化，中国电信集团也必须结合信息产业的特点，结合社会主义国有企业的实际情况，并借鉴国内外优秀的企业文化，相应地建立起一套先进科学的、有中国电信行业特色的企业文化体系，从而为中国电信的发展和建设提供强有力的精神和智力支持。

周德强总经理在新疆电信调研强调“强化管理增效益　改善服务树品牌”

2001年8月，中国电信集团公司总经理周德强到新疆电信公司调研，深入乌鲁木齐、吐鲁番、石河子和新疆长途传输局等电信企业了解情况，就进一步搞好电信企业管理、经营、服务等工作提出了要求。

一、真正树立“用户至上，用心服务”的理念，继续做好服务工作

要根据电信的用户消费水平、用户素质等特点，有针对性地用高标准严格要求自己，真正树立“用户至上，用心服务”的理念，加强客户服务体系和服务支撑系统的建设。后台要为前台服务工作的高质量提供有力的保障，真正做到以前台服务为标志，后台服务为支撑，网络服务为基础，树立中国电信新形象。要把大客户作为服务和营销的重点，完善激励和约束机制，让更多的人重视、参与大客户服务工作，重视市场营销，切实把大客户服务工作做好。

二、以推进五项集中管理为重点，提高管理效率和水平

要通过全面推行财务集中管理、计费账务集中管理、设备采购集中管理、本地网集中维护管理、网络资源集中管理，提高企业管理的计划性、预见性和集约性。要控制成本费用支出，提高网络的综合利用率，促进企业经营管理向集约型迈进。要适时调整地到县的管理体制，对资产、业务、人员进行合理整合，减少中间环节，优化结构，确保政令畅通，提高管理效率和水平。

三、调整经营思路和投资结构，不断提高盈利能力

新疆是远离内地的少数民族聚居地，由于受地方经济、自然环境等各方面因素的影响，资产收益率比较低。解决这个问题，要十分注重数量与质量、速度与效益、规模与结构、投入与产出的有机结合，不但要做好压缩成本空间这篇大文章，更要以效益为中心及时调整经营思路和投资结构，不断提高企业的收入水平和盈利能力。

四、抓好放号工作，服务百姓，提高效益

拥有稳定忠诚的客户群是企业赢得效益的基础。新疆有1900多万人口，固定电话用户只有212万户，发展的空间还很大。要将放号重点放在有效益的中心城市和城郊结合部，根据用户需求和业务量大小确定固定电话放号发展的重点，努力发展有效益的电话放号，提高企业的社会效益和经济效益。

五、搞好话务量营销，提高两个效益

中国电信拥有很好的网络资源，但目前的利用率还比较低。面对激烈的市场竞争，要在政府管制部门的领导与支持下，在保证成本费用的前提下，通过市场细分、客户细分，采取多种策略和措施，利用价格杠杆，大力开展话务量营销工作。要努力提高中国电信网络资源的利用率，做到“确保存量，激活增量”，不断增加企业收入，提高资产收益率，同时让消费者得到更多的实惠，维护消费者的合法利益。

六、加强与政府部门的联系和沟通，创造良好的发展环境

要尽快建立一支知识面广，既懂技术、业务，又懂管理、法律的综合型人才队伍。要在服从政府管制的同时，经常向政府管制部门进行汇报，让其进一步了解电信企业的实际情况，了解电信企业的困难，以取得政府的理解和支持，创造出更加良好的发展环境。

七、因地制宜，搞好实业公司工作

新疆的实业公司要根据本地区的实际情况，对代维工作进行试验，以进一步提高服务水平，压缩成本费用，提高劳动生产率，理顺主业与实业的工作界面。

周德强总经理在云南调研强调要“不断深化改革 以改革促发展”

2001年9月，中国电信集团公司总经理周德强在云南调研。调研期间周总视察了昆明等四个电信分公司，深入电信营业厅、网管中心、账务中心等基层单位详细了解竞争上岗、分配制度改革、计费账务流程、五项集中管理、用心服务等工作的实施情况，与各级公司领导交流了绩效考核、主辅主附分离等工作。对云南电信广大职工良好的精神状态以及在分配制度改革、竞争上岗、财务集中管理、主辅主附分离等项工作中所取得的成绩给予了充分肯定。并提出要不断解放思想，更新观念，深化改革，转换企业经营机制，以勇于开拓和求真务实的精神推进机制创新、管理创新，在实践中不断完善，不断深化，以改革促发展、促管理、促服务水平的提高。

一、中国电信要实现有效益的发展，一定要深化改革

改革是解放生产力，发展生产力。要充分认识深化改革的重要性、必要性和紧迫性，通过改革激发广大员工的积极性、主动性和创造性，使企业更具生机、更有活力。云南省电信公司在分配制度改革方面取得很大成绩，积累了一些经验。下一步按照集团公司关于五项机制创新的指导意见，结合云南的实际，在原有成绩的基础上继续深化。一个企业要做好工作，必须紧紧依靠广大员工，发挥大家的主动性、创造性，同时也要充分发挥优秀人才的骨干带头作用。分配制度改革一定要拉开收入差距，向起骨干带头作用的优秀管理人员、优秀专业技术人员和优秀市场营销人员倾斜。要通过竞争上岗，为优秀人才的成长提供舞台，创造让优秀人才脱颖而出的环境。要进一步完善教育培训机制，舍得投资，学用结合，为各类优秀人才的学习提高提供机会。

二、实施五项集中管理，是中国电信提高管理水平，朝着集约化管理迈进的切入点，是管理创新的重要内容，也是适应生产力发展的重大改革

昆明电信网管中心在做好网络管理、保证网络运行质量的同时，为市场经营提供大量有益的信息。企业的任何工作都要围绕经营这个龙头，都要讲求效益。网络管理要不断提升工作的职能，在保证网络安全可靠运行的同时，要为市场经营、企业效益提高提供各种有效的信息。计费账务集中管理，要注重流程管理，把好账务处理的每个环节，本着对用户高度负责的态度，加强账单的稽核，处理好每一张账单。对建立以本地网为中心的运行维护管理体系，要朝着综合化、自动化、集中化的维护管理迈进，把各种网元设备尽可能置于本地网的维护监控中心之下，并在全省尽快取得覆盖性效应，这样才能确保运行维护质量，提高网络服务水平。关于财务集中管理，云南实行的省对地集中折旧费，统一投资；地对县采取从收支两条线向报账制过渡的方式是可取的，是朝着集团化资本运作模式前进迈出的可喜一步，有利于加速资金周转，提高投资效益，压缩建设成本，保证全网的“三性”及可控性和可维护性，也有利于加强廉政建设。随着五项集中管理的推进，要着手研究、实践省对地、地对县的新的管理模式。地市分公司要逐步演变成为综合化的营销中心、维护中心、建设中心和成本中心。实现这种演变是一个逐步的过程，要做好这项工作，必须加快企业流程管理系统、资源管理系统的建设，为实现企业管理由功能管理向流程管理转变打好基础。

三、实业公司的经营管理层要切实转变观念，增强市场意识、竞争意识、风险意识，在主业的支持下，使实业公司逐步成为自主经营、自负盈亏的经营实体

实业公司要深化改革，加快经营机制的转换，加大用工、分配制度的改革力度。对当前实施的代维试点工作，要确保质量，要比在主业时做得更好。主业公司对此要加强质量的监督和控制。

四、要调整发展思路，转变发展、经营的模式，走出单纯依靠投资拉动增长的模式，适应市场特点和形势的变化，提出发展的新思路，走集约化经营的路子

要注重市场细分、用户细分，高度重视话务量的营销、大客户的营销，做到确保存量、激活增量，让企业、用户都得到好处。他强调，“用户至上、用心服务”是中国电信的服务理念，是中国电信的品牌，是企业文化的重要内容，各地都要持之以恒地认真实践，决不能有一丝一毫的松懈。要在观念上牢固树立“用户至上”的思想，在“用心服务”上多下功夫、多做文章。在队伍建设上，各级管理人员要加强政治理论学习、业务学习，树立正确的世界观，掌握正确的方法论和工作方法，不断提高宏观决策能力、驾驭全局工作能力、在复杂环境下处理复杂问题能力以及政策设计能力。年青干部要不断加强党内政治生活锻炼，加强在艰苦环境下的磨炼。

周德强总经理在安徽调研时指出要“进一步深化改革 创新机制 不断提高企业经营管理水平”

2001年10月9日至11日，周德强总经理在安徽调研时强调指出：要不断解放思想，认清形势，转变观念，深化改革，进一步加大机制创新力度，促进企业管理、经营和服务水平的提高，实现有效益的发展。

在调研期间，周德强总经理视察了合肥、芜湖两个分公司，详细了解基层企业在分配制度改革、维护体制改革、宽带建设、计费帐务处理、提高服务水平等方面所做的工作。视察中，周总对安徽电信在本地网集中维护管理体制改革、计划投资管理、改善服务等方面所取得的成绩给予了充分肯定；对安徽电信广大员工良好的精神面貌表示满意，并提出新的要求。

目前中国电信在管理上还处在初级阶段，由粗放式的管理向集约化管理转变还有很长的路要走。集团公司提出实施五项集中管理，是中国电信管理创新的重要内容，也是适应生产力发展的重大改革。各级企业要把推进五项集中管理作为当前强化管理的一个重要切入点，在五项集中管理的实施中，平台的建设固然重要，但更关键的要转变观念、加快推进企业由功能管理向流程管理的转变。同时，随着管理技术手段的提高，业务流程的改进，企业的管理模式和管理机制也必须进行变革。

调研中，周总每到一地都十分关心分配和用工机制的改革，指出要以机制创新为突破口，继续深化内部改革。中国电信推出的五项机制创新，是中国电信实施机制改革、管理改革的关键。对于五项机制创新，安徽电信要在以往工作的基础上加大力度，进一步规范、深化。分配制度要向优秀管理人才、优秀技术人才和优秀营销人才倾斜。只有建立这些机制，企业才能有生机和活力，员工的创造性和主动性才能调动起来。

调研中，周总还对安徽电信的发展、经营、服务等工作提出具体的要求。各级企业要坚持发展才是硬道理，但是发展必须强调速度与效益、规模与结构、数量与质量的统一。要根据市场需求，以效益为中心及时调整投资方向、投资结构。经营工作要通过市场细分、用户细分来搞好话务量营销，要善于借鉴国内外企业好的营销理念，一定要确保存量、激活增量。要进一步深化“用户至上、用心服务”的理念，使之成为所有电信员工的行为准则和服务宗旨。要在用心服务上多下功夫，企业内部各单位要结合自身实际，采取切实可行的措施，不断提高服务水平。

周德强总经理视察APEC会议电信部门要求确保通信万无一失

2001年10月17日，周德强总经理到上海参加工商领导人峰会的同时，专程视察了APEC会议服务热线、上海电信国际卫星地球站以及上海电信APEC通信保障监控中心。他要求上海电信员工扎扎实实地做好APEC通信保障工作，确保会议通信万无一失。

周德强一行首先来到位于浦东通贸大酒店26楼的

上海电信APEC通信保障监控中心。这次启用的监控中心在APEC会议期间将全面实时监控上海通信网络运行状况，确保APEC会议通信安全。会议期间，通信监控指挥中心实施24小时实时监控，随时掌握各场馆、宾馆通信交换设备的话务监测以及相关网络情况。一旦发生故障，监控中心既可向各相关单位通报故障情况，又可对故障处理情况进行监督。

周德强总经理详细询问了APEC会议专用ADSL的使用情况。工作人员称，现在28家APEC指定宾馆有239路ADSL在用。周总又详细了解了国际互联网的流量状况。屏幕上显示上海电信提供的1.5G出口带宽中，出口只有13.9%，而进口的流量却高达57.6%。看到世界那么关注中国，而通信网络十分通畅，周总满意地笑了。他叮嘱现场的工作人员一定要时刻注意网络动向，做好应急预案的落实，用高度的责任心来满足APEC的通信要求。在APEC会议指定服务热线的监控屏幕上，显示着从2001年10月16日上午9点到17日上午9点的呼叫次数：中文服务1672次、英文呼入为17次。为了让上海在APEC期间更亮丽，上海正在实行街道灯光工程。而灯光工程的开关都是通过电信的CDPD网络进行遥控指挥的。仅在淮海路、浦东APEC会议所在地的世纪大道等处遥控灯光的CDPD终端就有80余套。会议期间，光纤、电路的出租情况良好。出租电话2808个、专线34条、光纤72芯。

上海电信国际卫星地球站承担了绝大部分的国际卫星电路传送任务，上海电信新建的12米APEC专用卫星天线也在这里。在国际卫星地球站机房，周总详细询问了数字电路编码器的使用情况，并亲切慰问了上海机动通信局3辆卫星转播车上的工作人员。

在APEC会议指定服务热线，周总对话务员们强调：必须确保APEC的通信万无一失。对于这些重中之重的通信，必须予以百分之百的保证，绝不能马虎。

周德强总经理在中国电信全国电视电话会议上提出四点要求

（2002年2月26日）

2002年2月26日，在中国电信改革重组工作紧锣密鼓进行的同时，中国电信集团公司在北京召开全国电视电话会议，部署近期工作。周德强总经理提出了抓早抓紧抓实的四点工作要求。

一、要坚持发展是硬道理的指导思想，抓住机遇，加快发展，尽早安排好今年的各项工作

中国电信历经多次改革，之所以能够保持持续、健康的发展，很重要的一条经验就是始终抓住发展不放松，始终坚持用发展的办法解决前进中的问题，始终坚持“在发展中改革，在改革中发展”。虽然我们的企业有了一定的规模，但要应对入世的挑战，应对越来越激烈的通信市场竞争，还要作不少努力。这次中国电信的重组更多地集中在两大集团公司这一层面，对各地的影响相对较小，各地应在总结以往工作经验的基础上，结合地方经济发展的状况、企业的实际安排好今年的各项工作。不能贻误时机，不能错过发展的机遇。

二、服务工作不能放松

集团公司成立以来，围绕着“用户至上、用心服务”的理念，各地开展了许多卓有成效的工作，中国电信的服务形象、服务面貌有了很大的改善，也得到了社会的认可。但我们也要清醒地认识到服务工作的长期性、艰巨性，因为稍有放松，就可能出现反复。随着社会的进步，广大用户对服务的要求也在不断提高，我们的服务也还存在许多需要改进和完善的地方。对服务工作必须持之以恒地抓下去，特别在分营重组阶段，各地必须进一步加强对服务工作的监督、检查，妥善处理服务中存在的问题，认真解决用户反映突出的热点问题，决不能因为改革影响服务，更不能发生重大的恶性服务事件。一旦出现重大服务问

题，集团公司将给予严肃处理。

三、确保通信安全畅通

各级电信企业和广大领导干部要深刻理解通信安全畅通的重要性，认真做好企业安全生产工作和通信保障工作，坚决防止出现重大安全事故和网络阻断事故，确保网络运行安全畅通。要认真做好通信组织和通信保障工作。对通信组织工作中的薄弱环节，要及时进行整改，完善工作流程。对因外力所致的通信阻断，要采取多种措施尽快恢复正常通信，并及时查明原因。要重点做好党政专网和重要活动的通信保障工作，确保党政专网通信保障工作万无一失、优质高效。要认真做好通信枢纽、办公场所等关键设施和关键设备的安全保卫和防范工作，查找和堵塞漏洞，严密防范可能出现的对通信枢纽和办公场所等关键部位的破坏活动。要切实做好安全生产工作。

四、进一步加强思想政治工作，确保员工队伍的稳定

当前进行的中国电信重组改革，是党中央、国务院统揽全局，提升国有电信企业竞争力，合理配置电信资源的重要举措，这既是适应中国加入WTO的需要，也是国企改革的需要。对此各级领导干部要深刻理解，要教育和引导全体员工从讲政治、讲大局的高度，历史、全面地正确看待当前的改革重组。要注意及时了解和掌握员工的思想动态，化解矛盾，保持队伍稳定。要通过细致的思想政治工作，树立员工的信心，不断提高企业的凝聚力和员工的向心力。

周德强总经理强调
“党风廉政建设要领导抓 抓领导”

2002年3月19日，中国电信集团公司在北京召开全国廉政建设暨纪检监察工作电视电话会议。周德强总经理在讲话中指出，国有企业的改革与发展，必须有党风廉政建设作保证。不解决好反腐倡廉问题，领导干部就有严重脱离广大群众的危险，企业就会缺乏凝聚力、向心力，广大员工的积极性就得不到充分发挥，企业的改革、发展、稳定就没有坚强的政治保证。搞好国有企业党风廉政建设，关键在于领导抓、抓领导，领导班子和领导人员要带头遵纪守法、廉洁自律，认真执行党风廉政建设的有关规定。

一、中国电信的各级企业领导人员和中高层管理人员，都应当加强学习廉政准则和廉洁自律的各项规定，做到熟知、熟记，切实遵守执行

每一个企业领导人员都要打牢思想政治基础，筑严思想政治防线，树立马克思主义的世界观、人生观、价值观，树立正确的权力观、地位观、利益观。

二、领导班子建设，既是关系中国电信发展、具有战略意义的工作，也是做好企业党风廉政建设的关键

领导班子建设关键是要选好人、选准人，用好的作风选人，选作风好的人。必须加强对班子成员的教育和监督，必须坚持民主集中制。要健全中心组学习制度，班子成员必须注重加强自身的学习。既要重视业务、技术、管理、经济等方面知识的学习，又要重视对政治理论的学习；既要善于抓技术业务工作，又要善于抓思想政治工作、抓党风廉政建设，把反腐倡廉工作融入企业的各项工作之中。

三、各企业的“一把手”也应该是党风廉政建设的第一责任人

要坚持“党委统一领导，党政齐抓共管，纪委组织协调，部门各负其责，依靠群众的支持和参与”的反腐倡廉领导体制和工作机制，坚持推行党风廉政责任制措施。

全面创新 求真务实 努力奋斗

——周德强总经理在中国电信集团公司挂牌仪式上的讲话

2002年5月16日

按照国家电信体制改革的总体部署，新的中国电信集团公司于今天正式挂牌。作为中国电信发展进程中的一件大事，中国电信集团公司的成立得到了各级领导的高度重视和社会各界的普遍关注。借此机会，我代表中国电信集团30多万员工，向关心、支持中国电信发展的各位领导以及社会各界的朋友们表示衷心的感谢！

多年来，在党中央、国务院的正确领导下，经过几代电信职工的艰苦奋斗，中国电信由弱到强，迅速成长，成为推进国民经济发展和社会进步的重要力量。原中国电信集团公司自2000年5月17日组建以来，积极应对内外环境的变化，解放思想，转变观念，顾全大局，团结拼搏，努力把企业工作与行业的发展、社会的发展紧密结合起来，正确处理改革、发展、稳定的关系，“在发展中改革，在改革中发展”，保持了中国电信持续、稳定、健康的发展。

国务院批准的《电信体制改革方案》，决定组建新的中国电信集团公司。这是党中央、国务院立足国际、国内电信业改革发展的现状和趋势，面向电信业长远发展做出的重大决策。中国电信将以此为新的起点，全面创新，求真务实，努力奋斗，力争用五年左右的时间，把中国电信建设成为世界级的现代电信企业集团。

为实现这一战略目标，中国电信将继续以邓小平理论和江总书记“三个代表”重要思想为指导，抓住中国入世的历史机遇和电信业重组的契机，进一步解放思想，不断增强市场意识、竞争意识、风险意识、效益意识，充分激发广大员工的积极性和创造性，努力实现速度与效益、数量与质量、规模与结构、投入与产出的协调统一，全面提升中国电信的核心竞争力，把企业做大、做优、做强，使中国电信逐步发展成为效益、服务和管理水平领先的国际化电信公司。

为社会、为用户创造更大的价值是中国电信始终不渝的追求。我们将坚持发展不动摇，紧密跟踪国际通信技术发展趋势，积极采用先进技术，增强通信能力，完善网络功能，提高运行质量；实施积极的市场发展战略，大力发展话音和数据业务，加快培育宽带接入以及各类信息服务；根据用户个性化的消费需求，积极推行业务与服务集成，提供多样化、多层次、个性化的服务或“一揽子”解决方案，满足社会不同层次的信息通信需求，在帮助广大用户提升价值的进程中赢得自身的发展。

中国电信将一如既往地视服务为企业生存发展的命脉，秉承“用户至上，用心服务”的理念，实施品牌战略，进一步提升服务质量，树立崭新的企业形象，以诚信立足，以信誉赢得尊重，以品质求得发展。我们将继续完善以用户为中心的服务质量保证体系，健全激励与约束机制，加大服务投入，改进服务手段，优化服务结构，改善服务环境，提高服务效率，深入推进服务规范化建设，使中国电信不仅在网络规模上，而且在电信服务上具有更强的竞争力。

创新是宝贵的财富，是不竭的动力。我们将通过不断创新，建立科学的管理模式和高效的运营机制，建设适应市场经济要求的现代企业集团，尽快与国际先进水平接轨。我们将继续以网络维护、计费帐务等五项集中管理为切入点，全面加强企业运行管理，实现各类资源的高效配置；继续推进绩效考核、薪酬分配、竞争上岗等五项机制创新，进一步深化内部改革，转换经营机制，强化企业素质，使企业获得持久的活力。我们将在试点的基础上，全面推进企业管理和业务流程再造，完善企业管理信息系统，建立以用户为中心、以市场为导向、以效益为目标的协调高效的流程和组织结构体系，提高企业运转效率和市场反应能力。

加快建设以人为本，以效益、效率和服务为导向的企业文化，不断增强员工的紧迫感和责任感，并转

化为推动企业改革发展的强大动力。中国电信将努力创建“学习型”企业，加强员工的培训与沟通，为企业发展注入新的活力。我们尊重每一位员工的价值，努力营造公平、高效的企业内部环境，形成相互尊重、相互信任、积极进取、紧密协作的和谐氛围，增强企业凝聚力，为员工的职业发展创造条件，让每一位员工在中国电信的大舞台中充分施展自身的才干，展现自我的价值，并与企业一道在服务社会中共同成长。

世界电信业正步入新的发展与变革时期，中国电信将以更加积极、开放的姿态，按照市场主导、优势互补、资源共享、创新发展的思路，在网络、应用服务等多个层次、多个领域广泛增进国际、国内的交流与合作。中国网通集团和其他电信企业在运营机制、市场营销及用户服务等方面，有许多值得我们学习借鉴的地方，中国电信将与同行们互相取长补短，共同为中国电信事业的发展做出贡献。我们还将加快公司化改造步伐，逐步建立多元化的产权结构，尽快融入国际资本市场，在更大的范围内吸收和借鉴先进的管理经验，融通国际资本。中国电信还将认真遵守各项政策、法规，自觉地服从与配合政府部门的行业管理和业务指导，推动平等的网络互联和普遍接入，与其他电信运营商一道，共同创造一个公平、有序竞争的市场环境。

各位领导、同志们，把中国电信事业不断推向前进，是历史赋予我们的光荣责任。我们决心在党中央、国务院的正确领导下，在相关部委和社会各界的大力支持下，统一思想，坚定信心，艰苦创业，以更强的实力、更新的面貌，展现新世纪、新电信的新形象，为我国改革开放和现代化建设做出更大的贡献。

谢谢大家。

常小兵副总经理在全国政协“三网融合与电信体制改革”研讨会上的讲话

（2001年7月）

一、三网融合是未来信息网络的发展方向

随着信息设施及网络技术的迅猛发展，电信网、电视网和计算机网呈现出融合的趋势。电信网、有线电视网、计算机网在网络发展方向上趋向一致（宽带化、交互化、智能化、综合化）；在实现的技术手段上趋于类同（运用大容量的光传输，以TCP／IP为主的通信协议，以及ATM/IP为核心交换设备）；在业务层上的互相交叉渗透，用户市场的界限日趋模糊，随着新技术的不断开发，三网已经开始出现趋同化发展。从而使三网融合问题成为当今信息网络发展的热点问题之一。

二、未来信息网络的架构

未来的信息网络应该是全交互、全数字、全光纤化的宽带多业务综合网络。可以提供巨大的网络带宽，保证可持续发展的网络结构、容量和性能以及廉价的成本，支持当前和未来的任何业务和信号。接入层则是提供多业务的接入手段，支持语音、数据、视频等综合性服务。电信网建设与未来信息网发展趋势完全一致。

三、电信网的技术和业务特点

电信网的建设与发展遵循了全交互、全数字、全光纤化准则，与未来信息网发展趋势相一致。电信网包括多种业务网络，具有支持双向业务、网络安全可靠、可管理性好、业务质量高、保密性能好的特点，目前已实现了核心网络的全数字化、光纤化。作为国家公众通信网，除了提供普遍服务外，电信网始终是在国家安全受到威胁、处于紧急状态下能够依托的基本通信网络，也是和国外竞争的主要力量。

电信网网络核心层已实现数字化和光纤化，正在向宽带化演进。目前已拥有ATM大容量多业务交换网络和大容量IP高速路由器网络，并准备继续增加容量和网络覆盖，建设以ATM/IP技术、光纤传输为主体的宽带网络，为社会宽带信息化提供公共平台。为解决用户“最后一百米”宽带接入问题，采用光纤、XDSL和以太网接入等多种接入方式改造网络，提供交互式宽带综合业务。用户接入层也正向光纤化、数字化、宽带化迈进。

电信行业在基础设施方面有大规模投资，主要以语音服务为基础，同时向用户提供更多的附加价值和多种服务。近年来，充分发挥自身优势，与社会各界开展了广泛合作，大力推动三网融合的发展。

四、三网融合的难点与解决途径

尽管“三网融合”已是大势所趋，但要真正实现“三网融合”，还要有一个相当长的过程，仍面临不少困难。首先三网业务定位不同。广电部门主要是提供广播式视像业务，要发展交互式业务，就要进行网络双向化改造，这样工程投资巨大，且效果不佳；电信部门面临最后一百米接入的宽带化问题；计算机网要发展电话、视频等实时性业务，目前技术上还有一段需要跨越的屏障。其次是不同行业、不同网络之间的管理与利益问题。由于三大网分别由不同的行业部门经营管理，网络互联互通目前存在技术、网关、资费结算等许多问题。第三，三大网标准不统一。网络结构、技术标准、通信协议不尽相同，存在不兼容问题。第四，当前网上信息资源开放不够、开发不够，应用系统发展滞后，使三网融合面临更多的困难。

三网融合将是一个艰巨的过程。就国情而言，公网已具有很大规模，同时还存在为数众多的专用网络，这些网络都是国家投资建设的，是未来我国三网融合过程中的有效资源。应充分利用各种有效资源，实行有序的业务竞争。

五、建议

（一）依靠技术进步和市场机制推进三网融合

在市场经济中推进三网的融合需要政府的调控和指导，但这种调控只能是宏观性的，是一种外在的政策导向。三网融合主要依托于两点：技术进步和市场机制。技术进步决定了网络演进的内在规律性，三网融合是技术进步的发展趋势和必然结果。市场机制制约着三网融合的资源配置方式，由于市场的作用，可以对资源进行最佳配置，从而实现资源整合的最优化，进而使三网融合的效益发挥到最大化,实现这一点才是三网融合的真正意义所在。

（二）实行社会整合，实现网络资源的最佳配置

信息化是社会方方面面关注的热点，它需要社会各行各业的广泛参与和建设。现在一些行业为了自身内部的信息交流和共享而热衷于独立建网，更多的观点是寄希望于网站的建设来推进信息化的建设，这些虽然是信息化的一个重要组成部分，但要实现国民经济和社会的信息化还需要广大电信运营商共同为社会搭建一个公共的信息化平台。在这个平台的搭建过程中以及依托平台的信息开发应用和信息共享中，最关键的应当是实现整个社会领域的有效合作和网络资源的最佳配置，而非低水平的网络重复投资建设。信息化建设是一项社会系统工程，必须在政府的支持下，协调一致，发挥行业和区域优势，各自扬长避短，实现网络信息资源的最佳配置。

（三）紧密结合各行业特点，加快进行联合开发，实现广泛的信息共享

当前，网上信息资源稀缺和数据库发展滞后成为信息化发展的障碍。解决这一问题必须大力加强信息的应用开发，紧密结合社会各行业的特点，调动各行各业开发信息资源的积极性。同时，进一步实行行业的联合开发，实现优势互补。重点要抓好政府部门、工农业生产、金融商贸、科技教育、社会生活等信息系统的资源开发，加快政府上网、企业上网、家庭上网和学校上网的进程。公益性信息资源开发可由政府有计划、有步骤地组织进行。商业性的信息资源开发要充分利用市场机制，注重提高商品化和产业化程度。

（四）依托信息网络建设，大力发展信息制造业

近年来，电子信息技术和产品发展加速，随着加入WTO的临近，信息设备制造业处于新的转折点，走在与国际环境交接的前沿。我国应抓住这一历史性的机遇，利用现有的电子工业基础和人材优势，重点扶持新一代信息产品的生产。如高速路由器、宽带交换等网络产品，光传输设备，宽带接入网设备，高性能的服务器、信息化家电等终端产品。以信息化推动产业化，推进信息制造业的发展。

六、关于我国电信体制改革的几点意见

（一）中国电信集团坚决拥护政府提出的在通信等行业深化改革的主张，相信通过改革必将有利于打破垄断、引入竞争，有利于提高企业竞争力、迎接加入WTO带来的挑战，有利于整个行业的持续健康发展。

（二）坚决支持政府在各个领域打破垄断、引入竞争，当前我国除一部分电信增值业务领域竞争充分外，在基础电信业务领域，竞争还需进一步深入。一方面，我国电信业务的市场很大，虽然受到资源等各类条件限制，但在基础业务领域可以毫不犹豫地发放三张以上牌照，包括移动、本地及其他电信业务，形成有序竞争格局。另一方面，结合此次研讨会“三网融合”的主题，我们非常欢迎广电和电信业务市场相互开放。正如张春江部长昨天在会议上指出的，分析我国电信资源各行业的现状，应该说最具备实力的是广电，充分挖掘广电电信资源的潜力，使其在电信市场发挥作用，有利打破垄断、引入竞争，有利于电信业持续健康发展，有利于建立规范有序的电信市场秩序。

（三）关于电信体制改革。借助本次电信改革与重组的外部压力，反思中国电信集团自身的工作，集中和归纳社会各方意见，我们感到主要问题聚焦在三个方面：一是社会各界和政府主管部门对中国电信的服务工作不尽满意；二是对中国电信建立现代企业制度和管理工作不尽满意；三是电信竞争主体多元化后，对中国电信互联互通工作不尽满意。这些问题很大程度上都需要企业通过练好内功，加快内部改革得以根本解决，赢得广大用户和社会的满意。服务、管理、互联互通三个问题，都不可能通过分割的方法彻底解决。中国电信以至整个电信行业当前面临的许多热点难点问题，也不可能通过简单的分割得到解决。否则国际电信集团没有必要投入那么大的人力物力探索管理体制改革。我们认为，中国电信有许多需要努力和加以改进的地方，但也需要时间，需要社会的理解和支持。

针对电信体制改革，有一种观点认为，随着电信技术和市场的发展变化，应对中国电信进行长市分割。我们认为，这种观点不利于创造公平的互联互通接入环境，不利于企业的健康发展。首先看长途电信业务，伴随技术进步和IP电话的替代性影响，单纯的长途电信业务公司将难以在未来的市场领域保持持续发展，甚至无法独立生存。这一点不仅将在我国电信发展中证明，在国外电信市场上也已经得到了证明。许多长途电信公司正在想方设法从单一的业务领域进入复合性的或者说全业务的领域。持上述观点者认为，本地电话公司进行本地电信服务的同时，会积极地为其他各类运营公司提供公平等效的接入服务，这在理论上有道理，但实际上难以实现。如果本地电话公司只经营本地电话业务，任何新业务都不能开发、介入和应用，将会缺乏创新与改革的动力，本地电信网的优化无从谈起。本地网愿意提供高效的接入服务需要具备两个条件：一是必须调整本地网电话资费不尽合理的情况；二是必须基本满足本地电话公司所提出的互联互通结算标准。各位都是熟悉电信领域的领导和专家，对目前实现上述两点的难度都有深刻的感受和理解。

此外，我们知道，美国1984年进行了长市分割，经历了十几年的发展和完善，无论法制建设和市场管理，应该具备为所有长途公司提供本地等效接入的条件。但根据各方面调查和了解的情况看，预期目标远远没有达到，美国人至今没有感受到长市分割的阳光雨露。我们应该正确分析和借鉴国际同行的做法，走符合中国国情的改革之路。

（四）关于电信管制。对中国电信实施不对称管制，在一定环境下、一定的市场领域内应该接受，但脱离了市场条件、不讲环境、没有一定的条件限制，一律实施不对称管制就不够公允。国外政府部门对电信业既有管制的一面，也有积极扶持的一面。宏观管住，微观放开，在资费、市场等许多方面允许企业自主决策。而我们在单一的资费政策下，中国电信作为企业没有任何弹性，在改善服务、满足个性化需求等许多方面，不具备政策条件。我们呼吁政府有关部门借鉴国际普遍做法，在管制的同时，给以必要的扶持。

（五）上半年电信资费调整对中国电信的巨大影响。年初以来，中国电信实施了大范围的资费调整，与此同时，社会舆论沸沸扬扬，各种骂名接踵而至。我们非常理解政府进行电信资费改革的初衷，但面对媒体的误导和曲解，我们感到难以接受，当然，我们的宣传解释工作也做得不够。此次调整的主要是本地和长途电信资费，事实上，与“资费明降暗升”的诘

责相反，中国电信的经营发展工作受到了显著影响，面临的形势日益严峻。今年以来，一至二月份中国电信集团的业务收入增长率为14%，二月份起开始调整电话资费后，业务量并没有出现明显增长，收入增长率逐月下降，从9%到7%到5.8%，这是中国电信自改革开放以来第一次收入增长率降至一位数，第一次低于同期国民生产总值的增长速度。与电信行业15%速度也存在很大差距。主要是长途和农村电话收入大幅缩水导致业务收入增长率迅速滑坡。据测算，下半年仍然缺乏激励收入增长的有利因素。

（六）我们期盼的改革目标，应该是顺应世界经济一体化的潮流和加入WTO的新形势，充分发挥各部门、各行业的积极性，充分利用各类网络资源组建几个全业务的电信公司，真正形成高效、有序的电信市场竞争发展新局面。

统筹协调 适度超前
加速西部电信建设 推动西部经济腾飞

中国电信集团公司副总经理 常小兵

（2001年9月）

基础设施建设是西部大开发的基础和前提。加快通信基础设施建设，不仅是西部大开发的重要组成部分，也是西部地区发展的迫切要求。西部通信只有适度超前发展，才能在国民经济中担负起信息流通主渠道的作用。中央提出实施西部大开发战略以来，中国电信集团高度重视、积极参与，主动调整发展思路，加强对西部电信发展的投入和支撑，努力抓住这一历史性的机遇，促进东、中、西部的协调发展。

一、西部电信发展现状

长期以来，由于地理环境、经济发展水平的限制，西部、特别是农村通信的建设运行成本远远高于东部和中部地区，电话单机收入很低，经营收入难以弥补投资建设支出。西部地区通信发展存在着诸多困难，电信公司亏损比较严重。2000年，中国电信集团西部12个公司的收支差额为－55亿元，其中仅有重庆市电信公司微利；绝大部分公司负债率都在50%以上，其中一半超过了60%。仅西藏区公司去年的亏损达6.1亿元。

多年来，中国电信集团从资金、技术、政策等多个方面对西部电信予以了大力扶持，使西部电信在比较困难的条件下仍然取得了长足发展。2000年，中国电信集团西部12个省（区、市）电信公司共实现业务收入280亿元，占集团总收入的16.4%；固定资产投资200亿元，占集团总投资的18.5%；新增电话用户750万户，电话用户总数达到2616万户，电话普及率达7.2部/百人；数据通信用户达到150万户，本地局用交换机容量达到3750万门。

与此同时，西部电信在网络质量和服务水平上均有了很大提高，与东中部的差距正逐步缩小。通信干线建设取得了重大成就，基本形成以光缆传输为主、微波和卫星通信为辅、覆盖所有地市的大容量、高可靠性的传输网络；波分复用、宽带交换等先进技术得到一定应用，长途和本地交换设备能力增长迅速，基本适应了经济发展的需要。但随着西部大开发的启动，通信还必须进一步超前于地方经济的发展，西部的通信网络规模、网络技术和服务功能还需要提升到一个新的水平。

二、中国电信支持西部发展的思路和主要措施

为了积极配合、参与西部大开发，去年10月，中国电信召集了西部12个省级电信公司，专题研究西部电信网络建设和发展规划。今年初，集团公司又专门成立西部电信开发工作小组。提出了西部开发的主要目标，制定了支持西部通信发展的相关倾斜政策，确定了对西部电信加大投资的重点领域和方向，逐项落实扶持西部电信发展的具体措施。

（一）实施“四大工程”，切实加快西部电信建设发展步伐

近年来，受政策和市场等因素影响，中国电信集团的业务发展速度明显趋缓，建设资金十分紧张，集团面临许多新的困难。在这种情况下，为了支持西部开发，集团公司年初决定在坚持原有扶持政策的基础上，再拿出20亿元专项资金，加大对西部通信的投入，推进西部电信的持续、健康发展，适应西部大开发的需要，适应西部地区国民经济和信息化发展的需要。

1、实施“西部通信走廊工程”。年内在西部电信正常的建设投资之外，由集团公司再投资6亿元启动“西部通信走廊工程”，采用先进的网络技术，大步推进西部传输网络建设。一方面加快西部传输网络的升级改造，采用DWDM＋SDH技术对西部现有网络资源进行大规模的扩容。另一方面，进一步加快西部传输一级干线的新建步伐，形成以西安、成都、重庆为中心和主要出口，通过320G DWDM系统与东中部大区中心互联，内部则构成西南、西北2个传输平台和自愈环系统。西部除西藏以外的传输网，均装备32波以上的大容量密集波分复用系统，基本覆盖所有地市，能够承载各类电信业务。从而充分满足西部与东部、中部信息流的发展，构建快捷高效的西部“信息高速公路”。

2、实施“西部数字化城市工程”。在对CHINANET进行大幅扩容的基础上，今年集团公司和西部各省级公司共同投入30亿元，启动“西部数字化城市工程”，重点加快西部各省会城市、部分发达地市的互联网、宽带多媒体网和宽带城域网的建设，使西部各省（区、市）的CHINANET出口速率提升到2.5G。与此同时，与社会各界开展广泛合作，开发基于ATM和IP网络的各类应用，如政府、企业和家庭上网，电子商务，远程教学，远程医疗，主机托管，视频点播等电信业务。为国家机关、企事业单位提供包括基础网络和应用服务在内的一揽子解决方案，从而有力促进西部的信息化进程。

3、实施“西部宽带接入工程”。中国电信现有的用户接入网，主要是基于铜缆和双绞线来提供电信业务，随着宽带通信业务的飞跃发展，现有的接入网将难以持续适应发展需要。为此，中国电信启动和实施了“西部宽带接入工程”。结合未来电信技术发展走势，一方面对西部现有的接入网进行宽带化改造，大力推进ADSL宽带接入技术应用；另一方面在西安、成都、重庆等中心城市建设城域IP网和城市光缆网，采用FTTx＋LAN、ADSL等先进技术，将用户光缆延伸到商务大楼和住宅小区，满足用户的宽带通信需求。

4、实施“西部农村电话工程”。信息产业部今年6月底的统计资料表明，西部主要城市与东中部地区城市的电话普及率没有太大差距，但西部农村电话普及率很低，仅为1%左右，使得西部电话普及率约为东部地区的一半。西部农村电话通信市场蕴藏着巨大的潜力，需求迅速增长，但农村电话综合造价却远远高于东中部地区。西部农村电话普及率提高一个百分点，就可增加250万用户，却需要上百亿元投资。同时，西部农村通信消费总量还很有限，农村电话的发展十分困难。为此，中国电信决定实施“西部农村电话工程”，尽力给以必要的支持，努力发挥规模经营优势，大力开拓农村地区的电话市场，为西部开发作出新的贡献。

（二）中国电信支持西部开发的财务政策

1、在西部经济不发达、电信企业亏损仍较严重的情况下，立足全网平衡发展，在财务分配、资金集中等政策上对西部给予倾斜。（1）2000年集团对西部电信的收支差额补贴为63亿元，“十五”前三年累计补贴将达145亿元。（2）对特别困难的西部省区给予特殊补贴，如对青海、西藏补贴金额三年不变、减免上交一级干线折旧资金，给予新疆一次性收支差额补贴1亿元，“十五”期间对口援助西藏建设资金10亿元等等。（3）对于西部省区的亏损挂帐，给予奖励政策：今年已经补贴了1.1亿元；到今年年底，对超额完成收支差额预算的还将给予1.4亿元奖励性补贴。

2、在财务改革中加强对西部电信公司的指导帮助，引导他们通过管理创新，挖掘潜力，努力步入良性循环。如在省对地财务集中管理的试点工作中，选择部分西部省级公司作为试点；对西部电信公司在对外投融资方面给予扶持，集团还将出台内部融资管理办法，主要是为了解决中、西部的资金缺口问题。

（三）加大对西部电信网络维护的投入和补贴力度

一是强化西部通信干线维护管理投入，集团公司专门为西部投资7000多万元，进行集中监控系统的建设和改造。确保西部通信网络的安全。去年来对西部因自然灾害造成的损坏给予了5000万的补贴。为部分省区配备了适合高寒环境的抢修专用车辆。今年对因水毁造成干线损失严重的四川省电信公司，将给予5000万元的特别补贴。

二是无条件迁改影响西部地区路桥建设涉及的光缆线路，积极配合西部地区的市政基础建设。去年以来，集团公司投入1亿多元用于西部干线的大修改造。对西部各省区给予改造费用70%到100%的补贴。

三是在网络资源配置上加强对西部地区的倾斜。加大了对拉萨、乌鲁木齐等西部城市的卫星通道颗粒。加大了DXC网在西部区域的组织密度，增强网络自动恢复能力，为西部地区配置较多的区内微波通道，增强抗灾害能力等等。

（四）加强西部电信经营服务支撑系统的建设

年初以来，集团加快推进西部本地网集中计费系统和1000综合客户服务中心的建设。12个省（区、市）的128个地市中，已有32个地市的帐务集中计费管理系统已经建成，其余地市将在今年底全部建成；68个地市的1000综合客户服务中心将于年底前投入使用，其余地市将在明年上半年投入使用。

为满足西部的通信需求，目前中国电信在东中部地区提供的所有新业务，如宽带业务、一线通(ISDN)、IP电话、来电显示、帧中继、300、800等等，中国电信也在西部地区向用户开放业务，有些业务已迅速推广，受到普遍欢迎。

去年中国电信集团组建成立以来，一直十分重视对西部地区电信发展的支撑，不断满足西部日益增长的通信需求。使西部电信实现了较快的发展速度。

2000年，西部电信收入的平均增幅达20.8%，今年1-7月份增幅为13.7%，高于全国5.8%的增长速度。1－7月份，西部新增用户387万户，总数达3007万户，占集团用户总数的20%，比年初提高了两个百分点。特别是数据通信业务增速高达75.6%，比全国平均速度高出40多个百分点。

三、问题及建议

（一）建设资金紧缺，融资渠道狭窄

加快信息基础设施建设对于改造西部的传统产业、提升西部国民经济综合水平具有重要作用。当前西部通信正处于起步期，自我积累和发展能力较弱，而传统通信网络的改造和信息化基础设施的建设都需要大量的资金投入，尤其是西部农村电话网的建设。目前，西部新装电话的平均建设成本较高，而户均收入不足30元/月，即使撇开运维成本，也需10年以上才可能有效益。今年上半年，西部亏损额已达到13亿元。目前中国电信建设资金的主要来源是自身折旧、利润和银行贷款。在取消原有附加费等优惠政策的情况下，民间资本尚未开放，中国电信在肩负支援西部开发重要任务的同时，缺乏政策支持和有效的资本融资途径，这与国家高度重视基础设施建设、支持信息产业发展等政策在执行上不够一致，很大程度上抑制了中国电信支持西部开发的能力。

（二）资费调整带来了新的压力和困难

今年实施资费调整，对中国电信的收入造成很大的影响,资产收益率不断降低。7月1日初装费取消以后，社会需求大幅增加，以西安为例，日均受理的新装电话用户由原来的300户增至2000户。而与此同时，电话发展资金进一步减少。电信企业必须应对经济效益和社会需求两方面的强大压力。加之政府对电信企业实行不对称管制的政策，中国电信在自身可持续发展和支持西部开发上面临很多新的困难。

（三）受业务经营的局限，利润空间逐渐萎缩

近年来，无线向有线、移动向固定的渗透趋势日益明显，移动电话、IP电话对固定电话的替代、分流现象愈演愈烈，利润空间越来越小，中国电信业务收入增长降至改革开放以来的最低点，发展形势十分严峻。这种情况延续下去将使中国电信难以维持现行的内部交叉补贴办法，影响到对西部开发的支持力度。

（四）电信企业迫切需要各级政府的理解、关心和支持

近年来，各级地方政府为了推动信息化建设，对当地电信企业提出了很高的要求。如有的省政府要求电信公司年内必须完成1600个行政村的“村村通话”任务。目前尽管政府没有对普遍服务进行补偿，尽管行管部门并没有明确规定中国电信具有普遍服务的义务，尽管企业从自身效益考虑不愿意提供没有效益的普遍服务，但实际上，中国电信各级企业从未停止过提供普遍服务，同时也为此付出了巨大代价。

（五）建议

（1）理解中国电信大量承担普遍服务义务的实际状况，考虑从政策角度对中国电信给予一定的支持和帮助。比如交叉补贴、扩大业务经营范围等。（2）建议在基本电信业务资费中引入国家指导价格，使企业在一定的业务和地域范围内，拥有制定及调整计费方式及资费标准的自主权。（3）建议国家适当安排部分国债建设资金，用于支持西部通信基础设施建设。（4）中央财政在支持西部基础设施建设过程中，也应考虑向通信基础设施倾斜。（5）支持企业拓展融资渠道，多元化筹集建设资金。（6）努力减少信息基础设施领域的重复建设，建议在西部部分地区进行“三网融合”的试点。

加快信息基础设施建设 满足信息化发展需要

——常小兵副总经理在亚太经合组织会议上的讲话

（2002年5月29日）

在经历IT泡沫破灭的阵疼之后，亚太各国的信息通信主管部门及业内人士相聚在这里，共同研究IT业发展的轨迹和前景，这无疑具有积极而现实的意义。多年来，在政府的高度重视和积极推动下，中国电信网络建设持续加速，技术应用和业务普及不断深入，成为推进信息化的重要力量。今天，世界范围内的信息产业正在步入新的历史阶段，针对电信业的现状与未来走势，我们提出以下认识。

一、继续坚定不移地加快电话网的建设发展

首先，语音业务是电信运营商的主要收入来源。以中国电信为例，2001年的1810亿元业务收入中，88%来自本地网和长途通信费。其次，电话发展的空间依然广阔。虽然中国的固定电话用户实现了持续快速增长，总数达到1.92亿户，但普及率仅为每百人13.9部。与发达国家相比还有很大的差距。许多地区对传统语音通信的需求尚未满足，单机话务量还很低，固定电话仍在以每年2000—2500万户的速度稳步增长。此外，技术进步和市场的普及使移动通信成本大幅下降，市场消费日趋大众化，成为新的市场亮点。我国每天新增移动电话12万户，总量已达1.67亿户。电信运营商正由资源竞争向业务竞争过渡。因此，我们将实施积极的电话网发展战略，不断丰富网络资源，加快业务发展，拓展新的增值领域和增值空间。

二、积极推进数据和互联网的建设发展

中国的数据通信经历了近十年的培育，用户已达3300万户。尽管数据通信在IT泡沫中受到了很大影响，目前还只占我们收入的5.3%，但仍将代表未来电信市场的主流。一方面，网络内涵更加丰富、外延迅速扩展，逐步涉入经济和生活的各个领域，引起了思维方式和价值观念的深刻变革。另一方面，数字通信需求方兴未艾，市场连年保持高速增长态势。数据通信代表着未来，电信运营商必须加速向多媒体信息通信服务商的转型。

实践表明，网络发展与应用密切相关，电信企业应该成为网络应用的积极推进者和开拓者。继续致力于行业信息化的建设，合作开发与推广各类网上应用，促进价值链由网络层向资源平台层和应用层延伸。我们相信，网络应用的热潮，也必将带动网络设施建设的蓬勃开展。

三、技术发展必须服从服务于市场发展的需要

市场和技术互为促进，市场发展离不开先进的技术，技术的突破又会带动市场的发展。但市场具有相对的稳定性，技术只有与市场紧密结合才能创造最大的价值。对电信企业而言，技术和产品是增加收益的有效手段，新技术在市场化的过程中，应更多地关注用户需求，考虑使用价值。电信企业要寻求利益最大化，必须找准市场和技术的平衡点。

基于这一原则，我们网络建设的思路是，基础传输网络继续采用SDH、DWDM技术，密切跟踪光网络发展，保持网络的大容量和先进性。数据网坚定不移地应用IP技术。积极推进电话网的建设，在继续应用电路交换产品的同时，跟踪新一代交换技术，抓好NGN试验。按照适度超前、分层次、有重点建设宽带接入网的思路，因地制宜地采用ADSL、有线和无线局域网等多种接入方式。

四、互联网的发展需要探索新的商务运作模式

一段时期以来，Nasdaq股市持续低迷，.com公司步履维艰，信息产业许多领域都遇到不同程度的冲击，互联网发展面临现实的危机。尽管我们对互联网的信心并未动摇，但走出困境还需寻求新的支点。我们认为，原有的网络商务秩序应该改进，不合理的规则需要改变，商务模式创新十分迫切。

如现行国际间的互联网互联电路费用只由一方负担明显不够合理。以中美为例，中国的互联网收入仅占固定电话的十七分之一，到美国的互联网带宽是5.6G，每年要支付的互联电路费用达4.5亿元，为话音电路的若干倍。我们认为，国与国之间互联网互联费用应由双方共同分担，比如按照流量进行统计、计费和结算。再如内容服务方面，尚未形成共同认可的商务模式，信息消费的“免费午餐”难以为继。既限制了服务商自身的发展，也制约了互联网产品的发展。我们正面临互联网发展的宝贵机遇，积极探索新的商务模式，有助于增添新的动力，建立健康的市场秩序，最终形成互联网快速发展的良性循环。

经历了种种考验的电信业在曲折中走向成熟、更趋稳健。我们相信，电信业的发展极具潜力、前景广阔，全球信息产业必将迎来新一轮蓬勃发展的黄金时代！

统一思想　提高认识　扎实工作
努力开创中国电信财务工作的新局面

中国电信集团公司副总经理吴安迪

（2002年5月23日）

今天我们在这里召开中国电信集团2001年财务工作会议，为深入贯彻党的十五届四中、五中全会和中央经济工作会议精神，统一思想，提高认识；为全面落实集团公司“十五”规划战略和做好当前各项财务工作集思广益，出谋献策。这里我主要结合当前财务工作面临的形势，对如何做好新时期企业财务工作谈几点意见。

一、2000年主要财务工作的回顾（略）

二、正确认识和把握当前的竞争环境和财务工作的形势

在世界各国经济增长速度普遍放慢的形势下，中国的宏观经济仍然保持了较高的增长速度。历史数据显示，九十年代中后期以来，中国电信业的增长一直与GDP的增长紧密相关，并始终保持超过GDP增长的速度。

伴随着电信业的快速发展，中国电信业的改革也在不断的深入。目前中国电信市场多家竞争的格局已初步形成，主要的电信业务领域都已引入竞争，新颁布的电信条例为电信市场有序、公平的竞争奠定了坚实的基础。

如何正确认识和理解新形势下我们所面临的机遇和挑战，是摆在我们面前的一个新的课题，我们应该非常清楚地知道我们的优势、劣势，如何抓住机遇、规避风险。坦率地讲，拥有庞大的客户群、技术先进、覆盖面广、可靠性高的光纤传输网、家喻户晓的业务品牌、运营经验丰富的管理层、高素质的技术队伍和综合的业务能力等是我们的优势；而较沉重的历史包袱、滞后的管理体制和运营机制、毁誉参半的公众形象、较大的监管压力等是我们的劣势；但中国电信市场高速增长的巨大潜力、国民经济和社会信息化作为国家"十五"规划的基本产业政策、WTO的良好契机、走向国际资本市场以促进内部机制转变和同国际最佳实践模式接轨等是我们面临的机遇；当然，内部企业文化的转变、顺应变革的决心和能力、法律和监管体制的不确定性等也是我们无法回避的风险。

从一年多的工作来看，我们财务队伍的整体素质是比较高的，集团财务工作是有基础的，同时也发现在更新财务管理理念、改革财务管理体制、加强投资与资金控制、完善会计核算系统、强化内部控制机制以及财务队伍建设等方面仍与国际先进的可比电信企业有较大差距，我们应该加强学习和研究，认真总结经验，采取切实有力的措施，使我们的财务管理水平再上新台阶。

三、做好当前中国电信财务工作的几点意见

今年是中国电信实施"十五"规划的第一年，做好今年的工作对顺利实现"十五"规划至关重要。

（一）积极探索有效的集中统一的财务管理体制

在现代经济社会中，无论是集中式管理或是分散式管理都是相对的，都离不开管理决策权利划分的层次性，两者之间并不存在孰是孰非，都是企业根据内外部环境及自身业务的特点决定的。集中，分散，再到更高层次的集中，是中外大型企业财务管理体制演变的一个突出特点。一般而言，无论集团是集中式管理还是分散式管理，在财务管理上都要求是集中管理的，即便是分散式的管理也要求在财务上是集中统一管理。

中国电信集团公司已经明确要求在全国范围内实现县市财务核算一体化，将县（市）电信局财务权限上收到地市一级。近几年的实践已使集中统一成为不少省财务管理体制改革的自觉选择，而且越是财务状况不好的省公司，实行集中统一的财务管理体制的紧迫感就越强，这种现象值得我们重视和思考。实践证明，集中统一的财务管理体制可以有效地改变目前财务和投资决策权分散、财务核算层次过多、资本链条复杂、资金管理分散等影响和阻碍企业持续、健康、稳定发展的情况。今年集团公司在全国实行县市核算一体化的同时也要进行省市核算一体化的试点工作。要注意充分发挥基层参与改革的积极性，上级部门要不断提高管理水平，增强为基层服务的意识，以保证财务体制改革顺利实施，各省公司要结合各自的情况认真研究财务体制调整过程中出现的新情况、新问题。财务体制改革不仅仅是财务部门的事，各级企业同时要做好相应的配套改革。集团公司财务部有必要分不同地区抓几个试点省，加强指导，及时总结经验，以便为今后更深层次的改革打下坚实的基础。

（二）正确认识和把握预算管理的重要意义

预算管理已被现代企业的实践证明是行之有效的财务管理制度。可以说，如何做好预算管理，并由此而产生管理效益，是检验现代企业财务管理科学化、规范化的重要标志之一。有效的预算管理必须以产权清晰、权责明确、政企分开、管理科学的现代企业制度为条件，以规范的法人治理结构为前提，否则预算管理就有可能变成纸上谈兵。反之，预算管理的实施又将促进现代企业制度的建立和公司治理结构的完善。推行预算管理决不能只是财务部门的事情，而是企业综合的、全面的管理。

这里我想再强调几点：

1、预算管理需要企业领导的高度重视，这是国企推行预算管理成功经验中很重要的一条。

2、预算管理需要企业各部门的密切配合。这是国外企业预算管理成功的重要经验。

3、实行有效的预算管理需要全面提高财务人员的素质。它不仅要求财务人员熟悉本身财会业务，而且要求能将财务管理和生产营销管理密切结合，使财务管理真正落实到每一个具体环节，这必然对财务人员提出更高的要求。

4、必须加强基础工作，围绕企业预算管理，落实相关的管理制度，提高预算的控制和约束力。

5、建立符合预算管理要求的企业内部信息保障体系。

（三）进一步增强财务调控能力

企业应将追求扎实的、稳健的收入增长做为中国电信财务工作的长期主要目标之一。

2001年对增收工作影响较大的因素就是电信资费的调整。资费结构的调整在很大程度中改变了传统的通信业务收入结构，这些收入结构的变化将影响和改变我们的业务经营策略，经营重点。财务部门不仅要很好地制定、分解收入预算，更要关注收入计划完成情况，了解收入结构变化的趋势；要配合业务部门做好量收的比较和分析，做好各项业务收入项目的效益分析，提出保收、增收、创收的建议。

加强成本控制，优化成本结构，进一步加强成本核算的基础工作。各省电信公司要通过省对地、地对县财务集中管理的方式，利用制度和考核手段，加大对基层企业成本的控制，纠正不规范的成本开支，改善成本管理状况，一定要使成本费用核算真实地反映企业的成本费用水平。改革成本核算工作要综合考虑企业产品线的设计、市场竞争的需要、成本模型的建立和可操作性等因素，要结合实际，积极探索有效的成本核算和成本控制方法。

近一两年来，中、西部省份扭亏减亏的积极性很高，采取了许多有效的办法，也取得了一些成绩。各省要在集团公司的统一领导和部署下，要在深入分析和论证基础上，制订周密的扭亏计划，有步骤地进行。集团公司要加大对各省增盈扭亏工作的指导，将各省增盈扭亏工作与集团中长期财务发展战略相结合。需要特别指出的是，总体财务状况的把握、收入成本费用的管理、扭亏增盈都必须建立在提高资产质量的基础之上；提高货币资金使用效率，严禁帐外负债和小金库，防止虚增资产和虚假利润，确保财务资料的真实性。

（四）进一步加强财务内控制度的建设

《企业会计制度》颁布后，财政部、国家经贸委、证监会等领导在不同场合多次强调了以预算管理为核心，加强企业内控制度建设的重要性，内控制度的目的正从传统意义上的查错防弊，向确保信息质量、降低各种风险、全面提高企业管理水平方向转变。广义的内部控制包括了内部会计控制和内部管理控制，做好会计控制首先要加强基础控制，主要包括完整性控制、准确性控制和有效性控制；其次要加强实物控制，主要包括防盗控制和防损控制；最后要加强纪律控制。

省公司的各级领导干部要充分认识和理解加强企业内控制度建设的重要性，不断增强完善内控制度的自觉性。各省要针对存在的问题，对照有关制度，认真进行自查自纠工作，没有或制度不完善的，要抓紧制定相应的制度，并将有关工作切实落到实处。

（五）完善科学的投资决策程序，加强对投资风险和投资回报的分析，坚持速度与效益，投入与产出的统一，要注意调整投资结构和投资方向，提高投资效益

随着“三个创新”步伐的不断加快，我们应逐步建立起符合国际资本市场要求的投资决策程序，计划、业务、财务部门要密切配合，自觉运用科学的投资决策指标体系进行投资评价，要考虑资金时间价值的客观存在，广泛运用贴现现金流量指标等科学的投资评价指标；要树立正确的投资风险意识，注重合理的投资回报。

（六）优化资本结构，提高资本的使用效率

从国际资本市场的角度看，确定合理的资本结构要考虑三个方面的因素：一是与国际可比公司比较，其中最常用的是净债务比率；二是从估值的角度看，较高的债务比率将会降低加权资本成本；三是从债信评级的角度看，较低的债务比率和较高的盈利与利息比率通常会提高公司的债信评级，从而降低公司的债务融资成本。在考虑到企业目前和未来的资本支出需求的前提下，资本市场既重视资产负债情况，同时也关注未来的融资能力和成本。我们应该对照国际上有关信贷比率水平，认真分析一下我们的资本结构是否合理，结合国情，采取有针对性的措施，切实改进企业的财务状况。

（七）加强财务分析工作，切实发挥财务在经营管理工作中的作用

要使财务工作从单纯的核算型向管理型和应用型转变，作好核算工作是基础，而如何利用财务基础数据更好地为生产经营服务是实现财务职能转变的关键。

财务部门应该和生产经营部门密切配合，结合生产分析会每月都要根据报表对有关财务、业务数据作出分析并与上月分析或预期的结果作出对比，对异常变动要及时跟踪并分析原因，及时向领导提出建议，只有这样才能进一步提高生产分析会的质量，更好地发挥财务在企业管理中的作用。

（八）进一步加强和完善会计核算基础工作

按照财政部对我国会计体系改革的思路，随着今

年《企业会计制度》和具体会计准则的发布，将逐步取消现行行业会计制度，改为执行具体的会计准则，形成《会计法》、《企业会计准则》和《企业会计制度》、企业内部会计制度三个层次的会计体系，这将使中国的会计制度越来越接近国际会计准则，其目的是使财务资料能真实地反映企业的生产经营状况，为投资者和资本市场服务。为适应中国电信体制改革，建立现代企业制度，迅速实现与国际接轨，集团公司决定从明年起准备实施《企业会计制度》。

在不断完善核算制度的同时，还要注意利用先进的计算机网络技术，以使核算的基础工作能更加扎实，使得财会信息资料真正为企业决策提供及时、准确的依据，提高管理效率和资金使用效率。

（九）进一步加强学习，注重队伍建设

1、要以邓小平理论和江总书记“三个代表”的思想武装头脑，努力提高自身的政治修养。

2、企业领导干部要积极响应江总书记提出的领导干部要读“三表”，朱总理提出的企业领导要“懂会计”的指示，正确理解和掌握现代企业制度的基本内涵，要带头学习财务管理知识。新修订的《会计法》加大了企业领导在财务管理方面的责任，我们的各级领导都应自觉增强法制观念，自觉按照《会计法》的要求去领导和管理企业。

3、改革和竞争已使财务管理工作的内涵和外延都发生了巨大的变化，财务管理与企业生产经营各环节的联系越来越紧密，这就要求从事财务工作的同志不但要努力学习专业知识，还要学习和了解基本的通信网络、通信业务、市场营销、经济法等方面的知识，只有这样才能适应新时期对财务人员的要求。

4、为保证改革期间财务工作质量，保证财务机构健全，工作秩序不乱，原则上不对财务机构进行大的调整。从当前企业改革发展的需要来看，财会人员目前还很缺乏，不但不能减少，还应适度调整和增加，要从企业内外选择各种专业经济人才充实到财会队伍中。

5、要提倡深入基层，作认真细致的调查研究。坚持经常到基层企业考察调研，首先要从集团公司做起，切实改变机关的工作作风，更好地为基层服务。

这次财务工作会议是在中国电信改革和发展的重要时期召开的，让我们通过这次会议，在党的十五届五中全会和中央经济工作会议精神指导下，进一步转变思想，提高认识、抓住机遇、加快发展，以勤奋、务实、进取、开放的作风做好各项财务工作，努力开创新时期中国电信财务工作新局面，为实现中国电信集团新世纪的发展战略作出应有的贡献！

吴安迪副总经理在中国电信集团推行《企业会计制度》电视电话会议上的讲话（摘要）

2002年7月25日

今天，我们请各级电信公司、实业公司和控股公司的领导和相关人员一同参加中国电信集团推行《企业会计制度》工作电视电话会议，对中国电信集团2003年1月1日执行《企业会计制度》这项工作做全面动员和部署。下面，我讲三个方面的意见。

一、 推行《企业会计制度》的重要性、必要性

（一）中国电信集团积极推行新会计制度，既是深入贯彻《会计法》、《企业财务会计报告条例》和中央关于国企改革决定的重要举措，也是实现集团管理创新的具体体现。

（二）随着企业的发展和管理要求的提高，需要执行新会计制度，提高中国电信集团会计信息质量。

（三）执行《企业会计制度》将促进中国电信集团提高会计核算和财务管理水平。

（四）执行《企业会计制度》，初步实现会计核算与国际接轨，有助于中国电信进入国际资本市场。

（五）执行《企业会计制度》是中国电信摸清家底、消化不良资产的良好机遇，为企业今后的经营管理奠定良好的基础。

二、 正确理解和把握执行《企业会计制度》带来的影响

执行新会计制度是对传统管理理念和会计核算模式的改革，必将对企业财务成果确认、税务管理、部门间协调、财务工作量等方面带来一些困难或不利影响。我们要正确把握和理解这次会计制度改革所带来的影响，改进工作方法，提高管理水平，增强对政策的把握、运用能力，力争将不利因素变为有利因素。

比如，固定资产折旧计提年限、净残值率的确定、折旧方法的选择等问题，根据新制度规定，可能会减少企业当期的利润，但合理确定这些政策，又将有利于提高企业资金周转速度，加快资金回收，从长远来看有利于企业的发展。再比如，执行新制度后，税务会计与财务会计将在一定程度上分离，如何利用好现行政策进行合理的税收筹划，在不违反国家税收法规的前提下，合理安排税负，有效地利用资金的时间价值等问题，将是各级企业面临的新问题。

执行新会计制度，不仅仅是财务部门一个部门的工作，需要各级领导的支持和其他专业部门的配合，甚至有些工作必须以专业部门为主，收集并提供资料给财务部门。执行新制度，要求各个部门转变观念，要相互学习，财务部门要学习了解业务知识，业务部门也要学习财务知识，要建立部门间有效的协作机制，要将这种协作制度化、程序化和标准化。对于重要问题，有时甚至需要不同部门的人员组成团队来解决。

此次会计制度改革，对会计核算的精细化程度要求越来越高，工作量将越来越大，各级企业要有意识的充实财务人员；《企业会计制度》有许多方面需要财务人员进行职业判断，而且随着中国电信企业逐步改制上市，都对财会人员提出了很高的要求，这就要求财务人员要加强专业理论知识的学习，提高业务水平。执行新制度，从财务人员本身来讲，就是一次学习、锻炼和提高业务水平的机会。

三、 对执行好《企业会计制度》提几点要求

(一) 各级领导要高度重视，精心做好组织工作

推行企业会计制度是集团公司今年管理工作的一件大事，各级电信企业要成立推行《企业会计制度》领导小组和办事机构，加强对这项工作的统一领导和协调，相关部门明确分工，强化工作流程，做好相关实施准备工作。

(二) 做好重点和难点工作，有序推进会计制度改革

做好财产清查工作是执行新会计制度的重要基础。各单位要确保财产清查工作的进度和工作质量。利用这次财产清查工作，建立一套适应新制度的企业资产管理流程，辅以先进的管理信息工具，推进管理工作良性循环。各单位还要在集团公司的统一组织下，按有关要求提供审计资料，配合审计师完成审计工作，保证整个清查工作的进度和工作质量。

要对实业公司和控股子公司执行企业会计制度的有关工作与通信主业统一安排，统一要求，加强指导和督促。

(三)树立全局意识和发展观念，做好新制度的贯彻工作

对于执行新《企业会计制度》，企业领导首先要提高认识，要将执行新会计制度与企业长远发展相结合；与建立现代企业制度，加强内部管控相结合；与改进企业日常生产管理工作相结合，做好培训、宣传工作，使广大电信员工特别是管理人员理解改革，支持改革。

(四)结合其他改革工作，整体推进集团管理创新进程

执行新会计制度，要纳入到整个管理创新的大框架内来考虑，要做好统筹安排，协调推进。

1、要把推行《企业会计制度》与财务集中管理改革结合起来。财务集中管理过程中，实物资产的管理和控制、会计核算和信息披露等方面还是薄弱环节。新会计制度的执行，将会对企业统一核算标准、加强和优化资产管理起到促进作用。

2、要把执行《企业会计制度》与集团全面预算管理工作结合起来。会计核算和会计信息作为企业编制预算的基础，对预算编制质量有决定性的作用，而先进、合理和科学的企业会计制度的实施必将从整体上提高企业会计核算水平和会计信息质量，进而使企

业预算管理有一个良好的基础，促进企业预算管理水平的逐步提升。

（五）健全内部控制制度，保障会计信息质量

执行《企业会计制度》，职业判断在会计实务中会大量运用，将在一定程度上增加核算风险和财务信息披露风险。为有效控制风险，集团公司要作好会计政策的统一规划和制定工作，减少各级电信企业执行新会计制度的随意性；基层单位要加强制度建设，确保资产的安全完整和财务信息的真实准确。制定和完善内部控制制度，要结合流程重组和企业信息化建设工作，增强调控手段，提高内控制度的有效性。

各级企业都要杜绝人为操纵利润和提供虚假财务信息的现象，对于在新旧会计制度过渡和执行新制度过程中，违反会计核算和财务管理规定，出现人为操纵利润的情况，集团公司将给予严肃处理。

执行《企业会计制度》是一项政策性强、专业性要求高的工作，要统一认识，在各方面作好准备，确保《企业会计制度》在中国电信集团的顺利实施，为实现中国电信集团奋斗目标做出积极贡献！

张继平副总经理提出“互联促发展 竞合求多赢”

2001年5月31日

中国电信作为主体电信企业，在网间互联互通工作中起着重要的作用。中国电信对互联互通的认识经历了一个过程。过去，从主观上说，中国电信认为新运营商的进入是和自己争夺市场、争夺用户。从客观来看，由于网络规模相差悬殊，根据电信经济理论中的梅特卡夫法则，网间互联互通给新老企业双方带来的收益也相差悬殊，因此网间互联互通工作有些被动。随着对中国电信产业打破垄断、开放市场、引入竞争这一必然趋势认识的逐渐深化，以及在中国即将加入WTO这一新的形势下，中国电信认识到合作性竞争才是在现代社会环境下正确的战略选择。特别是周德强总经理在中国电信集团公司揭牌仪式上明确提出：中国电信要从国家整体利益、从推动整个信息产业发展出发，处理好与其他电信运营商的关系，在竞争与合作中求得多赢，共同促进信息产业的繁荣与发展。中国电信将把其他电信运营商当作重要的服务对象，既公平有序竞争，又为竞争者提供良好的网络互联和接入服务。在这种合作竞争战略的指导下，中国电信集团所属企业开始呈现出服务与合作的良好态势。可以预见，企业之间既竞争又合作的新的“竞合”关系将是未来中国电信市场的主流模式。

进一步转变观念、提高认识仍然是当前中国电信的首要任务。尽管在中国电信集团所属的很多企业，观念已经在转变，认识也在提高，但从整体来看，情况还不尽如人意，还有许多工作要做。集团公司将采取培训、研讨、座谈等多种形式，促进思想观念的转变和认识水平的提高。首先，要强化对“三个必然”的认识。即打破垄断、开放市场是必然趋势；互联互通作为竞争的基础，成为政府电信管制的重点是必然现象；企业之间合作竞争关系是在信息社会里企业求得长足发展的必然选择。中国电信只有顺应历史潮流，把自己真正作为市场竞争的主体，才能在竞争的市场环境中立于不败之地。中国电信拥有庞大的用户群和丰富的网络资源，在互联互通工作中处于重要的地位。企业间的竞争一定是在互联互通基础上进行的一种竞争。网间互联互通双方的关系已超越了一般产品市场上供求双方的关系，这意味着互联双方彼此之间的连续合作与互动。其次，要树立“两个转变”的观念。即由垄断经营观念转变为市场竞争观念；由企业间的排他性竞争观念转变为企业间合作竞争、共同发展的观念。市场经济的本质就是打破垄断、引入竞

争。电信产业的经济特点与其他行业市场竞争中的排他性有着根本的不同，在公平、合理的网间互联互通政策下，不同电信企业网间的互联互通并不是简单的零和游戏。互联互通增强了每个网络的规模经济、范围经济和正外部性，使每个企业都能从中受益，与此同时它还将带动整个国家电信市场的快速发展。中国电信认识到，未来社会将越来越注重于企业与社会的融合，追求企业与企业双赢、企业与用户依存、企业与社会可持续发展。谁能及早适应这一规律，谁才能成为信息社会环境里真正的赢家。

下一步中国电信将继续建立、完善互联互通机构，充实人员，明确在岗人员行为准则，抽调协调能力强、有一定政策水平、懂经营、懂法律、熟悉网络技术的优秀人员充实到相应岗位上，形成一个由集团公司和省公司两级分工负责的互联互通工作管理体系。在人员上岗前作好《电信条例》、互联互通相关规定的培训。在此基础上，要制订一套可操作的、相对完善的互联互通规章制度，以保证互联互通工作的顺利进行。另外，要把互联互通工作当作业务来抓，而不是仅当作一项任务来完成。按时提供运营商需要的互联互通、接入服务和其所需的产品，是电信市场竞争的需要，也是中国电信企业自身发展的需要。通过加强网间结算工作，实现互联互通业务的价值。从国外电信市场开放的经验看，主导电信企业网间结算收入一般占企业业务收入的20%以上，占新运营公司运营成本的20%~70%。因此，将网间互联互通工作作为业务来抓，是在新的市场竞争环境下的正确策略。

各国电信市场开放的经验表明：互联互通历来都是电信市场开放中的焦点和难点，也是政府实施电信管制的重点。由于互联互通涉及到政策、技术及经济等诸多方面的因素，许多国家都是经过了长时间的探索，才逐步发展成一整套适应本国国情、相对完善的互联互通体系的。然而，中国电信市场开放的步伐很快，已不可能像其他国家那样用十几年的时间去研究并逐步完善。而现实中发生的互联互通的问题却并不比任何一个国家少。因此，建立一套适应中国国情的互联互通体系，需要政府与运营商的共同努力。在互联互通工作中反映出的焦点问题经常是以技术的形式出现，而冰山下的真实症结却往往是经济利益的矛盾。从中国的互联互通历程看，过去往往都把它当作一种行政行为，而不是经济行为。电信网间互联互通中经济利益的公平、合理分配，对促进网间互联互通起着不可估量的作用，因此我们希望尽快建立一套公平合理的互联互通政策，使互联互通成为企业的经济行为，各企业自觉执行。

中国电信各级企业要把党风廉政建设落到实处

中国电信集团公司副总经理 黄文林

（2002年3月）

在上海电信公司2002年3月召开的党风廉政建设大会上，中国电信集团公司副总经理黄文林指出，中国电信集团各级企业的领导都必须高度重视党风廉政建设，切实把集团公司对党风廉政建设的要求落到实处。

上海市电信公司在中国电信集团中具有举足轻重的作用，上海电信的各项工作多年来在中国电信所属省级电信公司中一直处于领先地位，具有一定的示范作用。上海的党风廉政建设工作也是卓有成效的，特别是在贯彻党风廉政责任制、健全勤政廉政各项制度、开展效能监察、狠抓教育等方面的做法，值得其他企业学习。黄文林还就中国电信集团的廉政建设工作提出指导性意见。

要充分认识国有企业党风廉政建设和反腐败斗争的重要性和紧迫性。当前，国有企业的改革发展仍处于关键时期，一些深层次的问题仍不断呈现。建立和完善市场经济体制和规范的法人治理结构、建立现代企业制度尚需时日，滋生腐败的社会因素在某些方面正在增多。因此，绝不能小视腐败现象对企业的危害。中国电信集团各级企业的领导都必须高度重视党风廉政建设，切实把集团公司对党风廉政建设的要求落到实处。

要切实搞好领导人员的廉洁自律，建设一支高素质的领导干部队伍。党和国家作出领导干部廉洁自律的规定，根本的目的就是要求领导干部代表党和人民掌好权，用好权，保持党和人民的血肉联系。对于廉洁自律的准则和规定，中国电信的各级领导干部都应当熟知熟记，切实做到。那种认为廉洁自律规定只是用来约束政府公务员的，中国电信企业化了，对企业不适用了的认识是错误的。企业领导者必须认真执行廉政准则，这在中央的规定中是十分明确的。中国电信的各级领导人员必须以身作则，认真执行。

抓好党风廉政建设和反腐败斗争的关键是抓住源头，抓好落实。而抓住源头，抓好落实，都必须坚持反腐倡廉的领导体制和工作机制。对各级企业来说，“源头”源自企业的各个部门；落实，必须在各项工作中落实。希望各级电信企业创建性地开展工作，真正坚持“党委统一领导，党政齐抓共管、纪委组织协调，部门各负其责，依靠群众的支持和参与”的反腐倡廉领导体制和工作机制。

创新是发展的原动力
——谈中国电信北京研究院的职责定位

中国电信集团公司总工兼北京研究院院长 韦乐平

2001年4月20日

中国电信集团公司成立伊始就提出了用五年左右的时间，把中国电信发展成为能够体现中国电信业实力，真正具有国际综合竞争力的大型企业集团的战略目标。为实现这一宏伟目标，周德强总经理提出，必须实施机制、管理、技术的创新。中国电信集团北京研究院的成立，就是贯彻党的十五届五中全会“积极推进体制创新和科技创新”精神的重要体现，是具体落实中国电信“三个创新”的重大举措，是中国电信集团建立完整的自身科研支撑体系的新标志，更是中国电信集团科研发展的新起点。

创新是一个民族的灵魂，也是一个企业赖以生存和发展的关键，特别是对于像通信这样的资金密集和技术密集的行业，更要高度重视创新工作，重视战略方向和技术方向的研究。如果墨守成规，满足眼前的利益，不图进取，缺乏战略眼光，在方向问题上犯错误，即便是世界级的超级大公司也只需几个月就会跨下来。

与国外著名企业相比，我国企业的一个通病是趋同化，一窝蜂，一个模式，缺乏创新，缺乏自己的品牌。随着我国加入WTO的日子日益临近，国内电信运营市场将面临激烈的国际性竞争，特别是国际著名大公司的全面进入，对中国电信业将形成巨大压力。在这样的环境下，国内企业更需要有自己的创新机制、创新管理和创新技术，也就是说，只有具备自己的特色、特长，才可能存活下去并发展壮大。与狼共舞，没有几手绝活是不行的。所谓创新，实质上就是不断改革，适应外部环境的过程。达尔文曾经说过一段极富哲理的话：在生物界的长期演进历史中，能够存活下去的物种既不是那种最强壮的，也不是那种最聪明的，而是那种最能适应外部变化的物种。这段极其精辟的论述不仅适合生物界，也同样适合当前的电信界，不仅适合于技术层面，也同样适合于体制、机制和管理层面，很值得我们深思。

技术创新是研究院发展的主要原动力。当前，电信界正处于一个极其动荡的时代。从技术上看，光网络、IP技术和移动通信技术作为三大主导发展方向正在深刻地改变着电信网的面貌和特征。商务模式、业务类型和特征、业务流量及其分布、网络架构和层次都在经历着史无前例的变化。在这样一个扑朔迷离的外部环境下，每一个公司都在试图寻找不同于他人的最佳生存空间和发展模式，为了实现这一目标，需要建立强大的科学的技术支撑体系、技术创新体系和技术决策体系，而作为技术和人材高度密集的研究院应该责无旁贷地承担起上述技术体系建设的重担。因而技术创新是研究院发展的主要原动力。目前，我们的电信企业在技术发展方向上受制造商的影响过大，缺少自己的独立思考和判断能力，这也是缺乏独立自主的研究工作基础的必然结果。为此，研究院的技术创新工作应该体现在企业的技术发展方向和发展路线上，要为企业多出主意，出好主意，出大主意。

一方面，研究院应该站在世界通信技术的前沿，而另一方面，研究院又应该脚踏实地，站在自己实际网络的基础之上，在先进技术与实际网络的结合点上摸索最适合自己国情、网情的组网模式，开发最具特征性的新业务和新应用。目前，网络设备硬件已经越来越趋向标准化，只有在组网技术上、服务和应用上才有可能充分体现自己区分于他人的特色，这方面软件扮演了重要角色，可以说，软件是技术创新的灵魂，其重要性将与日俱增。

按照中国电信集团公司的部署，北京研究院的主要职责有十项。

一是根据集团公司的战略目标，跟踪研究国际前沿电信技术发展趋势；二是研究制订电信网络、技术、业务的发展规划；三是研究集团公司的技术发展战略与技术发展政策，提出网络发展和技术应用方案；四是从企业角度配合政府研究电信管制和资费等政策法规以及网络业务的经济技术成本分析与发展战略；五是研究制订集团公司的技术体制和内部标准，负责新技术新设备的测试评估并在获得政府入网证的产品范围内提出集团公司主要设备的选型参考意见；六是根据集团公司的统一安排，建立必要的实验环境，对新技术新设备新业务进行网络运行验证；七是研究开发网络管理系统、业务管理系统、资源管理系统等支撑系统，进行相关应用软件的研究开发和系统集成工作；八是研究开发电信新业务和增值业务，进行相关技术的市场研究；九是提供信息支撑服务，组建信息数据库、成本数据库和图书资料库等；十是完成集团公司交办的其它工作。为了完成集团公司交给的上述重要任务，我们除了依靠自身的力量外，还将充分利用和发挥全社会资源的作用，加强与国内外业内同仁和兄弟单位的合作。

3

体制改革

中国电信重组为两大集团公司

2001年12月，国务院下发文件，批准电信体制改革方案，决定将中国电信现有资源划分为南、北两部分，重组为中国网络通信集团公司和中国电信集团公司。

根据重组方案，中国电信现有资源将划分为南、北两部分：华北地区（北京、天津、河北、山西、内蒙古）、东北地区（辽宁、吉林、黑龙江）和河南、山东共10个省（自治区、直辖市）的电信公司归属中国电信北方部分；其余归属中国电信南方部分。北方部分和中国网络通信有限公司、吉通通信有限责任公司重组为中国网络通信集团公司；南方部分保留“中国电信集团公司”名称，继续拥有“中国电信”的商誉和无形资产。

重组后的两大集团公司仍拥有中国电信已有的业务经营范围，允许两大集团公司各自在对方区域内建设本地电话网和经营本地固定电话等业务，双方相互提供平等接入等互惠服务。南北两部分按光纤数和信道容量分别拥有中国电信全国干线传输网70%和30%的产权以及所属辖区内的全部本地电话网。方案由信息产业部负责实施。

中国电信集团公司概况

中国电信集团公司是按国家电信体制改革方案组建的特大型国有通信企业，于2002年5月重组挂牌成立。原中国电信划分南、北两个部分后，中国电信下辖21个省级电信公司，拥有全国长途传输电信网70%的资产，允许在北方十省区域内建设本地电话网和经营本地固定电话等业务。重组后的中国电信集团公司由中央管理，是经国务院授权投资的机构和国家控股的试点。资产和财务关系在财政部实行单列。中国电信集团公司注册资本1580亿元人民币。目前主要经营国内、国际各类固定电信网络设施，包括本地无线环路；基于电信网络的语音、数据、图象及多媒体通信与信息服务；进行国际电信业务对外结算，开拓海外通讯市场；经营与通讯及信息业务相关的系统集成、技术开发、技术服务、信息咨询、广告、出版、设备生产销售和进出口、设计施工等业务；并根据市场发展需要，经营国家批准或允许的其他业务。中国电信集团公司继续拥有“中国电信”的商誉和无形资产。

中国电信集团公司下设21个省级企业。集团公司与21个省级企业是既以资本为纽带、又以网络和业务为纽带的母子公司关系。中国电信集团公司的成立，标志着中国电信业进入了健康发展的新阶段。

中国电信集团公司组织机构

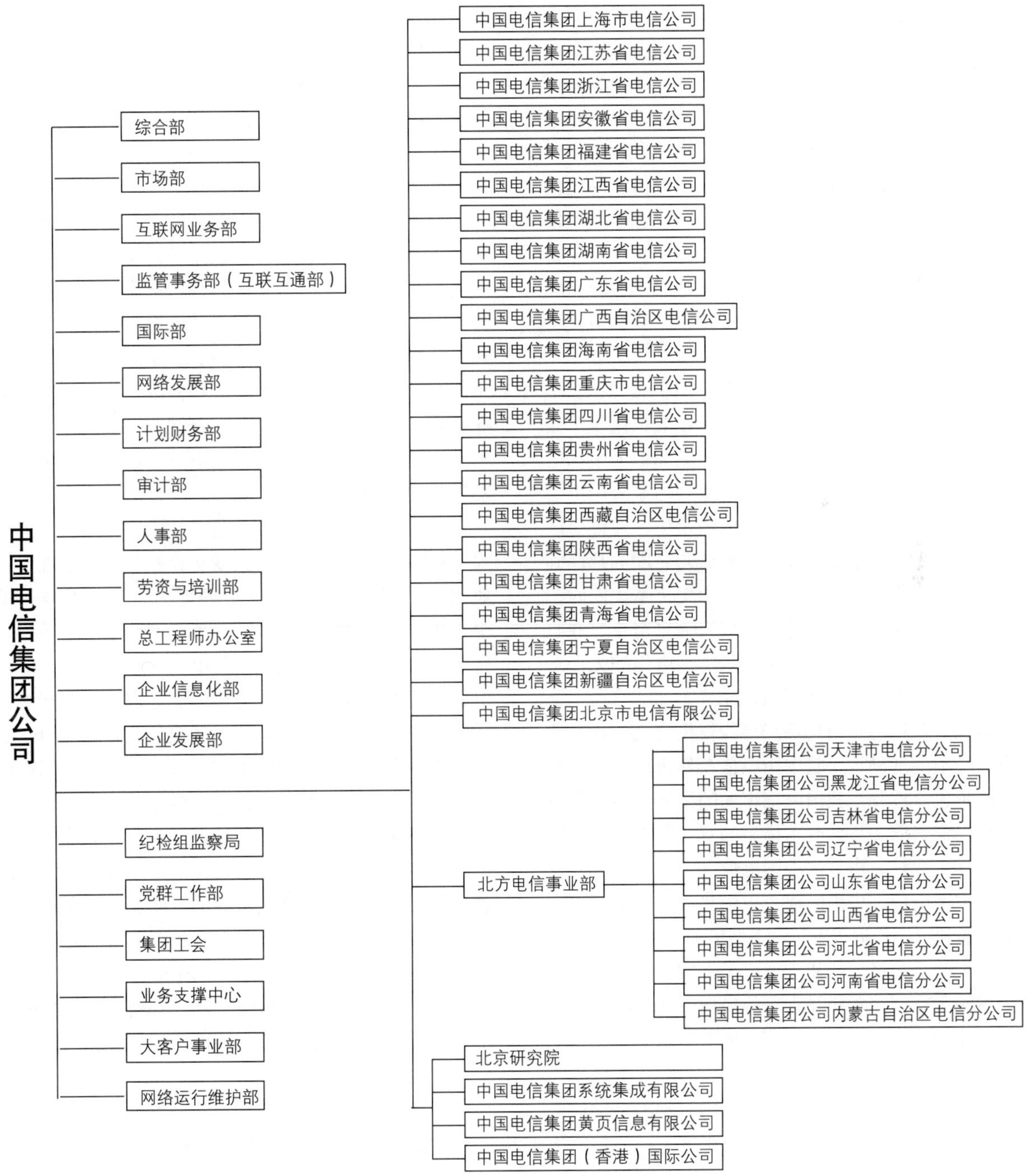

- 中国电信集团公司
  - 综合部
  - 市场部
  - 互联网业务部
  - 监管事务部(互联互通部)
  - 国际部
  - 网络发展部
  - 计划财务部
  - 审计部
  - 人事部
  - 劳资与培训部
  - 总工程师办公室
  - 企业信息化部
  - 企业发展部
  - 纪检组监察局
  - 党群工作部
  - 集团工会
  - 业务支撑中心
  - 大客户事业部
  - 网络运行维护部
  - 中国电信集团上海市电信公司
  - 中国电信集团江苏省电信公司
  - 中国电信集团浙江省电信公司
  - 中国电信集团安徽省电信公司
  - 中国电信集团福建省电信公司
  - 中国电信集团江西省电信公司
  - 中国电信集团湖北省电信公司
  - 中国电信集团湖南省电信公司
  - 中国电信集团广东省电信公司
  - 中国电信集团广西自治区电信公司
  - 中国电信集团海南省电信公司
  - 中国电信集团重庆市电信公司
  - 中国电信集团四川省电信公司
  - 中国电信集团贵州省电信公司
  - 中国电信集团云南省电信公司
  - 中国电信集团西藏自治区电信公司
  - 中国电信集团陕西省电信公司
  - 中国电信集团甘肃省电信公司
  - 中国电信集团青海省电信公司
  - 中国电信集团宁夏自治区电信公司
  - 中国电信集团新疆自治区电信公司
  - 中国电信集团北京市电信有限公司
  - 北方电信事业部
    - 中国电信集团公司天津市电信分公司
    - 中国电信集团公司黑龙江省电信分公司
    - 中国电信集团公司吉林省电信分公司
    - 中国电信集团公司辽宁省电信分公司
    - 中国电信集团公司山东省电信分公司
    - 中国电信集团公司山西省电信分公司
    - 中国电信集团公司河北省电信分公司
    - 中国电信集团公司河南省电信分公司
    - 中国电信集团公司内蒙古自治区电信分公司
  - 北京研究院
  - 中国电信集团系统集成有限公司
  - 中国电信集团黄页信息有限公司
  - 中国电信集团(香港)国际公司

中国电信更换企业标识 全力实施品牌经营战略

没有创新就没有生命力，不求真务实就没有竞争力，新中国电信成立伊始提出了“全面创新，求真务实，努力奋斗再创业”的发展策略，即中国电信将以用户为中心，以市场为导向，以创新为动力，通过实施品牌战略，创造信誉优势，推广“为社会、为用户创造更大价值”的企业哲学，塑造中国电信的品牌新形象，来实现“力争用五年左右的时间，把中国电信建设成为世界级的现代电信企业集团”的这一奋斗目标。从挂牌之日起，首先就更换企业标识，实施品牌战略，努力塑造品牌新形象，为实现奋斗目标迈出了第一步。

中国电信原企业标识即“中”字型企业标识，是作为中国电信业的代表而设计的，基本上也代表了当时的整个中国电信业。中国电信原企业标识为中国电信业的发展，为树立“中国电信”作为国家公用电信网的整体形象，为中国电信开拓电信市场，发挥全网优势，提高中国电信品牌在国内外的知名度等都起到了非常重要的作用，做出了应有的历史贡献。同时，中国电信原企业标识也是几代电信人为之奋斗，并赋予了它许多内涵。因此，它不仅是中国电信的无形资产，更是中国电信业的无形资产。

目前，我国电信市场格局已经发生变化，原企业标识已经不能准确地反映中国电信在新市场格局中所扮演的角色。近几年我国电信市场的格局在市场自身发展和国家采取一系列改革措施的双重作用下，已经发生了巨大变化，由过去中国电信一家垄断经营，演变为以中国电信、中国网通、中国移动、中国联通、中国卫通和中国铁通为主，众多增值业务提供商和ICP参与竞争的市场格局，初步形成了不同规模、不同业务、不同所有制企业相互竞争的局面。从市场份额来看，南北拆分之后，中国电信大体上只占了整个电信市场34%的份额；从业务领域来看，寻呼业务已成建制地归到中国联通，移动电话业务则由中国移动通信集团公司经营，卫星通信业务则由中国卫星通信集团公司经营，固定电话业务更是由新中国电信、新中国网通、中国联通及中国铁通四家运营商经营。此外，中国电信以前的政府职能已由信息产业部电信管理局行使。由此可见，中国电信不再是原有意义上的老国企，而正向现代企业运作体制转型，原来的“中”字标识已无法准确反映新中国电信。

随着形势的变化和业务的变化，与时俱进地更换企业标识是国际化大趋势。在国外，企业随着形势的变化和业务的变化更换企业标识已形成一种趋势。如法国电信，在其主营业务从电话到网络，再到信息的转变过程中，就好几次更换标识。而AT&T也是每几年就在原来标识的基础上做一些修改，以不断完善企业品牌。这些国际大型企业在不同的发展阶段采用了不同的标识，都取得了良好的成效，对企业的进一步发展起到了积极的促进作用。

经过多年的深化改革与创新，中国电信的管理模式、运营机制等都发生很大变化，初步建立了现代企业制度，不再是原有意义上的老国企。几经分拆重组，通过实施主实业分离、三项制度改革等一系列深化企业内部改革的措施，中国电信的管理模式、运营机制等都发生很大变化，初步建立了现代企业制度，强化了企业素质，中国电信在新业务、新技术的开发以及企业内部各项管理制度和运行机制的创新都取得了显著的成就。企业文化也从原有侧重于大发展，侧重于网络建设，演变以“为社会、为用户创造更大价值”、“以人为本”、“用户至上，用心服务”等理念为特征的新型电信运营企业的企业文化。在新的世纪里，新的市场格局下，一个新的中国电信必然需要一个新形象，一个新标识。中国电信将以用户为中心，以市场为导向，以创新为动力，通过实施品牌战略，创造信誉优势，塑造中国电信的品牌新形象，实施品牌战略打造世界级电信企业。

因此，中国电信各级领导和广大员工非常重视和关心企业新标识的更换工作，中国电信首先挑选了九家相关的公司进行新标识设计的投标，经过第一轮筛选后，中国电信委托了其中几家有实力的公司进行新标识设计。在新标识的设计期间，中国电信不断与被委托的设计公司交换各自的看法，传达中国电信希望新标识所能传递的理念和期望。目前中国电信新的企业标识，是在受委托的几家公司所设计的300多个标识中选出的两个英文字母C交织的图案原型的基础上，经综合上级有关部门领导、集团公司领导、广大的电信员工及关心中国电信的消费者和制造商的意见及期望的基础上，经过多次修改选定。

中国电信新的企业标识整体造型质朴简约、静动相生、线条流畅，富有动感。字母趋势线的变化组合，具有强烈的时代感和视觉冲击力，传达出一个现代通信企业的崭新形象。

（一）整个标识以字母C为主体元素，两个C在明快的节奏中交织互动，直接代表着“中国电信集团公司”。

（二）两个开口的字母C向远方无限延伸，又似地球的经纬，象征着阔达的胸襟、开放的意识，长远的目光、豪迈的气势。意味着四通八达，畅通、高效的电信网络连接着世界的每一个角落，服务着更多的用户、更广的空间。C作为英文“用户、企业、合作”的第一个字母，它的交融互动，也强烈表达了中国电信“用户至上，用心服务”的服务理念，体现了与用户手拉手、心连心的美好情感。同时也蕴含着中国电信以更宽广的胸怀与社会各界携手合作，共同促进中国信息产业进步和繁荣的良好心愿。

（三）从横向和纵斜向的角度看，标识仿佛张开的双臂，又似字母W和字母E，传递着中国电信的自信和热情；象征中国电信作为IT行业的重要一员，正紧密跟踪国际最新的信息技术，向着生活网络化（WWW）的最佳帮手，商务电子化（ECOMMERCE）最好伙伴的目标不断迈进；体现了中国电信勇于迎接WTO挑战，与国际接轨、与世界（WORLD）同步的信心与实力。

（四）字母C和交叉后形成的字母X分别是汉语拼音“创新”的第一个字母，表达了中国电信“全面创新”的管理理念，体现了不断超越自我，向着更新、更好、更强的目标不断迈进的企业形象。

（五）高高挑起的两角，凸现出简洁而充满活力的牛头和振翅飞翔的和平鸽图案。既表现了中国电信脚踏实地、求真务实、辛勤耕耘的精神，又展现了中国电信与时俱进，蒸蒸日上、蓬勃发展的良好前景。

（六）中国电信新标识从整体上看，似是一舞者在舞台上酣畅淋漓地舞蹈着（两个交织在一起的C似是一个有着优美舞姿的舞蹈者，书法体“中国电信”与英文字母“CHINA TELECOM”共同撑起的“平面”，似是一个舞台）。寓意中国电信努力为每一位员工营造公平、高效的企业内部环境，创造最好的个人发展舞台，让其在中国电信的大舞台中充分施展自身的才干，体现了中国电信以人为本的企业理念；也寓意中国电信将以高效优质的网络和良好的服务为社会每个成员的发展创造一个舞台，让他们可以更好地发展自己，展现自我。

（七）标识以代表高科技、创新、进步的蓝色为主色调。文字采用书法体，显得有生命力、感染力与亲和力，与国际化的标识相衬，使古典与现代融为一体、传统与时尚交相辉映。书法体与英文字母的搭配使用，既表明中国电信是源自于一个传统的企业，也蕴含着中国电信要走向国际化，发展成为具备国际竞争力的现代化电信企业。

新标识表达了中国电信开放、创新、充满活力的新形象，更表达了中国电信走向国际化，发展成为具备国际竞争力的现代化电信企业的信心。

4

概况（全年主要工作综述）

2001年中国电信工作综述

2001年是新世纪开局之年，也是中国电信面临重大挑战的一年。面对电信资费大幅下调、初装费和附加费取消以及业务分流、异质竞争加剧带来的新压力，电信业深化改革和加入WTO带来的新课题，全体员工知难而进，认真贯彻江泽民“三个代表”的重要思想，在党中央、国务院的正确领导下，在中央企业工委和信息产业部的具体指导下，在国家相关部委的大力支持下，中国电信积极应对各种困难的考验，团结拼搏，锐意进取，正确处理改革、发展、稳定的关系，在发展中改革，在改革中发展，做到了发展不断、队伍不乱、人心不散，既保持了通信业务持续健康发展，又促进了改革的深化，在不平凡的一年取得了新成绩。

一年来，中国电信完成通信业务收入1810亿元，因资费调整的影响，只增长5.66%，按同比口径实际增幅应在15%左右。全年实现利润77亿元，为国家上交税收97亿元，补贴邮政资金18.6亿元。新增电话用户3415万户，互联网用户1669万户，用户总数分别达到1.79亿户和3204万户，有力推动了通信消费增长和国家信息化建设进程。“用户至上、用心服务”理念得到全面、具体实践，改善服务的努力取得较好成效，服务水平明显改善，投诉量大幅下降，比2000年下降了75%，投诉量在总量中所占比重下降30个百分点。与此同时，努力加强和改善企业管理，转换企业经营机制，以改革促创新的工作在不断推进和深化。以本地网为中心的财务、投资和设备采购、网络维护、计费帐务、网络资源等五项集中管理基本实现年度目标。以薪酬激励、绩效考核、竞争上岗、职业发展、教育培训等五项机制创新为主要内容的改革与创新工作获得积极进展。精干主业，主辅、主附分离，规范三产工作继续深化。大力推进企业文化及职工队伍建设，企业两个文明建设取得新的成就。

一、 解放思想，与时俱进，积极调整经营策略，努力促进业务发展

中国电信集团成立后，面临着由传统的国有企业管理模式向现代企业制度转换的迫切任务。一年来，集团公司致力于促进各级干部和员工思想观念的转变，牢固树立市场意识、效益意识、改革创新意识，按照市场经济规律、大集团运作模式开展企业的各项工作，积极应对行业环境的变化，加强经营分析，适时调整经营策略，着重在大客户经营、话务量开发、新业务新产品拓展、积极推进国民经济信息化上下功夫，积极拓展市场发展空间。一是完善四级大客户服务体系，为大客户提供所需的个性化一站式解决方案；二是加大话务量开发力度，开展了对办公用户的个性化营销和大客户话源应用合作，组织长话话务量的营销代理试点，同时，利用已有网络资源开发和推广家家e、来电显示、商情电话、唯一电话号码业务、电话彩票投注、一卡多用等新业务；三是积极拓展网上应用，大力推进“政府上网、企业上网、家庭上网”工程，促进电子政务、电子商务、远程教育、远程医疗和企业信息化的发展，对利用信息技术改造传统产业、提高全社会信息应用水平发挥了重要作用。

二、 坚持走改革创新之路，实现企业有效益地发展

面对中国电信由国有企业管理向现代企业制度转换的形势，努力适应集团运作的模式，经营思想有了根本的转变。集团围绕市场需求和企业效益，以网络建设为重点，进一步优化网络布局和功能，投资结构趋向合理，投资方向进一步优化。

一是保持一定的投资力度，资产负债率得到有效控制，通信能力和技术层次进一步提高。2001年全年固定资产投资规模基本控制在1100亿元计划内，实际完成1007亿，资产负债率由47.9%下降到45.9%。全年新增局用交换机（含V5接入网设备）3900万门，总容量达到2.48亿门；新增长途光缆0.6万皮长公里，本地中继光缆7万皮长公里，接入网光缆10.8万皮长公里；新增数据基础网用户端口12万个，IP拨号端口275万个，ADSL用户端口100万个；完成驻地网综合布线500

万户，新增LAN交换机200万端口。网络技术层次又有新的提高。省内及省以上干线传输网普遍采用密集波分复用技术；许多新建光缆采用了G.655光纤；吉比特路由器和千兆比交换机也在各省数据网中普遍采用。

二是在投资方向和结构上继续向“三网”倾斜，投资比重上升。2001年在长途传输网、数据网、宽带接入网的投资比重有较大幅度的增长。宽带接入网全年新增投资80亿元，贯穿18个省市的三个全国高速环网基本建成，省内干线传输建设也取得新进展。中美、亚太2号两条大容量国际光缆相继建成投产；完成了CHINANET三期和ATM网二期工程，互联网国际出口带宽达到4.8G，制约用户上网的带宽“瓶颈”得到根本性解决。这些工程的完成，进一步提高了网络能力以及网络的安全可靠性能。

三是运营支撑系统建设得到加强，土建与非生产性投资得到严格控制。各省普遍加强了本地网集中计费系统、网管系统、1000客服系统、网关局的建设。这些系统的建设为尽快提高企业的运营管理水平，树立和维护中国电信的品牌形象奠定了坚实的基础。进一步加强对新建生产楼的审批控制，全年压缩土建及非生产性投资达150多亿，比重下降13%。

四是预算管理工作取得良好开端。集团建立了各级预算管理机构，加强预算管理的制度建设，落实了实施预算管理的各项准备工作，按全面预算管理模式布置2002年度的集团预算管理工作。

通过积极调整发展策略，以结构调整为主线，突出发展重点，坚持速度与效益、数量与质量、规模与结构、投入与产出的统一，走内涵式发展的路子，企业逐步由粗放型经营向集约型经营转变。

三、 全面推进五项集中管理，管理创新取得新成绩

五项集中管理是2001年中国电信抓管理创新的一项重要举措，这项措施的实行，促进了企业内部管理流程的创新，各项工作取得明显的进展。一是各省全部实现地市对市县的财务集中管理，通过实施财务集中管理，健全完善了财务管理体制，加大了基层财务控制力度，各地财务状况有了不同程度的改善。同时，财务集中管理也为集中计费、集中维护、集中采购等工作的开展创造了必要的条件。二是以集团公司和省公司为中心的两级投资计划和设备采购管理取得较好成效。各省公司普遍加大投资计划、决策权限和设备采购集中管理力度，基本实现了集中统一管理全省投资计划、建设资金和重点建设项目。对于传输、数据和宽带网等战略性投资，基本实现集中管理，统一采购。这项工作的实施，有效地控制了投资方向和规模，降低了建设成本，促进了廉政建设，使投资效益和资金使用效率得到明显提高。三是本地网计费帐务管理取得初步成效。目前，全国已有286个本地网实现了计费帐务集中管理，话费争议的投诉量明显下降，比上年减少75%。四是网络资源集中管理已初步建立起集团公司、省公司以及地市公司的三级分层集中管理的体系结构，219个本地网通过不同手段初步实现了本地网络资源的分专业集中管理。五是以实现本地网局数据统一制作，重大技术故障集中维护和支撑，话务量集中控制为主要内容，以形成本地网为中心的生产流程组织为目标推进网络集中维护管理，目前已有176个本地网基本做到交换设备以本地网为单位的集中维护管理。

四、 用户至上，用心服务，服务面貌得到较大改善，互联互通工作取得显著成效

中国电信成立以来，就把改善服务当作首要任务来抓，围绕“用户至上、用心服务”的服务理念，一年来，集团上下通过强化思想教育，实施规范化服务，加强后台支撑保障，开展营业前台竞聘上岗，强化内外监督体系等一系列综合治理措施，服务面貌大有改观。

一是持之以恒，不断深化，先后制定了《中国电信企业服务标准》、《重大服务问题处理办法》，积极推行标准化、规范化的服务；大力推进1000客服服务系统建设，落实首问负责制。二是加强后台支撑，认真落实“维护就是服务”的观念，将社会关注的、与维护密切相关的热点、难点问题纳入绩效考核，以客户满意为目标重组网络资源调度流程，加强日常维护管理。特别是加强了对计费设备的管理，计费准确的检查和稽核，网络接通率达95.6%，全国性集团客户电路开通及时率平均达到80%以上，各省因特网拨号接通率基本达到95%。一年来，还为APEC会议、北京申奥、世界大学生运动会、九运会等重大活动以及党政军等重要通信提供了良好的通信保障和通信服务，得到了相关单位的好评。三是加大服务考核力度，完善监督体系，全年对26个省的261个营业厅实

行暗查暗访，聘请大批社会监督员和服务顾问，形成内外结合的服务监督体系，全年未发生中央级媒体曝光的恶性服务事件，有6次得到中央级媒体表扬。四是主动沟通，妥善解决热点问题，积极与新闻媒体、部投诉中心、消协等进行沟通和协调，较好地处理了资费调整、磁卡更换、初装费取消等可能引发的服务问题。从信息产业部投诉中心反映的数字表明，中国电信的投诉量大幅下降，比2000年下降了75%，投诉量在总量中所占比重下降了30个百分点。

2001年，我国其他电信运营商的快速发展，与中国电信加大互联互通力度密 不可分。集团公司明确要求把为其他运营商提供良好的互联互通服务作为发挥国家主体电信企业作用，提高国家通信网络资源效能，促进我国电信业公平、有序竞争的一项重要工作来抓。集团公司专门成立了互联互通部，健全联络和协调机制，严格按照《电信条例》和互联互通有关规定和要求，提供公平、优质、及时的服务。一年来，先后为中国联通、中国网通、中国移动、中国铁通、中国吉通等公司开放国际国内长途、智能网、客户服务系统、IP网、互联网等多项网间互联服务，使我国电信网间互联互通工作取得重大进展，得到信息产业部的肯定以及其他运营商的认可。

五、 切实转换企业经营机制，加快建立现代企业制度

为进一步贯彻党的十五届四中、五中全会精神，推动企业加快建立现代企业制度，切实转换企业经营机制，建立新型的激励和约束机制，中国电信开展了实施薪酬激励、绩效考核、职业发展、竞争上岗、教育培训等五项机制创新工作。新的薪酬体系实行管理与技术岗位双重晋升，体现了向高级管理、高新技术、高级营销人员倾斜，拉大收入分配差距。结合薪酬制度改革，各地普遍开展了科学设岗、定岗定编、岗位评价、绩效考核、竞争上岗等工作。这些工作的实施，对于加强企业人力资源管理的各项基础工作，推动五项机制创新起到了重要作用。

集团成立以后，为使通信运营主业提高效率，加快发展，确保国有资产保值增值，减少企业办社会的负担，实施了精干主业，主辅、主附分离，规范三产的工作。按照“摸清家底、合理整合、转换机制、规范运作、形成优势、健康发展”的思路，各省份实业公司进行了人员、资产、业务、资本的整合以及三产的进一步规范工作，多数公司经过整合，把资源向优势企业、优势业务集中，增强整体竞争能力，业务范围逐步扩大，2001年，实业公司取得了销售收入净额346亿元，利润9亿元的好成绩。

六、 加强建设，保持稳定，员工队伍素质进一步提高

中国电信在改革中求发展的同时，在过去的一年中也遇到了不同寻常的困难和挑战。一是资费大幅下调产生巨大影响。全年减收161亿元，影响收入增幅9.5个百分点。二是移动电话的异质竞争加剧，移动电话以其方便、灵活、个人化的服务特点，对固定电话产生了极大的替代作用。在全年固定电话用户增长23.6%、市话资费略有提高的情况下，本地网通信收入仅增长10.8%。三是通信市场竞争格局的进一步形成以及政府的不对称管制，对中国电信传统业务产生较大程度的分流。国内长途收入首次出现负增长，国内、国际及港澳台通话时长分别比上年下降10.8%、15.6%和25.2%。四是缺乏强有力的业务新增点。传统业务趋向平缓，新兴的数据通信业务虽有较大发展，但收入比重仅占5%，难以拉动收入增幅的提升。因此，中国电信的市场份额进一步下降。五是中国电信集团成立不到一年的情况下，又面临着再次重组改革。

面对复杂的内外形势，中国电信认真贯彻“三个代表”的重要思想，加强企业党组织建设和党风廉政建设，紧紧围绕企业发展的战略目标，进一步解放思想，转变观念，切实加强各级领导班子建设，基本建设起一支知识化、年轻化、专业化的领导班子队伍。加强专业技术人才的培养，举办了不同层次的各类培训。全体员工面对压力，顾全大局，以国家、企业利益为重，坚守岗位，努力工作，体现了非常难能可贵的精神风貌和良好素质，为中国电信事业的发展注入了强大的精神动力。

5

大 事 记

中国电信大事记

（2001年1月1日——2002年5月16日）

2001年

2月21日零时起，根据国务院批准，2000年12月26日由信息产业部、国家计委、财政部发布的《关于电信资费结构性调整的通知》，中国电信、中国联通、中国移动对各自经营的国内长途电话、国际及港澳台电话业务、出租电路业务和IP电话业务资费分别进行下调。长途电话计费单元由1分钟改为6秒。

2月24日，国际奥委会评估团主席海因·维尔布鲁根和副主席吉尔贝·费利率领国际奥委会评估团一行9人到北京电信进行通信考察。

2月28日，中国电信实行主附、主辅分离，规范三产，组建实业公司工作完成。31个省级电信实业公司全部成立。主业员工数从53万减少到39.7万人；实业公司员工14万人，其中，从主业分离的员工11万人。

3月6日，中国电信与北电网络有限公司签署“新一代网络技术合作框架协议”。

3月14日，信息产业部发布《电信网间通话费结算办法》，就不同电信业务经营者的现有各种通信网之间的结算予以明确。

3月14日，中国电信为中国联通、移动、吉通、网通出租的长途数字电路带宽累计达到9327个2兆，全面完成了与联通、移动、吉通、网通之间各种业务的互联互通工作。全国范围内联不上、联不通的问题得到基本解决。

3月19日，中国电信召开互联互通恳谈会，听取电信业七大运营公司对中国电信互联互通工作的意见和建议。常小兵副总经理提出中国电信与各电信运营公司要采取既竞争又合作的“竞合”策略，以积极的态势推动这项工作。

3月22日，由上海市电信公司、美国AT&T和上海信息投资股份有限公司联合投资组建的中外合资电信运营公司——上海信天通信有限公司宣布开业。

3月22日，中国电信和阿尔卡特公司签署了ADSL宽带接入网络和业务拓展长期合作协议。

3月22日，中国电信与BISC／西门子公司签订了下一代网络（NGN）试运行合同。

3月，中国电信与爱立信公司在北京签署了中国电信下一代网络实验工程设备合同。

4月12日，中国电信与中国工商银行在京签署全面合作框架协议，双方在通信网络资源使用、业务合作、电子商务、网络结算、融资、代理及新业务等领域进行合作。

4月16日，中国电信集团公司召开安全保卫和安全生产电视电话会议，全面部署安全保卫和安全生产工作。周德强总经理出席会议并讲话，冷荣泉副总经理提出工作要求。

4月26日，中国电信与国泰君安证券股份有限公司签署证券网络建设协议，确定了双方在国泰君安的网络建设和应用中的合作关系。

4月，中国电信正式推出基于智能网的“商情电话”业务。

5月18日，海南省和浙江省的杭州、宁波、温州本地固定电话号码由7位升为8位。

5月，中国电信召开网络运行维护工作会议。冷荣泉副总经理作了题为《转变观念，开创中国电信运行维护工作新局面》的工作报告，提出“维护就是服务”的新理念。

6月5日，中国电信举办首期中高级工商管理研修班，对地市级电信公司总经理、省级电信公司部门经理及集团公司三级经理开展系统的工商管理培训。

6月12日，中国电信集团公司与铁道通信信息有限责任公司全面合作框架协议在京签署。

6月，中国电信与台湾新世纪资通、东森宽频电信和台湾固网三家新公司签订业务合作协议，建立直达通信联系。

6月，信息产业部出台中国移动通信集团公司租用中国电信集团公司用于网间互联电路的资费标准。

这使长期困扰电信市场竞争与发展的网间互联资费问题得到初步解决。

6月，中国电信正式向社会宣布推出“V信通”（VPDN,Virtual Private Dial-Network，虚拟拨号专网）业务。

7月1日，财政部、信息产业部联合发出通知，决定取消市话初装费、邮电附加费、移动电话入网费等专项用于邮电通信事业建设的政府性基金项目。地方出台的农村电话初装费以及附加在电信上征收的其它政府性基金项目，也一律取消。

7月4日，信息产业部发布《IP电信网与其他电话网网间互联规定》，自发布之日起施行。

7月6日，《铁通固定本地电话网与中国电信固定本地电话网、国内长途电话网、国际电话网、IP电话网的网间互联及结算协议》、《铁通国内长途电话网与中国电信固定本地电话网的网间互联及结算协议》正式签署。

7月15日，中国最后一个不通光缆的地区——西藏阿里光缆通信工程正式开通。

7月16日，国家计委颁布第10号令，宣布我国正式实施《政府价格决策听证暂行办法》，这意味着今后水、电、煤、电信、铁路等关系到群众切身利益的公用事业价格、公益性服务价格、自然垄断经营的商品价格在制定和调整时必须召开听证会，必须广泛征求消费者、经营者和有关方面的意见，在上述各方论证其必要性和可行性后才能颁布实施。该《办法》的出台，标志着我国价格决策民主化进程进入了一个崭新的阶段。

7月，中国电信集团公司成立以来最具规模的集中采购光纤、光缆协议在北京签署：合同包括中国电信下属的10个省、区、市（分为43包），采购光纤63万芯公里（按光缆长度计为1.7万皮长公里），合同金额5.28亿元人民币，比市场价节资2.7亿元。

8月3日，西部开发传输网及ATM网设备采购合同签字仪式在北京举行，标志着中国电信集团公司西部战略正式启动。

8月22日至9月1日，我国首次承办的国际综合性体育盛会——第21届世界大运会在北京举行。北京电信是此次运动会唯一指定数字与有线通信赞助商，第一次在北京的重大活动中露面的无线局域网在本届大运会上一显身手，11M带宽可支持近千名记者同时上网。

9月15日，全国实施用户满意工程先进单位评选揭晓，黑龙江省电信公司阿城市电信分公司等6家企业受表彰。

9月23日，北京铁通和北京电信正式签约，实现互联互通。

9月23日，铁通的29个省级分公司完成与中国电信所有省级公司之间的互联互通。

9月30日，中国电信与中国联通签订了《网间互联及结算框架协议》及《联通移动通信网与中国电信固定本地电话网、国内长途电话网、国际电话网、IP电话网网间互联及结算协议》。

9月，全长三万公里，连接中国、日本、韩国、美国和我国台湾省的中美海底光缆通过全网验收测试，正式投入使用。

9月，全国电话用户总数突破3亿，达到3.03亿户。

9月，中国电信集团公司在全国范围内力推五项机制创新，这五项机制是：薪酬激励机制，绩效考核机制，员工职业发展机制，竞争上岗机制，教育培训机制。

10月8日，中国电信正式启动本地网流程重组工作，在苏州、昆明进行试点。

10月13日，为提高线路维护人员的技术水平、推动群众性技术练兵活动，中国电信首次光缆接续竞赛在粤举行。

10月19日，来自中国电信系统不同单位的8名普通员工，成为中国电信集团总部机关第一批通过竞争上岗走上领导岗位的聘任制领导人员。

10月19日，中国电信、中国联通、中国移动、中国网通、吉通公司、铁通公司首次向社会发布电信服务质量状况。

10月，中国电信集团公司推行的五项集中管理在各省基本落实，企业管理工作焕然一新。五项集中管理的具体内容是：全面推行市、县财务集中管理，落实集团公司、省公司、地（市）分公司三级财务管理体制；规范计费账务处理流程，实现以本地网为中心的计费账务集中管理；规范程序，实现设备采购集中管理；加强本地网集中维护管理；实现网络资源集中管理，提高资源利用率。

10月，中国电子信息产业发展研究院（CCID）发布2001年第三季度通信市场调研报告。报告显示，中国电信上半年业务收入增幅仅为5.8%，远低于同行业14.7%的平均水平，与2000年同期相比下降了13个百分点。这是20年来，中国电信收入增幅首次低于GDP增长率。

11月20～21日，上海电信圆满完成2001年亚太地区经济合作组织首脑会议（APEC）的通信保障工作。

11月，根据《价格法》和《政府价格决策听证暂行办法》，国家计委制定并公布了价格听证目录。电信基本业务资费中的固定电话通话费、月租费、移动电话费、月租费列入其中。

12月1日，中国电信以特制没有有效期限制的专用IC电话卡更换消费者手中持有的电话磁卡。换卡工作至2002年3月31日结束，历时4个月。自2002年12月31日24时起，停止磁卡公话服务，电话磁卡一并停用。

12月，国务院下发文件，批准电信体制改革方案，决定将中国电信现有资源划分为南、北两部分，重组为中国电信集团公司和中国网络通信集团公司。根据重组方案华北地区（北京、天津、河北、山西、内蒙古）、东北地区（辽宁、吉林、黑龙江）和河南、山东共10个省（自治区、直辖市）的电信公司归属中国电信北方部分，与中国网络通信有限公司、吉通通信有限责任公司重组为中国网络通信集团公司；南方部分保留“中国电信集团公司”名称，继续拥有“中国电信”的商誉和无形资产。重组后的两大集团公司仍拥有中国电信已有的业务范围，允许两大集团公司各自在对方区域内建设本地电话网和经营本地固定电话等业务，双方相互提供平等接入等互惠服务。

年底，美国《财富》周刊刊出2000年度全球最大500家公司排行榜，按照资产、营业收入、利润排序，中国电信在电信公司中分别列在第13、15、16位；按照员工人数排序，中国电信则以近59万人高居榜首。

2002年

1月11日，中国电信上海—杭州10G IP over DWDM建成开通，这条全国最宽的数据通信通道的开通，标志着我国互联网骨干网容量已接近或达到信息发达国家水平。

1月24日，全球最长的高速光传输环网——终局容量1600G的中国电信全国高速传输环网正式开通。该网全长1.5万公里，总投资达8.9亿元，途经18个省，是中国电信继建成“八纵八横”全国光传输网之后，投资规模最大、涉及省市最多、当今国内单根光纤传输带宽最宽的一个光传输网项目。

3月4日，美国《财富》周刊发布关于2002年度“全球最受欢迎企业”评选结果，在全球入选的318家企业中，中国电信等三家中国企业入围。在9个调查指标中，中国电信有6项指标居中，但在创新类、全球业务类和产品质量及服务类3项指标中排名靠后。

3月21日，中国电信集团公司在北京召开西部十一省本地电话网集中监控管理系统升级改造工程合同签字仪式。这是中国电信在分拆前的最后一次“统谈分签”。

5月16日，南北拆分后的中国电信集团公司和中国网络集团公司成立大会在北京举行，国务院副总理吴邦国致信祝贺。

6

电 信 业 务

·电话业务·

【概述】

2001年，中国电信各项业务发展较快，全年新增电话用户3415万户，互联网用户1669万户，用户总数分别达到1.79亿户和3204万户。各项业务的发展有力地推动了通信消费增长和国家信息化建设进程。

【北京市信息化水平稳步提高　固定电话用户数突破500万】

北京电信的市话用户至2001年9月底突破了500万户，提前三个月实现了全年的发展目标；其中住宅用户占了近八成，达到366万户；北京的电话主线普及率达到45.3线/百人，平均每三个市民拥有1部电话。这些指标已接近发达国家信息化基础设施的水平。

2001年，北京电信加快发展脚步，逐步形成一整套以市场、用户为导向的生产经营模式。他们根据市场需求为不同用户群推出了适其所需的服务。北京电信的N-ISDN业务和宽带业务已分别拥有用户23万户和近五千个终端用户，因特网用户达到一百多万户。在宽带网建设方面，他们已与六千多个楼宇签订了电信业务综合布线系统协议。面向未来需求的北京中继传输网工程、北京电信公众IP网工程、DDN扩容工程、宽带接入网工程以及长途干线各工程都在加紧建设，以使北京电信网的能力得到全面提升。

依托于北京电信的飞速发展，北京地区的通信能力与信息化水平节节攀高，石景山、东城、崇文、怀柔四个区县与北京电信签署了政府上网工程协议；朝阳CBD、海淀中关村的电信基础设施已达到世界一流水平。北京的光缆线路近1.4万公里，长途光缆线路总长达到两千多公里，长途电话交换机容量15.2万路端，长话业务电路达到36万多路，局用交换机总容量超过668万门。

【山东电信实现快速发展　新增固话用户居全国之首】

面对日益激烈的市场竞争和中国电信业深化改革的大环境，山东省电信公司依然保持了持续、快速的发展势头，通信生产取得显著成就。截至2001年底，业务收入达到了106亿元，比上年增长了10.26%，连续三年列东部沿海省市第一名；全省城乡电话放装数量连续两年夺取全国第一，用户总量达到1500万户，跃居全国第二位，电话主线普及率达到16.5%，超过全国平均水平3个百分点；全省各类因特网用户达到260万，比上年翻了一番。

2001年，山东电信进一步加大了市场开发力度，各市公司在电话市场相对饱和、放号难度逐渐增大的情况下，变压力为动力，根据当地经济状况合理规划，千方百计开拓市场。电信资费调整和电话初装费的取消也给发展电话用户提供了很好的机遇，山东电信各部门抓住时机，开展了形式多样的营销活动。许多地方不等不靠，充分利用节假日和五一、国庆两个“黄金周”，到居民区现场办公，进行宽带接入演示，并为用户提供申请、安装、交费等一条龙服务，激发了用户装机和申请宽带业务的热情。另一方面，山东电信加大了服务力度，全力做好后台支撑工作，尽可能地方便客户，确保用户数量增加的同时，服务不打折扣。山东电信还成立了服务监督检查室，通过暗访等形式加大服务监督力度，使客户满意度不断提高。

近几年山东电信近300亿元的大投入，不仅提高了通信设备的装备水平，增强了参与国际市场竞争的能力，同时促进了地方经济发展。2001年上缴各类税金约12亿元，其中为地方上缴各类税金约9亿元。山东电信的大容量骨干传输网和高速宽带网大大加快了全省传统经济产业改造的步伐。

【河南固定电话用户突破千万】

河南电信2001年一季度新增固定电话用户91.6万户，不仅实现了首季“开门红”目标，也使全省固定电话用户数突破千万大关，在“十五”计划的开局之年，实现了新世纪的历史性跨越。至此，我国人口第一大省河南，成为继广东、江苏、山东之后又一个固定电话用户数突破1000万的省份。

近年来，河南电信解放思想，开拓进取，在地处中部的农业大省，闯出了一条电信发展新路。河南电信1987年在郑州建起了万门程控电话局，结束了河南没有程控电话的历史。从此，河南电信抓住机遇，实现了连年的跨越式发展。2000年公司化改制后，河南电信积极转变观念，抓住发展这条主线，抓住效益这个主题，不断开拓市场。终于使全省固定电话用户达到1000万户，互联网用户数突破100万大关，实现了规模和总量的历史性突破。

随着河南电信的高投入、快放号、大发展，其业务收入和收支差额也不断攀升，企业的经济效益得到了明显提高。从1993年起，业务收入增幅连续5年保持在50%以上。1997年，河南电信固定电话用户突破500万户,当年业务总量和业务收入名列全国第九。2000年,河南固定电话突破900万户,业务总量和业务收入分别达到113.7亿元和76.5亿元,位居全国第八。

河南电信还在全省国民经济信息化建设中发挥了主力军作用，积极服务全省经济建设、信息社会化，满足全省人民的通信需求。1998年底，河南基本实现行政村村村通电话，解决了贫困地区、深山区通信难的问题。在此基础上，全省共建成电话县（市）67个、电话乡镇1011个、电话村10645个。1999年，河南率先在全国实现四级政府上网，在政府部门的带动下，全省已有30多万家企业走上互联网，网民超过100万，电子政务、电子商务、远程教育和医疗、电子报关与报税、网上银行等业务在河南电信架构的信息高速公路上快速奔跑。

【浙江固定电话用户突破千万】

2001年8月20日，浙江电信固定电话第1000万个电话用户在绍兴产生。浙江由此成为继广东、江苏、山东、河南之后第五个固定电话突破1000万用户的省份。在“浙江电信固定电话用户突破1000万庆祝大会”绍兴分会场，有幸成为浙江省第1000万个电话用户的诸暨市枫桥农民樊铁峰，接受了浙江省电信公司发给的浙江省第1000万个电话用户证书。

统计显示，浙江电信收入在中国电信系统排名第三；全省固定电话普及率达到34%，电话主线普及率超过22线/百人，与北京、上海、天津一起，列全国各省区市前茅。浙江省从1906年杭州建立首个100门人工交换机开始，到1949年的43年间，全省只有电话用户2419户。从1950年到1982年的30多年里，全省电话用户也只达到10万户。而在此后不到20年的时间里，浙江省电话用户一举突破了1000万户大关。这是浙江省通信发展史上的一个里程碑。它标志着浙江电信的用户规模、服务水平、综合实力迈上了新的台阶，标志着浙江电信作为全国通信大省的地位得到进一步确立。

【河北电信多种手段促放号】

2001年，河北省电信公司各级部门顺应市场和外部环境的变化，坚持面向市场，细分市场的思路，全年实现电话放号240万户，电话用户数增长30%，达到905万户,是历史上发展用户最多的一年。同时发展来电显示用户158万户，发展IC卡话机8437部。为企业的有效益发展奠定了很好的基础。

一、加快发展，量质并重。河北电信抓住元旦、春节、五一、十一等节日和取消初装费等契机开展了有针对性的促销活动，在城市电话市场接近饱和的情况下，积极拓展农村市场，通过现场装机、集体装机及宣传下乡等方式，拉动富裕农村地区的通信需求，带动了农户装机。

二、深入调研，细分市场，等级经营。经过全省性市场调研和成本测算，制定了针对不同的发展区域采取相应的投资策略，以实现向效益型发展的转变，体现了“梯次建设、拾遗补缺、分步发展、等级经营、分层服务、预算管理、效益考核”的指导思想，为今后公司有效益发展奠定了良好的基础。

三、认真作好经营分析，调整经营策略。做好经营分析是指导经营服务工作的重要保障，在经营分析中，对客户结构、区域结构、业务结构、量收匹配和竞争形势都作了详尽的分析，确定了发展重点。为激活增量加大了来电显示业务的宣传力度，采取有效的营销手段，大力发展来电显示业务，创造了良好的企业收益和社会效益。

四、强化服务质量监督，提高服务水平。改变过去那种只局限于解决“破、旧、小，脏、乱、差，冷、硬、顶，吃、拿、卡、要”等问题的思路，使服务工作向深层次、竞争型的服务迈进，在坚持普遍服务的同时使服务分层次个性化。为此，完善服务管理体系，在全省11个市成立了服务质量监督机构，并吸纳社会力量，发挥社会监督员作用，以提高服务工作成效，全省共聘请社会监督员2800人；通过制定《首问负责制工作实施意见》、《服务质量监督检查办法》、《服务质量管理办法》、《电信服务顾问管理办法》以及“首问负责制工作标准、业务处理流程、奖惩办法”，使全省电信服务工作逐步走向规范化。为广泛听取电信用户对服务工作的意见，全年进行明察2次，暗访2次。在全省开展了“三访一查”工作，征求用户对电话交费、话费查询、障碍修复时限和装移机时限等方面的意见。一是“话访”，全省通过电话回访用户21万户，用户综合满意率达到95%以上。二是“函访”，以省消协名义在《河北日报》、《燕赵都市报》刊登了“河北省电信服务质量有奖问卷调查”，收到回函3万多份。从回函的情况看，用户满意率均在95%以上。三是“走访”和“互查”，全省组成5个小组，对11个市、22个县及33个支局，进行了为期十天的检查。通过明查暗访和三访一查，与100万用户进行了沟通，发现服务工作中存在的主要问题，及时采取措施，进一步完善各项制度，不断改进服务工作。国家取消市话初装费和邮电附加费等政策出台后，出现用户装机高潮，河北各地电信部门做了充分的准备，利用新闻媒体做好宣传舆论工作，耐心向用户做解释工作，以避免出现服务问题。

【广西固定电话用户突破400万】

西部大开发为广西通信业的发展提供了良好的市场环境。广西电信抓住历史机遇，咬住发展不放松。区公司承诺对基层企业超额放号达到一定水平予以重奖并允许把“翘尾巴”数字计入来年任务。在这一政策鼓励下，各基层企业马不停蹄地作市场调查、扩容网络，抓住一切有利时机加大市场开发力度，掀起一个个放号的新热潮。到2001年底，全区交换机总容量突破500万门；完成放号104万户，用户总数突破400万，发展规模跨上了一个新台阶。

向有效益的地方放号和用规模发展来弥补优惠政策取消带来的不利影响，在业务上进行深度开发，为广西电信保持良好的发展势头积聚了后劲。2001年，广西电信把城市家庭第二部电话、城郊结合部以及经济较为发达的乡镇、村作为发展的重点，多放号、快放号，抢占市场，扩大市场占有率，确保百万放号任务的完成。同时重视话务量经营，改变重放号轻使用，话务量靠自然增长的粗放经营方式，根据用户不同的消费特点制订不同的话务量促销政策。通过一系列市场开发措施，广西电信业务收入增长速度一直处于全国省级电信企业前列，仅2001年11月的增幅就达18.01%，居全国第四位。

【贵州电信固定电话用户突破200万】

至2001年底，贵州省电信公司两年内完成固定电话放号100.9万户，比1999年以前总量翻了近一番。全省固定电话用户总数突破200万，达到209.6万户。为了加快贵州电信发展的步伐，贵州省电信公司从2000年8月底开始着手实施“百万放号”工程，决定在两年内完成100万放号任务。100万户固定电话用户，与东部发达省区市相比不是大数，但却相当于贵州电信新中国50年来发展电话用户数的总和。随着电信体制改革的进一步深化和市场竞争的加剧，企业内外部环境发生了巨大变化。面对前所未有的压力，全省各级电信企业加强领导、精心组织，动员全体职工，以市场为中心，制定并采取灵活的营销方案，以优质的服务占领市场，经过全省电信员工的努力，2001年底，“百万放号”工程顺利完成。全省固定电话交换设备总容量达到336万门，用户数达到209.6万户，电话普及率达到5.82部/百人，固定电话主线普及率达到5.49线/百人。随着放号量的不断增长，公司也更加注重打造过硬的服务品牌，并瞄准不断扩大的数字数据网络需求市场，提供全方位的服务。全省分组交换机端口总数达到4164个，数字数据接口及端口达到7356个，IP网拨号服务器端口总数达到14540个。

(陈琬琪)

【江苏电信苏州分公司固话用户突破200万】

江苏苏州本地网电话用户数2001年12月突破了200万，成为全国率先跨越200万户大关的地市之一。现苏州电话交换机总容量已超过300万门，全市城乡电话普及率达到34.87%，达到世界中等发达国家通信水平。

苏州电信在发展历程中，曾创造过一系列辉煌业绩。江苏第一个电话村、第一批电话镇，全国第一个电话县（市）都诞生在苏州，苏州还是全国第一个电话交换机容量突破200万门的地市，并在全国率先建成了本地网电话市。继2000年3月固定电话用户数突破150万之后，苏州电信分公司又确定了以电话放装为主线、以话务量经营为重点的发展思路，经过周密的市场调查，提出了在2002年实现本地网电话用户突破200万户的新目标。围绕这一目标，他们开展了声势浩大的系列营销活动，采取走出柜台、分队促销、走入市场、面对用户的方式，推出了亲情电话、特号特价、有奖装机等，同时充分发挥社会营销员的作用，掀起了一轮又一轮借营销“造”市、靠服务“赢”市的热潮，大大促进了“200工程”目标的提前实现。

2001年,苏州电信发展固定电话用户近30万户，已建LAN方式信息化小区85个，ADSL方式接入实现了市区全覆盖，正在向乡一级覆盖推进。建成IP端口40000余个，发展宽带业务用户6162户，形成了可为社会提供互联互通、资源共享的信息平台和满足社会信息化需求的网络资源。

【浙江杭州电信多渠道发展业务】

2001年11月30日，杭州电信固定电话用户数突破200万，全市电话普及率超过46%，市区普及率达到83%，电话主线普及率达32%，市区主线普及率接近60%，标志着杭州电信迈上了新的发展台阶。

近几年，杭州电信投入大量资金，努力提高网络的技术含量，为用户提供多元化通信服务。该公司已建成一个集固定电话网、数据通信网、光纤传输网、光纤接入网、智能管理网、支撑网为一体的现代化通信网络，其中“骨干宽带化、接入宽带化、应用宽带化”的宽带网已在市区及七个县（市）的主要城镇实现了全覆盖，整个网络的规模和通信水平已步入世界发达国家中等城市行列，为建设“天堂硅谷”、“数字浙江”提供了网络保障。

杭州电信还注意依靠社会力量发展业务，把发展社会代办户作为生产经营工作的重点之一，制订了一系列电信业务代办制度、服务规范和考核办法，不定期地对代办户进行业务培训，通过召开社会代办户恳谈会等多种方式互相交流，以实现双赢。杭州市电信分公司已发展宽带业务社会代办户15家，PAS社会代办户22家，163/169社会代办户13家，市话业务、卡类业务社会代办户等20余家及相应的分销商百余家，形成了覆盖全市的电信业务代办网络。

【江苏镇江电信推行“城市战略”取得实效】

镇江是江苏省人口最少的地市，市区及所辖四县（市）共280万人，市场发展空间相对较小。几个县（市）均已建成了“电话市”，全市城乡电话普及率已达30%以上。针对这种情况，镇江电信在满足农村用户需求的前提下，确立了以依靠服务、依靠技术手段推出新业务品种、大力开发话务量、发展市话为主的“城市战略”。面对城市户均电话普及率已超过90%的实际，他们紧紧抓住虚拟网这一“拳头”业务，大力推进企事业单位小交换机的拆机并网，2001年以来已发展了70多家虚拟网用户，累计净增电话一万余部。根据全区共有三百多所大、中专院校的特点，全面推进校园网电话建设，在学生宿舍、校园内各主要地段广为设点布网。同时紧紧抓住全市创建优秀旅游城市的契机，大力布放智能网卡式公话，并对其进行动态管理，不断优化布局，对月单机话务收入超过2000元的公话点，及时增装，确保公话的平均话务收入稳定在合理的水平上。2001年以来已发展智能网卡式公话7000多部，同比增长了四倍以上,全区公话普及率达到了1%。公话业务的发展，拉动了电话卡的销售，2001年1-11月全市已销售电话卡8737万元，较上年同期增长了71.3%。

在加快“拳头”业务发展的同时，镇江电信还运用技术优势拓展新业务，发展投入产出比较高的项目。通过对程控交换机功能的改造和完善，2001年已发展来电显示业务用户103448户，大大超过了上年的发展水平。在1000号客户服务中心平台上，陆续与联通合作，开放了轮流呼叫功能；与搬家公司、快餐公司签订常年协议，运用1000号开展广告业务、咨询业务，使1000号平台逐步向呼叫中心演进。

【安徽电信提前两个月完成全年电话放号计划】

2001年，安徽电信积极调整电话发展思路，在现有网络资源精耕细作的基础上，进一步拓展固定电话市场。公司把电话放号定位在有效益的市话、办公商用电话、门面电话以及集镇、小城镇农话上。公司还加大了小交换机并入公网的力度，为规范全省拆机并网工作，专门出台了《拆机并网和用户交换机管理暂行规定》。

省电信公司抓住电信资费调整和“五一”、“十一”黄金周的有利时机，提前并整体策划开展了形式多样、针对性强的营销活动。尤其是“战百日、增收入、创效益”劳动竞赛，振奋了安徽电信职工的精神，不仅使电话放号呈强劲增长势头，也带动了来电显示、宽带业务、电话卡销售等业务的发展。职工们利用现场装机、现场演示、上门服务等方式推销业务，取得了明显成效。到2001年10月底，全省已净增固定电话用户150万户，提前超额完成了全年140万的放号计划。

【山西固定电话用户突破400万】

至2001年10月底，山西省固定电话用户总数突破400万，创造出两年放号200万的历史新记录。山西省电信公司成立以来，坚持“发展是硬道理”，勇于开拓创新。在全国电信整体收入下滑以及资费调整、业务分流的影响下，山西电信坚持走“有效益地快速发展”之路，保持了平稳上升的发展势头。全省电信员工以“创业、创新、创造”为指导，大胆开拓市场，相继开展了“百万行动”、“曙光行动”、“三百行动”、“第三战役”等一系列卓有成效的大规模集团营销，有效启动了市场。山西固定电话用户数突破100万，共用了47年时间,2001年仅用了10个月时间，就净增100万用户。两年来，山西电信主线普及率提高6.25个百分点，创出新记录。在坚持发展的同时，山西电信强调发展一定要讲效益，在发展中要全力挖潜。公司注重话务量的开发和增量增收，取得了业务收入增幅连续两个月跃居全国电信企业之首的新成绩。

【革命老区山东临沂电信固话用户逾百万】

2001年9月底,山东临沂电信本地网电话用户达到100万,成为全国第一个电话用户过百万的革命老区。此次突破100万是在2000年5月达到50万的基础上实现的。公司累积投资10亿多元，新增交换机60多万门，交换机总容量达到140多万门，敷设光缆电路1万公里，电缆2万公里；加快城市通信网络的优化改造步伐，积极推行光纤接入技术，光纤到小区、到大楼、到路边的比例已达到60%。同时，公司加快了农村通信建设步伐，积极推行集语音、图像、计算机于一体的农村综合信息网，加大光纤到村比例，为农村经济发展提供充足的通信保障，改善了临沂的招商引资环境。

公司积极抓好市场调研，坚持以市场为导向，针对不同情况采取不同措施，并紧紧依靠当地党委政府的支持，在有条件的地方建设“电话村”、“电话乡镇”，加快农村电话市场的开发，实现规模效益。他们实行分片包干、下基层工作制，为基层排忧解难，为发展提供保障。公司认真贯彻“用户至上、用心服务”的服务理念，积极抓好精神文明建设，实施“五大服务工程”，不断提高电信服务水平，积极开展各种公益性活动，开展助残、扶贫活动，为政府分忧，为人民服务，在社会上树立了良好的企业形象，促进了企业的快速发展。在短短的16个月的时间，公司发展电话用户就超过新中国成立后50年的发展数，达到百万用户。

【宁夏电信公司规定装移机时限缩短为5天】

宁夏电信公司为使全区电信服务质量和水平再上新台阶，真正体现“用户至上、用心服务”的理念，2001年对装移机工作提出新要求，规定装移机时限为5天，较以前缩短了10天，并对有关工位处理时限做了明确规定：营业受理至外线打单8小时，外线接单至完成施工96小时，工单调度由号线中心统一负责。电话装移机受理原则要求当场答复用户，当场不能答复的，须在24小时内答复。区公司还要求小灵通受理至开通45分钟，携机入网48小时内开通。

【广东佛山电信多种形式促话务量翻番】

为促进业务发展，广东佛山电信以“零话费”用户为突破口，利用规模庞大的固定网开发出“电话大富翁”有奖游戏、“电召的士”热线等新业务，有效地刺激了用户消费。“电话大富翁”全市每月话务量达60万次，电子发票仅佛山市区每月便可多收入12万元，市区每天电召“的士”的人数逾千，带动了全市话务量的整体上升。同时，针对一些工厂、店铺等流动人口较多的地区电话供不应求的情况，公司因势利导大力拓展200、201和ＩＣ卡电话。佛山的公用电话已达到两万多部、ＩＣ卡电话8000多部，新增200电话两万部，不仅解决了供求矛盾，而且带动售卡业务的发展。佛山电信年售卡达2.5亿元，占业务总收入的15%。2001年全年话务总量比上年翻一番，业务收入完成16亿元，增长率居珠江三角洲电信之首。

与此同时，佛山电信还大力开发网上市场，利用宽带网络开发网上增值业务。佛山电信共筹建针织、机动车等特色网站近百个，累计达到七百多个，以突出的特色满足不同专业、不同领域的社会需要，吸引政府、企业、学校等集体客户和家庭散户上网。佛山电信现已发展数据用户近30万，企业上网近万家，学校上网500多家；佛山信息港访问量达到711万次；市区6万多户上网用户中，平均每月上网时长高达2000多分钟，全市单月上网时长近1亿分钟。

【湖南长沙电信成功实现“零待装”】

2001年5月,湖南省长沙市电信分公司成功实现市话装机“零待装”，创造了该市电话装机史上的一项新纪录。

所谓“零待装”，就是指只要用户提出市话装机申请，电信部门就迅速为其装通，不能再出现因为电信方原因造成的“无线待装”等积压工单。长沙一些地段因为发展太快，特别是201卡式电话、集团用户和小交换机改制用户的大量申请，主干线、配线严重缺乏，出现一批无线、无号的待装工单，有的一拖就是几个月。2000年10月，长沙市电信分公司经过机构改革，线维中心和工程公司合并为线路公司，公司决心以此为契机，彻底解决“待装工单”问题，并将实现“零待装”的最后期限定为2001年5月。

为实现这个目标，公司领导与各工程和维护部门共商对策，维护处技术室对范围内的线路情况进行综合调查，制定出配线工程规划，工程班开始迅速施工，解决无配线待装问题，话机班则利用复用设备解决无主干线之急，或利用实线开通多路载波电话。装机班把在装移机工程中出现的一些难以解决的问题及时反馈到技术室和线路公司，公司立即派人到现场进行测量、画图、制定工程规划，并同时报请分公司建设部批准。施工完成后，资料迅速反馈至号线中心配号配线，公司还和各处负责人签下军令状，制定严格的考核管理办法。省委六区有800待装户急需解决电话装机问题。工程一处迅速赶制施工方案，第二天就得到批复，立即开始施工，几天后，该处便完成了布放电缆6公里、立2400对交接箱一个、跳线2万余对、安装分线设备120多个的工程量，比正常流程快了20多天。

【安徽宣城电信精耕细作经营固网市场】

2001年，安徽宣城电信分公司以话务量经营为中心，立足固网自身优势，细分市场，精耕细作，抓住话务量这个业务收入的重头，通过找增量渠道，培育收入增长点，推动了企业收入的稳步增长。

一、面对电信发展的新情况新环境，及时转变经营观念。宣城电信在经营工作上提出四个转变：经营工作重心从以追求用户规模为主向有效益发展、以话务量经营为主的方向转变；经营方式从以自营为主向内外结合、以社会化、网络化经营为主转变；营销方式由单一的窗口营销开始向与用户面对面营销转变,由单纯业务营销开始向方案营销转变；服务流程由以我为中心向以用户为中心转变。

二、细分市场，找准提高话务量的渠道。通过对不同行业和职业客户的调查，“投其所好”进行营销。加强对客户的帐务分析，引导用户使用相应的业务；重点分析每月全市通信费用列前500名用户，有目的地开展点对点的营销。密切关注竞争对手的市场动态，仔细分析对手的营销策略，认真学习竞争对手在业务发展上一些好的做法。

三、精耕细作，激活话务市场。把拆机并网、201电话卡建设作为主动出击的重点，辅之以媒体宣传的力量，在声势上和舆论上形成各单位争建虚拟网的连锁效应。在新业务的发展上通过开展员工亲情营销、动员社会力量促销、大客户专业营销等多元化的营销和大规模的宣传，提高客户对新业务的认知度，使这块市场很快得到启动。丰富实用信息源，如开办医疗保险查询，将送粮、换气、医院、酒店、客运、旅游等与百姓生活息息相关的部门的地理位置、价格信息和电话号码资源收集起来供用户查询等；拓展业务功能，如充分发挥160人工信息台的优势，以此为基础开办了跳蚤市场；与社会联办信息节目，如与有线电视台合作开办视频点播业务，开办160人工分台等。

四、围绕市场，加强营销，扩大营销网络。选拔素质高、业务能力强、品德好的员工充实到大客户服务队伍之中，要求客户经理掌握所服务单位主要领导和经办人员的兴趣、爱好、生日及阅历等详细情况。除了设立专职的大客户经理外，还将客户经理的角色扩展到一些职能部门，利用这些部门与一些大客户有业务联系，彼此熟悉的优势，要求他们协助客户经理，共同做好服务工作。成立专业的直销部门面对面的营销和点对点的服务，利用兼职的直销员，如装维部门的线务员，农村支局机线员等进行服务。通过积极发展行业合作伙伴、社会代办力量来开展网络营销。

五、加大业务宣传力度，提高宣传水平。企业形象宣传与业务宣传相结合，以业务宣传为主；普遍宣传与针对性宣传相结合，以针对性宣传为主。坚持分层次、多渠道，除报纸、广播、电视等新闻媒体和宣传单折外，还充分利用了信息网络、资费发票、业务演示、墙体广告、公话亭等方式。保持与新闻媒体良好关系，利用这些媒体从客观的角度对各种电信业务进行宣传报道，增加用户的信任程度。

【新疆伊犁电信特色营销见成效】

新疆伊犁电信分公司抓住西部开发机遇,细分电话用户群,推广特色营销，取得了显著成效。他们把电话用户优惠群分为喜庆电话、荣誉电话、自强电话、卫士电话、园丁电话、回报电话、集团电话、出租电话八类。其中喜庆电话指新婚、结婚纪念日、生日、商铺公司开业、高考中榜等，对此类用户群进行初装费优惠、赠送来电显示器与多媒体用户帐户的同时，还特别赠送鲜花或蛋糕一份，以增加喜庆气氛；荣誉电话用户群指劳动模范、先进工作者、三好学生、优秀党员、三八红旗手、军人武警和公安干警中的三等功获得者；自强电话用户群指下岗职工、残疾人；卫士电话指军人、武警、公安干警；园丁电话指大、中专院校和中小学及幼儿园教师；回报电话用户群指伊宁市各大单位商业小区装机入户率达到60%以上的；集团电话用户群指集体装有10部电话以上的用户。对上述用户一律实行优惠装机并赠送多媒体用户账号与来电显示电话机或IC卡。同时还针对批发市场、商业街的商业用户、施工工地等外来人群实行电话出租。通过对劳模、下放工人等人群的让利优惠，还树立了电信企业关注社会、回报社会的良好形象。特色营销仅半个多月，就完成放号3000余部。

【贵州电信科技营业厅开业】

2001年5月17日，贵州省贵阳市贵开路电信营业厅正式开业，这个营业厅位于新落成使用的贵阳电信大厦裙楼里，占地面积2835平方米，是贵州省内面积最大、设施最齐备、科技含量最高的电信营业厅。

该营业厅可为客户提供市话装移拆机、数据业务受理、电话传真受理、隔音间电话、大客户“一站式”服务、销售各类电话卡等全方位的电信服务，并拥有多功能演示厅、交互式会议电话系统、宽带上网、大型进口等离子显示器、摄像监视系统、中央空调等各种先进设施。这个营业厅的投入使用，标志着贵州省电信公司在服务的硬件水平上又提升了一个档次。 (朱春艳)

【福建石狮实现户均两部电话】

截至2001年7月，福建石狮电信累计发展城乡电话用户3.7万户，城乡电话总数达到14万部，实现了户均两部电话的目标，城乡电话普及率47%。超过发达国家电话普及率，位居全国前列。

石狮建市后，电信事业得到跨越式发展。1990年，全市程控电话实现交换程控化、传输数字化；1992年10月，全市实现村村通电话；1994年，石狮市大仑村成为全市首个、全省第二个电话千户村；1998年5月石狮市城乡电话普及率达到25.15%，实现了户均一部电话的“电话市”，程控电话总容量由1987的1200门扩容到19.5万门。

为了更好地服务地方经济信息化建设，为市委、市政府“科技兴市”战略和“数字石狮”建设奠定良好的通信基础，石狮电信紧跟世界先进通信技术，采用先进的光数字同步传输序列和密集波分复用技术，建成了“六环三链”大容量光纤接入网，对骨干网加快向数字化、宽带化、智能化的信息网方向发展，从而为“数字石狮”的信息化发展提供可靠的通信保障。

【福建漳州积极发展农村电话】

2001年7月，福建漳州电信电话用户数突破百万达到107万，成为继福州、泉州后福建省第三个电话用户超百万的城市。漳州城乡电话主线普及率达到24%，全市平均每5个市民就拥有一部固定电话；漳州市固定电话网进入规模发展的新阶段。

漳州电话发展是从改革开放后才开始起步的，1984年，全市固定电话突破1万户，1994年突破10万户。1999年至2000年，全市电话猛增了38.5万户，电话用户总数达到76万户。

世纪之交，漳州电信开始走上公司化经营道路，来自各运营商的竞争也变得日益激烈。漳州电信通过调查认为，电话单机收入大幅提高的可能性极小。经营电话好比挖井取水，在单口井出水量无法明显增长的情况下，多挖一口井就多一个出水的源泉；而多装一部电话，不仅意味着多出一口出水的井，还进一步扩大了交流面，更有利于促进话务量的增长。

2000年底，漳州的电话普及率为17%，用户装电话的需求还远未满足，发展空间还相当大。特别是在农村，通信问题不解决，农村经济无法发展。而电话向农村大规模普及，是一项通信普遍服务工程。为此，漳州电信积极主动向各级地方党委、政府宣传“电话超百万”工程的意义，得到了各级地方政府的支持。各市县政府纷纷成立创建“电话线”领导小组，组织召开全县“建设新农村，电话进万家”动员会，将创建“电话县”列为各级领导干部年终考评的重要内容，各乡镇、村领导包片挂点，挨家挨户宣传发动，涌现出一批“电话县长”、“电话村长”。诏安县太平镇、村两级还共同出资二十多万元为新装机农民购买话机，先后出动二百多名干部协助电信工作，在漳州掀起一场为农民装电话、助农村快发展的热潮。

漳州是农业市，农村人口占全市人口的82%，经济水平决定了固定电话仍是农村最基本、最便捷的通信手段。为使农村装电话真正达到沟通信息、发展生产手段的目的，漳州电信与市农委合作开通了“农家热线”，针对各季节农业作业的特点,向广大农村用户提供相应的农林牧副渔供求信息、技术咨询等服务。为减轻农民负担，还实行农话拨打信息台免收信息费的优惠政策。同时，还多次上门与市农委协商，请市农委51名农业专家当农民指导员，将他们的电话号码录入各行政村电话号码簿、宣传单广泛宣传，为漳州农民搞好农业生产提供良好的服务。

“电话超百万”工程使广大农民切实享受到电信带来的实惠，成为漳州电信凝聚人心、振奋精神的“民心工程”，同时也推动了漳州电信的工作，促进了各项业务的发展。截至2001年6月底,全市新增固定电话30.8万户，创造了历史最好成绩，全市电话普及率比年初提高6.5个百分点，达到23.8%，跃居全省前列，高出全省平均水平3.78个百分点。下辖八县一市二区的漳州市共建成8个电话市（县），5个市县电话用户超10万，东山县、长泰县95%以上的家庭装上了电话，基本实现户户通电话。

在全力抓好放号、满足用户电话装机需求的同时，漳州电信严格执行电信服务标准，实行首问负责制、一次有理由申告下岗制，构筑电信服务新体系，不断强化“用户至上，用心服务”、“解决用户的服务问题，就是解决企业的根本问题”的理念。为全面解决电话修障难问题，成立“漳州电信112”应急抢修中心，以“两个小时修好、24小时待命，全方位修障服务”为奋斗目标，化被动为主动,抓难点、热点,创亮点、闪光点。在成立一年多时间内，共修障三万多次，排障率达100%，平均障碍历时约60分钟，服务质量在全国同行业中名列前茅。2001年被共青团中央和信息产业部正式授予全国青年文明号称号，成为全国电信行业的一面新旗帜。为解决交费难问题，漳州电信不断开拓思路，走电信服务社会化道路，在城市发展银行代收话费，在农村招收代办员代收话费、代办业务。全市各行政村都有电信代办人员，既分担了城乡就业问题，又将电信服务的触角延伸到城乡各个角落，大大方便了群众使用电信业务。在抓紧电话发展的同时，漳州电信继续加强业务规范化管理，全市所有城乡电话用户全部进入计算机系统管理。

漳州电信还集中资金加强骨干网络规划建设，推进网络由提供窄带、单一业务的传统网络向提供宽带、多业务的统一信息网演变。全市IP城域网现已初具规模，直接与省和国家互联网骨干连接，出口带宽高达2.5G，形成综合承载各类多媒体业务、安全稳定的运营级基础信息网络。全市程控交换机总容量达到144万门，本地网光缆总长度达到3970公里，市县光纤到大楼、到小区、到行政村。为企业增强竞争力、实现跨越式发展奠定了坚实的基础。

【西藏电信五十年巨变世人瞩目】

2001年是西藏和平解放50周年，1至5月份，西藏电信公司完成业务总量8959万，同比增长46%；完成业务收入10168万元，同比增长7.6%。全区新增固定用户19569户，累计达到13万户；新增因特网用户604户，累计达到3913户。西藏电信事业不断蓬勃发展，焕发出前所未有的生机和活力。西藏电信走出了一条超常规、跳跃式的通信发展之路，实现了历史性跨越。

一、电信成为国民经济中发展最快、综合效益最好的部门之一，为西藏的稳定发展做出了突出贡献。2000年，西藏电信业务总量、业务收入分别完成1.7亿元和2.4亿元，是1978年的26倍和102倍。20多年间平均增长幅度分别高达15.2%和21.3%；通信企业全员劳动生产率达到16万元。西藏电信“九五”计划“993”奋斗目标已提前一年全面实现（即“九五”期间，全区累计完成邮电固定资产投资9亿元，累计完成邮电业务收入9亿元，2000年当年实现邮电业务收入3亿元）。

二、网络规模不断扩大，通信能力大大增强。1979年以来，全区电信部门固定资产投资25亿元，建成和拥有了卫星通信、光通信、数字通信、程控交换、分组交换、会议电视、数字数据、因特网等多种通信技术和通信手段。建成了覆盖所有地（市）县的77座VSAT/TES卫星通信地球站和5座IDR卫星通信地球站；建成长途光缆5318公里，通达6个地（市）51个县25个乡镇；数字微波一点多址农化系统在25个县镇建成投入使用，实现了全区33.6%乡镇通电话。2000年底，全区电信固定资产总值达到20.27亿元，是1978年的105倍；局用交换机容量达到16.9万门，长途业务电路达到11896路，分别是1978年的29.6倍和228.8倍；长途自动交换机容量达到20000路端，全区电话普及率达到4.7部/百人,是1978年的24.7倍，主线普及率达到4.4线/百人，市化普及率达到26.7部/百人。

三、技术装备水平发生质的变化，自动化、数字化水平显著提高。以VSAT技术大范围建设起小型卫星通信系统，实现了全区县县通电话；引进一点多址微波系统，填补了西藏农村无线通信的空白；在全区光缆通信建设中普遍采用了SDH技术。兰西拉一级干线光缆的建成开通，结束了全国最后一个省会城市没有一级光缆的历史，成为西藏继公路、输油管道之后的第三条“生命线”。

四、服务质量不断改善，服务水平明显提高。西藏电信广泛深入地开展了“树行业新风，创优质服务”、“满意在电信”和“创星级服务”等活动，使西藏电信服务水平大大提高。装机难、交费难、话费争议等用户反映的“热点”、“难点”问题已得到根本缓解，社会对电信服务的满意率明显上升。

五、队伍素质不断提高，精神文明建设取得丰硕成果。各级电信部门大力加强领导班子建设和职工队伍建设，强化职工培训教育，使职工业务水平和职业技能普遍提高。一直以藏族为主体，藏汉团结，适应通信发展要求的领导干部队伍、经营管理人才和专业技术人才队伍已经形成。在西藏电信1693名干部职工中，藏族有1168人，占69%，汉族有525人，占31%；大专以上学历者335人，占19.8%，中专、高中学历者735人，占43.4%；高、中级专业技术人员90人，占5.3%，初级专业技术人员177人，占10.5%。全区电信部门还涌现出一大批先进集体和先进个人。7个地市和6成以上县级电信部门被地方党委、政府命名为“先进单位”、“文明单位”；区电信公司（原区邮电管理局）还被区人民政府授予“促进西藏发展先进单位”荣誉称号。

【西部大开发促进青海电话业务发展】

西部大开发和国家对电信资费的结构性调整，刺激了青海人民群众装电话的需求。青海省电信公司抓住这一契机，认真贯彻“用户至上、用心服务”的经营服务理念，加快通信基础设施建设,缩短装移机时限,推出优惠措施，从而掀起了又一轮的装机热潮，一季度取得了新增固定电话用户24494户的好成绩。青海省电信公司还推出“3.15绿色消费”优惠活动，使各电信营业厅出现了少有的排长队安装电话的情景，15天时间受理装机24392部，不仅实现了青海电信放号“首季开门红”目标。截至2001年4月30日，青海省固定电话用户达到41万户，固定电话普及率达8%，用户总数是1998年的2倍，较1978年增长了52倍。

【辽宁电信大力改善农村通信】

辽宁电信结合农村学习“三个代表”活动，组织县、市、区电信局从改善农村通信条件和服务入手，帮助农民依靠信息致富，为农民办实事，受到各级党委、政府和广大农民兄弟的称赞。

2001年初，辽宁省电信公司党组下发了《关于积极协助地方党委搞好“三个代表”重要思想学习教育活动的通知》，要求把“三个代表”教育的重点放在提高职工素质、改进工作、改善电信服务上。各县、市、区局按照省公司党组和地方党委的要求，深入农村落实“用心服务”的理念。辽阳县电信局了解到河栏镇周家村现有10部电话，农民想再装电话线路却不到位时，局领导立即派工程技术人员到该村进行线路勘察设计，开春大地解冻后全力组织施工，尽快满足农民装电话的要求。该县局19个支局的局长都参加了所属乡镇的“三个代表”学习活动，他们在各支局门前悬挂了“以‘三个代表’为指导，全面落实首问负责制”的横幅，推行首问负责制。该局还组织技术人员开发出“农村支局话费查询”软件，在农村支局投入使用。绥中县局以“三个代表”思想指导发展与服务工作，组织人员到农村搞市场预测，有的放矢地投资建设，满足有装机需求乡村的需要，1至3月该局完成电话放号3300多部，完成进度计划的124%。

【新疆全区实现乡乡通电话】

2001年3月，新疆固定电话用户数突破200万,6月底,新疆电信实现了自治区人民政府提出的“乡乡通电话”的目标。

新疆的电话通信起步较晚，发展步履维艰。到1978年，新疆电信通信基础薄弱，手段单一。为尽快改变通信的落后局面，新疆电信以弃旧图新的改革思路，提出“大规模、超常规、高技术、高速度”发展的新战略，决心上水平、大规模地采用世界上最先进的技术来改造和新建全疆的通信设施,力争一步到位，适度超前，尽早实现新疆通信现代化。在如何解决巨额投资这个最关键的问题上,新疆电信采取“借钱买鸡（机），下蛋还钱”的方式，创出一条“负债经营”的发展新路子。从1978年至2000年，全疆邮电固定资产累计投资147亿元，是1950年——1978年29年累计投资1.73亿元的84倍。经过20余年的全面建设，尤其是20世纪90年代的大发展，使一个完整的、拥有世界上最先进的通信技术装备和水平的现代化通信网络在新疆初具规模。在这期间，新疆电信不仅建成了南北疆数字微波通信干线、西兰乌光缆干线、乌伊光缆、南北疆光缆、南北疆环路光缆、第二出疆光缆等通信干线，使全区光缆总长度达3万公里，而且还使本地网电话得到稳步发展。全区局用电话交换机容量由1978年的3．12万门增加到285万门，增长91倍。长途交换容量达10.4万路端，并已全部实现数字程控化。全区数据和多媒体通信容量端口数达到6.5万个，互联网出口带宽达到300兆以上。继乌鲁木齐“新丝路热线”开通之后，全区所有地州市和部分县一大批信息服务网络投入运营。新疆固定电话用户突破100万户，用了68年的时间；而从100万户到200万户，仅仅用了两年，便彻底改变了新疆“进不来，出不去”的通信闭塞窘境。

2001年6月底，新疆电信公司利用以色列贷款，采用VSAT（甚小天线卫星通信地面站）通信方式，解决了全区最后47个不通电话乡的通话问题，实现了自治区人民政府提出的乡乡通电话的目标。新疆地域辽阔，地广人稀，点多线长，发展农村电话困难很大。“九五”期间，新疆电信公司经过不断的实践和探索，确定了首先重点启动，分层次发展，因地制宜，集中资金，分层推进农村电话建设的方针。在实施过程中对农话建设实行统一规划、统一标准、统一建设和统一管理，新建的农话交换局、传输网络采用数字设备；对原有农话交换点的传输和交换进行数字化改造。同时，采取做好进网设备选型管理等措施，进一步减少交换机的不同制式，以利于农村电话的维护和改造升级。新疆农话点多、面广、用户少、业务量小、投入大、产出少，自然条件恶劣，线路分散，致使建设和维护任务繁重，成本高。为妥善解决资金短缺问题，新疆电信公司先后采取了将全区农话固定资产折旧的50%由自治区集中统一使用，扩大投资规模；把中央国营和地方国营统一核算，加大农话亏损补贴，增加农话自有资金；积极利用外资加快农话建设等方式，有效筹集资金，加大了农话发展速度。根据新疆复杂的地理条件，新疆电信在农村电话网建设中依靠科技进步，采用多种技术手段加快建设，除采用有线接入方式外，大胆采用了ETS450兆无线接入技术和VSAT卫星通信系统解决了远离城镇、地形复杂乡镇村通电话的问题。全区已累计建成农村电话交换点近900个，程控交换总容量达78.8万门，建成农村电话光缆1.85万公里，建成VSAT小站520多个。全区农村电话用户已达61.7万户，占全区固定电话用户数的30%，全区农村电话普及率达5.05%。(司剑非　薛　莲)

【青海格尔木市实现乡乡通电话】

2001年12月6日，青海省格尔木市大格勒乡开通了程控电话，实现了该市乡乡通电话的奋斗目标，使格尔木市农村通信迈上了新台阶。

格尔木地广人稀，所属四个乡离市区分散、距离远、通信难。唐古拉山乡距离格尔木市420公里，海拔4600多米，气候条件恶劣，但该乡是进入西藏的咽喉要道，却无任何通信设施，长期以来通信问题一直制约着该乡的经济发展，当地藏族群众渴望能早日装上电话。1998年，国家一级光缆干线——兰西拉光缆的正式开通，为解决该乡通信问题提供了便利。在格尔木市委、市政府和青海省电信公司的大力支持下，格尔木电信分公司克服建设资金十分紧张、施工难度大、维护不便等困难，在工程人员的共同努力下，经过半年多时间的奋斗，利用光纤接入网先进技术，于2001年年初开通了该乡电话,乌图美仁乡也以128线光纤接入网的形式开通了程控电话。随后,格尔木电信分公司又开始了对大格勒乡、郭勒木德乡的通信设计。经过三个月的紧张施工，分别在两乡建成128线的光纤接入网。

施工期间，两乡的村民兴奋不已到处询问,纷纷要求提前交钱装机。郭勒木德乡于11月27日起开始受理装机，两天装机量达到120部。12月6日,大格勒乡正式开始进行电话业务受理，格尔木电信分公司经营服务部与海西电信实业公司到现场装机，村民们安装电话的热情十分高涨，当日装机128部，装机率为100%。盛产紫皮大蒜、青糠等农作物的大格勒乡，以前由于信息不畅通，无法了解农产品市场行情，故而严重制约着该乡的经济发展。格尔木电信分公司认真贯彻落实江泽民总书记的“三个代表”重要思想，履行中国电信普遍服务的义务，开通了各乡的程控电话后，解决了农民的通信需求，为各乡的人民群众脱贫致富铺就了一条信息路。

【江苏常州电信重构农村营销网】

2001年7月,江苏常州电信为推进农村电信市场业务发展和服务改善采取了一项重大举措,常州武进市30个乡镇同时成立了农村电信支局。

常州所辖武进市的电信机构，多年来一直实行分局制管理，共设7个分局、8个营业点。随着近年来的发展，武进750个行政村中电话村已达560个，农村拥有交换局、点120个，电话装机容量已达35万门，电话用户数达25.5万户，主线普及率达21.5部/百人,数据通信、多媒体业务遍及农村，网络规模、技术含量也上了台阶。原有的网点由于过于稀疏，不仅给老百姓装机、办理业务带来诸多的不便，而且对强化管理和改善服务以及拓展市场带来很大难度。为此，常州电信分公司决定在武进30个乡镇建立农村支局，并开设营业点，提供电话装移机、电信终端零售及业务咨询等项服务。

为了充分发挥农村电信支局在业务发展、支局管理和电信服务方面的作用，常州电信在用人机制上积极创新，对支局长人选的产生，采用职工推荐、自荐、分局推荐与组织考查相结合的方法。二百多名农村电信员工在成立支局的动员会上填写了农村支局长推荐表，35位平均年龄36岁的年轻人走上了支局长岗位，武进地区农村电信改革与发展走上了一条新路。

【江苏扬州电信公话业务成为市场亮点】

江苏扬州电信大力发展卡式公话和校园公话，为各类用户提供多种方式的公话服务，使公话业务成为新的市场“亮点”。2001年以来，仅市区就新增公话782部，销售电话卡1200余万元，同比增长了250%和150%以上。

扬州电信在公话业务发展的基础上，实行“全面规划、交叉互补”的原则，采取IC卡话机、998卡式话机交叉设置的方法，消灭“空白点”，提高公话普及率。2001年年初以来先后在医院、住宅小区、宾馆、饭店以及繁华地段增设新点放装卡式电话，并将公话装进公园、风景区和高校校园。在抓好公话扩大放装的基础上，他们通过投入与产出效益分析，及时对城区公话网点进行了调整，对有人值守公话进行了清理，使公话分布点趋于合理，促进了公话单机业务收入的增长。

与此同时，他们抓住智能公话发展的机会，加大电话卡制作销售力度，通过充分发掘历史名城的文化底蕴,发展卡文化来进一步推动社会信息化进程。先后制作发行了以扬州文化和风光为主题的998电话卡；为扬州大学专门制作发行了100万元校园卡；与国家特大型企业仪征化纤公司联合制作发行了201企业电话卡150万元；抓住第十一届男子世乒赛在扬州举办的契机，与农业银行联合制作了“第十一届男子世乒赛”201电话卡，并通过全省农业银行网点包销电话卡210万元；制作发行具有深厚文化底蕴的“烟花三月”、“扬州八怪”电话卡等等。这些实用价值和艺术鉴赏收藏价值兼具的专题电话卡，受到广大用户和集卡爱好者的青睐。

【天津公用电话普及率居全国榜首】

天津电信结合市场需求,积极发展公话业务。各式各样的电话亭布满大街小巷,无人值守的IC卡公话、201电话也遍及医院、学校、厂房。公话管理部门在做好安装布点工作的同时，积极做好公话的维护管理工作。他们与天津电信签定了代维、代管协议，并在基层各二级单位设立公话维护站点，组成公话三级管理模式，使公话管理真正形成闭环。天津电信无人值守的卡式电话完好率达96%，公话普及率已达每百人0.69部，居全国榜首。

【重庆电信整治公用电话市场】

针对重庆市窗口地区——菜园坝火车站公用电话代办户乱收费现象，2001年春节前夕，重庆市电信公司公话检查队与菜园坝地区综合管理处联合开展教育整治活动，以期规范窗口地区的公话市场，为广大用户放心、明白消费创造良好的环境。

地处重庆市渝中区的菜园坝火车站，每天人流如潮，春节期间，客流量更是惊人。该地区设有公用电话一千余部，为满足广大客户使用电话提供了方便。但由于一些代办户素质不高，常常出现乱收费、不文明礼貌、不遵规守纪等现象，损害了消费者权益，影响了重庆电信形象。为此，重庆电信与该地区政府管理部门联系，举行菜园坝地区公用电话代办户职业道德、合同协议重温活动，逐一对该区公用电话代办户进行教育和检查。检查中，重庆电信公话检查队告诫代办户如果谁砸电信的牌子，电信将取消其代办资格和按相关文件、合同对其进行处罚。同时，责令该地区尚未整改的三百余家代办户将计费器按国家规定重新调整，以确保消费者利益。

春节期间，重庆电信公话检查队还对窗口地区进行24小时的随时突击检查，重点打击和整治个别公话代办户不按电信资费标准乱收费、擅自乱加价和在计

费器以外加价等违规行为。

【南京电信新型广告公话亭亮相街头】

江苏南京电信分公司以亭建亭、以亭养亭,拓展公用电话经营和维护的新路。一大批造型新颖、款式现代、集美观性与实用性于一体的公用电话亭亮相南京街头。

南京市共有2.6万余部公用电话，其中1.1万部为有人值守公话，1.5万余部为卡式公话。全市各类繁华地段和道路两侧共有公用电话亭三千多座，这些公用电话亭多为有机玻璃制作，功能单一，受损量大，每年维修费用就需一百多万元，给企业带来很大负担。为了改变这种状况，南京电信分公司通过公开招标方式，选择了具有广告发布功能的新型公用电话亭。这种公用电话亭采用不锈钢材料，成“T”字造型，面向道路一面为大幅灯箱广告，既可为企业单位发布广告，又具有装饰美观效果。面向人行道一边则可背靠背安放两部公用电话。南京电信分公司共在繁华路段和主干道路两侧布设了365座新型公用电话亭，它不仅使这些路段的公用电话亭焕然一新，还相当于一下拥有了365块广告发布的黄金区位，立即受到了广告公司的青睐。这些新型公用电话亭的费用全部由广告公司承担，广告收入用于支付建亭和维修费用。每到夜晚，广告话亭的灯箱广告绚丽多彩、亮成一片，成为南京街头一道新的风景线。

【甘肃电信业务收入增幅跃居中国电信系统首位】

国家实施西部大开发战略以来，甘肃省通信市场呈现出明显的增长态势。2001年1至8月，甘肃电信业务收入增幅跃居中国电信系统第一位，比上年同期增长22.36%，高于中国电信全国平均水平17个百分点。

2000年，甘肃电信的收入增幅为27.67%，居全国第5位。而1999年，甘肃电信业务收入增幅为18.55%，居全国第17位。专家分析说，从全国来看，通信市场的增长空间已经转移到西部，包括甘肃在内的西部通信市场将以强劲的增长势头持续下去。

西部大开发战略实施两年来，甘肃电信已经实现了多个翻番。首先是固定电话用户数翻番。1999年底时，用户数为118万户，2001年8月底已经达到230万户。农村电话接近翻两番，1999年底时农话用户不到18万户，2001年8月底已达60多万户。电话普及率实现翻番：1999年底时为4.5%，2001年8月底已达到9%。互联网用户也翻了两番多，1999年底时上网用户仅有3万多户，2001年8月底已超过16万户。上网时长同比增长460%。业务量的快速增长拉动了业务收入的快速增长。本地网电话业务收入比上年同期增长28.97%，其中通话费收入增长20.97%，数据业务收入同比增长97%，收入所占比重提高了1.7个百分点，成为增长最快的业务。另外，在甘肃电信14个分公司中，有13个分公司业务收入增幅超过全省平均水平，其中处于特困地区的甘南分公司收入增幅达到40%以上，表明那些发展较慢的地区正在迎头赶上。

【四川电信成都分公司超额完成全年任务】

2001年8月底业务收入等重要经济指标还是负数的成都电信分公司，采取积极措施，狠抓观念转变，经过2个多月的努力遏制了收入下滑的态势，到11月初，全公司净增电话用户数达到31万部，发展来电显示用户35万户，已提前完成全年目标任务。业务收入比上年同期增长4.59%；成本费用同比下降5.86%；收支差额同比增长38.84%。

成都电信业务收入比重占四川全省电信业务收入的3成以上，对整个四川电信的发展起着至关重要的作用。但从2001年5月开始，业务收入增幅一路下滑，出现了近年来的首次负增长。针对这一情况，成都电信统一思想、排除干扰、自我加压，确定了“以发展保稳定，以改革促发展，以增量保增收”的整体思路。公司明确提出了加快发展的“三步走”目标：9月底完成全年业务发展任务的90%；10月底完成100%；12月底超额完成10%～15%，同时对下半年各方面的工作进行了及时调整。

为实现这一整体目标，公司在建设工作中坚持绩效第一的观念，落实了五项重点工程建设项目。健全以市场经营为龙头的运营机制，将业务发展、经营状况等与领导班子、领导干部的绩效考核及收入挂钩。公司还将双流、郫县等5个收入大县作为公司5位领导重点联系单位，各部室领导从8月开始只拿50%的奖金，以此强化管理部门“促发展”的责任。一批高素质、精通业务、熟悉网络及技术、颇具服务和经营意识的人才充实到了市场经营岗位，集缴费、充值、通话于一体的“96333”金蓉卡等新业务的推出，巩固和扩大了经营成果。公司通过开展多种形式的劳动竞赛，有效激发了全员的工作热情，广大员工甚至放弃了节假日，自觉加班加点。全公司出现了人心思上、群策群力的可喜局面，一举实现了业务收入的攀升。

【广东电信掀起业务发展热潮】

2001年年中，一场保收入大会战在广东电信展开，广东省电信公司冯雄总经理全员动员时提出，要以超常规的发展速度奋起直追，掀起新一轮业务发展高潮，确保年计划收入目标的顺利完成。

广东电信是中国电信的排头兵。2001年上半年，广东电信在面对市场激烈竞争、电信资费结构性调整、整体资费水平大幅度下降等不利形势，通过采取一系列积极有效的业务发展策略，保持了持续发展的势头，各项主要通信指标完成情况良好。其中，固定电话放号135.6万户，再创历史新高；数据多媒体业务发展势头迅猛，完成放号87.8万户，继续保持在全国领先地位；宽带业务发展势头强劲，新增用户数达13万。但是，业务收入增长情况却不如人意：受资费调整等因素的影响，上半年全省业务收入只完成年计划的44.52%，仅比上年同期增长2.55%，远远低于广东省GDP的增长速度，形势相当严峻。

广东电信要求各级电信企业，要围绕“抓发展保收入，抓管理增效益”这个中心，采取围绕效益抓放号，强化话务量经营确保增量增收，以新业务开辟新的收入增长点，以壮大大客户队伍增加业务收入等举措，创造性地开展工作，提高对市场的反应能力。广东电信公司为此制订奖励办法，以落实任务责任，强化指标考核。全省22个分公司根据这一要求都制订了相应的发展策略。

【福建电信实现业务收入增幅扭负为正】

2001年4月始，受电信资费大幅调整、市场竞争不断加剧等因素影响，福建省电信公司业务收入增幅趋缓，甚至出现从未有过的持续数月负增长。

面对巨大的压力和挑战，省电信公司领导及时调整思路和策略，在统一思想，统一认识的基础上，对扭负为正工作进行了周密部署：一是把实现扭负为正列为全年工作的中心任务来抓，大打一场扭负为正的攻坚战。公司采取多种形式，引导、动员员工发扬团队精神，积极参加“增加话务量、增加收入、提高经济效益、提高服务质量”即“两增两提高”等系列竞赛活动，促进电信收入逐步止跌为升；二是加强对经营活动的分析力度，通过每月的经营分析例会等形式，加强沟通了解，明确阶段性营销目标，着力在拓展电信业务市场上下苦功；三是抓大头，树典型。选择厦门、福州、泉州三个分公司作为重点，加强监督指导，进行大户服务问题典型案例分析，大力推广石狮局的差异营销、个性化营销等成功经验，运用科学的营销理论指导具体工作，激活营销创新活力。四是坚持实事求是，防止短期行为，在确保存量，激活增量的基础上，着重加大宽带网、无线市话市场的竞争力度，全力应对激烈的市场竞争。五是坚持“用户至上，用心服务”的理念，在大力改善服务的同时，按照合法、公平、公正的原则，加快福州、厦门、泉州集中计费中心和各分公司网关的建设，加强与大用户和各电信运营商的协作，争取共赢共利。此外，还与有关部门通力合作，净化电信市场，打击破坏和扰乱电信市场的违法、犯罪活动。

经过全省上下员工的共同努力和顽强拼搏，到2001年年底，省电信公司业务收入增赢0.53%，实现了“扭负为正”的目标。

【黑龙江电信哈尔滨市分公司超额完成全年计划】

2001年，黑龙江省哈尔滨市电信分公司提前一个月完成全年计划，实现了企业效益、社会效益的六大历史性突破：年终前业务收入已达17.3亿元，实现收支差额5.1亿元，均创历史新高；完成电话放号30万部，创公司化后的最高纪录；用户电话欠费缩减为4%，达历史最好水平；宽带接入点达到9.8万个，来电显示业务增加到46.9万户，创历史新高；用户综合满意率达到96%，公司首次夺得黑龙江省质量效益型先进企业称号。

年初，黑龙江省及哈尔滨市政府在全社会开展了“树行业新风，开展最佳行业评选活动”。哈电领导把这项工作确定为由公司主要领导负责的“一把手工程”，并召开全市县、市局领导会议，作出具体部署。公司从解决人员素质入手进行革新。干部末位淘汰和员工竞争上岗两项改革使16名干部调离岗位、两千多名员工从一线退到二线。“银企合作”使电话收费网点由原来的24个猛增到1134个；沿用多年的限时收费也被改为全月、全天候收费。公司投资建设的物流配送中心，免费为用户送话单。装、修、移机工种推行的“递上一张服务名片、换上一双自备工作鞋、自带一块抹布、自带一块垫布”的“四个一”服务标准启动后，受到用户赞誉。“180”总经理热线开通以来，共受理投诉3万余件、咨询93万件、建议1万余件，用户满意率达100%。“服务热线”还受理并为用户提供求助服务3320件，被用户誉为市民心中的

"110"，受到用户表扬317件。公司还对全市大专院校和农村行政村屯实施了宽带上网和电话村村通工程。全市共有11所大专院校开通了校园互联网；3580个行政村全部通上了电话，自然村屯电话通话率达90%。

【吉林电信内部挖潜确保增量增收】

2001年，吉林省电信公司放眼内部，深挖潜力，充分利用网络资源优势增量增收，取得阶段性成果。

一、狠抓基础电信用户发展。吉林各分公司根据实际情况挖掘潜在用户，选准突破口和主战场，有效地激发装机市场，全省仅上半年新增用户31万户，使全省电话用户接近400万户。针对不同业务和用户需求，公司不断推出个性化、差别化营销服务措施，开发新市场、新业务，增加用户使用量。来电显示作为固定电话的新业务，是电信收入的一个新增长点，吉林电信采取多种促销方式，使用户体会到该业务的方便实用。上半年，全省共发展来电显示用户27万户，完成年计划的92%。省公司与深圳华为、上海贝尔两家设备供应商合作，于7月1日在全省正式推出了"ISDN网络家园"活动，在家庭上网用户中推广普及ISDN业务。

二、大力发展卡式业务。吉林电信不断完善各类电话卡的管理办法和营销手段，有效地促进了卡类业务的发展。针对公用电话能产生较大话务量、但也容易被盗打的问题，吉林开始实行由终端计费的IC卡电话向由平台计费的密码记账式IC卡电话转变。在集团公司尚无技术标准的情况下，公司在6月份制订了电话卡格式，为公用电话的平滑过渡打下了基础。

三、把互联互通当作发展业务来抓，与各运营商团结合作求双赢。吉林电信严格按照信息产业部和集团公司的要求，通过与各运营商的反复磋商，2001年上半年在全省进行网络改造，先后为联通公司开通了193长途电话业务和1001客服系统，并为各运营商在省内开通了IP电话主叫直拨业务。

四、将开发新业务定为重要的市场策略。吉林电信在全省相继推出了三项新业务：8006省级被叫付费业务，17909IP主叫直拨业务和8080商情电话业务。这些新业务的推广，带动了话务量的增长。8080商情电话是智能网的AD广告业务在吉林省的统一品牌。商情电话于2001年5月17日开始进行了为期一个月的试运行，共开通了两个业务号码80808080（电信频道）、80808090（数据频道），试运行3个月后，话务量逾600万次，用户对商情电话的认知度不断提高。年内吉林电信另推出的三项智能网新业务为:VOT电子投标业务、MAS呼叫业务和TP电话付费业务，并借此与省彩票中心合作，共同推出电话投注业务，进一步提高本地电话的话务量。各分公司也计划通过发展幼苗电话和民工电话，带动800业务和校园网业务的发展，促进话务量增长。

【江苏电信无锡分公司做足代理文章】

江苏电信无锡市分公司在加大开拓有效市场力度的过程中，推广"代理"制，2001年共发展电话卡代售点1000多个，不断拓宽电话卡销售的层面。同时，针对竞争激烈的IP业务，重点做好了"17908" IPB类业务用户的代理发展工作，2001年共发展IPB类用户1752户。在农村话务市场的竞争中，他们把公用电话作为抢占市场的有力武器，2001年共完成40个农村乡镇IC卡公话的布放工作，放装话机200多部，为农村电话卡代理提供了有利条件。在全方位开拓和扩大数据用户的基础上，与33家代理商签订代理协议，使无锡电信的宽带业务完成率在江苏省同行中位居前列。这一系列举措，有效减少了话务分流，拉动了全年业务收入的增长。2001年，无锡电信完成电话卡销售9474万元，完成年计划的111.5%，发展宽带用户近5000户、上网企业12179家。无锡电信在完善"代理"制过程中，还不断畅通与代理商的信息渠道，以此把握市场竞争的主动权。他们联合社会代理力量，加强计费管理，加大欠费回收力度，严把收入关，使得公司的实际欠费率控制在2%的水平。

【江苏所有乡镇支局实现电信业务处理计算机化】

2001年11月，江苏电信"九七工程"延伸至县（市）局及农村支局并通过验收。标志着江苏电信"九七工程"全部完工，全省市、县直至每个支局全面实现电信业务处理计算机化。

"九七工程"的实施，有效地促进了江苏电信从生产型向管理型和服务型的转变，实现了以营业受理为龙头、机线资源为基础、配线配号和定单管理为支撑、数据共享为目的的电信业务管理构想。2001年11月，江苏1400万固定电话用户以及各类电信业务用户，无论是交纳电话费、申请新业务，还是办理装、拆、移机以及报修障碍，都可通过"九七工程"实现快速处理，不仅加快了速度、提高了透明度，而且大大提升了工作效率和服务质量。

“九七工程”使江苏电信建立起了对企业发展至关重要的用户数据库，从而为企业实现由粗放型经营方式向集约化经营方式的转变奠定了基础。江苏电信对13个地市分公司、26个县（市）局、117个端局、600多个交接箱和近5万用户的检查结果表明，线路资料核查准确率达95%以上，用户档案准确率在98%以上。

【广西边境村村通电话工程顺利完成】

2000年8月初，自治区党委、政府发出了关于开展广西边境地区建设大会战，为边境地区人民办24件实事的号召，其中包括实现村村通电话。广西区电信公司对此极为重视，进行专题研究，并调整投资计划，挤出资金投入边境地区通信建设。2000年至2001年累计投入6469.45万元专款，用于南宁、百色、防城港三个边境地区村村通电话工程以及与之配套的交换、传输等提高通信能力的建设，先后建成ETS基站21个，首期开通无线信道210个，可提供放号4200户。边境地区8个县（市）1063个行政村中已有1044个通了电话，通话率达98.2%。

·数据及多媒体业务·

【中国电信拓展新一代网络为用户提供个性化通信服务】

2001年3月6日，中国电信集团公司与北电网络有限公司在北京签署“新一代网络技术合作框架协议”，以期在新世纪利用下一代网络向电信用户提供灵活方便的个性化通信服务。

新一代网络有三个主要特征，一是话音、数据、视像等各种业务都综合在一个网络平台上；二是网络运营商能够及时、方便、灵活地为用户提供各种层次的业务；三是通信业务可由业务提供者和业务使用者共同开发，促进由第三方提供更贴近用户需求的增值业务。

中国电信与北电网络在交换、传输、数据、无线等领域有广泛合作基础。此次签署“新一代网络技术合作框架协议”意义深远。根据协议，双方将共同探讨下一代网络在业务提供种类、业务提供方式、网络组织方式和可维护可管理等方面的课题。协议的签署有力地推动双方的技术转型和战略资源重组，提高中国电信集团的网络运行效率和市场竞争力。

【山东电信数据业务取得社会与经济效益双丰收】

2001年，山东电信在大力发展电话语音业务的同时，数据业务也取得了可喜成绩，该公司已成功地对山东省委、省政府的多个部门、厅局进行了信息网络的规划和建设，并为多家大中型企业完成了局域网升级改造，为推动山东行业和企业信息化建设，作出了积极的贡献。2001年年底，山东电信为山东烟草公司设计的全省烟草系统局域网二期工程建成并投入使用，实现了数据、语音、视频“三网合一”，为该系统今后开展各种网上业务奠定了基础。山东电信数据事业部此前已完成了山东省烟草系统广域网一期工程的建设，使用帧中继技术实现了全省10个烟草调拨站与山东烟草公司间的互联互通，为该系统开展网上业务提供了可靠的技术平台。随着电子商务技术的日渐完善和烟草业务的蓬勃发展，往来数据日益增多，原有的网络平台担负的任务越来越繁重，传输能力逐渐力不从心。山东电信针对用户的升级需求，为用户量身设计了山东烟草系统广域网二期工程的建设方案，通过使用ATM网络平台实现了全省烟草系统的广域网互联，新增了接入节点，并根据各个调拨站业务量大小，设计不同的带宽，大大提高了网络的处理能力。该集成方案第一阶段可实现17个地市烟草分公司间数据专线的互联互通；第二阶段，完成内部局域网的改造，同时实现17个地市烟草分公司与省公司的高速、宽带互联。作为省内系统集成服务方面的骨干大型企业，山东电信在提供全省范围的组网方案上具有极大优势，省内已有证券、书刊、教育等行业的企业和事业单位与山东电信开展了各式各样的合作。山东电信通过大力发展系统集成服务，不仅有力推动了山东省内政府机关、企事业单位的信息化进程，也带动了电信数据业务的快速发展，取得了社会与经济效益的双丰收。

【海南电信数据业务多元化发展】

海南省电信公司凭借完善的基础数据网络优势，近年来在数据业务的应用上加大投入，使之逐步渗透到社会生活的各个领域，形成多元化发展格局。海南省电信公司与海南省行政学院共同建设多媒体远程教育网络包括实时教育网络和虚拟网校，实时教育网络的海口网络中心和省内21个市县的远程教学点都已建成，实时教育网络可以容纳3500人同时上课，虚拟网校可以允许3000人同时进行课件点播和在线学习各种课程，海南省委、省政府已通过该系统召开了多次全省电视电话会议。

海南宽带综合业务信息网系统的建成，使市民百姓坐在家里就可进行高速上网和点播电视节目。海南省电信公司已经完成了系统的开发和试运行，在海口的部分住宅小区，住户只要在电视机上安置一个多媒体数字机顶盒，就可以通过电话拨号登录现有的有线电视网，点播精彩的国内外电影和综合性文体节目以及其它网上新应用。海南有线宽带综合业务网系统可以提供交互式视频点播（包括循环影院）及高速上网两大类业务。

2001年4月正式对外推出的网上缴费业务深受广大百姓欢迎。该业务建立在海南省电信公司的电子商务平台上，海南省电信公司采用经权威机构认证的中国电信CTCA安全认证机制，为电子商务系统提供了安全可靠的保障。海口的固定电话用户通过使用海南省农业银行和深圳发展银行的储蓄卡、信用卡就可在网上进行市话话费查询和缴费，也可拨打17989电话实现缴费。

【广东电信掀起宽带业务会战　用户从3000户增至13万户】

2001年4月底至7月上旬，广东电信掀起了一场宽带业务大会战，在全省23个城市通过多种宽带接入方式放号，用户从3000户猛增到13.2万户，其中ADSL用户5．1万户、LAN用户8．1万户，同时预受理用户近16万户。会战有效地激发了宽带业务的市场需求，为广东电信持续、稳定发展确立了新的经济增长点。这次会战主要有以下几个特点：

一、各级领导高度重视、严密组织是会战取得成功的关键。广东省电信公司把这次会战作为增效益、求发展的一项重要战略举措来抓，要求各单位按照“摸市场、抓效益、保证放号能力”和“打出品牌、拓展市场、展示实力、增加收入”的总体思路，严格贯彻省公司各项部署，坚决按期完成任务。为此，省公司成立宽带会战联合办公室，各市分公司也成立相应专门机构，由一把手亲自挂帅指挥。

二、各单位积极宣传、大力揽装是业务迅速发展的重要环节。宽带会战的决策确定后，各单位紧密围绕宽带业务市场，结合各地市场实际情况，有针对性地进行了重点宣传。同时还组织力量上门揽装、组织演示，大力推介宽带产品，启动市场，推动了宽带业务的开展。不少分公司还做好政府公关工作，收效明显。

三、科学、有效的营销策划是宽带会战成功的重要基础。各地采取主动出击的营销策略，深入市场，调查研究，摸清了市场的需求和潜力，科学细致地划分了用户群，迅速准确地确立了目标市场，有效地提高了市场拓展的速度和效率，使宽带会战策略产生了更强的针对性。各级市场部门通过分析上网用户、电话用户的话费结构和消费习惯，将上网高端用户作为宽带业务发展的主要对象之一。各地还制定了灵活的价格策略和优惠措施，充分调动各方力量。积极拓宽营销渠道，有效激发市场需求。不少地方采取现场报装、上门推介、发展分销渠道、先装机后付款、电话受理装机业务等多种措施，增加受理渠道，简化受理流程，缩短装机时限。有效吸引和方便客户。

四、各部门密切配合、全员参与是宽带会战取得胜利的重要保证。会战中，各相关部门和单位分工协作，密切配合，不计较部门得失和单位利益，以特事特办为原则，紧密围绕市场需求，努力做好各项相关工作。

【哈尔滨电信加速发展宽带业务】

黑龙江省哈尔滨市电信分公司适应市场要求，加速宽带业务发展，在不到一年的时间里,已与本市相关学校、企业、政府签订宽带互联网协议近百份，涵盖五万多个信息点，并且全线开通了11所高校宽带校园网。

哈尔滨电信根据中国电信集团公司的战略部署，抢前抓早，规划宽带市场，并把宽带业务发展作为“一把手”工程和“生命线”工程来抓。在经过周密的市场调查后，哈尔滨电信明确了宽带建设的总体目标，即2001年建成一个能满足IP及ATM业务需求的具有统一业务和选择能力的宽带城域网，以吉比特以太网交换机组网。根据这一目标，公司制订了一套行之有效的宽带业务发展实施方案、组网方案，成立了宽带工程指挥部，培训组建了48支光缆和五类缆施工队伍，由总经理亲自挂帅，班子成员分兵把关，亲临现场，指挥调度，并配备了各专业的精干优秀的技术人员负责，综合协调，直接组织施工，全员推进宽带网的发展建设。哈尔滨电信结合原有的网络资源，首先强化骨干传输网的建设，一方面及时抓好光缆调整，解决卡脖子和利用率不均的问题，另一方面进行了网路规划。同时，为加快宽带网接入建设，公司把基于光纤、五类缆的用户驻地接入网建设作为重点，加大宽带数据城域网发展力度，并且确定了网路支撑、市场开发、紧盯对手不放的责任段落，把解决最后100米端到端的接入工程和市场营销划归市场部门，实现条块、点线、专业相配合，综合推进宽带业务发展。

在宽带市场开发中，哈尔滨电信始终坚持“既不丢失市场，又要考虑投资回报”的科学务实的原则，层层细分市场。他们根据现实和潜在的宽带市场需求程度、客户层次、地区分布、竞争状况将宽带市场划分为六个层次，并分别制订了具体的攻坚方案：对大中专院校采用光纤加局域网的接入方式进入，中小学校通过与教委统签框架式协议的方式一次落笔，覆盖全市；对高级宾馆、商务酒店、写字楼采取抢先进入的策略；对政府部门，以推进信息化进程为切入点；对大中型企业、三资企业采取重点盯防、有选择地开发方式，把重点放在著名企业和经济效益好的企业；对其他运营商到达的区域采取密切关注、属地盯防的方法时刻掌握动向；对散户和网吧采取扩大宣传、现场演示的方法引导其选择宽带上网，社区宽带建设一事一议，争取一个用户也不丢。首先以本科院校为重点，展开全方位谈判，一鼓作气拿下了11所高校的宽带市场。哈尔滨电信还与3000多所中小学签订了宽带上网协议，已有40多所学校上网。智能小区、写字楼也是哈尔滨电信开发的重点，将其分成高级小区、新建小区、在建小区、已建成小区等几类区别对待，根据不同用户构成采用相应的接入方式，应用不同的技术方案予以解决。

针对日趋激烈的宽带市场竞争，哈尔滨电信没有盲目地与各家运营商打价格战，而是以优质服务为保障，以雄厚的网络资源为支撑，以用户至上的诚心赢得用户。公司领导多次主动登门，宣传公司的网络实力，帮助用户进行设备选型、设计组网方案，处处走在其他运营商的前面。黑龙江农垦总局、黑龙江省电力公司在自已有省内专网的情况下，长期在几家通信运营商之间举棋不定，哈尔滨电信看准形势锲而不舍，积极参与竞争，经过历时3个月的艰苦谈判，终于用真诚取得用户信任，谈判取得突破性进展，两家大公司同哈尔滨电信签订了协议，已成为哈尔滨电信的用户。

【武汉电信采取八项措施推进宽带业务发展】

2001年12月,武汉电信召开电信业务发展动员会,决定在全市开展启动宽带业务发展会战活动,推出“全宽带”概念，并采取八项措施力推宽带业务。

“全宽带”即实现真正意义的全程宽带通信，提供全网络、全业务、全方式的宽带全面解决方案，从骨干网、城域网到用户接入网全宽带；提供远程医疗、教学、视频点播等全部宽带业务；由用户任意选择非对称数字用户环路、电缆调制解调器、吉比以太网等各种接入方式。2001年4月，武汉电信的第一批宽带业务在武汉大学博士楼、南湖科技园、省供销社正式开办，首批即新增数百个用户。已竣工的ADSL二期扩容工程完成了26个ADSL接入局点、8个ATM核心节点的建设工作，新增10000多用户容量，使总容量达到13万，基本覆盖了武汉市主要城区。

为了在全市形成宽带业务的规模发展，武汉电信把宽带发展列为新的电信业务收入增长点，采取了八项措施推进宽带业务的发展。一是全员动员，组织会战，分解任务，奖惩挂钩，大力发展宽带用户。二是加大宣传力度，广泛宣传宽带业务，投入150万元在全市建立两个宽带业务综合宣传展示厅，利用广告、宣传单等多种形式宣传宽带业务。三是建立新的宽带业务发展流程，组成由市场部负责，建设、财务、运行维护、客户服务中心参加的宽带业务发展管理组织，集中资金、集中建设力量，为用户提供宽带业务受理、安装调试、开通、管理一条龙服务。对受理的用户，从建设到开通在20个工作日内完成。四是调整宽带网使用费用，降低宽带业务门槛，为用户提供低价优质的宽带服务。调整后的ADSL每月使用费仅为170元，其它个人宽带使用费用也在百元左右。五是加强宽带业务服务队伍建设，培训和抽调专业技术能力强的技术人员担负宽带业务的服务工作，保证对用户安装及时、开通及时、服务到位。六是开通宽带通信网站，为用户提供充足的信息服务资源。七是坚持宽带业务发展例会制度，定期召开宽带业务发展工作会议，及时研究解决宽带业务发展中的问题。同时要求公司机关党政工团通力合作做好宽带业务发展中的各项工作。八是加大奖励力度，公司拿出百万元奖励完成宽带业务发展任务的单位和个人。

【合肥电信宽带业务蓬勃发展】

截至2001年11月10日，安徽电信合肥分公司宽带业务新增用户6798户，完成年计划的271.92%，实现经济效益60万元，完成进度排名全省公司第一。

合肥电信在加强宣传、引导用户消费的同时，合肥电信还制订了贴近市场、贴近用户、贴近企业实际的营销策略，坚持在有效益的前提下发展宽带业务。公司抽出专门人员对市场进行详细调研，并在此基础上进行市场细分。将用户分成高端用户、中间用户、低端用户三大类，根据不同类别的用户群制订相应的营销策略，从而使宽带业务营销更具有针对性。另外，合肥电信紧紧抓住大客户、集团客户不放松，将宽带业务特别是LAN接入发展的重点定位在商务楼、高档小区、大专院校等有效益的高端用户群，通过发展高端用户带动整个宽带业务的发展。对光纤没有到达或者老的小区，合肥电信采取多种方式，大力发展ADSL接入。针对用户反映ADSL终端较贵这一情况，合肥电信降低终端费用，同时推出终端分期付款服务，减少用户一次性的投入。

此外，合肥电信全力发展宽带网吧用户。合肥市区共有四百多家网吧，使用ADSL有二百多户，LAN接入有一百多户，电信宽带占领了八成网吧市场。宽带网吧的快速发展，对宽带业务收入和宽带用户数的提升起到了很大的促进作用。

【山东电信努力发展宽带网业务】

2001年1月在济南举办的山东省国际信息化建设博览会上，山东省电信公司全力推出以“中国电信宽带网”为统一品牌的宽带上网业务，并针对个人用户、企业用户及集团用户的不同需求，分别提供ADSL、FTTx＋LAN（虚拟拨号）等多种灵活接入方式，受到了消费者的欢迎，展会第一天就有近万人次参观了该展位，许多用户闻讯赶来询问新的包月收费方式，现场受理此项业务过百户。

山东电信宽带网是中国电信宽带网的重要组成部分，现已覆盖全省所有市（地）、县（区），有100万用户的高速接入容量，接入手段齐全，应用丰富，是全省真正意义上的信息高速公路。山东电信推出了灵活多样的接入方式，给消费者提供了更多选择。上网方式有ADSL小先锋、10M／100M局域网、光纤接入等，可提供高速上网、家庭VOD视频点播、实时股票交易、网上电视、电子商务、网上教育、多媒体互动游戏等服务，适用于居民家庭上网、学校上网、信息化小区、信息化酒店、企业同城互联等，囊括了网络消费各种发展趋势。

山东电信的宽带业务一经推出，便得到了用户的积极回应，济南市电信局正式开展的最新ADSL及FTTx＋LAN（光纤十局域网）接入业务，引起了上网用户的极大兴趣，济南电信在2001年1月1日正式开始受理业务后，热线电话每天可受理上千户的业务申请。服务多样化使网民因以往服务方式单一而压制的需求有效地激发出来，许多个人用户在详细了解了这几种新的宽带接入方式后，都觉得长期阻碍上网普及的费用问题有了改善，网络离家庭更近了。

适度超前是山东电信在信息化建设上对自己的要求，为给不同用户及各种类型的网络接入商提供物美价廉的服务，山东电信2001年以两条2.5G的中继电路与上海、南京相连，国际出口达到500M左右。省内各市地也以2.5G互联，各市地IP城域网节点之间以光纤互联，可完全适应高速因特网访问及多媒体通信，全力服务于社会信息化建设。

【河南电信精心打造“全程宽带”品牌】

2001年,河南电信投资兴建的全国最大规模的宽带IP网开通，通过出省宽带化、骨干网宽带化、城域网宽带化、接入宽带化、应用宽带化，可向用户提供一个“全程全网宽带”的网络环境。

“全程全网宽带”是宽带IP网的形象品牌和实质。河南各级电信企业在省公司的统一部署下，成立了由市场、建设、维护数据等多个部门组成的办事机构，选调了一批懂宽带网技术、有市场开发头脑、基本素质高的人员全力以赴在路由备份、流量均衡、避免单点故障等保证网络有效服务方面作了充分的设计。全省网络从技术上看是一个平面，各市间无网关，宽带信息流畅通无阻。使河南全省的宽带IP网成为一个大局域网、“宽带省域网”。这种组网方式，网络效率高，畅通性好，为全网的宽带应用提供了有力的支撑。

“全程宽带”的重心是宽带应用。宽带应用以视频服务最具代表性，河南电信宽带IP网的网络设计，充分考虑了对视频应用的支持。河南宽带IP网宽带应用包括网络电视、视频点播（VOD）、视频会议、远程教学、网上直播、远程监控、视频聊天、虚拟现实、宽带互动游戏，此外，开发了为宽带用户服务的“聚乐网站”和“维拉影视网”等，基本能够在宽带应用的信息源提供方面满足用户需要。

【广州电信力推ADSL宽带业务　用户逾四万】

广州电信全力推进网络平民化、家庭信息化进程取得突破。截至2001年底，ADSL用户由年初的800户激增至4万户，数据业务收入比上年增长66%，成为广州电信业务收入新的增长点。

宽带业务曾是广州业界的竞争焦点，在众多运营商不择手段地进行“宽带圈地战”时，广州电信提出了以效益为根本、宽带为主体、网络为依托、服务为手段的思路，以务实精神取得了在广州宽带市场上的全胜。宽带业务的大发展、网络容量和用户数的急剧膨胀，一度给广州电信宽带网络维护带来了巨大压力。广州电信积极组织优化宽带网络的技术攻关，开展“维护质量月”劳动竞赛，实施分级维护制度。凭借着打造一流宽带网的奋进精神，在短时间内完成了宽带接入服务器约七千个ADSL端口的割接，解决了后台认证死锁、用户认证慢、ADSL上163大网难等疑难问题，创出了宽带网零故障月的纪录。

在宽带发展中，广州电信强调：“得大户者得天下。”DDN／FR数据用户有90%是大客户，由于设备分布与用户需求不同步，高速MODEN资源紧张，眼看着大客户堵在家门口进不来。广州电信及时确定调网方案，集中精锐力量成立基础业务放号实施小组，投入消灭待装攻坚战，同时对网络资源进行优化整合。这些措施彻底消灭了因无高速资源造成的待装工单，使七百余长期待装大客户加入了中国电信宽带网。

【深圳建成国内首批“宽带村”】

2001年春节前夕，深圳电信建设的宝安区西乡镇河西村和附近的沙一村宽带接入互联网工程宣告完工，从此两村278户人家可以由过去的56K拨号上网改为以10M速率上网冲浪，成为国内最早建成的一批宽带村。

西乡镇河西村和沙井镇沙一村，是深圳著名的先进村和文明村，两村年集体收入均超过千万元。农民钱袋鼓起来后渴求精神生活更丰富，在信息经济时代自然将致富路锁定在新建的信息高速公路上。2000年，河西村建成自己的局域网，初步实现了办公自动化。而沙一村电脑普及率已达80%。为此，深圳电信迅速将富裕农村的通信建设目标从“村村通电话”向“村村通宽带”转变，投资100万元在两村设立了独立的主机房，综合布线系统布放信息点近千个，村内采用光纤直接接入电信IP城域网节点，其建设规模和层次与城市高尚住宅的宽带社区相同。

【青岛电信积极推进宽带应用】

青岛电信积极推进宽带网应用,努力开发用户,宽带应用取得显著成效。利用宽带IP网组建的连接市、县、镇的三级宽带网络，进行所有“农字号”产品的网上种植、养殖示范、产品推介、信息发布与交易，从而推动青岛农业产业升级的青岛市农业经济信息网，被当地的农民称做“致富网”。据统计数据表明，该网络自1999年10月开通以来，已经直接和间接增加全市农业收入一亿多元。

农经网是青岛市首个大规模宽带应用网络，它的运营成功使越来越多的机构和企业看到宽带应用的良好前景。青岛国税、地税、公安、教委、海关、商检、房地产中心和银河证券等政府和金融机构，青岛海洋大学、青岛大学等大专院校，海尔、澳柯玛等企业集团，纷纷与青岛电信联合组建宽带网络。青岛海尔集团利用电信的宽带ATM网，搭建了以总部为核心，连接冰箱、空调、洗衣机等5个本地工业园区和合肥工业园区的宽带指挥调度网，通过大容量的中央数据处理器，实现集团总部与它们之间信息流的高速传送。青岛房地产交易中心通过电信的宽带IP网实现了全市房产交易的异地同步传送，市民可以到就近的房产交易所进行房屋买卖。青岛国税、地税局利用电信的宽带ATM网组建了市、县（区）的二级宽带网络，对于市内和各乡镇业务信息量较小的税务所，他们则采用电信的DDN或ISDN连接到宽带网上，既经济又灵活；该网络除服务内部信息快速传送外，还与电信的163网和168电话信息两个公共平台相连接，单位和市民可以方便地通过登录因特网和拨打电话进行网上或电话查税、报税和发票查假等信息服务。青岛市公安局利用电信的宽带ATM网、帧中继网、ISDN和电话网组建了从市、区局到各派出所、宾馆、酒店的综合治安联防网络，既保证了公安系统内部的指挥调度快速畅通，又对每日来青岛住宿的客人情况一目了然。

【广州电信宽带信息网开通】

广州宽带信息网于2001年1月18日投入运营，广州电信利用覆盖全广州市的光纤网络，加上大厦或小区的综合布线系统，为用户提供10/100M的真正宽带接入服务，广州居民低费用高速率的上网愿望终于变成现实。

广州宽带信息网是利用当今世界最先进的IP路由交换技术构建的高速Internet数据通信平台，网络的核心通信带宽为5Gbps，其服务范围覆盖广州市各主要大厦、小区、学校、政府机关、企事业单位，建成后可以向个人用户和集团用户提供10／100MbPs甚至1GbPs城域Internet接入带宽，并可高速访问国际Internet，成为广州建立信息化城市的信息高速公路。

上网速度慢曾是制约中国互联网发展的一大瓶颈，广州宽带城域网的开通，基本上解决了这一难题。与目前用户普遍使用拨号上网速率56kbps相比，宽带上网速率提高了200倍。用户下载一个多媒体页面（网页）再也不需要焦急地等待几分钟，甚至更长的时间；与传统拨号或专线上网相比，其费用也大大降低。广州宽带信息网开通后，企业集团可利用该网组建价廉质优的安全专网，成本大大降低。

【湖南电信开通第一个宽带网站】

随着宽带接入网络基础设施建设的日益完善、宽带用户的增多，以及集音频、视频及图文于一体的宽带流媒体技术的日渐成熟，宽带内容服务也提上日程，并成为制约宽带通信发展的瓶颈。现在国内宽带ICP网站提供的宽带信息服务种类少，信息量少，服务层次低。湖南信息港及时把握这一市场需求，在充分利用现有网络及软硬件资源、自主开发设计、组织信息的基础上，于2001年11月23日正式开通湖南省第一个宽带网站：湖南电信宽带网站（WWW. HBN. COM. CN），将宽带网和最新的宽带流媒体技术完美结合在一起，让用户在网上就能看到多姿多彩的动感世界，获得优质的视听享受。

【广州电信宽带网服务广交会】

在2001年秋季举行的第90届广交会上，通信网络的宽带化成为最大的亮点之一。广州电信与展会组织单位之间在宽带通信业务方面的合作，使历经45年风雨的广交会焕发出新的活力。

往年的广交会虽然名声在外，但其通信设施已严重老化。在改善通信条件之前，整个展馆只有800个分机电话，参展客商与外界联系都成问题，更不要说开展电子商务了。而本届广交会展馆内新增设了2500个带宽为10兆的宽带接口，宽带网络遍布整个展馆，可充分满足参展客商高速上网的需求。本届广交会还引入了8000门“汇线通”电话，保证每个摊位都有一部电话机。参展商可以不离开摊位便可与外界联系，甚至收发传真，不会再因为离开摊位而错失商机。展馆内所有摊位电话均由大会预先为各参展商装好，市内电话可免费拨打。

本届广交会不但在展馆内增设了足够的宽带接口，广州白天鹅宾馆、花园酒店等广交会参展商重点下榻宾馆也与广州电信合作，适时引入宽带接入系统，并与广交会展馆形成一个整体的宽带局域网络，使得广交会客商无论走到哪里，都会享受到宽带通信带来的方便。宽带网建设不仅使宾馆可以向来自世界各地的宾客、记者提供快捷、适时的网络信息接入和数据传输服务，对宾馆的经营销售也起到促进作用。

（穗　燕）

【深圳电信宽带网服务高交会】

在2001年第三届深圳高交会上，由深圳电信为展会提供的宽带通信服务给中外展商留下了深刻的印象。为了保证高交会企业参展和技术成果交易对宽带通信的需要，高交会组委会与深圳电信联合建设网络系统时，确定了提供足够带宽、多种接入手段并行、信息通信点遍布展馆的建设思路。在高交会展馆局域网与高新技术交易中心所在地科技大厦局域网之间，以一条百兆光纤相连。两局域网又分别以一条百兆光纤接入电信ＩＰ城域网。此外展馆局域网还另备一条百兆光纤接入宽带城域网作备份。这使得高交会展馆通往国际互联网的通道拥有了三条出口的百兆光纤互为备份。而遍布5万平方米展馆的近3000个信息通信点，几乎使高交会展馆10个展区内的任何地方，都可就近接入高速局域网。深圳电信还同时在展馆建设了基于ATM交换的ADSL宽带接入设备，其节点可提供近150个用户的容量。这些不同接入手段的宽带服务，使高交会成为名副其实的“宽带展馆”，体现出浓郁的网络经济色彩。据统计，第三届高交会上，有一百多家参展企业通过展馆内近250个信息点的上千台电脑接入互联网与世界相连；近六十家企业申请应用ADSL宽带接入方式连上互联网。

【吉林电信整合信息港业务】

吉林省数据通信局以“集中网站精华，突出本地特色”为原则，对全省的信息港业务进行全面整合，加速实现信息服务一体化建设，扩大吉林信息港知名度，全省共同打造了一个统一品牌——吉林信息港，使吉林信息港成为省内访问量最高、规模最大、覆盖面最广、实用信息最多、本地特色最浓的“门户”网站。

吉林电信的互联网信息服务业务近两年得到了很大发展，全省有8个地市陆续建成信息港。吉林省数据通信局将8家信息港合并成为一个统一的品牌，即“吉林信息港”，各地信息港统一题头、标识，加载统一计数器，各地市信息港的优秀经典栏目成为吉林信息港的二级栏目，首页指向“吉林信息港”，域名和IP地址不变。

整合后的吉林信息港突出了本地特色、加大了信息比重，共推出朝语版、本地版、考试版、新闻版、财经版、视听版等十大版块，开发了股票、网校、房地产、电子地图等二十多个应用系统和经典栏目。吉林信息港还统一制作了“站点地图”专题，以方便网友访问。

【福建泉州电信宽带用户数位居全省首位】

2001年福建泉州市电信分公司积极推进“数字泉州”建设，继续加大基础网络建设力度，积极建设“电信宽带IP城域网”，截至2002年2月，全市建成或在建宽带社区已达413个，电信宽带用户数达2.11万户，位居全省首位。

泉州市电信分公司为了配合泉州市政府“数字泉州”信息化建设工作，在泉州市政府上网办的支持下，开展了为期三个月的“数字泉州——宽带社区推广月”活动，通过多种形式宣传促销活动，在全市推广电信宽带网，掀起了宽带安装热潮，最高一天申请800多户。泉州市电信分公司在“村村通数据通信”的基础上还加快宽带接入网建设，建成了覆盖城区的光纤IP城域网和ATM骨干网，实现网络全面提速，同时向用户提供ADSL网络快车、以太网和光纤入户等多种宽带接入方式，满足了不同层次用户和个性化需求。在宽带业务应用方面，该分公司建成了全市唯一的宽带内容网站——“泉州宽带网”，开设了新闻、财经、游戏、娱乐、人物、购房等九个频道。该网站在福建省最早开通了宽带视频点播,一经推出立即受到了网民的欢迎,此栏目一天同时在线人数最多时达到800位。

该网站还与华侨大学和市教育局等单位共同建成网上教育课件中心，与中华网合作提供联众游戏等项目。截至2002年3月，“泉州宽带网”访问量突破100万，达到101.2万人次。

【黑龙江省大庆电信分公司开创数据通信市场新局面】

依靠良好的企业信誉和实实在在的服务举措，黑龙江省大庆市电信分公司积极发展数据通信业务，取得了很好的业绩。超额完成2001年各项数据通信业务指标，数据通信用户累计达75000户。

经过深入的市场分析和研究，大庆市电信分公司确立了“突出特色、扬长避短、发挥优势、长期合作”的战略决策，开拓业务市场。他们将品牌、技术、网络各方面的综合优势融入到竞争中，坚持打产品“价值战”而不是“价格战”。优质高效的服务是争取和留住用户的必要条件。为此，公司对大客户实行了“一对一”的营销策略。用户只要打个电话，电信公司就可为其办理各种手续，并保证在用户要求的时限内开通业务。经过努力，2001年大庆市电信分公司赢得了市教委120多所大中小学校的网络建设权，并先后为大庆大学、大庆石油学院、大庆石油化工总厂信息中心、大庆市政府及各县区政府等25个单位开通了宽带业务。

【北京电信开通“超级一线通”业务】

自2001年7月28日起，北京电信对部分地区的客户试开通ADSL业务，为京城网民提供了一种新的上网选择。针对ADSL高速上网又不影响打电话的特点，北京电信为它起名“超级一线通”。

试开通地区的客户在申请ADSL业务后，北京电信对原有的电话线进行改造，在客户端安装ADSL终端设备，并在电脑上加装“北京宽带通”软件，通过改造后的线路及申请时获得的一个ADSL专用账号，用户即可采用类似拨号的方式登陆互联网，下行速率为512k，大大高于普通MODEM56k的接入速率。

北京电信此次推出的ADSL业务，采用限时包月计费方式，客户可根据需求，选择40小时、100小时、200小时三种不同的上网限制时长，月使用费分别为99元、199元、380元，超出部分为0.05元／分钟。由于ADSL上网不占用电话线，因此上网时不收取上网通话费，只是拨打电话时收取电话计次费。客户在申请“超级一线通”时，须缴纳1000元的一次性设备接入费、300元的综合工料费和200元的安装调测费，2001年底以前申请，设备接入费还可优惠20%。此外，北京电信向广大用户免费赠送价值一千多元的ADSL终端设备。

【甘肃建成首家宽带智能大厦】

2001年5月17日，由甘肃省电信公司兰州市分公司和兰州华富（集团）房地产公司、兰州华富（集团）信息产业有限公司联合实施的桥门大厦宽带网络工程顺利开通，这标志着甘肃省首座宽带智能大厦诞生，也标志着兰州电信的宽带业务开始为城市信息化服务。

开展多媒体和交互式信息服务，形成信息资源通信网络和人机设备结合为一体的社会信息化服务系统，使小区具有明显的信息化社会的基本特征，是“十五”期间兰州市信息化小区建设的主要目标之一。为此，兰州华富（集团）信息产业有限公司与兰州市电信分公司联合，凭借双方雄厚的技术力量和人力资源，率先在中山路桥门大厦接入宽带网络，使光纤到户，向桥门大厦社区住户开通了语音、数据和视频合一的通讯系统。通过社区通讯网络与互联网联接，桥门大厦的住户可充分享受到电信宽带带来的舒适、便利的工作生活环境。桥门大厦宽带网络的开通，树立了甘肃电信的品牌，为全省发展宽带业务起到了带头示范作用。

随着信息化建设的快速推进和发展，电信宽带极大地改善了兰州的信息交通环境。发达的信息交通将高速宽带网络送到每一个社区的大门口，而社区局域网又将宽带网络送到了每一个家庭。其支撑下的数字化智能小区不仅能在网上实施公共设施管理、实时巡逻安全管理、远程物业管理等多元信息服务，为住户营造安全而舒适的社区环境，而且在家庭接入宽带网后，住户还可以在高速网上“冲浪”，进行互动游戏、视频点播、可视电话、远程教育、远程医疗、远程会议、购物、证券交易、家电自动化调控等各项网上活动，充分享受数字化家园的神奇和便捷。继桥门大厦之后，兰州地区已有几十家住宅小区和电信部门携手，共同为住户营造精彩无限的宽带生活。

【海南电信建成首批宽带小区】

海南省电信公司积极运用电信高新技术服务大众生活，首批宽带接入小区已经建成。2001年8月，海南省电信公司在海口侨诚花园小区进行了小区住户宽带上网的现场受理，智能化的“数字生活”正大步走进普通老百姓家庭。

海南省电信公司凭借雄厚的技术实力和安全、可靠、高带宽的骨干交换网络和光纤传输网络，采用FTTX＋LAN、XDSL和HFC等方式，及时向社会推出宽带业务，通过光纤实现100兆光纤到小区，用户桌面接入为10兆。侨诚花园住宅小区采用的是海南电信FTTX+LAN接入方式，业务刚开通就有5%住户申请了宽带上网，住户们再也不用为占用电话线而烦恼，且上网速度提高了100倍，坐在家中就可进行网上视频点播，软件快速下载，轻松享受网络游戏的乐趣，感受远程医疗、远程教育和实时炒股的便利，体会网络时代全新的数字化生活。

在宽带接入业务的建设和推进中，海南省电信公司始终坚持高标准、高起点的原则，稳扎稳打，真正实现住户智能化信息住宅的理想。海南省电信公司的宽带网络平台，可以为小区提供宽带上网、综合物业管理、安防、信息通信服务与管理以及家庭智能化系统等服务。

【南京电信直播远程心脏手术成功】

2001年5月,南京电信分公司通过先进的光纤传输网络和电视电话会议系统，成功地对在南京市第一医院进行的3例心脏灌脉内科手术进行了远程直播。远在千里之外的一批著名专家、学者在重庆观摩了整个手术的全过程，并对图像传输质量大加赞许。

由于南京和重庆相距甚远，需要调通的路由十分繁杂，在如此远的城市之间进行医疗手术的直播，这在南京市还是第一次。且由于南京和重庆之间长途传输设备的限制，从南京电信图像调度中心到南京第一医院必须采用无损耗光纤传输，才能保证图像传输质量，实现双向自由的交流。

南京电视台原也准备进行手术现场直播，当该台了解到南京电信成功调通南京与重庆的传输路由后，经过与本台传输画面比较，看到南京电信图像调度中心手术现场画面十分清晰，南京电视台决定利用南京电信的光端机和光纤线路传送现场图像。手术正式开始后，重庆研讨会场和南京电视台同时收到了清晰的手术室图像。重庆研讨会场还不时对手术主刀医生提问，双方就各种专业问题进行探讨，整个传输过程十分成功。此次远程医疗作为会议电视系统新业务的延伸，为今后宽带网业务的发展拓宽了更大的市场。

【多媒体电话亮相北京西站】

为加快北京西客站地区公用电话发展、规范公用电话服务，北京电信结合市政府提出的“进京第一印象”工程的总体安排，与北京西站地区管理委员会共同研究、规划了西客站地区公用电话的管理与发展。北京市电信公司与北京西站地区管理委员会签订了“共建西站地区公用电话协议”。突破了以往公话独家经营、独家管理的模式，借助政府和社会力量，共同治理、整顿经营秩序，维护消费者的合法权益，加大了管理力度，强化了管理职能。

协议内容包括改造西客站地区原有IC卡电话、新装多媒体公用电话、新装新型有人值守公用电话；双方共同对新装电话进行管理与维护；取消了西客站地区原有个人值守公用电话；共同查处西客站地区私话公用等违规行为。

此工程涉及的公用电话新装、改造工程分两个阶段实施。工程全部完工后，共新增多媒体公用电话117部，新装新型有人值守公用电话服务区4处、电话50部，加上原有的93部IC卡公用电话可完全满足西客站地区的通信需求。安装在广场上的黄、蓝两色公用电话错落有致，黄色为IC卡公用电话，蓝色为多媒体公用电话。全部工程投资870万元。

【南京电信信息大巴出省巡展引起轰动】

国内第一台信息大巴——南京电信分公司“信天游”号，2001年5月应邀首次出省巡展于江西南昌，在当地引起轰动。江西省领导登车观摩，很多群众更是络绎不绝上车一试宽带业务。

“信天游”号信息大巴是南京电信分公司研制的，可通过光纤或无线接入方式开展各种宽带业务，既可受理并演示各种电信业务，也可作为应急机动通信车使用，还可以开展远程教学、电视电话会议等。“信天游”号应邀在南昌巡展的10天里，先后到江西省政府、南昌市政府、南昌大学、华东交通大学、八一广场、江铃汽车集团等多个重要场所，为不同层面、不同类型的客户进行了展示。许多市民纷纷登上大巴，兴趣极高地进行了视频点播、网络电视、高速上网及实时远程监控、远程教育、旅游指南等宽带业务应用。其间，信息大巴还在南昌市民航大厦前为江西电信宽带网开通仪式壮声色。

信息大巴采用光纤接入方式，10M到桌面的先进技术，再加上南昌电信的积极配合,使大巴在南昌的演示场场火爆；市民争先恐后亲身感受宽带网带给他们的便利与快捷。无论是市民的反响、媒体的报道，还是政府部门的关注，都体现出“信天游”号首次出省巡展的成功，充分显示了中国电信宽带业务发展的实力。

【南京电信开发出多媒体邮件系统】

江苏电信南京分公司开发的多媒体邮件系统2001年5月正式投入使用。这一系统可使众多不具备视频、音频输入设备的电子邮件用户，也可接收多媒体电子邮件。

在典型情况下，电子邮件用户使用多媒体邮件系统发送邮件时，需要有一个视频输入设备（例如摄像头）和一个音频输入设备（例如声卡），才能实现视频和音频的邮件传输。南京电信分公司研发的这一系统，可以支持纯音频压缩和纯视频压缩，对许多没有安装视频输入设备或没有配备音频输入设备的用户，要接收多媒体邮件时，可以在一个普通的彩色显示器上播放邮件的视频内容，如果用户具有音频输出设备，就能够同时播放声音。该邮件系统采用内嵌邮件方式发送，用户录制完影像数据和填写好收信人地址后，就可以自动连接SMTP服务器，方便快速地完成邮件发送。用户在使用多媒体邮件系统时，只需到“超级金陵热线”网站上下载相关的程序，该程序尺寸很小，并实现了自动下载、安装。

这一系统还能够支持多种语言界面、多种语言的邮件，支持HTML格式的邮件、Internet Explorer和

Netscape Communicator等浏览器，最大限度的方便用户使用。同时，南京电信开发的多媒体邮件系统是基于Web mail，利用Web方式录制、发送和播放多媒体邮件系统的高层应用系统，因而即使被拍摄对象剧烈运动也不会影响视频流的输出码率，且由于系统采用高级压缩软件，视频邮件占用空间小，可以在普通电话线上实时传输。

【河北电信推广网吧专线上网】

河北省电信公司召开了网吧专线上网交流推广会议，提出要在全省范围内大力推广网吧专线上网。会议着重推广了唐山电信和石家庄电信的经验。唐山电信推出了设备出租政策，减少了用户的投资风险，并针对网吧用户对障碍修复时限要求高的特点，专门成立了网吧用户维护部门，不仅满足了用户的需求，还减轻了机房的维护压力，也使网吧用户感觉到使用电信互联网业务非常有保障。石家庄电信积极配合各相关部门对市区网吧进行清查整顿，并充分利用电信设备和线路资源，制订了在全市范围内发展中国电信联营网吧的计划，与社会网吧经营者共同经营联营网吧。联营网吧统一计费系统，网民只要持有一张在中国电信联营网吧购买的IC卡，就可在全市任何一家带有“中国电信”标志的网吧上网，大大方便了网民上网，取得了良好效果。

【上海市电信公司与新华社组建视频媒体】

上海市第一家提供新闻、娱乐等资讯的综合性宽带内容网站——新华电信宽频网（WWW.xintv.Com）2001年全新改版，推出了八大频道的视频节目。

该网站由上海市电信公司与新华通讯社上海分社共同组建的新华电信网络电视有限公司经营，采用新华社独家权威的新闻等资源，将视频的节目通过宽带网的形式播出，为上网用户提供一个更精彩的、全新互动的信息源。

新华电信宽频网此番改版后开播的点播频道有新闻、人物、时尚生活、财经四个频道，同步开通的还有四个直播频道：凤凰卫视中文台、国家地理频道、音乐台与卫视体育台。

【“上海热线”推出收费频道业务】

2001年2月，上海市电信公司与有关方面合作，在“上海热线II”宽带网站上率先推出娱乐频道、体育频道和交互游戏频道的收费服务——“一业一费”服务。开辟了与社会各界进行广泛合作，共同推进宽带内容建设新的商业合作模式。

由于宽带业务内容的缺乏，在一定程度上制约了宽带网络的普及。上海电信数年前就开设了“上海热线II”作为宽带ICP，并使其在网络应用及内容上不断丰富和完善。“上海热线II”已经拥有包括影视、MTV、经典广告、综艺等内容的娱乐频道，以及教育、财经和游戏频道。

为了不断丰富宽带业务内容、提高服务品质和缩短社会内容提供商实现其价值的过程，满足不同层次消费者的多样化需求，“上海热线II”对娱乐、教育和游戏三大频道实行资费包月的消费方式。具体资费标准为：互动媒体点播等娱乐频道包月制为每月10元，教育频道根据不同内容进行收费，交互游戏频道包月制每月35元。

上海电信基于先进的CDN内容分发平台、流媒体播放系统，携手多家知名的内容提供商，推出了“一业一费”的服务模式，使合作双方达到双赢，探索出一条加快建设宽带业务内容并使之进入良性循环的路子。

上海热线II“一业一费”申请流程分为线下申请和线上申请两种方式。线下申请，用户可到电信营业窗口领取业务申请表，选择需要的业务内容，并通过电信账单统一付费。线上申请，用户只要登录到“上海热线II”主页上，点击注册，选择付费方式。

【江苏镇江电信网络影院受青睐】

随着宽带上网工程在江苏镇江市的全面展开，网络影院在镇江“门庭若市”。2001年，镇江电信宽带网网络影院——“宽带的感觉”网站中的二百二十多部影视剧，被网友们观看了近百万次。

网络影视凭借其内容丰富、查找便捷、点播随意的特点受到网友们的青睐。我国的电影网站有几千家之多，提供的影视剧数量可谓是多如牛毛。镇江电信的“宽带的感觉”有二百二十多部片源，而且每天还在增加。网站的工作人员将剧目划分为热门影视、电视剧场、歌舞综艺、科教文化等门类。每大类下又分出细目，如：热门影视又分科幻、动作、灾难、喜剧、战争、动画等，另外每周还刊登点播排行榜。很多网友很喜欢这种自由点播的方式和感觉。网友评论：“以前电视台、电影院放什么，观众就得看什么，看连续剧吧，广告太多不说，每天只放一两集，现在不同了，你可以想看什么就看什么，想怎么看就怎么看。”近期在“宽带的感觉”网站高居榜首的一部2 0集连续剧，收看次数竟达到了七万四千余次，有很多网友是利用节假日一口气看完的。

【江苏电信开出“股市直通车”】

2001年8月,江苏省电信公司在全省开放“股市直通车”业务。这项业务使为数众多的股民用户拥有了专门的上网通道，从而可享受快捷方便且费用低廉的上网及全面的证券信息服务。

江苏省内几乎所有的证券商都已向用户提供网上交易服务或网上证券信息服务，以上网炒股或查询证券信息为目的的用户已经形成了规模很大的特定用户群。2000年，全省各证券公司的网上交易量已达百亿元，网上交易用户已超过13万户，使用互联网查询证券财经信息的用户近五十万户，位居全国前列。江苏电信抓住这一市场契机，向全省推出了“股市直通车”业务，将证券网平台扩展到全省各证券公司，使全省所有股民都可以通过“股市直通车”上网炒股。

这项业务主要面向窄带拨号用户，用户通过拨打接入号“91888”，即可访问专门设立的封闭式财经证券网，进行网上证券交易和访问证券财经类网站。江苏电信还采取多种方式，如发行“股市直通卡”、“证券公司卡”，代理开户、联合发卡、联合促销等办法开拓市场。他们在上网方式上灵活运作,与电脑厂商和机顶盒厂商进行捆绑销售，多渠道推广“网上炒股”和“机顶盒炒股”,并结合VPDN等新业务，鼓励和发展证券商成为电信的ISP，以促进“宽带股市通”业务的开发与应用。

【上网卡多样化使江苏电信上网时长猛增一倍】

为了方便用户，拓展业务领域，江苏电信在普通卡的基础上配套开发出了可充值和续值的“金卡上网通”业务。两种业务实现了一卡在手、终身使用的便利。此外，江苏电信还推出了可出省漫游的2901“易网通卡”业务。持有此卡的用户既可拨接入号“2901”，也可拨接入号“163”上网。在内部开发业务的同时，江苏电信还先后与深圳发展银行、省工商银行、光大银行、中国银行、建设银行等联手推出基于电信平台的银行卡业务。

多种上网卡极大地方便了用户，有力地促进了上网热的形成。江苏电信的统计数据表明，江苏电信公司2001年上网时长达129亿分钟，比上年增长了129.35%。业务种类的多样化，有效地促进了互联网的发展。2001年，江苏电信新增互联网接入用户152.96万户，完成计划指标的102.37%。

【广西电信南宁分公司大力发展电路出租】

2001年，随着电信市场竞争的加剧，其他电信运营企业对出租电路的需求也在不断增长，为了及时满足各电信运营公司租用电路的需求，广西电信南宁分公司采取四项措施加强电路出租业务的发展和管理：一是专人负责电路出租业务的管理。经营和维护部门分别由专人负责电路出租业务的受理、稽核、维护等工作，对出租电路的有关资料实行动态管理，定期稽核、检测，确保资料的准确性和电路运行质量。二是对于光纤电路无法到达的地方，采用HDSL（高比特环路）设备与电话专线方式解决2M电路传输问题。三是为了及时满足用户的租用电路需求，在自身施工力量不足的情况下，通过引入外单位施工队伍专门负责出租电路设备的施工及开通工作。四是对于目前光纤电路无法到达并超过3.5公里而无法采用HDSL设备的地方，分公司在与求租方签订租用2年以上合同的基础上，及时安排光缆工程施工，以满足用户需求。电路出租收入已成为南宁分公司业务收入的重要组成部分。

·各类新业务·

【中国电信开展“固网短信”业务】

2001年11月，中国电信在全国推出“家家e固话短消息业务”，打造“固话梦网”。固网短信在吸收移动短信优点的基础上，通过一部专用的电话机，可以同时向5个用户群发送不多于140个字符的短信息。开通固网短信的用户还能通过与互联网的互联直接登陆网站订阅各种信息，收发E-mail。

【中国电信推出国际国内IP-VPN业务】

中国电信在China NET上推出了基于MPLS技术的IP-VPN业务,该项业务面向全国性、国际性的企业用户，满足其位于不同国际、国内城市分支机构间低成本、安全、快速、可靠的内部通信需求，该项业务同时为企业用户构建企业与供应商、销售渠道、客户之间的电子商务平台提供了完美的解决方案。中国电信可以在全国范围内向企业用户提供MPLS/VPN业务。通过与境外知名运营商的合作，中国电信也已经开通了国际MPLS/VPN业务，覆盖地区包括北美、香港、台湾及日本。

【中国电信推出商情电话业务】

2001年4月，中国电信集团公司市场经营部正式推出了基于智能网的“商情电话”业务。该业务是可以将电话演变成一种全新的广告媒体，为商家将产品更好地推向消费者提供了一个便利的渠道，同时也为电话用户提供了优惠的通话方式。

业务用户：在向电信部门申请使用商情电话业务后，通过一个商情电话号码，可以播放事先录制的宣传形象或产品的广告；并可及时了解广告的收听次数和费用使用情况，以及宣传的效果。

业务使用者：通过免费拨打该商情电话号码，收听一段广告后，即可拨打一个限定时长的免费本地或长途电话，全部费用由业务用户负担。

【中国电信开发“17987”电子彩票业务】

为了探索电子商务的新应用、新技术和新模式，实现从接入服务、资源平台出租到应用服务的价值链的延伸。在继17989电子证券业务、、17967电子报税业务、17960电子缴费业务之后，中国电信数据事业部2001年又重点开发了17987电子彩票业务。

体育彩票、福利彩票等彩票业务发展极为迅速，近年销售额在200亿元左右，预计到2005年将达到2500亿元，是我国一个新兴的朝阳产业。而随着电信业的发展，电话投注和网上投注将成为彩票投注的发展趋势，从而给中国电信带来新的赢利空间。以电话投注为例，假设以后每年全国彩票业务销售总额达到500亿元，采用电话投注的占总销售额10%（国外所占比例在10%——20%之间），那么整个17987电子彩票业务每年总收入将达到17亿元。数据事业部与财政部彩票管理处、全国体育彩票管理中心、全国福利彩票管理中心进行了多次交流，各方对中国电信17987电子彩票业务解决方案都比较认可，为该项业务的开展奠定了政策基础。

数据事业部在这项业务的开展中首先建立一个全国电子彩票业务承载平台，为全国体育彩票和福利彩票的发行和信息服务提供新的渠道，为财政部对彩票业务的政策监管提供新的手段，从而形成“电话通信费+网络使用费+平台使用费”新的商业模型，即向彩民收取电话通信费和网络使用费，向彩票管理中心收取平台使用费，使之成为中国电信新的业务增长点。

17987电子彩票业务是建立在中国电信179电子商务系统上的，以电话/计算机为接入手段，以163互联网为连接方式，179电子商务系统是集中业务处理和信息交换平台，一端与多种业务源、支付系统相连，另一端通过163互联网与多种终端用户相连。用户通过互联网与业务系统之间交易全部采用CTCA数字证书保证安全性、身份确认和不可抵赖性。

【江西电信新业务发展势头强劲】

江西电信公司充分发挥固网优势，不断开发和推出固定电话新业务，使企业效益明显增强。到2001年7月底，各项新业务增势强劲，其中来电显示客户累计发展了198万户，占固定电话客户总数的47.83%，来电显示业务渗透率居全国第一；800业务累计发展

1429户，位居全国前列。

江西是一个经济欠发达的农业省，经济发展在一定程度上制约了江西电信的快速发展。为实现收入增长，江西电信在进一步扩大固网电话用户的同时，自1999年9月份起，根据市场需求和特点，依托固网技术优势和用户规模，陆续推出了来电显示、800、神通卡、主叫17909、AD广告等一系列新业务，推动了电话市场的二次消费。二次市场开发的重点已由初期价格杠杆刺激话务量增长，逐步向持续开发和发展新业务转变。

江西电信新业务发展的总体思路是：以客户为中心、效益为目标，通过市场调研、细分市场、定位市场，寻找和创造新的业务需求，大力开发互补性新业务，逐步形成多元化、层次化的新业务发展体系。运用全省性的系统发展工程，是江西电信大力发展新业务、全面开拓二次市场的重要手段。继上年开展“百万电话大行动”、“神通卡亿元大行动”之后,2001年上半年，江西电信再次推出“新业务世纪风”活动，全面推进了各项新业务的发展。1至7月，全省AD广告业务收入超过了100万元，神通卡销售收入达到1.2亿元，来电显示业务收入实现了6000多万元，这些新业务总创收超过1.8亿元，占全省电信收入总额的10%以上。在电信资费下调、市场分流加剧的形势下，1至7月份，江西电信业务收入与上年同期相比增长了12.68%，高于全国平均增幅6.83个百分点。新业务已成为全省电信业务收入的重要支柱之一。

【北京电信进行长途电话大话务量批发试点】

2001年4月,北京电信在北京地区市场上推出大话务量批发工作的试点。通过话务量批发业务试验，以建立大话务量批发与零售的销售环节，这个环节通过零售商预先向批发商买断话务量，并通过零售商以零售方式销售给最终用户，从而提高了中国电信在普通长话市场的占有率。

现已有四家公司与北京市电信公司签约并正式开通，该四家公司共买断330万元话务量。根据对4家公司业务的观测，6月其忙时话务量占北京长途电话局忙时全部话务量的0.1%，总计实际产生的话费约50万元，其中两家公司接近话费1万元/日的水平。

【山东电信电子彩票业务渐入佳境】

山东电信在探索电子商务应用中看准了电子彩票这一新型增值业务，和省内发行规模最大的“齐鲁风采”福利彩票管理中心积极合作,于2001年8月1日开通了福利彩票电话投注系统，并迅速实现了全省联网。10月22日，随着足球彩票的正式发行，山东电信又同步开通了足彩的电话投注。

全国各类彩票的年销售总额现已达200亿元左右，并以更快的速度增长，彩票业已成为我国又一个新兴的朝阳行业。但是随着发行规模的扩大，不断增加的投注站点不仅增加了发行成本，也使发行受天气影响较大，电话投注则可以使这些问题迎刃而解。

山东是全国电信行业中较早发展电话投注业务的省份之一，山东电信在发展电子商务中十分重视与各行业的合作，他们积极与行业部门牵手，帮助其进行信息化建设，共同寻求电子商务领域的应用开发，已开通了电子报税、电子证券、网上商城、网上招投标、安全电子邮件等十几项有较大实用价值的应用项目。此次利用17987电子商务平台推出了彩票电话投注业务，受到了山东广大彩民的欢迎,这种全省联网的电话投注系统在我国尚属首家。该项应用系统不仅可以满足彩民随时随地的投注需求，还丰富了固定电话的应用，提高了网络和业务附加值。截至10月20日，投注金额屡创新高，拨打“179”次数达7万多次，呈现出强劲的增长势头，有力拉动了话音业务的增长。

【安徽电信新业务发展见成效】

2001年,安徽电信在新业务和增值业务的开发上加大了力度，注重业务创新。采取“深化客户细分，锁定目标客户”、“打造卡类品牌，确保长话卡类业务的绝对优势地位”以及“建设新时期的营销机构和营销队伍”等有力措施，利用新业务巩固、发展了安徽电信话务市场的占有率。

安徽电信针对不同用户群体的个性需求进行业务细分，提出“一卡多能”的新概念，先后推出200智能卡、200充值卡、200公话卡、200礼品卡业务，打响了“200”这一品牌。如200礼品卡可以根据特定用户的特殊需要为其制作少量特殊画面、文字。该业务实现方式快速方便，可直接在营业台前当场设计，当场制作，当场交卡。由于制作精美，体现个性，不仅可以作为个人生日、结婚和单位成立的纪念卡，也可以作为个人和单位的名片卡、广告卡。他们将业务定位在学生、年轻人、单位客户等有潜在需求的用户群上，以期在几大节日期间利用走亲访友、礼尚往来的消费热点，对该业务重点突破、以点带面、快速推

广。安徽电信为促进公话终端的多样化，在保证技术和业务先进性的前提下，还积极实施了智能公话的测试和试点推广工作。为拓宽卡类业务营销的新思路，先后为几家企业策划、发行了11.15万张200特制广告卡，市场反馈情况较好。

安徽电信利用声讯旧平台开发、推出了面向农村电话用户的“96800农家电话信息”，以低廉的信息费和丰富实用的内容刺激农村用户潜在话务量的增长，并通过赠送《96800农家信息手册》等手段加以宣传，实现了“老瓶装新酒、增加话务量”的目的。

针对固话用户长话量分流的情况，安徽电信成功地推出了“17909”IP电话业务，将营销范围直接扩大到手机用户，分流了一部分手机用户的长话量。针对互联网业务市场竞争情况，推出了“96163”系列产品，包括健康上网、股市直通车、上网礼品卡等。对全省范围内的四万余台IC卡话机进行了技术改造，进一步拓展了200公话业务和“17909”IP业务的使用范围。安徽省DWDM网工程竣工后，针对全新的网络以及市场对大带宽租用的需求增长态势，推出波长租用办法和DWDM组网方案，并制作出光盘，广泛宣传，积极、主动地引导消费。针对近年来呈现的酒店宾馆类用户对通讯需求持续增长的态势，将其整体列为高端用户，并制定了《安徽电信酒店信息化解决方案》，在全省酒店宾馆类信息化建设中走在了前面，占有一定的优势。

为加强新业务的宣传推广，安徽电信重点设计、制作了形式多样的宣传资料，统一了全省业务宣传口径和宣传内容，制定了相应的宣传方案。统一策划了200系列卡、“17909”IP电话业务宣传口号、营销方案，为这些业务的推广奠定了良好的基础。

【四川电信推出“互易通”新业务】

四川省电信公司于2001年底借助其已有的智能网设备资源，推出了增值新业务——“互易通”。即在四川省境内，不管是移动、联通的手机用户，还是联通、铁通的固定电话用户，只需购买四川电信的“互易通充值卡”,并按语音提示完成充值后，无需再输入帐号、密码，就可以轻松使用中国电信的190长途电话业务、17909主叫计费IP电话业务、163主叫计费上网业务和168电话信息业务，其收费标准与现行电信资费标准相同，用户产生的通话费自动从已充值的费用中扣除。

四川电信“互易通”依托了公司已有的智能网，用户拨打96510业务服务号，在智能网上注册、充值、查询；用户拨打接入号后，其呼叫通过关口局在智能网平台上鉴权并接续。并没有大规模的资金投入，效果却不错。发展比较好的几个分公司都采取了有针对性的销售办法，有的分公司首先对员工进行统一培训，在全体员工中广泛宣传使用“互易通”，并要求每个员工教会10-20个朋友、熟人使用；部分分公司的智能网机房和网管中心对“互易通”卡用户的使用情况进行实时跟踪，一旦发现问题就及时解决，确保用户使用畅通。

“互易通”业务的目标用户群、优势都比较明确，其宣传广告中也明确表达了其价格低廉的特点。四川电信推出“互易通”，其本意主要在于为异网用户尤其是手机用户提供更多的选择机会，在满足了四川省异网用户轻松享受中国电信业务需求的同时，也满足了用户“多一个机会，多一种选择”的心理需求。“互易通”卡的推出，在四川的通信市场上引起了较大反响。

【全国首家网上电信营业厅在杭州开通】

2001年8月，全国首家网上电信营业厅——杭州电信网上营业厅正式开通。杭州的电信用户只要在电信营业厅填写“中国电信客户身份认证登记表”，办理身份认证手续后，即可登陆互联网享受各类服务。

杭州电信网上营业厅能为用户提供各项网上电信业务受理、业务咨询、用户投诉受理、卡式业务销售以及网上缴费等服务。进入该营业厅，用户不仅能申请固定电话、小灵通、ADSL、ISDN、163等各项电信业务，而且能得到24小时全天候的在线服务。此外，通过网上营业厅还能实时了解最新的业务动态和电信信息。其业务种类还将进一步延伸和扩大。

网上电信营业厅是中国电信为满足社会需求，提供网上电信业务服务而建立的一个新型的服务窗口，是中国电信综合业务服务在网上的延伸。它利用互联网实现了电信服务的电子化窗口，提高了电信服务质量，降低了运营成本，为广大用户提供了安全、有效的网上在线新型综合业务服务。最终实现面向客户的经营、服务方式的变革，达到中国电信“一证通、一号通、证号相通”，使网上电信营业厅真正成为中国电信的电子商务平台。

【上海热线推出三项网络新业务】

2001年初，上海热线“新世纪版”首批推出互联网个人号码（IPN）、电话E-MAIL和游戏中心三项网络新业务。被称为“e网通”的英特网个人号码业务，可使用户在网上通话更便捷更省钱。用户只要通过上海热线申请注册一个IPN号码，无论何时何地，只要在网上，对方就能通过电脑或普通电话输入（拨通）这个IPN号码进行通话。即使人在国外，所发生的话费也只是本地电话费。英特网个人号码一旦为用户所拥有，可长期使用，自由转让。电话E-MAIL业务类似于语音信箱，但语音信箱只能用电话收发邮件，而电话E-MAIL不仅能通过电话收发电子邮件，还能用电话向电脑或电脑向电话收发电子邮件，不管用户在哪里，只要是通过电话E-MAIL收发电子邮件，都只需支付本地电话费。使用该业务，只需向上海热线申请注册一个电话E-MAIL专用号码即可。网上游戏中心能使上海热线VIP用户尽情享受多种最新网上游戏节目带来的乐趣。 (谢志明)

【安徽电信开通“一码通”业务】

2002年2月,安徽省电信公司完成了“一码通”业务的设计工作，全省首家启用“一码通”业务的安徽润迅寻呼公司正式开通了“95800/95801”一码通寻呼专线业务。

“一码通”业务利用电话网的汇接功能和智能网的号码翻译、路由选择功能，将“95／96”等本地短号码的范围扩大到全省乃至全国，可以满足集团客户使用电信业务的不同需要，为有统一接入号码的集团客户提供了便利。

首家开通“一码通”业务的安徽润迅寻呼公司已在合肥、马鞍山两地开展业务，启用“一码通”后，该公司只需在一地设立集中客户服务中心便可汇接全省的用户呼叫。随着业务的发展，在省内其他城市拓展的用户，都可统一接入该客服中心，为企业节省了资金，节省了人力、物力，便于统一管理，有助于企业树立良好的形象。

安徽省电信公司根据市场分析，把已申请了短号码的银行、证券、保险、寻呼台、信息台、互联网公司等行业和单位列为潜在目标客户，有针对性地上门进行“一对一”的宣传和营销，不断扩大“一码通”这一新兴业务的影响和市场份额。

【河北电信推出“通信护照”和“亲情联线”两项新业务】

为方便中国电信固定电话用户使用电信新业务，使其足不出户即可办理各种电话新业务或查询相关费用，同时为使用户之间更具亲情化、人性化，河北省电信公司2002年3月向广大电信用户推出两项电话新业务——“通信护照”和“亲情联线”。

护照是国际上承认的个人身份认证的依据，而“通信护照”就是电信客户身份认证的依据，是客户终身使用、唯一的、电信消费通用的身份认证号码，由电信公司免费向客户提供。持有“通信护照”的客户可优先使用电信新业务，享有专用服务窗口，定期免费获得业务推介信息和宣传品，定期免费接受电信业务培训，实现客户信用度的累计、积分，定期获得电信小礼品和业务优惠，直接进入电话营业厅和网上营业厅办理电信业务，同时可增强客户的保密性和安全性。

“亲情联线”是一种被叫付费业务，主要是为了方便无力支付或不方便付费的客户子女、老人、外出人员，使他们可以不付费而方便地拨打已申请业务的固定电话。例如，电话为0123－1234567的用户已申请了“亲情联线”业务，该用户不管身在何处（只限河北省内），都可以从任意一部电话机上拨800600，然后输入0123－1234567＃，再输入自己的密码，这时这部电话上的通话费用就记录在0123－1234567上了。如果用户的亲朋好友的电话都申请了这种业务，而且把他们的密码告诉给该用户，那么该用户就不用花钱打电话了。该业务只有在申请了“通信护照”后才能办理申请手续。

【武汉电信借“入世”抓商机】

2001年11月,武汉电信借中国被批准加入世贸组织之机，开展了一系列迎入世电信业务发展活动,取得了较好的经济效益。早在一个月前,武汉电信就先后通过武汉热线网站介绍入世情况，开展网上迎入世有奖问答，回放中国入世谈判过程，制作迎入世电子贺卡，使武汉热线的日点击量达百万次、本地上网时长10月份达2.2万分钟。11月11日，武汉电信发行了两套以我国喜迎入世为主题的201电话卡，市民争相购买；武汉电信“卡秀”网上推出的庆祝中国入世贺卡，当日就有近10万次发送量。

通过宣传入世后对中国电信发展的有利条件，武汉电信加快发展宽带通信和固定电话业务，先后为华中电力集团等10多家大型企业提供了宽带线路，在多

个居民小区实现了宽带通信，固定电话放号达25万部，提前两个月完成了全年放号任务。武汉电信还借入世主题在大专院校开展了“数字校园”活动，为所有的大专院校学生宿舍安装了201电话，为部分博士生宿舍提供了ISDN电话。同时在武汉的中小学推出了宽带上网工程，受到武汉市教委和师生的欢迎。

【山东电信全力打造城建行管声讯热线】

山东省电信公司2002年年初与山东省建设厅达成协议，合作建设全省统一的涵盖城市供水、公交、燃气、供热等各大公用事业的“98111”城建服务热线。用户只要拨打98111，供水、供热、公交、环保等各种城市建设管理问题，都能得到及时答复。

98111热线是一个面向全社会的服务系统，可受理包括城市供水、公交、燃气、供热等行业的政策咨询、问题投诉及抢险抢修等。热线对外是一个服务系统，对内则是一个调度协调系统，各行业城建管理部门成立热线服务中心，在各市电信分公司协助下建立该市的98111语音平台，把不同的城建管理服务统一到该平台上，最终建成全省统一的98111城建行业服务热线。各地城管系统都设立专门机构直接与热线中心联系，实现“用户——热线中心——责任单位——用户”的闭路循环，做到受理及时、反应快速、处理到位。各服务中心计划采用电话集成、网络数据传输等技术，以确保热线随时随地打得通。

该热线服务范围先期将实现供水、公交、燃气、供热四大公用事业行业联网，随后再扩大到市政、环卫、绿化、城建监察等行业，最终成为涵盖整个城市建设管理工作的服务热线。热线建设将分三个阶段进行，到2002年年底，山东17个城市都将建立起完善的98111服务热线电话服务台，建成规范的热线服务中心，大部分县级市和县城设立98111服务中心，开通98111热线电话。山东电信各市分公司为热线的建立提供优惠政策和技术支持。

一个98111热线，使整个城建管理行业能用一个声音说话，一个形象对外，有效地解决了工作中的脱节、扯皮问题，极大地方便群众生活，改善了政府形象。热线的建立对于山东电信声讯业务的拓展、引发话源、拉动话务及经营也起到了积极的作用，为探索电信企业与社会各界合作发展话音业务提供了一条很好的思路。

【江苏常州电信推出“固话发短信”与“语音信箱”新业务】

江苏常州电信利用固话信息平台和1000号平台网络,开发成功的固定电话向手机、固定电话向固定电话分别发送文字和语音短信息新业务,在2001年春节期间共向用户发送短信息三十六万余条,收入不菲。

常州电信在抓住固定电话“二次利润”源——来电显示和语音信箱的同时，在没有大规模资金投入的基础上，利用原声讯台原班人马和原有固话网络资源及160声讯平台设备，结合READ-CALL中文移动应用服务系统，采用先进的智能获取、编辑信息技术，通过互联网和移动电话的有效结合，成功开发出通过拨打固定电话接入号16016（即时向手机发短信）和1600160（预约向手机发短信）向中国移动和中国联通手机用户发送短信息业务。用户在使用该项业务时，只要拨打接入号，话务员就会将用户的长达六十余字的留言实时传递给远在各个城市甚至在国际漫游的手机用户。该项业务不但省却了用户拨打手机短信繁琐的拼写程序，而且还可进行实时群体发送。常州局在该项业务运营以来，每月都有二千五百余人次使用该业务，发送短信息月均在四万条左右。

常州电信在开发固定电话向手机发送短信息业务的同时，还充分利用1000号业务平台的主动呼出功能，在江苏省内率先推出常州本地网内固定电话向固定电话发送语音短信息业务，并将该业务侧重点向本地区的企业集团用户倾斜，充分发挥了该系统的群体发送功能优势。用户只要拨打1000，将祝福语或其他留言报出，1000号平台话务员就会按用户要求实时或定时同时将信息传递给用户的群体发送对象。该业务开通半年来，在春节期间达到高峰，为常州本地网固定电话用户发送祝福短信息数十万条。

2001年9月,常州电信又向社会推出固定电话“语音信箱”业务，使常州固定电话用户有了忠实的“小秘书”。这是常州电信为开发话务量、努力提高业务收入而采取的又一举措。

常州电信此番推出的“语音信箱”业务，是一种向固定电话用户提供存储和提取语音留言信息的电信新业务，它具有录音电话功能，但比使用录音电话更经济、方便和保密。用户申请了此项业务后，即拥有一个信箱号码。当本机电话忙或无人接听时，来话会自动转入本机所开设的语音信箱里，发话方可在信箱中留言。该信箱户主无论身处异地还是本地，只要拨打（0519）-166-信箱号码，加拨密码便可提取留言，每条留言时长可达2分钟，每个语音信箱最多可保存20条留言。该业务尤其适用于政府、企业、新闻机构及公安等部门，运用语音信箱，这些单位可24小时全天候受理业务。

【青岛电信尝试融合电子商务与电话商务开拓声讯市场】

2001年初，青岛电信160信息台与中华电器网联手，尝试网上电子商务与电话商务融合。市民只要拨打160，就可以查询中华电器网上所有产品的价格性能，若对某种产品感兴趣即可电话定购，免费送货上门后再付货款。电话用户的高普及率和便捷的操作，以及货到付款的“眼见为实”，使160成为青岛市民购买家电的热线电话。青岛电信还与齐鲁名医网、生活导购网和科飞房屋信息网联合开通了160577寻医问药、160588商品导购和160599房屋资讯三个专业服务热线，将网上的信息通过电话的形式发布。160577内容涵盖疑难病症、生活保健、专家坐诊和药品购买等内容；160588提供青岛市三百多个百货商店的数千种商品价格目录，重点发布办公用品和各品牌计算机的销售和配件供应信息；160599是青岛市新房销售、二手房交易、房屋租赁的综合房屋信息服务热线，免费为单位、个人登记房屋交易信息，并免收中介费。

这种信息服务模式的优势,首先是电话信息服务自身已经形成价值链条，操作上的简单化和众多的电话用户，是网络信息服务短时间难以相比的，借助电话信息服务的优势能迅速形成价值链条，实现优势互补。二是信息热线号码简单，易于包装，包装广告投入少而受众面广，也容易形成品牌效应。三是相关产业的集聚效应明显，容易形成专业市场“扎堆”经营。160577寻医问药热线开通后，青岛市最大的药品生产和连锁经销商便与青岛电信洽谈电话售药等合作事宜。四是160电话信息服务的品牌信誉度高，能够最大限度地保障用户的利益。此前青岛市民房屋交易大多通过中介公司，既要交纳中介费，同时有的中介公司设下陷阱侵害市民利益，如今市民通过拨打160599房屋热线就能得到称心的房屋信息，并免费获得对方的联系电话，进行洽谈。

【贵阳电信推出住宅专用上网电话新业务】

2001年上半年，由于种种原因，贵阳电信的业务收入和电话放号两项重要任务的完成情况都不甚理想。如何在剩下的四个月内增量增收，从而完成全年任务，成为贵阳电信的头等大事。贵阳市已拥有电话用户55万余户，全市住宅电话（不含4郊县）普及率为64.9部／百户，固定电话的发展已进入一个平台期，要提高量收水平，必须找出市场的兴奋点。贵阳电信经过认真的市场调研和分析测算，认为上网电话是一个尚未充分开发的业务点，于是便在这一客户群中巧妙运作，推出了经过精心策划包装的“住宅专用上网电话”。客户申请安装“住宅专用上网电话”，每月只需交纳80元的包月使用费，即可无限制地拨打163上网，同时还可获赠上网账号和电子邮箱。同时,贵阳电信加强了设备和线路调整，力争满足所有客户的需求。“住宅专用上网电话”新业务推出后，两天时间内就有将近800位客户前来办理手续，并在前两周保持着每天超过150部的增长速度，就连一些“一户二机”客户也纷纷加入装机行列。

【安徽电信蚌埠分公司开办新装电话号码预选业务】

2001年8月，安徽省蚌埠市电信分公司推出了一项服务新举措：新装电话用户在前台受理时可以免费选择普通号码。

在蚌埠电信各营业厅，装机用户可通过多媒体查询机自由查阅尚未被占用的号码资源，他们可以从自己装机地址所在的局向中选择最喜爱的电话号码。这项极具个性化的服务一经推出，立即引起了用户的浓厚兴趣。

以往，用户在电信部门安装电话时，由于受到内部流程和软件程序的制约，除了须付选号费的特殊号码外，对普通号码是无法选择的。因此，用户往往要到电话装通之后才知道配给自己的是什么号码。

随着社会对电信服务期望值的不断提高，人们对通信的附加需求也日渐增多。有的想选个与生日相同的号码，有的想选与自己的车牌相同的号码，有的想选对自己有特殊意义的号码，而传统的特殊号码选号服务已不能满足用户多样化的要求。蚌埠电信将用户的这种需求作为提升服务的切入点，于2001年4月在前台试运行普通号码人工选号服务,由号线中心定期打印部分号源提供给前台用户选择。然而由于多网点多人同时操作，不仅速度慢、效率低，而且容易造成号码配重。针对试运行中出现的问题，对营业前台普通号码自动选号程序进行了开发，使普通号和特殊号一样，都可以在前台受理时即时选号。由于采用电脑选号，避免了重号现象的发生，使这项充满个性化的服务，真正为用户提供了方便。

【辽宁电信大连分公司“新视通”方便远程医疗】

2001年8月，新世纪北方介入心脏病学暨冠心病治疗新进展国际研讨会在大连市富丽华酒店召开。大连电信分公司的“新视通”业务为用户提供了最先进的远程医疗、远程教学通信手段。

2001年6月，研讨会主办单位之一的大连医科大学附属一院向大连电信大用户服务中心提出通信需求：会议期间富丽华两个主会场将以大连医科大学附属一院手术室、大连铁路医院手术室、辽宁医院手术室的手术为例，进行远程医疗、远程教学，各手术室成为研讨会富丽华主会场的分会场。根据用户的需求，大连电信大用户服务中心为用户提供了使用数字电路传输10个2兆的“新视通”业务，得到了用户的赞同。“新视通”业务与可视电话会议有相近的业务功能，只是“新视通”更灵活方便。可视电话会议只能在电信公司可视电话会议厅里进行，而“新视通”业务则可根据用户的需求，在用户指定的会场提供，实现异地间的语音、图像、数据等信息的实时相互远距离传输。

【辽宁电信推出“亲情蓝线”业务】

辽宁省电信公司2001年推出“亲情蓝线”服务以来，全省已有万余用户使用该项业务，有效地激发了话务量的增长。

年初,辽宁电信部门在进行服务和市场调查时了解到，一些在外地上学的学生，思念父母和有些要事需要经常和父母等亲人通过电话交流和沟通，苦于自付话费而减少了交流；而一些儿女不在身边的老人，想念儿女心切，又怕打电话花费高。面对新的服务和市场需求，辽宁电信向省内住宅电话用户提供了新的被叫付费业务——“亲情蓝线”。它可以使不在父母身边的子女随时用电话同父母联系，话费由父母代付；也可使老人与远在外地的子女随时沟通，让经济相对宽裕的子女付费。这项服务便捷、灵活，受到用户的青睐。

【浙江庆元实现电话电视同线传输】

2001年6月,浙江省丽水地区庆元县电信局与县广电局联手，借电信局的程控光纤传输电视节目取得成功,此举在浙江省尚属首例。

双方从当好先进文化前进方向的代表、造福山区群众的大局出发，联手开通了有线电视，既节省了成本，避免了重复建设，大大提高了原有设施的利用率，又使山区群众和两大部门三方得利，不仅丰富了山区群众的精神文化生活，促进山区经济发展，还使两局都增加了收益。该县广电局测算,如果广电自己另起炉灶，那么，全县仅架设光纤就需1200多万元，相当于该县年财政收入的四分之一强，这么大的投资，很难得以解决，如今与电信“联姻”后，只要花上20多万元，就能将电视信号传送到全县的每一个角落。

【湖南电信湘潭分公司利用长话详单宣传业务】

2001年3月以来，湖南省电信公司湘潭市分公司尝试利用长话详单投送的机会，积极地向客户开展形式新颖的业务宣传，这一做法因其费用低廉且效果显著，受到了湖南省电信公司的肯定和推广。

根据电信服务标准的相关要求，湘潭市电信分公司在省公司的统一部署下，从2001年春季开始,逐步将每月的长话费用详细账单投送给当地的电信消费者。采用了全国普遍采用的模式，即：用计算机的专用打印纸将相关数据打印出来，然后送给客户。实行一段时间后，该分公司服务人员对客户作跟踪回访时发现，客户们对收到的账单兴趣浓厚，经常反复和仔细察看其每一细部，唯恐有所遗漏，有的客户看完账单后，还会不放心地将空白的账单翻过来看背面。这与平时客户们对待电信业务广告漫不经心的态度形成了鲜明对比。

该分公司的服务人员开始意识到客户这种非同寻常注意力背后的潜在商业价值。他们尝试在空白纸张的背面，先印上企业的各种业务宣传资料，例如电信最近的新业务开办情况、优惠活动快讯、新的便民服务、新业务新技术新功能的介绍等等，然后再将印好的纸张翻过来，在另一面打印长话详单。这种新式样账单投送以后，客户普遍反应良好。大部分的客户都会顺手翻过账单来仔细阅读背后的印刷内容，并且没有表现出接受各种广告资料时常见的那种厌烦感。不少客户还对这种方式表示了明确赞赏，认为这是电信主动改进服务、体贴客户的一个新措施。

该分公司在投送新式样账单一段时间后，对制作新账单的成本进行了初步核算，发现使用新的纸张双面打印，其合计成本比当初使用专用计算机打印纸还要便宜。分公司当即决定将这一方法在本公司范围内全面推广并长期实行。

该分公司在全省电信总经理座谈会上介绍了这一经验后，立刻受到湖南省电信公司的高度重视和表扬，省公司已向各地分公司正式推荐了这一做法，希望能快速覆盖到全省范围。省公司还希望各地经营者都能像湘潭分公司那样目光敏锐，善于发现和把握住各种新的商机。

【太原电信推进农业信息服务】

2001年5月，山西电信太原市分公司开通“太原市农业信息网”与“168农家乐信息台”，从而使当地农民可以以本地网营业通话费的资费标准，听取及时、有效的农业信息。

“太原市农业信息网”是面向农民、面向农村的信息网络，共设有农业概况、农业气象、实用技术等十二个栏目。“168农家乐信息台”集纳了种植、加工、栽培、酿造、编织、施肥、胶制、家电等八大方面内容四百余条科技致富信息，为了使这些有用的信息尽快到达农民朋友的手中，该台采取免收信息费，只收取本地网营业区间通话费的资费标准。该台在试运行期间便大受农民朋友的欢迎。

【青岛电信推出卫星定位报警系统】

青岛电信推出装在车上的卫星定位报警系统。该系统就像千里眼、顺风耳，车子被劫了，不用打电话，110立即能知道并听到劫持现场的对话，甚至看到劫匪的面貌；车子被盗了，开出不久，110就通过遥控让车子断电断油就地趴下,大大加强了车辆安全及社会治安。

该报警系统以卫星定位技术及移动通信网为基础，通过设在110指挥中心的“大脑”，实现对车辆等移动目标的监控。该设备体积不大，可隐匿在车上。司机在需要时可以方便地触动隐蔽开关，把求救信号及时发出。通过该系统的卫星定位功能，指挥中心能随时了解车辆所在位置；利用黑匣子功能，能记住48小时内汽车停车、速度等信息；利用车辆综合调度功能，能实现对车辆的及时调度，提高运载效率。此系统还具有急救功能和车载移动电话功能。

这套系统已在青岛运钞车及出租车上使用，它提高了运钞车的安全系数，使出租车能在最近的位置找到乘客，受到市公安部门的充分肯定及车主的极大关注。

【江苏无锡电信推出固话可向手机发短信业务】

2001年11月6日，由江苏无锡电信分公司开发的无锡信息港“短消息平台”正式投入使用。从此，无锡市民只要在固定电话或是移动电话上拨打“1600”（特别服务号码），就可向本地所有的手机用户发送短消息。这种电话服务方式在国内尚属少见。

在无锡信息港网上短消息平台的基础上，无锡电信用半年时间策划和开发了短消息服务平台，解决了以往固定电话不能发送短消息以及中国移动用户与中国联通用户不能互发短消息的问题。这项业务使固定电话与手机、手机与手机之间的互联互通走出新的途径，方便了更多的通信用户。同时也为声讯服务与多媒体技术的结合寻找到了一条新的出路，拓宽了声讯的服务市场，成为1600人工信息服务新的经济增长点。此消息向社会公开的第一天，1600人工声讯台就一直“爆满”，为用户发送短消息三千余条。

【武汉电信固话短信出新招 全方位智能服务入小区】

2002年年初，武汉电信短信中心率先在本市英特居民小区与物业管理公司合作，向业主公布英特小区物业管理“家家e”电话号码，物业管理公司可24小时、全方位地通过“家家e”信息电话和人工台11868接收业主发出的需求，从而在最短的时间内为业主提供水暖、照明、家电、自行车维护等服务。在公布号码的当晚，英特小区物业管理公司就收到了多名住户发来的短信息。武汉电信将以此为试点，逐步向全市各小区推行此项服务。

此外，武汉电信短信中心还与“武汉热线”合作，在该网站上开设网上发固话短信业务，用户只要输入电话号码和60字以内的信息内容，即可轻松地在网上向固定电话发送短消息，从而实现了因特网和固定电话的短信互动。

【安徽电信利用信息台优势推出160短信服务】

安徽电信充分利用160信息台人性化服务的优势，于2002年年初推出了160短信服务。160台发短信最大的优势在于可以向所有手机用户发送信息，解决了不同移动运营商之间不能互通短信的问题，方便了用户。同时，手机的中文输入对于很多用户特别是中老年用户来说很不方便，通过160台就免去了这些复杂的操作。160台一次可以发送两条短信，给不喜欢复杂操作的用户提供了方便、快捷的短信发送服务。市场对这种新的短信业务相当欢迎，前20天160台就送出

14000多条短信。

【天津电信上门受理礼仪电报】

天津市电信公司长途电信局以“持续向客户提供满意的通信服务”为宗旨，紧紧围绕电信用户的需求，不断推出方便用户、服务用户的新举措。2001年4月26日该局推出礼仪电报电话预约，“礼仪使者”上门服务的新业务，受到市民欢迎。该项业务推出后10天内，礼仪电报受理量较上年同期增长80%以上。天津长途电信局在推出礼仪电报电话预约上门的同时，还在原有鲜花种类的基础上，有意识地结合用户在不同场合、不同情感需求对花型的不同要求，推出多种新花型，供用户选择。

【哈尔滨电信为驻军部队架起信息桥】

2001年11月6日，哈尔滨电信公话分公司为驻地空军某部队安装的140台校园网电话正式投入使用。从此，全团官兵告别了昔日打电话排长队的日子，他们在宿舍里可以随时与家人取得联系。

为解决官兵的通信需求，该部队与哈尔滨电信联系，希望加装十几部ＩＣ卡电话，以解决官兵打电话排长队的难题。哈尔滨电信公话分公司对该部队的情况进行了解后，提出了为该部队安装校园网电话，把电话安装到官兵宿舍的解决方案。这一解决方案得到全团官兵的欢迎。工程开始后,官兵们经常到施工现场“参观”，盼望工程早日竣工。当工程进行到一半时，因工料不到位需暂时停工，公话分公司的工程人员打破常规，从其它工地借料，继续施工，没有耽误一天工期。从工程施工到电话开通仅用了一个半月的时间。此次工程共为该部队送线200对，安装校园网电话140部，并赠送40台电话机备用。为表达谢意，部队赠给哈尔滨电信一面写有“真诚架起信息桥梁　科技拥军称楷模”的锦旗。

【辽宁电信号簿公司以《黄页专册》牵动电信业务发展】

2001年4月，辽宁电信号簿公司从促进电话业务发展的角度出发，针对全国知名的大型商品批发零售市场——沈阳五爱市场商业人口密集，话务量繁忙，且通话内容主要局限于商务活动的特点，面向市场发行《辽宁黄页——五爱市场专册》电话号簿分册，将发展电话号簿业务与电信业务紧密结合，走出了一条新路。

发行市场专册号簿在全国还是首次。为使号簿内容更为实用，辽宁省号簿公司在收录五爱市场电话用户数据时，对用户经营的服装及小商品进行分类，在收录每一个业户的电话号码同时还包括经营项目、摊位号、摊位位置等信息。由于准确的市场定位和贴近用户的信息内容，《辽宁黄页——五爱市场专册》发行以后，为五爱市场的电话业务发展起到了促进作用。

一是促进了五爱市场固定电话的话务量提升。专册发行后比发行前五爱市场地区话务量增长了18%。

二是牵动了五爱市场摊位电话的安装。未在摊位安装电话的业户由于担心影响业务联系，纷纷安装电话。4月下旬以来，除新增摊位电话400多台外，还有100多户已经办理了安装电话手续。

三是牵动了五爱市场电话卡的销售。由于五爱市场业户安装的是中国电信200智能卡电话，辽宁省号簿公司将《黄页》和200电话卡配套发行，对电话卡的销售起到促进作用。4月下旬以来，五爱市场平均每天售出200电话卡8000多元，较《黄页》发行以前平均每天增长2000多元。

四是启动了五爱市场的《黄页》广告效应。从3月下旬开始，辽宁省号簿公司选择100位业主向其发放刊登广告征询函，带来广告收入7万余元，完全抵消了此次号簿的发行和印刷费用。许多摊床业主看到《黄页》号簿后，还纷纷要求在下期出版时刊登广告。

五是提高了电信品牌形象。辽宁省号簿公司在印制精美的《辽宁黄页——五爱市场专册》中对200电话卡等电信业务、电信资费和服务等方面的内容进行了重点宣传和介绍，在指导和方便客户使用电信业务的同时，无形中也提升了中国电信品牌形象。

【黑龙江电信推行“越位”装机】

黑龙江省电信公司为实现村村通电话目标，大胆打破行政区划,创造性地开展“越位”装机工作,取得了可喜成果。

隶属黑龙江省牡丹江市林口县三道通镇的长胜村、长富村，地处林业深山区，盛产木耳、黄烟等经济作物,但长期以来不通电话,使农民消息闭塞，农副产品大量积压，制约了当地的经济发展。黑龙江省电信公司在经过详细的市场调查后发现，这两个村距林口县最近的通信点有28公里，如由牡丹江市电信分公司解决通信问题需要投资150万元，而两村与哈尔滨市方正县电信局最近的通信点仅有4公里，而且方正县电信局石河交换点的光缆线路还途经长胜村的边缘，如由方正县电信局为当地接通电话仅需投资40万元。根据普遍服务义务和企业自身发展需要，黑龙江省电信公司决定由方正县电信局负责解决该地通话难的问题。

2001年11月，在省公司市场经营部的支持下，方正县电信局到该村进行调查摸底，发现共有300多待装户急盼电话，当即决定马上施工。6名机线人员在支局长的带领下顶风冒雪、翻山越岭，加班加点工作，使正常需要20天完成的线路施工任务仅用了13天就全部完成，共敷设光缆6.5公里、电缆线路3.5公里，立杆200根。该局运营部仅用一天时间就调通了256门的远端交换设备，同时派出机线员开展送电话下乡活动，为农民用户现场装机。截至2002年1月15日，已经完成装机179部，实现了跨区域放号，并为所装电话全部办理了来电显示业务。

·卡类业务·

【中国电信发行专用IC电话卡置换电话磁卡】

中国电信于2001年10月19日向社会公告：发行一套没有有效期限制的专用IC电话卡，用于更换消费者手中持有的电话磁卡，解决用户手中持有电话磁卡又苦于无处打磁卡电话的问题。

磁卡公用电话业务作为第一代无人值守卡式电话，20世纪80年代中期被我国部分省市引进后，当时在一定程度上解决了消费者打电话难和代办户乱收费的问题，受到广大消费者的欢迎。为了规范电话磁卡管理,方便消费者使用，原邮电部于1989年对磁卡电话机型作了统一规定。1994年，邮电部电信总局开始发行全国通用电话磁卡，同时各省停止发行地方电话磁卡，推动了磁卡公话业务的迅速发展。但限于当时的技术条件，磁卡电话也存在较大不足。一是磁卡话机机械结构复杂,极易出现故障；二是防伪性能欠佳，磁卡电话盗打和伪造磁卡现象日趋严重，给国家造成严重损失。

我国当年使用的磁卡电话主要是日本生产的，由于IC卡等新型卡式电话的发展，全球范围内磁卡话机的需求急剧下降，90年代后期，该产品整机及零部件在日本逐渐减产直至停产。几年以来，中国电信一直利用原有库存备件进行磁卡话机的维护，正常维护已难以保障，导致部分地区磁卡话机数量有所减少。与此同时，中国电信已经建成世界最大的IC卡公用电话系统，安装IC卡电话机112万部，覆盖了全国31个省区市。技术先进、防伪性能好、使用方便的IC卡公话更好地满足了人民群众的通信需求。因此，磁卡公用电话向IC卡公用电话过渡成为技术进步的必然。

为了适应磁卡公用电话向IC卡公用电话过渡的技术进步趋势，更好地满足持有电话磁卡消费者的通信需求，维护消费者的权益，经信息产业部批准，中国电信集团公司决定为消费者更换电话磁卡。

此次更换的范围包括原邮电部电信总局、中国邮电电信总局发行的全国通用电话磁卡，包括志号为CNT-1至CNT-68的所有纪念电话磁卡，以及志号为CNT-P1N的普通电话磁卡。各省原邮电管理局（电信管理局）发行的地方电话磁卡，可以参照全国通用磁卡的更换办法，纳入此次更换范围。此次电话磁卡更换采取等值更换IC电话卡的原则，用户办理电话磁卡更换业务没有数量限制。未使用过的电话磁卡更换成等值的中国电信IC电话卡，使用过的电话磁卡根据卡上的剩余金额，更换成等值IC电话卡。消费者更换电话磁卡（包括未使用过的及使用过但未用完全部话费的），到当地电信部门指定的电信营业厅办理；异地购买的电话磁卡也可以就近按上述办法更换。各省发行的地方电话磁卡具体更换办法由中国电信所属各省电信公司向社会公布。

换卡工作于2001年12月1日开始，至2002年3月31日止，期限为4个月。从2002年12月31日24时起，中国电信停止磁卡公话服务，电话磁卡也一并停止使用。

【3·15电话卡发行】

为纪念新世纪第一个消费者权益日，促进和改善电信服务，围绕2001年“3·15”活动关于“绿色消费”的主题,中国电信与中国消费者协会共同发行了“让绿色走进生活”IC电话卡。该电话卡一套两枚，面值分别为29＋1元，发行量200万枚。

中国电信正在全面地加强自律工作，主动保护消费者权益，为使客户能“明明白白打电话”，中国电信一方面加快170电话查询系统的建设，开辟多种查询方式，一方面在各省会城市率先根据客户需求，免费提供长途话费清单。中国电信与消费者的关系正在进入成熟阶段。

【新疆电信发行“保护野生动物IP电话卡”】

为进一步扩大IP电话卡在新疆全区的影响力，在区电信公司成立一周年之际，该公司与区林业厅野生动物保护协会以“开发西部、保护西部”为主题，以宣传和提高全民生态意识，动员全社会力量拯救濒临灭绝的野生动物，共同营造和谐美好的家园为目的，联合发行了“保护野生动物IP卡”。此套IP卡共四枚，卡面为珍稀野生动物——哦喉羚的摄影图片。新疆电信公司为表示对保护新疆野生动物的支持和关心，特将此次发行的“保护野生动物IP卡”卡面附赠金额全部捐赠给了自治区野生动物保护协会，做为新疆野生动物的保护基金。 (司剑非 薛 莲)

【上海首次推出银行卡拨打上海电信IP电话业务】

2001年4月，上海市电信公司与深圳发展银行上海分行联合推出“发展卡电信IP电话功能业务”。这是上海地区首次推出银行卡拨打上海电信IP电话业务。该项业务采用当今国际流行的IP电话卡与银行卡结合的IP电话业务服务模式，用户只要持有深发银行发展卡或到深圳发展银行上海分行各营业网点免费申领发展卡即可申请该服务。用户无论在何时何地，只要拨打中国电信IP电话接入号码17908，输入发展卡卡号、IP服务密码和对方电话号码即可接通全球IP电话服务。 (谢志明)

【广东电信推出全新200充值电话卡】

2001年4月28日，广东电信推出全新200充值电话卡业务，这是广东电信200卡式业务发展历程中的一个标志性突破,200卡式业务从此走向以人性化服务满足个性化需求的新阶段。

自1993年率先开通200卡业务以来，广东电信根据市场需求，不断强化200卡的功能，200卡已由最初的功能较单一的记账式长途电话卡，发展成为可拨打市话、长途、IP电话、可上网的多业务卡，并具有缩位拨号、余额转移、连续呼叫、新卡验证的功能，可漫游到香港和美国。截至2001年4月27日，广东电信已累计发行200卡一亿张，在学校、医院、工厂等安装几十万部200卡专用电话。使200卡成为广东电信所有电话卡中功能最强大的电话卡，深受消费者喜爱。

此次推出的全新200充值卡除了具备普通200卡（现金卡）的全部功能以外，与现金卡相比，还具备三大优点，一是更安全，它具有“加锁”和“最高话费设定”功能，不但可以自动将卡锁住，防止盗打，还可以为用户提供话费限额保护，让用户自主掌握话费。二是更优惠，200充值卡分为个人卡和公司卡两类，其中个人卡又分为普通卡、银卡、金卡、白金卡四级，当普通卡的话费分别累积到1000分、5000分、10000分（话费累计1元为1分）时，普通卡分别升级为银卡、金卡和白金卡，不同等级的个人卡可享受不同程度的优惠。三是更方便，200充值卡只需一个账号，不限定期限，反复充值，永久使用，既可通过现金卡余额转移充值，又可到营业厅进行现金充值，公司卡用户则可到银行转账充值。另外，与200现金卡不同的是，200充值卡还可与家庭或办公电话捆绑，只要拨自己设定的主叫捆绑号码即可免拨账号，大大简化了拨号过程。

【安徽电信推出200充值卡】

安徽电信继2001年4月推出集长话、市话、IP电话和上网功能于一身的200智能卡后，于9月又开发出了具备充值功能的200充值卡，并成为安徽电信电话卡在省内推广的主打品牌。

200充值卡最大的特点是终身有效，循环充值，每充值一次，有效期顺延一年，保证了卡号永远有效并终身固定，特别适宜住宅用户、单位用户等长期用卡一族，与主要针对短期、流动人群的200智能卡市场定位相互补充。200充值卡可提供三种充值方式：智能卡充值，将每次购买的200智能卡通过在电话机上操作转存到200充值卡上；现金充值，在省内各主要电信营业厅缴纳现金，由营业人员进行充值；银行转账充值，单位用户可凭银行转账复印件办理充值。同时，200充值卡还提供绑定开户、绑定销户、绑定密码、绑定拨号服务，免除了拨长串卡号、密码的麻烦，大大方便了用户。

【江西电信开办神通充值卡积分送礼业务】

江西省电信公司在神通充值卡上增加了积分送礼新功能，使用户拥有神通充值卡就如同拥有了中国电信贵宾卡。

该项业务又叫神通卡VIP业务，当用户对神通充值卡充值后，系统将对该卡加分，每充值一元积一分，当卡上的分数积累到一定数值时，系统将自动为该卡赠送一定折扣的金额。用户使用普通神通卡对神通充值卡充值时，每次充值金额都计入总积分，当用户积分每到100分的整数倍时，送一次礼。从2001年5月17日起发行的神通充值卡，都具有积分送礼功能。不论用户何时充值，只要手中的神通充值卡充值金额超过100元，都可按折扣的比例享受优惠。这项业务的推出，使经常使用神通卡的用户得到真正的实惠。

【江苏常州电信宽带流量卡俏销】

江苏省常州市电信分公司针对用户消费需求而研制开发的宽带流量卡，因其具有可实现宽带流量实时计费的“透明度”，所以大受青睐。首批推出的20万元宽带上网卡，在试销的3个月内一销而光。

常州电信在市场营销中发现，现行的宽带上网单一的包月资费方式难以适应不同用户的消费需求。在宽带用户群中，一类为集团大客户和长时间在线的网民，这类用户使用宽带流量大、时间长，希望采用包月方式以保证自已上网费用固定。二是部分学校和宾馆，包月资费方式使他们对上网学生或客人的结算比较困难，因而希望能按流量计费，并提供实时上网费用清单，实行谁使用谁付钱、多用多付费的计费管理方式。三是中小企业客户及一般的住宅用户，这类用户每月上网时间不等或不长，也希望根据实际使用情况实行按流量计费。

为了适应市场需求，常州电信分公司与国内一家计算机软件公司合作，共同研制开发了宽带流量实时计费系统。该系统采用前置宽带业务网关采集数据和后台RADIUS系统认证计费的模式。通过宽带业务网关把宽带用户汇聚到城域网骨干上，并采集用户上网数据，用户的账号及口令通过后台的RADIUS系统进行认证，用户的流量也通过后台的RADIUS系统进行实时记扣。为方便结算，宽带流量计费系统设计为按月结算和流量实时计费两种方式。按月结算方式主要适用于长期开户的中小企业和个人住宅用户，电信公司可根据他们的开户账号，按月与他们结算；流量实时计费方式主要针对学校、宾馆、网吧等每台上网终端人员经常变化的情况，能实时提供上网费用清单进行费用结算。

基于宽带流量计费系统平台，常州电信首次发行了一批宽带上网卡，卡面分别为100M/30元、300M/50元、500M／70元。用户使用该卡，可随时登录到宽带上网卡自服系统的页面，查询到自己的上网清单，并可以实时了解自己卡上剩余的流量。作为此卡试销点之一的常州新区创业园科技中心，以前由于宽带计费的一些不便，落户创业园的三百多户客商使用宽带业务不多，宽带上网卡推出后，一天内，该园区就有三十多户客商用上了电信的宽带业务。

【河南电信洛阳分公司电话卡营销探索新思路】

河南电信洛阳市分公司营销中心找准市场定位，勇创营销新思路，使电话卡这一传统业务在2002年第一季度的销售中取得了可喜的成绩。

2002年年初,洛阳电信营销中心成立伊始，首先建立健全了一套完整的营销网络。其营销网络有两个，一个是公司内部的支撑网，也就是现代企业必不可少的硬件支撑平台，包括一个进出口平台，一个业务支撑平台。通过进出口平台，对卡品的管理、财务等实施微机化操作，掌握卡品进口、流出的详细资料。通过业务支撑平台，对全区的固定电话、磁卡电话、公用电话进行维护，并通过掌握的话务量分析市场。另一个是外部市场的销售网，通过销售网可以清楚地看到各个经销商和网点所购、所售卡品的情况，并通过对市场情况的掌握，了解市场动态，反馈市场信息，及时调整经营思路。

洛阳电信营销中心全面分析2001年电话卡的经营情况，把电话卡销售确定为2002年的重头业务之一。在卡品销售过程中，提出了“双赢”的经营理念。洛阳作为重点旅游城市，有着丰富的旅游资源，该公司紧抓市政府关于旅游、基础建设的商机，大力开发旅游卡，既宣传了地方旅游特色，也发展了卡品销售业

务，此举得到了市政府、旅游局的大力支持，取得了良好的“双赢”效果。同时在占领市场份额中，瞄准大客户重点服务。像对洛阳师范学院、洛阳拖拉机厂、洛阳工行等用卡量大的单位，该中心提出把网络建好，支撑、服务工作做好，营销就自然会好的工作思路。洛阳师范学院和营销中心签订了一次性定制4万张卡的合同，以校园风光为背景，受到了学校和学生的好评。他们还为家电中心、鄂尔多斯专卖店等开发了商业用卡，甚至该中心还按照经销商的要求为他们开发了营销卡。这些卡品的制作和销售都收到了“双赢”效果。

洛阳电信在电话卡销售中，以营销中心为主力，以公司内部的网管、支撑、公话等部门为依托，以全体员工为信息源，这个信息源涵盖了销售、市场调查、维护意见反馈等，营销中心依据营销信息、营销建议、信息反馈及时调整营销思路，好的信息及时抓行动，好的建议及时抓落实，发现故障及时抓维修，保证信息不断、公话畅通。公司内部良好的运营机制为卡品的销售提供了良好的发展空间。

【安徽电信首批智能公话走进校园】

2001年6月，安徽电信首批48部智能公话走进了省城合肥工业大学的校园。智能公话的推出为解决传统IC卡公话管理和技术上发展的瓶颈，解决IC卡公话易盗打、伪卡多的问题提供了新的思路。

智能公话系统建立在安徽电信智能网平台上，它充分利用了智能网处理能力强、能省内漫游和业务易于扩展等特点，结合了计算机、微电子、IC卡等先进技术，具备实时集中计费、帐务分摊和专业化业务管理等功能，使IC卡和200卡的功能有机地结合在一起。在智能公话上插入特制的200电话卡即智能公话卡，可直接拨打电话，既兼顾了IC卡公话的使用习惯，又免去了普通200电话拨长串帐号、密码的麻烦。智能公话卡还具有余额转存功能，可将普通200卡上的金额转存到智能公话卡上。智能公话因具有计费准确、使用方便、防盗打、防伪卡的优点，成为安徽电信卡式公话发展的方向。

【山东青岛特制电信卡业务受欢迎】

把新婚照片印在电话卡上，再附上温馨的祝福，一张普通的电话卡，就变成了珍藏和馈赠亲朋的礼品。山东青岛市电信分公司2001年12月推出的这种特制电信卡业务以个性化、实用性和较高的收藏价值，受到企事业单位和个人的欢迎。

特制电信卡业务是青岛电信根据客户的特殊需要，专门为其量身定做的带有一定面值的个性化电话卡，其内容包括结婚庆典、新生儿诞生、毕业纪念、工程奠基、项目竣工、公司开业、企业庆典、新产品推广等多种类型。特制卡的最大特点是个性化和实用性，个性纷呈的新婚卡、情人卡、儿童卡、企业卡等本身带有用来打电话或上网的面值，既是企业商家展示自身形象、发布产品信息的载体，又是赠送客户的礼物。另外，特制卡一般数量较少，追求时尚的年轻人和喜欢出奇制胜的商家大多用于馈赠，市面上极少流通，往往成为收藏中的孤品。这项业务推出的当天，青岛日报社就为纪念《青岛晚报》创刊十周年和展示其阳光大厅风采，制作了两套价值三十多万元的电信卡，主题是青岛名人故居和曾在阳光大厅举行演唱会的著名艺术家。原本只是用来打电话、上网的电信卡在以精致的卡册为衬托，凸显了文化品位，成为见证《青岛晚报》历史、展示青岛日报社文化风采的纪念品。

【海南电信推出“情人节”玫瑰套卡】

2001年2月14日“情人节”，海南省电信公司量身定做的“世纪情人玫瑰套卡”，一经推出就在海口市引起轰动，短短几小时就售出4000套，占发行总量的一半以上。

世纪情人玫瑰套卡由合二为一的200电话卡和163上网卡组成，两张卡连接处是一束美丽的红玫瑰，两卡同一编号，可分开收藏，也可合二为一，它既是中国电信第一套连体卡，也是第一套中国电信双项业务联合发行的套卡，既可反复充值使用，又具有永久收藏价值，深受都市年轻人欢迎。

【浙江电信启动牡丹卡上网业务】

从2001年5月开始，浙江省电信公司与中国工商银行浙江省分行联合推出牡丹卡上网业务，该省持有工行“牡丹信用卡”或牡丹灵通卡的用户，可以利用“牡丹卡”卡号作为上网账号直接上“163、169”网并付费。

浙江省电信公司是省内最大的因特网运营商，拥有覆盖全省的“163、169”网络，中国工商银行浙江省分行则是全省银行系统中实力最强的商业银行，共发放了六百余万张的银行卡，拥有庞大的客户群。为实现优势互补，最大限度地发展客户，同时简化客户上"163、169"网的手续，为双方客户提供更多、更优质的服务，经过协商，决定共同推出"牡丹卡"直接上网业务。这是继建行之后浙江又一家大银行与浙江电信合作推出银行卡上网业务，其不仅具有建行利用其营业厅进行开户和续款功能，还可提供网上续款、电话续款等多种服务。

利用"牡丹卡"上网的用户首先必须拥有一张工商银行浙江省分行的"牡丹信用卡"或"牡丹灵通卡"，并在该省工行的营业窗口、电话银行或网上银行申请"牡丹卡"的上网功能。在用户上网时，只需拨当地的"163"、"169"，输入"牡丹卡"的卡号加@icbc作为上网账号及自己设定的密码，即可上网。同时，通过"牡丹卡"上网的，账号全省通用，并且无金额的限制，还能查询一定时间内上网总账和清单。

【第七套300电话卡在江苏首发】

《金湖民间剪纸艺术》中国电信"300电话卡"2001年5月在江苏水乡金湖县隆重首发。这套电话卡是全国发行的第七套300电话卡，发行量为330万套。全套四枚，面值160元，分别选自江苏淮安市金湖县原人大常委会办公室主任陆功勋先生的剪纸艺术作品："渔归图"、"祖国在我心中"、"编花篮"、"锦绣"。

【江西电信发行庆祝申奥成功电话卡】

2001年7月13日，国际奥委会第112次全会在莫斯科投票决定，北京成为2008年夏季奥运会主办城市。第二天，一套热烈庆祝北京申奥成功的神通卡在江西南昌发行，既增添了申奥成功的喜庆气氛，又给广大电话用户和卡友带来喜悦。这套集301电话卡、IP电话卡于一身的神通卡，由江西省电信公司发行。纪念卡一套两枚，面值80元。第一枚图案为天安门、长城及蓝天白云衬托着动感十足的北京申奥标志，突出了"新北京、新奥运"的主题；第二枚以熊熊燃烧的奥运火炬、奥运项目为背景，突出了更高、更快、更强的奥运精神，表达了中国人民对2008年北京奥运会的美好祝愿。

1995—2001年中国电信发行IC卡总目录

序号	名称	志号	枚数	面值	使用范围	发行时间	有效期限
	黄　河	CNT-IC-1	4	210	通用	1995.12	无限期
	中国名花	CNT-IC-2	4	210	通用	1996.12	无限期
	上海服务达标	CNT-IC-3	3	180	通用	1997.02	无限期
	香港回归（中）	CNT-IC-4	4	230	通用	1997.7.1	无限期
	香港回归（港）	CNT-IC-4	4	210	通用	1997.7.1	无限期
	熊　猫	CNT-IC-5	4	210	通用	1997.09	无限期
	两汉文化	CNT-IC-6	4	210	通用	1997.11	无限期
	龙泉宝剑	CNT-IC-7	4	230	通用	1997.12	无限期
	四大发明	CNT-IC-8	4	200	通用	1998.01	无限期
	丽江风光	CNT-IC-9	4	180	通用	1998.02	无限期
	张家界	CNT-IC-10	5	190	通用	1998.03	无限期
	风　筝	CNT-IC-11	4	160	通用	1998.04	无限期
	千山风光	CNT-IC-12	4	160	通用	1998.05	无限期
	风雨桥	CNT-IC-13	4	160	通用	1998.07	无限期
	敦煌壁画	CNT-IC-14	4	160	通用	1998.07	无限期
	青海风光	CNT-IC-15	4	160	通用	1998.07	无限期
	亚欧光缆	CNT-IC-16	2	80	通用	1998.10	无限期
	体操卡	CNT-IC-17	4	180	通用	1998.10	无限期
	朱　鹮	CNT-IC-18	4	160	通用	1998.09	无限期
	唐代诗人	CNT-IC-19	5	190	通用	1998.08	无限期
	云南重彩画	CNT-IC-20	4	180	通用	1998.12	无限期
	中国电信（香港）股票	CNT-IC-21	2	80	通用	1998.10.23	无限期

序号	名称	志号	枚数	面值	使用范围	发行时间	有效期限
	高山植物	CNT-IC-22	5	210	通用	1998.12	无限期
	珍稀动物	CNT-IC-23	4	160	通用	1998.12	无限期
	联网纪念	CNT-IC-24	2	80	通用	1998.12	无限期
	九华山	CNT-IC-25	4	180	通用	1999.01	无限期
	北京胡同	CNT-IC-26	4	180	通用	1999.02	无限期
	中国电信发行IC卡						
	二亿张纪念	CNT-IC-27	2	80	通用	1999.07	无限期
	石湾陶瓷	CNT-IC-28	4	160	通用	1999.03	无限期
	珍稀植物	CNT-IC-29	4	160	通用	1999.03	无限期
	徽州文化	CNT-IC-30	4	180	通用	1999.04	无限期
	昆明世博会	CNT-IC-31	5	210	通用	1999.05	无限期
	分形几何	CNT-IC-32	4	180	通用	1999.09	无限期
	桂林山水	CNT-IC-33	4	180	通用	1999.05	无限期
	少儿卡通	CNT-IC-34	4	180	通用	1999.06	无限期
	雅鲁藏布峡谷	CNT-IC-35	4	230	通用	1999.07	无限期
	哈纳斯风光	CNT-IC-36	4	180	通用	1999.07	无限期
	宋　祠	CNT-IC-37	5	210	通用	1999.11	2001年11月30日
	22界邮联大会	CNT-IC-38	2	100	通用	1999.08	无限期
	武夷山	CNT-IC-39	4	180	通用	1999.08	无限期
	珍稀动物（3）	CNT-IC-40	4	180	通用	1999.12	2001年12月31日
	城运会	CNT-IC-41	4	180	通用	1999.9.11	无限期
	避暑山庄	CNT-IC-42	5	210	通用	1999.09	无限期
	国庆五十周年	CNT-IC-43	5	210	通用	1999.10	无限期
	体操锦标赛	CNT-IC-44	4	180	通用	1999.10	无限期
	高交会	CNT-IC-45	2	80	通用	1999.10	无限期
	澳门回归	CNT-IC-46	4	200	通用	1999.12	2001年12月20日
	李苦禅作品	CNT-IC-47	4	180	通用	1999.12.31	2001年12月31日
	北国风光	CNT-IC-48	4	180	通用	2000.01	2002年1月1日
	新千年	CNT-IC-49	2	80	通用	2000.01	2002年1月31日
	龙　卡	CNT-IC-50	1	50	通用	2000.02	2002年2月28日
	中华恐龙	CNT-IC-51	5	210	通用	2000.03	2003年3月31日
	大理石天然画	CNT-IC-52	5	210	通用	2000.04	2003年4月30日
	集团公司成立	CNT-IC-53	4	160	通用	2000.04	2003年4月30日
	世界电信日	CNT-IC-54	1	50	通用	2000.5.17	2003年5月31日
	鸟类起源	CNT-IC-55	4	180	通用	2000.05	2003年5月31日
	童话小红帽	CNT-IC-56	4	120	通用	2000.6.1	2003年6月30日
	井冈山	CNT-IC-57	4	140	通用	2000.06	2003年6月30日
	航天技术	CNT-IC-58	4	140	通用	2000.7.30	2003年10月31日
	黄梅戏艺术	CNT-IC-59	5	190	通用	2000.08	2003年8月31日
	古城平遥	CNT-IC-60	4	140	通用	2000.09	2003年9月30日
	足　球	CNT-IC-61	4	140	通用	2000.01	2003年10月31日
	新已年—蛇	CNT-IC-62	1	48+2	通用	2001.01	2004年1月31日
	中国—泰山	CNT-IC-63	4	140	通用	2001.02	2004年2月29日
	3.15纪念	CNT-IC-64	2	60	通用	2001.03	2004年3月31日
	元　曲	CNT-IC-65	5	190	通用	2001.03	2004年3月31日

序号	名称	志号	枚数	面值	使用范围	发行时间	有效期限
	5.17 世界电信日	CNT-IC-66	1	48+2	通用	2001.05	2004 年 5 月 31 日
	西藏五十周年	CNT-IC-67	4	140	通用	2001.05	2004 年 5 月 31 日
	海的女儿	CNT-IC-68	1	120	通用	2001.06	2004 年 6 月 30 日
	海洋珍稀生物	CNT-IC-69	4	140	通用	2001.06	2004 年 6 月 30 日
	建党八十周年	CNT-IC-70	4	140	通用	2001.07	2004 年 7 月 31 日
	九寨沟	CNT-IC-71	5	190	通用	2001.08	2004 年 8 月 31 日
	第九界运动会	CNT-IC-72	4	140	通用	2001.04	2004 年 4 月 30 日
	亚太经合组织	CNT-IC-73	4	160	通用	2001	
	用户至上用心服务	CNT-IC-74	2	40	通用	2001	

委托特制 IC 卡

序号	名称	志号	枚数	面值	使用范围	发行时间	有效期限
	人民邮电报	CNT-IC-T1	2	100	通用	2000.05	2002 年 5 月 31 日
	杰普一亿张	CNT-IC-T2	1	30	通用	2000.6.18	2003 年 6 月 301 日
	德州电话卡展览	CNT-IC-T3	2	40	通用	2000.09	2003 年 9 月 30 日
	中国电信特种纪念	CNT-IC-T4	1	20	通用	2000.11	2003 年 7 月 2 日
	龙门石窟	CNT-IC-T5	2	80	通用	2001.04	2003 年 4 月 30 日
	石油物资公司十周年	CNT-IC-T6	1	20	通用	2001.08	2003 年 8 月 31 日
	北京高德豪门网络公司	CNT-IC-T7	1	20	通用	2001.06	2004 年 6 月 30 日
	沈飞成立周年纪念	CNT-IC-T8	1	20	通用	2001.6.29	2004 年 6 月 30 日
	斯伦贝谢一亿枚纪念	CNT-IC-T9	1	20	通用	2001.07	2004 年 7 月 31 日
	集邮纪念卡	CNT-IC-T10	3	60	通用	2001.8.5	2004 年 8 月 31 日
	德州投资贸易洽谈	CNT-IC-T11	1	20	通用	2001.09	2004 年 9 月 30 日
	大学生运动会	CNT-IC-T12	12	240	通用	2001.08	2004 年 8 月 31 日
	邮票纪念电话卡	CNT-IC-T13	2	40	通用	2001.08	2004 年 8 月 31 日
	黑龙江集卡协会	CNT-IC-T14	1	20	通用	2001.08	2004 年 8 月 31 日
	神州第一舰	CNT-IC-T15	1	20	通用	2001.09	2004 年 9 月 30 日
	中国城市市花系列卡	CNT-IC-T16	4	80	通用	2001.9.20	2004 年 9 月 30 日
	东方电子物质公司	CNT-IC-T17	1	20	通用	2001.10	2004 年 10 月 31 日
	徐向前诞辰 100 周年	CNT-IC-T18	2	100	通用	2001.11	2004 年 11 月 30 日
	大熊猫	CNT-IC-T19	1	20	通用	2001.11.30	2004 年 11 月 30 日
	黑龙江冰雪艺术	CNT-IC-T20	1	20	通用	2001.12	2004 年 12 月 30 日
	青藏铁路开通纪念	CNT-IC-T21	1	19.5+0.5	通用	2001.12.29	2004 年 12 月 31 日
	杰普制卡 2 亿张纪念	CNT-IC-T22	1	20	通用	2001.11	2004 年 11 月 30 日
	马年团拜贺卡	CNT-IC-T23	4	80	通用	2001.12	2004 年 12 月 31 日

加字 IC 卡

序号	名称	志号	枚数	面值	使用范围	发行时间	有效期限
	庆祝邮电研究院成立四十周年	CNT-IC-2-4（4-1）	1	30	通用	1997	在名花（牡丹）上加字
	庆祝邮电研究院成立四十周年	CNT-IC-2-4（4-2）	1	30	通用	1997	在名花（牡丹）上加字
	庆祝邮电研究院成立四十周年	CNT-IC-2-4（4-1）	1	30	通用	1997	在名花（牡丹）上加字
	庆祝邮电研究院成立四十周年	CNT-IC-2-4（4-2）	1	30	通用	1997	在名花（牡丹）上加字
	中国邮电博物馆开馆纪念	CNT-IC-16-2（2-1）	1	30	通用	1998	在亚欧光缆上加字
	中国邮电博物馆开馆纪念	CNT-IC-16-2（2-2）	1	50	通用	1998	在亚欧光缆上加字
	首问负责制	CNT-IC-G9	2	80	通用	2001	2004 年 4 月
	数据业务	CNT-IC-G10	4	140	通用	2001	2004 年 8 月 31 日
	海南浙江升位	CNT-IC-G11	2	60	通用	2001	2004 年 5 月 31 日
	宽带互联网	CNT-IC-G12	4	140	通用	2001	2004 年 7 月 31 日

普通广告 IC 卡

序号	名称	志号	枚数	面值	使用范围	发行时间	有效期限
	中国银行	CNT-IC-PG1	2	80	通用	2000.10	2003 年 10 月 31 日
	上海贝尔	CNT-IC-PG2	1	48+2	通用	2000.10	2003 年 10 月 31 日
	呼和浩特广告卡	CNT-IC-PG3	3	110	通用	2000.12	2003 年 12 月 31 日
	21 届最佳邮票评选	CNT-IC-PG4	1	48+2	通用	2001.05	2004 年 5 月 31 日
	白沙企业形象宣传	CNT-IC-PG5	1	29+1	通用	2001.08	2004 年 8 月 31 日
	北京报刊发行局	CNT-IC-PG6	1	48+2	通用	2001.09	2004 年 9 月 30 日
	泉州市邮政局	CNT-IC-PG7	2	80	通用	2001.11	2004 年 11 月 30 日
	北电网络	CNT-IC-PG8	1	48+2	通用	2001.11	2004 年 11 月 30 日

广告 IC 卡

序号	名称	志号	枚数	面值	使用范围	发行时间	有效期限
	长途电话	CNT-IC-G1	4	180	通用	2000	2002 年 1 月 31 日
	国际海底光缆	CNT-IC-G2	4	180	通用	2000	2003 年 3 月 31 日
	一线通	CNT-IC-G3	2	80	通用	2000	2003 年 6 月 30 日
	800 业务	CNT-IC-G4	2	80	通用	2000	2003 年 7 月 31 日
	会易通	CNT-IC-G5	2	80	通用	2000	2003 年 11 月 30 日
	帧中继	CNT-IC-G6	2	80	通用	2000	2003 年 12 月 31 日
	广告卡业务	CNT-IC-G7	2	80	通用	2001	2004 年 3 月 31 日
	上网工程	CNT-IC-G8	3	110	通用	2001	2004 年 3 月 31 日

普通IC卡

序号	名称	志号	枚数	面值	使用范围	发行时间	有效期限
	普通卡P1	CNT-IC-P1	4	200	通用	1997.06	无限期
	普通卡P2	CNT-IC-P2	4	230	通用	1999.01	无限期
	普通卡P3	CNT-IC-P3	4	180	通用	1999.12	无限期
	普通卡P4	CNT-IC-P4	3	110	通用	2001.08	2004年8月31日
	普通卡P5	CNT-IC-P5	4	140	通用	2002.01	2005年1月31日
	普通卡P6	CNT-IC-P6	4	140	通用	2001.06	2005年6月30日
	普通卡P7	CNT-IC-P7	5	210	通用	2001.11	无限期.换磁卡
	普通卡P8	CNT-IC-P8	5	210	通用	2001.11	无限期.换磁卡
	普通卡P9	CNT-IC-P9	5	210	通用	2001.11	无限期.换磁卡

7

电　信　经　营

【概述】

2001年3月19日—22日,中国电信集团公司经营工作座谈会在京召开。会议提出：本年度要以用户为中心，以市场为导向，以客户满意为目标，在注重速度与效益、规模与结构、数量与质量、竞争与合作的统一中加快发展，为实现中国电信集团确定的目标而努力奋斗。

2001年中国电信重点做好如下工作：面向当前市场，认真研究和细分市场，准确定位产品，在激烈的竞争中，有针对性地采取有效的营销策略；量质并重发展电话用户，灵活经营，开展多种方式的话务量营销；加快发展数据及互联网用户，简化上网手续，方便用户上网；采取多种措施加强与社会各界的合作，进一步推动政府上网、企业上网、学校上网和家庭上网，推进信息化的建设；大力开展网络元素营销，开发潜在市场；努力抓好产品结构调整，加大增值业务和新产品的开发力度，发展程控及智能网新功能；提供针对大客户的个性化解决方案；实现电话网、互联网的有机结合，合作开发发展网络应用业务；着眼长远市场，积极培育新的业务增长点，积极推进宽带业务的发展，通过多方向的合作开发宽带应用；通过网络、业务及服务的延伸，拓展海外市场。

中国电信要进一步强化“用户至上,用心服务”的理念，认真贯彻《电信条例》和《服务质量标准》，依法做好经营服务工作。建立服务质量领导责任制，继续抓好“首问负责制”，全面实施面向大客户的“一站服务”，强化对电信运营商的互联互通和接入服务工作，解决服务工作中的热点、难点问题，塑造中国电信良好的服务品牌。建立以市场为导向，对市场反应灵敏的经营管理和运作体系，建立以客户为中心的营销服务体系。电信经营工作要通过不断改革和创新，在机制、组织结构、流程等方面坚持不懈地实践新的工作思路和方法，促进电信经营工作的进一步发展和服务水平的不断提高。

·电话业务·

【中国电信举办全国经营分析培训班】

2001年5月28日至31日，中国电信集团公司市场经营部在广东江门组织了全国经营分析工作第一期培训。根据经营分析工作中存在的主要问题，此次培训有针对性地组织各省的分析员进行了理论和实际操作的培训,缩短各省经营分析工作的差距。培训中,实力较强、分析工作较好的广东和上海等省市介绍了经验,北京邮电大学教授讲解了分析预测业务发展方法。通过这次培训，各省分析员在分析方法和分析能力方面有了新的提高。

【中国电信召开新产品开发工作交流会】

2001年10月30日至11月1日,中国电信在江西南昌召开全国电信新产品开发工作交流会，参加本次会议的有集团公司张继平副总经理、市场经营部、技术发展部、计划部等相关部门人员。

中国电信集团公司市场经营部梁志平经理从中国电信市场经营面临的挑战、全国电信产品开发情况、下一步新产品开发工作的要求等方面进行了全面介绍。会议对开发话源类应用、卡式应用、电话网与IP网融合的应用、宽带应用、视讯类应用等方面进行了新产品专题演示和分组交流讨论。

集团公司的“家家e”、山东的电话彩票、上海的“包打听”、江西的“神通卡”等新产品给与会人员留下了深刻的印象，被认为具有一定的市场推广价值。

会议反映出各省在新产品开发方面的五个转变：一是从单纯地关注技术实现方式、业务的流程，转变为更多地关注用户的需求和营销的策略；二是从提供单一的业务，转变为多种业务的整合；三是从面向统

一的市场提供产品，转变为根据不同的细分市场提供不同的产品；四是从随时防止竞争对手抢占中国电信客户市场的被动防守策略，转变为主动出击，将中国电信的业务开放到竞争对手网内的主动进攻策略；五是从单纯依赖厂商开发新产品，转变为联合厂商共同开发新的产品。

与会人员希望能够尽快建立完善新产品开发工作的相关决策机制、开发机制、评估机制，摸索出一条能够快速反应市场变化的新产品开发工作的流程；对开发的新产品要全国统一品牌、统一包装，以形成中国电信产品的规模效应。

【资费调整对中国电信产生较大影响】

中国电信集团公司受电信资费调整和市场竞争、业务分流的双重影响，2001年中国电信的业务量、业务收入出现两极分化特点：一方面，业务量持续快速发展；另一方面，业务收入增幅仅为5.8%，低于全行业的平均增幅，首次低于全国GDP增幅。

一、业务增幅下降。2000年中国电信的业务收入平均增幅为16%，在尚未调资的2001年1月，业务收入增幅为14.7%。从2月起，全国开始陆续调整资费，电信业务收入增幅便一路下滑：2月为14%，3月为9.62%，4月为8.09%，5月为7%，6月为5.8%。

二、收入大省遭重创。中国电信的收入拉动靠东部，增幅拉动靠西部。2001年上半年，东、中、西部地区的收入增长率分别为5.16%、9.34%和11.47%，比上年同期下降11.9%、13.44%和14.39%。中国电信的利润大省如广东、江苏、浙江增长率为2%左右；北京、上海为4%左右，福建出现了负增长。至6月底，中国电信业务收入实现时间过半、任务过半的仅有12个省公司。

三、国际、国内长途收入出现负增长。受资费调整影响，与2001年同期相比，国际及港澳台电话收入累计下降17.3亿元，降幅为29.1%；国内长途收入累计减少2.7亿元，下降10.99%。

四、拉动收入增长的空间变窄，本地网业务收入增幅减缓。由于资费调整，中国电信的业务收入增长空间进一步变窄，国内长途、国际长途已是负增长，拉动收入曲线走高的因素唯有本地网收入和数据业务收入，它们占收入增加量的比重分别是83%和17%。由于户均收入下降，拉动本地电话收入增长的主要因素来自用户数的增长。资费调整前的1月、2月，本地收入均比上年同期增加了14亿元；此后的4个月，月收入分别增加5.7亿、5.9亿、9.2亿、7.6亿元。如扣除新增用户所产生的收入，实际收入下降1.11%。虽然数据业务在稳步增长，但由于数据业务收入占电信业务总收入的5%左右，且投入高产出低，对总体电信收入增幅的贡献率不大。

【中国电信高端业务流失严重】

2001年，电信业务异质竞争、替代性竞争趋势明显，本地网市场的竞争也日趋激烈。不同网络、不同业务之间的竞争已从一次开发市场向二次开发市场渗透，从用户竞争向话务量竞争渗透，从业务领域向基础网络领域渗透，从单项业务向所有业务渗透。与此同时，固定电话话务量被移动电话大量分流的替代性竞争也逐步加剧。具体特点是：

一、国内电话、国际及港澳台电话等高含金量业务已被竞争分流，导致中国电信此类业务出现负增长。据6月份统计，中国电信国内、国际及港澳长途通话时长分别比上年同期下降11.35%、16.4%、19.9%。网间结算、出租电路收入大幅下降，使其它电信运营商、ISP大大降低了运营成本；中国电信的本地、长途出租电路虽然在数量上分别增长46.1%和62.9%，但收入却分别下降25.9%和3.4%。

二、竞争相对集中在发达省份。广东、江苏、山东、北京、上海等省市的移动电话总数或新增用户数已超过固定电话，移动通信业务量在快速逼近固定网。

三、中国电信的市场份额急剧缩小。1—6月，电信行业收入增长14.7%。其中，中国移动业务收入增长20%，中国联通业务收入增长58%，高于中国电信的5.8%，成为整个通信行业收入增长的主要来源。调资后的5个月中，中国电信的市场占有率下降2.6个百分点，比上年同期下降4.6个百分点，至5月末，中国电信利润占全行业的比重由1月的36.8%下降为28.8%。

随着资费调整和初装费取消，出现了新一轮装机热。各地的电话机线资源不足的矛盾开始呈现。由于收入大幅下降，各级电信企业自筹资金的能力减弱，电信企业普遍面临庞大的建设资金缺口和不同程度的筹资困难。

【安徽电信合肥分公司加强市场营销工作】

2001年，安徽电信合肥分公司根据现代公司制度运行要求，在机构设置、用工制度、岗位培训、营销举措等多方面进行改革与尝试。在加快业务发展的同时，建立起了以市场经营为龙头、由大客户营销服务处、营销中心、客户服务中心和营业处等单位组成的内部营销网络体系，为经营发展提供了有力的支撑。

一、围绕市场，贴近客户，建立完善内部营销机构。对大客户营销服务处、营销中心、客户服务中心和营业处等单位的营销岗位进行定岗定员定编，制订了营销岗竞聘实施方案，成立了竞聘领导小组和考评实施办公室。

二、公平竞争、择优录用，拓宽营销用工机制思路。以大客户营销服务处为例：2001年4月，通过公开竞聘，22人走上了大客户工作岗位，从学历和职称来看比全局平均水平高，从所属人员的专业构成来看，交换、传输和计算机专业人员大幅增加。为增强客户经理的市场意识和营销技能，还聘请了中国科技大学和安徽大学的两位教授为营销顾问。

三、深入调研、掌握信息，有的放矢做市场。合肥电信分公司在全省率先成立营销中心，营销中心分业务、分客户对合肥市电信市场进行了一次全面的摸底调研。主要从宽带业务、数据业务、语音业务、电话卡业务、网吧市场及竞争对手状况等方面着手，广泛收集信息，分类、分项、分层次地对各业务情况进行分析，并提出具体的应对措施和可行性方案。形成了《已开通乙类IP宽带用户分析》、《综合写字楼、已建小区宽带接入分析》、《带宽接入用户分析》、《合肥IP电话市场话务量分析报告》、《17909业务每月分局向费用分析》、《固定电话市场分析报告》、《小交换机单位现状调查》和《郊区市场调研》等调研报告。

四、强化考核、完善流程，有章可循抓管理。大客户营销服务处制订了《2001年大客户服务处联浮工资考核分配办法》、《大客户服务人员业绩档案》、《大客户服务人员目标计划考核》《大客户单位基础档案》等，建立薪酬和个人贡献分配挂钩的原则，有效地激发了营销人员的干劲。在内部流程管理上，出台了《电信大客户服务绿色通道管理办法》，对大客户业务处理流程进行全面跟踪、监督，不仅完善了大客户服务支撑体系，也为大客户三优服务、“一站受理”和“一站购齐”、“一揽子解决方案”提供强有力的保证。

【中国电信与中国工商银行全面开展业务合作】

2001年4月12日，中国电信集团公司和中国工商银行在北京签署了全面合作框架协议。按照协议，中国电信和中国工商银行在通信网络资源使用、业务合作、电子商务、网络结算、融资、代理及新业务等领域进行合作。

中国电信拥有覆盖全国、四通八达的大容量通信网络。网络技术层次稳步提高，骨干传输网普遍采用DWDM、SDH技术，宽带接入网建设取得新进展，互联网国内总带宽达到800G，国际出口带宽达2000M。为使这一网络更好地服务于社会和用户，中国电信采取多种措施优化配置各类网络资源、积极开发各种业务应用，以优良的质量、合理的价格、优质的服务满足各类客户的通信需求。中国电信可从工行获得金融方面的专业服务和更多的信贷、融资支持。

中国电信与中国工商银行两强企业之间开展银企合作，不仅有利于双方在合作中相互促进、共同发展和增强双方在各自领域的竞争实力，而且也通过综合利用双方资源与优势，为各自用户提供更加优质、全面、完善的服务。

【中国电信与国泰君安证券公司签订证券网络建设协议】

2001年4月26日，中国电信与国泰君安证券股份有限公司在上海举行了“国泰君安中国电信证券网络建设暨签约仪式”电视电话会议。中国电信集团公司冷荣泉副总经理、国泰君安证券股份有限公司姚刚总裁出席了签约仪式，确定了双方在国泰君安的网络建设和应用中的合作关系。国泰君安证券利用中国电信公用帧中继宽带业务网和公用数字数据网组建覆盖全国5家分公司和118家营业部的高速广域网，并在该网络上建设新的交易系统和办公自动化系统。

随着我国社会信息化的不断深入，电信公网在网民经济中发挥着越来越重要的作用，中国电信牢固树立“用户至上，用心服务”的观念，采取多种措施积极开发、优化配置各类网络资源，建立强有力的客户服务体系，不断理顺内部环节，提高服务效率，以优良的质量、合理的价格为广大用户提供安全、可靠、快速的网络环境和多层次、个性化的网络服务。在国泰君安组网过程中，中国电信集团把国泰君安证券股份有限公司列为“金牌客户”，为其提供快捷、安全、优惠的组网服务和一点结算服务，在电路高质量、高效率、安全可靠运行方面给予重点保障。此次国泰君安投入巨资建设地面高速通信网络，有利于充分整合和发挥国泰君安企业整体资源优势，增强企业核心竞争能力。同时，双方建立长期全面的合作关系，不仅能够给国泰君安和中国电信带来共同的发展和利益，而且也为双方客户带来更多的收获和便利，从而达到“多赢”的效果。

【中国电信与台湾电信公司加强合作】

2001年6月，经信息产业部批准，中国电信集团公司与台湾的新世纪资通、东森宽频电信和台湾固网三家新公司签订业务合作协议。在台湾除中华电信外，这三家公司是与中国电信首批建立直达通信联系的固网公司。根据双方协议，首先开放两岸间的用户直拨电话业务，再陆续开放专线和互联网等其他新业务。

该协议的签订，标志着海峡两岸的通信能力得到了进一步提高，大大促进海峡两岸的通信发展，满足社会和客户的需求。

【安徽电信与建设银行、华安证券全面合作】

2001年5月15日，安徽省电信公司与华安证券有限责任公司签署合作协议。华安证券是一家总部设在安徽的全国性的综合类证券公司，安徽电信和华安证券的合作，是双方谋求共同发展，实现资源共享、优势互补的一次战略合作。双方充分发挥各自优势，在数据宽带网、163／169网络、电话信息服务、电子商务等多方面进行合作，加快电信业务和证券业务在全省的发展。安徽电信把华安证券作为大客户，为其提供一流的电信服务。

12月22日，安徽省电信公司与中国建设银行安徽省分行签订了合作协议。安徽省电信公司注重做好对大客户的服务工作，建立起四级大客户服务体系，实行项目经理负责制，做到责任到人、包干到人。安徽电信作为商业银行电信业务的提供者，向其提供快捷、安全、优惠的电信服务和各项电信业务；加强在电子商务方面的合作，共同开发IC卡电子钱包业务、外延卡类业务及电信业务增值服务，促进双方业务的延伸。

【青海电信与中行签署话费代收协议】

2002年元月9日，青海省电信公司与中国银行青海省分行在2000年签署全方位业务合作框架协议的基础上又签署了话费代收协议书，这标志着青海电信与省银行企业的合作进入一个新阶段。

青海电信拥有市话交换容量63万门，实装用户46万户。但随着电话的快速普及和发展，电话费缴费难的问题日益突出。为彻底解决电话费缴费难的实际问题，青海省电信公司与中国银行青海省分行签署代收话费协议，以方便全省广大电话用户。

中国银行青海省分行与青海省电信公司双方签署全面业务合作框架协议的一年多来，青海省电信公司顺利完成了中行青海省分行西宁市所有营业网点的组网工作，开通了中行95566电话银行业务，中行青海分行代售青海电信各类电话卡也在顺利进行。

【福建电信与福建邮政开展战略合作】

2001年10月,福建省电信与邮政业务合作联席会议在福建省宁德市召开。双方本着互惠互利的原则，结成战略合作伙伴关系。

双方认为合作有坚实稳固的基础，邮政、电信经营的内容具有互补性，不存在相互竞争问题，邮政点多面广的优势与电信丰富的资源相结合，会促进双方发展。双方表示要尊重历史，放眼未来，尽快解决合作中的遗留问题。省电信公司要求各地市电信分公司按省电信公司与省邮政局达成的合作原则处理好无线IP、电信代办费标准等遗留问题，通过与邮政订立合作协议，进一步理清共同发展的思路，对存在的分歧，双方要根据各地的具体情况，着眼于企业长远发展，各自作出适当的让步,尽快通过协商谈判的方式解决。省邮政局要求各地市邮政局抓好优质服务，加大内部管理和考核力度，切实做好做大代办电信业务。双方表示要进一步扩大双方合作领域的深度和广度，大力发展绿卡打电话、话务转售与批销等业务，根据用户需求，开发新产品和新服务项目。

【北京电信与香港电讯盈科合作首次承诺100%端对端服务】

2002年3月6日，北京电信与香港地区主要的电信运营商电讯盈科签订了一份业务合作框架合同，依照合同的有关规定，双方将合作向京港两地的“京港国际专线”客户首次提供100%端对端服务承诺。“京港国际专线”的经营业务范围包括北京—香港国际专线IPLC、帧中继FR、异步传输模式ATM，传输介质包括国际卫星和国际光缆线路。

百分之百端对端服务承诺的签订是北京电信建设服务型企业，实施合作发展战略，为客户提供优质国际专线服务的一项重要举措。北京电信与电讯盈科共同向客户承诺提供24小时×365天100%的电路可用率保证。“京港国际专线”路由包括北京本地接入段、国内接入段、国际段和香港本地接入段四段线路，根据合同，京港专线电路的可用率是以客户得到的端到端电路可用率作为赔偿对象的。电路可用率是根据每条京港国际专线每月最高的可使用时间减去累计的运营商原因造成的中断时间转化而来的。

根据承诺，如果向客户提供的服务不能达到100%端对端的水平，客户将会自动获得相应百分比的月租费回扣，也就是说，即使客户电路的可用率是99.99%，也会得到月租费的1%作为赔偿。而且服务不能达到承诺的水平的客户会收到有关国际专线的该月可用率报告。

【黑龙江电信与旅游局签署网络合作协议】

2002年3月，黑龙江省电信公司与黑龙江省旅游局签署了合作建设黑龙江旅游网的协议。黑龙江省电信公司凭借其实力、网络覆盖能力以及业务功能和技术人才优势，为该省旅游行业提供全方位的网络接入、技术咨询等服务。省旅游局以黑龙江旅游网为基础，按照统一的网络架构，建立起具备旅游信息采集、加工、处理、信息交互以及有关审核、监督、信息统一发布、电子交易等功能的全省旅游信息网络和电子商务平台。

【四川电信与四川石油管理局通信公司签订合作协议】

2001年7月，四川省电信公司与四川石油管理局通信公司签订战略合作协议。根据协议，五年内双方在话音、数据、图像、多媒体通信服务等领域展开全面合作。

四川石油通信公司拥有专用通信网络。该网络涉及四川、重庆两省、市的30多个县、市，用户约有7.6万户，是通信使用量大、电信运营商激烈争夺的大客户之一。四川电信以优质服务和网络优势赢得了用户的信任。四川电信公司把石油通信公司视为重要集团客户，向其提供优质、优先、优惠的服务。

【成都电信与成都邮政签订合作协议】

2001年10月，成都电信分公司与成都市邮政局正式签订战略合作框架协议，结成战略合作伙伴关系。双方本着平等互利、优势互补的原则，整合双方的网络资源和营销资源，开展广泛的合作。

成都电信与成都邮政合作的第一步，为邮政储蓄260多个营业网点代收成都电信固定电话费，以方便广大用户特别是成都14郊县广大农村地区用户缴纳电话费。随着条件的成熟，成都电信还将委托成都邮政代理长话清单投递业务；开展市内电话、长途电话、公用电话、公用电报等代办业务；代理电话装机、代维电信设备等业务；代售各种电话卡等。作为双向合作，双方互相视为大用户，并给予相应优惠政策；同时双方可将各自营业厅富余的空间（如郊县营业用房）以最大优惠提供给对方开展各项业务；同时双方都有互相开展专业培训的义务，以确保双方各自业务的顺利开展。

【江苏常州电信力拓虚拟网市场】

2001年，常州电信把发展虚拟网业务作为营销重点。以富有“个性化”的方式大力拓展虚拟网业务市场，既优化了通信网络，为发展程控电话新业务创造了条件，也受到了诸多拆机并网集团用户的好评。

他们列出了全市前100位小交换机用户，并在重要集团客户中排出了前100名长话业务大用户，作为虚拟网业务的重点发展对象。针对有的小交换机用户单位对费用的担心，他们出台了小交换机改制用户初装费、中继线优惠政策；根据用户对虚拟业务功能的不同要求，对虚拟小交换机各种功能进行开发、测试和论证，先后开发并推出话务转接、秘书功能、无应答回叫、内部分机编号等12种受市场欢迎的新功能，他们还及时跟踪企业变化，为每一个有意向的用户度身订做虚拟小交换机的可行性报告。常州电信已顺利发展了新江南大饭店、迎春大酒店、新科永安磁电设备有限公司等单位虚拟网电话六百多门。

【广东电信汕头分公司与汕头广电共建“视信在线”网站】

2001年11月26日，广东电信汕头市分公司、汕头广播电视局合作共建“视信在线”网站。“视信在线”是集广播、电视、宣传及大众娱乐于一体的综合性门户网站。网站以中国电信汕头宽带网为骨干网，最大限度地整合了广播电视和各类新闻、专题、文艺等节目资源，提供音频、视频节目点播等互联网服务。汕头市电信分公司充分利用已经建成的高速率、大容量宽带城域网，为“视信在线”上的新闻点播、影视点播提供平台和技术支持；广电局则以其内容丰富的节目源、信息源以及媒体营运经验，为“视信在线”的业务市场拓展提供保证。

“视信在线”网站的建设，打破了电信和广电的行业界限，充分发挥了双方在各自领域所拥有的专业优势，实现了资源共享、强强联合，大力推进汕头信息化建设的进程。

【北京电信建设法院系统和星级酒店宽带网】

2001年9月12日，北京市电信公司与北京市高级人民法院签订了宽带项目协议。北京电信为北京法院系统新构建的宽带城域专网是“三网合一”的全光纤网络，传输速率是原有网络的30倍、达到2M以上，适应了传输宽带化通信发展潮流，能够满足法院系统中、长期的通信需求。专网在2001年10月初步建成并投入使用。北京市法院计算机网络宽带网是北京电信公司推动“数字北京”的一项成果，也是全国法院系统中技术应用最为先进的专用网络。

北京电信建设的这一宽带专网使北京的22个法院和下辖的56个人民法庭实现审判信息的沟通以及对法官的网上培训等。在北京电信提供的宽带专网上，各级法院可以快速实现审判数据的录入和汇总，提高法官为百姓办案效率，方便了对法官的随时培训，同时，还为上级法院监督下级法院的审判质量和效率提供了高效、便捷的手段。

2001年11月,北京电信酒店综合管理系统投入试运行，开始为前门饭店、建国饭店、香山饭店、亮马河大厦等15家星级酒店铺设信息宽带高速路。北京电信自行开发的酒店综合管理系统，把酒店资源管理、酒店计费等功能与视频点播、视频会议等新技术、新业务集成到一起，为星级酒店提供科学、可行的宽带商务综合解决方案。

【江苏电信成功组建武警、水利、公安等传输专网】

2001年7月,江苏省电信公司以网元出租方式组建的江苏武警边防通信专网建成开通。至此，江苏电信已相继成功地组建开通了全省水利、公安、法院、海关、烟草等一系列传输专网，出租2M电路85个，初步形成了江苏电信网元出租和信息集成服务品牌效应。

江苏省电信公司在推进网元出租业务中，充分发挥网络资源优势，积极推广解决方案式服务，做到一点受理，调度从速，服务从优。通过了解各类客户的需求，针对客户的特点，制订完善的技术方案，确定合理的价格策略，安排强大的施工力量，编制详尽的工程实施计划，提供规范的售后服务等，赢得客户的信赖。在省水利专网业务竞标中，省电信公司组织电信传输局网络专家、传输专家，精心编制了可以满足客户数据、语音等多方面需求的组网方案和投标书，在激烈的竞争中一举中标，在汛期到来之前优质、高效地建成了省水利通信专网传输平台，为全省抗洪抢险指挥工作提供了通信保障。

为了大力推进网络元素出租业务，江苏电信实行内外“两手抓”。对内着重抓好网络资源集中管理，针对电信网络规模不断扩大，多种技术层次、不同制式、不同规格设备和线路错综复杂以及电路、光纤、管道等资源调配上的实际情况，采取分专业、分级管理的方式，摸清网络资源，整理基础数据、原始资料，把网络资源管理系统纳入到企业综合管理网，建立起一整套管理制度。对外抓好优质服务，专门制订出有关专网的维护管理办法，组织专门人员维护，定期征求客户意见，及时改进工作，确保专网安全、可靠、高效的运行。

【山东电信与山东法院签订系统广域网络工程合作协议】

2001年6月,山东省电信公司与山东省高级人民法院在济南举行法院系统广域网络工程合作协议签字仪式。双方商定，共同构建一个以省法院为核心，连接省市县三级法院系统的宽带信息网络，实现资源共享、网上办案监督以及办公自动化，快速向“网上法院”和“数字化法院”迈进。

山东电信重视网络建设，数据及多媒体通信网络通达所有乡镇，网络安全性能高，成功地为全省四十多个行业、部门组建了各自的信息化应用系统。此次构建的法院系统广域网，采用了最先进的“三网合一”技术，上连最高法院，下连省内各级法院共164个节点，网络规模居全国首位。该网络系统为各级法院实现政务办公自动化、远程会议、智能法庭、利用VOD点播实现多媒体信息资源共享等应用和实践提供保证，并在联网基础上建成统一的全省法院业务平台，实现审判流程微机化、网络化管理，进行网上办案和监督。

【深圳电信确立进攻型运营策略】

2001年以来，面对电信市场全面开放、固网话务量的严重分流以及宽带业务领域展开竞争的形势，深圳电信采取了加快放号、数据专线提速等八大措施，使营收增长率由3月底的-4.46%提高到7月底的-0.01%，与2000年同期基本持平。根据广东电信的统一部署，深圳电信强调通过保收入大会战学会竞争与经营。以“让每颗螺丝钉在深圳电信这架机器上闪闪发光”的口号，动员全体员工认识企业使命和员工职责，开动脑筋，为创造利润出谋划策。

深圳电信在“保收入大会战”中确立进攻型运营

策略，提出通过打好客户阵地战、长话反击战、待装歼灭战和本地话务量经营等战役，力争市场份额并实现营收的大幅增长。公司成立了会战领导小组、业务小组、支撑小组，把主业和实业进行捆绑，通过每周例会制度、会战进展周报制度和挂钩奖惩制度等予以保障。公司通过倒推分解方式，把各项业务收入指标缺口分解到每个月、每个局、每个机楼甚至每位员工。对技术支撑部门也提出相应时限和数量指标，并制订了奖惩办法严格考核，切实在每个环节提高效率，把措施落到实处，为企业增加效益。

在竞争激烈的长话领域，公司有针对性地借助社会力量，发展虚拟运营商和代理商，进一步巩固和扩大市场。在开放的数据业务市场，则向客户提供完善的解决方案，确保网络资源及时到位，争取大客户。公司还采取灵活多样的营销措施，拉动商企客户需求，并充分利用网络综合优势夺回流失的客户群。公司强化“西瓜芝麻都要”的精耕细作策略：通过网络组织、满足市场争取营收；同时强调积腋成裘，捕捉每个细分市场。公司严格规范用户资料和数据的管理，从制度上杜绝了产生无权话费的可能；抓好200专用电话选点、布点工作，保证单机产值不低于50元／月；加强IC卡话机的维护管理，确保IC卡话机完好率在98%以上。公司还借助大会战的有利时机，理顺企业内部的业务管理，堵住跑冒滴漏，优化生产流程，向集约化管理要效益。

【江苏电信常州分公司促销巧打“季节牌”】

江苏常州电信分公司抓住不同时机，适时推出适应不同消费群体需要的营销策略，收到很好效果。

2001年年初，常州电信在多媒体业务的发展上，确定了因时而异抓促销的策略。他们先后抓住“春节”、“五一”、“5·17”、“暑期”等几个重要时段，分别推出了“重磅”促销活动：“迎新春”优惠活动，对当月采用主叫方式上网在两小时以上的用户，送1小时上网时间；迎“五一”163新用户上网送时长优惠活动；暑假期间，为挖掘学生用户群，推出“暑期上网包月优惠活动”。为配合各种促销活动，他们不断加强业务宣传力度，把宣传重点放在多媒体新业务的介绍和普及上，特别注意超前引导，利用地方媒体及“电信信息港”等进行反复宣传，联合代理商进行辐射性推广，将宣传面扩大到郊区及乡镇。

为了增强多媒体业务的吸引力，常州电信对网上应用项目进行开发和推广。他们推出的“中国电子口岸”业务，很好地适应了海关、工商、税务及全市500个进出口企业的需要，用户通过该“口岸”可以快捷地办理企业涉外贸易报关手续。这项业务开放后，仅2001年6月份就受理开通17999上网卡352个，完成业务收入85万元，经济效益显著。为稳定已有的用户群、挖掘新的业务增长点，他们陆续推出网上炒股、网上教育两条热线，并和上海天亿电子商务网络有限公司联手，以免费出租网络炒股机的方式，大力推广网络炒股新业务，使得没有电脑的用户也可以上网炒股，有效地满足了用户不同层次的消费需求。

·大客户经营·

【概述】

2001年，在中国电信市场竞争形势日益激烈的同时，电信业改革重组的势头一浪高过一浪。在这种大环境下，中国电信大客户服务始终坚持“用户至上，用心服务”服务理念，紧密围绕集团客户需求，以客户为中心，逐步理顺服务体系，加强集团客户营销体系、技术支持体系及计费结算支撑体系的建设，有效地实施了一站服务，改善服务手段，提高服务效率和水平；为客户提供个性化、综合化、解决方案式服务；进一步建立了良好的客户关系，培养并提高了客户的

忠诚度。

（一）面向集团客户的一站服务涉及各级服务部门，为理顺各级服务体系，重点落实省、业务大省的体系，目前，全国各省(自治区、直辖市)都已成立了面向集团客户的专门服务机构，人员也陆续补充到位；集团公司的一站服务流程、一点结算工作已较好地在各省运转起来。

（二）强化服务体系内部沟通，统一思路。结合部分省（市）经营分析会、全国大客户营销工作电视电话会、全国集团（大）客户服务机构经理培训会等，探讨中国电信大客户营销服务工作的思路、营销理论与实践、其他运营商大客户服务经验，同时学习各类客户解决方案、典型行业解决方案，推出集团客户营销服务的思路和措施。

（三）在进一步理顺各级服务体系及各级服务体系良好运作基础上，积极调度开通集团客户租用电路。2001年1-12月份，在各省（区、市）集团客户服务部门配合下，受理电路3580条（含多点受理电路2789条），开通电路3562条（含多点受理开通电路2783条），在要求时限内开通电路3305条（含多点受理开通电路2783条）；开通率99.5%，开通及时率92.8%（若不含多点受理电路，则开通及时率为67%）；协调开通疑难电路106条，全年完成业务收入约4.9693亿元（月租费），完成一次性费用收入891万元，协调网络建设运行部为中国银行、泰康人寿保险、沈阳恒业、深圳斯坦福、平安保险开通95短号码业务及协调测试电路、调查费用等。妥善落实客户咨询、投诉267件。在资源紧张、时间紧迫的情况下，积极协调，精心组织，快速、高效满足客户紧急需求，树立中国电信服务品牌，赢得了客户，赢得了市场。

【中国电信全力确保申奥通信畅通】

2001年上半年，中国电信全力配合做好北京2008年申奥通信保障工作。组织成立了大客户服务部和北京分公司有关人员参加的申奥项目小组，研究设计了通信保障解决方案，紧急协调开通了申奥所需电路，确保了几次北京、上海和青岛申奥现场联调工作，使北京、上海和青岛申奥现场陈述顺利进行。7月申奥项目小组在抵达莫斯科的短时间内与相关部门人员密切配合，迅速搭建了连接北京奥申委三个驻地的局域网络，完成了从提供IP电话、交互式会议电话系统到接入CHINANET等一系列通信保障工作，并提供了24小时的技术支持，得到了北京市奥申委的高度赞扬，取得了极好的社会效果。

【中国电信不断推进新模式的创新服务】

一、中国电信在不断发展大客户的同时，积极进行服务创新，推出了分级组网、代管代维、等级服务等新的服务模式。积极探索电信业和房地产业的服务合作模式，开拓小区宽带接入市场，自中国电信与中房集团签订协议后，双方为协议的落实做了大量工作，组成了调研小组对梧州、广州、深圳、武汉、郑州等地进行了调研，同时会同北京电信对中房在北京的朗琴园试点小区进行了多次协商，确定接入方案和经营思路。

二、积极创新，推出服务商类客户分级组网代管代维应用新模式。随着集团客户需求的变化，网元出租业务正在从单纯出租网络元素向为客户提供全面解决方案的个性化服务发展，通过市场细分及研究，根据客户需求推出以中企网、深圳卫星公司等服务商类客户为代表的利用中国电信的电路组网、同时又将设备托管在我方机房的长期合作新模式，为客户的需求提供了个性化的解决方案及优质的服务。

三、重点推进面向集团客户的新业务。短号码业务无论从话务量营销，还是大客户服务的角度均显示其重要意义。中国电信积极推进集团客户的新业务，一方面积极就实施中的局数据、智能网能力、故障处理等问题与相关部门进行协商、探讨，另一方面积极满足集团客户在短号码方面的需求。2001年，已先后与北京掌中信息技术有限公司、中国人寿保险公司、交通银行、中国农业银行、华夏银行、泰康人寿保险股份有限公司等多家客户签订了短号码接入服务协议。

四、重视与其它电信运营商的互利合作。其它电信运营商是中国电信的比较特殊的重要集团客户，它们即是客户，又是竞争对手，为做好此类客户的服务工作，集团大客户部特成立运营商服务部，策略性地积极有效地开展工作。同时积极探索与国外电信运营商单点服务合作方式，先后与日本、韩国、新加坡及香港等电信公司进行了交流，并逐步实施国际一站服务。

【中国电信加强集团客户市场细分和市场需求预测　建立稳定的客户关系】

随着政府的不对称管制以及其它电信运营商实力的增加、不断地造势、不计成本降价，集团客户对运营商的可选择范围增大，集团客户市场日益成为各电信运营商竞争的焦点。如何保持并增强客户忠诚度，进一步建立有效的客户关系成为集团客户服务工作中需要解决的重要问题，随着集团客户需求的不断变化、市场竞争的日益激烈，这项工作就显得尤为重要。2001年主要进行了以下工作：

（一）做好集团客户市场细分，加强客户分析，市场调查，把握重要客户个性化特点，掌握客户深层次信息，服务中有的放矢，有效开展工作。组织开展对集团客户市场的分析研究，在对全国集团客户进网现状及潜在客户细致分析基础上，主要对运营商、证券行业、保险行业、ISP类客户、政府、国企类等重要集团客户进行了市场细分，初步了解了客户的行业特点及需求特点，对客户的需求进行了预测，并制定了相应的市场策略，充实完善了2001年度集团客户营销计划，以此做为开展集团客户市场营销工作的依据。

（二）2001年，走访并跟踪了政府、金融、运营商、国企、外企、新闻机构、教育科研等行业的159家重要客户，其中60多家已提出明确的进网需求。与深圳证券卫星通信有限公司、国信证券有限责任公司、中国银河证券有限责任公司、通用电器（中国）有限公司、中元金融数据网络有限责任公司、中国人寿保险、华为技术有限公司、交通银行、中企网络技术有限公司、总参通信部、北京掌中信息技术有限公司、国际商业机器中国有限公司、中国房地产开发集团公司、思科系统（中国）网络技术有限公司、奥申委、吉通公司、联通公司、中国移动等44家集团客户签订了63份协议。为福利彩票、中企网、招商银行、上海证券交易所、奥申委通信保障方案、图象传送方案、中办机要局、国家地质局、中房集团小区接入、银河证券、证券结算中心等集团客户提供了个性化的解决方案。通过对集团客户的走访、回访、技术支持，建立了比较牢固的客户关系。

（三）把握机遇，开展有针对性的促销活动，进一步促进已入网客户的升速及潜在客户的入网。通过《中国电信客户通讯》、集团客户服务网站、定期客户回访等方式进一步完善客户界面。采取亲情式服务方式，强化客户关系。一年来，多次举办大型的客户活动。

【中国电信大客户服务部进一步加强技术支撑体系建设　改善服务手段】

（一）在全国范围内初步建立快速信息系统，加快了客户服务体系间的信息沟通，加快服务工作中各类业务通知单、业务管理办法、协议、情况通报的传递速度，提高了体系运作的效率。建立了适于集团客户市场营销的解决方案库，丰富了行业解决方案资料，为各省客服体系提供技术支撑。

（二）组成项目小组促进集团客户业务处理过渡系统进一步完善。目前，过渡系统已投入使用，服务手段的不断完备提高了我们处理日益增加的业务需求的能力。

（三）组织相关人员赴广东等省（市）进行了“集团客户CRM和一站服务处理系统业务需求和业务模型研究”课题的相关调研，与各相关厂家及大型集团公司就集团客户服务客户关系管理的业务模型、技术方案等进行了交流。目前课题的《业务需求》、《建设方案》、《业务规范》、《技术规范》四部分内容已进一步完善。该研究项目的完成将为我们集团客户关系管理提供有力的支持。

（四）配合市场需求，为中办机要局、水利部、公安部、电科院、中宣部、中国银联等集团客户提供个性化、综合化解决方案，得到客户好评。

（五）为提高服务队伍整体技术业务水平，组织实施了中心客户经理及全国大客户经理技术交流培训，并初步建立全国虚拟的技术支撑队伍，为各省客户服务部门提供有力的技术支持，发挥客服体系的整体优势，互为支持，快速响应，在多次集团客户招标中应标。

（六）在中心服务器上建立公用空间，建立了解决方案共享资料库；安装网络资源调度系统，实时了解网络资源状况，加快了资源调查过程；进行了中心内部电子邮箱服务系统的升级准备工作，进一步提高办公效率。进一步保证中心与天银大厦全国计费结算中心之间的会议电视系统的良好运转，确保高效及时处理公文、及时沟通信息。

【中国电信计费结算支持体系建设进一步加强】

在中国电信集团公司面临变革的2001年，全国计费结算中心排除各种困难和干扰，全面完成了各项生产任务，并取得了前所未有的发展。对全国各级计费部门的技术业务和生产管理方面的指导显著增强；对集团总部尤其是市场部门的数据提供和数据分析的支持力度明显加大；国际通信业务和智能网业务的计费结算生产流程管理进一步得到加强。

一、对集团总部尤其是市场部门的数据提供和数据分析的支持力度明显加大

一年来，全国计费结算中心以国际业务和智能网业务数据为基础并尽力调动其他数据资源，为集团总部尤其是市场经营部提供支撑。智能网业务的月度分析质量愈来愈高，并针对特殊情况，完成了5个专题分析，受到了相关人员的好评。根据客户需求，完成了两个800客户的话务特性的分析。采用多维分析的方法，为国际业务的分析提供了丰富的结果。为年初上市、年底重组提供有关业务数据。为财务和统计处提供了有效的数据支持。

二、国际通信业务和智能网业务的计费结算生产流程管理进一步得到加强，并取得了一定的成效

智能网集中计费系统尤其是前端SSP采集系统通过一年的生产实践，全国中心对各省公司的技术业务的指导和生产流程的管理控制，达到了网络通畅，数据准确，处理及时，全年处理智能网话单3.3亿张6.7亿分钟。另外200业务漫游结算2001年10月顺利退网，几年来相关工作未出任何差错。

2001年，国际通信摊分业务以建立合理的生产流程和清理2000年上半年的欠费为工作重点，国际摊分全年处理量14亿张约40亿分钟，国际摊分结算实收1.8930亿美元。上半年理顺了国际出入口局、全国中心、集团国际处和集团会计处的生产流程并下发了相应的规范，促进了国际摊分帐务的交换速度，重塑了中国电信在国际电信行业的形象。下半年以催收欠费为重点。共收回2000年及2000年以前的欠费1.5762亿美元。

三、计费结算队伍技术业务素质有较大提高

为了适应不断变化的电信市场环境，提高计费系统的支撑力度，做好目前的工作，提高计费结算队伍的综合素质，2001年组织了大型服务器系统、网络和数据库的技术培训60人次约1200学时。除了部分参加客服组织的每周的培训外，组织了相关技术业务培训12次，取得了较好的效果。同时鼓励员工利用业余时间参加社会组织的外语、计算机、财会和管理等学习。

四、计费结算中心的生产能力有较大提高

1、智能网计费结算和国际通信摊分结算系统扩容两大工程均优质高效，当年施工，当年投产，保质保量，工期短，见效快，受到了集团公司计划、建设、市场等部门的一致好评。使领导和相关部门满意，使用方满意，各厂商满意，各方具有今后进一步加强合作的强烈愿望，最终形成运营支撑系统建设的良性循环。

2、处理能力快速提升。两大扩容改造工程验收后，全国计费结算中心设备综合处理能力较之从前极度薄弱的情况提高10倍以上，初步具备了总部一级大型计费、数据处理中心的手段，为更好地完成支撑任务打下了坚实的基础。

3、市场经营工作的支撑手段明显增强。大容量的设备确保全国计费结算中心能够承接重要的临时性支撑任务（如全国IP电话集中计费漫游任务，在全国一点完成全国各本地网的漫游结算工作），并迅速形成生产能力；在国际通信专业兴建的电信市场经营决策支持系统将国际通信全业务纳入总部直接管理的支撑范围，可以解决国际业务全部市场预测、经营分析工作。这一系统的成功建设，标志着中国电信在相关领域的运行维护水平较之国内其他运营商至少领先1到2年的水平。

【中国电信召开全国大客户营销服务研讨会】

2001年9月5日，中国电信全国大客户服务营销研讨会在深圳召开，各省电信公司大客户服务部门的领导和相关人员参加了会议。会议期间举办了大客户营销的系列专题讲座，由复旦大学管理学院的教授介绍了“服务营销在电信运营中的应用”；和记环球电讯工程总监等介绍了“和记电讯大客户营销策略”；集团客户服务中心介绍了“大客户行业解决方案”，提出大客户营销应“认清环境，知己知彼，确立目标，高效经营”的经营思路；华为公司介绍的IP－HOTEL商业网解决方案，是为集团小交换机客户提供包括话音在内的综合业务解决方案的典型案例，并为此项工作开创了新的思路。

会议代表就大客户工作的有关热点问题进行了深入研讨，结合电信业实际情况提出了大客户管理的几条重要定律，客户管理的价值，大客户与普通客户的差异管理等概念。通过研讨交流，进一步使各级大客户服务部门认识到大客户工作的重要性，明确了扩大大客户的营销服务范围、减少和控制客户流失、完善绿色通道和一站服务、通过激励机制稳定客户经理队伍的重要意义。

【甘肃电信聘任电信公司高级客户经理】

2002年初，甘肃电信公司加强大客户营销服务工作，公司首次聘任了12位电信公司高级客户经理。公司提出，全省电信各级企业都要明确客户经理在企业经营工作中的重要地位和职责，抓好大客户营销服务工作。要认真研究目标市场，提高经营工作的内涵，要切实提高大客户经理队伍的整体素质，做好大客户经营服务工作，不仅要为大客户解决问题，还要当好大客户的通信参谋，主动超前为大客户制定通信发展规划，做大客户可信赖的合作伙伴。

【宁夏前200名大客户被列为电信公司级大客户】

2001年3月初，宁夏电信公司决定将宁夏移动通信公司等全区前200名大客户列为区公司级大客户。具体管理方式为：

（一）、区公司级大客户享受区公司统一制定的各项优惠政策及待遇，每年按收入情况调整一次。

（二）、属于银川地区的区公司级大客户，由区公司市场经营部集团客户服务中心（大客户服务处）全面负责服务和业务受理工作，提供全方位的“一条龙”服务；属于吴忠、石嘴山市的区公司级大客户，由分公司大客户服务部门按照集团公司集团客户服务业务流程进行业务受理，全面负责日常服务工作。

（三）、各分公司大客户服务部门每月要将区公司级大客户的电信业务费用情况报至大客户服务处，以确保向集团公司的数据上报工作按期完成。

（四）、在大客户服务处建立区公司级大客户的档案资料，指导各分公司的大客户服务工作，并进行检查和考核。

【苏州电信为集团客户实施“红缆工程”】

江苏电信苏州分公司从竞争形势和市场环境出发，把为集团客户服务放到应有的战略高度，全面实施“红缆工程”。到2001年6月,已完成了银行、证券、保险、金融等行业以及重点客户800多个网点的数据专线改造。在实施“红缆工程”中，苏州电信分公司采取了许多有效的措施。

一、集团客户数据专线采用红电缆入户。将集团客户数据线路交接箱至用户的一段线路采用小对数专用红缆，该红缆只用于专线，其它业务不得占用，以此保证线路质量，杜绝误拆、误移现象，同时保障发生障碍时的快速查找、排障，以缩短修复时限。该项工程自1997年起在苏州市工商银行试点，1999年开始全面实施。

二、用户端加装数据终端接线盒。与红缆入户设施相结合，苏州分公司为全市数据用户加装了自行设计具有测试功能的数据终端接线盒，该接线盒提供绞线及断开功能，用户操作方便，数据网管人员能立即判断是线路障碍还是其他原因引起的障碍。

三、引导集团客户采用普通电话或ISDN电话作为数据专线的备用通信手段。并根据实际，制定了对专线备份电话的优惠政策。

四、对一些特别重要的数据电路，在本地网内提供端到端的备用专线电路。对证券、银行等集团客户的高速电路采取数据电路备份方式，备用数据专线的本地网段落的月租金实行优惠措施。

五、开展集团客户的网络优化活动。对采用光端机接入2M中继和HDSL等接入方式的集团客户的骨干中断可靠性特别重视，提供第二路由的应急备份手段。2001年又开展以提高集团客户维护水平、降低故障率、提高安全、保密、可靠为目的的网络优化活动，对重要客户采取全程双路由保障手段，并更新旧设备。

【成都电信为大用户提供全面解决方案】

2001年4月5日，成都电信分公司与四川省政府所属金牛宾馆共同签订了共建市话模块局协议书和成都电信宽带多媒体网络协议书。

金牛宾馆原有内部小交换机1000门，已使用13年，由于故障逐年增加，通话质量受到严重影响。随着金牛宾馆内部设施的改造，规模不断扩大，原有的小交换机已无法满足接待需要。成都电信为其提供了全面解决方案。

新建金牛宾馆模块局初期容量为2000门，宽带信息点600个，整个工程建成后，现有的用户交换机用户将全部改为公网市话用户，新建模块局提供内部通话不计费、话务台功能、酒店管理功能、保密功能等，以保证金牛宾馆政务接待的需求。宽带业务满足各位宾客高速上网的要求，并为演示会、发布会等各种大型会议提供高速、快捷的接入方式，通信能力全面提升。

·互联互通·

【概述】

2001年,中国电信的互联互通工作完成了各项预定任务,取得了良好的业绩。

(一)加强对电信管制的研究,密切与政府管制部门的沟通与联系,积极参与政府政策的制定,为中国电信争取有利的互联互通政策环境

2001年,信息产业部修订了互联互通的一系列政策。由于提前启动课题研究,在制定《电信网间通话费结算办法》、《网间主叫号码的传递》等规定的过程中,中国电信能提出有说服力的意见,争取到收发端分别结算、IP电话在落地端结算、网间主叫号码传送等较为有利的政策。

为跟踪研究国际上互联互通政策的新动向,超前研究我国电信管制部门所关注的重点,争取相对有利的互联互通政策,集团公司组织并完成了《非捆绑网络元素项目及开放策略》、《电话网平等接入研究与实施策略》等软课题的研究和审定,《非捆绑网络元素的成本测算》的研究报告也已形成。

随着电信市场竞争的加剧和移动公司IP电话业务的推出,从政策上突破发端入网和IP电话不能呼叫移动用户等限制,已成为中国电信拓展新的市场空间的迫切需要。从2000年末开始,在长达一年多的时间里,中国电信从技术方案论证到经济关系分析,从调查基层情况到了解其他运营商观点,反复向信息产业部陈述意见,并抓紧开展有关工作,终于促成受端入网和允许IP电话呼叫移动用户等政策的出台,在优化政策环境方面上取得了重大突破。

(二)按时完成互联互通工作任务,保证运营商的互联需求得到充分满足

根据集团公司的统一部署,各级电信公司克服各种困难为其他运营商提供网间互联和网间业务开放,全年为其他电信运营商新开通的网间业务达到20多项,运营商互联需求满足率达98.3%。尤其是及时实现了与联通CDMA网、铁通固定本地电话网、国内长途电话网等3个新建网络的全面互联,受到信息产业部和其他运营商的充分肯定。

(三)确立了把互联互通当作业务,利用网络的互联实现业务和市场拓展的新策略

为贯彻以网络互联实现业务拓展的工作策略,中国电信在与中国移动、中国联通、铁通公司签定的协议中都明确了在其网络上开放中国电信IP电话和长途电话等业务,为市场部门的业务拓展创造了必要的条件。目前,很多省已在其他电信网开放了我方的业务,取得了较好的经济效益和社会效益。如江西省自2001年6月在移动和联通网上开放17909充值业务以来,截止2001年11月底,已发展用户18万户,实现业务收800多万元。

(四)抓住热点和难点,妥善解决影响互联互通工作质量的深层次问题

2001年集团公司在调查网间结算欠费情况时发现,全国欠费金额高达25亿元。为此,集团公司及时对压缩欠费工作做出部署,要求各地加大清缴欠费的力度,尽快解决网间结算拖欠问题。为解决部分重点地区的突出问题,集团公司于11月下旬与中国移动组成联合工作小组,赴广东和湖南两地进行实地调研,协调处理了双方的争议问题,使这两个省的结算工作迅速打开局面,久拖不决的欠费问题基本得到解决。各省级电信公司也采取多种行之有效的手段解决结算欠费问题,取得了很大的成绩,据统计,截止到2001年12月底,各省追缴的网间结算拖欠费用约20亿。

在制止违规竞争方面,针对其他运营商赠送专用拨号器、跨本地网放号、以专网名义和违规资费标准发展用户等不正当竞争问题,集团公司与省级公司及时要求政府监管部门进行查处,并致函相关运营商,要求纠正违规,公平竞争,共同维护电信市场经营秩序。经过交涉,违规使用拨号器和跨本地网放号等不规范经营行为受到有效遏制,中国电信的市场经营环境也得到一定程度的改善。

(五)健全队伍,完善制度,加强培训,努力完善互联

互通的工作体系

一年来,中国电信从建立互联互通专门机构入手,以组织落实运作规范为目标,积极稳妥地推进互联互通工作体系的建设。目前,已基本形成集团公司和省级公司两级管理,集团公司、省级公司和地市公司三级实施的互联互通组织结构,呈现了上下衔接、层层落实的工作局面。

在组建队伍的同时,各级互联互通部门还注重做好政策理论和技术业务知识的培训,以求提高认识,转变观念,把握政策,提高水平。2001年集团公司先后举办了两次全国范围的培训,参加人员达150多人。

为促进信息交流,集团公司采取下发文件和启用97纵向系统等多种手段,及时向各省传达政策规定、协议谈判、实施进度、工作经验等信息,有力地促进了互联互通工作任务的顺利完成和工作水平的提高。

在对内建立规章制度、对外签定互联协议方面,探讨形成了互联管理办法、工作报告制度、互联规程等规章制度的基本思路和素材,签定了《中国联合通信有限公司与中国电信集团公司网间互联及结算框架协议》等12个集团公司级互联互通协议。

此外,中国电信还初步建立了互联互通业务分析模型,对网间呼叫流量流向、网间结算等量收情况,以及同城特例等进行分析,为相关决策提供参考依据,实现了对互联互通运营管理的有益探索,为今后分析工作的深入和完善奠定基础。

【中国电信高度重视互联互通工作】

2001年中国电信积极开展互联互通工作，使全国电信互联互通工作有了很大进展。

中国电信集团公司高度重视互联互通工作，周德强总经理要求各公司领导要高度重视互联互通和接入服务工作，及时提供网络互联和平等接入，认真处理好与其他电信运营商的良好合作、共同发展关系，以优惠的价格、优质的服务，及时提供互联互通和平等接入。中国电信集团公司还要求把互联互通和接入服务当作发挥国家通信网效能、提高社会效益的重要工作来抓，与其他电信运营商在公平竞争中共同促进我国电信事业的繁荣与发展。

中国电信要求各地企业,严格按照《电信条例》和政府监管的要求，完善内部运作流程，保质保量及时完成互联互通工作。建立由上而下的运营商服务体系，配备专门的人才和机构负责此项工作。集团公司副总经理张继平多次带队到联通、吉通、网通等公司了解互联互通情况，把他们的互通要求带回总部，研究解决办法。集团公司专门召开互联互通工作会，提出转变作风，改变形象，把互联互通工作当成一项业务来经营。

中国电信集团公司先后三次向下属企业发出传真电报，要求各地积极开展互联互通工作。集团公司专门成立互联互通部，配备了优秀的管理人员从事互联互通工作。上下一致的努力使中国联通公司与中国电信联不上、联不通的问题得到基本解决。

【中国电信与电信运营公司互联互通恳谈会在北京召开】

2001年3月19日，中国电信集团公司在京召开互联互通恳谈会，听取电信业七大运营公司对中国电信互联互通工作中的意见和下一步工作的建议。中国电信集团常小兵副总经理、张继平副总经理参加了会议。常小兵副总经理提出在新的竞争环境下，中国电信与各电信运营公司要采取既竞争又合作的“竞合”策略，对内强化管理、对外广泛征求意见的方式，使互联互通工作细致化、深入化。以积极的态势推动互联互通工作，为电信市场引入竞争、促进发展创造良好的基础。各运营公司对中国电信集团重组以来，在互联互通中观念的转变、工作力度的增强表示了肯定。同时也提出了一些具体问题，主要是业务开放时限、IP电话接入点及覆盖范围、中继线的合理配备等问题。张继平副总经理对各问题进行了逐一的答复或说明。关于业务开放时限，中国电信集团公司已要求下属企业对所有原企业总部间已达成协议、且双方具备开通条件的，在2001年3月底前全部完成；鉴于信息产业部将IP电话列入互联互通范畴，并进行结算，其接入点按互联点的规定设置，业务开放范围为整个本地网；对中继线的配备问题，中国电信集团公司下属企业按照互联互通规定中的话务量标准合理配备中继线。张继平副总经理提出在互联互通中，一要中国电信转变观念，二要总部之间加强沟通，三要确定彼此间合理的经济关系。

各运营公司对中国电信集团公司主动召开互联互通恳谈会给予肯定，认为恳谈会是一种很好的交流和沟通的方式，形成例会制度有助于互联互通工作的细化和深化，促进互联互通的健康发展。

【中国电信与其他电信运营商签定互联互通协议】

2001年7月中国电信集团公司与中国移动集团公司和铁道通信信息有限责任公司分别签定《中国电信与中国移动相互开放IP电话业务的备忘录》和网间互联及结算协议签定。

在与中国移动签定的备忘录中确定了双方对等开放IP电话业务，即中国移动在其GSM移动通信网内开放中国电信IP电话业务17900、17908、17909，中国电信在固定本地电话网内开放中国移动IP电话业务17950、17951。

与铁通公司签定了两个网间互联及结算协议：即《铁道通信信息有限责任公司固定本地电话网与中国电信集团公司固定本地电话网、国内长途电话网、国际电话网、IP电话网网间互联及结算协议》和《铁道通信信息有限责任公司国内长途电话网与中国电信集团公司固定本地电话网网间互联及结算协议》。两个协议对双方网间互联原则、互联技术要求、网间通话费结算、互联工程及费用分摊、争议处理等事宜进行了规范。两个协议的签定对双方互联互通工作的顺利开展起到有力的促进作用。

【中国电信举办互联互通研讨学习班】

2001年7月16日至18日,中国电信集团公司互联互通部在江西南昌举办了互联互通研讨学习班，各省（区、市）电信公司的有关领导和业务主管70余人参加了培训。

信息产业部电信管理局网络互通管理处闫忠玉处长结合新颁布的《公用电信网间互联管理规定》、《电信网间通话费结算办法》等文件做了电信管制政策方面的专题讲座，并与学员就长途呼叫路由组织方式、电信市场秩序管理等热点问题进行了深入的交流；中国电信集团公司法律事务处张建斌处长讲解了互联互通工作中应注意的法律问题；中国电信集团公司北京研究院和广东研究院的同志介绍了互联互通规程、非捆绑网络元素、接入费等课题的研究情况；中国电信集团公司互联互通部将近期所签协议的重点内容进行了辅导介绍，针对大家关心的路由组织、互联费用、网间结算等问题阐述了集团总部的意见，要求各省级公司尽快将有关情况和建议提供给集团公司，协助总部作好政策研究和经营分析工作。

【中国电信召开互联互通相关协议规范讨论会】

2001年5月15日至18日，中国电信集团公司互联互通部，在北京召开了由北京、上海、天津、广东、江苏、浙江、湖北、江西等电信公司代表及中国电信集团广州研发中心代表参加的讨论会。会议主要讨论的内容为：信息产业部要求中国电信集团公司起草的《中国电信集团公司互联互通规程》、《中国联通固定本地电话网与中国电信固定本地电话网、国内长途电话网、国际电话网、IP电话网网间互联及结算协议》、《中国电信固定本地电话网与中国联通国内长途电话网、国际电话网、IP电话网网间互联及结算协议》、《中国电信固定电话网与中国移动GSM网网间互联及结算协议》。

通过本次会议，收集了大量关于互联互通相关协议规范的意见和建议。

【中国电信与中国移动签署网间互联及结算协议】

2002年3月28日，中国电信与中国移动电话网网间互联及结算协议正式签订。这标志着国内最大的固定电话网和移动电话网的网间互联及结算有了完备的协议保障，表明双方在包括互联互通在内的各个领域的合作进一步深化。 自中国移动从中国电信剥离后，双方就签订了涵盖网间互联、电路租用等问题的一整套协议。这些协议对于规范双方的合作关系起到了重要的作用。但随着双方互联互通的全面展开，特别是与互联互通有关的政策法规和技术规定发生了调整，原有协议已越来越难以适应新的形势要求。中国电信与中国移动本着实事求是、积极配合的态度协商签订新的网间互联协议。通过细致磋商，在双方主管领导的协调和具体业务部门的努力下，新的网间互联协议达成，解决了呼叫路由组织、网间号码传递、业务对等开放等一系列技术和业务问题，为双方互联互通工作的发展打下了基础。

中国电信表示要继续充分发挥在网络、运营等方面的综合优势，既为广大客户提供质量一流、价格合理的优质服务，又为其他运营商提供快捷可靠的互联互通服务，努力开展对等的网间业务合作，共同迎接国际竞争的挑战，携手推动中国电信事业的发展。

【中国电信与中国联通签署互联互通有关协议】

2001年3月14日,中国电信与中国联通签署《长途电路（省际）租用框架协议》。2001年9月30日，中国电信与中国联通签署《中国联合通信有限公司与中国电信集团公司电信网网间互联及结算框架协议》、《中国联合通信有限公司陆地蜂窝移动通信网与中国电信集团公司固定本地电话网、国内长途电话网、国际电话网、IP电话网网间互联及结算协议》。协议的签订，为双方在互联互通及其它领域加强合作奠定了基础。同时，为中国联通CDMA网的顺利开通打下基础。协议对双方网间互联原则、互联技术要求、网间通话费结算、互联工程及费用分摊、争议处理等事宜进行了规范，对双方互联互通工作的顺利开展起到促进作用。

【中国电信与铁通公司签署合作协议】

2001年6月12日,中国电信集团公司与铁道通信信息有限责任公司在北京签署了全面合作框架协议。7月6日，中国电信与铁通公司又签署《铁通固定本地电话网与中国电信固定本地电话网、国内长途电话网、国际电话网、IP电话网的网间互联及结算协议》、《铁通国内长途电话网与中国电信固定本地电话网的网间互联及结算协议》。协议对双方网间互联原则、互联技术要求、网间通话费结算、互联工程及费用分摊、争议处理等事宜进行了规范。协议规定：双方在遵守国家法律、法规的基础上，在规定的时限内完成网间互联工作，提供互联服务。为方便客户，协议还规定双方设置相同的国内长途电话区号。实现互联互通后，铁通公司的电话用户保持原号码不变，可以直接与中国电信的电话用户通话。通话方式为：过网号+0国内长途区号+电话号码。用户通过两家电信网间通话，由用户终端方的电信公司根据其话费标准负责收费，并进行电信网间结算。

按照协议，中国电信集团公司和铁道通信信息有限责任公司在通信网络资源使用、业务合作、一站式服务、交流与培训等领域进行长期、友好、相互信赖的合作。中国电信集团公司总经理周德强和铁道部副部长、铁通公司董事长蔡庆华，铁通公司总经理彭朋出席了签字仪式。

【中国电信与解放军总参通信部签署合作协议】

2001年12月17日，中国电信集团公司与中国人民解放军总参某部通信部在北京签署了军民电信业务合作协议。这一协议的签署进一步加强军地团结协作。

双方本着相互支持、密切合作的精神，在电话通话费优惠、向军队各单位营区直接提供民用电信业务和服务、通信光纤和电路使用合作等方面达成了协议。按照协议，军队各单位使用中国电信各本地网范围内的专用网，本地电话通话费、区间通话费及长途通话费享受优惠；军队组织协调各单位营区对中国电信开放，并积极配合中国电信各地电信公司进入军队各单位营区建设公用通信设施，直接提供民用电信业务和服务。中国电信积极配合军队的国防通信建设，并按照军队需求及时提供通信光纤和通信电路。

【安徽电信重视互联互通　追求企业共赢】

2001年，安徽电信先后与安徽移动、安徽联通、安徽网通和安徽吉通在充分协商和互相理解的基础上签订了以下协议：与安徽移动、安徽联通修订了《网间通话费结算协议》；与安徽移动签订了《电路租用补充协议》、《网间客服业务协议》、《IP电话业务开放协议》；与安徽网通、安徽吉通签订了《IP电话业务互联与结算协议》和《长途电路租用协议》。与铁通安徽分公司签订了《铁道通信信息有限责任公司安徽分公司固定本地电话网与中国电信集团安徽省电信公司固定本地电话网、国内长途电话网、国际电话网、IP电话网网间互联及结算协议》、《铁道通信信息有限责任公司安徽分公司国内长途电话网与中国电信集团安徽省电信公司固定本地电话网网间互联及结算协议》和《网间互联工程建设备忘录》。与联通公司签订了《中国联通有限公司安徽分公司陆地蜂窝移动通信网与中国电信集团安徽省电信公司固定本地电话网、国内长途电话网、国际电话网、IP电话网网间互联及结算协议》，修订了《网间通话费结算协议》，规范了互联路由和互联技术参数，简化了网间结算关系。

【湖北电信认真做好互联互通工作】

2001年6月,湖北电信公司召开互联互通工作会议。会议提出：适应市场形势，遵守法律法规，搞好互联互通工作，承担起主导电信企业的责任和义务。

湖北电信网情况复杂、网络能力有限，给日益繁重的互联互通工作带来一定难度。为确保及时、高效地提供平等接入服务，湖北电信在设立专门机构、明确专人负责的基础上，制订了各种应急实施方案，积极筹措资金大力改造网络设施，逐步满足各大运营商的互联互通需求。湖北电信与湖北移动在房屋铁塔租费标准、电路出租原则与程序、话费结算原则、双方新业务互联互通等方面达成了一系列协议。与联通公司建立了正常的互联互通协商机制，按照信息产业部的要求在电信网上开放了联通公司各项业务。

湖北电信把互联互通工作的重点放在建立健全完善的工作体系和考核体系上。各分公司要有相应的机构、人员负责这一专项工作，日常工作要做到规范化、

流程化，建立快速的信息反馈制度和重大事项报告制度，细化各阶段的时限要求和流程。加快接口局建设，加强对业务开放局数据制作的管理，保证局数据资料的准确和完整。

【广东电信与铁通签订互联结算协议】

2001年6月28日，广东省电信公司与铁通广东分公司签订网间互联和结算协议，这是两大固定电话运营商的省级公司之间签订的首个网间互联和结算协议。

按照协议，双方将本着友好合作、互利互惠、优势互补、共同发展的原则，在通信网络资源使用、业务合作、一站式服务、交流与培训等领域进行广泛合作，相互提供公平的互联互通接入服务。

广东电信与广东铁通签署网间互联和结算协议是在双方集团公司签署互联和结算协议之前。广东电信认为，广东铁通已经为互联互通做了大量的准备，已形成相当规模的长途通信网、本地交换网、数据网等基础设施，网络覆盖广东省主要经济区域，早一点与广东铁通签署协议，对铁通在广东开展业务有利。广东电信作为主体电信企业，有义务为新兴运营商提供平等、快捷的互联互通接入。基于此，经过中国电信集团公司的批准，双方迅速达成互联和结算协议，体现了广东电信一贯的开放与合作精神。

【重庆电信与铁通、联通固话实现互联互通】

2001年7月12日，重庆市电信公司与铁通重庆分公司签订互联互通协议。重庆电信十分重视互联互通工作，积极主动地寻求新的合作范围和共同点。在较短时间内，双方就互联互通事宜进行了多次协商，本着技术可行、经济合理、公平公正、相互配合的原则，就技术方案、结算方案、工程建设等达成了协议。

2001年8月21日，中国电信重庆固定电话网与联通重庆分公司固定电话网在重庆市万州、涪陵区分别实现互联互通。万州、涪陵地区原属四川省地级市。重庆改直辖市后，原万州、涪陵独立的本地电话网划入重庆大本地网。万州、涪陵地区是三峡库区进行移民的重要地区，涉及到多个城镇的整体搬迁，这为重庆联通在万州、涪陵的新开发区开展固定电话业务提供了有利条件。重庆联通积极与当地电信接触，取得了重庆电信的大力支持，也得到了重庆市通信管理局的关心和帮助。

【宁夏电信与铁通签订互联互通协议】

2001年8月16日，在自治区通信管理局的协调下，经宁夏电信公司与铁通宁夏分公司的充分协商，双方在银川市签署了固定电话网、国际电话网、IP电话网网间互联及结算实施协议，为铁通进入宁夏电信市场与各电信运营商展开充分的竞争与合作奠定了基础，双方在当月内实现网络的互联。

双方互联互通的协议是根据《公用电信网互联管理规定》,在双方总部《网间互联及结算协议》基础上签订的。根据互联协议，宁夏电信公司在银川本地网、吴忠本地网、石嘴山本地网和固原本地网为铁通宁夏分公司设立四个互联点，并根据话务量大小设置和调整中继端口。

为了保证铁通与移动、联通、吉通的互联互通，协议规定在铁通宁夏分公司发展初期与其它电信运营公司尚未互联的前提下，由宁夏电信公司承担其至移动、联通的GSM网和客服系统，以及铁通至移动、联通、吉通的IP网的互联转接。

【福建电信与联通签署结算和网间互联协议】

2001年8月,福建电信与福建联通签订了网间通话费结算协议。协议规定:在本地网话费方面，联通用户呼叫电信用户或电信业务台，联通须向电信方按每分钟0.06元结算，电信用户拨叫联通用户则不结算。长途话费，联通与电信各按每分钟0.06元结算，哪方提供长途电路，剩余的长途话费归哪方；IP话费，被叫方按每分钟0.06元结算，主叫方只收取本地话费，哪方提供IP电路，剩余的IP话费归哪方。

12月3日，福建电信与福建联通签署固定网与移动通信网的网间互联协议。协议规定:福建电信与福建联通向对方及时、合理地提供所需的网间互联服务，在限定的时间内完成。福建电信向福建联通提供119、110、120、122等紧急特种业务，开放各种电信业务接入号码、特种业务号码。在福建电信公用电话、IC卡电话、校园卡电话上均可拨打联通CDMA、GSM移动电话。协议还规定，双方的互联建设费用、扩容改造费、互联建设设施配套费各自承担，产权各自负责。协议明确了电信或联通的用户拨叫异地对方用户时，不加长途冠号190或193时，由福建电信或福建联通为用户选择长途接入网,使网间互联更趋合理和方便。福建电信对福建联通的CDMA工作高度重视、积极配合。福建电信公司领导亲自到联通商讨解决互联互通问题，确保CDMA如期投产。

【沈阳电信与铁通建立互联互通协调会制】

2001年8月22日，辽宁电信沈阳分公司与沈阳铁通分公司签订互联互通协议。双方表示：面临入世挑战，要在固定电话业务方面加强合作，把服务工作放在首位，让对方和电话用户满意。为使维护、障碍及业务处理方便顺利，双方互联互通人员每季度召开一次互联互通协调会，遇到重大问题及时沟通或召开临时协调会，确保网络质量。

沈阳市电信分公司同沈阳铁通分公司为了共同促进沈阳市固定电话业务的发展，更快地拓展市场，签订了主要包括双方话费结算和维护内容的互联互通协议。协议规定，双方的话费结算和维护分别按照《网间互联及结算协议》和《本地网市话交换维护规程》进行。协议还规定，双方有义务为对方的工作人员提供互联调试、维护等工作上的方便，建立起畅通的投诉渠道，热诚相助，走共同发展之路。

【吉林电信与吉林联通分公司互联互通】

2001年12月3日，吉林电信与吉林联通联合召开互联互通工作会议，双方就关口局建设、割接测试、网间结算等问题进行了协商并取得了一致意见。

电信运营商的增多，使吉林电信面临的压力越来越大。尤其是联通公司按照上级协议将其原有的通信业务转入吉林电信新接口局，使电信接口局容量更显不足。同时，吉林电信还要做好与铁通、联通CDMA新网的互联互通。吉林省电信公司以大局为重，及时部署相关工作，对现有的接口局进行扩容，在设备十分紧张的情况下保证了吉林电信网与联通CDMA网测试工作的顺利进行。为保证联通CDMA业务及早开通，电信公司还专门成立了以主管副总经理为组长的“吉林电信配合联通公司CDMA开通领导小组”，把互联互通工作落实到了每个地市、每个人。

中国电信为其他运营商开放业务情况统计表

截止时间：2001年4月3日

项目	计划开通城市	已开通城市	非中国电信方原因未开通城市	完成率
联通17910	328	293	35	100%
联通17911	328	292	35	99.7%
联通193国内	276	258	18	100%
联通193国际	276	258	18	100%
联通193300	276	255	21	100%
联通165	278	230	43	98.2%
联通1001	在全国范围内，具备条件的本地网均已开放			
移动172	108	58	44	94.4%
移动17950	234	149	46	83.3%
吉通167	125	115	4	95.2%
吉通17920	134	119	11	97.0%
吉通17921	117	80	15	81.2%
网通171	34	27	4	91.2%
网通17930	90	73	12	94.4%
网通17931	83	51	21	86.7%

注：完成率=（已开通城市+非中国电信方原因未开通城市）/计划开通城市

·资费·

【信息产业部出台网间互联电路资费标准】

2001年6月，信息产业部出台中国移动通信集团公司租用中国电信集团公司用于网间互联电路的资费标准。这使长期困扰电信市场竞争与发展的网间互联资费问题得到初步解决。

标准规定，2000年8月31日以前，中国移动租用中国电信用于网间互联的电路，按中继线资费标准执行，并交纳初装费；其租用的营业区间、省内及省际中继线按资费标准执行，免交初装费。2000年9月1日以后，中国移动租用中国电信用于网间互联的电路，均按数字电路资费标准执行，免交初装费。按照现行资费标准，数字电路资费比中继线资费低，从而体现了租用比自建要经济的原则。

电信网间互联互通是电信业竞争的首要条件，而网间资费问题由于涉及企业利益，又是能否实现互联互通的核心，也是一个国际性的难题。在国外，主导电信企业网间结算收入一般占其业务收入的20%－30%，新运营企业网间结算费用占其运营成本的20%－50%。我国的情况也大致相同。中国移动由于不拥有基础网络，其用于互联的传输电路主要从中国电信租用，2000年，中国移动此项支出达110亿元。

我国电信重组后，互联互通中的矛盾和问题日益突出，原有的网间互联政策已不适应市场竞争的要求。信息产业部为此做了大量协调工作，在平衡双方经济利益，确保互利互惠、共同发展的基础上，出台了此项资费标准。这一标准的出台，对于避免不必要的重复建设、合理分配网间经济利益、促进互联互通顺利进行起到重要作用，对整个电信市场也具有示范意义。

【中国电信积极落实国家关于取消电信“三费”的通知精神】

为落实国家财政部、信息产业部关于取消市话初装费、邮电附加费、移动电话入网费等政府性基金项目的通知要求，中国电信自2001年6月28日通知暂时停止受理电话装机业务，并向各级电信企业发出紧急通知部署落实。要求各级电信企业充分认识这项决策的必要性和重要性，加强领导，组织好落实工作。要严格按照通知要求，自2001年7月1日起取消“三费”。严禁以其它名目乱收费，并认真做好有关咨询和投诉处理工作。各级电信公司自（代）办营业厅，1000、189、180等客户服务部门，互联网网站等都要负责对外提供咨询或投诉服务。对凡在7月1日前已缴纳市话初装费但仍未装通电话的待装客户，必须全额退还向其收取的市话初装费，退还工作力争在两个月内完成。要应对好市话初装费取消后可能引发的客户申请装机高峰，全力以赴精心组织和安排生产，力求满足客户的需求。要尽可能克服建设资金严重不足的困难，采取措施提高通信能力，尽量满足社会需求。

【中国电信集团公司电信资费调整】

按照2000年12月26日经国务院批准、由信息产业部、国家计委、财政部发布的《关于电信资费结构性调整的通知》，中国电信自2001年1月1日起，全国统一执行出租电路（含帧中继业务）及市内用户中继线调整后的资费标准；自2001年1月21日起，全国统一执行因特网专线上网网络使用费及拨号上网网络使用费调整后的资费标准；自2001年2月21日起，全国统一执行国内长途电话和国际及港澳台电话调整后的资费标准；自2001年2月21日起，现行所有附加在电信业务基本资费上的附加费一律取消；固定本地电话资费和拨号上网通话费执行时间根据实际情况分省实施，新资费标准自2001年2月21日开始执行，最迟不得晚于5月21日；智能网业务的通话费调整与相应的国内长途电话、国际及港澳台电话和本地电话的资费同时进行调整。

【中国电信长话资费标准出台】

自2001年2月21日零时起，中国电信在全国统一执行全新的长途电话资费标准，长途电话以6秒计费，“九州夜话”优惠时段保留，增加了对部分国家的国际电话优惠。

长途电话新资费标准与原有标准相比有较大变化。显著的变化是计费单元由每1分钟计费一次改为每6秒钟计费一次。新的长途电话资费标准为：国内长途电话0.07元／6秒，港澳台电话0.20元／6秒，国际电话0.8元／6秒。

中国电信在执行新的长途电话资费标准的基础上，继续保留“九州夜话”优惠时段，并对优惠内容进行了调整，使其对用户更具吸引力：从2001年2月21日起，不分工作日和节假日，每日0点至7点，对国内长途电话和打往15个国家的国际电话实行6折优惠。优惠后，国内长途电话资费为0.04元／6秒钟；15个国家的国际电话为0.48元／6秒。享受优惠的15个国家为：日本、美国、新加坡、澳大利亚、新西兰、法国、英国、意大利、泰国、马来西亚、德国、加拿大、菲律宾、印度尼西亚、韩国。上述优惠办法适用于中国电信的普通电话用户及300、200、201等密码记账卡电话业务。由于地区时差，新疆、西藏两自治区优惠时段向后顺延两小时。

【中国电信下调IP电话资费】

2001年3月21日，中国电信调整IP电话资费，重点是下调国际及港澳台电话资费。

调整后的资费标准为：国内长途0.30元／分钟；港澳台电话由2.5元／分钟调整为1.5元／分钟。拨打加拿大和美国的电话由4.8元／分钟调整为2.4元／分钟，拨打英国、法国、意大利、德国、新西兰、韩国、日本、澳大利亚、新加坡、马来西亚、泰国、印尼、菲律宾13个国家的电话由4.8元／分钟调整为3.6元／分钟。拨打其他国家和地区的电话由4.8元／分钟调整为4.6元／分钟。上述标准适用于宜通电话国际及港澳台去话业务。除宜通电话外，以上资费不含本地网营业区内通话费。

IP电话资费水平比较表

单位：分钟

	中国电信	中国网通	中国联通	吉通公司
国内长途	0.3元	0.3元	0.3元	0.03元/6秒
港澳台	1.5元	1.5元	1.5元	0.12～0.1元/6秒
美国、加拿大	2.4元	2.4元	2.6元	0.24～0.2元/6秒
澳/新/日/德/英/法	3.6元	3.2元	3.6元	0.3～0.26元/6秒
其他国家	4.6元	3.2元	3.6元	0.35～0.3元/6秒

中国电信17908、17909业务可在上述标准上浮动10%

【中国电信正式出台来电显示业务资费标准】

2001年5月，中国电信集团公司颁布了来电显示业务资费标准。用户办理来电显示业务的登记费为2至8元，每月使用费为3至6元。各省（区、市）电信公司可以根据当地情况确定具体标准。

【北京电信圆满完成资费调整】

2001年3月20日至21日凌晨，北京电信顺利完成了修改数据、全网呼叫、监测处理等工作，圆满完成了电信资费调整。

根据信息产业部的要求，北京市作为第一批资费调整的城市实施新资费政策。北京电信对调整工作非常重视，公司专门成立了的领导小组和技术小组，并先后5次会同相关部门进行协调，认真落实各项工作。2001年1月8日至18日，北京电信网络局组织各相关单位对包括本地和郊区在内的29个局所进行了全面测试；2月1日至10日公司组织现场操作人员共400人次进行操作培训；2月上旬，北京电信与各设备厂家研究了设备软件、数据修改的方案和步骤，并解决了系统存在的问题。

经过充分准备和测试，北京电信资费调整于3月20日晚如期进行。当晚，指挥中心、各分指挥中心和数百个操作现场灯火通明，坚守岗位的720名员工和部分厂家的技术人员，对全网EWSD、S1240、C＆C08、AXE10、DMS100、DMS10、E10B、200号智能平台等共19种制式的200余个交换系统进行了全面的资费调整。电信公司领导亲临现场指挥。凌晨5点30分，全网200多个交换系统的资费修改工作全部结束。

【山东电信威海分公司完善阳光工程查询业务】

近年来，老百姓对电信消费后的“账单”关注程度日益提高。为此，山东威海电信实施了以“实实在在暖人心，明明白白促消费”为宗旨的“阳光工程”，提出了“亲情服务，情暖万家”的服务理念,完善了170电话语音查询、网上查询、传真查询等业务，并在电信营业厅增设话费查询台席，现场为客户提供话费查询服务，免费为客户打印话费清单，多管齐下为客户查询话费提供方便。为了使用户对电信资费的疑问得到妥善处理，他们还建立了集180、189、1000、局长热线电话等为一体的客户意见综合受理平台，以较高的工作效率处理日常来电来访。2001年12月，山东威海电信分公司召开社会监督员座谈会，20名社会义务监督员来到了被外人称为电信计费“神秘地带”的程控机房和计算机中心参观，感受到电信计费的“阳光”操作。

【辽宁电信高质量完成资费调整】

2001年3月21日凌晨，辽宁全省本地网资费数据修改最后一次拨打测试顺利通过，如期完成资费调整。

在这次资费调整中，辽宁的14个本地网2000多个交换局和国内外9种机型的交换机要进行数据修改、系统升级改造，调整范围几乎涉及所有电信业务。辽宁省电信公司早安排、认真组织。在2001年年初召开的全省电信工作会议上，对资费调整作了全面部署。在积极同政府部门商定本地网资费标准、制订实施方案的同时，组织计划建设、运行维护部门对全网交换设备进行规范、清理，核查计费数据。省、市公司成立领导和网络改造小组，负责组织协调，召开专门会议作部署。对技术、业务难点，组织攻关。他们根据此次资费调整在本地网计费上首次使用了“3＋1”方式，营业区间要重新划分，以及县、支局交换设备陈旧、局点分散、技术力量差的“难点”，实行责任制，对全省所有交换局点、各种交换机型的改造调整指定责任人，制订了“3＋1”计费流程，举办全网9种机型资费调整培训班，培训了220人次。资费调整开始后，组织人员进行大量的网上拨打测试，确保万无一失。省电信公司加大检查力度，省公司领导分别带队深入到沈阳、锦州、盘锦等5个市分公司及县（区）局、农村支局进行重点调查，帮助整改。

【河北电信实行话费集中管理】

河北电信从1997年开始进行集中计费系统建设，在计费网络化、集中化、规范化等方面进行了一系列的探索,取得了较好的效果。至2001年3月,全省有11个市分公司开通了集中计费系统,并被评为优良工程,其长途集中计费系统荣获信息产业部科技进步三等奖。

按照《中国电信计费体制》的精神，河北电信在省内实行计费账务两级集中的管理模式，即：成立省计费结算中心，主要对各本地网及专业计费账务工作进行业务指导、监督和检查，同时负责全省集中计费的电信业务（如长途、智能网、相关电话卡等）的计费、结算数据处理工作等；同时成立本地网计费账务中心,主要负责采集本地网各种电信业务的计费数据，按统一规则进行处理，负责本地网各种电信业务结算处理、账务处理，统计本地用户计费资料和有关营销措施的实施等，实现集中计费、账务处理、分散营收和查询。与以往不同的是，在本地网计费结算中心之下不再设立计费账务机构。在计费管理上，取消县及农村支局资费管理职能，由本地网计费账务中心负责对本地网内所辖地市县局计费账务的统一集中管理，实现本地网范围内市、县、农村支局等各级电信企业计费和账务处理的集中、营业收费的分散化。各市、县、支局的主要任务是根据统一处理的计费账务数据，及时向用户收费，催收用户欠费，接受用户咨询和受理话费纠纷，以确保服务质量。

计费集中管理系统实现了河北计费业务处理的“八大统一”：前台服务统一，内部处理流程统一，业务术语、数据项定义统一，单式及票据、统计口径统一，生产机构、关键岗设置统一，对外咨询、查询及受理投诉统一，计费账务与结算统一，管理规则及方式统一。这“八个统一”不仅有效地保证了全网统一的资费标准、服务标准，而且可以通过先进的网络平台为各级领导和部门提供快速、准确的各类电信业务营收和经营状况统计信息，保证电信企业的收益，增强企业的竞争力。

一、实行集中计费后，全省计费的准确性和可靠性均有提高，用户的投诉少了，服务质量有所上升

由于实现了全区计费和营收的统一批价、统一合账、统一资费标准、统一管理等功能，增强了省局对市局、市局对县局的控制力，防止了市、县、支局多种原因引起的乱收费和随意减免资费的现象，堵住了话费的“跑、冒、滴、漏”。在新系统启用后，随着稽

核制度和工作的不断细化完善，计费的差错问题实现了从被动处理到主动避免的转化。他们加强了对不规范话单的回收，同时堵住了内部管理漏洞。实现集中计费后，70%的县局每月可增收1～2万元。唐山市分公司迁安县局在实行集中计费后投诉率降低了20%。新系统运行以后，未发现一例由于人为业务处理差错造成的用户有理申告事件。

二、实行集中计费管理，还缩短了计费处理时间，方便了用户交费、查询，提高了企业资金回收率

石家庄市分公司未上新系统前20万用户要用36小时处理，上本地网后，40万用户用36个小时就处理完毕。由于系统回应速度快，支持“连交”、“零头转下月”、“找零”交费方式，既减轻了营业员的工作量，又使营业窗口的受理话单数量由每天的1600张增加到2000张，每月欠费回收率都有较大幅度提高。由于各局的管理人员可以随时掌握详细的欠费回收情况，又为企业正确决策提供了准确的数据。

三、实行集中计费管理，使业务管理灵活方便，工作效率提高

实行集中计费管理以后，业务管理更统一，便于进行考核、检查，并可以灵活地支持多种促销优惠方案。如唐山分公司迁安县局在教师节期间减免新装机教师的一年月租费、来电显示费用，而原有的计费系统无法自动实现，现在制订类似的优惠政策非常方便。承德分公司原来市局制订一个政策后，各县区局因计费系统不同，很难统一，实施计费集中管理后，可以方便制订许多灵活，统一的优惠政策，而且政策实施迅速，提高了电信整体形象。

四、实现集中计费管理，为企业管理提供了较强的市场分析能力，为企业经营分析和营销工作提供有力支撑

过去由于分散计费，要取得一个数据必须从支局到县局、再到市局逐级层层汇总。由于统计口径不一致，数据很难统一，费时费力，准确性差。实现集中计费以后，系统具有较强的统计分析功能，能够根据经营需要，随时生成各种数据报表，为制订营销策略提供依据。廊坊电信分公司每月对新增用户的话费作统计分析，制作区域话费分布图，把平均话费高的区域作为重点发展方向，避免在大发展中出现“热装冷用”的现象。在大规模促销过程中，他们对新增用户所产生的远期的经济效益作出预测，观察目前所发展的用户何时能收回投资，确定投资收益比例，以确定下一阶段的业务计划。同时，他们还利用计费系统分析市场潜力，观察营销过程中用户的增长量，再观察各种优惠政策的用户增长量，确定优惠政策对市场的刺激能力，及时地变动优惠政策。为了进一步改善服务，提高查询、交费的知晓度和透明度，促进话费回收，该省在石家庄市分公司进行电信话单账单打印封装系统的试点，2000年11月已经开始试运行，2001年在全省全面实施；计费处理也实现联机数据采集、实时计费账务处理，并在多途径营收、多方式结算、电信一卡通等多种业务中应用，实现计费与“九七系统”、客户服务系统、网管系统，财务系统等更好的融合，对内实现经营分析和决策支持，对外提高多营销策略支撑，使业务支撑网不仅仅停留在业务数据的处理上，还要利用系统管理起来的宝贵客户资源、用户消费情况等信息，主动地、有步骤、分阶段地推出多元化营销策略和服务措施，改变电信企业被市场牵着鼻子走的被动局面，全面提升电信服务的品质和市场竞争力，以综合、全面、优质、高效的企业形象面对市场。

【甘肃电信资费进行重大调整】

2001年，甘肃电信按照国家和省通信管理局、物价局、财政厅关于对电信资费调整的有关精神，对电信资费进行了结构性调整。省公司对此次资费调整工作非常重视，精心组织，周密安排，专门成立了资费调整工作领导小组，多次召集有关部门专题研究，制定了全省电信资费调整的统一宣传口径和实施方案，要求各地市州分公司和县（市、区）局加强组织领导，按时完成资费调整的各项工作，确保计费准确无误，同时做好对外宣传解释工作，确保资费调整工作的顺利实施。2001年3月19日，省公司邀请《甘肃日报》、甘肃电视台等在兰州的15家主要新闻单位召开新闻通气会，通报甘肃电信“九五”发展简况，重点通报了电信资费结构性调整情况，并就社会各界用户关心的问题回答了记者的提问。会后，新闻媒体对甘肃电信“九五”发展成果进行了不同侧面的报道，对电信资费调整情况进行了比较客观准确的报道，为甘肃电信顺利执行新资费营造了良好的舆论氛围。

此次资费调整具体情况为：2001年1月1日，甘肃电信对出租电路（含帧中继业务）及市内用户中继线资费标准进行了调整；1月21日对因特网专线上网

及拨号上网网络使用费标准进行了大幅下调；2月21日对国内长话和国际及港澳台电话资费标准进行调整；3月21日调整了本地电话和拨号上网通话费标准；5月21日开始执行新的公用电话资费标准；12月1日，全面下调了IC卡、201卡电话资费。根据有关规定，自2月21日起取消了20%的长话附加费及兰州市8%的城市公用事业附加费；7月1日起取消了电话初装费，电话用户申请装机只需按标准交纳装机手续费。

调整后的本地电话新资费标准为：住宅电话月租费为兰州市（不含三县）20元、地、市、州15元，县（市、区）12元，农村10元；办公电话月租费为兰州市（不含三县）30元，地、市、州、县（市、区）25元。通话费为兰州市首次3分钟0.22元，以后每分钟0.11元；其他地、市、州、县（市、区）、农村首次3分钟0.20元，以后每分钟0.10元；本地网营业区间通话费由每分钟0.50元调整为每分钟0.30元；5月21日起调整的公用电话本地网营业区内通话费标准为首次3分钟0.40元，以后每分钟0.20元，本地网营业区间通话费标准为每分钟0.40元，国内长话通话费为每分钟0.80元，国际电话通话费每分钟8.20元，港澳台电话通话费每分钟2.20元。

此次电信资费结构性调整，有升有降，但总体来讲，资费总水平还是有较大幅度的下调，给甘肃电信业务收入带来了直接影响。由于计费单元与资费标准的改变，省公司对全省7万多路端长途交换机、近270万门本地局用交换机等网络设备及相应的计费系统进行必要的功能升级、参数修改，其准备工作量之大、技术难度之高、经费投入之多、持续时间之长都超过历次资费标准的调整。

【贵州电信顺利完成全省电信资费结构性调整】

2001年4月18日，贵州省电信公司召开电信资费结构性调整新闻发布会，向社会公布由省邮电管理局、省物价局、省财政厅联合下发的《关于电信资费结构性调整的通知》，从4月21日起，全省本地固定电话资费、因特网拨号上网用户通信费和公用电话资费按新标准执行。此次资费调整在国家确定的资费标准上，除扩大本地网营业区范围、降低农村用户通话费用，实行城乡同价和下调拨号上网资费外，还降低区间通话费用，并将贵阳市三郊区纳入贵阳市营业区内，执行本地网营业区的资费标准。为了保证本次电信资费结构性调整能按时执行，省电信公司对电信资费结构性调整工作进行了全面部署，投入大量人力、物力，总计投入资金1600万元，先后完成全省7万多路端长途交换机设备的计费数据修改和改造工作，完成216万门本地固定电话交换机设备改造、计费系统软硬件数据修改工作，完成6.2万门IC卡和有人值守公用电话集中计费系统的数据修改工作。 (陈琬琪)

【海南电信开通电子缴费、异地缴费业务】

2001年8月1日，海南省电信公司电子商务系统开放了电子缴费业务，改变了以往交电话费一定要跑到缴费点甚至还要排队的历史。用户通过拨打17960或登录www.hainan179.con就轻轻松松地交了电话费。

海南省电信公司近年来致力于开拓电子商务开发和应用，2000年底完成了省内电子商务平台一期工程的建设，包括CTCA业务受理点的建设、省中心和海口市电子商务应用系统平台的建设、海口市电子商务179综合业务接入平台的建设、支付系统和“九七”计费前置系统的建设等。2001年初，省电信公司与海南银联签订了合作意向书，通过设在海南银联的网关与农行、中国银行、邮政储蓄、深发行、光大银行等八大银行联网，首期在电子商务系统上开放电子缴费和网上银行两类业务，用户只要在银行里有存款，就可通过办理电子身份证书，实现网上交易。

海南省电信公司已将17960电话缴费业务扩展到全省各市县，省内用户只要申请189密码和到相关银行办理一张“银行卡”，就可随时随地拨打17960查询话费详单和缴纳固定电话费。

2001年10月，海南省电信公司又在全省开放了异地缴纳电话费业务，用户可在全省任一电信营业厅、电信分理处、邮储代收网点缴纳固定电话话费，同时还可办理固定电话异地预存款业务。海南省电信公司遍布全省城乡的缴费网点已达五百多个，缴费方式包含现金缴费、储蓄缴费、银行托收缴费、17960电话缴费、网上缴费等。

【河南安阳县电信局实行“买断”办法以回收欠费】

话费拖欠长时期以来一直困扰着电信企业，收欠费难成了普遍性问题。河南省安阳县电信局实行了行政管理人员分片包干清理欠费的办法，每逢休息日，由局领导带队，到各个乡镇清理欠费便成了一项日常工作。“买断”的方法是安阳县洪河屯乡支局先摸索出来的。由于追缴欠费任务较重，洪河屯乡支局就根据各村实际情况，把回收欠费的任务交给各村村委会主任、村上有威望的能人，让他们“买断”欠费，“买断人”从所收欠费中提成作为回报，这个办法实行后效果不错。从2001年5月开始，安阳县电信局在全县推广了洪河屯乡的做法，很多乡镇根据当地实际情况，让一些个人或单位“买断”欠费。通过“买断”经验的推广，安阳县电信局6、7两个月连续实现零欠费。

【河北电信张家口市分公司采取措施有效遏制电话欠费】

2001年7月1日电话初装费取消后，欠费用户呈现上升趋势。针对这些情况，河北电信张家口市分公司及时总结以往清欠工作经验，采取措施有效遏制了用户欠费增长势头。

一、进一步完善内部管理流程。清欠工作是一项系统工程，只有强化管理，严格内部业务流程，从源头堵住漏洞，才能防患于未然。该分公司要求前台严把受理第一关，准确完整地录入用户资料；相关部门及时完整地将已受理的用户资料录入系统，及时入帐；装机人员在施工时发现系统地址不详细或与实际装机地址不符时，及时补充并反馈给营业系统；用户停复话及拆机环节严格按照操作规程执行，对于违规操作的，严肃处理；收费中心合理调整班次，确保收费期间人员到位，收费期后清欠及时。同时制订了《用户欠费目标管理考核办法》，明确了不同岗位人员在欠费管理工作中的职责，形成了责任明确，流程清晰，环环紧扣的清欠机制。

二、加强收费人员的教育和培训，增强责任感。在清欠工作中收费人员做到了嘴勤、腿勤，变坐等坐催为主动上门。他们每人一本工作日志，随时总结好的经验并运用到工作中去。每月召开清理用户欠费分析会，查摆当月清欠工作中的问题，总结经验并列入清欠办法中以备参考。怀来、怀安等县局充分发挥当地代办、代收人员的积极性，解决了农村用户因交费难而产生的欠费问题。

三、建立健全用户资料，实行信用等级管理制度。欠费用户中有一些属于恶意逃欠。针对这些用户，张家口市分公司通过多种渠道，如利用电话清单反查、112、114、九七系统查找、核对用户上网清单、与装机公司的包区员配合清查、通过公安部门协查身份证所在地址等，抓住一切可能的线索，健全欠费用户档案，提高查找欠费用户的准确度，保证了对欠费用户的动态跟踪管理。清欠人员人手一份欠费用户记录档案，对信用记录不好的用户提前做好统计工作，进行重点防范，采取提前催缴、反复催缴、上门收取等办法进行督促，发现问题及时反馈，及时解决，杜绝话费的流失。

四、提高服务质量，与用户建立良好的合作关系。张家口市分公司狠抓服务质量，不仅在服务纵向管理上做文章，还不定期地召开服务协调会和服务质量分析会，加强各部室间的横向沟通和交流总结工作，提出做好服务工作的新举措。收费中心还总结出了“三心工作法”，即上班前宽心，排除一切杂念，不把个人的不良情绪带给用户；工作中用心，对用户提出的问题负责到底，认真核对及时答复和回访用户；工作后留心，注意积累和总结经验，不断提高解决问题的能力。同时，该公司积极鼓励用户早交费和预存话费，有效预防了欠费的产生。对一些租用专线的大用户，通过积极协商，使其对全年的专线费用进行提前计划筹备，年初一次交清，年底多退少补，起到了很好的作用。

五、以实时联机停复话系统开通为契机，清理旧欠，杜绝新欠。该系统于2001年9月份在县局开通，10月份全市开通运行。该分公司以此为契机，展开大力宣传。企业领导亲自带着宣传单册与欠费大户协商还欠事宜。

六、运用法律手段促进清欠工作的顺利进行。对于金额较大、有偿还能力而拒不缴纳的典型恶意欠费户，及时提交司法机关。在司法机关的积极配合下，为企业挽回经济损失。同时，对于提交司法机关的欠费用户，本着有理、有利、有节的原则，既要维护企业的合法利益，又尽量将矛盾程度降到最低。

【重庆电信实施资费结构性调整】

2001年2月21日，重庆市电信公司在中国电信集团公司的统一部署下，实施电信资费结构性调整：国际长途、港澳台长途、国内长途分别为0.80元、0.20元、0.07元/6秒钟；市话通话费按“3+1”方式（即前3分钟为0.20元，以后每分钟0.10元）收取；农村通话费从以前按交换点（乡镇）划分营业区改为按行政县划分营业区，同一营业区内执行市话收费标准，不同营业区之间执行区间收费标准（0.50元/分钟）；上网数据中继线2000元/月，拨号上网通信费0.02元/分钟。此次调整，市话资费略微上升，农村资费、长途资费和数据资费大幅下降，重庆电信为此承受了全年近3亿的损失，占全部收入的10.5%，发展速度自改革开放以来首次跌破GDP增长速度，为5.77%。

2001年7月1日，重庆电信按照国家有关政策规定，取消固定电话初装费和附加费。自此，从80年代以来为通信事业建设发挥了巨大作用的这一政府性基金项目，退出了历史舞台。

【河南电信实现本地网集中计费】

2001年7月,河南电信在省、市、县、乡四级全部实现了本地网集中计费,为企业改善服务、加强管理、提高竞争力、有效益地发展奠定了坚实的基础。

河南省18个市114个县的老计费系统来自二十几个厂家，这些厂家提供的设备制式不统一，技术开发水平参差不齐，全省各个地市甚至各个县计费系统都有多种制式并存的情况，极大地限制了计费系统整体功能的发挥。由于实行了以县局为单位的计费管理体制，使得计费工作过于分散，给计费管理工作带来了不便与困难，衍生了跑、冒、滴、漏现象。1999年年初，河南电信的各级经营、运维、计划建设等部门会同计费专家，根据用户和市场的要求，进行了大量的研讨、论证，提交了多种方案，当时河南电信又实现了市、县财务一体化管理和省公司对市分公司的财务派驻管理，良好的财务管理体制为全省实现集中计费准备了条件。

2000年7月，中国电信出台了集中计费系统的全国统一标准，河南电信结合这一标准，融会贯通几年来调查论证的经验，因地制宜地对集中计费系统的目标进行了重新定义，提出要把河南电信本地网集中计费系统建成河南电信在今后一段时期内积极参与市场竞争，在市场竞争中提供多样灵活的营销策略的有力技术手段和营销工具，并将其总结为“两个公式化，一个无代码”。“两个公式化”是指除了提供填表方式来实现优惠和统计报表的设计生成，还要有公式化工具，在填表方式不能满足需要时，可以通过撰写公式来完成复杂的优惠规则和统计报表的制作；“一个无代码”是指无代码实现业务的扩充，在添加未知业务类别，如无线市话，或新设备类别和其他项目时，不需要像以往一样修改程序，花费较长的开发和测试周期，而是通过程序提供的界面直接对业务类别表、设备类别表等进行添加维护来完成扩展。“两个公式化，一个无代码”成为河南电信集中计费账务系统的精髓，它的实现大大提高了系统的灵活性，能够及时地支持业务的发展，更好地适应了市场竞争的需要。

河南电信严格贯彻中国电信集团“统一需求、统一设计、统一检测、按省实施”的思想，成立了工程领导小组，全省一盘棋，统一部署，统一实施，并提出在整个工程中谨防计费系统“本地化”的指导原则。工程中所用设备由省公司统一谈判，统一签约，各市分公司提出的问题、建议、意见由工程领导小组统一收集、归纳、整理、确认后提交给厂家进行解决。在系统的灵活性、扩充性和安全备份机制等方面提出了全省统一的标准。全省一盘棋的作法既保证了系统的集中统一，加快了工程进度，又避免了各市分公司乱要设备造成的浪费。

郑州市电信分公司新启用的本地网集中计费账务系统在处理数据的速度和能力上大大提高，从开始读带到合账结束只需两天，出账时间由过去的10天压缩到4天，而其所处理的数据量是老系统的十几倍。现在，郑州电信的集中计费系统每月处理市话计次上亿次，处理各类话单1300多万张，涉及账务类别近千种，担负着对全市近100万电信用户的账务处理任务。过去很多在老系统下无法完成的工作在新系统中轻松实现了。原来许昌电信县（市）局计费班组与市分公司计算机中心之间没有隶属关系，市分公司发现县局的计费问题，要先通过县局，然后才能传达给计费班，而且这种指令常常无法及时解决问题。全市计费一体化后，计费工作环节从原来的三个环节，变为计费账务中心内部的扁平管理。业务流程理顺了，工作效率提高了，很多问题迎刃而解。许昌电信计费集中管理还为企业市场经营提供的动态依据，使技术人员建立起全市联网的计费BBS，各局计费组每周把长途业务数据放在网上进行综合分析，供市场经营部门参考决策。南阳电信在新系统中对全市分散式170系统进行了一次大整合，使170话费查询、欠费催缴、传真和网上查询四位一体，并对自主开发的自动停复话系统和九七计费数据接口一并延伸覆盖至各县（市）电信局，实现了全市13个县（市、区）的停复话由传统人工方式向自动方式转变，大大提高了工作效率，减少了人为差错，缩短了服务时限，彻底改变了传统计费系统及边缘服务支撑系统分散管理的局面。南阳电信还借助新的计费账务系统实现了170话费查询催缴系统向县局的延伸，语音查询、传真清单等在县局得以使用，极大地方便了广大电信客户。同时，通过集中计费系统实现的17909业务和其他各种新业务的语音宣传，加深了客户对电信业务的了解，为广大客户提供了一个更加方便有效的查询方法。信阳电信集中计费账务系统自2001年7月开通以来，新系统参数设置灵活，解决了信阳一个本地网两个区号的话单处理问题。基于计费账务系统对大客户的定义方式的灵活多样，信阳电信完善了大客户档案资料，指定专人随时关注大客户的业务数据变化，加强对基础数据的整理和分析，及时调整重点服务的客户，巩固大客户市场。对新系统生成的欠费报表在欠费类别、账目类型、欠费月数、欠费金额等方面进行实时统计，根据欠费报表制定了有效的欠费管理办法，欠费率由2001年年初的11%下降到9月份的9.82%。信阳电信在实行集中计费之前，平均每月接到投诉10件，系统改造后，新系统计费准确性的提高和异常话单处理有效地减少了话费争议，2001年8月、9月实现了用户零投诉。新的计费系统可支持专线、拨号、银行代收等多种收费方式，全市所有乡镇全部实现实时收费，为广大电信用户缴费提供了多种渠道，有效缓解了缴费难的问题。该系统的运行，加强了后台对前台的支撑，极大地减少了人为因素以及各县（市）个别收费项目的时间差异造成的不必要的争议，增强了广大电信客户对电信服务的信赖感。

【北京电信资费实现同网同价】

截至2001年5月底，北京地区包括城区和10个郊区县的本地网资费实现同网同价。北京市内电话在此之前划分为11个营业区，跨营业区通话按0.3元/分钟收费。这个资费不利于促进城乡之间的信息联络，也不利于远郊区县经济的发展和新兴经济开发区的建设。为了加快首都城市的现代化进程，配合市政府城市改造工程，改善北京通信环境和郊区农村招商引资环境，为北京的大发展服务，北京通信管理局根据国家三部委的联合文件规定，决定适当上调通话费与月租费，取消区间通话费，分步骤逐步实施。

北京电信资费调整后，市区用户支出增加，户均每月由63.63元增加到69.31元；郊区用户支出减少，平均每户由56.69元降低为45.91元。由于执行了优惠办法，北京市区住宅电话的基本月租费仍为21.6元。

【广东电信深圳分公司多管齐下清欠费】

2001年，深圳电信用户拖欠话费呈上升之势，每月以二、三百万元的速度增长，加上历年累计拖欠,至11月份累计已达到1亿元，约占当年该局业务收入的1.6%。其中个人欠费户数占欠费总户数的70%多，个人欠费金额占全部欠费金额的60%多。在欠费大户当中，有深圳本地户籍者，也有暂住人口和流动人口。

深圳电信2001年下半年全员动员，打响了有史以来规模最大的追缴电信欠费大会战。各分局向欠费用户发送了20多万份欠费通知单，在媒体上进行了连续6期的追缴欠费专题报道，在社会上引起了强烈反响。该局除了对欠费电话依法进行拆机处理外，还开始利用法律手段解决欠费问题。他们积极清理用户资料，依法起诉了一百三十多户大额欠费用户。同时，他们启动了电信话费的自动催缴系统，在用户办理银行托收电信话费的基础上，对用户存款不够支付话费的用户实施电话催缴通知服务。如果用户不能在指定时间缴费即暂时停机，待费用补齐后再开通电话服务。对于长话缴费，该局采取每月两个账期收缴的做法，尽量缩短用户缴费时间，保证了电信话费回收的效率。截至2001年11月底，深圳电信共追回欠费近二千六百万元。

由于深圳人口流动性大、用户住址变化快，使得欠费情况呈逐年上升的势头，因此，建立健全个人信用制度已刻不容缓。一方面，深圳电信通过当地媒体呼吁，深圳应尽快建立个人信用制度，电信、工商、税务和银行等部门应联合起来，共建资源共享的个人信用网络。另一方面，为防止新装电话恶意欠费现象发生，深圳电信考虑采取对非本地户籍用户要求提供担保手续以及推行预付费措施，并加快实施实时计费、实时收费和限额消费等措施。

【福建电信泉州分公司实现全部话单实时计费】

2001年10月，福建电信泉州分公司计费帐务系统实现了长话、市话和网间三种话单的实时计费功能。该公司开发的实时计费系统由实时采集、实时计费和实时应用三个模块组成，实时采集泉州本地网内所有交换机的话单，根据话单交换机和话单属性分别生成长话话单、市话话单和网间话单，并通过用户群的设置和公式优惠，支持大批量话费优惠业务，同时实时统计话务量变化情况，实现对计费工作中的超长、超短话单和高额话费监控、长权和交叉话单监控、定额销帐和即时出帐、异常中继和异常话务监控以及话务回送等实时应用功能。

该系统的建成，为企业发展提供强有力的支撑作用：一是有利于提高企业的服务水平，通过实时计费，可以为用户打印出各种话费清单，让用户明明白白消费，避免出现话费争议，并实现欠费用户实时停、复机功能，大大减少用户等待时间和恶意欠费行为，也为企业内部对帐务数据的事前、事中和事后审核校验以及查错工作提供坚实基础，有效防止计费差错；二是有利于加强企业的经营创新，利用定额销帐和即时出帐功能，为用户提供先付款后消费的业务类型，使公司能够开办“灵通卡”捆绑付费业务和租机业务，同时能够对各种类型的话务进行实时跟踪，保持对自身和竞争对手话务量变化的敏感性，为企业经营决策提供科学依据，对企业营销成果也可作出及时的反馈；三是有利于强化企业的维护工作，把集中在计费期末的大量统计处理工作分散到每天进行，既减轻了帐务人员的工作强度，也为细化、深化审核校验工作提供了条件。

【江苏徐州电信严格计费管理】

2001年2月，江苏徐州电信分公司资费中心提出了“工作不要在我这里中断，差错不要在我这里出现，电信形象不要在我这里受损”的工作理念，进一步加强了徐州电信服务管理的力度。

为了保证计费和账务处理的正确性，徐州电信资费中心制订了严格的出账流程，从计费磁带和计费光盘的交接开始到最终的报表打印，整个过程的每一步骤都有严格要求，每一步的处理都明确到个人，每做完一步都有专人复核。每一个出账人员还有自己专门的出账流程表，详细注明了每一项操作的目的和功能，从而使整个出账过程责任明确，有条不紊。对偶然性和突发性的问题做到及时发现、及时处理。不论责任在哪一方，都及时纠正，避免事态进一步扩大，并按正确数据做好善后工作。他们还实行系统管理方法，不断追求整体优化和整体推进，对人、财、物合理配置，实行目标管理，以保证企业效益的最大化。

【成都电信与多家银行合作开通实时代收费系统】

为了方便电话用户就近及时交付话费，成都市电信分公司从2001年4月5日起，相继开通了招商银行、工商银行、农业银行的固定电话费实时代收系统，用户在银行交话费时均能实时销账并实现信息费与电话费的分单交付。成都市固定电话用户可以在开通了实时代收费系统的中国银行成都市分行的七十多个储蓄网点、工商银行二百六十多个储蓄网点、农业银行三百多个储蓄网点交电话费，用户还可通过招商银行电话银行系统95555进行话费查询及交费，并可根据自己的实际情况选择交费方式和交费地点。

为进一步提高电信服务质量和企业的经营管理效率，减少话费纠纷，成都电信公司还进一步完善了账务系统，并向郊县延伸，使郊县的电信用户也能享受到异地、实时、跨区缴费及查询话费服务。成都市电信分公司为解决用户缴纳、查询电话费的不便，开通了本地网计费账务系统，使成都成为全国最早开通该系统的城市之一。该系统的投入使用大大提高了电信计费的处理能力和工作效率，使电信账目更为清晰。

【江苏电信常州分公司虚拟网实现即时计费】

2001年9月，江苏电信常州分公司研制开发出虚拟网即时计费系统，满足了用户的需要，进一步拓展了虚拟网功能。

虚拟网业务自从推出以来发展较快，因其利用电信公众电话网的网络资源，将集团客户划分为一个用户群，建立一个逻辑上的专用通信网，从而使用户既可具有小交换机的功能，又能享有公众电话网的便利及一些新功能，所以特别受酒店、银行和企事业单位等集团客户的欢迎。但是，虚拟网无法实时计费的缺陷却一直困扰着电信部门和用户，以至成为虚拟网业务推广中的“桎梏”，用户对此多有反映。针对虚拟网业务推广中的这一问题和用户的实际需要，常州电信分公司组织力量对虚拟网计费系统进行了研究开发，并获得成功。他们研制开发的这一系统针对S1240、F150等主要交换机型，在虚拟网计费数据库和程控交换机之间，通过采用WEB网页技术，建立了虚拟网即时计费平台，用户可根据使用需要自行开放关闭国内、国际长途电话，进行实时计费，并可随时打印出包括市话在内的所有通话清单。该系统具有工作效率高、操作简单、人机界面友好并可免维护等优点。

【山西电信规范电信计费管理】

为进一步规范电信计费管理、彻底解决资费引发的服务质量问题，2001年山西省电信公司提出建设一个集中的本地计费账务系统的创新思想。经部署与组织，此项工作进展顺利。

采用集中的本地计费系统，可以实现从业务管理到计费账务的全省统一，有效解决现行系统版本不一、功能不足等带来的问题。但是建设这样一个先进的系统，无论从技术上还是管理上都带来一系列的挑战：集中系统需要坚强的软硬件支持、需要可靠的容灾系统实现业务分担与数据备份、需要一个全省标准化的业务流程和管理模式、需要一个全省统一的业务规则与数据标准，这些都与山西传统的管理模式及地方化的需求形成矛盾，因此采用集中计费系统在全省业务的标准化与管理方面存在较大的风险，这要依靠高质量的应用软件和全省坚强的计费业务管理来减小这一矛盾。

为解决这些问题，山西省计费中心采取“两手抓”的原则，一手抓技术，抓系统规划，抓容灾性能建设，抓软硬件选型，抓功能测试，力求为集中管理提供最佳技术支撑；另一手抓管理，强化集中概念，制订标准化业务流程，积极取消县级计费方式，加快本地网建设进程，为今后系统的正常运行作了有力的铺垫。其中容灾系统建设提供了主备之间的随意切换功能，确保了数据安全。

【河南电信组织调研消除用户对电信计费的质疑】

针对广大电信用户对电信计费存在的诸多疑问，2002年年初，河南省电信用户委员会组织来自省政协、省纠风办等相关政府部门以及省消协、新闻、教育等社会各界电信用户代表，来到郑州市电信分公司进行电话计费专题调研。

代表们首先与郑州市电信分公司有关人员进行座谈，对电信计费的整个过程及处理程序进行了解。该公司有关负责人向代表们详细介绍了电话计费的全过程及处理程序，并重点围绕代表们提出的目前为什么不能向用户提供本地电话费清单等广大用户关心的问题进行了详细解答。座谈会后，代表们先后到该公司的本地网交换监控中心、计费数据处理机房以及电信营业厅实地查看了电话计费处理的全过程，并现场试拨电话进行计费演习。通过座谈，代表们了解到电信公司不能提供本地电话费清单主要有以下原因：一是因为原有市话网络不具备提供市话清单查询的功能，改造设备的技术比较复杂，需要投入巨额资金；二是电信资费标准实行以成本为基础的定价原则，根据目前我国电信业的发展和用户的承受能力现状，若投入巨资改造设备，势必会增加广大电信用户的负担；三是根据《中华人民共和国电信条例》的规定，电信企业应当向用户提供本地电话收费收据，如果电信用户对收费有异议，电信企业应采取必要措施查找原因，用户没有必要一定要市话费清单。代表们表示，通过这次专题调研，对本地电话费用清单等广大电信用户关心的问题有了正确的认识，消除了心中的疑问，对电信企业也多了一份理解和支持。

【湖北电信武汉分公司两月收回话费欠款三千万元】

2001年8月底，武汉电信累计欠费额高达6900万元，对企业的长期健康发展造成严重的负面影响。经过两个月的努力，武汉电信成功收回欠款3016万元，使欠费总额大大降低。

在这次收欠工作中，武汉电信拟订出一整套奖惩考核办法，充分调动了员工收欠工作积极性。他们成立了催欠大户专班，主动帮用户查询费用，提供线路测试、账改、复机等服务，赢得了用户的信任和配合。催费人员还经常进行自查自纠，研究分析服务中存在的不足，主动站在用户的角度考虑问题，将有争议的费用明细调出来帮助用户分析，成功结清多笔拒付话费，多数专业收欠人员每月收欠完成率都在95%以上。

银行是搞好收费工作的关键，武汉电信加强了同银行的沟通与合作，9、10月份，中行、工行一次下账率分别达到95.35%和97.01%；农行、交行始终保持稳定的下账率。

8

信息化建设

·政府上网·

【中国电信全力支持政府新闻网站】

2001年5月，国务院新闻办公室代表国内12家知名新闻网站与中国电信集团公司签订补充合作协议。中国电信集团公司继续对人民网、新华网、中国互联网新闻中心、中国国际广播电台网站、中国日报网站、央视国际网络、中青网予以资费优惠政策，同时增加中央人民广播电台网站、千龙新闻网、东方网、南方网、北方网作为同等资费优惠对象。

2000年8月，国务院新闻办公室曾与中国电信集团公司签订合作协议，中国电信集团公司对人民网、新华网等7家新闻单位网站在通信费和网络使用费等业务上给予资费优惠政策。由于国家从2001年1月起实行新的电信资费标准，为进一步落实国家对新闻网站的优惠政策，国务院新闻办公室与中国电信集团公司签订了上述补充合作协议。中国电信集团公司给予资费优惠的这些网站均为国内重要的新闻网站。

【中国电信为天津市组织机构发放数字证书】

2001年6月，天津电信和天津市质量技术监督局合作，对天津所有的法人单位发放嵌入CTCA的企业代码IC卡，亦即数字证书，使天津市党政机关、社会团体、企事业单位拥有权威性的网上身份证明。天津市的组织机构在申请数字证书后，可以实现网上缴费、网上报税、网上购物、安全电子邮件、网上地图标注等应用服务。从而有利于推动天津市电子政务、电子商务的开展，有效地推动天津信息化的发展。

中国电信的数字证书是具有我国自主知识产权的、通过国家密码委员会鉴定的安全产品，并能够在全国范围内广泛应用。此次天津电信与天津市质量技术监督局合作，就是要把中国电信的数字证书植入组织机构代码IC卡中，从而使组织机构的真实身份在互联网上得到体现，为天津市党政机关、社会团体、企事业单位进入数字化、信息化提供安全保障，为全国的政府上网工程、企业上网工程提供经验。中国电信还力争能够在全国领域与国家质量技术监督局全方位开展此种合作。

【黑龙江省政府依托中国电信网络组建“两网”】

2001年6月，黑龙江省政府决定：全省各级政府的政务信息网建设和农业信息网建设，全部委托黑龙江省电信公司的网络平台组建，并在年内全部建成。

黑龙江省政府在此以前，曾组织通信专家组，对黑龙江省电信公司的网络情况进行了多次实地考察，听取来自各方面的意见和建议，审慎选择承建的电信运营企业和网络支撑平台。黑龙江省电信公司在充分发挥网络、人才、技术优势以及不断壮大网络实力的同时，坚持不懈地狠抓服务质量，改变了独家垄断时期电信企业在广大用户心目中的地位和形象。为了落实省政府“黑龙江信息港要成为让全球了解黑龙江、让黑龙江走向世界的重要窗口，要尽快与全国、全世界接轨，电信部门要在信息化建设中发挥示范和带头作用”的决定，省电信部门下大力气营造“网上黑龙江”，迅速充实网上内容和应用系统，使主页日访问量突破10万人次，使黑龙江信息港真正成为全省的门户网站。黑龙江电信脚踏实地的工作精神和强大的网络优势，得到了省政府领导以及各相关委办厅局的认可，赢得了承建两大信息网的任务。

黑龙江省政务信息网是一个高速、宽带、独立、专用、技术先进的政府内部业务网，可以实现黑龙江省政府县级以上的所有政府部门局域网络的互联互通和资源共享，网络纵向通达黑龙江13个地市和68个县，横向通达省级67个委办厅、地市级城市和县级城市的所有政府部门；农业信息网建成后，能覆盖省地县乡乃至部分行政村的所有农业部门以及与农业相关的各企事业单位，是一个具有权威性，集信息采集、处理、加工、发布、应用以及现代电子商务功能于一体的、依托于电信宽带互联网的大规模网络体系。

【“中国宁波网”正式开通】

2001年6月1日，“中国宁波网”正式开通，标志着宁波大型网络新闻传播平台已具雏形。为确保“中

国宁波网”信息传输的快速畅通，浙江电信宁波市分公司为其提供了主机托管服务，并为该网站提供独享100M宽带。

作为宁波的综合性新闻网站“中国宁波网”，是由宁波市委宣传部和宁波日报社联合主办、并经国务院批准正式建立的。该网站立足宁波，以新闻为主，并逐步向服务和商务延伸。网民就能通过“中国宁波网”在每天的第一时间看到《宁波日报》、《宁波晚报》、《新闻与传播研究》等报刊上的新闻。此外，该网站还推出了“新闻中心”、“最新播报”、“自办频道”、“公共栏目”等栏目，“新闻中心”将每天滚动播报本地和国内国际各类最新新闻。从开通之日起，日点击量稳定在四五万人次，所发布的新闻等内容受到网民的欢迎。

宁波电信作为宁波地区最大的ISP、ICP服务提供商，具有庞大的用户群和强大的网络基础。在“中国宁波网”的建设中，他们为该网站提供了良好、优质、高速的网络环境和网络条件。宁波市电信互联网的出口带宽已达5个G，并在市内建成了吉比级的网络互联系统，163/169网上用户已达18万户。宁波电信的网络优势与“中国宁波网”的新闻优势相结合，不仅对丰富宁波网上信息内容，加快互联网事业的发展具有十分重要的意义，而且对促进宁波进一步走向世界，改善宁波的投资环境也具有积极的促进作用。

【北京电信承建“数字西城”】

2001年10月，北京电信与北京市西城区人民政府签订了“数字西城”项目协议，这是继“数字亦庄”、“数字东城”、“数字石景山”、“数字崇文”、“数字昌平”和“数字怀柔”之后，北京电信全力推进首都信息化进程，打造“数字北京”的又一举措。

根据协议，年内北京电信完成西城区政务专网工程，用2M光纤连接西城区机关信息中心与44个委、办、局和10个街道办事中心的骨干网络，使西城区实现网上业务申报和审批等。“数字西单”是“数字西城”的一项重要工程。根据协议，北京电信在西单商业街建设交通引导系统和安全监控系统。其中，商业街的重要地点安装19个滚动屏，设置19个监控头与11个商场联网，通过北京电信的光纤和网络设施，西单16个地下停车场的信息将显示在滚动屏上，同时，西单派出所可以实时获取各个信息点的安全信息。

【重庆电信担纲市信息化工程】

为加快重庆企业信息化建设的步伐，重庆市成立了以高校、科研院所和部分IT企业为依托，由专家、学者组成的重庆市企业信息化技术支持中心，重庆市电信公司是本地区唯一进入其中的通信运营企业。该中心的任务是向企业介绍信息化建设的有关理论、知识、典型案例等，针对企业信息化建设的项目论证、规划、实施、监管等环节问题，给予技术咨询支撑，以帮助企业提高项目技术水平，降低项目建设风险。

在该中心的8个专家组中，重庆电信进入其中两个专家组，其中，公司副总经理廖碧成任网络工程专家组组长。在授牌仪式上，廖碧成表示，重庆电信不仅拥有本市最大的通信网络，而且建成了国内最大的本地网，技术实力雄厚，经验丰富，人才济济，公司愿意将长期积累的成功经验与广大企业交流共享，以此促进重庆市的信息化建设。

【广东电信南海分公司为南海市信息化建设立新功】

近年来，广东南海市信息化建设成绩斐然，已成为我国信息化建设的一个成功典型，得到江泽民总书记和朱镕基总理的赞赏和祝贺，其经验和模式被全国各地广为借鉴。作为南海信息化建设主力军，广东电信南海电信分公司准确地找到了自己的位置，充分发挥企业的优势，在南海信息化建设中建立新功。

一、南海电信分公司始终坚持为信息化建设服务

南海能够创造一个信息化建设新模式，主要在于南海市政府认真落实“中共中央第十个五年计划关于以信息化带动工业化”的精神，高瞻远瞩，依靠中国电信公众基础网，走统一规划、联合建设、加快发展之路。南海电信分公司敏锐地抓住了南海社会，经济发展对通信事业提出的新要求，积极贯彻集团公司及广东省电信公司的有关指示精神，响应地方政府“用信息化推动城市现代化”的号召，想政府之所想，急地方之所急，全力以赴，责无旁贷地担当信息化建设主力军的重任，在资源，人才、资金等各个方面支持、配合社会信息化工作，特别在技术方面，紧跟世界发展潮流，建设技术水平一流的网络，为“南海模式”的形成做出了积极的贡献。

二、加强网络建设，构筑南海信息网络主干平台

近几年来，南海电信分公司在广东省电信公司的指导和支持下，大力加强网络建设，1997年以来累计投入约16.5亿元，迅速构筑起网络能力强、功能丰富的信息传送平台和信息业务平台，作为南海信息网络的主干平台，为南海市信息化建设提供了坚实的物质基础和强大的支撑能力。

南海电信分公司的信息传送平台是南海市信息化建设的基础设施，主要包括光缆网、传输网和宽带接入网。为了配合南海市信息化建设的发展，南海电信分公司通过努力，提前实现光缆基本到小区、大楼；光缆到达90%以上的村委会，基本实现村村通光缆，户户可上网。至2001年11月,已建成本地网中继光缆3.2万纤芯公里，约占南海光缆总数的80%。传输网络采用2.5G SDH自愈环，覆盖了全市所有镇区。SDH传输电路约占南海各运营商SDH传输电路总数的95%。

宽带接入是南海电信分公司一直关注的新技术。早在1997年，南海电信分公司就开始发展宽带接入和住宅小区上网业务。2001年，根据集团公司和广东省电信公司加快宽带接入发展的指示，南海电信分公司全力拓展宽带接入市场，截止2001年11月，南海电信分公司ADSL已覆盖所有镇区，共7496线；FTTX+LAN已覆盖所有13个大镇。南海市大多数的政府单位宿舍、13个教师住宅区以及近60个商住小区已完成宽带上网工程，可提供2.7万个家庭宽带上网；许多企业单位的宿舍，农民新村等也加入了宽带上网行列。宽带上网（信息化小区）已经成为南海信息化建设的一个显著特色。

南海电信分公司的信息业务平台为南海各类信息化应用提供了强有力的支撑，主要包括基础数据网、互联网及城域网。南海电信分公司基础数据网分骨干层、接入层两层结构，其中骨干层有14个节点，接入层节点116个。截至2001年8月，DDN/FR端口共3159个，发展DDN用户1764户，FR用户1790户。南海电信分公司的基础数据网覆盖了全市所有乡镇，采用南海电信分公司的基础数据业务组建计算机专业网成为南海政府部门、企事业单位组建计算机专业网时的首选方案，并已有209个企事业单位，包括银行、保险、税务等部门的专业网采用南海电信分公司的基础数据电路组网。互联网及城域网建设是南海信息网络主干平台的一个亮点。到2001年10月20日，多媒体业务用户数达12.7万多户，市场占有率达61%；其中企业上网4000多户，专线上网的市场占有率在95%以上。

三、加大应用平台建设，把网络优势转化为现实生产力

南海电信分公司充分认识到，信息技术的广泛应用将成为提升经济总量和调整经济结构的助推器。为此，南海电信分公司积极配合政府，花大力气搭好应用平台，致力于行业上网和网站建设，将信息技术广泛应用于社会管理、经济发展、人民生活和文化教育等方方面面，以推动全市社会经济持续、快速、健康发展。

一方面，南海电信分公司大力参与政府及行业上网的建设。南海是珠江三角洲的一个发达城市，近年来全市信息网的需要呈现了可喜的发展势头，各系统、单位如政府、税务等都有建设信息网络的需求，其中最为迫切的就是教育信息网的建设。2000年伊始，南海电信分公司与该市教育局达成协议，以电信的CHINANET作为学校上网的接入平台，首期上网学校100所，其他学校分期接入，实现教育资源的共享。南海电信分公司及时抓住这个难得的发展契机，专门投资2000多万元，组建了基于ATM技术的教育网络。至2001年年底已开通了首期的100所学校。教育网开通之后，南海三年级以上的学生都可以在学校的多媒体教室里上信息教育课程，这为南海电信分公司带来了24万用户的潜在市场。教育局也籍此开通了包括教师再培训、高考辅导、教学课件系统等各种应用系统，为南海市的教育事业提供了新的信息技术手段。南海教育网的成功案例，先后得到了国家科技部、广东省省委领导的高度评价。同时南海电信分公司与公安局合作，基于南海电信分公司基础数据网，将公安局的每个派出所，20个床位以上的旅店通过南海电信分公司64K的帧中继电路连接到公安局的中心平台，组建南海公安户籍网,并已完成了106个派出所、旅店的连接。公安户籍网的开通，也为南海电信分公司数据基础业务的发展拓展了新的发展空间。政务信息网是南海电信分公司与南海广电部门紧密合作的成果。政务信息网的建设为南海政府部门的办公自动化以及办事的透明度起到了很大的作用。政府的办公实现了无纸化，办公效率得到了很大的提高，同时为政务公开打下了坚实的基础，促进了政府的廉政建设。南海市采用类似电信信息网络组建专网的政府、行业专网还有国税/地税网、工商网、社保网、海关网等。除了广电、电力及政府内部办公网外，其他所有政府、行业专网基本都由南海电信分公司提供组网服务，通过南海电信分公司网络进行承载，共达233户端。

另一方面，南海电信分公司还积极推动各种网上

应用。根据南海市委、市政府的战略规划，南海电信分公司大力推广网上应用，使南海的各专业网站全部放在CHINANET上。由于电信企业与政府部门、行业协会等的友好协作，南海出现了一些很成功的专业网站或应用系统。如华南五金交易网就是南海电信分公司与金沙镇工业办合作建设的，并已发展了580家企业加入，包括一些外地企业。该网站自开通以来，深受欢迎，每天的点击数达2000多人次。通过收取会员费、产品交易费、技术支持费用等，该网站已能实现盈余。由于网站建设的成功，金沙镇还建了一个配套的五金拓展中心，为企业及商家提供产品交易及技术服务，实现了真正的虚（网站）实（拓展中心）结合，是用信息技术改造传统产业的一个很好的典范。金沙镇工业办通过该网站的建设不但收到了较好的经济效益，而且大大提高了金沙的知名度。南海的铝型材产量占全国的60%以上。南海电信分公司抓住这一地方特色，投资与工业局合作建成了中国铝型材商务网，并已有114家企业加入，该网站主要是为企业提供商务及行业动态新闻服务，已成为南海铝型材企业信息化发布与获取的重要窗口。

四、培养信息化意识，在提升软件环境方面发挥积极作用

在推进全市信息化的过程中，南海电信分公司自觉担负起积极普及推广信息化应用的工作。1999年以来，为配合市政府“将现代信息观念进一步深入人心”的要求，南海电信分公司先后投资300多万元，认真组织培训工作，在全市21个培训地点（主要是各镇成人教育学校）及时开通了教室上网；组织队伍下乡培训，培训队伍深入各镇区，送训到门口，每一个镇区少则4期，多的达12期，培训的对象主要是乡镇村委会干部、企业负责人、团员青年，反应非常强烈，收到了很好的效果。南海电信分公司还与团委合作，在桂城、大沥等8个镇建了互联网培训中心，负责培训社会上的人员，这些培训中心均是长年运作，为南海CHINANET业务的发展发挥了很大的作用。

【上海电信建成市郊首家会议电视网】

2001年3月，被上海市南汇县政府列为重点工程的会议电视网系统建成启用，这在上海市郊属第一家。南汇ISDN会议电视网分别在南汇县政府、南汇信息大楼、康桥工业园区等30个点各开通一端ISDN 384K会议电视系统，设备采用深圳中兴公司的ZXMVC200系列桌面终端，它是一种基于综合业务数字网的桌面视讯系统，是集电信、计算机和多媒体于一体的综合应用产品，具有召开电视会议、共享应用程序、文件传输等多项功能。会议电视网系统图像清晰稳定，无杂音，效果好，给政府工作带来了方便。（谢志明）

·企业上网·

【上海热线营造企业网上家园】

自2000年9月上海热线开通一年以来，上海热线企业版的用户已达到2736家。一个初具规模的企业网上家园已经形成。

上海电信负责信息资源整合与共享的主要部门——上海信息产业公司，专门成立了信息业务集成中心，以企业用户为主要服务对象，依托“上海热线”门户网站，发挥整体资源、技术优势，为客户的通信业务提供“一站式”全程服务。推出了企业上网优惠套餐：一个国际或国内域名、10M网站服务空间、5个商务电子信箱（每个5M）、专业网页制作（5页）、上海热线分类栏目文字链接一个月等。

上海热线企业版还直接为企业提供信息资源整合服务。企业版内分类有：上海热线企业邮局、EasySales

企业销售管理、在线储值卡（上网只需2元）、超值会员俱乐部。

上海热线企业版，根据各类企业不同的需求提供不同类别、不同档次的服务。针对信息化刚起步的小企业，上海热线企业版为其提供：虚拟主机服务、专业网页制作、上海热线企业邮局、会员制信息服务。针对信息化达到一定水平的中小企业，上海热线企业版为其提供：服务器托管+IDC增值服务、网站设计+开发应用系统、ASP应用项目。针对大型集团企业，上海热线企业版为其提供：高速DDN接入或宽带接入、弱电工程承包、实施ERP工程、实施VoIP和VPN工程。

在上海热线的企业版上，还设立了上海热线企业邮局，内容包括：电信级的运营服务、安全的邮件备份系统、免费拨号接入方式和统一的邮箱域名；还有企业销售管理系统为用户提供客户信息管理、销售机会管理、销售过程管理、项目管理和ERP软件开发。

【浙江电信建成客户网站托管中心】

2001年6月，浙江电信建成客户网站的托管中心IDC数据中心——“环球网络IDC”。它直接连接中国电信CHINANET骨干网，具有2.5G的宽带，并采用带宽共享的接入方式，能提供高品质的主机托管、整机租用、系统维护、软件安装、数据备份、带宽管理、应用外包等服务，同时还以其设施一流的电信级标准机房、高速稳定的接入带宽、强大迅速的技术支撑、安全稳定的保障措施，为广大企业和ICP用户的网络及网站提供了一条通往国际互联网的“信息高速公路”。浙江电信依托庞大、完善的网络资源可向各大、中型企业单位及ICP用户提供电信级网络信息平台一缆子整体解决方案，帮助企业节省成本,降低进入国际互联网的门槛。

【江苏电信常州分公司以“特约代理制”推进企业上网】

江苏常州市政府在2000年《常州市“企业上网工程”总体目标》中提出，力争在3年内实现全市80%的企业上网；5年内30%的企业开展网上电子商务。

常州市年产值在500万元以上的工业企业有2500余家，各类大、中、小型企业总数更是高达14.4万多家。要使全市八成工业企业在3年内全部上网，就意味着平均每年要促使1.5万家以上企业上网。如此数量，如此时限，光有政府部门的大力支持和引导还不够，要使这些企业不但上得了网，还要用得好网，从而真正实现网络效益，单靠电信部门一家的力量也力不从心。

常州电信按照“联合发展”的思路，从2000年下半年起在市经委、贸易委的通力协助下，推出了“企业上网特约代理商”服务发展模式，制定并公布了《企业上网特约代理商竞聘办法》。当年，从报名参加竞聘的全市从事计算机相关业务的17家公司中择优录用了11家公司，正式聘其为常州电信“企业上网工程特约代理商”,这11家“代理商”辅助企业上网。2001年又确定了12家公司作为常州“企业上网工程特约代理商”，协议完成企业上网工程达1.5万家。

这些电脑、网络、通信类公司之所以愿意加盟到企业上网工程中来，主要得益于常州电信遵循双赢方针所制定的“三个一”原则，即“掌握同一原则”、“使用同一杆秤”、“维护一条高压线”。

“同一原则”就是按照公开竞聘、公平竞争、市场导向、企业自主选择的原则，根据企业上网工程的任务和目标，实行目标分解、竞聘入围、包干实施、责任到位、奖罚分明的管理流程。具体要求参加竞聘的企业要具备注册资金50万元以上、具有20平方米以上的营业面积、员工达20人以上且大专以上学历的员工不少于50%、计算机不少于5台、无不良商业记录、具有网络技术服务与系统集成、网站建设的成功案例等条件，方可自主选择为一级至三级代理公司。“同一杆秤”就是对受聘代理公司实行严明的年终奖罚措施和公开的酬金发放标准。对一至三级代理公司分别收取5千至2万元不等的保证金。对一级代理公司年终按所超任务比例数乘以保证金额数给予奖励；二级按所超比例的二分之一乘以保证金额数给予奖励；三级没有奖励。未完成目标的代理公司，一级按照未完成比例数的四分之一乘保证金额、二级按未完成比例数的二分之一乘保证金额、三级按未完成比例的2倍乘保证金额作为处罚，在保证金中扣除。此外，酬金发放标准则对一至三级代理公司一视同仁，先由常州电信向企业代收相关费用，再返还代理公司。此举不但增强了用户对资费的信任度，同时也杜绝了乱收费现象的发生。“一条高压线”即中国电信倡导的“用心服务、用户至上”理念。一旦发现有代理商侵害用户权益、破坏中国电信形象的，则立即终止其代理资格并作出相应处罚。

在实施“特约代理制”的同时，常州电信还不失时机地推出了接入网“套餐”，内抓外促，取得显著效果。为了有效满足企业对信息化的需求，公司对常州信息港网络平台进行整合、扩容，出口速率达10G，向企业提供专线、ISDN、“高速通”、“网络特快”等多种接入方式，并针对企业的实际需要设计了企业黄页、虚拟主机、主机托管及专线主机等多种套餐服务。在外部促销上，常州电信在社会上全面展开强有力的宣传攻势，通过电视、报纸及信息港等媒体进行广泛宣传，选择一批常州的知名企业，以上网成功案例进行“现身说法”。并编制精美的《企业上网成功案例》宣传册免费发放。与常州经贸委联合，组织常州大中小型企业老总百余人，到常州溢达服装公司等四家成功上网企业，召开电子网络成果现场交流会，实地体验与感受网络营销带来的快捷、便利。公司还根据企业相关人员的需要，举办了8期企业上网培训班和讲座。

此外，在加快推进企业上网工程中，常州电信创造出把“企业上网”和黄页号簿营销“捆绑推进”的有效做法。即在黄页电话号簿营销的同时，由黄页号簿业务员同时发展企业上网用户。电话黄页号簿与企业上网黄页同步发布的方式，很快得到了广大企业的认同和欢迎，在黄页号簿的营销热潮中，仅两个月，就有六千多家企业同时在“网上安家”。

【山东电信网站有声有色颇受欢迎】

2001年，山东电信对自己的企业网站进行了全新改版，在原有基础上增设了在线播放、电信时空、地市传真、热点聚焦、专题论坛、技术论坛、热线实录等十几个栏目，从企业最新经营动态、资费政策、宽带专题到文明建设，汇集了各分公司、县、支局的服务新举措和经营新思路，将来自基层的一些好的做法、成功的经验及时传递出去，在互联网上建起一块企业自己的“阵地”，以更强的互动性，起到了传统企业内部刊物无法比拟的作用。山东电信改版后的企业网站引来了各地网友访问，网站上的大部分信息出自员工之手，即时更新、贴近实际是该网站最大的特色，企业当日活动当日就上网发布，已成为全国省级电信公司网站中更新频次最高的网站之一。

如今的网站，已担负起了对外宣传和对内交流的双重职能。公司还在网站上特设了多个实用性很强的栏目，基层员工工作中总结出的一些技术小窍门、经验都可以放在上面，供大家借鉴；“热线实录”真实记录了用户打进来的特殊电话，讲述一个个真实的服务故事。同时，山东电信还将集团客户服务中心、山东黄页网站等链接在一起，起到企业形象集中展示一站全有的效果，如果想了解山东电信，了解山东网络发展状况，都可以在这里找到答案。

网站内容更新及时，自然引来“回头客”。不仅有外省电信职工通过电子邮件相互探讨，许多负责报道通信业的媒体记者也开始注意起该网站，通过浏览网站获取报道信息。有了这样一个沟通媒介，公司能及时对一些热点问题“有言”在先，掌握了主动权。由于信息多出自各地电信员工之手，是基层经营动态的真实反映，网站同样得到了职工的关注，许多县局的职工也经常到网站上了解企业最新动态。他们说，通过网站，可以受到同行启发，有助于改进工作改善服务，还可以发表自己的想法，这样的网站我们欢迎。

【河北电信保定分公司推进企业上网成效显著】

河北电信保定分公司通过“抓代理、抓特色、抓服务”的三抓，抓住了市场要领，抓住了企业需求，使企业上网工程发展迅速。到2001年7至8月间已经发展了474家用虚拟主机和服务器托管上网的企业用户，占全省虚拟主机用户数量的一半以上。

保定的地方经济各具特色，蠡县的皮毛、易县的砚台、安国的药材等闻名全国。保定电信抓住这些特色，派专人到各县开办企业上网业务讲座，成立了下乡小分队，深入到经济发达的乡镇，向企业介绍网上发布信息给企业带来的方便与实惠，引导本地特色企业从网上开拓销售渠道，并推出适宜的企业上网优惠政策。同时还积极发展业务代理商，通过代理商发展企业上网，向企业推广商务服务。为了把握市场需求，解除用户的后顾之忧，公司经常组织人员对已经建立站点的企业进行回访，每年都要召开虚拟主机用户座谈会，及时了解用户需求，征求意见，向用户介绍最新知识和网站维护建议。为方便用户，还专门开设了虚拟主机服务电话和电子邮箱，用户如果遇到问题，可以通过电话或E-mail的方式与业务主管部门取得联系，服务人员随叫随到。

【济南电信通过网络为企业经营打开新天地】

通过互联网检索产品信息、发布信息、收发订单、签订合同，已使山东济南市的众多企业越来越认识到网络市场的巨大潜力和优越性。到2001年，济南市六大工业系统内的企业已注册域名近700个，主机托管76

台，有独立站点的企业300余户，专线入网企业62家，以黄页形式、链接方式在济南信息港的企业数目达6800家左右。

一、电信部门大力扶持企业上网

虽然越来越多的企业都有了上网意识，但因对网络技术了解不够而存有观望心理。一些企业特别是中小企业，原有的管理机制、生产机制、销售渠道已运行了多年，设计、销售人员都已有多年传统工作经验。如果上网势必要拿出大量资金和时间，从设计人员到销售人员都需要进行更新和培训。尤其是实现电子商务，不是一个企业的力量能做到的。所以许多企业的决策者对上网多采取可有可无的态度。济南电信通过市场调查得出：在企业上网初期特别需要电信部门的参与和积极配合。为促进企业上网，济南电信主动上门，提供一揽子解决方案，他们除为企业提供先进的互联网络和技术支撑外，还采取了扶上马、送一程、助企业功成名就的一系列有效措施。

济南电信除为企业上网提供方便快捷的网络环境和网络应用外，还在大力推进"企业上网"工程中，采取三步走的方式，将这一工程系统化。第一步，为企业上网提供咨询业务受理、网站建设、电子商务等多方面的综合服务，利用"济南信息港网校"对企业进行技术培训，将企业领进网络大门。工程启动之初，推进了一系列优惠措施：免费为企业上网提供知识普及、入门培训；企业可以免费参加"网上交易会"；免费加入"企业宝库"；免费享受CTCA电子身份证认证服务。第二步，企业上网后，为让企业把精力投入网上的运作，而不必再为上网的软、硬件设施操心，济南信息港还成立了山东数据中心，专门为企业上网用户提供网站系统托管、主机租赁、机架租用、虚拟主机、域名注册、网站形象策划、网页制作等多项服务。正是由于前期铺垫工作做得比较到位，从而使上网企业免除了后顾之忧。第三步，针对企业上网成功的典型事例，抓点带面，在宣传媒体上大力宣传上网企业的好经验、好做法，从而加快了企业上网的进程，同时也为济南电信业务的发展拓展了空间、培育了市场。济南市的许多企业正是抓住了上网树立品牌契机，取得了比较好的效益，而这批典型的宣传，又吸引了更多的企业上网。

二、网络拓展企业发展空间

济南市的许多企业在网上大尝了甜头。砂布厂是较早在济南信息港上网的企业，以前该厂生产的涂附磨具虽然质量上乘，许多还获得部优省优产品称号，但因条件所限，销路主要靠内销。自从砂布厂在济南电信局申请虚拟主机、创建自己的商业网站后，通过在网页上宣传自己的产品，招来众多的顾客。如新产品耐水砂纸上网发布后，立即就有加拿大、意大利、法国、巴基斯坦等国外三十余家商家来电来函咨询购货事宜，并通过电子邮件与该厂签订协议，使产品远销到了台湾省、美国、泰国、土耳其、越南等地区和国家，另有加拿大、意大利、法国、巴基斯坦等国通过电子邮件和传真等形式与该厂进行业务联系。仅此一举，就为企业创出了产销两旺的新天地。

济南市机床二厂是一家老国有企业，借助企业上网登上了网络时代的快车。他们利用网络发布产品信息，随时了解企业所需要的有关信息。每天派专人上网十几个小时检索自己所需要的产品情报，追踪国际机床先进技术，进行技术信息查询，参与国内外招投标等，为企业把握商机、随时调整经营策略、确定自己产品的定位、开辟新的经营渠道奠定了基础。该厂在网上先后结识了多家跨国联合伙伴，分别与法国、美国、德国等国外公司签订合作生产各种大型数控机床、压力机自动生产线等设备的协议，打开了进军国际市场的大门。同时还积极开拓国内网上业务，在因特网上寻找合作客户，订货量较上网前有了明显提高。

1998年、1999年连续两年获"中华第一站"称号的济南汽车总站。充分发挥快速灵活机动的优势，根据季节和不同情况随时调整不同的发车车次和线路，在同行业中首先将汽车时刻表和各种随时变化的客运信息及时在网上发布，使"进济南总站，坐放心客车"的服务品牌在互联网上叫响。汽车总站的2400多个日发班次都在企业网站上及时公布，来自四面八方的旅客，只须轻点济南汽车总站南北两区的网址，就可对发往全省各地、市、县及邻省88个地区的车次一目了然，极大地方便了旅客乘车外出。这个站还开办了"网上订票"业务，使全国的旅客无论在何时何地，都可以利用互联网快捷方便的优势，订购自己所需班次的车票。济南汽车总站敢为人先，在网上提高企业知名度的做法给企业带来了明显的经济效益，在国内同行业中的地位不断提升，并被中国企业联合会认证为全国公路主枢纽之一。

【海尔集团启动宽带化广域网建设工程】

2001年11月,海尔集团与中国电信集团公司数据局、青岛市电信分公司签订协议,建设连接海尔集团总部与国内51个工业园区、分支机构的宽带广域网工程。该项目直接投资4000多万元，涉及国内21个省、市，它是国内当前最大的企业信息化工程。中国电信集团公司提供从系统集成到网络组织的“交钥匙”服务。

海尔集团是中国最大的家电制造商，其家电产品销售额居全球第6位,已形成从家电到IT、通信、生物医药等多行业、跨国经营的格局。为提升其在全球范围内的竞争力,海尔集团启动了企业信息化建设战略,并分三步实施。首先进行连接总部和青岛本地工业园区、研发机构、销售网络以及合肥工业园区的宽带城域网项目，该项目于2001年4月由青岛市电信分公司中标，工程已全部结束。第二步是连接国内分支机构的宽带广域网项目,项目招标书面向国内网络运营商,中国电信、网通、中企集团以及各自的系统集成伙伴参与了招标，中国电信集团公司最终中标。第三步将在广域网的基础上,搭建连接海尔集团海外工业园区、销售机构等的全球性信息网络。

按照宽带广域网协议规定，中国电信将为海尔集团提供基于宽带ATM网的10 M、100 M宽带接入，数据局将负责整体的网络组织协调，集成公司负责终端设备的系统集成服务，青岛电信负责网络建设以及项目竣工后的网络维护和技术支持服务。

·家庭上网、学校上网·

【全国家庭上网工程正式启动】

2001年12月20日下午，全国人大常委会副委员长、全国妇联主席彭佩云和北京西城区白云路小学学生连梦扬共同启动了“中国家庭网”网站，以“社区信息化”为主题的家庭上网工程正式启动。全国妇联副主席顾秀莲、信息产业部副部长张春江、中国电信集团公司总经理周德强、共青团中央书记处书记赵勇等领导出席了全国“家庭上网工程”及社区信息化推进大会并讲了话。

政府上网、企业上网、家庭上网三大工程，被称为推动我国国民经济和社会信息化进程的三部曲。“家庭上网工程”是由信息产业部、全国妇联、共青团中央、科技部、文化部主办，中国电信广泛联合政府部门、教育科研机构、社团组织、IT企业及新闻媒体等社会各界力量共同实施推动的重大系统工程，面向个人、家庭和学校普及网络知识，倡导健康文明的上网观念和行为，丰富信息产品和网络应用服务，推进社区信息化,加快迈入“网络社会”,实现信息资源共享。“家庭上网工程”的推进，标志着“三部曲”系统工程即将形成有机互动的良性循环体。

中国电信集团公司周德强总经理介绍，此次“家庭上网工程”的推进实施将按照“一线两点三步走”的策略，即形成一条由用户、电信运营商、信息内容服务商和商家组成的网络增值应用服务链，通过实施架上网之路、建网上家园、享网络生活三层服务，实现提高网上应用水平和扩大网络用户规模的两大发展目标。这一工程的推进，标志着中国电信实现由传统的为用户提供网络接入服务向为用户提供个性化接入和信息应用服务的战略性转变。

“家庭上网工程”的目标是：2001年至2002年年中，在全国50个城市建成1000个社区信息服务连锁站，特大型城市建设10个信息化小区，大型城市建设5个信息化小区，中小型城市建设1个信息化小区。2004年，社区信息服务连锁站覆盖全国地级以上城市，全国主要城市20%的小区实现信息化，预计2005年全国网络用户达到1.5亿，30%以上的家庭通过多种终端联入网络，城镇家庭、个人生活和社区服务等领域80%的信息流通过网络应用实现。

【江苏推出“家庭上网工程”】

2001年12月，江苏省“家庭上网工程”正式启动。江苏电信已累计投入资金26亿元，建成了覆盖全省的宽带互联网和多媒体通信网。已有7个城市建成开通了IP宽带城域网，网络能力达50万户。全省现已上网的企业超过25万家，互联网用户达322.5万户。

为推进家庭上网工程的实施，江苏省专门成立了由省计委、通信管理局、妇联、团省委、公安厅、广电厅、信息产业厅、教育厅、科技厅、文化厅和省电信公司等组成的工程协调小组。江苏省家庭上网工程的目标是，“十五”期间，全省家庭上网户数的年增长率将分别达到86%、42%、24%、18%和12%，家庭上网户数达670万户，城市新建小区都必须按信息化小区要求建设，具备宽带上网条件，重点建设500个信息化小区，全省家庭上网普及率从现在的4.43%提高到10.1%。其中，城市家庭上网普及率为17.3%。到2005年，全省城市30%以上的家庭通过多种终端联入网络，小城镇10%以上家庭通过多种终端联入网络，大中城市的家庭、个人生活和社区服务等领域，80%的信息流可以通过网络实现。

江苏省电信公司作为全省家庭上网工程的主要实施单位，将从平台建设、接入服务到网上应用等方面，提供全方位的优质服务。通过“架好上网之路”，积极发展多种接入方式、多种终端、内容和应用捆绑的个性化服务，丰富上网手段，简化上网手续。着力“建好网上家园”，广泛联合社会力量，搭建社区信息化平台，发展网上增值服务和面向普通网络用户的网上信息应用与网络服务，针对不同用户群的需求提供更加集中的、有针对性的信息服务。以社区信息化建设为重点，大力支持社区网络信息平台建设，连接物流配送网络、教育网络、医疗卫生网络等各种社会信息网络，加强与医院、学校、银行、证券、商场等的合作，为社区居民提供各种服务。

【山东启动农民上网致富工程】

2002年2月，山东电信和山东省农业厅联手推出了“山东省万千农民上网致富工程”，旨在利用农业部门的资源优势和山东电信的网络、技术优势，构建一个统一的农业信息平台，为山东农村经济发展、农业结构调整和增加农民收入提供服务。

在山东电信的电话用户中，农村用户虽已占到一半以上，但在上网用户比重中，农村用户数量很少，即使在部分经济较发达的地区，农村上网用户也只占两成左右，并且大多是企业用户。对大多数农民来说，上网仍不是件容易的事，而网上与当地农业生产息息相关的实用信息更是缺乏。为培育农村市场，山东电信采取了一系列措施。山东电信与山东省妇联合作，进行了“万名农家女上网培训”，在各地挑选农村女致富能手、科技骨干进行免费培训，起到了很好的示范作用。许多农民因此“触网”，逐步熟悉了从网上采集信息。

“万千农民上网致富工程”内容更为丰富，不仅为农民提供了更多的上网机会，还将为农民建起一个属于自己的“网上家园”。工程将建起一个完善的农业信息网络平台，扩大农业信息服务网络在乡镇、涉农企业和行政村的覆盖面。将使农民通过网络、电话语音平台等多种手段实现与农业专家的交流，实时获取科技和市场信息，同时探索利用电信公网建设农业信息化的新路子。

山东电信和山东农业厅计划在两年时间内，建成连接省、市、县和乡镇四级农业部门的信息网络和信息平台，实现高速因特网接入，使有条件的村和养殖、种植大户以各种方式实现上网。山东各级农业部门负责搭建信息平台，并建立作为本省农业信息门户站点的“山东农业信息网”；各种农业集体、个体经营户可以依托这个平台建自己的网站或网页，随时浏览发布信息。该工程还包括一个语音信息平台的建设——利用山东电信的160／168语音信息平台建立农业信息服务热线，由农业部门负责组织专家提供权威的信息资源，各级电信部门将负责技术支持，利用现有的覆盖农村的电话网，共同为农民提供有针对性的语音服务，形成一个集语音、网络为一体的多方位、立体化信息通道。

【安徽校园网实现高速互联】

2001年4月，安徽电信为安徽省教育和科研网顺利开通155M宽带电路，从而使安徽各地高等院校通过光纤线路以2M或2M以上的速率接入安徽电信宽带ATM骨干网，同时以10M/100M速率接入安徽电信宽带IP城域网，安徽省教育和科研网的带宽得到大大提高，有力地促进了安徽省教育和科研工作的开展。

安徽省教育和科研网接入了中国科技大学、合肥工业大学、安徽大学、安徽医科大学、安徽中医学院、安徽农业大学、解放军电子工程学院等20多所高校，网络中心设在中国科技大学。除合肥地区外，安徽省其他地市的高校大多采用DDN数字数据专线接入方式，传输仍然存在“瓶颈”。尤其随着现代教育技术的深入发展，2001年有更多的学校包括中小学建设校园网并接入到省教育和科研网，信息流量将急剧增长，使安徽省教育和科研网广域网接口带宽已严重不足。

为改变这种状况，安徽省电信公司与中国科技大学就教研网全省联网工作达成一致意见，并在建设方案和资费等方面都给予大力支持。根据中国科技大学网络中心及各高等院校现有网络设备配置情况，安徽电信为教育和科研网宽带广域网建设提供了合理的解决方案，充分利用了该公司全网状的光纤网和ATM骨干网的多级路由备份功能的优势，保证了全省各地高等院校与中科大网络中心之间的网络互联，并实现全省各地高等院校通过科大网络中心访问中国教育网。

【山东、湖南等地积极开展远程教育】

2001年12月14日，山东省电信公司与山东省广播电视大学合作建设的“山东现代远程教育ATM专用宽带网”项目正式签约。这是山东电大从以广播、电视媒体为主的第二代远程教育进入以多媒体、计算机网络技术为主的第三代远程教育。

“山东远程教育ATM专用宽带网”是集数据、语音、图像、视频于一身的综合业务传输平台，它利用高清晰的交互视频，不仅可以开展远程同步教学、远程交互辅导、课件下载，而且还可以进行宽带上网、视频点播、远程会议等，可充分实现资源共享。其最大的特点是由过去的单向传授改为师生间的双向交流。通过这个平台，可实现在全省范围开展远程教学活动，充分发挥电大丰富的教学资源优势，向社会各类人员提供学历教育、继续教育和岗位培训，扩大办学规模、构筑终身教育体制。这个网包括省电大、市电大、县电大以及各地大企业的电大共计一百二十多个教学点。一期工程于2001年底启动，2002年第一季度完成，计划在三年内完成全省所有广播电视大学的联网工程。

为实施国家“面向21世纪中小学教师继续教育工程”，2001年3月在湖南省政府和教育厅大力支持下，湖南省电信公司与湖南湘潭师范学院正式签署了合作开展网上远程培训的协议。湘潭师范学院负责投资建设多媒体授课室，负责对各市州县听课点进行选址和日常教学管理，负责建立完善的教学体系，制作开发、开发、完善和维护电子课件，校方还为这一培训项目建立专门的教学和管理服务网站，并负责将课件资源传到湖南电信网上教学中心平台的镜像站点。湖南省电信公司方面则负责建设、维护省网上教学中心平台，负责为各授课点和具备条件的听课点提供足够带宽的传输线路，将授课点接入全省电信的HFC网，并免费为授课点和各听课点提供电信网络传输技术支持。该项目的首期招生名额为5000名。湖南省教育厅计划到2010年前，湖南全省至少要完成23万在职小学教师的培训，使其获得合格学历。

【江苏江都电信大力推进“校校通”网络工程】

江苏江都电信局大力推进校园上网工程，取得显著成果。至2001年7月，全市127所大、中、小学中的98所已经上网，并建成、开通了教育中心网站和10个多媒体教室及演示报告厅，各学校上网计算机达2600余台，较好地满足了教育信息化的需求。

江都电信局是从2000年起开始实施“校校通”工程的。为了加快推进全市教育信息化工程，局主要领导多次带领营销人员和工程技术人员到市教委及重点学校现场办公，大力宣传网上教学的意义，从而得到了教育部门的支持与配合。在大力推进“校校通”工程实施过程中，一方面集中人、财、物力，加快建设，并与市教委合作建设教育信息网站，利用学校召开家长会的机会，开展上网演示，充分展示校园上网的知识性、安全性、健康性。另一方面，广泛开展多媒体网络知识宣传工作，与团市委、教委联合开展青少年网络知识大赛，通过举办上网培训班，组织中小学生夏令营、冬令营等活动，让师生上网遨游，感受网络的魅力，有效地促进了“校校通”工程的实施。

随着“校校通”工程的实施，众多上网学校不仅对校园上网的拓展生源、开阔教学视野、加强教学研究等诸多方面的优势深有体会，同时也进一步激发了人们对教育信息化的需求。江都电信局推出宽带上网业务后，江都中学、江都试验小学等重点学校即主动要求安装百兆端口140多个。江都市教委表示，到2001年年底，全市各镇中小学上网率要达到100%；市重点中等学校要建成100兆校园网，重点小学要建成10兆以上的校园网。

【湖北电信黄冈分公司实施农户上网工程】

地处大别山革命老区的湖北省黄冈市是一个拥有

730万人的农业大市，其中82%的人口分布在农村。黄冈电信经过充分调查研究后认为，扶贫是黄冈地方党委、政府工作的“重头戏”，全市4301个行政村有4079个村通了电话，通话比例达到95%，并且有80个村的60%以上的农户安了电话。如果将扶贫与电信发展联系起来，用互联网缩小城乡差别，用科技和信息扶贫，农民也乐于接受，一定会具有广阔的发展前景，一定会赢得地方领导的重视和大力支持。这个思路一经提出，立刻得到黄冈市委、市政府的高度重视，将农户上网工程作为大别山致富工程之一，进行了多次专题会议研究，并在武穴市召开现场督办会进行落实；团市委与黄冈电信联合下发文件，就实施农户上网、推动青年科技信息致富工作提出了建设性的意见；团省委将这一工程推荐上报到团中央，团中央赠送了200台电脑，已全部发放到黄冈的农村基层团组织。

黄冈市电信分公司按照“统筹规划、突出特色、面向应用、逐步推进”的原则，着力实施农户上网工程。一方面，他们以互联网的丰富资源为依托，建立黄冈市信息中心导航站，下设各县市区主站，主站下设各乡镇分站，各村确保有一台电脑上网，帮助农民在网上发布信息，并从网上收集市场行情、种植养殖业技术、供求信息，定期给农户编发信息刊物，资源共享。同时，鉴于电脑在农村的普及率还不是很高，由各乡镇建设“乡镇电子信息馆”，以供农民网上信息交流和进行计算机、互联网知识培训。另一方面，大力推动农村生产经营大户上网，着重带动农村搞生产经营的大户如种植养殖业大户、运销大户等农户上网。这部分农户在本地有着较大的影响力，且思想意识较普通农户开放，农户上网工程的实施首先从这些对象抓起，通过这部分人带动其他农户上网。同时，他们加强计算机、互联网知识的普及和培训，以提高农民技术素质来刺激他们上网，有力地推动了农户上网工程的顺利实施。

【黑龙江电信、沈阳电信、杭州电信与一批大学合作建设校园宽带网】

2001年5月16日，包括哈尔滨工业大学在内的黑龙江省11所高校同时开通宽带互联网。2001年以来，黑龙江电信集中10亿元资金投入宽带互联网建设，对有需求的用户提供吉比到小区、百兆到大楼、十兆到桌面的接入能力。省电信公司根据省委、省政府推进信息化、发展网络经济的总体部署，经过审慎研究后决定：将首批工程用于教育事业，支持省内大中专院校和中小学校改善办学的硬件基础设施，以实现教育事业的现代化。此举在全省教育行业激起联建热潮。东北农业大学在省内第一个开通宽带互联网，4个异地教学点已经实现远程教学，该校住宅小区及学生宿舍正在进行宽带接入工程建设。之后，哈尔滨工业大学等十所院校同时开通互联网工程。黑龙江青年干部学院等省内75所大中专院校也与电信部门签订了联合建设宽带校园网协议，年内可陆续开通。

到2001年8月初，沈阳电信已同12家高校签订了校园电话网、宽带信息网等整体合作建设方案。沈阳市有22所高校，大多是专网用户。伴随信息化大潮，高校对宽带网需求强烈，部分重点高校渴望发展远程教育。沈阳电信捕捉到这一信息后，有针对性地提出了“全盘解决”方案。5月中旬，沈阳电信同国家重点大学东北大学签订了首份合作建设该校电话网、IP宽带网、远程教育网协议。按照平等互利求双赢的原则，由电信部门投资建设通信设施，设备产权归沈阳电信所有，东北大学提供建设条件、环境和用户。到9月工程竣工后，东北大学原有的十多年前生产的4000门纵横制交换机将被万门程控用户交换机、8500部校园卡式电话取代。宽带网建成后，通过IP城域网、ADSL等宽带接入方式，东北大学终端用户将以高出普通拨号上网几十倍甚至几百倍的速率高速接入互联网，新建成的网络教育系统，可开展多种形式的高等教育。沈阳电信根据高等院校的不同特点和要求，还同沈阳工业大学签订了“一揽子”解决方案，确定除撤掉专网提供集中式用户交换机外，还要提供ISDN电话，满足原有DDN专线增容需要，并在校园内的教职工住宅和学生宿舍建设校园宽带网络。

2002年1月18日，浙江电信杭州市分公司与浙江大学签订协议，合作建设浙大新校区的通信网络。浙江大学是国内外一流的高等学府，一直是浙江电信的重点客户，校园内已有校园卡电话8000门。在得知浙大建设新校区的消息后，杭州电信立即上门与校方洽谈新校区的通信问题，并多次由公司总经理带队到浙大讲解市话、宽带一揽子信息化解决方案。通过努力，杭州市电信分公司在与国内外多家通信企业的竞争中脱颖而出，取得了建设浙大新校区所有通信网络的资格。这次杭州电信对浙大新校区的通信网络建设一期工程将安装校园卡电话4000门、办公电话1000门、教

职工宿舍电话2000门，并在教学区及学生宿舍区提供宽带数据接入，预计2002年8月底完成。

【浙江电信宁波分公司建成省内首个家庭智能化小区】

2001年8月，由浙江电信宁波市分公司和宁波成功多媒体通信有限公司联合开发的浙江省首个家庭智能化系统在宁波市锦沧文华小区投入使用。

为适应信息时代的潮流，近年来，宁波电信分公司集中资源与技术优势，加快对智能网络系统的集成开发和社会信息管理的开发，于2001年年初开发成功多网合一的家庭智能化系统。此次宁波电信推出的以"新技术、新系统、新平台"为标志的锦沧文华家庭智能化系统一改过去的上网、安防、物管、电信、视频各走一线，建筑物内多网共存、信息分流、自成系统，不能将数字家园构建在一个统一的网络平台上的弊端，实现了一线入户、多网合一。向构建城域网——社区局域网——家庭局域网的"数字宁波"宽带网络平台方向迈出了坚实的一步。 得益于家庭智能化系统，宁波锦沧文华小区的居民只要在家中打开电脑，轻移鼠标点击屏幕上显示的家中电器，便可指挥其工作：空调器把室内温度调到最佳、电饭煲自动启动做饭、微波炉开始烹调菜肴。出门上班忘了拉窗帘，关电器、电源等，只要拿出你的移动电话或掌上电脑，轻敲键盘窗帘会自动拉上，电源等开关自动关闭。此外，还可以通过网络摄像机远程实时监控家中的一切，若家中发生盗窃、失火等现象，手机或办公室电话就会发出报警信号。锦沧文华小区已被宁波市列为"信息化示范小区"。

·电子商务·

【上海电信与IBM共建电子商务数据中心】

2001年8月,上海市电信公司和IBM中国有限公司共同宣布由IBM提供技术支持的上海花木互联网数据中心（IDC）正式开始运营。作为双方的战略性联盟，该中心能为华东地区的国内外企业提供优质的电子商务运维服务。

上海花木互联网数据中心是国内技术最先进、服务最全面的IDC，该中心的开放受到了企业的密切关注，用户可以享受IBM全球服务部独特的电子商务运维服务，它最大的特色是可以提供企业应用系统管理服务。绝大多数IDC服务提供商提供的服务大多局限于主机托管和带宽作用的网站级业务，无法解决企业在商业应用层面的IT需求，企业只能自已来完成应用层面各个信息系统的开发和管理。IBM的电子商务运维服务不再局限于一个网站，它包含了企业的整个电子商务活动。从灵活的小规模服务到专业级运营服务解决方案的定制。在全球范围内，IBM全球服务部的电子商务运维服务已经为很多企业信息应用系统提供了具有针对性的专业化的运营外包服务支持。该中心结合了丰富的电信资源与国际水准的高品质服务，为进入中国的跨国公司、正在电子化的国内企业和现在新兴的 .com及ASP等企业提供高质量的服务。

【海南电信电子商务平台网站正式开通】

2001年8月1日，海南电信电子商务平台网站www.hainanl79.com正式开通，用户通过登录该网站可方便快捷地办理电子缴费、电子银行、数字证书等业务。

海南电信于2000年底完成了海南电信电子商务平台一期工程的建设，该平台以中国电信CA安全认证体系（CTCA）为核心，以海南省163／169网为基础，采用多种安全接入方式，实现以发展业务和应用为目的，信息流、资金流、物资流三要素齐全的电子商务平台。2001年又陆续与深圳发展银行、光大银行合作开展了电子缴话费业务，与海南银联签订合作意向书并合作推出了电子银行业务。

海南电信电子商务系统通过设在海南银联的网关与海南八大银行联网。市民只要在银行有存款，就可以通过办理电子身份证书，实现网上交易，资金划拨在瞬间完成，并可以查阅自己的帐号，了解资金流动情况。该电子商务系统的建立，对企业与企业、企业与个人以及个人与个人之间的资金交易提供了一个更加安全、高效、快速的手段，对商业流通起到促进作用。

【江西出现免费上宽带网酒店】

2001年6月，首批开通中国电信宽带业务的江西民航大酒店宣布：全部客房免费上宽带网。为了把酒店建成一流的“数码宾馆”，江西民航大酒店落成不久便与江西电信南昌分公司签约，为全部客房开通了江西电信宽带互联网。这一网络是该省第一个基于世界最先进的IP OVER DWDM（密集波分复用）技术构建的大型宽带互联网络，其网络骨干层基本互联带宽为2.5G，省际出口带宽2.5G，省内总带宽达到60G，具备百万级拨号用户支持能力。为满足不同用户群体的业务需求，展现客户的需求个性，江西电信宽带互联网拥有丰富多彩、安全可靠的信息服务，除了可登录江西极速163宽频网站外，还可向广大用户提供VOD视频点播、网络电视、远程教学、远程医疗、超级网络互动游戏、家庭证券交易系统、社区网站物业管理等服务。

【山东电信电子商务应用成绩斐然】

山东电信在2001年积极推进电子商务的发展，解决了安全、支付等一系列制约电子商务发展的难题，并充分发挥电信的资源优势，积极与社会各界合作，力求“双赢”。

山东电信开通了全国第一个符合电子商务技术规范的公众电子商务平台，建成了省级CA安全认证中心，各地市也都建立了CA数字证书受理中心，为企业提供安全认证和支付手段。先后开通了电子报税、网上营业厅、电子证券、网上商城、网上招投标、安全电子邮件、电子票务等十几项应用项目。2001年上半年，山东电信已发展各类上网用户186万户，上网企业超过十万家。　山东电信实现了与医疗、教育等十几个社会和专业信息库的连接。银行、保险、证券等金融用户，海关、经贸、工商、税务等四十多个部门通过电信公用数据及多媒体通信网络平台，组建了各自的信息化应用系统。特别是山东电信与省国税局在全国率先推出的网上完税系统，实现了税款自动划拨以及安全、高效、实时的税收处理。该电子完税系统以因特网和电话网为基础，依托山东电信电子商务平台安全认证系统（CTCA）、支付系统、综合接入系统，对纳税申报和税款进行自动处理，提供网络申报、电话申报和银行网点申报等多种方式；采用互联网、金融网、金税网和电话语音处理平台的整合技术，充分发挥了各专业网络的优势；采用先进的多层结构进行系统设计，保证了系统处理大数据量业务的合理分担；采用大型数据库的数据缓冲池和行锁等技术，提高了系统的实时处理能力。

2001年6月,山东省电信公司和中国银行山东分行合作开发的电子商务企业银行系统经多次测试后也投入使用，并正式向各大中小企业全面推广。双方在原企业银行系统结构的基础上，结合山东电信的电子安全认证体系，开发完成了新一代企业银行系统——在山东电信通信网基础上与银行联网运营，向客户提供公众多媒体通信应用业务。该系统具有多级业务安全控制、交易灵活、数据安全性强、前端限制小等特点；可实现授权柜员、复核柜员、经办柜员三级业务控制；管理柜员通过管理画面即可方便完成柜员业务的修改，并可借助数字认证、数字加密等技术，保障用户交易、数据安全。用户只要具备联网条件，无须安装特别软件，就可利用www测览器完成业务交互。不仅如此，该系统还具有较广泛的业务范围，涉及转账、结汇、结算、汇款、余额及对账单查询等多个业务种类，可有效满足企业的各类业务需求。

山东电信还利用加密和身份认证技术，自主开发了网上招标、投标系统和安全电子邮件系统。于2001年7月正式开通的彩票电话投注系统则是山东电信电子商务应用的又一项进展。

【山东电信电子完税系统国内领先】

2001年初，山东电信《电子完税系统的研制与应用》通过鉴定。专家认为，山东电信电子完税系统的技术方案符合技术鉴定要求，系统运行稳定可靠，在基于电子商务平台的完税电子化方面处于国内领先水平。

电子完税系统是由山东省电信公司和上海中鲁通信技术有限公司进行设计开发并首先在东营实施的、国内第一个完全依托电子商务平台进行税款申报和划缴的电子完税应用系统。该电子完税系统以因特网和

电话网为基础，依托山东电信电子商务平台安全认证系统（CTCA）、支付系统、综合接入系统，对纳税申报和税款进行自动处理，提供网络申报、电话申报和银行网点申报等多种方式；采用互联网、金融网、金税网和电话语音处理平台的整合技术，充分发挥了各专业网络的优势；采用先进的多层结构进行系统设计，保证了系统处理大数据量业务的合理分担；采用大型数据库的数据缓冲池和行锁等技术，提高了系统的实时处理能力。该系统在东营运行近4个月的时间，平均每月纳税额5亿多元，已有99%的企业纳税户及95.6%的小规模纳税人和双定用户通过因特网或电话网完成税款申报和缴纳。

【江苏电信扬州分公司在网吧清理整顿中注意培育、发展市场】

江苏电信扬州分公司在配合市公安、工商、文化部门清理整顿网吧之际，采取措施注意培育和发展市场。

清理整顿之前，扬州分公司首先确立了清理整顿网吧工作思路：以我为主，加大管理力度，灵活经营策略，提高服务质量，坚持社会效益与经济效益并重，保证网吧收入稳步增长。在具体工作中，首先联合各部门对扬州所有网吧进行调查摸底，包括各类证照申办、机台数量、场地面积、安全设施、经营状况等；根据掌握的情况协助当地公安、工商、文化等部门对网吧进行管理。同时进行舆论引导，为网吧拓展生存空间，尽量减少被清理的网吧。

扬州分公司在清理整顿的同时高度重视网吧的经营工作：结合当前宽带网的建设，扬州电信拟向具备条件的网吧提供各类接入方案，并合理定价，以巩固和扩大网吧市场。同时，把发展触角伸向茶楼、酒店、休闲中心、社区等场所，设立一些小型电子阅览室、网络休闲厅等品位较高的上网场所，试点提供互联网增值业务，如VOD视频点播等，以创造网吧业务收入的增长点。

在内部流程上，努力营造“网吧绿色通道”，为网吧提供高速、及时、便捷的技术、网络、业务的支撑，保证其正常运营，减少服务投诉。

【山东电信青岛分公司建成网上二手交易市场】

2001年12月，山东省青岛市的二手商品又多了一个交易场所，它是由青岛电信信息港搭建的网上二手市场，因为省时省力、没有风险而受到青岛市民的欢迎，每天有两万多人在“市场”上发布商品简介、价格信息和浏览挑选，逐渐形成一个网上虚拟物流中心。

青岛信息港二手市场根据商品种类分12大类，每个大类下又分若干小类，计有一百多种商品。为了方便查看信息，二手市场还设置了最新入榜、最近3天人气榜、分类搜索等功能。二手市场允许供需双方发布供求信息，青岛信息港对发布信息作初步审核，如果该信息符合相关规定则予以发布，发布时只要登录青岛信息港购物频道（buy.qd.sd.cn），点击进入二手市场，选择商品信息种类，然后发布商品简介、价格、交易方式和联系电话，同时可查看以前自己发布的信息，对信息进行处理。

【江苏无锡开通私营经济网站】

2001年8月12日，江苏无锡私营经济网站（www.wpoinfo.net）正式开通。至此，该市的3.32万家私营企业和9.67万个个体工商户拥有了首个专业的网上交易平台。

江苏电信无锡分公司推出的“企业上网”工程对当地的个体、私营企业产生了较大的吸引力，在注册的500万元以上的300家私营企业中，上网率已达到100%，从事网上电子商务的企业已过半。随着无锡个体、私营企业经营规模不断扩大，无锡私营经济网站的开通可为全市个体、私营企业提供安全稳定、功能强大的企业网上服务。

【贵州电信宽带网进酒店】

2001年6月，贵州省首个宽带上网酒店在贵阳建成，这也是贵州电信在进行宽带小区建设的同时，积极开发酒店宽带接入市场，率先与柏顿酒店合作，使其成为宽带上网酒店。

柏顿酒店是四星级商务酒店，贵州电信根据客户的实际情况，并借鉴国外的先进经验，提出了采用第三代DSI接入技术+HomePNA（电话线网络）的解决方案，使每间客房都可实现1M的上下行速率，并升级为双向10M速率。酒店客人不仅可以通过宽带网络实现高速上网，还可以享受到视频点播、视频会议、网上订票等诸多现代化服务。

针对酒店宽带接入市场，贵州电信推出了一系列优惠措施，给客户提供“一揽子”解决方案，不仅能高质量地完成规划和施工，还为他们提供长久的技术支持和员工培训，并协助其进行业务推广。

【河南电信建成公众电子商务系统】

2001年1月5日，由河南电信投资2200万余元、依托公众电信网建设的电子商务平台——河南省电子商务系统通过初验。专家们认定该系统已具备电子商务实际应用的基础，同意投入试运行。

河南省电子商务平台建立在公众电话网、数据网之上，充分利用现有的网络和用户群，不仅功能强大，而且能为用户提供网上身份证明，以保障交易数据的安全性和完整性。

河南省电子商务系统可以提供电话、PC机及简易终端等多种接入方式，已在郑州、洛阳、商丘、许昌、焦作、濮阳六试点城市建成179综合业务接入平台，可以开展的电子商务业务有电子银行、电子缴费、电子证券、电子报税及安全邮件等。

【深圳架构城区统一信息平台】

深圳市通过架构统一的城区信息应用平台，来解决城市生活电子商务应用的信息工程——“网络罗湖”，于2001年10月在深圳市电信局和罗湖区政府的联手下开始建设。

“网络罗湖”作为大规模的信息化建设项目，利用深圳电信宽带城域网，通过VPN(虚拟专网)技术，对罗湖区进行全面的信息化改造，建成连接罗湖区政府相关的政府办公网和覆盖罗湖辖区的宽带社区网，并在此基础上开展电子政务、网上增值业务和电子商务等应用，使罗湖区70万居民享受到高质量的数字生活。

“网络罗湖”工程由网络基础设施、应用业务功能、综合门户网站等三部分组成。具有统一接入、统一认证、统一支付、统一门户、统一管理、跨数据库、跨操作系统、跨平台等特点。其建设模式符合国情，支撑力量强大，采取由政府统一全面规划、企业投资建设的方式进行。计划在两年内完成全区的宽带接入网络覆盖，开户率达到50%以上。半年内完成两个专用网及门户网站的建设，使罗湖区成为国家级电子商务示范社区。

网络运行与维护

·运行维护·

【中国电信部署运维工作任务】

2001年5月，中国电信集团公司网络运行维护工作会议在安徽合肥召开。集团公司副总经理冷荣泉作了题为《转变观念，开创中国电信运行维护工作新局面》的工作报告,提出了“维护就是服务”的新理念，要求网络运行维护工作切实转变“四个观念”,会议还部署了运行维护下阶段的四项任务。

电信网络规模日益扩大，设备不断增加，用户快速增长，对网络维护工作提出了越来越高的要求。2000年，各级电信企业的运行维护部门围绕改善通信质量、提高技术水平、保障网络安全、降低运行成本的工作方针，较好地完成了各项运行维护指标和通信保障任务。中国电信光缆线路年全阻障碍率为0.073次／百公里，其中，湖南、湖北、江苏、辽宁等省实现了全年无全阻，全网网络接通率达到95%。

会议提出，在新的形势和任务面前，中国电信运行维护工作迫切需要实现观念的转变和工作重点的转移。要树立“维护就是服务”的观念，实现由被动维护转变为主动服务；要转变维护工作的对象，由面向网络、网元，转变为面向用户，由面向设备维护转变为面向外部和内部客户服务；要转变维护监控的范围，由各级网管分段监控转变为端到端的全程管理；要转变维护考核的重点，建立新的指标考核体系，由对运行维护质量指标的考核转变为对所涉及的各个环节的考核。

会议确定了下一阶段运行维护的四项主要任务：全面实施本地网集中维护管理。要将集中维护管理的范围延伸至包括农话交换机在内的整个本地网，以充分发挥本地网监控中心和各专业维护中心的作用，在维护上为全网运营服务质量提供网络保障。全面实施网络集中管理。进一步明确各级网络资源管理职责；实施网络资源管理流程重组；对本地网及接入网资源进行整理清点，消除本地网资源提供的“瓶颈”。统一建设网络资源计算机管理网，为资源集中管理提供技术支撑。全面实施交换网ISUP信令改造。NO.7改造的工作由集团公司统一组织下加快进度。DC2以上的省际长途网改造由集团公司组织实施，省内的ISUP信令改造由省公司组织实施。要在2002年底前完成DC2以上长途网的ISUP改造，2003年底前基本完成本地网的改造工作。利用ATM网整合DDN骨干网。应尽快利用ATM网对DDN骨干网进行整合，提高DDN骨干网的运行质量，优化网络结构，简化网络管理，降低网络运营维护成本。

【中国电信本地网网络资源集中管理工作见成效】

2001年是中国电信实施本地网网络资源集中管理的第一年，集团公司成立后提出了五项集中管理的指导思想，资源管理处紧紧围绕网络资源集中管理的目标和任务，结合资源工作职责和现行管理模式，重点抓了四个方面的工作：

一、落实各级网络资源管理职责，建立健全网络资源管理体系

根据网络资源管理的职责及资源集中管理的目标任务，集团公司先后印发了《关于加强中国电信集团网络资源管理工作的意见》(中国电信运维[2000]653号文件)、《关于本地网网络资源集中管理工作的指导意见》(中国电信网络[2001]574号文)等文件，明确了网络资源集中管理的工作目标、管理方式、管理范围及相应的机构设置和职责分工，要求各省要根据文件精神，尽快落实省、地市网络资源机构及岗位的设置、职责分工、业务流程的制定等工作，将合适的人选安排在各级相应的资源管理岗位上。

二、以客户满意为目标重组网络资源核心业务管理流程，重点理顺出租专线调度管理流程

面对日趋激烈的市场竞争环境，资源管理必须从计划和工程建设为导向建立的通路组织和电路调度流程转变到以市场和业务为导向的网络资源的优化配置和调度服务流程，为此资源处把以客户满意为目标重组网络资源核心业务管理流程作为2001年的工作重点

之一，经与客服部门、市场部门、计划部门协商，制定了用户出租专线调度流程并建立了自下而上的网络资源调配反馈管理体系和制度。

三、建立集中管理的网络资源数据管理体系，实施对网络资源数据的动态管理

本地网（含接入）的资源数据由于职能管理的关系长期处于分散管理的状态，无法适应市场竞争环境下企业集团的管理模式，资源处提出了不能仅靠建设资源管理系统解决资源数据混乱不清的问题，各省首先建立集中管理的网络资源管理体系，尤其是建立资源数据的动态管理流程，依靠人工对网络资源重要或常用的数据先期实施动态管理。

四、积极推动网络资源管理系统的使用和建设

在网络资源种类和数量比较多的本地网建立网络资源管理系统是实现网络资源集中管理目标的重要保证手段。为此，集团公司主持制定了《本地网网络资源管理系统功能技术规范》和《本地网资源设施编码规范》,并组织了专家组对本地网资源管理系统软件开发商进行了综合评估,最终向省公司推荐了12家软件公司。在系统建设问题上，强调不一刀切，对于原先已建系统并且能够满足资源管理需要的不要重复建设，对于规模较小的本地网也可利用微机将资源数据管理起来，不必单独建系统。

【中国电信西部十一省本地电话网管大升级】

2002年3月21日，中国电信集团公司在北京举行西部十一省本地电话网集中监控管理系统升级改造工程合同签字仪式。这是中国电信在分拆前的最后一次“统谈分签”。中国电信各省代表与包括Sybase、HP、SUN、大唐电信、国讯科技、国讯银河、科大恒星等在内的知名软件、硬件、数据库厂商分别签订了订货合同。到2002年年底，中国电信所有本地网将全部实现集中网管和集中维护。

此次系统升级改造工程的主要建设目标是：对西部11省（自治区、直辖市）122个本地网中已经建成的本地电话网集中监控管理系统进行升级改造，实现告警和话务数据的集中采集及监视、局数据集中制作、话务流向集中控制、重大技术故障集中支撑和维护等要求。该工程涉及贵州、云南、陕西、甘肃、青海、宁夏、新疆、广西、重庆、四川和内蒙古等11个省（自治区、直辖市）的122个本地电话网集中监控管理系统的升级改造。此次工程完成后，在提高本地电话网集中管理水平、综合监控与调度网络资源等方面，将有明显的改善。同时，在项目的实施过程中，能够最大限度地利用现有系统的软硬件资源，并满足较强的扩展性。在出现与其它系统之间的互联需求时，该系统可支持平滑升级。

【美国“9·11”事件发生后　中国电信确保通信畅通】

2001年9月11日晚21：00美国“9·11”事件发生后，中国电信对中国至美国以及其他相关地区的网络运行情况进行了密切监控：中国国际去、来话呼叫量分别在11日22时至12日凌晨1时和12日7时至10时达到话务最高峰，国际去话话务量分别为平时的5倍和7倍，在12日13时以后，基本恢复到正常水平，总体来说该事件对中国电信的国际网络影响不大。但由于美国方面的通信网络出现了拥塞现象，导致我国通信接通率降低。

在互联网通信方面，CHINANET（国内、国际电路）无论在业务流量还是在网络方面均未发现异常，各条出口链路的流量、流速与上周持平。IP电话的国际出口流量基本与前期持平，系统稳定正常。但用户在使用因特网访问某些热点新闻网站时会遇到困难，此现象仅与这些网站的服务器处理能力有关，而与CHINANET网络无关。由于中国电信经美国转至第三国的话音电路大部分经美国西海岸转，因此受其影响不大。

【中国电信数据通信事业部迎战红色代码Ⅱ病毒】

2001年8月初，一种集病毒、蠕虫、木马、黑客程序于一身、有自动感染能力的病毒——红色代码II开始在互联网上蔓延。

自该病毒诞生时起，中国电信集团公司数据通信事业部就一直密切跟踪重大网络安全漏洞和安全补丁的发布信息。2001年7月底，针对红色代码病毒等导致的安全漏洞，数据通信事业部向各省公司下发了《关于对WindowsNT／2000平台主机系统平台安装安全补丁的通知》。在国家计算机网络与信息安全管理办公室8月召开了紧急会议后，该部部署专人提供24小时的技术支援服务，各省公司也采取了紧急行动。从反馈信息看，中国电信的网络和网站除少数被感染外，整体运行情况良好。

但是，有相当数量的网上用户由于未安装相应的安全补丁而受到红色代码II病毒的感染，并严重影响

到CHINANET接入路由器以至地市骨干路由器的性能。对此，中国电信各级网管部门及时通知网上用户安装安全补丁，快速解决了问题，有效地抑制了病毒的进一步泛滥。

【中国电信网络运行维护网站总结试运行　河北电信受表彰】

2001年10月，中国电信集团公司召开电信网络运行维护网站试运行总结及表彰会，河北电信以积分第一的成绩获优秀组织单位和优秀联络员两项奖。

该网站于2001年5月份开始试运行，是由中国电信集团公司网络建设运行部主办，依托中国电信网站的内部专业网站。网站试运行以来，河北省电信公司非常重视这项工作，积极配合集团公司办好维护网站，有效推动这项工作，制定专人管理。同时，河北电信按照集团公司要求确定了地市级联络员，使网站工作的机构、人员得到了落实。他们还召开专题会议，安排部署中国电信维护网站工作，并举办了河北省《运行维护简报》通讯员骨干培训班，与地市级联络员签订了责任书，明确上报稿件方式程序，使网站成为维护部门广大员工交流、学习的园地。

【黑龙江电信网络运行质量位居全国前列】

2001年年底，黑龙江省电信公司在全公司开展的历时半年的网络维护质量达标活动圆满结束，经过全公司运维部门员工的共同努力，黑龙江电信网络运行质量位居全国前列，网络接通率早忙时达到96.66%，晚忙时达到97.01%，分列全国第3位和第1位。

在网络维护质量达标活动中，各地市分公司抽调骨干力量、合理调配有限的资金和物力，对交换机局数据、计费数据、市话线路、网络资源、传输及电源设备进行了集中治理，通过整章建制、规范基础资料、实施机房标准化管理等，对网络维护工作进行了全面规范理顺。半年来，全公司在整治计费问题的工作中，共删除无用中继群703个、规范字冠参数数据6000多处、处理异常话单16万余份，有效地减少了用户在资费方面的有理由投诉。

市话线路整治是这次达标工作中的重点，为此全省各级电信企业投入大量人力物力整治小区线路、清查原始资料、整治配线架告警系统，共完成整治市话主干管道600多公里、主干杆路6000多公里、主干电缆近9000皮长公里，清理人（手）孔井8426个、交接箱4128个，全省电缆充气率达到100%。他们还对光缆线路、一级干线微波卫星设备进行了全面治理，完成一级干线整治工作，有效减少了障碍发生次数。全省网络维护工作的几项效绩考核均达标：因特网接通率达到98.8%，省际光缆一级干线无全阻，电路调通及时率完成100%，修机及时率达到99.51%，比上年提高0.7个百分点，省公司总经理服务热线96180的月修机有理由投诉从达标前的10多件降至12月份的两件，达到历史最低点。

【上海电信数据障碍受理中心开通】

2001年5月，上海电信数据用户障碍受理中心（85112）正式开通运行。该障碍受理中心可同时开通8个话务员座席，受理上海电信一万多条DDN专线用户的申告。中心作为代表上海电信对外受理数据专线用户障碍申报的业务职能部门，将依据障碍类别转相关网管中心进行障碍判断与排障，实施专线数据障碍受理、分类、排障、修复回访及用户意见反馈等全过程服务及管理。将数据通信故障的受理和处理分开的模式，有别于以往电信数据部门的做法，有效提高数据通信服务的质量。

【青海新疆交界处发生8.1级地震　青海电信率先赶赴现场奋力抢修受损兰西拉光缆】

2001年11月14日17时26分，在青海、新疆交界处的昆仑山一带发生8.1级地震，国家一线通信干线兰西拉光缆青海省格尔木市158公里处被毁，致使西宁至拉萨两个系统、格尔木至拉萨1个系统以及军方电路全部中断。青海电信公司得知后，迅速出动，组织省、市两级电信部门抢修人员率先赶赴现场抢修线路，经过抢修人员的奋战，兰西拉光缆于15日16时46分全面恢复通信。

地震发生后，通信中断，格尔木市与外界一时失去了联系。格尔木市电信分公司一方面迅速派出技术人员分赴各模块局机房进行全面、细致的检查，一方面在最短时间内，利用海事卫星应急电话和西宁至格尔木480路数字微波电路及时恢复了格尔木与外界的通信，保障了省委、省政府与格尔木市的通信联络。格尔木市线务站得知灾情后，迅速抽调技术骨干，由站长带领第一批抢修物资和人员，于灾情发生10分钟后就赶往了现场。震区虽然在无人区，但光缆被损地区形成了一个宽约2米、深约7米、长达几十公里的地表裂缝。电信职工在余震不断的情况下开展了抢修工作。由于光缆断裂区属长年冻土地区，坚硬如石头的地表

给抢修工作带来了很大困难。在镐头、推土机都“无计可施”的情况下，抢修人员采取了用煤块和木柴煨火烤化冻土的方法，但收效甚微，挖掘进程缓慢。15日清晨6时，从600公里外处理完成另一起抢修任务的省公司抢修小组赶到后，针对复杂的地形，及时制订出了分别从光缆断裂两头地势朝阳面、地表较松软处同进挖掘的方案，重新铺设了900多米的光缆。由于震区海拔在4700多米，常年被积雪覆盖，气温低下，广大抢修人员克服高山反应，连续挖掘，在总后青藏兵站部通信总站协助下，终于在15日16时46分全面恢复了被中断20多个小时的兰西拉光缆通信。

【贵州电信提高维护水平独辟蹊径】

2001年6月，贵州省电信公司和深圳华为技术有限公司举行了C&C08 iNET教学机验收签字仪式。

这套由华为公司赠送给贵州电信的教学机的母局系统由中央交换模块、中心处理模块、同步定时系统等十大部分组成，用户模块与母局之间通过40M光纤连接，同时此教学机还可提供多种接口，具有强大的呼叫处理能力和丰富的业务性能，系统软件有很强的可靠性和易操作性。该教学机的投产使用，可为贵州电信交换专业人员技术培训提供良好的实验教学模拟环境，解决过去维护人员理论水平强而上机调测机会不足的问题。

随着电信网络规模日益扩大、设备不断增加、用户快速增长，社会对网络维护工作提出了越来越高的要求。贵州电信利用此套设备，在全省范围对基层维护人员进行技术轮训。贵州电信还将采取当地集中培训与现场培训相结合、组织专家组进行巡检、组织维护经验交流研讨等方式进一步增强维护人员的技术能力，确保网络运行质量，提升企业服务水平。

【新疆电信运维工作实现两个转变】

2001年4月，新疆电信公司对网络运行维护工作提出必须实现两个转变的要求，即由过去的以技术为主转变到以市场为主，以完成维护指标任务为主转变到以为用户提供优质服务为主，切实将维护工作当做服务工作来抓。

近年来，新疆电信公司在“集中监控、集中管理、集中维护”三集中原则的指导下，在维护体制上进行了多方面的改革，对企业减员增效、降低成本、提高运行效率起到了很大的作用。2000年新疆电信全区一级干线障碍率为0.1次／27.85分钟／百公里，长途自动网络接通率平均为94.25%，综合来话接通率平均为52.45%。他们针对历年光缆维护薄弱地段进行多路由保护，共计完成148处173.75公里，较好地解决了洪水等自然灾害对光缆干线的威胁；完成全区16000公里农话光缆移交、维护机构的组建与实施，其中农话光缆线路大修整治75处共1664公里。

新的市场竞争形势，对运维体制改革提出了更高的要求。新疆电信运维部门认识到，通信运行维护部门不仅是电信企业网络畅通的保障部门，更应该是网络效益最大化的指挥调度部门，是企业经营活动的支撑部门，是网络建设规划的参谋部门。根据当今通信技术迅猛发展，用户终端的智能化、科技化程度不断提高的趋势，新疆电信明确提出全区各级运维部门要在保证网络正常运行的前提下，让维护技术人员从机房走出来，充实到市场第一线，贴近用户，充分发挥其懂技术、业务强的优势，在提高维护质量的同时，积极开拓市场、引导市场，以便更好地服务于市场，服务于用户。

【福建首个综合网管启用】

2001年年初，福建省第一个集故障、性能、配置及系统安全管理于一身的本地网综合网管平台在泉州投入使用。为适应网络建设和业务发展的变化，不断优化网络维护管理，自1999年以来，福建电信泉州分公司相继开发了电话本地网管系统、传输网管系统、C3本地网电源监控系统和配线架监测系统，并成功地投入使用，全网管理水平年年都有新的提高，2000年对端来话接通率达到65%以上。该网管平台直接完成了各个专业网网管系统的信息统一、交互式和集约化管理，实现了闭环管理等多种先进功能，为实现机房无人值守创造了有利条件。

【湖南电信整治数据机房】

2001年11月，湖南电信历时5个月的全公司数据机房改造和设备整治工作结束，为实现“集中监控、维护、管理”打下坚实基础。

湖南电信的数据通信网络在2000年重组前是由三个专业局分散管理的，使数据机房出现了大量的亟待解决的问题。湖南电信公司针对机房中存在的问题，通过环境整治、设备整治、网络优化三管齐下，收到了明显的成效：各市州分公司的数据机房由以前较为分散变为集中统一，各数据机房对机架、空调、电源、布线系统进行了彻底的整治，全公司数据机房的环境上了档次，数据设备的运行环境得到了较大的改善；通过机房环境及设备的整治，各市州分公司对数据网络做了大量的优化工作，对设备的布线、传输系统进行了整理，解决了一些在网络中长期存在的隐患和问题；通过机房环境及设备的整治，培养了一批技术骨干。整治改造后，全公司数据网运行质量明显提高。

【河南电信提高运维标准　实现备品备件集中管理】

2001年5月，河南电信出台《河南省电信公司运行维护工作处罚办法》，针对电信网络重大障碍、运维服务、维护管理等三个方面的问题提出要求。

对“电信网络重大障碍”给予了重新界定。以前一、二级光缆干线线路全阻达到60分钟为重大障碍，现在取消了时间限制，凡是发生全阻现象的均视为重大障碍。对于运维服务工作中出现的问题，不但要处罚责任部门和有关负责人，还要一查到底，对相关责任人作出处罚。如因维护人员工作疏忽，漏送、错送计费带；重复、漏读、丢失计费带（盘），或其它原因造成重大计费错误，引起不良影响的，责任人缴纳企业信誉赔偿金3000元／次，扣罚责任部门主管领导600元／次，责任部门1000元／次。该办法强化了运行维护和管理工作制度，对安全生产、安全保密、割接管理、数据上报等各种运维管理行为制订了相应的明确标准和处罚办法。

2001年10月，河南电信实现了备品备件的全省集中统一管理，全省各级运维工作人员对备品备件的各种信息做到了一目了然，备品备件的调配灵活度和使用效率也随之大为提高。备品备件的集约化管理成了河南电信推进运维体制改革的一项重要举措。

由于历史原因，河南电信网上的传输、交换、动力、数据等各种电信设备机型复杂，造成了网上备品备件名目繁多，加之通信业务自身点多面广的特点，使得这些冗杂的备品备件遍布全省城乡各地，由于管理滞后，备品备件位置不明、质量不详、调度使用不畅，造成了全省电信企业的供给滞后、超储积压和重复购买，不仅无法合理使用，还占用了大量的流动资金，造成了浪费。为彻底解决这些问题，河南电信于2000年6月提出遵循“合理配置、统一管理、保证维护、降低成本”的原则，进行备品备件等物资管理体制的改革。实现备品备件的集中统一和科学管理，河南电信实行了“三步走”：

首先，实现备品备件由“网元备件”向“网络备件”的转变，将原来作为一个机房、一台机型的备品备件变为整个河南通信网的备品备件，让备品备件“流动”起来。备品备件计算机系统是实现全省备品备件统一管理的重要手段。2001年10月，河南电信建立起了全省统一的网上虚拟备品备件库，对全省范围内的备品备件实行计算机化、网络化管理，并把备品备件管理作为资源管理系统的子系统，实现了与在用资源的综合管理及整合利用。

其次，他们把备品备件管理纳入维护、生产的重要环节进行管理。使备品备件管理参与到了整个运维工作当中，工作流程简便，渠道顺畅，不仅使备品备件得到了充分利用，还降低了运维成本，提高了运维效率，压缩了障碍历时。在把备品备件管理纳入到运维和生产环节的基础上，河南电信实行了“两级管理、三级存放”。“两级管理”是指实行省、市两级管理，由省技术支撑中心和各市分公司网管监控中心进行管理，省长线、微波、多媒体和党政专用局备品备件中心视同为市级备品备件中心；“三级存放”是指在省技术支援中心和市分公司以及作业现场进行存放。这样就减少了管理层和备品备件的总量，降低了无效资金的占用和运维成本，方便了备品备件的调配，提高了备品备件的周转率和使用率，实现了物资供应由原来的“超量储备分散管理以备急需”向“精确定量统筹，集中管理按需调配”的转变。

最后，在备品备件实现统一管理的基础上，河南电信进一步推行科学化管理。省电信公司制订了统一的管理标准和管理方法，对备品备件的各种库箱、标志、模式、格式进行统一设计，要求各级电信企业统一实施，统一放置，同时，将条形码管理方式引入备品备件管理当中，对每一件备品备件的型号、特性、使用、调度等信息，甚至是从购入到报废的整个生命周期都进行全程跟踪与结算，为管理部门编制下年度的备品备件采购计划，实行统一采购提供了科学的资料，为实现备品备件有计划、有组织、有目的的采购奠定了基础。

实现全省备品备件的统一管理和科学管理后，河南电信各级运维管理者对网上的备品备件不仅做到了信息明晰、配置合理、调度自如、降低成本，同时，备品备件科学化管理统计的信息还为运维工作人员在衡量备品备件的性能、周转率、故障率等方面提供了详

实可靠的数据，在购买备品备件过程中，让机器和数据来“说话”。

【甘肃电信积极推进维护体制改革】

为适应电信市场竞争和通信网络不断发展的需求，2001年甘肃电信根据集团公司的总体工作部署，认真贯彻落实《甘肃电信运行维护体制改革意见》，按照集中监控、集中维护、集中管理的维护目标，进一步推进维护体制改革，强化网络维护集中管理，使运行维护工作迈上了一个新台阶。

为保证运行维护体制改革工作的顺利进行，针对各分公司普遍存在网管维护中心机构不健全、职责不到位、维护人员较少等问题，省公司要求各分公司成立了以分管领导任组长的维护体制改革工作领导小组，具体负责制定本地网维护体制改革方案及实施工作。按照维护体制改革的总体思路和阶段工作要求，省公司先在兰州市分公司和天水市分公司进行了维护体制改革工作试点，在运行维护机构设置、维护操作流程、维护人员使用、经营服务支撑、维护管理体系等方面全方位进行了试点。试点期间，省公司领导多次赴现场调查指导，帮助完善维护改革实施方案、考核办法及标准，协调解决存在的问题，使维护改革试点工作顺利完成，取得了预期的效果。

在试点成功的基础上，2001年8月9日省公司在天水召开了全省电信维护体制改革工作现场会，介绍和推广了兰州、天水市分公司维护体制改革的经验，提出了维护体制改革工作的要求和进行“321”建设的具体意见。即面向经营服务、面向互联互通、面向新的网络运行维护指标考核体系建设；抓好网管中心和测量管理中心机构和工作建设；进行局数据统一制作、统一管理的手段建设和流程重组。

2001年11月，省公司运行维护部和人力资源部共同组织召开了全省电信运行维护体制改革方案审定会议，对各分公司的运行维护体制改革方案进行了审定。会后，结合省电信实际，综合各分公司情况，省公司制定下发了《甘肃省电信公司运行维护体制改革方案（样本）》，由各分公司结合本公司实际情况遵照执行，使维护改革工作做到了统一步调和统一机制。同时根据维护改革进程，及时下发了《地市州分公司内部机构设置基准岗位设置及人员编制指导意见》，明确了网络部、网络管理中心、网络维护中心、测量管理中心的机构设置、人员编制及职责，使维护体制改革工作得到顺利、深入、全面地开展。

2002年年初，省电信按照维护体制改革方案完成了机构设置工作，人员基本到位，强化了本地网集中维护、集中监控、集中管理的职能和各级网管中心职能，加强了省公司实时运行维护管理职能和本地网实时维护操作调度管理职能，形成了维护工作按职责分为管理组织和运行作业组织两个层面，使组织管理和运行操作做到了职责明确，责任清晰。在全面完成维护工作的同时，依据三个面向的要求，进行维护管理流程重组，使经营服务工作得到更加强有力的全方位支撑，为用户提供优质的通信服务。

【江苏电信112系统向乡镇延伸】

2001年，江苏电信积极将功能完善、覆盖所有本地网的112系统向县乡延伸，实现农村电话障碍集中受理。

固定电话已达1211万户的江苏省电信公司，十分重视电话通话质量的提高。2001年4月，省内13个本地网全部实现了112系统集中受理、自动测试、自动派修、自动复测、自动证实等内部闭环管理和障碍管理流程的数十项功能，并将接入网纳入了112系统集中测试。这大大提高了障碍修复及时率，促进了服务质量的提高，大大方便了老百姓。为统一和规范112系统的维护和障碍查修，江苏省电信公司收集了相关技术文件、资料，总结了全省112业务管理和设备维护的经验和管理办法，并组织人员，编写出国内第一部本地网112业务及设备维护管理规程。

【河北电信本地网管系统建成】

2001年以来，河北省电信公司把本地网网管系统建设作为一项重要工作来抓，经过广大技术人员的努力，全省本地网二期硬件扩容和软件版本升级工作于2001年8月全部结束，为推进维护体制改革的顺利实现提供了技术保证。

此次工程完成后，实现了全省县以上交换局的集中监控和集中操作、局数据的统一制作、交换机故障处理的集中维护、话务流量流向的集中控制。从而使河北省县以上交换局基本实现了少人无人值守。

本地网网管系统软件的主要功能有告警管理、性能管理、配置管理、集中操作管理等。告警管理功能是将前台收集到的告警信息直接发送到各分公司的网管中心的主告警板上，在网管中心就能对本地网的各交换机进行监控。性能管理功能可以对本地网的话务流量进行统计分析，及时调整、优化网路结构。集中操作维护功能可以对本地网的所有交换机进行操作、进行局数据修改、远端维护交换机，从而使交换局具备了少人或无人职守条件。

在此基础上进行的全省本地网纵向联网工程也已完成，可实现省网管中心与全省数据库的互连，收集各分公司的配置数据、告警数据，并将收集到的数据纳入省纵向联网数据库。省中心还能通过集中操作系统对全省各本地网的交换机进行远程操作。

【陕西电信研制出IC卡公话综合管理监控系统】

陕西省电信公司电话卡管理中心经过近一年的努力，与西安信元高科公司合作，2001年底成功研制出IC卡公话综合管理监控系统，率先在陕西全省的IC卡公用电话机上投入使用。使全省的IC卡公用电话实现了一体化管理，这一新系统的成功研制，不仅大大提高了IC卡电话及公用电话的利用率，同时为公司的创收奠定了坚实的基础。

陕西省电信公司电话卡管理中心IC卡公用电话综合管理监控系统是在对原有的IC卡电话进行改造后，纳入监控管理系统，凡是在监控网络内的IC卡电话，一旦出现故障，系统不仅能及时报警，而且还能显示出发生故障的位置和具体电话机，省IC卡公用电话监测中心可立即通知就近的电信维护人员前去检修，并可及时向公安部门提供破坏公话设施的线索，加大打击力度。该系统的成功研制，不仅降低了IC卡公话的故障率，同时还能对话务量进行测试，大大提高了IC卡公用电话的使用率。此系统投入运行以来，性能稳定。2002年年初，陕西省电信公司电话卡管理中心又开始研究将200卡、300卡等其它卡式业务的管理也纳入到此系统中来。

【山东电信青岛分公司建成本地网集中监控系统】

2001年年初，山东省最先进的本地电信网管理和集中监控系统在青岛市电信局建成并投入使用。该系统把交换、传输、电源等的专业网络设备运行状况、障碍发生现象、责任单位处理时间、障碍处理结果等全部实现网络化集中管理，从而规范部门之间责任不明确的缺陷和维护人员的随意行为，使网络障碍从发生到处理结束的全过程实现透明化管理。

通过该系统，青岛电信本地网的23个市话端局、7个县市局、3个汇接局、2个长途局、2个信令节点的设备运行状况全部实现了网络化集中监控，同时实现系统网络管理中心与本地传输、长途传输、电源、交换专业网络之间的障碍处理工单电子化，并能用计算机来模拟障碍处理流程。中心监控室24小时值班，负责监测及统计整个网络障碍发生次数和历时情况，跟踪障碍处理全过程，直至障碍修复，告警消失。值班工程师通过查看系统窗体上的告警信息，根据现象建立障碍处理单，并设定障碍处理时限，然后派往责任部门。责任部门收到障碍单后，系统会发出语音提示，值班工程师应答工单，查看工单内容，迅速处理障碍后，记录故障原因并将信息返回监控中心，中心将信息记录到数据库，并做工单已经处理备注。责任部门如果发现工单本部门无法处理，可拒绝接受工单并将它返回监控中心，中心工程师对返回工单重新进行确认，通过分析后将新的工单派往责任部门，直至确认。

通过网络集中监控式管理、制约化维护，可以随时跟踪障碍处理过程，同时可以按照类别、时间、部门等进行汇总统计，透过障碍频次、现象、处理方法等，对整个电信网络进行动态分析、比较，从而保障电信网络运行畅通。

【广东电信惠州分公司面向市场改革运维机制】

广东电信惠州市分公司是中国电信集团运维体制改革全国三个试点之一。2001年，惠州电信面向市场改革运维机制，以客户满不满意作为衡量运维工作的标准，通过管理“扁平化”改革，实现了流程的优化和对市场及客户个性化需求、对业务综合处理响应的快速化。

惠州电信运维的“扁平化”包括两个层次，一是组织机构的“扁平化”，二是维护专业化。

旧的运维管理层次是运维部设正、副经理和管理员，下设网维、号线、数据、计算机四大中心，区域维护站人员由当地管理，与运维部只有业务管理关系。新模式下运维部只设两个层次，运维部简化，只设经理、副经理及主管若干名，取消管理员，管理人员大大减少，原有的专业管理人员充实到各中心去，加强专业维护中心的管理和技术力量。运维功能向高级管理倾斜，不再参与专业维护及繁琐的协调工作。

取消网维中心的设置，在运维部下设网络监控中心为网络维护的第一责任人，网络资源管理中心为网络资源管理和网络运行管理的部门，各专业维护中心（交换、传输、接入网、动力、数据、计算机）、区域维护站为维护作业部门。各专业分工明确，基本把设备维护、业务支撑和质量监管三项职能都分开了。维护费用实行预（结）算制，本地网网络质量指标和服务质量指标与维护费用指标挂钩考核，维护费用切块由运维部归口集中管理，运维进行计划、审查、预（结）算。

"扁平化"的管理努力打破本地网中固定网和数据网的网管监控和维护管理相对独立的做法，真正实现维护作业计划统一，维护费用管理统一，维护人事管理统一。在机构设置上，强化本地网维护的整体观念，淡化维护管理层与生产作业层的界限，实现管理者和生产者的有机融合，使维护部门的内部运作更加高效，对市场变化的反应更加快捷。

改革中惠州电信提出"完成考核指标是最低标准，客户满意才是最终目标"，加强运维的业务支撑功能，发挥技术人员的作用，充分利用网络资源，切实解决客户的"疑难杂症"。惠州电信故障处理实现电子化，组织开发了数据97系统，将数据业务的资料电子化、流程电子化，并与112宽带故障处理系统等其他几个电子报障系统一起，按有关规定对处理流程、时限进行优化，大幅度提高了各类故障的修复及时率。

通过重点抓好网络分析，达到优化网络的目的。数据中心每月编写"数据及多媒体网络运行报告"，把握关键性指标完成情况、网络资源情况、网络运行情况、故障情况、典型故障分析、遗留问题解决等情况，全面分析数据网、多媒体网络的情况，并结合新的设备投产，增加如LAN流量分析、宽带故障分析等内容。惠州电信还每月组织网络分析会，通报分析报告。通过与大客户经理、其他相关部门协调，制订了"大客户数据网络优化方案"，该方案实施后，全市的重点大客户实现光纤到户，网络运行良好。

对网络资源也实现了集中管理。网络资源管理中心负责集中管理网络资源，充分优化全局网络资源，为满足市场需求提供更好的储备。如数据中心在开端到端用户专线时，往往没有考虑利用接入网设备，而实际上对于低速率端到端用户专线是完全可以利用的，这样就浪费了网络资源。由网络资源管理中心统一管理后，就避免了这种情况。

通过"扁平化"改造，集中对外服务界面。故障处理实现了电子化，网络资源管理中心负责直接接收来自上级、客户和其他部门的业务工单，集中处理，实现"一站式"服务。同时辅以"首问负责制"，对外，来自客户和市场的要求，谁接到信息谁就是第一责任人；对内，接到工单的中心或个人就是第一责任人。最后结果及时反馈到网络资源管理中心，并记入考核，再反馈给市场。这样就形成一个有效监督下的快速高效的维护闭环，实现对市场需要的响应"快速化"。

通过"扁平化"改造，集中力量处理市场的综合性需求。由于分工明确，维护闭环，来自市场的综合性需求按既定程序、在考核时间内由各中心自觉配合完成，从制度上得到了可靠的保证。惠州电信2000年建成宽带过渡网，宽带网络维护是一个全新的课题。在摸索中先后修订三版，最后制定了第四版《宽带维护7 × 24小时管理办法》。建立了专门的宽带故障处理系统，明确划分运维与实业终端代维的分工，针对上网客户（如网吧）等多在夜间使用的情况，坚决执行7 × 24小时不间断服务，客户报障后半小时内由实业公司马上联系客户开始故障处理，修复故障直到"客户能上网"，每次故障100%回访。这使宽带客户对维护的快速和效果非常满意，大大提高了中国电信宽带业务的市场竞争力。

【浙江电信宁波分公司运维工作围绕三个"创新"实行三个"集中"】

浙江电信宁波分公司根据中国电信运维工作会议精神，确立了2001年下半年围绕三个"创新"，实行三个"集中"的运行维护工作新思路，力争使宁波电信运维工作跃上新台阶。

运维工作的主要任务是以深化维护体制改革为主线，增强服务和网络质量观念，加强在新形势下的网络资源管理工作、设备维护和技术支撑工作。为此，宁波电信分公司要求各县（市）、区局对传输维护工作必须实行集中维护、集中管理、集中监控的三集中，充分发挥网管在传输维护管理中的作用，按维护规程的要求进行各类性能数据的监测，提高维护质量，为整个网络稳定可靠运行创造基本条件；还要加快三期SDH网络建设及做好全省传输维护管理系统的建设工作，尽快提高网络传输能力。

在交换维护方面，该公司要求围绕整个企业工作重点的转移和"技术创新、机制创新、管理创新"开展网络优化、日常维护、后台支撑、互联互通等各项工作，更要加快本地电话网维护体制改革，逐步实现市县一体化维护，对本地网路和设备进行24小时监控，对疑难故障进行分析，落实防范措施，牢固树立

"维护就是服务"的理念，同时，进一步加强基础维护管理工作，完善维护考核制度和重大障碍申报制度，制订重大故障处理流程和应急调度方案，加快维护体制的改革，使网络逐步扩大、设备逐步增多而人员相对缺少的问题得到解决，使维护管理由面向具体设备转为面向整个网络，由出现故障被动处理转为主动发现问题隐患，提高服务质量，树立企业形象。

【湖北电信武汉分公司网络维护成绩斐然】

2001年11月，湖北电信武汉分公司开展为期一个月的维护工作大检查，据检查期间通报的有关数据表明，10月份网络接通率为97%，网络设备完好率、障碍修复及时率为100%。2001年以来，武汉电信以市场为导向，把提高网络的维护质量和接通率、障碍修复率作为网络经营的重要内容，初步实现了四个转变：

首先在思想观念上，武汉电信由单纯的维护向维护为市场、为业务发展、为用户服务转变。其次在维护体制上，由传统的固定模式向适应市场竞争和服务需求的机制转变。该公司年初就提出通过维护体制的创新，提高网络维护质量。针对主辅分离后各区局线务人员划归实业公司、分支局主业维护人员减少的特点，他们在部分区局实行分支局合并管理，进行技术、人员、管理集中，减少管理层，增加维护服务层的维护机制改革。为了增强维护人员的服务竞争意识，该公司还对维护实行定职定岗，把维护指标与分配挂钩，并通过考试的办法，给技术维护人员加压，促进维护人员学技术，提高维护服务水平。主辅分离后，针对主实业在维护中出现的难协调、难统一的问题，公司提出了"五个统一"：统一领导、统一指挥、统一协调、统一检查、统一考核。再次在服务内容上，由单一的设备维护向为前台、市场、用户服务转变。该公司建立了由前台考核后台维护的服务制，并多次组织营业窗口、大客户服务中心、1000服务台、各区局发展部门等前台服务单位提出对后台的意见。最后在维护形式上，由被动的静态维护向主动的动态服务转变。过去维护部门仅对自己负责的网络和设备负责，维护中往往是坐等设备故障。2001年，维护部门针对新业务发展快、对维护技术支撑要求高的特点，组织维护人员深入到发展一线了解业务发展对维护工作的要求。在ISDN、宽带业务发展中，他们了解到普通维护人员不能适应市场发展需求，便及时充实具有较高专业技术的维护人员，配合业务发展部门做好新业务的发展，收到良好效果。在提高来话接通率中，维护人员不再坐等在机房，而是主动地查找影响接通率的原因，还经常上门服务，解决用户端影响接通率的问题，使接通率明显提高。

【江苏电信苏州分公司建成高效网络保障体系】

2001年江苏苏州电信始终把运维体制改革作为"一把手"工程，结合机制创新和技术创新，整体推进、配套实施。

苏州电信的维护改革，首先是从推行以落实各级维护责任、强化责任与分配挂钩为目的的"运行维护责任制"开始的。全公司采用目标管理方法，逐级签订工作责任书；采用工资总额包干办法，实行三级考核；设立关键岗位，拉大分配系数；定期竞争上岗；公开招聘录取，形成了员工择优上岗、淘汰待岗、下岗培训、竞争上岗的机制，大大提高了劳动生产率。

苏州本地网以省公司制订的《江苏本地网网络资源管理系统功能技术规范》为目标，投入大量的人力、物力、财力规范整理了交换、传输、光缆、管道以及县（市）局传输资料。本着"投资最少，效果最佳"的原则，开始完善各专业的集中监控系统，基本做到了集中维护、集中监控、集中管理；实现了统一维护人员工作制度、统一维护作业计划、统一路由数据制作、统一软件版本管理、统一备品备件管理、统一维护质量考核、统一管理调度仪表工具。维护专业的所有生产现场都推行了整理、整顿、清扫、清理、素养"5S"管理，逐级监督检查把关，形成了生产、检查、整改、提高的闭环管理。

通过集中维护管理，初步实现了把企业组织成为对外关系上着眼于客户、市场，而在内部运行中以流程为中心、团组为导向的管理流程再造，使部门的职能、业务组合以及原有的业务流程向简便可行、切实有效转变，从而降低了运营成本、管理成本，提高了企业综合效益，最大限度地发挥了人力、网络的潜能。集中维护管理还满足了市场要求，使得障碍处理的路径缩短、协调纠纷减少。由于建立了网络资源管理系统，盘活了存量，激活了增量，增强了企业的核心竞争力。通过实现机务综合维护，使维护人员直接投入到多专业的维护技能要求的环境中，促使其向一专多能转变。

【河北电信保定分公司建成光缆资源管理网】

为满足广大用户多方位的通信需求，河北电信保定分公司逐步加大对城市光缆建设的投资力度，城市光缆网络基本成型。

为避免重复建设，最有效地利用城市光缆资源，该分公司重视光缆资源的管理工作。从2001年4月份开始，他们对现有光缆资源进行了彻底清查，对光缆资料进行了全面统计、整理和规划，根据最初的设计资料，进行实物与资料的核对，顺着光纤的开放路由，到每一个交换点和光缆井进行核对、统计、详细记录每条光缆的路由、纤芯数、占用情况等。经过近5个月的努力，他们整理出一套完整的光缆资料，并以此为依据开发出计算机光缆资料管理系统。该系统将光纤作为统计源，把光纤所接设备看作是用户，根据光缆的使用情况和分布情况将光缆分为中继光缆、环网光缆、配缆光缆、直达光缆等不同类型，然后对每一光芯进行编号。查询时，系统可采用用户代码、光缆类型或光缆号码的方式，查询到任何一条光缆所经过的路由、井号、纤芯数、光芯是否占用、对方终端等详细信息。通过用户代码还可以查询到用户所接的业务终端和业务种类，包括所占光缆的代号、纤芯号、路由、途经光缆代号、用户信息等等。

2001年10月，该系统已进入调测试用阶段。该系统的建成，不仅为今后随时掌握光缆资源的使用情况、合理有效地调整和利用网络资源提供依据，还为快速查询和排除光缆障碍、提高障碍修复及时率发挥积极作用。

【安徽电信芜湖分公司加强运行维护管理　提高网络运行质量】

2001年安徽电信芜湖分公司本地网运行维护体制进行了改革，成立了县局维护工作站，工作站的人、财、物归属分公司运行维护部直管，使维护工作的组织机构、人员调度统一起来，从而建立起本地网一体化的维护管理体制。同时将数据分局的经营班整体划归大客户服务部，数据分局得以集中力量搞维护，保障水平和支撑能力得到显著提高。

该分公司建立以强化责任与分配挂钩为目的“运行维护管理责任制”，并作为一项制度来组织实施，形成了择优上岗、淘汰待岗、下岗培训、竞争上岗的机制，达到了劳动力的合理配置和优化组合。为使各专业、各岗位职责真正落实到人，先后制订了“2001年运维二次考核办法”、“交换机软件版本和局数据管理办法”、“ADSL用户障碍处理流程”、“仪器仪表管理办法”、“备品备件管理办法”、“应急通信管理办法”等近20个管理考核办法。严格考核，把工作责任同物质利益相对应。搞活分配，采取包干分配总额，实行计件制、百分制、岗薪制考核，将维护质量、服务质量与个人生产业绩挂钩考核，加大部门主管对所属员工的考核权限。线路维护实行包区维护责任制到人的考核办法，实行包线计件工资制，按实际工作量、查障及时率及装机件数、装移机及时率等进行考核分配。

为确保网上在线设备运行的安全，本着高效畅通、网络安全的要求和原则，制订实施了《芜湖电信关口局话务路由调整方案》、《本地200业务话务路由调整方案》、《芜湖本地信令网信令路由调整方案》，使本地网内设备资源得到合理配置，网络设备运行更加安全高效。为提高网络运行质量和效益。每天进行一次维护运行情况汇总，每周进行一次质量分析，每月召集一次全区维护工作例会，每月一次通报并兑现奖惩，采取“个别认断”、“岗位练兵”、“技术比赛”等方式，提高维护人员的工作技能和服务技巧。进一步规范生产现场管理，在全区开展“机房现场管理”劳动竞赛活动，健全逐级的监督检查制度，严格按照规定的检查内容、频次和要求把好运行质量关、服务质量关，形成生产、检查、整改、提高的闭环管理。

【宁夏电信石嘴山市分公司实现全市号线两级集中管理】

为进一步适应市话业务综合管理的需要，提高号线资料的准确率，充分体现集中处理、合理共享号线资源的原则，宁夏电信石嘴山市分公司在对各局号线资料进行重新核对的基础上，于2001年8月21日开始实行号线两级集中管理。分公司和各县、区局的配线配号工作统一由分公司号线中心管理，经过一个月的试运行，号线资料及配线配号的准确率都有了明显提高。

在具体实施过程中，一是营业窗口各项业务的受理仍由各县、区局营业受理工位完成；二是各局配线工位完成本局的配线工作，号线中心负责监督各局配线情况；三是对于需要配号的市话业务工单，统一由分公司号线中心进行集中配号，成功后派发至相关局的业务工单处理部门进行施工；四是各县、区局的基础数据（包括号码资料、线路资料）由号线中心统一管理，并且根据实际情况由号线中心按时提供号源

（以传真形式）给各局，由号线中心集中配号，各局必须在号线中心分配的范围内放号，凡超出范围而未经号线中心同意的工单，号线中心不予配号，并做相应处理；五是各局在修障及装移机过程中如遇配线不准确等情况经号线中心同意后方可改线，该线对如是坏线必须经号线中心和各局测量人员测线得到证实后方可改线，严禁装机、查修人员直接与测量人员变更线对（休息日除外），休息日所有的改线情况要在休息日完毕的第一天上班以传真形式通知号线中心；六是各局凡有扩容、割接等涉及到号码、线路资料变动的工程必须将竣工资料交号线中心，由号线中心完成对各种可用资源、客户资料的日常维护，号线中心资料录入完成后通知各局方可在施工范围内装移机。

【陕西宝鸡长途电信线务局常抓护线工作】

陕西宝鸡市长途电信线务局“以改革为动力，以预防外力影响为重点，以护线宣传为导向”，创造了长途通信光缆累计125个月无障碍的业绩，连续10年荣获全省长线维护质量先进单位称号，连续14年被授予安全生产先进单位称号。

宝鸡市长途电信线务局担负着西安——兰州——乌鲁木齐国家一级通信光缆及省内“南路光缆环网”共计八百多公里的光缆维护任务。对线路维护而言，抢修障碍是事后行为。为了变被动为主动，线务局提出了“预防为主”的维护策略，成立了防障组织并制订了相应措施。一方面，他们充分利用监督检查机制、无人自动监测系统以及徒步沿线巡回制度等进行专业维护的同时，在沿线成立义务护线组织，请义务护线员与沿线经过的土地主人签订护线合同，落实责任；另一方面，他们走村串户加强法制教育，书写大型护线宣传标语，宣传护线意义。利用乡镇交流会、大型庙会、集会等活动进行宣传。此外，该局还充分发挥新闻媒体宣传面广、辐射力强的作用，利用广播电台进行宣传，让通信光缆知识家喻户晓。几年来，该线务局形成了专业和义务相结合的高效护线网络，为陕西的通信畅通作出了贡献。

随着通信技术的发展，传输手段和传输方式的技术含量越来越大，知识更新速度加快。职工只有不断提高新技术新设备的应用能力，才能适应市场竞争的需要。该局倡导干什么学什么、干什么精什么。他们内培外训，抓大、中专学历教育，并将学习成绩与奖金挂钩。由此，线务局培养出一大批技术骨干，他们在日常维护中发挥了主力军作用。

【辽宁电信抚顺分公司运行维护工作 从保畅通向增效益转变】

2002年，为充分发挥网上资源，实现内涵型扩大再生产，辽宁电信抚顺市分公司着重在运行维护部门开展从保畅通型服务向增效益型服务迈进的活动。

抚顺电信首先修订完善了运维专业15个管理考核办法，在这些办法中突出了转变运维观念的内容，把运维工作同公司的市场经营、客户服务工作紧密结合在一起。新的考核办法，把岗位工资、技能工资与生产奖金纳入量化考核，使维护工种的各项工作与市场、服务挂钩，每月进行考核、奖罚，并落实到个人，大大增强了维护部门保经营、促服务的危机感和责任感。

同时，他们还进行网上资源调查及设备挖潜。从2002年元月开始，该公司对网上设备情况进行了全盘调查，共查出主干障碍线对13008对、配线26525对。根据调查情况，计划在3月至10月修复主干障碍线对5200对、配线18560对。为充分利用交换设备资源，对用户不喜欢的号码另行分配，使尾号带4的用户设备得以利用，扩大了公司的放号能力，减轻了经营压力。

开展维护成本的细化工作无疑是一个重点：公司将维护费用逐项细分到各单位，对属于共性的、消耗量大的用品由运维部统购，其他维护用品严格逐级审批。根据往年的成本情况，确定重点控制的对象和部位，力争在降低维护成本方面取得实效。

此外，抚顺电信组织多项服务攻关及竞赛活动，如成立技术攻关小组，攻克ISDN障碍处理难点，缩短ISDN障碍处理时间；组织开发出停复话自动操作程序，使停复话操作时间比以前缩短了两小时；每月出账前分拣出超长（2小时以上）、超短（6秒以下）话单，组织相关部门进行分析认证，确保异常话单不与用户见面，大大减少了用户投拆；组织开展查修工种服务竞赛，努力减少障碍量。

·应急通信·

【湖北兴山电信局加快电信迁复建工作　确保县城整体搬迁对电信通信的需要】

按照三峡工程建设进度总体安排，湖北兴山县将于2002年国庆节前完成县城整体搬迁。为支持县城如期搬迁到位，2001年兴山电信局采取措施，加快电信迁复建工作，确保县城整体搬迁对电信通信的需要。

（一）明确时限目标，电信设施提前完成新县城电信管道、电缆线路工程建设，为县城整体搬迁做好充分准备。

（二）按照先急后缓的原则，加快建设进度。重点加快以新县城为中心的县乡中继光缆传输工程、新县城10000门程控交换机工程、10公里地埋市话管线工程及居民小区的户线工程等五大工程。

（三）加强工程管理，确保建设质量。一是加强库区电信迁复建规划、设计。二是土建工程一律实行招标制，确保施工质量。三是加强工程审计，凡50万元以上的工程项目一律纳入审计范围。四是认真做好工程竣工验收，严格工程质量。五是实行项目目标管理，明确专人督导，确保工程工期进度。

【广东电信全力保障九运会通信畅通】

在第九届全国运动会召开期间，广东省电信公司全力以赴，确保通信畅通。先后为全省15个地市共30多个赛场（馆）、信息中心新装电话1827部，提供了97个ISDN供拨号专线使用，开通2条100M带宽CHINANET出口，并提出为九运会提供“一站式”服务，全面满足九运会固定电话、公众电信营业、国际互联网通信线路等要求。

2001年3月，广东省电信公司正式成立“九运会通信办公室”，落实通信保障任务。尽管不少工程项目技术含量高、资金投入大、工程建设周期长而经济效益不高，但广东电信从大局出发，主动与各级政府沟通合作，积极配合各方面开展工作。同时，特别开通了“打电话，知九运”服务热线，方便公众查询九运会比赛成绩。

在省公司“九运会通信办公室”的统一部署下，广东省各分公司实行全网一盘棋，确保各项通信保障措施的全面落实。

广州市是九运会主会场所在地。广州电信特别推出了全新的宽带多媒体技术信息服务系统。这套系统由1000M网络实时监控、远程报名注册、现场成绩处理和综合成绩处理等多个子系统构成，可覆盖广东省15个赛区，实现现场成绩实时发布和动态画面自动更新，在裁判员确认后10秒钟内，即可在任何一台联网的电脑上查询现场的比赛成绩。

广州电信还结合主赛区的场馆建设，根据不同情况制订了相应的通信解决方案。在奥林匹克体育中心、广州新体育馆、网球中心、划船中心等几个大场馆增设了接入网机房，在场馆周边道路和必经道路铺设光缆，进行了大量的线路整治和扩建工程，总共进行了17个大整改项目。总投入超过1亿元。

广东省微波局是中央电视台电视直播信号传送的指定单位。他们会同北京电信有关单位，准备了两条备份电路以防不测。在九运会开幕前一周，该局的技术人员就进驻广东电视台新闻中心，随时处理电视信号传送中可能出现的紧急情况。中山电信对IC卡公话进行了大普查，确保九运会期间IC卡公话完好无损；对有比赛项目的石岐城区和小榄镇，将比赛期间定为特别防护期，对两地通信网络实行封网。九运会男排比赛在茂名进行，茂名电信抓紧部署场馆通信设施建设，使通信工程按期完成。澄海电信局先后投资17万元为乒乓球赛的主要赛地——正大体育馆调配线路和终端，并根据澄海市组委会的要求，在体育馆内设立“通信工作室”，安排专人为赛会和参赛运动员提供磁卡、话音、传真服务。

【广西电信抗洪救灾保障通信】

2001年7月，由于受第3号（榴莲）、第4号（尤特）台风的影响，广西区大部分地区普降暴雨，引起山洪暴发，洪水泛滥，北海、钦州、防城港、南宁、百色、贵港、梧州地区发生了严重的洪涝灾害，致使通信设施遭受大面积严重损坏，先后造成长途光缆167处、农话光缆120处地段被冲毁，44650个固定电话用户的通信中断。受灾地区的广西电信员工奋力抗洪保通信，先后投入抢修人员约2330人，车辆771辆，冲锋舟及抢修船10艘及大批的通信器材，对党、政、军及各地的抗洪指挥部等重要用户的电话，采取特别的保障措施，确保通信畅通，取得了抗洪救灾保障通信工作的重大胜利，受到各级政府和社会各界的好评。

7月8日，由于受台风袭击，广西南宁邕江形成特大洪峰，市区部分地段出现严重内涝。面对严峻的形势，广西电信南宁分公司的员工临危不惧、奋起抗洪救灾，确保通信畅通。

一、指挥部指到哪里，电话装到哪里。通信是抗洪斗争中的指挥神经，确保重点部门、重要岗位的临时通信需要，是抗洪保通信的首要任务。7月7日14时50分，市防洪指挥部要求再增装一部电话。南宁电信装机公司的装机抢险队仅用50分钟，就把电话装通了。晚上10时，某抗洪部队要求为其设在沙井的指挥部紧急安装3部电话。尽管地形复杂、天黑雨大，但7位同志接到任务后紧急赶到，在午夜12点完成使命。刚刚返回，又传来为抗洪物资供应处装两部电话和郊区政府防汛指挥部增装1部电话的指令，，在凌晨3时前全部把电话装通。截至洪峰到达时抢险队已经为各级指挥部等重要岗位、部门紧急安装了40多部电话。为抗洪作出了贡献。

二、两天两夜苦战，全力保卫分局。7月6日下午，受内涝和外江洪水双重影响，亭洪市话分局大院出现进水情况。该市话分局担负着包括南宁供电局电力调度中心等重要用户在内的1. 3万个电话用户以及为南宁本地网内8个县局移动通信提供汇接工作和辖区内移动电话基站提供电力支撑，一旦中断，后果严重。抢险队员与前来增援的外地线路施工队的同志抢装沙袋。在积水严重，汽车无法进入，又没有船只的情况下，抢险人员用简易筏子或肩扛运送沙袋，加高不断被积水威胁的防御线。大家凭着顽强的斗志和洪水搏斗。有9名同志晕倒在现场。由于外部水压过大，机房内原先封堵电缆沟孔的胶泥出现渗水情况，通信设备受到严重威胁。分公司指挥部从各处调来18台抽水机、抽水泵开足马力排除机房内积水。尽管如此，水位仍不断升高。7月7日晚上8点，由于供电局变电器站受淹，亭洪市话分局市电中断，分局立即启用油机保障供电。7日晚11时，经抢险队员的努力，终于租到了两艘电动渔船，加上市防汛指挥部派来了增援队伍，四百多人两天两夜运送沙袋近3000袋。到8日下午3时，昌江河段的水位开始缓慢下落，亭洪分局保住了。

三、周密部署，保障有力。对此次抗洪保通信工作，南宁分公司事前便进行了周密部署。7月6日，南宁分公司将南宁市内12个地势低洼的市话分局、模块局列为重点防守区域，并组织了12支抢险小分队，把守在这些地点，实现24小时值守、巡查，先后投入上百万元购买抢险救灾物资，其中包括22000条麻袋与编织袋、发电机、水泵等，将其分发到各点，装沙装泥垒起了防御线，缆沟孔用防火胶泥进行了内外封堵。在汛情最严重的6日、7日，总经理齐岩坚持自己值守第一班岗；本来轮班的分公司其他领导也都一直守在指挥部，随时准备带队出击；其余干部职工都随身携带通信工具，随时待命赶赴一线。当听说抢险的同志没有衣服换洗时，区电信实业公司的领导立即为他们送去了干净的衣服。

由于大家齐心协力，预防措施得力，到8日15时，南宁市除少数低洼地带的交接箱被水浸泡、个别边远地区的接入设备因市电中断一度停止工作外，通信全线畅通，为抗洪抢险提供了有力保证。

【阿克苏强沙暴阻断通信 新疆电信紧急抢险】

2001年4月，新疆阿克苏地区遭遇了几年来最大的一次强沙尘暴袭击，拜城局通信铁塔、库车局无线寻呼塔均被强风折断，拜城县移动通信当即中断；通信杆路被强风吹断、吹倒616根，电缆刮断13处，太阳能电池板损毁3处；微波、卫星电路中断，本地网内有526条电路受到影响；由沙尘暴引起的大面积长时间停电，导致87处ONU点设备停电，造成上万用户通信中断，给当地通信工作造成了严重损失。

灾情发生后，阿克苏地区电信分公司领导和抢险队员立即出动，顶着11级的强风，在漫天的沙暴中来回奔波在各个分局之间，抢修设备，为通信畅通提供了有力的保障。各县局领导亲自带队，顶着强风沙暴深夜奔赴各农话点，通宵坚守工作岗位，密切观察网络运行情况，保证了设备的正常运转。

【内蒙古电信锡盟分公司抗灾保通信】

2000年入冬以来，内蒙古锡林郭勒盟普降大雪，积雪平均厚度达到40多厘米，12月31日，七十多年来未曾见过的特大暴风雪伴随着沙尘暴再次袭击了锡林郭勒草原。暴风雪过后，灾情较重的北部几个旗县供电中断，通信设施受到不同程度的破坏，主要交通干线严重阻塞，灾情给当地牧民的生产、生活带来了极大困难，大批牲畜因饲料短缺死亡。

特大雪灾发生后，内蒙古电信公司积极与锡盟分公司联系，一边及时研究救灾保通信的措施，一边与通信设备供应公司紧急联系调运应急通信设备。锡盟电信分公司领导班子也及时部署了抗灾保通信工作，并将4部全球星移动电话分别送到了灾情最重的旗县。

在这场强风暴中，苏尼特右旗有10个苏木（乡）的通信因高山微波站设施被暴风雪损坏，致使600多电话用户与旗里失去联系，旗电信局闻讯后，立即决定组织力量安装单台无线终端电话，用最快的速度恢复灾区通信。经过一天的努力，当天便有8个苏木的通信恢复正常，随后他们又连夜赶路抢修通信线路，到2001年1月2日下午，朱日和镇的200多用户全部接通。为了保证其他苏木的抗灾通信，他们又兵分两路赶往赛汉乌力吉等4个苏木运送通信设备，由于积雪深厚，途中汽车坏了，他们艰难地跋涉了两天，终于走完了700多公里的路，恢复了所有受灾地区的通信。

东乌旗电信局为恢复阿拉坦等几个苏木的通信，维护部的同志从盟分公司领到待更换的电池后，冒着零下三十多摄氏度的严寒，赶往高山微波中继站。由于雪大路阻车辆无法上山，他们靠肩扛人抬，从早晨8点一直干到次日凌晨3点多钟。为抢通重灾区满都苏木至开发区的通信电路，职工们在零下40摄氏度的严寒中艰难地走了两天两夜，送去设备后没有歇气又投入了新的战斗。为使白音忽布等几个苏木尽快恢复通信，局领导率领几名职工带着设备，克服山高雪深、天气寒冷、汽车无法上山等困难，多次往返于海拔1300多米高的微波站之间。经过10天的苦战，到12日下午，先后为满都、宝力格等7个苏木突击安装无线终端电话65部，使所有的苏木乡镇均恢复了通话，保证了牧民们及时向旗政府汇报灾情、调运饲料等应急通信的需要。

锡盟各级党委政府对电信部门在抗灾保通信中的工作表现给予了充分肯定和高度赞扬：“在牧区救灾中电话发挥了极其重要的作用，如果没有这样的通信条件，就难以保证救灾工作的顺利进行。”

【甘肃电信进行传输光缆应急抢修演练】

2001年5月26日0时至27日早晨6时，甘肃省电信传输部门在兰州和武威两地共14个点同时进行了一场大规模应急抢修西兰乌光缆割接实战演练。在规定时间内，光缆接续各项技术指标达到要求，按时恢复了所有电路。

甘肃省电信传输局专业应急抢修队成立于2001年4月，服务宗旨是无条件抢修中国电信光缆传输中随时可能出现的阻断故障，并以最短时间、最快速度、最好的质量修复线路，保证国家一级干线光缆、省内干线光缆及农村光缆的运行畅通安全。为使这支队伍具备专业化素质，技术力量更加过硬，各分局连续举办了电信条例知识、光缆接续等培训班，并通过多次实战演练，使队员的整体抢修水平得到明显提高。

为了顺利完成任务，省公司高度重视这次实战演练，相关人员几天前即赶赴现场，省传输局还专门成立了割接指挥部，局长任总指挥，各分局干部、技术人员共一百多人参加了会战。

【贵州电信为国际围棋节添双翼】

在2001年8月10日开幕的“中国·贵阳国际围棋文化节”上，贵州电信利用先进的技术装备，保障了通信畅通，并协助新华网等媒体对开幕式进行了网上现场直播。

贵州电信对大会新闻中心、围棋节活动场所、各宾馆酒店通信设施进行重点监控，为组委会及相关部门增设了专用电话。新华网对开幕式及一些重要活动进行了音频、视频和文字三种形式的网上直播，贵州电信及时为新华社贵州分社提供了专用电话线路和ADSL线路，并设计了技术方案，力保线路通畅。

10

电 信 服 务

·大客户服务·

【中国电信全面完成集团客户补充协议签订工作】

2001年9月，中国电信集团数据事业部与国家税务总局就电路优惠和电路保障事宜签订了补充协议。至此，数据事业部已基本完成了资费调整后，与原有涉及资费优惠的十余家全国性集团用户签订补充协议的工作。

在与客户签订补充协议的过程中，数据事业部充分利用这一机会向用户介绍中国电信的优惠政策、新产品、新服务等，争取扩大与用户的合作范围，延伸中国电信价值链，实现用户与电信的双赢。为此，他们注意加强了两个方面的工作：一是为用户制定免费升速方案，通过优惠的政策和良好的服务鼓励用户进行网络升速和扩容。二是鼓励用户签订长期合作协议，建立双方长期稳定的合作关系。通过努力，绝大部分客户延长了与中国电信协议的有效期，国家计委、南方证券等客户已经同意利用中国电信网络资源，对网络进行升速或扩容，从而保证了电信业务收入稳中有升。

【中国电信向华为公司提供"一站服务"】

2001年4月10日，中国电信集团公司与华为技术有限公司在北京签署"通信服务合作协议"和"长途省际数字电路租用框架协议"。根据此协议，中国电信集团公司采用"一站服务"方式向华为提供一揽子业务，包括大量的国际电路以及国内2M和155M带宽的数字电路。这是中国电信首次采用此种方式为国内企业提供服务。

"一站服务"是中国电信专为提高对集团客户服务水平而推出的新举措，这种"一点接触，全面服务"的措施，可极大地方便业务范围广泛的集团客户，是中国电信"用户至上，用心服务"的具体体现。

此次合作包括中国电信集团向华为公司提供国内各类租用电路业务、广域网/城域网业务、电信新业务等方面的服务，双方将共同协商制订中期和远期计划，共同推进网络优化和电信业务的更快发展。

【江苏电信为大客户送上"一站式"障碍处理服务】

2001年7月，江苏省电信公司针对数据专线电路障碍和2M以上电路障碍推出新的处理流程，并要求对重要专线客户实行"一站式"障碍处理服务，以优质可靠的服务满足客户的需要。

江苏电信把党政机关、金融机构、证券公司以及大的企事业单位列为重要客户。这些客户信息流量大，对通信传输质量要求高，尤其对通信的不间断性有相当高的要求。为此，江苏电信推出了对重要客户实行"一站式"服务以及"首问负责制"。服务内容主要包括，对重要客户的障碍做到及时处理，有条件的实行先倒换、后处理方式，最大限度地缩短障碍历时。加大保障力度，在与重要客户相关的设备端口及线路上做好红色标记，并建立健全相关的考核监督制度。对金融机构、证券公司等一些对业务不间断性要求很高的客户，向其推荐使用备用路由，并制订应急调度预案，确保其通信实现零阻断。

在维护上，对重要客户采取主动维护方式，如对设备的定期巡检，对租用线路适时进行忙时例行测试，以降低障碍发生率。江苏电信还每月向客户提供维护报告，报告例行测试情况、客户使用情况、障碍发生及障碍修复情况等，同时向客户普及电信新技术知识。

【"博鳌论坛"激发通信热　海南电信一流服务保畅通】

2001年2月26日至27日，亚洲论坛筹委会和论坛成立大会在海南省琼海市博鳌成功举行，当地一时成了国际性信息汇聚的海洋。仅这两天，博鳌论坛新闻中心国内、国际长途电话呼叫量多达2039次，通话时长共计6165分钟；琼海市国内、国际长途电话通话次数高达20356次，通话时长达1035小时，国际长话通话次数增长85%，通话时长增幅达82%。

为了确保亚洲论坛通信畅通，海南省公司专门成立了论坛通信保障领导小组，下设工程建设保障组、数据通信保障组、网络通信保障组、业务保障组等，公司总经理亲自担任保障领导小组组长，直接负责博鳌各项通信设施建设和服务工作。海南省电信公司在原有通信设施基础上又新投资500万元改善博鳌通信环境，增强了博鳌水城的通信承载能力，以雄厚的网络实力和优质的服务为大会提供了强有力的通信保障。

优质的网络和服务赢得了国内外嘉宾的交口称赞。论坛新闻中心是信息的集散地，海南省电信公司提供了100兆比的Internet高速接入和计算机综合布线系统,并专门安排了两位客户经理提供电信业务宣传与咨询，用英语向外国宾客介绍海南电信业务，受到外国朋友的称赞。

【以市场定流程　以服务定标准　武汉电信千方百计服务大客户】

2001年,湖北武汉电信分公司在大客户的管理和服务中以市场为导向,以管理为手段,以效益为目的，紧紧围绕客户需求，实行全程服务管理，受到用户欢迎。仅7个月大客户数就增加了300%，实现收入1.7亿元，投诉率比上年下降了9成。

该分公司针对大客户占固定电话市场份额大、服务要求高的特点，把大客户服务作为业务保量增收的重点加强管理，对大客户进行了细分，对月固定电话消费在2万元以上的列为重点用户，进行入库管理；对月消费在5万元以上的列入特殊用户，实行专人管理；对月消费在100万元以上的列入特大用户，实行派员制管理。

针对电信市场对大客户竞争激烈的问题，该公司从市场实际出发，制订了《大客户服务管理办法》，以优良的技术、周到的服务、高效的管理参与竞争。大客户一般性服务问题在24小时内予以解决，技术性解决方案在72小时内解决。特殊大用户采取双路由的方式保证通信服务无间断。大客户电信业务的办理、资费的交纳、障碍的处理、服务信息的反馈等都由专门的客户经理负责，实行全方位的上门服务。

该公司在做好大客户面对面的服务工作的同时，还从改革后台支撑保障体系入手，先后制订了适应大客户服务的市场经营管理、技术维护、通信建设、计费管理等相关的工作流程，并依据业务发展的实际进行考核，不仅激发了客户服务管理人员的积极性，提高了工作效率，而且为大客户服务工作构筑了一条绿色通道。

【杭州电信向大客户赠送贵宾卡】

2001年5月，浙江省信托投资有限公司、浙江省医科大学附属第一医院、浙江大酒店等111家电信大客户拿到了浙江电信杭州分公司赠送的贵宾卡。同时,率先在大客户中推出17909IP电话业务，申请该业务后，单位电话拨长话前只需加拨17909，国内长话就按每分钟0.3元计费。

此次获贵宾卡的百余家电信大客户可得到杭州电信提供的代办电信业务、代为策划通信方案、客户经理上门派驻等优惠服务。同时，大客户单位每月还会收到详细账单，可传真办理电信业务，优先享用电信新业务，提供具备专业知识的客户经理上门服务及其它一条龙服务。

【吉林电信三优服务温暖大客户】

2001年,吉林电信实施的“三优服务”深受大客户的欢迎。“三优服务”是吉林电信在实践中根据客户的需求不断完善的。

优先服务——大客户凭“大客户证”可在窗口优先办理业务，也可通过大客户经理或在专门营业窗口优先办理业务。各营业窗口在受理大客户业务时统一使用“大客户”印章或标记，各生产作业环节处理时严格按照规定的程序、时限办理。测量台对大客户资料也有明显标记,对大客户申告的障碍实行立即检修，在规定时间内不能修复的，及时向大客户说明并采取应急措施，保证先抢通，再修复。

优质服务——他们对大客户全面实行规范化、礼仪化服务，主动了解掌握大客户的通信需求，提供端到端的解决方案。大客户经理每月与客户电话联系一次，每季走访一次，虚心听取意见，积极宣传讲解电信业务。各级电信部门设立了环境良好的大客户接待室，为大客户来访提供方便，定期对大客户进行培训、新业务演示，每月定期为大客户免费提高长途话费清单。

优惠服务——主要包括市话初装费、电信使用费、新业务试用等项目，分别在政策允许的范围内给予大客户不同层次的优惠。

【山东济南电信重视大客户服务】

2001年，济南电信分公司把大客户工作做为重点工作来抓，不断建立健全大客户营销服务体制，提高服务水平。一方面，为使对大客户的营销服务更贴近市场、贴近客户，向大客户推广了星级服务，对大客户工作从服务环境、设施、功能、水平、人员素质和实际操作等方面进行了严格的要求，在大客户绿色通道建设中，实施“感情档案”，建立了以行业特征、电信消费类别等为主要内容的大客户详细档案。同时，给所服务的每一位重点客户送去了一封感谢信，并向客户承诺：重点客户在使用电信业务时，无论是遇到任何关于业务受理、通信保障、费用等问题，还是有新的业务需求，只要一个电话，客户经理就会代表电信公司上门为重点客户提供一条龙服务，负责办理全部业务。另一方面，他们针对日益激烈的市场竞争，制订了《集团客户服务管理办法》、《绿色通道实施细则》、《一站式服务办法》、《大客户优惠工作单制度》等一系列措施及政策，加强内部管理，强化检查考核，树立“用户至上，用心服务”的观念，从根本上提高客户经理的责任心和自我约束能力，使客户经理能设身处地、真心真意地帮助客户解决疑难问题。该公司优质周到的服务赢得了大客户的青睐。

【辽宁电信换位思考　竭诚服务其他电信运营商】

在2001年3、4月间召开的辽宁省电信经营服务工作会议上，辽宁省电信公司提出，各级电信企业都要站在战略、全局和“中国大电信”的高度来认识互联互通在电信市场中的重要作用，严格按照国家规定和辽宁电信同其它电信运营企业签订的协议执行，搞好服务，与兄弟公司携手合作，共同发展。

辽宁电信公司指出，要提高对做好互联互通工作的认识，学会换位思考。搞好互联互通是实现我国“十五”信息产业发展规划的需要，七家“国字号”的电信运营企业是“中国大电信”，要从战略、全局的高度认识互联互通，把互联互通和接入服务作为发挥国家通信网络资源效能、提高社会效益的重要内容，决不能从本单位、本部门甚至个人因素出发，贻误互联互通。

辽宁电信提出，同中国电信互联互通的企业都是电信的大客户，必须搞好服务，保质、保量、及时、准确地完成互联互通工作。各市分公司“一把手”要亲自过问互联互通工作，重视解决重大问题。省公司将制订出互联互通管理规定及工作流程，保证互联互通质量和规范化服务水准。并要求各分公司按互联互通作流程抓落实，遵守规章制度，做到有令则行，有禁则止，保证每个环节不出现责任问题。省市公司将建立起畅通的信息沟通渠道，建立信息反馈制度，及时了解和解决互联互通中存在的问题。

抓好网间话费结算和出台光纤出租业务管理办法，是辽宁电信搞好互联互通服务采取的新举措。为了准确地与移动通信公司、联通公司等各大电信运营企业做好网间话费结算，辽宁电信公司拟在年内逐步将各市分公司的结算集中到省公司进行，以提高结算效率。辽宁电信公司还计划制订光纤出租业务管理办法，并要求各分公司在集团公司资费标准出台前，参照同联通公司签订的协商价格，有计划地开展光纤出租业务，以合理的价格和优质的服务满足各家电信运营企业的需要。

【上海电信对外公布大客户服务十项承诺】

上海电信大客户服务中心于2001年10月初正式对外公布了10项大客户服务承诺。该承诺具有三方面特点：一是为客户提供特殊服务和等级服务。二是协助大客户做好通信、业务使用情况分析。三是将对大客户给予更多的优惠服务。10项服务承诺的具体内容是：

1、上海市电信公司为每个大客户指定客户经理专人服务，并代理、代办各类电信业务。大客户可与客户经理随时随地保持7 × 24小时不间断联系。

2、根据大客户需要，上海市电信公司可为客户提供度身定制的通信服务、系统集成服务，以及其他特殊服务。

3、大客户办理各类电信业务，可采用支票、转帐、托收等多种收费方式，也可实行先办理业务，后付费的信用服务。

4、大客户装移机服务时限：电话、宽带接入7天内完成；本地数据专线开通30天内完成；长途直拨、程控电话服务项目开通、变更6小时内完成；数字电路、综合通信工程、应急通信等，以与客户签订合同为准。

5、大客户通信故障处理时限：电话业务非电缆故障6小时内修复，电缆故障48小时内修复；数据业务故障8小时内修复；重要通信故障修复时限，以与客户签订服务协议（SLA）为准。

6、上海市电信公司因检修线路、设备搬迁、工程割接、网络软件升级等可预见的原因，影响客户使用通信的，在72小时前通知客户。

7、上海市电信公司推出的新技术、新设备，首先免费提供给大客户试用，让大客户优先享用电信新技术、新设备服务。

8、配合大客户使用通信业务，提供技术业务咨询、技术讲座和培训服务。

9、根据客户需要，提供长途电话清单或帐务信息电子文档。

10、协助大客户做好通信、业务使用情况分析，根据客户需要，提供通信业务使用报告和通信设备运行情况报告。 （李家玻）

【福建电信从分析大客户服务典型案例入手 树立"用户至上，用心服务"理念】

2001年8月21日，福建省电信公司在福州市分公司组织召开大客户服务问题典型案例分析会。省公司领导及省市公司相关部室人员参加了会议。通过对福州大客户服务中的7个案例进行深入浅出的分析后认为，当前大客户服务工作中存在的主要问题是，流程不顺、信息不畅、观念冲突、素质不高及考核不严等问题是导致服务工作不到位、质量无保证的主因。针对问题的症结，会议提出六点要求：一要进一步增强紧迫感、危机感，把大客户服务工作做为全局性的大事抓紧抓好；二要把做好大客户服务工作做为贯彻"三个代表"重要思想的具体实践认真抓好；三要真正从方便用户、提高工作效率和企业效益的角度出发，改革传统作业程序，建立科学、有序、高效的工作流程，确保大客户服务绿色通道畅通；四要加快企业内部的信息化进程，实现信息资源共享，增强企业的核心竞争力；五要适应市场化的要求，加大营销服务队伍的培训力度，培养一批既懂技术又懂营销、既懂法规又善公关、善于向用户推销一揽子解决方案的职业经理；六要进一步完善效绩考核体系，把大客户服务工作考核纳入企业效绩考核中去。

【甘肃电信完善大客户服务体系】

2001年年底，甘肃电信公司针对新时期大客户服务工作的变化，提出大客户服务工作的新理念——要求全省电信企业必须为大客户提供全方位、全过程的服务。以此进一步完善该公司电信大客户服务工作体系，掌握市场竞争主动权。

大客户工作一向是甘肃电信服务工作的重中之重。为了进一步完善大客户工作体系，该公司首先从自身"开刀"，纵横对比、内外对比，从多方面寻找差距、发现不足。经过认真思索，精心调研，甘肃电信公司决定从提高思想认识入手。他们要求各下属分公司首先组织相关人员认真学习省公司及集团公司关于大客户营销服务工作的相关文件，真正从思想认识上重视大客户工作；工作中，必须以大客户为龙头，以培育市场、增加市场份额为着眼点，为大客户提供全方位、全过程的服务。

此外，市场竞争的严峻性也使甘肃电信公司认识到：要做好大客户服务工作，还必须走专业化营销的道路，建立一支高效、精干的现代化营销队伍。为此，他们要求各分公司尽快提高客户经理的服务技能，组建一支优秀的大客户营销队伍；把大客户服务工作由单纯的上门收费，转移到为大客户提供个性化服务上来；完善服务支撑体系，做好大客户的通信保障，切实保证"绿色通道"的畅通，真正让客户满意。

【安徽电信不断创新大客户服务品牌】

安徽电信高度重视大客户服务工作，不断在创新服务品牌上下功夫。在2001年的大客户征询意见函调查中，取得了综合满意度90.55分的佳绩。这次满意度调查共发函1761份，涵盖了全省所有在册的电信大客户，回函710份，回函率为40.09%。大客户对电信服务总体评价良好，普遍认为近年来服务意识、服务质量、服务水平有很大提高，拥有一支高素质的客户经理队伍，能为客户提供满意的服务与技术咨询。

客户的满意是对安徽电信大客户服务工作最有力的肯定。面对日趋激烈的市场竞争，安徽电信一直在寻求大客户服务工作新的突破。为提高服务质量管理水平，制定了《集团客户服务一站流程》、《大客户服务绿色通道管理办法》，通过服务过程分解，详细划分了市场、数据、运维、计划等部门的分工界面和工作时限，理顺了生产调度组织和流程，提高了工作效率，2001年为集团客户开通电路的及时率达到了99%。为提升客户忠诚度，制定了大客户业务流失考核办法，2001年列入中国电信集团公司考核的100家大客户，流失率为0。为使大客户服务看得见、摸得着，制定了《安徽电信大客户经营管理办法》；为满足客户个性化的需求，制定了《总经理调度单制度》，强调超常规服务；为保证定期回访客户制度的落实，制定了《大客户绩效考核办法》和《大客户服务劳动竞赛考核办法》。通过内部流程的不断完善，大客户服务水平从根源上不断提高。

有了系统、高效的内部管理，安徽电信还不断在挖潜服务内容、服务形式上做文章。2001年安徽省委表彰了全省前50名优秀乡镇企业，他们迅速一一进行走访，将其中尚未列入大客户名单的企业立即纳入潜在大客户管理体系，同时要求各分公司对这50强乡镇企业进一步做好业务营销和服务工作。针对大客户群体中出现的对“一码通”、“新视通”等新业务的需求，他们立即推出了相关的业务流程，大大缩短了客户等待时间。在服务方式上，他们采用积极灵活的公共关系策略，通过定期上门、技术讲座、联谊活动等拉近了与客户的距离，建立了长期合作的良好关系。他们还落实了省公司与各分公司领导分片包干、上门走访制度，春节前，由省公司总经理带队登门给大客户拜年的活动，使大客户切实感受到了安徽电信的真诚与尊重。由于在服务中注重一个“情”字，大客户与安徽电信的心贴得更近了。

同时，他们还加强对大客户工作人员的培训，使培训经常化、制度化。在培训方式上内、外结合，内部请各相关部门讲授专业知识，外部请咨询公司、大学老师、设备供应商进行营销、新技术、新业务、新思维的培训。通过一年来的实践证明，大客户经理的服务水平明显提高。

【江苏江都电信局向农村推进集团客户服务工作】

2001年，江苏江都市电信局改变农村集团客户市场“望天收”的状况，大举推进农村集团客户服务工作，初步形成了城乡联动、相互促进的集团客户服务新局面。

江都电信局农村集团客户服务工作相对薄弱，由于一些集团客户分布在偏远乡镇，加上局里集团客户经理人数不多难以顾及，因此农村集团客户市场基本上处于“望天收”的状况。为了改变这种被动局面，他们从8月份起将集团客户网络向农村延伸，把农村乡镇的党政机构、学校、医院，公安、工商、金融、税务等派驻机构，重要企业以及月使用电信业务费用千元以上的均列入集团客户范畴，明确农村支局长为当地集团客户经理，从而充分调动起支局长的积极性。同时，局里在农村支局长的工作职责中增加了集团客户服务内容，并在选择电话号码以及业务洽谈等方面赋予其一定权限。

农村集团客户市场一经启动，各支局纷纷行动积极种好“责任田”。支局建起了集团客户档案，每月制订集团客户服务工作计划，每月上门走访集团客户1～2次，每周电话联系集团客户1次，及时了解掌握集团客户使用电信业务情况，随时捕捉市场需求变化动态，有的放矢地采取针对性措施。凭借支局长与集团客户的良好合作关系，一些集团客户还主动参与局方与其上级部门的业务洽谈，收到事半功倍之效。该局集团客户工作大力向农村延伸之后，业务流失现象明显减少，8、9月份，全局集团客户业务收入较上年同期增长了10%。

【湖南电信益阳分公司重点客户重点服务】

面对日益激烈的市场竞争，湖南益阳电信内活机制、外树形象，全力打造重点客户服务品牌，公司重点客户由最初的30家扩大到65家，重点客户使用中国电信业务稳定率达到100%，满意率达到99%，收入比重由2000年的不到10%增加到了2001年的22.33%。

益阳电信对内创新机制、强化管理，健全重点客户服务体系，通过面试、笔试、审查等严格的程序，在全公司范围内公开招聘了8名工作能力强、业务水平高的客户经理，并采取目标激励和物质激励相结合的方式管理。工作目标方面，要求做到重点客户服务满意率达到90%以上，重点客户稳定率达到100%，保证重点客户月电信使用费比上年同期增长10%；待遇和权利上，客户经理的月工资基数为公司副科级干部的1.3倍，直接与工作目标挂钩考核，并享有参加培训、考察的优先权，同时，按照重点客户单位收入的1%核定营销费用，对客户经理所需的通信工具和交通工具尽量予以满足。

益阳电信对外优化服务，树立中国电信良好的企业形象。他们以“优质、优惠、优先”为宗旨，为重点客户开辟了“绿色通道”，明确了重点客户的装移机时限、专线开通时限、故障处理时限等，实现了重点客户业务的闭环管理。公司要求客户经理每周必须对重点客户进行一次上门走访，及时了解重点客户对电信业务的需求，解决客户在使用电信业务中的各种困难。在此基础上，加强与重点客户的沟通与交流。

【安徽电信合肥市分公司对大客户服务推行流程管理　实施个性营销】

安徽电信合肥市分公司从完善服务流程入手，着力充实服务力量，全面实施个性化营销，使大客户服务工作取得了明显成效。

合肥电信结合自身实际，在广泛征询用户意见的基础上，进一步优化、细化《大客户绿色通道管理办法》，制订《2兆业务处理流程》，紧紧围绕“综合受理、

内部分流、优先处理、结果反馈”的原则，明确各部门的工作职责和服务标准，理顺了业务处理流程，使绿色通道在内部运作上更加顺畅。新修订的《大客户绿色通道管理办法》规定，电话装移机时限为14天；电话业务变更为12小时；拨号入网两天，专线入网3.5天；帧中继、DDN电路出租3.5天，与普通用户相比，处理时限提前了二分之一以上。为使流程管理落到实处，合肥电信专门成立了大客户营销服务工作领导小组，由公司领导、相关职能部门以及大客户营销服务处主要负责人组成，定期召开大客户经营分析会，不定期召开工作协调会，解决大客户营销服务工作中需要解决的问题，保证绿色通道畅通无阻。

为充实大客户服务队伍，提高大客户经理的服务水平，合肥电信对大客户营销服务处所有岗位，在全公司范围内公开招聘，将一批懂业务、擅管理、具备服务和经营意识的高素质人才，充实到大客户营销服务岗位。并对大客户营销服务处内部机构进行重组，撤消原先配置的市场开发部、客户服务部，合并组建客户一部、客户二部，实现营销和服务互相结合、协调发展。对外而言，客户经理把服务和营销职能集于一身，加快了对市场需求的反应速度，便于为大客户提供一揽子解决方案；对内来说，客户经理清楚了与经营、运维、建设等支撑部门的运作关系，便于协调方方面面的问题。

在大客户服务过程中，合肥电信坚持以客户为中心，走个性化、差异化营销之路。进一步细分市场，加强感情营销。将大客户单位分为党政军、共建分局、公共服务、酒店宾馆、金融保险等十大类，公司领导对这些大客户实行包片负责制。2002年元旦期间，公司领导分头拜访大客户单位，并向客户单位寄发了印有公司领导亲笔签名的新年贺卡和明信片，进一步增进与大客户单位的情谊。

合肥电信采取“双赢”战略，从企业和用户的双重角度，为用户量身定做解决方案，在为用户提供方便、减少投入的同时提高企业的经济和社会效益。如在推广17909手机IP业务时，对大客户采取个性化宣传，在共建分局拉横幅，在客户单位话机上贴宣传标签，加深客户对这项业务的了解。同时客户经理在走访过程中重点向客户解释17909省钱到底省在哪儿、它能为用户带来哪些实惠。在推广宽带业务时，向大客户单位详细介绍LAN接入和ADSL接入的特点，根据其实际情况，为其提供最佳的、最能体现效益的接入方案。

合肥电信坚持每月对大客户的通信费用排名次、作比较，对电信费用明显上升和下降的大客户单位进行重点分析，找出费用变化的原因，并密切关注竞争对手的业务发展情况，以便及时采取对策。他们坚持客户经理的月报告制度，要求客户经理对所做主要工作、存在主要问题、下一步的工作打算逐月进行总结，以月度经营分析报告的形式递交公司领导，为公司业务决策提供依据。为加强对大客户服务工作的考核，将大客户的满意率、欠费率、流失率、业务发展等指标与客户经理收入挂钩。同时根据客户经理工作态度、工作业绩、大客户风险性等指标，打分评定奖金等级，各奖金等级间拉开一定档次。另外，进一步完善《大客户单位基础档案》，在本部门设“金点子奖”，对提供有价值的信息给予重奖，并在年业绩考评中加分。

流程管理和个性化营销，使合肥电信走出了一条有特色、有效益的大客户服务之路。2001年合肥电信大客户业务收入完成1.2亿元，较上年增长近2000万元。大客户营销服务处被团省委和省通信管理局联合授予省级“青年文明号”光荣称号。

【湖北红安电信局实行大客户业务包“产”到“户”】

湖北红安电信局通过广泛的市场调查，将2001年下半年话务量营销的重点定位在大客户业务上，实行对大客户业务包“产”到“户”。一是按照每月电信消费的高低，选取前50个月话费千元以上的单位作为电信大客户，然后对应确定了有一定活动能力和社会关系的50名班组长以上干部、行政部室人员担任兼职大客户经理（每一个客户经理均是自由选择一个有一定关系基础的大客户作为包点对象），并为每个客户经理定制了一批业务联系名片，以方便上门联系业务。二是重新调整包点客户经理生产奖金考核办法，取消4季度全部月奖、季奖，实行与包点大客户月话费支出挂钩考核。即以每个大客户6、7、8三个月平均话费支出确定基数，从10月份起，大客户月话费支出保住或超过以上基数，包点客户经理工资奖金照拿，未达到以上基数，按比例扣减月奖和季奖，为此激发包点客户经理抓好大客户营销服务的积极性。

由于措施得当，全体包点客户经理热情都普遍高涨，自觉主动上门，收集齐全了50个大客户的第一手资料，并听取大客户的意见，为其制订有针对性的营销方案，以满足大客户的需求。

【广东电信肇庆分公司采取五大措施做好大客户服务】

针对其他电信运营商的长话业务对本公司大客户话务量的分流，广东肇庆电信采取有力措施，从五个方面重点做好大客户服务工作。

一、扩大服务层面，充实大客户工作机构。在城区和各县（市）局撤消业务量小的营业点，抽出人员成立客户服务中心，将大客户服务面扩充到占全局业务总收入20%以上的所有客户。重点对长话业务进行细分，将每月长话费用300元以上的客户作为重点业务客户，由大客户服务部（组）提供服务和业务跟踪工作，月长话费用300元以下的客户作为低端客户。利用实业公司的资源优势，通过与实业公司的协作，试行长话话务量承包的管理办法，对主要竞争业务进行锁定。

二、彻底打通"绿色通道"。授予大客户部相应的职权，可以根据需要向其它部室甚至分公司领导派单安排工作，建立大客户部为客户服务，后台支撑部门为大客户部服务的工作流程；每月不定期组织各部室负责人进行大客户工作案例分析，提高后台各部门的客户服务意识。同时，要求改革大客户部工作机制，在待遇、考核、分配、工作方法等方面进行创新和改革，增加客户服务工作的创造性和活力。

三、分层次服务。根据大客户使用电信业务量进行细分，分成特大客户、大客户、普通大客户等几个层次，分别进行不同层次的服务。分公司领导分工负责，各抓一块，每月不定期上门拜访所负责的大客户；各部室中层领导，也联系一批重要客户；大客户服务部的客户经理则分片包干，负责下一层的重要客户，通过这种回访、征询、上门服务等多形式多层次的与客户之间的交流，了解客户，解决问题。

四、实行亲和政策。通过座谈会、交流会、走访等多形式的交流，拉近与客户距离。对同时使用多项电信业务的大客户进行业务组合打包，形成系列产品，捆绑销售。针对各行业客户的特点，分门别类，为客户度身定做优化的组合方案，并通过协议方式进行有效锁定。

五、发展代理公司。充分利用实业公司和社会其它代理公司，做一些不适合由分公司直接出面促销的业务。

【江苏电信常州分公司制定集团客户"绿色通道"保障体系】

2001年5月，江苏电信常州分公司制订了《常州电信分公司集团客户"绿色通道"保障体系实施办法》，从各个方面对集团客户进行支撑保障。

"绿色通道"支撑保障体系明确了集团客户服务工作的三个通道：一、业务通道。对集团客户需求订单加盖"集团客户"印章，进入集团客户快捷业务通道，所涉及的部门均要在最短的时限内处理，需特事特办的业务要特事特办，保证集团客户在最短的时限内办妥业务。二、项目通道。集团客户部接到集团客户业务订单中需立项实施的业务一律进入集团客户项目通道。集团客户部根据业务订单需求会同相关部门共同商定，由业务相关部门具体拿出初步实施意见和具体方案提交项目会审组会审，会审通过后由集团客户选项、认定，电信部门组织实施。三、维修通道。对集团客户单位所使用的各类电信线路、电信公司提供的终端设备发生障碍时，各相关部门进入维修通道要以最快的速度予以修复；对需要定期维护保养的设备，有关维修部门在集团客户号线资料数据库中加标志，并制订终端设备维护工作计划。

"绿色通道"支撑保障体系还明确了集团客户"绿色通道"各项服务标准，对于达不到服务标准及不认真履行工作职责的部门与人员，该体系还规定了具体的考核办法。

【河北电信秦皇岛市分公司依托网络优势为大用户服务】

小交换机用户大部分是电信企业的大用户。2001年，秦皇岛市分公司确立了小交换机改制工作的指导思想，并专门成立了小交换机改制工作领导小组，对全市100多家小交换机用户进行容量、单位类别、用户话费以及所属单位的效益状况等方面综合分析，拟定了个性化较强的改制方案和实施步骤。通过建立样板点、集中动员以及"请进来、走出去"等方式，逐步扩大了虚拟网业务的影响范围，全年改制小交换机85户，占全市小交换机用户的80%以上；有22户原准备安装小交换机的用户改用虚拟网。特别是借世界B级自行车赛在秦皇岛市举行之机，将3个三星级宾馆改制为虚拟网。公司的主要措施是：

一、以用户需求为出发点，增强电信网络功能

秦皇岛市分公司通过对市场的调查研究，认识到

以更先进的通信方式替代现有小交换机是做好用户改制工作的有效选择。如有些酒店需要有话务台和立即计费等功能，但在交换机上开发的虚拟网难以满足用户这些需求。为此，该分公司设计、建设和维护等部门根据市场部门的信息，经考察提前选用安装了能够满足用户功能要求的设备，保证了宾馆酒店、医院、商业楼等用户的交换机改制的需要。

二、理顺作业流程，为用户提供技术支撑

小交换机改制多为宾馆类用户，秦皇岛市分公司遵照“用户至上，用心服务”的理念，根据用户的要求，签订了有利于缩短用户障碍处理时限协议，并通过改进工程管理流程和实施市场竞争快速反应单的方式，积极为用户提供优质的技术支撑，确保用户通信畅通。

三、细分市场，强化营销

秦皇岛分市公司营销部门利用全市人大政协会议、3.15活动周、5.17电信日活动周等时机，大力宣传业务，借助17909开通、资费调整、外地电话升位等时机召开新闻发布会，并印发宣传单、上门讲解等方式提高大用户对虚拟网业务的认知程度。组织部分星级宾馆的负责人到北京、石家庄参观考察，提高他们对宽带网、虚拟网和电信新业务新技术的认识，采用“用事实说话”的方式，在不同行业建立了样板点，增强了小交换机改制工作的说服力。

·服务措施·

【中国电信召开全国电信服务工作电视电话会议】

中国电信集团公司2001年狠抓服务不松劲，认真贯彻周德强总经理提出的“用户至上，用心服务”八字方针，使全国电信服务的面貌大为改观，1—5月份，用户投诉数量明显下降，投诉总数为138件，占中国电信用户总数的万分之0.99。为了进一步促服务上水平，2001年6月11日召开了全国电信服务工作电视电话会议。

张继平副总经理指出：“用户至上，用心服务”是中国电信的服务理念。“用户至上”是强调电信企业要把用户放在什么位置上，企业各项工作的出发点是什么；“用心服务”则强调的是在服务中要遵循的原则。这“八字方针”只有反复讲，才能深入人心，并融化贯彻在实际的经营服务工作之中。他强调，企业要层层落实服务工作责任制，前台后台要相互配合，各级工作人员要各负其责抓好本职工作。在当前，各省、地市企业和各部门要坚决把当地最突出、最热点的问题解决好，消灭最差。

中国电信集团公司市场经营部部署了2001年下半年服务工作的重点和目标。

一、在牢固树立“用户至上，用心服务”理念的基础上，力争2001年在全国基本解决服务态度、业务受理、咨询、申告、投诉渠道畅通、服务及时、时限达标等一般服务问题。

二、加快实现以本地网为中心的计费帐务集中管理。

三、尽快提升面向大客户的服务工作。继续完善四级大客户体系和客户经理负责制，实行“一点受理”、“一站服务”。要本着互利互惠的原则，加强与其他电信运营商的网间互联互通，及时提供平等接入服务。

四、树立法制观念，加强法制教育，要按照《中华人民共和国电信条例》和《电信服务标准》规范服务，使全体员工自觉维护用户利益，遵纪守法。同时要严格执行资费标准，兑现各种承诺，提高用户满意度。

五、建立起上下内外相结合的服务质量监督检查体系。加强暗察暗访力度，狠抓服务落实。

六、进一步深化服务的内容，改进服务手段，逐步实现为用户提供多样化产品，按用户需求定制产品，实现个性化服务。要从方便用户出发开辟多种方式的业务受理咨询渠道，通过整合现有的服务窗口，建立1000号客户服务综合性窗口，使其逐步向客户咨询、业务受理、服务支撑等全方位服务发展。

为了从根本上方便广大用户，改善服务，集团公司大力推进固定电话本地网1000客户服务体系的建设工作。中国电信把所有的电信特服号（如电话查号114、障碍申报112、服务投诉180、咨询服务189、话费查询170等）功能统一纳入1000号。使用户足不出户，打个电话就能咨询和办理各种电信业务。

【海南电信改善服务措施得力效果突出】

一、开展“百万客户大回访”活动

从2001年10月份开始，海南省电信公司面向全省百万电信用户开展大规模的“百万客户大回访”活动。海南省电信公司十分重视电信服务工作，为进一步听取电信客户的意见和建议，切实提高全员服务意识，加速提高公司的整体服务质量和服务水平，正式启动为期半年的“百万客户大回访”活动。旨在倾听用户心声，了解客户需求，从总经理到普通员工在这次活动中都主动上门与用户进行面对面的交流，强化电信员工“用户至上，用心服务”的服务理念，进一步树立海南省电信公司良好的企业形象。

二、电信营业厅“四新”迎客

为了使电信营业服务更新、更优、更贴近市场，海南省电信公司斥资改造全省的主电信营业厅。新的主电信营业厅统一改称“XX客户服务中心”。与以往的电信营业厅相比，客户服务中心除了受理各种电信业务的申请、咨询、查询、投诉等综合业务外，有了四项新变化：第一，设置了先进的多媒体自动查询终端，用户可通过终端查询话费、电信业务等信息；第二，营业人员经过严格考核，业务熟、服务好、综合素质高；第三，营业时间从以前的早8点至晚6点延长为从早8点至晚9点，满足不同层次客户的需求；第四，客户服务中心形象统一、整洁、明亮、舒适、功能完善，充分体现了“用户至上，用心服务”的服务理念。

三、海南电信获消协表彰

海南省电信公司采取多种形式，开展以“诚实守信，取信于民”和“企业以诚信经营获得合法利益，员工以诚实劳动赢得用户信任”为主要内容的教育活动，增强了员工搞好服务的意识。与此同时，他们采取了一系列有力措施，如建立服务质量领导责任制、认真落实首问负责制、强化服务质量监督检查等。几年来，海南电信的电话接通率等网络运行指标均优于中国电信集团公司规定标准。

为使服务工作更加贴近市民百姓，海南电信推出了一系列便民举措。设立了总经理投诉热线，24小时为客户服务；开通了具有国际专业水准、覆盖全省的1000热线中心，使海南电信的服务水平提高到了一个新层次；实现了本地网集中账务管理，避免计费差错，杜绝重大计费错误发生。同时，海南电信还开展了大规模的客户回访活动，与广大消费者进行零距离沟通，了解消费者需求，有效地维护消费者的合法权益。该公司被中国消费者协会评为全国“商业企业消费咨询服务先进单位”，同时被海南省消费者协会授予“2001年度海南省维护消费者权益先进单位”称号。

四、“1000”热线服务范围进一步拓展

2001年8月20日，海南省电信公司覆盖全省的“1000”客户服务中心正式开始向全省客户提供咨询、查询、投诉、业务受理等服务。海南省电信公司1000客户服务中心首期投资约1350万元，以先进的网络技术为支撑，使电信客户服务实现集中、统一、快速、方便、高效。6月30日，1000客户服务中心投入试运行，先期向全省客户提供咨询、查询、投诉服务。从8月20日起，“189”台并入“1000”号，中心为客户提供的服务范围进一步拓展，在提供原服务项目的基础上，又面向全省推出固定电话新装和变更受理业务。

【甘肃电信总经理热线深得消费者信赖】

2001年3月15日，甘肃省电信公司“总经理服务热线”正式向社会开通。用户的各种疑问、不满和投诉，通过热线得以化解和解决，“总经理热线”已成为甘肃电信与广大用户进行密切交流、广泛沟通的桥梁和纽带，同时“总经理热线”全面推动了企业的优质服务工作，受到了广大用户的好评。

“总经理热线”开通之际，省公司就制定了详细的《甘肃省电信公司总经理热线管理办法》，出台各种管理制度和相关规定，使工作有章可循，为顺利开展此项工作提供了保障。从“总经理热线”开通至2001年12月底，共受理各类用户电话投诉1943件，其中211件为移动等其他运营商服务问题，对这类问题做了相应的解释；1515件属新业务、新资费调整、112障碍、

114查号等咨询；涉及到服务质量投诉问题的有217件。总经理热线的投诉处理及时率达100%，回访用户率达100%，用户满意率达98%以上。2001年5月8日，陇西县永吉乡直沟村一位用户来信反映，当地交通不便未通电话的行政村很多，打电话很困难，急需安装一部电话。省公司“总经理热线”接到此信后，立即通知定西电信分公司设法解决用户困难，装通电话。定西分公司在接到通知后，于5月11日想方设法为该用户安装了一部无线接入电话，满足了用户的需求，该用户对此十分满意，事后专门给省公司写信表示感谢。2001年11月，金昌市永昌县一位用户向总经理热线投诉：自年初以来，每月电话费居高不下，怀疑有盗打现象。“总经理热线”接到投诉后立即责成金昌市分公司迅速处理用户反映的问题，并立即上门和用户联系。金昌市分公司永昌县电信局通过核实该用户相关长话费清单后，发现主要是1—10月份拨往兰州的长途电话，该用户及家人称从未拨打过，经永昌县电信局工作人员的深入调查，澄清了原因和事实，最后该用户确认1—10月份打往兰州的长话确系其女儿所为。通过对此投诉的处理，该用户深有感触地说“中国电信员工对用户十分负责”。表示对中国电信员工的工作精神非常满意，并承诺自愿担当中国电信的义务宣传员。

在处理投诉的过程中，总经理热线坚持“原因不明不放过，问题不解决不放过，服务不改善不放过，责任不查清不放过，处罚不落实不放过”的原则，提高了甘肃电信的声誉和知名度，以诚心换来了用户的满意。

【江西电信保障红色旅游】

2001年适逢中国共产党成立80周年，各地掀起了“红色旅游”热。江西拥有瑞金、井冈山、南昌、庐山等一大批革命圣地，作为旅游环境基础建设部门之一的江西电信，加大了对通信设施的建设维护力度，为“红色旅游”提供有力保障。

江西电信服从、服务于地方经济发展的需要，主动做好各旅游点的通信设施建设、维护工作。“军旗升起的地方”南昌市，已建成现代化的通信城市，市区共有IC卡公用电话亭2000余座，话机达5000余部，基本能满足游客随时随地通信的需要，南昌电信分公司还加强了对电话亭的检修保养，其IC卡电话的完好率曾通过国家检查团的抽查，为南昌市创国家级旅游城市立了一功。为满足游客随时上网查询的需要，江西电信通过积极培育市场，因特网业务得到大面积的普及，仅南昌市就有合法登记的网吧近400家，走在大街小巷，想上网就能上网。江西各地信息港都把本地的旅游资源制成了网页，供游客参考。革命摇篮井冈山既是革命传统教育基地，又是风光迷人的旅游胜地，2001年到井冈山的专列，由往年的10趟增加到30趟。井冈山电信局积极做好通信服务工作，为各旅游接待部门的通信设备进行了预检修，并增加IC卡电话和公用电话200多个、各种电话卡5000多套，零售代销全面开展，保证哪里有游客，哪里就有电信服务。红色故都瑞金、党的“八大”会址所在地庐山等革命圣地的电信通信设施都能保障游客的需要。江西电信为宣传本省革命根据地及其风景名胜，还把井冈山、南昌“八一”起义纪念馆等旅游景点搬上电话卡，深受游客欢迎。节日期间，各电信企业安排好值班人员，保证节日通信畅通。

【北京电信采取多项措施改善服务工作】

一、全面启动1000号客服系统

2001年8月16日，北京电信1000号客服系统正式启动。原来的综合客户服务中心号码189及各专项业务客服号码170、180、176、223并行工作至10月16日后正式关闭，其业务全部并入新系统。

客户服务中心拥有170多个座席，服务种类也在原来的话费查询、业务咨询、投诉受理的基础上，增加了业务受理、客户回访等服务新功能，并逐渐发展成为客户了解、使用北京电信各项业务的一个窗口。月呼入量在五百万次左右，7月5日一天的受理量就达到37万多次。

面对庞大的用户群所带来的业务受理量的激增，为了进一步满足客户要求，完善综合服务功能，北京电信综合客户服务中心在完成改号工作的同时，加紧进行二期扩容工程。二期扩容工程采用分布式结构，实现集中接入、集中管理、分散实施，接入能力可达到1000个座席，为用户提供更主动、更有针对性的个性化、智能化服务。

二、开展百日会战解决一些地区无线、无号的问题

北京电信为提高服务水平，全面简化工程施工流程，积极解决用户过去因无线、无号而装不上电话的问题，取得了显著效果。随着“服务战略”在北京电

信的深入推广，公司领导率公司工建部、计划部、财务部、营业局等相关单位的人员到全市各区局、郊外局调研并现场办公，明确提出：2001年要解决90%无线、无号地区的用户装机问题。他们还要求每个单位必须列出确定时间表，最大限度地为客户服务。为此，北京电信工程建设部从5月15日开展了“百日会战”，提出“快速投入、快速形成综合通信能力、快速满足市场需求、快速实现企业效益”的建设方针，大干一百天，解决这一难题。各区局在接到任务后，积极动员，对本区内的无线无号地区逐一进行摸底并安排施工，职工加班加点，克服困难，力争在最短时间内完成任务。

三、建立个性化服务新机制

北京市电信公司五区电话局自2001年7月份推出“绿色通道”服务举措后，在夜间受理解决了113件客户申告。所谓“绿色通道”，即五区局针对夜间出现紧急情况的客户采取的个性化服务措施。他们在下辖的东单、呼家楼、定福庄等三个端局组建了抢修小组，其人员均为所在局所的业务骨干，配备有专用车辆和各类器材，并制订了严格的工作流程，实行即时服务。此举打破了多年来修复电话障碍要遵守时限的惯例。

北京电信各电话区局在日常工作中认真实践中国电信集团提出的“用户至上，用心服务”的服务理念，贯彻北京电信的服务战略，在电信业务从大众化服务向个性化服务转变方面积极进行探索。七区局在方庄电话端局实行即时服务获得成功后，在整个区局全面推广针对重要客户群体的即时服务体制，不仅保证了众多重要客户电话全天候的畅通，而且有效地缩短了电话和专线的修机历时，得到了客户的广泛好评。此外，北京电信营业局和电话八区局也试行了个性化极强的预约装机制度，在客户填写安装电话申请单据的同时注明自己希望的装机时间，工单随即发至施工人员手中并按时装机。从2001年10月20日开始，这项服务措施已开始在全市区逐步推行。

四、积极解决服务热点问题

针对用户反映的信息台乱收费问题，实行电话费与信息台费用分单打印。用户要是拨打了信息台，还将会得到一张信息台的费用单据。如果用户对信息台收费单据中列出的费用存有争议，可以先不缴纳信息台费用而只缴纳通话费，这一举措的出台使用户不再会因为拒绝缴纳信息台费用而遭到停话处理的情况。这就使用户在交费方面有了更大的自主性。

对于公用电话乱收费这个老大难问题，北京电信除推出“迎接奥运，文明服务”活动，组织动员全市的公用电话代办户文明服务，推行文明服务公约，对违规的代办户进行严肃处理外，北京电信将不再发展公用电话代办户，并力争用2、3年的时间实现公用电话的无人值守化。积极推动卡式电话业务为代表的智能网公话业务的发展，在繁华街道、商场、机场、车站等人员快速流动的地方采取密集覆盖方式发展卡式公话。

在装移机时限方面，对服务承诺作了修订。已受理的电话装、移机业务，逾限时间自受理之日起30日内未能装通的，每日按受理之日向客户收取费用1%的比例向客户支付违约金。

五、推出网上电子地图服务

为提高服务质量，方便广大用户，公司营业局与中国著名的地图服务解决方案提供商——新图行天下软件（北京）有限公司建立合作，联合推出北京电信经营网点分布专题图的应用服务，从而使北京电信遍布全市的经营网点和代收费银行得以通过互联网直观、准确地表现出来。北京电信网站（www.169.com）上的电子地图提供了北京电信全部经营网点和代收费银行的位置图标，用户点击任一图标还可得到该网点或银行内的电信服务项目、服务模式以及收费情况等相关信息。广大用户只需登录网站，打开相关地图页面，就可以选择距离最近、最合适的电信网点及代收费银行，并查找到所需信息，从而以最少的时间得到最满意的服务，达到事半功倍的效果。另外，此次北京电信网站上的电子地图还具有公交车换乘、模糊查询、查找最近网点等多项功能，极大方便了老百姓的日常出行。

六、固定电话客户卡片全部由人工管理改为微机管理

北京市的电话客户资料管理以前一直采用的是卡片管理的模式。这种方式工作效率低、登记差错率大，难以适应电话客户大规模增长的需要。为此，北京市电信公司从1999年就开始自行研制、开发客户资料计算机管理系统。经过近两年的努力，完成了工作量为全国之最、涉及全市561个局向、总容量达到432.184万门的“客户卡片入机工程”，相当于600多个大型资料柜中的客户资料全部“转交”计算机管理。新系统

采用先进的ATM网络构建，囊括了1600多万线对资料，可同时为城区的3个112故障受理中心、23个电信营业厅、100多个市话端局测量室及众多电信业务部门的1800多台终端提供精准的客户资料支持。如果客户要办理业务或查找资料时，只要键入客户名或电话号码，系统界面上即可显示出客户名、址、号及曾办过何种业务等各类信息。更重要的是，该系统的建成还将为114台、电信收费系统和进一步简化各类业务流程提供可靠的资料基础。这一工程已于2001年第一季度完成。

【河南电信以科技手段创新服务　开发推广用户回访系统】

2001年,河南电信在全省大力推进用户回访系统和180服务质量监督检查系统的建设，10月份正式启用了集受理、服务跟踪和考核为一体的电信服务质量监督考核体系,为全省电信用户提供主动高效的服务。这是河南电信落实“用户至上，用心服务”理念，依靠科技手段创新服务的新举措。

河南电信为改善电信服务质量，1999年建设了180系统,主要用于收集用户对电信服务的意见。河南电信此次自行开发的“用户回访系统”，是基于180系统平台设计、开发的服务支撑系统。它和“180”、“97纵联”、“九七工程”、“112”系统在同一局域网内，可直接访问这些系统的数据库,能够针对装机、移机、修机各环节存在的服务问题进行监测。

为推进服务质量的提高，河南省电信公司还专门制定了《180服务质量监督检查系统管理办法》和《电信用户回访系统管理办法》,将用户回访率也纳入河南电信效绩考核评价指标体系之中，形成了集受理、服务跟踪和考核为一体的服务质量监督考核体系，使被动服务变为主动服务。

电信用户回访系统曾在郑州、许昌两地试运行，河南电信对该系统的功能进行了进一步的完善，使其与“180”系统自动接口，达到了随时处理和跟踪回访用户投诉的目的。由于改进了语音自动注册竣工流程、部分操作界面及报表内容，还方便了外线人员注册竣工流程。

【山东电信推出多项新举措强化服务】

为进一步提高服务质量，山东省电信公司推出多项新举措以强化基层服务工作。

在规范服务方面，要求2001年内全省所有县级以上城市的装机、移机、修机等上门服务工种全面实现一证（工作证）、一卡（信誉卡）、一函（征询意见函）、三带（自带工具，自带鞋套，自带防尘布或抹布、垫布）制度，同时，加大回访力度，对用户的回访要达到100%，年内对所有固定电话用户进行一次征询意见大回访。县城以上主要营业厅推行窗口人员“站式服务制度”。

要提供让客户满意的服务必须实行合理的内部流程。山东电信为此进一步加强了内部管理，建立责任制度，在企业内部实施“后台围绕前台转，前台围绕用户转”的联动机制，从方便用户角度出发，调整内部工作流程，把加强后台支撑作为解决深层次服务问题的关键环节来抓。另外，通过畅通反映渠道，增强网络运行效率和快速反应能力，严格内部稽核制度，对发现的隐患和存在的问题及时予以纠正。健全省、市、县三级电信服务质量管理机构，并聘请社会监督员对电信企业的营业网点、对外窗口、公共电话等进行监督检查。

以推行“首问负责制”为切入点，开展创新服务。实行服务质量总经理负责制，建立省、市、县三级总经理服务热线。强化对投诉中心的管理，实行热线标识、服务用语、工单格式、业务流程和工作标准“五统一”,并建立服务质量典型案例分析制度，及时改进服务中的问题。在完善省、市、县三级重点客户服务体系的基础上，全面推行了重点客户项目经理负责制，建立“绿色通道”制度，提供“一站式”和“个性化”服务。

【福建厦门电信锻造1000新品牌】

福建厦门电信以1997年在全国首创“打个电话装电话”为标志，开始了建设“1000”全新客户服务方式。三年多以来，厦门电信“1000”已建成集“112”、“114”、“170”、“180”、“189”等特服号于一体，具备业务查询、咨询、业务和修障受理、投诉处理和营销等多种功能。初步实现了特服号由单一分散到统一综合，服务与生产，管理与营销有机结合的转变。

2001年1月，厦门电信正式向社会推出“1000”服务品牌。这一品牌为厦门电信的经营、体制、管理带来了一系列的变革，经过半年多来的运作，使“1000”对解决电信服务中存在的修障、装机、查询等热点难点问题，特别是首问负责制的落实，发挥了十分有效的作用。

厦门电信“1000”建设，始终坚持循序渐进的原则。在建设思路上，不求整个平台“统一建设，全盘移植”。而是以“114”、“189”平台和设备为母体，以“单个完善，统一编队；成熟一个，纳入一个”为原则，逐步融合各项特服功能，最终实现以厦门“1000”统一品牌面向客户。厦门电信在实施过程中，首先把握所有纳入“1000”的特服台都必须以自身完善为前提，要先成为一个合格的“单兵”，才能进去“1000”编队序列。这就促使各专业台不断提高管理和服务水平，具备了在各自的领域有较强的服务能力，从而为保证“1000”的整体服务水平奠定基础。其次，每加载一项特服功能，必须经过一段时间的磨合，待运作 稳定后才将另外一个特服号增加进来，达到循序渐进，平稳过度。这样既保证了电信服务的持续性，也使得以往各特服台积累的成功经验和模式得以延续，确保“1000”在较高的服务水平下发挥出资源整合的综合效率。

由于“1000”牵涉到电信服务这一特殊产品的售前、售后、售尾的各个环节，而且电信业又具备生产与销售、服务、使用的同一性，尽管“1000”是一个服务体系，但它同时也是一个生产经营服务的管理体系。因此厦门电信建设“1000”伊始，各部门各生产环节就要十分明确它的龙头地位，要求在实际工作中，所有工作必须服从“1000”。

为了龙头能灵活舞动，厦门电信建立了以“1000”为中心，以“首问负责制”为辅助，以“总经理服务热线”为监督的综合投诉处理管理体系，并组建服务监督网络。这一网络保证了后台建设、维护、技术支撑和前台服务的畅通衔接，使电信服务真正实行闭环管理和动态管理。

为保证服务监督制度的落实，厦门电信把考核当作关键环节来抓，制定了《通信服务质量考核办法》，将投诉服务质量纳入经营责任制考核。为了更好发挥“1000”的“龙头”优势，把“1000”内部划分为业务受理、业务支撑和质检营销三个班组，形成段链式生产组织管理结构。话务受理班24小时负责业务咨询、业务受理及投诉处理工作，收集第一客户信息；业务支撑班负责交互业务处理；“1000”系统维护、公告信息发布、业务知识库采集管理等工作，做好整个1000平台的业务及技术支撑；质检营销班负责客户投诉的督办、跟踪和反馈，对话务员的服务质量提出整改意见，了解客户需求并提供日常需要报告，三大班组各有分工，互相配合紧密协作，形成环环相扣的“1000”内部管理体系。

“1000”不仅仅只是把原来特服号集中起来，换上另一个号码，它给电信企业带来的变化是多方面的。首先，提高了电信的整体效率。过去，电信部门何时来装机由电信部门说了算。现在“1000”的有效运作让诸如电话装移机、修障之类变为由客户决定时间，什么时候方便什么时候来。其次，发挥了电信资源的综合效益。由于“1000”改变了各特服号之间各自独立，条块分割的局面，使设备、人员、信息等资源得以整合到一起，对客户和市场反映迅速，其综合效益自然就体现出来。再次，塑造了电信服务的社会新形象。“1000”一个窗口对外，职责明确，从根本上落实了“首问负责制”，而且打个电话足不出户办业务，体现了与国际接轨的新服务方式。最后，“1000”作为一个载体，要求最大限度的发挥出整体协作的能力，“1000”的成功运作，使电信人的团队合作和创作能力找到了用武之地，增强了参与未来市场竞争的信心。

【甘肃嘉峪关电信标本兼治抓服务】

甘肃省嘉峪关电信分公司2001年在竞争激烈的通信市场中，提出改革创新，内强素质、外树形象，切实改进和提高公司的服务水平的企业发展战略。他们的主要做法是：

（一）严格执行服务标准，深化服务工程。嘉峪关电信独立运营伊始，即成立了服务工作领导小组，同时将日常服务监督、检查、考核职能从经营部剥离出来，成立服务质量督察室，下辖180用户投诉服务中心，不仅理顺了服务工作流程，而且杜绝了自己检查自己的弊端。启动优化服务、三优服务、特别满意和帐务放心四大工程组成的深化服务工程，树立良好的企业形象。

（二）完善规章制度体系，全面规范服务行为。嘉峪关电信在认真贯彻实施《嘉峪关电信服务规范》的基础上，制定了“总经理热线”、“员工着装规定”、“业务回访制度”等11个管理办法，建立了企业内部科学的服务质量保证和监督体系。他们从源头抓起，消除用户投诉因素，完善闭环处理制度，使经营服务流程化、制度化。他们在180客户投诉服务中心的基础上，开通了连接客户与公司领导的绿色通道——96180总经理热线。通过这条通道，一方面客户的问题可以迅

速得到解决；另一方面，公司领导及时掌握市场和客户需求，为科学决策提供了依据。

（三）加大考核力度，建立社会监督机制。嘉峪关电信从纠风办、消协等单位聘请了50名社会监督员，实行有偿监督。同时，在企业内部实行服务工作周检查、周通报制度，认真检查和清理客户投诉的处理情况，对发现的服务问题及时进行纠正、规范。由此形成了内外结合，定期检查与不定期检查相结合的监督检查体系。

【广东佛山电信以实时服务贴近客户】

2001年以来，广东佛山电信大力倡导实时服务新理念，使员工的服务意识显著提高，电信服务水平也有了大幅提升。

建立敞开式电信超市，提供亲情般服务。在公司提出实时服务后，佛山电信决心进一步拉近同客户的距离，实现面对面亲情式服务。公司建设了新概念的电信超市，在确保安全的情况下，业务受理柜台完全向用户开放。由于无任何栏杆，客户完全可以透明地看到为自己办理业务的全过程，营业员与客户的距离也拉近了。

办理业务一个窗口搞定，一个电话办妥。佛山电信将189特服台办成全市电话业务受理中心。客户使用任何一项业务、任何一项新功能只须拨打189，剩下的事全部由电信公司来做，客户只要在约定的时间验收就行。2001年，佛山电信公司正在实施逐步取消农村支局营业点计划，以全面推广189电话受理中心。

缩短装机时限，加快业务开放速度，为客户节省时间。佛山电信主动与城建部门沟通，根据城市规划要求，先将通往新区的主要通信管道建好，将光纤敷设好，做到机线待客。由于机线配套到位，基本上没有待装户。装机平均时限从原来的12天缩短到5天以内。客户要求使用电话新功能也做到了“立等可取”。佛山电信优化业务处理流程，把来电显示、呼叫转移、三方通话等程控新功能的开办时限，从原来的一个工作日调整到即办即开，时间最长不超过1小时。

为大客户度身定做业务。佛山电信拥有近千家大客户，电信公司为其建立了专门的服务档案，使大客户足不出户，就会有最优的通信方案送“货”上门。因此，佛山电信各项业务增幅列全省前列，话务量与时长均创出历史最高水平。

方便流动客户通信，方便客户缴费。电信公司推出“百米话亭”工程，在城市的主要街道以每百米为间隔建设新颖的电话亭，以方便流动客户打电话。到2001年7月，佛山市区卡式公用电话亭已达1.5万部。与邮政、农行、建行多家合作，利用其服务网点代收电信费用，使客户感到十分方便。

让客户通道时时顺畅，障碍处理一个窗口对外。112在收到客户报障之后，会立即自动检测故障原因，然后向客户答复故障处理时限。在这个时限内，公司无论如何也要为客户排除故障。2001年上半年，佛山本地电话平均每月障碍为1.35次/百门，比上年同期每百门下降1.41次；电话平均修复时限为2.4小时。2001年以来，34个对外营业窗口全部被评为省电信规范服务达标窗口，佛山亲仁电信营业处还跻身“全国青年文明号”行列。

【兰州电信“严”字当头抓服务】

2001年7月1日起，兰州电信分公司以三个月的时间开展“优质服务季”活动。这是兰州电信加大服务工作力度、“严”字当头抓服务、全面促进服务工作的又一举措。

进入2001年以来，兰州电信在抓好企业经营发展建设的同时，以“用户至上、用心服务”理念为服务指导方针，以全面推进“首问负责制”为中心，进一步加强电信服务管理，改进服务工作。在近期的服务工作中，他们提出了服务工作的四个“严”字，即严抓培训、严抓落实、严抓检查、严抓处罚，并紧紧围绕“严”字，采取了一系列有效的措施，强化服务工作：积极健全服务督察机构，强化服务督察职能，充实了督察人员队伍，加大监督检查力度。对服务质量问题，当场发现，当场处理，聘用工辞退、正式工下岗。对所有用户投诉，实行一个号码（180）受理，一个部门（用户投诉接待处）接待，一个部门（质量检查室）查处，一个部门（服务督察部）考核，有理由申告实行一票否决。同时，严抓服务工作的检查，特别是暗查暗访工作。他们向社会聘请了4至6名服务质量监督检查人员，按人、按日、按工作量核发薪金，要求每个人每个月必须对所有分（支）局、县（区）局、各营业厅暗查暗访一次，并将暗查暗访情况在全公司范围内通报。

在7至9月的“优质服务季”活动中，该分公司严格抓落实，从五个方面全面促进服务工作水平的提高。一是严格抓好职工服务意识的培训，加强“用户至上，用心服务”理念和“首问负责制”的教育；二是严格抓营业和装、移、修机及特服台等窗口的“首问负责制”的落实；三是严格抓好网络运行维护，做好服务的支撑和保障工作；四是严格抓好服务设施硬件建设工作，加大投资力度，规范统一营业厅布局；五是严格抓好活动中的监督和检查工作。针对检查中发现的服务工作问题，对相关责任部门或责任人员进行了严肃处理。

【黑龙江电信牡丹江分公司重金买意见　真心抓服务】

黑龙江电信牡丹江分公司向社会各界发出征询函，有奖征求用户对电信服务工作的意见和建议，以推动服务工作深入开展。2001年5月25日，分公司召开“面向社会有奖征询意见新闻发布会”，邀请了市纪检委、文明办、纠风办以及各大新闻媒体参加。分公司向社会郑重表示，虚心接受用户的意见和监督，以落实“七项承诺”为重点，改进服务工作，树立电信企业的新形象。分公司并拿出10万元人民币的物品奖励提出意见的用户，中奖率达100%，一等奖可得到价值10000元的计算机。

这次他们共向社会发出1500份意见征询函，并由分公司领导班子亲自送到用户手中。5月26日，分公司总经理在一天时间里，向市委等领导机关送出了30多份意见征询函，正式拉开了这一活动的序幕。整个活动进行一个月，活动对象涉及市区和所属六个县（市）的党委机关、工矿企业、新闻单位、居委会以及广大市民。对用户提出的意见，进行整理归类，及时整改，并向社会公布公告。

重金买意见只是分公司真心抓服务的一个方面。为把真心服务落实到处，他们还采取了如下措施：第一，订立制度一定要抓落实。一次，接到一位用户投诉，反映一位支局局长在为用户装电话时，收受一条香烟。对这件事总经理立即展开调查，经核实情况属实，对当事人给予免职、行政记大过处分，在全公司通报批评，扣罚奖金500元。第二，抓落实不折不扣。总经理为了检查制度的落实情况，几乎每周都到服务检察部了解用户的咨询、投诉情况及反映的热点问题，亲自过问制度落实情况，并给予服务检察部在工作中行使公司总经理的权利。由于“一把手”的大力支持和务实作风，公司制订的《加强总经理热线180管理的通知》等制度得到了有效的落实。公司服务检察部填写的“总经理（局长）热线调度单”，在5分钟之内就能传到相关部门，得到快速处理。严密的处理流程，为解决用户咨询、申告、投诉提供了有力的保障。第三，总经理亲自抓窗口服务，每天上班的第一件事。就是到电信营业厅走一走，看一看，发现问题及时解决。总经理对营业工作的重视，推动了服务工作。营业员自加压力，坚持业务学习，热心接待每一位用户。在全市的服务窗口测评中，电信营业厅多次被评为优秀单位。

【广州公用电话推行街道小组管理模式】

广东广州市公用电话几年来得到了迅猛发展，已达到24000多部，位于全国大、中城市的前列。人工公话的发展，缓解了公众打电话难的问题。但由于承办者个人素质良莠不齐以及单兵作战、各自为政的经营方式，造成某些公话站乱收费、多收费，特别是一些私拉电话线非法经营档主，从中提高话费标准，损害了消费者的利益和广州公话的形象。针对这些问题，广东电信广州市公话公司采取了罚款、曝光、停机及取消承办资格等严厉的措施，取得了明显的效果，但在某些管理“死角”，如城乡结合部、远郊乡镇、自然村等地，一些公话站乱收费、多收费仍屡禁不止，时有发生。另外，由于人工公话点多、面广，公话管理人员不足，巡检周期长，难于实施实时、有效的管理，服务质量得不到有效的保证。

为规范公话管理，广州市公话公司大胆跳出传统的管理思维定势，借助社会的力量共同打造广州公话的服务品牌。在2000年4月率先建立了街道公用电话管理小组责任制，并以越秀区为试点，把区内2000多个公话站按照行政街道划分为9个管理区，每个管理区聘请一位责任心强、素质较高的公话承办者担任小组长，经培训合格后，让其全面负责区内公话站“五统一、三公开”的服务制度执行情况的检查和考核，对私设公话用户进行劝导、教育，并及时向公司管理人员反馈信息。同时，还制定了《广州市街道公用电话管理小组小组长工作职责》、《公用电话管理小组长考核办法》等管理规定和实施细则，对各个小组长进行考核。

经过一年多的实践，越秀区公用电话站的“五统一、三公开”的服务执行情况良好。2001年1—7月份，该区公用电话合格率居全市首位，达到99.5%，比其他区平均高出3.2个百分点；投诉率全市最低，比其

他区平均低了7个百分点，服务质量和服务水平全面提升。另外，各小组长还尽职尽责，为公话站特别是老年人、残疾人值守的公话站进行维护、清洗，更换话机500多台，劝说非法经营的电话户改办公话达60多户，受到承办者的称赞。

为彻底根治人工公话站多收费、乱收费问题，全面提升公话的服务水平。广州公话公司在越秀区街道公话小组管理经验的基础上，于2001年8月在全市其他行政区的56条行政街也建立了公用电话小组管理责任制，并选出公话小组长56名，与公司的管理人员一起形成一个内外结合、齐抓共管的公话管理网络，进一步保护消费者合法权益，维护合法经营者利益，使广州市人工公话的管理和服务走入制度化、规范化的轨道。

【江苏电信无锡分公司创新服务大见成效】

江苏电信无锡分公司始终以"创新服务"为动力，把创建工作置于城市建设的整体氛围，创出特色，打响品牌，实现从规范、优质服务到品牌服务的跨越。

一、勾画创新战略，打造创新形象。无锡电信实施了系列创建举措，一是传统活动规模化。他们积极营造高质量的规模效应，在全省率先提出并创建了"青年文明号先进行列"，每年力争95%的生产单位、100%的农村支局、95%的班组、98%的员工进入文明行列。2001年这一目标全部超额完成。二是机关创优满意化。自我加压，实施"三优三满意"工程"，即创建优质服务、优良作风、优美环境；力求群众、基层、上级满意，形成了机关带头创品牌的氛围。三是农村创建个性化。由于农村支局在体制改革中存在着某些特殊性，无锡电信因地制宜处理好创建中的方方面面的关系，理顺县市、乡村的电信创新服务体系，使农村用户也能享受城市水平的电信服务。四是延伸服务共建化。走企业与社区携手共创文明的新路子，启动电信"社区文明工程"，建立全市首个签约式"社会文明工程"共建基地，在闹市区设立"电信服务广场"，让电信品牌服务真正进入千家万户。五是典型树立深层化。善于树立正反两方面的典型，除了增加创建中树立典型的能力，还不断提高对典型的推广水平，推出《首问负责制》、《一次申告下岗制》，运用评选"最差窗口"来激发员工进取的动力。

二、提升创新水平，突出服务优势。首先，根据信息需求的变化，推广数字化服务。无锡电信积极把握电话与数据通信这两大业务需求的显著变化，审时度势，为企业上网营造成熟的内外部环境。如无锡电信积极帮助上网企业勾画从简单到复杂，循序渐进地到达企业信息化高级阶段的"三级跳"的思路，即从建立网站、贸易撮合到企业经营管理全面实现电子商务。并在上网咨询、义务培训、技术指导和设备安装方面上门提供免费服务，竭诚为各类企业提供最佳的组网方式，降低成本，促使企业通过网络激发新的市场需求。无锡成为全省第一个完成上网企业目标的地区。其信息港也备受社会注目，访问量累计突破2000万人次。

其次，推出"民心工程"，把真诚融于每一个细微的服务环节中，以"全覆盖、全天候、真心意、真水平"的品牌服务优势来感染广大电信用户。无锡电信大胆地负债经营，投巨资进行宽带网建设，使居民真正体验到"信息化小区"的魅力。无锡电信还在开办"民心热线"的基础上，开设"总经理热线"，进一步贴近客户，确保客户申告的问题件件有答复，事事有处理。情感服务既可以提高客户对电信的信赖度和美誉感，又可为电信发展带来吸引力，从而培育出忠诚客户。

三、推行长效管理，谋求联合运作。无锡电信的"长效管理"，以"创新创建为主线"，以"电信员工"为根本，努力使电信的文明行业创建活动覆盖到社区、新经济组织、各类社会群体，使人们感受到电信"文明使者"新的魅力。"长效管理"建立了"一岗两责"领导责任制，建立了以用户满意为目标的考核、评价制度等一系列讲究实效的创新管理制度，并成为《电信条例》执行先锋，使创新服务工作走向经常化、制度化、规范化。

无锡电信积极探索"联合运作"之路，在与社会相关部门共创文明新风中，使创新服务走向深入。这主要体现在；一是服务联合。与街道连手，建立江苏首家"社区文明工程"，为社区提供多项电信服务。二是技术联合。采取开放联合的运作方式，与其他部门合作，开发出网上报税系统，提高了企业间共同的运作效率。三是行业联合。与竞争对手合作，并积极提供"光纤接入"、"互联互通"等便捷服务，为建立健康、有序的通信市场创造良好条件。四是城企联合。配合城市的总体建设，与市政、建设部门联合搞好布线工程、电信服务网点设置等规划、管理、建设，使每项电信工程成为代表城市新形象的“文明”工程。

【天津电信改善服务措施过硬　客户满意度明显上升】

一、开展百万客户大回访活动

2001年8月份，该公司本着真诚沟通用户、全员参与服务的原则，开展了百万用户电信服务大回访活动。这次活动以电话、发放信函、上门走访、网上征询等方式对102万企事业单位及个人用户进行了电信服务回访。从公司总经理到每一位员工都直接参与了回访工作。就电信服务态度、装移机服务、电话障碍查修服务、交费方便程度、1000号服务、公话服务、长话及电报服务、数据通信服务等方面向用户进行调查，征询意见、建议。回访中，共解决客户个性问题3780件，解答客户咨询近6万次。公司对用户反馈意见、建议分类分条进行了细致分析，对回访中意见较为突出的客户由相关领导及时带队进行二次走访。对一些用户反映较为集中的问题出台了相应的服务举措，使服务工作更趋完善。回访期间收到电信用户表扬信310余件，用户投诉量下降77.3%，用户综合满意度达83.7分。其中，大客户的综合满意度达92分。

二、全面开通1000号客服中心

天津电信1000号客服系统于2001年7月12日正式开通。该系统为用户提供“三化”服务,即“一个窗口 一个号码”专业化服务，“足不出户 享受服务”的个性化服务，“7 × 24小时”的昼夜营业厅理性化无假日服务，具有电信费用综合查询、电信业务综合咨询、电信业务受理、电话障碍受理和投诉受理的综合服务功能。

1000号平台涵盖112、170、180、1890、1891、1892、1893等特服号。业务受理范围为本地网自费住宅用户的新装和外移、新装ISDN电信，增减程控电话新业务及增减来电显示、主叫隐蔽和国内长权，共计几十项电信业务。1000号平台设40余个座席。试运行后，设备运行平稳，两个月内总受理量达53万余次，平均接通率达99.15%。中心工作人员做到有疑难问题主动回叫，直到用户满意为止。中心对办理业务的用户抽样回访结果显示，用户综合满意度达97.3%。

三、开展用户质量评价活动

天津市电信公司把提高服务档次、改善服务质量作为企业发展的努力方向，多年来结合不同层次电信用户的不同需求，推出多种服务举措，受到天津市电信用户的欢迎和好评。由天津市质量管理协会用户委员会组织了2001年电信服务质量用户评价调查。此次调查工作对天津市电信公司长途局、数据局及市、区、县电信局共19个电信单位的营业厅服务、装移机服务、电话障碍、查修服务、收费服务、114查号服务、公话、长话、电报服务、数据通信服务等进行了调查。调查以随机抽样，邮寄问函等方式进行。调查评价的结果是：天津市电信公司以用户满意度88.3分的成绩，连续第三年获得“用户满意服务单位”称号。

四、大港电信用心服务获赞誉

在天津大港，以往电信客户在申请装机时，时常出现因多种原因不能留在家里的现象。针对这种情况，2001年8月份大港电信推出了“双约”服务，即“约定一个装机时间，约定一个装机联系电话”，何时装机由用户说了算。“双约”服务规定，无论是在8小时以内还是在8小时以外，无论是公休日还是节假日。该局对申请装机的电信用户均实行一周7天24小时的服务。为进一步检查“双约服务”的落实情况，该局制作了预付邮资的“双约服务卡”，对“双约服务”质量和效果进行跟踪。同时，局质量管理部定期对“双约服务”用户进行跟踪回访。走进大港晨晖里、福苑里等住宅小区，入口处的小区布告宣传橱窗上，摆有包区线务员照片的大港电信服务指南格外引人注目。此外，电话障碍申告、电信业务办理等电信业务常识及天津电信质量方针、电信业务种类、“双约”服务等均在电信服务指南中公布。用户指南进小区，给小区用户带来了很大方便。大港电信诚信于民，用心服务，不断创新服务的做法，赢得社会各界一致好评和赞誉。大港电信局不但成为天津电信的服务先进单位，也成为大港区、天津市的服务标兵单位。2002年年初，大港电信局荣获了天津市首家“诚信服务企业”称号。

【广东顺德电信加强现场稽查　规范服务环境】

广东顺德电信在2001年的工作中，服务稽查抓得紧、抓得狠，抓出了效果，营业、公话、机线、机房、经警的服务面貌有了可喜变化。

为获得真实可靠的服务质量反馈信息，顺德电信局邀请市消委会的同志一起到各营业点进行明察暗访，让他们以专家的眼光去挑剔顺德电信的服务，亲身感受顺德电信开展服务形象工程建设以来所取得的成果。通过与顺德电信局稽查队一起检查，消委会的同志不仅更全面地了解了电信业务流程，感受到了热情周到

的服务，也以消费者代表的身份对进一步搞好电信服务提出了宝贵的意见。在一年多的时间里，顺德电信分公司多次组织这样的稽查活动,收到了良好的效果。

顺德外来人口多，是公话特别是卡式公话的高消费地区。卡式公话的自然损坏和人为破坏尤其严重。因此,管理和维护好4000多台卡式公话成为了顺德电信局的老大难问题。以前，卡式公话维护没有明确的考核标准，或虽然有标准却没能真正地去贯彻落实，基本上是以维护人员的自觉行为为主，单纯依靠员工的工作热情，没有形成真正的监督和激励机制。导致电话打不了，投诉不断增多。为此，顺德电信局专门出台了对公用电话的监管稽查措施，每月对全市范围内所有的卡式公话的10%进行抽查，将抽查结果由以前的通知维护个人改为直接传送给分局领导，并在企业网站上开辟“维护龙虎榜”专栏，进行横向对比。一石激起千层浪，各分局坐不住了，相应对维护人员制定了严格的奖励措施,将收入与维护质量直接挂起钩。如伦教分局，以前的设备完好率不足75%，稽查制度实施后一直都能稳定在95%以上。顺德电信局的领导强调稽查工作要做到“三公”——公正、公平、公开。2001年共稽查卡式公话2450台/次，稽查比例超过60%，通过这种稽查形式，互相学习，形成了后进赶先进的良性竞争局面。

【各地电信部门改善服务措施集萃】

一、贵州电信开办网上服务信箱

2001年,贵州省电信公司一直把服务工作作为各项工作的重中之重，除注意改善软硬件环境外，还着力提高服务的科技含量，专门建设了贵州电信网站，并定位于实用性和服务性。网站开设了网上总经理信箱、话费查询、业务咨询等栏目。此外，客户还可在网站看到各种最新的电信服务信息和业务促销信息。此举不仅增加了公司与客户互相沟通的渠道，还将公司的整体风貌、服务理念展示给社会。客户只要登录贵州省电信公司网站（www.gzdx.com.cn），轻点鼠标就可以对电信服务 提出意见和建议,并能在24小时内得到答复。

二、浙江电信网上营业厅开业

2001年8月30日，全国首家网上电信营业厅——杭州电信网上营业厅正式开业。至此，杭州电信用户只要在电信营业厅备案，足不出户就可以在网上办理电信的各类业务。提供网上电信业务是中国电信综合业务在网上的延伸，它利用互联网实现了电信服务的电子化，提高了电信服务质量，降低了运营成本，为广大用户提供了安全、有效的网上在线新型综合业务服务。网上营业厅的开办标志着杭州电信已经从传统的经营模式向网络经营模式迈进。杭州电信网上营业厅能为用户提供电信业务受理、业务咨询、业务查询、用户投诉受理、卡式业务销售以及网上缴费等服务。进入该营业厅，用户不仅能申请固定电话、ADSL、ISDN、163等电信业务，而且会得到24小时全天候在线服务。

三、湖北武汉电信内部沟通追求“零距离”

“零距离”是近年来电信面向用户提出的全新的服务理念。武汉电信将这一理念引入企业内部，提出“后台为前台服务”，实现前后台“零距离”沟通。武汉电信认为，服务问题出在窗口前台，根子却在后台。由于营业前台与后台支撑部门缺乏沟通，窗口遇到问题不能解决时，询问后台常常得不到明确答复，不仅影响了前台工作效率，更损害了企业形象。为此，武汉电信在包括9个区局的19个后台支撑单位展开了以“转变观念，立足岗位，服务前台，争先创优”为主题的教育活动。在教育活动中，各部门重新规范了服务流程，建立起服务前台的有关制度。有些支撑部门还通过走访、开座谈会等形式与辖区内营业厅加强沟通，提出了有针对性的改进措施。如计费结算中心新建立了5项制度，即电话访问、走访、账前通报例会、征询意见反馈以及统计资料、催欠资料网上共享制度，使前台遇到的问题得到及时答复并解决，大大方便了市话各区局和营业前台的即时查询，从而有效提高了服务工作效率。

四、山东青岛电信强化品牌经营　公用客服中心上规模

2001年11月，随着琴岛律师事务所和正源司法鉴定事务所落户青岛电信1605148法律呼叫中心，由青岛电信提供网络接入、呼叫平台和座席服务的各类电话呼叫中心已经达到30多个，日均呼叫次数突破5万次，青岛电信的公用客服中心开始走向规模化经营。2001年，青岛电信利用160呼叫中心平台，陆续推出各类公众呼叫中心（客服中心），这些呼叫中心已逐渐成为青岛电信的一个业务亮点。海尔、海信等企业集团，翔通报关行等中小企业，以及教育、医疗、汽车等行业的呼叫中心，正受到青岛越来越多市民的青睐。这种集聚社会资源，容易形成“扎堆经营”和品牌效

应的公用客服中心业务，在提高客户工作效率和经济效益的同时，也提高了电信企业的网络资源利用率和话务量。

五、辽宁大连电信"联动"处理投诉

2001年，辽宁大连电信分公司动员公司全部力量，推出"联动式"服务措施，即市分公司领导与部门负责人、部门之间、前后台等上下通力合作，按规定的时限妥善处理每一件投诉。大连电信从加强和重组1801投诉台入手，成立了客户投诉中心。1801的服务人员不仅受理用户投诉，还根据用户投诉中提出的服务问题，向相关部门提出建议。该部门对此必须认真对待，限期采纳解决。1801将用户对信息台收费问题投诉量大的情况反馈给有关部门，市分公司非常重视。他们与合作的各声讯台协商，将信息费单列，使用户对信息费一目了然。他们还在1801设立了声讯台咨询席，由各声讯台负责解答用户咨询、投诉，解决了信息费争议问题，使投诉减少了50%。大连电信分公司还成立了由市场经营、服务、运行维护等部门组成的处理用户投诉疑难问题的领导小组。对用户提出的话费纠纷等疑难问题进行分析研究，协调解决。这种部门间的联动使许多矛盾得到化解，用户投诉减少了近一半。

六、江苏苏州电信组建"快速反应部队"

江苏苏州电信分公司在企业内部组建的一支响应速度快、服务质量高的"支撑经理"队伍，由一批技术素质扎实、业务技能过硬、业务知识丰富的技术骨干组成，共有15人，分别有入网、交换、线路、多媒体、数据等专业人员，配有专门的通信工具。每位客户经理均有一份"支撑经理"联系名单，根据客户的各类需求，本着"特事特办"、"快速响应"和"效率最大化"原则，将同类技术支撑和服务需求落实到"支撑经理"，并且随叫随到。分公司制定了后台技术支撑保证制度，公布了后台支撑承诺服务书，明确"支撑经理"对支撑项目、支撑对象的责任。同时不断完善内部作业流程和工作制度，形成了业务受理、业务提供、收费结算、障碍查修、投诉处理为一体的售前、售中、售后服务体系，为不同的集团用户提供了一揽子解决需求的服务方案。建立了贯通企业上下的集团用户三级服务体系和内部保障体系，并制定相应的操作规程，保障集团用户使用各类业务享受高等的服务，先后在平安电话中心、市政府、公安、地税、公路信息联网等重大集团用户工程中发挥了重要的支撑作用。

七、四川成都电信为用户提供取卡服务

四川电信成都分公司近几年来在市区的大街小巷共安装了IC卡电话8000多部，遍布成都的东西南北。但因用户的误操作或话机的故障，用户的电话卡被卡住的现象时有发生。本着"用户至上，用心服务"的理念和及时为用户排忧解难的思想，2002年年初，成都电信分公司公话公司配备了专人负责为用户取卡，并在成都电信所有IC卡电话上公布了白天取卡热线和夜间取卡传呼号码，大大方便了用户。

八、湖南益阳电信加强农村跟踪服务

为严格杜绝超部颁电信服务标准时限现象的发生，全面提升服务水平，实现服务工作的闭环管理，湖南益阳电信农村局2001年9月推出跟踪服务管理办法。

在部颁服务标准规定时限内，该办法增设了三道警戒时限，即第一时限、预警时限、处罚时限。营业员、112台、客服中心分别兼任业务办理、障碍申告、客户投诉的跟踪服务人员，相关人员受理业务、障碍、投诉时，必须详细填写《跟踪服务登记表》，并在规定时限内及时回访客户，对各项工作进行督办。超过预警时限必须报告部门负责人或市场经营部协助处理。超过处罚时限必须报告局领导，由局领导亲自督促，在部颁标准时限内落实。县局按月考核各单位的第一时限完成率、超处罚时限件次、超部颁时限件次。对于超越时限的不同情况，规定了处罚办法，如罚款、停薪、解除劳动合同等。

九、湖北荆州电信启动"用户满意"工程

湖北荆州电信于2001年8月14日启动"用户满意"工程。该工程分三个阶段，启动后，进入学习教育阶段，电信部门通过学习教育，强化全员服务意识，并召开用户座谈会，听取用户对服务工作的意见。8月25日前，各县市电信局、电信各部门就如何做好服务工作提出具体措施，通信服务办公室综合各单位、各部门的措施，制定并形成荆州"中国电信"服务体系。9月至12月20日，为规范整改阶段，督促员工完善服务，提升本地网服务标准。12月，进行考核验收，通过对用户的调查，对服务工作进行考核。同时启动"180"快速热线工程，完善"180"服务热线，强化内部监督。结合具体情况，制定更高的本地网服务标准，建立完善高效的服务热线管理体系，组建快速处理网络，以确保各种咨询和投诉的圆满解决。

·服务质量·

【2001年中国电信服务又上新台阶】

信息产业部申诉受理中心统计表明，2001年中国电信投诉率比上年下降75%，投诉量在投诉总量中所占比重比上年下降30个百分点。这是近年来没有出现过的好现象。另据信息产业部门公布的权威机构依据国际通行的方式在部分省市通信行业进行的社会满意度指数调查显示，社会对中国电信的满意度指数较以往有大幅度上升，达到78.8%；质量指标达到81.1%；投诉处理满意度指数为88.8%。专家认为，这些指标已接近AT&T等国际大型电信企业的水平。

2001年，中国电信一边承受着重组改革、电信资费结构性调整、电话初装费取消等重大改革的阵痛，一边扎扎实实地推进服务工作。按照周德强总经理提出的“用户至上，用心服务”的理念，中国电信这个国有特大型骨干企业打出了以提升服务质量、以质量求发展、以质量重塑企业形象的大旗，使服务工作促进了企业发展。2001年，中国电信新增电话用户3415万户、互联网用户1669万户，但用户对中国电信的投诉数却大幅下降。在信息产业部正式立案的申诉案件中，中国电信2001年第三季度为40件；第四季度则锐减到17件，全年投诉量下降了75%，投诉处理满意率达到了96.36%。

中国电信还主动与用户申诉受理中心、消协等进行沟通，及时了解服务中存在的问题，加强预防，妥善解决老百姓关注的热点问题。特别是2001年在资费调整、取消初装费、磁卡换卡等涉及广大用户利益的工作中，他们主动听取意见，做好准备工作。与中国消费者协会签订了“妥善解决与消费者有争议的问题”的办法，遇到有争议的问题，听取消协意见，尽快解决问题。针对百姓意见较大的资费问题，实行了全月收费、退费问题当时解决和取消选号费等措施，这些措施方便了百姓、改善了企业形象。

为了向用户提供更好的服务，中国电信还推出了“一点受理”、“一站服务”、“首问负责制”，把握好用户投诉、咨询的受理、处理、答复、会话四个环节，理顺内部处理流程，坚决杜绝推诿扯皮现象。在为用户提供多样化服务方面下功夫，还提供了量身定做式服务，在部分省市试行网上营业厅服务，提供一卡多用服务。中国电信还重视在竞争中与其他运营商的合作，加大了互联互通和接入服务力度，切切实实改变了服务作风。

服务的改进得到社会的认可。2001年，在中国电信的各级企业中，有88个单位获得全国青年文明号称号；有6个单位获得中国质量协会“用户满意企业”称号；有53个省区市电信公司被评为省级行业先进文明单位；有337个单位获省级青年文明号称号。

【2001年中国电信服务质量公告】

一、公司简介及服务工作成效

中国电信集团公司目前主要经营国内、国际各类固定电信网络设施，包括本地无线环路，基于电信网络的语音、数据、图像及多媒体通信与信息服务；进行国际电信业务对外结算，开拓海外通讯市场；经营与通讯及信息业务相关的系统集成、技术开发、技术服务、信息咨询、广告、设备生产销售和进出口，设计施工等业务；并根据市场发展需要，经营国家批准或允许的其他业务。

2001年中国电信新增电话用户3415万户，互联网用户1669万户，用户总数分别达到1.79亿户和3204万户。劳动生产率、管理效率不断提高，电话主线维护率为575线/人。“用户至上，用心服务”理念已深入中国电信各级企业员工，在全体员工的共同努力下，中国电信的服务工作取得了一定成效，赢得了社会各界的普遍认可。从信息产业部申诉受理中心反映的数字表明，2001年中国电信的投诉量大幅下降，比2000年下降了75%，投诉量在总量中所占比重下降30个百分点。电话用户满意度79.7分，列各家电信运营商之首。做好互联互通工作，其他运营商的互联互通满足率达到98.3%，基本上解决了互联互通存在的问题。一年来中国电信为APEC会议、北京申奥、世界大学生运动会、九运会等重大活动以及党政军重要通信提供了良好的通信保障和通信服务。

2001年中国电信集团获得全国青年文明号有88个单位，占信息产业部总表彰数的40%；获中国质量协会的“用户满意企业”称号有6个企业；获国家级各类荣誉称号有18个单位；有10个省电信公司还获得了省级行业先进和文明单位；2个全省公司获当地政府全行业文明行业称号；有312个单位获得当地省级青年文明号。

2001年中国电信大力实施服务品牌战略，狠抓服务质量管理，服务质量不断提高。

（一）继续强化“用户至上，用心服务”的理念，把用户的根本利益作为出发点，进一步加强服务质量领导责任制，完善激励与约束机制，推行标准化、规范化服务；全面贯彻“首问负责制”，窗口服务质量不断提高。

（二）完善服务质量管理体系，切切实实提高服务水平。中国电信客户服务中心1000号已在全国开通，全国已形成集团、省、地市、县的四级大客户营销服务体系，各级大客户营销服务机构人员进一步充实；加大监督检查与考核的力度，积极听取用户、新闻单位、消协、地方政府等对企业服务质量的意见，及时改进工作中的不足，用户满意度不断提高。

（三）加大投入，建立高效的后台支撑体系，有效地保证服务措施的落实。在全国推行本地网计费帐务集中管理，确保了计费的准确；在部分省市开展网上电信营业厅的试点工作，利用互联网使用户足不出门就能办理业务、缴费、购买电话卡、各类业务的咨询等，极大地方便了用户。

（四）为了向用户提供更好的服务，中国电信推出了全国性“一点受理”、“一站服务”，实现从简单的上门服务和提供现有的业务产品逐步向提供个性化服务、解决方案式的服务转变，向战略合作转变。加大新业务开发力度，利用已有的网络资源开发和推广了商情电话、网上来电显示、唯一号码业务、电话彩票投注等多种新业务；积极拓展互联网业务应用，推进“政府上网、企业上网、家庭上网”工程，促进了电子政务、电子商务、远程医疗和企业信息化的发展，为各部门、各行业及企业提供高效可靠的信息传输通道和多样化服务。

二、上半年完成主要服务指标

（一）、固定电话

装机平均时限：10.65天

移机平均时限：10.06天

障碍修复平均时限：15.73小时（不含用户自维线路）

网络接通率：95.12%

计费差错率：＜10－5

（二）、电话信息服务

平均信息准确率：99.08%

计费差错率：＜0.026%

（三）、分组交换业务

预受理平均时限：一般用户1.51个工作日

集团用户2.15个工作日

装机平均时限：

专线接入方式4.91个工作日(不含用户接入线部分)

拨号接入方式3.56个工作日(不含用户接入线部分)

移机平均时限：

专线接入时限4.62个工作日(不含用户接入线部分)

障碍修复平均时限：2.69小时(不含处理用户接入线修障时间)

来去呼叫接通率：98.07%

网络可用率：99.63%

（四）、帧中继业务

预受理平均时限：一般用户1.74个工作日

集团用户1.96个工作日

装机平均时限：5.81个工作日(不含用户接入线部分)

移机平均时限：5.21个工作日(不含用户接入线部分)

障碍修复平均时限：2.71小时(不含用户接入线修障时间)

网络可用率：99.84%

（五）、数字数据业务

预受理平均时限：一般用户1.83个工作日

集团用户2.5个工作日

装机平均时限：5.31个工作日(不含用户接入线部分)

移机平均时限: 4.47个工作日(不含用户接入线部分)

障碍修复平均时限: 4.79小时(不含用户接入线修障时间)

网络可用率：99.90%

（六）、互联网接入业务

预受理平均时限：一般用户 1.16 个工作日

集团用户 1.45 个工作日

装机平均时限：

专线接入方式4.2个工作日(不含用户接入线部分)

拨号接入方式 1.69 个工作日(不含用户接入线部分)

移机平均时限: 专线接入方式4.03个工作日(不含用户接入线部分)

障碍修复平均时限: 2.22小时(不含用户接入线修障时间)

接入服务器忙时接通率：96.51%

本地用户接入认证平均响应时间:10.65 秒

（七）、租用电路

预受理平均时限：1.93 个工作日

电路开通平均时限：12.98 个工作日

障碍修复平均时限：11.63 小时

（八）、用户咨询投诉

投诉处理平均时限：7 个工作日

投诉处理满意率：96.30%

三、下半年完成主要服务指标

（一）固定电话

装机平均时限：10.5 天

装机最长时限：40 天

装机及时率：98.46 %

移机平均时限:8.5 天

移机最长时限：35 天

移机及时率：98.06 %

障碍修复平均时限: 14.36 小时（不含用户自维线路）

障碍修复最长时限: 60小时（不含用户自维线路）

障碍修复及时率：97.86%

网络接通率：95.5 %

计费差错率：＜ 10–5

（二）电话信息服务

平均信息准确率：90.39%

计费差错率：＜ 10–5

（三）分组交换业务

预受理平均时限：一般用户 1.5 工作日

集团用户 2 工作日

装机平均时限：

专线接入方式 2 工作日(不含用户接入线部分)

拨号接入方式 3.5 工作日(不含用户接入线部分)

移机平均时限：

专线接入时限 3 工作日(不含用户接入线部分)

障碍修复平均时限：

3 小时(不含处理用户接入线障碍)

来去呼叫接通率：97.23%

网络可用率：99.99%

（四）帧中继业务

预受理平均时限：一般用户 1.5 工作日

集团用户 1.5 工作日

装机平均时限：4 工作日(不含用户接入线部分)

移机平均时限：3.5 工作日(不含用户接入线部分)

障碍修复平均时限：1.5 小时(不含用户接入线修碍时间)

网络可用率：99.3%

（五）数字数据业务

预受理平均时限：一般用户 2 工作日

集团用户 2.5 工作日

装机平均时限：3 工作日(不含用户接入线部分)

移机平均时限：3 工作日(不含用户接入线部分)

障碍修复平均时限：2 小时(不含用户接入线修障时间)

网络可用率：100%

（六）互联网接入业务

预受理平均时限：一般用户 1.5 工作日

集团用户 1 工作日

装机平均时限：

专线接入方式 2 工作日(不含用户接入线部分)

拨号接入方式1.5个工作日(不含用户接入线部分)

移机平均时限：

专线接入方式 2 工作日(不含用户接入线部分)

障碍修复平均时限：5 小时(不含用户接入线修障时间)

接入服务器忙时接通率：99.37%

本地用户接入认证平均响应时间:2.36 秒

（七）租用电路

预受理平均时限：2个工作日

电路开通平均时限：15个工作日

障碍修复平均时限：3小时

（八）用户咨询投诉

受理投诉电话: 1000客服中心

投诉处理平均时限：5个工作日

投诉处理满意率：96.36%

【广州电信特种业务分局高标准深化服务】

广州电信特种业务分局下辖112、114、180三个业务台，二百多名话务员承担着为广州市八百多万用户提供查号、通信故障受理、综合电信业务查询、质量投诉受理等工作。其中114查号台每年查询量达4000万次，在全国同行中位居榜首；180台每年应答量为1500万次，占广东省总量的一半；112台每年应答量为700万次，在全国同行中名列前茅。尽管人手少、工作量大，但在《广州日报》举行的消费者民意调查中，114查号台连续19个月用户满意度为满分；112、180台用户满意率均达到95%以上。广州114查号台被中央精神文明建设委员会和信息产业部评为“全国精神文明创建活动示范点”。广大用户称誉他们是不见面的“微笑使者”、“茫茫人海里的导航台”和功能齐全的“便民台”。

一次，114台接到了一位用户的投诉。这位用户要查一家新飞公司。接待他的话务员按照电脑记录回答他“对不起，您要的号码没有登记。”但客户却认为这是一家比较有名气的公司，114应该提供有关资料。话务员将他的电话转到便民台，便民台几经查找，发现用户要查的是新飞网络公司，于是便将查找结果告诉了用户。本来，这件事就结束了，但是，用户“一纸诉状”将第一接待他的话务员“告”了。他投诉的理由是，为什么便民台能查到，而这位话务员就查不到？114台在全台服务质量分析会上，认真地分析了这个特殊投诉，初步认定这是有理投诉。当把这个鉴定意见告诉那位话务员时，身为话务尖子的她马上就哭了，她觉得自己按照电脑记录回答并没有错。的确，按照服务规定话务员没有错，但是，114台认定，话务员错在“没有以主动服务的精神尽最大的能力去满足用户的需求”。114台以这个事件为例，在全台开展了“万分之一与百分之百”的换位思考讨论，使话务员意识到：所接听的每一个查询，对自己来说也许只是万分之一，但对用户来说就是百分之百，如果用户得不到满意的答复，对电信企业形象的影响也是百分之百。这次讨论使分局服务理念得到进一步升华。

理念的升华带来服务质量的提升。一位从杭州来的客人在乘“的士”时，不慎把手提包忘在了车上。在车海茫茫的广州，去哪里寻找这辆出租汽车？情急之下，客人找到114台。话务员小林一边把广州几十家出租汽车的电话号码告诉客人，一边引导用户按照车票收据去寻找。

特种业务分局力争为社会提供最好的服务，实现了承诺服务——规范服务——国际化优质服务的不断推进。

快速服务。为了提高工作效率，话务员们主动给自己加压，不断超越自己。在日常工作中经常相互切磋电脑键盘操作技巧，从坐姿到手指的运动，力图达到“用户声到我心到手也到”的境界。被团中央授予“全国青年岗位能手”称号的话务员邓敏怡，更是创下了每月查号6万次的全国记录，而且这个记录她已经保持了两年多。114台平均人接听次数高于部颁标准的50%。

准确服务。用户不仅重视查询的速度，更重视查询的质量。近年来，广州电信发展迅猛，仅固定电话就高达200万户。由于老城区改造、地铁搬迁、旧城拆建等原因，电话号码增、迁、删、改的数量也大大增加，有时一年就达20万户。层出不穷的电信新业务，更是资料收集的一个难点。为了保证为用户提供优质、准确的服务，114台的每个人都随身携带着一个笔记本，每次上街、坐公共汽车或者是看电视、看报纸，只要遇到有变更的单位，话务员都会主动记下来背熟。当有人问及邓敏怡最喜欢看什么电视节目时，她不假思索地回答:“广告，因为上面有电话号码。”现在，由114查号台组织编写的、综合记载疑难电话号码的小册子已有一尺多厚，并且仍在不断增加和修正。

规范服务。特种业务分局引进ISO9004管理体系，对服务的各个方面进行规范，以使影响服务质量的各种因素都处于可控的状态，促进服务质量的稳步提高。经过反复论证和实践，围绕“快（快速）、准（准确）、清（清楚）、亲（亲切）”四大标准要求，制定出各种服务规范：114台有服务规范22项、数百条；180台则制定了六大规范制度。这些服务规范从服务范围到服务公约、从服务规范用语到服务差错范围都作了细致的规定，与用户关系越直接的环节越详细、具体，使服务和业务量一样具有了量化标准。特种业务分局还严格规范了内部流程，强化112台和180台对用户报障和投诉的闭环管理，对处理过程中的每一环节都制定了严格的规范。这对及时处理投诉、尽快解决群众的实际困难、提高电信服务质量十分有效。

先进服务。追求服务水平与国际接轨。特种业务分局在深入研究了香港特区电讯及国外电信行业同类服务机构的基础上，成立了“广州电信客户服务中心”，推出免费服务热线1000，实现了高效的资源配置，服务按照国际通行标准要求，做到了“一站到位”——用户有疑难问题只须拨通一个统一的号码就能享受业务查询、办理、投诉、报障等全套服务，用户可以通过电话、传真、互联网等多种形式享受咨询服务。

特色服务。广州市服务对象语言多样化，有普通话、粤语、客家话、潮汕闽南话等多种语系，还有不少的国外用户。话务员们本着“多问一声，多想一点，多说一句，多管一事”的精神，耐心办理。每年广州进出口商品交易会召开的时候，英文便民台就分外火爆，查电话号码、咨询电信业务的外国人络绎不绝。2001年春交会期间，一位外国朋友拨通了英语便民台，问这里是不是航空公司的售票处。话务员并没有简单地说一句“打错了”就挂机，而是耐心地询问用户想买到哪里的机票，并帮他查到了想要的航空公司的电话号码。外国朋友高兴得连声说：“THANK YOU VERY MUCH!”

【市话初装费取消后　重庆电信服务质量不缩水】

2001年7月，重庆市电信公司党组针对取消固定电话初装费的情况发出通知，要求各级党组织深入开展全员思想教育活动，深刻认识和理解初装费取消的重要意义，及时把握新资费执行中的新动向、解决新问题，加强劳动纪律，保证服务质量和水平不受影响。

2001年是重庆电信“第二次创业”的“服务年”，服务成为一切工作的出发点和中心。重庆电信在切实强化“用户至上、用心服务”理念的基础上，狠抓全员素质，大胆改革服务组织架构，重塑服务工作流程，以服务推动企业发展。上半年实现装机28.9万户、业务收入13.5亿元、收支差额1.3亿元，分别为上报年度计划的64.2%、50%、260%，取得了可喜成绩。

由于此次初装费的取消后装机收费标准和重庆原标准差别较小，因此对市场冲击并不太大，但也不能排除个别地方个别时段出现“供不应求”的现象，可能影响服务工作，甚至出现行业不正之风。因此，重庆电信公司党组要求全体职工站在全局的高度来理解认识初装费取消这一决策，严格执行电信服务“八不准”。严格遵守劳动纪律，主业、实业同心协力，全力以赴接受新的考验，保证服务质量不缩水，同时，要以此为契机，加大宣传力度，吸引更多客户，充分发挥中国电信网络的规模效应。

【湖北电信用心服务赢来金牌】

湖北电信认真贯彻江总书记“三个代表”及“七一讲话”精神，以服务社会为宗旨，以加强职业道德建设、规范行业行为为重点，把创建文明行业示范点活动纳入长期工作规划，着力解决用户关心、社会反映强烈的服务质量问题。2001年10月，湖北省精神文明办公室将8面“文明行业示范点”匾额授予湖北省电信公司所属的8个优质服务窗口。

湖北电信各地市分公司认真贯彻落实《电信服务标准》，从处理好每一个用户投诉着手，开展大规模的走访用户活动，领导成员带队走访，现场解决问题，提高了走访活动的质量，受到用户高度称赞。如十堰市电信分公司党组成员分别登门走访并现场服务重点单位86家，解决问题100余个，拉近了企业与用户的距离。

荆门分公司全局上下树立起用户至上、用心服务、信誉第一、质量第一的观念。对用户不讲赌气话、粗鲁话、冷硬话、讥讽话。接待用户时生人与熟人一样，大人小孩一样，忙时闲时一样，检查与不检查一样，取得了良好的服务效果和社会效益。2001年，该局营业厅荣膺全国“五一劳动奖状”。

武汉市分公司洪山路营业厅把为用户做好最细微的小事贯穿到创建工作之中，成立了以共产党员、共青团员为骨干的“吴天祥小组”，定期上门为老弱病残用户服务。他们在营业厅内配备了笔墨纸张、老花眼镜、针线、地图等物，专门为老年及外地用户提供特别服务，用真心换取用户的真情，客户满意率高达99%以上。

用户调查结果表明：全省电信服务综合满意率为91.2%，数据通信综合平均满意率为93.6%，均超过90%的考核目标。文明创建工作为公司快速发展注入了活力。2001年1至10月，湖北电信固定电话放号86万户，数据多媒体业务用户净增40万户，业务收入增幅10.2%，大大超过全国平均水平。

【上海电信服务经得住明查暗访】

为使我国服务性行业的服务质量和服务水平尽快与国际接轨，进一步增强我国加入WTO以后的市场竞争力，中国质量万里行促进会明查暗访服务质量行动组2001年10月来到上海，对上海服务业的服务质量进行了明查暗访。其检查的重点是与老百姓日常生活密切相关的服务行业，如电信、水电煤公用事业、医院、铁路等。行动组到达上海的第一天，就对上海电信的服务进行了检查，检查重点是上海电话黄页号簿的准确性和实用性。另外，对一些营业窗口，如漕溪路长话营业厅、南京东路30号营业厅的规范服务也进行了检查。行动组对上海电信的服务给予了充分肯定，认为上海电话黄页号簿准确性较高、实用性较强，能从方便用户着想，设计十几种区域性电话号簿，值得称道；上海电信营业场所软、硬件设施都不错，营业环境布置规范，便民服务承诺能兑现。

【上海市电信公司荣获上海市质量金奖】

“上海市质量金奖”企业评选活动于2001年9月21日揭晓，上海市电信公司跻身于11个获奖企业之列。上海市电信公司成立一年多来，面对公司化运作的要求，努力实践“用户至上，用心服务”，以市场为龙头，客户为中心，增强市场部门的客户服务职能，加强大客户服务的力量，重组普通客户服务机构，实施客户经理负责制，加强区县局的全业务职能。同时加强激励考核的引导作用，借“外智”为公司重塑流程，确保“用心服务”在各个环节上的落实。加快实施STCNET企业信息化系统，以现代化的ERP管理保障服务水平，保证质量管理的现代化、科学化。

【广州电信客户服务中心特色服务创建特色品牌】

广东电信广州市分公司客户服务中心坚持以“心系用户、情系用户”的特色服务创建了一个特色品牌。

一、特别的需求呼唤特别的服务

电信技术的发展使得越来越多、越来越快的信息交流成为现实，它启动了人们日趋强烈的信息需求。在广州这个常住人口近700万、流动人口每天达100多万、工商活动繁忙、对外交往密切的华南地区最大中心城市，信息需求更显强烈。电话进入了千家万户已成为美好的现实，但如何满足由此产生的巨大的电话号码查询、电信业务咨询、通信故障受理、电信服务质量投诉等社会需求，成为广州电信特种业务分局向电信客户服务中心转型的主要动力。近年来，客户服务中心下辖的112报障台、114查号台、180综合业务咨询台、广州1000号等四个业务台，536名话务员撑起了电信客户服务的天空，以其快捷、优质、真诚的服务受到广大用户的信赖，被用户誉为“不见面的微笑使者”、茫茫信息海洋中明亮的“导航台”。

二、特别的理念创造特别的服务

如果说广州电信特业分局几年前成立之初只是为了满足用户需求的话，那么客户服务中心对服务的理解现已升华到一个更高层次。他们觉得，献爱心，搞承诺，这种满意式服务只完成了初级管理；规范服务用语、服务程序、服务标准、服务质量等规范式服务创造的是一种高效率、制度化的服务；而真情投入，把用户当成自己的亲人或朋友以，真诚优质的服务去打动他、感染他，做现代文明的播种机，这才进入文明服务的更高境界。从服务每一个人，到感染每一个人，从“用户需要是我们的服务范围，用户满意是我们的服务标准”到“用户感动是我们的服务追求”，客户服务中心追求的是另一种境界。

因此，在服务技巧上，他们针对与顾客不见面，只通过声音交流的特点，坚持“把微笑融入声音”，用柔美亲切的声音为用户在全国同行中率先实行语音语调礼仪服务，在服务态度上，他们坚持“多问一声，多想一点，多说一句，多管一事”，把用户的潜在需要激发出来，真正做到：看在先，帮在先，提醒在先，服务在先的热心服务，使“服务上讲求优质，责任上讲求尽职”落到实处。在服务范围上，他们在各台设立“便民台”，为一些虽超出服务范围但急需帮助的用户服务，如帮用户代传口信，代查不确切单位的电话号码，帮用户介绍通信设备性能等。在服务质量上，他们的应答速度、应答准确度远远高于全国其他同行。如广州114台创造的平均每人每月话务量，是部颁指标的两倍，而差错率仅为部颁指标的八分之一左右。

三、特别的队伍提供特别的服务

客户服务中心的员工队伍组成有三个显著的特点，一是女职工多，占85%左右；二是转岗来的多，超过50%，三是文化层次参差不齐，有初中生也有本科生。针对这样一支基础不算很好的特殊队伍，中心加大教育、培训力度，并通过形象建设，以营造一种“挑战自我，超越自我”的精神氛围，走出了一条素质建设的成功之路。

教育培训采取“三结合”的策略，即内容上职业道德同业务技能培训相结合，方法上“请进来”与“走出去”相结合，方式上个人自学与集体培训相结合，以此达到提高队伍素质的目的。

同时，抓好领导班子建设，坚持讲学习、讲政治、讲正气，树立起班子良好的表率形象；抓好党员干部队伍建设，要求他们不仅做工作中甘于奉献的生产能手，而且争做跟上时代潮流、善于提升自我知识更新的能手；抓好实践中涌现出的业务尖子的示范效应，如通过对“全国职业道德建设先进个人”的邓敏怡、“羊城旅游使者”关小红等人事迹的宣传，弘扬她们不断勤学苦练、不断自我加压的进取精神，树立起“只要挑战自我，就能超越自我”的客户服务中心职工新形象。

四、特别的管理保证特别的服务

管理是服务的最终支撑和根本保证。客户服务中心在管理创新的实践中探索出一条“制度管理与文化管理并重，规范管理与动态管理共施；监督与激励并举，竞争与合作共存”的刚柔并济、宽严有度的特色管理方式，以此来保证服务上的不断追求。

客户服务中心通过制订各种服务规范，建立起严格的内部承诺制度，形成：“前台服务用户，后台服务前台”的全员服务新体系，保证管理的刚性。同时也通过关心职工思想、工作、生活等方方面面的企业文化建设来营造一种“企业记挂人人、人人关心企业”的良好氛围；并在规范管理的过程中，注重对职工情绪、对业务资料、对质量分析的动态管理，保证管理的柔性和灵活性。

客户服务中心把服务置于内外双重监督之下，内设质检科，外聘质量监督员，不断强化职工的优质服务意识；同时，通过实行用工分配制度改革，经常性、阶段性、形象性的思想政治工作等激励职工。中心还经常举办业务测试、劳动竞赛等活动，并实行“末位培训”制度，在内部营造一种竞争的局面，同时，又强调员工间、部门间的合作，强调全局意识，使员工在竞争与合作中共同成长。

特别的服务赢得了特别的荣誉。多年来，客户服务中心及其下属部门获得了“全国创建文明行业先进单位”、“全国消费者信得过单位”、“广东省文明单位”等国家、部省、市级多项荣誉。广州114查号台被评为全国邮电系统33个文明服务示范窗口之一及全国邮电职业道德建设示范点，获得了“全国青年文明号”、“全国巾帼文明示范岗”等荣誉。2000年还被中央精神文明建设委员会和信息产业部列为“全国精神文明创建活动示范点”。该中心还涌现出了“全国青年岗位能手”邓敏怡等一批优质服务能手和荣获“全国五一劳动奖状”的查号三班等优质服务先进班组。

【甘肃电信服务质量进入全国八强】

在中国电信集团公司组织的2001年度用户满意度综合调查中，甘肃电信位居全国各省（区、市）电信公司第八名，比2000年上升近10名。2001年省公司在全体员工中深入开展了“用户至上，用心服务”的理念教育，大力推行规范服务，实施服务品牌战略，建立了以客户为中心的管理和服务体系。各分公司成立了用户接待室，普遍加强大客户服务工作，实行大客户“三优”服务，为大客户开辟了全过程、全方位的绿色通道。全省先后建立和完善了以省公司总经理服务热线、各地市州分公司总经理热线与180投诉热线、县（市、区）局180投诉热线为基本构架的三级服务热线，疏通了投诉渠道，实行了受理、处理、反馈、回访的闭环管理模式。为搞好各通信运营商之间的互联互通工作，省公司专门成立了互联互通部，向客户提供“一站式”优质服务。在网络运行维护方面，确立了“维护就是服务”的新理念，面向用户、面向经营，为服务工作提供了强有力的支撑。省公司服务督察室经常对各分公司服务工作进行明察暗访，及时提出改进措施，认真观察及掌握舆论的变化动向，认真处理每件投诉，果断处理疑难投诉，并做好善后工作。省公司领导、部室到包片和联系地区调研时对沿途经过的电信窗口都要进行明察暗访，并填写《服务工作检查单》，对存在的问题予以纠正，提出改进意见。省公司还定期召开社会监督员座谈会，认真听取社会各界反映，不断改进服务工作中的薄弱环节。

面对通信市场的激烈竞争，为进一步提升服务水平，2001年9月在嘉峪关市分公司召开了全省电信服务管理工作座谈会，提出了“学习海尔、追求卓越、提升服务、不争善胜”的指导思想和工作目标，并以“工作不要在我这里中断、差错不要在我这里出现、用户不要在我这里失望、企业形象不要在我这里受损”为警示，坚持治标与治本相结合、前台与后台相结合，软件与硬件相结合；大力推进“环境、态度、技能”三个服务形象工程，树立甘肃电信良好的企业形象。通过扎实有效的工作，全省电信服务质量得到了显著改善，全省电信用户投诉数量逐月下降，在全省行风评议回头看活动中获得了一致好评，在通信业中名列第一。

【安徽电信加强服务质量监督工作】

为贯彻中国电信提出的“用户至上、用心服务”理念，使服务管理水平再上台阶，2001年安徽电信高度重视服务质量监督管理工作，把重点放在抓好基础服务管理工作上。

一方面督促各市分公司和县电信局建立健全了服务质检机构，明确了管理职责，在“180”的基础上又建立了省、市、县三级局长热线，并制定了《安徽省市、县电信局长热线电话业务处理流程》，完善了全省电信服务监督和话费争议处理网络。另一方面强化基础管理，建章立制，采取多种形式，发挥服务质量监督管理的作用。根据集团公司电信服务工作会议精神，督促各市分公司制定了服务标准和考核办法、《首问负责制》管理流程、电话卡投诉受理流程、公话管理细则、电信服务质量问题处理规定等，印发了《安徽省电信服务管理工作文件汇编》，有效地指导了基层服务工作的开展。制定了《值班主任（大堂经理）岗位责任》，进一步规范窗口服务行为。按照《企业服务标准》建立了基础数据收集、整理、分析、检查、上报管理体系，保证了信息产业部电信服务质量报告工作的顺利完成。

2001年全省共受理用户投诉83370件（包含省公司受理的用户投诉175件）。其中，有理由投诉37023件，无理由投诉46159件，匿名或建议188件。从投诉情况看，资费争议仍然是投诉热点和难点，约占总投诉量的18%。尤其是在2001年7月1日取消初装费后，市场装机需求明显上升，省公司先后接到多起经省委、省政府、省通信管理局等单位转交的用户联名来信，集中反映农村或偏远地区装机难的问题。对这些投诉，安徽电信认真对待，一一进行了妥善处理。

安徽电信还不定期地对各地局长热线、114等特服台应答时限、规范用语执行情况进行拨打测试，主动走访消费者协会，征求消协意见。加强对农村支局长的培训工作，成功地组织了全省首次电信服务知识竞赛活动。他们组织17个分公司的服务管理人员赴黑龙江、福建等地学习先进管理经验。上、下半年各组织一次全省范围的服务工作检查，重点是窗口服务、首问负责制、服务基础管理及《企业服务标准》的贯彻执行情况。从检查结果看，全省服务工作整体水平有较大程度的改善，基础管理工作逐步走上正轨。年底又采取征求意见函的形式开展了一次全省用户满意度调查，调查内容包括电信人员服务态度、装移电话机时限、交费服务方便情况等。经统计，全省综合满意度达82.2分,满意率达94.31%，较上年有所提高。

【宁夏电信公司行风评议自查结果令人满意】

2001年8月下旬，区公司对各分公司、银川业务部及8个县局进行了行风评议自查验收。结果表明：经历了分营重组后，公司服务质量、通信质量、业务发展等工作较以往都有很大提高，宁夏电信行风建设工作令人满意。

通过检查了解到，全区108个电信服务窗口全部达标。各单位认真解决客户交费难的问题，采取随时增加收费台席，与各专业银行和邮储合作开展代收话费业务的措施，保证交费高峰期用户等待不超过10分钟；装移修机服务时限进一步缩短，装移机平均时限4.2天，最长15天，用户申告障碍修复及时率98.9%，经区消协对全区151户装移修机用户电话回访，满意率达99.3%；查号准确率为97.5%，平均应答时限14.5秒；DDN中继电路合格率90%以上。

为使“用户至上，用心服务”的服务理念深入到每个职工的心中，宁夏电信各分公司积极推行“首问负责制”；对大客户开设“绿色通道”，做到“贴身”服务；严格执行资费标准，从源头杜绝话费争议，对超长、超短话单在程序检查中予以删除，发现异常话单立即处理，话费争议较上年同期下降了53%。此次检查中，区公司还从区物价局、区技监局、区消协、宁夏电视台等单位聘请社会监督员加入到这项工作中，提高了透明度，加强了社会监督。

【广东电信服务竞赛结硕果】

广东省电信公司和广东省电信工会开展的“树广东电信新风，创新世纪优质服务”劳动竞赛活动结出了硕果。2002年2月，广州市电信分公司等10个优质服务先进单位、深圳市电信分公司大客户服务部等100个优质服务窗口和987位服务明星受到了表彰奖励。

这次竞赛活动，注重广东电信整体服务水平的提高，着重抓好“三个结合”：一是主、实业的结合。主业、实业都开展了服务竞赛活动，通过开展服务竞赛

活动，密切了主实业关系，促进了主、实业服务水平的提高。二是前台和后台的结合。在活动中，他们把后台服务作为一个重要部分来抓，强调“维护就是服务”的新理念，提出后台服务要由被动维护向主动服务转变，后台维护工作的对象要由面向网元、面向设备转变为面向外部和内部客户服务。后台人员通过服务竞赛活动的开展，在服务上相互对比，找差距，与前台人员一起开展创优质服务竞赛活动，进一步密切了前台与后台之间的合作关系。三是加强员工的服务意识教育、职业道德教育与健全制度、创新服务方式相结合。在服务竞赛活动中，许多单位都采取多种形式对员工加强服务意识教育和职业道德教育，使广大员工树立“客户至上，用心服务”的理念。同时，以方便客户、满足市场需求为出发点，不断健全制度，如建立《星级服务标准》、《服务质量管理手册》等，并创新服务方式，改革服务流程，推出服务新手段。

【天津电信等企业获得国际标准认证】

一、天津电信

2001年5月12日，天津市电信公司质量管理体系经过长城（天津）质量保证中心审核，通过国际标准认证。这是中国电信集团省级公司中首家通过ISO9001：2000国际标准认证的电信公司。

地处竞争前沿的天津市电信公司，成立伊始就提出，用三到四年的时间把天津市电信建成中国电信的先进企业、天津地区的先进企业和具有国际水准的一流企业的二次创业目标。为此，该公司从管理工作入手，认真贯彻ISO9001：2000系列国际标准。

为推动全局贯彻工作的进程，天津市电信公司总经理藤勇提出贯标工作是长期工程、全员工程，更是“一把手”工程的工作思路。制定了“客户满意是天津电信通信服务质量的唯一标准，持续向客户提供满意的通信服务是天津电信永无止境的服务追求”的服务目标。通过开展贯标工作，公司已逐步实现责任到人、管理清晰、过程控制等规范化管理。

二、广东汕头电信

2001年年底，广东汕头电信质量体系ISO9001：2000转版工作顺利通过国家邮电通信质量体系认证中心的转版审核。这标志着汕头电信从1998年在全国电信行业率先实施ISO质量管理体系以来，已实现了从市内电话专业局部认证到全局全部业务认证；从建立质量保证体系（ISO9002：1994）到建立质量管理体系（ISO9001：2000）的飞跃，实现了管理工作的标准化、制度化和规范化。

三、新疆石河子电信

新疆石河子市电信分公司2002年3月顺利通过了国家邮电通信质量体系认证中心的审核，成为新疆首家通过国际质量管理体系认证的电信分公司。新疆石河子市电信分公司在新疆电信公司具体部署和要求下，于2001年5月经过全员参与学习，并借助深圳爱基管理咨询／顾问公司的帮助指导，根据分公司的实际情况策划建立了石河子市电信分公司ISO9001：2000国际质量管理体系。在2002年初国家认证中心专家组的现场审核中，验证了石河子市电信分公司质量管理体系的有效性、充分性和适宜性，以及全面贯彻“用户至上、用心服务”和“以顾客为关注焦点”的理念，形成了可持续发展的良好内外机制，完全符合国际化标准组织颁布的ISO9001：2000国际质量管理体系标准。在与认证中心专家组高层会谈中，石河子市电信分公司管理层表示：石河子市电信分公司将持续不断地把ISO9001：2000国际质量管理体系标准贯彻下去，建立并加强质量管理和监督机制，不断提高本公司的质量管理水平，降低企业各种风险，更好地为石河子垦区人民服务。

四、河南漯河电信

2002年年初，河南省漯河市电信分公司顺利通过ISO9001：2000国际质量体系认证，标志着漯河电信开始在管理和服务方面与国际接轨。2001年初，漯河电信正式提出要通过一年的努力，顺利通过国际质量体系认证。经过详细的考察，该公司于2001年3月6日召开了贯标认证动员大会，成立了贯标工作委员会与贯标工作办公室，编制了1套《质量手册》、19个程序文件、61个作业指导书、355个质量记录共计10万多字，使企业生产与管理、服务流程中每一个要素都受到严格的控制，企业的一切行为都按照科学、严密的闭环管理规则运行，每一位员工都严格按照文件去操作，职责分明，相互协调，过程受控，管理科学。从2001年7月1日起，漯河电信质量管理体系文件正式运行。经过两次全面内审，一次管理评审、一次专题内审、一次模拟审核等一系列的持续改进的过程，该公司已拿到了认证证书。

五、江西鹰潭电信

2001年11月，国家邮电通信质量体系认证中心对江西鹰潭电信分公司进行了为期三天的ISO9001：2000国际质量管理体系审核，该公司的长话、市话、数据、信息及公话、IC卡业务全部符合ISO9001：2000国际标准，一次性通过ISO9001：2000国际质量管理体系认证。

近两年来，鹰潭电信分公司十分重视企业管理和服务水平的提高，率先在全省电信地级市开展质量贯标活动。按照质量管理体系要求，该公司通过对现行的机构设置、业务流程、规章制度等进行调查、审定，将不适宜的操作程序、规定及责任不明的接口都按照职责分工进行系统整理和规范，并与公司原有适宜的管理办法、规程、文件整合，建立了一套适合鹰潭电信实际的文件化质量管理体系，实现对管理、服务过程的严密控制。该体系经过近5个月的运行表明，各个工作环节程序规范、职责分明，企业质量管理达到了有“法”可依、有章可循、有据可查。

规范的管理、程序化的运作提高了效率，也为企业带来了丰厚的回报。贯标以来，鹰潭电信用户满意度在当地通信运营企业中一直排名前列，在省公司组织的经营服务目标检查中，与南昌电信分公司并列第一名；在2001年9月省通信管理局服务检查中，该公司综合服务质量在全省排名第一；1—9月份电信业务收入增幅全省排名第二。

【吉林电信精心打造“让客户放心地选择我”服务品牌】

吉林电信公司自2001年下半年以来，把改善服务作为“生存工程”来实施，把服务品牌当作无形资产来经营，以服务创新来突破旧体制、旧观念的束缚，重点破解资费争议难题，精心打造“让客户放心地选择我”这一服务品牌。

对于查询难问题，吉林电信行业根据实际需要投放巨额资金加强设备研制，在市、县营业厅配备了话费查询触摸系统，开通了170话费查询系统和因特网话费查询系统。同时，在营业厅增加了话费查询打印窗口，使客户可以利用各种手段方便、准确地进行查询。

吉林电信要求员工在依靠客户创造利润的同时，树立为用户创造价值的服务理念。一次，辉南局一营业员在为客户办理话费时，客户不好意思地告知还差5元钱，并欲转身回家去取。这位营业员想，外面下起了大雪，天黑路滑风大，如果让客户回去取，无形中又给客户增加了成本。为落实好“让客户只跑一趟”的承诺，便毫不犹豫地为客户垫付了5元钱，并对客户说：“这钱等你下次交费时还给我就行。”

吉林电信找准服务质量存在的“死穴”，找出四大类108条问题，制定相应的整改措施，由领导作为第一责任人，逐条落实任务，用真诚的服务唤起客户对企业的信心。被授予全国“青年文明号”的吉林市电信分公司营业室要求每一位营业员站在用户的角度去理解用户。在实施品牌服务战略中，吉林电信体会到“服务没小事。因此，他们“小题大做”，不忽视客户的每一次抱怨，重点突破电信服务中的“硬骨头”。

吉林省电信公司荣万程总经理认为：一个人的服务水平将直接影响整体电信服务水平。全省1.6万名干部职工，每个人对改进电信服务都有着不可推卸的责任。一万六千分之一出毛病，就会影响全省乃至中国电信的服务质量。吉林电信公司营业室实行末位淘汰制，通过发放用户意见征询表等方式，对员工的服务态度、服务质量等方面进行综合评定。经过一年多的实践，“让客户放心地选择我“的品牌服务战略，推动了吉林省电信行业内部机制的改革，建立起严格的监督机制，使困扰电信多年的服务顽病彻底得到解决。在近两年的行风评议中，吉林电信连续名列前茅。

【河南电信客户服务中心从帮助客户盈利入手发展业务扩大市场】

以满足客户需求和市场需求为核心，本着“一切为了用户，一切面向市场”和“帮助客户盈利”的理念，河南省电信公司集团客户服务中心在一年的时间里不断创新，建立起了日臻完善的客户服务体系。截至2001年11月，该中心共接待、走访110余家大客户共993次，签定各类电路租用协议23份，涉及各类电路4647条，协议金额3650余万元，协议用户数达8544户。

客户服务中心确立了“以目标管理为核心，建立科学、高效、规范的管理体系”的方针，相继出台了《集团客户经营服务管理实施细则》、《一点结算管理办法》等规章制度，并提出规范化经营更要注重特色、不断创新。他们坚持用不同的眼光，“区别”对待客户，为不同类型的集团客户提供不同特色的业务解决方案。2001年上半年，该中心根据用户的实际需要，在原有的分组、DDN、帧中继等业务的基础上，又开通了数字电路和宽带IP电路业务。丰富的电信业务不仅为用户提供了多样化的选择，而且弥补了带宽业务的不足，大大提高了企业的灵活性和竞争能力。

在与客户切身利益联系紧密的资费方面，该客服中心在国家政策的指导下，根据用户租用电路数量、期限和用户要求的服务项目、服务时限、付费、结算方式等因素改进结算方式，为客户提供了预付费结算法和银行委托收款的方式，不仅保证了企业收益，也方便了用户。

信任和沟通是合作的前提。河南电信集团客户服务中心通过成立“信息化发展论坛”和“大客户俱乐部”的形式密切与集团客户的联系，增进了解和信任。2001年8月23日，客服中心力邀素有“打工女皇”之称的吴士宏和三十多家企业作客“河南电信信息化发展论坛”，共同探讨“企业与网络经济”的话题，增进了与客户之间的友谊，架起了沟通的桥梁，为彼此进一步合作奠定了基础。客服中心的客户经理们通过“俱乐部”对大客户进行跟踪服务时，得知数字电路业务市场广阔，但办理手续复杂的情况，他们及时协同相关部门出台了数字电路开通流程，制定网元出租协议书模板，简化了用户办理业务的手续，提高了工作效率。

与此同时，河南电信集团客户服务中心确立了“客户走访制度”，采用先进的信息管理技术建立了大客户管理信息系统，通过多种渠道广泛收集大客户信息，建立了详细的大客户档案和客户经理走访日志，及时给客户介绍新业务、提供个性化解决方案，定期向客户询问情况，请客户提出宝贵意见，为经营活动和服务工作提供了第一手资料。

【河北电信衡水分公司查号台连获国家级荣誉称号】

河北电信衡水市分公司114查号台，加强员工思想政治工作，把“受理一次查询，奉献一份爱心”作为服务准则，努力完善窗口服务质量，得到了广大用户的高度赞誉。1999年4月被授予“五一劳动奖状”，2000年4月被共青团中央和信息产业部命名为国家级“青年文明号”；2001年3月又被全国城镇妇女“巾帼建功”活动领导小组命名为国家级“巾帼文明示范岗”。

一、加强思想政治工作，建立积极向上的团队精神

该分公司114查号台充分运用以情感人、以理服人、以制度管人、以榜样带人、以精神塑造人的思想政治工作方法，把整个集体凝聚在一起。在开展评选“星级”话务员活动中，让员工公正、公平竞争，按级别定奖酬，不搞终身制，充分调动员工的积极性。通过评选“青年岗位能手”、开设“流动红旗岗”等活动，促使大家学好业务，练好基本功，增强为人民服务的能力。为了培育员工们爱岗敬业的精神，请来114历届老领导给员工们讲传统、上党课，使大家重新体味114台每一步成长的艰辛，每一个荣誉都来之不易，从老领导们讲的感人的事迹中真正体会到了什么叫爱岗敬业，什么叫无私奉献，使114的团队精神进一步得到发扬。坚持做到了“四必谈心”、“三必家访”，仅2001年就做家访60余次，解决职工家庭困难30件。思想政治工作既解决了职工的思想问题，又关注她们生活中的实际问题，把关心员工、依靠员工和教育员工有机地结合起来，营造出了思想引导与利益驱动相结合的新格局，从而激发和调动企业员工的积极性和创造性。

二、强化内部管理，最大限度地挖掘员工的潜能

查号台以严治台，以新求精，不断强化内部管理，最大限度地挖掘员工的潜能。一是广开言路求意见。定期收集、听取员工们的意见、建议；开展了“职工评议干部”活动，管理人员主动就员工的评议结果，开展“批评与自我批评”，对一些具有针对性的问题进行公开答复，公开承诺干部职责，极大地调动了职工参与管理的积极性。二是共同讨论定制度。组织员工将原有的各项制度逐条逐项进行了民主讨论，修改完善，充分论证其合理性后付诸实施，用大家订的制度来管理大家。三是集思广益解困难。遇到服务中的疑难问题，以问卷的形式让大家填写，回收后再组织一线业务骨干研究讨论，制定出较为规范的解答用语，提高了服务的规范性。四是搞好信息反馈。将话务员每日登记的值机日志列为考核内容，一方面了解话务员的日常工作，搜集好人好事素材，另一方面把用户反映的号码不准、常查没登记的号码进行统计，整理、核实数据库，确保数据库的准确性及完整性。该台还通过走访用户，了解用户的需求，不断拓宽服务范围。2001年先后开办了网址、火车车次查询业务。这些业务的开办，不仅受到了用户的好评，同时也为企业赢得了一定的经济效益。

三、真诚对待用户，铸就服务品牌

查号台把真诚对待用户作为铸就服务品牌的出发

点，努力实践着“受理一次 查询，奉献一份爱心”的宗旨。像为用户送话上门、代传信息、帮助用户解决困难等服务好事不胜枚举。话务员们用热情、真诚的心帮助用户解决问题已在114查号台形成了风气。近年来，该台做好事1200余件，收到各类形式的表扬600多次。其事迹也先后被中央电视台、河北电视台等新闻单位报道，多次受到部、省、市领导的好评。114查号台凭借扎实的服务，连年被评为“三星级服务窗口单位”。《衡水日报》还曾用三个月时间对114查号台先进事迹作了系列报道和评论，还被衡水市委作为全市重大典型，在全社会开展学习该台活动。

【新疆电信阿克苏分公司服务创新拓市场】

“坚定不移抓服务，抓好服务促发展”，这是新疆阿克苏电信分公司多年来始终坚持的经营理念。正是在这种理念的影响下，2001年，阿克苏电信分公司抓住西部大开发的历史机遇，将改善电信服务与创建自治区级文明行业结合起来，面向社会全面实施了“有情服务”系列工程，走出了一条以服务创新拓市场的新路。

阿克苏电信分公司首先把180投诉作为服务工作中的一项重要工程来抓，在充实人员、增添硬件设施的基础上，进一步理顺180的管理机制，重新明确了180的管理权限和用户申告受理、业务咨询以及快速处理的流程，并建立了“周小结，月通报”制度，即每周、每月将用户投诉意见和处理结果向总经理报告，同时把通报情况与部门月奖考核直接挂钩。2001年以来，处理用户有理由投诉满意率达到100%。

阿克苏电信特别加强了大客户服务。在各县市局均设置了专职大客户经理，重新制订和规范了大客户服务流程，建立了畅通高效的大客户服务“绿色通道”。同时，阿克苏电信结合市场竞争的新特点和用户发展的实际情况，按照实际的通信消费水平和潜在的消费能力来确定大客户身份，将新疆生产建设兵团农一师富裕团场列为大客户。

阿克苏电信结合新业务的发展和企业经营管理的新变化，抽调专人对业务流程进行了规范和整理，建立了与新的业务流程相适应的业务考核办法；同时在全体员工中深入开展了“前台为用户，后台为前台”的服务意识教育活动，进一步加大了后台作业部门对前台窗口部门工作的支持力度，促进了业务发展和服务水平的提高。

【江苏扬州电信实施“零距离服务”工程】

江苏扬州电信分公司是在深刻认识自己服务上的差距以后决定实施“零距离”服务工程。这项工程的主题口号是：“零距离”服务——真诚、温馨、高效的服务。作为一项传统工程，它具有包括五个子工程：形象宣传工程、素质教育工程、绿色通道工程、信息处理工程、综合保障工程。通过工程的实施，强化客户至上的服务理念，达到思想认识上的零距离；突破时限、空间概念，以客户满意为标准，达到全方位服务的零距离；加强与客户之间的交流、沟通、达到情感交流的零距离；以质量保证体系为保障，达到服务与管理的零距离，最终实现公司的服务意识、服务提供与客户需求的“零距离”，从而全面提高客户对中国电信的认知度、信任度和满意度。

作为全市首家文明行业，扬州电信服务不可谓不好。但他们深感过去的服务只是立足于营业窗口的服务、等客上门式的服务，都属初级和被动式的。为此，他们提出了强化服务的“三个转变”，即营业向营销的转变，等客上门向服务上门的转变，满足型服务向满意型服务的转变。

围绕“三个转变”，他们从服务理念、服务形式、服务手段和服务体系等方面，大步推进“零距离”工程的实施。从创立服务品牌的意义出发，扬州电信推出了各项服务。

“装移机五个一服务”：装移机人员为客户服务时，必须穿一身制服，佩带一块工号牌，带一个工具包，穿一双鞋套，请客户填写一张征询意见(建议)表。

“红马甲服务”：选派业务素质强的营业人员，身着红马甲在电信营业厅内为客户提供电信业务咨询、引导服务。

“蓝马甲服务”：选派业务素质高的人员，身着蓝马甲为客户提供上门服务。

“四声两站一讲服务”：营业人员对客户，做到来有迎声、问有答声、唱收唱付、走有送声，站迎站送，讲普通话。

为了舞起服务这个“龙头”，他们打破常规建立新的服务体系，成立了服务工作推进委员会，由“一把手”挂帅，改变了过去服务工作牵头职责落在某一个部门而导致的“推不到、难协调”的状况。与此同时，全局还建立起局、科室、班组三级服务工作网络，各科室、班组指定专人负责质量检查，全局形成了99人的服务质量检查员网络，达到了关口前移、差错不出局或少出局的效果。

在“零距离服务”推进上，扬州电信一方面建立用户投诉报告，通报和分析制度，全局各级投诉受理部门每天将用户投诉的受理、处理情况，以《日报》形式进行报告，并把每月受理的投诉情况分类整理向相关部门通报，全局每月开展服务分析，全地区每季进行服务分析。另一方面，他们建立起用户投诉预警机制，对于短期内受理的集中反映某项业务、某一局向、某一科室（班组）的投诉量上升较大的情况，投诉受理部门迅速发布《预警通知》，责成相关部门立即采取果断措施，不使事态进一步扩大，对反映企业重点服务隐患和普遍服务弊端问题的客户投诉，给予一定奖励。此外，实施服务工作“责任追究制”也是一个“绝招”。对用户申告、投诉反映的问题及监督、检查中发现的服务管理等问题，实行严格考核，对责任部门或责任人的月度奖金、季度双文明和年终考评实施连锁考核；对责任人所在班组、班组所在科室、科室所在的部门实行连带考核；对集体客户的投诉与客户经理实行挂钩考核；对这种业务环节上出现问题的经办人员实施岗位终身追加考核，即便调离原岗位也要实施考核。

2001年第一季度，扬州电信服务水平大幅度提高，服务质量投诉比上年同期锐减75%。

【江苏高邮电信局“贯标”工作成绩显著】

2001年，江苏高邮市电信局上至局长，下至普通员工，思想观念和工作方式愈来愈贴近新的价值取向：关注用户。各种流程、规章、行为方式，都在按照满足用户需要为第一标准的ISO9001国际质量标准而有条不紊地工作着。

ISO9001标准是当今世界上现代企业必须遵循的先进的、通用的质量标准，要适应中国加入WTO后的新形式，使电信服务尽快与国际接轨，就应当促进企业管理和服务质量再上一个新的台阶。基于这样的认识，2001年高邮市电信局在全局范围内开展贯彻ISO9001国际质量标准工作，并明确了在年内通过权威机构认证的目标。为此，该局成立了以局长为组长的“贯标”工作领导小组，并任命了管理者代表。为增加全员的“贯标”意识，他们先后多次举办了“贯标”知识学习班，请咨询机构人员来讲课、指导，编印“贯标”知识专题小册子发至每个职工。在短短的几个月里，全局共编制出质量手册、程序控制文件及各岗位作业指导书186份，并修订完善了各种规程、范围和标准文件175份。

为了改善服务，电信企业曾经在职工中灌输过“用户是上帝”、“用户是衣食父母”等观念。中国电信集团公司、江苏省电信公司分别提出了“用户至上，用心服务”、“创造一切为用户服务的机会，创造一切机会使用户满意”。但是，基层电信企业究竟如何落实这些服务理念、服务方针？落实到什么程度才符合要求？各自的理解不同，做得也不一样。开展“贯标”后，他们发现ISO9001标准把“以顾客为关注焦点”列为质量管理八项原则之一，并对组织（即企业）应采取哪些活动实现这一原则提出了明确的要求。为此，该局根据“了解并掌握顾客的需求和期望”等条款，将其落实在对外服务中。如营业人员接待用户时，在站迎的同时说一句“请问您要办什么业务？”以了解并确认用户的需求信息，更好地与用户沟通。过去，该局对收报地址为农村的邮送电报来报均由市局传真至支局，再由支局派人投递，几年来，没有人（包括用户）认为不妥，“贯标”之后，有职工根据“标准”中“顾客财产”条款，认为热敏传真纸不宜长时间保存，不利于保护用户财产，建议局里采取措施解决，引起了局领导重视。他们及时召开专题会议进行研究，并很快将用传真传递邮送来报改为按挂号邮寄打印报底的方式，解决了电报报底长期保存问题。像这样从用户角度换位思考主动改变自身工作方式方法的事例，“贯标”之后出现了很多。

“贯标”使高邮电信局的工作规范真正走上了以用户为轴心的轨道。按照用户第一的要求，他们将全局的服务工作细分成电话装机、障碍查修等项，并制定了详细的工作流程，将每一项工作的处理时限、工作要求和每一个过程落实到相应的中心、班组，解决了班组之间相互扯皮问题，再由相关中心、班组将流程分配来的工作分解到相应的岗位，在岗位的工作（作业）指导书上予以体现。同时要求全局职工结合自己所做的实际工作，每人为自己写一份工作（作业）指导书，并将其工作时所填写的各种表格、记录进行编号，作为指导书附件，由主管部门负责人、相关部室负责人，对照服务标准，共同对每份工作（作业）指导书进行逐条审查，保证每个岗位的工作不漏写，并做到与其他岗位进行无缝衔接；对所有引用文件进行评审，确保其为有效版本；然后将工作（作业）指导书交由相关岗位执行，填好记录，留下依据。

高邮电信局的“贯标”工作，不但推动了该局的各项工作的规范和进步，也得到了权威机构的认可。北京邮电认证中心组织对高邮局“贯标”工作进行第三方审核时，对他们的做法给予了充分的肯定。

中国电信年鉴

工程建设

【概　述】

2001年,中国电信通信能力进一步增强,网络质量再上新高。全年新增局用交换机3900万门,总容量达到2.48亿门；长途电话交换机容量达到592万路端；长途光缆总长达到26万皮长公里；本地中继光缆总长达到72万皮长公里；接入网光缆总长达到35万皮长公里。着重加快了传输网、数据网和接入网的建设，传输网普遍装备了密集波分复用系统，传输容量得到大幅度提高。数据骨干网节点互联中继带宽提升到2.5G和N×155M，普遍装备了吉比特路由器和千兆比交换机，制约用户上网慢的网络带宽“瓶颈”问题得到了根本性解决。宽带接入网方面，充分发挥中国电信的网络优势，考虑多样化的市场需求，采取自建或联合的方式建设，灵活采用ADSL、VDSL、FTTx＋LAN等多种方式和技术，保持了宽带接入网迅速发展，2001年发展宽带业务用户90万户。

·交换网建设·

【全国首例C2本地网在海南建成】

2001年6月，海南电信与上海贝尔通力合作，顺利完成海南大本地网“并网升位”工程，在海南省建成了我国第一个全省统一的本地网，并在国内第一个实现了全省国内长途电话区号的统一。

本次并网升位工程，将海南全省三个本地网（海口、三亚和儋州）合并为一个大本地网，海南省国内长途电话区号统一调整为0898；全省固定电话也全部同时升至8位；省内长途不复存在。同时，对电话资费相应作出调整，省内以本营业区间通话计费，城乡同价，降低了用户的费用支出。另外，海南移动与海南联通实现全省一个业务区的调整，手机用户拨打省内任何电话都不再收取长途通话费或漫游费。

海南电信决定与上海贝尔携手合作完成此项工程是基于对投资成本、升位建设经验、技术与服务等多种因素综合考虑的结果。此外，上海贝尔S12交换系统在海南省内网上运行广泛，对整个升位工作成败与否关系重大，这也是海南电信与上海贝尔合作的重要原因。

【我国首套国际电话程控交换机退役】

2001年10月22日，随着中国电信集团副总经理冷荣泉扳下电源开关，运行了整整15年的中国第一代国际电话程控交换机组在北京三元桥电信大楼停止工作，光荣地退出了历史舞台。

1987年，由于这套贝尔公司1240程控交换机的投产，使北京市长途电话局成为了当时中国第一个具有国际和国内长途程控交换能力的局所，同时也是中国第一个S1240程控交换局。虽然当时的容量仅600门，但承担着首都直达十几个国家的国际长途电话的重大历史使命，为中国的改革开放事业和与世界交往作出了巨大的贡献。从1987年到1992年，这套交换机又经历了两次大规模扩容，最终扩至退役前9000门容量。它和在北京电信网上运行的其他国际程控交换机一起，构筑了可直达五十多个国家和地区并覆盖全世界的庞大的国际长途交换体系，使北京成为了中国最重要的国际通信出口。在上个世纪80年代末90年代初，这套交换机为企业产生了可观的经济利益，一年所产生的业务收入占北京电信当年总收入的40%，占长途局业务收入的70%。但随着通信技术的发展和客户需求的变化，这套交换机已难以适应交换机大容量、多功能等发展趋势的需要，因此光荣退役。这套交换机不仅培养了一大批在长途网络的组织、维护、管理方面的人才，而且对完善上海贝尔的交换机软件版本，对国内厂商制造交换机版本都是功不可没的。

【上海信息大楼落成】

2001年7月1日，上海市电信公司举行了信息大楼落成仪式。该大楼坐落于浦东陆家嘴金融贸易区中心地带，1996年5月17日奠基，7月26日正式开工，总投资14.5亿元，工程全部采用招标方式。信息大楼高288米，地下4层、地上41层，建筑面积10万余平方米。上海信息大楼信息化达到世界先进水平。楼内无线信号全覆盖，移动电话、BP机实现楼内通信无盲点；配备先进光缆、SDH传输系统及ATM宽带交换系统；采用的结构化综合布线系统，信息点达到每5平方米一个，远高于智能化大楼10平方米的标准，总计信息点达1.5万个。大楼在国内超高层建筑中首次采用国际上先进的劲性钢骨混凝土筒体和巨型钢结构行架技术。大楼钢结构工程获得上海市金属结构协会颁发的2000年度钢结构工程“金刚杯”奖。（谢志明）

【浙江杭州电信“九七二期工程”投入运行】

2001年12月22日，历经7个多月的浙江杭州电信“九七二期工程”本地网延伸工作全面完成。杭州市七个县（市）局的所有市话业务及数据增值业务的基础数据资料均顺利导入杭州九七系统并投入运行，从而实现了整个杭州本地网用户、业务和机线资源数据的全覆盖，如期完成“九七二期工程”建设任务。

杭州“九七二期工程”本地网延伸工作是继杭州市电信分公司与富阳电信局九七系统相继建成且逐步稳定与完善后，于2001年5月中旬正式启动的。在各单位各环节工作人员的齐心协力和积极配合下，当年11月23日，临安局接入杭州九七系统；30日，淳安局接入杭州九七系统；12月7日，余杭局接入杭州九七系统；12月21日，萧山局业务基础数据资料成功导入杭州九七系统，最终完成了杭州“九七二期工程”本地网建设使命。

杭州九七本地网系统的建成，标志着杭州电信业务管理方式的一次飞跃，它不仅彻底结束了各县（市）局人工处理的管理模式，保证了基础数据资料的动态滚动，从而大大提高了各县（市）电信局的生产效率和服务质量，同时也突破了时间和空间的限制。实现数据共享、信息共享、资源共享，有助于整个地区业务及资源的统一管理和灵活调度，有利于进一步加快企业信息化的进程，为整个杭州本地网用户提供全方位高质量的电信服务、赢得更大的市场份额发挥强大的支撑作用。

【湖北武汉第二长途电信枢纽大楼封顶】

我国通信建设重点工程之一的湖北武汉第二长途电信枢纽工程主体大楼，于2001年12月26日封顶。

武汉长途第二枢纽是中国电信和武汉市“十五”期间的重点通信建设工程，它与武汉长途第一枢纽一起构成了我国中西部地区最大的长途通信网枢纽。新建的第二枢纽将以高速宽带为主，是连接我国三大光纤环路的枢纽工程，是我国为数不多的长途宽带通信枢纽。它的建设，不仅解决了国家通信发展对长途电路的需求，而且对巩固武汉在全国通信网中的通信枢纽地位，提高武汉市的通信能力，提高武汉城市的整体功能有十分重要的战略意义。对入世后增强中国电信、武汉电信企业实力和竞争力有积极的作用。整个工程分为三期，一期为裙楼（已建成），二期为主体大楼，三期为设备的安装调试。工程总投资为4.2亿人民币，2003年投入使用。

【江西最大长途电信枢纽开建】

2001年7月26日，江西最大的长途电信枢纽工程——南昌第二长途电信枢纽工程开工。南昌第二长途电信枢纽工程是江西省电信系统投资最多、规模最大、功能最全的国家基础建设项目，是一座集数据通信、电信网络管理、无线通信、电信枢纽为一体的平战结合型国家一级干线工程。它的建成将极大地改善江西省的通信条件，增强通信能力，对推进“网上江西”建设，早日建成江西信息高速公路起着不可低估的重要作用。

南昌第二长途电信枢纽工程是原邮电部批准立项的国家基础设施项目，该工程坐落与南昌市京东旅游经济开发区内，建筑物占地面积3762平方米，建筑面积为32282平方米。该工程由中国电信集团公司和江西省电信公司共同投资兴建，2000年9月被江西省人民政府批准为省级重点基建工程。工程预计在2003年7月竣工。投入使用后将对进一步加强江西对外开放和吸引外来投资起到积极作用。

【山西太原第二长途电信枢纽工程开工】

2001年7月26日，在山西省电信公司成立一周年之时，太原第二长途电信枢纽工程奠基。太原第二长途电信枢纽工程是由国家计委批准立项、中国电信集团公司和山西电信公司共同投资、在山西省兴建的第二个省际长途交换中心。它是2001年山西省重点建设工程项目。

该工程位于太原市万柏林区南屯村东，占地60亩，建设规模32853平方米，建筑最高点达102.6米，主楼采用框架剪力墙结构，高度为86.5米，共19层，总投资2.17亿元。楼内设有长途机房、市话机房、非话机房、无线机房以及各类智能管理用房，建成后可解决山西电信机房紧张状况，为山西省电信的发展奠定坚实的基础。

该工程于1998年7月批准立项。工程建设方案采用设计招标方式确定，已完成建设征地、可行性研究、初步设计、场地三通一平、试桩、测桩、桩基招标工作，累计完成投资3270万元。工程建设受到了中国电信集团公司与省公司的高度重视。建设过程中，山西省电信公司领导多次深入一线，解决与处理现场问题，保证了工程的顺利实施。

【广东电信深圳分公司接手盐田港通信】

我国大陆第二大港口集装箱码头广东深圳盐田港，2001年12月向广东深圳电信转让区内有线通信专网系统和全部客户资源。

深圳盐田港是国务院批准的国家重点建设项目，现已发展成为中国大陆第二、世界排名第九的集装箱大港。该港自行建设的通信系统包括有线通信专网、800M集群通信、岸台和卫星通信等一直为盐田港集团公司自己经营。为适应盐田港集装箱业务迅速发展及通信专业化规范化经营需要，盐田港集团公司与深圳电信属下深大电话公司经过洽谈协商，达成战略合作协议，由深圳电信深大电话公司经营盐田港区有线通信及其增值业务。转让合同涉及资金3700多万元，包括3000门通信交换设备、通信管道300多管孔公里、线路5000线对公里以及近2000门客户资源和部分房产。

盐田港集团公司及深圳电信双方均认为，将有线通信专网从盐田港“剥离”出来交与中国电信专业化运作，将有助于盐田港精干主业，轻装上阵，把主要力量放在自己擅长的港口建设与发展上；也有利于中国电信进一步发挥其在网络建设、通信服务方面的专长，为盐田港的发展提供更新、更好、更快、更便宜的通信服务；在真正实现双赢目标的同时，进一步推动深圳信息化建设。

【四川成都第二长途电信枢纽大楼封顶】

2001年11月28日，西南地区规模最大的通信枢纽——四川成都第二长途电信枢纽大楼主体结构顺利封顶。成都第二长途枢纽工程建筑面积7.9万平方米，总投资额5亿元，楼内将安装一级干线、二级干线及本地网等各类电信系统，形成包括长途电话8万路端、市话15万门、本地网独立汇接局10万门及传输、数据、网管、服务等的监控中心。该工程2003年落成以后，将对巩固成都在西南地区的通信枢纽地位起到十分重要的作用，为实现四川省跨越式发展，并为实现西部大开发奠定良好的通信基础。

该工程自2001年2月开始动工以来，在工程施工、监理人员以及相关质监部门的积极配合下，通力合作，经过280天的日夜奋战，提前完成了主体结构的封顶。该工程得到了四川省政府、四川省人大、成都市政府的高度重视与关心，在施工过程中，省市领导都曾到第二枢纽现场视察，对工程的顺利进行给予了极大的肯定和支持。

【黑龙江电信并购专网入公网】

2001年11月9日，黑龙江省电信公司与本省东方红林业局签订了林业专用电话网资产转让协议，至此，黑龙江电信已完成21个林业局专用电话网收购，超过全省林业专用电话网总数的一半。

东方红林业专用电话网容量为6000门，用户4000多个，由于资金不足，专网通信无法满足林区的需要，特别是山上林场通信状况非常落后，严重制约了经济发展。近年来，东方红林业局根据上级指示精神，加快林区产业结构调整，逐步从不熟悉的非林产业退出。鸡西市电信分公司根据省公司的统一部署，同东方红林业局就专网并购事宜进行了友好协商，达成了资产转让协议。东方红林业专用网并入公用电信网以后，省公司将按照统一的标准进行网络的技术改造，加强管理，改善服务，扩大网络规模，加快市场开发，满足林区的通信需要，使专网用户能够享受到与公用网完全相同的业务功能和高质量的电信服务。

2001年年初，黑龙江电信根据本省实际，作出了收购专用电信网、扩大中国电信网络规模、提高市场占有率的决策，省公司成立了专门的机构负责专网收购。按照法定程序，对拟收购的专网进行规范化的资产清查、评估、核查等，妥善处理了被收购专网的人员安置工作。年内已完成了对中国一重集团、佳木斯造纸股份公司、部分林业专用电话网的收购，迅速扩大了中国电信的网络规模，占据了电信市场资源，收到了显著的经济效益。

【辽宁电信锦州分公司近1.5万小交换机用户并入公网】

辽宁电信锦州市分公司不断加大小交换机并网工作力度，到2001年5月中旬，并入公网的专网、小交换机用户容量已达到18000多门，占全地区现有小交换机总量的37.8%，用户数近1.5万户。其主要措施是针对各类小交换机用户的特点，从四个层面分别采取灵活策略。

一是对铁路专网等竞争性客户，通过调查了解在短期内不会与我方进行合作，对这类客户锦州市分公司采取依托网络和技术优势，在业务上与其积极探索联合经营的策略。

二是针对经济效益好，分流专网技术人员较为困难，在短期内不可能实现收购的专网企业，采取在网络和业务等深层次上与其进行联合经营，通过不断加深双方合作，逐渐扩大经营规模的策略。

三是对规模上还不具备盈利能力，企业经营存在一定困难的专网用户，采取抓住时机整体买断的策略。近期收购了锦州港务局专网客户，另外还与锦州铁合金公司、锦州发电厂等达成并网意向。

四是对宾馆、中小型企业使用的用户小交换机，采用兼并的方式并入公网。

【贵州电信交换设备总容量突破300万门】

2001年，贵州电信交换设备总容量突破300万门，达到329.9万门。回顾建国初期，贵州省电话交换机容量仅1288门，到改革开放前夕的1978年，全省电话交换机总容量3.04万门，其中机电制自动化交换机仅9800门，其余全都是人工交换机，电话用户2.05万户。1984年，省会贵阳市内电话交换机容量在全省率先达到万门。1988年，贵阳市首先引进开通了1.2万门程控电话交换机，开通了国际国内长途直拨电话。同年年底，全省电话交换机总容量突破10万门，用户近6万户。“八五”以来，贵州省电信加快了电话交换程控化、网络传输数字化的“两化三网”建设步伐，电话通信开始从机关企事业单位逐渐向居民住宅普及，电话成了人民群众生活中重要的通信工具。1997年末，全省建成了9个扩大的本地电话网，各地电话号码先后升至7位，全省电话交换机总容量（含移动交换机）达到106.7万门。“九五”期间，全省电信共完成固定资产投资78亿元，为同期贵州省社会固定资产总投资的5%。电话网不仅早已实现程控化，而且光纤光缆、数字微波、卫星通信网络同全国、全球通信网络紧密连接，并装备了分组交换、计算机互联网、多媒体通信网等现代化网络通信手段。（张　驰）

【新疆本地交换网优化扩容工程竣工】

新疆本地交换网优化扩容工程总投资3.2亿元人民币，2001年4月开始施工，12月底完工。此项工程本着“大容量、少局所”的原则，大力简化网络结构，减少交换层次及交换端局数量；采用具有面向未来宽带网过渡能力的交换制备，将制式落后、技术升级扩展能力差的设备予以淘汰、更换。对部分软件、硬件版本较低的交换设备进行升版、升级改造。拆除现本地网中的信令转换架（STE），使接入网设备以V5.2接口的形式接入所属交换局；以带自动交换功能的模块局替代部分乡镇和县局的端局交换机。并根据各地州市电信分公司的需求，在进行网络优化的同时对模拟用户、ISDN用户、数字中继模块、No.7信令链路进行扩容，同时增加Centrex、主叫号码显示限制、V5.2接口等新的业务功能及接口。此项工程共涉及291个交换局，新增交换端口75万，替换需淘汰的交换设备24万端口，升级改造设备8万端口，总计107万端口。其中新增模拟用户44.5万门，ISDN用户2.7万门；压缩减少交换局170个。通过此次优化扩容工程，简化了全疆本地网的网络结构，提升了全疆电信网络运行的整体水平，大大减少了交换层次及交换端局数量，将维护工作向地区局集中，解决了边远地区维护人员少、力量弱的问题，为集中维护、集中计费的实现奠定了良好的基础。新业务、新版本、新设备的引进，也为数据业务的进一步发展开拓了空间，同时增强了企业的竞争力，对新疆电信的改革和以后的大发展都具有战略性的意义。（司剑非　薛　莲）

【宁夏电信石嘴山市分公司与多家企业签订联网协议】

2001年3月29日，宁夏电信石嘴山市分公司与该市矿务局签订通信网联网协议。5月21日，该公司又与石嘴山市供电局、大武口发电厂签订联网协议。双方本着互惠互利、共同发展的原则，经友好协商将企业专网交换机以单点接入方式联接到石嘴山市分公司交换机上，进网中继传输采用光通信方式，开通2MB/S中继电路。至此，石嘴山市分公司已与当地五家企业签订联网协议，专网并入电信网的达2.2万门交换机。

【新疆乌鲁木齐市20000路端长话交换设备安装工程竣工】

新疆乌鲁木齐市20000路端长话交换设备安装工

程是中国电信集团公司技术改造项目之一，2001年10月31日通过初验。此项工程在乌鲁木齐第二电信枢组楼内建设容量为20000路端的长途交换设备1座，该交换系统具备智能业务交换点（SSP）的功能。此项工程交换设备采用上海贝尔电话设备制造有限公司生产的S-1240J型程控交换设备。智能网采用综合设置方式，即智能业务交换点（SSP）综合在S-1240长途交换机上。此项工程完工后，乌鲁木齐市并存2个长话局，在全国二级结构的长话自动交换网中，均为DC1级交换中心，同时兼DC2功能，它们与其它DC1级交换中心和所辖的DC2级交换中心均设置直达电路。两个长话局按平级局组网，均为高级局，其职能主要是汇接自治区的省际和区内长途来、去话务及乌鲁木齐市本地网的长途终端话务　　　　（司剑非　薛　莲）

【湖南电信娄底分公司加大查处私装小交换机与拆机并网力度】

随着市场竞争的加剧,话务量大、投入成本低的小交换机用户成为其他通信运营商竞争的目标。湖南电信娄底分公司自2001年6月份以来，对违章私装小交换机进行了全面清理，并和十多家小交换机单位签定了中继线租用协议及内部小交换机拆机并网协议。为确保小交换机用户这一效益显著的市场，娄底分公司树立了“小交换机用户一个都不能丢”的指导思想，由大客户营销中心成立专门队伍，对小交换机单位进行走访，了解小交换机单位的通信使用情况和不同通信需求，并对违章私装小交换机单位进行调查摸底，取得证据，严肃查处，并要求补签中继线租用协议，为企业挽回损失。对有租用中继线安装小交换机和有拆机并网意向的客户大打人情和技术优势牌，通过加强感情联络、多次上门走访、宣传网络优势、量身定制技术解决方案等不一而足的方式展开营销攻势，取得了客户的信赖。到当年10月，该分公司没流失一个小交换机用户，市场稳定率为100%。

·传输网建设·

【中国电信高速光环网正式开通】

全球最长的光传输环网——终局容量1600G的中国电信全国高速传输环网2002年1月24日正式开通并在昆明举行了隆重的交接仪式。它的建成，标志着中国电信全国骨干传输网络在超大容量、灵活高效、安全可靠、经济适用方面取得了质的飞跃。它的建成必将有力地推动我国信息化、数字化建设和国民经济的发展进程，对人民群众的生活产生积极的影响。

中国电信全国高速传输环网全长1.5万公里，是世界上最长的高速光传输网络，总投资达8.9亿元，是中国电信继建成“八纵八横”全国光传输网之后，投资规模最大、涉及省市最多、当今国内单根光纤传输带宽最宽的一个光传输网项目。整个高速环网由环西北三省一市的西环、环北方七省二市的北环及环东南八省一市的南环组成，途经18个省，涵盖了京、津、沪、穗等我国所有的经济发达城市。环网采用北电网络公司的新一代大容量基于SDH10Gb/s基础速率的光传输设备，使一对光纤的传输容量达到1600Gb/s。北电网络与中国电信通力合作，在不到一年的时间里就完成了全部安装、调试和验收工作。

【中国电信骨干网PDH系统将逐步退出使用】

PDH系统在全国骨干网中发挥过重要作用，承载了大量的话音、数据、图像等业务，是我国干线传输网的主要组成部分。90年代后期，SDH的发展逐步取代了PDH的重要地位，但图像和同步信号的传送仍主要依赖PDH系统。更为先进的DWDM系统提供了大容量和更高的带宽，PDH系统相对容量小，结构复杂，维护困难，系统老化，占用机房面积较大，占用光纤

数量多的问题日益突出。因此，中国电信集团公司决定一级干线PDH系统退网或报废。在中国电信骨干网中，PDH系统走完了它从发展到终结约10年的历程。

【福杭贵成光缆干线扩容改造工程通过验收】

2001年7月,福州-杭州-贵阳-成都光缆干线扩容改造工程在四川成都通过了由中国电信集团公司组织的竣工验收。

福杭贵成光缆干线扩容改造工程是原邮电部重点通信建设项目之一，途经福建、浙江、江西、湖南、贵州、四川六个省，全长4221公里。此次扩容改造工程在四川境内开通4个2.5Gb/S系统，其中3个2.5Gb/S系统为省际干线，成都站为终端站；1个2.5Gb/S系统为省内合设干线。工程竣工后，四川成都拥有3339个2Mb/S省际终端电路、504个2Mb/S省内干线电路，内江拥有1008个2Mb/S省内干线电路。

验收会议介绍了福杭贵成光缆干线扩容改造工程初验后的试运行情况，成立了验收委员会，听取了该工程建设情况汇报，并审查了竣工报告、测试报告、试运行报告和质量评定意见。验收委员会及与会代表一致认为，福杭贵成光缆干线扩容改造工程已按批准的设计规模完成了设备安装的全部工作量，通过初验和试运行，各项光电性能指标满足设计要求，已形成生产能力，工程设计、工程施工质量优良，同意工程竣工投产。该工程的竣工投产将对缓解福杭贵成沿线通信紧张状况、促进西部地区国民经济发展起到重要作用。

【辽宁开通国产最大密集波分复用系统】

2001年年初，辽宁电信采用的由武汉邮电科学研究院生产的国内光复用段距离最长、光分插站最多、通信容量最大的32×2.5G密集波分复用系统开通运行，缓解了沈阳至大连等地日益膨胀的通信需求与互联网传输带宽不足的矛盾，新设备吸引了用户上网，增加了上网时长。

辽宁电信的多媒体网用户已达75.5万户。用户的快速增长带来了上网时长的增加，原有的传输手段难以满足不断增长的多媒体市场需求。辽宁省电信公司根据市场预测，决定加快信息网的宽带建设，在沈阳至大连新铺设的光缆中采用国际上最先进的密集波分复用技术，并在该传输系统中首次使用国产设备。该设备光复用段距离达507.27公里，传输容量80G，沿途设有沈阳、辽阳、鞍山、营口、盖州、瓦房店、大连7个站，在沈阳至大连间提供了1260个2M/S系统、30个155MB/S的电接口和16个155MB/S的光接口，距离、容量、站的设置均为国内国产此类设备之最。

经信息产业部专家组现场测试评定，该复用传输系统各项指标均符合部颁标准，顺利通过初验。此传输系统运行良好，沈阳至大连通信传输紧张状况明显缓解，网上任用户驰骋，畅通无阻。

【西兰乌光缆甘肃段改道割接成功】

2001年5月27日，在上百名甘肃电信传输职工的共同努力下，西兰乌光缆甘肃段因道路改建、扩建而造成的迁移改道割接获得圆满成功。如此大规模地在同一路由、同一时间进行多点割接在甘肃尚属首次，在国内也不多见。

在东起兰州十里店桥、西至武威丰乐镇300多公里的割接线上，分布着7段共14个割接点，工程调集甘肃传输11个分局的技术骨干组成14支抢修队参与会战。在5个多小时的艰苦努力下，全部割接工程于27日凌晨5时15分胜利结束。此次割接与以往历次光缆割接的不同之处在于其点多、线长、时间紧、任务重、技术难度大、线路中断受损面广，如此大规模的协同作战，对甘肃电信也是一次考验和检验。为保证割接顺利成功，甘肃电信传输部门做了大量的前期动员准备工作，配备了包括海事卫星电话等在内的6种联络方式，确保指挥通信渠道畅通无阻。

【西藏昂仁——阿里光缆通信工程建成开通】

2001年7月15日，西藏昂仁—阿里光缆工程建成投入运行。这条光缆的建成投产不仅标志着西藏电信“十五”计划中提出的到“2003年各地市通光缆”的奋斗目标已经提前实现。而且也标志着全国最后一个地区不通光缆历史的结束。也是中国电信集团公司和西藏电信公司以实际行动为西藏和平解放50周年献上的一份厚礼。光缆开通典礼采取电视电话会议形式，同时在拉萨、日喀则、阿里三地举行，全国人大副委员长帕巴拉·格列朗杰、自治区党委常务副书记、自治区人大主任热地、自治区党委常务副书记、区政府主席列确、区党委副书记巴桑、自治区人大副主任江措、中国电信集团公司常务副总经理常小兵、自治区政府副主席多吉、区政府副主席向阳、区政协副主席、区电信公司总经理曾忠义等党政军领导出席了这次开通典礼。

阿里素有“世界屋脊的屋脊”之称，通信光缆施工沿线95%的地段位于海拔4500米的高原，70%要穿越无人区。那里气候恶劣，施工条件极其艰苦，被列为全国电信部门援藏项目。该光缆通信工程东起日喀则市，沿途经过萨迦、拉孜、昂仁、萨嘎、措勤、改则、革吉等7个县，西至阿里地区噶尔县狮泉镇，光缆线路全长达1480.4公里，全线敷设8芯光缆。工程总投资1.78亿元。光缆建成后，新增长途电路7560条，可开放话音、数据、图像、会议电视、有线电视、移动电话等各种通信业务。

专程赶往拉萨参加光缆开通仪式的中国电信集团副总经理常小兵指出，日喀则-昂仁-阿里光缆工程的建成开通，是西藏乃至全国电信发展史上的一件大事，标志着全国所有地区进入光传输通信的时代。西藏自治区副主席多吉则指出，这条通信光缆将从根本上改变西藏阿里地区的通信面貌，将对阿里地区乃至整个雪域高原的社会经济发展和长治久安发挥重要作用。

【河北省13个地区高速环网工程通过初验】

2001年12月14日，河北省内高速环网工程正式通过初验。该工程的建成标志着河北电信传输网络的带宽供给能力达到1600Gbps，极大地提高了传输网的业务适应性和网络可靠性，进一步满足了全省对通信发展的需求。

河北电信光缆传输网是承载河北省各种通信业务信息的公共传输平台，随着新业务的急剧增长和通信市场竞争的加剧，河北省已有的光缆传输网在宽带供给、网络可靠性、网络服务质量、业务适应性等方面已不能满足需求。由省电信公司论证并建设的河北省内高速环网工程，即是利用现有传输网络资源，构筑的新一代大容量传输平台和高速度传输网络。本工程采用先进的DWDM技术，在石家庄－保定－邢台－承德－秦皇岛－唐山－廊坊及石家庄－保定－廊坊－沧州－衡水－邯郸－邢台建设新一代密集波分复用传输系统，速率为40×10Gbps的高速环形网。该工程覆盖河北省所有地市级城市，它的建成可增强河北电信的宽带传输能力。该DWDM传输平台已通过验收。

【浙江宁波—象山—宁海光缆建成开通】

军民共建工程——浙江宁波—象山—宁海光缆2001年9月全线建成并投入使用，使宁波本地数字化信息传输网得到了进一步完善，可以更好地满足今后宁波地区信息通信和国防通信的发展需要。

近年来，宁波市电信分公司大力发展光缆传输网络，已建成一个路由、容量贯通宁波市所辖各县（市）通信枢纽的光缆传输通信网络，但由于象山地理环境比较特殊，宁波-象山全程的光缆有部分为架空光缆，因此光缆网络的安全可靠性而且光缆容量均不能满足今后宽带通信发展的需求。为提高宁波至鄞县、象山、宁海以及鄞县、象山、宁海等内部传输通道容量和安全可靠性，确保网络的迂回和保护，同时改善沿线各地投资环境，为宁波地区改革开放和经济发展创造良好的基础设施条件，宁波市电信分公司于1999年底决定投资建设宁波经象山港、象山丹城至宁海城关的光缆工程，实现宁波象山第二光缆迂回路由，进一步完善光缆传输网络，以确保全网的安全畅通，满足宁波地区国际、国内长市话通信以及数字化信息网的发展需要。

投资2300万元的宁波—象山—宁海光缆工程由浙江省电信公司立项，浙江省邮电规划设计院进行工程设计，宁波市电信分公司独立承担较大规模的光缆埋设工程。工程总长度达173公里，包括陆上光缆和海底光缆两部分，其中，陆路光缆工程全长165公里，海底光缆长8公里。整个工程环节多，涉及乡镇村多，涉及到规划、公路交通、水利、农业、水产养殖等行业，同时技术要求高，敷设难度也大，全程光缆均采用管道和直埋形式，于2000年10月开工。该工程建成后能满足话音通信、数据通信和多媒体通信等业务的数字传输，且具有频带宽、无干扰、可靠性高、成本低等优势，成为本地通信和信息业务的最基础的传输网络。

【河北省电信公司网络建设成绩显著】

2001年，河北省电信公司坚持量质并重的方针，加快通信发展。全年完成固定资产投资56亿元，成为历年投资规模最大的一年。一大批通信项目相继投产，通信网络建设取得突出成就，通信网技术装备水平发生了质的飞跃，综合通信能力显著增强。

河北省电信网传输已全部实现数字化，基本建成了以光缆为主体，以数字微波和卫星通信为辅助手段的大容量、高速率、安全可靠的具有雄厚实力的数字传输干线网。从首都北京到各省会城市的国家一级干线全部途经河北，省内南环、中环、北环三个光环网全部开通运行，从省会至各市乃至各县及经济发达的乡镇的传输均实现了光缆化，光缆总长度达8.18万皮长公里；特别是2001年河北省电信公司省内高速环网工程建成并投入试运行，形成了省内大容量、高速率的信息大通道，11个城市之间建立了网状网结构，网络容量提高了50余倍。省内SDH南环、北环数字微波骨干网全部投产，数字微波总长度达2.37万波道公里，形成了光缆、微波两套长途传输手段，对网络安全性提供了可靠保障。长途传输不仅能满足承载自营业务，而且能满足各通信运营商和各大系统用户传输出租业务的需要。同时长途自动交换机容量达到18.8万路端，长途业务电路达到18.7万路。

河北电信适度超前建设了全省宽带IP城域网，骨干数据网的传输能力得到大规模提升，新增宽带端口3100个，骨干中继带宽达到多个2.5Gbps，彻底消除了网络传输瓶颈。加快城市接入网建设，到2001年底，全省11个城市光纤网工程完成初验，基本实现了光纤到大楼、到小区、到路边，并具备了光纤到办公室和到家庭的能力，能够为商业用户提供10兆-100兆的接入能力，为普通用户提供1.5兆以上带宽的接入能力，为宽带业务发展奠定了良好基础。

河北数据通信网快速发展，可覆盖所有市县和部分发达乡镇，基本业务端口已达4万多个。ADSL工程开通1.5万线；河北省ATM网已竣工验收，开发的地理信息、远程医疗、远程教学、桌面会议电视系统已经完成；IP网规模进一步扩大，网络端口达到11.6万个，可支持300多万用户的上网需求。特别是随着河北省计算机互联网三期扩容工程于2002年2月9日实施完毕，石家庄和唐山到其他各市的中继带宽均为2.5G,全网出省总带宽622M，从而使河北省互联网成为名副其实的信息高速公路。

河北电信支撑网建设取得明显进展，数字同步网、电信管理网和服务网运行良好，7号信令网全面运行，居全国领先地位，对全网可提供强有力的安全和管理支撑。计费帐务集中管理取得显著成效。该公司本地网集中计费管理系统被评为“第八届全国企业管理现代化创新成果”二等奖。

【云南电信建设覆盖14个地州市的320G密集波分复用系统】

2001年6月，云南省电信公司与华为公司签订了省内二级干线密集波分复用（DWDM）传输系统项目合同。拟将省内骨干光缆网络传输速率从2.5G提高到320G，提高128倍。

云南电信现使用的骨干传输网是SDH/2.5G光传输环型网，覆盖全省所有的地州市；本地传输网是SDH/2.5G、622M光传输环型网，覆盖全省122个县及部分发达乡镇，同时云南电信还拥有ATM和IP宽带骨干网，成为云南技术水平最高、网络规模最大的电信运营商。

为配合云南省委、省政府“十五”规划中提出的“将云南建成中国连接东南亚、南亚的国际信息大通道”的目标，云南电信一直在对现有网络进行优化配置，以建成符合世界信息网络发展趋势的高速、宽带、统一的信息传输基础网。这次云南电信从省会到各地州市的二级干线传输系统采用当今世界最先进的密集波分复用系统（DWDM）技术，是云南省最先采用这种先进技术的电信运营商。该系统在原先已经建成的SDH光纤环网上建设，由2个环和4条链路构成，其中2个环建设规模为320Gb/s传输平台，4条链路建设规模均为40Gb/s传输平台。本期工程可以提供28个2.5Gb/s光通路、143个155Mb/s 光通路和4284个2Mb/s通路。传输速率从2.5G提高到320G，提高了100多倍，覆盖云南省的14个地州市。工程建成后，云南电信省内骨干传输网络的传输速率从NX2Mb/s提升到NX155 Mb/s、NX2.5Gb/s、NX10Gb/s，形成云南最先进的、有自愈保护能力、安全可靠的信息网络平台。不仅可以满足云南电信自身的用户需求，还可以满足其他电信运营商的需求，同时为云南国民经济信息化建设提供全面支撑。

【新疆电信光缆干线波分复用系统扩容改造工程竣工】

新疆电信光缆干线波分复用系统扩容改造工程于2001年8月20日全线完工，9月25日通过初验。该工程波分复用和SDH传输系统全长7800公里，贯穿全疆16个地州市，总投资15212万元。工程投产后提供40个2.5G光波通道，155Mbit/s260个系统，2Mbit/s9828个系统，2.5Gbit/s转接29个系统，155Mbit/s转接64个系统，形成乌鲁木齐—吐鲁番—库尔勒—伊犁—博乐—奎屯—石河子—昌吉—乌鲁木齐和库尔勒—阿克苏—阿图什—喀什—和田—库尔勒南北疆两个主干环网。以上系统的配置疏通了自治区地州市之间的长话交换业务、移动通信业务、数据通信及出租话音业务，增强了新疆电信区内干线网络的保护能力，提高了全网通信的可靠性、灵活性，使新疆电信传输网的技术层

次实现质的飞跃。 (司剑非 薛 莲)

【新疆阿克苏建成双纤双向本地传输环网】

新疆第一个双纤双向本地传输环网，2001年6月在阿克苏地区正式建成开通。新疆阿克苏地区电信分公司充分利用SDH技术，在当地13.2万平方公里的范围内，建成了双纤双向自愈保护传输系统。该系统以四环一链的结构，把原来已经建成的本地传输网连接成环形，全面覆盖了地区八县一市及新疆生产建设兵团农一师的大部分垦区团场。由于系统采用SDH自愈环，全网不会因为单方向的光纤故障而中断通信，使得网络的安全可靠性及网络运行稳定性大大增强。

【国内首条满配置2.5G干线投入商用】

由烽火通信科技股份有限公司承建的贵阳—兴义干线传输工程。2001年2月通过中国电信验收。这标志着国内首次满配置32×2.5GDWDM系统工程正式投入商用。

贵阳—兴义DWDM工程为中国电信一级干线工程，全长347公里，采用二芯G.652光纤。工程途经贵阳、安顺、晴隆、兴仁和兴义站。工程按32波满配置要求进行设计，这在国内同类工程中是罕见的。在测试过程中，专家组对该系统抖动指标、光通道的有效保护、波长的稳定度、多波长的功率控制等方面给予了充分肯定。

【宁汉光缆湖口水线改迁工程顺利完成】

2001年5月17日，江西省重点通信工程、国家一级干线宁汉光缆湖口水线改迁至湖口大桥光缆敷设工程顺利完成。该干线因1996年江西省高速公路管理局拟建九景高速公路时，桥址选定宁汉光缆湖口水线禁锚区内。为了保护国家一级干线安全，由江西省重点办牵头，江西省邮电管理局、九江电信局与省高管局、九景公路办多次协商，在湖口大桥上架设通信用槽道3.99公里，以确保国家一级干线畅通安全。九江电信分公司为确保光缆改迁工程顺利实施，制订了详细的施工方案，整个工程的工期为10天。该公司经过周密部署，组织多个施工队伍，同时成立了安全、技术、材料、后勤、车辆等施工保障小组。施工人员从早到晚连续奋战在工地上。同时，该公司采用了气吹敷缆先进新技术进行施工，仅用了3天时间，敷设了两条硅管和光缆各10公里，拆、装槽道铁皮盖板8000块次，松、紧槽道固定架螺帽16000个次、盖板螺丝钉32000个次，确保了国家一级干线的畅通无阻。由于提前完成施工任务，仅占道费一项，为企业节约了7万元施工费用。

【广西电信采用国产设备建设宽带干线工程】

广西电信2001年3月决定采用国产设备——烽火通信的32×10G DWDM系统建设全区宽带传输干线。

广西电信宽带网建设拟采用先进的32波密集波分复用系统方案，烽火通信以其32×10G DWDM系统脱颖而出，一举中标全部网络工程。该工程包括两个DWDM环网，南环、北环干线全长2200多公里，由28套光终端复用单元和光线路放大单元组成，设计系统容量达320Gb/s，覆盖广西区十个地区，承担全区宽带数据业务的传输任务。

本工程采用2.5G/10G混合传输DWDM系统，适合广西区经济发展不平衡的现状，不仅解决了该省数据传输通道紧张的问题，还为广西电信今后宽带业务的发展预留了充足的扩展空间。

·数据多媒体网建设·

【概述】

截至2001年年底，中国电信电话网总容量达到2.48亿门，用户总数达到1.79亿户，互联网带宽提高了16倍。中国电信网络建设成绩卓著。

中国电信集团公司成立之初即提出，网络建设要坚持技术创新，突出重点，优化结构，调整布局，注重投资效益。在继续建设电话网的同时，适度超前发展骨干传输网、高速互联网和宽带接入网。中国电信在扩大电话网规模容量的同时，大力优化网络组织，DWDM、G655光纤、DXC等新技术在C3以上骨干网大规模采用。高速环网覆盖全国所有省会城市。采用波分复用技术全面改造省内传输网，使中国电信C3以上骨干传输网发生根本性变化。与此同时，中国电信全面提升了互联网的传输速率，互联网国内总带宽达到了800G，速率提高了16倍，用户反映强烈的上网速度慢的问题得到了较好的解决。宽带接入网建设受到了各地的普遍重视，各地得到了超前的发展。广东实施“宽带业务大会战”，发展新用户13万户，并争取到了15万的待装用户。

【中国电信智能网覆盖全国】

我国国内智能网建于1994年，到2001年底已形成一张覆盖全国的系统智能网，智能业务如：密码记账卡、被叫集中付费、虚拟专用网、电话投票、号码携带、大众呼叫等已经广泛展开。能支持众多业务的IP网具有结构简单、成本低廉、技术更新快等特点，近几年发展迅速。IP网与公共电话网进行互联对通信发展意义重大，如：电话网用户使用IP网业务能得到资费廉价的实惠，IP网用户使用电话网能得到更多的业务服务及使用的方便等等。因此，专家认为，智能网所面对的不仅仅是传统电信网的大量用户，还有增势迅猛的IP网用户，能实现二者互通的新一代智能网业务平台是今后的技术重点。国内智能网业务现主要以记账卡业务和被叫集中付费业务为主，市场规模不断扩大。据2001年年底统计，300电话卡业务年发卡量约1000万张，省间漫游通话量占总通话量30%，800业务用户累计约2万户，月通话量增长率在20-30%，现已达1300万次，月通话时长达3000万分钟。

【中国电信 DCN 网二期扩容工程开工】

2001年7月25日，全国骨干DCN网二期扩容工程武汉节点开工，这标志着中国电信全国骨干DCN网二期扩容工程开始全面实施。

全国骨干DCN网是中国电信各专业网管系统专用的数据通信网络。DCN网的组建为各电信专业网的网管系统提供了统一的业务传送平台。第一期DCN工程建立于1997年，实现了各省区市网管中心与电信总局网管中心星型连接，经过4年运行，对适应中国电信业务发展、满足日益提高的管理要求起到了重要作用。近年来，由于多种系统的接入和网络的发展，对DCN网的实时性、可靠性、安全性提出了更高的要求。为此，中国电信集团公司决定对DCN网实施二期扩容。扩容工程由核心层和汇接层两个层次构成，武汉作为全国三个核心层节点之一，与北京、上海构成核心层节点。核心层与全国31个汇接节点采取以太网方式互联，为DCN提供了高度冗余高可靠的骨干网络。

建成后的DCN网二期工程将是一个覆盖全国、技术先进、功能齐全、具备实时传送能力和服务功能的数据通信网络。

【中国电信下一代网络设备 NGN 试点项目启动】

2002年3月22日，中国电信与上海贝尔正式签订了下一代网络（NGN）全国试验网项目合同。NGN试点项目的启动，将更好地促进网络发展，满足新业务发展需求，同时也将是对电信分营新竞争模式的积极尝试。

此次NGN全国试验项目覆盖上海、北京、广州和深圳四地，上海贝尔负责承建上海和北京地区的NGN网络。在上海的软交换中心可以控制和管理两地的网络，并通过中国电信的数据网络向上海本地用户和北京（长途）用户提供业务。业务涉及4类、5类基本呼叫业务和许多呼叫增强型业务以及多媒体业务，对未来网络盈利产生积极的作用。

上海贝尔是最早涉及NGN研究的开发商之一，是软交换中国规范的主要制订成员，同时也参与了全球ITU－T的相关标准讨论。凭着在传统交换领域多年的经验、良好的信誉和过硬的技术，目前上海贝尔已经能向市场提供下一代网络的端到端解决方案以及全系列的产品。

同一天，中国电信集团公司还与爱立信公司在北京签订了中国电信下一代网络实验工程设备合同，将分别在广州和深圳为中国电信集团的广东省电信公司提供下一代网络实验工程设备。

早在2001年3月，爱立信公司就与中国电信集团公司签署了合作谅解备忘录，其中双方特别就中国电信现有网络向下一代网络演进的共同合作作出了长期的承诺。此项合同的签订，使得爱立信公司与中国电信在这一领域的合作得以加强，并巩固了爱立信公司在中国电信市场基础设施领域及向下一代网络演进领域的领导地位。

根据合同，中国电信在广州和深圳的下一代网络实验工程将采用爱立信公司软交换系统ENGINE的最新版本——ENGINERelease4，其中包括核心设备、接入、用户终端设备和网管系统。作为提供端到端解决方案的厂商，爱立信还将提供网络实施、培训及新业务开发的咨询服务等。

【中国电信建成全国最宽的数据通信通道】

2002年1月11日，中国电信上海－杭州10G IP over DWDM 建成开通，这条全国最宽的数据通信通道的开通，标志着我国互联网骨干网容量已接近或达到信息发达国家水平。

我国因特网骨干网从1996年至今已经历了3个阶段：1996年之前，多数采用64 k 至2兆传输通道；1997年至1999年多为2兆至115兆通道；2000年到2001年从115兆跳到了2.5G；从2002年开始，将逐步进入10G时代。

从技术上讲，IP over DWDM 是目前比较成熟可行的10G IP 业务技术，具有层次结构简明、清晰，快速部署以及扩展性、灵活性及可靠性高等特点。国际上一般都采用这种技术作为建立10G IP网络的平台。欧美发达国家的大部分运营商都已经能够在传输方面提供10G的商用电路，而IP数据运营商也开始在其骨干IP网上部署10G的IP通道。该通道所构建的长途波分复用传输系统，采用了思科公司长途波分复用系统和系列高速互联网路由器。这一系统已被世界各地的大型电信运营商用于构建规模庞大、运行快速稳定的“IP＋Optical”网络，并被证明具有良好的稳定性、可靠性和先进性。上海－杭州10G IP over DWDM通道，全长218公里，途经上海、松江、嘉兴、余杭、杭州等城市。2 0天的试运行显示，它不仅解决了上海、杭州之间的带宽需求压力，而且在一定程度上疏通了整个数据骨干网的流量。它的建成开通，标志着中国电信数据传输能力已经达到国际先进水平，中国电信的数据网已经成为真正的线速数据网络、海量带宽网。

【中国电信集团向社会推出“V信通”】

2001年6月,中国电信集团“V信通”（VPDN）产品推介及客户咨询会在北京召开，正式向社会宣布推出“V信通”（VPDN,Virtual Private Dial-Network，虚拟拨号专网）业务。

自1999年底中国电信提出VPDN可研报告以来，在集团公司领导及相关部门、中国通信建设总公司、信产部北京邮电设计院等单位的共同努力下，历经一年时间，终于建成了中国电信VPDN一期骨干网络。通过在中国电信集团公司和数据事业部企业内部进行了试开放，2001年5月18日，中国电信VPDN工程顺利通过初验。在试开放中VPDN网络结构稳定，使用反馈良好。

【河南电信宽带IP网开通】

由河南电信投资兴建的宽带IP网2001年5月17日在河南正式开通。这使河南IP网出省率提高25倍，网民上网速度提高了500倍。河南开通因特网近5年来，全省网民总数突破110万，成为全国发展最快的省份之一。河南电信相继开通了河南信息港、商都信息港等19个大型信息平台和112个县级信息港，并在2001年3月完成了电子商务安全认证体系的建设，省内最大的电子商务平台投入商用，建成了7051个拥有独立域名的企业站点，20多万家企业在网上安家落户。电子政务、电子商务、远程医疗、远程教育等网上应用随着河南信息高速公路的拓宽不断增多。河南电信宽带IP网是2000年底动工兴建的，它可为广大用户提供一个从用户端到接入层、从接入层到骨干层、从骨干层到信息源、从省内到省外全程全网的宽带网络环境。建成后的宽带互联网使河南163网络全面升级，网络传输速度大幅提高，河南网络出口带宽由过去的200M提升到5G，出省速率提高25倍；省内网络总带宽由168M提升到90G。

【全国首家宽带旅游信息网在山东开通】

由山东省旅游局与山东省电信公司合作开发的山东旅游信息网宽带接入项目2001年9月全面开通。山东省内各地的旅游信息可通过中国电信的高速宽带网络实时发布，计划节日出行的游客可以随时从网上查阅山东各旅游城市的最新信息。

为了让广大游客过一个安全有序、欢乐愉快的国庆节，山东电信与山东旅游局密切合作，赶在黄金周旅游高峰来临之前完成了山东旅游信息网宽带接入的各项系统扩容和提速工作，并启动了“十一”黄金旅游预报系统（http://yubao.sdta.com），该系统从9月24日开始的两周内每天报送一次省内各旅游城市的最新旅游信息，其中包括旅游新产品、新线路、节庆活动、交通信息、食宿信息、主要旅游点旅游指南信息等。这是全国首家在宽带城域网上正式开通的旅游预报系统。2001年以来，山东电信加大投资力度，大力

发展宽带IP城域网，以优质的传输质量在激烈的市场竞争中树起了自己的品牌，也赢得了用户的信赖。

【北京电信承建首都司法检察系统宽带专网】

2001年9月,北京市电信公司继与北京市高级人民法院签订了宽带项目协议之后，又北京市检察院签订协议，承建检察系统宽带专网。根据协议建成的两个宽带专网将使首都司法事业与通信技术的新发展合拍，从而全面加速首都司法系统信息化建设。

北京市检察系统宽带专网能够满足检察系统中、远期的通信需求，可使检察系统在提高司法综合效率方面实现一次新的飞跃。该专网可实现北京市人民检察院、北京市人民检察院第一分院、第二分院、北京铁检分院、18个区县院和1个北京铁路检察基层院的网络互联。在这一宽带专网上，检察系统可实现办公、办案、行政后勤综合事务等项工作的计算机网络管理，有助于加强检务公开和司法公正，提高检察机关对突发事件的反应能力。

北京电信新构建的这两个宽带城域专网是“三网合一”的全光纤网络，传输速率达到2M以上，是原有网络的30倍，专网分别于2001年10月和11月建成并投入使用。

【江西电信高速环网覆盖全省】

江西电信采用当今先进的密集波分（DWDM）技术建设的覆盖全省各市高速传输环网于2001年5月建成开通。

近年来，江西省互联网用户每年以200%的速度增长，仅江西电信的上网用户数就已突破了40万。互联网业务的增长，使网络传输尤其是省内数据骨干层（各地市至南昌、九江）传输成为“瓶颈”。为适应市场需要，解决“瓶颈”问题，江西省电信公司领导果断决策，采用密集波分系统技术，在现有的G.652光纤光缆网的基础上建设江西电信高速传输环网（DWDM　32×10Gb/s）。该工程采用北电网络公司DWDM 32×10Gb/s设备，由省邮电勘察设计院、省邮电建设工程局等单位设计施工，覆盖全省11个市。本期可为南昌至九江间数据通信提供两个2.5Gb/s速率的传输通道，为南昌、九江至其它地市数据通信各提供一个2.5Gb/s速率的传输通道，使全省互联网传输速率在原基础上提高600倍，彻底解决了省内互联网数据骨干层传输“瓶颈”问题。该工程终期容量为320Gb/s，可为视频、图像以及其它宽带、窄带业务提供高速、安全、可靠的“信息高速公路”。

【山东电信将发展重点转移到宽带】

2001年，山东电信调整战略发展重点，明确提出，以市场为导向，积极调整经营重点和发展策略，把宽带接入和宽带业务发展当作本年工作的重头戏。至5月份,山东全省数据及信息业务发展迅速。全省发展宽带业务用户1.5万户，PC机拨号用户净增31.86万户，总数达到155.04万户。

实施战略重点转移之后，山东电信加速了宽带网的建设和业务发展，从战略上对投资方向、投入比重进行调整，加快技术创新，尽快实现由传统通信网向综合化、宽带化和智能化的信息网过滤。他们坚持统筹规划、突出重点、分布实施的原则，紧密跟踪市场需求，集中资金，加大投入，在统一规划的基础上，有重点、有层次地推进宽带网络建设。

一是加快高速互联网的建设。他们进一步加大投入，提高骨干网带宽和各地市对省网的带宽，山东电信已经签订了17个地市的吉比路由器合同，省网骨干带宽2001年上半年全部提升至2.5G。二是加快骨干传输网建设。为满足自身及其他运营商对通信传输带宽的需求，山东电信充分利用先进的n×10GBb/s密集波分复用技术（DWDM），采用数字交叉连接设备、G.655光纤等，尽快建设大容量、高速率、高质量、高可靠的公众骨干传输网。2001年新建40×10Gb/sDWDM高速中环，32×10Gb/s的高速东环、北环和西环。三是加快宽带接入网的建设。在建设中，他们坚持“统一规划、合理布局，突出重点、先急后缓，分类指导、量力而行，有所为有所不为”的原则，在放眼未来的同时，讲究效益，讲究投入产出。充分发挥现有电话基础网的优势，多种技术模式并举。在继续推进FTTX+LAN为主的同时，注重发挥现有铜缆网资源优势，积极采用ADSL、HomePNA等接入技术，为用户提供多种选择。另外，他们还坚持联合建设、共同发展的路子，与城建、房地产开发商等共同宣传、推广中国电信宽带网络及业务。

在加快网络建设的同时，山东电信部门进一步加大营销力度，积极推进宽带业务的应用。首先是加快数据及信息业务的规模开发。他们紧紧抓住国家推进信息化、各地建设“数字化城市”、“宽带网络市（县）”的机遇，积极争取地方党委、政府的支持，集中力量抓好城市信息化的普及程度和应用水平，进一步拓展宽带业务市场。将电话村、电话乡镇、电话县逐步向“信息村、信息乡镇、信息县（市、区）”过渡。他们还主动与各大行业、单位联合，大力发展电子商务，开展网上纳税、网上缴费、网上银行、网上购物、网上订票等，同时大力发展远程医疗、远程教学、视频点播等业务。在信息源开发上，积极与社会各信息源单位合作，广泛开门纳库，加大信息资源的接入力度。

【浙江电信杭州分公司加强与社会力量联合　推出多种宽带业务】

2001年4月，一种被称作“网络新干线”的宽带业务由浙江省杭州市电信分公司向数十个住宅小区和商务大楼大规模推出，这是该公司为FTTx+LAN宽带接入方式取的新名字，结合先前推出的ADSL“网络快车”业务，杭州城掀起了中国电信宽带网络的推广高潮。

面对宽带业务市场严峻的竞争态势，杭州市电信分公司始终坚持机制创新、管理创新、技术创新发展思路，在较短的时间内在杭州的宽带业务市场上取得了主动地位。他们充分利用中国电信宽带网络在骨干、接入、应用上的整体优势，使宽带接入方式在许多住宅小区、商务楼、学校得到了应用，实现了吉比到小区、百兆比到大楼、十兆比到住户的宽带接入。该公司的宽带IP骨干城域网已经建成，在宽带接入上已经能提供ADSL和FTTx+LAN等不同的手段，并积极测验无线局域网接入等新型宽带接入技术，以满足不同的用户需求，为宽带网提供应用服务的专门网站也开始提供试验性服务。

为了适应开拓宽带业务市场的需要，该公司专门成立了宽带业务拓展办公室、图像通信中心、信息服务中心等宽带业务的专门机构，并要求全公司各部门要全力配合，改变了以往在传统业务上部门分工过细、对市场反应不够灵活的情况。该公司在用人制度上也进行了改革，大胆启用新人，一批学历高、专业知识丰富的年轻人被提拔到中层管理岗位，一批精通计算机和信息技术的年轻专业人员被聚集到一起，集中力量发展宽带业务。同时，该公司下苦功制订宽带业务的生产流程，以提高管理效率，加强管理的有效性，将宽带业务的发展目标层层分解使宽带业务从工程建设、业务流程的制订、宣传的启动，到业务的营销直到后续的服务，都出现了传统业务发展中不常见的高效率。

在宽带智能化小区和宽带应用的开发过程中，该公司坚持走强强联合、共同发展的道路，通过与各类房地产开发商和小区智能化系统开发商、宽带信息源提供商等社会各界合作，实现了在宽带业务市场上的多赢局面，在已开放业务的一些小区中，住户不但能通过中国电信的宽带接入网实现高速上网，还能通过与杭州电信合作的智能化系统开发商提供的小区智能化系统实现视频点播和宽带游戏。在杭州新金都城市花园举行的“中国电信宽带上网及智能社区侨新模式”联合宣传活动中，他们就展示了杭州市电信分公司与小区智能化系列产品开发商侨新公司合作建设的样板小区，许多智能化建筑领域专家以及前来参观的房产商对这种全新合作模式均给予了充分的肯定。

【河南电信着手建设第二基础网】

宽带IP网建设和业务发展是河南省电信公司2001年工作的战略重点，全省宽带骨干网、宽带城域网、宽带接入网都在同步建设之中，宽带网上应用也在同时启动。

河南省电信公司把宽带IP网发展提到关系企业未来生死存亡的高度来认识，在继续发展电话网的同时，把宽带网作为第二个基础网来建设。由于宽带IP技术还不是十分成熟，各厂家采用的协议不尽相同，如果以分公司为单位建设宽带网，有可能给未来的网间互联和业务承载带来难以想象的困难，在城市之间造成“瓶颈”。所以河南电信决定统一规划网络、统一采购设备。网络的统一规划、统一建设还有利于更加合理地分配IP地址，全省任何一地的宽带应用项目都能在全网畅通无阻地推广。由于省公司负责骨干网建设，分公司负责城域网和接入网建设，两端同时进行，极大地提高了工作效率，增强了在社会上的影响力。河南电信宽带网现阶段的目标用户是商业客户和高档住宅小区，其他用户在下一步考虑之列。从地域上看，省内几个较发达城市是重点发展地区，将大面积铺开；其他地市则不同程度地布点。这样既扩大了影响，又符合市场规律；既抢占了市场先机，又不会被市场套住。

为了避免宽带网成为“空壳”，河南电信在进行宽带网络建设的同时，进行了宽带业务的开发和研究，其重点包括网络通信（IP电话、视频电话等）、网络电视和闭合网站等。此外、远程教育、小区智能

化、电子政府等都将是宽带网的重点业务。

河南省各级党委、政府对电信宽带网建设给予了高度重视和大力支持。省委、省政府提出要用信息化带动工业化、促进产业升级和结构调整，并已确定郑州东区和漯河市为信息化试点城市，省领导还多次听取河南电信的专题汇报。各个地市政府积极性也很高，其中开封市把“加快宽带网建设，完成宽带网一期工程5万户”列为2001年市政府着力办好的十件实事之一。

【江苏省地市全部建成宽带网】

江苏电信公司积极推进宽带IP城域网建设，至2002年年初,全省13个地市全部建成IP城域网。2001年，江苏各市电信分公司紧紧抓住推进国民经济和社会信息化和建设“数字城市”的契机，结合当地市场需求实际，把城市宽带网建设作为“一把手工程”，并采取了一系列行之有效的宽带业务发展策略，在全省开展了“体验极速，畅想未来——中国电信宽带网巡展”活动。针对各层次用户的需求特点，推出了“高速通”（ADSL）业务，充分发挥了存量资源的效用。江苏电信还广泛实施以应用促发展的战略，与社会ICP开展多种形式的合作，先后与新华社、央视国际、凤凰卫视等宽带内容提供商合作，极大地丰富了宽带网上应用。南京电信宽带网站“超级金陵热线”已可提供视频点播、网络电视、电子商务、远程教育、远程监控等多项业务，访问量突破20万人次。省内34所电大都通过电信ATM开展了远程教学。

【黑龙江省兴建首家教育城域网】

2001年4月，黑龙江省牡丹江市电信分公司与牡丹江市教育局正式达成联合建设牡丹江市教育城域网的协议，拉开了黑龙江省第一家教育城域网建设的序幕。

为尽早建立牡丹江市教育城域网，将全市1344所中小学联接起来，最终形成一个区域性的互动、互联、资源共享和远程教育的基础骨架，牡丹江电信分公司多次上门与牡丹江市教委商谈，详细介绍了牡丹江市宽带光纤城域网的优势：覆盖牡丹江全地区的高速光纤网络，拥有2.5Gbps的带宽，可以提供吉比到小区、百兆比到楼宇、十兆比到用户的网络服务，通过宽带网可以实现高速上网、远程教学、远程医疗、视频点播等宽带应用，这是其他运营商无法比拟的网络和技术优势。牡丹江电信还列举了南方一些城市利用中国电信网实施教育城域网的成功范例，拿出了适合牡丹江市教育长远发展的、具体的多套组网方案，全力争取教育城域网能够在电信网络上得以实施。在双方经过多次协商、论证后，经过综合对比，牡丹江市教委最终选择了网络覆盖面大、技术实力雄厚的省电信公司牡丹江市分公司作为合作伙伴，这也为牡丹江市分公司政府上网工程添上了浓厚的一笔。该市的教育城域网一期工程将并入100所规模较大的学校，其它学校将本着“成熟一个、发展一个”的原则，争取在5年内尽入网中。

【江西电信南昌分公司在宽带网建设中创新机制抢市场】

2001年，江西电信南昌分公司在宽带接入网的建设与发展中，站在战略发展的高度，运用现代企业管理理念，建立适应市场竞争的宽带建设管理机构，有力地开拓了宽带业务市场，同时促进了员工思想观念、工作作风的转变，为公司下一步全方位的改革创新探索出一条充满生机和活力的新路。

面对竞争异常激烈的宽带接入市场，南昌电信分公司认为，如果沿用原有的机制和现成的管理方式来发展这一新型业务，将难以适应市场的变化甚至会贻误发展良机。他们按照省公司“要通过宽带的建设，推动企业内部机制创新和管理创新”的精神,在做好市场调研、学习先进经验、制订发展战略的同时，对宽带建设与发展的管理机制进行了突破性的改革创新。在此基础上该公司制订了宽带建设工程实施办法，成立了宽带建设指挥中心。该中心实行经营承包制，由南昌电信实业公司向主业总承包，全体员工的工资全额浮动，计件考核，多劳多得，奖罚分明。指挥中心机构精简，人员精干,从项目审批、计划建设到售后服务，形成“一条龙”，简化了内部处理流程，优化了管理链条，缩短了处理时间，加快了对市场的反应速度。新机制的建立，较好地调动了承包员工积极性。他们以市场为导向，主动出击，在做好市场调查的基础上有的放矢，注重效益，分层次、分步骤推进工程建设。2001年,该公司抓住重点，与多家集团客户、住宅小区、智能大厦签订了宽带接入建设协议，并加紧实施工程建设。

这一全新机制的出台和实施，使公司上下对严峻的竞争形势有了更清醒的认识。广大员工要求尽快建立适应市场变化的企业机制、提高市场应变能力的呼声越来越高。该公司召开了职工代表大会，按照2001年年初公司工作会议的部署，对公司“三项制度”进行改革。南昌电信分公司通过宽带接入这一试验模式的成功经验，进一步加大改革力度，使电信运营业在日趋激烈的市场竞争中更新观念。脱胎换骨，融入市场，以崭新的姿态迎接市场的挑战。

【江苏电信南京分公司强强联合 加快提升宽带接入能力】

江苏南京电信公众宽带IP城域网全面扩容，大幅度提升网络技术水平，3年内可望形成100万户宽带接入网通信能力，以大力促进城市信息化水平的提高。2001年3月，江苏省电信公司南京分公司与美国思科系统公司、南京联创系统集成股份有限公司，就南京电信公众宽带IP城域网扩容工程签约。南京电信与美国思科系统公司建立“战略合作关系”协议也同时签署。

南京电信公众宽带IP城域网，是2000年9月17日在全国率先建成开通的。至2001年3月，南京电信分公司已发展100M和10M宽带接入用户400余户，发展了一批宽带信息化小区；并为南京市教育信息网中的一批中小学校完成了宽带接入工程。

为了更好地适应城市信息化发展的需要，2001年南京电信继续加大投资，扩大规模，通过进一步与网络设备商美国思科系统公司和系统集成商南京联创公司合作，并与美国思科系统公司建立“战略合作关系”，大力实施宽带IP城域网扩容工程，共同促进南京信息化大发展。这项扩容工程采用思科系统公司新一代6509设备28套，构成全市宽带IP城域网吉比接入端口800个。扩容工程完成之后，南京电信公众宽带IP城域网将具备1000G核心交换能力和20万个（10M）宽带用户接入端口，直接接入国家骨干网，出口带宽达16G，奠定了强大坚实的核心网络设备基础，从而成为为南京市各企事业单位用户及个人用户提供高速快捷服务的网络平台，可开展快速浏览、网上教育、视频点播、网上医疗等丰富多彩的宽带业务。

【吉林电信宽带网开通】

2001年12月3日，吉林电信公司宽带网启动新闻发布会暨“速行”全省宽带网络巡展典礼在长春市举行。吉林电信“宽带杯”网络之星大赛同时鸣锣开赛。吉林电信宽带网的开通不仅为上网用户提供了一条真正意义上的信息高速公路，同时也把宽带应用推向了新阶段。

为满足市民对宽带网络的需求，吉林省电信公司投资2亿元建成了全省第一大宽带数据通信网络平台，使全省数据通信网络实现了从窄带到宽带的质的飞跃，互联网络从骨干到接入已经全部实现了宽带化，省网骨干总带宽达到30G，出省带宽达到4×155M，ATM网络和宽带IP网络中继带宽分别达到2.5G以上，可以同时提供2000个百兆比接入端口、300个吉比端口、6000线以上的ADSL用户的接入服务。高速上网、虚拟专网（VPN）等业务功能都能在宽带网上实现。与此同时，宽带互联网还具备发展VOD视频点播、远程教学、远程医疗和视频会议等多种宽带应用的能力。

【山西电信兴建宽带IP网 接入用户可达百万】

建设宽带网是山西电信2001年的一项重要工作。11月23日，标志着这一工程建设项目进入新阶段的IP网络工程项目合同签字仪式在太原举行。2001年，山西电信积极推进山西国民经济信息化建设，紧紧抓住信息化网络建设带来的发展机遇，以抢占制高点为原则规划建设宽带网，并将电信宽带IP网工程列为本年重点建设项目之一。这一工程主要包括宽带IP网扩容工程、全省十一个地市宽带IP城域网工程及山西电信公用计算机互联网和宽带IP城域网计费、认证、业务管理系统等。

工程立项后，省公司予以高度重视，组织人员先后进行了市场调研和预测，对方案进行了多次比较、论证，在和集成厂商、设备供货商进行深入技术交流后，才最终确定了建设方案。工程建设中，山西电信将与亚信、爱立信、华为、思科、北方电讯等五个国际、国内一流的电信设备供应商合作，因而本次签字项目也是城域网的核心层、汇聚层设备购置合同及系统集成合同的签字项目。

城域网工程的核心层、汇聚层建设完成后，太原至各地市中断带宽可在一个155M基础上再增加一个2.5G带宽，系统容量可满足100万用户的需求。同时，结合宽带IP城域网的建设，工程初期可为全省提供7万宽带用户的接入能力。宽带IP网工程完工后，山西电信的网络层次和规模将迈上一个新台阶，山西电信在宽带网络领域的竞争能力将得到进一步提高。

【浙江电信杭州分公司大力推进宽带网络化建设】

2001年，浙江电信杭州市分公司紧紧抓住市政府建设“天堂硅谷”、推动城市信息化这一契机，大力推进宽带网络建设，积极抢占高端市场，到年底宽带用户达到2万余户，在竞争激烈的宽带通信市场初步打开了局面。杭州电信已拥有宽带接入端口4万多个，其中ADSL端口3万多个，依托光纤网络资源建立起来的公众宽带IP城域网已覆盖到全地区所有城镇。全市已有64个住宅小区和商务楼实现宽带接入。

1.“宽带一条街”亮相。杭州市文二路、文三路集中了20余幢写字楼，入住的IT企业多达500家以上，如著名的阿里巴巴、TCL等，都有较强的宽带通信需求。杭州电信积极上门宣传，经过大量的前期工作，终于与高新创业大厦、华星科技大厦、伟星大厦、钱江科技大厦等13座商务写字楼签订了宽带接入协议。杭州市电信分公司还根据客户的要求，分别为他们制订了不同的宽带接入解决方案，可支持多种接入应用模式，实现吉比到大楼、百兆比到楼道、十兆比到办公室。另有光纤到办公室、光纤到桌面等多种接入方式以满足不同用户的需要。设在华星科技大厦的杭州金碟软件科技有限公司是一家专营系统管理软件销售、服务、培训及产品深度开发的IT公司，该公司的三十余台电脑都接入了电信宽带网，员工每天都要在网上订货，传递报表，并与其深圳总部联系。

2.“宽带客房”受青睐。2001年9月，杭州市望湖宾馆率先建成百兆比到宾馆、十兆比到客房的宽带通信系统。随后，杭州电信陆续与其它各大星级宾馆、酒店签订宽带接入协议，雷迪森大酒店、杭州大厦、浙江宾馆、大华饭店、五洲大酒店、国际假日酒店等一大批星级宾馆、酒店均已将电信宽带网接进了客房。西湖博览会期间，来自世界各地的客商和游客汇聚杭州，他们在宾馆的宽带客房内足不出户就能享受高速上网服务。

3.“宽带校园”现雏形。5月11日，浙江大学校园网与中国电信CHINANET杭州主节点互联，这标志着浙大这一国内外知名的高等学府又增添了一条更快、更宽敞的信息高速公路。浙大校园连接五个校区及六大省级附属医院，各院、系、部、处均设高速以太网接入，建成了网上远程教育、IP网络视频点播、数字化科研文献资料查询、网络视频会议等系统和智能化小区。浙大校园网与CHINANET的杭州主节点相联后，上外网的速度有了大幅提高，彻底改变了以往受带宽限制，经常发生拥堵，上外网较慢的现象。杭州滨江和下沙高教园区一建成，杭州电信宽带网就接入该园区的十余所大学的学生宿舍，首期三千余个端口已经开通，为大学生高速上网冲浪奠定了坚实的基础。

4.“宽带家庭”成现实。近年来，杭州市政府提出了“住在杭州”的口号。杭州电信以此为契机，先后与数十家有实力的房地产开发公司签订协议，为新建住宅小区提供全套宽带接入解决方案。从2001年4月开始，杭州电信到白荡海人家等住宅小区上门演示和促销宽带业务，市场人员在绿城房地产公司所属的玫瑰园、丹桂、月桂、银桂、兰桂公寓等60个住宅小区内现场受理宽带业务，为小区居民提供LAN和ADSL业务一条龙服务，使“信息高速公路”延伸到千家万户，让杭州市民充分享受到了宽带生活。

【新疆电信一批通信网络工程竣工】

1.乌鲁木齐市宽带IP城域网工程通过初验。该工程于2001年4月7日开工，6月22日完成了所有工程设备的安装及测试，同时完成了乌鲁木齐市新兴街信息化小区宽带接入试点工程的建设，整个工程总造价3643万元，6月26日通过初验。该工程从网络的可扩展性、可管理性等多方面因素考虑，按核心层、汇接层、接入层三个层面进行规划，采用以太网和ADSL接入方式。工程使用后可向社会提供千兆光纤到小区，百兆光纤到大楼，十兆五类线到用户的宽带承载能力，能更好地满足信息用户对网络更高带宽的要求，实现Chinanet在乌鲁木齐市内的延伸，并通过Chinanet同国内ISP及国际Internet互联。

2.新疆ATM骨干网投入使用。该工程于2000年7月开始建设，2000年11月完工，2001年全部投入使用。该工程选用德国西门子公司提供的ATM交换机、网管系统和DSLAM设备，在乌鲁木齐、库尔勒、奎屯、克拉玛依、石河子、昌吉、伊犁、阿克苏、喀什、吐鲁番、哈密等全疆11个地州市建立节点。该工程网络结构采用两级结构，乌鲁木齐市二分局、库尔勒、奎屯3个节点为汇接节点，采用MSX 36170 ATM交换机。其中：乌鲁木齐市二分局节点作为全疆宽带网的主要汇接节点，负责与全国宽带骨干网的接入；库尔勒节点负责汇接南疆地区的宽带业务；奎屯节点主要负责汇接北疆地区的宽带业务。其它11个节点作为接入节点，采用MSX 36140 ATM设备。同时在乌鲁木齐市二分局、库尔勒、奎屯3个汇接节点分别放置ATM接入交换机MAX 36140，用于宽带用户的接入。汇接节点之间通过STM-1(155M)互联，其它节点采用反向复用IMA的方式以N*E1接入汇接节点。全网共建立了14个节点、150线ADSL，使用了3台MSX 36170交换机、14台MSX 36140交换机和15套DSLAM设备，可向全疆用户提供高速互联电路。

3.全疆数字同步网工程通过初验。该工程于2001年10月经新疆电信公司组织通过初验。全疆数字同步网工程由设在乌鲁木齐的省级同步监控管理中心和安装在各地州市的大楼综合定时供给设备BITS组成。新疆数字同步网工程以全国数字同步骨干网在乌鲁木齐建立的区域性基准钟LPR和卫星GPS为基准时钟源，引进15套同步设备（BITS），分别安装在昌吉、石河子、奎屯、克拉玛依、塔城、阿勒泰、博乐、伊宁、哈密、吐鲁番、库尔勒、阿克苏、阿图什、喀什、和田共15个地州市电信分公司的长途枢纽楼内。它的投入运行，为同步网提供了可靠的保障，提高了数字通信网的整体性能。

4.全疆多媒体三期扩容工程竣工。该项工程总投资额达1.2亿元，自2001年8月初开始工程的硬件安装，至12月完成了乌鲁木齐市节点及省中心割接工作，全疆多媒体网所有节点顺利接入全新的骨干网络中。本工程能全面提升网络吞吐能力，以新开通的全疆密集波分复用（DWDM）系统为基础，采用了最先进的千兆路由器（GSR）作全区所有地州市节点的核心路由设备，将各地州节点至乌鲁木齐、奎屯、库尔勒骨干节点的中继带宽飞跃式地扩充到2.5Gbps或155Mbps；将全区多媒体网的拓朴结构优化为以乌鲁木齐中山路、乌鲁木齐河北路、奎屯、库尔勒四个节点为网络核心层，乌鲁木齐两个节点分别提供出疆电路的结构，网络安全性大幅提高；对拨号接入端口大幅度扩容，工程完工后全疆拨号端口总数达50000；加强了网络管理和网络安全方面的投入，此工程的实施极大地提高了维护部门对多媒体网的故障排除、性能分析水平。该工程技术新、标准高、起点高。该工程的开通，大部分地州市互联网出口带宽达到2.5G，个别地州市达到155M，出疆总带宽达到622M；在能较好地解决网民上网速度慢问题的同时，储备了较高的网络能力，能支持百万用户接入要求，并为其后的全疆主要城市IP宽带城域网项目提供充足的上联接口和出口带宽。（司剑非 薛 莲）

【重庆电信宽带网建设西部领先】

被列为重庆市2001年重点工程之一的重庆电信宽带网建设，投入资金1.78亿元，新增互联网用户10万户（总用户数达到22.5万户），建成以大坪、南坪、石桥铺、新牌坊、万州、涪陵、黔江七个节点组成的速率达2.5G的宽带城域骨干网，覆盖主城区和全市34个区县（市），全网已拥有2376个100M端口能力，出口带宽达到2.5G，可提供FTTX+LAN、ADSL等多种宽带接入方式，宽带整体业务水平继续在西部领先。

【北京电信全面提升网络通信能力】

2001年,北京电信从光缆网、传输网、数据网、电话网等不同层面全面提升网络的整体通信能力。该公司大力建设光缆网，使其遍及市区并延伸到所有乡镇，用户接入光缆普遍采用了大芯数的带状光缆，在中关村等需求密集地区采用了432芯的大芯数带状光缆并建立了光缆网的自动监测系统，提高故障预警能力和定位能力，向用户提供高质量的光纤通路。

至2001年，北京电信已拥有世界上最大的城域SDH数字传输网，总容量约为10万个等效2Mbps通路，骨干传输网带宽达到320Gbps，这对各种电信业务发展起到了有效的支撑作用，在满足普通居民用户和商务用户需求的同时，也为其他电信运营商提供了传输通路。本着网络建设适度超前的发展规划，根据骨干网带宽需求不断上升的情况，基于密集波分复用（DWDM）的全光网技术目前正在城域网上进行实验。通过该项技术，北京电信力求建成一个超大容量、高度灵活、安全可靠的城域宽带传送网络，为未来的业务发展提供带宽保证。通过DDN、FR、ATM、IP等数据网络，北京电信向用户提供了丰富的数据传送手段以满足用户不同的带宽和服务质量需求。以DDN、FR为主流的低速数据传送网正在向以ATM和IP为核心的高速数据传送网方向发展。电话网仍然是北京电信当前主要收入来源的传统电信业务网络。本地交换网的发展重心正在由网络的建设转向网络的优化与管理，以提高现有资源的利用率。北京电信正积极开发固话短信息、一号通等电话增值业务，进一步拓展固定电话业务市场。

北京电信的ATM宽带网和公众IP网都采用了能很好支持MPLS的技术。北京电信建有全国最大的IP城域网，总带宽为400Gbps，下一步将扩展为T比特级。在IP网络的建设中，北京电信非常重视公共业务平台的

建设，通过利用最新的公共业务平台技术，建设可以容纳和支撑各种实时、非实时业务或固定等业务的公共业务平台，以有效利用北京电信公众IP网的传送能力。

【广东电信深圳分公司投资新特点——加速网络宽带化】

2001年，面对竞争日益激烈的宽带城域网和宽带社区网，广东电信深圳分公司加大通信网络宽带化方面的投资，其中包括宽带接入、传输网、IP城域网扩容及ADSL扩容等项目，其投资趋向表现出几大特点：

（一）、用户接入宽带化投资加大，在对新建大厦和社区实施楼内综合布线,对不具备综合布线的大厦和社区实施五类线改造或ADSL接入等方面，积极抢拓宽带接入的“瓶颈市场”。

（二）、在宽带网络建设方面投资加大，通过IP网和ADSL的扩容，将宽带接入向用户端延伸，扩大接入层的覆盖面；还将结合光网络试验，进一步扩大宽带城域网中骨干网的带宽。

（三）、传输网投资加大，用于建设10Gb/s SDH骨干传输网，扩大接入层传输带宽，敷设光缆等，以满足大客户的带宽租用和本地网络互联的需求。

【吉林省数据通信发展实现新的跨越】

2001年，吉林省数据通信发展十分迅猛，其网络建设和业务发展实现了新的跨越。全年投资2亿元建成了全省第一大宽带数据通信网络平台。全省互联网络全部实现了宽带化，省网骨干总带宽达到30G，出省带宽达到4×155M，ATM网络和宽带IP网络中继带宽分别达到2.5G以上，可同时提供2000个百分兆接入端口，300个千兆端口，6000线以上的ADSL用户的接入服务。高速上网、虚拟专网等业务功能在宽带网上实现。同时，宽带互联网还具备了发展VOD视频点播、远程教学、远程医疗和视频会议等多种宽带应用的能力。数据通信网络已形成覆盖全省、多功能、多层次、宽带高速能够提供分组交换、帧中继、DDN、ATM、IP、多媒体、宽带接入等业务的数据通信网络平台，数据通信网络实现了从窄带到宽带的质的飞跃。数据通信业务的发展十分喜人，全年新增数据业务用户2205户，新增互联网接入用户55万户，上网时长完成21亿分钟，均超额完成全年计划指标。全年新增信息量20G，是过去三年信息量的总和，自主开发网上应用系统和网上应用项目20多个，首页访问量达6000万次，是过去三年总数的180%。

2001年，吉林信息港在全国信息评比中，以绝对优势入围十家“中国电信互联网联合体”，并获准成为省内唯一一家允许开办电子论坛、网络聊天、电子公告板栏目、拥有新闻发布权的经营性网站，确立了全省网站的龙头地位。

【上海金山城镇地区宽带接入网全面建成】

上海电信在金山城镇地区的宽带接入网2001年5月全面建成，城镇光纤楼楼通目标也提前完成，率先在全国开通了第一个覆盖全区的多协议、多用户、大容量、高速度的IP宽带多媒体信息网，宽带用户数已占全市用户数的50%，人均可享有500K带宽。

金山区已建成的以区政府智能办公系统为核心节点，覆盖区政府各职能部门、各乡镇的分布式应用和集中式管理的办公决策服务系统，共有13个镇、街道以及区政府机关通过宽带网实现互联。金山区政府电子政务网站，已开通的有人大之窗、政协之窗、金山国防动员、经济信息、漕径工业区、巾帼信息网、政务公开网、石化街道和15个镇政府网站。实现了政务专用网上多媒体信息交换和资源的共享。区法院已完成了朱泾等五处法院的远程宽带联网。15个镇的邮政支局以及石化邮政支局全部通过宽带网接入到邮政计算机平台。“金山教育”网站开通，区内中小学校园网建设已经启动，许多学校完成了内部联网，目前共有10所学校接入宽带网，区内远程教育系统试验平台初步建成。工商局及其下属单位共11个点已能通过IP宽带联网运行。另外，农行、平安保险公司、公积金运用中心、区环境保护局等单位也相继接入IP宽带网。

企业上网工程是信息化良性运作的效益工程，上海电信利用自身的技术力量为全区各行业提供内联网（INTRANET）、外联网（EXTRANET）、互联网（INTERNET）等网络一体化解决方案，金山区上网的企业已超过200多家。

上海电信在建成区内IP城域网的基础上，选择上网用户相对集中的石化地区山鑫公寓试行FTTB高速专线上网业务，采取光纤到楼、网线到户的方式，实现FTTB+LAN的宽带接入。2001年，石化地区已完成所有乡镇区居民楼的光缆工程，安装网络终端箱3500个左右，覆盖用户数约6万户，建成了覆盖全区的宽带接入网，走在全市以至全国的前列。

“金山网景”是Internet在金山的延伸节点，是上海信息港建设的组成部分，也是金山的公众信息服务网。它和上海现有的各种公用或专有网络互联，并成为信息资源的汇集点。2000年，“金山热线”与“上海热线”并网，改名为“上海热线-金山网景”。它可支持各种接入用户的上网，提供用户信息，各企事业单位可直接在“金山网景”上制作各种网页、开展网上商务等，为全区用户提供上海热线Ⅱ、视频点播（VOD）、家庭网络卡拉OK、网络电视（WEBTV）、视频新闻、缤纷乐坛（MP3音乐点播）、视频聊天、网络会面（目录服务）、高速下载、闪客秀、宽带书库、宽带图库、宽带网络游戏、网上直播IPTV、“安家保”、“机顶盒”等多种宽带业务。“金山网景”出口带宽已从最初的256K扩容到100M，视频点播服务器也进行了扩容，新增400个并发流、540G硬盘的VOD服务器，对MAIL系统进行升级，并开放了免费MAIL和Web-MAIL。“金山网景”各类数据库达到50多个。（李家玻）

【上海电信展示“上海光城”建设成果】

由信息产业部和美国商务部共同发起的2001年上海 SUPERCOM 展览会4月25日在上海光大会展中心开幕，上海电信以“上海光城”为主题展示了信息化建设和发展成果。上海电信展示的主要内容有骨干传输网、宽带接入网和高速互联网及采用ADSL、FTTB＋LAN、HomePNA接入的宽带应用项目，如影视频道、网上游戏、卡拉OK、网上可视电话、电子商务、智能化生活等。

至2001年上半年，上海电信已建成了以ATM和SDH为核心技术，XDSL和LAN为接入方式的高速光纤传输网络。该网络基本覆盖了政府机关、大专院校、金融业、医院、商务楼及新建的住宅小区。上海电信本地网传输设备拥有光端机3316端，可提供140兆电路1192条、34兆电路4768条、2兆电路83744条。密集波分复用（DWDM）骨干层的传输能力达到500G，接入网设备20万线。上海电信的中继光缆和用户光缆已覆盖全市，中继光缆1366条，长度达到5700皮长公里，市区用户光缆长度达到6300芯线公里。在互联网方面，上海电信国际出口带宽达到1000兆，本地接入服务有163和上海热线，可以支持拨号用户60万个、专线用户2000个、数据库用户1500个，同时在线人数达到6万个。已经建成的IP公共接入平台可提供150万用户拨号上网。上海电信国际互联网注册用户已达80万户。

上海电信宽带接入方式主要有ADSL、LAN（局域网）和HomePNA。在宽带应用方面，有Web TV影视频道，包括生活、娱乐、体育、科技、教育等40个频道在内的节目。有宽带动感游戏，包括牌类、棋类、赛车和对战等游戏。在电子商务应用方面，上海电信针对企业电子商务开通了商务企业邮局。（李家玻）

【河北电信建成2.5G高速互联网】

2002年3月，河北电信计算机互联网三期扩容工程全部完成，各分公司到石家庄和唐山的中继带宽均达到了2.5G，全网出省总带宽达622M，从而使河北电信互联网成为名副其实的信息高速公路。

随着ADSL等新技术进入实用阶段，互联网骨干流量猛涨，河北原有的低速骨干网已成为互联网发展的制约因素。省电信公司加大对骨干网的投入，适时组织实施了计算机互联网三期扩容工程。本次工程从两个方面对原有骨干网进行了改造和升级：完善网络结构，加强网络的可靠性。原有网络为双星结构，工程在此基础上将两个核心节点（石家庄和唐山）由两台低速路由器扩容到4台高速路由器，组成高速环，其它各分公司分别接入到这4台路由器上，大大提高了骨干网的可靠性。大幅度提高了中继带宽。本工程所有路由器均配备为2.5G，将中继带宽由原来的最高155M升至2.5G。

【武汉电信大力推动数字武汉建设】

2002年2月，武汉海大网络科技有限责任公司数字城市应用系统开发分公司正式挂牌成立。这标志着武汉电信在建设“数字武汉”的宏伟规划中迈出了实质性的步伐。

新成立的数字城市应用系统开发分公司，以推广城市数字化应用为主，充分发挥武汉电信在网络资源、技术研发、信息技术管理和人才上的优势，围绕“数字武汉”建设，在电信、交通、电力等行业，在政府上网、企业上网和社区智能化等方面进行研究和开发。主要开发领域有政府和企业信息管理系统（如办公自动化系统、决策信息系统、合同和财务管理系统等）、政府和企业上网工程（如各级网络及网站的规划与设计、网络安全设计等）、行业信息系统（如社会保障信息系统、城市建设信息系统、行业地理信息系统等）、相关软件产品销售等，从而使武汉数字化建设进入实际应用阶段。

开发数字城市应用系统有着重要的现实意义和广阔的市场前景。数字城市应用系统开发分公司积极寻求与国内国际知名公司合作，聘请知名专家学者担任公司顾问，走出一条强强联合的创业道路，力争用3至5年时间，打响品牌，成为国内一流、国际知名，具有武汉特色的现代软件研发公司。该公司一期投入200万元启动资金，招募了大批有经验的高素质人才，已经承接了数个重要管理项目应用系统开发工程。

【哈尔滨电信打造数字化开发区】

2002年1月16日，由哈尔滨市电信分公司与本市高新技术产业开发区合作建设的“数字化开发区”签约仪式隆重举行，与此同时，哈尔滨市开发区网站正式开通。这标志着由哈尔滨开发区管委会出项目，哈尔滨电信斥资数亿元的“数字化开发区”建设全面启动。

哈尔滨市高新技术开发区是哈尔滨市高新技术企业聚集地，有各类企业三千多家，其中有很多国内外知名企业。2001年年底。开发区管委会就将“数字化开发区”建设摆上了日程，并提出了“不花钱，不养人”，由开发区管委会出项目、电信运营商投资这一全新的办区模式。哈尔滨电信以其雄厚的网络资源、技术力量脱颖而出，他们主动与开发区商谈建设事宜，积极筹备，承担起信息化建设主力军的重任，积极策划发起了推动建设“数字化哈尔滨”的系列活动。哈尔滨电信准备通过电子政务系统、电子商务系统为开发区建成快捷的网上办公平台，保证企业信息化的低成本进入、低费用维护、高水平使用。

【上海电信与上海贝尔携手 国内首个广域虚拟网解决方案试验成功】

2001年年底，由上海电信与上海贝尔联手合作的广域虚拟网（WAC）解决方案在上海试验成功并完成了各项功能测试。此次试验和测试共历时两个月，测试结果表明：各项指标符合规定，产品运行稳定，业务功能完善。测试期间，还特别针对WAC的可靠性问题进行了大话务量试验，结果令人满意，接通率达到99.9%。这也是在我国进行的第一个完整的WAC／CENTREX详细测试和试验，各项结果可为WAC／CENTREX的推广和进一步商用提供更多的理论依据。

WAC即广域虚拟网，它是单个虚拟网及其功能的延伸，也称为“广域集中用户交换机业务”，就是把位于不同交换节点上的“集中用户交换机（CENTREX）”通过物理及信令上的链接，组成一个虚拟的、跨地域的专用网络，从而使在地域上具有分散性的大客户能够及时、方便地在一个虚拟专用网络上保持联系。该项业务是吸引大客户、提升大客户忠诚度的有效手段，是电信运营商赢利的一项新业务。

上海贝尔基于S12交换机上的WAC／CENTREX业务方案功能丰富、系列产品稳定、组网灵活多样，在已进行的业务试验中分别对两种组网方式进行了验证。对于智能网方式，要借用智能网（IN）的支援，因而称为“智能网方式”。非智能网方式直接通过ISUP将两个或多个S12交换机连接，不必借用任何其他资源。S12最大的优势就是能够非常便利地利用非智能网方式实现WAC。

【安徽评选电脑界十件大事 “安徽电信宽带网建成”高票当选】

2002年1月，“2001年安徽省电脑界十件大事”评选活动揭晓。由安徽电信申报的“安徽电信宽带城域网全面建成”榜上有名，位居第二。

此次评选采取专家评选和网上投票两种方式。评委会代表一致认为，安徽电信宽带网为广大用户提供了优质、高速、宽带的数据及多媒体通信服务，对促进安徽地方经济的繁荣与发展、加快全省国民经济信息化进程具有重要意义。该评选活动由安徽省经贸委和计算机协会每年举办一次，旨在引导和推动安徽省IT行业的健康有序发展。

安徽电信宽带网主要包括安徽省宽带互联网三期扩容、MAN（城域网）和ADSL三个子项目，MAN（城域网）和ADSL已覆盖全省所有地市及部分有需求的县。

【北京电信与消防局共建消防调度指挥专网】

2001年12月，北京市消防局的府右街、东经路、红庙三个消防队的接入光纤已由北京电信技术人员全路调通。这标志着光纤铺进全市48个消防站的“全光119”工程已接近收尾阶段。

“119”是老百姓最熟知的电话号码，也是北京市消防局接警电话。随着城市现代化进程的加快，原使用的119指挥调度网络由于是1993年建成的低速网，仅带有20多个终端设备，难以适应数字化、信息化的现代消防需要。

“全光119”工程就是北京电信帮助消防局在消防调度指挥中心建立起容量达622M的高速光缆环，用光纤和高速2M电路将全市的48个消防站全部联系起来，并最终在2010年扩大到147个消防站。在这个基础上，消防局将建立起包括远程指挥调度、接处警、图像监控等一系列系统的、现代高效的第三代城市消防通信调度指挥网络。届时，系统可以自动产生灭火抢险救援最优方案，通过电信网直传全市各消防站，使“119”从接警到到达现场仅需5分钟。更重要的是，指挥员坐在“119”调度指挥中心就可直观灭火救援现场的情况。此外，建成后的系统还能与卫星定位导航系统结合起来，使各消防站共享全市单位、地址、门牌、消防水源、楼宇分布等各种地理信息。整套系统于2002年上半年正式验收并运行。

【“陕西数据网”开通】

为了适应WTO将带来的冲击和因此而带来的挑战性机遇，更好地服务于西部数据及多媒体通信网络建设、运行维护、业务管理、市场开发和经营服务等工作，也为了提高西部数据用户的数据知识，方便用户对数据业务及资费的了解，加快陕西数据内部常务工作的电子化，2001年12月，陕西数据通信局开通了“陕西数据网”（www.sndata.net）。

陕西数据网站以客户服务、业务介绍、资费标准、政策法规、各地市咨询电话为基础，方便用户了解数据业务、查询数据费用、监督地方工作；以数据知识、网上教程、技术知识为纲要，服务数据用户，使数据用户对新业务有个新的认识，以使陕西乃至西部人跟上日新月异的信息技术；又以数据中心、企业服务、电子商务为先导，开展企业业务服务国内外企业，以使他们的业绩有所突破；并以安全邮件、内部通道为载体，开展陕西及西部各省、市、县的数据业务，使往常常规纸张化工作电子化、以提高工作效率，加速西部数据业务在大开发中大发展。

【青海石油数据网联入电信公众数据网】

2001年4月17日，青海石油数据网与甘肃电信公众数据网联网协议顺利签订。青海石油数据网是青海石油管理局投资组建的覆盖敦煌市七里镇和青海格尔木市、花土沟、冷湖等油田基地的大型专用数据网。敦煌市电信局在上级主管部门的指导下，与石油局进行了广泛联系。经过双方友好协商，在电话网联网5年之后，又实现了数据网的联网。

【山东电信青岛分公司建成互联网数据中心】

山东青岛电信2001年9月建成具有世界先进水平的互联网数据中心，以4G带宽接入互联网，具备了近千台主机服务器的接入能力。

按照中国电信集团公司的统一规划，青岛互联网数据中心将作为山东省东部地区的数据网络管理枢纽，承担着该区域部分互联网域名的申请、注册，为企事业单位提供虚拟主机、主机托管、主机租用服务。同时，该中心还提供机架租赁，开放包括防火墙、负载均衡、安全检测、流量统计分析、数据备份、系统检测、基于数据中心的VPN等服务。

【上海电信“九七”营业计算机管理系统获市科学技术进步奖】

2001年4月，上海电信“九七”营业计算机管理系统获2000年上海市科学技术进步奖。该系统于1997年投入运行，故简称为“九七”系统。包括营业前台、营业后台、派线派号、工单管理、数据综合管理及查询、帐务处理、“112”管理、“114”管理、号簿等9个子系统。经过几年的建设和开发，该系统能为用户办理装机、拆机、移机、改号、过户等常规业务及PBX、Centrex、30B+D、ISDN、数字模块、宽带、专线等增值业务，系统覆盖上海16个地面局，是上海市电信公司接入用户数量最多、涉及各类生产经营岗位最多的内部支撑系统。（谢志明）

·国际光缆建设·

【中美海底光缆工程全部建成投产】

2001年9月4日，中美海底光缆工程完成了全网验收测试工作，正式投入使用。总投资为11亿美元的中美海底光缆工程是中国电信参与发起的一个大型的国际光缆工程，共同发起方还有美国、日本、韩国、新加坡、加拿大、澳大利亚、马来西亚等国的主要通信公司。该工程由全世界近50家电信公司投资建设,连接中国、日本、韩国、美国和我国台湾省,全长近30000公里。光缆共设九个登陆站,中国大陆有两个:上海崇明和广东汕头。中美光缆工程全线使用8芯海底光缆,采用光放大技术和波分复用技术,每对光钎的传输速率为8×2.5GP/S,系统总容量为80Gb/s，可以实现环形自愈功能，大大提高了系统的可靠性和稳定性。

该工程于1997年3月签订建设谅解备忘录，1997年12月签订总承包合同，原定于1999年底建成投产。但由于登陆许可等问题，造成东段、南段未能按时完工。中美海缆陆续开通以来，已成为连接亚洲地区尤其是中国和北美地区的重要通信干线，是中国通往北美地区的信息高速公路，中国电信、中国联通和中国网通公司均有大量的互联网电路使用该光缆。

【中国电信国际海缆维护工作会议在上海召开】

2001年11月27日—30日，中国电信国际光缆事业部在上海组织召开了国际海缆维护工作会议。参加会议的有上海、广东、和山东省市电信公司。会议中，南汇、崇明、汕头、青岛国际海缆登陆站和线路维护部门分别总结了2001年国际海缆设备维护和海缆保护的工作情况，分析了存在的问题，交流了工作经验；在总结交流的基础上，进一步研究完善了国际海缆故障处理程序。会议还就进一步做好国际光缆网络管理员工作进行了讨论。

会议强调，随着国际海缆技术发展速度的加快，传输容量有了迅猛增长，国际海缆已成为国际通信的主要传输手段。因此，精心维护、加强管理，确保国际海缆的安全至关重要。会议要求各地维护部门要高度重视国际海缆的维护工作，省、地市电信公司和海缆登陆站要加强对国际海缆的维护管理；要切实抓好国际光缆维护的基础管理工作，建立健全各项规章制度；要坚持以人为本，重视维护人员的培训教育，提高维护管理人员的技术业务素质；要规范维护操作和故障处理流程，认真执行相关规定。

【中国电信获准承担亚太二号国际光缆运营维护期的帐务中心工作】

2001年12月,亚太2号国际光缆管理委员会批准由中国电信承担亚太2号国际光缆运维期间帐务中心工作。这是继作为中美和亚太2号国际光缆工程期间帐务中心之后，中国电信第一次承担国际光缆运维帐务中心职能，使中国电信在国际光缆领域的声誉、地位及所发挥的作用得到进一步提高。

按照亚太2号国际光缆管理委员会的规定，运维期间帐务中心的确定采用招标方式进行。为投标成功，国际光缆事业部进行了认真的准备，完成了符合标书要求的全套投标文件，并在规定时间内亚太2号国际光缆财务分委会发出了亚太2号国际光缆运维帐务中心职能投标书。经财务分委会及管理委员会的充分讨论和评估，中国电信成功赢得了亚太二号国际光缆运维期间帐务中心职能。

【中国电信召开国际光缆设备维护及网络管理研讨会】

为加强国际光缆设备维护和网络管理，中国电信国际光缆事业部于2001年8月在北京召开了国际光缆设备维护及网络管理研讨会。参加会议的有集团公司财务部、市场经营部、相关省市电信公司及海缆登陆站的代表。会议指出，国际光缆设备维护和网络管理工作要形成一套规范操作的工作体系，建立健全规章制度，完善工作流程，保证国际光缆工程投产后安全可靠的运行。会议讨论了三个管理办法，即《国际光缆网络管理员管理办法》，《国际海底光缆网络维护管理办法》，《国际光缆系统维护费用管理规定》。

与会代表对管理办法进行了热烈讨论，提出了很多很好的建议和想法，国际光缆事业部决定这三个管理办法定稿后下发实施。

【亚太2号海缆在广东汕头顺利登陆】

2001年5月，亚太2号海缆在中国电信国际海缆广东汕头登陆站顺利登陆，设备调试正常。亚太2号海缆全长1.9万公里，北至日本，南抵马来西亚、新加坡等国家，在中国内地有汕头和上海两个登陆点。亚太2号海缆采用先进的光放大技术和密集波分复用技术,容量达到2.56Tbit/s，相当于3100多万条电话电路，是先前在此登陆的中美海缆的32倍、亚欧海缆的64倍。这条海缆的顺利登陆，标志着广东汕头已成为国际通信网络中的重要节点。

【上海电信海光缆安全提升卓有成效】

经过近一年的集中建设，在上海登陆的中美、中日、环球、欧亚、中韩、亚太2号海光缆受阻后的恢复功能进一步加强，国际海光缆网络的安全性能显著提升。2001年2月9日，中美海光缆北段发生阻断，上海至美国方向的INTERNET路由几乎全部受阻，引起社会强烈反响。而同时，由于渔民大量违章捕鱼，海光缆的安全隐患一触即发。上海电信的网络部门知难而进，启动一系列全面、完善的网络安全措施，做到即使海底光缆发生故障也能保证通信不受大的影响。首先，在APEC前夕完成中美海缆的环形构架，实现了中美海光缆的自愈功能。其次，成功地实施海光缆多路由分担方案，将至美、日、韩、新加坡、香港等主要国际方向的上万条电路分散到不同的海光缆上，以避免一条海光缆发生中断，造成某一国际方向出现全阻，把海光缆中断对国际通信网络的影响降至最小。再次，针对INTERNET路由原来全部集中于中美一条海光缆的情况，现通过调整，又增加了两条新路由。一是通过陆上光缆到香港，再由香港走海光缆到美国；二是用北京的155M卫星路由作备份。一旦中美光缆中断，可将INTERNET路由迅速改走上述两条新增通道，从而不影响市民的上网。最后，根据海光缆发展趋势，经与国外运营商和海光缆系统恢复联络商协商，利用海光缆的冗余容量和不同海光缆的迂回路由，重新制定出一套海光缆受阻后的恢复重组方案。单条甚至两条海光缆中断后，可在最短时间内将重要的国际电路倒入预先设定的恢复路由。现已最多可提供迂回恢复路由3万余条。在2001年发生的两次海光缆阻断中，以上方案得到进一步的检验。特别是10月21日环球海光缆出现故障，影响一万余条电路，网络部门立即实施恢复方案，有效地避免了一次较大面积的通信影响。

·卫星通信·

【五期扩容首批工程通过验收　中国电信卫星通信能力增强】

2001年8月22日，北京、河南、贵州、青海等12个省（区、市）电信公司以及与工程相关的设计方、建设单位、器材供应商等部门，在郑州通过了对中国电信国内卫星通信五期扩容工程第一批工程的验收。本次扩容增强了现有卫星的通信能力，提高了地球站已有设备的投资效益，对满足和缓解西部和边疆地区的通信需求与压力将起到重要作用。

国内卫星通信网五期扩容工程为中国电信管理的一级干线技术改造项目，本次扩容涉及27个省（区、市）和29个大型地球站，新增电路26760条，对23个直径12米以上天线的大型地球站设备和电信公司终端进行了扩容，并在6个地球站增加了天线设备。在通信故障多发的兰西拉光缆和18个地球站新增最新的DCME和调制解调器等通信设备，大大降低了电路的误码率，提高了通信质量。中国电信国内卫星通信网在我国长途通信，尤其是边疆通信中发挥了重要作用，缓解和改善了长途通信的紧张状况，为边疆地区经济的发展作出了积极贡献。

中国电信卫星通信五期扩容工程验收后，网络进入调整和改造阶段，以适应数据通信和多媒体通信发展趋势，满足远程教育、远程医疗、广播型业务及对各种体育、文艺节目的转播等业务对网络的要求。

【新疆卫星通信网扩容工程通过终验】

第四批日元贷款项目——新疆卫星通信网扩容工程于2001年7月27日通过终验。该工程是在原有的星状通信网（主站设在乌鲁木齐卫星地面站）的基础上，新增哈密、库尔勒、阿克苏、奎屯四个地球站，对原有的乌鲁木齐、喀什、塔城、和田、阿勒泰六个站进行扩容改造，形成星状网和网状网的混合结构。整个系统采用IDR数字传输技术，及ECI公司DTX-360（1：8）的压缩编码技术。全网所对网星为亚太1A东经134星，占用该星1A部分转发器及2A部分转发器共72M带宽。本工程投产后可提供3840条高效直达卫星电路，为新疆电信提供了空中传输通道，改善了新疆电信的传输网络结构，为新疆电信防止自然灾害，确保通信畅通提供了有力保证。　（司剑非　薛　莲）

【甘肃甘南州牧民用上卫星电话】

2001年12月28日，甘南州13个乡镇卫星电话开通仪式在甘肃电信甘南州分公司隆重举行，甘南州玛曲县、舟曲县、迭部县、夏河县和合作市等5个县市不通电话的13个乡镇用上了具有世界领先水平的现代化通信工具——全球星移动电话，这标志着甘肃省甘南州所有乡镇全部通了电话。省电信公司与甘南州政府领导及13个乡镇的代表参加了开通仪式。

甘南州为甘肃省偏远落后的少数民族地区，由于地理环境复杂、经济发展不平衡，及各种条件限制，造成13个乡长期不通电话。13个乡中，除玛曲的欧拉秀玛乡、舟曲的博峪乡由于建设投资和施工难度过大一直未通电话外，其余11个乡镇原来都通电话，但由于当地人为破坏严重，经常盗割通信电线、电缆，造成通信中断。甘南州电信分公司曾多次修复，但屡遭盗割。甘南州电信分公司多次向地方政府专题汇报，要求保护通信线路、给电信部门维护提供方便，但一直未得到及时有效地解决。在2001年3月召开的全国九届人大四次会议上，甘南州5名代表提出了《关于恢复民族地区部分乡镇农村电话的建议》受到了国家有关部门的高度重视，批转信息产业部办理，由中国电信集团公司承办。集团公司对此建议的办理非常重视，省公司在资金十分紧张的情况下，千方百计支持甘南少数民族地区通信发展，多次派人实地调查了解，从技术、资金、维护、设备等方面与甘南州分公司共同提出多种解决方案，并进行反复论证分析，最后与州政府达成了一致意见，确定以技术先进、环境要求不高、通信质量好的卫星电话为解决方案，由甘南州电信分公司购买13部卫星电话租赁给13个乡政府，并采取了免收设备租用费，每部电话每月补助一定通信费用的措施，从而有效地解决了13个乡的通信问题，为促进我省偏远地区少数民族的经济发展、地方稳定、提高农牧民生活水平做出了重要贡献。

玛曲县采日玛乡乡长拿着新配发的卫星电话高兴地说“有了这个卫星电话，可解决了大问题。我们乡今后沟通再也不用靠骑马坐车或请人带话传信息了，电信部门为我们办了实事。”齐哈玛乡乡长说：“我们乡距玛曲县城107公里，中间要两次经过黄河。以前，办很小的事要花很多时间和代价。前几年发生边境草场纠纷或疫情灾情，没法联系。乡上有了卫星电话，可以及时反映情况。电信部门投入这么大资金，为我们解决通信问题，我代表全乡牧民群众向电信部门表示感谢！”

在开通签字仪式上，甘南州政府领导对甘肃省电信公司给予甘南州地方应急通信问题的大力支持表示了衷心地感谢，同时要求13个乡镇指定专人管好卫星电话和配件设施，使卫星电话在实际工作中切实发挥作用。甘南州电信分公司代表在仪式上还与13个乡镇的代表签订了《财产租赁合同》，明确了双方使用卫星电话的责任和义务。

12

中 国 电 信 年 鉴

国际交流与合作

·交流与合作·

【中国电信入围《财富》周刊全球最受欢迎企业】

2002年3月4日的美国《财富》周刊发布了关于2002年度“全球最受欢迎企业”评选结果，在全球入选的318家企业中，中国电信等三家中国企业入围。此次评选非常严格，首先，参选的对象必须是《财富》全球500强企业以及500强企业以外但年收入超过80亿美元的企业；其次，入选企业必须是本行业的领先者。中国电信以在2001年度《财富》全球500强企业中排名228位和2002年度全球最受欢迎的电信企业排名第15名的成绩名列其中，另外两家中国企业分别是中国石化和中国石油。

评选结果通过向全球10，000名高层管理人员及分析家展开调查得出，调查涉及企业的9个方面：创新性、管理质量、员工才能、财务稳定性、公司资产运用、长期投资价值、社会责任感、产品／服务质量及全球性。在这9个调查指标中，《财富》杂志又从入选的企业中分别评出每个指标的前10名和后10名。中国电信有6项指标居中，但在创新类、全球业务类和产品质量及服务类3项指标中排名靠后。

在中国电信排名靠后的3个指标中，中国电信的得分是3．32分、3.11分、3.90分，在318家企业中分别排在317、316和316位；中国石化和中国石油也分别在入选的15家同行企业中排在第15位和第13位。表明尽管中国企业的国际化进程已经开始起步，但我国企业在产品及服务质量、企业创新和企业的国际化程度等方面与国际大企业还有较大差距。在经济全球化和我国加入WTO的形势下，中国企业要参与全球性竞争，还有一段很长的路要走。

【《财富》列出最新排行榜——中国电信跻身全球24强电信企业】

2001年底，美国《财富》周刊刊出了2000年度全球最大500家公司的排行榜，有24家电信类公司荣列其中，中国电信和中国移动两家企业榜上有名。

按照营业收入排行，中国电信、中国移动分别排在第15和第18位。24家电信公司的总营业收入为7300亿美元。其中，美国公司营业收入总计2876亿美元，占39%；日本公司营业收入总计1370亿美元，占19%；法国公司营业收入总计601亿美元，占8%；中国电信和中国移动的营业收入总计为358亿美元，占5%。中国两大电信公司营业收入仅次于美国、日本、法国、德国的电信公司，列世界第五位。

1996年11月《财富》杂志中文版创刊时，刊登了1995年全球最大500家公司的排行榜，当年进入500强的电信公司共22家，其中美国公司占了一半，中国通信企业榜上无名。这说明，在20世纪的最后5年，中国电信业飞速发展，电信市场的规模已经迅速赶上并超过了许多发达国家。在全球范围内，电信业的发展及重组整合的速度在加速，竞争十分激烈。而有了长足进步的中国电信业在当今世界电信的强手眼中，是一个潜力巨大的市场。2000年，中国两大电信公司的营业收入仅为美国公司的八分之一、日本公司的三点八分之一、法国公司的五分之三，而我国人口近13亿，中国电信业要达到世界发达国家的水平，还有很长的路要走。

按照资产排序，中国电信、中国移动分别列第13、18位，同其在市场规模上的位置基本一致。这说明，中国电信、中国移动的资产结构基本合理。由于中国电信业是改革开放以来特别是20世纪90年代以来高速发展的行业，加之国家对电信业的指导方针是：“要用当代最先进的技术装备来改造和建设中国的通信网。”因此，今日中国电信业技术装备水平非常高，最新技术装备在通信网中所占比重往往高于发达国家，这就为中国电信业的进一步发展奠定了良好的基础。

按照利润排序，中国移动列13位，中国电信列16位。24家公司中，利润的增减同营业收入的增长并不是简单的线性关系，特别是有4家公司亏损，其中两家英国公司、一家美国公司、一家意大利公司。虽然有

10家公司的营业收入增长幅度低于两位数，却有15家公司的利润增长在两位数以上，有13家公司增长幅度在20%以上。德国电信的营业收入与上年持平，可利润却增长了54.76%。可见世界电信业竞争之激烈，电信公司已经不是有市场就能赚钱了，必须提高决策水平，强化内部管理，严格控制成本，既要增收又要节支，才能获得良好的经营效益。

按照员工人数排序，中国电信以近59万人高居榜首，中国移动列第12位。据统计，美国7家公司员工总数92.7万，人均营业收入31万美元；日本3家公司员工总数23.6万，人均营业收入58万美元；法国2家公司员工总数32万，人均营业收入18.8万美元；德国电信员工总数22.7万，人均营业收入16.7万美元；中国电信员工总数近59万，人均营业收入3.6万美元。需要说明的是，各国电信公司的组织管理模式有很大的不同，日本NTT公司10年前有32万人，随着改革的深化，减少到21.5万人。我国的国有企业既承担企业的责任，又承担着许多社会职能，各国电信公司员工的职责范围不同。因此，职工人数多、劳动生产率低既是我国国企存在的突出问题，但又不能简单地同国外公司类比。我们必须清醒地看到，中国国有企业承担社会职能的功能必定要从企业分离出去，以使我们的国企能同国外电信公司站在同一条起跑线上竞争。中国电信、中国移动和中国其他国有电信公司必须加快改革的步伐，坚定而妥善地处理好主辅、主附分离及劳动人事综合配套政策改革，以资本重组、结构重组、业务流程重组为核心，缜密地制订中国电信业改革重组的方案，使中国电信业在加入WTO之后，进一步加快发展与改革的步伐，提升自身的竞争能力，在全球电信业中赢得自己应有的位置。

《财富》评出的全球最大电信公司排行榜

序号	公司名称	营业收入（亿美元）	比上年增减（%）	利润（亿美元）	排序	比上年增减（%）	资产（亿美元）	排序	员工人数（人）
1	NTT（日本）	1032.3	10.3	41.97	6	--	1692.8	3	215,200
2	AT&T（美国）	659.8	5.8	46.69	4	36.2	2422.2	2	165,600
3	VERIZON 通信（美国）	647.1	95.1	117.97	1	180.1	1647.3	4	263,552
4	SBC 通信（美国）	514.76	4	79.67	2	2.4	986.5	8	215,088
5	WORLDCOM（美国）	390.9	5.3	41.53	7	3.5	989	7	90,000
6	德国电信	378.3	0	54.76	3	309.8	1166.4	6	227,015
7	法国电信	311.2	7.1	33.82	9	14.6	1216.59	5	188,866
8	英国电信	307.9	0.8	-26.77	23	-180.9	779.07	11	137,000
9	阿尔卡特（法国）*	290.2	18.2	12.23	15	78.1	403.5	17	131,598
10	OLIVETTI（意大利）	278.3	7.5	-8.68	22	-116.5	895.3	9	120,937
11	TELEFONICA（西班牙）	263.2	7.5	23.14	11	20.2	897.27	10	148,707
12	南方贝尔（美国）	261.5	3.7	42.20	5	22.4	509.25	14	103,918
13	SPRINT（美国）	236.1	18.5	0.93	20	--	426.01	16	84,100
14	沃达丰（英国）	221.95	75	-144.40	24	-1940.5	2446.24	1	56,800
15	中国电信	208.12	12.6	9.11	16	66.2	637.4	13	588,882
16	KDDI（日本）	205.18	49.7	1.12	19	--	290.4	21	14,242
17	QWEST 通信（美国）	166.1	322.9	-0.18	21	-117.7	735.01	12	66,984
18	中国移动	150.45	--	20.73	13	--	388.4	18	111,824
19	BCE（加拿大）	148.59	49.1	32.72	10	-10.9	342.09	19	75,000
20	日本电信	132.53	214.7	1.58	18	7.6	198.62	23	6,893
21	CARSO 全球通信(墨西哥)	130.78	19.1	6.70	17	45.9	266.97	22	75,373
22	TELSTAR（澳大利亚）	124.77	8.7	23.12	12	5.3	182.16	24	50,761
23	ROYALKPN（荷兰）	120.65	29.1	17.31	14	96.4	501.95	15	45,151
24	大东电报局	119.8	19.2	38.93	8	35.1	399.11	20	47,904

*本表格引自《财富》中文版 2001 年 11 月，原文排序如此。

【中国电信与阿尔卡特签署DSL长期合作协议】

2001年3月22日，中国电信和阿尔卡特公司签署了DSL宽带接入网络和业务拓展长期合作协议。根据这一全国性协议，阿尔卡特向中国电信提供全球应用最为广泛的宽带接入平台——7300DSLAM(DSL接入多路复用器）以及DSL Speed Touch调制解调器。该协议为中国电信及其所有分支机构与阿尔卡特在全国的合作制订了蓝图。中国电信拥有中国大陆99%固定电话基础设施（约1.3亿线），DSL解决方案使中国电信能够充分利用现有的铜质双绞线网络，为包括住宅和中小企业在内的因特网用户提供宽带接入服务。

法国前总统德斯坦、中国国务委员吴仪、中国贸促会会长俞晓松、信息产业部副部长张春江等领导出席了签字仪式。中国电信副总经理常小兵表示，通过这种合作方式，中国电信将得以向终端用户提供多种质优价廉的宽带服务。

【中国电信与爱立信签订下一代网络实验工程设备合同】

2002年3月，中国电信集团公司与爱立信公司在北京签署了中国电信下一代网络实验工程设备合同。根据合同，中国电信在广州和深圳的下一代网络实验工程将采用爱立信公司软交换系统ENGINE的最新版本—ENGINE Release 4，其中包括核心设备、接入、用户终端设备和集中网管维护系统。作为提供端到端解决方案的厂商，爱立信公司负责提供网络实施、培训及新业务开发的咨询服务等。

早在2001年3月，中国电信集团公司与爱立信公司签署了合作谅解备忘录，就中国电信现有网络向下一代网络演进的共同合作作出了长期的承诺。此次下一代网络实验网工程不仅是中国电信对其全球最大的交换网络向下一代网络演进做的积极尝试，更为重要的是通过技术创新进一步加快中国电信发展成为具有国际综合竞争力的大型企业集团的步伐。

【中国电信与西门子签订下一代网络(NGN)试运行合同】

2002年3月22日，中国电信集团与BISC／西门子公司签订了下一代网络（NGN）试运行合同。根据合同，BISC／西门子公司将利用自己世界领先的下一代网络方案SURPASS为中国电信架构NGN网络，提供集语音、数据、图像等业务为一体的，包括多种接入方式的下一代网络端到端整体解决方案，并架构一个适合电信级应用的信令网关系统。

SURPASS解决方案是应对下一代网络发展所推出的电信级整体解决方案，它使得大规模构建基于IP的电信级统一核心传送网络及支持包括电信级端到端语音、数据、图像等多媒体应用的信令支撑网络、开放的多媒体应用平台和满足多种要求的灵活的用户接入技术成为可能。该解决方案无缝隙连接现有PSTN，并支持其所有业务。

【上海信天通信公司开业】

2002年3月22日，由上海市电信公司、美国AT&T和上海信息投资股份有限公司联合投资组建的中外合资电信运营公司——上海信天通信有限公司宣布开业。该公司成立于2000年12月5日，是中国入世之后第一家合资公司，率先在国内推出国际化全新业务，为上海和全球850个城市的客户网点提供全面管理、端到端连接服务。

上海信天通信公司总投资2500万美元，上海电信持股60%，AT&T持股25%，剩余股份由上海信息投资股份有限公司持有。其主要业务包括IP虚拟专用网、接入连接管理、用户端设备管理、防火墙管理、主机托管、电子商务等，属于电信增值服务。

中国电信集团公司总经理周德强和美国AT&T全球总裁阿姆斯特朗出席了开业典礼。周德强总经理表示，信天通信的创立和成功开业是国内电信运营业对外开放并逐步融入国际市场的良好开端。上海市电信公司要积极发挥自身的独特优势，全力支持其成长，并在网络和业务方面给予协助。周总希望上海电信吸收有益的经验，通过与AT&T的合作提升与国际接轨的能力，让更多的客户享受中国电信对外开放的成果。阿姆斯特朗先生则表示，AT&T将全力保证信天通信能够提供真正全球无缝连接和其他世界级的电信服务。

在开业典礼上，信天通信公司董事长、上海电信公司总经理程锡元宣布，信天通信已经分别与AT&T的全球网络和上海市电信公司签订了双边业务支撑合作协议，以确保信天通信在依托本地网络和连接全球网点的基础上，为跨国商业客户提供更可靠、更方便的电信服务。

·申 奥·

【中国电信力助北京申奥成功】

北京申办2008年奥运会获得了圆满成功。在北京申奥的冲刺阶段，中国电信以雄厚的技术实力承担了连接奥申委三个驻地与北京总部的网络通信服务。为保障7月份在莫斯科的申奥投票通信通畅，中国电信提供了系统设计和技术方案，提供三条国际电路，并负责电路准备和网络系统调试。为在俄罗斯工作的奥申委委员提供移动手机通信卡，为奥申委委员在莫斯科的驻地提供上网和国际长途通信服务。通过中国电信的网络系统，奥申委工作人员方便快捷地上网、自由地与国内同行联系、与各新闻媒体沟通信息，与北京的相关部门通过网络召开电话会议，及时向国内发送申奥成功的喜讯。

莫斯科的通信环境较为复杂，与国内相比存在很大差异。为了能保证所有设备在运抵莫斯科后快速投入使用，中国电信做了积极认真的准备工作，召开了几十次技术协调会，制订了周密的实施计划，调配了最好的技术人员，并在北京国际电信局搭建模拟环境进行演练。7月2日，中国电信派出了7名技术业务人员前往莫斯科为申奥通信保证提供现场技术支持。几位同志克服了种种困难，在抵达莫斯科后的很短时间内，迅速对3个通信点的网络系统进行了搭建和调试。为了避免突发情况影响奥申委工作人员的通信，在全部通信网络系统正常投入使用后，中国电信技术人员提供了24小时的技术支持。在中国电信的积极配合下，北京奥申委实实在在地感受到“科技奥运”，中国电信技术人员的合理组网，使奥申委的同志们不仅获得清晰的通话质量、快捷的上网速度，而且通过中国电信提供的专线电话实现了在莫斯科直接拨北京8位号码即可接通北京的电话；同样，使用北京任意一部电话拨8位号码也可以直接接通奥申委设在莫斯科的电话。

【北京电信圆满完成国际奥委会评估团对北京申奥通信的考察工作】

2001年2月24日，国际奥委会评估团主席海因·维尔布鲁根和副主席吉尔贝·费利率领国际奥委会评估团一行9人到北京电信进行通信考察。

考察期间，国际奥委会评估团参观了北京电信的网管中心，通过网管监控大屏参观了北京电信的光缆环、7号信令网、长途电话网的运行情况并察看了当天的话务量曲线。评估团来到北京电信的申奥展示厅时，北京电信的赵继东总经理和林融副总经理用娴熟的英语向考察团成员介绍了北京电信目前的整体实力和技术状况。随后播放了北京电信编辑制作的录像片，全面展现了“数字北京”的风貌，介绍了北京电信的通信能力，对重大国事活动的保障以及在重大体育赛事中的应用。当播放完毕时，评估团的官员们不约而同地鼓起掌来。评估团主席海因·维尔布鲁根在参观考察后，不住地点头称赞，表示“印象非常深刻！”。他在留言中写道：“能够参观到如此先进的通信设备是我们的荣幸，你们做得太好了！”

北京电信除了承担国际奥委会评估团的接待任务之外，还与北京移动、北京联通、北京网通共同承担了此次国际奥委会评估团来访期间的通信保障工作：为三个申奥样板场馆提供了6条ISDN专线、15条电话线和9部多媒体智能电话；通过ATM155M接入为国际奥委会评估团听取陈述报告的主会场——北京饭店搭建局域网，调通了上海、青岛两地的会议电视系统，为确保网络安全，北京电信此次采用的是1比6的光端机；北京电信还为国际奥委会的下榻宾馆提供了100M入大楼、10M入房间的宽带网络，评估团成员可以足不出户进行VOD视频点播和高速上网。

2月25日，国际奥委会对北京申奥工作的评估考察圆满结束，各项通信保障工作万无一失，评估团对北京电信所表现出来的网络能力及技术水平给予很高的评价，各位成员对北京电信的各种新业务产生了浓厚兴趣。北京奥申委于当日致函北京电信表示感谢。

在北京全面启动申办工作后的几个月里，北京电信共接待了22个国际单项体育组织考察团和包括路透社、美联社在内的30多家境外主流新闻媒体前来参观考察。信息产业部部长吴基传、北京市党政领导贾庆林、刘淇，国家体育总局领导袁伟民、李志坚等也专程到北京电信视察。贾庆林说："电信是北京与世界差距最小的行业。"

【北京电信成功接待国际体育组织对北京申奥通信的考察】

2001年北京申奥成功后，在举国一片欢腾的时候，北京电信也露出了欣慰的笑容，几个月来的汗水总算没有白流！

在北京电信专为迎接国际单项体育组织考察团而精心布置的通信设备展厅里，每位参观者不但可以用耳聆听，还可以用眼去看，更可以用手触摸。几个月来，通过GPS全球卫星定位系统、宽带上网、视频点播、呼叫中心、多媒体电话等新业务的演示，北京电信不仅让国际各单项体育组织考察团和众多国际著名媒体的记者们，切身感受到了一个体现综合化、数字化、宽带化、智能化、个人化发展趋势的"新电信"，更为北京申奥的成功增加了宝贵的一分。

北京电信这一浓缩高、精、尖通信业务的展厅，成功接待了28个国际单项体育组织考察团及路透社、美联社、香港卫视等多家境内外新闻媒体的参观考察。很多官员和记者最初是带着疑问的眼光走进展厅的，一位考察官员在刚到北京的时候，曾经指着接待人员的手机问道："这是你们国家为申奥而专门为你配置的吧？"官员们的疑问是不无原因的。因为在国际奥委会对所有候选城市第一阶段的考察评估中，北京在通信能力方面的得分是"二类"，位居5个候选城市的最后一名。这样的排名结果让北京电信百思不得其解：大量的资金投入建设，高科技人才的引进，广泛深入的世界交流、合作与学习，承担重大通信保障任务的丰富经验积累……这一切都确保了北京电信无论是在网络规模、技术水平，还是在服务能力、业务种类各方面都具备了世界一流电信企业的水平，怎么会得出这样的结论呢？原来国际奥委会这次对候选城市通信能力的评估是由一家信息咨询公司在相关信息、资料采集的基础上得出的。而这家信息咨询公司手中的资料多是三四年以前的旧资料。缺乏广泛的对外宣传和展示，是我们失分的一个重要原因。北京电信必须在最短的时间内主动出击，把这三四年的时间差从人们的记忆里彻底抹去。

一支由北京电信派出的技术小组很快飞往欧洲，为那家组织通信能力评估的信息咨询公司送去了包括网络规模、技术层次、业务种类、体制变革等项内容的、反映北京地区整体通信发展状况的最新资料。同时，北京电信抽调既懂业务又懂技术的一流通信人才到北京奥申委，为北京奥申委历次申办报告中通信篇的编写和各种对外宣传活动提供极具权威性的支持。而作为接待考察团、对外宣传展示综合通信实力的一个窗口，展示厅的整体布展方案是这样考虑的：首先，地点选在了既可以俯瞰北京地区通信网络"心脏"——网管中心，又可以充分展示新业务的复外综合通信楼大会议室。地点一经确定，开通各项新业务演示所需的光缆、DDN专线、ISDN专线……途经全网的不同局所向这里调集。经过紧张而有序的工作，所有线路及设备的调度、安装和调测工作以及布展的其它工作全部在十天内完成。同时，北京电信还自己拍摄、编制了反映近二十年通信发展状况及承担国家和国际各类重大活动通信保障工作的专题片。整个接待宣传方案得到了北京奥申委领导的充分肯定。

但是，如何充分利用、调度、管理好这些网络资源，以应对通信突发事件的需求，是国际各单项体育组织考察团普遍关心的一个问题：如果北京申奥成功，面对游客和运动员的激增与密集，北京电信将采用哪些对策来解决国际电话、数据传输、信息源供应等方面需求的增长？

每当面对这样的问题，北京电信总是从容镇定地告诉考察官员：目前北京电信的通信能力就完全能够为奥运会提供最先进的通信服务。悉尼在奥运会期间的流动人口数是800多万，而北京日常的流动人口数目就已经超过了1200万。2000年国际劳动节，许多中国人都选择外出旅游度过七天的长假期，来北京的游客比平时猛增了近300万，当时在1平方公里的范围内，就有3000多用户在使用不同的通信业务，但北京整个通信网络在此期间始终保持正常运行。1999年的10月1日，在天安门广场举行建国五十周年盛大庆典，天安门附近流动人口总数达到了100万，世界几百家新闻媒体对庆典进行了实时报道。在5个小时里，庆典指挥部的各项指令传送，国家电视台的现场直播，媒体的话音、文字、图像传送以及其它通信需求的保障都由北京电信来承担，那时通信需求的复杂与难度绝对超过

了一次奥运会开幕式通信需求的复杂与难度，而北京电信则通过在天安门地区增加通信线路、光缆、专线，增设基站，调配应急通信车队，采用集群电话、交互式会议电话系统等多种通信手段，确保了通信的万无一失。

事实胜于雄辩，北京电信国际一流的通信设施，各种通信资源、手段的整合和有效地组织，以及以往重大活动中通信胜利保障的实例，终于使国际各单项体育组织以及国际奥委会评估团对北京电信通信保障工作的考察，获得认可和通过，给予了很高的评价。

·上海APEC会议·

【上海电信圆满完成APEC会议通信保障工作】

2001年11月20至21日，举世瞩目的2001年亚太地区经济合作组织首脑会议（APEC）在上海举行，作为通信主要保障单位，上海电信承担了极其重要的任务，确立了“组织严密、措施落实、确保安全、协同作战、共创形象”的指导思想，并根据保障体制成立了由总经理程锡元为领导的通信保障指挥中心，根据保障目标分别成立了首脑通信保障、新闻通信保障、场馆通信保障、机动通信保障、宾馆通信保障、综合业务保障、后勤支撑保障等七个小组。

APEC的21个经济体派代表团出席此次会议，加上世界各地的新闻记者和工商界人士，来上海的境外宾客有一万人左右。为此，上海电信在APEC的五个主会场间构建一个畅通无阻、安全可靠的“通信特区”，设置ATM宽带网边缘节点，搭建一个2M带宽的高速专用网。为充分满足数千名来自不同国家和地区记者的通信需求，在东方明珠新闻中心新建5000门容量包括512门ISDN程控交换机，设置国际国内长途直达路由，设立的会议电视系统可与美国、日本等十多个国家、地区连接，随时进行双向传送。在各场馆间建立分别基于ATM宽带网和384kb／sISDN的会议电视系统，使组委会人员在不同场馆间随时进行“面对面”的交流。在代表及记者入住的27家酒店，上海电信建立了FTTB+ADSL宽带接入网，为客人提供高速上网与多媒体服务。为满足APEC会议全球电视转播需要，上海电信增添了数字电视传送设备和地球站的卫星天线，并增强向太平洋、印度洋及亚洲地区国际卫星的发信能力，使传输能力达到同时传送9路以上电视信号。

APEC通信保障任务主要经历了规划设计、工程施工和保障实施的三个阶段。所提供的通信业务应有尽有，丰富多彩。确定了话音、数据、图像和监控四大类十二个项目的通信保障框架，提供本地及国际国内长途电话、电视图像传送、82001呼叫中心、CDPD无线数据传送、APEC官方镜像网站、IDC服务器托管、宾馆宽带多媒体应用、ATM高速广域网、ADSL高速接入和无线局域网接入、会议电视服务、APEC集中监控指挥系统、图片数据传输等服务项目。共提供电话线2540条，政府和媒体专线50多条，光纤72芯，ADSL网络端口982个，ISDN端口107个；启用13副卫星天线；传送电视355次，总传送时长8716分钟，为中国中央电视台、日本NTV、TBS、TV ASAHI、FUJI、TV TOKOY、香港CABLE TV、路透社等近20家媒体提供了传送服务；150间新闻工作间每间提供8个信息点；1000平方米新闻工作大厅安装了400个终端，为代表团、新闻记者和会议组织者提供全方位服务。鉴于APEC会议的特殊重要性，通信保障把网络安全置于最重要的地位。对网络安全在不同层面上充分予以保障；制定了周密的应急预案，如APEC服务热线、互联网国际出口、新闻中心高速上网、APEC筹备办MIS系统等，均有在应急情况下的处理方案；建立了多边联合的保障体制，为确保海缆安全，在市政府协调下，上海电信还联合江苏、浙江、上海的海洋监管和渔业管理部门，联合行动，出动了36条护缆船，保障APEC期间的通信安全。早在半年前，该局就组织了全网的清网排障工作，从10月12日开始，实施封网措施。据网管中心统计，在APEC会议期间全网的障碍率降低至历史最低水平。

会议期间，上海电信共有1500多人奋战在APEC通信保障的第一线，不少同志夜以继日、通宵达旦，有的同志甚至一天只休息两三个小时。上海电信为APEC通信保障所作的努力，得到了各级领导、APEC组委会、与会代表团以及社会各方的充分肯定。江泽民主席在接见APEC工作人员代表时，特意与上海电信公司总经理程锡元亲切握手给予鼓励。市委秘书长宋仪侨赞扬专用局的电信员工说：你们像一把尖刀，插到哪儿哪儿就解决问题。负责经济体首脑通信保障的员工以用心的服务赢得了各代表团的赞扬，美国白宫通信部专门发来感谢信说："你们的出色表现和优质的专业化服务使得我部能为总统、白宫工作人员提供完善的服务。"上海电信在APEC新闻中心记者发布厅举行隆重的通信保障表彰大会，中国电信集团公司为此特发传真予以庆贺。

13

中　国　电　信　年　鉴

企　业　管　理

·计划财务审计·

【中国电信召开预算管理工作会议】

2001年11月13日至15日，中国电信集团公司2002年预算工作布置暨培训会在北京召开，会议的主要任务是全面布置开展预算管理工作，具体布置2002年预算编制工作。

周德强总经理在会上作重要讲话，他认为，目前中国电信在世界各大电信运营商中的排名比较靠后，与企业的规模和地位不相匹配，尤其在企业效益与资产收益率上和世界大电信运营商差距很大，企业在降低成本，提高效益方面有很大潜力。总经理强调说，内外环境的变化要求中国电信深化改革，强化管理，抓有效益的发展，而预算管理就是降低成本，调整投资方向，增收节支，提高管理效率，使企业价值最大化的有效手段。周总指出，预算管理是一项很系统的工作，要讲究科学，要认识到管理的复杂性，编好预算并发挥对管理的作用，不要一开始期望值太高，要有一个逐步完善推进的过程。要加强对预算工作的考核，靠制度考核来加强管理。周总最后强调各级领导要重视预算管理工作，尽快成立管理机构，人员不够的要进行调整，保证预算管理工作正常开展和不断进步。

吴安迪副总经理代表集团公司预算管理委员会在会议作了专题讲话。吴副总指出，全面推进预算管理，既是国家加强国有企业宏观管理的要求，也是企业自身实现发展战略目标的重要手段，是建立符合国际规范的现代企业管理模式的必经之路，还是企业当前管理创新、各项改革工作的基础和提高企业效益、增强综合实力的迫切需要。当前，做好这项工作要注意处理好四个方面的关系：一是处理好体制改革和管理创新的关系；二是处理好改革的渐进性和迫切性的矛盾关系，既要积极推进，又要实事求是；三是处理好预算改革与其他改革工作之间的关系；四是处理好局部利益和全局利益的关系，部门、个人工作量的增减，工作职责、工作范围的调整都应服从于管理创新的需要，服从于企业长远发展和增强市场竞争力的要求。吴副总最后要求各级电信企业要加强全面预算管理工作的领导，各省公司一把手要担任省公司预算管理委员会主任；要调动全员参与预算管理，形成各个层面、各个部门工作互动；要求采取“双轨制”的做法，保证新、旧预算管理体制的平稳过渡；要按照集团公司统一部署，确保预算管理工作质量和进度。

会议还介绍了《关于推进中国电信集团公司全面预算管理工作的指导意见》和《关于编报2002年预算的通知》，提出中国电信集团当前推进全面预算管理工作的主要原则是：转变观念、实事求是、积极稳妥、沟通协调、循序渐进、逐步到位。会议要求各单位、各部门对预算管理工作要积极参与、协调配合、形成共识、整体推进，为2002年起全面实施预算管理创造良好的开端。

【中国电信提出对重点工程实行全过程跟踪审计】

2001年8月27日、28日，中国电信集团公司在甘肃兰州召开部分省市电信公司工程建设项目审计研讨会，提出在工程建设项目审计工作中要注重投入和产出的相互关系，着眼于促进企业提高管理水平，从提高企业投资效益入手，强化审计对于企业的监督、评价和服务职能。

由于近年来企业内外部环境发生变化，为适应工程建设管理需要，工程审计也需进一步转变工作思路。此次会议对工程建设项目审计中遇到的新问题、新情况和对重点工程建设项目开展全过程跟踪审计的切入点等方面进行了研讨。会议认为，要做好当前的工程建设项目审计工作，就必须坚持“全面审计，突出重点”的方针，以监督评价企业资产安全性和会计信息真实性为重点，力争达到“竣工项目审计覆盖率100%；重视企业的固定资产投资效益审计；强调工程建设项目审计要“重心前移”，对重点工程实行全过程跟踪审计，降低工程成本、提高投资效益；开展对工程建设项目内控制度评审，积极拓宽工程建设项目审计工作的领域；加强审计中的调查研究，本着"客观需要、被审计单位信服、领导满意、促进管理"的原则，推动审计工作迈上新台阶，为中国电信的改革和发展服务。

【中国电信出台支持西部发展新举措】

2001年初，中国电信集团公司专门成立西部电信开发工作小组，提出西部开发的主要目标，制订支持西部通信发展的相关倾斜政策，确定对西部电信加大投资的重点领域和方向，并逐项落实扶持西部电信发展的具体措施。

一、推动西部电信发展的"四大工程"

中国电信集团公司在坚持原有扶持政策的基础上，增加20亿元专项资金，加大对西部通信的投入，实施推动西部电信发展的"四大工程"。

一是"西部通信走廊工程"。在西部电信正常的建设投资之外，增加投资6亿元，采用先进的网络技术推进西部传输网络建设。

二是"西部数字化城市工程"。在对CHINANET进行大幅扩容的基础上，集团公司和西部各省级公司共同投资30亿元，重点加快西部各省大城市、部分发达地市的互联网、宽带多媒体网和宽带城域网的建设，使西部各省（区、市）的CHINANET出口速率提升到2.5G。

三是"西部宽带接入工程"。对西部现有的接入网进行宽带化改造，推进ADSL宽带接入技术应用；在西安、成都、重庆等中心城市建设城域IP网和城市光缆网，将用户光缆延伸到商务大楼和住宅小区，满足用户的宽带通信需求。四是实施"西部农村电话工程"，尽力给西部以必要的支持。

二、实行财务政策优惠，缩短东西部电信差距

2000年集团公司对西部电信的收支差额补贴为63亿元，"十五"前三年累计补贴将达145亿元。对特别困难的省区给予特殊补贴，如对青海、西藏补贴金额三个不变、减免上交一级干线折旧资金，给予新疆一次性收支差额补贴1亿元，"十五"期间对口援助西藏建设资金10亿元等。对于西部省区的亏损挂账，给予奖励政策。在省对地财务集中管理的试点工作中，选择部分省级公司作为试点，并对西部电信公司在对外投融资方面给予扶持。

三、加大对西部电信网络维护的投入和补贴力度

一是强化通信干线维护管理投入，进行集中监控系统的建设和改造，确保西部通信网络的安全。对因自然灾害造成的损失给予特别补贴。

二是无条件迁改影响西部地区路桥建设的光缆线路，积极配合该地区市政基础建设。

三是在网络资源配置上加强对西部地区的倾斜。加大对拉萨、乌鲁木齐等城市的卫星通道颗粒；加大DXC网的组织密度；增强网络自动恢复功能，为西部地区配置较多的区内微波通道，增强抗灾害能力等。

四、加强西部电信经营服务支撑系统的建设

推进西部本地网集中计费系统和1000综合客户服务中心的建设。中国电信在东、中部地区提供的所有新业务，在西部地区已迅速推广。

【中国电信加大对西藏支持力度】

2001年，全国电信业确定了"十五"期间向西藏通信业援助18亿元建设资金的总盘子，其中，中国电信集团公司所承担的金额超过10亿元。中国电信为此成立了以常小兵副总经理为组长的西藏电信工作小组，专门研究及处理西藏电信的发展以及发达地区对西藏电信的对口支援等问题。

西藏和平解放50年特别是改革开放20年来，在中央政府的大力支持下，西藏电信实现了超常规、跳跃式发展。自1979年以来，建成和拥有了卫星通信、光通信、数字微波、模控交换、数字数据、因特网等多种通信技术和通信手段。通信网实现了小容量向大容量、模拟技术向数字技术、单一业务向多样化业务的转变。到2000年底，全区电信固定资产总值达到20.27亿元，是1978年的105倍。局用交换机容量达到17万门，长途业务电路达到1万多路，分别是1978年的29倍和228倍。长途自动交换机容量已达到2万路端。全区三分之一的乡镇通了电话，电话普及率达到4.7%，是1978年的24倍。

作为国有大型电信主导企业，中国电信集团公司站在党和国家工作大局的战略高度，十分重视西藏通信的发展。仅1999年和2000年，集团公司共补贴西藏收支差额11亿元，减免西藏的集中资金4000万元，并在财务分配中给予了一定倾斜。

常小兵副总经理表示，中国电信将继续对西藏电信在资金、技术和项目上给予支持，援助西藏数据网、区内传输网以及接入网的建设。集团公司初步确定了13个援藏项目，援助金额达7亿元。这些项目的建设将使西藏的通信面貌进一步改观，基本满足西藏地

方各级政府、西藏各族群众对通信的需求。

【中国电信十省光缆采购节资两亿多】

2001年7月，中国电信集团公司成立以来最具规模的集中采购光纤、光缆协议在北京签署：合同包括中国电信下属的10个省、区、市（分为43包），采购光纤63万芯公里（按光缆长度计为1.7万皮长公里），合同金额5.28亿元人民币，比市场价节资2.7亿元。

中国电信集团公司在成立之初，就提出了设备集中采购、统谈分签的思路，并已在一些领域进行了多次有益尝试。此次集中采购的是中国电信省内二级干线及本地网光缆。事前，中国电信集团公司对每一阶段的工作都进行了周密的策划：先由集团公司出面协调光纤的供应和采购，并与国际知名的光纤生产厂家美国康宁公司达成了一揽子供货协议，从源头上控制了光缆的价格和质量；由集团公司出面，向11个光缆厂家邀标，经过竞标，从价格性能比上选出8个入围厂家；由集团公司统一招标文件、统一评标文件格式，本着公平、公正的原则，选择中标厂家。

通过“集中采购光纤，统一光缆招标”，一方面充分引入竞争，一方面相对形成规模，从源头上把住了质量、价格关。每纤芯公里光缆比市场价格低300元左右，大大节约了建设资金。此次中标的深圳特发等8家国内光缆厂商表示：2000年以来，受国际大环境影响，严重的光纤供需矛盾使光纤价格大幅攀升，直接导致光缆价格居高不下。中国电信集团公司在此次的采购行动中，凭借自身影响力，与美国康宁公司达成集中采购光纤的协议，保证了光纤供应及时、价格合理，为供需双方实现双赢创造了极为理想的条件。中国电信集团公司常小兵副总经理认为，集中采购、统谈分签意义深远，它确保了全网设备的质量，获得了合理的价格，为建立科学合理的设备招投标、设备采购体系积累了经验，既兼顾了发达地区的网络建设，又带动了中西部进网设备的先进性，还有利于杜绝不正之风。

【中国电信财务集中管理见实效】

中国电信集团公司推行的市对县财务一体化工作取得明显效果：各地不同程度地提升了资本运作水平，在继续加快发展的前提下，一些省的负债率逐步降低；各地的财务管理更加规范，运营成本大大降低；省级公司普遍节省了大约 3 成的变动成本费用，提高了资金使用率。

各地市分公司将所属县局使用权、资产管理权和有关财务管理权上收，地市对县财务实行“收支两条线”或“报账制”管理，将分散在县局的资金集中调配使用。中国电信的财务集中管理经过一段时间的运行，资金运作效益和工作效率普遍提高，在促进各市分公司集中资金投向、优化资源配置、增加投资收益等方面显出优势。加强了企业对成本开支的控制，控制了资产负债和不良资产的产生。县局盲目上项目，不考虑投入产出比，多头采购等现象得到遏制，项目决策谨慎论证蔚然成风。德州电信分公司在实行报账制后，各县局月成本费用下降了百万元。淄博电信分公司根据财务一体化的要求统一招标，一次就节支2000万元。四川省电信公司还另外制定了《固定资产投资管理办法》、《大宗物资采购管理办法》。这些管理制度的出台，有效地调整了投资方向、控制了投资总量，真正将有限的资金用在刀刃上。收支两条线的实施还减少了资金存量，财务风险不断降低。江西电信公司实行市县财务集中管理之后，不仅减少资金沉淀1.5亿元，节约利息支出900万元，企业负债也下降了2.26%。在完成了市县财务一体化集中管理之后，一些省继续深化财务改革，进而试行省市财务一体化集中管理。

各地财务集中管理改革所取得的成效说明，推行地市对县、省对地市财务集中管理，不仅顺应了“生产关系适应生产力”发展的要求，也顺应了由粗放式管理向集约式管理过渡的必然要求。中国入世后，企业将生存在开放型的市场经济环境中，这个环境要求生产要素、商品、服务比较自由地实现跨国界流动。电信企业只有按国际化经营的要求去管理企业，才能在激烈的竞争中立足。中国电信集团公司推行的财务集中管理改革，正是应对入世挑战的正确选择。

【西部信息高速公路计划启动】

2001年8月3日，西部开发传输网及ATM网设备采购合同签字仪式在北京举行，标志着中国电信西部信息高速公路计划正式启动。

西部大开发是党中央、国务院作出的重要战略抉择，是尽快缩小地区差距、达到共同富裕、实现中华民族繁荣昌盛的重要手段和保障。作为国有主导大型电信企业集团，中国电信积极贯彻党中央、国务院西部大开发要求，统一研究了西部电信发展战略和网络整体规划，在集团公司面临大幅减收，发展、建设资金紧张的严峻形势下，仍然决定加大扶持力度，对西部电信公司给予资金、技术上的更多投入。此次重庆、陕西等九省、区、市电信公司干线传输网和ATM网设备采购，总金额达到5亿元人民币，是中国电信支持西部网络建设、加大资金投入的一部分。

此次大规模采购和随之而来的大规模建设之后，西部电信的网络能力和技术层次将得到极大的改善和提高，容量将呈数十倍增长。西部各省区市（除西藏外）的传输网均将全部装备32波以上大容量密集波分复用系统，网络将基本覆盖所有地、市；西部各省区市CHINANET出口速率将全部提升到2.5G；宽带上网用户数年内可突破10万。随着中国电信网上应用推进力度的加大，政府上网、企业上网、电子商务、远程教育可望加速，这将有力地推进西部国民经济信息化进程。

此次设备的招标采购，由中国电信集团公司组织评定、西部各省区市决策，按照“统一规划、统一设计、统谈分签”的原则进行。这一采购形式不仅利于保持网络的先进性、统一性、完整性，而且发挥了中国电信的整体优势，降低了建设成本，增加了透明度，提高了效率，不仅使各地电信公司得到了实惠，而且博得了华为、中兴等通信设备制造企业的好评。

【新疆电信加强财务工作】

新疆电信公司在认真贯彻落实集团公司有关财务工作制度、办法的同时，通过加大财务集中管理力度，优化资源配置，强化企业财务的集中管理，提高了管理效率和效益。

新疆电信从2000年起率先推行“财务一体化”工作，在全区15个地州市中的13个地州市实行了“地对县财务收支两条线”管理，2个地州市实行了“地对县财务报账制”管理，并从2001年1月起，向全区县级电信局推广实施。从而取消县级电信局财务独立核算功能，将县级电信局发生的财务事项集中至地（市）分公司处理，形成收入集中管理、投资统一规划的集中财务管理体系。各县局的资产、负债全部上收，比照分支机构管理，其业务收入定期全额上划，日常支出由新疆电信各地州市分公司核定周转金，按期核报。集中统一的财务管理体制有效地改变了财务投资决策权分散、财务核算层次过多、资本链条复杂、资金管理分散等状况。自实行“报账制”管理以来，新疆电信成效显著：一是地州市分公司实现了内部资金的有效调度，最大限度地提高了资金使用效率，同时增强了企业在银行的信用，降低了资金成本，有效地控制了负债率。二是促使地州市分公司进一步建立和完善各项内控制度，提高了管理效率和水平。三是各分公司对县局的资金营运和业务发展实现了全方位监控，对资金的投向和投量实现了有效管理。四是有效控制了县局成本费用的开支。分公司在核定各县局成本费用预算时，一般采用“零基预算”的方法，促使各县局从加强内部管理入手，努力降低成本。通过各单位对成本费用开支的有效控制，成本费用增长幅度远低于收入增长水平。

为适应现代企业制度和国际资本运作的要求，新疆电信有计划、分层次、有重点地开展财会人员培训工作。聘请当地专业教授在新企业会计制度、合并会计报表、企业会计准则等方面对财务人员进行集中、封闭式培训，提高财务人员自身业务水平，加强财会队伍的整体素质。

此外，新疆电信公司结合中国电信集团公司《对外投资管理暂行办法》的实施，对企业现有对外投资项目进行清理规范，认真分析投资环境，提出风险分散措施，以提高投资效益，保证企业的健康发展。

【福建电信实行省对地（市）财务集中管理】

福建省电信公司以三个创新为动力，积极推进“五项集中”统一管理，在财务体制上，大力深化以集中管理为中心的财务管理体制改革，从2002年1月1日起，在全省范围内全面推行省对市“收支两条线”财务集中管理。

邮电分营以来，福建省电信公司一直把财务集中管理作为财务工作的重点来抓。2001年4月份，福建省在原有“市管县”的基础上，针对存在的问题及缺陷，制订了《福建省电信公司市对县（市）财务集中管理意见》，规范统一了市对县财务集中管理的做法，在全省范围内全面推行市对县“收支两条线”或“报账制”管理。从2001年8月份起，根据集团公司的总体精神，为进一步加大财务集中的力度，在市对县财务集中管理的基础上，福建省决定先选择三明、南平、宁德三个市分公司作为省对市“收支两条线”管理的试点。为做好试点工作，福建省本着适度集权和分权的原则，认真草拟试点方案，并组织专人实地征求了三个市分公司的意见，由此形成福建省电信公司省对市财务集中管理意见和具体的实施办法，从10

月份起，省对市收支两条线试点工作在试点单位全面实施，作为省对市财务集中管理的配套措施，从11月份起，全省融资权全部上收省公司。为进一步适应现代企业制度和国家税制改革的需要，12月份福建省在总结试点工作的基础上，对原有的省对市财务集中管理意见进行了大的修订，加大了集中的力度，经全省总经理座谈会讨论决定，从2002年1月1日起，在全省范围内全面推行省对市财务集中管理。各项配套措施和办法在2002年年初已陆续出台，省对市财务集中管理进入具体实施阶段。

福建省省对市财务集中管理总的思路是：实行“收支两条线”管理模式；各市分公司全部收入按旬上缴省公司；各市分公司成本费用预算按月上报，按旬下拨；所有资本性支出都列入省公司的计划盘子中；管线建设和零星购置固定资产由省公司切块安排资金；省管工程由省公司建设部等相关部门根据投资预算和具体工程项目进度提出付款计划，省公司财务部按付款计划拨付资金；市管工程由分公司按月上报具体工程项目进度及付款计划，经省公司计划发展部审核确认后，由省公司财务部按付款计划拨付资金；市分公司争取到的地方各级政府的拨款或补贴，经省公司确认后，全部返还给分公司，由分公司自行安排建设项目；融资权和担保权全部上收省公司，市分公司的新增借款和偿还到期借款由省公司负责统借统还；2002年1月1日起各市分公司（含所属县市局）所形成的资本性负债（含调度借款）全部上收省公司，由省公司统一负责偿还，2001年12月31日前各市分公司（含所属县市局）所形成的资本性负债，管理权仍归各市分公司；取消原有“收支差额调整”和“集中资金”的财务分配政策，实行“预算定额包干、收差全缴、亏损递减”的财务分配政策；全省经营成果由省公司统一分配。省公司统一核算全省利润，统一汇算全省所得税，市分公司不进行经营成果分配。

省对市财务集中管理是一项系统工程，需要各方面协作配合。在实施省对市财务集中管理的过程中，省公司领导给予高度重视并大力支持这项工作，多次召开总经理办公会议协调、理顺各部门的关系，并充实加强省一级人员力量，增强省公司在投资预算、资金管理等方面的快速反应能力，为顺利推行省对市财务集中管理奠定了良好的基础。

【宁夏电信推行财务收支预算管理】

2001年4月，宁夏电信公司召集地市分公司、直属单位有关人员召开财务专题会议，推行财务收支预算管理，目的在于强化区市财务核算一体化，实施财务集中管理，充分发挥货币资金的最大效能，逐步建立科学的电信财务管理运行机制。

财务收支预算管理是在实施“收支两条线”的前提下，各分公司、机关相关部室每月20日前向区公司计财部提交下月度财务收支预算，区公司按照已批准的年度财务收支预算，核定下月度收支预算，按季进行成本、费用清算；年度预算一经批准，除特殊因素外，原则上不作调整；分公司按季上报有关预算执行情况的分析报告，区公司定期进行预算执行情况检查，加强财务监管力度，并将预算执行情况列入经营责任制考核中。对此，区公司要求：财务收支预算管理要在实事求是的原则下进行，充分认识其科学性、严肃性，使吻合度更加准确、精密，确保财务集中管理的顺利进行。

【河北电信统谈分签实现设备采购的集中管理】

河北省电信公司加强通信网主要设备的集中采购管理，实行全公司统谈分签或统谈统签，建立起集中的设备采购制度，有效解决了网络中存在的结构不合理，设备型号多、水平差异大、价格地区差异大且整体偏高等问题，收到了显著效果：

一是合理选择设备厂家，在统购中逐步淘汰旧机型，使设备机型趋向统一，设备的性能趋于同一较高水平，逐步优化本地组网，健全网络管理功能，为网络维护和网络资源的集中管理打下了坚实的基础。

二是充分体现规模优势，投资效益显著提高。由于省公司统谈力度大，设备价格更趋合理，设备的到货、安装、开通有了充分的保证，售后服务也得到了加强。

三是统一部署，步调一致，工作效率和管理水平大幅度提升。有人担心全公司统一谈判，会耽误工程进度，影响装机放号。事实证明，实行设备集中采购后，各分公司在省公司的统一部署下及时完成了项目的前期准备工作，并加强了相互之间的学习和交流，管理水平有了整体性提高。经过一两次统谈之后，各分公司从管理上逐步同省公司合拍，并加强了配合，工作效率得到提高，全省本地网建设工作得以有条不紊地进行。公司在2000年实行统谈分签，不但签订了该年内的270万门交换机和接入网合同，还在当年9月份审定了2001年上半年本地网交换、传输建设方案，这些设备于2001年初到货，为2001年上半年的业务发展奠定了基础。

四是使投资、建设、放号、资金回收走向良性循环。主要做法是：（一）采用“省、市两级管理”的方式，明确分工并加强协作。各分公司通过市场调研和业务预测，细化用户需求，落实用户分布，形成初步建设方案和设备选型方案上报省公司；省公司组成技术组对各分公司的初步建设方案审核、优化和调整，将修订方案下发各分公司确认，综合各分公司意见形成最终建设方案，由省公司批复。省公司组织各分公司参加技术和商务谈判，确定技术方案、设备配置、设备选型以及商务价格，视具体项目由省公司统签或各分公司分签合同。公司交换机、接入网和传输网建设的统一步骤是：每年的10月份，订购满足第二年上半年放号需求的交换设备和传输设备，4月份订购下半年所需设备，七月份进行扫尾工作，做到计划建设超前于业务发展。同时，省公司同几个主要的设备供应商达成意向，由各供应商提供1-2万门备用设备，以供业务急需。（二）强化统一谈判中的组织管理。在全公司的设备统谈中，首先成立由省公司计划发展部、运行维护部、工程建设部、市场经营部技术主管以及市分公司技术骨干组成的技术组，负责技术规范书的拟定，技术方案的论证和确定。商务谈判中成立由省公司计划发展部、运行维护部、工程建设部、市场经营部、财务部、法律事务部、审计室以及分公司相关同志组成的商务谈判组，具体负责商务谈判工作。最后经总经理办公会研究决定后生效。（三）加强对竞标标准化、规范化的管理。为了在谈判中赢得主动，本着公平的原则，充分引入竞争。要求统一报价格式、统一商务条件、统一技术要求、验收标准。例如在交换机、接入网的谈判中，采用“建立相同模板，让各厂家按模板报价”方式，使各个厂家的各部分设备（交换模块、用户单元、用户部分、中继部分等）价格高低一目了然，便于各分公司了解各个厂家的报价情况，选择配置。在传输设备谈判中，将县以上项目按照每个工程的价格和可扩容性进行比较，并按照我方要求的统一格式报价；县以下项目设备配置相对简单、统一，要求厂家按照不同的速率统一标准配置报价。这些谈判方式的采用取得了较好的效果，使整个竞标过程走向了规范化。

【甘肃电信地县财务集中管理工作取得成效】

2001年甘肃省电信公司进一步深化以资金集中管理为核心的地县财务集中管理，在2000年实行地县财务收支两条线管理的基础上，总结经验、完善制度，全面推行地县财务报账制管理，有效解决了资金分散和盲目投资的问题，企业财务管理水平有了明显提高。

（一）实行地县财务集中管理，使资金分散，资金管理效率低的问题得到了解决。地对县设立收入专户，收入资金定期全额上划地市州分公司，地市州分公司根据预算核拨备用金，县局按期向地市分公司报账。资金及时集中上划，减少了沉淀资金，降低了资金存量，提高了资金的使用效率，负债率、筹资成本明显下降。同时，实行财务集中管理，有效地控制了成本费用的增长，增强了企业财务调控能力，企业效益明显提高，财务状况得到改善。

（二）实行地县财务集中管理，理顺了投资体制，有效地解决了盲目投资、重复投资的问题。投资决策权集中在省、地两级，重大投资由省公司决策，本地网内投资由地市州集中、统一组织实施，主要设备、材料由省、地两级集中采购，同时，将融资权限上收省公司，从根本上改变了帐外负债、投资失控等问题，省公司有关固定资产投资的方针得到了有效的贯彻执行，从而起到了控制投资规模、优化投资结构、降低投资成本、提高投资效益的作用。

（三）实行地县财务集中管理，促进了县(市、区)电信局职能的转变，弱化并取消了投资、财务等管理职能，强化营销职能。县（市、区）作为基层营销机构，甩掉包袱、轻装上阵，从繁琐的管理工作中解脱出来，集中精力抓好市场营销及服务工作，企业的服务质量进一步提高，市场营销工作得到了加强，企业对市场的变化、竞争形势的变化反应灵敏、决策迅速，从而能在复杂多变的竞争环境中充分发挥电信企业点多面广的优势，在竞争中始终处于主动地位。

（四）地县财务集中管理的推行，为本地网集中维护、集中计费、集中采购创造了条件。实行地县财务集中管理后，省公司制定了固定资产投资、材料物资采购、收入、成本费用等配套管理办法，确保了地县财务集中管理的顺利推行，同时也为推行本地网五项集中管理提供了有力的保障。

【山东电信从分散向集中跨越】

山东省电信公司从1996年开始实行财务管理一体化改革，经过6年的努力，企业管理水平有了明显提高，经营的宏观调控能力增强，在资产管理、优化投资、降低成本等方面取得显著成效。

实施财务管理一体化，是电信企业发展的必然，也是现代企业资本运营的需要，它可以从整体上提高资金的使用效率和企业经济效益，合理配置资产，提高网络运行能力和企业竞争力。1992年以前，山东电信各市地局都采取了集中管理的财务模式。20世纪90年代初期，为了解决迅速增长的通信需求与建设资金紧张的矛盾，山东电信在各地市采取了下放财权、多方筹资的办法，调动各县局通信建设的积极性，实现了通信能力的快速增长。但是随着网络规模的扩大，全程全网的网络结构开始对管理模式提出了新的要求，过去那种分散管理的模式已不能适应通信发展的需要。尤其是在分散管理体制下，县局中逐渐出现了不顾自身资金能力，一味铺摊子上项目、投入产出比失调、多头采购、设备物资闲置、资金分散沉淀、贷款负担重等问题。改进管理方式，实现由粗放经营向集约化管理的转变已是当务之急，财务管理从分散走向集中成为必然。

财务集中管理更大程度上是一种企业管理模式的变革，其核心就是财务报账制，实现县局以经营职能为主到以营销职能为主的转变。其基本原则是以市分公司为基本核算单位，对县局采取“收支两条线”管理，即县局的各项收入资金全额上交市分公司，各项支出资金由市分公司按计划下拨。市分公司根据本地网整体发展的需要，对全市资金的筹集、运用实行统一管理，对外负债实行统借统还，对所属各县局实行统一规划、统一建设、统一核算、统一物资采购等。县局会计淡化核算职能，工作重点转移到对业务的监督上；县局成为市分公司的收入和成本费用责任中心，主要职责是组织通信生产，负责设备维护、市场营销和服务。山东电信首先制订了《山东省市地县电信企业财务管理一体化实施办法》，对资产、负债、固定资产投资计划、工程建设、物资采购等方面的管理作出较为具体的规定，并采取先在各地试点，成功后再全面推广的办法，积极而又稳妥。

实施报账制初期，不少县局局长认为手中权力变小了，有些抵触情绪。针对这种情况，各地市分公司通过组织参观、学习经验、提高认识等办法深入细致地做了大量工作，解开了这个思想“疙瘩”。德州市电信分公司还采取了“由粗到细、由松到紧”的原则，初期对县局采取了较为宽松的“绿灯”政策，继而在执行过程中，通过制订办法、召开座谈会等，逐步加强稽核，使报账制得以稳步推进。各市分公司通过完善制度、密切各职能部门的联系，理顺与县局之间的关系，使各项工作环环相扣，没有因环节增加影响工作效率。

实施财务管理一体化对财务部门本身也提出了更高要求。县局财务的工作重点转为做好会计基础工作，市分公司的财务部门则相应担起了更多的责任。在报账制初期，由于实施制度不完善或考虑不周全，出现了各种问题，如市分公司为各县局核定费用基数，部分县局为将费用控制在基数以内，先报销非生产性需要的费用，挤占了生产急需的资金。为避免这种情况的再次发生，有的市根据各县局收入计划制订各种费用的基数，平均分配到每个月，有效控制了非生产性支出。其它各市分公司也都结合当地实际情况，不断完善制度，研究出了更科学的实施办法。

山东电信在探索中将财务集中管理与纪检监察工作结合在一起，纪检部门参与《实施办法》的制订，在条例中明确体现了党风廉政建设的要求。纪检部门监督检查的重点主要放在资产管理、工程建设、物资采购、供应、管理等七个主要方面，有力地保障了财务集中管理的顺利实施。

事实证明，财务集中管理很快显示了它的优势：首先是摸清了“家底”，报账制的实施加强了宏观管理，各市分公司对基建项目、各类负债等更为了解，一些县局奢侈浪费的现象得到了制止。其次，加强了对全市资金的宏观调控，使资金得以充分利用，避免了以前此局贷款，彼局资金闲置的状况。而资金由市局统一筹集，则降低了筹资成本，节省了大量财务费用，聊城、济宁等市分公司资产负债率因此降低了好几个百分点。德州电信在实行报账制后，全市各县局月成本费用比实施报账制前下降了100万元左右。集中管理也发挥出了规模效益。淄博电信分公司在一次程控设备采购中，根据财务管理一体化的标准和要求，由市分公司统一招标，货比三家，一次就节省资金2000余万元。集中资金也有利于拓宽融资渠道，德州市先后搞了齐河、临邑两局的买方信贷，筹款6000余

万元，更换了先进的交换机型，这是仅靠一个县局的力量难以办到的事，2000年山东电信实施的“千百万工程”，减少了县局领导筹集资金的后顾之忧，甚至在不起眼的工程废料回收上，运用集中财务管理都能“抠”出上百万元的资金。

【四川电信财务管理体制改革见成效】

面对业务收入增速减缓、市场份额下降、市场竞争日益激烈的严峻形势，四川电信明确提出：必须坚持走有效益的发展之路，以财务体制的改革和创新，为发展助力。

一、实行全面预算管理，创新财务体制

财务体制创新是企业“三个创新”的根本支撑点，技术创新离不开财务创新，管理创新需要财务体制创新的支持。只有全面深化财务管理体制改革，突破影响电信生产力发展的体制性障碍，构建适应现代公司制发展要求的财务管理新体制，才是企业发展的唯一出路。而企业的当务之急是推出全面预算管理。作为现代公司的根本制度之一，全面预算管理一头连着市场，一头连着企业效益，是企业实施集约化经营的主线，已经成为国外公司的成功管理模式。在中国，众多成功企业也是通过严格的预算管理提高了企业的整体效益。

四川电信把“三个了解”——对市场了解、对用户了解、对企业全过程了解作为预算的基础，通过加强部门之间、上下之间的协调与沟通，提高预算编制的准确度和可行性。在全面预算的基础上，加大了全省集中调控的力度，强化了成本控制的观念。在2001年电信面临资费调整的影响、增收压力加大的情况下，预算管理委员会及时作出决定：压缩全年成本费用，以保证效益目标的实现。在全面预算管理初见成效的基础上，四川电信进一步提高预算管理的深度，在优化成本费用管理及加强预算执行、监控考核力度上下功夫。公司领导明确表示，2002年，四川电信将把工资纳入可控成本预算与管理，在2001年的基础上，把平均工资基数降低50%，提高考核比例，真正体现收入与效益挂钩，收入与贡献挂钩。

二、 实行收支两条线，盘活资金，避险增效

四川电信首先改革资金管理体制，将“资金收支两条线”作为财务体制改革的切入点。2001年，全面推行省市“收支两条线”管理。各分公司按照要求把资金划分为收入、成本费用、工程建设三种不同类型，开设三个银行帐户分别管理，收入资金做到“只进不出、实时上划”，成本费用资金和工程建设资金做到“预算拨付、总量控制”。省公司则建立了全省资金管理信息系统，通过建行、工行的“企业银行”、“网上银行”系统对资金进行监控。“收支两条线”运作迅速取得成效，2001年，全省货币资金余额从17.5亿元下降到12.6亿元，货币资金存量降低5亿元，节约资金成本1500万元，大大提高了资金利用率。四川电信还与四川金融租赁股份有限公司、四川剑南春融信投资公司签订了6亿多元的租赁合同，为融资找到新的模式。

在处理发展与投入的关系上，公司本着“有所为有所不为”的方针，加强对投资风险与投资回报的分析，坚持速度与效益、投入与产出的统一，坚持投资向重点地区、重点业务倾斜，向回报率高的地方倾斜。对需要新增投资的项目，投资前要进行仔细测算。例如对本地电话业务进行分类发展：机线都具备的，尽快发展；线路具备，交换设备需扩容的，扩容发展；交换设备具备，线路需建设，每线投资在1500元内的，适度发展；机线不具备，每线投资在2000元内的，慎重发展。不符合条件的，不予考虑。

三、绩效考核注重投资回报，目标管理带来压力和动力

新的财务核算体制，要求相应地建立完善的绩效考核体制，以准确评价各分公司的经营成果。四川电信改革原有的绩效评价体系，实行了新的绩效考核办法：将通信业务收入完成情况和增长质量作为考核重点，把“有效益的增长”作为企业的奋斗目标，走内涵式扩张之路。同时简化考核手续，减少对过程的考核；强化效益目标，其中收入类指标权数达到50%，效益类指标权数达到35%；增加现金流指标，引导经营者注重投资现金回报，关注付现能力强的用户。

新的考核体系采用分类考核、分档管理的办法，根据各分公司的整体效益状况和市场发展水平分为五类，分别制订不同的绩效考核指标。对在财务管理、营销服务、安全生产方面出现严重违规违纪和影响企业声誉的事项，实行一票否决并且与薪酬挂钩。新体系引入自我评价机制，由原来的上级考核变为自我评价，使各经营管理者能根据考核指标对企业的整体效益水平和可持续发展情况有全面、深入的了解，在省公司内部，同样推行绩效考核，收入与效益挂钩。

压力带来动力，绩效考核体系在加大了市县分公司的压力的同时，也极大地发掘了各分公司的内在潜力，企业的经营和发展见到成效。

【安徽电信调整建设思路　解决资金紧张与建设任务重的矛盾】

为了解决企业建设资金紧张和通信建设必须进一步加快的矛盾，安徽省电信公司积极调整建设思路，于2001年4月制订下发《安徽电信固定资产投资管理办法》和《安徽电信工程建设管理暂行办法》，进一步加强工程建设管理。

安徽电信要求全省各级企业，首先要牢固树立企业观念、效益观念，在注重质量与数量、速度与效益、规模与结构相统一的前提下，讲求成本，注重投入产出，农话建设要控制每门造价，电话产出要有一定量的要求，真正把“有所为有所不为”的思路贯彻到具体的经营、建设决策中。具体措施是：一、严格控制投资规模，在通信建设项目上有保有压，在保证放号目标完成的基础上，适度压缩资金投入，要把2000年和2001年的投资放在一起核算，严格执行省公司下达的投资计划；对事关竞争的项目一定要确保优势，对新建商业大楼、住宅小区采取自建、合作等多种方式将五类线布放到位，对于用户需求旺盛、竞争激烈的非新建住宅小区也可投入一定资金将下户线改造成五类线。二、实行设备、器材按管理权限由省、市局集中采购的办法，取消县局采购权，严禁无计划、超规模的采购，年内未经省公司同意超权限采购的，由各局负责支付贷款；进一步严格合同管理，财务部门从源头介入，把好合同签订的财务关。三、加强工程建设全过程管理，工程的规划、设计、招投标及工程决算严格按规定办理，市局的工程建设管理要切实覆盖到县局，防止浪费，努力提高资金利用率；加强计划建设的基础管理，积极运用现代化的管理手段，提高管理水平；加快建立起省、市两级的线路资料管理系统库、交换接入网设备资源库和网络规划建设项目库。四、对2000年开工建设的项目进行审计、竣工决算，早投产、早收益。在对辖区内设备、材料清查的基础上，各市局实行库存设备、材料的全区调用，切实提高资源利用率。根据分工，同步做好机房装修、电源空调及其相关配套设备的采购、人员培训、随工检查等各项工程配套工作，确保工程进度和质量。

【广东电信全面启动IPO工作】

2001年初，根据集团公司要求，广东电信全面启动了IPO工作，并成立了相应的组织机构负责这项工作的开展。全省上下特别是IPO工作组的同志，在时间紧、任务重的情况下，齐心协力，加班加点，甚至春节期间也放弃休息，历时4个月，顺利地完成了IPO的各项工作。IPO工作期间，广东电信不仅高质量地编写了企业全面业务尽职调查报告，科学严谨地制作了企业的业务模型和财务模型，而且全面彻底地完成了企业资产的划分和界定，规范了企业的资产管理，确保了国有资产的保值增值；同时，企业还大幅提高了土地和房产办证率，运用法律手段保障了企业的合法权益。通过IPO工作，员工的思维和工作方式有了全新的变化，企业的管理工作得到了全面加强，特别是企业的财务管理和工程管理有了较大改进，并逐步与国际先进的管理制度和管理方式接轨，达到锻炼队伍和提升企业管理水平的目的。

【山东电信向管理要效益】

2001年5月，山东电信召开总经理座谈会，会议决定对财务、计费和网络等重点环节加大集中管理力度，优化资源配置，提高企业管理水平。

财务方面，完善省、市两级财务管理体制，全面推行市对县财务集中管理，市对县实行收支两条线管理或报账制。针对计费管理既是企业经营成果实现的核心，又是解决当前服务热点的关键环节，进一步规范处理流程，实现以本地网为中心的计费账务集中管理，加快集中计费系统的建设和完善，切实保护用户和企业的利益。同时，规范程序，实现设备采购集中管理，提高集约化经营水平，降低建设成本。

网络方面，加强网络集中管理，提高资源利用率。建立面向市场的网络资源管理体系，管理实行省、市两级负责制，在网络资源分层管理和分级调配的基础上，实现全网资源的动态信息共享及优化配置，提高网络综合利用率，并建设全省统一的资源管理系统平台。继续加强网络集中维护管理，以本地网管理机构所在市为中心局，对本地网内的通信设备进行集中监控、集中维护、集中管理，特别是把县局和农村端局纳入本地网集中管理。充分发挥本地网监控中心和各专业维护中心的作用，在做好日常维护工作的同时，加大监控和实时分析力度，形成对故障快速反应和恢复机制，使网络的运行质量和效率稳步提高。

【河南电信公开招聘财务总监】

2001年5月，河南电信在全省电信部门公开选聘各市电信公司财务总监，这是自2000年底，河南电信对各市分公司财务负责人实行委派制以来，在建立现代企业财务管理制度上又迈出的重要一步。

为进一步加强财务管理，5月初，河南电信决定在全省各市电信分公司设立财务总监职位，财务总监除了要求具备高水平的政治素质和业务素质以外，还要有相当的财务管理实践经验。为此，河南电信专门组成了由省公司人力资源部、财务部、审计室、监察室等相关部门负责人组成的公开招聘领导小组，对应聘人员进行严格的审核和考试。此项工作在郑州市、洛阳市等五个电信分公司首先展开，汲取成功经验后，逐步向全省18个分公司推广。

新上任的财务总监将作为电信公司的委派人员，在省公司的统一领导下，对各分公司的财务管理、成本管理、资金运作、预算管理、会计管理等方面的工作实行全面负责，并拟定科学的资金筹措和使用方法，督促有关部门增收节支，保证资金使用的有效性，加快资金周转，进一步保证企业财务问题分析与决策的准确性。

【青海电信在企业内部推行全面预算管理】

2001年12月12日，青海省电信公司在西宁召开“2002年预算工作布置暨培训会”，来自各单位的150余名专业人员参加了会议并进行了培训，从而正式拉开了青海省电信公司在企业内部推行全面预算管理的帷幕。

会议指出：全面预算管理是一项由旧到新的管理创新工作，实践性很强，涉及到电信员工观念改变、管理流程改变和利益格局改变。尤其在当前电信体制改革和内部各项机制改革不到位的情况下，做好这项工作会有一定难度。在全省推行预算管理是管理工作中的一件大事，是省公司实现集约化经营，从传统粗放型企业管理迈向现代企业管理的重要一步。因此，在实践过程中，要注意把握和处理好体制改革与管理创新的关系；正确处理改革的渐进性与迫切性的关系；处理好预算改革与其他管理改革工作之间的关系；处理好局部和全局利益的关系。经营、计划、财务各部门要适应这种变化，彼此密切配合，使预算管理在第一年就能打好基础，积累经验。为保证预算管理的有序开展和平稳过渡，2001年采取“双轨制”，即新、旧两种预算模式并行，仍以旧预算体制作为2002年度考核基础；按新的预算模型试编的全面预算，作为2002年预算下达、考核的参照和验证，从2003年起，全面过渡到新的预算管理体制。

【江西电信九江分公司严把资金管理出口关】

江西省九江市电信分公司严格把好资金管理的出口关，加强负债管理，合理调配资金，为企业业务收入保持稳定增长的势头提供了有力的支撑。

2001年该公司重点加强了支付成本管理，实行严格的成本费用总额控制。年初由公司核定各县局成本费用计划和货币开支计划，县局的日常货币资金开支实行计划定额管理，由市公司根据年初核定的资金计划，按月定期划拨到县局支出账号内，以确保县局生产经营所必需的货币资金要求。实行财务收支两条线管理，规定每个县局都在当地工行开设两个账号，一个账号核算收入，其资金调度权由市公司集中行使，没有市公司的拨款或转款通知书，不得出账；另一个账号核算支出，各县局日常开支和工程款由市公司计划部门通知转款或拨款，在支出账户核算。按照先批后用、专款专用的原则，有效避免了“账上有钱就用”、“拆东墙补西墙”的现象，最大限度地节约了资金。在通信建设项目资金的使用上，市公司按固定资产投资计划预拨施工费30%至县局支出账户，5万元以下的应急通信配线工程，则采取预先下拨部分周转金，由县局掌握使用，既保证了工程一体化的实施，又满足了县局小型工程的临时急需。

2001年上半年，该公司集中县局各项资金达1.9亿元，由市公司根据通信市场的需求，科学合理地统一规划投入。集中资金强化了企业的财务基础管理，合理配置了企业资源，使企业能够做到统一规划、合理支配，提高了企业经济效益。

【河南电信焦作分公司实现计费账务集中管理】

2001年年初，焦作电信分公司根据河南电信的统一部署，把“五项集中”管理工作列入重要议事日程，并于8月份在全省率先实现以本地网为中心的计费账务集中管理。具体做法是：由计费中心组织人员对本地网计费账务系统进行调查，针对不同设备制订不同的割接方案，分片、分期对全市计费系统进行割接；加强对全市计费人员的培训，先后多次举办全市收费人员操作培训班，保障了计费财务系统日后能安全可靠地实现集中管理；工程技术人员对旧设备进行改造加以利用，为工程割接节约资金约40万元，促进了工程的顺利完成。

【广东电信汕尾分公司实施财务管理“六统一”】

广东省汕尾市电信分公司实施财务集中管理“六统一”新体制以来，财务管理工作得到明显加强，财务状况明显改善：一是企业经济效益显著提高。1999年实现业务收入3.65亿元，比上年增长2.05%；2000年比上年增长7.93%，达到3.78亿元；2001年1至10月业务收入比上年同期增长12.33%。二是企业负债率逐年下降。1999年和2000年两年间，全公司负债率由邮电分营时的85%下降到70%。三是业务成本下降。1999年百元业务收入的可控成本费用支出比1998年降低26.41%；2000年又比1999年降低了2.2%。四是各种支出得到明显控制——全市共节约采购成本700多万元，节约行政车辆使用费200多万元，节约生产、办公费240多万元。

汕尾电信的财务集中管理新体制构想于1998年邮电分营之际。当时，企业正面临着“两多一高一低”的压力，即负债多、人员多、负债率高、劳动生产率低。原来的财务管理体制已不适应企业发展的需要，新形势需要构筑一个安全的财务新体系。于是一个以“六统一”为核心的财务集中管理体制酝酿成熟。“六统一”，即统一规划、统一投资、统一建设、统一管理、统一核算、统一还债。既可以减少经济核算层次，又可以加强对全公司固定资产建设资金的管理，控制投资规模，提高投资效益；同时也可以让县（市）局一级集中精力抓生产、经营和服务工作，从而提高全网的财务管理水平、资金调控能力和经济效益。

汕尾电信首先制订了《市局一级财务管理体制实施办法》，并随后颁布一系列补充规定和实施细则加以完善，公司将下达财务收入计划任务的完成情况与工资奖金挂钩，进行奖惩。为了杜绝工程建设中的盲目立项，汕尾电信对各县（市）局上报的工程项目，先组织相关人员开展市场调查，反复论证，经济效益明显的项目优先审批立项，并责令相关部门加紧组织施工，限时保质完成，对于经济效益差的项目则暂时放缓，这样就把有限的资金用到了刀刃上，提高了工程建设的投资效益。

同时，汕尾电信开展了全方位的增收节支工作。从节约一度电、一滴水、一张纸抓起，制订了各种节约开支的管理规定。加大了物资采供的管理力度，对能利用的库存材料都给予充分利用，减少了物资积压。在设备选型、材料采购方面，实行公开选型、货比三家的公开办事制度，市分公司和各县（市）局都分别成立了由纪检监察、审计、计财、工程建设、运行维护等部门组成的选型领导小组，采购流程透明化。

在工程建设方面，成立了招投标领导小组和工作小组，实行公开对外招标。《汕尾市电信分公司经济合同管理办法》的施行，既保证了合同的公开性和法律效力，又维护了企业的合法权益。此外，汕尾电信对建设项目及资金的安排使用实行集体审议决策制度。同时还对各种费用实行算小账，把支出计划，按线条、分专业分解到各单位。规定各级领导的审批权限，建立报账制度，实行层层负责、逐级把关，有效地节约了各种可控成本费用支出。

实行新的财务管理体制，促进了企业的党风廉政建设。汕尾电信通过加强管理、堵塞漏洞，落实责任制，纯洁了干部职工队伍，使广大干部职工特别是各级领导干部不想腐败、不敢腐败也不能腐败。

【安徽电信安庆分公司通信建设管理由粗放走向集约】

在安徽电信的统一部署下，安庆分公司结合企业实际，在计划投资集中管理、投资效益调查分析、设备器材集中采供、工程项目管理等方面积极探索，大胆实践，扎实工作。

（一）令行禁止，有保有压，控制投资规模，维护计划严肃性。安庆分公司紧紧扣住计划制订、执行、控制三个环节，严格管理，该压的压、该停的停，有力地维护了计划的严肃性，较好地发挥了计划对建设的指导作用。

（二）理顺关系，分清界面，严格工程管理，保证工程进度和质量。首先是建章立制，规范管理流程。《通信工程建设管理暂行办法》、《设备工程管理实施细则》、《管线工程管理实施细则》、《基建工程管理实施细则》等一系列分项工程管理办法的制定下发，对分清管理界面，协调工程管理中各方关系起到很好的规范作用。其次是把好“六关”，提高工程管理实效。对工程立项审批、设计会审、开工随工、材料领缴、竣工验收、决算审计等各个环节层层把关，实施全过程监督，有效杜绝了“三边三无”工程和“胡子”工程，降低了成本，缩短了工期，工程建设管理效果有了明显改善。

（三）盘活存量，统一调度，加大集中采供力度，挖掘通信物资潜力。安庆分公司于2001年3月对各类通信器材全部实行了集中采供，市公司逐步成为全市通信建设物资调度中心。6月中旬成立清仓查库领导小组，正式启动清仓查库工作。各县局从支局所到可能存放物资的各个场所，不论是工程料、维护料、工余料、拆旧料，不分来源和用途一律按实物进行了清点。清查出的物资集中到县局，按名称、规格及“新、堪、待、废”标准分类摆放登记、入库建帐，累计清查出通信物资2600余万元。全部物资交由实业公司代管，严格审批程序和领、发料手续，防止前清后乱。在物资使用上，实行全市范围内的综合调剂、统筹安排，根据工程需要，以计划的形式将物资使用额度下达给各县局。在物资采供上，与实业公司签订《物资供应协议》，规范双方之间的关联交易行为，并按省公司定点选型的原则要求，各相关部门共同评议选定出全市集中采供的定点厂商。此后每次物资的订、采、供均采取招标的方式，由纪检、财务、审计、运维会同相关生产单位一起在定点厂商范围内从质量、价格、信誉、售后服务等方面进行评标择优，合同签订前按评审程序送相关部门会签，并与厂方签订廉政公约。

（四）服从市场，注重分析，开展补缺配套调查，找准建设资金投向。9月，安庆分公司组织开展了机线配套调查工作，力求通过对投资效益的分析发现市场重点、以找准资金投向，真正做到有的放矢。调查涉及全市共530个交换接入网点，比较完整、准确地得出了各网点的通信能力现状、用户需求、单产出、需增投资等基础数据，为投资效益分析提供了第一手资料。

【安徽电信巢湖分公司企业理财水平不断提高】

2001年巢湖分公司以增加企业效益为目的，从规范财务运作、降低企业运营成本的角度入手，推进企业各项工作有效开展，使企业理财水平不断提高，他们的具体做法是：

一、加强资本性支出控制，强化投资和建设管理。年初对投资完成情况、入帐情况进行彻底清查，建立明细台帐，为全年投资和资金运作提供依据。线路投资和零星土建投资立项权集中到市公司，规定全市所有固定资产投资均由市公司统一立项，按项目下达投资计划，统一编号管理。对县局资本性支出实行报账制管理，使没有计划的项目客观上无力擅自开工。公司成立项目分析室，根据线路资源信息、市场需求、当地经济状况等指标，选择效益大的项目下达投资计划。在加强投资集中管理的同时，制订了线路工程管理办法和线路工程材料管理办法，规范工程立项、设计、施工、验收和审核等各个环节，形成了线路工程管理闭环，从财务资金和供应材料两条线加强管理。

二、实现集中采购和仓储联网管理，减少资金积压，加快资金周转。撤消县局供应职能，县局只保留仓库保管员。除低耗品和一定的劳保用品可由县局在预算额度内自主采购外，其它材料全部由市公司集中采购、分库保管、统一调配。实现了全市仓储供应微机联网管理，极大地减少了资金占用量，防止资金无效沉淀。

三、推行预算管理，大力降低成本费用。2001年初成立了预算管理委员会，统一编制全市的经营预算和可控成本费用支出预算，并在全市组织实施；将预算管理纳入对县局领导班子绩效考核；加强对预算实行情况的监督和检查，及时分析、纠正偏差；加强了对可控成本费用支出的管理。

四、规范会计核算，加强对全市财务收支和资金管理情况的集中监控。为适应和推进投资、工程、采购、预算等项集中管理工作，加快了财务集中管理进程，加强了对全市财务收支和资金管理情况的集中监控，在完善市对县收支两条线管理的基础上，年初对县局资本性支出实行报账制管理，第四季度又选择无为县局进行全面报账制试点工作。巢湖分公司制订了全市统一的营收报账、稽核流程，各局经营部门和财务部门均能按要求编制统一的营收报表，同时进行跟踪检查和指导，及时发现、解决异常问题，全市各网点切实做到营收资金当日如实及时上划，保证营收资金安全，杜绝座支现象。

五、加大内审力度，完善财务内控制度和评价体系。积极发挥内审在企业财务控制和财务评价上的作用，通过加大内审力度，规范企业各类经济行为，将内审作为对财务管理的再监督、再评价的手段。每月召开财务、审计联席例会，就规范财务管理交流意见。

【北京电信完成有史以来规模最大的资产清查整顿】

2001年3月，北京电信历史上规模最大的资源清查整顿工作基本结束。此次清查工作，涉及北京市电信公司原值近300亿元的线路资产、机械设备、电子设备、房地产，其中仅线路资产就分为14大类近50项。公司员工经过97天的日夜奋战，使这半个世纪所积累的资产账实相符率达到100%、账务处理率达到100%。

在近十几年中，北京电信年均收入增幅达到40%，建成堪称世界先进水平的电信网络，取得了较好的经营成果。然而由于体制和各方面原因，对电信资源的管理和控制一直未能成为企业管理的重点，企业资源配置不佳、资产管理薄弱等问题在市场竞争中日益暴露出来。北京市电信公司以精心组织、周密安排、全面清查、不留死角为清查原则，按照上市准备阶段的严格要求做好清查准备工作。在近百天的清查中，千余电信员工走过了数以千计的大街和楼宇，打开了8万多个井盖，核清了近10万皮长公里的电缆和47万根电线杆，在既定时间里圆满完成了任务。

北京电信财务等部门还针对清查工作中发现的问题提出了许多有价值的建议，以杜绝“前清后乱”，为资源管理新机制的建立奠定了基础。

【内蒙古电信乌盟分公司科学管理出效益】

在国家和区级贫困旗县占80%以上的内蒙古乌兰察布盟，乌盟电信从一年来抓投资建设管理和挖掘网络潜力的探索中尝到了甜头：在通信市场竞争日趋激烈的形势下，2001年全公司固定资产投资8000万元，到年底完成通信业务收入1.22亿元，比上年增收2126万元，增幅达21.5%（列全区各分公司第一），他们的“三招棋”是乌盟电信成功的关键：

一、以投资效益定建设项目

建设资金要花在刀刃上，这是乌盟电信确定新建设项目的基本原则。这一原则为确保企业的投资效益奠定了基础。2001年乌盟电信在下达全年固定资产立项计划前，首先对全盟各乡（镇）及行政村的人口、人均收入、交换节点的交换设备、传输线路的使用状况及电话普及率、待装户等情况深入调查，随即汇总出全盟重点投资项目综合分析表，为确定全年建设计划提供参考。确定年度立项计划时，乌盟电信要对各旗县上报的工程项目逐项进行审核，筛选掉三年内不能收回投资的项目。安排电话放号计划时做出规定：对城市中待装户所在地区先行调查，哪里用户多，线路就先建到哪里；发展IC卡公用电话，必须在调查预测每部电话能够达到月消费200元的前提下才予以安装。针对农村地广人稀架设线路费用高、回收期长的特点，乌盟电信确定了充分利用无线接入设备覆盖面大、施工周期短、见效快的特点，发展无线接入用户的原则，并且放号量控制在每个村1—2户以内，这样不但降低了建设投资，而且提高了户均通话消费水平。

二、向合理控制投资成本要效益

精打细算花好每一笔钱是乌盟电信实现增效的另一经验。为此乌盟电信着重抓了两个关口：

一是招投标筛选工程材料设备，合理控制建设成本。工程施工前乌盟电信对全年工程所需材料及设备作出详细预算，在确定了数量及规模后采用大规模招投标方式，每份合同的签订都在公开、公正的前提下进行，经多个厂家或施工单位筛选后确定，此举有效地节约了建设资金。

二是努力从工程审计和挖掘潜力中降低成本。2000年的线路工程有30%是本单位组织施工的自营工程，由于充分利用了旧材料、旧杆路，不仅节省了工费，而且便于工程管理，有助于提高工程质量。在线路工程的施工合同中，乌盟电信明确规定了施工周期与工程质量标准，对在合同期限内不能竣工的，扣除部分质量保证金，因此大部分线路工程在7月底前完工并形成放号能力，使投资提早进入回收期。在赔补费用及使用农村义务工方面，各旗县局积极争取政府部门的支持，仅此两项就节省资金50余万元。此外，为杜绝决算中人为因素造成的费用增加，他们严把审计关，规定每项工程竣工验收、决算必须由建设、计财、审计三方同时参加，截至2001年年底，累计审减工程费用一百三十多万元，有效降低了投资额。

三、从现有网络中挖活力

乌盟电信的领导经过调查发现，充分利用已有的通信能力发展用户大有文章可做，既可节约资金，又能解决不少地区电话放号有市场无线路的问题，随即决定把挖掘交换设备和传输线路资源潜力列为增加通信能力的一个重点。仅此一项，全盟在没有增加新项目投资的情况下，累计利用旧电话交换机达13000门。为挖掘线路资源潜力，乌盟电信领导带领经营、建设、维护等部门的人员，利用节假日深入基层进行调研，发现问题及时布置线路整改，使通信线路基本达到了配线到户，提高了线路利用率，仅盟公署所在地集宁市通过挖潜放号就达4000多户。

·劳动人事、教育培训、三项制度改革·

【中国电信集团总部机关“铁交椅”开始打破】

2001年10月19日，来自中国电信系统不同单位的8名普通员工，拿到了集团公司人事部下发了的三级副经理职务的聘任通知。至此，中国电信集团总部的“铁交椅”终被打破。这八位新聘任的三级副经理是经过了严格的笔试、面试、考察和公示，过关斩将，在80名应聘者中脱颖而出，从而成为中国电信集团总部机关第一批通过竞争上岗走上领导岗位的聘任制领导人员。

这8位三级副经理的聘任“受惠”于中国电信集团公司推出的五项机制创新。五项机制创新包括薪酬激励机制、绩效考核机制、员工职业发展机制、竞争上岗机制、教育培训机制。在集团总部机关开展三级经理副职竞聘上岗是落实五项机制创新的一项重要举措。

对三级经理副职首次采用聘任制和试用期制。对竞争上岗人员，经过三个月的试用、考核合格后，才能正式聘任，聘期为两年。集团公司党组高度重视竞聘上岗工作，根据整个工作情况讨论决定：今后总部三级经理原则上应通过竞争上岗的方式聘任，三级经理正职逐步实行竞争上岗。总部改革选人用人方式初步取得成效。

此次竞聘上岗工作由中国电信集团公司人事部组织，整个过程得到了集团公司领导的高度重视和相关部门的积极配合。竞聘共拿出了总部机关8个空缺职位，在北京地区和部分省份的电信公司进行公开招聘。竞聘改变了传统的领导人员选拔任用模式，竞聘的过程、竞聘的安排、竞聘的方式都较以往有很大区别。首先，竞聘过程公开、透明。通过办公网公布竞聘职位、竞聘条件、竞聘岗位说明书等内容，并及时通报进展情况以及笔试、面试、确认人选的办法和结果，基本实现了全过程的公开。第二，竞聘安排周密、高效。此次竞聘工作的报名人员范围包括中国电信总部、在京直属单位和6个省（市）电信公司，参加竞聘人员的数量大、范围广。竞聘方案经过周密设计和精心部署，整个竞聘过程只用了短短一个月。第三，竞聘方式科学、规范。笔试、面试等甄选方法进一步科学化、规范化，笔试方案设计充分考虑年轻人和中年人的优势和弱势。此次笔试分为两部分，一是请专家进行职业素质测评，对应聘人员的知觉速度与准确性、言语理解与运用、数量关系与运算以及推理能力等基本的能力素质进行测试评估。二是测试应聘人员对本企业的总体战略、新业务、企业内部重大管理措施的了解程度和自身的业务素质。笔试前三名（报名人数较多的岗位取笔试前五名）进入面试答辩，接受语言表达能力、逻辑思维能力、反应能力的测试，从而较全面地考察了应聘人员。为弥补考试的不足，采取与组织考察相结合、任前公示及试用等措施。

此次竞聘上岗工作的开展，拓宽了选人用人的渠道，激活了总部机关的用人机制，为五项机制创新的整体推进起到积极的作用。看到总部机关的“铁交椅”终被打破，年轻员工看到了自己的职业生涯希望，表示要更加努力工作，增强自身实力，在竞争中把握机会。

【从制度着手　创新领导人员选拔任用机制　逐步建立结构合理、素质优良的领导班子和领导人员队伍】

2001年2 月，经中国电信集团公司党组讨论通过，《中国电信集团公司党组关于领导人员管理暂行规定》（以下简称《规定》）正式印发，标志着集团公司与现代企业相适应的、科学规范的领导人员管理制度开始逐步建立。《规定》从党组管理的领导人员的管理原则、管理体制、选拔任用、考核奖惩、交流培训、后备人员队伍建设以及退休等几方面进行规定，既有指导意义，又有实际操作性。为适应社会主义市场经济形势和中国电信改革与发展的需要，2001年9月集团公司党组及时制定《关于进一步加强中国电信各级领导班子建设的指导意见》，为建立一支结构合理、素质优良的领导人员队伍提供了制度保证。

围绕集团战略部署，经过一年多的努力，在全面分析各省电信公司领导班子状况和面临的问题基础上，集团公司人事部提出各省电信公司班子调整计划，并在短时间内先后完成全国31个省电信公司班子全面考察和充实调整任务，一批思想政治素质好、业务技术通、懂经营、会管理的年轻干部充实到班子。班子成员的学历层次不断提高，不同业务、技术背景的成员在班子中形成互补，不同年龄层次的成员在班子中形成梯队，班子整体合力大大增强。

在执行领导人员选拔任用程序，坚持干部四化方针和德才兼备标准的同时，不断改进民主推荐、组织考察的方式方法，并在拓宽选人用人渠道方面进行了大胆探索，扩大了员工对干部选拔任用的知情权、参与权、选择权和监督权。从2002年初开始，人事部在干部考察中增加了考察预告和考察公示，打破了干部选拔任用封闭式的传统做法。群众对这种用人制度的改革反响非常好。在干部能上能下的方面进行了积极探索，在省电信公司领导中，有5名52岁以上的同志因身体原因已不适应岗位的要求，按有关规定提前退出了领导岗位；有3人因工作失误、违纪违规或工作不称职免去了行政领导职务。这些作法为解决干部“下”的渠道打下了较好的基础。

围绕五项机制创新，各省公司、各直属单位党组（党委）高度重视地市公司班子和基层领导人员队伍建设，将创新贯穿班子建设和队伍建设的各个方面，初步建立了一支具有较强战斗力的基层领导人员队伍。

【中国电信北京研究院公开招聘中层领导干部】

中国电信北京研究院组建成立后，在北京地区组织了一次公开招聘、选拔中层领导干部工作。按照自愿报名、资格审查、综合考试、民意测评、组织考查及任前公示等程序，经过公开招考和层层选拔，一批优秀管理人才脱颖而出。

北京研究院为此专门成立了招聘领导小组，拟定了实施方案。为了确保招聘对象的广泛性，北京研究院根据自身特点，在调查摸底的基础上，有针对性地开展了宣传动员工作。一方面，借助于新闻媒体，在全国性专业报刊《人民邮电报》上发布招聘信息，宣传中国电信在技术上、企业发展上的优势，让各类人才了解中国电信、了解北京研究院，不断扩大北京研究院的知名度，以各种优惠政策广泛吸纳社会优秀人才；另一方面，注重在单位内部做好深入、细致的动员工作，鼓励和支持院内职工应聘。先是通过召开全院员工大会、部门员工会议等形式进行动员，引导广大员工转变观念、提高认识，努力营造企业内部人事制度改革的舆论氛围；其后院领导通过与现任的中层干部谈心，帮助他们树立起良好的心态正确对待并积极参与应聘工作。此次招聘活动共有全国各地的应聘者18人，其中院内5人。

为保证招聘人员的质量，北京研究院拟订了一套完整的招聘程序：第一、严格规定应聘条件。工作小组对照岗位名称，分别编写了应聘岗位的工作职责和任职条件。据此对应聘者逐个进行资格审查，筛选出16名符合条件的同志参加综合考试。第二、设计了一整套包括申论、面试、竞聘报告的综合考试项目。申论主要是考察应聘者的分析驾驭材料的能力和文字表达能力，占总成绩的40%；面试着重考察应聘者的专业知识、组织协调能力、分析判断能力、应变能力和语言表达能力，占总成绩的40%；竞聘报告侧重考察应聘者对过去工作的经验体会及今后的管理思路和设想，占总成绩的20%。第三、组建了一个精干、公正、高效的专家评委小组。从专业、年龄、性别、职务多角度综合搭配，聘请了院内外的专家、领导及集团公司的相关部门负责人担任面试评委。笔试过程中，委托了北京邮电大学的知名教授担任阅卷评分人。第四、进行了必要的人事外调。在综合考试合格的应聘人员中，按n+1的比例（n为某岗位或职位招聘的职数）确定入围人选。同时，院人事部门深入到相关单位了解情况，进行人事考察。院长办公会依据综合考试成绩及人事考察材料，确定拟聘任的人选。

此次招聘，北京研究院引进了有效的监督机制，增强了招聘工作的公开性和透明度。一是聘请了北京市公证处的2名公证员进行现场公证；二是邀请了院内3名员工代表参与现场监督；三是实行任前公示，广泛听取各方面的意见。在对中层管理者的任职之前，以《聘任公示》的形式在院内各单位的宣传板报上张贴，向全院员工公示拟聘任人员的有关情况。公示的有效时限为一周。并在《聘任公示》指定的地点设置了意见箱，员工对拟聘任人选有异议的，允许以书面材料的形式阐明理由，并署明真实姓名后投入意见箱，也可通过电话或面谈的方式直接向相关部门或领导反映情况。公示期间，共收到各类意见书4封。针对此次招聘工作中群众反映意见较多的个别拟聘任人员，招聘工作领导小组采取了认真慎重的态度，组织相关人员进行了调查核实，作出较为妥善的处理。在招聘工作逐步展开的同时，北京研究院先后制定并完善了《聘任中层领导干部的范围、对象及条件》、《聘任中层领导干部的方法与程序》、《对聘任的中层领导干部的管理》、《中层领导干部的解聘》、《中层领导干部在聘期内或解聘后的待遇》、《中层领导干部业绩考核办法》等相关规定。建立了与中层领导干部的谈话制度，在新聘任的中层干部上岗之前，院长韦乐平分别对他们进行了任前谈话。中层领导干部的聘期为二年，初次被聘任的人员均实行半年的试用期。试用期满后，由相关部门按岗位职责和聘任合同的有关要求对其进行考核，考核合格者办理正式聘任手续，考核不合格者按聘任协议解聘其职务。

通过此次招聘活动，不仅选拔了一批懂管理、有专长、勇于创新、务实肯干的中层领导干部，同时也增强了干部群众的危机感和紧迫感。全院职工以更加饱满的工作热情，投身于中国电信改革与创新的各项实践，为北京研究院的改革与发展尽职尽力。

【新疆电信建立人才库】

为适应日趋激烈的市场竞争，培养和造就适应21世纪电信发展的高素质人才，增强企业竞争能力，促进新疆电信的持续发展，新疆电信公司在开展“21世纪优秀人才”评选活动的基础上建立了企业人才库。评选活动每两年组织一次，每次评选出新疆电信公司级优秀管理人才90名，专业技术人才120名，优秀大中专毕业生50名。经中国电信集团公司及新疆电信公司评选，2001年度全区共评选出3名“中国电信集团21世纪优秀人才”、集团公司批准的21名区级“新疆电信公司21世纪优秀人才”及262名“新疆电信公司21世纪优秀人才”，区公司以评选结果为基础建立了新疆电信公司人才库。同时新疆电信公司要求各级电信企业加强对各类人才的思想教育，定期或不定期地召开知识分子、大中专毕业生座谈会或恳谈会，从生活上关心人才、感情上亲近人才、思想上引导人才，帮助各类人才树立正确的人生观、价值观，培养人才的团队精神和奉献精神。（司剑非 薛 莲）

【青海电信将人事制度改革推向深入】

为改变僵化的用人模式，建立能上能下的灵活用人机制；打破平均主义的分配制度，逐步建立起薪酬与企业效益、岗位责任、个人绩效相统一的工资管理体系；培养、造就高素质人才队伍，增强企业凝聚力，青海电信积极将人事制度推向深入。

一、 改革用人机制实行员工竞争上岗

2001年，青海电信结合省市公司合并改革的进行，首先在西宁大范围推行员工上岗考试和空岗竞聘工作。

企业本着精干高效、节约用工、合理兼职的原则，调整内设机构，科学设岗，于2001年1月23日正式出台了《青海省电信公司机关员工竞争上岗实施办法》，明确了参加竞岗人员必须具备的基本条件、竞岗原则和竞岗程序，并规定企业对竞岗聘用员工实行聘任制，签订《岗位责任书》，聘任期三年（含半年试用期），此后再参加岗位竞聘时，在符合竞聘基本条件的基础上，只能竞聘高于本岗位的岗位；落聘或放弃竞岗员工均按《青海省电信公司内部待岗暂行办法》执行；符合《青海省电信公司员工内部退养暂行办法》规定，本人申请退休或退养的员工，不参加竞岗。

为加强组织和领导，青海电信成立了两个竞争上岗工作领导小组。一是由总经理、副总经理任正、副组长，机关部、室领导为成员的领导小组，负责省公司党组直接管理的管理岗位的竞岗工作，并抽调机关人员组成工作班子；二是由人力资源部会同机关部（室）成立领导小组，负责其他管理岗位和生产岗位的竞岗工作。与此同时，还成立了相应的竞岗工作监督小组，具体实施竞争上岗工作。

根据青海电信竞争上岗办法，公司人力资源部公布了8个中层管理岗位，44个一般管理岗位的岗位竞聘信息，并同时公布岗位名称、职责、上岗条件、竞聘范围。2月15日全省竞聘人员和省公司机关人员共193人，分8个考场在青海省邮电职工培训中心进行综合理论考试。随后，省公司三个小组本着公平、公开、公正，平等竞争、机会均等，选贤任能、人尽其才，尊重意愿、双向选择，积极稳妥、求真务实的原则，从企业实际出发，在做好各项基本工作的基础上，对8个中层管理岗位的21名应聘人员及44个一般管理岗位的74名应聘人员进行了面试答辩工作。在取得经验的基础上，竞争上岗工作在全省全面推开，各单位相继成立了一把手为组长的竞争上岗领导小组，并制定竞争上岗实施细则，编制岗位说明书，经过复习、考核、考试、民主评议、岗位测评、面试答辩、公布成绩等程序，省公司所属各企业300多个管理岗，1300多个生产岗实行了全员竞争上岗。通过竞争上岗的员工动态管理办法，员工的思想受到很大震动，工作的危机感、紧迫感明显增强。

二、 实行绩效工资制度的改革

为适应公司化运作的需要，进一步体现按劳分配和效率优先、兼顾公平的分配原则，打破平均主义，合理拉开分配档次，青海省电信公司于2001年实行了绩效工资制改革。

绩效工资是与企业整体效益情况和员工本人工作业绩挂钩的工资收入部分，是在企业全面完成生产经营指标、取得经济效益的前提下，对于员工超额劳动的报酬。它随着企业效益的经营状况好坏而上下浮动。主要包括：月、半年、全年生产奖金、一次性奖金、年度绩效考核奖金等。绩效工资由绩效工资基数乘以岗位系数所得。绩效工资基数要以省公司下达的工资总额基数为依据，并结合本企业效益情况由各单位自行确定。岗位系数是在考虑岗位责任、贡献、技能要求、工作强度等因素基础上设置的，分为管理岗位系数和生产技术岗位系数两类。管理岗位系数从1.2到4.0共分11档，生产技术岗位系数从1.0到2.2共分9档。

绩效工资的兑现与否必须以岗位考核、竞争上岗、岗位聘用为依据，并逐月对照岗位说明书进行绩效考核。绩效工资实行动态管理，员工的岗位发生变动，其岗位系数应及时进行调整，岗变薪变。

为充分发挥人才作用，留住有用人才，此次效绩工资改革还进一步加大了对人才的倾斜力度，允许各企业根据自身业务发展需要，在上述岗位系数的范围内，对企业评定的专门人才和工作业绩突出的员工实行逐档上下浮动。并将人才流失率纳入对各级领导的绩效考核范围。

三、 建立优秀人才奖励基金

青海省电信公司于2001年9月26日设立了优秀人才奖励基金，并制定了《青海省电信公司优秀人才奖励基金暂行办法》，该办法规定，由青海省电信公司优秀人才评审委员会兼任优秀人才奖励基金评审委员会，负责全公司优秀人才名额的核定和优秀人才奖励基金的审定工作。

《办法》本着激励员工安心为企业多做贡献，实行奖励基金统一管理和个人帐户管理的原则。由员工个人申报、民主推荐、综合评议、组织考核、张榜公布、上级领导部门审定，青海电信企业的全体员工均按一定比例参加评选的方法选出公司优秀人才。奖励标准为：一等奖15000元，二等奖10000元，三等奖5000元，所占比例分别为评选名额的20%，30%，50%。优秀人才奖励基金实现动态管理，从2001年起每年评定一次，按以收定支、收支基本平衡的原则，由省公司统一筹集、统一支付、统一建立优秀人才奖励基金专户和个人帐户，实行专项存储，专款专用。支付和转移办法是：一、员工调离本企业时，根据员工首次获得基金之年起工作满5年，按个人帐户本年累计储存额的50%支付；5年以上，在50%的基础上，工作年限每增加一年，支付比例增加10%；二、从获得奖励基金后在本公司工作满10年以上的全额支付个人帐户本年累计储存额。三、员工因工作需要经组织批准调往本公司所属企业，个人帐户随本人一次性转入调入单位。四、给企业造成重大经济损失等各种原因被开除、除名并依法解除劳动合同者，不予支付个人帐户累计储存额。五、员工退休时，按个人帐户累计储存额全额支付。六、员工死亡时，按个人帐户累计存储额全额支付其法定继承人。

建立优秀人才奖励基金是青海省电信企业尊重人才、依靠人才、重视人才的体现，是企业发现人才、挖掘人才的一种方式，该《办法》的实施，一定程度上激励了员工采用多渠道、多层次的方式努力学习专业知识，调动了员工的积极性和创造性，使之为企业的发展多做贡献。

【湖北电信以机制创新积极留住人才用好人才】

湖北电信在公司化改制后，为了适应公司化对各类人才的均衡发展要求，以机制创新积极留住人才，用好人才。主要做法是：

一、 实施管理人员、专业技术人员和市场营销人员“三条线”激励机制。进一步建立和完善了管理岗位、专业技术岗位和市场营销岗位的“三条线”晋升制度，设置三条平等的职业发展途径，鼓励和引导企业人才根据自身的特长发展。2001年上半年，公司选拔出涵盖各专业、素质较高、年龄结构合理的300多名专业技术管理后备人才，评选出高级专业技术人才117名，在生产岗位普遍实行计件计量工资制，在管理岗位推行等级工资制，在领导岗位强化绩效考核工作。

二、构建以3P（岗位position、绩效performance、工资payment）为核心的人力资源开发与管理体系。通过科学设岗、竞争上岗、以岗定薪、易岗易薪、岗位考核、末位淘汰，在企业内部形成能上能下，能进能出，奖优罚劣，积极向上的用人机制。2001年上半年，全省各分公司共减少职能部门48个，减少机关管理人员453人，管理岗位和营销岗位普遍进行了竞聘上岗。

三、建立核心层、紧密层、松散层三层结构的员工队伍，打破平均主义，调整薪资结构，留住企业核心人才。如湖北武汉分公司针对高级管理和专业技术人才市场竞争的严峻形势，将公司的高中级管理人员，技术人才，营销骨干以及高学历、高素质的员工纳入核心层和紧密层，在薪资待遇等方面重点倾斜，以高薪留住人才，发挥人才价值。将一般员工纳入松散层，比照社会劳动力价格分配。

四、以人为本，重视员工职业生涯设计，增强员工成就感和归属感。湖北黄冈分公司以岗位为单元，首先设置不同的成长体系，说明各体系中给员工所提供的各种发展机会，包括职务晋升的机会，接受培训的机会、提升薪酬的机会等，然后考虑员工自身发展目标，结合企业发展需要，有计划、有组织地进行轮岗交流和提供各种系统培训，以此提升员工素质，结合个人意愿明确员工发展方向，在为企业服务的过程中实现自身的价值。

【重庆电信率先打破干部工人界限】

2001年年初，重庆电信作为中国电信集团公司深化改革的试点，全面开展人事、劳动工资综合配套改革工作。这标志着重庆电信在全国电信行业中率先打破企业员工干部、工人身份界限，初步建立起与现代企业制度相适应的分配运行机制。

重庆市电信公司自2000年7月成立以来，对公司管理体制和运行机制进行了调整，对机关管理人员和部分区县（市）局领导职务实施了竞争上岗和公开招聘，初步形成以岗位为核心的考核管理体系，为实施分配制度的改革奠定了良好基础。2001年2月重庆市电信公司召开工资改革工作会议，对下一步工作进行了部署。实行岗位工资是此次工资改革的要点，实行岗位工资制，有利于克服传统分配制度的弊端，真正体现按劳分配和效率优先、兼顾公平的原则。彻底打破平均主义，以劳动力市场价格为依据，工资分配与企业和个人效绩挂钩，拉开分配差距，使广大员工的工资能升能减，职务能升能降，岗位能上能下，逐步建立、完善与现代企业制度相适应的收入分配体系，促进企业持续、稳定地发展。

【海南电信用人机制市场化】

2001年2月22日至23日，来自全国各地应聘海南省电信公司大客户经理和维护技术岗位的116名应聘者，在海南省电信公司面试。此举标志着省公司用人机制与劳动力市场接轨迈出实质性的一大步，人员能进能出、竞争上岗、下岗培训的新机制在海南省电信公司已经形成。

公司化经营后，海南省电信公司进一步加强了人力资源管理，多渠道锻造高素质队伍以适应日益激烈的市场竞争需要。2000年年底2001年年初，海南省电信公司实行全员竞争上岗，有4名员工被解除了劳动合同，21名员工下岗接受培训，这在海南电信尚属首次。为了进一步优化队伍结构，2001年新年伊始，海南省电信公司党组就作出一项重大决定，打破过去靠计划分配人力资源模式，用人机制市场化，将市场、维护部门40个重要岗位面向全社会打破行业界限公开高薪诚聘。2月6日起，海南省电信公司相继在省内主要媒体上刊登招聘广告，在全国引起强烈反响，到报名截止日，符合招聘条件的报名者就达600多人，其中40%来自全国其他省市。初选后，海南省电信公司向116位应聘者发出了面试通知，2月24日上午，面试合格的57位应聘人员参加了海南省电信公司的专业知识考试。

海南省电信公司党组、公司聘请的有关专家以及相关部室领导在对他们进行严格面试和专业考核的基础上最终确定聘任人选，6个月试用期考察合格后，海南省电信公司再与其签订三年期劳动合同，提供各类社会保险以及优厚待遇。此次招聘使海南省电信公司在职员工真正感受到了市场竞争和人才竞争的激烈，纷纷表示要努力工作，不断提高自身素质以适应企业发展的需要。

【广西电信探索人力资源工作新思路】

2001年8月23日至24日，广西区电信公司召开人力资源管理工作研讨会，区公司人力资源部及区公司所辖各单位人力资源部负责同志参加了会议。

会议指出：广西区电信公司的人力资源工作应着

重解决好以下几个问题：一是加强专业技术人才队伍建设，重点抓好培训、吸引和用好人才。要在适当的待遇留人和感情留人的基础上，大力弘扬、倡导事业留人，为专业技术、管理人才提供施展才华、聪明才智、干一番事业的舞台。积极探索实施人才工程新途径，建立一套人才引进、培养、使用、激励的有效机制。重点抓好培养、吸引和用好人才三个环节。提出了培养人才要着重培养本地的，能留得住、用得上的人才，这样才能保持一支西部地区自己的基本人才队伍，在吸引发达地区的人才时才有基础保障。二是继续深化三项制度改革，努力实现机制创新。建立健全以竞聘上岗为核心的用工机制，积极稳妥地推进全员竞聘上岗工作，努力争取在2001年年底前完成全区员工竞聘上岗工作；依法理顺劳动关系，规范劳动合同管理，对原劳动合同作部分修订，变更用人单位合同主体，在竞聘上岗考核的基础上续签劳动合同，并制定相关的劳动合同配套办法及协议书，使广西区电信公司劳动合同管理逐步走上规范化、法制化轨道。三是积极探索奖金激励措施，采取多种奖励形式，充分调动各方面的积极性，促进企业的不断发展。四是探索实行分公司对所属县电信局人力资源集中管理新办法。根据区内部分公司的试点经验，逐步推行全区电信分公司对所属县电信局人力资源的集中管理。集中管理的具体内容包括：组织机构和编制定员，员工招聘录用调配、解聘等劳动合同管理，员工教育培训管理，员工薪酬管理，员工社会保险管理，员工专业技术职称管理，员工绩效考核管理，员工人事档案管理以及安全生产管理等。

【山西电信选拔首批专业技术英才】

2001年12月，山西省电信公司首批二等三级以上专业技术英才评选工作结束，45名企业专技精英在激烈竞争中脱颖而出。

山西电信的专业技术英才实行选拔制度，分等、分级管理，根据高、中、初级专业技术职务的不同选拔，层次划分为三等九级。实行年功序列制奖励，年功序列津贴随专技英才等级的晋升而递增，考核每年进行一次，考核结果分为优秀、称职、一般和不称职四个等级。考核晋级者将获得荣誉证书及相应的荣誉称号。评选出的专业技术人才，将得到较高的荣誉和相应的薪酬待遇。

【山西电信人事制度改革走向深入】

2001年1月至4月，山西省电信公司在全省范围内选拔出22名管理人员，经岗前培训后，被充实到综合管理、业务技术管理、党群管理等比照副处级管理的岗位一展身手。此次入围的22名管理干部大都从事基层管理工作，最大年龄39岁，最小年龄31岁，最低学历为大专。来自全省电信企业各个岗位的118位同志参与角逐，经过报名、资格审查、笔试、面试、考察等多项程序，层层选拔，最终22位德才兼备者脱颖而出。整个选拔过程本着公平、公正、公开的原则，高度透明，广泛听取普通员工的建议，受到员工的一致认可与好评。

省公司机关的全员竞争上岗工作也于同期结束，竞岗考试分为笔试、面试、计算机能力测试与部门领导评分四个部分，考试不合格者将面临待岗、转岗培训与下岗。此外，各电信分公司的竞争上岗工作也如期开展，使山西电信的用人制度改革进一步向纵深发展。

【河南电信设立两大“专家库”】

2001年9月，河南电信设立了“项目评估”和“招投标”两个专家库，以便对工程建设做出及时评价，顺利开展招投标活动，确保工程项目建设质量，提高经济效益。专家库按照交换、传输、数据、计算机、电源、建筑学、建筑设备、经济、经营等专业分类，凡具备本科及以上学历、从事本专业工作8年以上、具有高级职称或同等专业水平、政治素质良好、工作负责、经验丰富的电信职工，经过各单位审核报省电信公司，筛选合格者就可进入专家库，供建设单位和招标人选取。专家库中的人员名单按专业类别随机编号，每两年更新一次。

【湖北电信武汉分公司全力提升人力资源竞争力】

为了利用好现有的人力资源，保持企业人力资源竞争力，武汉电信通过下大力气做好岗位设置、绩效考核、薪酬结构、持证上岗、员工引进与退出等基础制度创新的设计、试点、总结、推广、实施工作，改革教育培训体系，提高员工素质和岗位技能，逐步建立起适应现代企业管理需要、适应市场竞争的高效率组织结构，形成以岗位管理为核心，上岗、待岗、转岗和下岗有机衔接的人力资源管理体系，提高了人力资源管理工作效率，增强了员工的危机感和竞争意识，营造了员工充分发挥才能的环境，为进一步深化公司人力资源开发与管理改革奠定了坚实的基础。

按照现代企业组织结构扁平化的要求，武汉电信对内部组织体系进行了大幅调整。首先，通过合理的归并与撤消，将机关职能部门由26个精简到13个，明确规定了各职能部门（科室）的职责，核定了人员编制，使机关人员编制精简了三分之一，有效地解决了管理上存在的弊端；其次，从公司整体出发，结合各基层单位实际，重新规范、调整各单位内设机构，降低了管理人员数量，减员增效，提高了劳动生产率。全公司设置岗位99种，不仅规范了岗位设置、缩减了人员编制，而且增强了员工的危机感和竞争意识，为全公司范围内建立竞争上岗机制，全面推行竞争上岗工作做准备。

为了巩固公司在武汉电信市场主导运营商的地位，武汉电信坚持“三个创新”，逐步形成三个核心层次，即精干、科学、战略型的管理层；系统、前沿、具有竞争优势的技术层；辐射面广、高效、技术型的营销层。武汉电信“十五”发展规划中提出要大幅度提高通信技术人员、市场营销人员和研究支撑机构人员的比例，降低运行维护人员、服务人员和其他人员比例的举措。

在合理设置机构、科学设置岗位的基础上，武汉电信切实树立“以人为本”的观念，注重将人力资源的配置紧密地与企业发展的总体目标、发展趋势、业务结构和服务结构形成有机衔接，为各类人才进行“生涯设计”，营造“人尽其才”的工作环境，为领导选人、育人、用人、留人做好基础工作。在武汉电信，公司各岗位的招聘工作经常进行，2000年，公司采取个人报名、群众推荐、组织考核的方式，在全公司范围内多次组织了干部竞争上岗及公开选拔工作，本着公开、公平、公正的原则，双向选择、择优录用，一批人才脱颖而出。2001年年初，40余名优秀人才走上了公司办公室、人力资源部、各专业局和区局的重要管理岗位。通过竞争的方式选拔干部，在干部中引起了强烈的反响，特别是年轻干部普遍反映，这样选干部“有干头、有奔头、有前途”。

公司在大力提拔年轻干部的同时试行了聘用制。在给予一定政策性待遇的同时规定了三年的聘用期，期满后根据考核考察结果再确定任用与否。对新提拔担任管理岗位的干部实行了试用期制度，试用期满后经考核和民主测评再作出是否留任的决定。这些做法有效地鞭策了在岗干部，对普通年轻员工产生了激励效应。另外，武汉电信开创性地实行干部交流轮岗制度，有计划、有步骤地对年轻干部进行跨部门、跨专业交流，培养他们适应新情况、创造新业绩的进取精神，熟悉多方面的专业知识，提高管理和组织协调能力。并且让长期在机关工作的干部深入基层，开阔视野，掌握科学规范的决策和工作程序，增强解决实际问题的能力。一批优秀年轻干部因此得到多岗位锻炼，迅速成长起来，为基层班子增添了生机与活力。武汉电信通过民主测评、能力考察、绩效考核等方式，淘汰不能胜任本职工作的管理人员，彻底打破了铁交椅。2001年上半年，公司先后组织进行了办公室系统、财务系统、实业公司各级经理以及基层单位的主任工程师、技术负责人、123名分支局长等管理人员的专业知识考试，在此基础上，结合平时掌握的干部考核情况，对13名同志进行了末位淘汰。同时还制订了机关干部末位淘汰具体实施办法，即按年度对机关人员进行百分制打分排序。该办法将每个干部的工作能力、协调能力、协作精神和劳动态度全部纳入考核范围，实行3%～4%的定额淘汰。

为激励人才脱颖而出，公司逐步建立起“两个层次、三个办法，四个补充”的考核分配模式。“两个层次”是指对公司各级生产经营管理负责人层次的考核和对全体员工层次日常生产经营工作的考核；“三个办法”是指对各级负责人的《绩效考核奖惩办法》、对全体员工的《月生产经营工作考核奖惩办法》、为促进机关各部门专业管理而制订的系列的“专项工作考核奖惩办法”；“四个补充”是指以月生产经营工作考核分配为主体，总经理专项奖励、部门工作专项奖励、优秀人才津贴、一次性奖励为补充的全面的分配体系。2000年下半年，公司将企业的经营状况与承担重要责任的企业高级管理人员、部门负责人、基层班子成员的收入相联系，根据承担的责任的不同，相应制订8档奖金档次，并分别制订一套考核指标体系，采取有奖有罚的方式，完成任务或指标可按相应的档次核奖，没有完成的从工资中按一定比例扣除，做到绩效考核指标化。

与此同时，公司以机关13个职能部门的工作职能为基础，制订了13个专项工作考核奖惩办法，拿出15%的工资总额用于奖励专业工作中有突出贡献的非管理人员，把考核延伸到所有的职能部门和工作流程中去，建立纵向管理机制，有利于培养专业人才，并营造留住人才的条件。仅2001年上半年，公司就核发了数十万元的专项奖励资金。坚持专业工作考核奖惩经常化，极大地推动了业务发展、运行维护等各项工作，调动了员工的工作积极性。

为激励优秀人才发挥骨干作用，公司在集团公司和省公司实行的“优秀技术人才津贴”的基础上，推行了武汉电信的“优秀人才津贴”制度。2001年共有200名技术和管理人员获此荣誉，有力地激发了广大专业人才的积极性、主动性和创造性，为完成企业既定目标提供了有力的人才保障机制。

为使人才安心工作、发挥作用、实现自我价值，武汉电信正在进一步建立和完善管理岗位和专业技术岗位的“双重晋升”制度，设置两条平等的职业发展途径，鼓励和引导企业人才根据自身的特长向管理者和专业技术专家两个方向发展。将专业人才享受的最高实际待遇比照公司副总待遇这一思想，作为技术人员、管理人员和市场营销人员晋升通道的一条“红线”，贯穿于“双重晋升”制度建设之中。同时，公司还在不断探索新思路，以建立更加完备的激励机制：思路之一是建立以岗位为基础的奖金分配模式，实行易岗易奖。岗位能上能下，收入也相应能多能少，促进岗位竞争，提高员工的工作效率，增强工作活力，变被动为自觉。思路之二是从流程入手，建立前台对后台支撑单位的考核渠道。前台是企业面对市场的窗口，也是检验各项工作的最好标尺，从市场需求入手制订业务流程，根据业务流程制订前台对后台的考核办法。思路之三是尝试基层领导干部的收入分配制度改革。基层单位领导干部直接承担发展、收入、管理等各项职能，做好这部分人员的分配工作，将极大地激发他们的工作潜力，解除他们在基层管理工作中的顾虑，对企业的发展是极其有利的。其中，采用岗位年薪制或者由分公司直接制订其收入将是一个可行的办法。由分公司统一制订年薪或奖金标准，根据其工作实绩考核，一方面有利于明确其工作责任，同时由于不参与基层单位分配，有利于其放手制订符合单位实际的分配办法，做好管理工作。

【江苏电信无锡分公司专家创出佳绩】

2001年7月31日，无锡电信对企业内部专家的13个关于技术、管理方面的创新成果进行了嘉奖，这些成果均对企业发展起到了显著的推动作用。

2000年，无锡电信诞生了3位省级电信专家和8位市级电信专家，他们的年龄均在30岁左右。为鼓励这批年轻的技术人才大胆创新，无锡电信积极营造形式多样、内容丰富的专家交流氛围，只要专家申报了课题，公司领导就会高度重视，亲自倾听专家的见解，为专家的研究工作创造条件。11位专家分别对申报的课题进行了攻关，其中，庄进宇的《企业电信业务计算机系统的优化》、杨宏宇的《无锡宽带城域网发展规划建议》率先结题，通过严谨的反复论证，已在实践中发挥作用。

这些专家除了能立足本人岗位，还自觉打破狭隘的部门观念，放眼全局，创新思维，知难而进，进行了具有较高水准的研究；同时带动一大批青年技术人员的整体创新，得到公司领导的赞扬。13个创新成果的技术和管理含量较高，涉及维护、经营和发展等方面。在这些成果中，有的是对宽带城域网发展提出的可行性建议，被采用后成为公司2001年成片开发信息化小区的重要规划；还有的是对“一线通”安装维护体制、对提高计费准确率提出中肯的意见。无锡电信此后将增加专家成果评审活动的频次，加大对内部专家管理的力度，鼓励更多的员工进入专家行列，以进一步激发全体员工的创新热情。

【江苏电信镇江分公司唯才是举吸纳贤才】

为吸纳贤才，2001年，江苏省镇江市电信分公司推出一项重要措施：在分公司内评选“专家”，不看身份学历，唯才是举。首批获得“技术专家”或“营销专家”称号的19人，是从全公司及所辖县（市）局各部门推荐的48人中，经理论知识考试，审核、初评、公示及复评产生出来的。他们中有劳务工、合同工，也有刚参加工作不久的员工，“身份”各不相同。其中，获得“二级技术专家”的机务员向程就是1995年入局的劳务工，他先后参与了HJD04机的版本升级调测、扩容，独立完成了该型VS接口与接入网扩容工程，实现了市话、农话计费方法并存，并多次排除了设备故障，成为04机维护方面的技术骨干。获得一级、二级“专家”称号的人员，每月分别享受500元和300元岗位津贴，可优先参加各种休疗养，优先参加各种业务进修、学术研究、继续教育培训，并可优先选派出国（境）培训、考察。 这项活动每两年进行一次，旨在增强企业的凝聚力和竞争力，激励优秀专业技术人才脱颖而出，培养和造就高素质的人才队伍。镇江电信专门成立了由“一把手”挂帅的领导小

组，制订严格的评选程序，各部门都相应成立了考评小组，充分体现了“公平、公正、公开”的原则。

【西北五省区电信全面推进薪酬激励机制】

2001年12月12日至13日，西北五省区电信公司薪酬制度改革座谈会在陕西西安召开。与会人员就如何正确理解和领会实行薪酬制度改革的重要意义，正确处理薪酬改革和“五项机制创新”的关系，全面完整地贯彻落实薪酬制度改革的有关政策和方针等重大问题进行了认真的讨论，并达成了较为一致的认识和意见。

2001年8月，中国电信集团公司提出了在中国电信推行薪酬激励、绩效考核、职业发展、竞争上岗、教育培训的五项机制创新。其中，薪酬激励是要建立一个符合现代企业制度要求、符合中国电信实际、科学合理的激励制度，保证各类人才得到与他们的劳动和贡献相适应的报酬，最大限度地激励员工为企业作贡献 。按照集团公司关于薪酬激励机制的有关原则，薪酬激励机制要服从和服务于企业的战略规划，体现企业对人才使用的价值取向；要在坚持按劳分配的基础上，积极探索各种按生产要素分配的新形式；薪酬激励机制的建立既要符合企业的经营业绩和发展的整体要求，又要与当地社会劳动力市场价格相适应；要体现公平、竞争、激励的精神，薪酬激励机制要与工作技能和绩效考核紧密联系，合理拉开分配差距，要淡化以往以员工个人资历、学历作为决定其收入高低主要依据的作用，使员工收入更多地与企业效益、所处岗位和工作业绩挂钩，通过绩效考核，逐步形成收入能增能减的机制。

会议认为：一、中国电信集团公司提出的薪酬激励、绩效考核、职业发展、竞争上岗和教育培训五项机制创新，是加快中国电信与国际接轨、提高电信员工素质、增强企业竞争能力、实现企业持续健康发展的一项重大举措。薪酬制度改革是五项机制创新的一个重要环节，是第一项创新和改革，因而意义特别重大。 二、激励机制创新的核心就是激励，要最大限度地激励员工为企业作贡献。要根据集团公司关于五项机制创新的指导意见提出的基本理念和思路，结合各自地区的实际情况，勇于探索、大胆实践，把薪酬激励机制等五项机制创新真正落到实处。三、实施激励机制创新是个政策性强、涉及面广的工作。搞好了，将形成激励员工凝聚企业的巨大活力，并带动竞争上岗等其它几项改革的开展和进行；搞不好，将会影响其它机制创新的推进。因此，一定要认真、踏实地做好工作，要立足于创新，要突出机制改革的精神，把工作做好做细。在工作的实施进程中，所有的程序要到位，进展过程要扎实，实现整个工作平滑过渡，稳步推进。

【福建电信积极稳妥地开展岗位竞聘工作】

为加速现代企业制度建立的进程，更好地适应公司化运作的需要，福建省电信公司贯彻集团“五项机制创新”和“三项制度改革”的精神，及时出台了《福建省电信公司开展竞争上岗工作实施办法》，依照“公开、公平、公正”和“精简、高效、满负荷”的原则，积极稳妥地开展竞聘上岗工作。

一、 立足长远和竞争，统一思想，明确目标，抓好规划

该公司把竞聘上岗工作的着眼点和立足点放在彻底改革企业的选人用人制度、探索建立企业选人用人新体制和新机制进而在企业中重构一个善于竞争、充满活力的企业文化的基点上，循此指导思想，紧密结合集团的发展战略和福建省公司的实际，兼顾着眼长远和现实市场竞争的需要，全面规划，稳妥实施，使整个竞聘上岗工作从一开始就站在一个比较高的起点上。

首先，省公司在成立后不久就颁行了《福建省电信公司开展竞争上岗工作实施办法》及其一系列的配套规定，在全省企业推开了竞争上岗工作。

其次，在具体实施中讲求策略，坚持态度坚决与稳妥推进的统一，并注意把握好以下几个关系。一是自上而下，稳妥推进。提出了先机关后一线基层，先管理者和管理岗，后技术岗、最后一线员工的推进顺序。各分公司有的实行全员竞争上岗全方位展开的方式，按中层管理人员、职能管理人员、班组长、班组成员等层次顺序进行；有的实行分层次、分阶段、先在部分岗位或县（市）电信局试点，再全面推开的方式；有的采用在重要部门和岗位，或缺岗和不胜任岗位进行竞聘上岗的方式。据统计，全省9个电信分公司自2000年以来，先后共有4000余人次参加了管理和生产岗位的竞聘。二是立足现有，激活存量。竞聘首先面向系统内现有员工，这样既可以减少面向社会招聘而带来的操作和学习成本，又可以为员工提供职业安全，达到面上稳定的目的，减低改革的副作用。三是

抓住热点、难点，勇于试点，重点突破。在推进管理者能上能下机制的建立上，先从省公司和分公司本部机关职能部门做起，省公司为进一步改善人力资源工作，面向社会竞聘了副主任和业务管理员各1名；全省各分公司普遍对大客户管理岗位也进行了竞聘。

第三、抓好配套，形成合力，寻求整体最佳效果。一是党、工、青、妇组织与经营管理班子步调一致，特别是在员工思想教育和舆论引导方面发挥了主力军的作用。二是理顺竞岗、留岗、转岗、离岗、待岗乃至下岗的链接，特别是对落聘者和下岗者不仅在政策上有规定，而且在出路上有安排。副、实业不仅与主业同步展开竞聘上岗工作，还积极配合主业做好分流安置工作；同时，竞聘上岗工作与内退工作协调进行，减少了改革的阻力和难度。三是用人用工制度和机制改革与绩效报酬体系改革相配合，实施了以绩效为导向的岗位绩效报酬机制。有的分公司还大胆创新，实行管理岗和技术岗双线竞争上岗制度，鼓励员工特别是技术尖子多当“家”、少当“长”，彻底为技术人员走专家之路提供了政策保障。在分配制度改革中，有的分公司在“存量保留，增量拉开；效率优先，兼顾公平”的原则下，实行系数奖励办法，即各级各类应聘者基本保持原有工资不变，岗位奖金系数拉开档次，按照岗位的不同类别和级别，以岗定酬。

二、规范流程，严格操作，确保好中选优

（一）着眼科学、合理和可行，定好“游戏规则”。为从制度上确保竞聘上岗工作的成功，省公司及其下属企业都制定了较为完善的竞聘上岗规定和实施细则：《福建省电信公司企业定岗定员示范标准》、《福建省电信公司岗位绩效工资方案》、《关于制定福建电信企业岗位说明书的通知》、《福建省电信员工岗位考核暂行办法》和《福建省电信公司开展竞争上岗工作实施办法》等。

（二）坚持“四公开”，规范全套流程，严格过程操作。“四个公开”即可供竞争的岗位公开、岗位要求和条件公开、竞争上岗的程序和过程公开、聘用员工上岗的结果公开，同时建立招聘操作流程：

1、基础流程：该流程根据“市场和利润倒逼法”原则，确定和优化机构编制定员和岗位设置、进行工作分析而后编制岗位说明书，明确岗位的职责、任务和适岗要求。

2、公开招聘操作流程：

1）准备流程：确定竞聘的岗位、成立考评小组和民主监督小组、明确考核评分的量化指标、确定竞聘考核内容（分为岗位适任度评判、竞聘报告评价和答辩面试三部分）和方式（采取专家小组素质测试、员工民主评分、组织考察与经营管理班子审核相结合的评定方式）、编制聘任协议书（明订任期、考核指标和方式等要项）。

2）公开招聘流程：发布竞（招）聘启事、组织报名、资格审查、笔试、面试、员工民主测评、组织考察（包括体检）、报领导审定、任前公示、签订聘任协议、人力资源部负责人找受聘人谈话。

3）聘后管理流程：主要包括前岗位知识培训、试用期动态考核和续签聘任合同等。

（三）突出民主监督，确保真经正念。一是事前民主监督制度，通过问卷调查、动员教育等形式，了解员工的真实想法，向员工说清楚，让员工弄明白；二是事中民主监督制度，通过自我推荐、群众推荐、设立员工代表组成的民主监督小组、旁听面试和竞岗演说、民主测评、公示等机会，确保员工积极参与和介入；三是事后民主监督制度，通过问卷调查、动态考核等形式，倾听员工的意见，完善竞聘上岗工作规则和操作。

三、竞聘上岗激活了企业现有人力资源

（一）员工的思想观念得到更新，企业精神面貌焕然一新。一年来的竞聘上岗实践，对员工的旧思想、旧观念是一次强有力的冲击，促进了广大电信员工进一步解放思想、更新观念。竞聘上岗，引进了竞争机制，更体现了企业参与市场竞争的决心和信心。大家通过竞聘上岗，看到了企业的活力，也进一步激发了自身的活力；看到了企业发展的希望，也对未来寄予更大的希望；看到了企业经营班子改革发展的决心，也更加坚定了自己以实际行动促进改革发展的决心和信心。通过竞聘，员工的思想观念有了更新，懂得了什么是竞争，也对自己的能力有了正确的估计。企业的精神面貌也有了较大改观，显得朝气蓬勃，充满活动。

（二）用人用工制度改革上取得了新突破。引入竞争机制，使企业选人用人机制改革朝着职业化、社会化、市场化的方向迈出了可贵的一步。特别是员工竞聘上岗和面向社会招聘人才开创了电信企业的用人先河；改变了企业管理人员由上级组织任命的传统方式，在管理方式上实现了新的突破。解决“只能上不能下”的问题，建立起一套竞争上岗的新办法和新程序。企业灵活多样的用人和用工方式体系初步形成，建立了内部竞聘、面向社会公开招聘、组织推荐、民主选举、交流轮岗等机制，实行了“岗位聘任制”、“职务任期制”和“任职试用期制”，对新聘任的人员实行“职随岗变，薪随岗变”的动态管理和契约化管理。

（三）调动了员工的工作积极性，提高了员工队伍整体效力。岗位竞聘打破了原有的身份、资历、年龄等界限，不拘一格地选拔人才，推行竞聘上岗，优胜劣汰，为员工提供表现自我、锻炼自我的机会，使优秀人才脱颖而出；充分发挥自身优势，找到适合自己的岗位；大大提高了他们的工作积极性。如厦门市电信分公司特别鼓励原招聘工身份的员工参加竞聘，使公司增加了发现原招聘工中优秀人才的机会；龙岩市电信分公司通过竞聘有259人调整到新的岗位，提拔了4名中层管理人员，有8名原中层管理人员落聘。岗位竞聘还促使企业逐步形成员工上岗、转岗、待岗、下岗相衔接的动态人力资源管理体系，使企业的内部新鲜血液不断循环，通过竞聘让优秀人才“新鲜血液”补充进来，使企业不断焕发“青春”，人才也借助企业的空间发展了自己。这种互动关系增加了企业活力，提高了员工队伍整体效力，推动了企业的进一步发展和壮大。

（四）打破了原来的“铁饭碗、铁交椅”的局面，增强了员工的紧迫感和危机感。竞聘上岗不仅是一次改革的实践、竞争的实践，民主的实践，更是广大电信员工今后如何面对竞争形势和竞争场面的一次预演、实习和观摩。开展岗位竞聘以来，企业内部逐步形成较为合理的人才流动，高技术、高能力的员工向高级别的岗位流动；个别文化程度低，工作业绩不太突出的员工有向一般岗位流动的倾向，原来的“铁饭碗、铁交椅”的局面已逐步被打破，在员工中形成了不做好工作就会失去岗位的压力，大部分员工明显地增强了紧迫感和危机感。通过竞聘走上新岗位的员工，工作更加努力，学习更加自觉；没有竞聘到新岗位的员工也主动要求参加岗位培训，积极学习新业务新知识，不断充实和提高自己，为下一次竞聘上岗做好准备，企业内部逐步形成了良好的学习氛围。

（五）理顺了企业内部劳动关系，提高了劳动生产率。竞聘上岗工作，预示着电信人事管理改革以岗位管理代替身份管理的序幕已经拉开。通过竞聘上岗，对电信企业组织机构和岗位进行了重新设置，按照各部门的工作职责合理定岗定编，并通过编制岗位说明书，详细描述了岗位职责、岗位任务和任职条件等要素，有效地解决了企业岗位设置雷同、职责不清、重复用工和忙闲不均等问题，较好地调整了企业内部的劳动组织关系，达到员工和岗位相匹配的效果，从而提高了劳动生产率。如宁德电信分公司通过竞聘上岗，全市缩编岗位33个，净减员工104人，劳动生产率从1999年人均不到35万元，增加到2000年的41.7万元；增幅达20%。

福建省电信公司在此次岗位竞聘工作稳妥开展的基础上，将进一步加强岗位描述、岗位评价等基础性工作，加强对员工的职业生涯设计工作，确保企业竞聘工作走上科学化、规范化的运行轨道。

【重庆电信加强劳动用工管理】

2001年7月6日至8日，重庆市电信公司开展基层单位劳动管理人员业务培训，这是重庆电信为夯实企业三项制度改革的后台支撑、适应用工机制的不断变化、进一步加强劳动用工管理而采取的举措之一。

近年来，随着中国电信的发展变化，重庆电信的改革力度不断加大，人事、用工制度改革不断深入，先后进行了中层干部的竞争上岗、管理人员的公开招聘、专业技术人员的对外公招以及招聘工的整顿清理等，一大批能力强、业务精、身份各异的优秀人才进入公司或走上管理岗位，但这也同时带来了劳动用工管理的复杂化。为保证企业劳动用工机制的科学化、规范化，适应人才竞争，优化资源配置，吸引并留住优秀人才，减少和避免劳动争议，重庆市电信公司在严格执行《劳动法》有关规定的前提下，着力加强劳动用工管理，重塑业务流程，在用工的招聘、辞退、待岗、转岗、晋升、考核方面制订了一系列新的办法，同时注意提高劳动管理人员的业务素质，使企业用人用工时有章可循、依法办事，确保为企业改革做好后台支撑。

此次培训，除学习企业自身的用工规章外，还邀请了重庆市劳动和社会保障局政策法规处、重庆市渝中区劳动争议仲裁委员会的专家讲授《劳动法》及相关法规、劳动合同管理业务知识和劳动争议案例分析等。

【云南电信建立岗位绩效评价体系】

继2000年推行机制改革、实行全员竞争上岗之后，2001年5月，云南省电信公司推出了岗位绩效考核办法，作为这一改革的继续。该办法的逐步完善和切实推行，关系到能否彻底打破分配上的乃至职务上的大锅饭，发挥企业内部竞争活力的问题。

《云南省电信公司部门主任副主任岗位、绩效考核办法》规定，省公司将对各部门、各事业部主任副主任每半年考核一次，高层管理者在本部门范围内进行考核期工作述职。初核得分由四部分组成：省公司分管领导评分（40%）、本部门员工评分（20%）、相关部门评分（20%）、分公司对口部门评分（20%）。对初核得分不服的，可以向省公司“岗位绩效工资考核工作委员会”申诉，由考委会复议。初核得分乘以70%，省公司领导班子和总监评分乘以30%，两分相加等于终评得分。省公司按终评得分兑现绩效工资，终评结果将存入个人档案，成为晋升和降职的主要参考依据。终评得分如果属于“D”档，那么考核对象将接受省公司领导的警示谈话。连续两次得“D”者，将面临降职危险。

云南省电信公司总经理在动员大会上说，岗位绩效考核是一种评价手段，目的是让省公司全体员工在企业的经营过程中得到培养、使用、激励和约束，最终提高员工的整体素质。

【新疆电信启动世纪人才工程】

2001年4月，新疆电信授予283位员工“21世纪优秀人才”称号，标志着新疆电信公司21世纪人才工程正式启动。

为积极响应国家西部大开发战略的实施，促进新疆电信事业的可持续发展，新疆电信公司在全疆开展了评选优秀人才活动。公司建立起“新疆电信人才库”并规定：凡当选的各类优秀人才和优秀大中专毕业生，区公司将给予相应的精神和物质奖励。统一印制和颁发荣誉证书，一次性发给3000元奖励津贴，并在学习培训、职称评审、住房分配和提拔使用上优先考虑。此次从全疆16个地州市经层层评选而出的283名优秀人才，将成为新疆电信公司人才库的首批入选者。

人才资源作为企业最重要的战略资源，已成为西部通信企业在市场竞争中立于不败之地的关键。新疆电信面临着尤为严峻的挑战：西部大开发战略的实施，势必会以更优惠的政策引起企业内部人才的流动；国内新兴的通信和信息企业，也以其灵活的机制和较高的待遇，吸引较多的优秀人才；我国加入WTO后的电信市场开放，也会引发通信人才的争夺战。新疆电信公司及早分析了本企业在人才队伍建设方面存在的问题，制订和下发了加强人才管理工作的文件，把吸引人才、留住人才作为企业的长期发展战略，并从年龄、学历、去向及流出方式四个方面，对流走的全部人员情况进行详细分析，据此提出相应的对策和解决人才流失的具体办法，尽量做到广泛吸引人才、精心培养人才、合理使用人才、尽力留住人才，确保新疆电信不但拥有一流的技术、一流的网络，更拥有一流的人才。

2001年，新疆电信加大用人制度的改革力度，力求建立优胜劣汰的用人机制，彻底打破干部职工身份界限，改变传统的选人观、用人观，通过考核、竞争上岗，形成了人员能进能出、干部能上能下的局面，为优秀人才的脱颖而出营造良好的环境，为新疆电信的可持续发展提供坚实有力的支撑。

【湖南电信鼓励创新设立“金点子效益奖”】

2001年3月下旬，湖南省电信公司给予提出生产经营“金点子”的员工和项目组1万至8万元现金奖励，公司同时宣布建立长期制度，鼓励员工积极为企业发展献计献策，在企业内部形成积极进取的发展氛围。

获得奖励的优秀建议，均在企业的市场实践中获得了成功，帮助企业解决了不少发展中的问题，创造出了可观的经济效益，多数获奖“金点子”已在全省推广。由常德市电信分公司员工提出的“农村电话交换网以光缆接入取代大对数、远距离线缆接入，设立村级农村代办模块点”的建议获得了一等奖。该建议采纳后，成功地解决了农村放号成本居高不下、农村营销力量薄弱等问题，在常德市实践成功后，迅速推广到湖南各地，直接促成了全省农话业务的高速发展，为湖南电信“百万电话大行动”目标的完成立下功劳。

3月，湖南省电信公司联合省电信工会发出通知，要求迅速成立省、市、县三级的员工合理化建议及技术改进工作评审小组，专门负责及时收集、接纳员工在企业发展方面的各种新思路和新建议，对其可行性和价值作出快速评估，并负责将其中的优秀点子及时组织付诸实施。通知要求各地分公司切实加强对员工的组织发动，确保每年本企业有50%以上的员工能主动为企业的发展提出自己的建议。湖南电信公司为此还设五个等级的“金点子效益奖”，将对提出为企业年节约或创造效益100万元到3000万元之间的各类优秀建议的员工给予现金奖励；对创效益超过3000万元的杰出建议，将授予巨额特奖。

【湖南电信出台劳动管理新办法】

湖南省电信公司召开全省劳动工资会议，部署实施新的全员劳动管理办法，决定从2001年开始，严格以《劳动法》和国家有关劳动法规为依据，重新与员工签订劳动合同。

新办法规定：2000年12月31日在册的电信正式员工，执行劳动合同两年一签，履行合同期间实行年度绩效考核。对经年度绩效考核合格的员工，重新参与企业竞争上岗。年度绩效考核不称职的员工实行企业内部待岗。待岗员工第一期待岗时间为3至6个月，在此期间只发工资，不发生产奖；第二期待岗时间为7至12个月，在此期间发放生活费。待岗期限不得超过一年。待岗期满后仍未转（上）岗的，暂不续签劳动合同，下岗待业。员工在待岗和下岗期间，可以办理调出、辞职、自谋职业、符合条件的可以办理内部退养等手续。2001年元月1日新进企业的复转军人、大中专毕业生和引进的专业技术人员，执行劳动合同一年一签，劳动合同期满进行年度绩效考核。经年度绩效考核合格的员工可重新参与企业竞争上岗。年度绩效考核不合格者，与企业终止劳动合同。破除企业员工的身份界限，对于经考核符合管理岗位要求的生产人员，可以聘用管理岗位；对于经考核不合格，不适应担任管理工作的人员，应参加生产岗位的竞争。管理岗位的人员不实行聘用期。这意味着：干好干坏，大不一样。

【甘肃电信营销员全部竞聘】

2001年年初，甘肃省电信公司在营销领域内实施用工机制改革，改革所涉及的岗位包括：自办营业厅（点）的营业岗（含业务受理、收费、投诉受理及咨询服务岗）；各类特服台的话务岗；集团客户与大客户营销服务部门的各类客户经理岗、大客户经理岗以及市场营销生产部门其他岗位。所涉及人员包括原正式工和聘用工，他们都在同一标准下竞争上岗。

甘肃电信各分公司根据先期定岗定编确定的上岗条件，制定出竞岗程序，每位营业员、话务员和营销人员在单位组织下参加相应工种的初级职业技能鉴定考核，通过后按照省公司制订的岗位考核标准和考核办法，接受综合考核。试用合格的竞争上岗员工，与企业签订岗位聘用协议，企业按照新制订的岗位工资标准兑现待遇。对未能竞争上岗的员工，根据省公司制订的有关规定，对其分别实行企业内部待岗、转岗、内部退养、下岗、解除劳动合同等处理。对于缺员严重、通过内部人员调剂无法解决的岗位，各分公司在省公司统一组织下，公开面向社会招聘。企业与聘用人员签订劳动合同，并为其办理各项社会保险。

【新疆电信分配引入绩效考核制】

为把企业发展中最为重要的三个经济指标（劳动生产率、收支差额、收入完成）引入到企业分配当中，彻底打破平均主义，拉大分配差距，逐步建立起与现代企业制度相适应的分配制度，新疆电信公司于2001年在工资分配、奖金核定中率先引入了绩效考核机制。

新疆电信公司在进行全面、认真的岗位分析和岗位评价工作的基础上，根据企业经营目标和岗位职责等特点，确定量化的考核指标，如对管理人员的考核实行定量考核与定性考核相结合，对生产技术人员的考核以定量考核为主。同时在分配上遵循向高新技术、高级管理人才及对企业有突出贡献的员工倾斜的原则，坚持分配与企业和个人绩效挂钩、员工收入能增能减的原则和打破平均主义、拉大分配差距的原则。在考虑岗位责任、贡献、技能要求、工作强度、工作环境、社会劳动力价格等因素的基础上，确定员工岗位系数。员工个人所得绩效工资由奖励基数乘以岗位系数再乘以考核结果确定。

奖金核定则是以各分公司收入计划占全区收入计划的比值确定各分公司的收入系数，以各分公司劳动生产率计划与全区劳动生产率计划的比值确定各分公司的劳动生产率系数，以两个系数之和确定各分公司的综合系数，然后按照奖金基数和综合系数核定全年奖金总额，奖金总额分别与30%的业务收入计划完成率、20%的收支差额计划完成率、50%的劳动生产率计划完成率复合挂钩来核定各分公司的实际奖金额。

绩效考核制实施以来，全疆各地州市电信部门之间奖金差距陡然增大到3～4倍。拉大了的奖金差额和责、岗、技界权明晰的工资分配制度，使企业每位员工更加爱岗敬业、严以自律，真正显示了分配与企业和个人绩效挂钩的强大驱动力。

【陕西电信首批聘用合同工上岗】

2001年，陕西电信对用工制度进行了大胆改革，对新进公司的大中专毕业生实行双向选择聘用合同制。新录用的97名大中专毕业生，成为陕西电信公司首批真正意义上的聘用合同工，传统的录用终身制成为历史。

在双向聘用合同制下，公司和员工之间是一种聘用关系，见习期满后，公司和员工首期签订二年合同，合同期内，按照岗位管理制度严格考核，合同期满后，企业根据个人表现和工作需要决定续签或解除合同，聘用人员亦可根据自身的发展前景和意愿决定去留。这一制度彻底改变了长期沿袭下来的录用终身制，简化了人事关系，使企业用人更加灵活，真正实现了人员的能进能出。

此批新录用的大中专毕业生实行新的工资分配制度，工资全部实行货币化，所有的隐性福利全部折合成货币工资下发，大中专学生之间的工资水平拉开档次，同时缩短见习期，由过去的一年见习期缩减到现在的6个月。新的用工制度下的工作人员，平均工资比过去同类大学生要高出20%，极大地激发了新进人员的工作积极性，他们表示：“要让企业最终选择我们，就需要我们对工作全身心的投入。”

【河北电信竞争上岗工作成效初显】

为建立现代企业制度，实现“三个创新”，加强电信企业的竞争力，河北电信按照集团公司的部署，加大了“三项制度”改革力度，效果初显，他们的主要经验是：

一、领导重视，狠抓落实。省公司多次召开专题会议，研究实施“三项制度”改革的有关措施、方法、步骤。2000年出台《河北省电信公司员工竞争上岗办法》和《建立岗位考核制度指导意见》两个文件，2001年党组制定印发了《关于实行领导人员聘任制的通知》，省公司机关及各市分公司，按照上述文件精神制定了竞争上岗实施细则，劳动用工制度改革在全省陆续展开。省公司机关竞岗工作已经完成，新调整的领导干部实行了聘任制，各市分公司竞岗工作也有不同程度的进展。

二、宏观部署，微观指导。省公司及时制定印发了《全面推行营销用工机制改革实施方案》，并先后在沧州、石家庄市召开编制定员工作会，初步制定了各岗位定员标准指导意见，供确定岗位设置中参照执行。2001年2月，河北电信组织力量制定印发了市话营业员等8个工种的考核大纲和学习用书，帮助他们通过职业技能鉴定考试。最后，取得职业资格证书、业务技能水平符合上岗条件的占在岗人员的82.3%。同时，各单位按照自己制定的竞争上岗实施细则，对每个员工的工作能力、工作态度、工作业绩进行了考核，以此来确定上岗人员。

三、竞争促学习、促服务、促效率。实行竞争上岗，能者上、平者让、庸者下，打破了长期以来的“铁饭碗”，使员工有了危机感、紧迫感，从而产生了三个促进：一是促进员工学业务、学技术；二是促进改善服务；三是竞争上岗促效率。

【天津电信完成岗位考核竞争上岗工作】

2001年6月初，天津市电信公司全员岗位考核竞争上岗工作全部结束。此项工作经过了试点和全面铺开两个阶段，天津电信各单位为此做了大量深入、细致的准备工作。首先是做好定编定岗，其次是对全公司1122个不同岗位制定好岗位说明书，第三是制定竞争上岗报名表、领导人员和一般管理人员考评表、面试评定表、提出撰写述职报告和总结的要求等。

全员岗位考核、竞争上岗工作大体经历了五个步骤：一是召开职工代表大会，听取领导人员的述职，对其从思想品德、素质能力、工作效率、勤政廉政、联系群众、协调服务等八个方面进行评议。二是管理人员对自己近两年的工作进行总结，由领导和职工进行评议。三是公布所有岗位设置情况，组织每个员工进行上岗前的报名。每个员工根据自己的情况可以选择1至2个岗位。四是组织笔试和面试。五是最终确定上岗人员，做好转岗人员的思想和安置工作。

【黑龙江省电信公司改革用工制度】

黑龙江省电信公司为深化“三项制度”改革，提出通过开展职业技能鉴定工作，推动用工制度改革，进一步提高电信职工队伍素质。逐步建立起科学确定岗位、强化人员培训、职业技能考核鉴定、职工申报上岗、岗位定员聘用的竞争上岗机制及内部待岗、下岗和转岗培训制度。

一、全面开展技能鉴定工作，推行职业资格证书制度继2000年完成市话营业工种、市话测量工种、查号话务工种、电报投递工种、市话线务工种、移动电话维修工种的鉴定考核工作之后，2001年黑龙江电信开始对其他人员进行职业技能考核鉴定，实施持证上岗制度，并以此为主线，开展用工制度的改革。

二、开展竞争上岗工作，树立“就业靠竞争、上岗凭技能”观念

省公司根据在鸡西市电信分公司试点所取得的经验，进一步完善、印发了关于劳动合同管理、岗位考核、招聘管理、通信定员标准等文件，并于2001年5月25日召开“黑龙江省电信公司竞争上岗工作鸡西现场会”。黑龙江省电信公司马学全总经理在会上要求各单位坚持以人为本、实事求是、整体推进的原则，把竞争上岗与劳动合同管理、岗位考核、职业技能鉴定考核、后备干部管理、人员的招聘管理、员工的培训等工作有机结合起来，相互推动，形成体系，在全省建立起充满生机与活力的人力资源管理新体制。会后，重新签订劳动合同，定岗定编、编制岗位说明书等工作在全省范围内全面展开。省公司人力资源部还建立起了各岗位的竞争上岗理论考试的试题库，并要求各单位在考前组织员工培训，为开展竞争上岗工作打下坚实的基础。

【北京市电信公司机关开展绩效考评工作】

为促进公司人力资源的整体管理和开发，创造有利于激发员工责任感、积极性和创造性的组织氛围，北京市电信公司于2001年10月份正式启动机关员工绩效考评的试点工作。

为在公司机关建立一整套统一、规范的员工绩效考评办法，公司在7月份成立了北京电信机关绩效考评领导小组、工作小组和部门绩效考评工作小组，并外聘了中科院心理所石勘教授课题组作为专家组提供技术支持。为使部门领导和全体员工深刻理解并支持绩效考评工作，公司于8月份对机关处室领导进行了集中培训，并对各部门工作小组成员进行实际操作训练，正式实施前公司领导对全体员工进行了动员，考评办法还征求了工会的意见。绩效考评主要是依据被考评者所在岗位的工作目标和行为表现进行评价，采用考评者与被考评者双方确认的绩效考核表完成。考评包括季度考评、半年述职与年终总评。按照协商一致、全面考评、反馈沟通、体现差异、逐级负责等原则设定考评体系，考评内容包括工作目标考评和工作行为考评两方面，考评等级分为A、B、C、D、F五等，其中A为优秀，F为不合格。考评结果作为员工薪酬奖励、职务升迁、岗位配置以及续签或解除劳动合同的依据，同时也为公司制定人力资源规划提供了信息。管理人员的绩效考评工作因其工作内容的复杂性在考评指标设置上具有一定难度，因此在试点工作中强调学习，强调管理者和被管理者之间的沟通和承诺，把科学合理地设置考核指标作为侧重点，做到考核指标尽量量化。

绩效考评工作的推行，使员工加深了对岗位要求的理解，提高了员工自我完善、自我开发的能力。绩效考评工作的开展也为提升北京电信整个管理层的工作水平和人力资源管理水平起到了推动作用，同时为下一步在全公司推广绩效考评工作积累了经验。

【河南电信认真开展全省绩效考核工作】

为适应电信市场竞争日趋激烈的新形势，加快建立现代企业制度进程，优化分配激励机制，增强企业核心竞争力，进一步调动广大员工的积极性和主动性，河南省电信公司在全省范围内开展了绩效考核工作，推广实施绩效工资分配制度。

在省公司的精心部署下，各市分公司积极行动，认真落实，结合自身实际情况，在定员定编的基础上，对管理岗位、生产岗位进行岗位劳动评价，描述岗位职责，制订岗位规范，推行全员竞争上岗。同时，根据企业自身特点和岗位要求制订具体的绩效工资考核分配办法，按月考核员工工作情况。按照按劳分配、多劳多得的原则，绩效工资与员工贡献及责任大小直接挂钩，奖勤罚懒，奖优罚劣，同时坚持向高级管理、高级技术、高级营销岗位倾斜，以达到在人才竞争日趋激烈的形势下稳定管理、技术、营销队伍的目的。各市分公司在考核过程中，本着公平、公开、公正的原则，把领导打分与员工互评有机结合起来，做到考核目标、考核程序、考核结果三公开，保证了考核的客观公正。

通过绩效考核，充分发挥了工资的调节、激励职能，合理拉开了员工的分配差距，打破了原来“平均主义”、“大锅饭”的分配弊端，使员工的收入更多地与企业效益、岗位职责和工作业绩直接挂钩，真正形成重实绩、重贡献的分配激励机制，提高了员工生产积极性。同时，个人薪酬得以逐步与市场劳动力价

格接轨，为实行以岗定薪、易岗易薪，从岗位技能工资制向岗位工资制过渡创造条件，为开展五项机制创新工作做出了有益的探索。

【贵州电信推行营销部门用工机制改革】

为提高贵州电信前台服务窗口人员的整体素质，提高企业服务质量和服务水平，建立适应市场竞争需要的灵活高效、优质服务的营销体系，树立贵州电信新形象，贵州省电信公司对全省电信营销岗位的用工机制进行改革，按照“公开、平等、竞争、择优”的原则，严格考核、竞争上岗，实行企业、员工双向选择。由省公司统一组织，对各地、州、市、县自办电信营业厅（点）和113、114、160、180、189、1000、96180等各类电信业务和客户服务特服台的营业人员（含业务受理、收费、投诉受理及咨询服务人员）和各类特服台的话务人员进行岗位技能培训和考核，考核合格的员工发给上岗资格证书，对未能竞争上岗的员工按省公司有关企业内部待岗、转岗或内退规定执行；在竞争上岗工作完成后，贵州电信面向社会公开招聘营业窗口人员，优化人力资源配置。在有关待遇方面，贯彻奖勤罚懒、按岗定薪的原则，工资与工作绩效挂钩，充分调动员工的积极性。从2002年起，省公司每年定期组织一次营销岗位考核，对考核不合格的人员，严格按照服务规范和企业的有关规定处理。

贵州电信营业窗口竞争上岗工作完成后，再进一步扩大改革范围，对集团客户与大客户营销服务部门中各类客户经理以及市场营销及生产部门中的其他人员逐步实行岗位考核、竞争上岗。

【湖南省电信公司改革劳动合同管理办法】

根据湖南省公司的新规定，2000年12月31日在册的正式员工，执行劳动合同两年一签，劳动合同期实施一年后进行年度绩效考核。考核的内容包括员工当年的工作态度、工作能力和工作实绩三方面，考核的结果分优秀、称职、基本称职和不称职四个等级。对经年度绩效考核合格的员工，重新参与企业竞争上岗。年度绩效考核不称职的员工实行企业内部待岗。待岗员工第一期待岗时间为3至6个月，此期间只发工资，不发生产奖金；第二期待岗时间为第7至12个月，此期间企业按当地最低生活标准发放生活费。待岗期限不得超过一年，待岗期满后仍未转（上）岗的，暂不续签劳动合同，下岗待业，发放生活费。员工在待岗和下岗期间，可以办理调出、辞职、自谋职业、符合条件的可以办理内部退养等手续。

2001年1月1日新进的复转军人、大中专毕业生和引进的专业技术人员，执行劳动合同一年一签，劳动合同期满进行年度绩效考核，经年度绩效考核合格的员工可重新参与企业竞争上岗。年度绩效考核不合格者，与企业终止劳动合同。企业需要的其他人员（包括原在企业从事电信营业、机务员、市话测量、报务员等工种的短期工）通过电信实业公司劳务中心推荐，由企业与电信实业公司签订劳务协议。

企业使用的季节性用工、劳务工和委代办人员只与企业签订劳务协议，不签订劳动合同。临时性工作完成后，随即解除劳务协议。

员工如需要调动转移，按湖南电信2000年第264号文件规定原则办理，并与原企业解除劳动合同，再与新企业重新签订劳动合同。

【北京电信开展评选优秀员工活动】

2001年4月29日，北京电信对404名优秀员工进行了集体表彰。中国电信集团公司副总经理黄文林等领导以及北京市电信公司领导班子全体成员出席了会议，并为优秀员工代表颁发了荣誉证书。

优秀员工评选分为五个等级，此次活动只开展三至五级优秀员工的评选。评选结果为：集团公司级优秀员工8名，北京电信三级优秀员工60名，四级优秀员工126名，五级优秀员工210名。他们主要分布在各直属单位的关键技术和关键市场营销岗位。三级和四级优秀员工中，本科以上学历的占77%，中级以上职称的人员占83%，年龄在35岁以下的占59%。各级优秀员工每月享受1800元、1000元、500元三个不同层级的专项津贴。评选活动遵循“以岗位为基础，以业绩能力为重点，重视学历不唯学历，严格考核，引入竞争”的原则，不唯学历、不唯岗位、不唯身份、不论资排辈，但从选出的结果看，一批本科以上学历、中级以上职称的年轻人已经在实践中成长为北京电信技术和市场的骨干力量。

集团公司副总经理黄文林在会上指出，北京市电信公司评选和表彰优秀员工的做法是贯彻集团公司人才工作的有关精神，应对当前激烈人才竞争环境的一个有力措施。她对于北京电信将“人才战略”作为企业跨世纪发展的三大战略之一，并着手建立技术、市场营销、管理三个体系的优秀员工队伍的做法表示赞赏，要求北京电信建立更加积极、灵活的机制来吸引和留住人才。北京电信领导在大会上对优秀员工的管理工作提出了以下四点要求：一、要全面建立优秀员工队伍的动态管理机制。二、进入优秀员工队伍要通过公开、公正、公平的竞争。三、要更加重视员工的绩效考核，建立合理的激励机制。四、各级管理者必须下大力气培养人才、凝聚人才。

【四川电信改革企业领导班子薪酬制度】

为逐步建立符合现代企业制度要求的企业领导班子激励和约束机制，使企业领导班子成员的薪酬与其工作业绩和承担的责任、风险紧密挂钩，逐步把企业经营管理者的薪酬水平与市场劳动力价格接轨，四川省电信公司决定，从2001年开始，对所属市州电信分公司及省公司直属企业的领导班子成员试行新的薪酬管理办法，并对企业领导班子成员实行风险抵押金制度。

企业领导班子成员薪酬管理办法坚持按绩效考核分配原则，将各市州分公司按照企业规模、当地经济发展水平、经营风险和经营难度进行分类，建立不同类别的绩效考核评分体系，在综合绩效考核的基础上，实行先考核、后兑现，并根据经营业绩上下浮动，动态管理。新的薪酬管理办法，将企业经营管理者薪酬收入和员工工资收入相分离，实行分级管理，由省电信公司进行考核发放。

【宁夏电信实施岗位末位淘汰制】

为落实三项制度改革和贯彻集团公司薪酬激励等五项机制创新的精神，进一步调动员工的积极性和创造性，2001年宁夏区公司在全区电信系统实施了岗位末位淘汰制。主要做法如下：

一是根据各单位绩效目标考评员工的工作业绩、工作态度和工作能力，对员工年度工作进行综合评价。

二是细化各类岗位的考核内容，以单位部室为单位，按月、季对员工实行定期考核，认定本部室的末位，年底将各部室的末位集中到单位，由所在单位成立的专门评委会参考部室考核情况进行集中评议，首先横向比较，对其中表现相对较好的给予认定，对剩余的员工填入岗位考核末位下岗评议表内，然后进行无记名表决，末位淘汰的比率为单位人数的2%—2.5%。

三是被列入岗位考核末位下岗评议表内，没列为下岗的人员，次年奖金减发50%，并不得晋级晋职，评聘专业技术职务推迟一年。第二年仍被列为评议表内的直接定为下岗人员。末位下岗者，要参加3个月至1年的下岗培训，期间只发600元生活费，同时原有行政职务和专业技术职务自然免除，培训3个月后可参加公司任何缺员岗位竞聘。

【安徽电信实施营销用工制度改革　全面推进管理人员竞争上岗工作】

安徽电信认真贯彻实施营销用工改革。2001年印发了《全面推行营销用工机制改革实施意见》，通过实地业务量测算，制订了《营销岗位定员标准》。在省公司的统一部署下，各市分公司全部完成了营销岗位现有人员的年度考核、岗位说明书编写、定员定编等工作，还有部分单位进行了社会人员的招聘。营销用工改革全面完成，全省营销人员队伍结构日趋合理，整体素质得到普遍提高。

为全面推进管理人员竞争上岗，探索薪酬改革方案，安徽电信加强了对铜陵分公司的改革试点工作的联系和指导，在试点取得一定成效的基础上，推广试点经验，出台了全省《管理人员竞争上岗管理办法》和实施意见，积极稳妥推进全省的改革工作。此外，公司组织实施了实业公司中层领导人员和省公司机关一般管理人员的竞聘工作。通过竞聘，省实业公司4名中层领导和省公司机关25名管理人员顺利到岗工作，打响了管理人员竞争上岗的第一炮。为便于基层单位做好竞争上岗准备工作，公司印发了《岗位说明书编制指导意见》，统一设置全省管理岗位，统一编制全省管理岗位说明书。组织相关人员编写《安徽电信管理人员通用知识培训教材》，作为全省管理人员竞争上岗考试的指导用书，并于第四季度组织了各基层单位领导小组的集中培训和全省规模的通过会议电视教育的远程辅导。竞争上岗考试工作井然有序、纪律严明，全省共有3700名左右的员工报名参加了考试，考试成绩成为下一步竞争上岗工作的重要依据。在管理人员竞争上岗取得阶段性成果的同时，安徽电信积极探讨制定五项机制创新方案，以竞争上岗带动薪酬改革同步进行。根据集团公司薪酬改革精神，制定了工作流程，在调研测算的基础上，拟定了安徽电信薪酬制度改革的具体实施方案，包含通信生产岗、非通信辅助生产岗的岗位标准及岗位系统设置，为下一步改革奠定了良好的基础。

【湖北电信力推全员竞岗和薪酬制度改革】

公司化运作以来，湖北电信确立了“巩固深化、整体推进”的指导方针，坚持把推进三项制度改革作为加强企业管理、实现机制创新的中心工作来抓，相继推出干部竞争上岗、末位淘汰制度、奖金系数考核、营销用工改革等重要举措，2001年开始将改革逐步推进。

年初，岗位设置与竞争上岗工作推广至全省范围。公司首先对全省电信企业岗位进行重新设置和调整，按管理、技术业务和非通信岗位三个序列进行分类，在开展工作分析、岗位描述、按编制定员标准进行测算的基础上，确定设岗数量，并进行岗位评价。全省机关管理人员和生产人员的业务知识考试成绩将直接作为竞争上岗考核的重要参考依据。同时还出台相关内部退养政策，对考核不合格或不能胜任本岗位工作的员工，实行内部转岗或待岗，对自愿放弃竞争上岗的员工，则按规定实行内部退养，直至解除劳动合同。

为全面创新企业分配制度，继该公司开展全员竞岗之后，又一次进行重大内部运行机制变革，在全省范围内大力推行薪酬制度改革。制定出台《湖北省电信公司薪酬制度》，对企业的工资分配进行了结构性调整，重点针对岗位工资、绩效工资、津贴补贴以及保险和福利等分配内容进行重新描述，贯彻向有贡献和高级人才倾斜、体现劳动力价格市场化并与绩效挂钩的原则，从而形成了一整套适应市场经济和建立现代企业制度需求的分配体系和观念模式。

该制度的主要内容包括：企业工资总额不变；将岗位工资分为管理、技术业务和非通信岗位等3个序列和12种岗位类别，每种岗位设定A、B、C、D四种系数；绩效工资与企业效益、员工业绩直接挂钩；津贴补贴实行简化归并，停止执行各类岗位性津贴；企业为员工投保基本养老保险和基本医疗保险，并规定可对关键岗位人才及研发人员实行契约或协议工资等分配办法。与此同时，湖北电信还出台了增发内退人员生活费和专家评审管理办法等配套改革方案。

湖北电信的各项改革工作进展平稳，员工队伍危机意识和责任意识明显增强并直接促进了公司各项业务发展，经统计，仅2月份的业务收入增幅就达10.3%，大大超过全国平均水平。

【江西电信首次面向社会招聘】

2002年2月，江西电信完成首次面向社会公开招聘管理人员工作。江西省电信公司市场经营部副主任、计划建设部副主任、办公室副主任、审计室副主任、财务部会计、人力资源部劳动工资主办、员工培训主办以及社保办主办会计等8个管理岗位的“千里马”，均已选定。2月1日，新聘人员正式上班。

此次聘用的8名管理人员，都是过五关、斩六将脱颖而出的佼佼者，其中企业内员工3人，企业外人员5人，平均年龄31岁，全部为大学本科毕业，充分体现了江西电信锐意改革、勇于创新、重视人才的良好企业形象。

面向社会公开招聘管理人员，在江西电信尚属首次。公司领导亲自过问并指导招聘工作的每一个程序，总经理还亲临笔试及面试现场，认真仔细地从题型、题量等方面对每份试卷进行了严格审阅，确保了笔试试卷和面试题目的科学性、规范性，保证了招聘工作的公开、公正、公平。大家认为，此次公开面向社会招聘管理人员，开阔了选人用人的视野，变“伯乐相马”为“赛场选马”，让企业内部员工与社会人才同台竞技，为“千里马”脱颖而出创造了良好的环境，突破了以往企业内部选人用人的框框，涌现了一批好苗子，初步达到了“选拔一个人，发现一批人，带动一代人”的目的，为形成岗位能上能下、人员能进能出、收入能增能减的现代企业用人机制打下了基础。

【北京电信劳务用工改革见成效】

随着劳动用工机制改革的不断深入，劳务用工已经成为北京电信的一种重要用工补充形式。截至2001年12月底，公司在岗劳务工达到2714人，成为通信生产中的一支重要力量。

北京电信党委副书记于树军指出，劳务派遣是适应市场经济发展的新的用工形式，能够有效促进企业人力资源的配置，形成竞争环境。随着企业的不断发展，北京电信已逐步建立起以市场调节为重要手段的人事劳动管理体制，劳务用工成为公司在劳动力密集型岗位所采取的主要用工形式，同时也对技术岗位、管理岗位用工作了有益补充。劳务工大多数分布在基层和一线窗口，直接代表着北京电信的形象，在公司向服务型企业全面转型中发挥着重要作用，公司将进一步重视并加强对劳务工的管理和培训，找出劳务用工存在的问题，使这一用工机制为北京电信的发展作出贡献。

【广西电信实现机关员工技术业务岗位竞争上岗】

2002年2月21日，广西区电信公司本部管理岗位和技术业务岗位竞争上岗工作顺利完成，135人竞争成功，其中5人走上部门领导岗位，3名副处级以上干部从原岗退下；67人从原科员、办事员走上了业务主管或主办岗位；5人从原主任科员、副主任科员降为业务助理。

为了适应中国电信建立现代企业制度的需要，提高人力资源整体效能，广西电信公司从2001年11月5日至2002年2月10日，组织开展了公司本部员工竞争上岗工作。可以竞争的岗位包括部门副职岗位6个、主管岗位67个、主办岗位78个、业务助理岗位17个。对6个部门空缺领导职位，则实行全公司范围内公开竞争上岗。有20人次参加了面试和竞争答辩，5人竞争成功。91人次竞争业务主管和业务经理职位，57人获得聘任。其中属于职务提升的有29人，落聘人员10人。有68人次竞争业务主办职位，共聘任58人。其中属于职务提升的有38人，落聘人员10人。有24人次竞争业务助理职位，聘任15人，落聘人员4人。

这次改革给员工以很大触动，一位员工说："以前认为只要能完成领导交办的事情，就可以在机关一直干到退休，现在看来不行了，如果不加紧学习，提高自身素质，就不能适应形势的需要，就有被降级甚至被淘汰出局的危险。"

这次竞争上岗，打破了"论资排辈"的陈旧观念，营造出有利于优秀人才脱颖而出的良好环境，发现并选拔了一批优秀人才。同时，也暴露出队伍建设中人才知识结构不尽合理的问题，即财务管理、综合业务管理、业务技术管理方面的优秀人才缺乏，管理型人才尤其是复合型人才匮乏，为今后引进、培养人才提供了依据。

【青海电信海西州分公司改革创新求发展】

2001年海西州分公司积极推进企业改革，通过对分配制度、用人制度等方面的改革，促进了企业经营、服务、建设各项工作全面发展。

现代企业的竞争，从根本上说就是人才的竞争。海西由于社会经济落后，地理环境艰苦，98年以前分配来的大专以上的大学生均先后调走，现有员工中大专以上仅22名，占员工数的14%，其中绝大部分是靠企业送出培养的成人大专生和高函毕业生。为确保企业的可持续发展，海西州电信公司立足自身，在加紧引进和培养人才，用好现有人才的同时，将重点放在如何稳定人才队伍,调动人才工作积极性上，吸引人才，留住人才，以适应未来日益激烈的市场竞争。为给各类人才脱颖而出创造条件，加大分配向公司高级人才的倾斜力度，海西州分公司根据省公司的改革精神，以深入推进三项制度改革为突破口，搞活内部用人和分配机制，取得明显成效：

一、探索科学完善的工作绩效评价体系。为打破原来分配上的大锅饭，加大分配向公司高级人才的倾斜力度，根据省公司绩效工资分配暂行办法，公司制定了《海西州分公司绩效工资分配实施细则》和《绩效工资考核办法》。绩效工资分配以劳动质量和劳动效绩为基础来分配，易岗易薪，打破原有束缚员工积极性的分配制度，激励创造性劳动的员工，使工作业绩突出的员工获得较高的报酬。并优先安排外出培训、疗养、考察，使绩效好的员工获得较之一般更好的利益，真正体现按劳分配原则。

二、为鼓励专业技术岗位的年轻员工学技术、钻业务，尽快成为本专业、本岗位的技术骨干、专业能手。制定了《专业技术骨干奖励办法》、《合理化建议和技术改进奖励办法》，并在"五一"节前对全州首批青年专业技术骨干进行了表彰，以此来推动整个企业的技术水平和工作创新。在全省电信职工计算机比赛中，海西电信派出了由4名技术骨干组成的代表队，获得一等奖2名，二等奖1名，团体三等奖，并推荐参加全省计算机比赛，获得个人第2名的好成绩，骨干的带动作用充分体现出来。

三、坚持竞聘制度。给每个员工提供公平的竞争机会，选拔有突出的工作业绩，创新的工作思路，符合干部"四化"要求的同志来管理企业。通过书面考试、述职答辩、年度考核、民主评议、组织考察五个程序，选拔出优秀的同志走上了领导岗位，并对全体员工实行竞聘上岗，使人力资源管理更为规范化、科学化，有效地推进了三项制度改革的不断深入。

在改革过程中，公司在全州范围内进行形势教育，分析市场竞争形势和企业的内外部环境变化，强化员工的危机意识，使员工增强了紧迫感和责任感，树立了创新观念，激发了员工改革创新的热情和信心，为各项改革的实施奠定坚实的思想基础。

【山东电信淄博分公司竞岗进入实质性阶段】

2001年11月，山东省淄博市电信公司作为山东电信进行深化三项制度改革的试点单位，组织实施了竞争上岗工作。

这次竞岗涉及全公司28个通信工种的83个生产岗位，在裁减现有人员20%的基础上进行竞岗，员工可根据自身条件，申报岗位并接受资格审查。该公司强调：组织竞争上岗工作要坚持积极、稳妥、慎重和减员增效、开源节流、提高劳动者素质的原则，在从严从紧、科学合理编制定员方案的基础上，公开、公平、公正地推动三项制度改革。对取得上岗资格的员工重新签订劳动合同，对考评不合格以及未参加竞岗的正式员工实行下岗待岗处理。

薪酬机制改革是此次竞岗工作的重要内容，该公司按照管理、技术、业务三条线制订了不同的薪酬体系，同一岗位也按照责任大小和任职条件分成若干等级，合理拉开收入差距，加大向高级管理岗位、高级技术岗位和高级营销岗位倾斜的力度，实行薪酬与业绩挂钩，真正做到以事业留人、以待遇留人、以感情留人。

【广东惠阳电信局实行量质立体式考核】

在电信资费下调、替代业务竞争激烈、业务收入滑坡的严峻形势下，绩效考核、计件工资考核的立体式考核机制，为广东惠阳市电信局增添了活力。

由于市场环境的变化，2001年上半年惠阳电信局大客户流失情况严重，业务收入大幅下滑。即使加大市场营销力度，成效也不明显。该局领导班子分析、研究后认为，解决问题的关键在于要激活员工的内在动力和创造力，让大家自己去优化市场环境。该局从营销激励机制入手，根据广东省电信公司关于打好业务收入保卫战的要求，先后出台了《大客户服务绩效考核办法》和《营业员计件工资考核办法》。对大客户人员划定了管理区域、大客户量和工作目标，把大客户工作人员的工资、奖金、岗位津贴、交通费、通信费直接与工作业绩、客户流失率、业务收入、话费回收率、用户满意度以及工作创新能力挂钩。《办法》规定，对营业人员实行计件工资奖金制，把所有业务按难易程度和耗时程度排列出考核分，制订统一的考核分单价和工作服务差错扣分标准，每月按累积考核分数计发工资奖金。

量和质立体式考核机制激发了员工的工作积极性，促进了员工市场观念和竞争意识的转变。9、10两个月，该局发展电话用户数创出新高，大客户流失情况不但得到遏止而且客户数量有所增长，欠费率也仅有0.7%。

【浙江电信杭州分公司分配向“三高”人才倾斜】

为建立积极有效的激励机制，深化企业内部分配制度改革，全面完成企业各项经营指标，2001年11月，浙江省杭州市电信分公司开始实行岗位绩效工资，工资收入向高级管理、高级技术、高级营销等“三高”人才倾斜。

随着电信改革的发展，杭州电信传统的经验管理模式使相对落后的生产关系无法适应生产力的发展；新老员工在观念上产生的冲突，从一定程度上影响了企业的改革；公司内部实行的奖金差距包括二次分配的差距不够大，在调动“三高”人才的积极性方面不到位。此次杭州电信岗位绩效工资的岗位系数共分市场经营、运行维护、非通信工种及管理四个部分，岗位类别分为一到九类，适度向“三高”人才倾斜。企业效益和个人业绩、责任直接挂钩，收入能增能减，拉大了分配差距，企业内部分配市场化，逐步建立起以增强企业活力为中心、以劳动力市场价格为引导、适应电信体制改革的需要、与现代企业制度相适应的分配制度。

【广东电信汕头分公司激励机制出活力】

2001年，旨在调动员工积极性、增强企业发展的凝聚力和职工向心力的企业激励机制改革在广东汕头电信全面推开，实施岗位津贴和岗位绩效考核办法是这一改革的重要内容。在全面推行岗位津贴、岗位绩效考核办法之前，分公司在全省率先实行了专业人员的评聘分开，坚持岗位职责与待遇挂钩的原则，以解决无行政职务但有技术专长的骨干员工待遇问题为重点，聘请了290名技术人员走上关键技术岗位。同时，分公司大胆启用一批年轻干部担任中层管理职务，为企业发展注入了活力。他们的主要做法是：

*一、分配制度的改革，关键在观念。*汕头电信不断向员工灌输改革意识，使员工充分认识到：在开放的电信市场上，企业不改革激励机制就没有出路，就不可能激发出活力。在汕头电信企业收入保卫战的攻坚阶段生产任务繁重的情况下，分公司党组认为：激励机制改革关系到企业长久发展大计，生产任务再重时间再短，也不能拖这项改革的后腿；相反，在人才竞争激烈、市场形势严峻的情况下，尽快实施“岗位津贴”、“岗位绩效考核办法”将有力地促进生产的

发展。岗位绩效考核工作不仅要搞，更要扎扎实实开展，通过向分配机制要活力，确保各项目标任务的全面完成。

二、确保改革政策的连贯性。2001年以来，汕头分公司连续实施了一系列机制改革措施，“专业技术岗位评聘”、“大客户经理评聘”以及职工岗位技能考核，都以“唯才是用”的指导思想选拔人才，已在分公司中形成“能者上、平者让、庸者下”的良好竞争氛围。本次岗位绩效考核办法的制订，既保持了改革政策的连贯性，又保证了考核办法的科学合理。

三、改革要做到公平竞争、互促互进。岗位绩效考核办法规定，员工年度考核包括思想品德、工作态度、工作能力、工作成绩四个方面，考核方式是由上向下，一级考核一级，以逐步形成自评被评、上下级别互评的考核新机制。绩效考核还将作为员工岗位晋升、教育培训、实施奖励的直接依据。对于在考核中第一年被评定为D级的员工将予以黄牌警告；连续两年被评定为D级的，出示红牌调整岗位。

由于保持了方案制订的透明度和执行时的公正性，“岗位津贴”、“岗位绩效考核办法”的出台实施在企业深得人心，激发了员工的工作热情，企业凝聚力和职工向心力不断增强，市场竞争力不断得到提升。该局“企业效益保卫战”自8月份开展以来，业务发展呈现喜人局面，业务收入不断攀升，1—10月份比去年同期增长12.32%，其中，9月份业务收入同比增长36.96%，创下单月业务收入历史新高。与此同时，“以顾客为中心”、“用户至上、用心服务”等企业理念正逐渐成为员工自发行为，障碍申告率、百户平均障碍历时以及后台维护等各项服务质量指标全面完成，服务质量走上不断巩固、不断完善提高的良性循环。

【江苏电信常熟分公司建立层次分明条理清晰的动力机制】

2001年江苏电信常熟分公司从2000年下半年开始在营业员、机务员和线务员这三个工种中实施的星级综合考评，推广到所有员工。“星级”是员工应知应会、操作技能、日常工作表现等综合考评的结果，是每个人薪酬的基本依据。星级的评定，主要采取“考试、考核和评议”相结合的方式。考试内容包括职业技能鉴定理论，即岗位所属专业及相关专业知识，以及综合知识即各项规章制度、服务规范、安全生产、典型基本业务知识。考核即“应会”考核，主要为岗位所属专业的实际操作技能。评议即由岗位所属班组和相关职能部门组成的考评小组进行考评。其中应知占30%，应会占30%，评议占40%。各类人员的星级经考核评定之后，根据星级确定奖金系数，拉开收入差距。维护部门收入差距，每月达到700元～800元；市场部门一线职工的收入差距，每月达到400元～500元；中层管理干部的收入差距达到了300元～400元。

在全员星级综合考评的基础上，常熟电信设立了技术、营销、管理10个关键岗位，通过选聘和竞聘相结合的方式聘用了13位岗薪制人员。岗薪制人员必须通过相应专业最高等级的星级考试，分配上按月统一核发薪酬，岗薪制人员不搞终身制，每年进行一次评审。各级管理人员按照职责不同，交纳风险抵押金，常熟电信视其年度工作目标完成情况进行考核，对没有完成任务的扣减风险抵押金。

全员星级综合考评，辅之以岗薪制、风险抵押制，构成了常熟电信层面分明、条理清晰的动力机制，促进了由“要我学”、“要我干”向“我要学”、“我要干”的转变，全局面貌为之一新。

【四川电信成都分公司上岗靠实力　报酬凭贡献】

2001年3月19日，成都电信分公司16名在“竞聘上岗”中落聘的员工告别了机关工作，投入到生产单位的工作中。这一天对于成都电信来说，标志着一个以岗位为核心的管理、考核体系，一个人员能进能出、岗位能上能下的用人机制初步确立。

2000年12月，成都电信正式宣布，除必须按有关章程、规定选举产生的岗位外，公司所属单位各类岗位都实行双向选择、竞争上岗；并明确规定，生产人员及生产一线聘用员工可竞争管理岗位，管理人员可竞争生产岗位，一个员工最多可同时竞争3个岗位，易岗易薪。公司领导强调，改革的最终目标在于实现“上岗靠实力，报酬凭贡献！”12月21日，市场经营部二级机构经理及管理人员，共31个岗位的岗位职责和竞聘条件全部公开，由此拉开了“双向选择、竞聘上岗”的帷幕。经过人力资源部的严格初审，全公司包括8名在职中层干部在内的29名员工竞聘二级机构经理，71人参加管理人员的竞聘。公司、部门领导和人力资源部领导担任面试考官，分别从专业、业务知识、工作经历、业绩、思维创新能力、表达能力和举止仪表等6个方面进行考评，面试实行百分制。经过严格面试，30名员工脱颖而出，其中5人是从生产单位竞聘上岗的。通过竞聘，市场部具有大专及以上文化程度的员工占员工总数的比例由原来的80.56%提高到93.94%，还有5位研究生。

2001年2月，新上任的各部门领导根据工作需要，提出了本部门的机构设置方案和管理人员上岗办法。经公司人力资源部审核后，各岗位职责和上岗条件在全公司范围内统一公布，各部门的面试相继展开。面试后，部门领导将岗位要求与员工的志愿结合起来进行综合评定，以岗定人。干部和工人的身份界限自此取消，不再考虑正式工和聘用工的区别，面试成绩及工作实绩成为部门领导决策的依据。此次公开、公平、公正的竞聘，使年仅25岁的大学生脱颖而出，成为公司最年轻的科长，也使40多岁的中层干部感叹后生可畏而自觉充电。每一位员工都开始重新审视自身，明白了无为则无位的道理，全身心地投入到了工作中。

据统计，通过此次竞聘及前期的主辅划分，成都电信机关领导干部岗位缩减了9个，管理机构人员编制从以前的220人减少到150人，减少率达31.8%。这150人中，大专及以上文化程度的占了机关人员总数的86.81%，比竞聘前提高了4.53%，年龄在20—35岁的占机关人员总数的43.26%，比竞聘前提高了10%，年轻、精干、高效的经营管理队伍使成都电信焕发出了前所未有的生机与活力。

【江苏电信常州分公司设立员工服务基金】

2001年8月，江苏常州电信分公司设立“员工服务基金”，并正式出台《员工服务基金管理办法》。此项工作的开展，旨在通过建立新的激励机制，促进服务质量的提高，并在留住人才、增强企业凝聚力方面作出积极尝试。

基金的实施对象为全体在职员工，做法是：根据每个员工的服务年限、专业技术或职业技能等级、岗位职务等要素，由公司对其按年度进行考核打分，累计后再分期兑现，每5年兑付累计金额的50%。职工因调动、退休等正常情况离开企业的，公司向其一次性兑清基金。因被开除、除名等非正常情况离开企业的，剩余部分不予兑付。

为了确保此项基金的实施效果，常州电信分公司专门制订了《员工服务基金管理办法》，并经职代会讨论通过。管理办法规定，员工的服务年限自工作的第二年开始计算，基数40分，5年一档，累加至退休；专业技术职务与职业技能等级分各不相同，岗位职务分按员工所在岗位与所担任职务不同而不等。为体现差异，对一线生产部门按部门人数的10%设特别岗，竞争激烈的营销部门按部门人数的20%设特别岗，这些特别岗可在原岗位基础上加40分。另设基数为50分的特别贡献奖，主要为在生产、经营、建设、管理等方面作出突出贡献并获荣誉称号的员工进行加分，上不封顶。此外，这一管理办法还对因各种情况受到不同处罚的员工规定了减分条款。

【中国电信集团公司举办员工教育培训研修班】

2001年3月24日至28日，“中国电信集团员工教育培训研修班”在重庆市举办。31个省（区、市）电信公司人力资源部及集团公司总部、各直属单位有关部门的领导和教育培训管理人员参加了此次研修。

集团公司劳动工资部毛社军主任、重庆市电信公司邹炳煊总经理出席了研修班开班仪式。毛社军主任对研修内容作了整体要求：以学习贯彻集团公司《关于加强员工教育培训工作的指导意见》（以下简称《指导意见》）为中心，重点对如何建立员工教育培训新机制、当前培训的重点、如何充分利用企业内外的资源开展培训、员工教育培训工作怎样向以岗位培训为中心转变、如何提高核心员工队伍的素质、怎样加强员工教育培训管理队伍的自身建设等问题进行研讨。

研修班期间，联想集团培训顾问张文先生讲解了《现代企业的培训管理实务》，内容包括企业培训的目标、企业培训模式、培训课程体系建设、培训课程设置、培训需求分析与培训计划的制定、培训项目的评估和考核等。集团公司劳动工资部员工教育处袁立新处长作了《深入贯彻落实<指导意见>，开创员工教育培训工作新局面》的报告。在分组讨论中，与会代表就教育培训工作面临的形势和任务发表了自己的看法，并提出了许多有益的意见和建议。北京、上海、河北、山东、广东、贵州、青海等省（市）电信公司就员工教育培训工作进行了大会交流。袁立新处长做研修班总结，他在总结中指出，今后一段时期内，员工教育培训工作要围绕“制订大纲、建立机制、体系保障、分级实施”的主线来开展，也就是要制订员工岗位培训指导性大纲，确立培训的标准；进一步做好生产人员职业技能鉴定工作，实行持证上岗，试行管理人员岗位任职资格证书制度；建立和完善各项培训制度，建立师资信息库，做好培训教材的开发等，为员工教育培训提供制度和资源保障；进一步理顺集团公司、各省（区、市）电信公司、地市电信公司的关系，结合企业实际需要，分级实施。袁立新处长还指出，当前特别要注意处理好以下五个方面的关系，即：系统推进与重点突破相结合的关系；全员培训与重点提高相结合的关系；主业与实业培训中心的关系；岗位培训与学历教育的关系；职业技能鉴定与岗位任职资格的关系。

【中国电信举办中高级工商管理研修班】

为适应中国电信改革和发展的需要，促进管理人员解放思想、转变观念，提高现代企业管理知识和技能，不断地开拓创新，2001年6月至12月，中国电信与中国人民大学、清华大学等高等院校合作，连续举办了6期“中国电信集团中高级工商管理研修班”，对地市级电信公司总经理、省级电信公司部门经理及集团公司三级经理开展系统的工商管理培训。研修班精选出企业战略管理、市场营销管理、人力资源管理、组织行为学、管理经济学、管理会计学、公司理财、财务报表分析等与企业实际工作结合紧密的课程作为研修班核心课程，并穿插安排专题讲座。由高等院校知名教授、科研机构专家和企业资深顾问进行授课，累计462人参加了培训。中国电信集团公司周德强等领导参加了各期开学典礼和学习汇报会，并作重要讲话。

此次研修班的课程设置合理，讲授内容信息量大，切合企业实际，紧跟时代节拍。学员们普遍认为：通过培训增长了现代企业管理知识，开拓了思路，促进了思维方式和工作方法的转变；增强了与各省电信公司的沟通和交流，有利于相互借鉴经验、取长补短，促进企业的共同发展。此外，几位集团领导的专题报告直接将集团公司的发展战略、工作决策和工作思路传达到基层单位，减少了信息衰减的程度，增强了基层企业正确贯彻集团公司政策的主动性与自觉性。集团公司二级经理直接参与研修班的分组讨论，便于了解基层企业的真实情况和工作中的难点和困惑，进而增强制定政策的针对性和有效性。

【江西电信加强员工整体素质培训】

面对入世的挑战，江西省电信公司下决心要把江西电信建成学习型企业。2001年11月10日，江西电信首期工商管理知识培训班开课。公司机关带头组织了学习培训，并制订用两年左右的时间，全面提升机关员工整体素质的培训目标：到2003年底，90%以上机关管理人员至少参加一次中、高级工商管理培训；90%以上机关管理人员至少参加一次岗位适应性培训；机关管理人员原则上均应达到大专以上学历。为实现这一目标，机关成立了员工培训领导小组，由省公司领导亲自担任组长，机关各部室主要领导为成员。制订了培训管理办法，建立机关员工培训档案，对机关员工的培训跟踪考核，考核结果与员工实际工作评价直接挂钩。同时建立机关员工自我学习、自我提高的激励与约束机制，对学习成绩优秀、工作业绩突出的员工给予奖励。

【浙江电信营销人员素质培训计划开始实施】

2001年8月，浙江省电信公司举办了首期“全省电信初级营销员岗位培训班”，由此拉开了浙江电信营销人员素质培训工作的帷幕。

全省各电信分公司的49名营销服务人员参加了此次培训，来自浙江省内多所大学及省数据通信局等单位的教授、专家和工程技术人员为学员授课。课程内容包括市场营销、电信业务、法律法规、计算机知识等，使学员在得到技能训练的同时也拓宽了视野。很多学员感慨，此期培训学习非同以往的“应试教育”，而是一期货真价实的“素质教育”。

浙江电信一向重视对员工素质的培训，公司从开发、利用人力资源出发，不断提高员工知识水平，提升企业服务能力，并已建立了长期滚动式的业务培训计划，该计划旨在分阶段、分层次逐步提高在职人员的业务素质，为企业发展积极储备合格的营销服务人才。

【北京电信强化管理人员素质培训】

2001年5月21日，北京电信与北京中加学校合作开办的北京电信首届管理人员英语培训班正式开课。经过选拔，来自北京电信各单位的20名管理人员和后备力量成为第一批学员。在为期八周的培训中，学员们通过中加学校制订的有针对性、系统实用的教程和4名特聘外籍教师生动活泼的授课，逐渐提高了英语口语表达能力、写作能力和阅读的综合能力。

伴随着进一步的改革开放，中国同世界各国的交流日益广泛和频繁，紧跟世界高新技术发展步伐的北京电信自然也不例外。作为媒介手段和信息转换工具的英语已经成为必须掌握的基本技能之一，谋求一种有效的学习途径以提高管理人员的英语水平，早在2000年就已经纳入北京电信人才培养的计划中。

中国电信业正处在激烈的市场竞争和挑战当中，北京电信面临的形势较之其它兄弟省市尤为严峻。从硬件环境上讲，北京电信在综合通信实力方面已经走在世界前列，但在企业现代化管理的软环境方面，仍与国际知名电信公司存在一定差距。为此，培养能够适应市场竞争需要的新型管理人才，从而进一步提升北京电信的综合实力，实现企业的可持续发展是当务之急。

北京电信于2000年就已把人才战略确定为企业发展的三大战略之一，正是在这种重视人才、视人才为企业发展力量源泉的大环境下，一批既有高学历又有实践经验的年轻人走上了领导岗位。同时，通过干部、职工的竞争上岗，北京电信在企业内部营造了一种靠真知实干服人，重学习、重能力的良好氛围。此次培训也是北京电信与中加学校在企业教育方面加强合作的有益尝试。

【河南电信实业公司给中层干部“加油”】

2001年3月17日至18日，河南省电信实业有限公司所属，刚刚走上领导岗位的各市电信实业分公司、直属单位的一把手和机关中层干部参加了MBA工商管理硕士培训班。

激烈的市场竞争使河南省电信实业公司深刻认识到，在市场经济中进行生产经营活动，必须依靠有效的管理，通过发挥管理的计划、组织、人事、领导、控制职能，优化配置和高效利用各种社会资源，以获得尽可能多的经济效益。此次为中层干部“加油”，是公司着眼未来，培养复合型干部，加大对干部的动态管理，为应对市场的挑战积蓄力量的一项举措。

此次培训由国家行政学院教授刘峰担任主讲，内容主要是企业管理创新与领导艺术提升。参加培训的干部普遍反映，培训班办得及时、有效，虽然时间短，收获却很大，并表达了此后多参加这样高层次的培训活动，不断“充电”应对挑战的愿望。

【江苏电信举办“企业发展战略”培训研讨活动】

2001年，江苏电信人力资源部和企业策划部联合推出“企业发展战略”培训研讨活动，作为省公司本部中层以上管理者和分公司经理业务培训的一项重要内容。此活动计划每月进行一至两次，原则上利用双休日，已经成功举办了两次。第一次研讨活动的主题是国际资本市场如何看待传统电信企业。来自中国国际金融公司的专家讲解了国际电信股本市场的基本情况、传统电信公司如何适应新的竞争格局、主要电信公司的重组情况和业务发展战略、中国移动和中国联通股票首次公开发行的基本情况等。第二期研讨的主题是“一流电信企业的战略与组织探讨”，活动中听取了麦肯锡公司的专家列举世界上优秀电信企业战略成功演变的案例，并对有中国特色的中国电信企业组织架构及中国电信企业的发展趋势进行了探讨。

【河南电信举办系列高级管理人员研讨班】

2001年5月25至26日，河南电信举办了第四期高级管理人员研讨班，对全省电信公司的高级管理干部进行工商管理理论和实际工作技能培训，聘请了台湾著名管理学专家余世维博士主讲《二十一世纪成功经理人》。来自主实业各市分公司的总经理、省公司各直属单位负责人、省公司机关二、三级经理110余人参加了培训。

河南省电信公司充分贯彻落实集团公司精神，加强对企业管理人员的工商管理培训，采取单独举办、联合培训等多种形式，曾分别于2000年12月、2001年1月和3月举办了三期工商管理培训班，聘请境内外著名专家、教授讲授了《顾客满意服务》、《企业财务管理》、《管理科学与领导艺术》等。

高级管理人员系列培训，使管理者了解到国内外企业管理的发展状况，充分认识到不改变旧的封闭式企业管理模式，企业生产力不可能得到真正解放，企业效益就无法提高，只有通过不断的创新，不断提高企业管理水平，才能把中国电信建设成为世界一流企业。通过系列培训，学员们学到了先进的企业管理知识，提高了企业管理的理论水平和实际工作能力，对实际工作起到了较大的促进作用。河南省公司计划继续聘请专家进行《企业发展战略》等系列的培训活动。

【江苏电信与东南大学合作开办MBA高级培训班】

江苏电信与东南大学合作开办的首期MBA高级培训班于2000年10月29日开班，历时两个月。培训人员均为企业管理岗位上的骨干，培训采用全脱产集中学习的方式，培训教师为东南大学从事MBA教学的教授，教学内容基本是以MBA教学内容为依据，结合了江苏电信的实际情况，适当有所筛选和侧重。整个学习过程中还穿插了知名教授和企业老总关于心理学、企业竞争、现代企业制度等系列讲座，开阔了学员的

思路，改善了管理技巧，提高了管理水平。

【安徽电信培训农村（郊区）电信支局长】

农村支局是电信企业的一级基层组织，农村支局管理工作是电信企业管理工作的重要组成部分。安徽省电信公司从大处着眼，小处着手，高度重视基层管理人员的岗位培训，为了建立一支与当前农村通信大发展新形势相适应的农村电信支局长队伍，不断提高电信支局长的政治业务素质和管理能力，安徽省电信公司于2001年5月8日至18日举办了第一期农村支局长培训研讨班。

为将这项工作做好、做实，他们制订了《农村（郊区）支局管理办法》，围绕农村支局的经营、管理、服务工作，编印了一系列教材，开设了企业管理、法律知识、市场营销、电信业务与技术、应用文写作、因特网应用等课程。通过培训实践，安徽电信总结出了教、学互动式的培训方式；在理论考试的基础上，将回岗实践与撰写调查报告作为对支局长考核的重要组成部分，使支局长们不仅能学到具体的技能和知识，还有助于拓宽思路、更新观念，并将为创建文明农村支局工作打下基础。同时省公司人力资源部还对培训情况进行满意度调查，以此不断促进和提高培训工作。2001年，安徽电信分9期对农村（郊区）支局长进行培训，使培训面达到50%。

【山东电信东营分公司启动蓝卡工程】

为造就一支高素质的职工队伍，为山东电信的持续、快速、健康发展提供强大的智力支持，2001年上半年，山东电信东营市分公司率先启动“蓝卡工程”。

“蓝卡工程”是一项全面提高职工素质的教育工程，针对所有在职职工，进行按岗位划分指定科目的学习考试，向合格者发放“蓝卡”，不合格者进行待岗学习。这项工程本着理论联系实际、学用结合、按需施教、按需施考，在保质保量、数质并重、以质为主、突出重点（管理人员、财务人员、市场营销人员、集团客户服务人员、优秀技术人员和生产业务骨干人员）的原则下，通过对英语、计算机、电信员工礼仪守则、文明市民守则和电信条例等基础内容以及专业相关内容的学习考试，达到提高职工业务素质的目的。

【上海电信推进三项制度改革】

上海市电信公司成立后，推进了以岗位管理为中心的三项制度（劳动、人事、分配）改革，并提出了总的目标：按现代企业制度的要求，打破干部工人身份界限，取消国家行政级别，建立以岗位管理为核心的人力资源管理机制；科学设置管理和生产组织，精简机构，建立与通信生产和管理工作相适应的岗位系列；实行培训考核、双向选择、竞争上岗的用工制度，形成企业劳动力管理市场化；改革现行工资分配制度，调整分配关系和分配激励制度，进一步调动和发挥职工的积极性。以“干部能上能下，员工能进能出，收入能增能减”为主要目标，推行劳动、人事、分配制度综合配套改革，探索建立以岗位管理为核心的人力资源管理制度。其中包括五方面的工作：打破干部、工人的身份界限；实行职称评聘分开；内部人力资源实行准市场化运作；逐步实行全员竞争上岗；实行减员增效，实施内部待岗和退养制度。

早在2000年，上海电信首先在浦东电信局、长途电信局经营服务部、南汇电信局和邮电发展总公司进行了三项制度改革试点。2001年5月10日起，公司在总部管理层实行竞聘上岗，整个竞聘工作经过岗位设置、动员宣传、公开报名、资格审查、面试答辩和考核评估等程序，历时40天，共有263名员工应聘207个岗位，其中177名员工竞聘成功，走上了相应的工作岗位。公司总部竞聘工作分两个阶段实施：

第一阶段 5月10～30日，共推出处职以上岗位52个，其中副经理职岗位12个、处职岗位40个。有79名员工参加了竞聘。通过竞聘，有12名上了副经理职岗位（其中6名兼处职岗位），有6名上了经理助理岗位（其中4名兼处职岗位），有24名上了处职岗位，有4名上了副处职岗位主持工作。

第二阶段 5月22日～6月20日，共推出副处职以下岗位155个，其中副处职岗位38个、业务主管及以下岗位117个。共有184名员工参加了竞聘。通过竞聘，有36名上了副处职岗位，有59名上了业务主管岗位，有26名上了业务主办岗位，有10名上了业务管理岗位。

年内，东区、南区、西区、北区、中区、莘闵、宝山、青浦、嘉定、奉贤、崇明、松江、金山等电信局也陆续完成了岗位竞聘工作，共有4664名员工（含南汇、浦东）参与了3638个岗位（其中：管理岗位755个，生产岗位2883个）的竞聘，经过面试答辩及综合评价，实现了高岗与低岗、机关与基层的岗位流动，竞聘成功率99.65%。

通过竞聘，形成了一个体制较新、机制较活、结构和人员机构比较合理的公司管理机构，标志着上海电信以崭新的面貌和效率走向市场，逐渐形成了“经营者能上能下、人员能进能出、收入能增能减”的新机制，进一步同现代企业制度接轨。 (邱美娟)

【重庆电信积极推进三项制度改革　促进企业机制创新】

重庆电信立足于企业运行机制的创新，积极推行企业内部劳动用工、干部选拔和分配制度的改革，以促进员工队伍素质及企业整体素质的提高。

一、以竞争上岗为突破口，大力开展劳动用工制度改革，着力打造一支适应市场竞争要求的职工队伍

公司成立后，就人力资源如何保障公司“二次创业”目标的实现进行了全面的分析，根据多年来开展劳动制度改革的经验，决定将竞争上岗、内部退养和主辅主附分离改革工作有机结合起来，以竞争上岗作为公司三项制度改革的突破口，打造一支适应市场竞争需要的员工队伍。为使竞争上岗落到实处，公司决定从打破领导干部职务终身制入手，在中层管理人员换届考核中，对不适应工作需要、考核不合格的干部根据情况作岗位交流、降低职务或一“下”到底处理，易岗易薪；降职或免职人员不再保留原职级待遇，虽然涉及的干部并不多，但此举在中层管理人员和员工队伍中引起极大的震动，使干部职工看到了公司的希望和领导班子的决心。此后，重庆电信开始全面推进竞争上岗工作，及时配套下发了《关于岗位考核与竞争上岗制度的指导意见》、《重庆市电信公司内部退养办法》、《关于重庆市电信公司机关竞争择优上岗以及公开选拔工作人员的通知》、《关于公开招聘区县（市）电信局局长，副局长及主城区部分单位领导职务的通知》等文件，并将竞争上岗工作与生产人员职业技能鉴定有机结合，与主附主辅分离工作同步开展。

竞聘上岗取得了显著的效果：一是公司机关管理人员年龄和文化结构明显改善，平均年龄只有35岁，文化程度本科以上及专科的比例分别达到68%和31%；同时，一大批有专业技术、懂管理的年轻员工充实到各级管理和专业技术岗位；二是内部退养工作取得明显成效，以较小的人工成本达到了减员增效的目的；三是平稳顺利完成了主附主辅分离中的人员分流，主业公司的员工队伍素质得以改善和提高，平均年龄只有38岁。极大地激发了员工队伍的活力，员工学习专业技术以及生产人员参与职业技能培训和鉴定的积极性空前高涨。

在总结竞争上岗工作经验的基础上，重庆电信决定将竞争上岗作为一项经常性的工作长期开展，规定基层生产单位的管理岗位缺员，原则上必须通过竞争上岗予以补充，通过经常性的竞争上岗工作，拓宽企业人才培养选拔的渠道和范围。此外，结合公司化运作的要求，重庆电信对劳动合同制度、考勤制度以及奖惩制度等企业规章进一步修订完善，面向社会公开招聘了一批电信专业以及管理人员。

二、改革工资总量决定机制，全面加强对基层企业的绩效考核

重庆电信认为传统的工效挂钩办法与正在实行的绩效考核相分离，对企业的约束力和激励机制作用力度不够，决定从2001年起实施对基层单位的工资总量管理办法的改革，取消原工效挂钩办法，实行工资总量直接与企业绩效考核挂钩。首先按照业务收入规模将企业分成不同等级，再按照绩效考核得分对企业划分档次，不同等级和档次企业确定不同的工资总额，并拉开差距。通过工资总量管理与企业绩效考核的有机结合，促使企业从传统的粗放经营向集约经营转变，自觉走以内涵式扩大再生产为主的发展之路，公司效益得以稳定和提高。

三、实行工资分配制度改革，打破平均主义，逐步建立与当地劳动力市场价格接轨的收入分配机制

重庆电信开展岗位工资改革试点，制定了《重庆市电信公司岗位工资制方案》，工资分配向高级管理、营销以及专业技术岗位倾斜，对不同岗位之间以及同一岗位的不同人员之间按照有关要素确定不同的岗位工资水平。为逐步建立与当地劳动力市场价格接轨的收入分配机制，在实行岗位工资改革的同时，按照岗位工资分配原则，对奖金分配也进行了改革，全面实施效绩工资。市公司负责各单位领导班子成员及中层管理人员的效绩工资分配，实行效绩工资分配同企业的效绩考核和企业的日常管理挂钩，并加大考核力度，一般员工的效绩工资分配由各单位按照岗位工资分配原则自行制定考核办法，并明确要求拉开分配差距，彻底打破平均主义，奖勤罚懒，向对企业有突出贡献的人员倾斜。公司经营管理者队伍工作信心和责任心倍增，人才流失的现象得到初步遏制，员工队

伍得以稳定，工资分配的激励和约束机制的作用得以体现。

重庆电信通过总结认为，人力资源工作的各个方面要自身综合配套、有机结合，并与公司其他方面的管理协调一致，如此才能促进公司目标的实现，才能在激烈的市场竞争中保障公司立于不败之地。

【甘肃电信大力推进三项制度改革】

2001年，甘肃电信按照集团公司的有关部署，大力推进企业人事、劳动、分配三项制度改革。此项工作从11月初开始，经过3个多月的努力，经历了广泛宣传动员，科学定岗定编，严格考核，竞争上岗、优化组合，省公司验收、审批，薪酬制度方案的起草、测算、修改、审定等阶段。

为确保三项制度改革积极稳妥地进行，省公司党组确定了先在白银市分公司开展试点，待试点取得成功经验后再以点带面全面推开的工作思路。在试点阶段，省公司多次到试点单位指导工作，帮助制定改革实施方案，完善竞争上岗程序、考核办法和评价标准等，现场解决困难，使试点工作取得了满意的效果，并总结出了“加强领导、精心组织，深入动员、严格考核、全员竞聘、优化组合”等成功经验。

12月16日，省公司在试点单位召开了全省电信三项制度改革工作现场会，省公司领导作了主题动员报告，试点单位介绍了基本做法和主要经验，为推进全省电信三项制度改革奠定了思想和组织基础。现场会后，省公司出台了《关于鼓励企业富余员工自谋职业的暂行规定》、《甘肃省电信公司2001年内部退养办法》等文件。全省电信各单位以上述文件为指导，借鉴试点单位经验，都相继成立了以总经理任组长的三项制度改革工作领导小组，具体负责实施三项制度改革工作，从组织机构上保证了三项制度改革工作的顺利进行。

在推进人事、劳动制度改革中，各地市州分公司及省电信传输局共有91名普通员工竞聘到中层管理岗位工作，而原中层干部中有20人落聘，7人降级使用。竞聘中员工岗位交流（指通过竞争上岗，优化组合后岗位发生变动的员工人数与员工总数的百分比）达到21%，内部待岗员工148人，占员工总数的2.69%。省公司机关全员竞聘中新提拔部门正职1人、部门副职5人、二级部门负责人3人、高级业务（网络、项目）经理10人，员工岗位交流达到25%。

薪酬制度改革是三项制度改革的重要组成部分，也是巩固深化人事、劳动制度改革的重要保证。省公司对集团公司确定的薪酬制度和需要省公司自定的内容进行了深入细致的调研分析，并两次召开专门会议进行反复讨论，形成了初步意见。其间还参加了“西北区电信公司薪酬制度改革座谈会”，在借鉴吸取外省经验的基础上拟定了实施方案，并先后两次到白银市分公司进行了试套。甘肃电信的薪酬制度方案经集团公司审核批准后开始组织实施。

通过此次改革，全省电信员工的精神面貌焕然一新，责任感和危机意识普遍增强，干群关系日趋融洽，企业的凝聚力日益增强,取得了较好的成效。

【四川电信资阳分公司三项制度改革使企业焕发勃勃生机】

四川电信公司资阳分公司，在中国电信公司化改造的大背景下，抓住机遇，以建立现代企业制度、应对全方位竞争挑战为目标，立足市场、深化改革，使企业焕发出勃勃生机。

2001年11月正式挂牌的资阳市电信分公司，很快便推出了三项制度改革举措。公司进行改革的指导思想非常明确：改革必须以市场为镜，定编、定岗、定员，分配必须以市场和发展的需要为标准、与市场挂钩，通过改革实现全公司各类资源面向市场的优化配置。

公司直接面对市场的一类管理岗位，改革后增加到全公司管理岗位的30%。业务宣传、大客户主管、户线管理、网络资源管理等新岗的设立，保证了人力资源向市场第一线倾斜与流动。改革后的运行维护部里，新设资源管理组，管理岗位更名为：资源管理、设备管理、网络管理。除保证设备的运行完好外，对全公司网络资源、网络数据的宏观把握与适时的动态分析，为公司应对市场竞争与建设发展，及时调度网络资源，提供可靠依据和意见，成了运行维护部的主要职能。市场部新设立服务主管岗，把在过去不同部门中的112障碍台、180用户中心、96180总经理热线统一到市场部由服务主管负责。把用户申告和内部处理有机地结合在一起，并且每周对全公司的服务质量、问题、措施提交一次报告，使解决用户的问题真正落到了实处。用户满意率等各项主要服务指标得到了实实在在的提高，并优于部、省颁标准，其做法很快在全省推广。

分配制度的改革，使全公司上下全部实现了分配与绩效考核挂钩，每个部门、每个岗位的绩效考核也与市场发展挂上了钩。责任感、危机感改变了员工的思想观念，把企业和员工扎扎实实地推向了市场。

2001年初，资阳电信分公司打破员工身份界限，实行双向选择、竞争上岗。每个岗位都明确公布了应聘条件、职责任务、薪酬设计、绩效考核标准、晋升通道设计等，同时公开竞争上岗程序和聘用结果。员工们各显其能，积极报名竞聘，82个岗位，报名者多达176人次。本着公平、公开、竞争、择优的原则，经过人才招聘领导小组综合考核评定，一批优秀人才在竞争中脱颖而出。通过劳动、人事、分配三项制度的改革，资阳电信如今已形成了一个竞争上岗、待岗、转岗和下岗相衔接的人力资源动态管理体系，在企业内创造了一个自我激励、自我约束、促进优秀人才脱颖而出的良好机制，使资阳电信在改革、发展和市场竞争中，展现出前所未有的生机与活力。

统计资料显示，2001年1—10月，资阳电信分公司业务收入比上年同期增长11.51%，远远高于中国电信的平均水平。10个月已完成电话放号38182部，提前超额完成省公司下达的全年放号任务。

【江西电信抚州分公司深入开展三项制度改革】

作为三项制度改革试点单位的抚州电信分公司，以改革推进现代企业制度的建立，企业焕发出勃勃生机与活力。

一、科学设岗，裁员消肿，轻装上阵

抚州电信改革的侧重点是对县局实行科学规范的定岗定编、岗位设计、岗位考核和岗位竞争。公司对县局的管理、技术业务和其它岗位进行了重新设计和明确，对县局用工严格核编，优化了作业组织和作业流程，压缩了人员，较好地解决了县局历年遗留的冗员问题。

在岗位设置上突出面向市场的主旨，保证人力资源向市场一线倾斜与流动，明显加强经营岗位。较大电信局的市场经营部多设岗位，实行专业化经营。设大客户主管、专职服务督察等岗位，以提高市场竞争力。集中维护体制建成后，县局机房统一合并为综合维护机房，优化了作业流程，提高了运作效率。多余人员竞争上岗，大多数充实到市场经营部门，增强了市场经营的技术含量。另外，抚州电信将过去分散在各县局不同部门的112障碍台、180用户服务中心等集中到市公司市场部由服务主管负责，把用户申告和内部处理有机地结合在一起，既精简了人员，又可及时掌握服务工作的第一手资料，还可对用户投诉处理实行全过程的透明监督。改革后，公司经营服务系列的岗位数已上升到占总岗位数的30%。

部分岗位根据需要能撤则撤，能减则减。取消专职打字员，线务员兼货车司机，小车司机兼催费员，力求岗位工作量饱满。一些管理岗位出现了数人竞争的局面。部分经考试考核不符合条件者，下岗或被降级使用。

与此同时，抚州市分公司本部也按新设置的岗位，全面开展了竞争上岗工作。改革后，全公司由原1288人压缩为1185人，仅管理岗位人员就压缩了两成。这使抚州电信初步形成了竞争上岗、待岗、转岗和下岗相衔接的人力资源动态管理体系，在企业内部创造了一个自我激励、自我约束、促进优秀人才脱颖而出的良好机制。

二、全员竞争，公平竞争，唯优是用

自2001年10月下旬起，抚州电信分公司所有在岗员工分三批进行了竞争上岗考试考核。竞争上岗的原则、范围、程序、时间安排、定岗情况、岗位说明书、考试成绩和聘用结果全部张榜公布。本着公平、公开、竞争、择优的原则，经公司三项制度改革领导小组综合考核评定后，一批优秀员工在竞争中脱颖而出，企业内部的人员流动也正常起来。企业重视有真才实学的员工，仅破格聘用的员工就有32人。

三、观念大变，学风渐浓，活力大增

三项制度改革带来的最大变化是员工思想观念的变化。通过2000年和2001年的两次改革，抚州电信广大员工的危机意识、竞争意识明显增强，尤其是学业务、钻技术的自觉性空前提高。一些员工从改革的舆论宣传和岗位设置中，感觉到竞争的压力，于是抓紧读书，补充业务知识或重新学习新的业务技术。职工们没有满足于一次竞争成功，而是看到了企业改革将逐步深化的进程，很多人表示要继续处理好学习与工作的关系，在学中干、在干中学，真正成为企业有用的人才。

江西省电信公司2001年12月在抚州召开深化企业三项制度改革、推进机制创新现场经验交流会，充分肯定了抚州电信企业三项制度改革试点工作取得的成绩。

·政策法规·

【中国电信集团举办三期法制干部培训班】

为了加强电信企业法制队伍建设，提高法制干部知识水平，以适应新形势下电信企业法制工作的需要，2001年6月、9月、11月，中国电信集团在北京举办了三期法制干部培训班，来自全国31个省（区、市）的法制干部参加了培训。

集团公司副总经理常小兵、张继平分别在三期培训班上做重要讲话。关于加强电信企业法制工作的重要性和必要性的问题，常总指出：市场经济就是法制经济，电信企业与政府、用户以及其他电信运营商的关系主要依靠法律手段来调整和规范。面对众多电信经营者所带来的激烈市场竞争和电信用户维权意识日益强化，电信企业只有通过法律手段，依法治企、依法经营，才能更好地维护企业的合法权益，才能平等参与市场竞争，更好地处理国家、企业和用户的关系。随着电信改革的不断深化，企业法制工作的重要性越来越凸现出来，企业法制工作只能加强，不能削弱，各级领导干部都要认清这项工作的重要性。常总强调：当前企业法制建设应着重抓好几项工作：一是各级领导要加强领导健全机构，进一步充实企业法制工作人员。企业法制工作在某种程度上讲就是风险管理，通过事前把关、事中监督和事后完善，把企业经营的风险降到最低程度。企业领导应有明确认识，积极创造条件，使企业法制工作人员能够参与到企业的经营决策中来，充分发挥作用。二是进一步加强企业法制基础工作。要通过建章立制，明确企业法制工作的职责、任务和工作流程，为企业开展法制工作奠定良好的基础。通过制定管理制度，采取措施，保证企业法制工作管理规范化、制度化。通过各种途径和方式，加强企业法制工作人员的培训，提高企业法制工作人员的业务能力和业务素质。三是加强对企业法制工作中出现的新情况、新问题的研究，提高企业法制工作水平。四是协助有关部门加强规章制度建设，努力提高企业管理水平。五是积极主动参与企业的改革重组活动。

张继平副总经理具体指出，各级领导干部应当强化依法治企、依法经营的观念，把法制观念贯穿到企业经营管理的全过程，企业出台每一项新的市场举措，都应当从法律角度进行事先审查，这样才能确保企业的经营决策符合法律要求。张总对电信企业法制工作人员提出了几点希望：一是要不断学习，提高自身素质，培养综合能力；二是要发挥主动精神，能够积极主动工作；三是要不断拓宽视野；研究新形势下的新问题，关注与企业发展有关的重大问题，如加入WTO之后所面临的法律环境等问题；四是要增强对外交往能力，加强对外联系，要多与政府相关部门及法律界沟通交流，以争取好的企业发展环境。

【全国首部地方性电信法规《辽宁省电信管理条例》出台】

2001年12月召开的辽宁省第九届人大常委会第二十七次会议审议并通过了《辽宁省电信管理条例》（简称《条例》）。这是邮电分营、政企分开后全国出台的首部地方性电信法规。

《条例》在全面、正确贯彻《中华人民共和国电信条例》的基础上，从辽宁实际出发，结合电信市场出现的新问题、面临的新形势，作出了许多内容具体的便于操作的规定，并力求与国际接轨。

《条例》体现了保护竞争、促进发展的原则，增强了行政管理工作的透明度。贯彻了公平、公正维护电信市场秩序的基本指导思想，明确了省电信管理机构在电信运营市场、电信终端市场和电信建设市场管理方面的执法权，强化了执法力度。为了保护电信业务经营者之间公平、有效竞争，保障公用电信网间及时、合理地互联，《条例》规定，电信业务经营者所设立的互联互通工作机构应当建立正常的联系制度，保证电信业务经营者与电信管理机构之间以及电信业务经营者之间工作渠道的畅通；《条例》对电信行业技术工种从业人员作出规定，通过职业技能鉴定取得职业资格证书后，方可上岗作业；为了方便电信用户交费和解决困扰电信业务经营者的欠费问题，《条例》规定，电信业务经营者可以与电信用户约定交费方式、期限，预交的电信费用按同期银行活期存款利率支付利息。

《条例》还对电信业务经营者的服务进行了规范，设立了一些禁止性条款。这些条款体现了权利和义务的统一，对行政机关依法行政和管理，企业依法经营、为用户提供优质服务，促进电信业的发展和有序竞争将发挥重要作用。

《条例》共7章49条，主要内容包括市场管理、服务与监督、规划与建设、电信设施安全与保护、法律责任等，于2002年2月1日起施行。

【《辽宁省电信管理条例》(辽宁省第九届人民代表大会常务委员会第27次会议通过)】

第一章 总 则

第一条 为了规范电信市场秩序，维护电信用户和电信业务经营者的合法权益，保障电信网络和信息的安全，促进电信业的健康发展，根据《中华人民共和国电信条例》（以下简称《国家电信条例》）和有关法律法规的规定，结合我省实际，制定本条例。

第二条 在本省行政区域内从事电信活动或者与电信有关的活动，必须遵守本条例。本条例所称电信，是指利用有线、无线的电磁系统或者光电系统，传送、发射或者接收语音、文字、数据、图像以及其他任何形式的信息活动。

第三条 省电信管理机构是本省行政区域内的电信主管部门，对全省电信业实施监督管理。省电信管理机构设立的派出机构根据职责行使监督管理职能。

第四条 电信业务经营者应当依法经营、公平竞争、遵守商业道德、接受执法部门检查和社会监督，为用户提供迅速、准确、安全、方便和价格合理的电信服务。

电信用户应当依法使用电信业务。

第二章 市场管理

第五条 经国家电信主管部门批准经营基础电信业务和经营跨地区增值电信业务的，必须到省电信管理机构备案。

经营增值电信业务，业务范围在本省之内的，必须经省电信管理机构审查批准，并取得增值电信业务经营许可证。

未取得电信业务经营许可证的，不得从事电信业务经营活动。取得许可证的电信业务经营者，必须在核定的项目及范围内从事电信业务经营活动。

第六条 经营增值电信业务，应当具备下列条件：

（一）经营者为依法设立的公司；

（二）有与从事经营活动相适应的场地和资金；

（三）有与开办经营活动相适应的专业技术人员；

（四）有可行性研究报告；

（五）有技术组网方案；

（六）有为用户提供长期服务的信誉及承诺；

（七）国家规定的其他条件。

第七条 电信网之间应当按照技术可行、经济合理、公平公正、相互配合的原则，实现互联互通。

电信业务经营者所设立的互联互通工作机构，应当建立正常的工作联系制度，保证电信业务经营者与电信管理机构之间以及电信业务经营者之间工作渠道的畅通。

第八条 电信网码号资源属国家所有，使用码号资源实行审批制度。省电信管理机构在国家授权范围内负责本行政区域内码号资源的管理工作。任何单位和个人不得擅自使用、转让、出租电信网码号资源或者改变电信网码号资源的用途。

第九条 开办互联网上网服务营业场所，须持公安、文化部门的批准文件，经省电信管理机构审批取得经营许可证并办理工商注册登记后，方可经营。

第十条 申请开办互联网上网服务营业场所，应当具备下列条件：

（一）有与开展营业活动相适应的营业场所，营业场地安全可靠，安全设施齐备；

（二）有与开展经营活动相适应的计算机及附属设备；

（三）有与经营规模相适应的专业技术人员和专业技术支持；

（四）有健全完善的网络信息安全制度；

（五）有相应的网络安全技术措施；

（六）有专职或者兼职的网络信息安全管理人员；

（七）经营管理、安全管理人员经过有关部门组织的培训；

（八）符合法律、法规及其他规定。

第十一条 申请销售或者维修移动电话机业务的，应当经省电信管理机构审核同意取得经营许可证。办理销售或者维修移动电话机许可证，应当具备下列条件：

（一）有工商部门核发的营业执照或者《名称预先核准通知书》；

（二）有与销售或者维修相适应的营业场地、资金、仪器仪表等设备；

（三）有为用户提供识别真假进网标志的手段；

（四）有为用户提供包修、包换、包退等售后服务的措施和制度；

（五）有获得职业资格证书的维修人员和其他经营管理人员。

第十二条 任何单位和个人不得销售和使用没有进网许可证和进网标志的电信终端设备。对获得进网许可证的电信终端设备，电信业务经营者应当允许进网使用。

第十三条 从事出租、出售电信管道的经营者，必须具有电信管理机构核发的经营基础电信业务许可证。

第十四条 电信行业技术工种从业人员实行职业资格证书制度。电信行业技术工种从业人员通过职业技能鉴定合格取得职业资格证书后，方可上岗作业。

第十五条 任何单位和个人不得伪造、冒用、出租、涂改、转让、转借经营许可证、进网许可证、职业资格证书及有关的批准文件。

第十六条 电信业务经营者和专用电信网单位必须按照《统计法》及国家有关规定，如实按期向省电信管理机构报送统计资料，不得虚报、瞒报、拒报、迟报，不得伪造和篡改。

第三章 服务与监督

第十七条 电信业务经营者应当按照国家规定的电信服务标准向电信用户提供服务。电信业务经营者提供服务的种类、范围、资费标准和时限，应当及时向社会公布。

电信业务经营者应当及时受理用户的投诉，对用户的投诉应当在15个工作日内予以答复。

用户对电信业务经营者的处理结果不满意，可以向省电信管理机构提出申诉。受理机构应当在收到申诉后30个工作日内将处理情况告知申诉人。代办电信业务单位（个人）的服务质量，由委托的电信业务经营者对用户负责。

第十八条 电信业务经营者可以与电信用户约定交费方式、期限。电信用户应当按照约定的方式和期限及时、足额地向电信业务经营者交纳电信费用；预交的电信费用，电信业务经营者应当按照同期银行活期存款利率向电信用户支付利息。

电信用户逾期不交纳电信费用的，电信业务经营者有权要求补交电信费用，并可以按照所欠费用每日加收3‰的违约金。

第十九条 电信用户要求查询电信费用时，在计费原始数据保存期限内，电信业务经营者应当提供查询方便，做好解释工作。在与用户发生争议尚未解决的情况下，电信业务经营者应当负责保存相关原始资料。计费原始数据保存期限为5个月。

第二十条 电信业务经营者因网络维修、改造和建设等原因，影响或者可能造成中断正常电信服务的，必须提前15日告知用户，并向省电信管理机构报告。

电信业务经营者应当免收在中断电信服务期间电信用户的相关费用；没有及时告知中断电信服务而造成电信用户损失的，应当按照规定给予赔偿。

第二十一条 电信业务经营者在电信服务中不得有下列行为：

（一）以任何方式限定电信用户使用其指定的业务；

（二）限定电信用户购买其指定的电信终端设备或者拒绝电信用户使用自备的已经取得进网许可的电信终端设备；

（三）违反国家规定，擅自改变或者变相改变资费标准，擅自增减或者变相增减收费项目；

（四）无正当理由拒绝、拖延或者中止对电信用户的服务；

（五）不履行对电信用户的承诺或者做容易引起误解的虚假宣传；

（六）对电信用户的合理要求进行刁难或者对投诉的电信用户进行打击报复；

（七）其他损害电信用户合法权益的行为。

第二十二条 互联网信息服务提供者，应当在其网站主页的显著位置标明其经营许可证编号或者备案编号。

从事新闻、出版以及电子公告等服务项目的互联网信息服务提供者，应当记录提供的信息内容及其发布时间、互联网地址或者域名；互联网接入服务提供者应当记录上网用户的上网时间、用户账号、互联网地址或者域名、主叫电话号码等信息资料。记录备份应当保存60日。

第二十三条 已获准开办互联网上网服务营业场所的经营者，不得在国家法定节假日每日8时至21时以外时间向18周岁以下的未成年人开放，不得允许无监护人陪伴的14周岁以下的未成年人进入其营业场所。

第二十四条 互联网上网服务营业场所经营者和上网用户不得利用互联网上网服务营业场所制作、复制、查阅、发布、传播危害国家安全，损害国家利益和荣誉，破坏民族团结和国家宗教政策，宣扬邪教和迷信，散布谣言，破坏社会稳定，散布淫秽、色情、赌博、暴力、凶杀、恐怖或者教唆犯罪，侮辱或者诽谤他人以及其他法律法规禁止的信息。

第二十五条 省电信管理机构应当对本行政区域内电信业务经营者的服务质量和经营活动进行监督检查，并定期向社会公布监督抽查结果。电信业务经营者应当配合电信管理机构的监督检查工作，如实提供有关情况和资料。

电信管理机构工作人员实施监督检查时，应当出示有效证件，并由两名或者两名以上工作人员共同进行，对涉及当事人隐私、商业秘密、技术秘密等事项有保密义务。

第四章 规划与建设

第二十六条 各级政府应当将电信的建设和发展纳入本行政区国民经济和社会发展计划以及城乡建设规划。省电信管理机构应当根据省国民经济和社会发展计划以及社会需要编制省电信发展计划。

第二十七条 省公用电信网、专用电信网、广播电视传输网的建设，应当接受省电信管理机构的统筹规划和行业管理。

属于全省性信息网络工程或者国家规定限额以下建设项目的公用电信网、专用电信网、广播电视传输网的建设，在按照国家基本建设项目审批程序报批前，应当征得省电信管理机构同意。

省电信管理机构在进行项目审批或者初审时，应当采取组织专家咨询、专家评审等方式，并在此基础上批复或者出具行业初审意见。

第二十八条 城乡建设应当按照国家或者行业电信标准配套设置电信设施。建筑物内的电信管线和配线设施以及建设项目用地范围内的电信管道，应当纳入建设项目的设计文件，并随建设项目同时施工与验收。所需经费应当纳入建设项目概算。

有关单位或者部门规划、建设道路、桥梁、隧道或者地下铁道等工程，应当事先通知电信管理机构和电信业务经营者，协商预留电信管线等事宜。

第二十九条 从事电信工程建设、勘察、设计、施工及监理的单位，必须经省电信管理机构审查同意后并取得由建设行政主管部门颁发的资质证书，方可在其资质许可的范围内从事相应的经营活动。

电信建设单位应当选择具备相应等级资质证书的设计、施工、监理单位承担电信建设项目。

成套设备的采购、设计、施工、监理单位的选择，应当按照公开、公正、公平的原则，通过招投标方式进行。电信管理机构负责对电信建设工程质量的监督管理。

第五章 安全与保护

第三十条 通信秘密受法律保护。电信业务经营者不得向任何单位和个人提供用户使用电信业务情况。法律法规另有规定的从其规定。

第三十一条 任何单位和个人都有保护电信设施的义务，对危及电信设施安全的行为应当制止和检举揭发。

第三十二条 禁止下列危及电信设施安全的行为：

（一）向公用电话亭、分线盒等电信设施投掷杂物；

（二）在电杆、拉线、标桩等电信设施上拴牲畜、堆放物品；

（三）在距电杆、拉线5米内挖沙、取土、推土，在架空线路两侧各2米、天线区域周围2米内地面上建房搭棚；

（四）在埋有地下管道、电（光）缆的地面两侧各1米内建房搭棚，各3米内挖沙、取土、挖沟、掘井、钻井、设置化粪池、沼气池、牲畜圈；

（五）在埋有地下管道、电（光）缆的地面上倾倒含酸、碱、盐等腐蚀性的废液、废渣；

（六）在危及电信设施安全的范围内点火烧荒、烧窑、爆破、堆放或者停放易燃易爆物品；

（七）在设有水底、海底电（光）缆的水域抛锚、拖网、挖沙、爆破以及从事其他危及电（光）缆安全的作业；

（八）擅自拆迁或损毁电信设施；

（九）阻碍电信业务经营者对电信设施的正常维护；

（十）其他危及电信设施安全的行为。

第三十三条 单位和个人实施下列可能影响电信设施安全行为的，必须事先征得电信设施产权单位的同意，并采取有效防护措施或者承担相应费用：

（一）因建设施工需要搬迁、拆除电信设施或者改变通信方式的；

（二）新建或者改建道路、铁道、桥梁、隧道、房屋、农田水利工程以及敷设管道、疏浚航道的；

（三）架设输电线路、电车线路、专用电信线路、广播电视传输线路以及设置电气设备的；

（四）其他可能影响电信设施安全的行为。

第三十四条 在国家一、二级微波干线通道净空控制范围内和移动、寻呼天线的周围，新建可能影响通信的建筑物、构筑物的，应当向规划管理部门申报，由规划管理部门征得无线电管理、电信管理机构意见后予以审批。

第三十五条 在架空线路下和地下电（光）缆线路上，电信业务经营者对新植危及电信线路安全的树木，可以无偿修剪、截干或者伐除；对原有危及电信线路安全的树木，经有关部门批准可以修剪、截干或者伐除，并按有关规定给予补偿。

第三十六条 经公安机关核准的，带有应急通信、抢修专用标志的电信车辆和工作人员执行任务时，不受禁行路线、禁行标志和禁止停车地段的限制；进出港口和通过渡口、桥梁、隧道、检查站，应当优先放行。

第六章 法律责任

第三十七条 违反本条例第五条第三款和第八条第二款规定的，由省电信管理机构依照《国家电信条例》第七十条的规定处罚。

违反本条例第十二条第一款规定的，由省电信管理机构依照《国家电信条例》第七十六条规定处罚。

违反本条例第十五条规定的，由省电信管理机构依照《国家电信条例》第六十九条规定处罚。

违反本条例第二十一条规定的，由省电信管理机构依照《国家电信条例》第七十五条规定处罚。

第三十八条 违反本条例第九条规定，未取得经营许可证，擅自开办互联网上网服务营业场所的，由省电信管理机构责令关闭营业场所，没收从事违法经营活动的全部设备和违法所得，并处1万元以上3万元以下的罚款。

第三十九条 违反本条例第十一条规定，未取得销售或者维修移动电话机经营许可证从事销售或者维修活动的，由省电信管理机构责令停止销售或者维修，没收全部违法所得和非法物品，处违法所得金额1至5倍的罚款；没有违法所得的，处1万元以上5万元以下的罚款。

第四十条 违反本条例第十四条规定，未取得电信行业职业资格证书上岗的，由省劳动保障行政主管部门给予经营者警告、责令改正，并可处1000元以下的罚款。

第四十一条 违反本条例第二十二条第一款规定，未在其网站主页上标明其经营许可证编号或者备案编号的，由省电信管理机构责令改正，处5000元以上5万元以下的罚款。

违反本条例第二十二条第二款规定，应当记录内容没有记录，或者没有按规定时间保存记录备份的，由省电信管理机构责令改正；情节严重的，责令停业整顿或者暂时关闭网站。

第四十二条 违反本条例第十七条规定，电信业务经营者未执行电信服务标准，并损害用户合法权益的，由电信管理机构发出限期整改书；对逾期不改者，视情节轻重给予警告或者处以500元以上10000以下罚款。

第四十三条 违反本条例第二十三条规定，在限定时间外向18周岁以下的未成年人开放其营业场所，或者允许无监护人陪伴的14周岁以下的未成年人进入其营业场所的，由省电信管理机构予以警告，并处5000元以上1万元以下的罚款；对再次违反规定的，责令停业整顿，并处1 万元以上3万元以下的罚款；对三次违反规定的，处1万元以上3万元以下的罚款，责令关闭营业场所，吊销经营许可证。

第四十四条 违反本条例第二十四条规定的，由公安机关依据《中华人民共和国治安管理处罚条例》、《计算机信息网络安全保护管理办法》和有关法律、法规的规定，对互联网上网服务营业场所经营者或者上网用户给予处罚，并由有关主管部门责令互联网上网服务营业场所经营者停业整顿；对整顿后再次违反规定的，责令关闭营业场所，并由有关主管部门撤销批准文件，吊销经营许可证。

第四十五条 违反本条例第二十九条规定的，由省电信管理机构根据《建设工程质量管理条例》规定予以处罚。

第四十六条 违反本条例第三十二条、第三十三条、第三十四条规定行为之一的，由省电信管理机构会同有关部门，根据情节轻重，可责令停止侵害行为、恢复原状、赔偿损失；损毁电信设施、阻断通信的，除责令其赔偿经济损失外，并处赔偿金额1至5倍的罚款。

第四十七条 对危害电信安全，盗窃、破坏电信设施，扰乱电信市场秩序，阻碍电信工作人员执行职务，尚未构成犯罪的，依照《中华人民共和国治安管理处罚条例》的规定，由公安机关给予处罚；构成犯罪的，依法追究刑事责任。

第四十八条 电信管理机构的工作人员滥用职权、徇私舞弊、玩忽职守，尚未构成犯罪的，依法给予行政处分；构成犯罪的，依法追究刑事责任。

第七章 附 则

第四十九条 本条例自2002年2月1日起施行。1989年9月22日辽宁省第七届人民代表大会常务委员会第十一次会议通过，1995年5月30日辽宁省第八届人民代表大会常务委员会第十四次会议修订的《辽宁省邮电通信管理条例》同时废止。

【《上海市宽带用户驻地网管理办法》出台】

上海市通信管理局根据信息产业部的有关文件精神，结合上海宽带接入市场的具体情况，于2001年7月前制订并发布了《上海市宽带用户驻地网管理办法（试行）》，从而为规范上海宽带接入市场提供了可靠保证。

《办法》明确规定，宽带用户驻地网的运营属于基础电信业务，应比照增值电信业务的管理方式，实行经营许可制度，未经许可，任何单位和个人不得擅自建设和经营宽带用户驻地网业务。宽带用户驻地网的设计、施工单位应当具有电信工程设计、施工的资格证书，遵守电信工程建设的相关规定；用户宽带驻地网建设单位须于工程开工前10日之内向市通信工程质量监督中心申报质监；宽带用户驻地网建成后，由市通信管理局委托指定的机构进行测试，未获测试合格证或测试不合格的，不得接入公众电信网。

《办法》还规定，宽带用户驻地网运营单位应当按照“技术可行、经济合理”的原则，为需要使用宽带用户驻地网的电信业务经营者提供平等接入条件；用户有权选择电信业务提供商，宽带用户驻地网经营者不得有以任何方式限定用户使用某一方提供的服务和购买指定的终端设备等不正当经营行为。

《办法》发布后，上海市通信管理局要求已建和在建的宽带用户驻地网单位，在规定的时间内将本单位的宽带用户驻地网建设或运营情况上报，准备从事该项业务的单位，可按照《办法》向管理局提出申请。同时，上海市通信管理局要求各企业严格按照规定从事宽带用户驻地网的建设和运营，不允许打“擦边球”。

【浙江电信宁波分公司开展普法教育】

2001年8月，浙江电信宁波分公司的镇海、北仑电信局率先拉开了宁波电信公司“四五”普法教育的序幕。为确保普法教育顺利开展，宁波镇海、北仑电信局成立了“四五”普法教育领导小组，制订了“四五”普法教育规划，布置了“四五”普法教育的目标和任务，聘请专家为职工讲解法律知识。镇海电信局还加强普法教育设施和普法师资队伍的建设，要求所有员工都要认真学习宪法等国家基本法律法规、电信法规；北仑电信局则采用自学与集中组织学习相结合的办法，采取定期学习、脱产培训、半脱产培训、集中考试等方式，搞好普法教育及有关法律法规宣传工作。

【河北电信学条例学业务蔚然成风】

2001年7月，河北电信开展多种形式学习《中华人民共和国电信条例》(以下简称《条例》)、开展业务知识竞赛活动，取得明显效果，员工们不仅增强了法律意识、提高了业务素质，还把这种意识融入到日常的服务工作中。

河北省电信公司成立了竞赛领导小组，明确人员具体负责组织工作。各市分公司也纷纷根据各自的实际情况，制订具体实施方案。在为广大员工提供各种学习资料和业务书籍的基础上，他们拟订了多套复习题和考试题，不仅涵盖面广、接近实际工作，而且具有可操作性和实用性，受到员工的普遍欢迎，在企业中营造了浓厚的学习氛围，增强了学习效果。在第一阶段的“卷面答题”中，员工参赛率高达96%。省公司、各市分公司的党政工领导和各部门领导积极参加了答题活动，带动了广大员工的积极性。各市分公司纷纷举办了现场知识竞赛，要求参赛选手中至少有1人为科级以上干部，多名市分公司中层干部和县局局长参加了比赛。一些县局也组织了选拔赛，使竞赛活动开展得广泛普及、深入扎实。承德市分公司还将本公司竞赛的实况进行电视转播，向社会宣传了电信业务和《条例》知识，扩大了企业影响，展现了电信员工的精神风貌。7月12日，河北电信举行了全省电信员工电信业务和《条例》知识现场预、决赛，全省11个市分公司的33名选手参加比赛。经过一天紧张激烈的角逐，秦皇岛电信分公司荣获一等奖，沧州、衡水电信分公司荣获二等奖，石家庄、邢台、张家口市电信分公司荣获三等奖。

【湖北电信武汉分公司专项整治恶意欠费】

近年来，武汉市个别不法分子采取违法手段私接电话，逃避电话缴费，少数用户不遵守固定电话缴费规定，拖欠电话费，给武汉电信造成了高达近亿元的恶意欠费，严重影响了固定电话的发展。为了维护企业利益，盘活企业资金，从2001年8月份起，湖北电信武汉分公司着力对恶意欠费进行专项整治。除了按照《中华人民共和国电信条例》规定，依法对恶意拖欠话费用户的电话进行拆机，追缴所欠费用以外，还特别将拖欠电话费的用户列入无信誉用户名单，在其所欠电话费未交清前，“无信誉用户”不得在武汉市办理任何固定电话业务，同时将“无信誉用户名单”向市金融、证券、保险等社会重要服务部门通报，并在新闻媒体上对多次催款不交的“无信誉用户”的名单予以曝光，形成全社会共同抵制恶意拖欠行为的氛围。

【甘肃电信兰州分公司不再提供住宅电话号码查询】

长期以来，兰州用户住宅电话号码可以通过114查询台查询，或在电话号簿查到。但是，私人住宅电话号码能否公开查询一直受到社会各界的关注，成为探讨热点。甘肃电信兰州分公司根据《中华人民共和国电信条例》相关规定作出决定，从2001年6月起，114查号台将不再查询住宅用户电话号码，以保护公民的隐私权。此举标志着我国西部省区市电信业务逐步走向规范化。

【山东电信学习贯彻电信条例】

2001年4月4日，山东电信召开市地级经理座谈会，强调作为国家主体电信企业，必须自觉服从政府监管，起好表率作用，积极做好互联互通工作。座谈会提出，《中华人民共和国电信条例》是我国目前最高的电信法规，电信企业的一切经营活动和行为都要符合《条例》的要求。电信企业必须放下电信老大的架子，恭恭敬敬地、老老实实地服从监管，起好表率作用，自觉接受政府部门的行业管理。各级领导同志务必提高认识，转变观念，尽快实现从市场管理者到市场经营者的转变。资费问题是涉及全网的原则性问题，各市分公司在电信资费上要严格执行国家的有关规定。各地实行的优惠促销活动，特别是涉及资费变动的，必须上报省公司，由省公司统一向省通信管理局报备或报批，待批准后执行。

会议要求电信企业把《电信条例》的学习与实际工作结合起来，贯穿到建设、经营、服务工作的全过程，以《电信条例》指导企业的一切生产经营活动，努力做到依法经营，依法办事，依法维护企业的合法权益。全体员工，特别是各级领导，都要注重转变观念：由垄断经营观念转变为市场竞争观念；由排他性竞争观念转变为合作竞争、共同发展观念。要正确处理与其他电信运营商的关系，以优质的服务，及时提供网络互联互通和平等接入。要把互联互通和接入服务，作为发挥国家通信网资源效能、提高社会效益的重要内容，与其他电信运营商在公平竞争中共同促进山东通信业的繁荣与发展。分公司一把手要亲自过问互联互通工作，重视互联互通中重大问题的解决与落实。

山东电信立刻在全体职工中掀起了学条例、用条例、比贡献的热潮，使每一位员工通过用心领会，自觉运用，学会时刻以条例规范经营行为，学会使用法律武器维护企业的合法权益。山东电信不但根据条例要求和信息产业部颁布的《服务标准》，修订了规章制度，完善了内部作业流程，公开了对外服务承诺，全力保证对外服务落到实处，让用户享受到最优质的服务，还依据条例精神，积极与山东其他电信运营商开展了卓有成效的互联互通工作。2001年8月，山东电信成功与铁通山东分公司签订了互联互通协议。2001年10月，在山东省通信管理局为纪念《电信条例》颁布一周年举办的电视大赛上，山东电信选手勇摘桂冠，获得电视大赛第一名。

【北京电信聘请专家详解WTO规则】

北京市电信公司党委在2001年12月举办WTO专题系列讲座，作为北京电信向学习型组织发展的又一举措。北京大学国际政治系副主任、国务院发展研究中心世界发展研究所特约研究员李茂春教授就中国入世的阶段和进程、世贸组织的概况、入世的影响意义及入世后应享有的权利和义务等作了全面系统的介绍。此次专题系列讲座包括：加入WTO后中国电信业面临的竞争与对策，WTO电信服务业的基本规则，《基础电信协议》的有关内容及中国电信业的体制创新等问题。通过学习，使广大员工逐步树立开放意识、规则意识、市场意识和创新意识，理清了思路，明确了世贸组织的有关原则，如非歧视和公平贸易原则、透明度原则、对发展中国家单方面优惠原则等。为应对新形势、新挑战做必要的准备。

【江苏电信南京分公司步入依法治企轨道】

江苏南京电信分公司紧紧围绕“依法治企、依法管理、依法经营、依法维权”这一中心，坚持把法律工作作为正确处理企业、用户、社会等多方面利益关系和提升企业竞争力的重要内容来抓。先后制订了经济合同管理暂行规定、合同管理流程、合同审定程序和“货比三家”招投标管理规定等，并对南京市政府《南京市公共场所禁止乱张贴乱涂写暂行办法》、《关于进一步加强城市园林绿化管理的通知》、《南京市城市管理相对集中行政处罚权暂行办法》中，涉及电话停机、通信管线维修扩建等内容提出修改意见。同时，公司把依法决策、依法办事，作为领导干部讲政治的重要内容来实践。坚持重大经营决策事先审核，由法律事务部门对其合法性、完备性进行审核，并对重要业务通告、广告宣传等进行法律性审核，确保业务发展符合法律法规。面对企业每年大量的各类合同，公司严格执行管理资信调查、招议标制度、合同审查会签制度、授权委托制度等，确定了分层审核把关的责任界面，既有效维护了企业的合法权益，又防止了因坚持单一的法律条文而影响业务发展，避免了重大法律纠纷的发生。近3年时间，公司法律事务部门共审核各类合同（协议）4739份，制订修改各类电信业务协议、通信工程承包合同、设备购销合同等规范文本23份，有效地保证了企业运营的合法化、规范化。

在做好依法管理企业的同时，南京电信分公司还积极做好依法维权工作。针对话费欠费这一电信企业的“老大难”问题，公司积极采用支付令等法律手段追缴欠费。据不完全统计，近3年时间公司通过支付令方式已追缴欠费34笔，总金额为68.5万元。

【天津电信着力打造有实力的企业法制工作者队伍】

2002年初天津市电信公司法律事务部门与天津大学联系，邀请该校法学专家为天津电信成立以来的首批基层兼职法律事务工作人员进行法律知识培训。各基层单位近40名兼职法律事务员走进课堂，参加为期一个月的正规法律知识培训。天津电信此举旨在培养一批属于自己的法律骨干，逐渐形成一支适合企业需要，具有各项法律事务处理能力的法律工作者队伍。培训内容包括宪法、民法通则、合同法、民事诉讼法等8部法及WTO相关知识。

加入WTO后，天津市电信公司针对将要面临的法律事务方面新形势、新变化适时地提出用两到三年时间基本建成、完善四个体系的工作目标。这四个体系是法律知识宣传教育的综合管理体系、合同管理体系、法律事务处理体系、企业法制工作的骨干队伍体系。他们把在本企业中建立一支有实力的企业法制工作者队伍体系作为4个体系中的重点，并提出用最短的时间在各基层单位中培养出取得企业法律顾问资格的、天津电信“土生土长”的企业法律顾问，并使之在承担各单位法律事务管理工作时，切实起到为企业把好法律关的作用，使本单位的工作更加规范化、法制化，为企业的良好发展打下坚实有力的法律基础。

【广西电信制定《合同管理办法》和《法人授权书》】

为加强和规范企业的合同管理，减少和预防合同纠纷，维护企业合法权益，促进企业依法经营和管理，根据国家有关法律法规，广西区电信公司制定了《合同管理办法》和《法人授权书》。《合同管理办法》共八章四十三条，即：总则，合同管理部门及其职责，合同的订立，合同的履行、变更和解除，合同纠纷的处理，合同专用章和合同档案管理，合同的监督、奖励与责任，附则。

鉴于区公司具有独立的民事主体资格，并承担民事责任。而各分公司不具备独立的民事主体资格，不能独立承担民事责任，但各分公司承担所在地区电信生产经营建设等任务，必然会发生大量的法律行为，为确保分公司具有处理本单位及所辖县市电信局法律事务的权利能力和行为能力，确保电信通信生产经营活动的正常开展，因此，区公司将部分权利授予各分公司总经理。授权权限有：国有资产的支配使用和国有股权的监督权、纠纷处理权、签约权，一般合同的签订、商标保护权、非诉讼法律事务办理权。

·安全保卫·

【中国电信全面部署安全生产工作】

2001年4月16日，中国电信集团公司召开安全保卫和安全生产电视电话会议，全面部署安全保卫和安全生产工作。周德强总经理出席会议并讲话，冷荣泉副总经理对安全保卫、安全生产工作提出要求。

冷荣泉副总经理批评说，一些单位的领导对安全保卫和安全生产工作重视不够，致使一些通信大楼安全管理不到位、隐患较多。电信营业网点被抢、被盗案件也时有发生。在社会上，盗窃破坏通信线路和通信设施案件大幅上升，非法经营电信业务的智能犯罪案件增多。针对这些问题，中国电信集团公司明确提出安全生产要求：

一是抓认识提高，抓一把手。要把安全生产责任制落实到每一个部门、每一个员工，真正做到“纵向到底，横向到边”。企业一把手是安全保卫、安全生产的第一责任人，对安全管理要亲自抓。出了事故，要追究其领导责任。

二是抓制度建设，落实安全生产责任制。进一步健全企业内部安全生产责任制和安全保卫体系，全面落实社会治安、综合治理和安全生产的各项措施。要高度重视通信枢纽的防爆、防火、防破坏、防盗窃工作。抓监督检查，抓隐患治理。要认真贯彻信息产业部安全生产电视电话会议精神以及集团公司《关于加强防爆炸防破坏工作的紧急通知》、《关于组织通信安全大检查的通知》要求，认真开展以通信枢纽楼“四防”为重点的安全大检查。

三是抓资金管理，确保财务制度执行。严格执行内部财务控制制度，加强企业收入和支出管理。要及时做好营业款、往来账及其它会计核算的对账工作。库存现金要日清月结，定期盘存，保证账款相符。自办、代办营业网点的营业收入要按时、足额缴存到指定的银行账户，隔夜现金一律入库，并要派专人值守。现金支付要严格执行规定的范围和标准，不得出租、出借银行账户或谎报用途套取现金，严禁公款私存或私款公存。不得截留业务收入、挤占或乱摊企业成本，不得私设“小金库”。要严格开支审批管理，严防贪污、挪用、携款潜逃案件发生。

四是抓职工安全教育，抓好思想政治工作。各级电信企业领导和相关部门，要特别关注企业改革中涉及员工切身利益的有关问题，注意了解掌握员工思想动态，发现不安全因素和苗头，及时教育疏导，化解各类矛盾，变消极因素为积极因素，保持内部秩序的稳定。

【中国电信组织通信安全培训】

为了保证通信的安全生产，为社会提供畅通的信息通道，中国电信集团公司组织通信安全培训活动，增强电信企业的安全防范意识，加强安全生产管理，规范各项规章制度，防患于未然，坚决杜绝各种不安全事故的发生，充分发挥通信在国民经济发展中的命脉作用。2001年9月12日，首期全国电信系统防火培训班在陕西西安开课，来自全国31个省区市电信公司的80多名安全保卫工作人员参加了为期一个星期的培训。集团公司专门请来多位安全保卫方面的专家为学员们授课，学员们重点学习《燃烧与电信防火》、《电信与电气防火》、《电信建筑防火》、《火灾扑救与消防器材配备》以及各项安全管理规定等。

【中国电信安全生产会强调重视年末安全生产】

2001年10月29日，中国电信集团安全生产工作座谈会在云南昆明召开。会议强调，年底是生产旺季，安全生产工作尤为重要。

为确保安全生产工作总体目标顺利完成，中国电信要求全国电信企业在思想上提高防范意识，工作上常抓不懈，要继续完善安全生产网络，建立健全实业公司的安全生产网络，特别是支局所、生产班组。同时，各级电信企业要组织员工学习中国电信集团公司的相关通报情况，吸取经验教训，对照检查，拟订相关措施。此外，会议还传达了中央企业安全生产会议精神，讨论了中国电信集团劳动安全卫生“三同时”

暂行办法，提出年底进行安全生产大检查，确保元旦春节期间的安全生产工作。北京、内蒙古、上海、湖南、广东、四川和云南七家电信公司在会上作了交流发言。

【中国电信通报各地做好安全生产和通信保障工作】

2002年2月27日0时45分，海南省海口市海府路通信楼二楼无人值守市话传输机房发生火灾，造成市话出入局大面积闭塞，出入局呼叫、数据通信、小灵通网络、部分金融系统网络、有线电视网络都受到影响，同时造成6500个接入网用户通信中断，52个中国移动通信基站的通信受阻。失火原因系电源线年久失修、绝缘性能下降或线皮破损造成短路所致。经抢修，海口市于2月28日0点30分全面恢复正常通信。

中国电信集团公司事发后紧急通报全国，要求各地企业认真做好企业安全生产和通信保障工作，坚决防止发生火灾和网络阻断事故，确保网络运行安全畅通。中国电信集团公司要求各级电信企业领导要特别重视和加强对通信枢纽、党政专网、重要通信设施的安全防范工作，对影响通信生产安全的各类隐患要认真督促进行整改，确保安全。中国电信集团公司要求所属各级电信企业，立即组织开展以通信设备隐患、通信防火、防范、安全生产为主要内容的安全检查，检查出的问题要及时认真地进行整改，对一时难以整改的要落实安全防范措施，对存在火灾隐患和安全生产隐患的通信机房不可实行无人值守。要加强通信系统设备的维护和重要通信节点的多路由保护，制订网络故障情况下的应急调度预案。一旦发生故障要及时抢通，快速组织恢复，尽最大可能减少重要用户的损失。重大故障要立即上报集团公司，并主动做好新闻媒体和大客户的通报和解释工作。要加强消防、安防设施的维护，对出现故障的设施要及时修复，保证正常运行。要加强对消防、安防设施的值守力量，保证24小时实时监控，发现异常及时妥善处置。要制订完善的火灾扑救预案，教育员工掌握防火常识和火灾扑救知识，一旦发生火灾，能够妥善处理，力争将火灾扑灭在初起阶段，防止火灾蔓延。

【上海电信人大代表向全国人大递交“保护海底光缆”的提案引起农业部重视】

在2001年的全国人民代表大会上，全国人大代表，上海电信公司执行总监郭建华向全国人民代表大会递交了“加快淘汰帆张网渔船，保护海底光缆”的提案。提案指出：近年来，海底光缆受损情况时有发生，影响颇大。据统计，造成海底光缆损坏的原因90%以上是由于帆张网渔船拉断所致。为此，农业部已明确提出自2000年起，每年淘汰20%的帆张网渔船。考虑到海底光缆的重要性，电信部门建议加快淘汰的实施进程。

该提案上交后引起了农业部的重视。4月27日，农业部下属的渔业发证部门——东海区渔政管理局局长来到上海电信公司，向电信部门详细了解情况，并介绍了该局实施农业部有关规定的进展情况。从该局发证的数量来看，至2001年4月，发证数量已经比2000年减少了10%。但是，由于不少捕渔船属无证违法经营，并且渔民投入的渔具、船只的费用很高，取缔帆张网渔船的难度较大，为此，他们呼吁，国家能否出台一系列配套措施，如给予渔民适当的补贴以及安排好渔民的转业问题，以加快帆张网渔船淘汰的实施进程。

【兰西拉光缆青海段屡屡受损】

国家一级通信干线——兰州至西宁至拉萨光缆自1998年1月开通以来，受损严重。据不完全统计，至2001年11月止，仅青海省境内就发生人为损坏、挖断光缆事件13起，中断通信造成经济损失7000多万元。

兰西拉光缆是纵贯我国西北到西南的一条通信大动脉，一旦被损坏，其后果非常严重。除阻断通信给国家造成重大经济损失外，还直接危及国家战备通信和国防安全。近年来，随着国家西部大开发战略的实施，公路、城市等基础设施建设力度加大，不少施工单位和个人保护光缆意识淡薄，致使人为损坏光缆事件频频发生，在各施工单位施工期间，青海电信相关部门曾先后多次通知施工单位并与其签订相关书面协议，要求在施工中注意埋置在地下的通信光缆，电信部门还表示施工到有光缆处时可以派人协助。但因有些施工单位急于提高施工速度，对电信部门的要求置若罔闻，仍然进行野蛮施工。仅2001年1至11月，兰西拉光缆已先后有7次被公路施工方挖断或用机械压断，给青海省通信网的正常运行带来严重影响。

【云南电信昆明分公司消灭事故隐患不手软】

为将安全生产责任制落到实处，云南昆明电信分公司在安全生产布置会上决定，自2001年6月21日起，凡不重视安全生产，违规违章操作发生安全责任事故，造成人员重伤或给企业资（财）产造成直接经济损失5000元以上的直接责任者，将坚决按内部待岗处理。这表明昆明电信分公司已经将安全生产工作列为各项工作之首，分公司重组了公司的安全生产监督检查管理网络，进一步强化了内部三级安全生产组织管理体系，把事故隐患消灭在萌芽状态。

在重新整合的三级安全生产组织管理体系中，安全生产委员会下设安全生产办公室和安全保障办公室，负责公司日常安全生产工作的监督检查管理；各生产部门的安全生产管理小组按照“行政一把手是安全生产第一责任人”和“管理生产必须管安全”的原则，全面负责本单位安全生产的各项工作。作为三级安全生产组织体系中最基层的班组，则由各班组长全权负责本班组工作范围内的各项安全工作。此外，昆明电信还加大对安全生产工作的奖惩力度，对全年未发生事故的单位在年终绩效考核中给予奖励；对发生重大责任事故的单位除给予经济处罚外，还将对事故责任人和单位主要负责人追究相应责任；对严重违反生产管理制度和技术维护规程，发生重大责任事故、通信事故、设备损坏、火灾等重大安全事故，造成企业经济损失3万元以上的直接责任人将按内部转岗处理，经学习培训后给予一次竞争上岗机会。

【江苏公安电信联手打击破坏通信线路犯罪活动】

2001年初，江苏省由公安、电信联手打击盗窃破坏通信线路犯罪活动专项斗争取得成果，全省共破获盗窃破坏通信线路及盗窃电缆案件223起，抓获犯罪嫌疑人125人，摧毁盗线团伙26个，违法收购点13个，总案值达162万余元，追缴赃款赃物5.67万元。短短百日之内，破获的案件和抓获的犯罪嫌疑人数量超过了1998年和1999年的两年之和。

此次专项打击斗争纳入了江苏省公安机关开展的“百日破案竞赛”活动。自2000年10月上旬开始，全省各地公安、电信部门周密部署，联合制订出详细的实施方案。密切配合，通过新闻媒体开展宣传攻势，同时在城镇乡村特别是案件多发地区，大张旗鼓地宣传保护通信线路的重要意义和相关法律法规。全省共张贴散发由公安、电信部门联合发布的《打击盗窃破坏通信线路》告示和宣传单26.9万份，张贴标语8万多条，出动宣传车辆872辆次，召开各种宣传会议490余场，形成了专项打击斗争的强大声势。各地公安、电信部门从重点地区、重点案件入手，通过调查走访、组织巡逻、伏击守候、技防报警、控制销赃渠道、清理整顿收旧行业、发动群众举报等办法，相继侦破了一批有影响的重大案件，一举破获积案169起。

为了确保长治久安，江苏各地电信部门与当地公安机关签订了《警民联合护线协议》，层层落实护线责任，加强对重点线路和易发案线路的巡查保护。2001年，全省已建立了护线联防组织436个，共有护线队员2371人。全省还清查收购站点12166家，整顿查处违法经营户273家，取缔无证经营户1084家，吊销营业执照16家，有效扭转了废旧金属收购业治安状况的混乱局面，从源头上堵塞了销赃渠道。

【河南电信各级企业狠抓机房整治工作】

2001年12月，河南省电信公司召开全省通信机房整治工作现场会，落实集团公司福建会议精神，积极、稳妥地推进机房整治工作。省电信公司强调，全省各级电信企业领导要从保稳定促发展的高度认识机房整治工作，切实消除安全隐患，确保机房安全。

近几年，河南省通信事业迅速发展，交换机容量达到1300万门，固定电话用户和互联网用户规模分别突破1200万户和100万户，通信设备不断增加，通信容量日益扩大，自动化程度越来越高。现代化通信设备价格昂贵，每个县（市）局的固定资产原值都在上亿元，每个市通信枢纽固定资产原值达到几个亿甚至几十个亿，确保机房安全极为重要。冬季风干物燥，正是火灾的多发季节，机房安全、防火等工作不仅是安全保卫工作的重中之重，也成了企业保稳定促发展的重要环节。2001年，河南省电信公司在安全生产方面进行了一系列部署，多次在全省范围内组织了安全生产大检查，并邀请了中国电信集团公司的专家进行授课，一些电信局在机房整治工作方面的先进经验也在全省范围内推广。

【贵州电信呼吁保护通信设施引起政府关注】

2001年10月，贵州省电信公司针对通信设施屡遭损坏的情况，联合本地主要新闻媒体，采取多种方式，宣传《电信条例》，为保护通信设施而大声疾呼，引起了该省相关部门的重视。

近年来，为加快贵州经济发展，全省各地都在进行大规模的基础设施建设，在城市建设、道路改造、电力网架设、煤气管道开挖填埋与工程施工中，损坏电信设施的情况十分严重，其中多数为施工单位违规施工、野蛮施工所造成。据不完全统计，从2000年至

2001年6月，贵州省电信公司因电信设施被损坏造成的直接经济损失就达1830多万元，间接经济损失更是高达1.2亿元。为引起全社会对此问题的重视，加大对《中华人民共和国电信条例》和《贵州省通信管理条例》的宣传力度，贵州电信不仅向省人大、省政府等有关部门呈交了书面报告，还联合省内多家主要媒体，发起了一轮保护通信设施的宣传攻势，呼吁政府有关部门就此问题发文，要求相关执法部门重视保护电信设施安全；呼吁在进行各项基础设施建设施工前，各地城建、规划等部门应协调好电信部门与施工单位的关系，对施工中可能危及电信设施安全的问题采取相应的防范措施；呼吁各级有关部门认真执行有关保护通信设施安全的法律法规，支持电信部门的维权行为，对损坏电信设施的不法行为进行严肃查处。

通过联合集中宣传，不仅在社会上营造了“爱护通信设施光荣，破坏通信设施可耻”的舆论气氛，而且也引起了政府部门的高度重视。贵州省政府为此召开由副省长主持的专题会，省人大也做出组织关于《中华人民共和国电信条例》、《贵州省通信管理条例》的专项执法检查的决定。

【广西电信出台遏制通信案件措施】

2001年广西电信发生的案件呈现出“四集中两低”的特点。“四集中”是：案件类型集中，集中在通信线路、通信设施遭盗窃破坏和刑事案件三个方面，占发案总数的99.9%，其中又以通信线路被盗最突出，占全部发案总数的63%；发案地区集中，南宁、柳州、桂林三大中心城市和经济相对发达的玉林市，占全区发案总数的84%；盗窃电缆的发案地点集中，主要在与管理中心有一定距离、又便于使用交通工具将赃物带走的城乡结合部；发案的时间相对集中，节假日晚上发案最多。“两低”是：破案率低，2001年破案仅49起，抓获犯罪嫌疑人67名，破案率仅为34%；追回的损失低，总经济损失263万元，仅追缴损失3万元。

针对企业安保工作薄弱的严峻局面，广西电信采取紧急措施遏制涉及电信案件的高发势头。全公司工作会议后第一个专题会议就是安全会议，分管安全工作的区公司副总经理要求全公司各级领导要把“责任重于泰山”的安全思想牢牢地搁在脑子里，要改变“两个”观念和树立“两个”核心意识：要改变认为安保工作没有效益的观念和安保工作就是“在家看院、出门护线”的狭隘观念，树立重视安全、重视员工的生命安全和身体健康是企业人本管理思想首要问题的意识，树立安全就是效益、安全预防就是效益的观念。区公司要求在2002年一季度完成五项工作：完成各级安全责任书的签订；安全组织机构和人员要按要求全部到位，分公司保卫岗位必须挂牌，任命领导，配齐人员；确定要害部门的等级，落实责任；进行防火安全大检查；建立电子管理网络，实行安全规范化尤其是安全工作量化和等级化管理。扩大安保工作的视野，加强通信、计算机信息网络的安全管理，防止黑客非法入侵；打击那些破坏计费系统、数据通信系统和从网上盗取储值卡账号和密码转移资金以及伪造和非法充值电话卡、采取技术手段盗打电话等各类犯罪行为。

【辽宁电信抚顺分公司斥资百万保安全】

辽宁省抚顺市电信分公司分别于2002年2月6日、2月22日两次召开安全保卫专题会，研究讨论安全工作，决定2002年在抓管理、重考核的基础上，斥资百万元开展安全整治工作，这在抚顺电信史上尚属首次。在资金紧张、生产任务繁重的情况下，在安全保卫方面花百万巨资开展整治工作，充分体现了该公司对此项工作的重视程度。该公司提出，安全工作首要任务是管理考核到位，其次是设施保障到位。他们将建立安全保卫综合管理体系，从总经理到生产一线员工都要高度重视安全保卫工作，层层开展安全管理，人人树立安全意识；从强化自我管理入手，深入贯彻落实安全生产责任制，努力提高全员安全意识和安全防范能力，做到警钟长鸣；整章建制，尽快拟订安全保卫管理办法、安全保卫实施细则，在强化考核上下功夫；加强基层治安保卫、安全生产基础工作，不断完善基层安全网络建设；突出重点，加强防范，做到“看好自己的门，管好自己的人，做好自己的事”，努力减少和消除不安全因素和事故隐患；本着先急后缓、先易后难、先重点后一般的原则，逐一解决现存的安全隐患。

截止2002年3月，该公司已更换投币式保险柜14个，新增110联网报警系统5套，新配灭火器64个，维修灭火器19个，新配防毒面具4个。

【江苏宜兴电信局网络监控得力黑客自首】

2002年3月25日，江苏宜兴破获一起黑客攻击宽带城域网案件。3月20日晚7时许，宜兴的部分宽带用户在上网时发觉异常，上网速度特别慢，登上某些网站的主页后会无端掉下，有很多网站无法浏览。宜兴电信局多媒体中心机房技术人员接到用户反映后立即进行测试，并会同无锡市分公司技术人员进行故障排查分析，发现无锡城域网网关PIX受到非法攻击，致使系统无法正常运行，所有城域网用户均受到影响，不能正常上网。经技术人员跟踪发现，异常情况是由于宜兴东山一用户，使用LINUX主机作代理，发出大量的IP垃圾包攻击PIX设备造成的。推测是使用了某些黑客软件，是具有针对性的攻击行为。电信部门虽然立即采取了紧急措施，在当晚恢复网络畅通，但网络设备遭到严重损失，广大互联网用户的正当利益受到侵犯。经公安部门立案侦察后，线索逐渐明确，黑客为宜兴一名电大学生。在老师和亲友的帮教下，这个年轻的黑客向公安部门自首，请求从轻处理。

【福建电信严厉打击非法经营国际电信业务窝点】

2001年，福建省电信公司先后配合公安机关破获非法经营国际电信业务、严重扰乱电信市场秩序案件3起，破案率为100%。

2月,福建省电信公司及福州分公司安保部会同上海、北京、广东、浙江5省（市）电信保卫部门与当地公安机关密切配合，通过半个多月的侦查、取证、守侯工作，于2月26日联合破获了杭州指通经济信息公司驻福州办事处非法经营国际电信业务案件。该公司自2000年3月申请安装了29部电话后，利用非法搭建的通信平台进行来去话自动转接和登陆互联网，产生话费共计83万元。指通公司驻福州办事处的设备，全部安装在福州鼓楼区北环中路150号福苑花园写字楼413房内。这次统一行动，共捕获嫌疑犯5人，其中嫌疑主犯徐国庆，澳籍，在深圳入境时落网。与此同时捣毁了他们设在福州等地的非法经营窝点5个。此案后由上海警方作进一步审理。

11月9日，根据群众举报，厦门市电信分公司配合厦门通信行管办、厦门市公安局依法对位于厦门嘉禾路武汉大厦2号13C的北京宇信电子公司厦门分公司非法经营港台地区长途电话业务案件进行了检查。经查证，该分公司于9月在厦门设点，隶属清华大学企业集团（北京宇信电子公司）。在全国除厦门外，还有上海宇信、广东宇信等18家分公司，经营的主要业务是提供网络接入语音服务。用户只需支付市话费用和每条专线至少两个端口，每个端口900元的包月服务费后，即可在国内的任何电话上实现双向每天24小时拨打国内及港台地区长途电话（服务地区也包括美国，查处时尚未开通）。至破案前，北京宇信公司厦门分公司已发展用户26户，按其计费标准，仅专线收入一项就约为4.8万元。

同期，一家名为“泰康电信公司”的非法经营单位受到查处，该公司总部设在北京，注册经营范围是互联网接入服务，从2001年9月开始向在厦门的港、台商企、酒店提供“长途电话中转站”的服务，非法经营国际长途电话业务。该公司向用户提供一个普通固定电话号码做为接入号，用户可在任何一部电话上（包括手机）通过该接入号拨打国际长途，只需支付该接入电话的市话费和包月服务费1800元就可双向24小时拨打国际长话。经查实，该公司使用的是由福州至广州专线。

【沈阳电信与厂家联手阻断盗打IC卡公话】

2001年9月，辽宁电信沈阳市分公司召集5家公话厂家召开“公话防盗打工作会议”，通报了对话机盗打测试的结果，对上海等4家公话厂家生产的公话存在易盗打问题提出了限期改造意见，对不存在盗打问题的沈阳都市通智能在线IC卡公用电话机给予了肯定。双方决定联手从话机源头做起，根治盗打IC卡公话。

近年来，沈阳电信把大力发展无人值守公用电话作为新的业务增长点，2001年计划发展IC卡话机1.6万部，累计达到2万多部。但电话被盗打问题一直困扰着电信公司。调查发现，盗打者多采用断线、利用112等免费电话和反极信号等20多种方法盗打IC卡电话，既造成话费流失，也干扰了用户正常使用公话。沈阳电信派技术人员根据盗打问题，对网上使用的5个厂家的IC卡公用电话进行严格的盗打测试，发现除沈阳都市通公司的智能在线IC卡公用电话机外，其它4家的产品都不同程度地存在被盗打现象。随后，沈阳电信找来这些厂家，共同研究防盗打问题。对有问题的话机，要求厂家结合自己工厂的技术，对原有话机进行改造，解决盗打问题。

·管理创新·

【中国电信集团公司推出五项机制创新】

为加快与国际接轨、提高员工素质、增强企业竞争能力、实现持续快速健康发展，2001年9月中旬，中国电信集团公司在全国范围内推出重大改革措施——五项机制创新，力争用五年左右的时间，发展成为能够体现中国电信业实力、真正具有国际综合竞争力的大型企业集团。这五项机制创新的内容是：薪酬激励机制、绩效考核机制、员工职业发展机制、竞争上岗机制、教育培训机制。

薪酬激励机制本着公平、竞争、激励的总原则，在坚持按劳分配的基础上，合理拉开分配差距，使员工收入更多地与企业效益、工作业绩、本地劳动力市场价格相挂钩。薪酬激励机制创新的主要内容包括：改革集团内企业工资总量决定机制；建立以岗位工资为主的基本工资制度，合理拉开不同岗位的工资差距；确定合理的薪酬结构，采取多种薪酬分配方式；加大对高级管理人员、技术和业务骨干的激励力度；建立健全对企业经营管理者的激励机制和约束机制；在国家政策范围内，逐步实行股票期权等激励方式，进一步加强保障机制改革。

绩效考核是企业管理的一项基础性制度，是员工奖惩辞退、职务任用与人员升降等工作的基础和依据。中国电信即将出台的绩效考核办法包括三部分内容，即对子（分）公司的考核，对职能部门的考核和对员工的考核。中国电信提出，企业在为社会创造效益、为客户创造价值的同时，也要为员工创造职业发展的空间。员工的职业发展既要有纵向发展，即职务晋升，又要有横向发展，即职务扩展，中国电信将试行管理岗位与技术岗位双重晋升制度。

竞争上岗机制是国有企业用人机制改革的重要组成部分，是实现减员增效的有效手段，是打破企业内部传统的“干部”和“工人”身份界限改变身份管理的重要环节，也是岗位管理的基础工作。通过竞争上岗，使企业优化配置人力资源，在企业整体战略目标下实现员工的自我发展与价值体现，形成岗位能上能下、人员能进能出的现代企业用人机制。

实施教育培训机制创新的重点是建立一套完善的、系统化的教育培训管理体系，对教育培训进行规范化、制度化管理，并通过人力资源管理综合配套改革，把员工培训与薪酬激励、绩效考核、职业发展、竞争上岗等方面结合起来，建立起员工自我约束、自我激励的教育培训机制。

【中国电信“五项集中管理”迈大步】

在中国电信2001年初的工作报告中，周德强总经理提出，要以推进五项集中管理为重点，改进企业管理，提高管理效率和水平。经过近一年的努力，2001年10月五项集中管理已在各省基本落实，中国电信企业管理工作焕然一新。

五项集中管理的具体内容是：全面推行市、县财务集中管理，落实集团公司、省公司、地（市）分公司三级财务管理体制；规范计费账务处理流程，实现以本地网为中心的计费账务集中管理；规范程序，实现设备采购集中管理；加强本地网集中维护管理；实现网络资源集中管理，提高资源利用率。五项集中管理使企业管理由粗放型向集约型转变，朝着建立现代企业制度、实现公司化运作机制的方向努力。

截至2001年10月底，绝大多数地市已实行了财务集中管理，管理效率得到了提高。河北、黑龙江、海南、河南四省以及122个本地网全面实现了本地计费账务集中管理。各地的网络资源集中管理以网络资源的优化配置、及时高效数据清理为重点，在管理流程上下功夫，进一步提高了网络资源的利用率，缩短了电路开通的时间。在本地网集中管理方面，各地进行了有益的探索，广东、湖南、安徽三省基本实现了全省交换设备以本地网为单位的集中管理。在设备采购集中管理方面，各地普遍加大了集中采购力度，集团公司在互联网设备、ADSL设备、光纤等采购上作了有益的尝试，取得了很好的效果，有效地降低了工程成本，促进了廉政建设。

中国电信在推行五项集中管理的过程中，注重处理四大关系：集中管理与分散管理的关系，集中管理与调动各层次积极性的关系，集中管理与提高地市管理水平、管理效率的关系，集中管理与增强服务基层的关系，确保了五项集中管理工作的顺利实施和良好效果。

对中国电信这样一个从计划经济体制下走出来的老牌企业，充分认识现代企业的特点和规模，加快建立符合现代大型企业集团运作模式的管理体系，努力实现管理创新是当务之急。推行五项集中管理被认为是中国电信实施机制和管理创新的重要手段，成为2001年中国电信加强管理工作的重要内容。

【中国电信创建学习型企业 确保人力资本优势】

为了形成自上而下的员工教育培训体系，中国电信集团公司2001年初即制订了年度教育培训计划，建立完善了教育指标体系和考核体系，并开始在全国推行管理人员工商管理任职资格证书和生产人员职业技能鉴定证书考核制度。2001年，在总部机关举办了系列讲座，先后请多位知名专家、学者作报告；与清华、人大合作举办的工商管理研修班已培训500人，仅集团总部参加工商管理班的就有78人；与北大、清华、人大、爱立信、诺基亚、上海贝尔等知名院校和著名企业联合举办的高层次MBA班，参加人数逾百人。集团公司在培训中注意遵循的原则是，员工教育培训服从于企业战略目标，岗位培训量质并重注重实效，企业发展需求与员工职业发展需求相结合，注重教育培训的前瞻性等，这样的培训颇受职工重视，超出预期的效果，许多省级公司的总经理、副总经理也抽出时间前来学习，使学习在公司蔚然成风。

未来企业最本质的竞争优势，是一个企业比竞争对手拥有学习得更快的能力。“培训是人力资本增值的源泉，是对人力资本的投资。”基于这样的认识，中国电信集团公司早在2001年年初就出台了《关于加强员工教育培训工作的指导意见》，明确提出了中国电信集团公司的人力资源发展战略：通过3至5年的努力，逐步建立适应现代企业制度要求、与国际接轨、符合中国电信实际的员工教育培训体系。按照这一战略，中国电信的员工每3年至少参加一次培训，每年的全员培训率不少于33%，技术人员每年接受继续教育的比例不少于30%，生产人员持证上岗率逐步达到100%，员工培训满意率应该达到95%以上；管理人员每两年至少参加一次不少于7天的脱产培训；参加继续教育的高中级专业人员每年脱产培训时间累计不少于12天；参加继续教育的初级专业人员每年脱产培训时间累计不少于7天；生产人员每3年参加一次以上不少于7天的岗位适应性培训。

【上海电信始终高举创新旗帜】

上海是全国较早实现电话交换程控化、传输数字化、中继光纤化的城市。作为全国长途枢纽中心之一，上海电信在国际、国内通信中发挥了重要作用，成为中国电信旗下的一支重要的生力军。

一、前瞻性的发展战略为信息化建设赢得了主动

20世纪90年代初期，上海电信顺应世界信息化的潮流，开始探索电信向信息化发展的道路，到了“九五”计划开始的时候，逐步形成了比较明晰的思路，即上海电信的未来发展要纳入信息化建设的轨道，要把数字通信网和因特网作为在电话网、移动网之后的第三大网来建设，从而较早地迈出了信息化建设的步伐。1994年，上海电信建立了全国最大的自动声讯服务台；1996年，中国第一个因特网增值业务平台——“上海热线”开始运作，并开始建设ATM宽带骨干网；1997年，窄带综合业务数字网——IADN形成业务能力；1998年，ADSL宽带接入业务投放市场；1999年，向社会推出集话音、图像、数据于一体的“光纤全业务”；2000年，全面完成了上海市信息化主体工程中宽带网改造任务，推进了政府上网、企业上网和家庭上网。

上海电信前瞻性的发展战略，为上海的信息化建设提供了可靠的网络基础。截至2001年8月，上海ATM骨干网的单位交换容量达到40G，其覆盖面、技术水平和服务能力均为国内第一并跻身世界先进水平；IP公共接入平台的网络规模达到150万户；ADSL的宽带接入能力可以覆盖全市400万用户；已投入使用的光纤总长度达到了48万纤长公里，光接点覆盖99%以上的大楼和小区；SDH同步数字传输网络已覆盖全市。

由于在通信建设上意识超前、技术起点高、总体规划合理，使上海电信在信息化进程中处于主动，满足了上海信息化发展对网络平台的需要，同时，也使企业的业务结构调整和可持续发展作好了技术能力储备。

二、“五大服务工程”整体提升了对外服务档次

上海电信的对外服务工作有比较好的基础，1996年，上海电信成为上海市首批规范服务达标单位之一。在企业全面走向市场化运作以后，上海电信结合精神文明建设，以“用户至上，用心服务”为宗旨，发动广大职工实施“五大服务工程”，使上海电信的整体服务水平上了一个新的台阶。

一是以“首问负责制”为核心的提升服务工程。即不管是哪个部门、哪个专业，都有责任回答、处理用户提出的要求。实现这个工程要有强大的后台支撑，在计算机平台建立前，上海电信先制订了人工业务处理流程，在14个服务咨询台和34个营业窗口实行综合咨询和综合收费，做到了一个电话、一个窗口解决用户的咨询和付费问题，大大方便了用户。

二是以“绿色通道”为目标的大客户承诺工程。推行客户经理制，营销工程师上门提供个性化的通信解决方案；实现一门式受理、一台清的服务方式，常规业务做到当天受理，当天处理；建立大客户热线和服务网站；完善大客户营业数据库，对大客户的基本业务进行受控管理，确保大客户绿色通道畅通无阻。

三是以“全方位受理”为要求的“112”满意工程。为了解决用户障碍报修难的问题，上海电信投入资金，实现了“112”障碍台集中受理、集中派修，用户在任何地方都可以报修，并得到修理。

四是以“亲善用户界面”为工作标准的账务放心工程。上海电信账务中心从源头做起，对计费汇总、出账、修改数据、测试程序实行三级检查制度，逐级稽核，把人为差错降低到最低限度，并完成了智能化生成打印文本程序的开发，大大提高了出账的正确性。对有争议的资费，抓住三个100%：对投诉用户100%回访、欠费用户在停机前100%通知、重新复机用户100%确认，从而大大减少了资费争议矛盾。

五是以“即要即通”为重点的数据完善工程。通过优化业务流程，挖掘能力资源，数据业务的管理质量有了较大提高，数据装移机入网时限达到率为91.71%，数据障碍修复时限达到率为99.79%。

三、以人为本，思想政治工作做到实处

上海电信十分重视思想政治工作，领导班子团结一致。近几年来，随着改革的不断深入，又提出了在开展思想政治工作中坚持“四个针对、四个增强”的要求：一是针对国际、国内形势的变化，加强马克思主义世界观、人生观的教育，增强职工对共产主义理想的信念和对各种不良思潮的战斗力；二是针对市场经济的深入发展，加强社会主义的法制和道德建设，增强职工的社会公德和职业道德；三是针对企业改革和发展中遇到的种种问题，加强以人为本的企业文化建设，增强企业的凝聚力和团队精神；四是针对思想政治工作面临的新问题，领导干部率先垂范，以身作则，增强教育工作的感召力和渗透力。

上海电信把思想政治工作落实到人，把调动职工的社会主义积极性和创造性，把吸引人才、凝聚人才、有助于人才实现价值，作为思想政治工作的出发点和归宿。尊重职工的主人翁地位，注重发挥他们的主力军作用。职工有强烈的参与意识，他们参与企业的民主决策、民主管理、民主监督，职工代表大会制度和企业、职工间的民主平等协商制度长期坚持并得到认真执行。

优化分配机制，完善考核奖励制度，使忠诚于祖国的电信事业并为企业作出重大贡献的职工，在得到精神荣誉的同时，在物质上也得到实惠。在2000年，有53名分别被评为中国电信集团公司、上海市电信公司的“21世纪优秀人才”的青年获得了津贴，一部分在关键技术、经营岗位上作出突出贡献的职工首先实行了契约薪酬制。

加强培训教育，增强职工才干，为职工实现自身价值“充电”。培训工作强调针对性、有效性，如针对营业窗口人员开办的“优质服务技巧培训班”，针对营销人员开办的“客户拓展培训班”，针对领导和管理人员开办的“领导艺术和技巧培训班”等。全员性、制度化的培训工作，使广大职工深受其益，也在公司内形成了好学上进的风气。

关心职工生活，努力为职工办实事。安排职工进行健康体检，组织职工疗休，扩大帮困基金，建立帮困电话热线，继续实施补充住房公积金制度，建立职工补充医疗保险制度等。

四、重视广告宣传，推销自我有新招

为进一步适应市场要求，上海电信开始摒弃那种“皇帝女儿不愁嫁”的思维定式，围绕建成“具有国际综合竞争力的大型企业集团”的目标、确立了业务宣传的基本原则，实行“共性统一、个性发挥、流程规范”，统一风格、统一理念、统一管理。注重业务包装，积极推销自我，全方位出击，加大企业形象和业务广告宣传的力度，作到“报纸上有名，电视上有影，广播里有声”。起到了树立企业品牌、传递业务信息、引导市场消费的良好效果。

2001年，上海电信的广告宣传不仅数量多，而且从创意到设计都使人耳目一新，漫天飞舞的蒲公英、宁静的波斯湾、一泻千里的瀑布、中秋佳节的圆月……原本“生硬”的电信业务和技术变得丰富而形象。广告语言也不是过去那种千篇一律式的口号，而是进行市场细分，针对不同的业务品种、推广时段和消费群体，有的放矢，做到温馨生动，如“亲友关系需要经常梳理”、“新世纪从网络开始，上海电信宽广无限”等。公司还与一些专业广告公司合作，策划了智能与宽带系列、休闲系列等几大系列广告，投放市场以来取得了很好的效果。其中“智能网智慧大脑”篇、“IDC帆船”篇、“家以和为美”篇三件作品获得了《中国广告》优秀广告创意奖，将电信广告无论在创意上还是内涵上，都提升到了一个新的层次。

上海电信高举创新旗帜，锐意改革进取，“九五”期间，先后获得“全国质量效益先进单位”、“全国精神文明创建活动示范点”、“全国思想政治工作优秀企业”、“全国职业道德建设先进单位”、“上海市党风廉政建设标兵单位”、“全国青年创新、创效先进单位”等荣誉称号，企业的经营管理、经济效益、通信质量、安全生产、服务工作均居全国同行业先进水平。

【湖北电信提出三年完成现代企业制度构建】

湖北电信在坚持走“有效益地快速发展，有控制地负债经营”之路的同时，始终把管理机制创新作为深化改革、改进管理、建立现代企业制度的重要工作内容来抓，并取得阶段性成果。2000年，湖北电信在全省推行县市局财务一体化管理，有效地加强了对市县局的成本管理和成本控制。2001年初，大力推进以本地网为中心的账务计费集中管理、设备采购集中管理、本地网集中维护管理和网络资源集中管理等多项制度改革工作。

湖北电信党组领导认为，在中国加入WTO、开放电信市场的今天，只有进一步解放思想，全方位推进管理制度创新，才能建立起真正适应市场竞争需要的现代企业制度。为此公司连续出台多项重大改革举措：

在薪酬制度方面，公司通过设定四档岗位系数的方法，对岗位工资实行以岗定薪、岗变薪变。绩效工资系数由省公司确定，具体标准与企业效益、员工工作业绩挂钩，并根据严格考核的结果，拉开分配差距。对津贴补贴则实行简化归并。同时通过评选优秀人才，规定关键岗位人才及研发人员可实行有别于其他员工的薪酬分配方法，在国家政策许可范围内，逐步实行股票或期权激励办法等手段达到留住人才的目的。

在员工职业发展机制方面，他们通过定岗定编、编写岗位说明书、进行岗位评价等工作，建立职称与职务双重晋升机制。合理设计管理人员和技术业务人员的晋升通道，把管理岗位和技术业务岗位设置成两条平行的职业发展途径。推行评聘分离，对业绩突出的技术业务人员实行低职高聘，拓展专家型员工的发展空间。

在竞争上岗机制方面，湖北电信力争建立以岗位管理为核心，员工能上能下、能进能出的用人机制。在教育培训方面，将培训重点放在市场营销、新业务、新技术、公司理财、通信服务和法律等方面，采取跨部门、跨专业交叉任职，进行交流培养和轮岗培训等手段，把员工培训与薪酬激励、绩效考核、职业发展、竞争上岗结合起来，建立员工自我约束、自我激励的教育培训机制。

2001年12月，湖北省电信公司召开发展战略研讨会，提出将深化市、县财务集中管理，通过加强全面预算管理和组建资金调度结算中心，完善公司二级财务管理制度，充分调动各分公司增收节支、扭亏增盈的积极性，为下一步省市财务一体化管理模式的推进打下基础。湖北电信计划陆续出台一系列改革举措，对企业现有的薪酬分配、竞争上岗、财务管理、计费流程、维护系统等内部管理制度进行全面革新，力争用三年左右的时间，全面完成现代企业制度建设。

【青海电信实行省市公司合并改革】

为提高青海电信整体市场竞争实力和市场应变能力，建立与现代企业相适应的企业内部管理和运营架构，根据中国电信集团公司的总体部署和要求，青海省电信公司于2001年年初实施了将省会分公司撤并入省电信公司的改革，以全面提高企业运作效率。

由于此次改革规模大，涉及面广，关系到员工的切身利益和公司的健康发展，青海省电信公司领导对此极为重视。在实施改革前做了扎实细致的思想工作，建立了强有力的领导组织机构，并在具体实施中采取了思想动员、机构调整、人员竞聘上岗，理顺管理关系四步走的策略，保证了改革的顺利进行。其具体步骤为：

（一）撤销青海省电信公司西宁市分公司，组建青海省电信公司西宁业务部。将西宁市分公司原下属的湟中、湟源、大通县电信局变更为湟中、湟源、大通营业部，由西宁业务部统揽西宁及湟中、湟源、大通三县的维护和经营业务工作。对外暂保留西宁市分公司、湟中、湟源、大通县电信局的名称，以便协调与地方党政部门的关系。

（二）将西宁市分公司的计划财务、工程建设、纪检监察、安全保卫、审计、劳动工资、人事任免、离退休管理服务、法律事务、档案管理、新闻宣传等综合管理职能全部并入省公司相应部室，西宁市分公司相应管理科室同时撤销，并相应地对省公司部室职责和编制作必要调整。将原西宁市分公司传输维护、交换动力、号线测量等职能仍保留在西宁业务部，在西宁业务部下设市场经营部、运行维护、传输维护中心、交换动力维护中心、代维管理中心、营业中心、号线测量中心，将报务与话务合并设立报话中心。加强西宁业务部的经营、设备运行维护工作及电信生产的现场管理职能。

（三）将青海省党政专用通信上划省公司直接管理，同时将西宁市分公司承担的应急、战备通信职能和任务交归省公司统一组织与管理。

（四）西宁市分公司的物业管理与后勤服务等工作按主附、主辅分离原则和集团公司批复方案处理与实施。

（五）运行维护方面：将西宁本地网的网管系统及网络管理职能与省公司网管中心合并，由省网管中心实施省网及西宁本地网的监控、分析、调度等职能，西宁本地网维护操作职能保留在西宁业务部。

（六）工程建设方面：西宁地区的小区配线建设，用户网改造、延伸及无线系统优化等工程由西宁业务部根据网络运行情况及业务发展需要，实时提出建设项目及方案建议，经计划建设部审批后，由通信建设办公室负责组织实施。本地网固定资产投资、网络优化、扩容、更新改造、资产购置及相应的基本建设项目和工程管理职能上划省公司计划建设部。由相关部室提出项目建议，经计划建设部审定后，由基本建设办公室或通信建设办公室负责实施。

（七）财务管理方面：改变西宁市分公司、技术支援中心、省公司机关财务独立核算体制，统一纳入省公司财务部进行核算与管理。对西宁业务部实行定期全额上划收入、核定支出按月划拨的“收支两条线”管理。湟中、湟源、大通营业部设报账员，定期向西宁业务部报账。西宁业务部负责对各项收入（含三县各项收入）的稽核汇总并按旬全额上划省公司，负责对用户欠费进行明细核算与回收，负责对各项固定资产卡片和低值易耗品清册和实物的管理。省公司财务部每年根据收支预算情况，将西宁市（含三县）收入计划分解到西宁业务部，并进行考核。各项成本费用中的工资、职工福利费、设备维修费、业务费、低值易耗品及部分管理费用等由省公司核定，并按月划拨，由西宁业务部进行管理与核算。省公司各项成本费用中全省性的业务宣传费由市场经营部负责组织；维护用金额较大的低值易耗品由运行维护部负责购置与管理；教育培训费仍由人力资源部负责审批；会议费、业务招待费、各部室的办公和业务用品购置及其他管理费用仍由综合管理部统一审批发放和管理。省公司计划建设部基本建设办公室和通信建设办公室负责的通信建设及基本建设的财务核算职能并入省公司财务部，各项工程款的支付由省公司计划建设部通信工程建设办公室和基本建设办公室负责审批。

（八）党工团方面：将原西宁市分公司工会组织的职能划入省公司机关工会，西宁业务部的工会活动直接在省公司机关工会的领导下开展工作；在西宁业务部按规定设立党总支，接受省公司直属机关党委的直接领导。

经过以上步骤，西宁市分公司人、财、物管理权上交省公司后，省公司也相应进行了机构调整和职能整合，对调整出来的空置岗位，面向省、市公司机关干部员工进行公开竞聘，采取竞争上岗和择优录用的方法吸收原西宁市公司员工进入省公司中层管理岗位和一般管理岗位工作。合并后的青海省电信公司机构为9部3室，人员编制190人，较省市公司合并前管理人员压缩18人。至2001年底，省市公司合并后的工作衔接全部完成，各项工作运转顺畅，改革达到了预期的目的。

【广东电信向学习型企业迈进】

“十五”期间，广东电信将在建成具有国际竞争力的大型企业的同时，在精神文明建设上迈上新的台阶：成为学习型的、国际一流的电信企业。

根据广东电信制订的“十五”精神文明建设计划，“十五”期间，广东电信将建设高素质、懂管理、善经营、精技术的领导班子和“四有”职工队伍。到2005年末，广东电信主业人才密度将达到70%以上，2001年至2005年，每年有5%～7%本科以上学历且有中级职称的人员获得高级职称的任职资格；30%～40%有大专学历且有初级职称的人员获得中级职称的任职资格。5年内，对科级干部及新提拔的处级干部进行工商管理培训率达到100%，每年员工参加各类培训和专业技术人员参加继续教育的达到50%以上，新进员工岗前培训、员工转岗培训率达到100%，省公司及各市分公司机关干部基本达到大专以上文化水平。认真培育和建设广东电信企业文化，将“每天前进一步，永远真诚服务”的企业精神和“顾客至上、以人为本、创造未来、团队合作、学习驱动”的企业核心价值观转化成为激发和调动员工积极性的原动力，形成推动和激励员工积极进取、勇于开拓的强大精神动力和持久不竭的文化力量。

在外部形象的塑造上，广东电信将树立开拓进取、服务社会、文明进步的企业形象，树立起可信赖（给顾客）、负责任（给社会）、关怀型（给员工）、开拓型（给竞争者）的广东电信整体形象，确保服务质量处于国内同行业先进水平，进一步提高“中国电信”品牌的知名度和美誉度。

【山东电信要建学习型企业】

山东电信积极适应形势，自觉促进企业机制创新，提出电信作为高科技企业，必须转变观念，紧跟时代发展步伐，加快知识更新周期，尽快把山东电信建成扁平化的、能够不断自我学习、自我创新的学习型企业。

学习型企业建立在员工自我学习的基础之上。实现人力资源的保值、增值同样是保持企业可持续发展能力的重要内容。因此，要调动起员工的积极性，促使其不断自我学习、自我发展，使员工成为学习型的员工，企业成为学习型的企业。山东电信要求员工必须进一步增强紧迫感和危机感，树立自身学习的观念，形成良好的学习氛围。公司制定计划，组织员工学习市场经济理论、WTO规则、相关法律法规以及电信新技术、新业务，并通过提高整个企业的学习能力，及时解决企业面临的新情况、新问题，保持企业持续发展态势。

2002年山东电信公司继续加强精神文明创建和企业文化建设，力争所有企业全部建成市级以上文明单位，争取建成更多的国家级文明单位。同时，他们在加强企业文化建设中，努力借鉴国内外成功企业的先进经验，培育既有民族特色又符合市场经济要求的企业精神、核心价值观等，使企业发展目标和价值观念与企业员工的事业目标和人生价值观一致，内聚人心、外树形像、打响品牌。

【湖北电信力推三项制度改革】

湖北电信2001年将三项制度改革列为实现机制创新的重要工作，确立了“巩固深化、整体推进”的指导方针，陆续出台了一系列改革举措。在干部人事制度上，除继续鼓励竞争上岗，管理岗位实行竞聘外，还推行了末位淘汰制度，即通过民主测评、能力考察、绩效考核等方式，淘汰不能胜任本职工作的管理人员。3月中旬，武汉分公司对全公司办公室系统的管理干部进行能力考察，取消了得分排名最后三位的管理人员资格，并以此形成工作制度。

湖北电信还确定了奖金系数分配考核制度。在设定奖金基数的基础上，根据不同的岗位设立不同的奖金系数，系数的设立注重向高级管理岗位、高级技术岗位、高级营销岗位倾斜，并对员工当月工作实绩进行考核，作为适当增减最终所得奖金的依据。该项制度的建立和实施，有效调动了广大员工、尤其是青年知识分子的工作热情。

2001年，他们还加大了用工机制改革的力度，出台了《湖北电信全面推行营销用工机制改革工作实施办法》，对省内各级城市、农村自办电信营业厅及各类电信业务和客户服务特服台的岗位定编定岗，并由省公司统一命题组织在岗人员进行应知应会考试，全面开展竞争上岗工作。公司计划通过这一系列工作，使全省营业、话务等岗位的员工减少三成左右，通过内部调剂、大力发展电信业务代办网点或向社会公开招聘的方式应对可能出现的岗位人员不足的情况。随着改革范围的逐步扩大，公司将集团客户与大客户营销服务部门的各类客户经理及市场营销部门的在岗人员也一并纳入考核范围。

【重庆电信提出发展新思路】

2001年8月，重庆市电信公司召开工作座谈会，深入分析了电信市场面临的严峻形势，提出了当前及今后一段时间内重庆电信发展、改革、管理、服务的工作思路，即建设队伍，创新机制，突出服务，走内涵式发展道路。

建设队伍要坚持以人为本，建设员工队伍，依靠团队力量去克服困难，迎接挑战。要建立一支梯次的适应新形势需要的队伍，一支决策层、管理层、骨干层、基础层合理配置均衡发展的队伍。

坚持机制创新和管理创新，要以财务一体化和物资集中采购为主线，继续推进“五项集中”管理，在提高企业效益的基础上，不断提高对市场的反应速度和办事效率；机制创新的目标就是要按照建立现代企业制度的要求，把企业办成和国际接轨的现代企业，当前的主要任务就是不断深化三项制度的改革。

突出服务，塑造服务品牌，以品牌服务赢得市场和用户，要突出“服务年”的服务特色，要在规范化服务和标准化服务上上台阶，要特别重视大客户的服务工作，充实并打造一支能征善战的大客户服务队伍。

走内涵式发展之路。过去重庆电信走的是一条外延式扩大再生产的发展道路，靠资本投入扩大规模，积聚起巨大存量，这不可避免地会导致资产质量不尽优良、资源利用率不高、财务综合指标不尽合理。要改变这种状况，只有从粗放的经营管理方式转变为集约化的经营管理方式，以高效率的较少增量来带动、激活存量，提高资源利用率，走内涵式扩大再生产道路，精打细算过日子，严格推敲投入产出，逐步提高企业整体素质。

【山西电信处理好四大关系走效益型发展之路】

山西电信2001年提出发展新思路：立足“创业、创新、创造”，正确处理四大关系，走效益型快速发展之路。

2000年，山西电信取得了全年放号突破百万的优异成绩，2001年1至6月份，全省固定电话放号完成近70万，完成年计划的75%，完成计划比例名列中国电信各省电信公司第9位。全省累计业务收15.88亿，增幅名列第3位，显示出公司化运作机制的强劲活力。

走效益型发展之路成为山西电信2001年工作的努力方向，公司向全体员工提出了树立“三创”意识的新要求：即“创业、创新、创造”。要求员工从零开始，在思想上、行动上都做好新一轮创业的准备，不当“评论家”，要当“实干家”，把山西电信做大做强；要把技术创新、机制创新、管理创新继续推向深入。山西电信将瞄准世界先进技术，在宽带建设、接入网建设等方面取得突破。他们在全省全面推开竞争上岗制，实行绩效考核办法，进一步增强职工的危机感、紧迫感与责任感，在全国实施本地网账务集中计费系统之后，继续推进“五集中”管理，努力做到管理的严、细、恒、实。

为了更好地保证效益型发展，公司提出处理好“四大关系”的要求：

一是处理好改革与稳定的关系。要求全体员工充分发扬“拼搏、钻研、奉献、创新、创业”等五种精神，反对“自满、混日子、名利、守摊子、享乐”等五种思想，用心工作，埋头苦干，把主要精力投入到发展、服务、经营中去。

二是处理好投入和产出的关系，要求在固定资产投资和通信建设上，坚持有所为、有所不为的总原则，以市场为导向，以需求定能力，调整投资结构和投资方向，加强计划管理，严格控制建设成本，加快骨干传输网、接入网、互联网建设。

三是处理好速度与效益的关系，继续狠抓发展不动摇，努力实现年初确定的百万号冲刺目标，使业务经营、运行维护、建设发展等工作从粗放式向集约式、外延式向内涵式转变，努力实现山西电信负债经营——发展偿债——资产规模持续增长的良性循环。

四是处理好竞争与合作的关系。要本着互惠互利和双赢的原则，搞好互联互通和网间结算工作，为营造公平、公正、规范的竞争与发展环境作出新贡献。

【河南电信与时俱进持续创新】

市场主导企业发展，效益衡量企业成败，河南电信在公司化改制后，作出了走效益型发展之路的选择。2001年12月8日，河南电信确定发展目标，将“坚持以企业效益最大化为目标”再一次提升到发展战略的前端位置，并明确提出“河南电信，创新每一天”的企业理念。

一、创新管理，提升竞争力

人、财、物是企业最基本、最重要的资源。2000年7月河南省电信公司成立后，提出创新要以“人本管理”为核心，在全公司树立“以人为本”的管理理念，尽快实施“人才战略”。省公司党组决定对机关重新进行定岗定员，辞退与调离不能胜任工作的人员，并在全省范围内实行内部公开招聘，通过考试让真正有能力、有技术、有思路的管理者找到合适的位置。全省90多名具有本科以上学历、35岁左右的电信职工经过层层角逐，走上了省公司大客户服务处、产品开发处、网络智能处等7个处负责人的岗位。此次公开招聘，不仅为机关的空缺岗位找到了合适的人选，也为企业进行了必要的人才战略储备。对内挖掘人才，对外延揽人才。河南电信在河南信息港、商都信息港等网站面向全国、世界公开发布河南电信招聘通知，省公司人力资源部也由原来“坐等人才上门”为主动走出去寻找人才，到全国各邮电院校去挑选计算机、法律、营销等企业发展所急需的优秀人才，这些新生力量在管理、技术、营销等岗位发挥才干、施展才华，已经成为公司的栋梁。

在分配制度上，河南电信积极发挥经济杠杆的调节和激励作用，出台了《河南省电信公司机关员工效绩工资试行办法》，明确岗位与效绩工资标准，并引入考核机制，由部门主管对员工工作效率、工作量、团队精神等进行量化考核，以此为依据确定各部门的效绩工资。省公司机关在分配上打破“大锅饭”，加快了全省18个市电信分公司分配制度改革的步伐。2000年底出台的《河南省电信公司员工岗位考核竞争上岗试行办法》，确定了以“一个基础（定员定额制定岗位规范）、三个过程（竞争上岗、岗位考核、转岗培训）和三种状态（上岗、试岗和待岗）”组成的人力资源管理体系。一个竞争上岗、待岗、转岗和下岗相衔接的动态劳动力管理模式在河南电信初具雏形，为进一步建立科学的人力资源管理体系提供了可能。

企业管理的核心是财务管理。河南省电信公司成立后，坚持以经济效益为中心开展工作，积极推进制度创新和财务管理体制创新，逐步建立与现代电信运营企业相适应的财务管理体制，积极开展增收节支工作，财务工作取得了显著成绩。为了保证财务会计工作的统一性和规范化，充分发挥财务会计工作在加强企业管理、提高经济效益和保证国有资产保值增值中的作用，2000年11月1日，河南电信出台了《河南省电信公司市级电信分公司财务部门负责人委派制试行办法》，在全国率先对市级电信分公司实行财务部门负责人委派制，派驻人员对派驻单位的资本运营、财务收支活动进行全面反映和监督，同时，积极投身于派驻单位的财务管理工作，当好派驻单位领导的参谋，搞好派驻单位会计核算和财务管理，提高企业经济效益。2001年5月初，河南电信又率先推出了对市分公司派驻财务总监的办法。新上任的财务总监作为省电信公司的委派人员，对各分公司的财务管理、成本管理、资金运作、预算管理、会计管理等方面的工作实行全面负责，并拟订科学的资金筹措和使用方案，督促有关部门增收节支，保证了资金使用的有效性，加快了资金周转，进一步保证了企业财务问题分析与决策的准确性。

企业建设资金严重不足，是河南电信发展中的主要困难。针对资金紧张的状况，河南电信首先从企业内部抓起，2000年下半年，省公司出台了《河南省电信公司建设资金管理办法》、《河南省电信公司建设资金收支两条线管理办法》、《集中建设资金办法》和《建设资金预算管理暂行办法》等，将各市电信分公司的资金划归省公司统一调度，充分挖掘企业内部资金潜力，合理调度公司内部资金流向，盘活现有资金存量，有效利用增量资金，全面提高企业经济效益，降低了企业财务风险，加快了建设步伐。同时，省公司还积极发挥自身资金调度服务中心的作用，要求各市分公司和省公司所属各直属单位，在结算中心设立“建设资金专户”，由财务部对各单位建设资金直接控制，对公司内部的资金存量及流向实行集中管理和动态监控，利用各单位存款和用款的时间差，办理省公司内部资金融通业务，不仅保证了全省建设资金收支渠道畅通，提高全省资金的规模效益和企业防范负债风险的能力，而且提高全网整体通信能力和投资效益，缓解了公司的资金紧张状况。

2000年10月30日，河南电信出台《中国电信集团河南省电信公司合同授权体系及操作流程(试行)办法》，改变了市分公司、省公司直属单位和县局与省公司简单的行政关系，以资本为纽带，建立起了一种新型的管理体系，真正把企业的发展纳入到了以效益为中心、依法治企的法人治理集约化经营轨道上来。同时，该办法的出台，还为企业内部的廉政建设、科学民主决策和合理规划网络建设提供了有利保证。2000年12月，河南电信颁布《河南省电信公司财务一本账核算管理暂行办法》，建立以市分公司为单位的财务一本账核算的财务管理体制，取消县局作为核算单位的资格，减少核算级次，实行集中报账制和分散制证报账制两种报账方式，为公司的决策者和管理者详细、准确地掌握企业经营状况，更好地控制资金流向，更有效地提高企业效益等提供了高质量的财务信息，充分发挥了财务会计工作在企业管理、提高企业经济效益中的作用。

二、创新服务，抢占制高点

服务体现着一个企业的经营理念、管理水平、技术能力、发展程度。河南电信公司化改制后，不断创新服务，抢占竞争制高点。公司认为，创新服务首先要以规范化服务为前提，建立科学的服务质量保障体系成为突破口。针对服务过程中的相互推诿、扯皮现象，河南电信出台了《河南省电信公司“首问负责制”实施（实行）办法》和《河南省电信公司服务质量处罚办法》两项配套措施。在首问负责制工作流程中，河南电信引入了服务质量检查机制，对内行使监督、检查和考核，并依据“处罚办法”给予处理。河南电信每一位员工对客户提出的任何问题要负责到底，整个首问负责制工作面向客户、实施监督、进行考核处罚，形成了一个闭路循环系统，环环相扣，服务工作一丝不苟。与此同时，河南电信向社会公布了“总经理服务热线”电话，成立了总经理热线办公室，热心接受客户投诉，广泛接受社会监督。“总经理服务热线”开通当月，全省电信总经理热线受理客户咨询投诉972件，2001年1月，全省电信受理客户咨询投诉511件，比上月下降了47%，2月份，全省电信共接到咨询投诉30件，比上月下降了94%。许多客户反映，“总经理热线”是客户和电信企业的“连心桥”，值得信赖。

三、依靠科技进步，开展创新服务

河南是因特网业务发展最快的省份之一，然而，传统的组网方式和网络结构严重制约着用户的上网速度，实现河南电信宽带网络全面提速成了河南电信新世纪的战略重点。2000年底，河南电信宽带网络建设工程正式启动。2001年5月17日，一个大容量、高速率、高质量、覆盖全省、互联互通的千兆宽带IP网、宽带城域网浮出水面，河南网络出口带宽由过去的200M提升到5G，出省速率提高25倍，省内网络总带宽由168M提升到90G，上网速率提高535倍，用户最高接入速率可达10M，全省网民能够真正体验宽带上网冲浪的感觉，享受虚拟现实、网络电视、网络监控、视频点播、远程医疗、远程教育、网上购物等多种形式的宽带信息服务。

2001年12月，河南电信推出了全新用户回访系统，随时处理和跟踪回访用户投诉，针对装、移、修机各环节存在的服务问题“对症下药”，并将用户回访率纳入河南电信效绩考核评价指标体系，形成了集受理、服务跟踪和考核为一体的服务质量监督考核体系，为优质服务做好保障。

思想观念是行动的先导。2001年5月，一场以维护中国电信品牌、提高企业竞争力为目标的“用户至上，用心服务”大讨论在河南全省各级电信企业大张旗鼓地展开。大讨论活动期间，曾经作为用户投诉重要窗口的“总经理热线”也受到了冷落。2001年5月至7月，济源市电信分公司的96180总经理服务热线连续三个月不响铃，实现了用户零投诉。随后开展的“百万用户大回访活动”表明，河南电信服务综合满意率95.59%，高于1999年全国平均水平7.5个百分点。河南电信以战略眼光审视服务，不断完善服务设施，提高服务意识，开展服务创新，改善服务质量，积极推进客户满意战略，为客户开辟了“绿色通道”，投资兴建了“九七工程”，开通了114、170、189、112和180等服务咨询、投诉、监督系统，实行一次申告下岗制和“一站式”服务、大客户经理派驻制、大客户经理责任制、服务质量跟踪审查、电话预约上门服务、首问负责制等六项制度，实现了服务承诺制度化，服务监督社会化，以“用心”铸造了河南电信的服务品牌。

【西藏电信与拉萨市电信合并】

2001年，为适应电信改革和新形势的需要，西藏电信决定将西藏自治区电信公司与拉萨市分公司实施合并。该方案上报中国电信集团公司和自治区人民政府并征得同意，从6月8日开始实施，6月30日结束，从7月1日开始按新的体制运行。

做出这一决定，是由于充分考虑到市场经济进一步发展，西藏电信面临更加严峻的竞争环境，尤其是拉萨市区已经成为电信市场竞争的主战场，除西藏电信以外，电信市场上还有移动、吉通、联通等电信运营商，已经形成了四分天下的竞争格局。西藏电信在经历了持续三年多的寻呼剥离、邮电分营、电信重组、政企分开、主辅主附分离等一系列重大改革之后，一方面，国家对各电信企业优惠政策或调整或取消，使西藏电信企业收入增长幅度明显减缓，收益率降低，筹资能力减弱，减员增效任务相当繁重；另一方面，由于区公司和区首府分公司的分设造成了职能重叠，人、财、物等资源利用重合、分散，决策迟缓、效率低下。而实施区公司与市分公司合并，对于整合有限资源、优化要素配置、提高工作效率、增强决策效果、突出经营服务、确保主导竞争力，具有十分重要的意义。

【广东电信深圳分公司资源动态管理出效益】

截至2001年11月，广东深圳电信分公司运用ERP思想建立起来的网络资源动态管理体系运行一年，这一体系使网络设备资源利用率大幅提高，为企业节约资金达1.9亿元。企业在快速响应市场需求、推进企业生产方式和组织管理变革方面取得突破。

深圳电信网络资源动态管理体系，是运用ERP（企业资源计划）思想，将信息技术与企业管理相结合，可实行资源集中管理并根据业务需求变化进行资源动态调配的管理体系。传统电信网络资源管理中，有的网点资源紧缺，而全网资源却大量富余，不能迅速解决客户需求，同时电信资源不配套，ERP网络体系针对这一矛盾，明确提出了“让网络资源动起来，分布更优化”的建设思路。按照该思路建设的体系，深圳电信全网的业务需求预测、管线资源、接入网资源、交换资源、传输资源、公话资源、计算机网络资源和数据多媒体通信网资源等的动态调配和工程建设的方方面面均已涵盖。

建立电信资源动态管理体系的总体目标是建设一种新型的网络建设运营机制。这套机制包括——实时、集中、准确地管理全网的电信资源，缩短建设周期，快速响应市场需求。统一调配资源，随着市场需求的变化，快速调整网络资源的分布。提高设备利用率，盘活网上的存量资产，为电信运营中各个相关部门的协作提供一个统一的平台，改变过去专业分割的局面，组成相互合作的整体，提高企业工作效率，增强企业竞争力；对设备供应商采取“动态供货、分期结算”的办法，降低设备库存量，随时以最优的价格得到最好的设备。

整个ERP系统的架构包括硬件和软件两个部分。硬件是覆盖全局、遍布各部门的计算机网络以及体系实现的计算机硬件系统。全局各个部门的子系统通过局域网连接起来，各部门的信息在局域网上自由传递。企业指定专门部门作为系统的技术支撑部门，负责完善系统的功能，维护网络的运行。软件是根据各部门制定的各项资源的管理办法而开发出来的应用系统，表现形式是分布在各个部门的系统界面，是各部门实施资源动态管理的操作平台。

整个系统包括了两部分，一是各种电信网络资源的管理，包括对网上资源的存量、余缺数量进行动态实时的管理；另一部分是电信业务需求预测管理，即对各个地区各类业务的预测数据进行动态、滚动管理。这两部分是体系软件的基础部分。设备调配管理根据网上资源情况及预测数据对设备进行调整，并提供规划、计划所需的数据，是体系的核心部分。

市场预测模块为企业按月提供滚动需求预测，需求预测从营业区、机楼直至每个节点，覆盖全网。根据市场预测对需求按工程需求和调配需求分类，按照市场预测模块输出的调配需求进行调配，调配结果输出到固定资产管理模块，同时检查设备容量是否达到预警值，如达到则生成扩容需求输出到工程管理模块请求扩容。根据市场预测模块的工程需求和调配管理模块输出的扩容需求实现规划、立项、设计、下订货单、施工和验收的动态管理，验收通过后将结果输出到固定资产管理模块，同时将设备移交调配管理模块；根据调配管理模块输出的电路板需求下订货单，设备到货后将设备移交调配管理模块，结果输出到固定资产管理模块。

建立资源动态管理体系，直接牵涉到市场需求预测、网络规划、投资立项审批、工程建设、物资采购、运行维护、固定资产管理等多个方面，它要求对现有企业经营管理模式和各相关管理办法进行改革，需要市场部、技术部、维护部、物资采购等多个部门的相互配合和共同合作。体系的建立与实施必须采取有力措施，督促各相关部门的配合，确保系统开发的顺利和体系的实施。为此，深圳电信成立了网络资源动态管理体系领导小组、办公室和专业小组，制定了一系列与体系实施相关的各种管理办法，在体系建设过程中，本着“制度先行、规则先行”的原则，着手体系管理规章的制订。各相关部门密切配合，于2000年3月出台了1个管理体系、12个管理办法，出版了电信资源动态管理体系的白皮书。在进一步综合各方面的意见之后，于2000年9月出版了蓝皮书。随着各项管理办法的不断修正和完善，2001年底出版红皮书。在电信业务需求预测管理办法、电信工程管理办法、设备调配管理办法、通信网固定资产管理办法、接入网资源动态管理办法等各项管理办法中，不但对各类资源的管理内容、管理目标、组织架构、流程图、管理要求作了规定，还提出了相应的考核指标，包括指标的量化和考核周期，使各项管理办法落到实处。为了保证员工按照新的工作模式工作，深圳电信制订了新的考核办法，用新的工作模式来要求和考核员工，将体系的实施与绩效考评联系起来。

ERP系统应用的最终目标是为企业提升管理和决策能力，从根本上提高企业的管理水平和竞争力。深圳电信在体系实施过程中针对出现的各种新问题，提出了相应的管理制度、规程，制定了系统运行考核评估体系并严格执行。企业借助先进的信息技术手段来进行管理，也实现了由粗放型管理向集约型管理的演进，从传统管理向现代管理过渡。实施过程中，不仅带来了企业管理水平和领导者管理思路及素质的提高，而且还为企业培养和造就了一批高素质的管理人才，有利于企业今后的长远发展。

ERP的实施还带来了企业短期效益和长远效益的提高。这一体系不仅可以实时掌握网上的资源管理情况，并可根据市场需求变化快速调整，最大程度地利用了现有网上的存量资源，为企业带来了直接的经济效益。体系运行之后，在接入网方面，设备利用率从45.5%提高到了64%。以现有容量74万线计算，节约了13.7万线的设备投资。最明显的体现是，深圳局2000年原计划接入网扩容40万线，因该体系的实施，满足同等需求仅扩容28万线，直接盘活原有资源约12万线。如以每端口800元估算，折合9600万元。在数据专线网络方面，端口利用率从2000年 1 月的37.3%提高到2001年 3 月的77.8%，直接盘活端口8063个，节资8870万元。在ADSL网络方面，其端口利用率提高了18.9%，共节约415万元。该体系的实施，还迁移了303台单机产值低于400元以下的IC公话用于急需扩容的地方。共计节约资金182万元。

企业网络建设响应市场需求的时间，从过去的半年减少到目前的三个月，有的地方则只需一个月，为企业创造了直接的经济效益。同时，体系的实施给企业带来的管理思想的更新、运营模式的转变，对于企业的影响是深远的，也给企业带来长远的经济效益。

这一体系还促进了团队精神的培育和员工素质的提高，在资源动态管理体系所达的范围内做到了信息共享、密切协作。由于体系的复杂性，在实施过程中涉及企业的各个部门，许多实施工作需要各部门的协作才能完成。这一切都表明，部门之间的合作是至关重要的。同时，计划、事务处理、控制与决策功能都在体系的业务处理流程中实现，要求在每个流程业务处理过程中最大限度地发挥每个人的工作潜能与责任心，流程与流程之间则强调人与人之间的合作精神，以便在组织中充分发挥个人的主观能动性与潜能，使工作能力得到最大体现。

体系模块的设计以业务流程为改造对象和中心、以关心客户的需求和满意度为目标，对现有的业务流程进行根本的再思考和彻底的再设计，利用先进的信息技术以及现代化的管理手段，最大限度地实现技术上的功能集成和管理上的职能集成，以打破传统的职能型组织结构，建立全新的过程型组织结构，从而实现企业经营在成本、质量、服务和速度等方面的根本性改善。它的重组模式是：以作业流程为中心、打破金字塔状的组织结构、使企业能适应信息社会的高效率和快节奏、适合企业员工参与企业管理、实现企业内部上下左右的有效沟通、具有较强的应变能力和较大的灵活性。

针对当前电信企业对网络资源缺乏全局性的把握，造成有的地方资源空闲，有的地方资源紧缺，未能有效地调配使用，网络资源分布失衡，资源利用率低下，市场需求与资源配置之间难以达到平衡等主要问题，深圳电信提出并建设了网络资源集中动态管理体系，创新了涉及需求预测、网络规划、计划制订、工程建设、运行维护、固定资产管理等各个方面的动态管理机制，对相关业务流程进行了重组，突破了原有的运营模式，取得了显著的成效，不仅直接提高了用户服务质量，并且为企业带来了直接的经济效益。

【北京电信向服务型企业转变】

2001年，北京电信技术水平和网络能力已经完全与国际先进水平接轨，但北京电信仍将从三个方面加快向服务型企业转变的步伐，力争在最短的时间内实现与国际接轨。全面向服务型企业转变是北京电信适应改革、加快发展的当务之急。北京电信正在从为客户提供统一模式的服务转向提供一对一的个性化服务。

2001年开始，北京电信相继推出了用户回访，预约装机、大客户绿色通道等服务新举措，并投资上亿

元改造了客户服务中心和计费账务系统。同时，北京电信还加大了对员工的服务培训和考核力度，逐步建立起绩效考核机制，通过在职工中树立以客户满意度为标准、以客户需要引导业务发展的观念，从工作态度、规范要求等各方面来提高企业的整体服务水平。为完成向服务型企业的全面转型，北京电信进一步强化了管理工作。通过业务流程重组，北京电信已实现了营销一体化，实现了对网络资源统一调度，物资集中管理、合同集中管理、财务集中管理。

公司大力倡导建立学习型企业，不断加大技术业务培训力度。上半年在职员工已接受培训累计2万人次。公司通过与北大等著名高校合作，开办了MBA及市场、财务、人力资源课程。现在，北京电信已初步建立起管理、技术、营销三支金字塔形核心员工队伍，将以优秀人才保证企业的活力和创造力。

【广东电信深圳分公司不懈创新25个项目结出硕果】

2001年，广东深圳电信公司创新推进工作经过一年运作，已结出累累硕果。11月底，25项来自基层的管理创新、营销创新、服务创新、企业文化创新项目获得2000～2001年度局级创新成果奖励，11个创新工作先进单位和63名创新工作先进工作者受到表彰。这些创新项目，在该局拓展市场和业务增量增收方面发挥了重要作用，大大提升了中国电信在深圳市场的核心竞争能力。

获奖项目中有的站在企业高度创新了竞争方式和运作方式，提升了企业的竞争力。如改善了客户关系管理模式的“大客户会员制”，改变了传统成本管理方法的“成本配置管理”，改进了现有考核体系的“关键绩效指标考核体系”。有些项目注重解决实际问题，在运作中扩大了市场份额、提高了企业的经济效益，如“利用网络资源拓展互通业务话务量”项目，在7、8两月的运作中已为企业创收800万元。“异常话费攻关”项目的推进，使深圳电信异常话费投诉率和退费率分别由4月份的0.031%和0.039%下降到6月份的0.01%和0.004%。而“114企业有偿优先报号服务”项目的实施，则解决了114从成本中心向利润中心转变的关键问题。一些创新项目针对企业管理、企业文化、思想政治工作中的深层次问题进行了探索和创新，使这些工作出现勃勃生机。如“e论纷纷网上行”和“创建网上员工论坛，推行人本管理”等项目，利用互联网疏通领导和员工对话的渠道，其开放、透明的全员交流方式，促进了企业管理难题的迅速解决，强化了企业管理的监督机制。

深圳电信启动创新推进工作有四个特点：认识和把握现实、在观念上挑战传统做法，努力探索、积极尝试、大胆推进，逐步建立努力创新的环境和氛围；关注市场占有和经济效益、对市场服务进行创新；创新项目具有一定的高度，充分发挥团队的整体效能；思想政治工作和企业文化建设等支撑系统要紧紧围绕企业中心工作。

一年时间，创新工作在深圳电信产生了广泛的影响，全局6000多名员工中有近3000名员工直接参与了具体创新项目的实施工作，各级领导更是积极指挥和策划，此次获奖的25个项目中就有18个项目是局领导或下属单位一把手负责策划的。

至2001年底，深圳电信创新管理体系框架已基本形成，不仅成立了创新成果评审小组、设置了专门的机构负责组织和管理，而且颁布了创新工作管理办法。从资源支撑、项目进程控制、文档管理、创新成果评审标准等方面着手，对除技术创新之外的各种创新工作的申请、审核、立项、实施、跟踪、评审和奖励等进行规范化管理。

【广东电信管理创新保业务收入增长】

广东电信公司着力以管理创新推进全员经营观念的转变，旨在提升员工素质、应对入世挑战的全省“业务收入保卫战”成果显现，到2001年10月底，固定电话放号、新增来电显示用户、新增数据多媒体用户、用户上网时长等重要收入指标，一举扭转上半年的不利局面，全部超额完成全年计划。

广东电信是中国电信省级公司中的排头兵，多年来业务收入一直占全国的六分之一。但严峻的入世形势和市场竞争态势使业务收入增幅出现下降。公司党组果断在全公司开展了业务收入保卫战，意在创新管理，提升经营水平，促进员工思想观念与国际市场要求接轨，增强职工的市场意识、竞争意识和危机意识，更快地适应中国入世后的市场形势。

收入保卫战引来积极反响。各电信分公司、电信局都从转变观念入手，不断强化企业的经营管理，力图尽快促进企业机制的转换，创新和完善管理流程，使企业对市场的反应变得快速和灵敏。电信员工抓住话务量促销这个集约化经营的龙头，主动出击市场，创造了不少新鲜经验。他们大力推行话务量批销，把话务量以优惠价批发给大客户，吸引大客户多用电话。向中间商批销话务量，再由他们向外销售，增加话务营销量。大力发展卡类业务和公用电话，大力发展售卡业务。开发话务有奖问答业务，激活话务量。加大电话信息的开发力度，丰富信息台和网上信息内容，加强电话信息的实用性及平民性。发展贴近市民的咨询、资讯热线。大力推进大客户服务工作，从而稳住并不断扩大大客户队伍，积极挖掘中小商业客户的消费潜力，推出适合中小企业的数据及多媒体整体服务。通过开展宽带大会战，采取不同营销手段，积极抢占宽带信息服务市场，培育了新的业务增长点，也探索出了一条数据发展的新路子。

到2001年10月底，广东电信固定电话已放号264万户，完成年计划的150.91%；新增来电显示292万户，完成年计划的146%；新增数据多媒体用户202万户，完成年计划的101%；上网时长149亿分钟，完成年计划的124%；售卡额已达26.4亿元。全年创造了业务收入年增长2.78%的成绩，继续保持了健康发展态势。

【山东、广东电信企务公开蔚然成风】

山东、广东省电信公司积极推进企务公开，规范运作，注重实效，收到了良好效果。企务公开已成为电信全体干部职工的共识，“要我公开”变成了“我要公开”。

（一）山东电信通过规范企务公开的内容、形式、程序和监督方式，不断强化民主监督管理，明确了“三个必须公开”原则和必须公开的“三个重点问题”。即涉及企业经营管理和改革发展的重大问题、涉及职工切身利益的热点问题和企业内部廉政建设的有关问题必须公开。坚持以职工代表大会为基本形式和主要载体，一年两开，辅以民主议事会、总经理接待日、民主监督箱、厂务公开栏等形式，广泛听取职工意见。全省电信系统共建公开栏140个，举办公开栏358期，其它形式349次；职工提合理化建议3359件，被采纳的1474件，条件不成熟的也都及时进行反馈和解释。

为了提高实效，山东电信在推进企务公开中着重抓好三个结合：把推行企务公开与加强领导班子党风廉政建设结合起来，与坚持完善民主管理、民主监督结合起来，与完成企业经营目标结合起来。对企业生产经营中的重点、难点问题实行公开，大大调动了职工参与经营管理的积极性，确保了山东电信各项任务能够顺利完成。

（二）2001年11月29日，广东电信公司明确提出企务公开新目标：2002年底，全省企务公开要走上制度化、规范化轨道；企务公开工作覆盖面扩大到直属单位、各市县主业及实业的二级单位；企业民主管理水平进一步提高；员工的民主监督权利进一步得到落实。

广东电信两年前开始推行企务公开工作，取得了明显成绩，提高了公司民主管理水平，促进了员工民主权利的落实，促进了企业党风廉政建设工作，促进了企业的改革和发展。公司党组认识到：面对入世后国际竞争的挑战，必须尽快提高企业综合竞争力。而这一要靠深化改革，加快发展，提高效益；二要靠深入推行企务公开，搞好民主管理和民主监督，发动全体员工共同推动企业两个文明建设。围绕改革发展大局，公司党组提出了企务公开新要求：一要抓好对企务公开工作认识的深化。要从贯彻落实“三个代表”重要思想的高度来认识推行企务公开工作的重要性和必要性。充分认识推行企务公开是加强企业民主管理，推进党风廉政建设，建立现代企业制度，维护员工合法权益，推动企业改革发展的必然要求，坚定搞好企务公开工作的信心。二要抓好企务公开的制度化、规范化建设。完善企务公开实施细则，健全党政工工作责任制度。党委主要领导要对企务公开负总责，企业行政要负起企务公开第一执行人的责任。纪检监察部门要负起监督的职责，工会要做好组织协调工作。要使企务公开更贴近企业和员工实际，切实抓好关系员工切身利益重大问题的公开；领导干部党风廉政建设问题的公开；企业改革中的重点难点问题的公开；生产经营管理中的重大问题的公开。三要抓好企务公开的领域和范围的扩大。企务公开内容要继续向企业经营管理和企业改革的深层次问题延伸；公开范围要向基层工作第一线延伸；公开的形式要有利于提高职工代表大会的质量，充分利用企业内部信息网设立企务公开专栏，使企务公开更及时、更广泛。四要抓好企务公开的监督检查工作，保证企务公开的真实性、严肃性和规范性。省公司每年都将对市分公司、直属单位的企务公开进行检查并把检查结果作为评选文明单位的重要条件。

【甘肃电信智能化办公信息系统正式投入运行】

为切实提高甘肃省电信企业的工作效率，实现办公自动化，提升企业竞争实力，甘肃电信于2000年3月启动了全省电信智能化办公信息系统建设，并于2001年4月正式投入运行。这一系统包括：省、地、县三级办公网络，工程信息管理系统、计划信息管理系统，省公司对内、对外网站。系统的建成，实现了甘肃全省公文及办公信息的电子化流转，实现了运维信息、经营分析等材料的网上报送，有效地提高了电信企业的工作效率和信息化水平，在信息化建设方面走在了前列。

甘肃省电信智能化办公信息集成系统由办公自动化系统（OA）、职能部门管理信息系统（MIS）和信息服务系统（MISS）等三大分系统和一个共享的省公司级数据仓库组成。在建设过程中实施了三步走的策略。第一步，建成甘肃省电信公司机关办公自动化网络；第二步，在各地市州分公司及直属单位配置相应的设备作为甘肃电信网络的远程终端，实现甘肃电信与下属单位的联网，快速实现电子公文上传下行；第三步，各地市州分公司全面建设局域网，实现内部电子公文流转，并与甘肃电信及所辖县局互联，最终实现覆盖全省的三级办公网络。

在智能化办公信息集成系统的建设过程中，软硬件集成开发单位结合甘肃电信的工作实际，采用了IBM公司LOTUS NOTES先进的工作流技术，开发了基于公文流转的办公自动化软件；在地市州OA系统推广工程中，IBM公司对甘肃万维信息技术有限责任公司实施的全省电信OA系统给予了高度评价，并授予甘肃万维中国区Domino最佳应用方案推广奖和IBM中国区独立软件合作伙伴认证（ISV）。

该系统建成后，为保证系统正常、有序运转，充分发挥电子化办公的优势，甘肃电信先后制定了《甘肃省电信公司机关智能化办公信息集成系统管理办法（暂行）》和《全省智能化办公信息集成系统管理办法（暂行）》以及OA系统的公文、信息、事务等工作流程。除密级文件不通过OA系统流转外，其余所有的收发文件均以电子文件的形式进行内部流转审批，基本上实现了无纸化办公。各单位还充分利用省公司OA系统的讨论交流模块和对内网站的讨论园地，积极开展工作探讨交流，对企业的发展改革各抒己见，对重大问题发表看法，推荐网上精彩文章，为提高企业的凝聚力、向心力起到了很好的作用，成为职工交流信息、增进感情的重要工具。工程管理信息系统、计划管理信息系统的应用，实现了甘肃省建设、维护信息的电子化管理，甘肃电信管理人员可以通过网络及时了解各类工程进展、网络运行情况；每月召开的经营活动分析会议所需的会议资料实现了网上的上传及下载，实现了快速的信息传递与信息共享，使甘肃省电信企业管理水平迈上了一个新台阶。

【河北电信重视通过调查研究解决实际问题】

2001年，面对复杂的内外部环境和新形势、新问题，河北省电信公司领导层决定从实践中找寻解决问题的答案，围绕企业经营、管理、改革、发展、稳定和服务等方面工作，先后开展了三次较大规模的调研活动，通过基层调研，达到了统一思想、稳定队伍、理清思路、推进工作的目的。

2001年初，在推进主辅、主附分离工作中，一些单位员工在推行这项工作中有观望等待倾向，虽然省主、实业十大框架协议已经签订，但各市的协议签订进展不一。针对这种情况，省公司于5月底组织了全体公司领导和相关部门参加、覆盖全部11个分公司的第一次调研。在调研中，省公司领导与基层干部员工深入座谈，引导大家正确认识和处理主实业分开改革工作中的各种矛盾和问题，坚定对实业公司发展的信心。针对各地在推进主、实业工作中出现各种问题，省公司在调研结束后马上研究确定了解决方案，并提出具体指导意见。文件下发后，各地的主、实业工作有了较大进展，各地实业子公司全部完成注册，主、实业合作的框架协议全部签订。

7月份的调研活动重点是针对通信市场发展变化，理清通信建设发展思路。调研组深入到县局，省、市、县三级公司的管理人员一道解剖“麻雀”，实地勘察网络情况，逐一测算单机收入，并根据调研成果成功实现了建设思路和经营思路的调整，省公司下发了一系列重要文件，确立了企业经营和通信建设有效益分层次发展的思路。

2001年下半年，企业推行薪酬制度改革，企业三项制度改革进入攻坚阶段，在推行员工内退和全员竞争上岗工作中，为了统一认识，稳定队伍，12月底，公司领导第三次深入部分分公司进行调研。在调研中，公司领导除了与大家座谈当前企业面临的各种实际问题，共同寻求解决方法外，还特别向大家宣讲了党的十一届三中全会以来有关国企改革的各项重大方针政策，强调建立现代企业制度是国企改革的必然方向，深刻分析了企业现状和面临的严峻形势，从而进一步坚定了广大干部员工对企业改革的决心和信心。此次调研为2002年工作会议的召开打下了良好的思想基础，同时，也为推行企业三项制度改革扫清了思想认识方面的障碍。

【湖南电信长沙分公司体制改革营维合一】

实行营维合一的重大体制改革是湖南省电信公司多年来的一个战略构想。2001年11月，湖南电信首先在长沙电信分公司开始试行。

所谓营维合一，就是指将中国电信传统的终端客户营销体系（含电报投递体系）和终端设备维护体系合二为一，实现电信营销网络和维护网络在最终客户端的全面融合，实现由相对固定的机构和人员为社区客户提供富有感情色彩的、个性化的综合服务。

从营销体系方面来看，电信企业的营销界面曾经是“后缩式”的，距离客户相当遥远。虽然经过了20世纪80年代以来的多轮艰辛改革，营销界面不断前移，但在电信客户中数量占据绝对优势的城市，广大中小电信终端业务客户仍无法方便经常地享受电信企业直接的、专业水平的、个性化的综合服务，造成电信企业市场信息不灵通、市场响应速度缓慢、中小客户忠诚度低等不良后果。但要建立起遍布社区、直接服务于零散顾客的精细营销网络，电信企业又要招聘数量巨大的营销人员、增添大量营业设施，成本巨大，明显不利于提高企业的人均劳动生产率，而且新招募的营销人员还需要进行相关专业知识和技能的培训，工作量很大，难以立见成效。因此，电信企业在通过建立“绿色通道”将直接营销延伸到大客户门前庭后，其营销界面的前进就相对凝固住了，长时间未再向下一个目标———城市社区有效延伸。

从维护体系方面来看，电信企业服务规范，专业水平较高，技术人员数量庞大，维护体系深入社区、面对面直接服务于中小客户的历史较为悠久，在社区的力量分布广泛，脉络清晰。伴随电信企业集中维护的体制改革，大量维护技术人员从看守机房的传统岗位不断充实到终端维护的第一线。但由于“前后台”的界线分隔，多年来他们一直主要服务于企业内部，并未直接承担起营销任务。这不仅造成了企业人力资源的某种浪费，而且形成了电信维护工作偏向物理网络，而非面向活生生的客户的情况，使得电信的售后服务显得市场敏感度较低，缺乏“以人为本”的亲和色彩。

除此现象之外，电信企业的营销和维护体系在客户终端还呈现出专业分割的散乱状态，送电报、催缴话费、推介电话来电显示功能、修电话线故障、卖宽带网络、修复数据专线、接待客户业务咨询、费用查询、走访客户倾听客户对服务意见建议等服务各自为政由不同人员承担，直接造成企业形象的混乱和客户的消费不便，尤其不利于企业和具体客户间浓厚人际情感的培育。

要彻底解决上述问题，湖南省电信公司认为最佳的解决方案就是：将传统营销体系（含电报投递体系）和传统维护体系在社区的最终端全面融合起来，合二为一，建立起一条直通社区的综合化“蓝色通道”。为避免改革带来的震荡，湖南电信决定走先试点再推广的稳妥路线。2001年11月初，他们选择了城市消费最为集中的省会长沙进行营维合一的改革试点。

长沙市电信分公司并未采用推翻原来机构设置框架，全部重来的方式进行改革，而是以“无缝逐步融合，平滑衔接过渡”为原则，以遍布城市各街区的多个维护处为基本框架来构建新的“蓝色通道”。他们撤销了原维护处下设的装机班、查修班、工程班和技术室，新成立了综合办公室、综合维护班、客户服务班和社区维护服务班。其中在社区维护班下，又以街道办事处为单位，设立了若干社区维护服务部，每部配备兼职主任1名，客户经理3名。其中综合办公室负责综合事务、技术管理、安全管理及仓库后勤管理；客户服务班负责障碍派修及监控、装移机工单管理、营销业务处理等；综合维护班负责主干电缆、电缆充气、宽带网、复用设备的维护、话机维修、线路设备的大修及线路应急抢修。各社区服务部及其客户经理负责维护各自责任社区范围内所有的电信网络，并为区内客户提供综合性的营销服务，也就是说社区服务部直接面向社区提供全天候、全方位的电信服务。

鉴于“蓝色工程”是一个牵动企业各方面的系统工程，公司认识到仅仅改变一下机构设置，修改一下员工工作职责是远远不够的。要使“蓝色工程”减少实施波折，顺利地发挥出效果，还必须从方方面面进行相应的调整，为改革多方面提供强大的基础支撑。首先，他们在人员培训方面作了大量准备。到2002年

1月中旬为止，分公司就相继对1000多名“蓝色通道”的服务员工完成了初级培训。此外，多次全员性的观念讨论和教育活动，促使分公司员工深刻理解了营维合一改革的必要性，增强了配合改革的主动性和自觉性。同时，他们在人员选拔上提出了严格要求。新设立的各服务岗位均实现竞争上岗；他们还从企业原来的专职营销部门抽调了大量优秀员工充实到社区服务岗位中来，并通过招聘等形式引进了一批富有经验的营销人员。

在规章制度和考核制度方面，公司专门为“蓝色工程”涉及岗位编制了新的服务规范和作业标准程序。除了保持原有的运营质量各类指标外，还增加了区内各类业务发展量、包区用户总消费额、包区电信业务市场占有率、包区电信卡销售量、客户亲和度、客户满意度、客户合理投诉率、品牌知晓率等多种指标，并与相关岗位人员的薪酬密切挂钩。对于一些重点社区，他们还进一步提出了客户合理投诉率为零等高标准考核指标。为了强化“蓝色工程”给客户的印象，长沙分公司特地为各社区服务部配备了式样统一的蓝色快车、制作了蓝色制服、蓝色名牌和蓝色名片，并通过业务宣传渠道，在全市大众媒体投放了一定数量的广告，打造营维合一的蓝色通道服务新品牌。

2002年3月，湖南省电信公司决定在全省全面推广“蓝色工程”。

【河北电信“本地网集中计费管理”获国家级创新成果奖】

2002年1月，《经济日报》公布了“第八届企业管理创新成果奖”名单，全国共有73个项目被审定为国家级企业管理现代化创新成果，其中一等奖19项，二等奖50项，三等奖4项，此次成果审定工作是自2001年起在国家经贸委指导下，由全国企业管理现代化创新成果审定委员会主办的。河北省电信公司开发的“电信企业本地网计费管理”荣获二等奖。

河北电信是全国率先开发、实施以本地网为单位进行集中计费管理的电信公司，为中国电信计费管理探索了具有实践价值的模式。他们自1999年在全省统一组织实施本地网集中计费管理以来，企业内部管理、对外服务水平有了很大提高，推动了企业管理由粗放型向集约型的转变。电信企业本地网计费管理办法内容丰富，包括客户资料生成、计费规则管理、原始文件采集、话单分检、计费批价、合帐处理、审核校验、销帐处理、查询统计、欠费催缴、网间结算等功能，能够为客户提供方便的、准确的服务。它的特点：一是实现了集中管理，在11个本地网中心局成立计费帐务管理中心，以本地网为单位进行计费集中管理，取消了县及农村支局计费管理职能。二是引入现代经营管理理念，以计费集中管理为核心，以高科技为支撑，实现了业务处理流程的再造和人力、物力资源的重组。按照“客户资料统一管理，计费规则统一设置，计费数据集中处理、营业收费分布实施”的原则，将分散的、不同的计费系统集中为同一软件、统一管理的11套计费系统，实现本地网内的资源共享、数据一致、管理透明。三是实现了内部管理和对外服务五统一：生产机构、关键岗设置统一，业务术语、统计口径统一，帐务与结算统一，管理规则和方式统一，客户服务标准统一。四是充分考虑不断增长、变化的客户需求以及业务经营发展的前瞻性，使计费管理从针对内部处理流程转型为面向客户和企业经营决策，为方便客户、灵活经营、增加效益提供有利的支撑。

该项成果提高了客户满意度，收到了良好的社会效益：

一是电信营业方式发生了变化。计费集中管理使前台营业永远告别了传统的手工方式，全面实现微机化操作，营业人员的工作效率和营业服务水平显著提高。

二是营业前台实现综合业务受理“一台清”，多点同网、综合营业。在本地网内的任意一个电信营业厅都能办理各种业务，而同一柜台可以办理所有电信业务，如装移机、交话费、数据、智能网等多种电信业务，营业收费收据和话费收据已合二为一，统一了票证格式。

三是用户交费途径增多，方便了用户。本地网内实行联机交话费，并同工行、农行、建行、邮政储蓄联网，使用户由原来只能在少数电信营业网点交费，改为在多种营业网点就近交费，还在本地网范围内实现异地交费。全省交费点由原来的1000多处，增加到近5000处，不仅提高了效率，也方便了用户，既解决了用户交费难的问题，同时也减少了营业设备和人员投入，使电信服务向集中管理、网状服务的格局迈进。

四是加强了电信装停复机即时化处理能力。提供即装即通服务，将装机、停机、复机和增减程控新功能等业务由计算机自动实现。欠费停机的电话在交费后做到实时开通，保证客户以最快的速度享受电信业务。

五是电信客户选择菜单化。客户服务界面具有友好的交互性，使客户能够按照个人的需要和意愿以及支付能力来选择服务项目、服务质量、服务时间和付费方式。这一项目还为客户提供差异化服务，满足不同层次客户需要。并针对不同用户，利用系统自动进行用户服务的回访、服务质量的调查、业务宣传等，提高了客户的满意度。

【河南电信管理创新获省奖】

河南电信在财务管理、网络集中管理、物资采购管理等方面进行的一系列创新结出硕果。2002年3月，河南省总工会、省经济贸易委员会授予该公司“河南省管理创新最佳单位”称号。

为改变资金管理链条过长、财务管理不够规范的状况，河南省电信公司在全省推行了市、县财务一体化管理体制。市对县实行收支两条线管理或报账制，省电信公司对各市电信分公司实行财务收支两条线管理；对全省各市电信分公司和各直属单位则实行财务负责人委派制；在5个市电信分公司实行财务总监制。新办法实施一年时间，有效地规范了各单位的财务管理行为，缩短了资金管理链条，提高了资金使用效率，增强了企业抗风险能力，初步建立起了与目前公司法人治理结构相适应的财务管理制度。

加强网络集中管理，建立维护管理新模式。河南省以本地网管理机构所在市为中心局，对本地网内的通信设备进行集中监控、集中维护、集中管理，并把县电信局和农村端局纳入本地网集中管理。全省14个市电信分公司已全部完成集中监控系统的建设，初步实现了所有市区以及26个县交换设备的集中监控。实现网络资源集中管理。省电信公司选择几个市电信分公司作为网络设备集中管理试点，实现交换、传输、电源等资源系统的集中测试和管理，同时建立了网络资源管理信息系统，以利于网络资源信息的传送，确保了全网资源的动态管理和配置。

理顺计划建设职能，实行物资采购集中管理。省电信公司把原来分散的计划、建设和土建工程管理等全部改为由计划建设部门管理。制订了物资采购集中管理办法和物资采购集中专家库管理办法，将河南电信各级企业生产及维护用的物资纳入集中管理，并采用统谈统签、统谈分签、统谈分谈分签的方法实施。在采购活动中，成立由评标小组、监督小组、定标小组组成的招标机构，由监督小组从省电信公司各专业的专家库中随机选取多名专家评标，保证了整个过程的公开、公正和公平。公司还大力推行物资网上采购，建立了河南电信物资集中采购网站，成功地组织了全国电信行业中的首次网上公开招标，加大了物资采购工作的透明度，提高了企业经济效益

【湖南电信怀化分公司获国家级管理创新成果奖】

2002年2月，经全国企业管理现代化创新成果审定委员会最终审定，由湖南电信公司选送、怀化市电信分公司创造的“电信企业本地网装备一体化及管理”课题荣获第八届国家级企业管理现代化创新成果二等奖。该项成果成功地实现了技术创新和管理创新的有机结合，自1998年启动以来为怀化电信创造直接经济效益4640多万元，每年节约费用600万元，为企业走上效益型发展道路作出了巨大贡献。

随着电信技术、网络规模和用户数量的快速发展，以及竞争的日益激烈，怀化电信认识到实施本地网电信装备一体化组网及管理，是电信企业走内涵式发展道路的必然要求。自1998年开始，怀化电信从优化交换网络结构、提升网络层次入手，实施电信装备运行维护综合配套改革，本着有利于电信网络安全可持续地运行、有利于网络运行综合效益的提高、有利于多种网络资源的有效配置和合理使用、有利于劳动生产率提高的原则，积极探索本地网电信装备一体化组网及管理的新路子。经过三年的实践和探索，怀化本地网电信装备水平和网络组织管理达到了全国先进水平。

怀化本地网网络优化和改造方案，以“少局所、大容量、多模块、广覆盖”的思路，彻底打破县域行政界限，尽量减少交换端局，对本地网整体进行规划。他们将全地区12个县市区统一划分为四个交换业务区，每个业务区设两种交换机实施双覆盖，每个交换端局按10万线容量设计规划。交换网络优化改造后，针对交换网络组网结构和局所分布情况，对全区传输网络也进行了全面调整和优化。

实行本地网一体化组网后，怀化电信进行了与之配套的一体化管理改革。他们构建了专业化的本地网

一体化电信装备及维护设施；调整了市县两级电信企业的维护工作职责，加大市局装备管理力度；规范了各类电信装备工作处理流程；配套实行薪酬制度改革和考核方式改革，保证了管理有效到位。针对山区电信网络点多面广的管理难度，他们广泛运用计算机网络改善管理手段，利用企业计算机网自主设计开发，构建了覆盖全市各运维管理和生产部门的本地运维生产调度网，运用计算机网络进行考核和提示，各维护人员完成作业计划后通过该网进行确认，以运维生产调度网作为维护考核依据，实现了对障碍的受理—处理—督促—回复—考核闭环处理，最大限度地压缩了障碍历时。

实施本地网电信装备一体化的组网和管理，提高了企业工作效率和劳动生产率，人均维护量较网络优化和运维改革前提高了两倍多，减少了大量重复劳动，技术资源得到共享。同时，电信网络层次得到提升，网络运行质量和增值创收能力显著提高，也为整个网络向宽带化平滑演进创造了条件。

本地网一体化组网和维护改革，减轻了县市局的管理和维护工作量，使各县（市、区）局能更加集中精力抓好营销与服务，较好地体现了技术支撑部门为企业中心工作服务的职能。

湖南省电信公司对怀化电信的这一改革十分认同，一次性买断运维生产调度网软件使用权，拟在全省推广，并以召开电信运行维护现场会的形式推广怀化电信的典型经验。湖南电信认为，作为经济欠发达的中西部山区，网络点多面广，人员分布稀疏，服务范围广，怀化电信的发展道路极具代表性。通过优化网络结构，提升网络层次，实施本地网电信装备一体化组网和管理，挖掘企业内部潜力。是中西部电信企业走集约化经营的一条有效途径。

【广东电信深圳分公司服务管理创新有成效】

2001年，广东深圳电信对外服务窗口，开始全面推行服务管理“三件套”：星级服务+计件工资+首问负责制。营业员星级不同，工种技能、难度和繁忙程度不同，计件单价就不同。谁服务效果好，干得多，收入就多。这样使得业务受理量节节攀升，客户投拆大幅下降。

企业客户界面的服务管理，最难解决的是科学的操作手段，深圳电信的做法是：以星级保质、以计件保量，将工作绩效与工资奖金真正挂起钩来。比如，一个计件营业员的月收入由基本工资、计件奖金、考核奖金和效益奖金组成，其中的“计件奖金”，由计件数量、“计件单价”、营业员星级系数而得，占到了营业员月收入的50%，其激励作用可见一斑。事实上，真正的激励在工种计件单价和营业员的星级上。高技能、难度大、繁忙的工种如办理综合性业务的营业前台，其计件单价肯定要高于其它技能低、难度小和较清闲的工种，这是大量分析测算得出的结果。而为体现服务“质”的不同，二星级营业员比一星级营业员的奖金系数就要高20%，三星比一星高出50%。一星、二星营业员，由于分别只达到“上岗服务的基本要求”或“规范服务要求”，自然按质论价。三星级是“以优质服务为标准”评定的，质高理应多得。

星级每半年评定一次。享有半年最高星级荣誉的三星精英，只有50%的数额。若违法违纪、不执行首问负责制或被界定为责任投拆，各种星级和资格立即取消，要下一个半年再“过关斩将”、参加培训考试方可评定。当然，重新争取星级并非高不可攀，各种星级在基本素质、服务态度、服务质量、客户评价及业务知识和业务能力等方面的量化指标，为员工踏踏实实重新开始提供了公平的奋斗舞台。

星级越高，服务越好，干得越多越快，收入就越高，对企业培养忠诚客户和长远发展的作用不言而喻。在“三件套”试点的营业厅，客户一接近营业柜台，马上就有人站起来微笑着打招呼，因为如果不热情，客户就有可能到其它柜台办理业务。在这里，营业员的工作效率大大提高了，服务差错率显著降低，客户排队等候的时间比原来缩短了一半。临近下班时，营业员由过去的拒绝受理业务到主动受理，并自觉加班做完。营业员会主动要求接待大业务量的客户，接受任务后主动跟踪服务的多了。许多营业员还主动要求学习业务，接受ISDN等新业务培训，希望提高业务技能，保持原有星级或争取更高星级。

一组数字显示出“三件套”服务管理的可操作性：深圳电信营业局营业中心下属9个营业厅是这项管理的首批实践者。1999年6月开始实行，第二个月业务量即增长10%，第三个月增长31%。此后一年，业务量比上年增长近40%。客户满意率更是大幅攀升：开始实施时只有60%，至2000年底这项指标已达到98%以上。深圳电信2000年对全局营业员和话务员全面实施此项管理，结果营业窗口服务的投拆比1998年下降了近9成，全年关于营业服务态度方面的投拆则下降为零。

深圳电信的“三件套”服务管理，解决的是观念引领下的市场化操作问题。首先在分配方式上实现从论资排辈到通过星级计件来多劳多得的转变。动态的绩效决定动态的分配，这种企业薪酬制度的改革，激发的是员工提供优质服务的动力。此外，从注重对员工工作行为的考核，到注重效益指标的考核，其体现的现代绩效管理思路，对考核制度是个创新。当然，对被考核者的工作量化，以及计件完工统计系统等管理平台的建立，则是从技术手段上避免了考核中的人为因素问题，使考核与分配更公正、公平和公开。

【浙江电信杭州分公司创建学习型企业增强核心竞争力】

2001年，浙江电信杭州分公司通过创建学习型企业的实践，公司员工的知识、能力、结构、创新意识、团队精神都得到了提升，企业的核心竞争力为之增强，在多次电信资费结构调整和竞争对手对市场业务严重分流的情况下，杭电的业务收入、业务总量等各项经济指标仍保持持续、稳定、健康的发展态势。2001年完成业务收入24.81亿元，比上年增长6.17%；业务总量完成23.59亿元，比上年增长32.44%；实现收支差额7.06亿元；全员劳动生产率达到91.25亿元。2001年，杭州本地固定电话网顺利升8位；全市新装电话42万部，创杭州电信装机放号历史新高，全市电话用户数突破200万户，上网用户数突破42万户。他们的主要经验是：

一、学习观念的创新——必须具备比竞争对手学习得更快的能力，才能保证企业的竞争优势

2000年杭州市电信分公司挂牌后就作出了一项重大的战略决策：致力于使企业有效地掌握组织学习的能力，逐步将企业创建成“学习型企业”。公司反复强调：知识经济时代，市场竞争表面上是产品的竞争，但其底蕴是人才的竞争。一个企业人才资源的数量和质量，智力资源开发和利用程度的高低，决定这个企业兴衰的命运。因此，必须从人力资源开发和管理的角度来重新认识学习的重要性。

管理和经营由粗放型向集约型转变的过程，使公司中层管理人员感到传统的管理方式和经营模式，已不能适应当今复杂多变的市场环境和稍纵即逝的市场机会，只有不断学习，吸收国内外先进企业的新思路、新观念、新科技，才能使管理不断创新、流程不断再造、技术不断进步、产品不断更新，才能使企业永远保持活力和生机。

电信技术日新月异的进步，公司内部运行体制的深入改革，要求员工朝着复合型人才方向发展，基层员工的求知欲望也因此而大大增强。过去是领导要求员工学，现在是员工主动要求学，员工们普遍把参加培训和进修当作一种福利和待遇来争取。一年来，杭电分公司内部形成了一种浓厚的学习风气。四分之一的中层干部正在攻读各种专业的研究生课程。本科以下的专业技术人员中，大部分正在进修本科学历。杭州市电信分公司现有员工1500余人，2001年参加技术业务培训就达到2120多人次，普通员工听讲座和参加培训已成为自觉自愿的行为。

二、学习机制的创新——以企业发展需求为龙头，建立快速反应市场变化和技术发展的二级培训体系

为了给企业可持续发展培养合格人才，公司建立了二级培训体系，即公司和基层单位两级组织共同办学。公司组织的培训以企业发展需求为重点，学习内容侧重于电信新技术、新业务和现代企业管理知识。具有培训时间较长，分层次培训和学习内容较系统的特点。而基层单位对员工的培训，则起到拾遗补缺的作用，侧重于生产中急需解决的具体问题和本部门专有技术业务的培训。

公司层面组织的学习和培训分以下几个层次进行：（一）公司决策层通过党委理论学习中心组和自学为主的形式进行。中心组坚持每月一次的集中学习，重点学习邓小平理论和江泽民总书记“三个代表”重要思想，学习现代企业管理理念和方法，结合公司实际。探讨杭州电信的发展战略、企业文化、管理制度、投资决策、流程再造及组织机制等重大事项。每年中心组成员都要向党委递交一篇有观点、有内涵、有分析的高质量的论文参加评选。（二）中层管理人员的学习培训，基本上不再是管理技巧学习，而是每年抽出10天左右时间，集中学习MBA主干课程，从管理沟通、电信产业发展趋势、经营策略、成本管理、团队精神等方面进行强化训练，着重提高科学管理的能力。每次培训结束，都要递交论文，部经理、党委书记亲自审阅。（三）工程技术人员和客户经理重点学习新技术、新业务、现代营销理念和方法。如宽带网络刚开始建设，公司就组织了宽带技术

培训班，为杭电积极抢滩宽带市场发挥了重要的作用。（四）一线员工的培训，在组织新技术新业务学习的同时，重点放在岗位技术培训和职工技能鉴定培训上，两年内共有7个工种，1325名员工通过了职业技能鉴定。

基层单位的培训则根据各部门工作的实际需要和生产方式，用业余时间自行组织。如大客户服务部针对营销人员懂销售，但对网络技术掌握不多的情况，组织全体营销人员分批到数据通信分局和市话交换中心机房学习接入和交换技术。南北线管中心成立后，开办综合机务员培训班，改变了员工技术单一的状况，综合值守能力大大提高。全公司2001年有600余名员工参加了各部门组织的培训。

三、学习内容的创新——努力培训员工和企业的创新能力，提升公司核心竞争力

杭州电信分公司在创建学习型企业的过程中，致力于调动员工的积极性，挖掘员工的潜力，努力实践机制创新、技术创新和管理创新，以此来增强企业活力。

由于各种因素的影响，中国电信各企业业务收入增长率2001年以来普遍下降，杭州电信的员工们没有怨天尤人，而是迎着困难上，打响了一场业务收入攻坚战。在攻坚战中，员工们把学到的“知识点”灵活地运用到生产经营实践中去，显示了学习、培训后的员工驾驭市场的能力。攻坚战首先从分析、预测经营目标开始，2001年的经营分析会与往年相比从形式到内容都有了很大变化，会场增加了评议席，评审小组对每位发言者都现场打分评议，发言者现场解答与会人员提出的问题。发言者全部通过Power Point投影进行演讲，一种种现代企业管理经营的新方法，如边际成本分析法、统计模型预测法、因素分析法等不断在屏幕上出现，一幅幅精心制作的曲线图、柱状图、圆饼图一目了然地呈现在与会人员面前。大家普遍感到，学与不学确实大不一样，过去模糊的知识渐渐变得清晰了，封闭的知识大家共享了，现代科学管理知识能层层“剥笋”式地提示杭州电信发展和电信市场变化的内在规律，为确定工作重点和经营策略提供了科学的依据。

利用数据库资料进行话务量的经营分析，是杭州电信实施话务量工程有效的工作方法之一。利用先进的计算机技术，不仅能对话务流量进行分析，了解每项业务的ARPU值，还能分析市场竞争所带来的业务分流情况，从而为明确建设、运维和经营的工作重点以及制订工作策略提供了大量翔实的数据。

利用新技术实行服务创新。为了满足客户个性化服务要求，杭州电信利用互联网技术于2001年在全国率先推出了网上营业厅，使客户不受时空限制，足不出户，就能办理各种电信服务。网上营业厅从2001年8月开张至2002年春节，已有400多位客户办理了身份认证，办理业务2600余项，网页点击达到了34000次。

经营创新，在新的市场形势下拓展业务占领市场，杭州电信2001年在营销模式上进行了大胆尝试，走出了一条依靠社会力量发展电信业务的新路子。一年多的时间，杭州电信分公司发展业务代办户13家，宽带业务代办26家，市话、电话卡、来电显示代办20余家及相应的分销商100余家，形成了一张覆盖全市的电信业务代办网络。如在163/169业务促销中，代办户曾取得了日均发展1000户的出色成绩；在“金秋大行动”中，一个半月的时间里，“小灵通”社会代办户就受理用户1.2万个，代办户发展的小灵通用户曾一度占该项业务受理总量85%左右。与社会力量携手经营，杭电既降低了销售成本，方便了用户就近办理业务，又拓展了市场，还与代办户一起实现了双赢的目标。

杭电在创建学习型企业过程中，十分注重培训员工的团队精神。针对公司机关部分部室工作人员协作配合意识较差、工作作风欠佳、办事效率较低的状况，2001年9月，公司党委开展了机关部室“满意不满意”评选活动，评选内容为全局观念、服务意识、办事效率等6个方面。年底，由机关人员、公司领导和基层单位无记名投票打分，其中基层单位测评分占总分的60%。此项活动在机关各部室中产生了极大震动，大家纷纷自觉查找问题，制订整改方案，主动下基层征求意见，公司机关工作作风有了明显好转。

【四川电信成都分公司走跨越式发展之路】

成都电信紧紧抓住西部大开发的历史机遇，扭住发展不放松，2001年5月，成都电信电话用户总数、交换机容量、交换机实占容量、电信业务总量四项指标，均居全国省会城市第二位，仅次于广州，显示出非常强劲的发展势头。

一、全方位出击，实现经营发展最大化

近两年来，随着企业定位发生实质性的变化，成

都电信市场经营工作的指导思想转变为：以市场为导向，提高市场占有率。

把准经营方向，瞄准“三大三小”。在业务发展上瞄准大客户、大农村、大专院校和城市小区、小城镇、小交换机，将业务发展重点定位于农村乡镇，特别是以乡镇所在地为半径的2～3公里地区及风景区、科技和工业开发区、道路沿线、居民小区等人口相对密集、通信需求较大的区域。同时，打破传统的促销方式，内抓“全员促销”，外推“先装机后付款”的新方式吸引客户，将人员、价格、服务三要素相结合，有效地激活了成都电话消费市场。

选准高效地区，大力开发。对一些市场前景好、话务量大的点，力求早放号、多放号、早见效。调整工作流程，加大对新建小区、单位、家庭同址电话、IC卡电话、专网并网的发展力度，促进高话务量电话的迅速增加； 加大力度发展IC、IP、201等卡式业务，2000年全年售卡2.16亿元，创历史最好成绩；全面推广163主叫计费上网业务，将传统电话业务与上网相结合，刺激话务量增长；积极拓展重点用户市场，与省委机关共建的市话模块局顺利开通，此举对扩大中国电信品牌影响，对小交换机用户的拆机并网产生了良好的示范作用。公司针对用户对宽带业务的需求，按照有重点、分层次、先大后小、先易后难的原则，因地制宜，选择适当的接入技术和应用方式，向用户提供全面的业务解决方案，受到客户好评。截至2001年5月，成都电信已受理宽带建设项目五百多项，信息点29万户。

二、摸准市场脉搏，确保运营成本最小化

顺应企业内外环境的发展变化，成都电信把通信建设的重点从过去的扩大网络规模转到完善现有网络、提高网络技术水平和网络质量上，转到ATM宽带网和用户接入端“两头”的建设上。投入产出，突出效益优先成了企业通信建设的最高准则。成都电信在投资决策方面有个指导性的标准：2年内能收回投资的用户坚决发展，3年内能收回投资的在条件允许的情况下可以发展，3年以上的规划发展。为此，成都电信分公司计划建设部专门建立了“计划建设微机管理系统”，并充分发挥经济技术发展研究中心和通信工程监理公司的作用，加强工程的监督管理力度，对所有通信建设工程均委派质量监督员，要求质检面达到100%。实行工程公开招投标，并将其范围扩大至各郊县分公司的规模建设工程项目。

针对以前郊县局各自为政，盲目贷款搞建设，重投入、轻产出、重规模、轻效益的现象，1999年10月，成都电信在14个郊县局全面推行市县财务核算一体化管理，各县局由“利润核算中心”改为“成本核算中心”和“收入中心”， 提升全员财务管理意识，将全网经营管理效益的提高纳入统一目标管理，确立了“全程全网、统一负债、统一建设”的原则，将贷款权限收归成都电信局统管。

资金集中后，只有加强财务基础管理，合理配置企业资源，做到统一规划、合理支配，才能提高企业经济效益。为此，成都电信分公司严格控制了不合理的成本开支，一方面严格成本费用支出，重点压缩可控成本费用支出，实现郊县局可控成本计划与收入挂钩；另一方面对郊县局采取“集中收入、按照计划下拨资金”的管理办法，对各市话分局和各郊县公司的小型线路工程实施总额控制管理，加大计划、控制、分析、决策、监督职能，降低管理费用，避免了资金的“铺张浪费”。为确保资金的合理使用，成都电信分公司实行每周收支资金计划和月末缴拨款对账制。为降低负债率，公司开始对企业的资产结构和负债结构作了有效的梳理：降低流动负债比例；加强与银行的合作，提前归还高息贷款；严格成本控制、清理在建工程，有效全网百元收入成本费用从1999年9月的91%下降到80%，全局现业第一次实现扭亏为盈。而到2001年3月，这一指标下降到了70.19 %。

三、强化经营管理，追求企业利润最大化

以市场为中心，以利润为目标，合理配置企业资源，将全网经营效益的提高纳入统一目标管理，堵住一切“跑、冒、滴、漏”和乱花钱的口子，这是成都电信快速发展之链中十分重要的一环。

按照既定的发展战略，公司完善考评办法，拉开分配档次，形成“千斤重担人人挑，人人肩上有目标”的局面。加大绩效考核力度，使之更充分地反映经营者业绩，并将考核结果与工资总额挂钩，做到效益好的公司员工收入高，彻底打破“吃大锅饭”的平均主义做法，激励各部门面向市场、关注绩效，强化竞争，提高忧患意识。

狠抓质量管理，按月进行网络运行情况分析。围绕综合来话接通率和网络接通率开展工作，在稳定以往接通率的基础上，进行全网的优化调整、话务控制

和网络的实时监控，降低成本，提高运行效率，把网络接通率提高到最好水平。实行各生产单位每周网络运行情况报告制，实时对网上情况进行监控分析，提高了网络运行效率和网络资源利用率。

建设管理工作由粗放型向集约型的转变。加强计划和工程管理，完善建设管理体制，加强营销、建设、维护的密切配合，引入监督制约机制，提高工程建设效率；实行工程招投标，采取公开招投标的方式进行，充分体现公开、公平、公正。

四、深化内部改革，配置人力资源合理化

企业发展的内在动力在于不断深化三项制度改革，激发全体员工的创造性和积极性。

为了改变传统的用人方式，深化人事制度改革，“以事业留人、以感情留人、以适当的待遇留人”，成都电信多次在全公司范围开展公开选拔中层干部工作，有近60名“能人”通过这种方式走上了中层干部岗位，15名专业技术拔尖人才在经过德、能、勤、绩高素质的考核下从公司内部脱颖而出。对这些拔尖人才，公司给予每人每月2000元的“拔尖人才津贴”，为其开设上网账号，其住宅电话可享受中层干部的同等待遇，在工作中有特殊贡献者还可获得总经理的另行重奖。公司还有针对性地给予他们脱产进修、培训、出国学习考察的机会。形成了一种让年轻有识之士脱颖而出的机制和鼓励积极向上的价值导向。

在整个管理层面上，公司根据实际需要在机关职能和非职能管理部门中，开展了“双向选择，竞争上岗”工作。被尊为“龙头”的市场经营部，首先进行公开招聘，随后，公司各部门的竞聘工作全面展开，中层干部根据个人意向和工作要求按干部管理程序予以聘用。受聘领导组织制订了新的岗位规范，编制岗位说明书，明确岗位职责和上岗条件，完全打破员工干部、工人身份界限、实行易岗易薪竞聘。通过竞聘和调整，公司机关职能管理机构人员编制从以前的220人减少到150人，减少31.8%。公司机关职能及非职能管理部门人员在学历结构、年龄层次等方面都得到了很大改善。高效、精干、年轻的经营管理队伍为成都电信注入了新的活力。

【江苏仪征电信农村局所进行经营机制改革】

江苏仪征市农村电信市场规模近年来不断扩大，2001年8月全市农村电话用户已达77469户。全市最小的乡镇支局的电话用户也有4200余户，最多的则达到13000户。农村电信市场规模的迅速扩大，使得仪征电信局农村局所营业人员、机线人员紧张的状况愈发突出。全市有10个农村电信支局，下设21个电信营业部，担负着全市农村10个乡镇41万人口的电信服务工作，这些农村支局共有员工89人，其中劳务工为62人，平均每个营业部只有4人，有的营业部的机线人员仅有一两个人，任务十分繁重。为了解决业务发展与人员紧张的矛盾，江苏省仪征局从改革农村局所经营机制入手，内外结合，多管齐下，闯出了一片农村电信局所健康发展的新天地。

一、目光向外，积极尝试社会代办

2001年起，仪征局对一些业务量较少、规模较小的农村营业部，实行由本局内退的原所营业员承包的做法，拉开了农村电信业务社会代办的帷幕。承包人与局方签订代办协议，协议规定的代办内容主要有：营业代理、欠款催缴、代办公话、代售电话卡、农话发展等。局方依据其每月的业务受理量、欠款回收率、农话发放数，分档次确定酬金结算标准。代办人员的服务质量要求和奖惩考核均执行局内各项制度。由于责、权、利明确，代办收入与业务量、服务、安全等直接挂钩，社会代办得以顺利推行，不仅促进了业务工作开展，还有效地缓解了支局营业人员紧张的矛盾。实行社会代办的一个季度以来，6个营业部中欠费回收率月月达到100%，其余5个营业部也都达到了99%。

在实行社会代办的同时，仪征局开始建立社会营销体系，由支局在社会上聘请一些有经验的人士作为电信业务社会营销员，帮助支局开展业务营销，支局按量计发业务酬金。

二、目光向内，大力推行计件考核

针对农村局所劳务工较多，而劳务工与正式工同工不同酬导致其主观能动性不能得到充分发挥的实际，仪征局结合社会代办的经验，在全局农村局所营业人员中全面推行计件考核，即劳务工实行全额计件工资，正式工的捆绑奖部分实行等额计件工资。在农村支局设立基本奖，实行“三挂钩”：与支局当月农话发展指标挂钩，与当月业务受理数和欠费回收率挂钩，与支局管理、服务、安全环境卫生等工作挂钩。并规定对当月欠费回收率低于97%的不发酬金。

与此同时，他们针对农村局所机线人员不足、力量分散的状况，大刀阔斧地进行了装机维护体制改革。局里成立了装维公司，全面推行计件工资制，城乡机线人员统一划归公司管理。装维公司组建了5支工程队，其中2支负责城区、3支负责农村，实行分片包干。农村局所驻点机线人员全部编入包片工程队，接受工程队的统一调度，平时主要负责支局范围内的装机和查修。

装维体制改革、合理配置人力资源，不仅大大增强了农村局所的装机维护力量，还有效提高了装机维护的灵活性。在装机、查修任务繁重的情况下，包片工程队可集中力量打歼灭战；在任务不重时则可集中力量进行线路整治。

三、目光向前，全力以赴抓发展

一系列改革措施的推行，把农村电信支局长从头绪繁多的工作中解放出来。为了进一步把支局长的精力引导到抓发展、抓管理上来，仪征局推出了支局长风险抵押办法，取消支局长每月的捆绑奖，每人交纳一定风险金并与当月农话发展指标挂钩进行考核，完成指标的按一定比例兑现；完不成指标的，不予兑现。

机制一变，生机勃发。从支局长到营业员、机线员，都一门心思扑到了发展业务、改善服务上。营业员主动打电话上门催缴话费，机线员起早贪黑忙装机、忙查障，支局长更是忙着发展壮大社会营销员队伍，加快拓展市场的步伐。据统计，2001年下半年，仪征局电话欠费回收率逐月上升，8月已达98.7%，社会代办点则平均达99%以上；装机平均历时由原来的18天下降到8天，装机及时率达99%；市话障碍查修平均时间由原来的24小时下降到8小时，农话则由原来的48小时下降到30小时，查修及时率达99%。

【山东电信泰安分公司创新监督机制】

山东泰安电信在创新服务监督机制、完善全方位支撑系统的基础上，变被动监督为主动监督，使“180”投拆中心不仅处理用户投拆而且对企业生产服务也进行监督，切实提高了服务质量。

泰安电信在实现被动监督到主动监督的转变中，制订了“180”的受理流程、处理流程、跟踪走访、回访等制度，为“180”进行服务监督提供了依据。“180”实行局长垂直领导，缩减中间环节，大大提高了办事效率。为提高服务质量，他们还建立了一套完整的监督支撑体系，强调受理、处理、查办、督办、交办和回访全过程严密的闭环管理。“180”对内坚持做到，各服务支撑班组进行质量检查，服务流程执行情况检查，如发现问题则及时发出质量检查通知书，限期整改；对外则坚持装机质量、障碍查修质量“两跟踪”，定期回访用户。在装机数量较多时，泰安电信局及时进行装机质量跟踪，主动了解用户满意程度，以用户的反馈意见来督促服务质量的不断优化。

这些措施的实施，充分发挥了事前监督的作用，切实提高了服务质量。

【辽宁电信沈阳分公司以企业新理念凝聚人心】

2001年初，沈阳电信分公司领导在研究工作时认为，沈阳电信正处于由传统的计划经济向市场经济过渡的“转型”时期，要实现新目标，必须推行现代企业制度加优秀企业文化的新机制。为此，他们组建了由总经理挂帅、有6个部门参加的企业文化工作组，聘请企业文化专家到公司协助总结、整理、提炼、升华企业理念。

公司主要领导带队到所属单位进行企业文化调研，了解员工对企业文化建设的想法和意见，与员工面对面座谈，在思想碰撞中建筑企业理念。公司上下围绕电信是谁、做什么、为什么要做和如何做“四要素”整合出新理念，提出企业远景就在于不断实现客户的梦想，企业精神就是员工同心同德、步调一致，作到一心、一致、一流，企业的协作观即无条件保证相邻节点间的畅通，使企业各部门间做好整体性配合。为了使企业理念具有普遍指导意义，公司组织了对中高层管理人员、基层员工和客户的问卷调查，确定了个性化、真实化、超前性、有机性、适用性的企业理念整合原则。沈阳电信领导把企业理念形成的过程作为提高员工素质和思想观念切入点。他们请企业文化专家围绕企业文化、中外电信业比较、加入WTO、创新营销等内容，对干部和员工骨干进行了多次培训。全公司绝大部分员工积极参加了企业理念大讨论，使企业理念深入人心，振奋了员工精神。“最大的危机就是没有危机”、“比对手做得更好”、“超越客户，变需求为现实”，这样的企业危机观、竞争观、市场观激励沈电员工以全新的精神面貌和干劲开拓企业未来。

【安徽铜陵电信局深化三项制度改革】

铜陵电信局是安徽省电信公司三项制度改革的试点单位，他们本着有利于企业发展、有利于职工发挥积极性、有利于搞活经济做好服务的原则，顺利进行

了三项制度改革，具体落实了管理创新和机制创新的内容，在中层干部和广大职工中产生了积极强烈的反响，使企业内部管理逐步向现代企业制度的纵深方向发展。

改革劳动组织制度，建立科学的组织体系。在内部组织的设置过程中，铜陵电信局坚持“适应市场、提高效率”的原则，努力使组织框架扁平化。在纵向设置方面，由过去“四级”改为“三级”管理，形成新的三级管理模式；在横向方面，突出营销、服务在企业中的地位。如在新成立的市场经营部增设营销处、销售处、客户服务中心等。他们根据通信生产的特点，结合实际，按照现代企业制度要求，以建立高效率、多跨度、适应市场竞争需要的新组织框架为目标，对全局原先22个部（室）及中心（支局）的组织机构进行了重新设置，将新成立的市场经营部的职能扩大到全局范围（除县局外），与此同时撤消了原先的3个边远地区支局室（支局），减少了组织机构和管理环节，实现了上层决策信息和基层生产信息的快速交流，进一步提高了各部门的办事效率。

在岗位设置中，铜陵电信局坚持以“以事定岗”的原则，以流程重组理论为依据，以下一道工序满足上一道工序为条件，科学地设置岗位。他们依据业务流程对全局原有的128个岗位进行了深入细致的调查分析，合并了相同或相近的岗位，撤销了无具体职能的岗位。如在计费和欠费催缴的工作流程中，新设立资费稽查主管岗位，避免了过去由计费员、催欠员共同与用户打交道的多头管理弊端。全局共设岗位116个（比改革前减少12个），其中保留了原来98个岗位，增加了18个岗位，调整后的管理岗（含技术管理岗）有57个，生产岗有59个。

2001年年中，全局已初步建立起精简高效、适应市场竞争需要的新的组织体系。管理、维护、经营三大专业的人员比例由改革前的2:4:4调整为2:3:5:。企业人员结构的变化，体现了现代电信企业以经营为龙头、以技术为支撑的新的发展理念，使人员结构比例更加趋于科学合理。

改革用人制度，建立职工竞争（考核）上岗的新机制。在改革用人制度上，针对不同的岗位采取不同的上岗方式，管理岗位采取竞争上岗；生产岗位实行持证上岗（职业技能鉴定）、竞争上岗（部分工种）和考核上岗；专业技术岗位实行评聘分开，择优聘用。

生产岗实行持证、竞争和考核三种上岗形式。对能进行技能鉴定的岗位，采取持证上岗；对部分工资等级较高或岗位人数多于编制数的生产岗位采取竞争方式，择优聘用；对暂不能进行技能鉴定的生产岗位，则由局里组织考试和考核，合格后预上岗（待条件具备后再进行技能鉴定，预上岗期间待遇比照正式上岗人员）。改革后，全局有64人通过不同形式走上生产岗位，其中138人持证上岗，15人竞争上岗，111人预上岗。

改革现行工资分配制度，建立以岗位等级工资为基本工资，相关工资为辅助工资的新工资制度。铜陵局坚持“既尊重历史，又面向现实”的原则，对工资分配制度进行改革，初步建立起适应市场竞争需要的岗位等级工资分配制度。新的工资制度体现向高级管理、高级技术和重要营销岗位倾斜，拉大了岗位之间的分配差距，如高级网管工程师的岗位工资等级与正科级岗位相同，同为10档，比后勤保卫人员的岗位级别要高出7个档次；同在营销岗位的最低与最高岗位等级也要相差5个档次。新的工资分配制度较好地体现了人才的价值。

三项制度改革重在落实。改革就要触动一部分人的利益，就可能会产生一些不和谐的声音。铜陵电信局充分考虑到这方面的因素，把各项工作做细，让大部分职工心服口服。为此，局里制订出“稳固基础，突出重点，抓两头带全局”的工作方法，积极稳妥地推进各项改革。他们以编写岗位说明书、定员定编、培训考试工作为基础，重点抓好管理岗位竞争上岗工作，以宣传发动和科学定岗为龙头，始终将教育引导工作贯穿改革的全过程，促进改革稳定、健康发展。

【黑龙江青冈县电信局制度创新增效益】

黑龙江省青冈县电信局从各工位人力调配入手，进行制度创新，将企业兴衰与员工的切身利益捆绑在一起，闯出了一条新路。该局先后实行了“市线装修移机承包制”、“营业工资计件制”、“电缆维护承包制”和“支局管理承包制”，充分激发了员工的劳动热情，使这个全省有名的贫困县电信业的发展焕发出勃勃生机。

一、线务承包——变“大锅饭”为“自助餐”

为根治人员过多、互相等靠的陋习，该局将原有的装机、查修、勘察三个班组15人编制通过竞聘缩减为一个班组6人编制，并取消了员工的固定工资和奖金，让劳动报酬与工作效绩直接挂钩，变“大锅饭”为“自助餐”。局里根据城区内电话分布情况将用户划分为五个片区，分别包给机线员，同时制订出合理的“维护单价”和“装机单价”，辅以严格的考核管理制度和用户回访制度，使工资分配更加科学化。这一改，不仅使员工们尝到“自助餐”的实惠（月平均工资由原来的1090元增长到1350元），也让用户对电信局的服务竖起了大拇指。承包前机线员是被动服务，接到用户障碍申告后，是“找点空闲，找点时间”去查修；承包后机线员自费印制名片、挨家挨户走访，不论刮风下雨，不分节假日，有障碍随传随到，有装移随派随出，让用户真正感受到“服务到家”。2000年底的测评显示：用户对青冈县电信局的装移修机服务满意率达到了100%。

二、欠费买断——堵住了漏收的后路

欠费收缴，以前是最头痛的难题，1998年市话隔月累计欠费高达128万元，严重影响了企业发展。分析欠费原因，发现源头就是一个字：慢。由于欠费收缴不及时，用户欠费额如滚雪球一样越欠越多，最后干脆弃机，形成恶性循环。形势逼出了新思路，青冈县电信局于1998年8月成立了由7人组成的“市话收费中心”，制订话费比例提取报酬，多干多得，不干不得。收费员对欠费用户电话催、登门要，并利用个人的社会关系网进行催缴。到2000年底，话费收缴率达到99.4%，收回陈欠84万元用户话费。2001年，青冈县电信局又大胆出台了市话收费由1人买断的方案，经竞标后由1名收费员负责全局的市话费收缴工作，收缴率必须达到99.5%，另外0.5%作为买断承包金，陈欠按百分比提取报酬。这种承包方式堵住了收费员的后路，背水一战的收费员千方百计堵漏洞、找门路，使这个局欠费逐步向“零”靠拢，1至3月，市话收费在完成了局定指标的基础上，又收回陈欠1万多元，收费员本人也取得了高于原工资的报酬。从此欠费收缴工作形成良性循环。

三、支局竞标——双向选择

2001年月1月，青冈县电信局“支局竞标承包方案”诞生了。该局依据每个支局的设备维护量、装机量、收费工作量和业务收入情况，进行人员定编，并根据投标人的属性（即在职或退养），确定了按收入提取劳动报酬的比例。以此为基数进行现场竞标，以提取比例最低者为最后中标人。现场投标者的热情出乎预料，最后有12名正式员工和5名退养职工从40个竞标者中胜出，有的员工竟以低于基数4个百分点的提取比例中标。

由于劳动报酬与业务收入直接挂钩，中标的支局长主动选择了适合其开展工作的支局，使原来的“组织经营”迅速转变为现在的“自觉经营”，农话业务出现了想发展、竞发展、抢发展的好势头。2001年一季度，这个局农话放号达938户，完成年计划的56%，农话维护水平也大大提高。

【四川电信科研规划部门实行公司化改制】

2001年5月，四川电信对全省电信科研规划部门进行资源整合，重新注册的四川通信科研规划设计有限公司正式挂牌运营。该公司是具有独立法人资格的经济实体，由原四川省电信规划设计院、四川省邮电设计院和成都电信局通信规划设计院等3家单位精简整合而成。其成立打破了传统电信科研规划与市场脱节的旧体制，标志着我国西部地区规模最大的，从事网络科研、规划、设计的技术密集型高新技术企业正式步入市场。它将彻底摒弃旧观念，走市场化发展道路，坚持用户至上、质量第一，并以此开拓新的市场、创出新的品牌、树立新的形象。通过营造良好的环境来提高员工的创新意识和创新能力，按照建立现代企业制度要求，建立完全市场化的运作机制。

【江苏电信常州分公司推行企务公开】

江苏电信常州分公司积极推行企务公开，形成了以职代会为主要载体，以公开企业办事制度和深化企业职工民主监督、民主管理工作为主要内容，以促进企业改革和持续发展为目的的工作体系，有效地激发了广大员工的积极性，促进了企业两个文明协调发展，2001年4月前被常州市授予“常州市厂务公开制度建设先进单位”称号。

常州电信分公司结合企业实际情况，首先以职工代表列席局长办公会议为试点，在此基础上，总结经验、逐步完善、稳步推进，继而开展了局情报告会、员工恳谈会、职工代表视察企务活动等，推动了企务公开不断深化。在推进企务公开过程中，他们坚持围绕企业发展的重点和职工群众关心的热点，坚持企业重大生产决策公开，把企业发展的规划、年度工作目标、涉及到职工切身利益的经济分配制度等在企务公开栏中公开，让职工知情，真正做企业的主人。同时注重把企务公开的内容、程序、制度与企业法人治理

结构衔接。通过企务公开，把民主政治建设有机地融入企业管理，建立起与现代企业制度相适应的长效管理机制。

工程招投标、物资采购竞价、采购单位的选定等员工关心的热点问题，实行企务公开后，状况为之一新。不仅密切了干群关系，还为企业的发展和效益的提高注入了新的动力。

【广东电信中山分公司建立市场化运作模式】

2001年，广东电信中山分公司再施重大改革举措：建立扁平化企业组织架构，实施管理层和具体操作层分离，压缩管理人员，建立以市场为导向，以追求经济效益为中心的企业化运作组织架构。

在2000年底实施主附、主辅分离后，中山电信所属各分局的经营任务一下子变轻了，而宏观管理、监督、市场细分等职责变重了。中山电信迅速调整分支局的机构设置，按照建立大区制的构想，将原来的21个分支局合并为12个分局，使分局布局更加合理、管理更加高效，使分局长们能够集中精力思考“大问题”。紧接着，中山电信对市分公司运作进行了大刀阔斧的优化和调整，将发展部与建设部合并，将党办并入人力资源部，将监察室与审计室合并成立监察审计室等，调整之后，形成了“八个部”的管理层架构。部室合并及职能的转变必然要求精简管理人员，通过对市分公司整个组织架构的科学分析，中山电信采取如下办法：成立8个“中心”作为生产和操作部门，如本地网业务中心、计费统计中心、大客户服务中心、工程管理中心等，这样在操作层面上与管理界面上的“八部”形成紧密的衔接。分流到中心的管理人员待遇保持不变，但不再是干部身份，这样既保证了改革的顺利实施，又安定了人心。通过改革，中山电信管理人员由70多人压缩为60人，占全部员工总数的近7%。

改革激发了中山电信的活力，2001年5月在对投入产出率、收支差增长率等多项指标的考核中，中山电信的综合指标在全省电信分公司中排名第三，成为国家一级企业。

【山西电信太原分公司“观念创新”工程走向深入】

2001年初，山西太原电信分公司提出实施“观念创新、素质提高、塑造形象”三大工程。9月份，太原分公司将“观念创新”工程引向深入，提出观念创新必须紧紧围绕公司的中心任务，结合不同时期的中心工作，找准切入点，增强针对性。同时，制订了“观念创新工程”近、中、远期目标，要求工程实施中要突出“一把手工程”，并强调突出服务创新。2001年12月他们在电信服务热点“装、移、修”工作中，进行了创新服务试点工作。此举是该公司“观念创新”工程的又一重要举措。试点工作在太原电信南城中心局进行，主要围绕内部考核、礼仪服务和面向大客户的差别服务三个方面开展，在线务员中引入竞争与淘汰制，这一工程旨在通过公司不断创新的服务赢得用户最大程度的满意。

这一工程与实际工作的结合，促进了公司各项工作的创新发展。各部室分别结合当前实际工作，将“机关为基层服务”、“维护也是服务”等理念作为工作指针。部室负责人与员工就观念创新与日常工作创新展开了大讨论。“观念创新”与服务工作的结合成效更为显著，在大客户服务中，他们以自创的“SDP服务”为标准，相继推出了“绿色通道”与“金牌服务”。在分公司话务处，他们结合“观念创新工程”开展了“末位淘汰制”，制度的实施使员工的思想受到极大震动，“铁饭碗”思想被打破，员工的危机感与责任感得到了加强。

【江苏江都电信局推行效益承诺制】

2001年以来，江苏省江都电信局在着力研究开发有效市场、降低生产成本问题中，逐渐体会到控制工程建设资金的重要性，为了解决过去工程建设部门与市场经营部门不能紧密结合的问题，保证工程投入的有效性，2001年10月，公司制订并实施了内部效益承诺制。市场经营部门与工程建设部门相互立下“军令状”，分别承诺用户发展和“能力”所提供的时限与质量，不能践诺者将被重罚。这一制度旨在强化有效市场开发，改变过去市场营销与工程建设脱节，网络资源缺乏充分利用，片面注重数量扩张而忽视投入回报等状况，促进企业走上效益最大化的发展轨道。

按照这项制度要求，市场营销部门在拟作工程前，首先要对杆线未到达和号线紧张区域进行预登记，并在规定时间把工程申报表报业务管理部门，由其在2个工作日内核实后交工程建设部门。工程建设部门接表后须在10个工作日内组织现场查勘，确定工程实施初步方案和投资预算，并以效益为中心，遵循充分挖潜和不突破固定资产投资计划的原则，召开工程建设项目论证会。对投资回报小、收容用户少、投资回收期长及每线建设成本超标的项目，将不予安排。反之，则优先安排。同时，对交换机实装率在80%以下，主干电缆利用率在75%以下，配线电缆利用率在63%以下的，原则上不安排工程，而须通过网络优化、利用旧料进行调网等途径去解决放装需要。

实行以效益为中心的内部承诺后，工程建设部门必须承诺所建工程的完成时限和质量，近期可发展用户数须占工程建设所形成的通信线路、网络资源的50%以上，而市场经营部门必须承诺近期可发展的用户数。对承诺发展的用户数的实际兑现情况、提供的号线准确程度、工程建设实际使用时间、资金等，均与责任人和责任部门经济考核挂钩，一旦违诺将被重罚。

【贵州电信遵义分公司实施员工完整工作规范】

贵州电信遵义分公司针对长期存在的末端资源变化快、信息不能及时反馈、资源调配与建设不及时等问题，提出“员工完整工作规范”观念。目的是通过对知识管理过程中重要环节的有效控制事先规范员工的工作行为，让员工知道做什么？怎样做完整？

该公司将完整工作规范作为线务员工作的一个基本要求，即线务人员在日常工作中除了完成装移修及日常维护工作外，还要将那些动态变化很快，分布极广的末端资源信息收集、整理。不仅是记在自己的本子上和脑子里，而且要反馈给资源管理系统。完整工作规范让员工明白，安装电话这个具体工作，只将电话接通工作还没有做“完整”，还应该按要求记录并填写相应的资源数据和市场经营数据，资源数据包括：小区名、楼名、楼层、配线线序、分线设备、剩余资源状况等等；市场经营数据包括：新业务需求、服务意见和建议等。同时还要做好与服务有关的其它工作如：“五个一工程”即在安装电话时要做到“一声问好，一张毛巾，一双鞋套，一张服务卡，一声再见。”只有这样高质量的把一件工作做“完整”了，才能计核一个工作量并与员工个人绩效挂钩考核。通过实施员工完整工作规范后得出的资料可归纳分析“流动”起来，成为企业特有的知识，让所有员工都可以互相学习，实现资源共享，为机线配套、建设、市场经营等提供信息。（刘　兵）

【山东成武电信局引进管理新理念提高员工素质】

2002年3月，针对薪酬制度改革后，企业人员减少、工作量增加的情况，山东成武县电信局借鉴海尔的先进管理经验，推出了“日事日毕，日清日高”工作制度，以发挥“少而精”的人员优势，提高工作效率。

海尔“日事日毕，日清日高”理论的主要内容是，“每个职工在完成好当天的工作外，还必须以每天提高1%的观念，在原有的基础上提高质量或增加数量，或降低成本，改进工艺，革新技术”。成武电信则根据企业实际，对这一理论进行了充实和量化：即不论工作量大小，只要是属于当天的工作，每个职工都必须当天完成，绝不把当天的工作推到第二天；在处理完当天的工作后，每个职工都必须认真反省、总结一下自己一天来的工作得失，并把它记录到专用的笔记本上，以备检查；每个职工都必须以每天提高1%的观念，在原有的基础上努力提高服务意识和服务质量，力争一天上一个台阶。非不可抗因素，连续一个星期完不成当天工作、但没有给企业造成损失者，调离原岗位并自费参加培训，给企业造成损失者，作下岗处理并追究其相关责任。成武局成立动态管理小组，负责员工每天的“日事日毕，日清日高”统计和督察，并负责按期写出分析报告；以部室主任、班组长、支局长为第一责任人，建立部室、班组、支局动态管理档案，由局动态管理小组定期按优、良、中、差四个档次为各部室、班组、支局打分，奖优罚劣；班组、支局负责对本班组、支局成员进行考核。

【河北电信秦皇岛分公司盘活网络资源出效益】

效益是企业管理工作中永恒的主题。随着电信体制改革的不断深入和电信资费的调整，电信基本建设资金益发紧张。河北电信秦皇岛市分公司从源头抓起，在保证资源能力的情况下，压缩建设投资，盘活网络资源，强化效益管理，2001年自行利用旧设备和线路完成改造工程10多起，节约建设资金1000余万元，不仅锻炼出一支过硬的技术人员队伍，而且提高了公司的运营效益。

2001年，秦皇岛电信36局配线架遇到问题。该配线架于1992年建成，一直沿用人工布线放号的老模式。配线架内部性能开始下降，继续布放的跳线团越来越臃肿，查修障碍变得非常困难，还不如重新布放一条线。配线架的保护、报警系统也不同程度失效，存在着安全隐患。在这种情况下，只有两种选择，要么尽快新建机房进行割接，彻底更换配线架；要么充分利用原有设备电缆，改造配线架。前者耗资太大，仅新建机房一项便得耗去几百万元；后者虽然可以节约资金，但要冒相当的风险。经过一番利弊权衡，公司领导大胆选择了后者。经过220天的艰苦奋战，36局配线架改造工程在金秋10月顺利竣工。整个工程通过合理利用旧的局用电缆，节约工程费用近80万元。成功改造后的配线架，容量由改造前的5万线扩大到6万线，并彻底改变了以往人工作业的旧模式，实现了先进的计算机软联工作方式，不仅减轻了维护人员的工作量，缩短了装移修机时间，而且极大地降低了障碍发生的可能性，有效地提高了工作效率，以最小的投入换取了工程效益的最大值。

局里AXE10型长途程控交换机自2000年5月S1240型新长途交换机正式投产使用以来，就一直作为折旧完毕的废旧设备停用至今。为了充分挖掘先期淘汰设备的利用价值，更好地运作现有的网络资源，秦皇岛电信在它身上打起了主意，虽然这台交换机的容量和性能技术指标已经不能满足开办新业务的需要，但如果改造成市话汇接局，对于节省建设维护资金、提高现有网络运行维护水平是极有价值的。经过集中论证，2001年8月，秦皇岛市电信分公司正式开始进行AXE10型长途程控交换机改造工程，在没有任何外援的情况下，顺利完成了19个柜机的交换机硬件“搬家”工程。这可不是一次简单的搬家，技术人员需要逐条拆除近两千余条铜缆接口，并在交换机的“新家”中依次完成重新接头和调测工作，使其工艺、对地绝缘的测试等指标完全符合国际标准。交换机搬家成功后，就需要对软件数据进行改造，这是整个工程的重点，稍有不慎就前功尽弃。技术人员以高度的细致和耐心，拆除原长途交换数据73728条，重新制作市话汇接局数据18432条，并把原来的NO. 7信令全部改为ISUP信令，彻底将一台已报废的旧交换机改头换面，改造成了具有8610中继线功能的市话汇接局，仅此一项节约设备资金300多万元。

该公司整流设备运行7年，已到了故障多发期，且由于与厂家失去联系不能及时得到维修。公司技术人员经过潜心钻研，将原有的两套爱立信电源整流设备合二为一，并将其中3个高阻配电系统改造为适合开发区局使用的低阻配电系统，科学地完成了设备替代供电工作，节约新购设备资金近50万元，卓有成效地盘活了网络资源，提高了经济效益。

【江西电信景德镇分公司管理思路创新见成效】

江西电信景德镇市电信分公司以加强管理制度科学化、工程建设效益化、优质服务永恒化、管理方法多样化、全员学习经常化的“五化”管理为指导思想，企业发展见到实效。2001年一季度，公司业务收入增长率排名全省第一；二、三季度名列全省前列；7月中旬即完成全年电话放号任务；宽带建设如火如荼进行，许多地区已达到1000M到小区，100M到大楼，10M到用户或桌面。

一、管理制度科学化

景德镇电信分公司按照有利于开拓市场、生产创收、改善服务、强化管理的原则，将“168”单列出来，专门成立了声讯业务中心；将“112故障受理台”从市话线路中心分离出来，划归市场经营部；成立了“180用户投诉中心”；成立大客户服务中心，开通了绿色通道等等。声讯业务中心的成立使得公司168单机收入名列全省第一，“112故障受理台”从市话线路中心的划出大大促进了装移修电话服务质量进一步提高。

景德镇市电信分公司以《企业法》为准则，坚持和完善以职工代表大会为基本形式的民主管理、民主监督制度，切实加强企业管理，积极推行局务公开制度，制定了《企业重大经营及投资决策公开实施细则》等一系列规章制度，使得员工民主管理、民主监督权利得到有效落实。大力加强财务管理制度，推行报账制度，规范银行账户，确定费用审批权限，定期进行检查审计。加快劳动、人事、分配三项制度改革，对中层管理岗位实行竞聘上岗，新任中层管理人员实行“公示制”，打破干部工人界限，竞争上岗，拓宽用人渠道，面向社会公开招聘相关人员，2001年公开招聘了中层及管理岗位人员数名。根据经营、维护、综合管理的不同工作特点，制定了相应的考核办法。公司2001年先后推出了《市话线路维护人员计件承包试行方案》、《声讯中心业务收入考核办法》、《浮梁分局经营责任考核暂行办法》等，这些方案的制定加大了劳动报酬中的浮动比例，鼓励员工以优良效绩获取高额薪酬，真正做到优质高效，充分发挥内部分配制度的激励作用，调动员工生产积极性，促进了企业收入的迅速增长。

二、工程建设效益化

景德镇市电信分公司将2001年定为管理效益年，将增收减负作为工作的重中之重，最大程度地实行工程建设的效益化。

公司化运作后的项目建设投资计划不再是一个软指标，项目建设资金全部自筹，全年计划不得突破，使得计划、预算约束趋于硬化。建设投资要压缩，但并非同比压缩。该公司抓大放小，紧跟业务发展热点，以三网建设为重点增强全网综合能力。一是把有限的资金放在解决制约业务发展的“瓶颈”项目建设上；二是做到顺应通信技术的发展方向，加强网络的规划，通过建设使通信网不断向宽带化、智能化、综合化的信息网过渡；三是做到注重实效，对有市场需求、效益看好的传统业务及具有战略意义的工程抓紧建设和完善。在减负的同时，景德镇市电信分公司保证了重点工程的建设投资。此外，该公司通过充分挖掘现有网络资源、人力资源来满足业务发展的需求。充分挖掘现有网络资源，合理调配，提高交换实装率，既保证了正常业务的发展，又节约了建设资金。对线路配缆及交接箱进行了数据核查，清理了大批“死户”，腾出容量来满足装机需求；鼓励开展技术攻关，节约投资。如该公司组织相关技术人员刻苦钻研，大胆尝试，自行解决了新建赣信寻呼充分利用现有114设备接入，并针对前台停开机程序繁琐、历时长等问题，研制开发出自动停开机系统等，为企业节约了近20万元的资金。

为了能够拿出经济有效、科学合理、具有指导意义的宽带网建设方案，公司宽带领导小组先后组织了数十次的技术交流、研讨和方案论证，专门实地考察了驻地网建设试点，根据用户群体的不同，制订出两套驻地网建设方案。

三、优质服务永恒化

景德镇电信分公司面对日益激烈的市场竞争和客户多样化、个性化的需求，把服务品牌作为企业形象的最高体现，并且不断创新，先后经历了微笑服务——承诺服务——规范服务——品牌服务的发展过程，进而深化了服务层次，提升了服务水平。

该公司把服务目标定位在“瓷都电信”这个服务品牌上，认为“用户的需要就是自己的服务内容，用户的意见就是自己改进工作的目标，用户的满意就是自己追求的标准”，并且千方百计搞好优质服务，使用户切实感到“瓷都电信”品牌货真价实，值得信赖。为提高窗口人员的综合素质，从礼仪、用语、技能等方面对员工进行全方位的培训，并在社会上公开招聘了10余位高学历、高素质的年轻员工，充实到前台营销一线。“既要让用户放心，更要让用户感到贴心”，这是窗口员工优质服务的又一特色。

景德镇市电信分公司将服务当作“两个文明”建设的结合点和公司工作的切入点，狠抓“首问负责制”、“服务承诺制”、“竞争上岗制”等制度的落实，并大力开展“推进规范服务、创建文明行业”活动，使得服务创新由点到面、由前台到后台、由微笑服务到品牌服务等深层次的服务层层推进。

四、管理方法多样化

景德镇市分公司领导充分认识到现代企业管理是一门应用性很强的综合学科，灵活运用管理理论才能获得成功。该公司一方面采用行政方法，运用行政手段（命令、规定、方案等），按照行政系统来执行管理职能，进行管理方法的实施，具有严格的强制性。例如，为了确保安全生产，规定所有员工一律凭工号牌必须出示进出，通信机房禁止明火作业，严禁有驾驶执照但无上岗证的人员驾驶公司车辆等。另一方面充分运用现代管理学中的激励理论和领导行为来管理员工，激发员工的工作动力，发挥员工的内在潜力，充分调动人的积极性，企业的凝聚力日益增强。

【河北省高碑店电信局大胆创新管理模式】

2001年，河北省高碑店电信局深化改革，大胆创新管理模式，完成了企业内部市场化、组织管理扁平化、企业管理信息化。

一、成立各专业化公司，与主业形成结算关系

要说主辅分离，高碑店其实早就轻松地做到了：管理层负责主业，各专业公司负责实业，主业与实业之间是结算关系。

早在1999年，高碑店局就把所有生产一线、营销末梢的单位划为公司，实现了内部管理市场化。根据业务需要，他们先后成立了六个专业化公司：负责全市电信业务经营服务的营业服务公司，负责全市交换、电力等设备运行维护的设备运维公司，负责全市通信线路、干线、施工、维护、安装的工程公司，负责全市公用电话发展的公话公司，负责数据通信的多媒体公司，负责小灵通发展的无线市话公司。电信局与各专业公司之间是雇佣关系、协议关系。机关各部室、各营业部主管负责按服务标准、工作计划、工作进度、安全生产标准对各公司进行业务指导、监督检查，而不负责具体的班次的调配、人员调动等。一旦发现某公司业务差错，双方按协议规定的比例，扣除

其委代办费。

原电信局职工按建制划转。如营业窗口人员统一划归营业公司；传输、电力、维护等人员划归运维公司等。专业公司内部实行聘用制，通过考取资格证书和末位淘汰制、岗位竞争等手段进行内部清理消肿。如营业服务公司就由原来的53人，减到35人。生产一线员工与电信局是雇佣关系，必须严格遵守电信局的各项规章制度，严格执行电信局的资费政策、服务和安全生产规范等。他们既接受所在专业公司的管理，又接受电信局的监督检查，如被电信局因违反纪律退回所在公司，则按公司规定下岗或解除劳动关系。

各支局与员工建立了“结算关系”，支局负责人不仅有权从各专业公司选择最优秀的职工到支局从事不同岗位的工作，而且也有权合理地辞退那些素质不好的职工。局里经常定期不定期对管理层的干部进行考试，如果不符合要求，随时都有下岗分流的可能。

在结算关系上，电信局按文件标准支付给各公司委代办费。公司员工按工作量、维护量、业务量，有无用户投拆，有无安全生产通报等项目，进行考核领取报酬，多劳多得、能者多得。营业人员一天的业务量、收欠率、服务状况，决定一天的收入，线务人员可以根据装机数量和质量掌握自己的工资。

这种企业内部的市场化改革，不仅使管理层从直接管职工的繁杂琐事中解脱出来，专注于抓业务发展，而且调动了各专业公司的工作积极性。2000年以前，高碑店的因特网用户仅400户，收入30多万元；而到2001年，就突飞猛进地达到6624户，收入160多万元，其中新机制的激励起了很大作用。

二、精简管理人员，缩减管理环节

高碑店局公司化管理迈出的最大一步就是组织管理“扁平化”——精简管理人员，使企业在市场竞争中扔掉过重的包袱，轻装上阵。高碑店局同时出台了两个文件：一个是关于内退的优惠规定；一个是竞争上岗的严格规定。机关的管理人员由原来的50来人缩减到20多人。

在改革中，高碑店局着力打破正式工与非正式工的界限，有70%的正式工随建制划到各专业公司。1999年，全局有108名正式工，收入4600万元；2001年全局有25名正式工，年收入7111万元。同时，每个公司、每位员工在电信局的角色改变了，责任感增强了。工作不扯皮、不推诿，自己的事自己做，吃、拿、卡、要，出工不出力的现象已经杜绝，服务规范变成行为准则，人员结构由原来的配置安排转变成了适应业务需求。优化了人员结构，对外窗口服务人员的素质得以迅速提高。经过末位淘汰、岗位竞争等过程，大浪淘沙，一批知识全面、精通业务、懂得营销、钻研技术、踏实肯干的企业急需之才，被充实到了生产一线。设备运维公司大专以上学历的占到三分之二。营业服务公司35名营业人员全部掌握了新业务营销的全过程，在2000年12月份省公司服务工作检查的笔试中，以高质量、快速度的答卷，赢得了检查组的好评。

公司化管理的实行，重新理顺了内部管理关系，提高了企业效率，为企业长远发展奠定基础，使内部管理关系发生了巨大变化。最明显的变化是，各部室管理意识转变了，一切从效益出发、一切从经营出发、一切围绕着开发市场展开工作。比如综合办公室削弱了行政管理职能，加大了监督检查力度。各公司按业务工种垂直管理，一直管理到各营业部。营业服务公司负责市局及所有营业部的电信业务经营服务工作；设备运维公司负责市局及所有营业部、各模块点的机务工作。这样的管理达到了各种政策、各种规范、各种技术的落实一致、宣传一致、标准一致、执行一致、完成任务一致。设备运维公司对全市的各种设备实行了集中监视、统一管理，保证了市局及五个营业部的局数据、用户数据的完整、统一、准确。

三、建立统一信息管理平台

优质高效的“管理平台”是高碑店局集约化管理基础。高碑店局形成了两大特色“管理平台”：一个是把管理方法与管理机制有机地结合起来，统一操作、一点即通、一通见效的“管理机制平台”；一个是将先进网络技术应用于基层管理的“微机管理平台”。

“管理机制平台”是高碑店局管理模式的形象比喻，它同计算机平台一样，同样具有内容丰富的信息库和严谨的程序。在这个平台上有五大操作系统——党内纪律、综合督察、财务稽核、工程审计、业务检查，在这个平台上实现了：

——责、权、利一体化。把过于集中的权力下放到最贴近市场、能对市场变化做出快速反应的基层。让每个有责任的舵位都有相应的权力，比如市场经营部门有市场经营权、奖金分配权、资金使用权、人员奖惩权等。同时在每个岗都注入相应的利益机制。如资金分配体系，使各项工作细化、量化，奖金分配等级差距加大。中层管理人员按完成任务情况拿奖金，完不成任务一分奖金没有；高质量、高速度完成各项任务的部门或个人，会得到重奖。其次，权力下放的同时，责任也随之增大。高碑店局使每个岗位尤其是管理岗位明确责任、明确业务技术要求、明确奖励措施，形成了《管理制度汇编》，其中18种标准20多项职责，使每位管理人员、每位职工都能找准自己的位置，规范自己的行为。各项权利的下放，在给高碑店局注入适应市场活力的同时，又建立了一整套自我控制和约束的机制，其核心是两支“警察队伍”和三级监督检查体系。督察队成立于1995年，2000年又增加了新的内容——“180”申诉中心，对内查处各种违纪行为，上至局长、下至职工，有通报权、处理权，对外受理用户申诉并监督处理申诉的全过程，有紧急调度权。财务稽核——专门监督全局财务运行情况，规范资金使用行为，建立稽核网络，严防财务、业务漏洞。三级监督检查体系各营业部、班组为第一级，对服务规范、工作标准等严格把关；各部室专项检查为第二级，按频次进行专项检查；全局综合性检查为第三级，以“180”为龙头，严惩违纪行为，发现一件、落实一件、查处一件。

——考核奖惩公开化。中层管理人员有六项32条的《中层管理人员考核实施细则》，每年两次民主评议，公开评分，评分内容包括：任免条件、素质要求、完成任务情况、工作质量、监督力度、组织能力、精神文明等12项。这一措施给中层干部带来很大压力和危机感，使高碑店局的管理有水平、有层次、不脱节。中层管理人员考核公开、奖惩公开，从职工中评选出的五位劳模，也公开表彰，万元重奖。

——岗位竞争制度化。2001年1月，为充分发挥广大员工潜力，调动员工积极性，吸纳优秀人才，高碑店局出台了《竞岗暂行办法》规定了“公开、公正、公平、民主”的竞岗原则及竞岗资格、竞岗程序等。 2001年8月，为适应竞争环境下的集约化管理，高碑店局建立了微机管理平台，包括市场预测、网络规划、业务营销、综合管理等子系统，为优化基础电信网络、合理分配电信资源，掌握市场变化规律，精确投入产出比例，提供了科学详实的决策数据，实现了“向管理要效益”的管理理念。为使这个平台数据精确，2001年7月成立了专职的电信市场普查小组，历时2个月，对全市442个行政村、14个乡镇办事处，方圆672平方公里进行了30多项的电信市场普查。

在这个平台上，可以随时随地掌握各分支机构运行状态、管理方式、业务发展进度，及时避免发展过程中的错误，提高业务发展水平。

·实业公司·

【中国电信主辅主附分离重组完成】

在经历了寻呼剥离、邮电分营、电信重组、政企分开之后，原邮电系统长期形成的企业办社会的职能大多留给了中国电信，形成了企业负担重、社会职能多，三产不规范等问题。针对这些问题，2000年8月，中国电信提出在各省积极推进主辅主附分离，精干主业，分离企业办社会的负担，规范和清理多种经营企业，合理有效配置人力资源和组织业务，规范、有序地推进多元化经营的战略决策。这一决策得到了各基层电信企业的积极响应，各级电信企业认真宣传发动，提出本企业主辅主附分离工作思路、指导思想和原则，并相继确定了实施方案。截止到2001年2月，全国31个省区市电信实业公司资产评估、工商登记、挂牌工作全部完成。设计、施工、科研、器材供应、学校、医院等附属单位和后勤服务等辅助部门也已进入实业公司。各省区市实业公司的内部管理机构基本到位，并开始正常运作。通过主辅主附分离，中国电信主业员工数从53万减少到39.7万人，实业公司已有员工14万人。其中，从主业分离的员工达11万人。

为更好地发展实业公司，中国电信提出了实业公司的总体发展思路：摸清家底、重组整合、转变机制、规范运作、形成优势、健康发展。各省实业公司组建后，要对其资产总量、资本结构、股权结构、人力资源总量和结构、业务种类、发展潜力等进行全面普查，做到对人财物全部家底明了。重组整合后，要分别不同企业实行分类重组，避免法人链条、资本链条过长，形成优势业务、优势品牌，形成核心企业，增强核心竞争力。一要重组资产，提高资本运营效率，通过资产置换、变现方式，盘活存量资产；二要集中优势，形成拳头产品和业务；三要优化人员结构，通过竞争上岗、内部退养等优化组织结构和人员配置，建立灵活的用工机制。要做到员工能进能出、职务能上能下。对于企业不需要的社会聘用人员和劳务工，要解聘或清退。

实业公司的领导班子要转变观念、解放思想，树立市场意识，在服务好电信运营核心企业的同时，面向全社会和整个运营业提供工程设计、施工和代维代营代销业务。要树立企业意识，政企要分开，轻装上阵，自主经营、自负盈亏。要树立创新意识，要敢试、敢闯、敢于创新。

【浙江电信实业集团精诚服务主业积极开拓市场】

2000年12月成立的浙江省电信实业集团公司，以服务质量为生命线，把稳定和提高服务质量作为企业生存发展的头等大事来抓。下发了《关于主附、主辅分离后进一步加强电信服务工作的通知》，要求各单位确保对主业关联业务的服务标准，对外承诺不变，确保电信服务质量不下降。各公司认真执行省公司指示，全力抓好规范服务、优质服务工作，使服务质量保持良好的水准。

在加强服务工作制度化、规范化建设方面，浙江省电信实业集团公司拟定了《服务质量管理办法》等全省性指导意见。杭州、宁波、嘉兴、湖州、绍兴、衢州、台州等公司结合本地实际，坚持指导性和灵活性相结合，细化服务质量考核办法，制订了一系列具有可操作性的服务标准、管理细则、工作职责及处理流程。同时为加大服务质量考核力度，各公司充实服务质量管理岗位，健全与主业服务体系相对应的服务质量监控网络，落实服务质量监督检查制度。嘉兴市电信实业公司成立了服务质量管理办公室，加强对服务工作的检查；湖州市电信实业公司自觉接受主业的检查，定期与主业质量检查部门进行交流。

优化服务内容、提高服务水平方面，浙江省电信实业集团公司在全省申请了96112对外电话服务咨询设诉专线，宣传公司的业务种类，受理用户各类咨询和投诉。金华市电信实业公司开通了专门面向主业的服务热线。各公司纷纷以114查号台、160人工话务班等为重点，抓好服务窗口的规范服务，湖州市电信实业公司将114查号台睡班制改为24小时坐班制，宁波市电信实业公司开展了114夜间联网工作。同时，他们还不断创新服务内容。杭州市电信实业公司利用“世界电信日”的契机，与当地公交部门通力合作，开通517路电信专线车，收到良好的社会效益。宁波市电信实业公司利用1000特服号服务平台，与有关部门合作，开通了客房预订、机动车违章举报等服务内容，得到了社会各界的认可。

在确保与主业关联业务的顺利衔接，做好内部整合和组建工作的同时，浙江电信实业集团及时转变经营观念，调整经营思路，大力开拓业务市场，以服务主业为根本，从主业外寻找业务增长点，积极与浙江网通、浙江移动、浙江联通等大通信运营商接洽谈判，不同程度地承揽了线路工程、代维业务。在工程设计、器材供应、科研开发、工业生产等方面，公司各直属单位克服困难，立足本职，根据自身特点不断规范管理、强化经营。设计、科研单位加大技术创新和内部改革力度，积极走向市场；南天公司、工程局、工业公司等单位一方面改革内部经营机制，一方面发展新业务、开辟新市场，保证了业务的正常开展。学校、培训单位积极与市场接轨，合理定位，广拓渠道，在取得社会效益的同时，产生了较好的经济效益。物业、宾馆等服务性行业按市场要求规范运作。浙江省电信实业公司树立起大物业的经营观念，将基本建设、后勤保障等纳入物业管理的范畴，并着手对物业管理体系进行整合，拟订了《物业管理规范发展的若干指导意见》。各地物业管理公司（部门）迅速转变观念，强化服务意识，服务水平均有较大程度的提高。

浙江电信实业集团公司提出的战略总目标是：经过3年的努力工作，建成经营机制灵活、管理制度科学、具有综合竞争实力和通信服务品牌的现代企业。

【山东电信主实业同心协力闯市场】

2001年初，山东电信按照集团公司的改革要求，进一步明确了主业和实业公司的关系，并确立和规范了这一关系的定位。山东电信明确提出，中国电信分离出来的多元化经营企业，仍然是中国电信的重要组成部分，是通信运营核心企业的协作系统和支撑系统。是同一品牌下的两大板块，有着唇齿相依，相互支持，相互依托，共同发展的关系。实业公司要进一步增强服务意识，服务、服从于山东电信发展的总体目标，主动为通信运营企业提供优质、高效的服务，为通信运营企业持续、快速的发展提供强有力的支撑。通信运营核心企业也要按照双方签订的关联协议，在规范运作的前提下，对实业公司提供各方面的支持，为实业公司的发展提供良好的环境，努力实现山东电信旗下两大板块、两个战场互动发展的战略格局，共同把山东电信建设成为具有国际竞争力的一流通信运营企业。

2001年4月，山东省电信公司与山东电信鲁通集团公司（实业公司）建立和签署所有业务的关联协议，山东电信利用签署关联协议的形式，规范主业和实业公司的关系，建立实业公司规范、严密的工作流程。鲁通集团经营的业务包括器材供应、规划设计、工程施工、计算机集成与软件开发、广告、房地产开发、工业生产、酒店旅游、物业管理、教育培训、通信工程监理等业务。实业公司依托主业的业务已经具备了一定的经营规模和实力，成为公司发展的支柱业务。鲁通集团确立了“主兴我旺”的企业发展思路，进一步拓展与主业的合作领域，把支撑、服务主业作为公司的经营发展宗旨，把主业当成最大客户，提供最优质的服务。在处理服务主业和开拓社会市场的关系上，鲁通集团公司的原则是，只有在保证服务、支持主业的前提下，才能去扩展社会市场。山东宽带网建设竞争激烈，各级实业公司充分发挥其机制灵活、接近市场等优势，协助主业开拓业务，大力发展宽带接入、智能小区、智能大楼、信息服务、电子商务等新业务，帮助主业扩大了宽带市场占有率。

【北京电信实业公司开局良好】

2001年11月28日是北京市电信实业集团公司成立一周年的日子。一年时间，北京电信实业集团公司已实现业务收入22亿元，完成利税1.6亿元，有了一个良好的发展开局。

北京电信实业从主业分离出来时，拥有50亿元资产，一年后已形成涉及电信增值服务、通信工程设计施工、物业管理、广告、信息服务、旅游、房地产开发等领域，包括20个专业子公司的庞大企业集团。实业既是主业的协作和支撑系统，也是面向社会提供优质服务的产业公司，在北京的通信市场和信息化建设中发挥着日益重要的作用。实业公司下辖的京都信苑饭店，向社会服务的程度已由分离前的60%提高到了90%。大运会期间，京都信苑饭店由于为大运村3号公寓提供的客房服务周到、细致，不仅深受国外大学生运动员的赞誉，还受到了李岚清副总理的表扬，被大运会组委会评为优秀公寓和“突出贡献集体”。同时，实业集团公司下辖的北京电信工程局，在确保主业建设任务完成的同时，还积极与移动、吉通、网通等运营商合作，扩大了工作领域。

【宁夏电信公司与实业公司签定代维代营协议】

2001年3月31日，宁夏区电信公司与宁夏电信天波实业有限责任公司签定了代维代营协议。标志着主业与实业已经建立起了规范的经济合同关系，主辅、主附分离工作进一步向规范化的方向发展。

根据协议，区公司委托实业公司对全区四个本地网电缆线路设备、农话光缆线路及无线接入用户终端设备等实施代维。从交换机测量室总配线架MDF以外，纵列接线端子（不含端子）电缆侧到用户终端（含公用电话）之间全部市话设备进局、站第一个连接器（不含连接器）以外的农话光缆线路以及小灵通的安装、调测及日常维护均由实业公司负责。协议还对代维费用标准及支付办法、维护质量保证等作了明确规定。

代营业务包括固定电话、无线市话、公用电话、电报、数据、智能网、声讯服务等十二项内容。协议明确规定了营业设施的配备与管理、服务工作质量、代营费用标准和支付结算方式等具体事宜，确定了代营业务质量考核细则（试行），要求实业公司代营的电信业务必须达到集团公司和宁夏区电信公司制定的服务标准，树立“用户至上、用心服务”的理念，以客户满意为目标，以市场为导向，完善代营系统，不断提高服务水平。

双方还就宁夏区电信公司对实业公司给予的相关政策支持达成协议，提出在物资供应、物业服务、设计施工、房地产、广告等业务领域支持实业公司的发展。协议期限为5年。

【青海省电信实业公司上缴税利获政府表彰】

2001年是青海省电信实业公司独立运作的第一年。按照中国电信集团公司和青海省电信公司的总体要求，实业公司全体员工解放思想，转变观念，树立"厚德载物，诚信为本，服务至上，创新创优"的思想，初步理顺了公司内部管理体制，提高了企业的运行效率，形成以设计、施工、维护、培训、器材供应、工程监理一条龙服务的整体优势。通过全体员工不懈努力，顺利完成了公司制定的经营目标计划，2001年度实现业务收入达2亿多元，向国家上缴税金1128万元，被青海省人民政府授予"二〇〇一年度上缴税利大户"的称号。

公司组建成立后，划归实业经营的主要业务有：通信工程的设计、施工、代维、通信物资、邮电职工培训、物业管理等。公司下设：青海省通信建设工程公司、青海省邮电规划设计院、青海省邮电职工培训中心（青海省邮电学校）、青海省电信实业公司维护分公司、青海省电信实业公司物资分公司、青海省电信实业公司数通网络分公司（青海省邮电科研所）、青海省电信实业公司海东分公司、青海省电信实业公司海南分公司、青海省电信实业公司海西分公司和青海电信旅行社。青海省盛信通信建设监理有限责任公司挂靠在青海省电信实业公司。

一年间，按照集团公司"摸清家底、重组整合、转变机制、规范运作、形成优势、健康发展"的方针和省电信公司的总体要求，实业公司积极稳妥地完成了公司内部机构的组建工作,并建立健全各项规章制度，加强企业管理，与主业公司签订了《物业服务框架协议》等各项业务协议，以合同的形式规范了与主业的服务协作关系。在业务工作中，实业公司积极协调与主业公司的各项业务关系，逐步理顺了业务流程，改善了公司外部服务环境。与此同时,实业公司对内部生产流程业进行改进，相继制定了工程施工、装移机、代维业务管理考核办法，确保施工、设计、维护、物资供应等工作质量。针对员工整体素质参差不齐的问题，制定了全年教育培训计划，先后选派员工赴外地学习，举办了《微机操作、服务礼仪和企业管理初级班》、《现代企业制度和公司法》、《企业高级管理人员培训班》等15期学习班，同时积极鼓励员工参加与本岗位相近的各级各类成人高考和高等教育自学考试，充分提高员工文化素质，为企业的长远发展提供了智力支持和人才储备。在做好基础工作的同时,公司还进行了资产清查、业务整合、规范三产和经营服务等工作。在业务的发展上，尽可能地降低成本，增加效益，形成集约化管理，将许多闲置的资产合理利用，并盘活不良资产。对于存在的问题，实业公司通过召开主、实业公司联席会，相互沟通、相互协调、达成共识、相互谅解、解决问题，使实业公司的经营、服务工作步入正常轨道，基本形成了由工程设计、施工、设备供应、员工培训构成的为主业服务的支撑体系；由代维、代办、代销业务构成的与主业的协作体系；由物业管理和后勤保障构成的为主业的服务体系，取得了较好的效果。在此基础上实业公司积极扩大业务范围，不断开拓新的服务领域。针对旅游发展趋势和青海旅游资源发展的分析情况，成立了青海电信旅行社，仅一年时间就跻身青海旅游行业前八名，取得了较好的经济效益和社会效益。

青海省电信实业公司正以市场为导向，以经营服务为中心，在激烈的市场竞争中，进一步转变观念，积极调整对策，全力寻找市场突破口、着力点，有效拓展生存、发展空间，依靠全体员工的拼搏实干和创新精神，努力闯出一条适合电信实业实际的发展道路。

【黑龙江电信实业经营大打品牌战】

黑龙江电信国脉工程公司打造新技术品牌和海外工程品牌，在稳固省内市场的同时，全力冲击省外、国外通信建设市场。

为紧跟新技术发展动向，国脉工程公司有计划地储备和培训了大批技术人才，派技术尖子到华为等通信设备制造厂家学习宽带业务、CDMA设备的安装调测技术。2001年，他们成功地为哈尔滨工业大学、东北林业大学等哈市14所高校进行了宽带校园网工程的安装和调测；承揽了省内联通、移动、铁通等运营商的管道、交换设备、传输设备的安装调测和勘测工程。2001年5月，公司承建了江西和甘肃兰州GSM基站MSC调测工程，填补了省外此类工程的空白。2001年12月成功中标新疆GSM基站MSC调测工程。为打响企业品牌，国脉工程公司制订了通过竞标国家及省内重点工程来打造企业知名品牌的经营策略。在施工线路长达450余公里、跨越吕梁山脉、涵盖整个通信领域各专业的综合性系统通信工程山西省万家寨引黄工程通信系统安装工程的激烈竞标中，19家投标单位中，该公司脱颖而出，并被山西省万家寨引黄工程管理局评为“2001年度引黄工程建设先进施工单位”。

海外工程是黑龙江电信国脉工程公司的战略重点。他们与华为、贝尔等通信设备供应商以实现“双赢”为目的，建立起长期的合作伙伴关系，积极拓展海外市场。2001年5月，国脉工程公司与华为公司合作，抽调精锐人员远赴泰国进行GSM交换工程的施工，圆满完成了各项任务。

2002年初，黑龙江电信国脉工程公司已形成了三条施工生产链：以土建、装饰、综合布线为主的建筑施工生产链；以程控交换、传输、无线通信设备的安装调测为主的通信设备安调生产链；以通信光缆、市话线、管道施工为主的通信线路施工生产链。这三条生产链中的各个子公司既能单独作战，又能联合出击。他们的成功经验为实业公司开拓市场、积极发展提供了很好的范例。

【河北电信实业公司确定发展战略】

河北电信实业公司挂牌成立之后，公司定位和发展思路便成了职工最关注的问题。公司领导经过深入调查研究后认识到，实业公司的发展，必须紧紧依托主业、围绕主业、服务于主业，通过主业的发达来发展和壮大自己；在保证主业公司加快发展的同时，实业公司应积极面向社会所有电信运营商开展业务。

2001年3月26日，河北电信实业公司召开首次工作会议，确定了河北电信实业公司依托主业，开拓社会市场的“三环”发展战略。并把公司发展定位阐述为：搞活经济，搞好“三环”形态的经营战略和以十大支柱业务为主体的产品战略。“三环”经营战略，就是要以河北电信公司的发展目标为圆心，做好与电信主业有关联交易的业务（一环）；做好与信息通信业相关的自主开发的业务和放开经营的电信业务（二环）；做好主要面向社会的多种经营业务（三环）。十大支柱业务将根据实业公司实力分层推进：第一个层次是，目前在全省社会市场上已经具有绝对优势的四个项目——电话装机维修、通信线路维护、通信工程施工和通信建设监理；第二个层次是，具有一定竞争优势的五个项目——通信工程设计、器材供应、信息服务、小区宽带接入和无线寻呼；第三个层次是物业服务。公司提出，要利用二至三年的时间，将河北电信实业集团建设成为实力雄厚、机制先进、效益和信誉一流的现代企业集团。瞄准电信主业市场和社会市场，建立在工程设计施工、设备生产、器材供应、人员培训等方面对电信主业的支撑体系，建立与电信主营业务密切关联的代维、代办、代营、代销的协作体系，建立以物业管理和后勤保障为中心对电信主业和社会市场开放的服务体系。力争在“十五”计划末，发展成为河北省整个通信行业中一支具有不可替代性的、集通信服务商、信息服务商和电信运营商于一体的经营多元化的大企业。

14

纪检监察　党群工作

·纪检监察·

【中国电信召开首次纪检监察工作会议】

2001年3月6日，中国电信集团公司在京组织召开中国电信集团首次纪检监察工作会议。党组书记、总经理周德强发表讲话，要求企业各级党组织和纪检监察部门认清形势，坚定信心，坚持和完善反腐倡廉领导体制和工作机制，狠抓落实，加强监督，坚持不懈地把党风廉政建设和反腐败斗争引向深入。党组成员、纪检组组长、副总经理黄文林作了题为《坚定信心，狠抓落实，大力推进企业党风廉政建设和反腐败斗争》的工作报告。信息产业部党组成员、中纪委驻信息产业部纪检组组长李雪莹到会作指示。

会议总结了2000年中国电信集团党风廉政建设和反腐败工作的基本情况，部署了2001年反腐倡廉的主要任务，明确了开展反腐倡廉工作的主要措施，即加强教育、健全制度、强化监督。会议要求各级党组织和纪检监察部门加强思想政治教育，筑牢拒腐防变的思想道德堤防；落实党风廉政建设责任制，建立健全反腐倡廉领导体制和工作机制；规范工程建设和物资设备采购招投标工作，推进干部人事制度改革，强化财务和资金运作管理，加强对领导干部配偶、子女经商办企业问题的监督检查，从源头上防止腐败问题发生。会议还对加强纪检监察部门自身建设提出了明确要求。

【中国电信狠抓领导人员廉洁自律规定的贯彻落实】

2001年4月，集团公司纪检组监察局转发中纪委《关于各级领导干部接受和赠送现金、有价证券和支付凭证的处分规定》，并结合企业实际，提出明确要求。12月，集团公司纪检组监察局针对重大节假日前后容易发生铺张浪费和收受礼金、礼券问题的实际情况，下发《关于节日期间严禁用公款大吃大喝、挥霍浪费和收受礼金、有价证券的通知》，禁止各单位特别是领导人员在节假日期间用公款相互送礼、大吃大喝和收受礼金、有价证券。

2002年4月，集团公司党组转发中央企业工委、中央组织部《关于中央企业领导人员廉洁自律若干规定的实施办法（试行）》，并结合中国电信实际，提出明确要求：（一）各单位要结合贯彻中纪委七次全会以及集团公司廉政建设暨纪检监察工作电视电话会议精神，采取多种形式，认真组织学习；（二）企业领导人员和中高级管理人员对其中的各项规定必须熟读、熟记，经常对照检查，自觉用其规范自己的行为；（三）企业领导人员在民主生活会上要对照检查，正确开展批评和自我批评；（四）纪检监察和组织人事部门要加强监督考核，积极推动各项规定的贯彻落实。

【中国电信对组团出国（境）中存在的问题进行清理整顿】

江苏省电信公司2001年6月组团用公款变相出国旅游事件发生后，在中纪委监察部领导下，集团公司纪检组监察局配合有关单位进行了核查。为防止此类问题再发生，集团公司党组及时下发《关于严肃查处江苏省电信公司组团赴德国考察实为旅游情况的通报》。之后，集团公司又相继下发了《关于加强因公出国（境）团组审批管理的紧急通知》、《中国电信集团因公出国（境）管理工作补充规定》和《关于在工程建设中落实因公出国（境）管理工作补充规定的通知》等一系列文件。规定：省级电信公司领导（含实业公司正职）以上人员一般性出国考察或出国学习培训，原则上一年一次，每次出访不超过两个国家，不得到国外参加厂验、设备培训、一般性会议和其他与其身份不符的活动；集团公司和省级公司各部门原则上不得组团出国（境）参加各种名目的国际展览会、研讨会，不得自行接受国外公司的邀请；采购使用国内厂家生产的设备，一律不得组织出国（境）考察、培训；已在通信网上运行的国外厂家生产的设备，如需要再采购时，一律不得组织出国（境）考察；对于首次使用的通信设备，确需进行考察培训的，要严格审批，并报集团公司备案，其费用在各单

位管理费用相关科目列支。2002年2月，集团公司党组对有关责任人进行了处分，并再次下发《关于江苏省电信公司组团公费出国旅游问题的通报》，要求广大党员管理人员特别是领导人员引以为戒，增强纪律观念，提高廉洁自律意识；要求各单位严把出国审批关，凡顶风违纪的，予以严肃查处。各省级公司按照集团公司党组的要求，积极加强外事管理，有的制定了专门的外事工作管理规定，有的主动压缩出国团组数量。

【中国电信召开反腐倡廉工作电视电话会议】

2002年3月18日，中国电信集团公司在京组织召开中国电信集团廉政建设暨纪检监察工作电视电话会议。党组书记、总经理周德强同志发表重要讲话，从“三个代表”的高度，密切联系中国电信实际，全面分析形势，对贯彻落实中纪委七次全会精神提出了明确要求。党组成员、纪检组组长、副总经理黄文林同志传达了中央纪委七次全会精神，作了题为《认真贯彻落实中纪委七次全会精神，努力取得企业党风廉政建设的新成效》的工作报告，总结了2001年中国电信集团党风廉政建设和纪检监察工作的基本情况，提出了2002年中国电信反腐倡廉工作的总体要求，即：以邓小平理论和“三个代表”重要思想为指导，认真贯彻落实中纪委七次全会和中央企业纪工委会议精神，紧密围绕企业的中心工作，坚持标本兼治，抓源头，抓落实，抓重点，努力使企业改革发展与党风廉政建设共同取得新成效。

会议还部署了2002年中国电信集团党风廉政建设和反腐败工作的主要任务：（一）进一步深化企业领导人员廉洁自律工作；（二）认真处理信访举报，加大查办案件力度；（三）以创建文明行业为载体，推进行风建设深入开展；（四）进一步强化对腐败的源头预防和治理；（五）大兴勤俭节约之风，坚决反对奢侈浪费；（六）切实加强领导，搞好纪检监察队伍的自身建设。

【上海电信党风廉政建设得到集团公司领导的肯定】

2002年3月，上海市电信公司召开党风廉政建设大会。会议传达了中央纪委会七次全会精神，总结了2001年党风廉政建设和反腐败工作，部署了2002年的反腐倡廉任务。会议指出，2001年上海市电信公司各级党组织和纪检监察部门按照“三个代表”和中纪委五次全会的要求，坚持标本兼治、综合治理，使党风廉政建设不断取得新的成效：（一）通过抓好教育和监督，增强了领导人员廉洁自律的意识；.（二）通过强化制度建设，加大了监督力度；（三）通过做好信访和案件查处工作，保证了企业健康运行；（四）通过开展效能监察，为保证企业政令畅通、提高机关办事效率探索了一条新路；（五）通过加强服务质量监督和行风稽查，促进了服务工作规范化。

会议强调，2002年上海市电信公司党风廉政建设和反腐败工作的主要任务是：（一）深刻领会江总书记在中纪委七次全会上的重要讲话，进一步完善选贤任能的工作机制；（二）按照中央的要求，找准加强和改进作风建设的切入点；（三）加强监督检查，切实抓好现有各项规章制度的落实；（四）求真务实，认真做好信访和案件查办工作；（五）狠抓工作落实，促进党风廉政建设健康发展。

集团公司党组成员、纪检组组长、副总经理黄文林出席会议，并讲话。她充分肯定了上海电信公司在党风廉政工作上的成绩。她指出，上海电信公司的党风廉政建设工作卓有成效，在落实党风廉政建设责任制、健全廉政制度、开展效能监察、狠抓廉政教育等方面有许多好做法好经验，值得其他企业学习和借鉴。此外，她还就下一步中国电信集团党风廉政建设和反腐败工作提出了指导性意见。

【江西电信与省检察院建立预防职务犯罪联系协调制度】

2002年4月，江西省电信公司与江西省人民检察院建立预防职务犯罪联系协调制度（以下简称《联系协调制度》）。省电信公司党组书记、总经理王孝槐和省人民检察院副检察长李智分别在《联系协调制度》上签字。根据《联系协调制度》，双方共同成立预防职务犯罪指导小组。指导小组每半年召开一次联席会议，遇有特殊情况可随时召开，以便及时交流信息，通报预防和查办电信公司贪污、贿赂犯罪工作的情况；协调解决办案工作中的有关问题，包括举报线索的移送、案件的协查等；分析研究江西电信贪污贿赂的特点、成因及趋势；总结经验教训，共同研究和落实预防职务犯罪的措施。

《联系协调制度》规定：各级检察机关应适时就查办的有关电信公司人员职务犯罪案件情况，特别是案件发生的原因、特点、手段、规律与趋势，向电信公司有关部门通报，以促进企业加强管理、完善内部预防犯罪的机制。电信公司有关部门应适时将企业有关体制改革、业务改革、内部监督机制建设等涉及预防职务犯罪的对策、措施、违纪违法案件查处的情况，向检察机关通报。检察机关接到涉及电信公司有关人员的举报线索时要认真审查。对匿名举报、内容不具体或夸大其辞的，不要轻易初查，应将情况及时向电信公司有关部门通报，或直接移交电信公司纪检监察部门处理。对内容具体、确需初查的，要讲究方式方法，注重社会效果。检察机关在查处电信公司涉嫌犯罪的企业负责人、业务骨干和关键岗位人员时，确需采取强制措施的，应及时向发案单位的上级主管部门通报，让其做好人员调剂工作。对决定起诉、不起诉或撤销案件的，应向发案单位及其主管部门通报。电信公司纪检监察部门应积极支持、配合检察机关依法办案。

《联系协调制度》要求，检察机关依法保护企业的合法权益，注意维护发案单位的正常生产经营活动。大力支持电信公司的改革工作，对改革过程中某些不成熟的做法给予积极有效帮助。办案中不能轻易传唤企业负责人和关键岗位人员。确需传唤时，办案人员一般不着装，不拉警报，不亮警灯，不使用械具，并选择适当场所询问。办案中不能轻易查封、扣押企业财产，也不能轻易冻结企业流动资产和银行账户，尽量减少给企业生产经营带来的负面影响。要利用办案努力为企业挽回经济损失，加大追赃力度。双方要大力宣传国有企业中贪污贿赂犯罪的危害性和预防措施；采取各种有效形式加强思想政治教育、职业道德教育、法制教育、警示教育和廉政勤政教育，增强企业员工拒腐防变的能力。

【新疆电信狠抓廉政建设】

2001年4月，新疆电信召开第一次纪检监察会议，对反腐倡廉工作进行了全面部署。

2001年初，新疆电信公司结合当地实际相继建立健全和完善了本单位本部门的党风廉政建设责任制考核标准或考核办法，提出“一岗双责，标本兼治”的要求，即规定企业第一把手既是企业改革管理、通信建设、生产经营等方面的领导决策者，又是企业党风廉政建设和反腐败斗争的第一责任人；领导班子的每一个成员不但要对企业改革、发展担当起决定、决策责任，还要对自己分管范围内的党风廉政建设负起教育、监督、检查的责任，并对分管工作中的廉政情况承担责任。区公司根据机构变化情况重新制订了《新疆电信公司领导暨机关部室领导落实党风廉政建设责任制工作细则》，细则除进一步完善了相关的配套办法外，还对各部室主任、副主任的廉政建设责任进行了落实，真正做到一岗双责，标本兼治，狠抓落实。

新疆电信公司在狠抓落实的同时，还十分重视把反腐倡廉的关口前移。为切实做好关口前移工作，区公司监察室与自治区反贪局一起对乌—奎光缆工程线路的招标、施工进行全程监督，不但收到了好的效果，而且还总结出一些对通信工程施工实施监督的经验。区公司规定，凡是在建工程和设备采购，甲、乙方和监督方都要在签订合同的同时，再签订一份《廉政责任书》，并要求各方在履行合同时均要按照《廉政责任书》的规定，承担有关廉政建设的责任。从厂家书面反馈情况看，各厂家都对新疆电信公司这一举措表示赞赏和支持，对规范的招投标行为表示认同和欢迎。

【宁夏电信召开纪检监察工作会议部署反腐工作】

2001年4月3日至4日，宁夏区电信公司召开第一次纪检监察工作会议。会议传达了中纪委五次全会、自治区纪委四次会议和集团公司纪检监察会议精神，全面总结了2000年工作，部署了2001年的工作任务。公司党组成员全部参加了会议。会上，公司领导还与各分公司、直属单位及机关各部门领导签订了党风廉政建设责任书。

会议在部署2001年工作时指出，要充分发挥纪检监察工作“教育、监督、保护、惩处”各项职能，以落实党风廉政建设责任制为龙头，继续抓好领导干部廉洁自律工作，认真查处违纪案件，标本兼治；努力作好服务，纠正行业不正之风；加大从源头预防和治理腐败的力度，为宁夏电信的迅速发展和在西部大开发中发挥更大的作用提供有力保障。为确保纪检监察工作的顺利完成，会议要求：一要加强政治理论学习，打牢拒腐防变的思想根基。要把“三个代表”的重要思想作为党风廉政建设和反腐败斗争的强大思想武器，用“三个代表”的要点规范思想和行动，自觉抵制腐朽思想的侵蚀和影响。二要从源头入手，做好预防和治理腐败工作。要加大对工程建设、设备选型采购、财务管理、人事管理、多元化经营的治理、监督力度。三要落实党风廉政建设责任制，加强责任追究工作。各级领导班子的一把手，要对本单位党风廉政建设和反腐败斗争负全责，切实承担起第一负责人的责任。四要健全组织机构，加强纪检监察队伍自身建设。

会议强调：要从公司长远发展的战略目标出发，认识加强党风廉政建设和反腐败斗争的重要性和紧迫性；要健全机制，加强领导，加大从源头上治理腐败的力度；抓好各项规章制度的落实，推动领导人员廉洁自律工作进一步深化。

【青海电信纪检监察工作成绩斐然】

2001年是青海电信进一步深化改革，不断完善企业内部经营机制，开拓发展的一年。在集团公司党组和纪检监察机关的领导下，青海省电信公司纪检监察部门紧密围绕青海电信改革发展的目标，认真贯彻落实中纪委五次全会精神，落实集团公司纪检监察工作会议及省纪委全会的工作部署，抓好反腐败三项任务，不断推动党风廉政建设工作的深入开展，保证了青海电信改革和建设的健康发展。

一、以贯彻中纪委五次全会精神为指针，狠抓纪检监察工作

2001年年初，中纪委五次全会召开后，青海省电信公司党组非常重视，及时组织公司领导成员和中层管理人员学习江泽民总书记在全会上的讲话。同时，在省纪委四次全会和集团公司纪检监察工作会议召开不久，于2001年4月5日召开公司各直附属单位中层以上管理人员，州、地、市分公司管理人员和县局长参加的党风廉政建设暨纪检监察工作电视电话会议，传达学习中纪委五次全会精神和省纪委、集团公司纪检监察工作会议精神，并对2001年反腐倡廉工作进行安排部署。提出了围绕电信企业改革与发展大局，全面落实党风廉政建设责任制，完善相关规章制度，以人事、财务、工程建设部门为重点，加大从源头上预防和治理腐败的力度，提出推进党风廉政建设不断深入的总体要求，重点抓好领导人员和各级管理人员廉洁从业五项规定的监督落实。人力资源、财务、计划建设部门结合实际率先提出部门廉洁自律的承诺和要求，建立了部门管理人员廉洁从业的规定，从而进一步推动了全省电信公司党风廉政建设工作的不断深入。各州地市分公司、各直附属单位也相继根据省公司的安排和地方党委的要求，组织传达学习会议精神，落实任务。

二、落实党风廉政建设责任制，保证电信改革顺利进行

实施党风廉政建设责任制，是落实反腐倡廉工作的有效措施。省公司党组和纪检监察部门始终把贯彻落实党风廉政建设责任制列为重要工作来抓，坚持把党风廉政建设责任制实施细则的贯彻落实列为企业管理的重要内容，与经营责任目标一同检查考核。同时不断完善相关配套制度的建设，抓好各项规章制度的落实。在省公司进行的主附、主辅分离，省市公司合并等一系列重大改革过程中，省公司党组和纪检监察部门坚持把党风廉政建设责任制的实施贯穿于工作中，明确责任，严明纪律，确保改革顺利进行。在公司推行“三项制度”改革及管理人员竞聘上岗、中层管理人员任职考察考核中，纪检监察部门始终参与其中，实施全过程的监督检查，各分公司和相关部门严格按照公司的改革方案，精心组织，认真落实，保证了各项改革的顺利进行。

三、抓好制度建设推动党风廉政建设的开展

省公司党组和纪检监察部门继续坚持把党风廉政制度建设作为重点来抓，切实贯彻执行党风廉政各项规章制度。继续坚持领导人员重大事项报告制度和礼品、礼金登记管理制度；坚持领导班子民主生活会制度，加强与执纪执法和组织人事部门联系通报制度，重大问题共同分析研究；坚持纪检监察部门参与领导班子、领导人员考察考核工作；坚持诫勉谈话制度，对群众反映及廉政检查考核中发现的苗头性问题及时提醒。同时继续坚持职代会评议领导人员制度和厂务公开制度，严格执行公务出国审批管理制度。根据集团公司和省公司党组的要求，省公司纪检监察部门于2001年6月建立了《青海省电信公司领导人员廉政档案制度》，明确了建立廉政档案的原则和范围，档案材料的收集归档和档案的管理使用审批方式。至2001年8月底已基本建起了省公司部门副职以上和各电信分公司、各直附属单位领导人员的廉政档案，为进一步做好中高层管理人员的考察培养和监督管理打下了基础。同时为了切实落实厂务公开制度，省公司制定了《青海省电信公司厂务公开考核办法》，进一步增强了企业民主管理工作的力度，对推动党风廉正建设工作起到了积极作用。

在抓好上述工作的基础上，按照中央和省、集团公司关于开展反腐败工作的基本格局和要求，省公司党组和纪检监察部门结合企业实际，继续认真抓好反腐败三项工作，不断深化其内容，进一步增强了领导人员的廉洁自律意识。公司各级领导人员认真贯彻执行领导人员廉洁自律的各项规定，特别是认真落实国

有企业领导人员廉洁自律规定和中纪委五次全会提出和重申的五项规定，自觉遵守省公司制定的领导人员廉洁从业的规定和其他相关规定。同时坚持抓好各级领导班子民主生活会，不断提高民主生活会质量。据不完全统计，2001年省公司领导成员及中层管理人员拒收礼金、礼品32万元，上缴礼金4万余元，上缴礼品价值达10万余元。充分表明了公司领导人员廉洁自律的良好风范，表明了廉洁自律工作的成效。

·党委工作·

【中国电信集团总部抓实抓好党组织建设和党员队伍管理工作】

自集团公司2000年组建以来，员工队伍有了新的变化，党员队伍不断扩大，各基层党组织委员出现空缺或变动。根据这种情况，直属机关党委决定在2001年，把建立健全基层党组织和加强党员队伍的管理作为工作重点抓实抓好。为此，直属机关党委紧紧围绕集团公司大局和工作实际，主要做了以下几项工作：

一、建立健全基层党组织

2001年年初召开各临时党支部（党委、党总支）组织委员会议，对尽快选举产生正式党支部（党委、党总支）提出了具体要求，规定了时间。对集团公司总部及直属单位23个党支部（党委、党总支）的建立进行了研究和批复。同时明确了蓝天公司、环宇公司等单位党组织的挂靠问题，批复了北京研究院等单位临时党组织和部分单位增补支部委员的问题。

二、举办组织委员、宣传委员培训班

针对集团公司各党支部（党委、党总支）成立时间短，支部委员新人多等情况，10月中旬，举办了由各党支部（党委、党总支）组织委员、宣传委员共30多人参加的培训班。培训班上，大家认真学习了《党章》和党员管理有关书籍，同时聘请了航天工业第一集团公司党校副校长吴石山同志重点为大家讲解有关发展党员的规程。

三、举办入党积极分子培训班

近几年来，各党支部（党委、党总支）经过认真培养、选拔了一批积极靠近党组织的积极分子。为了使这部分同志尽快成熟起来，早日加入党的组织，4月13日至14日，举办了入党积极分子培训班，33位同志参加了此次培训。培训班上，大家认真学习了《中国共产党章程》和中央组织部编写的《入党教材》，收看了有关发展党员的录像片。参加学习的同志围绕着“我为什么入党”、“入党后干什么”进行了讨论。每位同志都认真写出了学习心得。

四、做好组织发展工作

按照“坚持标准、保证质量、改善结构、慎重发展”的方针，积极做好党员的发展工作。在各党支部（党委、党总支）积极工作、重点培养的基础上，经直属机关党委研究同意，2001年集团公司总部及直属单位共发展预备党员15名，另有17名预备党员转为正式党员。为了使新加入党组织的同志正确对待组织的培养和教育，端正入党动机，在党委正式研究决定前，党组织与每位入党积极分子谈话，对其提出要求，明确努力方向，提醒注意发扬优点，克服不足，做好本职工作。每次对经组织批准加入预备党员和转为正式党员的同志，都要张贴喜报，给以宣传和鼓励。

五、举办十五届六中全会学习班

为深入学习贯彻党的“十五届六中全会”精神，加强在新世纪新形势下对党所面临的新任务的理解及深刻领会《中共中央关于加强和改进党的作风建设的决定》，根据中央企业工委的要求，集团公司举办了两期“十五届六中全会”学习班，共有200多名党员参加。期间，与会人员深入系统地学习了《决定》，收看了《党的作风建设必须把思想作风建设摆在第一位》及《党的作风建设核心是加强党同人民群众的血肉联系》等两个辅导录像和厦门远华案警示教育录像片。大家一致认为，此次学习给自己上了一堂生动的党风教育课，加强党的作风建设，每个党员必须予以高度的重视并身体力行。做到居安思危，警钟长鸣，树立持久作战的思想，认真做到“八个坚持，八个反对”；不只是发现腐败问题，而是要从机制上解决这些问题，不断完善监督机制、制约机制，从源头上堵住腐败产生的可能性；核心问题是建立与群众的血肉联系，牢固树立全心全意为人民服务的思想，才能使党保持旺盛的生命力。会议要求集团公司全体党员要进一步深入贯彻落实“十五届六中全会”精神，使集团公司党的作风建设工作再上一个新的台阶。

【中国电信集团公司思想政治工作开创出新】

2000年6月，中共中央召开思想政治工作会议，中央企业工委随即下发《关于加强和改进中央企业思想政治工作的若干意见》这一指导性文件。为了认真贯彻落实中央思想政治工作会议精神，按照企业工委的要求，认真做好思想政治工作和精神文明创建活动，中国电信集团公司把“尊重人、培养人、激励人、凝聚人”，作为思想政治工作的主要任务，积极开展以下工作：

一、明确职责和任务

为了使思想政治工作经常化、制度化，结合中国电信的改革和发展的实际，2001年年初，研究下发了《中国电信集团公司加强和改进思想政治工作的指导意见》，发至各省、自治区、直辖市及总部各单位，对当前做好思想政治工作的指导思想、基本原则、主要内容以及加强思想政治工作队伍建设和加强思想政治工作领导等问题进行了明确；同时研究起草了《中国电信集团公司思想政治工作责任制（试行稿）》，明确了各级各部门做好思想政治工作的职责和权限。

二、开展创新活动，积极推进网上思想政治工作

为响应江泽民总书记关于“要重视和充分利用信息网络技术，使思想政治工作提高时效性，扩大覆盖面，增强影响力”的指示。在召开工作座谈会和深入部分省市进行调研的基础上，2001年6月28日，依托中国电信网站正式建立了“中国电信思想政治工作网页”。开辟了具有思想政治工作特点的栏目，如文件讲话、思想园地、榜样的力量、创建活动、企业文化等。经过网页栏目和版面的不断完善和更新，内容不断充实，至年底，平均日访问量达到2000人次左右，访问峰值达到3000人次。2001年7月5日，中国电信集团公司下发了《中国电信思想政治工作网管理暂行办法》和《中国电信思想政治工作网信息管理细则》，对思想政治工作网的信息采集、传送、编辑、审核、保密及安全管理等进行了规范。

22个省（区、市）电信公司相继建立了思想政治工作网或类似的网站（含内部局域网），部分地（市）级电信公司也建立了企业思想政治工作网。各地思政网的建立，充分发挥了电信网络的优势，提高了时效性，扩大了覆盖面，增强了思想政治工作的影响力。

三、组织编写思想政治工作案例

2001年8月初，应上海交通大学宣传部的邀请，中国电信集团公司参与探讨了2001年度国家重点社会科学项目——互联网与思想政治工作创新研究课题，并随后组织上海、杭州、江西、海南、贵州等省市电信公司参与编写《互联网与思想政治工作案例》一书，该书是“十五”国家社会科学基金重点项目研究成果之一，以发现和形成思想政治工作进网络“具体解决方案”为原点和目标，聚焦当下热点难点——深化网络教育、推展网络党建、塑造网络先锋等方面，坚持真切感悟与理论考量相结合，坚持个别探索与系统实践相结合。充分展现了中国电信当代思想政治工作者主动应对互联网信息化挑战，与时俱进、勇于开拓的信念。该书于2002年4月出版，共汇集88个案例，中国电信编写的11个案例入选。

四、创办《思想政治工作信息》

为及时反映各地思想政治工作情况，交流工作经验，2001年5月，集团公司《思想政治工作信息》刊物正式出刊。该刊物不定期地将各地政治理论学习、精神文明创建以及思想政治工作开展情况收集编发成文字材料，印发到各地各部门，并在互联网上刊出，各地对此非常重视，投稿十分踊跃。

五、开展文明创建、树立行业标兵活动

一是为了掌握和了解各地近几年来出现的模范人物和先进典型情况，着手建立全国省（部）级以上先进集体和先进个人基础数据库；二是根据张春江副部长和周总经理的指示，向各地发出报送行业标兵事迹材料的通知；三是根据全国妇联和信息产业部《关于表彰全国城镇妇女“巾帼建功”先进个人、先进集体的通知》，组织各省开展了“巾帼建功”先进个人、先

进集体评选表彰活动，中国电信系统共有12人被全国妇联授予“巾帼建功”标兵、1个单位被授予“巾帼建功”先进协调单位、34个单位被授予“巾帼文明示范岗”荣誉称号；四是配合市场部向信息产业部报送全国电信行业“青年文明号”名单；五是向信息产业部推荐了全国精神文明单位和个人事迹材料，广东省广州市电信公司和江苏省徐州市电信公司邢书英同志被中宣部、中组部等4部委授予“全国思想政治工作优秀企业”和“全国优秀思想政治工作者”称号。

六、积极组织思想政治工作科研成果评选活动

根据信息产业部关于报送思想政治工作优秀研究成果的通知精神，于2001年年初下发了思想政治工作研究成果调研提纲，各地电信公司在认真组织编写和选拔中推荐出了90多篇论文报送到集团公司。经集团公司评委会认真研究评审，从中选出15篇优秀论文报送信息产业部，参加全国邮电通信行业思想政治工作优秀研究成果的评选。经信息产业部组织的评审委员会的评选，集团公司所报的论文全部被评为一、二、三等奖。

七、召开中国电信集团公司思想政治工作研讨会

2002年年初，全国各省区市电信公司的思想政治工作部门负责人齐聚南昌，共同研讨新时期思想政治工作的新思路。会议强调，开展思想政治工作要增强主动性，打好主动仗。中国电信集团公司黄文林副总经理、集团公司直属机关党委马玉柱副书记等到会并作重要讲话。黄文林副总经理对今后进一步强化思想政治工作提出了几点要求：今后要充分认识新时期思想政治工作所面临的形势和思想政治工作者的新使命；深入探讨企业思想政治工作的针对性、有效性和实效性，增强工作主动性；结合企业发展、服务中的重大问题，主动进行研究，采用多种手段，使中国电信“用户至上、用心服务”的理念深入人心；并要与时俱进，开拓创新，积极探索以信息化带动思想政治工作的现代化。

【中国电信集团总部围绕建党80周年纪念活动主题组织各项活动】

根据中央企业工委《关于中国共产党成立80周年纪念活动的通知》精神，中国电信集团公司直属机关党委在组织参加中央和中央企业工委安排的各项活动基础上，组织全体党员认真学习了人民日报发表的社论和中央主要新闻单位发表的有关纪念文章，并安排适当时间以党支部为单位进行讨论，畅谈建党80周年我们党所取得的丰功伟绩和在新世纪全面推进有中国特色社会主义的伟大事业，以及国有企业党建方面取得的成绩，以增强全体党员搞好企业改革和发展的信心。

一、精心组织建党80周年纪念活动

6月26日，直属机关党委在集团公司领导的支持下，认真组织了“中国电信集团公司纪念中国共产党成立80周年大会”，集团公司各部门、各直属单位近500人参加了纪念大会，会上黄文林副总经理作了重要讲话。纪念大会开得隆重、热烈，具有时代的感召力，湖北、福建两省电信公司艺术团的精彩表演为纪念活动增添了气氛。为配合中央企业工委举办的庆祝建党80周年大型文艺晚会，按照中央企业工委确定的主题，从七个省市电信公司报来的节目中挑选出5个节目报送了企业工委，4个节目入选，并在演出活动中获得成功，展示了中国电信员工队伍的精神面貌和良好的企业形象，受到中央企业工委的通报表彰，为中国电信赢得了荣誉，争了光。大客户服务中心党支部陈岗同志撰写的“我身边的共产党员”征文获得中央企业工委颁发的纪念奖。

二、开展“创先争优”活动

根据中央企业工委关于在各企业深入开展 创建先进基层党组织，争做优秀共产党员、优秀党务工作者活动的安排，“七一”前夕，在集团公司各部门及直属单位中开展了“创先争优”’的活动。经各党支部（党总支）推荐，直属机关党委研究决定，推选出了集团公司先进党支部5个、优秀共产党员34个、优秀党务工作者15个，并在集团公司“纪念中国共产党成立80周年大会”上进行了表彰，颁发了荣誉证书和锦旗。在此基础上，向中央企业工委推荐了集团公司先进党支部、优秀共产党员、优秀党务工作者事迹材料。劳动工资部党支部被中央企业工委评选为大型企业“先进基层党组织”，在中央企业工委召开的大会上进行了表彰。

三、举行新党员入党宣誓仪式

在纪念中国共产党成立80周年大会上，集团公司19名新党员面对党旗举行了庄严的宣誓仪式。通过新党员入党宣誓和老党员重温入党誓词活动，增强了全体党员的党性意识，激发了员工积极向上的热情。

四、组织参观和知识竞赛等活动

7月初，直属机关党委组织员工参观了由中央组织部等八部委在革命博物馆联合举办的“肩负着人民的希望”纪念建党80周年大型图片展。为使全体党员进一步掌握党的基本知识，组织全体党员参加了纪念建党80周年党的知识答卷活动，集团公司及直属单位520名党员全部参加此项活动。

五、组织部分省电信公司业余文艺团体参加中央企业工委庆祝建党80周年文艺演出

直属机关党委和直属工会积极配合，组织7个省市电信公司的业余文艺团体和职工，按照中央企业工委确定的主题，为参加文艺演出进行积极的准备，并从各省电信公司编排、上报的节目中选择了部分节目推荐到中央企业工委，最终中国电信共有4个节目入选参加了大型文艺晚会的正式演出，受到中央企业工委领导的通报表彰，并以此机会，向社会展现了中国电信员工队伍的精神面貌和良好的企业形象。

“七一”期间，通过回顾和总结80年来中国共产党的光荣历史，讴歌我们党始终代表中国先进生产力的发展要求、中国先进文化的前进方向、中国最广大人民的根本利益的光辉业绩，歌颂党的三代中央领导集体领导全党全国各族人民进行革命、建设和改革的伟大成绩，唱响了共产党好、社会主义好、改革开放好的主旋律。全体员工进一步坚定了走中国特色社会主义道路的理想信念，增强了大家开拓创新，为中国电信事业的发展贡献力量的自觉性。

【四部委会表彰思想政治工作先进　广州电信和徐州电信党支部书记邢书英榜上有名】

2002年年初，中宣部、中组部、国家经济贸易委员会、中华全国总工会联合表彰全国思想政治工作优秀企业和优秀思想政治工作者。广州电信局、长春市邮政局获得优秀企业称号；江苏省电信公司徐州电信分公司电信营业处主任、党支部书记邢书英荣获优秀思想政治工作者称号。

表彰决定指出，近年来，我国广大企业和企业思想政治工作者，紧紧围绕党的中心工作和企业改革发展积极探索，勇于创新，坚持不懈地做好职工思想政治工作，积累了丰富的经验。涌现出一批努力学习马列主义、毛泽东思想、邓小平理论，忠诚党的事业，热爱思想政治工作，全面贯彻落实“三个代表”重要思想，密切联系群众的优秀企业和优秀专兼职思想政治工作者。决定号召广大企业干部向受表彰的优秀企业和优秀专兼职思想政治工作者学习，不断探索企业思想政治工作的新方法、新手段、新机制，努力开拓企业思想政治工作新局面。

受表彰的100家全国思想政治工作优秀企业和100名全国企业优秀思想政治工作者，是经各省区市和中央国家机关有关部、委、局、集团公司、总公司推荐，经中宣部、中组部、国家经济贸易委员会、中华全国总工会领导研究后予以联名表彰的。

【中国电信集团总部“三讲”学习教育活动深入开展　广大干部职工为领导班子改进工作献计献策】

为了更广泛地征求意见，集团公司党组广开言路，自“三讲”学习教育活动开展以来，通过发放《征求意见表》、召开三级经理及部分职工代表座谈会、设置意见箱等方式共征集群众意见391条，其中对集团公司领导班子的意见215条，对领导班子成员的意见176条。

为了找准中国电信集团公司存在的突出问题，2001年8月6日，党组书记周德强同志主持召开了班子成员与二级经理、直属单位主要负责人的面对面恳谈会。会上，二级经理和直属单位负责人通过对本部门、本单位工作的认真反思，对集团公司领导班子提出了100多条意见和建议。整整一天的恳谈会气氛热烈，大家既开诚布公，又和风细雨，为领导班子成员带来很大触动和启发。

反馈意见主要集中在企业发展战略、文化建设、人才队伍建设、体制改革、内部管理、班子自身建设等六个方面。大家建议加强企业文化建设，树立良好的企业形象，创造中国电信良好的外部环境；建议加快人才队伍建设步伐，实现从人员管理向人力资源开发转变；建议按照现代企业制度要求进一步推进企业管理体制改革；建议进一步优化企业内部管理机构和管理流程，改进工作作风；建议班子成员加强现代企业管理知识与理论的学习，不断提高驾驭全局的能力。

反馈意见从整个中国电信发展的战略高度，深入全面地剖析问题，没有一条是直接反映职工福利方面的意见，更没有人借提意见发泄私愤，充分体现了广大干部群众心系企业、关心企业长远发展的主人翁精神。通过此次意见反馈，不仅为下一步班子查摆问题提供了依据，同时也拉近了班子与中层领导、一般员工的距离，增强了班子密切联系群众、依靠群众办好企业的意识，促进了党在国有企业代表广大人民群众

根本利益的宗旨得以体现。

【河南、山西、河北、贵州、青海电信认真开展“三讲”活动】

从2001年8月25日起，河南省电信公司领导班子成员以饱满的政治热情集中精力、集中时间开展“三讲”学习教育活动。通过“三讲”学习教育，领导班子成员理论和思想政治素质得到了提高，进一步提高了运用马克思主义的立场、观点和方法分析解决实际问题的能力；进一步沟通了思想，加深了了解，密切了关系，增强了班子的凝聚力和战斗力，齐心协力搞好企业的改革与发展。通过“三讲”学习教育，省电信公司领导班子成员充分发扬民主，听取、收集了群众中肯的意见和建议173条，针对这些意见与建议严肃认真地开展批评与自我批评，深刻剖析省公司领导班子成员一年多来党性党风方面存在的问题，落实整改工作责任人和责任单位，明确整改时限，领导班子成员改进了作风，精神面貌发生深刻变化，鼓舞了全体干部职工创业的斗志和决心，密切了党群和干群关系，赢得了群众的信任。党组书记、总经理楚俊国指出，要以此次“三讲”教育作为新的起点，把“三讲”学习教育纳入经常化轨道，经常进行“回头看”，进行自重、自省、自警、自励，不断提高自身的整体素质，解决改革和发展当中的问题，增强企业的实力和竞争力，让“三讲”给河南电信带来新变化，开创河南电信新局面。

2001年9月10日开始，山西省电信公司召开“三讲”学习教育活动动员大会。会议要求全省电信企业要讲原则求实效，坚持高标准、严要求，积极、稳妥、扎实地搞好这次“三讲”学习教育活动。山西省电信公司总经理指出，开展“三讲”学习教育活动要务求在四个方面取得实效：一要通过学习教育活动，使各级领导班子、领导干部做到思想上有明显提高、政治上有明显进步、作风上有明显转变、纪律上有明显增强，进一步加强领导班子的凝聚力、战斗力和创造力。二要进一步深化改革，增强开拓创新意识，牢固树立现代企业经营管理理念，明确当前和今后一段时期山西电信的改革发展的目标、任务和工作思路，建立健全各项规章制度，不断完善管理架构，使企业在提高市场竞争上有新的举措。三要通过学习转变作风，达到加强领导班子党风廉政建设、增强廉洁意识和法制观念，改善企业党群、干群关系的目的。通过“三讲”，树立正确的学习观、批评观、亲情观、人际观、群众观，努力弘扬求真务实作风。反对形式主义，全面正确地贯彻执行党的路线、方针和政策。四要加强企业党的建设，坚持“两手抓，两手都要硬”，发挥企业党组织政治核心作用，使企业党组织的凝聚力、战斗力和创造力有新的提高。

河北省电信公司党组书记在“三讲”学习教育动员会上指出：随着中国电信业改革的不断深化和中国即将加入世界贸易组织，中国电信面临着机遇与挑战。河北电信在激烈竞争中能否立于不败之地，各级领导班子成员的素质和精神状态至关重要。他要求省公司党组成员在“三讲”中做到五个自觉：一是自觉学习，认真读书；二是自觉联系企业改革、发展、稳定的实际和个人的思想工作实际，真正把自己摆进去，找出差距，找准问题，认真总结经验教训；三是自觉主动地征求干部职工的意见，虚心诚恳地接受干部职工的批评；四是自觉开展批评与自我批评，正确对待自己、正确对待组织、正确对待同志、正确对待群众；五是自觉进行整改，属于个人的问题，主要靠个人主观努力来解决。属于班子的问题，要靠班子的自觉性，发挥整体合力来解决。对查出来的问题，要下决心进行整改，做到边学边改，边查边改，让干部职工实实在在地感受到学习教育活动带来的新变化。各级党组织和干部职工要站在河北电信改革和发展的高度，从全局的利益出发，积极关心和参与“三讲”教育活动，多提意见和建议。通过学习动员、征求意见、召开座谈会和民主生活会以及采取措施进行整改等多种形式，“三讲”学习活动取得实效。

2001年8月28日至9月中旬，贵州省电信公司党组积极安排部署“三讲”学习教育活动。通过召开职工代表座谈会、处级干部座谈会、班子成员自查和互查及开展批评与自我批评等有效方法，找出了群众反应比较集中、影响当前贵州电信改革与发展的较为突出的市场竞争能力、三项制度改革、思想政治工作等六个方面的意见和问题，逐一认真制定了整改措施，责任落实到单位、部门和具体人员。通过学习教育活动，领导班子统一了思想、振奋了精神、凝聚力和战斗力得到加强；加强了领导班子的党风廉政建设，增强了廉洁意识和法制观念，密切了干群、党群关系；领导班子的精神面貌有了新的变化，企业在提高市场竞争力上有了新的举措，企业党组织的凝聚力和战斗力提高了。

青海省电信公司领导班子及成员从2001年9月3日到10月，以高度的政治责任感，集中时间、集中精力，开展了以“三讲”为主要内容的党性党风教育。在此次活动中，公司党组把听取意见、找准问题、深入剖析作为“三讲”教育的关键环节。“三讲”学习动员大会后，青海省电信公司领导班子及成员自觉按照“自己找、群众提、互相帮”的要求，围绕企业发展和自身工作，以召开不同层次座谈会、发放征求意见表、设立意见箱等多种方式广泛征求群众意见。同时，省公司领导还深入部分基层企业，面对面听取群众意见，以找出和抓住群众反映强烈、影响当前企业改革与发展的突出问题。在自我剖析阶段，省公司领导从贯彻党的路线方针政策、企业改革发展、领导班子自身建设、廉洁自律、勤政廉政以及群众反映强烈的热点难点方面，认真查摆领导班子在党性党风方面存在的突出问题，并深入分析产生问题的根源和原因，写出了深刻的自我剖析材料。在召开的民主生活会上，省公司领导班子及成员在开展自我批评时，敢于正视自己的缺点和不足，不文过饰非，不避重就轻，批评与自我批评开展得严肃认真，显现出一种积极健康、共同进步的氛围。同时针对部分基层企业和群众反映的能否为技术含量高的企业在留住人才方面适当给予倾斜政策、员工统一着装、整顿机关作风、树企业新形象等意见，省公司领导在座谈会上当即拍板决定，现场解决问题。此作法体现出了省公司“三讲”教育立说立行，立讲立改、不走过场、不回避问题的态度和作风，受到了广大干部职工的称赞。

【贵州电信重温革命历史信念】

2001年7月，贵州电信各级党组织在学习“三个代表”重要思想活动中，纷纷组织党员和入党积极分子来到遵义会议会址、红军总政治部旧址、息烽集中营旧址、娄山关、赤水河等革命纪念地，用革命先驱所留下的宝贵精神财富给员工们上了一堂堂生动的党课。大家在讨论中说，贵州电信应该继承和发扬遵义会议留下的宝贵精神财富，进一步解放思想、更新观念，在新世纪里实现贵州电信的新腾飞。

贵州省数据通信局党支部组织全体党员来到全国爱国主义教育基地——息烽集中营。通过生动的实地教育，使党员特别是年轻党员了解中国共产党所走过的不平凡历程，进一步认识到没有共产党就没有新中国、没有共产党的领导就没有中国的现代化、就没有中国电信事业的突飞猛进，从而坚定跟党走的信心和决心。

贵州电信世纪鑫实业公司机关党支部组织全体职工开展了以“继承先烈志，重走长征路，永不忘党恩，兴我电信业”为主题的系列纪念活动。在当年毛泽东指挥红军四渡赤水的地方，同志们面对党旗，进行了庄严的宣誓仪式。大家纷纷表示，作为跨世纪的贵州电信人，要在新长征路上发扬红军长征精神，认真学习实践党的“三个代表”重要思想，抓好发展、搞好服务，为兴黔富民作出积极贡献。

【安徽电信以建党80周年为契机加强思想政治工作】

为迎接建党80周年，安徽电信于2001年6月13日至14日召开以“适应新形势、迎接新挑战、发挥新优势”为主题的思想政治工作会议。会议全面贯彻了中央思想政治工作会议和中国电信集团公司思想政治工作座谈会精神，明确了新时期安徽电信思想政治工作的主要目标。安徽省电信公司领导在此次会议上提出了新时期安徽电信思想政治工作的主要目标：通过强有力的思想政治工作，促进全省各级电信企业完成上级下达的年度考核目标；做到全体员工精神面貌良好，青年知识分子队伍稳定，无重大违法违纪案件，无群体上访事件，无有理由重要媒体曝光；在全省的行风评议活动中，各市县局保持前五位；力争用三年的时间，全省所有电信企业均成为文明单位；力争用五年左右的时间，把安徽电信建成具有“一流通信能力、一流社会效益和经济效益”的文明行业。

围绕上述目标，安徽电信应切实做好以下三方面工作：一是充分认识加强和改进企业思想政治工作的重要性，不断增强工作的责任感和使命感。防止和克服“三种倾向”：即认为思想政治工作可有可无，解决不了现实问题的倾向；认为只要企业发展了，员工待遇提高了，思想问题自然而然就会解决的倾向；认为思想政治工作不好做、做不好的倾向。始终坚持“三个不能变”：即思想政治工作在企业党的工作中的地位不能变；企业各级党组织坚持不懈抓思想政治工作的任务不能变；不断提高思想政治工作的质量和水平的要求不能变。二是认真研究和探索思想政治工作的新特点、新方式、新内容，切实加强和改进企业的思想政治工作。从调查研究入手、从员工最关心的问题入手，通过强有力的思想政治工作，保持稳定，促进业务发展，调动员工积极性、主动性，营造奋发向上的氛围，得人心、暖人心、稳人心。三是按照“三个代表”的要求，切实加强和改进党对思想政治工作的领导。

【山东电信凝聚人心保发展】

在电信业保持持续发展、改革进一步深化的形势下，山东电信及时把握稳定和发展的主题，以思想政治工作为企业开路，求真务实，以多种形式，有针对性地做好职工思想工作，使企业保持了持续稳定的发展态势。2001年前9个月，山东电信新增固定电话用户304万户，居全国第一位。

近年来，随着企业市场化意识越来越浓厚，一些企业出现了重经营轻思想工作的现象。在近几年电信经历的一系列分营、重组改革中，山东电信正因为抓住职工思想工作不放松，把职工思想统一到发展上，为改革创造了良好的氛围，实现了企业跨越式发展。2000年完成了“千百万工程”，使山东通信能力一举进入全国前三名，新增电话用户数量居全国第一。思想政治工作在其中发挥了重要的作用。如今，电信企业面临又一次改革重任，在日益复杂的内外部环境下，如何凝聚人心，做到改革发展两不误，是对思想政治工作的又一次挑战。

山东电信一方面加强软环境建设，进行了财务管理、人事制度等一系列改革，改善内部小环境，适应企业外部环境的变化。在做好职工思想政治工作方面，把“两手抓，两手都要硬”落到了实处，思想工作做好了，职工的思想顺畅了，人心稳定了，员工的积极性也调动起来了。公司通过加强精神文明建设，推行企务公开等制度，密切领导班子与职工间的联系，洞察职工思想动态，及时解决各种问题，保持了蓬勃向上的工作热情，为实现企业的高速发展、壮大实力奠定了基础。

同时，山东电信还着力抓好领导班子的思想工作。10月19至20日，山东电信召开了总经理座谈会，以学习贯彻党的十五届六中全会精神为契机，进一步加强企业作风建设，改善经营管理，丰富思想政治工作的内涵，凝聚人心，稳定局面，力保全年各项任务的完成。山东电信总经理在会上要求领导班子，要把贯彻六中全会精神作为一项重要任务，深刻领会《决定》的精神实质，举一反三，按照“八个坚持、八个反对”反省企业作风建设中存在的不足，摆问题，查症结，纠正错误。领导干部要带头弘扬真抓实干的优良作风，力戒华而不实。各级领导要抽出更多的时间深入基层，倾听群众的呼声，凡是要求基层和群众做到的，自己首先要做到，凡是要求别人不做的，自己坚决不做。把加强和改进作风建设与思想政治工作结合起来，正确处理改革、发展和稳定的关系，有针对性地做好职工思想工作，教育广大员工，正确认识改革，以全新作风，开创新世纪山东电信的崭新局面。

·工会工作·

【中国电信集团公司直属机关工会为提高员工素质、增强企业凝聚力积极工作】

2001年，中国电信直属机关工会结合集团公司的实际，认真贯彻落实全国总工会会议精神，以增强员工企业意识，提高员工素质，维护员工合法权益，关心员工生活待遇，活跃员工文化生活为重点，从不同角度、以不同形式激发员工的积极性和创造性，增强企业的凝聚力。

一、认真做好员工权益保障管理工作

为保护员工的合法权益，维护员工的切身利益，组织各部门、各直属单位工会干部认真讨论《劳动合同管理办法》、《工时、考勤、假期管理办法》、《员工

功过处理条例》，并进行修改和补充。参与举办养老、事业、医疗、工伤保险基础知识和有关政策讲座，解答员工关心的问题。

二、开展不同形式的报告会和知识竞赛

"三八"妇女节期间为机关女同志举办商务交际和个人形象礼仪的讲座；"八一"节到来之际，聘请国防战略研究所教授赖铭传少将作了一场别开生面的国防形势报告；为宣传贯彻《中华人民共和国工会法》，使员工准确地领会其精神实质，组织全体员工开展了《工会法》知识竞赛，达到了普及《工会法》相关知识的目的。

三、积极开展丰富多彩的文体活动，活跃员工的文化生活

为迎接2001年春节，精心筹办"中国电信迈向新世纪综艺联欢会"，得到了集团公司领导和全体员工的大力支持。大家欢聚一堂，各单位各部门自编自演的节目，展现了中国电信员工团结向上的精神面貌，增强了集体荣誉感和企业的凝聚力。

"植树节"期间，集团公司200余名员工参加了与诺基亚公司共同举办的春季植树造林活动，大家不仅为绿化出了一份力，而且沟通了感情，增进了友谊。

"七一"前夕，举办"庆祝中国共产党成立80周年美术、书法、摄影比赛"，120余位在职员工和离退休老同志携192套作品参赛，充分显示出公司员工丰富多彩的业余生活和较高的艺术修养。丰富了大家的业余生活，激发了同志们的业余爱好。

国庆节期间，为了丰富机关单身员工的生活，工会与直属机关临时团委联合举办了"携手共进"联谊活动；在以"金秋时节，壮志未酬；中国电信，永攀高峰"为主题的"金信杯"登山活动中，80余名员工踊跃参加。

2001年3月1日、3月22日、8月10日、9月14日，先后为集团公司职工举办了保龄球、乒乓球、游泳、羽毛球大赛，机关和直属单位共计参赛300余人次，激发了大家体育锻炼的热情。同时，选拔出部分同志代表中国电信集团公司参加了全国邮电保龄球、乒乓球比赛，"首信杯"、"金融大厦杯"保龄球比赛，与华为公司的足球友谊赛以及"湖南电信杯"篮球赛，从另一个侧面展现了中国电信职工勇于拚搏、积极进取的企业精神。

四、积极创造条件，尽最大努力为员工办好事、办实事，重点解决员工中存在的实际问题

如：向职工发放福利用品；慰问困难员工并给予补助；看望患病职工和老干部。2001年7月下旬，在机关工会组织的"献爱心、助海平"资助活动中，集团公司领导带头为家属患病的员工捐款，全体员工积极参加，共捐助人民币4万余元，体现了集团公司团结友爱，助人为乐的良好风尚。

五、加强工会组织的自身建设，发挥工会干部的积极作用

为提高工会干部的自身素质，更好地为全体员工服务，工会干部认真学习了江总书记的"七一"讲话和《中华人民共和国工会法》，并交流了各部门工会的工作经验；在做好集团公司总部工会工作的同时，加强对直属单位工会工作的指导。

六、加强离退休老干部活动管理工作

2001年春节前夕，举办老干部春节茶话会，集团公司领导到会并讲话，表示了对离退休老同志的慰问。在学习方面，重点组织老干部学习了江总书记的"七一"讲话和十六届五中全会《决定》，传达相关文件，收看有关录像片。在揭批"法轮功"的斗争中，组织老干部进行座谈，认清法轮功的丑恶本质。为帮助老干部锻炼身体，组织老同志参加健康讲座，组织大家练习太极拳。及时看望和慰问生病、住院的老干部，体现领导的关心和组织的关怀。在为全体员工发放节日慰问品的同时，考虑老干部的特殊情况，合理发放，努力为老干部排忧解难。通过上述活动，活跃了老干部的生活，增进了老干部对集团公司的感情。

【中国电信下发推进厂务公开工作的有关通知】

实行厂务公开制度，是国有企业深化改革、推进民主管理的重要途径和有效形式。近年来，各级电信企业根据统一部署和要求，均已不同程度地试点或开展了这项工作，有的已经收到了明显的效果。2001年以来，中共中央纪委、中共中央组织部、中共中央企业工委、国家经贸委、监察部、全国总工会联合下发了《关于做好2001年厂务公开工作的通知》；中央企业工委办公厅分别以中企厅（2001）27号文件和中企厅63号文件下发了《关于在中央企业全面推行厂务公开的意见》和《关于进一步推进中央企业厂务公开工作的通知》。为了深入贯彻上述文件的精神，结合中国电信集团深化改革、加快发展、加强企业民主管理的实际，中国电信就进一步推进厂务公开工作的有关问

题发出通知：

一、统一思想，提高对厂务公开工作重要意义的认识

党的十五届四中全会《关于国有企业改革和发展若干重大问题的决定》中明确提出，要“坚持和完善以职工代表大会为基本形式的企业民主管理制度，实行民主评议企业领导人和厂务公开”。进一步推进厂务公开工作，是深入贯彻党的十五大、十五届四中、五中全会精神，处理好改革、发展、稳定的关系，保证国有企业健康发展的要求；是落实党的全心全意依靠工人阶级的指导方针，充分发挥工人阶级主人翁作用，落实“三个代表”重要思想的有效形式；是企业职工参与民主决策、民主监督、民主管理的主要途径；也是企业领导干部廉洁自律，加强对权利的监督、制约的重要方式。它有利于企业加强管理、堵塞漏洞、提高经营管理水平；有利于促进企业的党风廉政建设，密切党群干群关系；有利于发挥和调动职工群众的积极性，促进企业经济效益和社会效益的提高。

二、推进厂务公开工作的指导思想和原则

推行厂务公开的指导思想是：以邓小平理论和江泽民总书记“三个代表”的重要思想为指导，认真贯彻党的全心全意依靠工人阶级的指导方针，解放思想，实事求是，坚持从企业的实际出发，不断推进厂务公开向生产经营管理领域拓展，充分发挥企业经营管理者和职工群众的两个积极性，促进企业改革发展、民主政治建设、党风廉政建设和企业经济效益的全面提高。

推进厂务公开，要紧紧围绕企业改革与发展的大局和中心任务，按照突出重点、注重实效、简便易行、依法实施、分层次公开的原则开展工作，逐步使厂务公开工作制度化、规范化。

三、厂务公开工作的组织领导

按照中央企业工委推进厂务公开工作的有关要求，厂务公开工作要在企业党委（党组）统一领导下进行。各级党组（党委）主要领导对厂务公开工作负总责，是第一责任人；企业行政是厂务公开的主体，是第一执行人；纪检监察部门对厂务公开工作实施监督检查，是第一监督人；工会是厂务公开的工作机构，是第一实施人。

中国电信集团各级企业要建立以党政主要领导负责、纪检和工会等部门负责人为主要成员的厂务公开领导小组。各级领导小组负责厂务公开工作的全面领导，制定实施意见，审定重大公开事项，研究解决实施工作中出现的问题。各级企业的党政主要领导要十分重视和关注厂务公开工作，要把推行厂务公开工作作为促进企业改革、发展的重要工作列入议事日程，在党组（党委）的统一领导下进行。按照上述要求，在原有基础上，各省（区、市）电信公司要进一步建立健全厂务公开的组织领导工作。

各级电信企业要成立由纪检、监察、工会有关人员和职工代表组成的厂务公开监督评议小组，负责监督、检查、评议厂务公开工作的实施情况，制定出厂务公开的监督考核办法，确保公开的效果。

四、厂务公开的主要内容

厂务公开的主要内容，除了国家法律、法规规定的保密事项和企业科技、商业机密之外，企业的各项重大事项都应向职工公开。

中国电信集团根据改革发展的实际，要求各级企业应重点把企业改革与发展的重要政策、措施，职工普遍关心的热点和难点，以及涉及职工切身利益的问题作为厂务公开的主要内容。

（一）企业改革发展的重大决策。一般包括企业发展目标及中长期发展规划；重大投资、重大技术改造和技术引进方案；企业改革、改制、重组、联合及企业兼并、破产等重大方案；职工下岗、转岗、安置、提前退养以及协议解除劳动合同等重大措施。

（二）企业生产经营管理的重要问题。一般应包括企业年度生产经营目标的完成情况；企业盈亏及财务运行状况；财务预决算和大额资金使用，大数额广告费、赞助费等的支出情况；业务部门的成本、费用情况；主要通信设备、器材的采购质量、价格，较大规模的生产性固定资产投资项目的招、投标情况；非通信生产项目的投资及重要合同审查签定程序及履行情况等。

（三）涉及职工切身利益的问题。一般包括职工养老、医疗保险制度的改革及实施情况；公房出售方案的制定、修改及实施；住房公积金、全年福利费的使用情况；企业招聘新员工、聘用高薪专业人才方案及执行情况；职工下岗分流方案的制定、修订和执行情况；重要岗位人事调配，职称、职务晋升情况；职工薪酬分配方案和企业劳动保护措施；集体合同的签定、履行，劳动争议的处理以及职工奖惩情况等。

（四）企业党风廉政建设方面的问题。一般包括民主评议企业领导人员的情况；领导干部执行廉洁自律有关规定的情况；企业内部开展竞聘上岗的有关规定及是否做得公开、公平、公正的情况；企业业务招待费使用情况等。

（五）企业发生的重大事件、重大通信事故及其调查处理情况。

（六）企业职工群众普遍认为应当公开的其它方面的重要内容。

各级电信公司在推行厂务公开工作过程中要根据本企业实际情况，不断充实和增加厂务公开的内容。在企业发展的不同时期，对厂务公开的内容应有所侧重，既要有定期向职工代表大会和职工群众公开的一般内容，又要根据企业改革发展的进程和职工群众的要求增加新内容，使厂务公开更加贴近企业实际，贴近企业改革、发展和生产经营管理。

五、厂务公开的形式

（一）职工代表大会制度是职工参与企业民主决策、民主管理和民主监督的基本制度，也是实行厂务公开的主要载体和基本形式。要通过企业职工代表大会，将属于应提交职代会审议、通过、决定的重大问题，必须向职工代表大会报告，由职工代表大会做出决议。

（二）厂务公开栏、板报、企业内部计算机网络等是实行厂务公开的必要形式。凡属职工代表大会审议通过的事项和应向全体职工公开的其它问题，均应用厂务公开栏、板报、计算机网络等在企业内部公示。

（三）厂情发布会、厂情咨询会、党政联席会等是实行常委公开的重要形式。凡需向党政工领导及全体职工或职工代表通报的事项，可从中选择快捷、便利的形式，及时予以公布和通报。此外，各级企业还可根据条件，实行职工代表巡视制度、职工民主议事会制度等。

推行厂务公开工作的形式，应在实践中积极探索，不断完善，要在灵活多样、注重实效上下功夫，防止形式主义，逐步提高厂务公开工作的质量和水平。

六、进一步推进厂务公开工作的有关要求

（一）切实加强领导，落实厂务公开的各项有效措施。推行厂务公开是一项创新工作，各级电信企业要把推行厂务公开工作同加强企业管理、建立现代企业制度、完善内部机制结合起来，作为一项重要工作来抓，增强推行厂务公开工作的自觉性和主动性。纪检监察部门要把推行厂务公开工作纳入党风廉政建设责任制，加强对推行厂务公开工作的监督检查；综合行政及各级职能部门要积极支持厂务公开工作，将实施厂务公开工作同各部门工作有机结合，不断增强企业决策的透明度；各级工会组织要积极主动承担起推行厂务公开的日常工作，在党政的领导下，加强与职能部门的联系，密切协作，切实加强职工代表大会制度建设，充分发挥职代会作用，推动厂务公开工作深入健康的发展。

（二）加强思想教育，强化民主意识。企业党政领导特别是总经理的民主意识如何，直接关系到厂务公开的进程和效果。各级电信企业的党政领导要牢固树立全心全意依靠工人阶级办企业的思想，从提高企业管理水平，完善内部监督机制，广泛职工群众共谋企业发展大计的要求出发，充分认识推行厂务公开、实行民主管理的重要性、必要性，严格按照党中央、国务院关于厂务公开的要求，主动向职工公开企业中的重大事项、重大决策和重大问题，增强企业决策的透明度。

（三）建立健全厂务公开工作的各项工作制度。各级电信公司要结合企业实际，认真制定和完善厂务公开工作实施办法或实施细则；建立切实可行的各公开主体的厂务公开工作制度；在公开的内容和形式的处理上，讲求根据厂务公开的不同内容，采取不同层次，不同范围的公开形式，逐步使厂务公开工作规范化、制度化，做到具体实施有章可循。要把厂务公开制度融入到职代会制度中去，与加强企业管理、建立现代企业制度相结合，不断完善厂务公开工作制度，推进企业的改革和发展。

（四）坚持从实际出发，抓好典型经验推广。推行厂务公开要坚持从企业的实际出发，充分体现企业的特点。各省电信公司在推行厂务公开进程中，要认真作好调查研究，抓好先进典型，及时总结经验，以点带面，积极探索厂务公开的最佳切入点，寻求和解决推进厂务公开工作重点、难点问题的有效途径，使厂务公开工作更加贴近企业的实际，进一步提高厂务公开的质量。

（五）加强督促检查，保障和落实职工群众的民主权利。厂务公开的实质是让职工群众参与企业民主决策、民主管理、民主监督。公开的目的是充分调动经营管理者和生产者的两个积极性。厂务公开的实施过程，是职工群众行使民主参与权、民主监督权的过程。要采取有效措施，按照一级抓一级的要求，逐级进行督促检查，切实把职工群众作为厂务公开工作的第一评价人，认真听取第一评价人的意见。各级电信企业要注重公开后信息的反馈，如职代会审议、决定的事项，职工大会通过的事项、规章制度的修改、职工群众的要求、意见是否落实，要及时进行检查监督，以保证职工民主权利的落实。

（六）要做好培训教育工作，不断提高职工的素质和参政议政的能力。各级电信企业要根据实际情况和厂务公开工作的进展情况，分层次、有针对性的对职工或职工代表进行思想和理论上的培训，提高他们对职代会制度、对厂务公开工作重要意义的认识，在实际工作中充分、正确地行使自己参政议政的民主权利，发挥出主人翁的作用。各省（区、市）电信公司要在近几年推进厂务公开工作实践的基础上，总结有效的做法和成功的经验，认真组织和领导好厂务公开工作的深入开展。通知要求，对贯彻情况及遇到的问题及时报中国电信集团公司厂务公开领导小组办公室。集团公司厂务公开工作领导小组办公室将不定期地对各省、区、市开展工作情况进行巡回检查，组织研究和分析、解决实施中的重点和难点问题，以促进厂务公开工作健康、深入地发展。

【中国电信集团公司慰问组赴内蒙古、黔、青看望电信企业困难职工】

2001年2月8日至11日，中国电信集团公司黄文林副总经理、中国电信集团工会沈少良副主席、劳动工资部杨迪副主任分别带队到内蒙古电信公司、青海省电信公司和贵州省电信公司慰问了节日期间坚守在通信生产岗位及生活困难的职工，给他们带去了集团公司党组对电信特困职工的关怀和问候。

在包头市电信分公司，黄文林副总经理一行分别来到线务员吴耀伟、机务员徐玉莲家中，给他们拜年，并详细询问了两名职工的家庭生活情况。在呼和浩特电信分公司，慰问组深入到程控机房、电信营业厅，向节日期间坚守在通信生产岗位一线的职工拜年。黄文林副总经理在听取呼、包二市电信企业情况汇报后，充分肯定了内蒙电信为中国电信履行普遍服务所做的贡献，特别是在过去的一年里，中国电信面临进一步深化改革的重大变动，企业在业务发展上经历了一些困难，但整体上仍然保持了持续发展的良好局面，这是全体电信员工共同努力的结果。新的一年里中国电信要继续保持持续稳定发展的良好局面，黄副总希望内蒙电信的广大员工要坚定信念，不畏困难；各级行政部门要在抓通信生产的同时进一步关心困难职工的工作和生活，帮助他们解决实际问题。电信工会要把送温暖工作作为一项日常工作来抓，积极主动同党政、行政有关部门协调好，把经常性帮困和节假日送温暖工作结合起来，真正从源头上送温暖。沈少良副主席一行先后到贵南县电信局、同德县电信局、军功乡电信局、果洛州分公司、过马营电信所和贵德县电信局，亲切看望和慰问电信员工。他们还慰问了“全国十大优秀工人”、“全国劳模”黄益朝，嘱咐他在搞好工作的同时，照顾好自己的身体。在果洛州慰问期间，沈副主席强调2001年是中国电信集团公司技术创新、机制创新、管理创新取得重大成就的一年，在集团公司党组的正确领导下，中国电信集团克服外部环境变化所带来的重重困难，按照周德强总经理确定的“三个创新”、“五项集中管理”、“五项机制创新”目标，加大发展、改革和创新的力度，使中国电信继续保持了持续稳定的良好发展势头。青海电信广大员工在自然环境恶劣、经济欠发达、生活特别艰苦的条件下，为中国电信履行普遍服务义务做出了不可磨灭的贡献。杨迪副主任一行在贵州省电信公司相关领导的陪同下深入到惠水县电信局和遵义市电信分公司慰问职工。在听取工作汇报后，杨副主任向奋战在一线的电信员工表示感谢，同时希望大家再接再励，为完成新一年的目标而努力。

此次中国电信集团公司慰问组到蒙、黔、青看望电信员工，反映了集团公司领导求真务实的工作作风，极大地振奋了艰苦地区广大电信员工的精神。三省电信员工纷纷表示，在新的一年里一定要把这一精神鼓舞化为强大的工作动力，加倍努力，以实际行动来感谢集团公司领导的关心和支持。

【福建电信莆田分公司规范厂务公开　促进企业改革与发展】

福建莆田市电信分公司根据中央精神和中纪委等六部委《关于做好2001年厂务公开工作的通知》以及中国电信集团公司《关于进一步推进厂务公开工作的通知》精神，紧紧围绕企业改革、发展、稳定这一主题，进一步规范了厂务公开工作。分公司党委始终高度重视，把厂务公开工作作为落实党的全心全意依靠工人阶级的重要内容来深入部署，并列入各部门党风廉政建设责任书。分公司工会也把厂务公开列入年度工作计划，作为依法维护职工合法权益，提高工会参政议政水平的重要内容。专门成立了4个厂务公开工作小组，制订了工作职责。对与企业发展经营、管理、服务、安全等密切相关的重大问题和职工最关心、反映最强烈的热、难点问题都采取了不同的方式如《厂务公开简报》和《厂务公开专栏》等向职工公开。同时不断充实和完善以职代会为基本形式的企业民主管理制度，把职代会作为厂务公开的基本载体，积极听取职工代表的意见和建议，每年召开两次职代会把总经理的“行政工作报告和工作意见”；三产部门的“多种经营工作报告和意见”；组织部门的“干部年度考核和民主评议情况”；企业“三项制度改革、竞聘上岗工作意见”；“厂务公开情况报告”；“公司领导收入情况公开”；“企业和三产的福利费、招待费开支情况的报告”、“工会经费提取开支情况”、“大宗物资采购招投标、中标情况报告”等重大问题均提交职代会审议通过。

厂务公开有力促进了企业各项工作，使企业在多次大力度的改革中做到人心不散、思想稳定、上进心强。全分公司有63位职工向党组织递交了入党申请书，有31位同志光荣入党；共收到职工合理化建议412份，职工代表提案65条直接带动了各项经营工作。

2000年2月被省政府评为“福建省推行厂务公开工作先进单位”和连续两年被省电信公司评为“厂务公开优秀单位”。　　(莆田市电信分公司办公室)

【青海电信慰问易地安置离退休人员】

为了体现企业对离退休人员的关怀，2001年9月7日至10月22日，青海省电信公司离退办、财务部派出专人，分别前往北京、西安、郑州、石家庄、济南、威海等地，看望和慰问生活在那里的青海电信离退休人员，并召开座谈会，向他们介绍了青海电信近年来改革和发展的情况、养老保险制度和基本医疗保险制度改革情况和离退休管理方面的相关政策，同时专门转达了青海省电信公司党组、各级领导及全体员工对他们的亲切问候。

以座谈会的形式慰问异地安置离退休老同志在青海省电信史上尚属首次。公司领导事前对此工作作了非常细致的指示：此次被看望和慰问的青海电信离退休人员，大都是在青海生活工作多年，在过去生活和工作条件异常艰苦的情况下，不怕艰难困苦，不怕牺牲，艰苦创业，为青海电信事业的发展做出了重要的贡献。如今青海电信跨跃了新的世纪，有了长足的发展和进步，更不能忘记老一代创业者们，关心和慰问他们是企业应尽的责任，要切实让他们感受到在青海电信这个大家庭中的温暖。公司领导还一再嘱咐前往北京、西安、郑州、石家庄等地看望离退休人员的同志，一定要把各项工作做扎实，做细致，要详细了解老同志的生活状况和目前的困难，要尽最大努力为他们解决实际困难，不要让老同志们感到有什么缺憾。离退休人员听到这个消息后，精神非常振奋，也非常珍惜这个机会。许多老同志克服身体、路途等方面的困难，在家人的陪护下赶到会场。与会的老同志们在座谈会上对省公司党组和领导的关怀纷纷表示了感激之情。他们感动地说：“邮电成立这么多年，我们离退休后回内地也这么长时间了，特别是在邮电分营、电信重组后的新形势下，青海省电信公司还派出专人来看望我们，这是我们第一次参加这样的活动，这说明青海省电信公司对离退休老同志的工作做到了前面，说明领导还没有忘记我们，还想念着我们，我们心里感到特别自豪和高兴！同时，我们离开青海后一直想念单位、想念一同奋斗过的同志们。今天青海省电信公司为我们提供这样一个良好的见面和叙旧机会，这的确是省公司为离退休人员办的好事、实事、大事，也是省公司党组贯彻落实江总书记“三个代表”重要思想的具体体现，请把我们的感激之情如实转达给公司领导”。

此次慰问活动在社会上引起了较大反响，得到系统内外的一致好评，座谈会召开所在地的省市电信公司也对青海省电信公司的做法给予了高度评价。

【天津电信工会组建在职培训学校】

2001年，天津市电信工会组建了天津市电信职工业余学校总校，并在各下属电信单位成立了分校。职工业余学校的组建为电信职工提供了在职培训的好机会，成为培养天津电信新型人才的教育基地。此举是天津市电信公司工会转变职能，为提高员工素质，培养企业需要的技术、业务人才推出的最新举措。

业校的培训内容以电信新技术、新业务为主，公文写作、法律、市场营销等综合知识为辅。业校总校的教学采取集中讲授业务与赴基层单位听讲座相结合的形式。同时总校的教学内容将与分校的培训工作相互结合，优势互补，目的是让员工切实学会、用熟电信的新技术新业务。天津电信工会为鼓励各基层工会完成好分校的组建与培训工作，决定把办学情况列入全年“工会建家”工作考核评比，对教学工作成绩突出的分校和个人，在年底进行表彰。新成立的“天津市电信公司职工业校”由电信公司总经理滕勇任名誉校长，工会代主席董苏敏任校长。

【上海电信民主管理受职工赞扬】

职工能否参与企业民主管理关键在领导。上海电信领导层认为：企业民主管理是贯彻以法治企、依靠职工治企的重要环节。为加大职工参与企业民主管理的力度，上海电信公司从建立机制着手，坚持健全和完善职代会制度、审议企业重大事项、民主评议干部、落实职代会“五权”，建立平等协商和集体合同制度，开展司务公开工作。2001年3月，一场领导干部向职工代表汇报自己工作的述职报告会在职工中引起强烈反响，标志着上海电信的民主管理工作又向前迈出了一步。

上海电信公司成立后，公司党委修改发布了《上海市电信公司党政重大问题民主决策程序》、《党内生活十项制度》、《职工代表大会实施细则》。为保障职工参与企业民主管理的权利，上海电信公司召开职工代表大会，选举并成立了提案审查、民主管理、职工生活福利及生产经营委员会，将职工参与企业民主管理的工作作为一项制度固定下来。积极参与企业管理工作成了电信职工人人关心的大事。2000年，上海电信公司与上海电信公司工会举行了集体协商会议，领导干部和职工对《通信关健岗位员工契约薪酬制》等三项有关企业民主管理的议题进行了真诚对话。上海电信公司的职工代表还对企业的劳动保护等情况进行了巡视检查。

司务公开、审议企业重大事项也是上海电信公司职工代表参与企业管理的重要内容。每年的职代会，代表都要听取总经理的工作报告，审议总经理的生产经营方针、目标、重大改革方案、国有资金分配和使用方案、业务招待费使用情况等，并为企业发展提出合理化建议。上海电信的民主管理受到了职工衷心拥护和赞扬。

【上海电信成立劳动模范协会】

为充分发挥劳模的整体优势，增进劳模之间的联系和交流，关心他们的学习、工作和生活，使劳模成为学习贯彻“三个代表”的典型和两个文明建设的生力军，上海市电信公司劳动模范协会于2001年成立，共有在职劳模27人。

公司领导在成立大会上表示：劳模协会的成立具有深远意义。一是作为群体组织有很大的凝聚作用，能更好地发挥上海电信的品牌效应；二是通过协会能沟通企业和劳模之间、协会与市总工会以及社会的关系，协会可参与公司的管理方式、发展方向、福利分配等问题的研究，向企业和社会宣传劳模的整体形象，让社会了解上海电信；三是协会要在思想、生活、工作、健康上为劳模做好服务工作，把协会办成劳模之家，越办越兴旺。

【湖北电信黄冈分公司成立内部退养管委会】

在当前企业减员增效、内部退养员工不断增加的新形势下，为切实抓好内退人员的管理工作，确保企业稳定、健康发展，湖北电信黄冈市分公司于2001年3月6日成立内部退养员工管理委员会。该委员会是隶属中国电信集团工会湖北省黄冈市委员会管理的群众性社团组织，负责管理具有电信员工身份的退出工作岗位离岗休养的人员。内退委员会的管理人员从退养员工中产生，不作正式编制，适当给予补贴。

【湖北电信武汉分公司依靠职工发展企业】

湖北电信武汉分公司充分发挥职代会在企业建设中的监督和服务作用，依靠职工发展企业，他们的主要做法有：

首先，在决策中充分征求职工意见。为使职代会上的工作报告得到职工的认可，会前公司邀请职工代表对报告进行全面审议，并针对代表们提出的十几条意见进行了认真的研究和修改。开展“我为企业发展献一计”等民主管理活动，充分发挥职工在企业建设和发展中的主人翁作用。其次，积极发挥工会的监督和服务作用。在组织运作中，工会有相对的独立性，发挥工会在维护企业利益和职工权益上的作用。三是将促进企业发展与保护职工的合法权益相结合，使职工实实在在地成为企业的主人。工会根据企业的发展需求和职工在企业中的实际利益，与企业签订了集体合同，以法律的形式明确企业与职工的权利、义务。2001年，武汉电信公司的各项工作得到迅速发展，并获得了湖北省政府颁发的“五一”劳动奖状。

【广东电信工会慰问困难职工】

2002年初，为了响应全国总工会“关于2002年元旦春节期间开展送温暖活动”的号召，广东省电信工会组织4个慰问组，走访韶关、清远、云浮、茂名、梅州、河源等6市16县，行程4000多公里，探望当地困难职工家庭。

慰问组每到一处，都和当地电信局领导、职工代表进行座谈，详细了解企业生产发展和职工的生活情况，在和困难职工的亲切交谈中，慰问组被他们那种在困难面前毫不畏缩、乐观面对、自强不息的精神深深感动，广东电信工会的领导同志说：企业职工为了企业的发展兢兢业业，无私奉献，作出了很大贡献。企业发展了，更应该关心那些因为种种原因而在生活上仍面临困难的职工。希望这些职工不畏困难，坚定信念，勇渡难关；各级行政部门在抓紧通信生产的同时，也要进一步关心困难职工的工作和生活，研究和解决他们提出来的实际问题，替职工排忧解难；工会在其中更要积极发挥作用，把省公司、省工会的关怀送到每位基层职工。

【中国电信首次光缆接续竞赛在粤举行】

全国首次光缆接续竞赛于2001年10月13日在广东省肇庆市举行。这次赛事由中国电信集团工会主办，广东省电信公司承办，活动的目的是推动群众性技术练兵活动，提高线路维护人员的技术水平、缩短光缆线路障碍历时，有效地保证通信质量、提高服务水平。

中国电信历来重视把群众性技术练兵与群众性经济技术创新工作结合起来，尤其关注光缆维护队伍接续技术水平的不断提高。为了组织好这次竞赛，全国电信各级维护部门在电信工会的大力配合下，通过层层选拔，确定15支省（市）代表队参加此次竞赛，经过紧张角逐，前六名分别由山西、江苏、浙江、北京、河北、四川代表队获得，广东、上海等9支代表队获优胜奖，广东省电信公司荣获组织奖。

【一批邮电女职工受中华全国总工会表彰】

为弘扬先进，进一步推动“女职工双文明建功立业竞赛”活动的深入开展，在“三八”妇女节之际，中华全国总工会对在“岗位立功、学习成才、姐妹献爱心、创建文明家庭”等方面成绩突出者进行了表彰。中国电信有7名先进女职工、3个先进女职工集体、3名先进女职工工作者、1个文明家庭榜上有名：

全国先进女职工

俞晓红　河北省石家庄市电信分公司计费中心主任

张慧燕　上海电信技术研究所工程师

张淑荃　江西省南昌电信分公司党委书记

穆雪芝　河南省驻马店电信分公司班长

李　莉　湖南省怀化电信分公司助理工程师

周智宏　广东省河源电信分公司技术管理员

邓　利　贵州省数据通信局网管中心工程师

全国先进女职工集体

黑龙江省哈尔滨电信分公司话务中心

江苏省苏州电信分公司112电话障碍集中受理中心

浙江省衢州市电信分公司工会女职工委员会

全国先进女职工工作者

王　利　山西省太原电信分公司工会副主席、女职工委员会主任

赵　俐　黑龙江省哈尔滨电信分公司工会女职工委员会主任

易楚芬　上海市电信工会女职工委员会主任

全国文明家庭

侯延军　黑龙江大兴安岭地区电信分公司党办副主任

【2001年获得全国五一劳动奖状先进集体】

上海市电信公司

浙江省温州市电信分公司

湖北省荆门市电信分公司营业部

湖南省常德市电信分公司

西藏长途电信线务局

甘肃省嘉峪关市电信分公司中心营业处

【2002年获得全国五一劳动奖状先进集体】

广东省电信公司

重庆市电信公司

湖北省武汉市电信分公司

都市信息化建设的尖兵
——上海市电信公司

中国电信集团上海市电信公司是中国电信集团公司所属具有法人资格的全资公司，主要经营上海地区的国内、国际各类固定电信网络与设施服务和话音、数据、图像及多媒体通信与信息服务。公司拥有资产总值253亿元，员工2万余名。2000年，完成业务收入89亿元，实现收支差额21.94亿元，占据上海的电信、信息市场60%以上的份额。通信企业的劳动生产率达76.58万元／人，在全国同行业中名列前茅。

多年来，上海电信高举邓小平理论伟大旗帜，努力贯彻江泽民总书记“三个代表”的思想，锐意改革创新，大力发展电信和信息化基础设施，为上海的国民经济和社会信息化建设做出了重要贡献，先后获得“全国质量效益先进单位”、“全国精神文明创建活动示范点”、“全国思想政治工作优秀企业”、“全国职业道德建设先进单位”、“上海市党风廉政建设标兵单位”、“全国青年创新、创效先进单位”等荣誉称号，企业的经营管理、经济效益、通信质量、安全生产、服务工作均居全国同行业先进水平。

上海市电信有限公司党委书记、总经理程锡元（左一）陪同严隽琪副市长参观企业文化展。

一、前瞻性的发展战略为信息化建设赢得了主动

上海是全国较早实现电话交换程控化、传输数字化、中继光纤化的城市，至2000年底，电话交换机总容量为685万门，居全国各大城市之首；电话用户548万户，主线普及率为42%，其中住宅电话普及率超过80%，均居全国领先地位。作为全国长途枢纽中心之一，上海电信在国际、国内通信中发挥着重要作用。

上海市人大副主任包信宝（右二）听取上海电信党委副书记陈鸿生（左一）介绍上海电信开展职工素质工程情况。

90年代初期，上海电信顺应世界信息化的潮流，开始探索电信向信息化发展的道路，到了“九五”计划开始的时候，逐步形成了比较明晰的思路，即上海电信的未来发展要纳入信息化建设的轨道，要把数字通信网和因特网作为在电话网、移动网之后的第三大网来建设，从而较早地迈出了信息化建设的步伐。1994年，上海电信建立了全国最大的自动声讯服务台；1996年，中国第一个因特网增值网业务平台——“上海热线”开始运作，并开始建设ATM宽带骨干网；1997年，窄带综合业务数字网——ISDN形成业务能力；1998年，ADSL宽带接入业务投放市场；1999年，向社会推出集话音、图像、数据于一体的“光纤全业务”；2000年，全面完成了上海市信息化主体工程中宽带网改造任务，推进了政府上网、企业上网和家庭上网。

上海电信前瞻性的发展战略，为今天上海的信息化建设提供了可靠的网络基础。目前，ATM骨干网的规模达到8+90，单位交换容量达到40G，其覆盖面、技术水平和服务能力均为国内第一，达到世界先进水平；IP公共接入平台的网络规模达到150万户；ADSL的宽带接入能力可以覆盖全市400万用户；已投入使用的光纤总长度达到了48万纤长公里，光接点覆盖99%以上的大楼和小区；SDH同步数字传输网络已覆盖全市。

上海电信坚持开展企业民主管理活动，依靠广大职工办好企业。

由于在通信建设上意识超前、技术起点高、总体规划合理，使上海电信在信息化进程中处于主动，满足了上海信息化发展对网络平台的需要，同时，也使企业的业务结构调整和可持续发展作好了技术能力储备。在2000年，上海电信的数据及信息业务收入达到10亿元，占整个业务收入的11%，接近了发达国家电信企业的平均水平，预示着上海电信正进入一个战略转折阶段。

二、“五大服务工程”整体提升了对外服务档次

上海电信的对外服务工作有比较好的基础，1996年，上海电信成为上海市首批规范服务达标单位之一，并由中央宣传部作为典型在全国广泛宣传。但是，在企业全面走向市场化运作以后，服务工作怎样在原有的基础上有新的提高？上海电信结合精神文明建设，以“用户至上，用心服务”为宗旨，发动广大职工实施“五大服务工程”，使上海电信的整体服务水平上了一个新的台阶。

以“首问责任制”为核心的提升服务工程。即不管是哪个部门、哪个专业，都有责任回答、处理用户提出的要求。实现这个工程要有强大的后台支撑，在计算机平台建立前，上海电信先制定了人工业务处理流程，在14个服务咨询台和34个营业窗口实行综合咨询和综合收费，做到了一个电话、一个窗口解决用户的咨询和付费问题，大大方便了用户。

电信空姐为采访APEC会议的外国记者热情服务

以“绿色通道”为目标的大客户承诺工程。推行客户经理制，营销工程师上门提供个性化的通信解决方案；实现一门式受理、一台清的服务方式，常规业务做到当天受理，当天处理；建立大客户服务热线和服务网络；完善大客户营业数据库，对大客户的基本业务进行受控管理，确保大客户绿色通道畅通无阻。

以“全方位受理”为要求的“112”满意工程。为了解决用户障碍报修难的问题，上海电信投入资金，实现了“112”障碍台集中受理、集中派修，用户在任何地方都可以报修，及时得到修理。“112”障碍台在应答速度、服务用语、障碍诊断等方面给用户耳目一新的感觉，障碍修复及时率达到98.78%的先进水平。

以“亲善用户界面”为工作标准的账务放心工程。减少并妥善处理账务争议是服务工作的一个难点，上海电信账务中心从源头做起，对计费汇总、出账、修改数据、测试程序实行三级检查制度，逐级稽核，把人为差错降低到最低限度，并完成了智能化生成打印文本程序的开发，大大提高了出账的正确性。对有争议的资费，抓住三个100%：对投诉用户100%回访，欠费用户在停机前100%的通知，重新开机用户100%确认，从而大大减少了资费争议矛盾。

以“即要即通”为重点的数据完善工程。通过优化业务流程，挖掘能力资源，数据业务的管理质量有了较大提高，数据装移机入网时限为91.71%，数据障碍修复时限达到率为99.79%。

三、以人为本，思想政治工作做到实处

上海电信有重视思想政治工作的良好传统，领导班子团结一致，对党的路线、方针、政策贯彻有力，队伍作风好，战斗力强。近几年来，随着改革的不断深入，又提出了在开展思想政治工作中坚持“四个针对、四个增强”的要求：一是针对国际、国内形势的变化，加强马克思主义世界观、人生观的教育，增强职工对共产主义理想的信仰力和对各种不良思潮的战斗力；二是针对市场经济的深入发展，加强社会主义的法制和道德建设，增强职工的社会公德和职业道德；三是针对企业改革和发展中遇到的种种困难，加强以人为本的企业文化建设，增强员工的凝聚力和团队精神；四是针对思想政治工作面临的新问题，领导干部率先垂范，以身作则，增强教育工作的感召力和渗透力。

上海电信把思想政治工作落实到人，把调动职工的社会主义积极性和创造性，把吸引人才、凝聚人才、有助于人才实现价值，作为思想政治工作的出发点和归宿。

上海电信合唱团在中国第六届合唱节中荣获银奖

首先是尊重职工的主人翁地位，注重发挥他们的主力军作用。职工有强烈的参与意识，他们参与企业的民主决策、民主管理、民主监督、职工代表大会制度和企业、职工间的民主平等协商制度长期坚持并得到认真执行。

第二是树立正气，弘扬先进，造就奋发向上的舆论环境。1999年至2000年，上海电信共评选出各类先进集体、先进个人400多个，公司采取多种形式对于这些先进人物的先进事迹和先进思想进行广泛宣传。

第三是优化分配机制，完善考核奖励制度，使忠诚于电信事业并为企业作出重大贡献的职工，在得到精神荣誉的同时，在物质上也得到实惠。2000年有53名分别被评为中国电信集团公司、上海市电信公司的“21世纪优秀人才”的青年获得了津贴，一部分在关键技术、经营岗位上作出突出贡献的职工首先实行了契约薪酬制。

第四是加强培训教育，增强职工才干，为职工实现自身价值“充电”。2000年，公司完成培训人数14275人，占全体员工的80%。培训工作强调针对性、有效性，如针对营业窗口人员开办的“优质服务技巧培训班”，针对营销人员开办的“客户拓展培训班”，针对领导和管理人员开办的“领导艺术和技巧培训班”等。全员性的、制度化的培训工作，使广大职工深受其益，也在公司内形成了好学上进的风气。

第五是关心职工生活，努力为职工办实事。2000年，上海电信安排20%的职工作了健康体检，组织2000余名职工进行疗休养，帮困基金扩大到1000万元，建立了帮困电话热线，继续实施补充住房公积金制度，建立职工补充医疗保险制度。数年坚持不懈为职工办实事，办好事，赢得了人心，增强了企业的凝聚力！

上海电信提出：“力争用三年左右的时间把上海电信建成能够体现中国电信业实力、真正具有国际综合竞争力的电信运营企业”。他们将高举“创新”的大旗，以深化改革为动力，发挥各级党组织的核心作用，紧紧依靠广大职工，为实现这一目标而努力奋斗。

顾全大局　用心服务　企业焕发出勃勃生机与活力
——重庆市电信公司

重庆市电信公司是中国电信体制改革后于2000年7月成立的国有企业，拥有固定资产总值100亿元，资产负债率45%。公司化后，公司着力建立新的经营模式和创新企业管理机制，加快建立现代企业制度，不但平稳、顺利地完成了重庆电信的调整和重组，而且保持了企业持续、健康、快速的发展势头：固定电话用户由1999年的154万户增长到2001年的332.56万户，翻了一番；劳动生产率从1999年的29.18万元／人年上升到2001年的72.07万元／人年，在中国电信2001年度绩效考核中居全国第二，成为中国电信西部地区唯一连续三年盈利的企业；三年来公司上缴利税3.21亿元，为地方经济的发展做出了贡献，在2002年重庆市行风评议中得票居全市通信运营企业之首。

信息产业部吴基传部长在重庆市副市长赵公卿、重庆市电信公司总经理邹炳煊的陪同下，来到重庆市电信公司运行维护部值班室询问用户投诉情况。

一、发展通信，勇当重庆信息化建设主力军

中国加入世贸组织后，通信业面临国际、国内激烈的市场竞争，为了办好国有主体通信企业，确保国有资产的保值增值，邹炳煊总经理指出，唯有加快发展，壮大实力，才能赢得竞争。公司于2000年1月开展了“第二次创业”活动，即用六年时间，实现网络建设、市场拓展、通信增长方式、企业管理和精神文明建设五个方面的新突破。2000、2001两年间，公司克服了资费调整和市场无序竞争等不利因素的影响，共发展电话用户135万户，多媒体用户19.5万户，成为直辖后发展最快的两年。

目前，公司建成的023本地电话网规模在全国居第一；公司一方面大力加快重庆信息化基础设施建设，长途传输系统出口带宽达到10G，最高可扩容到400G，提供了重庆市80%以上的长途出口和数据出口；另一方面全力推广信息应用和普及，通过向企业、行业、政府等提供网络业务出租、网络元素出租、整体解决方案、信息化服务出租等模式，为重庆进行信息化建设的80%的政府部门、95%的企业和90%的网民提供了信息服务。

二、用心服务，不断提升企业服务水平

在国家取消政策扶持、资费下调、建设资金紧缺、尚未建立普遍服务基金的情况下，公司坚持以社会效益为重，自觉承担起国家应急通信、党政专用通信、农村通信等普遍服务。在城市建设中，公司投资上亿元进行通信网络的迁改，美化了市容；在重庆产业结构调整中，公司积极配合经济开发区建设，加大对北部新区通信建设的资金注入；在农村电话建设中，尽管不少区县“村村通电话”投入后需30年左右才能收回成本，但公司仍从大局出发举债建设，三年来投资30亿元使全市100%的乡镇、85%以上的行政村通了电话，农村电话用户已达到116.29万户。

重庆电信客户服务中心1000号机房。

三、顾全大局，全力推进三峡库区通信建设

搞好三峡工程建设是江总书记赋予重庆的四大

任务之一。为了保障库区移民和政府各部门搬迁任务按时完成，公司把库区通信建设当成一项重大的政治任务，周密详细地制定了通信网络建设规划，制定了综合电信大楼、干线工程建设时间表和资金管理使用办法，成立了专门机构负责库区电信建设工作。库区移民通信迁复建工程需要大量资金，近几年虽然争取到移民资金计划14596.72万元和对口支援资金3225.5万元，但远远不能满足需要，重庆电信在资金缺口近8亿元的情况下，采取突出重点、整体推进、协调建设的原则，确保了二期水位线以下全淹区县资金的到位使用。2003年初，库区全淹县全部完成了新局房及新城通信管网等建设，为三峡工程建设的顺利推进做出了重要贡献。

全国青年文明号——重庆电信大坪营业厅。方便、温馨的营业大厅，渗透着重庆电信用心、贴心的服务理念。

四、锐意改革，不断为企业发展注入活力和动力

为适应在竞争中生存和发展的需要，公司对传统的管理制度进行了大胆的改革实践，在中国电信集团内部率先打破干部、工人身份界限，变身份管理为岗位管理；改革薪酬制度，将工资总量分配与企业绩效考核挂钩，做到干部能上能下、收入能增能减、员工能进能出，激发了员工队伍的活力；推行财务一体化，上收决策权，下放经营权，提高了投资的科学性和收益率，防止了国有资产的浪费和流失；实行物资集中采购，严格招投标制度，实行统谈统签，仅2001年就节省资金上亿元。在经营管理中，公司坚持有所为有所不为的发展原则，走集约化经营之路，2000年底，宽带通信炒作铺天盖地，各通信企业也在忙于宽带接入网的“圈地运动”，而重庆电信的领导则认为不能盲目跟进，并将宽带接入网投资从规划的2.2亿元降为实际的6000万元。当宽带泡沫散去，不少公司深陷宽带泥潭不能自拔时，重庆电信却在走内涵式扩大再生产的发展思路指导下轻装前进。深化改革和廉政建设，为企业的健康发展注入了不竭的活力和动力，重庆电信呈现出朝气蓬勃的局面。

紧张、有序的2002年度职工技能比赛，凝聚着重庆电信人优质、高效的服务追求。

重庆电信新牌坊长途枢纽楼夜景。

五、以人为本，努力打造双文明强势企业

长期以来，公司坚持两个文明一起抓，注重发挥工会等群团组织的作用。公司党组坚持不间断地对员工进行理想信念、人生价值、职业道德教育；坚持对员工进行岗位培训、学历教育，为员工岗位成才创造条件。各级工会组织机构和职代会制度始终健全并不断完善，相继在全公司推行了平等协商签订集体合同以及企务公开制度，维护了员工的合法权益。公司坚持实行民主管理，主动接受监督，企业内部民主空气浓厚，劳动关系和谐。先后获得“全国500家最大服务企业”、“全国三五普法先进集体”、“重庆市纠风工作先进集体”等荣誉，20余人（次）荣获全国、重庆市、中国电信集团公司等授予的各种称号，有61人（次）评为市级以上先进和服务标兵。崇尚先进、争创一流，已经在员工队伍中蔚然成风。

琴心剑胆写恢宏

——广东省电信公司

2002年5月，广东省电信公司荣获中华全国总工会颁发的全国五一劳动奖状，这是继2000年获得全国经济效益型先进企业后，广东电信取得的又一全国性殊荣。

2002年4月，广东电信荣获"全国五一劳动奖状"，冯雄总经理上台接过中华全国总工会颁发的奖状。

一、以超前的战略眼光和敏锐的市场意识，不断开发大众化、多样化的新业务，满足社会多层次的通信需求

随着广东经济的快速发展，人民群众对通信的需求日益增长。作为一个处于高科技前沿的企业，广东电信坚持将促进国民经济发展，满足社会通信需求放在重要地位，按照"规模投入、适度超前"的原则，高瞻远瞩规划网络建设蓝图，努力追踪研究国内外电信技术的发展趋势，不断提高自身的科技含量。

近几年每年投资100多亿元，加快通信建设，大力推进通信网向综合化、宽带化、智能化方向发展。在国内率先实施密集波分复用技术试验和研究，加快建设宽带高速骨干传输网，积极采用同步数字传输技术，大力推进传统通信网向宽带高速信息网发展，着力构建融语音、数据、图像为一体的综合平台，打造了广东电信强大的网络资源优势。2002年全省固定电话交换机总容量超过2000万门，光缆总长度达130万纤芯公里，以同步数字传输、密集波分复用等技术为依托的宽带传输网和基于ATM、IP技术的宽带信息网覆盖全省，一个大容量、高速率、立体型的现代化通信网络已经建成，整体规模和技术含量居全国领先水平。

大力推行个性化服务，塑造了电信优质服务品牌。

针对通信市场竞争加剧情况，广东电信迅速转变观念，确立以市场为导向的经营策略，以变应变，通过强化经营分析，注重市场调查和市场细分，大力拓展业务市场。同时，根据市场需求推出来电显示、一线通、200充值卡、流动市话、IP电话等新业务，满足不同层次的客户需求，打响了本地电话、长途电话、电话卡、数据多媒体、网元和公众服务六大业务品牌。在发展固定电话方面，重点抓好效益性放号，以统一规划、规模经营的办法大力开发城市客户群，培育农村电话市场。近两年来固定电话以每年超过250万户的幅度增长，2002年已达到1706万户，是1995年的近3倍。根据市场的变化，广东电信于2001年推出宽带业务，组织了两次"宽带大会战"。广大员工积极走向市场，抢占业务制高点，使"网络快车"迅速开进千家万户，宽带业务发展一年突破20万，比2000年底翻了5番。在大力发展业务的基础上，广东电信积极组织话务量经营，通过盘活存量、培育话务增长点，努力开发话务市场，实现企业的持续健康发展。在2001年电信资费下调、初装费取消、话务分流不断加大的情况下，广东电信完成业务总量364亿元，业务收入达到291亿元 。

"China Vnet互联星空计划"新闻发布会现场。

二、把服务作为企业的生命线工程，在实现承诺服务、规范化服务的基础上，大力推行个性化服务，塑造了电信优质服务品牌

广东电信秉承"每天前进一步，永远真诚服务"的企业精神，将服务工作列为企业生存、发展的生命线工程，变被动服务为主动服务，努力实现向服务效益型企业的全面转型，积极承担起为最广大人民群众谋取利益的神圣使命。

邮电分营后，广东电信从抓队伍的综合素质、抓文明行业创建入手，组织声势浩大的职业道德宣传教育和礼仪培训，强化员工服务意识，严格兑现对外服务承诺，建起包括环境、礼仪、标准、承诺、监督和自律在内的服务体系，大力推进规范化服务工作。2000年，全省1744个电信营业窗口和农村支局基本达到规范化服务标准，服务工作令人耳目一新。

为加强对服务的监督，广东电信建立起明查与暗访相结合、内部检查与外部监督相结合的交叉监督机制，通过对装移机、报障、投诉用户实行100%回访，聘请373名社会监督员，广泛听取意见，促进服务工作的改进。2001年，公司领导还担当

"稽查队长"，三次下基层对服务工作进行"微服私访"，行程近1.5万里。在此基础上，以解决热点、难点问题为突破口，大力推行服务创新。如在全国率先推出首问负责制，与之配套出台了《广东电信投诉处理管理办法》等制度，设立网上投诉窗口"广东电信315"，开通服务征询热线8008300315，解决查询难和投诉难问题；采取拦截超长、重叠、重复计费手段处理疑难话单，解决话费争议问题；以增开网点，实行全月交费制度、电子货币缴纳和网上交费等办法解决交费难问题。

广东电信重视企务公开工作，并召开现场会总结经验，表彰先进。

与此同时，广东电信为不同客户度身订做出一揽子具体的、细化的通信服务方案，打造个性化服务品牌：大胆改革传统服务模式，推出"1000"综合服务热线，为客户提供报障、咨询、投诉和业务受理的一站式系统服务，使"1000"成为电信的"110"；对重要客户实施分区分片工作制、24小时责任制，为大客户提供"绿色通道"。此外，广东电信还组织开展"十、百、千"服务竞赛：每年选树10个优质服务先进单位，100个优质服务窗口，评选1000名服务明星，以典型示范提升服务质量。无论是广州的"感动服务"，佛山的"实时服务"，还是汕尾的"保姆式"服务，均是强调与用户感情的培养。正是这种动之以情的人性化服务，促进广东电信服务质量的不断提升，并受到了社会的好评。广东电信两度被省委省政府授予"广东省创建文明行业先进单位"；在广东省文明委组织对社会最关心的六大服务行业的客户满意度评比中，电信排名首位；2001年，经广东消委会联合社会中介机构对电信服务质量进行调查，广东电信客户综合满意率达到95.4%。

三、勇立潮头，发挥信息化建设的主力军作用

广东沿海与山区、珠三角与16个贫困县的通信发展差距很大。为缩小这一"鸿沟"，广东电信先后组织山区通信工作和电话村建设，平均每年投入28亿元保证农话建设，"九五"期间以4亿资金更新改造原有设备，采用先进的光纤传输、用户接入、无线通信等提高农村通信水平，促进了农村通信和山区经济发展。然而，由于经济发展不平衡，到2000年7月，广东仍有800多个行政村未通电话，占总数的2.83%；有38个与交换局和接入网点的距离超过20公里。

广东省委、省政府提出"四通"目标后，广东电信立即召开攻坚战誓师大会，把实现"村村通电话"作为实践"三个代表"重要思想的一项民心工程加以落实。在农话负债高达63亿元的条件下，广东电信仍斥资3.5亿元作为"村村通电话"专款，以高起点、高技术、高质量的总体目标进行科学规划、统筹部署，凭着高度的责任感和顽强的打硬仗精神，只用100天，为全省800多个行政村装上了电话，并带动3010个村、23481户用户走上了信息路，加快了山区农民"脱贫奔康"的步伐。为此，省委、省政府领导联名向广东电信发来了贺信。

IP实际操作决赛现场。

广东电信勇担信息化建设重任，从推动广东率先实现"四化"的战略高度出发，在省委省政府的统一领导和地方各级政府的大力支持下，及时制定具有前瞻性的整体规划，不遗余力地推进国民经济和社会信息化进程。1998年，投资5000多万元与省经贸委携手建成广东经贸网，自此带动了广东100多家重点大型企业和一批中型企业的信息化建设；1999年倡议发起了"政府上网工程"，并投入3000多万元支持广东省委、省政府及各市政府的信息化建设，协助做好系统集成、网页制作、网站管理和培训工作，还从设备、资费上积极支持广东省地税局、国税局、经贸委、海关、外汇管理局等进行全省的网络建设；在1999年底至2000年初，组织专家、教授在全省13个城市进行"政府·企业·网络应用论坛"的巡回演讲，成功举办了13场永不落幕的网上交易会。

政府信息网的开通，推动了一批行之有效的网上应用，如网上报税、招商、学校以及统计信息网、公安数据报送、财政报表传送等多个应用系统投入使用。而花卉、家具、玩具、农产品等网上商场的开通，带动了大批企业上网。截止2001年底，广东全省共开通1000多个行政网站，有6万多家企业建立了专业网站，并逐步开展电子商务。广东的政府、企业上网，无论是上网数量还是应用水平均居全国前列。

广东电信斥资16.5亿元构筑南海网络主干平台，与地方政府合作走向统一规划、联合建设、加快发展之路，创立了信息化建设的"南海模式"。电信在这场数字化革命中发挥了排头兵和主力军的作用，南海成为全国各地竞相效仿的成功范例。党和国家领导人纷纷到南海考察信息化，并给予高度评价。

近年来，广东电信还出色地完成了香港回归、澳门回归、2000年时钟过渡、九运会和第四次核演习等多项重要通信任务，并在国防通信和抢险救灾通信中发挥重要作用。作为国家主体通信企业的广东电信正沐浴着改革开放的春风，迎接市场竞争的挑战，积极创建世界一流的电信企业。

技术、服务、管理全面创新树品牌

——湖北省电信公司武汉市分公司

武汉市电信分公司在2000年开始进行公司化改制，两年来，顺利实现了企业由计划经济向市场经济、由政府的管理职能向企业的服务职能、由履行普遍服务义务向创造企业经济效益等一系列重大的转变。

湖北省委书记俞正声视察武汉电信。

在变制改革面前，武汉电信以创新的精神积极应对，迎难而进，克服了转制前企业面临的人多、干部多、负债多、劳动生产率低，市场应变能力差，机制、观念、手段滞后于市场经济需要等不利因素，从抓三项制度改革、抓服务、抓管理、抓效益、抓企业核心竞争力入手，使电信服务质量明显上升，企业效益快速增长，企业实力、竞争力不断提升。改制当年就荣获全省“五一”劳动奖状，2001年公司业务收入增长达10%（高出全国电信业平均增长水平），劳动生产率较上年增长1倍以上，其综合通信能力位居全国省会城市前列，荣获“武汉市优秀企业”称号。

一、创新服务树品牌形象

武汉电信抓住公司化改制机遇，建立了面向市场的服务机制，使企业呈现出崭新的服务形象。大客户服务中心、1000服务台、营业窗口服务体系、电话装机维修服务保障体系等一批围绕市场需求和用户需求的服务平台相继建立。承诺服务、限时服务、“三优”服务，服务专业化、用户化、个性化等一系列服务措施出台。电信业务服务计算机系统、计算机计费系统等服务系统优化升级。全员牢固树立“用户至上、用心服务”理念，广泛开展“转变观念，服务前台”和规范服务达标活动，员工的服务意识、服务观念得到了全面更新，用户装机难、交费难等问题彻底得到解决。

武汉电信的服务不再是被动的等待式通信服务，而是走进用户、走进市场，满足各类不同层次、不同用户需求的主动服务。如今机关、企业、金融单位等使用通信集中的用户，可以享受到武汉电信专业人员的全天候服务。要了解电信服务，只需拨个电话。1000服务电话的开通，向武汉180万固定电话用户提供了一个业务咨询、通信障碍申报、通信服务投诉等的24小时不间断“服务窗口”。2001年，武汉电信的服务投诉率下降了30%，其中越级投诉率较上年下降60%，用户的满意率达到90%以上。

武汉热线已成为城市文明窗口。

二、技术和管理创新提升竞争力

依靠技术、管理创新来提升企业的实力和在市场上的竞争力，是武汉电信转制后快速发展的重要经验。经过几十年的建设，武汉电信已拥有先进的通信网络和庞大的用户资源，同时拥有一大批经验丰富的技术管理人员。两年来每年投入数亿元专门用于通信技术更新，先后建成了IP网和覆盖全市的宽带城域网，并成为武汉唯一拥有多种宽带接入方式，能提供高速率的宽带网络运营商，建成了华中地区首个宽带网站，并投入应用；完善了全市程控交换机的集中维护管理系统，高效、安全、及时地保证了武汉通信网的运行；基本建成了全市电话交费系统，用户在武汉城（郊）均可交纳电话费。

武汉电信的网络管理机房。

建立适应市场发展需求的管理机制是保证武汉电信在竞争中发展的重要条件。公司以三项制度改革为契机，建立新的用人机制，将机关从26个部门近400人，压缩到10个部门200人。同时实行干部任用内部公开招聘、单位用工双向选择、员工实绩绩效考核、劳动报酬以岗定薪等一系列新举措。重造业务流程，以服务窗口的高效运行为依据，建立保证业务快速发展、满足用户通信服务需求的业务管理方式，将计划经济的机关管理方式，改为面向市场的服务型管理方式，提高了企业的市场管理水平。

武汉市电信分公司林幼槐总经理这样总结企业顺利实现转制并在转制过程中得到快速发展的经验，一是坚持了三个代表的思想，全心全意地依靠了企业的员工，全心全意地服务了用户。二是抓住了改革的机遇，抓住了发展的主题，抓住了创新这个重点。林总坚定自信地说：武汉电信要用5年时间建成一个网络先进、管理科学、机制灵活、服务一流、效益良好、能够体现中国电信实力的大型现代化企业。

坚持以发展为中心推进科技、管理和机制三项创新争创全省一流的电信企业

——湖南省电信公司常德市分公司

常德市电信分公司在电信改革重组，市场竞争日趋激烈的新形势下，坚持以市场为导向，以发展为中心，积极推进科技创新、管理创新和机制创新。1999——2000年，两年实现了一个递增、三个翻番，创下了全省电信的六个第一。“一个递增”即：业务收入年均递增20%，2000年达4.26亿元，绝对数除省会长沙外名列全省第一位。“三个翻番”即：企业固定资产翻了1.4番，达24.07亿元；电话主线用户翻了两番，达73万户，电话普及率翻了1.74番，达12.37%，除省会长沙外分别名列全省第一和第二位。“六个第一”即：第一个全面推行市县一体化管理，第一个提前一个季度完成全省电信“百万电话大行动”和“三百万工程”分解的目标，第一个建成全省的电话市，第一个建成信息化小区，第一个组建电信110“装查快车”，第一个创立模块局的代办、发展、管理模式。得到了上级主管部门和地方的充分肯定。1999年，被湖南省邮电管理局授予“资本经营先进单位”的称号；2000年，荣膺湖南省委、省政府“1999——2000年度思想政治工作优秀企业”的殊荣，连续两年被常德市人民政府评为常德市目标管理等先进单位。

常德电信分公司大楼。

一、常德电信“20万电话大行动”和“300万工程”捷报频传，全市电信经营喜结硕果

近两年，常德市电信分公司不断解放思想、转变观念、开拓市场、加快发展，1999——2000年全省“百万电话大行动”和“三百万工程”中，该公司党委带领全市电信员工奋力拼搏、勇创一流，提前一个季度完成了省公司“百万电话大行动”和“三百万工程”分解的目标，为全省电信探索和积累了成功的经验，省公司相继在常德召开了“百万电话大行动”、“宽带信息业务建设与发展”和“市县财务一体化管理”三个现场会议，向全省推介，拉动了全省“百万电话大行动”和“三百万工程”的全面告捷。全省“百万电话大行动”和“三百万工程”中，常德市累计新增主线用户40.38万户，为省公司分解目标的148.39%；新增公话用户4.98万户，为省公司分解目标的414.56%；新增寻呼用户10.44万户，IP用户4.07万户，来电显示用户10.16万户，分别为省公司分解目标的118.6%、135.6%和112.9%，在“百万电话大行动”和“三百万工程”竞赛的排行榜上常德均名列第一。

常德电信分公司领导班子合影。

二、积极推进通信网向信息网的战略转移，实现技术创新

为增强通信能力和市场竞争能力，全面完成“518”通信工程任务。1999——2000年，常德市分公司用于通信建设的投入达10个多亿，完成大小通信建设项目480多个，改造、新增电话交换机容量50．4万线，敷设光缆2991皮长公里，初步建成了大容量、高速率、高品质的信息高速公路。

在推进通信网向信息网的战略转移中，该公司尤其注重推行技术创新：一是创立了“多模块、少局所、光缆到村、电缆到组”的交换机组网模式，满足了新业务新功能的开发，使通信网络更贴近实际，节省投资成本约1个多亿。二是积极探索宽带建设模式，率先建成了以小区制为中心的宽带城域网。为加快信息业务的发展，满足市场需求，该公司在全省率先提出并建成了以“光缆到小区、模块进单元、10M到桌面”为主要内容的宽带接入城域网，使上网的速度大大提高，品质更安全、可靠，功能更大、信息量更丰富。

三、全面推行市县一体化管理，争创服务品牌，实现管理创新

近两年，该公司在抓发展的同时，积极推行管理创新。一是全面推行市县一体化管理。该公司在全市范围内实行财务、业务经营、人事劳资、物资、运行维护、通信建设、监督检查等7个统一管理。尤其是财务管理以市公司为主统一核算，并实行收支两条线管理，加速了资金的周转，市分公司每月资金调度能力提高了两倍。二是服务管理创新。为树立电信服务品牌，全市电信组建了“装查快车”，配齐人员、装备，实行准军事化管理，满足了客户需求，提高了装查效率，市分公司装查机及时率分别达98．25%、99．15%，查障平均历时由1000多分钟降至300分钟，均优于部颁标准。

干净整洁的常德电信工作机房。

四、推行公司制改组，建立与市场相适应的公司化管理、运作模式，实现机制创新

常德市电信分公司近两年以电信改革、重组为契机，不断探索机制创新之路。一是改革企业经营管理机制，推行公司化管理。改局为公司，实行总经理负责制，企业内部裁减机构人员，使企业管理模式更贴近市场、贴近客户。二是实行竞聘上岗。全市电信均按“双向选择、择优录用”的原则，实行了竞争上岗。三是建立工效挂钩的分配机制。市分公司对县（市）局的工资总额实行与工效挂钩的考核办法，按各局的目标管理实绩，核发工资总额，使企业分配机制更加灵活。

与时俱进谱写世纪新篇章

——浙江省电信公司温州市分公司

第十届全国人大代表、浙江省劳动模范、温州市电信分公司总经理吴作东。

1902年设立的温州电报局，成为温州电信的开端。从诞生到今天，温州电信走过了整整一百周年的光辉历程。在充满生机的瓯越大地上，温州电信在浙江省电信公司和温州地方党委政府的领导下，深入学习实践“三个代表”重要思想，以市场为导向、以用户为中心、以效益为目标、以改革为动力，从电报业务起家，经过数代人的艰苦拼搏，已经发展成为拥有固定电话、无线市话、互联网、数据通信等多项业务的现代通信运营企业。

特别是改革开放以来，温州电信3000多名员工不负上级领导和全市700多万人民的殷切期望，在改革发展大潮中积极进取、奋勇争先，实现了历史性大跨越。1987年温州电信首开万门程控电话；1993年和1995年，温州电信在全国邮电经济效益百强地市局评比中分别名列第11和第14位；1996年温州电信程控交换机总容量突破100万门，成为全国第五个程控超百万门的地市局；1997年温州电信实现全市乡乡通光缆，并开通了163国际互联网和169多媒体通信网；1998年底温州全市实现行政村“村村通电话”；2001年，温州电信首创电话号码“3＋8”方案，促使温州成为全国第一个电话号码升八位的地级市。一系列的成绩表明，温州电信已经成为全省乃至全国电信行业中的发展排头兵。

多年来，温州电信业务总量和业务收入增长连续保持高于温州GDP的两位数增长速度，全市电信业务收入已经连续七年稳居全省第二位，综合实力明显增强。2002年上半年，温州电信业务总量、因特网用户数以及本地电话用户数三大指标，在全国同级城市（不包括省会以上城市）中分别排名第4、第2和第4位；在所有地市（包括省会城市，不包括直辖市）中分别名列第8，第9和第7位。目前，温州电信本地电话网容量已经超过310万门，本地电话用户总数超过220万户，其中小灵通用户超过54万户（用户总数居全国地市公司前茅），成为全省第二个电话通信大市。数据、宽带和互联网业务蓬勃发展，新型业务加速开发，宽带IP网和驻地网初具实力。全市电信现已发展数据互联网用户超过45万户，宽带小区大楼超过500个，宽带用户超过10万户。宾馆信息化工程大力推进，市区三星级以上的宾馆基本开通电信宽带网络；教育信息化——“校校通”工程取得明显成效，全市150多个学校及教育机构开通电信宽带网络接入。同时，温州电信还参股组建了温州数码城，为推进温州国民经济和社会信息化进程不遗余力。除了物质文明建设取得累累硕果以外，温州电信大力推进企业精神文明建设，创造了良好的企业文化和品牌优势。2001年，温州电信

中共中央政治局委员、中宣部部长、全国文明办主任刘云山同志视察温州市电信分公司。

在全省电信系统中最先荣获全国五一劳动奖状；2003年1月，温州电信被中央精神文明建设指导委员会命名表彰为全国精神文明建设工作先进单位；在2003年浙江省十届人大一次会议第五次全体会议上，分公司吴作东总经理又当选为浙江省温州市出席第十届全国人民代表大会的代表，最近三年里，温州电信获得全国、省市各项先进荣誉称号30多项，其中省级及以上的荣誉约为20项。分公司党政工团全部荣获省级以上先进称号。全市电信系统现已拥有全国青年文明号1个，省级青年文明号9个，省级文明单位达到44.5%。社会主义先进文化在企业得到了充分的弘扬和体现。

“小灵通”热销温州电信营业中心大厅。

在用户服务工作上，温州电信秉承中国电信“用户至上，用心服务”的理念，突出特色、创新服务，促使企业诚信服务品牌熠熠生辉。2002年10月，温州电信在全省电信中率先开通“1000”号客户服务系统，并开展了“112提速”、“窗口亮丽”、“装移机满意”和“诚信”服务等工作。2002年，分公司被授予浙江省“价格、计量信得过”单位和温州市“消费者信得过单位”的荣誉；2003年3月荣获浙江省“消费者信得过单位”的称号。

展望新的一年，面对日趋激烈的电信市场局势，面对社会各方面日益增长的消费需求，具有“团结、敬业、优质、创新”企业精神的温州电信，将在党的十六大以及全国“两会”精神指引和鼓舞下，充分发挥国有企业特有优势，按照国际上市公司的运行标准要求，继往开来、与时俱进、全面创新、务实求真，创造性地开展各项工作，为率先推进温州城乡信息化、现代化，全面建设小康社会谱写新世纪的辉煌篇章。到2005年，温州电信全市业务收入将争取超过30亿元，本地电话网用户超过400 万户，互联网用户超过150万户（其中宽带用户超过50万户）。

温州电信大楼。

温州电信职工合唱团参加市文艺会演。

争当领头雁　竞上青春榜

——甘肃省电信公司嘉峪关市分公司中心营业处

荣获“全国五一劳动奖状”的甘肃省嘉峪关电信分公司中心营业处外景。

嘉峪关市电信分公司中心营业处位于甘肃省嘉峪关市新华中路1号，现有员工14人，平均年龄22岁，大专以上学历8人，其中女员工占86%，担负着全市十多个街区16万人的通信服务工作。中心营业处既是公司经营服务的龙头，又是拓展市场的前沿阵地。主要负责受理市话、农话、无线市话、国内国际长话、公用电话、数据多媒体、电信宽带等多种电信业务。多年来，他们以全新的姿态、饱满的热情、一流的服务、一流的管理、一流的业绩、一流的形象赢得了社会各界的好评。先后荣获了“甘肃省青年文明号”、“全省女职工先进集体”、“全国青年文明号”、“全国五四红旗团委”等荣誉称号，并在2001年获得了中华全国总工会颁发的“全国五一劳动奖状”。

一、直面竞争，营造一流环境

近年来，电信市场群雄逐鹿、竞争日趋激烈。为了在客户的心目中树立起企业的品牌效应，真正把服务工作搞上去，嘉峪关电信从大处着眼小处着手，首先从硬件设施和服务项目上充分为客户着想，“不以善小而不为”。在投资200多万元装修改造的营业大厅里，标准电信蓝的主基调辅以纯白色，给人以舒适、亮丽、现代、规范之感。线条流畅、人性化的低柜台设计，更增加了营业厅的亲和力。富有时代气息的电子宣传屏幕、多媒体查询电脑，方便客户了解每一项新业务的每一个细节。在综合业务受理台旁配备有电信业务宣传品放置架和饮水机，供客户随意取用。营业厅还推出了十项便民服务，包括免费为客户手机充电、复印身份证、提供雨伞、药品及剪刀、针线、老花镜等日常生活小用品，深受广大顾客欢迎。为提高服务质量特别设立的“创满意窗口监督台”中，公布着每位明星营业员的工号及照片，真诚欢迎客户们进行监督。全体员工上下一心，努力营造出一流的营业环境，并力争让每位客户都能真正享受到与之相应的方便、快捷，一流的通信服务。

营业大厅整齐、规范，电信服务方便、快捷。

二、无私奉献，甘当无名英雄

是百灵就要展示出美妙的歌喉，是玫瑰就要绽放出美丽的花朵。作为一名电信职工，就要全身心地投入到火热的电信发展中去，甘当企业发展的一块铺路石。中心营业处工作人员是每次业务促销活动的主力军和骨干力量，活动开始之前，她们就要把准备工作做得有条不紊，很多促销活动是在节日期间推出的，当许多家庭都沉浸在节日的喜庆当中时，在中心营业处营业大厅内，营业员们仍在紧张地忙碌着。为了节省客户的宝贵时间，营业员们在柜台前一站就是一整天，嗓子说哑了，敲键盘的手指僵硬了，盯着微机屏幕的眼睛模糊了，长时间站立的双腿浮肿了……而每次大型业务优惠活动后，他们还要再加班对大量的客户工单录入、整理、装订、造册，将新客户按时纳入正常管理，为后台的计费等环节提供有力的支撑。从没有一位同志叫苦叫累，“工作不要在我这里中断，差错不要在我这里出现，用户不要在我这里不满，企业形象不要在我这里受损”早已成为镌刻在每一位营业员心中的座右铭。一分耕耘，一分收获。在营业大厅的客户意见簿上，几乎每页都写下了客户发自内心的赞美之词。

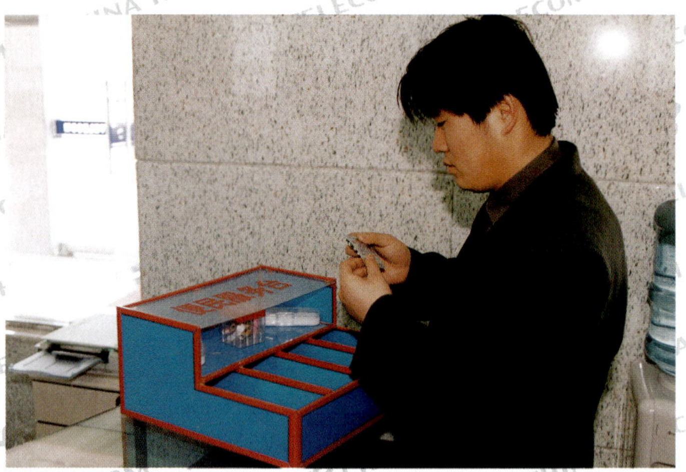

营业厅里增设了便民服务台，免费提供剪刀、针线、老花镜、小药品等。

三、规范服务，展示企业形象

中心营业处在管理上时刻不放松对服务的高标准、严要求。他们积极组织人员学习新业务，经常进行业务练功比赛，培养团队精神，提高队员素质。中心内部掀起了一股比、学、赶、帮，人人争当服务明星的热潮，涌现出两名服务明星，带动了公司的整体服务水平的提高。他们认真学习服务标准，对比寻找差距，结合实际，对电信服务的时限、着装、语言、态度、举止、纪律等都一一做出明确规定，使电信窗口服务工作步入了制度化、规范化、法制化的轨道。在坚持“迅速、准确、安全、方便”服务方针的同时，从接待客户的第一句“您好，请问您需要办理什么业务？”开始，强化组员的“四声服务”及首问责任制，做到“顾客到、微笑到、敬语到、致礼到”，同时在受理业务当中做到“五个一样”，始终保持微笑服务，点点滴滴，细致入微，时时处处体现中心营业处的用心服务。根据集团公司制定的服务规范，中心营业处重新修订了《中心营业处工作职责》、《中心营业处服务检查制度》、《中心营业处营业员岗位职责》、《中心营业处奖金考核制度》等一系列规章制度，修改了不符合市场经济和现代企业制度要求的制度、办法，大力推行“四声服务”、“六清服务”、“站立服务”、“微笑服务”、“首问责任制”，将服务工作真正做到了实处。

她们用点点滴滴体贴、分分秒秒理解、时时处处温馨、方方面面负责的特色服务，主动为客户着想，处理好每一个细小环节，实实在在地为客户解决问题，赢得客户满意的微笑。2001年的除夕之夜，大街小巷到处洋溢着节日热闹的气氛。“您好，春节愉快！”营业员小祁微笑着问候刚刚走进营业厅的一位中年男子，他没有说话，紧锁的眉宇间透出一丝无法掩饰的焦虑。“我能为您做些什么吗？”对方没有回答，而是拿起桌上的笔，在一张宣传单的背面写下了简单的几句话和一个传呼号码。原来他是一位聋哑人，家中的老人病得很重，他想通知回家乡过年的弟弟。小祁急忙走出去帮他拨通了传呼号码，可是十几分钟后依旧没有人回电话，顾客焦急地在营业厅内走来走去。“您别着急，也许是一时找不到电话，您再想想还有其他的号码吗？”他想了想又写下一个电话号码。终于接通了，小祁请对方帮助转告亲属家里发生的情况，并告诉这位客户对方让他三天后再联系。三天后当这位客户再次来到中心营业处，凑巧又是小祁当班，他显得高兴极了。在小祁的帮助下，不到五分钟事情就商量好了，他冲着小祁直翘大拇指，开心得象个孩子。尽管无法用语言沟通，但他满意的微笑、赞扬的神情就是对电信服务工作的肯定。小祁只是中心营业处多名员工中的普通一员，几乎每个营业处的员工都经历过类似事件，“用户至上，用心服务”的服务理念早已根植于他们心中。

低柜台服务可以与客户进行更直接、有效的沟通。

作为一支年轻的团队，中心营业处全体员工争当领头雁，竞上青春榜，圆满出色地完成了公司下达的各项经营任务，并积极主动地参与嘉峪关电信分公司组织的各项活动，充分发挥了突击队、生力军的作用。在电信条例知识竞赛中，中心营业处代表队夺得了第一名的好成绩，并被选派参加甘肃省电信企业电信条例知识竞赛、女工知识竞赛，均获得了全省第一名的骄人成绩，在甘肃电信举办的“用户至上，用心服务”读书演讲比赛中，中心营业处再次代表嘉峪关电信分公司参赛，一举夺得优胜奖，为公司争得了荣誉，展现了新时代电信企业的新形象。

·共青团工作·

【中国电信集团公司直属机关临时团委开展创新活动受表彰】

2001年5月，中国电信集团公司直属机关临时团委（以下简称“团委”）在集团公司党组织的关心和支持下，在原电信总局团委的基础上正式组建，并积极开展工作。

一、健全组织、完善制度

团委正式成立后，首先召开了第一次团委工作会议，确定了团委委员的分工，各部门、各直属单位团支部也先后成立。在此基础上，团委首先从建章立制、健全组织等基础性工作抓起，对集团公司团员青年情况进行了调查摸底；建立了青年人才数据库；为进一步加强团费的管理，制定了相关的配套制度。开展了向党组织推优工作，并制定了相应的工作细则，首批推优工作完成后，集中向有关党支部推选了4位优秀青年同志。

二、加强团干部的培训工作

2001年9月，团委举办了首期团干部培训班，培训的内容主要有：团的基础知识、在现代企业中如何开展青年工作、如何把握青年心理特点做好青年工作等几个方面。培训期间，团干部深入基层，到农村乡镇考察“青年上网”工程，并参观了全国爱国主义教育基地——潘家峪惨案纪念馆。

三、从抓学习入手，提高青年团员的综合素质

江总书记的“七一”重要讲话发表以后，团委立即召集集团公司部分团干部和青年职工代表，共同学习江总书记“七一”讲话，并要求各团支部配合本单位，联系实际，掀起学习“七一”讲话的热潮。同时，集团公司团委在公司内部办公网上开辟了广大青年职工学习“七一”讲话的专栏，供大家相互交换学习心得。还通过组织青年收听中央企业优秀团员演讲，参观全国爱国主义教育基地大沽口炮台，利用板报形式宣传优秀劳动模范及中国申奥成功等活动，树立青年的民族自豪感和爱岗敬业精神。重点向青年推荐了《让科学的精神永放光芒》和《人民科学家钱学森》两篇文章，号召广大青年认真学习钱学森同志“我作为一名中国的科技工作者，活着的目的就是为人民服务”的科学爱国精神。充分利用网络的优势，在内部办公网等交流平台上，开辟青年论坛，扩大青年思想政治工作的覆盖面。

四、成立青年读书俱乐部

为了更好地组织和引导青年养成积极向上，努力好学的良好习惯，9月21日，正式成立了集团公司青年读书俱乐部，现有会员160人。与超星公司合作开展了网上读书活动，并根据团中央新世纪青少年读书计划，有计划地向广大青年推荐图书。同时，为使入会青年能及时了解现代企业管理新知识，领悟现代企业管理的新经验、新方法，有选择地将一些MBA培训教材汇编成册，并印发给全体会员。读书俱乐部还与中图公司合作，举办了“拥抱变革”经济茶座，特邀瑞诚管理集团总经理彭勇等人与大家共同探讨变革的本质含义、变革的根源、读书与变革、读书的效率等问题，其合作经验被中图公司作为典型推广。积极参与社会其他艺术、学术团体举办的活动，如插花艺术、神秘的西藏等专题讲座，陶冶情操，拓宽视野。部分支部还在本单位建立了图书阅览室。

五、积极开展各类活动，活跃青年的文化生活

为配合企业的中心工作，激发广大青年参与企业管理的热情，培养青年的创新意识，从青年感兴趣的问题入手，分别与中兴通信公司和诺基亚公司举办了企业文化座谈会，共同探讨企业文化的概念、作用、结构等问题；与北京电信团委联合举办了迎接新世纪青年联合活动；在集团公司原足球队的基础上，组建了集团公司足球俱乐部，与中信证券、建设银行等中国电信大客户举办了9场友谊比赛，加强了集团公司青年职工与兄弟单位青年职工的了解和沟通；为配合爱我家园绿色环保活动，在全公司范围内开展了回收废旧电池和利用废旧报纸换再生纸活动，部分支部还组

织青年职工到郊外进行植树，并利用黑板报的形式宣传节约一滴水、一度电的重要性，提高了大家的环保意识。团委从组建以来，紧紧围绕集团公司的中心任务，开创性地开展工作，通过各种富有成效的活动，激发了广大青年团员的积极性和创造性，其开展创新的活动受到中央企业团工委的表彰。

【中国电信集团公司与诺基亚公司召开企业文化座谈会】

为提高青年职工理论知识水平，促进青年职工关心企业发展，参与企业建设的热情，2001年9月7日至8日，中国电信集团公司与诺基亚公司的部分青年员工欢聚在一起，共同探讨企业文化的概念、作用、结构等问题。集团公司领导对会议给予积极的支持，集团公司黄文林副总经理出席了座谈会。

黄文林副总经理在会上谈到，企业文化作为现代企业的管理理论和管理方法，对企业的发展、经营业绩所起的作用越来越显著；对形成企业内部凝聚力和外部竞争力的作用，也越来越受到人们的重视。因此，希望广大青年职工认真学习和研究企业文化，通过自己的所学，为中国电信企业文化的建设献计献策。

诺基亚公司刘大伟博士结合社会学、心理学和管理学等学科的有关内容，通过边讲课、边答疑的方式，从不同的角度，对企业文化的概念、系统组成、社会功能、理念转变等问题，做了全面而系统的分析。讲课既深入浅出，又生动活泼，经常被热烈的提问所打断，大家纷纷参与到对企业文化的设计与展望中。同时，会议还对诺基亚公司及国内外比较著名的一些大公司的企业文化做了简要的介绍。最后，刘大伟博士提出世界上为什么有些公司非常成功？如何吸取这些成功公司的经验等两个问题，即成功企业有着共享并切实实施的清晰的价值观、以人为中心的管理措施与企业价值观相辅相成、CEO的主要责任是确保公司的价值观实现并使员工意识到它的存在。

在小组讨论中，大家根据企业文化的理念，对本单位做了形象的比喻，即：如果我们的公司是一种动物，这种动物是什么、为什么？如果我们的公司是一种食物，这种食物是什么、为什么？如果我们的公司是一个季节，这个季节是什么？为什么？如果我们的公司是一个电视专题节目或一部电影，这个电视专题节目或电影是什么、为什么？小组讨论结束后，每组派代表在大会上做发言，并相互展开提问。在讨论中，大家展开了丰富的想象力，凝思苦想，力求新颖、独特、论证既要全面而又无偏差。在随后进行的小组宣讲时，每个小组经常要面对各种难以预料到的提问，双方各抒已见，并展开了十分激烈的辩论。在辩论中，大家对企业文化有了更为感性的认识，也表现了青年职工对中国电信的热爱之情和对企业未来发展的关注。

活动结束后，集团公司许多职工表示，活动形式新颖活泼、内容充实生动，在激烈的提问和讨论中，我们不但对企业文化有了一个系统的认识，而且还认识到中国电信必须在发展和创新的基础上，尽快总结多年来形成的企业价值观和思维理念，形成自己独特的企业文化，为企业的发展提供强大的精神动力。中国电信的企业文化应是团结、务实、创新和服务社会的。同时，许多职工还认为活动不但丰富了自己的知识，开阔了眼界，而且还增加了企业的凝聚力。

【中国电信集团公司举办团干培训班】

为进一步加强企业青年工作，完善集团公司团干队伍的建设，2001年10月21日至23日，集团公司举办了团干培训班，培训的内容主要有团的基础知识、在现代企业中如何开展青年工作、如何把握青年心理特点做好青年工作等几个方面。在培训期间，团干部还深入基层，到河北丰润考察了“青年上网”工程，并参观潘家峪惨案纪念馆。此次培训是集团公司直属机关团委在2001年5月份成立后进行的第一次团干部培训。

团的基础知识是团干部开展团的工作的基础条件，培训结合企业的实际，根据团工作的几个重要环节和步骤，对与会团干部进行了系统、简明而具有很强实用性的培训。

如何在现代企业中开展青年工作，是目前青年工作中正在探索的一个重要课题。共青团北京团市委研究室张振良主任结合自己多年在企业工作的实践经验和青年工作的发展新趋势，通过“对当代企业团的工作判断、企业团工作的基本经验、新世纪企业共青团工作的基本着力点、影响企业共青团工作的一些因素、新形势下企业共青团工作需要探索的几个问题、新形势下企业共青团工作需要着力解决的问题、对企业共青团若干重点工作的思考、如何塑造团干部的形象”等8个方面，向大家揭示了现代企业团的工作必

须坚持“建设、发展、创新、服务”的基本原则，即完善和加强团的组织和运行机制的建设、发展团的事业、创新团的工作思想和工作方式，为青年职工的健康成长服好务。讲课深入浅出，既有很强的系统理论性，又有很强的实践操作性。

掌握青年心理，是进行青年工作必备的方法和手段。中国青年政治学院心理研究所副所长田万生教授通过科学的理论论述、形象的比喻和生动活泼的心理测试，向大家讲解了不同类型的青年心理特点和外在表现形式，常见的几种青年心理思维方式，如何根据不同青年心理特点开展青年工作等问题。在愉快的互动式教学方式中，大家对于原本觉得非常深奥的心理学有了一定的感性的认识，并感到通过掌握青年的心理特点开展青年工作，完全可以起到事半功倍的效果，可谓是掌握了一把开启青年心灵之门的金钥匙。

在培训期间，团干部还到《中国青年报》曾经报道过的河北省丰润县“青年上网”工程进行实地考察，并深入到支局所参观，通过基层电信企业职工的介绍，特别是通过基层农村电信用户的介绍，了解到了丰润电信团支部如何将企业中心工作与青年工作有机地结合在一起，如何结合当地特点找准电信新业务切入点的经验，加深了自己对基层企业的了解。同时，大家还参观了位于丰润县境内的全国爱国主义教育基地潘家峪惨案纪念馆和遗址，进行了一次深刻的爱国教育。

【中国电信集团公司举办文明上网签名活动】

2002年3月，为响应由共青团中央、教育部、文化部、国务院新闻办、全国青联等单位共同发布的《全国青少年网络文明公约》，中国电信集团公司直属机关团委在全体青年中发起文明上网签名活动，号召大家一要认真学习网络道德规范，不浏览黄色、暴力、封建迷信、邪教等各种不良信息，不无节制上网；二要科学认识网络文明的内涵，增强网络文明意识，使用网络文明语言；三要注重了解网络安全的重要性，合法、合理地使用网络资源，积极防范不安全的隐患；四要自觉遵守单位的纪律，不在单位进行网上聊天、网上游戏等活动。集团公司机关及直属单位的青年参加了此次活动。

【集团公司直属机关团委召开纪念共青团成立80周年为企业建功立业座谈会】

为进一步激发广大团员青年职工团结向上，开拓创新，努力拼搏的精神，不断探索在信息化浪潮中现代国企青年工作的新思路、新方法，中国电信集团公司直属机关团委于2002年4月26日召开“纪念共青团成立80周年，为企业建功立业座谈会”，集团公司直属机关党委领导参加了座谈会，并代表集团公司祝广大青年职工“五四”青年节节日快乐，祝大家不断为企业、为社会、为国家贡献自己的青春和力量。同时勉励大家，作为企业未来发展的希望，要在新的历史条件下，正确认识企业及个人所处的内外部环境，以江泽民同志“三个代表”思想为指导，积极学习、善于学习，在学习中不断提高自己的政治素质、理论素质和业务素质，以学习求创新，以创新促发展，努力争做企业改革与发展的急先锋。中国电信的改革和建设需要青年，企业的振兴和发展离不开青年，中国电信事业的未来和希望在于青年。

与会同志首先感谢集团公司领导和广大职工对自己工作和生活的热情关怀和殷切希望，并畅谈了自己对理想、对未来、对企业发展的认识，大家一致认为：青年职工一要学会客观、全面地看待各种问题，不断端正好自己的心态，从细小做起，学会换位思考，在工作中，不但要能反映问题，提出问题，更要在存在的问题中，找出问题的根源，结合实际，提出创造性的建议；二要在工作中，要谦虚谨慎、实事求是，要善于与企业、与他人进行相互沟通，将自己的发展自觉地融入到企业的发展中：三要根据社会发展、企业改革和个人工作的实际，有计划、有系统的开展学习，要学会在工作中学习，要从工作的点滴开始，虚心向别的同志学习，相互交流、相互学习、共同提高，使自己真正成为一个学习型的现代企业职工。此外，与会同志提出中国电信应积极加快建设具有中国电信特色和体现中国电信企业特殊性的企业文化，以使中国电信在重组以后，能以崭新的面貌面向社会、面向用户，并要将企业文化建设努力落到实处，真正深入到人心，使广大职工从中找准自己的人生定位，能树立良好的企业归宿感和社会荣誉感；同时，企业要进一步在原有工作的基础上，积极开展丰富多彩，富有时代特色的职工业余文化生活，从生活的点滴着手，以提高企业的凝聚力。

最后，与会同志一致表示，我们要将个人理想及价值观的实现与企业的发展有机地结合在一起，紧跟时代发展的步伐，不断创新思维、创新工作，使自己成为一个充满激情、富有 活力，永远前进的人，在企业的发展中，充分展现自己的人生价值，创造出无愧于前人、无愧于伟大时代的业绩。

【集团公司直属团委被评为中央企业五四红旗团委创建单位 华汪明同志被评为中央企业优秀共青团干部】

2002 年 5 月，中国电信直属团委被中央企业团工委命名为中央企业五四红旗团委创建单位，直属团委副书记华汪明同志被评为中央企业优秀共青团干部。2001 年 5 月，中国电信集团公司直属团委在集团公司党组织的关心和支持下，在原电信总局团委的基础上正式组建。集团公司直属团委在成立后，根据集团公司企业化运作的形式，从传统的行政机关部门共青团工作积极向完全独立的企业共青团工作转变，并以此为目标，从整章建制、健全组织等基础性工作抓起，打实共青团工作的基础，抓好共青团工作的载体，使集团公司的共青团组织逐步发挥桥梁、纽带和青年先锋队的作用。同时，通过各种富有成 效的活动，带领广大青年职工用自己的忠诚、激情及才能，为中国电信早日实现跨世纪宏伟目标贡献自己的全部力量。

2002 年，集团公司直属团委将紧紧围绕企业中心工作，以创新、求实的工作态度，不断探索在信息化浪潮中现代国企共青团工作的新思路、新方法和新体系，从生活上帮助青年创造舒心和谐的工作环境，提高企业的凝聚力；从政治上、业务上和学习上，为青年成才创造良好的企业运作空间和规范化、制度化的管理机制，培育积极向上的工作氛围，提高企业的整体内在竞争力。通过共青团工作，既要创造新一代中国电信人，更要向社会展现 一个充满活力、孕育无限希望的新中国电信企业形象。

【集团公司直属团委作为中央企业先进团委代表 光荣地参加了纪念中国共产主义青年团成立八十周年大会】

2002 年 5 月 15 日，纪念中国共产主义青年团成立八十周年大会在人民大会堂隆重举行，中共中央总书记、国家主席、中央军委主席江泽民在大会上发表了重要讲话。中国电信直属 团委作为中央企业先进团委的代表，也参加了纪念中国共产主义青年团成立八十周年大会。 为隆重纪念建团 80 周年，共青团中央选拔部分先进典型代表参加建团 80 周年大会，其中在中央企业系统共选出 20 个先进共青团组织参加此次会议，中国电信直属团委就是其中的一 家。

【中国电信部分团组织和个人受到中央企业团工委表彰】

2001 年，在各级党政领导的关心和支持下，各级团组织和广大团员青年，以邓小平理论和江泽民同志的“三个代表”思想为指导，结合企业的改革和发展，努力工作，积极进取，通过各种富有成效的活动，为中国电信早日建设成为世界级的现代电信企业集团作出了积极的贡献。经中国电信集团公司向中央企业团工委推荐， 2002年5月，有部分团组织和个人被授予先进称号，名单如下：

中央企业青年岗位能手：安刚（贵州省电信公司遵义分公司）

中央企业青年文明号：广东省顺德市电信局容桂营业处

中央企业五四红旗团委创建单位：中国电信集团公司直属机关团委、上海市电信公司团委、江西省电信公司九江分公司团委、广东省微波通信局团委

中央企业优秀团干部：华汪明（中国电信集团公司直属机关团委）

中央企业优秀团员：任慧（湖北省电信公司荆州分公司）

另外，经中央企业团工委推荐，贵州省电信公司黔南州分公司市郊中心机线班被团中央授予“全国青年文明号”荣誉称号。

同时，经中国电信集团公司推荐，原天津市电信公司专用电信局线务班被评为中央企业青年文明号，原天津市电信公司客户服务局团委被评为中央企业五四红旗团委，原天津市电信公司六区局团委和山东省电信公司烟台分公司团委被评为中央企业五四红旗团委创建单位。

【中国电信集团公司直属团委与各省电信公司团委联合举行团旗签名活动纪念共青团成立 80 周年】

为纪念建团 80 周年，中国电信集团公司直属团委与各省电信公司团委联合举行团旗签名活动。团旗上印有纪念共青团成立 80 周年倡议书，内容主要是向战斗在祖国通信战线的全体青年发出倡议：(一）听党的话，永远跟党走。（二）无私奉献，全心报效祖国。（三）开拓创新，促进中国通信事业健康发展。（四）努力进取，为企业的发展竭尽全力。

团旗自2002 年 3 月份送出后，经过在中国电信 31

个省（区、市）电信公司的传递后，已送到集团公司。其中一面团旗送到中央企业团工委，一面送到中国电信博物馆进行永久收藏。团旗所到之处，大家反映强烈，纷纷表示要以此为契机，进一步带领广大青年开展建功立业活动，创造出无愧于历史，无愧于时代的青春业绩。

【上海电信114查号中心荣获"全国青年文明号信用建设示范创建单位"称号】

为贯彻全国整顿和规范市场经济秩序工作会议的精神，共青团中央、国家经贸委、国家工商总局等部门在"全国青年文明号"集体和争创集体中开展了"青年文明号信用建设示范"活动，以此加强青年职工诚实守信的职业道德教育，进一步发挥"青年文明号"集体在社会信用体系中的示范作用。本次评选由"全国青年文明号"组委会根据各成员单位的推荐，共评出120个"全国青年文明号信用建设示范创建单位"，上海电信114查号中心获此殊荣。上海电信号召公司各级团组织及青年向114查号中心学习，加强信用建设，规范信用行为，以让用户满意的工作树立上海电信青年的新形象。

【青海省海晏县电信局营业班被共青团省委授予"青年文明号"】

2001年青海省海北藏族自治州海晏县电信局以用户满意为目标，加大窗口建设力度，提高服务水平，被共青团省委授予"青年文明号"荣誉称号。海晏电信局营业班共有6名职工，其中女职工4名，男职工2名，平均年龄25岁，是一个富有活力和朝气的班组。在电信重组后的几年里，班组员工发扬高原精神，以用户为中心，以效益为目的，狠抓电信服务质量，促进了全局电信事业的发展。

一、狠抓业务学习，提高服务技能

思想是行动的指南，营业班不定期开展多种形式的学习活动，学习党的路线、方针和政策，以江总书记"三个代表"的重要思想为指导，从讲政治的高度，全面、认真、细致地学习《电信服务标准》、《电信服务公约》、《电信条例》等相关服务标准和电信法律法规，不断提高自身的文化业务素质。

二、开展优质服务，擦亮文明窗口

营业班始终把开展优质服务活动作为内强素质，外塑形象，争创文明行业的重要内容，强化"首问负责制"公约，把"用户至上，用心服务"的理念贯穿到工作中的每个环节，树立大质量、高质量的观念，使窗口服务"不只是防止劣质服务，而是保证优质服务"，"不只是去消除用户不满意，而是去追求用户满意"，用他们的"真心"换取用户的"真情"。以集团公司规定的优质服务标准为准绳，对全县固定电话的装移机时限、修障时限、农话业务受理时限等业务时限予以了全面压缩，满足了全县党、政、军的通信需求，赢得了广大客户的好评。

三、加大欠费追缴力度，为企业赢得效益

海晏地区由于县财政困难，欠费率一直居高不下，针对这种情况，营业班全体员工毅然承担下大部分欠费追缴任务，发扬团队精神，克服重重困难，使海晏县电信局欠费率在2001年底达到分公司要求的标准。

四、深入搞好自查整改工作

营业班围绕优质服务、营造文明氛围、解决用户热点、难点问题、落实首问负责制等方面进行自查，对检查出的问题提出整改措施并加以解决，以此作为年度考核的重要依据。整改工作的深入开展，使营业班全体员工的服务意识由最初的被动接受逐步转变成员工们的自觉行动，为优质服务的开展创造了良好的开端。

五、用户满意无止境，服务工作无止境

海晏县电信局营业班全体成员将"以用户满意到用户感激"为目标，努力改善和解决服务中的不足，以更高的标准，为西部大开发和海晏经济的大发展提供优质、高效、方便、快捷的服务，树立良好的窗口形象。

·精神文明建设和企业文化建设·

【信息产业部七集体荣膺“全国杰出青年文明号”光荣称号　中国电信所属企业榜上有名】

2001年6月19日，共青团中央、中央金融工委、中央企业工委、国家计委、信息产业部等19个部门共同组成的全国青年文明号活动组委会，在首都人民大会堂召开全国青年文明号集体信用建设示范行动推进会暨杰出青年文明号表彰大会，信息产业部门有七个集体的代表晋京接受表彰。

信息产业部门荣获“全国杰出青年文明号”称号的是：吉林省吉林市邮政局船营分局营业室、江苏省苏州市电信分公司电话装机公司；获得首批全国青年文明号信用建设示范创建单位的是：吉林省吉林市邮政局船营分局营业9室、江苏省苏州市电信分公司电话装机公司、上海市邮政局卢湾邮电局综合服务台、中国电信集团公司吉林省电信公司通化分公司、中国电信集团上海市电信公司114查号中心、中国联合通信有限公司山西省分公司国信寻呼台、中国移动通信集团重庆市移动通信公司歇子台营业厅。

会议指出，此次命名的37个“全国杰出青年文明号”，是全国各行各业广大青年集体的杰出代表和优秀典型。他们在平凡的岗位上创造了不平凡的业绩，在服务群众的过程中实现了自身价值，以过硬的本领、一流的服务和良好的信用赢得了群众的赞誉和社会的好评，展示了新世纪青年积极向上、奋发进取、勇于奉献、开创新风的崭新风貌和青春风采。受奖的“全国杰出青年文明号”是在连续三年被评为“青年文明号”集体的范围内，经过层层选拔、考核、推荐，由“全国杰出青年文明号”评审委员会认真评审，由共青团中央、信息产业部等19个部门联合命名的。

大会号召全国广大青年集体向“全国杰出青年文明号”学习，努力实践全心全意为人民服务的思想，大力弘扬爱岗敬业精神、诚实守信、服务群众、奉献社会的职业道德，积极站在两个精神文明建设的前列，为实现“十五”期间经济和社会发展目标贡献青春、智慧和力量。

【中国电信向内蒙古灾区捐款】

2001年3月2日中午，出席九届全国人大四次会议的内蒙古代表团一到下榻的北京鸿翔大厦，就感受到了春天般的温暖：大厦200多名员工纷纷伸出友爱之手，为内蒙古锡盟灾区捐款。更令人感动的是，当天晚上，中国电信集团公司总经理周德强来到鸿翔大厦，代表全国50多万电信员工向内蒙古灾区捐款780万元，以帮助恢复灾区通信，帮助遭受特大雪灾的内蒙古人民渡过难关。

2000年入冬以来，内蒙古遭受了特大雪灾，区电信公司所属6个盟市分公司，特别是锡林郭勒盟电信分公司维护的杆路、生产车辆及乡镇支局经营场地受到了不同程度的损坏。中国电信集团公司此次向内蒙古电信公司捐赠电信设备专款750万元，用于恢复通信；向内蒙古人民政府捐赠救灾专款30万元。

捐赠仪式上，乌云其木格主席代表自治区党委、政府和全区2300万各族人民对中国电信集团公司表示衷心感谢。她说，内蒙古中东部遭受雪灾以来，内蒙古电信公司职工迅速赶赴灾区一线，抢修阻断的通讯线路，紧急布设新线路，为救灾工作顺利进行发挥了重要作用。此次中国电信集团公司又捐赠巨款帮助灾区人民抗灾救灾、重建家园，充分体现了社会主义大家庭“一方有难、八方支援”的温暖和亲情。乌云其木格主席表示一定要把这笔钱管好、用好，努力夺取抗灾救灾工作的全面胜利。

【上海电信以企业文化凝聚人心】

上海电信公司创造的企业文化管理极大地激发出上海电信员工的工作积极性，在外部环境并不宽松的情况下，上海电信业务仍呈快速发展态势：到2001年10月底，实现业务收入79.4亿元，完成年度计划的83.6%；本地电话用户新增61万户，使本地电话用户数达到610万；宽带用户数达到6.9万，交换机容量达到725万门。与此同时，上海电信还圆满完成了

APEC通信保障等一系列重大通信任务。

2000年7月1日，拥有注册资金64亿元、资产总值253亿元的上海市电信公司挂牌成立。公司成立不久，就以《企业文化三年规划》的方式确立了文化变革与构建的阶段性目标。2001年3月，总经理程锡元在一届一次职工代表大会上特别提出，要把企业文化建设作为上海电信两个文明建设的重点来抓。

上海电信的企业精神是团结拼搏、同创价值、和谐创新、共享繁荣；核心价值观是：客户就是价值，员工就是财富，创新就是未来；共同愿望是：追求完美沟通，奉献全新生活。上海电信从自己构建的企业文化体系中，抽取出体现公司共同愿望、企业精神、核心价值观，构造出独具特色的"环路理论"——以核心价值观为动力（电池），以共同愿望为目标（灯泡），以企业精神为方法（线路），形成一个完整的闭环。其寓意是：环路的价值在于沟通，环路的成功在于协作。

在管理上追求完美沟通被上海电信的管理者视为理想境界。他们认为，企业能否发展，取决于员工队伍，员工队伍的凝聚力源于沟通，沟通也会创造价值。唯有好的沟通，才有好的管理、好的氛围、好的团队、好的服务、好的未来。基于"环路理论"，上海电信企业文化变革与构建原则逐步清晰。2000年公司完成了包括征集企业精神、弘扬先进事迹、建立网上"员工论坛"等10件实事，2001年确定的推行《员工行为规范》、开办上海电信广播电台等8项实事也正在运作之中。企业精神铸造了上海电信员工敬业爱岗的正确观念和蓬勃向上的精神风貌，公司涌现出一批先进人物和先进集体，获得多项殊荣。

上海电信通过全公司范围的竞争上岗、帮助员工进行职业生涯设计、每年投入多达4000多万元培训费用，不断调整优化管理方式，为员工提升素质创造条件，为员工发挥所长搭建舞台。上海电信还成功地举办了历时3个月的首届职工文化艺术节。开展了"上海电信之声"大合唱、卡拉OK、书法、美术、摄影、插花作品展评和交谊舞比赛等活动，共有3800多名员工参加了艺术节活动，反映了上海电信学习江总书记"七一"讲话，奋发努力，积极向上的精神风貌；体现了上海电信"追求完美沟通，奉献全新生活"的共同愿景；展示了上海电信员工的艺术才华。同时，也进一步推动了群众性文体活动的蓬勃开展，为上海电信的更大发展，提供了精神动力。

【上海电信企业文化"三大工程"已初见成效】

上海电信制订的企业文化建设的总体目标是：经过全员参与，层层推进，在努力培育企业精神的基础上，逐步形成以人为本的管理氛围、以绩取人的务实氛围、和谐宽松的创新氛围。上海电信努力建设的企业文化，是以弘扬渗透企业精神为主，推进核心价值观、公司口号等其他理念逐步在生产、经营、管理和员工行为等方面深化，进而成为推动上海电信发展的精神支柱和智力支持。2001年，上海电信在企业文化建设方面主要突出了"三大工程"，即弘扬先进工程、打造品牌工程、构建理念工程。

弘扬先进工程：组织对"信息化排头兵"刘越峰、徐倩雯、徐栋、秦永虎、王显玉、刘建军等14位个人和114查号中心一个单位进行宣传报道，《上海电信》报、《人民邮电》报都开辟专栏报道，《党史与党建》、《上海精神文明建设》、《班组学习与生活》、《支部生活》等杂志和《新民晚报》、《劳动报》、《青年报》、《新闻报》等报纸也作了专栏报道，同时上海电信还制作了"信息化排头兵"图片宣传栏，图片展还在基层作巡展。年内，通过《上海电信》报在公司内部对9位21世纪优秀人才进行了集中宣传。

打造品牌工程：制定上海电信CI、VI标识；以现代、简洁、明快的统一风格，做强上海电信形象广告；实施车辆、窗口CI改造。市场部还结合企业形象和业务宣传，组织"绿波艺术团"为社会义务演出139场，演出范围扩大到社区、军营、学校、重大工程施工现场、工厂、乡镇、广场等，得到了市文明办的称赞和社会各界的广泛好评。

构建理念工程：开展了上海电信企业精神征集，公司80%以上的员工积极参与，经过初步筛选，选取了768条，最后评选出1条；确立了核心价值观、共同愿景、公司口号等重要理念；制订了员工行为规范，并编制了宣传培训资料，组织全体员工学习培训。

经过一年努力，企业文化建设已初见成效：

（一）形成了良好的企业文化保证体系，由公司总经理程锡元挂帅，党委和行政相关职能部门真诚合作的务实机制，为公司的企业文化建设奠定了良好的基础。

（二）形成了企业文化的传播载体，一报一站一台一论坛：上海电信报、上海电信网站、上海电信广播台、公司OA员工论坛。员工论坛开辟了"合理化建议”、“网络求助”、“信息数据库”、“沟通与互动”、“民意调查”等栏目，帮助和支持员工进行知识交流，运用集体的智慧提高应变和创新能力，在公司两个文明建设中显示应有的功效。

（三）形成了上海电信的企业精神理念和价值观：“团结拼搏，同创价值，和谐创新，共享繁荣”，在传播中不断得到广大员工的认可。

（四）形成了企业文化的系列“产品”：拍摄的企业文化VCD“热点聚焦”得到了广大员工的厚爱；将企业精神、核心价值观、经营理念、员工行为规范、首问责任制等编成《企业文化手册》并向员工印发；出版了企业文化系列丛书第一册《网络英雄》，在全市区级以上书店上柜展供。

另外，上海电信已初步形成了企业文化培训课程教案，对新进公司的员工、新提拔的管理者都进行培训，公司主要领导在每期培训期间都抽出时间与学员座谈。经抽样调查，至2001年底，全公司员工对企业精神的知晓率达到91.76%。年内还组织参加了“首届中国企业文化论坛与展示”活动，总体设计框架为“3+3”模式：三重视角（领导的关怀、企业家与企业文化、文化与生活）和三大版块（蓝色电信、数字电信、您的电信），获得了唯一的金奖和组织奖。

企业的竞争既是产品和服务的竞争，更是文化的竞争。全公司上下必须象重 视通信生产、业务发展一样，重视企业文化建设，用文化力推动生产力，锻造与上海电信发展相适应的健康向上的企业文化，使上海电信实现可持续发展，从而融入世界经济大环境之中。（邱美娟）

【安徽电信加强企业文化建设　提升企业整体形象】

安徽电信于2001年5月份开展了征集“企业精神”活动。为做好此次征集工作，公司成立了企业精神评选领导小组，要求各级电信企业充分认识此次活动的重要意义，加大宣传力度，积极组织动员员工积极参与，统一收集和优选征集条目。活动历时半年，经各单位认真组织，广泛宣传，层层遴选，共收到征集条目264条。《安徽电信》报对此作了题为“同心献良策，合力铸精魂”的新闻报道，同时连续数月推出多篇企业文化建设的研讨文章，对企业文化的内涵、企业精神的培育、企业文化建设等诸多课题进行了有益的探索。省公司企业精神评选小组先后3次召开会议，对所有征集条目进行了认真评选，并确定了4条征集条目作为安徽电信企业精神候选条目，再次予以下发征求意见。此次征集活动评选出二等奖12名，三等奖9名，优秀组织奖6个。通过自下而上和自上而下的企业精神评选活动，增强了广大企业员工的责任意识、忠诚意识、敬业精神和团队精神，营造出一种催人向上、勇创一流、团结协作、亲密和谐的文化氛围，为进一步建立和培育具有安徽电信特色的企业文化打下了良好的基础。

为使企业文化真正与职工密切相联，安徽电信高度重视思想建设，分别召开省公司机关35岁以下青年知识分子座谈会、通过竞聘上岗走上省公司机关管理岗位的青年员工座谈会，由省公司领导与青年员工进行面对面的座谈与交流。公司老总亲笔签名向机关员工“祝贺生日”的活动，更使员工切实感受到对企业的归属感。通过认真开展创建青年文明号和青年志愿服务活动，2个先进集体被授予国家级青年文明号，16个先进集体被授予省级青年文明号。2001年6月，安徽省电信公司机关被安徽省直属机关文明委授予“安徽省直属机关三优文明机关”称号，这是邮电分营三年来省电信公司连续第三年获此荣誉称号。同时，省公司文明办也被授予“安徽省直属机关先进文明办”称号。

2001年8月，省公司文行委研究决定：命名马鞍山分公司营业部等6个营业窗口为“二星级规范服务窗口”；命名淮南分公司洞山营业厅等50个营业窗口为“一星级规范服务窗口”；命名安庆分公司电话装修班等65个装维窗口为“一星级规范装维”窗口。至此，全省一星级营业规范服务窗口达127个，二星级规范服务窗口达10个，一星级装维规范服务窗口达85个。

此外，安徽电信还开展了为期一年的争创“十佳服务窗口”、“十佳服务员工”的双十佳活动。通过自评、申请、基层推荐、评委会初选、省公司讨论、《安徽电信》报公示、员工监督反馈，评出了体现安徽电信服务形象的“明星”。省公司对双十佳进行了表彰和奖励，号召全省电信窗口和电信员工向他们学习。

【福建电信启动企业文化建设工程】

为适应日趋复杂多变的市场竞争和内部推进的“三项制度”改革的需要，重塑强有力的现代企业之“魂”，福建省电信公司全面启动企业文化建设工程。

一是确定基本原则,明确目标任务。福建省电信公

司以加强企业文化建设作为企业发展的一项重要战略，提出要遵循企业文化建设的基本规律，按照连续性、创新性、全员性和实效性等原则推进企业文化建设，明确了企业文化建设的长期目标和近期目标、内部目标和外部目标，并制定了企业文化建设的年度计划。

二是营造和谐、高效运作的企业环境，找准企业文化建设突破口。福建省电信公司利用各种场合，通过各种方式，加强企业与员工、企业与外部环境的沟通。同时进一步规范日常管理制度，就员工统一着装，改进文风、会风，提高办事效率等都做出明确规定。

三是企业文化知识普及教育先行，员工积极参与推动。针对员工缺乏系统了解企业文化理论的状况，省电信公司组织开展了企业文化知识讲座活动，并在各分公司巡回。同时，在公司内部刊物上开辟“老总论坛”等专栏，采取访谈、约稿等形式，由省公司、分公司老总谈企业文化建设的设想和思路，开展专题讨论，就公司的经营服务理念、价值取向和企业形象等专题，引导员工积极参与讨论。

四是借助高校等外部智力，确保企业文化建设的科学性。省电信公司与厦门大学签订了《福建电信企业文化建设课题研究》协议，成立了共同研究课题组，为了使企业文化建设符合福建电信的特点和具有牢固的群众基础，课题组还专门设计了调查问卷，在对问卷调查结果进行认真收集、统计、分析的基础上，形成了企业文化建设总体框架，年底完成了企业文化建设总体方案。并将企业文化建设总体方案的初稿拿到内部员工、用户以及社会各界中征求意见，以进一步充实方案的内容，使之更贴近福建电信实际，并得到员工和社会的认同。

由于各级领导的重视和广大员工的积极参与，2001年11月在中国企业文化研究会主办并组织的“企业文化实践创新评选”活动中，省电信公司和省公司党群部撰写的论文双双获得由中国企业文化研究会颁发的“中国企业文化建设实践创新奖”。

【河北电信承德分公司以企业文化促事业发展】

承德电信公司成立后，公司总经理在第一次领导班子会议上强调：“企业文化作为企业的生命之泉，是企业的核心驱动力。要学习海尔、华为公司的做法，移植他们适合本企业的先进理念，结合实际，培育出具有承德电信个性的企业文化。”因此，在制定《承德电信发展战略》时，公司把企业文化建设作为战略之一以专题列入，提出弃旧图新，培育承德电信全新的企业文化体系。

一、搭建企业文化体系，确立企业文化主要内容

承德电信公司将文化体系搭建在三个平台上，并付诸实践，在每个平台上确立企业文化主要内容，使之不断发育、成熟。

形象平台——以塑造企业形象为突破口，塑造企业物质文化状态。员工形象方面，统一服装，统一胸卡，利用业余时间开歌咏会、运动会，开展技术竞赛、摄影比赛等活动，搞好《承德电信信息》、《承德电信报》、企务公开栏的建设，树立员工和谐团结、蓬勃向上的形象。产品形象方面，统一订购印有中国电信标志的手提袋，做好通信产品的包装，统一收费单据，统一装机单，统一营业环境布局与风格，树立产品美观大方、经济实用、绿色环保形象。经营服务形象方面，统一广告、宣传策划，统一承诺并兑现，统一业务流程，服务流程标准化，微笑服务，规范服务，树立诚实经营、用心服务形象。公共关系方面，开通“总经理服务热线”，设“总经理接待日”，聘请社会监督员，召开网友会，与用户建立起良好的沟通关系；定期召开大用户座谈会，定期走访大用户，2001年共召开大用户座谈会8次，走访大用户1100人次，与重要用户建立起双赢互动关系；响应政府号召，配合政府工作，年初年末、重要节日都和报社、电视台召开联谊会，与政府、媒体保持良好的亲和关系。

制度平台——加强企业制度建设，形成有效约束力，为使企业的所有要素形成最佳组合，使企业运行处于最佳状态，制定一套系统、科学的管理制度，除坚决执行集团公司倡导的“首问负责制”外，还制定完善了一套自己的科学管理制度，如员工效绩考核办法、服务标准及实施细则、服务质量考核办法、接待工作管理办法、物资供应管理办法、车辆管理办法、行为准则等。由民主评议的员工守则及处罚办法，于2002年1月1日起施行。

精神平台——确立核心价值观，生产精神文化食粮，形成文化张力 。根据电信行业的特点、现代企业制度的基本要求和承德电信的实际，承德电信确立核心价值观为：诚实经营是制胜法宝，用心服务是效益保证，员工成长是财富积累，创新能力是未来价值。下一步，承德电信将着力塑造企业的思想观念、价值观念、伦理道德、心理状态、精神风貌、思维方式、惯

例习俗。

二、以人为本，营造公平、高效、激活的企业人文环境

在企业所有的资源中，人力资源是最重要、最关键的资源，要尊重人、理解人、关心人、培养人，真正全方位建立以人为中心的企业文化管理。为此，承德电信从三项制度改革入手，营造公平、高效、富有活力的企业人文环境。

承德电信建立了“价值创造、价值评价、价值分配”的员工效绩考核体系，薪酬有增有减；建立了公正、公平、公开的人才“赛梯”，职位有升有降；在人力管理上富有人情味，公司领导每月召开一次座谈会，与普通员工进行感情沟通，经常参加趣味活动，与员工一起唱歌、打乒乓球、做智力游戏；工会为每位员工生日当天送生日蛋糕，为困难员工解决生活困难等。为提高员工素质，培养人才，还建立了培训体系，有计划、有目标、有针对性地开展分层次、多渠道、多专业的教育培训，通过送外培训、岗位培训、专家培训、集中培训、平时自学等方式培养企业急需的人才。2001年前11个月，承德电信共有1430人次接受了各级、类培训，培训率达到145%。

三、化虚为实，将企业文化形成管理理念运用到实际工作中，真正实现企业增效

企业文化的运作过程，就是融进经营管理的全过程，企业文化的根本落脚点，就是促进业务的拓展和经营效益的实现。承德电信把企业文化建设的每个环节、每个步骤都与业务经营活动紧密联系起来，建立了全新的“营销文化”、“产品文化’、“服务文化”、“经营管理文化”。使承德电信的信誉度、美誉度得到极大提高，产生了强大的市场亲合力。承德市小老虎沟小区开发时，承德市几家通信企业竞争楼房管线使用权，尽管承德电信在资费政策上处于明显劣势，但楼房住户一致要求使用承德电信的业务，他们说：“电信产品，用得放心，使得舒心”。在无线市话的营销中，承德电信改变过去全员营销的方式，而改为整体营销，员工不再直接走到用户家里销售，而是先在全体员工中集思广益，孵化出绝妙经营的新点子，制定出有效的营销方案，再根据岗位职责，做好各自的网络优化、维护、宣传等支撑工作，并把完全融入到企业文化中的员工充实到营销岗位，他们走到哪里，就把承德电信“诚实经营、用心服务”的经营理念、服务宗旨带到哪里。正是这种“营销文化”产生的磁力，使承德电信在开通无线市话一年多的时间里，在23万市民中拥有了众多忠诚用户。

【广东电信再受省委省政府表彰】

2001年10月，中国电信的排头兵——广东电信又获殊荣：在广东省委、省政府召开的广东省精神文明建设表彰会上，广东省电信公司再次被授予广东省创建文明行业先进单位称号。

广东电信积极响应省委、省政府的号召，以集团公司提出的“用户至上，用心服务”的标准要求职工，以社会满意和用户满意为标准，不断改进服务工作，提高服务质量，努力为社会和用户提供更加优质高效的电信服务。他们努力推进承诺服务和优质规范服务，扎实开展群众性精神文明创建活动，全面完成了营业窗口和农村支局所规范服务达标任务，使全省1744个电信营业窗口和农村支局所全部达到优质规范服务的要求。

广东省电信公司曾于1999年被省委、省政府授予“广东省创建文明行业先进单位”称号。两年来，广东电信以江总书记“三个代表”重要思想为指导，全面加强党的建设，不断根据形势和工作发展要求，在大力发展通信能力的同时，坚持进行职业道德教育，大力推进企业文化建设，认真培育和大力弘扬“每天前进一步，永远真诚服务”的企业精神。确保了企业深化改革的顺利进行和各项生产经营任务目标的实现。

同时受表彰的还有：广州电信分公司114查号台被授予广东省“文明示范窗口”称号；珠海电信分公司等12个单位被评为广东省“文明单位”；深圳电信分公司等7个单位被评为广东省“文明窗口”。增城市电信局党总支书记刁春贤、大埔县电信局局长卢绍坚、四会市电信局局长陈宝伍被评为广东省“创建活动积极分子”。

【江苏电信硬指标创建文明行业】

2001年3月，江苏省电信公司下达给全省各级电信部门硬指标——力争建成江苏省文明行业，主要发展指标继续处于全国同行业前列，全省100%的市、县电信局创建文明行业工作达标。

为了实现这个创建目标，江苏电信坚持抓好“两头”。即在全省建立了企业党政主要领导挂帅的创建工作第一责任人机制，把创建工作列入年度工作计划；同时，从班组抓起，从每一个员工抓起，全面开展创

文明单位、建文明班组、做文明员工活动，在团员青年中深入开展创建“青年文明号”和“创新创效”、“青年志愿者”、“手拉手”等活动。根据用户的不同需求，大力开展代办服务、上门服务、现场服务、流动服务、预约服务和特需服务。针对当前电信营业窗口服务存在的一些问题，省公司组织力量，对照规范化服务的标准，明察暗访，推进营销用工机制改革，消灭服务最差点。对因工作不到位而被新闻媒体曝光的，一律实行一票否决。在全省电信员工中开展“三新”（新电信、新服务、新形象）大讨论，促进广大员工文明素质的增强，以创建文明行业的崭新面貌，树立新世纪江苏电信人的新形象。

【重庆电信狠抓行风建设】

重庆市电信公司在2001年的行风建设工作中，以提高服务质量为重点、以满足用户需要为目标、以用户满意不满意为标准，狠抓行风建设，通过11项具体工作措施，基本达到行风建设目标，取得阶段性成果。

年内，重庆市电信公司严格执行并提高了服务标准，装机和障碍修复时限标准城镇为28天和48小时，农村为38天和72小时，实际完成城镇为17天、35小时，农村为27天、53小时。加大了对公用电话的监管力度，更换全部33000多部公用电话的资费标准表并进行计费器改造；推出“预约装机、装通付款”活动，开通在移动电话上对固定电话的障碍申告；圆满完成资费结构性调整，实现对全网400多万门交换机、10多种计费系统的改造；进一步加强了社会监督，新聘了28名社会监督员；坚持电话回访和上门回访制度，用户的咨询、投诉回复率达100%；加大了对资费执行和窗口服务的监督检查力度；继续抓好职工职业道德教育、法规教育和业务技能培训；实行全月缴费制度，增设缴费网点；对业务流程进行了重组；加快了客户服务系统的改造，全力推进统一特服号码1000号的建设。

【甘肃、天津等电信企业获省级精神文明称号】

2001年初，甘肃省电信公司被甘肃省委、省政府命名为省级文明行业，同时甘肃电信嘉峪关市分公司、甘南州分公司也被评为甘肃省精神文明单位。甘肃电信在精神文明建设工作中，坚持加强领导、统筹安排、持之以恒、稳步推进的工作思路，省电信公司党组和各单位党委都对精神文明建设高度重视，充分发挥了领导核心作用，年底总结验收，把虚事做实，软件抓硬，努力把工作落到实处。2001年12月26日，在甘肃省经贸工作会议上，省政府对全省2001年经营业绩突出、为全省经济建设做出重大贡献的20名优秀企业家和做出优异成绩的16名优秀企业经营者进行了表彰奖励。甘肃省电信公司总经理、党组书记恩广礼被省政府授予“甘肃省优秀企业家”称号。

由天津市企业协会和企业家协会联合组织评选的天津市2000年优秀企业、优秀企业家年内揭晓，天津市电信公司被评为天津市优秀企业，公司滕勇总经理被授予天津市优秀企业家称号并受到天津市政府的表彰，一年来，他带领天津电信员工，以“团结、进取、务实、创新”为企业发展动力，积极推进两个根本性转变，抓市场、增效益、抓改革、促发展，正确处理改革、发展、稳定的关系，通过技术创新、机制创新、管理创新，抓好建设发展、经营服务和企业管理工作，取得突出成绩。

2001年9月5日，在吉林省委、省政府召开的全省精神文明建设表彰大会上，吉林省电信公司被授予“精神文明建设先进系统”荣誉称号。两年来，吉林电信本着不断创新的原则，以发展先进文化为导向，以精神文明建设的总体目标为指南，以个性化的企业文化为核心动力，以创造一流的电信服务品牌为切入点，以造就一支高素质的职工队伍为根本任务，广泛深入地开展企业文化建设，推动精神文明建设再上新的台阶。

内蒙古自治区统计局经济调查队、内蒙古日报社组织开展的“内蒙古自治区行业信誉问卷调查”揭晓，内蒙古电信公司在全区电信、邮政、寻呼行业类的调查中综合得分第一。近年来，内蒙古电信为提高服务质量，围绕用户反映的热点、难点问题，加大通信建设投入及内外监督考核力度，狠抓用户投诉受理工作，加强内部管理及员工培训，开展窗口星级服务竞赛等等，使服务水平不断提高，用户满意率已达90%以上。

2001年5月，上海电信荣获全国“五一”劳动奖状。上海市电信公司紧密围绕企业中心工作，将以人为本的思想政治工作落到实处，随着改革的不断深入，提出在思想政治工作中要坚持“四个针对、四个增强”的要求：一是针对国内外形势的变化，加强马克思主义世界观、人生观的教育，增强职工对共产主义理想的信仰力和对各种不良思潮的战斗力；二是针对市场经济的深入发展，加强社会主义法制和道德建设，提高职工的社会公德和职业道德；三是针对企业改革和发展中遇到的问题，加强以人为本的企业文化建设，增强职工的凝聚力和团队精神；四是针对思想政治工作面临的新问题，领导干部要率先垂范，以身作则，增强教育工作的感召力和渗透力。

【贵州电信连获省文明行业和有突出贡献企业称号】

2001年6月29日，在全省创建文明行业命名表彰会上，贵州电信荣获“1998—2000年度文明行业”称号，成为贵州省首批获此殊荣的三个行业之一。贵州省电信公司下属的九个地州市分公司全部被当地党委、政府评为“文明行业”，全省87个电信企业都被当地党委、政府评为“文明单位”，并涌现出了6个省级“红旗文明单位”和19个省级“文明单位”，“文明行业”和“文明单位”创建率都达到了100%。9月，为表彰贵州电信为推进希望工程事业所作出的突出贡献，共青团贵州省委、贵州省青少年发展基金会联合授予贵州省电信公司“希望工程贡献奖”，12月26日，在贵州省经济工作会上，贵州电信再次荣获“1998—2000年贵州省有突出贡献的国有企业”荣誉称号，受到省委、省政府表彰。

近年来，贵州电信坚持“两手抓两手都要硬”的方针，将企业创建工作摆在与经营发展同等重要的位置，提出创建工作的总体思路：全省电信要高举邓小平理论的伟大旗帜，以党的十五大精神和江总书记“三个代表”重要思想为指针，紧紧围绕企业发展目标，深入开展“树电信新风、创优质服务”活动。抓窗口树形象、抓队伍提素质、抓管理上水平，使电信服务工作认识更深化，目标更明确，措施更有力，真正建成让贵州人民满意，让党委、政府放心的文明行业。贵州电信积极宣传希望工程，捐款、捐物，以实际行动协助政府实施“普六”、“普九”义务教育任务。在公司负债经营的情况下，仍尽己所能为改善贫困地区办学条件、救助失学少年作贡献，仅贵阳电信就在郊区、郊县修建了7所“电信希望小学”，在社会上产生了良好影响。在电信体制改革、公司化重组的过程中，省公司坚持两个文明建设一起抓，两个成果一起要，通信发展与精神文明建设同步推进。到2001年11月底，全省固定电话交换设备总容量达到329.5万门，用户数达到204万户，电话普及率达到5.82部/百人，固定电话主线普及率达到5.49线/百人，全省分组交换机端口总数4000多个，数字数据节点机端口达7300多个，IP网拨号服务器端口近15000个。面对西部经济发展相对滞后的现状，全省电信主动为信息化服务，积极推进信息化建设，全省九个地州市政府全部建成开通了网站，有27个省直属部门、63个县人民政府及70多个地州市直属部门上网，上网的县市人民政府超过全省总数的70%，有数百家企业在中国电信网上安了“家”。在加快企业发展，服务信息化，推进地方经济发展的同时，全省电信牢固树立“用户至上，用心服务”理念，全面推行承诺服务制、首问负责制和值班长制度，建成以“96180”总经理服务热线为中心的省、地、县三级客户服务体系。

【各地电信公司热心公益获得好评】

一、北京电信捐建生态林

“为内蒙古的一块绿地，为北京的一片蓝天，贡献自己的一份力量。”2001年11月，北京市电信公司员工捐款近52万元，在京津地区扬沙天气的主要起源地——内蒙古锡林郭勒草原建设起500亩的生态林。这里距北京直线距离180公里，海拔比北京高出1000米，与北京的生态安全息息相关。内蒙古电信公司监督使用这笔捐款，锡盟团委负责生态林的养护，保证生态林成活。北京电信将定期组织员工赴生态林参加义务劳动。

二、辽宁电信爱心助残

2001年7月以来，辽宁省电信公司同省残联携手开展“爱心助残”活动，为全省残疾人优惠安装电话，受到残疾人的普遍欢迎，残疾人申装电话踊跃，仅大连市电信分公司年底前就将为残疾人安装“爱心电话”3800部。在安装过程中，电信部门根据残疾人的特点，提供亲情式服务，装完电话后，装机员向残疾人详细介绍电话功能、使用方法和如何报修。

三、上海电信为社会福利院安装开通可视电话系统

2001年重阳节之际，上海市电信公司为上海各区、县社会福利院免费赠送并安装32套ISDN可视电话系统。此次开通的可视电话系统具有即开即用的特点，有可视通信和语音通信两种模式，并能够自动切换。它具备自动应答、电话簿存取、快速拨号等易用功能。输出的图像除显示在话机自带的显示屏上外，还可以通过视频输出端口连接到电视机和录像机上。

四、山东电信力助残疾人上网

在全国第十一个助残日期间，为提高残疾人的自身素质和生活质量，山东省残联联合山东电信共同发起了“网络助残”活动，为残疾人上网提供优惠服务，并联合部分新闻单位发起了“向残疾人捐赠电脑”的倡议。在“网络助残”新闻发布会上，山东电信向残疾人现场捐赠了10台电脑和部分上网卡。除此之外，山东电信要求全省电信部门积极与当地残联配合，将各种帮困活动深入开展，在5月10日至5月31日优惠期间，对办理上网业务的残疾人免费开户，并赠送50元上网卡；对办理电话安装业务的残疾人也给予优惠。

五、海南电信捐款绿化事业

2001年7月20日是海南省电信公司挂牌成立一周年纪念日，省公司为回报社会、答谢用户，在万绿园北侧建设了“中国电信园”，并捐赠电话号码义卖款42万元全部用于该园绿化建设。电信园所在地是万绿园最大的一块荒地，自填海开垦以来因经费原因一直没有投入建设。“中国电信园”使这块荒地得到了最大限度的开发利用，建成后将为海口市增添绿地3万平方米。周年纪念这一天，省公司300多名员工在公司领导的带领下，到该园义务劳动。海南电信同时在海口市明珠广场举行大型优惠便民现场服务活动，服务内容包括现场咨询、现场装机、免费维修、新业务展示等，受到群众欢迎。

六、四川电信支持四川骨髓库启动工作被授予荣誉奖牌

2001年11月26日，红十字会主办的“四川省造血干细胞捐献者资料库启动情况通报会”在成都召开。有关资料显示，我国每年有400万人在等待骨髓移植，四川省每年新增的白血病患者有3400名，其中大部分是儿童。为拯救白血病人的生命，四川省红十字会日前决定建立“四川骨髓库”。四川电信市场经营部获此消息后，在公司相关部门的配合下，向省红十字会免费提供了两部捐款电话，免费开通了捐献者登记电话和骨髓捐献知识热线，通过电信新业务为骨髓库的建设助力。这一举措赢得了社会各界的广泛好评，四川省电信公司为此获得了省红十字会颁发的“奉献爱心拯救生命”荣誉奖牌。

七、杭州开通“电信517公交专线”

杭州的“电信517路公交专线”，是全国首条以行业纪念日命名的公交专线。全长10.5公里，沿途共设置了17个站点，起始于杭州电信第二长途通信枢纽楼，终至沈塘桥（天鸿饭店），途经民春路电信大楼、延安路移动营业厅和联通营业厅、武林门电信营业厅、浙江省移动通信公司等，线路贯穿杭州市区繁华商业地带，乘客在车上浏览繁华都市的同时，随时都可以就近得到电信的服务。浙江省电信实业集团杭州市有限公司享有该专线10年的线路冠名权、车身广告发布权和6个副站名的使用权。

八、荆州电信牵“线”架“网”，藏族学生与父母荧屏团圆

2001年10月1日，湖北电信荆州市分公司和西藏山南地区电信分公司联合举办了“汉藏两族同欢庆，千里亲情一线牵”活动。电信公司为在荆州市六中读书的31名西藏学生提供了高速宽带网络，使他们与自己远在千里之外的父母实现了网上“说话”、“见面”。荆州市六中是内地培养西藏经济建设人才的重要基地，建校8年来已有1000名学生学成回藏，成为建设新西藏、繁荣大西南生力军。每年在该校就读的藏族学生多达数百名，他们要完成三年学业后才能返回家乡与家人团圆。为让这些远离家乡的学子在这国庆中秋佳节之际，感受到家的温暖，荆州市电信分公司主动与六中及西藏山南地区电信分公司联系，利用现代宽带互联网通信技术，让藏族学生坐在微机前与家乡亲人“团聚”。许多同学流下了激动的泪水，12岁的扎西次仁说：“又打电话又看图像，两全其美，今天真高兴。我们一定要好好学习，长大后为建设新西藏多作贡献。”

【三峡库区移民通信迁复建工程进展顺利】

2001年底，重庆市电信公司召开库区移民迁复建对口支援汇报会，向全国对口支援三峡移民通信建设的11个兄弟省市电信公司汇报一期工程完成情况和二期工程建设计划。重庆电信三峡库区的移民通信迁复建工程，按时完成了第一期水位的阶段性任务，使得二期工程顺利推进。该公司全部完成了三峡工程一期水位要求的44个通信项目建设，新建巫山、奉节、云阳等9个县区局70113平方米的通信局房，完成973管孔公里的管道铺设，基本满足了各新县城现阶段的通信需求；在第二期移民通信建设工作上，重庆电信将分别进行长途中继杆路复建，乡镇中继电路复建，乡镇支局所建设，城市网络设施完善，新县城交换设备安装，移民通信职工住宅建设等。

三峡工程给重庆市电信公司的移民通信带来高达

10亿元的资金压力。中国电信集团公司和各兄弟省市公司纷纷发扬“一方困难，八方支援”的精神，对重庆市电信公司伸出援助之手，先后有11个省市电信公司与三峡库区县区电信局结成对子，对口支援，支援一期工程资金7305.7万元、二期工程资金5700万元，有力推动了库区移民通信迁复建工程的建设。

【山东电信为三峡移民安装亲情电话】

为做好三峡移民的通信服务工作，山东省电信公司青岛、威海、东营等电信分公司积极配合当地民政部门，按照移民村规划提前搞好线路的设计和建设，保证其通信畅通。威海市的荣成、文登、乳山三县市电信局根据首批移民驻地分散，且多为新住宅区的特点，先期做好了机线设施的配套建设工作。各县局分管业务的局领导亲自负责，组织专门力量对移民居住点进行勘察设计，调配机线资源和工程建设物资，集中人力物力加班加点施工建设，在移民到达之前，使全市18个移民居住点的129户全部实现了管线配套。

山东即墨市五处乡镇的56户重庆忠县三峡移民，高兴地看到他们的新家里竟然还有一部能够直拨国内长途的电话，这些包括每部价值100多元的电话机都是电信局赠送并免费安装开通的。

【黑龙江电信企业对口支援灾区电信】

2001年入春以来，黑龙江省中西部地区发生了历史罕见的特大旱灾，其中农作物受灾面积达8000多万亩，受灾人口1000多万人，直接经济损失68亿多元，灾区人民生活、生产受到严重影响。为此，黑龙江省委、省政府立即组织省直单位，开展了定点对口支援灾区活动。按照省委、省政府的部署，黑龙江省通信管理局为帮助灾区人民走出困境、恢复生产，作出决定：组织全省电信企业，对位于省内中西部的龙江县山泉镇内居住的20000余农民给予定点对口支援。黑龙江省管局受领这一任务后认为，援助灾区人民战胜灾害、恢复生产是实践江总书记“三个代表”的具体体现，也是电信企业服务于民的传统所在。省管局随即组成了包括省电信、联通、移动三大公司领导参加的全省电信行业定点对口支援灾区领导小组。各电信企业在省通信管理局的统一领导下积极、稳妥、周到地做好支援灾区的工作。

【河北电信为支持北京申奥　冠名世界B级自行车锦标赛】

2001年6月19日至23日，以河北电信冠名的“河北电信杯”世界B级自行车锦标赛在秦皇岛成功举办，此次赛事是确定2008年奥运会举办权投票前在我国举行的最后一次国际比赛。比赛的成功举办对于在国际上树立我国的良好形象以及支持北京申奥都具有重要意义。比赛期间，河北电信为大赛提供的优质通信服务，受到了有关领导的表扬，同时也取得了良好的社会效益。

秦皇岛分公司本着心系奥运、真诚回报社会的精神，利用中国电信宽带网优势，在大赛指定的宾馆内全部实施了宽带接入技术改造，实现了指定宾馆和电信中心之间的高速连接；秦皇岛分公司建设了世界B级自行车锦标赛的专门网站，并成立了网上新闻中心，配备了20余台计算机，组成临时局域网，利用宽带技术及时从大赛组委会收集信息，进行全方位报道；在大赛指定宾馆和比赛现场安装了60余部固定电话、40余台电脑及18台传真机，为大赛提供宽带接入、互联网、传真、IC卡、IP卡等通信服务；成立了“自锦赛”专门服务小组，除设有数据、线路、交换、传输以及无线市话技术支持小组外，另外选拔了业务精、形象好、外语佳的30名工作人员分赴大赛5个指定宾馆提供现场电信服务。

河北电信提供的优质通信服务赢得了政府部门和组委会的好评。秦皇岛市委书记王建忠在签字仪式上说：“河北电信情系大赛、心系奥运的义举以及为大赛付出的各种努力，一定会得到来自大赛和社会的真情回报，各级政府部门将一如既往地支持电信事业的发展。”此次赛事由中央电视台进行现场直播，省、市等电视新闻媒体上也安排了播出，秦皇岛分公司以此为契机适时地在赛场内和公路赛沿线进行大范围业务和形象宣传，树立了良好的企业形象，“自锦赛”网站的点击率也连续攀升，平均日访问量达到3.2万次。河北电信在取得冠名权后，秦皇岛分公司可以以政府名义对指定的宾馆进行小交换机改制、实施宽带接入技术改造等，利于巩固和发展电信大用户，如秦皇岛市教委就在此次活动中与电信部门签订了“校校通”合作协议。

【山东电信临沂分公司热心地方文化建设】

山东电信临沂分公司按照“企业形象也要包装”的思想，精心策划，淡化促销主题，重视企业形象的树立，于2001年推出了系列公益活动，让电信走入群众心中，取得了显著效果。

临沂是历史文化名城，古代的许多文学家、书法家、思想家都诞生在这里，不少现代文学作品也是以临沂为原型创作的。但是，临沂大众文学的发展并不是很好。2001年初，临沂电信以促进文学事业发展、繁荣文化为主题，举办了“电信杯”文学精品征文比赛，在《临沂日报》刊登中国电信标志，邀请知名作家对文章评点，在临沂文学界形成了一次轰动。在5个月的时间里，共收到各类征文380多篇。这一活动受到了临沂文学界的高度评价，临沂电信被誉为“促进临沂文学发展的使者”。为丰富群众文化生活，临沂电信还与团市委联合举办了“临沂电信杯”广场文化艺术系列活动，特别是在建党80周年之际，连续举办了青少年诗歌朗诵比赛、“颂歌献给党”文艺晚会、广场文艺演出等系列庆祝活动，市委、市政府对此举作出高度评价，广大市民也给予了充分肯定。

4月中旬，临沂电信举办了“电信杯”保龄球电视大奖赛。一句“临沂电信把健康与你相连”的宣传语深入老百姓心中。此外，临沂电信还实施了《农村周刊》进农家活动，为加快农村经济发展，根据农民急需农业技术、致富信息的特点，他们订阅部分《农村周刊》赠送给农民，并在《农村周刊》上刊登临沂电信的服务信息，帮助农民发家致富。资邱乡一位农民说：“电信局想得这么周到，我们安装电话也放心。”他们还积极开展“关心儿童，关注下一代成长”活动，举办“好儿童、好家长”评选活动，为全市好儿童赠送上网光盘、上网卡，普及电脑知识，增强儿童学习知识、学习科学技术的兴趣。

自实施企业形象策划宣传以来，电信已成为市民们谈论的热点。

【湖北和郑州电信重视文化艺术传播工作】

一、2001年8月，原武汉电信艺术团正式冠名湖北电信艺术团，并在武汉举行了揭牌仪式

武汉电信艺术团自1996年组建，已逐步成长为具有国内一流水平的企业文艺队伍。该团创作的一大批具有鲜明电信企业特色的文艺作品，曾多次被中央电视台转播，艺术团先后三次获得全国业余文艺最高水平奖项的文华奖，展现了中国电信良好的企业形象。为进一步擦亮湖北电信精神文明建设窗口、更好地把电信业务和服务以及企业形象通过艺术的形式展示出来，湖北省电信公司以出资赞助的形式为该团冠名。艺术团隶属关系不变，仍将在武汉电信直接领导之下。

二、郑州电信文化传播公司成立于1998年，下辖艺术团和影视部两个部门

几年来，公司先后按照河南电信和郑州电信的意图，举办了多次大型高雅文艺演出活动，在社会各界产生了广泛影响，甚至带动了河南演出市场的活跃。公司艺术团多次随同电信局进行业务开拓的市场部门到农村演出，每次都被老百姓围个水泄不通，每次都对开拓农村市场产生很大影响。例如1999年下半年的下乡演出，一次演出活动中，仅一个上午现场装机就达400多部，6场演出下来，共现场受理装机1000多部。2000年10月29日，郑州电信文化传播公司经过认真策划，在河南电视台都市频道推出了《都市IT》栏目，每周一期，就现代电信技术和业务进行广泛而深入的报道，以贴近生活、贴近百姓的轻松格调和明快节奏吸引百姓了解信息化、参与信息化，已在全省引起一定程度的关注。

另外，受宽带网建设热潮的鼓舞，郑州电信文化传播公司开通了“维拉互动影视网”（www.valr.net），即网上VOD系统，影片库存片多达400部，影响面已逐步扩展到全国。

15

直属单位

·直属单位·

【中国电信集团北京研究院成立】

2001年4月18日，中国电信集团公司北京研究院成立，我国著名电信专家、中国电信集团公司总工程师韦乐平兼任北京研究院院长。信息产业部科技委主任宋直元主持了揭牌仪式。

按照中国电信集团公司的部署，北京研究院的主要职责有十项：一是根据集团公司的战略目标，跟踪研究国际前沿电信技术发展趋势；二是研究制订电信网络、技术、业务的发展规划；三是研究集团公司的技术发展战略与技术发展政策，提出网络发展和技术应用方案；四是从企业角度配合政府研究电信管制和资费等政策法规以及网络业务的经济技术成本分析与发展战略；五是研究制订集团公司的技术体制和内部标准，负责新技术新设备的测试评估并在获得政府入网证的产品范围内提出集团公司主要设备的选型参考意见；六是根据集团公司的统一安排，建立必要的实验环境，对新技术新设备新业务进行网络运行验证；七是研究开发网络管理系统、业务管理系统、资源管理系统等支撑系统，进行相关应用软件的研究开发和系统集成工作；八是研究开发电信新业务和增值业务，进行相关技术的市场研究；九是提供信息支撑服务，组建信息数据库、成本数据库和图书资料库等；十是完成集团公司交办的其它工作。

北京研究院的成立，是具体落实中国电信机制、管理、技术三个创新的重大举措，是中国电信集团建立完整的自身科研支撑体系的新标志。研究院的成立，对于全面优化中国电信的科技力量布局和科技资源配置，大力推进技术创新，提高中国电信的整体技术水平和业务支撑能力具有重要意义。

【中国电信广州研发中心成立】

以实施中国电信技术创新为主要任务的中国电信集团广州研发中心，2001年4月3日在穗正式挂牌成立。

中国电信集团公司冷荣泉副总经理在成立仪式上说，组建中国电信集团广州研发中心是中国电信集团实现技术创新的重大举措。经历了邮电分营、电信重组以后，原隶属邮电部的科研体系发生了较大变化。中国电信集团为推进技术创新，提高企业整体研发水平，把握技术发展趋势，促进新技术、新业务的应用，使中国电信集团真正成为具备高技术水准的大型企业集团，将分别在北京、上海、广州设立研究与开发中心，从而建立起自身的科研支撑体系。冷荣泉要求新成立的广州研发中心进一步深化改革，建立现代科研体制，发挥人才优势，积极与国内外通信运营商、通信设备制造厂商和社会各界开展合作，推进新技术、新业务的推广应用，为中国电信网络提供强有力的技术支撑。

中国电信集团广州研发中心的前身是广东省电信科学技术研究院，该院在短短的4年时间里，完成科研项目400多项，90%的科研成果已转化为现实通信能力。其中爱立信TACS蜂窝移动通信系统、视聆通后台管理系统、高性能交换接入路由器等一大批科研成果达到国际先进水平，并在全国通信大网中广泛应用。在该院基础上组建而成的广州研发中心拥有较完善的通信实验网络和与电信网上相同的各种模型机及计算机开发平台，已形成国内少有的高档次科研开发环境，并拥有近600名以博士后、博士、硕士为主要力量的研发队伍，技术力量雄厚。

【中国电信上海研发中心成立】

中国电信集团为实现管理创新、机制创新、技术创新采取了重要步骤，中国电信集团上海研究与开发中心于2001年2月22日在沪成立。

经历了邮电分营、电信重组之后，原邮电部的科研支撑体系发生了较大变化。为了推进中国电信的技术创新，提高企业整体研发水平，把握技术发展趋势，促进新技术、新业务的应用，使中国电信真正具备大型企业集团的高新技术水准，中国电信集团分别在北京、上海、广东设立研究与开发中心，从而建立起自

身的科研支撑体系。

中国电信集团上海研究与开发中心是在上海电信技术研究所基础上设立的，实行集团公司与上海市电信公司两级管理，以上海市电信公司为主的管理体制。

上海研发中心的任务是：跟踪研究国际前沿电信技术发展趋势、电信网络、技术业务的发展规划和中国电信的技术发展政策，进行相关决策软科学研究。研究拟定相关设备和系统的技术体制、标准，根据技术体制和标准组织相关设备入网的有效性、兼容性、技术成熟性及标准化程度进行测试，提出主要电信网设备的选型参考意见。建立必要的实验环境，对新技术和新设备进行网络验证，并根据试验提出技术策略，进行相关应用技术的研究开发。研究开发网络管理系统、业务管理系统等支撑系统，进行相关应用软件的研究和开发。研究开发电信新业务和增值业务，进行相关技术的市场研究，并对业务开展进行支撑服务。近阶段，上海研发中心将着重在宽带、终端、软件、软科学、交换、无线等方面进行深入研究。

【中国电信博物馆隆重开馆】

2001年10月30日，我国信息通信领域首座集文物陈列、科技演示和科普教育等功能于一体，全面展示电信历史发展进程和最新电信发展成果的大型现代化展馆——中国电信博物馆正式开馆。全国人大常委会副委员长布赫出席庆典。中国电信集团公司周德强总经理和全国政协委员、邮电科技委员会宋直元主任，全国政协委员、中国通信企业协会谢高觉理事长，全国政协委员、中华集邮联合会刘平源会长，全国政协委员、中国通信协会林金泉理事长等参加开馆仪式。中国电信集团公司常小兵副总经理在开馆仪式上讲话，国内文物界、博物馆界的有关领导也到场祝贺。

中国电信博物馆位于北京市海淀区学院路42号，建筑面积12000平方米，总展出面积7000余平方米。博物馆由通信史厅、科技科普厅、电话卡厅、综合厅等部分组成。通信史厅完整陈列了我国通信发展历史，全面反映了从3000多年前通信活动的萌芽到当代通信发展的辉煌成就，汇集了近20年来征集到的千余件通信藏品，其中清末的龙图案电话机、韦斯登重锤式发报机、共电式人工交换机等，都是难得一见的珍品。在科技科普厅，观众可以了解到数据通信、微波通信、移动通信、卫星通信、光纤通信、多媒体通信的原理，并可亲自动手操作通信设备，体会可视电话、网上冲浪，亲身感受现代通信技术的魅力。电话卡厅里则展示了中国电信集团公司和全国各省、自治区、直辖市发行的各种电话磁卡和IC卡。综合厅则反映了改革开放以来，我国通信事业发展的成就以及在社会发展中的地位和作用，并展示了与国际同行之间交流与合作的成果。

中国电信博物馆直属中国电信集团公司，是我国首座通信专业综合性博物馆，既是全国电信文物的主要收藏、宣传教育和科学研究的专门机构，也是宣传企业精神文明建设成果、传播科技的载体。

【北京鸿翔大厦通过ISO2000认证】

北京鸿翔大厦是隶属中国电信集团公司的涉外三星级饭店，1993年开业以来成功接待了包括全国人大、党的十五大、世妇会等重要会议的代表，被选为2008年北京奥运会指定接待场所。为了适应饭店业激烈的市场竞争，追求服务质量与国际市场接轨，展现中国饭店业在服务质量上与世界同步的决心，鸿翔大厦于2000年8月正式启动了质量体系认证工作，并选择了当今9000族中最新版本ISO9001－2000版作为认证标准。为此，鸿翔大厦进行了提高服务质量的软硬件建设，并对全体员工进行了贯标培训，同时着手编写质量体系文件，最终形成了包括质量手册、程序文件、作业文件三大类计20万字的文稿，于2001年3月15日正式实施。

2001年8月，北京鸿翔大厦成功获得了该质量体系认证书，成为中国大陆饭店（宾馆）业中首家通过2000版质量体系认证的单位。

【中国电信系统集成公司优质服务受到广泛认可】

中国电信系统集成公司成立于2001年9月，是中国电信集团公司主动应对市场竞争、全面提高服务水平的战略性部署。公司力主通过提供高水平的网络集成、产品集成、软件集成、外包服务、解决方案咨询等服务形式，丰富中国电信的服务手段，提高客户满意度和忠诚度，从而为中国电信的综合竞争力的提升作出贡献，并形成中国电信新的业务增长点。

公司坚决贯彻中国电信集团公司提出的“用户至上，用心服务”的服务理念，在继续发挥已有的技术优势和行业拓展经验优势的基础上，将提升用户满意度和企业实力作为重中之重，加强管理，按照ISO9000：2000的要求，建立科学合理的质量管理体系，并获得了权威机构颁发的认证证书；同时，公司加强对软件研发和集成服务的科学化、规范化管理，积极推进“客户满意工程”；率先在集成领域提出了国际领先的SLA服务理念，并以高水平的专业服务赢得了客户的认可。2002年初，该公司通过了信息产业部主管部门的认证审核，先后获得计算机信息系统集成一级资质和通信信息网络系统集成甲级(临时)资质，成为当前国内唯一的“双一级”系统集成服务提供商。

全国政协是中国电信集团系统集成公司的重要客户之一，该公司承担着全国政协信息网的技术支持和维护工作。全国政协副主席叶选平曾专门为公司题词“发展电信网络，服务万户千家”以示嘉奖。2002年4月，中国电信集团系统集成公司因在九届全国政协五次会议期间出色的技术保障工作，受到全国政协的表扬。公司的优质服务同样受到工商各界客户的广泛认可，陕西省工商行政管理局专门致信，对他们在该局信息化工程中所做的工作表示感谢。青岛海尔集团公司也发来感谢信，对该公司在海尔集团广域网建设工程中的表现给予了高度评价。优质的服务得到了市场的积极回报：2002年第一个月，该公司签订的合同总额就已达到6100多万元，取得了新年的开门红。

16

中　国　电　信　年　鉴

各省综述

不断进取 努力建设服务型企业

(北京市电信公司)

2001年是新世纪的起始之年，也是北京电信实施“十五”计划与实现公司战略目标的开局之年。面对中国电信分拆、资费调整、激烈的市场竞争等环境，公司全体员工转变观念，努力开拓、不断进取，在服务创新、能力建设、业务发展、收入增长等方面都取得了良好的成绩。

在观念方面，北京电信全力贯彻“一切从客户需要出发，一切落实到企业效益”的经营理念，继2000年初步打破按专业划分机构的旧有格局、整合市场营销与网络资源等一系列重大举措之后，北京电信进行了内部的机构重组工作；人力资源管理上初步实现了以建立核心员工队伍为重点的全面激励机制，在公司化的人力资源管理模式上有了实质性进展；公司以满足客户需要为出发点和归宿，对业务流程进行全方位的调研。

在服务方面，北京电信提出了“向服务型企业转型”的目标，员工的服务意识明显增强，企业的服务能力明显提高。2001年，北京电信启动新的客户服务号码“1000”，统一服务平台，打造服务品牌；消灭无号无线区，最大限度满足客户需求；跨区域，跨专业，集中力量搞专线“会战”，缓解了专线市场的供需矛盾，改善了企业形象；健全和完善大客户服务系统，保证了大客户市场的相对稳定；企业内部后台对前台、机关对基层的服务意识得到进一步加强。

在与运营商的合作方面，北京电信的工作有了突破性进展。2001年，北京电信以开放的心态对待竞争对手，把其他电信运营商不仅作为重点的竞争对手，也作为重要的合作伙伴，先后与铁通、网通、吉通、联通等公司正式签订了互连互通协议，做好互连互通和接入服务。

在业务发展方面，北京电信充分利用网络优势，挖掘潜力，盘活存量。2001年公司累计发展固定电话用户80万户，10月，北京电信市话用户突破500万户，用户数达到516.63万户，其中ISDN用户实增15.47万户，用户总数达到26.1万户，是北京电信历史上固定电话和ISDN用户数发展最多的一年，2001年在宽带业务发展方面，北京电信针对市场变化，适时调整策略，有所为，有所不为，宽带业务终端用户总数达到了9000多户，为宽带业务的进一步发展积累了经验。大力拓展增值业务，先后推出了W-LAN、智能IC卡等新兴业务。大力发展各种电话卡业务，优化产品结构，在销售量上实现了突破。全年共完成业务收入93.75亿元，比上一年增长1.67%；完成固定资产投资45.03亿元，联网开通市话交换机103.8万门，公众网总容量达到717.51万门。

2001年，北京电信圆满完成了申奥、第21届世界大学生运动会、加入WTO、APEC会议等重要活动的通信保障任务，得到国内外人士的广泛赞誉。以积极的心态影响外部环境，争取更多的理解和支持，更好地为社会服务，北京电信先后接受了全国人大、全国政协、北京市委、市人大、市政府领导的视察，增进了解，引起关注。2001年11月24日，中央政治局委员、北京市委书记贾庆林到北京市电信公司视察工作。在听取公司总经理赵继东所做的工作汇报后，贾书记对北京电信的发展和为北京市所做的各项工作给予了高度评价，并对北京电信今后的发展提出了殷切的期望。北京电信将进一步深化改革、扎实工作、努力进取，把北京电信建设为以客户服务为导向的、营销策略灵活、运行管理高效的“服务型企业”，为首都的建设做出更大的贡献。

以扎实的工作推进天津电信的发展

(天津市电信公司)

天津电信2001年围绕“二次创业”——争创先进企业的目标，在企业管理、经营服务、改革发展等方面取得了较好的成绩，以扎实的工作推进了天津电信的发展，开创了良好的工作局面。

一、较好地完成了2001年主要发展指标

通信业务收入累计完成28.99亿元，收入EBITDA率达到66.94%，在中国电信省级公司中排名第一。GDP总值完成23.92亿元，固定电话放号净增客户24.1万户，累计达到265.2万户。全市电话主线普及率达到28.93线/百人。全市话机普及率达到31.41部/百人，其中市区话机普及率达到54.54部/百人。发展公用电话2955部，累计达到56157部。公话普及率达到6.9部/千人，居全国各省市第一。数据基础网用户净增1870户，累计达到10300户。因特网拨号用户净增330013户，累计达到622779户。电话装移机平均实限3.7天，装移机及时率为99.73%，电话障碍修复及时率为99.74%。天津本地网新增电话交换机34.19万门，累计达到344.14万门。新增互联网拨号服务器端8000个，新增宽带接入网端口17150个，本地网新增电缆1210皮长公里，新增光缆4232芯公里。

二、加强企业基础管理，通过了国际质量管理体系标准认证

天津电信要建成具有国际水准的一流电信企业，必须在企业管理这一基础环节上有所突破。2001年天津电信首选的突破口是贯彻执行ISO9001:2000国际质量管理体系标准。在全公司范围内开展ISO9001:2000贯标认证工作。2001年5月12日，天津电信按照该国际标准建立、实施并保持的质量管理体系顺利通过了认证，成为获得ISO9001:2000标准认证的中国通信业第一家省级企业、天津市第一家企业。

三、服务工作有了较大的改善

天津电信确定的质量方针是“客户满意是天津电信通信服务质量的唯一标准，持续向客户提供满意的通信服务是天津电信永无止境的追求。”公司根据实际情况，改革了原有的服务管理体系，把服务全过程纳入闭环管理、受控状态以及不断改进的质量管理体系之中。先后同各银行及邮政储蓄实现了实时联网收费；在市区电信局实现了实时停复话，在全国率先建成天津电信1000号呼叫中心，开通了话费查询、业务咨询、受理及投诉等服务内容，使天津电信的客户实现了“足不出户，享受服务”。8月上旬到11月末，在全市范围内开展了声势浩大、全国首创的“百万客户服务大回访”活动。通过上门走访、电话回访、发放征询意见函等方式，为102万余客户解决各类实际问题3100余件，进一步提升了企业整体服务质量和服务水平，促进了全员服务意识的提高。经天津市用户委员会组织评价调查，天津电信的客户综合满意度达88.3分，居全市所有参加调查评价的邮电通信服务企业之首。继1999年、2000年之后，天津电信再次荣获2001年天津市用户满意服务单位称号。并被评为天津市2001年度优秀企业。2001年7月13日，天津市纠风办在电信公司召开现场会，向全市各行业推广天津电信行风建设、客户服务的先进经验。

四、以企业效益为中心，培育新的业务增长点

2001年，天津电信积极拓展市场经营工作思路，提出了“依法经营、灵活营销、主动服务、联合发展”的十六字经营理念。将经营工作的中心从单纯追求量的发展转变到获取合理的效益上来，将目光瞄准有效益的市场，讲求单机产值，精耕细作每一项业务。一方面努力做好已经成熟的新业务，扩大市场份额；另一方面以开发话务量和提高客户增值能力为目标，推出集团电子邮件、足球彩票、固网短信息等电信新业务。同时积极推进电信业务属地化经营，实现了电报、公用电话、数据业务、长途电话等业务下沉到下属的17个电信局进行全业务经营，并基本实现了除全网业

务以外的大客户业务本地化服务，有效地解决了大客户多头服务问题，大大提高了对大客户通信需求的反应速度。

五、加快网络建设，增强综合通信能力

天津电信根据“十五”网络发展总体目标，本着积极主动、超前发展的工作思路，密切跟踪世界先进技术，加快构筑面向新世纪的高速、宽带、综合信息网络平台，努力实现由单一业务网络运营商向综合业务网络提供商和服务商的转变。一是不断提高电话基础网的通信能力，注重投资效益，讲求投入产出比及投资回报率，把建设资金投入到回报率高、竞争激烈和具有发展潜力的项目上。二是进一步加快数据通信网、宽带通信网的建设。实现为客户提供全国领先，与国际水平接轨的多种接入方式、多种带宽选择、多种业务提供、多种资费选择、多种终端选择服务界面的天津电信数据通信网。三是下大力气建好自己的技术、业务及管理支撑平台。积极启动天津电信内部综合信息管理决策支持系统（IMDS），努力提升企业的管理水平和核心竞争力。

六、深化企业改革，努力建立现代企业制度

天津电信以劳动、人事、分配三项制度改革为突破口，逐步建立科学合理的运行机制，着力营造让人才施展才华的良好环境。一是在全公司进行了全员岗位考核、竞争上岗工作；二是积极推进干部制度改革，为优秀人才脱颖而出创造条件，全年在17个电信局局长助理、号簿中心副主任、客户服务局副局长、公司行政管理部副主任等岗位进行公开招聘，相继有20人经聘任走上领导岗位；三是积极实施全员培训计划，开展形式多样的培训工作，全员培训率、专业技术人员继续教育考核指标等计划超额完成；四是组织完成公司优秀人才评选工作;五是积极启动天津电信员工待遇体系建设,积极稳妥地推动薪酬制度改革;六是做好企业文化建设的基础工作,持续提升、巩固企业的凝聚力和战斗力。

改革经营机制　坚持质量并重
河北电信持续健康稳步发展

(河北省电信公司)

2001年，河北省电信公司坚持面向市场、讲求效益、调整结构、加快发展，积极创新、深化改革、加强管理、改善服务，在中国电信体制处于进一步改革时期、企业外部环境发生重大变化、市场竞争日趋激烈的情况下，企业改革与发展取得了显著成绩，全面完成了集团公司考核各项指标。

一、坚持以客户为中心，着力发展业务，企业经济效益显著提高

全年电信业务收入完成76.05亿元，比上年增长13.4%，圆满完成了省公司年定计划，实现了预期的利润目标。一年来，公司加强市场调研，强化市场细分和业务定位，积极开发新产品，在资费调整对企业收入带来很大影响的情况下，采取了一系列行之有效的营销措施，促进了各项业务的快速发展和业务收入的稳步增长。一是电话放号继续保持了强劲的增长势头，全年放号237.9万号，创历史新高，放号量排集团公司第4位，特别是农村电话放号增速迅猛。年底固定电话用户总数达到905万户，固定电话主线普及率达到每百人13.56部，比上年提高3.56个百分点，其中城市和农村分别达到每百人27.9部和8.5部。二是来电显示等增值业务越来越受到社会青睐，来电显示

用户全年新增175万户，达到237.7万户，占用户总数的26.3%。全年新装IC卡话机1.1万部，累计达到6.1万部。发展N-ISDN用户9779户，达到1.56万户。200、300、800、IP等电话卡业务均得到较快的发展。三是数据业务继续快速增长。针对集团客户和重点客户，发挥河北电信的规模优势和技术优势，积极开发大用户市场。同时加快发展专线上网，积极拓展电子商务业务，多方位推进信息业务发展。到去年底，数据客户净增87.7万户，达到185.7万户。“燕赵信息港”网站成为中国电信十大网站之一。四是宽带业务发展初见成效。召开了宽带网研讨会，确立了宽带业务发展重点。通过举办新闻发布会、业务演示会等多种宣传形式，基本树立起中国电信河北宽带网的品牌形象。一年来，省公司共签约小区（或单位）885个，覆盖用户总数为45万户，完成布线6.4万户，发展ADSL用户8783户，FTTX+LAN用户13257户。五是开发新业务有明显起色。以增加话务量为重点，相继开发并推出手机伴侣充值卡、VOD点播等新业务。有效利用了现有网络资源，进一步扩大了业务市场领域，增加了市场竞争手段。

在参与市场竞争的同时，正确处理竞争与合作的关系，与河北移动、联通、铁通等公司签定了互联协议，实现了互联互通。

二、坚持量质并重，加快通信发展，综合竞争能力进一步增强

全年完成固定资产投资56.1亿元，成为历年投资规模最大的一年。一大批通信项目相继投产。在通信建设中，增强了通信发展规划的科学性和先进性，在优化网络结构、调整网络布局的同时，加大基础设施建设力度，提高了网络核心竞争力，网络规模效益得到有效发挥。长途网实现跨越式发展，优质、按时完成了6条一级干线工程在我省的建设任务。省内长途骨干DWDM高速环网工程进入试运行阶段，形成了省内大容量、高速率的信息大通道，11个城市之间建立了网状网结构，网络容量提高了50余倍。全省11个地（市）中心城市光纤网工程已全部完成初验，光纤到大楼、到小区、到路边正在成为现实，为宽带业务发展打下了良好基础。完成光缆敷设1.45万公里，光缆总长度达到8.18万皮长公里。数字微波线路净增1.42万波道公里，达到2.37万波道公里。使我公司形成了光缆、微波两套长途大容量传输手段，网络安全性大为提高。本地网和长途交换能力进一步增强，本地网交换机净增245万门，达到1226万门。特别是农村电话网的网络结构进一步优化，实装率达到73.8%。长途交换增容改制工程已全部竣工投产。同时，全省关口局工程全部开通，为互联互通和网间结算奠定了基础。长途智能网和省内智能网扩容工程也投入运行。数据通信网快速发展。数据通信新增基本业务端口6162个，IP网端口新增8.6万个。开通ADSL工程。省ATM扩容工程各节点设备已全部完成了本机调测工作。宽带城域网工程完成初验,新增宽带端口3100个；公用计算机互联网（国家骨干网）三期扩容工程、IP网VPN工程、电子商务认证中心工程、数据业务计算机综合服务管理系统工程等工程都正式投产运行。全省土建建设规模53.5万平方米，竣工16.93万平方米。

审计部门加大审计力度，配合地方相关部门，认真做好财务和工程项目审计。一年来，审计各类项目9568项，审计金额达20.48亿元。

三、加强集约化管理，稳步推进内部改革，企业经营管理机制 逐步转变

一是维护体制改革进一步深化。完善本地网集中维护管理，各专业网管和集中监控系统日趋完善。县以上交换局实现了集中监控、集中维护和集中管理；各市建立了电源监控中心，实现了对城区所有市话局、模块局和67%的县局电源设备的集中监控。加快建立功能完备的网络资源管理体系。实现了省内一级光缆干线无全阻障碍，取得历年来光缆维护的最好成绩。

二是计费帐务集中管理取得显著成效。完成了石家庄、保定、唐山本地网计费二期工程，进一步完善了长途集中计费功能，实现了实时计费和帐务处理，计费的准确率和工作效率大幅度提高。

三是财务集中管理进一步加强。2001年固定资产投资虽然很大，但通过财务和投资决策权的集中，资产负债实现了预期的控制目标，企业财务状况进一步优化。健全了全公司上下一致的财务管理组织和规章制度，形成了统一的财务核算体系和考核体系。在深化市对县收支两条线管理、实行市对县固定资产集中管理的同时，严格省对市收支差额管理，市分公司的对外投资、融资、利润核算等由省公司管理，加大了资金集中力度。同时，建立了公司内部网上银行，提

高了资金的使用效率。

四是投资计划集中管理不断完善。突出抓住一个“早”字，早下计划、早签合同，保证了计划执行的及时性和全年建设项目的完成。加强了网络规划管理，加强可行性研究和效益分析，进一步盘活了网络资源存量，提高了现有资源利用率。进一步完善物资采购集中管理，继续实行设备订购统谈分签办法，有效地降低了设备成本。

五是三项制度改革取得新进展。积极引入竞争机制，省公司本部和各市分公司、各直属单位相继开展了全员竞争上岗工作，对部分领导岗位进行了公开竞聘，优胜劣汰的竞争机制正在逐步形成。深化分配制度改革，调整员工收入分配结构，加强绩效考核，调动了广大员工的积极性和主动性。三项制度改革在员工中引起较大反响，员工的危机感和紧迫感进一步增强，对改革的承受力明显提高。

四、坚持“用户至上，用心服务”的理念，服务水平进一步提高

完善各项服务规章制度，加强监督检查，狠抓制度落实。省公司先后制定了《首问负责制工作实施意见》、《服务质量监督检查办法》、《服务质量问题处理办法》等，在各市建立了服务质量监督机构，聘请社会监督员2800人，使电信服务管理体系和内部监督机制进一步完善。开展了“三访一查”活动，委托省消协在全省开展电信服务质量问卷调查活动，向100万用户征求了电信服务工作的意见和建议，调查结果表明，用户对电信企业服务态度、修机时限、业务咨询、电话付费等情况的满意率均达到90%以上。加强大客户服务工作。认真落实“三优”服务，完善“一站式”服务的业务流程，努力探索做好大客户服务工作的有效方式。加快“九七工程”向县局延伸，推进了电信业务处理自动化进程。认真做好资费调整和磁卡换卡工作，保证了国家政策调整后各项工作的平稳过渡。

五、提高队伍整体素质，精神文明建设取得新的进展

大力开展员工教育培训工作。全年共举办培训班600余期，培训员工近1万人次，占员工总数的60%以上，转岗培训率和大学生岗前培训率达到100%。认真做好员工技能鉴定培训和考试工作，组织全公司1.4万人参加了考试。工会组织充分发挥桥梁和纽带作用，积极维护广大员工合法权益，推进职代会建设和企务公开工作。广泛开展“创优质服务、促业务发展”劳动竞赛和电信条例知识竞赛活动，收到较好成效。全公司共建成文明单位172个，有263个单位继续被评为“三星级”窗口单位。

山西电信2001年实现持续健康快速发展

(山西省电信公司)

2001年是山西电信进行公司化运作、实施“十五”计划的开局之年，各级企业坚持技术 、机制、管理三个创新，开发市场、网络、人力三个资源，建设骨干传输、IP、宽带接入三个 网络，以“创业、创新、创造”为主线，在深化改革的同时加快发展，使全省电信在业务发展、通 信建设、服务水平、企业管理、机制转换以及精神文明等方面又迈上一个新台阶，保证了企业持续、健康、快速发展。

一、电信业务保持旺盛发展势头，业务收入增幅在集团公司排名第一

全省各级电信企业坚持“有效益快速发展”的原则，开展了以开发农村市场为重点的“曙光行动”；以百日赶超、百日整改、百日调研为主要内容的“三百

行动”。以提高话务量和提高服务质量为主攻方向，在全省范围内推出了“大客户保卫战”、“农市话阵地战”、“电话卡反击战”、“小灵通攻坚战”等一系列灵活多样的营销活动，进一步拓宽了市场，企业效益显著提高。全省新增固定电话用户113.6万户，完成集团公司计划的142%，累计达到416万户；全省发展来电显示业务70万户，来电显示渗透率达到25%；新增互联网用户36万户，完成集团公司计划的180%，累计达到50万户；“小灵通”新业务全年共发展9.18万户，成为一个新的增长点。由于狠抓各项业务的快速发展和进一步加大开发话务量市场力度，有效促进了业务收入的增长。提前20天完成32.47亿元的计划目标，全年业务收入完成34亿元，增幅达到20.43 %，创全省电信收入历史最好水平，在中国电信排名第一。

二、“三网”建设速度加快，综合通信能力进一步增强

全省电信根据市场需求，注重投入产出，在继续发展本地电话网的同时，加快建设骨干传输网、宽带接入网和高速互联网，网络规模和通信能力又获得了较大幅度的扩充和增长，为业务发展提供了有力的支撑。年底，全省本地网交换设备总容量达到526万门，实站容量为417万门，实占率为79.2%；新增数字数据网节点机端口2875个，累计达到11813个；新增宽带业务端口960个，累计达到1458个；随着2.5G高速传输工程的投入运行，全省新增长途电路52498路，累计达到130127路。

三、积极推进机制创新，“三项制度改革”有新突破

一是大力开展竞争上岗工作，在总结试点经验的基础上，将省公司机关84个管理岗位公开向全省、太原地区及省公司机关员工竞聘，经过考试、考核等程序，圆满完成了省公司机关竞争上岗工作。二是推进干部公开选拔制度，通过“一推双考”使22名德才兼备者脱颖而出，充实到了各个管理岗位，给企业注入了新的活力。三是强化对领导干部的日常考核，制定了《山西省电信公司领导干部考核管理暂行规定》，采用定期考核和日常考核相结合、整体考核与个别抽查相结合的方式进行考核，使干部管理向制度化、规范化、高效化迈进。四是实行效绩工资考核制度，各部门每月工作目标量化细化，以完成工作目标情况作为效绩工资发放的依据，合理拉开收入档次，使效绩工资向贡献大、工作量大的岗位倾斜，从而有效打破了长期以来的平均分配机制。五是强化培训管理，提高员工素质，举办了“成功经理人”讲座，举办了管理会计、智能网、服务督察、营销宣传、无线维护管理、计算机操作等培训，提高了员工素质，适应了工作需要。与此同时，各项管理工作得到有效加强，企业管理效率和管理水平明显提高。

四、落实“用户至上、用心服务”理念，全省电信服务水平又上新台阶

首先，进一步建立建全了全省服务监督考核体系，服务督查部门与社会监督员共同对各单位的服务质量进行监察，对其服务质量完成情况逐月进行详细考核，并与奖金挂钩。同时加强了暗查暗访工作，取得明显效果。其次，为了方便客户咨询、投诉，先后开通了总经理热线和客户服务热线，并在全省统一了数据业务咨询和服务热线。第三，为加强对大客户的服务工作，建立了大客户“一站式服务”、“绿色通道”等工作流程，把大客户工作放在企业工作的重要位置。第四，强化网络运行维护对服务的支撑力度，加快“集中维护、集中监控、集中管理”的维护管理体系的建立，强化运行维护基础管理，深入开展创建“星级机房”活动，从而使全省通信运行质量稳步提高。集团公司考核固定网的运行维护及服务质量指标完成良好，网络接通率日忙时年均完成96.37%，夜忙时年均完成96.46%；电路开通及时率完成100%；一级干线光缆未发生全阻。各项运行指标在全国都名列前茅。2001年，全省电信共命名46个星级服务窗口，并获得了山西省消费者协会命名的“全省诚信单位”荣誉称号。

五、强化企业各项管理工作，管理效率和管理水平明显提高

实施“五集中”管理。一是地（市）县财务集中管理。在地、市分公司实行地（市）县财务核算一体化基础上，全部实现县对市报账制管理。二是计费账务集中管理。三是本地交换网集中管理，实现数据统一制作、重大技术故障集中维护和支撑、话务量流回集中控制。四是网络资源集中管理。五是物质采购的集中统一管理。同时，强化财务管理、审计等工作。清

理多年在建未决项目，清理账外新增副账1.2亿元；实施财务管理全网监控，建立远程电算化网络，提高了财务基础管理水平；采取措施改变借款模式，改善全省负债结构；加强工程投资审计和工程管理工作，降底了工程造价。此外，全省电信企业认真落实“摸清家底、重组整合、转换机制、规模运作、形成优势、健康发展”的方针，围绕“一年入轨，两年起步，三年见效”的发展目标，开拓创新，锐意进取，各项工作进展顺利。

六、大力加强思想政治工作，企业文化和文明单位创建得到进一步巩固和提高

全省电信大力开展了多方面的思想政治道德教育，组织了“创业、创造、创新”讲演比赛，各级党组织、工会、共青团开展形式多样、职工喜闻乐见的企业文娱、文体活动和爱党、爱国、爱企业等丰富多彩的教育，进一步激发了员工的工作责任感和主人翁意识。通过认真落实党风廉政建设责任制，注重从源头上预防和治理腐败，反腐倡廉工作取得了良好成效。省公司直属机关10个单位有5个被命名为“省直文明单位标兵”、4个被命名为“省直文明单位”；全省电信获地市级文明单位的74个，省级文明单位8个；全省137个电信单位全部获得电信系统文明单位称号，有71个企业获文明单位标兵称号。

内蒙古电信在改革中迈出坚实的步伐

(内蒙古电信公司)

2001年是内蒙古电信在困难中奋进发展的一年。全区各级电信企业在集团公司的领导下，团结一致，扎实工作，克服了政策环境、市场环境变化带来的种种困难，继续加快发展改革步伐，较好地完成了各项目标和工作任务，为实施全区电信“十五”计划奠定了良好的基础。

一、坚持大经营发展思路，在竞争激烈的环境中取得较好的效益

面对电信业务市场的剧烈竞争，全区电信部门年初提出了树立市场、服务、效益一体化的大经营观念，围绕提高资本收益水平，加强了市场经营及资产运营管理，全年完成业务收入23.12亿元，比上年增长12.2%，比全国平均增长幅度5.66%高出6.57个百分点，在全国排第8位，全员劳动生产率达到23万元。

二、突出重点加快通信建设，网络通信能力继续增强

2001年是内蒙古电信近年来投资额较大的一年，全年共完成固定资产投资21.5亿元。建设的重点，一是继续加快本地电话网建设，完成了呼盟等5个盟市本地传输网工程，新增本地网光缆2.3万芯公里，累计达到2.6万公里。二是加快完善骨干传输网络的建设，完成了东部区干线2.5G/SDH传输工程，西部区干线16波分复用系统及2.5G/SDH。全年新增长途交换机3520路端，达到10.23万路端；新增局用交换机50.7万门，达到306万门。完成呼市等6盟市13.8万线关口局工程、全区宽带多媒体骨干网工程及呼和浩特等4城市15.3万线无线市话工程。三是加快接入网的建设，新增有线接入网22.6万线，达到79.2万线；四是加快数据通信网的建设，新增因特网拨号服务器端口2.8万个，达到3.1万个。

三、全方位推进业务发展，经营工作取得了显著成效

一年来，各级电信企业在经营工作中，坚持以市

场营销为龙头，建立 和完善反应灵敏的市场营销体系，加快新业务的开发和推广力度，形成多业务、全方位的经营态势，全年发展固定电话用户50.6万户，用户总数累计达到257.5万户。发展IC卡话机2万部，ISDN用户4387户，发展来电显示用户46.19万户。积极推进“政府上网”、“企业上网”、“家庭上网”三大工程，数据和多媒体业务全年新增用户9.09万户，累计达到15.22万户。

四、企业改革进一步深化，管理水平得到新的提高

面对形势的发展变化，公司化改组后的电信企业，以加快建立现代企业制度为目标，加大了企业内部各项改革的力度，制定了员工绩效考核、竞争上岗、职业发展等管理办法，出台了新的薪酬制度改革方案，进一步完善了领导干部的选拔任用办法，企业人事、劳动工资、教育培训制度改革迈出了新的步伐。

五、真诚服务，全面重塑企业形象，服务水平稳步提高

面对竞争日趋激烈的通信市场，各级电信企业树立“用户至上，用心服务”的理念，积极探索和建立新的服务制约机制，取得了成效：全区各地全面推行了服务工作“首问责任制”，建立和完善了区、盟市、旗县三级大客户服务工作体系；围绕服务工作中的难点、热点问题，各级电信部门普遍推行了营业窗口标准化建设，努力优化内部业务流程，开通了“96180”总经理服务热线、用户投诉中心热线，开展了“用户至上、用心服务”劳动竞赛和“青年文明号”创建活动，增强了全体员工的服务意识，全区电信服务工作有了明显的改善。

六、坚持“三个代表”的重要思想，企业精神文明建设取得新 的成绩

各级企业在抓通信发展的同时，加强了各级电信企业领导班子建设，领导干部队伍的年轻化、知识化、专业化进程明显加快。各级领导干部按照江总书记“三个代表”的重要思想，加强党性锻炼，转变工作作风，帮助基层解决工作中的实际问题，全心全意为人民服务的思想得到增强。为加强党风廉政建设，全区电信企业围绕企业的中心工作，结合行业自身特点，加大了《党风廉政建设责任制》的贯彻落实力度，各级领导干部廉洁自律意识和拒腐防腐能力进一步增强。围绕企业的中心工作，各地还深入开展党的路线方针政策教育、爱国主义教育、法律法规教育，引导员工正确认识企业发展面临的形势，增强了思想政治工作的感召力、吸引力和企业的凝聚力。

抓住机遇开拓进取 加快辽宁电信发展步伐

(辽宁省电信公司)

2001年，辽宁省电信公司带领全省2万名电信员工坚持以市场为龙头，以效益为中心，千方百计发展业务，努力增加企业效益，在通信能力、业务发展以及电信服务等各方面都取得了较好成绩。2001年，全省完成业务收入76亿元，同比增长7.5%，收支差额实现2.4亿元；电话放号完成150万户，创年放号历史最高水平，全省电话用户总数达到850万户；互联网用户发展108万户，全省用户总数达到168万户；局用交换机新增153万门，总容量达到1085万门。

一是在经营工作方面，以市场为龙头，以效益为中心的观念得到进一步强化，经营方式更趋灵活。将电话放号、数据业务、大客户经营、公用电话、话务量经营作为经营重点，并出台了鼓励政策，引导各市分公司加快发展，并取得了良好效果。

二是在计划建设方面，加强了对资金投向和投资规模的控制，压缩了非生产项目，把有限的资金投向了重点业务发展和市场竞争需要的本地电话、基础传输网、数据网和宽带接入网建设上，促进了各项业务的发展。同时，按照集团公司的要求，全省通过在集团公司和省公司两级推行物资采购集中管理制度，压缩了建设成本，降低了工程造价。

三是在财务管理方面，按照集团公司的要求，重点加强了资金的集中管理，以提高资金的使用效益。采取统谈统贷和统谈分贷相结合的方式，降低了融资成本。2001年通过全省统谈方式进行的18亿元授信贷款，节省财务费用530余万元。另外，通过对通信设备生产厂商采取设备款统付的方式，节约投资成本近2000万元。通过实行内部经济核算办法，促进了全省电信整体效益的提高。各市分公司按照集中统一管理的要求，实行了对县（市）局的收支两条线管理，锦州市分公司对县局进行了财务报账制试点工作。

四是电信服务水平稳步提高。2001年，全省电信服务水平有所提高，全省电信员工对做好电信服务工作的长期性、艰巨性、全员性有了进一步认识，特别是员工的服务意识得到进一步加强，对客户投诉受理和处理工作更趋规范化、制度化，电信服务水平持续提高。在集团公司举行的各省公司服务满意度测评中，辽宁电信继1999年、2000年后再一次获得全国同行业第一名的好成绩，同时还被辽宁省政府评为“辽宁省行风建设十佳先进单位”。

五是坚持两手抓，精神文明建设取得新成效。2001年，辽宁电信坚持两手抓的指导方针，有针对性加强思想政治工作。在各项改革不断深化的过程中，全省电信员工表现出了良好的整体素质。党风廉政建设工作取得较好成绩，领导班子和员工队伍建设得到进一步加强。特别是各级领导人员和广大党员以身作则，廉洁自律，发挥了表率和先锋模范作用，带动了员工素质的提高。

吉林电信继续保持快速健康发展

(吉林省电信公司)

2001年吉林电信在中国电信集团公司的正确领导下，克服电信资费调整、取消初装费、附加费和建设资金短缺等不利因素，紧紧围绕深化企业改革，加快电信业务发展这一主线，全面创新，求真务实，推进了吉林电信事业持续稳定地健康发展，各方面工作都取得了新成就。

一是深化改革力度。按照集团公司的部署和要求，吉林电信公司积极稳妥地进行了省对地市收支两条线的集中财务管理的改革。做了大量的新酬激励等五项机制创新改革的准备工作。集团公司已经批准了我省的改革方案，目前在通化分公司进行试点工作。在促进实业公司产权明晰，理顺关系，拓展经营市场，保证实业公司可持续发展方面做了大量卓有成效的工作。

二是业务发展有突破。全年完成固定资产投资21亿元，总资产达到了125亿元。加强了一级干线微波、东中西线光缆传输和交换网、数据骨干网、接入网等建设，新增长途业务电路9.8万条，达到18.3万条，新增局用交换机68万门，达到590万门，为业务发展提供了保证。全年净增电话用户57.5万户。发展来电显示用户56万户，累计达到60万户。发展IC卡公用电话0.8万部，发展ISDN用户0.8万户，新增因特网用户55.5万户，上网时长达到21亿分钟。电信业务的发展有力地控制了因资费调整出现的收入下滑态势，全年电信业务收入达到36亿元，同比增长9%，超额完成了集团公司下达的收入计划，增幅比全国平均水平高出3个百分点。

三是加强管理有成效。2001年，吉林省电信公司坚持以积极推进五集中管理为中心，即：财务集中管理、采购集中管理、本地网计费集中管理、本地网集中维护管理、资源集中管理，全面加强了各项管理的基础工作。运行维护制定实施了《吉林省电信运行维护工作考核细则》，加强了网管数据的统计分析和机线设备的维护测试，促进了全网维护管理水平和通信质量的提高。在财务管理上全省电信采取各种措施加强成本管理，控制成本开支，使全省的可控成本得到了有效控制。加强实行财务集中管理和资金管理后，极大地提高了资金的使用率，大约在每个时段上，能减少3亿元资金滞留，对控制负债率和财务成本起到了很大作用。审计管理工作进一步加强，全年共完成审计项目3267个，审计金额达13.73亿元，审减不合理工程款9997万元。全省电信以用户满意为目标，标本兼治抓服务。全面落实和实施"首问负责制"，完善了180投诉系统，建立了总经理热线，狠抓了规范服务，加大了服务工作的检查力度，特别注重改善大客户的服务。2001年社会对电信服务综合率满意达到95.5%，超过上年水平。全省三个服务窗口获得了全国"青年文明号"称号。

四是精神文明有硕果。全省电信员工认真学习和贯彻江泽民同志"七一"讲话和"三个代表"及党的六中全会精神，坚持加强党风廉正建设，开展了"八个坚持、八个反对"的教育，监督制约机制进一步加强。2001年吉林电信被省委、省政府名为省级精神文明建设先进系统。省传输局、珲春市电信局被评为全国精神文明先进单位。9个地市分公司和江源县电信局被评为省精神文明标兵单位。省机动通信局还被中央军委交战办评为先进单位。

经营 建设 改革全面推进
黑龙江电信2001年持续快速发展

(黑龙江省电信公司)

2001年，黑龙江电信按照"一年突围、三年解困"的目标和"壮大实力、抢占市场、改革创新、主附并进"的工作思路，开拓进取、扎实工作，开创了工作的新局面，受到国家副主席胡锦涛、省委书记徐有芳等领导同志的较高评价。

一、以实力加智慧，在激烈竞争中巩固了市场主导地位

针对黑龙江省各电信运营商、通信专网实力强大，市场形势复杂，竞争异常激烈的实际情况，采取了灵活有效的措施。一是针对竞争焦点，集中力量开展市场争夺战，取得了全省政务信息网、农业信息网的建设权和专用通信网地区、校园宽带接入网的发展经营权。着力抓好黑龙江信息港的建设，开通了哈尔滨数码城网站。巩固和扩大了市场的优势；二是妥善处理了市场占有率与经济效益的关系，较好地解决了经营方面的难点问题；三是转变经营方式，完善营销体系，开展有效竞争，赢得了市场主动权，取得了来之不易的经营成果。

全年完成业务收入47.32亿元，列全国第14位。固定电话用户持续快速增长，新增用户70.7万户，累计达到558万户，电话主线普及率达到14.63%，列全国第11位。数据、互联网业务高速发展，新增用户50多万户，实现翻番增长，累计达到81万户。其中，发展宽带用户2.86万户，列全国第8位。新业务和增值业务发展势头强劲，新增来电显示业务用户111.6万户，

渗透率达到30.52%。网间结算收入平均每月递增5.89%，全年同比增长13.3%。新增国脉寻呼用户87万户，累计突破160万户，在全省无线寻呼市场中确立了主导地位。

二、优化投资结构，压缩成本支出，实现高质量发展

针对资产负债率高的问题，大力压缩投资规模，调整投资结构，提高投资效益。坚持“原有负债规模不得超过，投资规模不得超过企业自有资金水平”的原则，重点搞好骨干传输网、固定电话网、骨干数据网、宽带接入网等网络建设，从严控制经济效益较差的项目投入。全年投资30亿元，新建光缆线路2100公里，达到4.4万公里；建成了SDH/DWDM高速环网，地市至省会中继带宽全部升至155M；建成18个互联互通关口局，实现网间结算数据的联机采集、集中处理；扩容电话交换机76万门，全省电话交换机总容量达到680万门；扩容IP骨干网，互联网具备能够响应100万用户的能力；建成了13个地市IP/ATM宽带网，接入端口达到22万个，其中，ADSL覆盖到所有地市和部分县城，容量达到1.3万线。完成哈尔滨长途枢纽大楼扩建工程。深入挖掘网络潜力，盘活存量资产，使电信资源利用率达到历史最高水平。加强财务管理，严格控制成本支出。科学编制现金预算，2001年省公司银行存款平均余额不到1999年的1/4，债务规模得到了有效控制。为加快资金流速，加大了缴拨款和清理用户欠费的力度。加强工程管理、工程审计，实行招、投标制度和建设项目监理制度，降低工程造价。全年实现工程项目审减额7453万元。采取统谈分签、集中采购等方式，压缩采购成本。坚决落实成本控制目标责任制，压缩会议，实行集约化的业务宣传投入和差旅费管理。2001年全省业务成本费用同比增长3.95%，完成了中国电信集团公司下达的效益指标。

三、深化改革，建立集约化管理体系

进一步完善“市县一体化”管理体制，由地市分公司统一组织全地区建设工程立项和论证，统一资源配置，统一筹措资金，统一物资采购，对县局实行了财务报账制，从根本上消除了原来县局盲目建设问题和铺张浪费现象，使县局的经营服务状况得到明显改善，可控成本同比降低了4.5%，业务收入增幅却高于全省平均水平7.2个百分点。

进一步巩固直属企业集团化改革和主附主辅分离成果，国脉实业集团对地市实业公司实行半紧密型管理，企业实现了人员的合理分流，主业劳动生产率增幅高于全国平均水平。全省实业按照省公司提出的“一年规范、两年起步、三年大发展”的战略构想，积极规范、整合和运作，初步建立了包括通信支撑保障、软件研发与应用、旅游商服、信息服务、经贸供应、工程建设等6大产业链条在内的多元化发展格局，在省公司没有投资的情况下，完成业务收入17.6亿元，实现利润1800万元。

初步建立了以地市分公司为单位的集中网管、集中监控、集中维护和集中网络资源管理的运行体制。组织开展了全省清网排障、网络质量达标活动，并取得显著成效。全省网络接通率达到96.5%，省会网络接通率全年始终列全国前3位，互联网接通率从年初的40%提高到98.8%。

按照建立现代企业制度的要求，深化了三项制度改革，大部分岗位实行了公开、公正、公平的竞聘，全省1.8万名员工参加了竞争上岗，其中，388名员工转岗、71名员工待岗。通过开展竞争上岗，增强了全体员工的紧迫感和危机感，学技术、学业务的热情空前高涨，促进了全员综合素质的提高。

四、实施“服务制胜”战略，加强队伍建设，提升企业综合素质

第一，靠服务赢得市场主动权，扩大社会影响力。

在已开通三级服务热线的基础上，进一步深化服务工作。充分发挥三级服务热线与用户顺畅沟通的渠道作用，全年共受理用户电话300多万件，接受用户咨询184.9万件，受理用户投诉7.3万件，收到用户表扬2456件，对用户投诉100%回访。深化全员服务责任制，把服务指标纳入企业效绩考核，把服务责任落实到每个员工。出现重大服务质量问题的，效绩考核就要一票否决。聘请社会服务监督员2560名，初步建立了电信服务的社会监督机制。在营业岗位开展星级服务活动，促进窗口服务质量的提高。全省有理由话费争议得到了基本解决，装、修、移机平均历时均明显短于信息产业部公布的服务标准时限。在中国电信集团公司公布的用户测评中，黑龙江电信用户综合满意

率列全国第二位，商务用户和大用户满意率列全国第一位。

第二，抓好文明单位创建，“双评”工作取得优异成绩。

县以上电信企业已全部进入文明单位行列，其中，省级文明单位标兵21个，省级文明单位22个。省电信公司被省委、省政府命名为全省文明行业建设先进系统标兵，并在信息产业部召开的全国通信业行风建设会议上，介绍了经验。在省委、省政府组织的“双评”活动中，第一年参评就取得了全省服务行业第一名。被授予最佳单位。所属7个地市分公司、47个县（市）局获得当地服务行业第一名。

第三，抓班子、带队伍，为发展提供根本保证。

按照中国电信集团公司的统一安排，省公司领导班子进行了“讲学习、讲政治、讲正气”学习教育活动。认真学习、贯彻“三个代表”的重要思想，大力加强和改进作风建设，大兴调研之风，从思想观念到工作作风都实现了机关为基层服务的根本性转变。

按照“高效、求实、务正、清廉”的工作准则和过好“选人用人关、决策风险关、民心民意关、廉洁自律关”的标准，加强企业领导班子建设。通过实行市县一体化、直属企业集团化管理，实行设备采购招投标，技术谈判、商务谈判分离，谈判、决策分离，全面加强经营者经济责任审计和党风廉政建设，推行企务公开等措施，有效防止了腐败问题的发生，没有发生县局以上领导人员违法违纪经济案件。对地市、县企业的领导班子成员实行了经营效绩考核和岗位津贴制度；评选出集团级、省级、地市级21世纪优秀人才95名，实行了长短期相结合的激励机制。通过这些措施，保证了人才队伍的稳定，全省经营者和专业骨干人才没有流失。加强了员工系统培训工作，开展了14个工种的职业技能鉴定考核。在全员范围内集中开展形势任务教育、职业道德教育、爱岗敬业教育，受教育面达到95%以上，增强了企业的凝聚力和向心力。

与时俱进　持续创新
全面提升上海电信的综合竞争力

(上海市电信公司)

2001年，上海市电信公司全年业务收入完成96.66亿元，总资产报酬率达到8.64%，EBITDA收入率达到63.2%，资产负债率25.75%，通信企业全员劳动生产率为116.2万元，各项指标都达到或超过了一类地区平均水平，全面完成了集团公司下达的各项任务。

2001年，上海电信的各项改革持续深化，基本完成了“三项制度”改革，初步建立了以岗位管理为核心的薪酬分配制度；企业的管理水平迈上新台阶，各项管理的规范化水平有了新的提升；市场竞争能力进一步提高，克服了资费调整、业务分流、竞争升温带来的重重困难和压力，确保了业务收入稳步增长；网络建设和运行水平继续得到增强，网络能力及保障能力经受了重大通信任务的考验；企业文化得到弘扬，“团结拼搏，同创价值；和谐创新，共享繁荣”的企业精神已经为广大员工所认知，并在APEC通信保障等重大任务中得到充分体现。

一、调整结构，拓展市场，确保完成业务收入

1、以收入为导向，狠抓传统业务。

2001年，上海电信完成电话放号67万户；本地电话业务收入55.02亿元，增长11.85%；电话卡收入7亿元。长途事业部开展“长途电话保卫战”，大力推行话务量代理和批发促销，有效地拉动了业务量，减缓

了长途电话收入的跌势。各地面局利用电话初装费取消后出现的装机新需求，努力发展用户。

2、改善三层次业务收入结构，快速拓展数据和信息市场。

2001年，数据业务收入完成9.26亿元，同比增长7.2%，其中数据专线收入3.56亿元；因特网注册用户净增39.07万户，多媒体信息业务收入4.5亿元；IDC收入0.74亿元；宽带业务收入1.58亿元，宽带用户达9.77万户。

为增强数据业务的竞争力，上海电信从提高质量、服务入手，启动了数据会战，优化数据专线流程，建立了以本地数据业务系统为中心的统一业务系统。10月份，又以解决专线待装户和提高专线质量为重点，加强了网络、工程、市场等部门的协同作战，取得了初步成效。

3、多方拓展渠道，培育新的业务增长点。

面对传统业务逐趋饱和的形势，上海电信各单位从开发新产品、提供新服务中寻找出路。去年程控新业务发展出现了转机，全网每百户直线电话用户使用程控新业务数达到了33项；"上海热线"内容出新，日访问量突破了600万；号簿公司从传统号簿走向多媒体号簿，黄页业务收入居全国之首；电信卡事业部瞄准特种卡市场，逐渐扩大影响。

4、大力推进区县信息化，提高收入增长的信息化含量。

上海电信已与虹口、卢湾、静安、南汇等8个区县和金山奉贤化工城、松江大学城、漕河泾开发区、南汇深水港、嘉定汽车城等市级开发区签定了全面合作框架协议。

二、加快建设，优化网络，满足市场需要

实施网络提升工程，确保网络安全畅通。2001年，面对一系列重点通信保障任务，上海电信一手抓日常维护，一手实施网络安全提升项目，保持了长途光缆六年无全阻障碍的记录。面向市场，运维模式开始转变。公司化以后，运维部门正式改制为网络部，在建立快速反应机制和网络安全机制方面取得了成效。

三、秉承"用户至上，用心服务"的理念，继续提高服务质量

2001年，上海电信获得了上海市质量金奖和全国用户满意企业的荣誉。根据上海市质协用户评价中心评估，上海电信用户综合满意度达到78.87分；大客户综合满意度为85.01分。

上海电信在"五大服务工程"的基础上，继续强化窗口管理，理顺投诉处理流程。进一步扩大营业厅的服务功能，市区所有营业窗口和郊区城乡营业窗口已全部实现全业务综合受理。公司探索了大客户服务新模式，采用上下结合，专业条线和地面局横向结合的办法，初步整合了各专业职能、生产和服务等环节。客户服务中心（1000号）的成立，从组织机构上加强了上海电信客户服务的力量。

四、强化基础管理，优化业务流程，管理水平得到提高

2001年，上海电信积极探索建立现代企业制度的途径。

一是从战略研究走向战略管理。建立了战略管理制度，形成了清晰的战略思路。二是继续完善制度体系，推进流程优化。三是推行预算管理。制定了预算管理制度，设计了预算编制模型，得到了集团公司的肯定。四是全面推进劳动、人事、分配三项制度改革。打破了工人干部界限，建立了新的岗位（职位）体系，初步建立了新的薪酬体系。

五、团结协作，努力拼搏，圆满完成重点通信保障任务

2001年的重点通信保障任务等级高、任务重。年初的京—沪申奥通信演示，6月的APEC经贸部长和"五国首脑会议"，10月的APEC高峰会议，上海电信为之提供了全方位的业务、先进的技术保障和可靠的安全保证。

特别是为了确保APEC会议的顺利进行，在电信公司的统一组织下，包括事业部、区县局、机动局、专用局在内的各单位为会议提供了话音、数据、图像、监控四大类十二个项目的服务，采用当今世界先进的通信技术，制定了周密的应急预案，建立了多手段、多迂回、多层次的保障体制，展现了中国电信的实力和风采，受到市委、市府、信息产业部、集团公司等领导的高度赞誉和社会各方的肯定。

六、推进企业文化建设，造就团结和谐、奋发向上的氛围

2001年，上海电信把培育先进文化作为企业发展战略目标之一，现在企业文化的架构已基本形成，八件实事项目已全部落实到位，企业精神、服务理念以及公司口号已为广大员工普遍认知，正在成为指导工作和影响员工行为的内在精神驱动力。

具有上海电信特点的"环路理论"，以核心价值观为动力，以共同远景为目标，以企业精神为方法，强调了实现价值在于沟通，环路的成功在于协作。该理念在党政工团各级组织大力宣传、教育和组织渗透下，已经逐步与企业的管理、发展、经营、服务工作融合在一起。如党工部门组织31项创建文明工作任务，通过"创文明窗口、树服务品牌、当服务明星"竞赛活动，促进了服务质量的提高；工会系统开展精神文明"十佳好事"评选，举办职工艺术节，组织振兴中华读书活动等，对造就团结和谐、积极向上的企业氛围起到了推动作用；团委以"阳光行动"为主线，通过"54HOPE网站"、"创新快车"、"共青团号"等品牌项目，进一步挖掘上海电信青年的创新潜能。"114"查号中心还被团中央授予"全国青年文明号集体信用建设示范单位"。上海电信获得了全国"五一"劳动奖状、首届中国企业文化论坛与展示金奖等。

2001年——江苏电信发展不平凡的一年

(江苏省电信公司)

2001年江苏电信面对中国电信体制改革而引发的舆论压力，认清形势，转变观念，坚定信心，锐意进取，在集团公司和省委、省政府的领导下，坚持有效市场的经营观念和服务理念，坚定不移地走内涵式发展的道路，克服各种困难，努力开创各项工作的新局面。

一、解放思想，与时俱进，思想观念实现新转变

经过一年多企业化运作的磨练，江苏电信各级领导越来越关注市场、关注效益、关注企业的投入产出，越来越注重从企业资源的有效利用、资产收益率、负债率、利润率等方面着手研究和开展各项工作。广大员工特别是企业各级的管理者，能够正确理解做大与做强、数量与质量、速度与效益、管理与效率的关系。有效市场的观念、效益观念、全程服务的观念、客户价值的观念、全局观念、过紧日子的观念、竞争合作的观念逐步强化。通过组织高级管理人员培训，为企业构筑了统一思想认识的平台、沟通语言的平台、提高工作效率的平台。

通过上述工作，广大员工对改革的认知度和承受能力进一步提高。他们以大局为重，调整好心态，自觉融入企业改革发展的大环境，保持了奋发向上的精神面貌。同时危机感、紧迫感普遍增强，为企业进一步深化体制改革，加快向现代企业制度转变奠定了较好的思想基础。

二、坚定信心，调整策略，经营工作取得新成效

由于资费调整，全年共减少业务收入14.9亿元，占总业务收入的12.5%。其中长途电话业务收入降幅达18.1%；数字电路出租业务收入降幅达53%。营业区扩大后，75%的农村区间电话转为区内通话，减少区间通话费10.7亿元，降幅高达53%。区内通话费增长1.5亿元，增幅5.9%，固定电话基本月租费标准略有提高，全年增长5.4亿元。此外，取消初装费和附加费使建设资金来源大幅度缩减，全省共减少建设资金12.4亿元，占2001年全省投资总额的18%。

面对资费调整带来的冲击，江苏电信全体员工坚定信心，克服困难，积极调整经营策略，各项业务仍

然保持了较好的发展势头。2001年，全省共完成通信业务收入119.4亿元，比2000年增长2.4%，完成年计划的101.1%。实现收支差额4.3亿元，企业总资产报酬率1.1%，收入利润率3.6%。全省资产负债得到较好控制，帐面资产负债率38.2%，比2000年底降低了0.4个百分点，考虑到隐性负债等因素，资产负债率仍控制在集团公司考核的范围以内。

电信经营工作，主要有以下几个特点：一是固定电话继续保持高速增长，并创历史新高。全年共新增固定电话用户263.8万户，用户总数累计达1401.8万户。二是增值业务保持较好的发展势头，来电显示和互联网业务成为业务增长的“亮点”。全年发展来电显示用户123.8万户，新增宽带用户9.2万户，新增互联网用户153万户。三是抓住重点客户，实施有效的营销策略，发展边防、工商、法院等广域组网54个。四是各类业务使用量保持较高增长。五是加大了市场开发和话务量营销力度。六是经营分析水平显著提高，市场基础管理进一步增强。

三、注重效益，确保重点，通信能力建设取得新成绩

全年新增市、农话交换机容量293.8万门，总容量达到2018万门。交换机实装率为70.8%，提高了3.8个百分点。建成覆盖全省的16 X 2.5Gb/sDWDM高速传输网，省内互联网骨干带宽提高到60Gbps。新增ADSL13.7万线，完成用户驻地网布线77万户，实际具备放装能力的以太网端口达21万个。13个市分公司均开展了宽带城域网建设项目。

加强了省市公司工程项目管理，全面清理在建工程项目，对775项在建工程项目进行了逐项处理，对9194个项目的合同付款情况进行清理。通过清理在建工程，基本摸清了建设工程项目管理中到期未付资金总额的实际情况。制定和实施新的省公司计划管理和设备集中采购管理办法，管理工作明显增强。

四、用户至上，用心服务，服务质量和网络运行维护质量有了新 提高

一是积极推进规范化服务。以电信服务标准和省公司向社会作出的12项服务承诺为标准，重新规范了电信营业、大客户服务等五项服务标准。二是狠抓“首问负责制”的落实和“总经理热线”、1000客户服务中心等服务平台建设，保持了业务受理和用户投诉、咨询渠道畅通。三是互联互通工作取得较好成效，为其他电信运营商开展业务积极创造条件，得到主管部门和其他运营商的充分肯定。四是突出解决客户反映集中的热点、难点问题，完善内部服务监督检查机制，坚持“一次申告下岗制”和服务质量经济处罚制度，促进服务质量稳步提高。2001年，全省电话装机平均时限为9天，电话移机平均时限为8天，电话故障修复时限平均330分钟，重要客户专线、出租电路修复时间降至133分钟。用户服务满意度达85.87分，同比提高3.88分，用户满意率达到97.69%，同比提高1.59个百分点。

全省通信网络运行质量保持稳定，传输维护质量列全国各省市第一。全省一级干线连续保持30个月无全阻障碍，二级干线实现全年无全阻。网管工作重点逐步向调整优化网路结构、疏通话务量、提高话务分析水平转移。加快本地网集中网管监控平台系统建设，全省81%的机房实现无人值守。

五、统一认识，稳步推进，改革工作取得阶段性成果

五项集中管理成为年内改革工作的重点。经过各级企业的共同努力，自7月1日起，全省正式实施市县财务集中管理。本地网集中计费帐务已在5个市实现全区集中，7个市完成市区的计费帐务和销帐割接工作。实行了市县设备集中采购，网络资源集中管理和网络维护集中管理的改革试点工作稳步推进。配合集团公司开展了苏州本地网流程重组的改革试点，完成了企业诊断和初步流程设计，并已正式进入实施阶段。本地网流程重组改革的进展情况得到了集团公司的肯定，为全面推进全省本地网流程重组奠定了基础。

认真贯彻集团公司实施五项机制创新的改革精神，以建立有利于留住人才和人尽其才的收入分配机制为目标，全面启动岗位薪酬机制改革，组织南京、扬州两市分公司开展岗位薪酬机制改革和营销用工机制改革的试点。

积极推进精干主业、主附主辅分离、规范多经企业工作。

六、完善制度，加强管理，精神文明建设取得较好成效

强化对员工的法制教育，加强企业合同管理和审查，增强企业和员工依法经营、依法维权和保密意识。认真贯彻“安全第一，预防为主”的方针，切实落实安全生产责任制，加强安全教育和安全培训，巩固“三线交越”整治成果。开展“六查一整顿”，共查出安全隐患7998处，已整改7437处。广泛开展军、警、民联合护线活动，协助公安部门严厉打击盗窃破坏通信线路犯罪，全省共破案134起，抓获犯罪嫌疑人99人。

加强企业成本管理，继续发挥省公司资金调度中心作用，提高资金的整体使用效率。对86个单位进行16614项审计，审减施工单位不合理工程费用23689万元，查处违纪违规金额4930万元。结合创建文明行业，在全体员工中开展了“新世纪新电信、新服务、新形象”大讨论、以“树江苏电信新风，创新世纪优质服务”为主题的优质服务竞赛活动，充分调动广大员工的积极性、主动性、创造性，把创建工作不断引向深入。2001年，全省13个市分公司中有11个市分公司被评为江苏省文明行业，2个市分公司被评为江苏省创建文明行业先进省行业达标单位，3个直属单位中有2个被评为江苏省文明单位。苏州分公司装机公司被授予首届“全国杰出青年文明号”称号，1名员工被授予全国“五一”劳动奖章，19名员工被授予“江苏省劳动模范”称号。

改革创新 加快发展
江西电信取得显著成绩

(江西省电信公司)

2001年江西电信抓住国家全面实施“十五”计划，加快推进信息网络化建设事业带来的市场机遇，以增收减负为中心，坚持改革创新，加快发展，业务收入稳步增长，网络规模容量、技术层次、服务水平有了新的提高，两个文明建设取得了显著成效。

一、经营工作力度加大，市场开发和营销能力有了新突破，电信业务持续增长

全省电信业务收入34.57亿元，比上年增长11.10%，比全国平均增幅高5.44个百分点，增幅在全国排第10位。本地电话、长话、新业务、数据、网元出租和网间结算业务成为江西电信业务收入的五大支柱。

全年全省电话放号78.1万户，总数达433万户，主线普及率达10.43%，比上年提高2个百分点。数据业务达到67万户，宽带业务发展17954户。全省来电显示总数达到206万户，渗透率高达47.75%，位于全国第一。小灵通业务发展势头良好。IC卡公话业务完成7002部，超额完成目标的140%，智能网业务陆续推出，固定电话网潜力得以比较好的发挥。

2001年，江西电信在激烈的市场竞争中，正确地把握了市场竞争态势，初步建立了面向市场的经营服务体系，构筑了由业务处理中心、网络管理中心和技术支撑中心搭建的 业务支撑体系，建立健全互联互通工作体系，有效保障了全省经营工作科学有效地开展。加大了集团客户拆机并网力度和二次市场开发力度，开展了“新业务世纪风”、“5·17”与数据及多媒体业务发展“K”计划活动，推出了小灵通、神通卡新功能等符合市场需求的新业务，各项业务呈现出较好的发展势头。先后出台了大客户竞争、长话、互联网及公话业务发展的策略。有效指导了全省经营工作的开展。

二、三网建设力度加大，综合通信能力和网络技术层次有了新突 破。

按照“统筹规划、突出重点、按需量力、分步实施”的方针，加快建设传输网，突出建设宽带接入网，重点建设互联网；同时完善电话网，推进PHS建设和全省呼叫中心、全省网络资源管理与企业内部网的建设。全年完成固定资产投资18.99亿元。重点工程完成情况良好，智能网扩容工程完成初验；全省传输高速环网DWDM工程建成；无线市话工程（PHS）已在九江、南昌等8个市开通放号；全省高速宽带互联网建成开通，带宽比原来提高了近百倍，各市还建成了宽带城域网，并通过ADSL方式向部分县（市）延伸；全省客户服务中心项目已进入工程实施阶段；全省集中计费项目进行试点；全省网关局扩容工程完成；南昌第二长途电信枢纽楼正在加快建设；全省标准化营业厅试点工程完成。

通信建设力度的加大，使综合通信能力增强。全省局用交换机容量（含接入网）567.29万门，累计新增60万门，局用交换机实装率为76.25%，长途自动交换机容量达22.68万路端；全省光缆总长度达5万皮长公里；IP网端口新增6144个，宽带业务网端口约4万，实现了综合通信能力和网络技术层次的新突破。

三、服务工作力度加大，服务水平进一步提高

为向社会展现用心服务、编织未来的崭新形象，把“社会满意不满意，用户满意不满意”作为评判服务工作的重要标准。电信维护部门通过开展设备整治工作，用户计费数据集中管理，异常话单的稽核处理，优化网络结构，实现长途话单、区间话单、网间话单统一计费，消除了投诉事故隐患，有效解决了服务的热点问题。运维部门进一步调整完善考核指标体系，增加了对计费准确率、光传输设备和电路调度及时率的考核等，加强了对集团客户服务的支撑力度，在建党八十周年等重要活动中确保了通信畅通。各项网络运行维护质量指标均有较大幅度的提高。一级光缆干线全阻障碍平均为0.045次/百公里，一级微波、卫星电路全阻为零，出色完成了党政通信、机要应急与重要通信的保障任务，较好地完成了集团公司维护考核指标。

全省电信狠抓服务基础管理，服务工作逐步规范化、制度化。全省已形成了三级服务质量监督管理体系，用户越级有理由投诉大幅下降。以窗口为重点，实施规范服务，推行窗口“星级服务”。实行窗口用工制度改革，加强了业务技术培训，提高了营业前台的服务质量。有10个服务窗口被团省委授予“全国青年文明号”称号。用户综合满意度达到83.67分，大客户综合满意度达到83.60分。

四、宏观调控力度加大，“五项集中”管理成效显著

为提高企业效益，江西电信把建立科学高效的内部管理体系，实现管理创新，作为全年的一项紧迫任务来抓，实现了管理手段和运营模式的新突破，企业负债率比上年下降2.07个百分点，在五项集中管理工作中取得了显著成效。

一是加强了财务集中管理。实施货币资金集中管理，资金由省公司集中调配，资金运作效率不断提高，盘活沉淀资金1.5亿元，节约财务费用近千万元。同时，妥善做好到期银行借款还贷工作，消除逾期贷款，减少企业损失，投资规模也得到有效控制。通过实施财务报帐制，县电信局可变成本与上年同期相比有所下降，成本费用过快增长势头得到较好控制。全省电信还顺利实现农话体制合并和财务并帐，简化了企业核算；全省多经企业资产清理评估确认后，划归省电信实业公司管理；开展在建工程、帐外负债专项清理，并取得较好效果。

二是进一步规范了设备集中采购和招投标集中管理。省公司在总结“统谈分签”“统谈统签”等工作经验基础上，完善并制定了江西电信《设备采购工作有关规定（试行）》、《工程招、投标有关规定（试行）》，对进一步提高企业效益，加强党风廉政建设起到了积极作用。

三是基本实现了本地网集中维护，使江西电信网络整体运营水平进一步提高。

四是本地网网络资源集中管理系统建设正在进行，编制和下发了《江西省本地网资源管理系统功能技术规范》和《江西省本地网资源管理系统总体实施方案》。

五是在完成本地网计费的基础上，正在向全省集中过渡，尽快实现计费数据集中处理、计费规划统一管理。

五、改革力度加大，劳动、用工、分配三项制度改革全面展开

在进一步深化企业三项制度改革，建立科学的人力资源开发管理体系方面做了大量工作。一是进一步

加大了岗位考核力度，实行竞争上岗、内部下岗、内部退养制度，全省电信内部退养1500人。二是全面开展编制定员、岗位考核和竞聘上岗工作。全省各分公司已基本完成了各工种岗位考核和竞争上岗，大部分单位完成了“主管”及以下职位的初次竞聘上岗工作。省公司机关还拿出9个管理岗位面向社会公开招聘。三是表彰了19位21世纪优秀人才，评选了95位江西电信优秀人才，在企业内部营造了尊重知识、尊重人才的良好环境，对员工队伍的稳定和电信事业的发展起到了积极的作用。四是加强全省电信各层次人员培训工作，提高了员工队伍的综合素质。五是制定了劳动合同和集体合同管理办法，为建立企业新型的劳动关系和用人机制打下了基础。

六、创文明行业，精神文明建设结硕果

江西电信始终坚持“两手抓、两手都要硬”的方针，在集中精力抓好通信生产和建设的同时，把精神文明建设摆到更加突出的位置，加大了工作力度。

一是加强组织领导，完善创建文明行业的机制。二是重视思想教育，增强创建文明行业的意识。三是以创建文明行业为载体，强化参与意识。

一年来，全省电信开展创文明行业活动，为电信事业的发展提供了有力的思想保证，收到内增凝聚力，外增吸引力，提高向心力，发展生产力的良好效果。近年来公司上下未发生一例违法乱纪的人和事，学先进、学技术、学管理成为风气，全年参加岗位培训的员工达6378人，参加学历教育的1137人。全省95%以上的电信企业被授予县区级以上“文明单位”称号。

应对各种困难考验 适时调整发展战略

(安徽省电信公司)

2001年是安徽电信面临重大挑战的一年。面对资费大幅下调、初装费和附加费取消以及业务分流、异质竞争加剧带来的新压力，电信业深化改革和加入WTO带来的新课题，公司上下知难而进，积极应对各种困难和考验，适时调整发展战略，正确处理改革、发展、稳定的关系，保持了持续、健康发展，促进了改革的深化，取得了新的成绩。

一、业务量收稳步增长

以积极进取的姿态应对内外环境变化，努力克服资费下调造成的不利影响，加强经营分析和市场调研，着重在营销队伍建设、大客户经营、话务量营销、新业务推广上下功夫。全省业务收入完成43.3亿元，在全国排名第15位，增长率为6.44%，超过全国平均增长水平。固定电话放号势头强劲，数据业务增长迅速。全年共发展固定电话用户155.5万户；新增IP用户38.17万户、N-ISDN用户9038户、宽带用户1.7万户、来电显示业务用户153万户。完成本地网通话次数151.2亿次、国内长话通话次数6.5亿次、IP上网时长33.08亿分钟。推出了ADSL、充值卡、智能卡、手机IP、上网直通车、96800等一系列新业务，在传统长话、出租网元、互联网等业务上保持了主导和领先地位。在业务量收稳步增长的同时，企业的财务状况也保持了稳健、合理的态势，全面完成了集团公司下达的各项财务效绩考核指标。

二、通信能力持续增强

围绕市场需求和企业效益，以网络建设为重点，进一步优化网络布局和功能，投资结构趋向合理，投资方向进一步优化。全年完成固定资产投资30.5亿元。新增局用交换机59万门；全省智能网工程、省骨干DWDM传输环网工程、CHINANET三期扩容工程、宽

带IP城域网工程、ADSL宽带接入工程、本地网计费账务系统改造工程、全省17个本地网互联互通接口局建设工程、公众多媒体通信网拨号端口扩容工程等一系列项目相继通过验收，并投入运行；巢湖、芜湖、蚌埠的电信生产楼已完成主体结构；宿州电信生产楼、淮北第二汇接局生产楼已完成前期工作。

三、服务质量不断提高

围绕“用户至上、用心服务”的理念，认真贯彻落实“首问负责制”，建立和规范省、市、县三级投诉渠道，出台了一系列有关服务工作的管理细则。各市分公司和县电信局建立健全了服务机构，明确了管理职责。各级企业普遍加强了后台支撑,认真落实“维护就是服务”的观念，全面完成了集团公司下达的各项运行维护指标，保证了重要通信、防汛通信和应急通信的顺利完成。进一步加强大客户服务工作，做到了集团公司考核的大客户没有1户流失。加大了服务工作检查考核力度。省公司全年组织了两次全省范围的服务工作检查，并且不定期对营业窗口、服务热线进行暗查暗访；各市分公司还聘请了大批社会监督员，初步形成内外结合的服务监督体系。较好处理了资费调整、磁卡更换、初装费取消等可能引发的服务问题。高度重视互联互通工作，先后和移动、联通、网通、铁通、吉通等运营商签订有关的互联互通协议，提高了国家通信网络资源效能，促进电信业公平、有效竞争。省公司还会同省工会开展了“服务知识竞赛”活动，把服务教育落在实处；进行了服务工作“双十佳”评选，取得了较好效果。

四、内部改革进一步深化

在深化改革，创新管理，加快建立现代企业制度，切实转换企业经营机制上迈出新步伐。运维体制改革进一步深化，全省各本地网基本实现“三集中、七统一”，受到了集团公司的好评。营销用工机制改革全面完成，全省营销人员队伍结构日趋合理，整体素质得到普遍提高，一支经过培训和实战锻炼的大客户经营队伍初步建立起来。管理人员竞争上岗工作正式启动，出台了《管理人员竞争上岗管理办法》和实施意见，组织全省3700多名员工参加了管理岗位竞争上岗考试，为下一步竞争上岗和薪酬改革奠定了基础。积极推进多元化经营改革，完成了各市实业公司的组建。各级实业公司工作步入正轨，提出了发展目标，加强了各项规章制度的建立，并与主业公司签订了比较规范的合作协议。省实业公司在清理规范的基础上，对所属二级单位进行了重组整合，把资源向优势企业、优势业务集中，整体竞争能力得到增强。

五、管理创新初见成效

以五项集中管理为切入点推进管理创新取得明显进展，企业管理水平稳步提高。财务一体化管理体制日趋完善，有条件的市分公司开始对所属县局实行报账制，省对市财务集中管理的试点在铜陵、巢湖进行。计划投资管理力度进一步加大，省公司基本实现集中统一管理全省投资计划、建设资金、重点建设项目和网络设备采购。本地网计费账务管理成效显著，全省17个本地网计费账务集中管理系统基本建成。网络资源集中管理进程加快，完成了传输、交换、接入网等网络资源管理子系统的建设。企业基础管理进一步加强，各级企业加强了资金管理和成本管理，加大了在建工程的清理力度，开展了账外负债专项清理，防范了财务风险隐患。内部审计工作进一步加强，全省共完成审计项目4967项，比上年同期提高406%；审减工程费用2.24亿元，比上年同期提高418%，为企业挽回了经济损失；查纠违纪金额1959万元，比上年同期减少30%。安全生产和安全保卫工作力度进一步加大，严防各类事故的发生，为企业发展营造了一个和谐的环境。

六、精神文明建设成果丰硕

以“三个代表”重要思想为指导，大力推进企业精神文明建设，提高队伍整体素质，增强了企业的凝聚力和向心力。加强企业思想政治工作，出台了《关于加强和改进企业思想政治工作的意见》，制定了《思想政治工作考核量化标准》，成立了思想政治工作研究会，明确了新时期安徽电信思想政治工作的指导思想、主要目标和工作任务。加强领导班子组织建设和党风廉政建设，出台了《安徽电信经理人员管理暂行规定》，深化党风廉政建设责任制，进一步规范企业管理人员的从业行为，加大从源头上预防和治理腐败的力度。加强员工的培训，全年共举办了2期处级干部培训班，组织全省近8000名员工参加了各类培训。加大文明单位、文明行业、青年文明号以及星级窗口达标升级等创建力度。到目前为止，全省已有66个单位获得了不同等级的文明单位称号，达到星级规范窗口有216个。过去的一年，工会工作进一步加强，各级工会在加强自身组织建设的同时，积极推进企业民主制度建设和企务公开工作，较好地维护了员工的合法权益，有效地激发了员工主人翁责任感。

在总结成绩的同时，也要清醒地认识到，安徽电信的发展还面临着许多问题和新的困难：一是如何更好地把握信息化带来的机遇，迎接更加激烈的市场竞争带来的挑战，进一步发展和壮大企业，是我们面临的首要问题。二是广大员工的思想观念还需要不断更新，特别是效益观念仍需不断强化。三是随着初装费的取消，收入增幅的减缓，特别是异质竞争的加剧，以及现有结构的不甚合理，造成企业经营面临着新的困难。四是企业内部的运行机制还不能完全适应市场经济的需要，管理体制和内部管理流程必须不断创新。五是“用户至上、用心服务”的品牌还没有完全树立，尤其是新业务、新产品的服务维护质量与社会需求还有一定的差距。对于存在的问题，将在今后的工作中不断地加以改进。

外延扩张与内涵扩大相结合
——2001年河南电信发展态势良好

(河南省电信公司)

2001年河南电信在国家电信体制改革继续深化、市场结构进一步调整、市场竞争日趋激烈的大环境中，继续高举邓小平理论伟大旗帜，以江泽民总书记“三个代表”思想为指导，深入贯彻党的十五届五中、六中全会精神，不断解放思想、更新观念，加快发展，深化改革，改善服务，继续坚持走外延扩张和内涵扩大相结合的道路，克服了种种不利因素，取得了新的成绩，为“十五”计划开好了头、起好了步，更为新世纪河南电信的健康发展奠定了坚实的基础。

一、通信建设步伐继续加快

全年全省电信完成固定资产投资22.36亿元。新建省内二级光缆干线1065公里，达到8441万公里；新增长途业务电路111.00万条，达到128.33万条,其中，数据通信网长途电路增加109.53万路；局用交换机和接入网设备总容量达到1368.32万门；新增数据和多媒体通信端口6.67万个，互联网出省带宽达到5G。

一年来进一步加强了工程建设监管力度,推行物资集中采购管理，有效地控制投资规模，降低了成本，提高了投资效益。理顺了各市分公司通信建设部管理职责，把通信建设部更名为计划建设部，统一归口省公司计划建设部管理，从而建立了高效、快捷的计划建设管理体系，避免了工程项目多头管理，地市计划建设管理水平有了明显提高。对设备资源进行了挖潜，对线路进行了整改，重新合理配置了线路资源，建立了线路资源数据库，通信质量有了很大的提高。

二、电信经济效益持续增长

2001年河南电信以固定电话、小灵通、来电显示、电话卡、信息业务等几项效益工程为工作重点，进一步加大了新业务开发力度，提高了市场开发能力。全面推行了规范化服务，大大提高了全省电信业务服务水平，用户满意度不断增长。建立省、市、县三级大客户经营服务体系，完善了大客户业务处理流程和保障制度。有效的市场开发和市场营销大大促进了业务的不断发展。实现了2001年全年电信业务发展目标，电话用户发展了176.57万户，用户达到1088.65万户。新增数据和多媒体用户114.03万户，其中，宽带上网用户4.5万户。克服了资费调整对企业收入增加带来的不利影响，电信业务总量完成77.45亿元，比上年增长18.78%，业务收入完成77.93亿元，比上年减少1.13%。各地成本费用控制工作取得了较好成绩。

三、企业改革进一步深化

初步建立起了公司化的组织机构，加大了人事制度改革步伐，进一步完善了薪酬和用工制度。围绕建立现代企业制度，企业管理继续得到加强。"五项集中管理"顺利进行，并取得了一定成效。规范了投资计划管理制度，有效控制了企业建设规模。对企业各种负债进行了清理，进一步规范了财务制度。加强了财务和资金管理，严格控制成本费用支出，提高了会计核算及统计管理水平。加大了审计工作力度，规范了审计范围。网管力度得到强化，加大了网络的维护和管理，网络运行质量进一步提高。

四、两个文明得到协调发展

各级电信企业深入学习"三个代表"的重要思想，并自觉用它指导工作。积极开展思想政治工作，切实关心和提高员工的生活水平，保证了员工队伍的稳定。全面落实廉政建设责任制，建立预防腐败的工作体系，反腐倡廉工作取得了新的成效。加强教育和培训，员工的综合素质有了新的提高。在全省范围内就"用户至上、用心服务"开展了大讨论，并组织巡回演讲，在员工中树立起"用户至上、用心服务"的服务理念。组织实施了"热爱河南，增辉中原"百万用户大回访活动，促进了全省电信服务的提高，电信服务工作取得了显著成效。尤其是走访了上百家集团客户，了解需求，征求意见，改进工作，大客户服务质量不断得到提高。用户满意度逐年提高。一年来，河南电信两个文明得到了协调发展，取得了显著成效。全省有驻马店市电信分公司等13个单位被命名为"省级文明单位"。郑州市电信分公司百花路电信营业厅等3个电信营业单位被授予"全国青年文明号"，28个电信营业单位被授予"省级青年文明号"。68位同志被授予全国劳动模范和河南省劳动模范。为全省电信部门创建文明行业打下了扎实基础。

以市场效益为中心 以改革创新为动力
浙江电信2001年实现持续平稳健康发展

(浙江省电信公司)

2001年浙江电信在深化体制改革、环境巨变、竞争激烈的严峻考验面前，在机遇与挑战并存的新形势之下，坚持以市场和效益为中心、以改革和创新为动力，调整思路、沉着应对、统一思想、与时俱进，全省电信保持持续、平稳、健康的发展。

一、企业经济效益继续增长

由于资费结构性调整、初装费取消以及市场竞争更趋激烈等因素的影响，公司面临建设资金紧缺、赢利锐减、业务收入增长下滑等前所未有的困难。面对新形势和新任务，公司强调"以市场和效益为中心"，深入调查研究，加强企业生产运营分析，调整经营理念和经营策略，千方百计增量增收，拓展市场，确保了业务收入等主要经济及质量指标的完成。全年实现通信业务收入111.85亿元，比上年增长0.78%；全员劳动生产率达74.94万元。

二、各项电信业务持续发展

采取各种灵活、有效的营销策略和方法，努力拓展业务发展空间，扩大有效市场份额。在继续推进固定电话装机放号、提高主线普及率的同时，不断创造企业新的商机和卖点，激活市场需求。组织开展“金秋大行动”业务促销活动，推出宽带接入、固定电话、小灵通、来电显示等多种业务促销措施；充分利用已建设的智能网平台，及时推出直拨IP业务，参与IP市场的竞争；继续发展IP卡共用电话及其它各类电话卡业务；全面实施话务量经营有奖销售等活动。将宽带业务作为数据业务发展的重中之中，以ADSL、LAN、VPN等不同方式的宽带接入手段抢占市场。积极开拓宽带业务市场，主动营销，改善服务，抢抓高端用户、大客户等有效市场；继续与社会各界广泛合作，推动政府、企业、家庭上网工程，发展上网用户群；启动信息化县市区建设，以此进一步推动宽带网建设和数据业务的发展；对省内互联网应用服务进行资源整合和调度，启动并开通“浙江信息港”。8月20日，全省固定电话用户数突破1000万，年末达到1121.6 8万户，杭州突破二百万，宁波、温州、台州、金华突破百万；固定电话普及率达39.36部，电话主线普及率达24.78线。

三、综合通信能力进一步增强

全省全年累计完成固定资产投资额79.16亿元，新增固定资产62.97亿元。（1）骨干传输网。干线直埋光缆已覆盖省内除舟山以外的10个市，并借助沪杭福惠干线工程和军民合建管道工程同沟埋设了硅管；积极发展光纤物理网，大力进行本地网骨干层、主干层和接入层光缆的建设。年内完成杭福贵成光缆扩容、高速环网浙江段、中国电信国内卫星通信网五期扩容、沪杭福惠光缆工程浙江段、省波分复用系统工程（南北环部分）一期和二期、省SDH网二期及三期扩容工程等。（2）电话交换网。按照“大容量、少局所、多接入、广覆盖”的原则，积极推进网络优化，制定智能网建设指导意见，积极推进本地智能网建设；对全省无线市话业务发展策略作出结构性调整，注重网络优化工作。年内完成全国智能网业务管理信息系统浙江点、智能网一期和二期扩容、No.7三期等工程。（3）数据通信网。提出数据通信发展策略和总体思路，注意调整现有各数据业务网的功能定位和数据多媒体通信网建设；确定全省宽带接入技术总体解决方案。年内完成中国公众互联网三期、中国电信IP网VPN、省163骨干网、省IP电话网、省宽带IP城域网等工程。（4）支撑服务网。建成或在建的工程有七号信令网、同步网、本地网网管系统、九七系统、DCN网、以本地网为中心的综合计费系统、客服系统、动力环境监控系统。到年底“九七工程”已基本实现10个本地网的全覆盖。

四、电信整体服务质量迈上新台阶

以“用户至上，用心服务”作为全省电信服务工作的出发点和落脚点，结合行风建设，提出“重塑服务形象，创建合格产品”，采取一系列措施改善服务，整体服务质量和水平有了提高。（1）狠抓营业窗口规范化服务，重点是礼仪服务、规范用语以及“首问负责制”的贯彻落实；推出装移修机百分之百电话回访新举措，共回访用户42.3万户，用户满意率达95.6%；及时制定代办业务服务标准、服务规范和考核办法，加强代办窗口服务质量管理；建立了本地网用户投诉服务体系。杭州电信在全国率先开通“网上营业厅”，使本省电信营业在电子化建设方面迈出了可喜一步。（2）重点抓了服务质量的“受控管理”，初步建立质量保障制度；实行服务质量报表制度，服务质量日常检查工作计划和措施得到落实。（3）全省通过2次服务质量检查及不定期的重点服务质量暗访活动，有效地督促了各项业务管理和制度的贯彻落实；同时，注重难点问题的整改，并与信息产业部审诉中心、省消费者协会建立用户投诉及处理信息沟通渠道。

五、基础管理工作更趋完善

积极稳妥地推进“五集中”管理。在市县财务一体化管理上，提出完善财务一体化管理的诸多举措，以进一步优化资源配置，提高管理效益；在网络维护集中管理上，下发相关改革实施办法和工作要求，杭州等7个分公司列入集中维护的试点单位，各项工作开展顺利；在设备集中采购管理上，出台《关于进一步加强设备采购集中管理的意见》，设备集中采购管理已集中到省公司和分公司两级；在网络资源集中管理上，在全省范围内首次对本地网线路资源进行大清查，要求各地全面掌握各类本地网管线资源的数量、种类和使用情况，为启动网络资源集中管理做好相关准备；在本地网计费账务系统建设上，根据所签订的合同情况，制定详细的工程进度安排，有关工程建设进度顺利。

加强企业规化和计划管理。编制了《浙江电信"十五"发展规划》；加大了计划的集中管理力度，借助开展全面预算管理工作，推进和完善计划审批的流程化管理；做好分公司层面投资计划内控，重大项目采用集中控制方式，取得明显成效；坚决制止非生产性建设，严格控制土建规模，对电信机房的土建设计要求、二次装修以及电信枢纽楼的整体设计和布局提出指导意见，以取得综合经济效益的最优化。

强化财务调控能力。积极推进各项财会制度建设，相续出台了一系列财务控制和管理办法，充分发挥市县一体化的管理优势和省公司资调中心的作用，有效地控制了货币资金规模和企业资产负债率；加强资产、负债管理，提高资产质量，努力规避财务风险；同时，修正完善信息指标体系，提高信息质量，切实发挥统计、财务分析在企业经营管理中的作用，进一步重视和提高统计、财务分析的系统性、及时性、完整性和准确性；建立键全组织 机构，制定制度办法，理顺关系，确保2002年预算编报工作的圆满完成和预算管理工作的全面实施。

注重人力资源的管理和开发。积极开展人才招聘工作，加大人事制度改革力度，健全完善员工培训机制和不断提高人力资源素质；进一步深化企业内部分配制度改革，制定《绩效工资分配指导意见》。各地根据相关要求分别制定了符合当地实际情况的绩效工资考核分配办法；根据集团公司的部署和要求，积极稳妥地做好实施"五项机制创新"改革的准备工作和薪酬制度改革试点工作；此外，还较好地完成了进一步理顺劳动关系以及年度劳动工资和社会保险的各项工作。

六、重视队伍建设，促进企业两个文明协调发展

根据上级党组织的要求，省公司领导班子及成员带头开展"三讲"学习教育活动，积极落实相应整改举措；进一步加强班子的作风建设，结合企业实际，把对公司中高级管理者的考察、培养、提拔、任用、培训、监督有机的结合起来，加强了管理者队伍的管理和建设。从抓教育、抓自律入手，积极推进反腐倡廉工作，促使党风廉政建设责任制得到进一步落实。积极深入地开展企业主题教育、创建文明单位和文明行业等活动，拓展了企业思想政治工作的新路子。全省电信系统有一个企业荣获"全国五一劳动奖状"，有93%的企业成为文明单位，其中34个企业被命名为"省级文明单位"，还有4个青年集体被评为省级"全国青年文明号"，42个青年集体 被评为"青年文明号"。与此同时，各单位认真做好离退休干部管理工作，从政治上、思想上、生活上、感情上关心离退休老同志，使"两项待遇"进一步得到落实。2001年，浙江省电信工会召开了第一次代表大会，全省各级电信工会以此为契机，在开展群众性"经济技术创新工程"、积极协助行政组织员工开展劳动竞赛和合理化建议、倡导"学劳模、争先进"活动、发挥工会民主管理和民主监督职责、维护员工权益、为员工排忧解难等方面，做了大量富有成效的工作。此外，根据集团公司的统一部署和要求，积极稳妥地全面展开"精干主业，主附（辅）分离"的改制工作。省电信实业集团公司带领全省电信实业全体员工积极拓宽发展思路，加大改革创新力度，强化基础管理，逐步理顺了实业公司组建后的企业管理、市场拓展、两个文明建设等各方面的工作，并积极实施"让主业放心工程"，较好地完成了支撑、维护、服务主业等任务，开创了全省电信实业工作的新局面。

积极营销 优化网络 加强管理
福建电信2001年业绩突出 实现了“扭负为正”的目标

(福建省电信公司)

2001年是公司化改制的第一年，也是困难多和压力很大的一年。一是中国电信集团公司重组，二是市场竞争激烈、业务被大量分流，三是资费调整影响业务收入，四是政府不对称管制，五是企业内部推进公司化改革。电信公司面对这种种困难和重重压力以及复杂多变的运营环境，坚持解放思想，实事求是，开拓创新，及时调整发展策略，真抓实干，在全体电信员工的共同努力下，全省较好地完成了集团公司下达的效绩考核指标，扭转了业务收入自2001年4月份以来持续7个月负增长的局面，实现了业务收入增幅“扭负为正”的目标，企业取得了发展、改革、服务的可喜成绩。

一、面对业务收入出现负增长的严峻局面和资费下调、市场竞 争等新情况新问题，及时调整思路和策略，电信主要业务发展稳中有升

2001年累计完成电信业务总量80.5亿元，同比增长15.3%；完成电信业务收入76.52亿元，增长0.53%。完成集团公司下达的76亿元业务收入计划的100.7%。全省新增城乡电话用户186万户，再创发展新纪录，是全国5个年固定电话用户发展数超过移动电话用户发展数的省份之一，用户总数达到749万户；新增数据基本业务用户3157户；新增因特网接入用户84万户；新增N-ISDN用户5315户；新增宽带终端接入用户1.78万户。一年来的经营服务工作：一是阶段性营销目标明确，有力地拓展了业务市场。全年开展了“两增两提高”等一系列业务竞赛，以紧凑有序的营销活动积极应对激烈的市场竞争。各市分公司还注重运用科学的营销理论指导营销工作，涌现出了在“宽带硝烟”中拓展福建炼化公司宽带市场、运用“农村包围城市”的办法开拓东南汽车城虚拟网市场、运用“生态营销”拓展ADSL市场等许多颇具特色的成功的营销案例。特别是各分公司千方百计抓好无线市话业务的发展，全省净增无线市话用户70万户，达到78万户。二是实施话务量市场开发策略，有效地激活了话务量。在确保存量的基础上，根据不同的消费群体、不同的时段、不同的地域推出了针对性强的营销措施，有效地增加了话务量。其中，我省长话营销工作得到集团公司的充分肯定，被集团公司作为典型经验向全国推广。全年国内长途话务量累计完成34亿分钟，比上年同期增长17%；国际及港澳台话务量累计完成9828万分钟，比上年同期增长32%。三是深入开展个性化的大客户营销策略，大户收入较为稳定。在抓好公众营销工作的同时，对证券、金融、政府部门等20多个集团用户开展入网、组网、网络改造、电路提速等多种形式的个性化营销活动。在电信资费调整和竞争激烈的情况下，省级大用户收入总体上比较稳定。四是加大服务工作力度，促进了服务质量进一步提高。全省各本地网均开通了1000号服务平台，“1000”系统的建设和应用得到集团公司的充分肯定，并在厦门召开了全国现场会。同时，从建章立制、典型案例反思、强化监督检查等方面入手，有效地解决了服务工作中的热难点问题。

二、适应企业面临的新环境，优化投资方向，理性调整投资规 模，坚持走有效益的内涵式发展路子，综合通信能力进一步增强

2001年完成固定资产投资44.6亿元。按期完成省委、省政府交办的福建省政务信息网和互联网交互中心两项“数字福建”的重点工程，得到了省政府领导的高度评价，充分体现了福建电信的实力和形象。城乡电话网方面，坚持量力而行、量效而行，提出了无线市话立足于优化的思路，控制了低效益地区电话规模的扩张，全年新增城乡电话交换机容量240万门，总容量达1048万门。宽带接入网面对市场热度和用户需求的差距，提出并实施发展和经济效益相结合的路子。

经过一年多的建设，ADSL端口达到6665个，LAN端口达到11168个。骨干传输网完成沪杭福惠光缆线路福建段工程、南沿海波分复用扩容工程、中国电信高速环网、全国卫星通信网五期工程、全国电信网管项目密集波分复用工程以及本地传输网络扩容等工程的建设任务，进一步巩固了传输网络的优势。因特网基本完成省综合接入服务器平台三期工程，综合接入平台覆盖了全省九市的16个节点，新增互联网接入服务器9.4万线；完成了163网四期工程，骨干带宽增至5.3Gbps。完成宽带城域网汇聚层一期工程，新增宽带IP城域网汇聚节点20个。此外，还完成各市网关局工程，为更好地开展互联互通工作奠定了基础；进一步完善支撑网络，顺利完成NO.7信令管理网系统一期工程并进入二次开发阶段；积极开发智能网平台，有力地支持了各种卡类业务和IP业务。

三、基础管理得到加强，企业内部改革得到深化，为更好地适 应公司化运作、应对WTO的挑战打下良好的基础

一是五项集中管理得到推进。计费集中管理方面，全省各市本地网内都实现了计费帐务集中管理，提高了本地网计费的时效和准确率。财务集中管理方面，全面推行市县财务收支两条线管理，部分县市实行报账制试点，同时南平、三明、宁德三个分公司还试行了省对市财务收支两条线管理，为科学有效地组织企业财务活动奠定了基础。维护集中管理方面，制定了本地网、本地网传输、无线市话维护管理意见和办法，积极在维护手段上创造条件，加强了机房标准化建设。网络资源集中管理方面，调整了出租专线调度流程和网络保护恢复方案，简化了内部处理环节，提高了电路调度和信息反馈及时率、资源利用率和网络的安全可靠性。全年光缆线路全阻障碍率0.02次/百公里，网络接通率96.65%，因特网忙时拨号中继接通率97.19%,以上三项通信质量指标均完成集团公司下达的任务。采购集中管理方面，制定了福建省电信公司通信设备与通信器材集中采购办法，明确了省市两级的职责，为更好实施通信设备与通信器材的集中管理打下基础。

二是三项制度改革取得阶段性进展。各分公司以《岗位说明书》为依据，普遍开展了定岗定编，在末位淘汰、竞争上岗、内部待岗等方面做了大量的工作。全省九个分公司先后共有4000余人次参加了管理岗位和生产岗位的竞聘。一年来的竞聘上岗实践，较好地激活了企业现有的人力资源,调动了员工的工作积极性，理顺了内部劳动关系，提高了劳动生产率。全年全员劳动生产率达67.5万元，完成了集团公司下达的65万元指标。同时，根据按劳分配、效率优先、兼顾公平的原则，加大了分配制度改革的力度。省公司对各分公司加大了效绩考核管理力度，强化了对企业终极目标和发展目标的考核，效绩的导向作用进一步突出。在薪酬制度试点空运转的基础上，于年初下达了效绩工资分配指导意见。在各分公司的努力下，我省按管理岗位、技术岗位、生产和辅助生产岗位等三个系列管理的薪酬制度实施方案首家获得集团公司的批准，并部署实施。分配制度改革措施的逐步落实，为收入分配向贡献倾斜，向高级管理、高级技术、高级营销等岗位倾斜并体现劳动力价格与社会接轨迈出了实质性的一步，也为留住人才、吸引人才奠定了基础。

三是多经企业管理得到规范。组建实业公司第二阶段工作暂缓后，从规范多经企业运作的角度出发，各市都组建了以地（市）为层面的全区性多经公司，进一步完善了法人治理结构。同时，全省还统一了主业与实业的代维代办服务项目和标准。我省清理规范多经企业的思路和做法得到了集团公司的充分肯定。福建省电信实业公司广大员工积极探索、大胆实践、克服了重重困难，在走进市场、不断更新观念中统一思想，一手抓改革、一手抓发展，稳步推进并完成了所属单位的公司化改制和集团公司的组建，进一步增强了市场竞争力。

四是企业文化建设得到加强。各公司把企业文化建设作为关系企业生存与发展、提高核心竞争力的一项重要工作，高度重视、广泛参与。在对全省电信企业进行企业文化调研和知识普及工作的基础上，形成了福建省电信公司企业文化建设初步方案。

求真务实 创新发展
全面提升山东电信核心竞争力

（山东省电信公司）

2001年，山东省电信公司以江泽民总书记“七一”重要讲话为指针，认真贯彻党的十五届五中、六中全会精神，正确处理改革、发展和稳定的关系，与时俱进，开拓创新，业务收入持续稳步增长。全年完成业务收入106.16亿元，比上年增长9.98%。

一、信息化网络建设实现新的跨越

2001年，面对电信资费结构性调整和深化改革的大环境，山东电信面向市场，狠抓通信能力提高，综合通信能力稳步增长。全年完成投资65亿元，固定资产总值达到480亿元。四个网建设取得重大进展，网络带宽实现质的飞跃。省内骨干高速传输网基本建成，单纤传输带宽达到320G和400G。完成潍坊—烟台—威海等4条光缆敷设，骨干传输光缆全部实现直埋。高速骨干IP网全面开通，17市互联网出口带宽达到2×2.5G，传输速率提高32倍。城域网骨干部分已全部完成，覆盖17个市及所属的县城，新增千兆端口5599个，新增百兆端口9.17万个。电话网进一步优化，交换机总数达到1960万门，实装率突破75%。17市的接口局全面建成开通。

二、信息化应用和普及水平进入全国先进行列

以信息技术对传统产业的改造为重点，各类上网工程、电子商务应用和行业信息化建设取得新进展。全省乡镇以上政府基本实现上网；企业上网10万多家；学校上网近1万所。互联网用户新增120万户，达到近260万户；宽带用户新增10万户。加大了信息资源的开发利用，60多个行业、部门通过公网组建了各自的信息化应用系统。电子商务应用走在全国前列，发放各类证书2万多张，资金流通额超过400亿元。网上纳税、网上证券、网上银行、网上交费、网上订票、网上招投标、电话彩票投注等应用得到了迅速推广。电话用户进一步增加。新增固定电话374万户，居全国第一位，总数达到1479.6万户，居全国第二位。电话主线普及率达到每百人16.5部，比2000年提高3个多百分点。全省所有行政村实现了通程控电话。

三、机制和管理创新迈出了新步伐

全面实施了薪酬制度改革，开展了定岗定编、竞争上岗工作，对员工实行以岗定薪、易岗易薪。完成了鲁通集团分支机构的重组整合，规范了运作方式。五项集中管理取得新成效。全面实行了市对县财务一体化管理；物资采购成功推行统谈统签和统谈分签；本地网集中计费帐务、网络资源和网络维护集中管理进展顺利。本地网内县以上光缆线路维护体制的调整全面完成。顺利地完成了主业与实业分离工作。

四、通信服务和精神文明建设取得新成效

以提高客户满意率和信誉度为目标，进一步加大服务力度，通信服务质量有所改善。资费纠纷等服务热点和难点问题得到有效缓解，电话装、移、修和数据通信排障时限比国家标准大幅度压缩。重点客户服务体系进一步完善，落实了重点客户经理制、“一站式”服务、“绿色通道”等制度。各地普遍推行了“首问负责制”，开展了“十佳服务窗口”和“百佳服务明星”活动，规范化服务水平有了新的提高。开通企业领导服务热线，健全了内外监督机制，全省客户回访率超过90%。

精神文明创建取得丰硕成果。2001年有29个单位获得“省级文明单位”称号，25个单位获得“市级文明单位”称号。到目前，全省有42%的单位建成省级以上文明单位，96%的单位建成市级以上文明单位。

面对中国入世和国家推进信息化的新形势，山东电信将立足山东信息化建设实际，抓住世界信息技术革命带来的机遇，进一步加快信息网络化建设，继续在信息网络化中发挥主导作用，为山东经济发展插上腾飞的翅膀。

求真务实 狠抓效益
湖北电信2001年发展成绩显著

(湖北省电信公司)

2001年，湖北电信以“三个代表”重要思想为指导，坚定不移地走“有效益的快速增长和有控制的负债经营”之路，积极应对各种复杂局面的考验，各项工作都取得了显著成绩。

一是业务经营成效显著，财务状况保持良好。全面超额完成了全年各项业务经营指标。业务收入完成54亿元，同比增长9.5%，高于全国平均水平3.83个百分点。新增固定电话92.9万户，达到639万户。“小灵通”业务新增28.1万户，达到33.1万户。数据多媒体业务新增46万户，总数突破100万户。出租本地2M数字电路6571条，长途2M数字电路1792条；销售电话卡2.67亿元；发展智能公话机3723部；发展来电显示业务用户91.7万户；发展N-ISDN用户1.9万户；ADSL业务从无到有，发展用户5045户。

在全面完成收支差额计划的基础上，共安排成本费用55.8亿元，保证了生产及经营各项必要的开支，同时挤出一部分成本容量，解决了1.05亿元年度挂帐和不良资产，进一步优化了资产质量；筹集资金80亿元，其中投入建设35亿元，偿还债务42.3亿元；全省年末资产负债率为57.16%，比控制计划低1.9个百分点；EBITDA收入率、总资产报酬率等其它各项绩效指标亦均全面完成了集团公司下达的考核计划。

二是投资结构不断优化，投资效益明显提高。严格执行固定资产投资管理办法，有效地控制了投资规模，保证了投资重点，促进了通信能力结构的调整和优化，增强了企业竞争实力和发展后劲，提高了投资效益。全年累计完成固定资产投资30亿元，新增本地网局用交换机78万门，总容量达到860万门；新增本地网传输光缆2215公里，达到8200公里(含接入网光缆2000公里)，缓解了部分地区本地网传输紧张的状况；完成了全省拨号服务器扩容6.5万线，促进了拨号上网用户的发展；完成了接入网 建设21.5万线，把握了接入网市场竞争的主动权。特别是各相关建设单位克服时间紧、施工难度大等实际困难，仅用56天时间完成了京汉广高速宽带网工程湖北段的建设，受到集团公司的表彰；加强了对在建工程和邮电分营后历年已竣工未决算工程的清理工作，共清理已完工工程1123项，决算金额35.7亿元。

三是通信服务水平稳步提高，大客户经营工作明显增强。强化服务理念，认真贯彻服务标准，狠抓“首问负责制”的落实，基本消除了对服务问题相互推诿的现象；进一步加强了用户投诉体系建设，畅通了用户申诉渠道，申诉比上年明显下降，全省综合用户满意度达到80.02%。

全省17个分公司和省多媒体局均建立了大客户服务机构，建档大客户1140户，收入为5.75亿元，占全公司总收入的10.6%；加强了对大客户流失率、大客户满意率、大客户基础管理工作的考核，建立了大客户收入预警监管制；制定了一站服务的业务受理、帐务处理流程和服务体系，稳定了大客户消费市场。

切实把互联互通工作当作一项业务来抓，依法解决互联互通中存在的各种问题，理顺了与各电信运营商的关系，有力地维护了企业利益。

四是认真做好后台支撑服务，网络运行质量保持稳定。在前台服务水平稳步提高的同时，全省各级运行维护部门面向业务、面向市场、面向服务，认真做好网络后台支撑，加强运行维护管理，保证网络安全、可靠运行，取得了较好成绩。完成了集团公司和省公司下达的主要指标，其中武汉网络接通率达到95.33 %，数字电路调度及时率达到100%，省内一级光缆线路全阻率为0.124次/百公里，全省长途来话接通率达到54.92%，全省平均网络接通率达到95.9%。

五是干部队伍建设进一步加强，员工素质进一步提高。按照干部“四化”要求和德才标准，通过民主推荐、竞聘上岗等方式，选配了一批政治业务素质高、工作实绩突出、具有开拓创新精神的年轻干部，充实进各级领导班子，领导层平均年龄由上年的46.9周岁下降到45周岁，知识结构也有了较大的改善。

加大了各分公司领导干部后备队伍和企业经营管理、技术管理岗位后备队伍的建设力度，建立了97名后备领导人员、205名专业技术管理后备人才队伍信息库，实行跟踪培养，跟踪考察，动态管理。积极营造感情留人、事业留人和适当的待遇留人的良好环境，选拔出涵盖各专业、素质较高、年龄结构合理的各级优秀人才552人，评聘高级专业技术人才117人。

加大了员工培训力度，组织、选送了17名单位和部门负责人参加了集团公司中高级工商管理研修班学习；选派53人学习工程硕士和工商管理硕士课程；对全省820名电信支局长进行了轮训。全省参加各类培训人员达到8832人次，占全省员工的57.5%。通过培训，全面提升了企业员工队伍的综合素质。

六是以“五集中”、“五创新”为重点，改革和管理工作进一步深化。

在完善县市财务核算一体化的基础上，制定了省公司全面预算管理办法和组建资金调度中心的改革方案，为推行全面预算管理和省市财务集中管理试点工作进行了前期准备。开展了以本地网为中心的全省计费帐务集中管理系统和交换网管系统的建设。修订和完善了固定资产投资管理办法，积极推行设备采购、工程建设的招标投标制和建设项目的工程监理制，加强了投资管理，规范了投资行为，降低了投资成本，节约了建设资金。围绕五项机制创新工作，制定了薪酬激励、绩效考核、员工职业发展以及竞争上岗等重大改革措施。加大了劳动用工和分配制度改革力度，全面推行了营销人员用工体制改革。经过竞争上岗、待岗培训、内部退养等措施合理分流人员，有效实现减员增效，企业员工由上年的19612人减少到15546人，全员劳动生产率达到31.76万元，与上年相比提高10.32万元；积极搞活内部分配，推行计件计量工资、岗位工资等多种形式相结合的分配方式，奖勤罚懒，奖优罚劣，适当拉开收入差距，激发和调动了全体员工的积极性。

省电信实业公司积极开创多元化经营的新局面，大胆改革，通过对直属单位实施以有限责任形式的股份制改造，建立健全了法人治理结构，国有资产得到保值增值，极大地调动了干部职工的积极性，企业经营向市场化方向迈出了重要一步，为主业的发展提供了优质服务，实业得到了健康发展。

上述成绩的取得，主要有以下经验：

一、努力实践江总书记“三个代表”重要思想，是企业两个文明建设取得协调发展的根本保障

全省电信部门在经历了一系列电信体制改革、企业内外部环境发生根本性变化，在面临方方面面的挑战与诸多困难的情况下，之所以能克服消极观望和畏难情绪，积极推进湖北电信向良性方向发展，取得通信大发展与精神文明建设齐头并进的良好局面，关键在于狠抓了“三个代表”重要思想的学习，将“三个代表”重要思想的精髓较好地贯彻到企业工作的各个方面，转变了观念，统一了思想，找准了目标，落实了措施，取得了实效。

二、牢固树立有效益的发展观念，实现由速度型逐步向效益型转变

2001年，之所以能够在全国电信企业因资费调整出现增量不增收，经济效益普遍下降的不利形势下，仍然保持高于全国平均水平的速度发展，关键在于牢固树立了“有效益的发展”观念，都能自觉围绕走“两有”发展之路，积极探索新思路、新办法，及时解决企业发展中出现的各种矛盾和问题。

三、坚持解放思想、实事求是的思想路线，树立求真务实、真抓实干的工作作风

早在1998年，省公司党组就反复强调要“宁愿挨批评，也决不弄虚作假”。1999年，提出大兴学习之风，大兴调查研究之风，大兴求真务实、真抓实干之风，大兴廉洁自律、勤俭节约之风，2001年又对领导干部提出了48个字的要求，即：不断学习，敢于创新；深入基层，掌握实情；集思广益，慎重决策；狠抓落实，敢担责任；胸怀全局，奋发进取；注重修养，廉洁自律。全省上下认真对照检查，狠抓了作风的转变，及时纠正了业务发展上的弄虚作假现象。深入基层、深入群众、调查研究，查实情、讲真话、办实事、出实效，得到了广大职工群众的拥护和肯定，增强了企业的凝聚力和向心力。这些好的工作作风和思想作风，正在成为湖北电信企业文化的重要组成部分，为湖北电信由传统经验管理向科学管理和文化管理转变奠定了良好的基础。

奋力拓展市场 锐意改革创新 2001年湖南电信再创佳绩

(湖南省电信公司)

2001年是湖南电信发展中改革，改革中发展的一年。全体员工同心同得，逆流勇进，强占先机，奋力开拓市场，锐意改革创新，在新世纪开启之年获得了不平凡的佳绩。

一、突出目标管理绩效考核，企业改革创新大见成效

以目标管理为主线，并辅之以相关配套政策和办法，构建了全省电信完整的绩效评价考核体系，实现了管理手段由行政管理手段向经济管理手段的根本转变。首次将目标管理直接与各单位"工资总额、企业评先、绩效考核奖罚、领导政绩评定"挂钩，调动了企业与经营者的积极性。加大三项制度改革力度，有效的竞争和激励机制，增添了企业活力。一是在用人制度上，端掉了"铁交椅"，各级电信企业积极开展双向选择、竞聘上岗，按照公开、公平、竞争、择优的原则选配管理人员，增强了各级管理人员的工作责任感，提高了工作效率。二是在用工制度上，全面推行聘任制，制定新的劳动定员定额标准，清理了各类劳动用工，规范了劳动合同管理，理顺了劳动关系。三是在分配制度上，对企业以目标管理考核结果来核定工资总额和相关奖励，对员工推行效绩考核办法，进行优秀专业技术人才、星级服务员、技术创新成果的评选奖励，调动了员工的生产积极性。同时理顺内部管理体系，加强对全省物质采购和设备招标选型的归口管理，加强了集约管理，提高了管理效率和经济效益。

二、实施市场与效益并重发展战略，各项经营任务全面完成

面对电信市场无序竞争、传统电话业务被其它运营商替代业务分流的不利形势， 公司所属各企业顺应市场，以变制变，坚决贯彻"市场与效益并重"的发展战略：一是以新世纪先锋杯业务竞赛为契机，抓主线电话放号，继续发展基础用户群，最大限度占领和扩大电话市场；二是加强对重点客户、大客户、集团客户的业务营销，通过健全营销服务工作体系与政策激励机制，保持和巩固了高端业务收入客户群体和市场份额；三是加大网元出租、互联互通和网间结算力度，网间结算与网元出租成为业务收入的重要增长点；四是搞好新业务开发，推出了200充值卡业务、潇湘行帐号IC卡业务、交互式会议电话等新业务，扩大了IP电话业务服务范围和市场份额。年内全公司共完成业务收入54.65亿元，其中电话卡销售4.57亿元，完成主线放号74.54万户，用户数已达758.53万户；IP上网用户发展76.18万户，来电显示发展88.29万户，发展基础数据用户3400户、宽带用户10.76万户。

三、强化网络规模及支撑能力建设，改善网络运行及服务质量

通信建设上，着重抓好传输网、数据网、业务支撑网和智能网的建设。全年共完成固定资产投资27.5亿元，累计新增传输光缆11.4万芯公里，本地光缆2.24万公里，本地网局用交换机45.7万门，长途交换机5000线，五类线入户34.7万户；京汉广96芯一级干线光缆工程、省干网DWDM一期工程、集团公司电信计费结算系统湖南试点工程等一大批主要建设项目在年内竣工投产。与此同时，公司组织开展了在建工程的清理，全省共清理工程项目3600个及17亿元账外负债在建工程，年底在建工程余额下降到12亿元，较年初下降了40亿元，超额完成全年在建工程清理目标。在维护上实现了运维工作重心由单纯对设备和网络的维护管理向为经营和服务提供支撑的转移。完成了全省7号信令网LSTP扩容，实现省内准直联网的全覆盖，完成全省数据机房改造和设备整治工作，彻底扭转了数据维护工作的落后局面。电路调度及时

率100%，网络接通率96.5%，完成集团公司下达的运维绩效考核指标值排名全国第二。客户服务工作坚持“用户至上、用心服务”理念，制定并落实《湖南电信服务质量评价考核实施办法》，开辟了大客户服务“绿色通道”，实行了“点对点”、“点对多点”的营销服务模式，开展了代号“隐型2001”暗查暗访、“秋风行动”大检查、“神秘客户”专项调查和服务综合整治工作，深入开展争创星级服务活动。湖南电信的公众服务形象正在逐步被社会认可。

四、积极依托和服务主业，电信实业在改革中稳步发展

湖南电信实业创业开始起步，与省公司顺利进行了15亿多元的资产交接工作，使全省实业公司初步建立了清晰的资本纽带关系，较好的推动了主、实业双方工作的顺利展开。全省16个市州级实业公司（含长线、无线）已有15个基本完成改制工作。物质供应公司等8个直属单位进行了股份制改造，变更登记为股份制公司。全省实业全年共完成业务收入19.3亿元。实现利润1.3亿元。省电信实业公司在运行一年后，更名为“湖南省电信实业集团有限公司”，并即将组建“湖南省电信实业集团”，为公司进一步发展打下了基础。

五、狠抓基础管理工作，企业规范化标准化建设初见成效

省公司所属各级电信企业按照公司化运作要求，狠抓基础管理工作的规范化、标准化建设，取得实质效果。人事部门根据市场和人才竞争加剧的实际，加强企业领导班子建设和后备干部队伍建设，加强对在任干部的教育和管理，积极推进人才交流和竞聘上岗工作，继续抓好专业技术职称评定工作，尊重知识、尊重人才的氛围进一步提高。各级办公室全面架构“543”工作目标，制定并严格落实公司工作规则和办文、办会、办事规范制度。加快办公自动化的推广应用，积极发挥踪合、协调、参谋、服务作用。财务部门加强了财务集中管理，理顺和规范了主、实业间资本纽带关系。抓了科技成果管理，推动技术创新和技术研究工作，把宽带城域网建设同技术拓展紧密结合。基础管理向规范化、标准化转型后，企业管理效率和效益日益凸显，日常工作有条不紊，机关工作秩序井然，机关为基层服务意识进一步加强，办事效率大大提高。企业凝聚力、向心力明显增强。各级企业员工积极性、创造性得到充分调动。员工队伍素质显著提高。涌现了以获得“全国五一劳动奖状”的常德市电信分公司、获得“全国职业道德建设十佳单位”的衡阳市电信分公司为代表的一大批先进单位、省级文明单位及先进个人。

湖南省电信公司自组建以来，尤其是经过一年多的努力，管理逐步规范，机制得到创新，生产大力发展，经济效益提高，公众形象改善，竞争能力增强，员工福利提高，企业安定团结。一个文明祥和、生机勃勃的局面已初步形成。工作中也存在许多不足：如员工素质、思想观念、管理方式、运行机制离公司化要求还存在一定差距：面对竞争对手，缺乏主动出击的精神；客户服务与社会需求、与集团公司的要求还存在不少差距；企业文化尚没有形成特点，企业核心竞争力有待进一步提高等。

开拓创新 加快发展

(广西电信公司)

2001年，广西壮族自治区电信公司以西部大开发为契机，以加快发展为主线，以市场需求为导向，以深化改革为动力，以用心服务为宗旨，以提高效益为中心，认真学习和实践“三个代表”的重要思想，与时俱进，开拓创新，各方面工作都取得了新的成绩，“十五”计划开局良好。

一、电信业务持续稳步发展，实现了“1568”工程目标

经过公司全体员工的共同努力，全年全区发展固定电话用户104万户，完成年计划的104%，总数突破400万户，达到408万户。发展各类计算机互联网用户40万户，完成年计划的114.38%，总数达到63万户。电信业务收入比上年增长17.26%

二、通信能力进一步增强，网络运行质量稳步提高

全年新增固定电话交换设备（含接入设备）103万门，新增各类数据通信网端口3.43万个，新增长途业务电路1.64万路。网络运行质量稳步提高，全年全区综合来话接通率达到55.19%，网络接通率达到95.14%，省内去话接通率达到53.24%，均达到集团公司考核指标。

三、电信服务质量不断改善，树广西电信新形象初见成效

开展了“用心服务”大讨论，员工服务意识明显增强。落实三级96180“总经理热线电话”，用户的申诉得到及时处理。积极采取措施解决热点、难点问题，用户投诉、话费争议较上年减少。大客户服务工作在公司上下得到重视和加强，建立区、地市二级大客户服务工作体系，制定了一系列加强大客户经营服务工作的管理办法和措施。互联互通工作取得突出成绩，各分公司积极调整电路为电信运营商开放业务。配合相关部门对全区“网吧”进行了清理和整顿。加大对服务质量的监督和考核力度，组织了规模较大的服务调研督查，对查出的问题及时进行整改，服务质量明显提高。自治区通信管理局组织的行风评议“回头看”调查情况反馈，广西区电信公司的企业信誉度名列区内六大通信运营公司榜首。

四、企业改革扎实推进，管理工作得到加强

顺利完成主附、主辅分离工作，成立了广西电信实业有限公司。积极推进五项机制创新，开展了岗位考核、竞争上岗工作，内部机制改革正向纵深拓展。按照集团公司“五项集中管理”要求，出台了一系列加强企业管理的指导意见和实施办法。加大对投资的监控力度，积极控制财务风险，优化资产配置，加强资金管理，资金利用率明显提高。全面推行地市县财务管理一体化，实行县（市）局财务报帐制。清理、规范多种经营企业。加强内部审计监督，较好地发挥了审计监督职能。加强投资管理，调整投资结构。强化工程管理，清理在建工程，整顿和规范通信建设市场秩序。

五、精神文明建设取得新成绩，队伍素质进一步提高

认真组织员工学习江泽民总书记在庆祝中国共产党成立80周年大会上的重要讲话，深刻领会“三个代表”重要思想的精神实质。按照集团公司部署，认真开展了“三讲”学习教育活动，公司党风廉政建设取得了新成效，领导干部廉洁自律进一步增强。制定了《广西电信“十五”精神文明建设规划》，文明创建活动取得丰硕成果，全区文明单位率达到98%，员工教育和培训力度明显加大，全年公司全员培训率达到92.7%。员工队伍素质不断提高，被授予“21世纪优秀人才”集团公司级3名，区公司级57名。在2001年7月初抗洪救灾中，受灾地区的电信企业和广大电信员工齐心协力，取得了抗洪救灾保障通信工作的重大胜利，受到各级领导部门和社会各界的好评。

重庆电信实现新世纪开局之年的开门红

(重庆市电信公司)

2001年是重庆电信发展历程中极不平凡的一年。公司在积极稳妥地实施中国电信体制改革和重组举措的同时，面对激烈而尚不规范的市场竞争，审时度势，与时俱进，紧紧地抓住发展机遇，以观念的转变促进企业机制、管理和技术的创新，着力于发挥和积累企业优势，为打好企业可持续发展基础作了大量而有成效的工作，实现了企业在新世纪开局之年的开门红，企业的综合素质呈现出良性发展态势，为“十五”计划的完成和企业长远战略目标的实现奠定了坚实的基础。

一、企业经营效绩水平稳中有升

2001年，国家对电信资费进行结构性调整和取消电话初装费、附加费，重庆电信出现增量不增收、业务发展和收入增幅减缓的严峻局面。对此，公司本着追求有效益的发展思路，及时调整经营策略，加大营销力度，刺激话务量的增长，以改善服务拓展市场，取得较大成效。集团公司考核企业经营效绩的总资产报酬率、EBITDA收入率、收支差额、资产负债率、业务收入增长率、全员劳动生产率等效绩指标，全部超额完成计划值，其中EBITDA收入率、业务收入增长率、应收帐款周转率、全员劳动生产率等多项指标的实绩高于全国平均水平。作为西部唯一的二类效绩考核企业，我们连续三年保持了盈利。全年完成通信业务收入28.56亿元，为年计划的102%，同比增长6.65%；全员劳动生产率达到72.07万元，高于全国平均水平52.14万元近20万元；资产负债率48.96%，低于二类地区平均水平16.95个百分点；实现收支差额2631万元，实现利润5761万元，较上年958万元增长5倍多，是二类地区包括河北、河南、广西在内的四个正收支差省级公司之一。

二、主要业务量持续增长

面对国家对电信体制和市场的政策性调控和非规范的激烈市场竞争影响，公司始终坚持以市场为导向，既抓具有优势的传统业务的发展，也抓具有潜力的新业务的推广应用，主要业务仍然保持了持续、快速、健康发展的势头。一些新业务的推广应用在市场中站稳了脚根，为巩固和拓展市场，维持企业竞争优势创造了良好的条件。全年净增固定电话用户66.17万户，达到332.56万户，主线普及率达到10.47%；净增来电显示用户14万户，达到26.49万户，本地网话务量达到108.41亿次，互联网上网时长达到21.63亿分钟，基础数据用户净增1246户，达到7975户，这些主要业务都达到和超额完成了企业年度计划目标。此外，ADSL用户从无到有，净增2147户，长途去话、卡式业务销售、网间结算和网元出租、ISDN、FTTX+LAN、小灵通等业务也获得了一定的市场份额。

三、综合通信能力优势进一步巩固和增强

2001年，公司本着进一步巩固和扩大综合通信能力优势，注重投入产出，合理控制建设规模，保证业务发展急需，使能力增长对市场需求快速响应的原则，继续加大网络的建设力度和建设速度，完成固定资产投资18.4亿元，净增省际长途电路13795条，出省电路达到59758条；新增局用交换机容量58.01万门，累计达到464.17万门。在干线传输方面，配合集团公司完成了武汉－重庆－成都－西安－武汉DWDM+SDH系统工程建设和西渝成光缆扩改等五个建设项目，完成了丰都－忠县－万州－云阳－奉节光缆等一批新建和扩容工程，进一步提高了网络的自愈能力。在支撑系统方面，“九七”系统的优化、本地网计费、客户服务系统(1000号)、资源管理系统等项目的建设正在抓紧进行。此外，一批支持数据及宽带多媒体业务的163/169三期扩容、IDC数据中心、ATM帧中继扩容和市内管网等工程项目，急需的已竣工投产，有的正在建设之中。

四、改善服务的举措多样具体，服务工作取得成效

一年来，各局、各单位按照公司“服务年”的各项要求，强化全员服务和服务就是效益的意识，加大“用

户至上，用心服务”理念的灌输，以此调整营销组织构架，整合业务流程，狠抓首问负责制、电信服务标准和服务规范的落实，并注重利用“3.15”消费者权益日、“5.17”世界电信日、建党80周年纪念日及当地政府举办的重大政治、经济活动等契机，在当地媒体开展系统的业务和形象宣传及各种便民促销活动，同时聘请社会监督员，对改善服务的举措和承诺实施抽样调查和监督检查。主业和实业严格执行“三代”工作规范及考核办法，双方协作配合，及时解决服务工作中的热点、难点问题，电话和数据用户障碍修复及时率均达到和高于集团公司考核指标。运行维护方面，大力倡导“维护就是服务”的理念，继续深入开展了网络优化和整治工作，建立并坚持了每月质量分析报告制度，集团公司考核的网络有效率、电路开通及时率、互联网中继忙时拨号接通率均全面完成，并取得了一级干线光缆和微波全阻障碍为零的优异成绩。市公司考核的网络接通率等7项指标中，除安全供电率为99.98%以外，其余6项全部超过计划目标值。

五、机制创新、管理创新循序推进

按照建立现代企业制度的要求，致力于增强企业的核心竞争力，在机制创新、管理创新方面作了大量工作，为企业提升管理水平打下了坚实的基础。主业实业之间的运转协调而富有成效；以岗位管理、竞争上岗为方向的用工制度改革进一步深化，11个工种965人参加的职业技能鉴定，合格率达55.34%，生产技术人员持证上岗工作有效推进；管理人员的考察任免、公开招聘、竞争上岗、异地交流力度进一步加大，员工管理模式实现了由身份管理向岗位管理的转变，干部、工人的身份界限已被打破，员工晋升渠道进一步拓宽；工资总量直接与企业效绩考核挂钩，按业务收入规模对企业实行等级管理，促进了经营方式从粗放型向集约型的转变，岗位工资改革试点、专业技术职务评聘分离和改奖金分配为效绩工资有序推进，分配上的平均主义被打破，差距逐步拉大，工资分配的激励和约束机制初步形成，在建立与劳动力市场价格接轨的分配体制上迈出了重要的、实质性的一步。以财务一体化试点、本地帐务集中处理、设备物资集中采购、网络集中维护管理和资源集中管理为主要内容的管理创新全面启动和推进，特别是财务一体化和设备物资集中管理走在了全国大部分兄弟省市的前列，多次受到行业和当地上级机关的好评。

六、思想政治工作明显改善，两个文明协调发展

公司各级党组织在加强自身建设的同时，充分发挥对工会、共青团的领导和指导作用，结合企业繁重的改革和发展任务，大力加强和改善企业思想政治工作和宣传工作，对员工进行形势任务、职业责任、岗位奉献教育，大力开展政治思想工作研究、员工献计献策、企业文化文体活动，企业和员工的精神状态呈现出昂扬奋进的新局面。同时，积极开展创建文明单位活动，年内先后有11个单位创建委级文明单位通过了复查验收，传输局等3个单位通过了市级文明单位或最佳市级文明单位的评审。至年底，全公司获市级(省级)文明单位称号的单位达26个，委级13个，区县级17个，文明单位巩固率达100%，企业在社会上的整体形象和美誉度日益提升。

深化改革 加快发展
——2001年四川电信成绩喜人

(四川省电信公司)

2001年是新世纪的开局之年，四川省电信公司面对发生深刻变化的内外部环境，全体员工解放思想、转变观念、在改革创新中求发展，在强化管理中求效益，努力实现技术创新、机制创新、管理创新，在人力资源、财务、计划建设、运行维护等各方面都出台了相应的内控制度和管理措施，并借助信息化管理手段，重新规范了各项管理流程，为四川电信下一步发展打下了坚实的基础。

一、在发展建设上取得了喜人的成绩

2001年四川电信实现电信业务收入69.1亿元，同比增长7.30%。全省成本费用总额63.2亿元，同比增长2.28%，实现收支差额1.85亿元。资产负债率下降至49.27%，总资产报酬率为0.84%。

全省电话用户累计达到674.5万户，累计净增116.33万户。成都电信本地网电话用户突破200万户，成为全国继广州后第二个市话用户达200万的省会城市。全省电话主线普及率达到每百人8.02部。四川电信的业务收入市场占有率为50.83%，电话用户市场占有率为54.14%。

全年固定资产投资累计完成36.91亿元（外加租赁项目完成的5.2亿元），光缆57684芯公里，长途自动交换机46000路端，局用电话交换机552098门，分组交换端口32个；数据通信方面，DDN端口2667个，帧中继和ATM网端口1508个。全省网络技术层次稳步提高,同时优化网络结构、挖掘网络潜力，使网络能力不断得到了提高。面对激烈的市场竞争和经营业务单一、业务增长点较少的严峻形势，四川电信提出2001年的业务发展指导方针：以服务稳定用户，以新业务拉动增长。

二、电信服务工作有了进一步的改善

2001年四川电信在集团公司“用户至上，用心服务”理念的指导下，在差异化服务的原则下，在普通客户服务和大客户服务上都取得了显著成绩。针对话费争议这一服务热点难点问题，四川省一季度在全省广泛开展了“每天前进一步、永远真诚服务”活动，通过实施计费集中整治等十大举措，消灭最差服务；全省服务质量得到较大改善，城镇装机、移机、修机的平均时间分别为10.2天、13.8天和16.8小时，及时率分别为98.2%、98.5%和98.5%；农村装机、移机、修机的平均时间分别为10天、10.5天和25.6小时，及时率分别为98%、98.8%和98.2%。全年全省未发生重大服务质量问题，用户向信产部、集团公司的投诉较上年下降84%，未出现大的新闻媒体曝光事件，热点难点问题得到缓解，话费争议在用户投诉中所占比例较上年下降80%以上。

大客户是市场竞争的焦点，也是业务收入的重要来源。2001年四川电信及部分市州分公司对大客户营销服务模式进行了大胆创新，省公司还提出将大客户资费定价权下放，鼓励各分公司创造性地开展工作。7月5日，省公司与四川石油管理局通信公司签订通信领域的战略合作协议，标志我公司与集团性用户进行整体合作的首次尝试取得成功。

2001年四川电信将新业务的开发与推广作为一个重点工作来抓，以此推动公司业务收入的增长。全年发展来电显示业务127.4万户，省公司在全省范围推出异网用户共享中国电信业务的“互易通”，以及多功能的定时语音传送新业务——“181666心语心愿热线”。各分公司也积极进行新业务开发工作，绵阳分公司在1000号平台上开发了“电话查费、确认及缴费”的模式；成都分公司在智能网平台上开发了“96333金蓉卡”。还充分利用168平台快速灵活的优势，开发了17967电话报税、12358价格投诉热线、足球彩票查询与投注热线、181大众投票热线、社保查询热线等新业务，促进了话务量增长。

三、在人力资源、财务、建设、运行维护等方面进行了深层次改革

（一）人力资源。

按照建立现代企业制度要求，实现企业管理创新、机制创新，深化三项制度改革，实现人力资源的合理配置。根据集团公司《关于开展竞争上岗工作的通知》，制定了针对下属单位的《关于开展竞争上岗工作的指导意见》和针对省公司的《省公司岗位竞聘工作实施办法（试行）》，在全省各级电信企业全面推行双向选择，竞争上岗。

2001年四川电信在薪酬分配制度上做了尝试，打破了原先“保工资、保福利、分配无差距”的做法，在员工奖金与企业经营效益挂钩的前提下合理拉开了分配差距。制定了《2001年四川省电信企业工效挂钩办法》，将企业新增效益工资与效绩考核成绩挂钩，制定了《2001年省电信公司内部奖金考核发放暂行办法》，根据员工的贡献及担负责任，拉开奖金分配差距。省公司本部全体员工的奖金按系数及考核情况发放，并将省公司员工奖金与企业方针目标紧密挂钩，员工奖金根据企业经营效益上下浮动。

（二）财务管理。

2001年根据集团公司统一部署，四川电信实行了一系 列的财务制度改革。

1、制定了全面预算管理办法，初步推行了全面预算管理，确定企业的一切经营活动必须置于全面预算管理之下的理念。通过预算管理，加大了全省集中调控的力度，使省公司有能力在市场和国家政策发生重大变化时，能够及时做出反应。

2、推行收支两条线的资金管理模式，成效显著。从2001年1月1日起，全省启动了“资金收支两条线”的工作，加速了现金回笼。建立全省资金管理信息系统，加强对资金的监控，实现了省公司对市州分公司资金的实时监控和实时上划，减少了资金在途时间，提高了资金周转速度。在充分考虑全省正常生产经营和工程建设对资金需求的前提下，实行低于限额实时拨补、超过限额统一调配的资金运作方式。对各单位的存量资金限额进行了核定，有效地控制了存量资金。

3、初步建立企业效绩评价制度：设置了比较全面的指标体系，按地区类别、按季对市州分公司进行考核。

（三）计划建设。

根据集团公司的工作部署，及省公司的方针目标的 要求，按照“突出重点、补缺配套、效益优先、优化网络、为业务经营提供支撑”的原则，进一步解放思想，转变观念，拓展思路，在实行集约管理，增强服务意识，加强能力建设等方面取得了一定的成绩。

1、明确提出牢固树立“市场观念、效益观念、竞争观念、创新观念和集约观念”等五大观念。做到电信网络建设以市场为导向、效益为目标，在充分进行市场调查的基础上重点向市场需求大、竞争激烈的新业务、增值业务和地区倾斜；在继续发展电话网的同时，加大电信传输网、数据通信网和宽带接入网三网建设的力度，加快以本地网为中心的计费系统、网管系统、资源管理系统等支撑服务系统的建设。

2、抓好规划管理，谋求企业的可持续发展，坚持“面向市场，注重品牌，优化网络，降低成本，优质服务，适度扩张”规划方针。在深入调查、全面了解、科学决策的基础上，完成了省及各市州电信分公司“十五”规划和滚动规划的编制任务，加强了各分公司注重对企业的长远发展、近期目标及重大战略的宏观性、决策性研究，使企业的发展有了可遵循的基本大纲。

3、加强工程管理，进一步提升网络能力。为了规范固定资产投资规划、计划和工程管理机制以及大宗物质的采购行为，制定、完善《固定资产投资管理办法》、《大宗物质集中采购管理办法》等工程建设管理制度，建立全省投资集中决策制度、招投标制度及决策、谈判分离制度。

（四）运行维护。

深化维护体制改革，健全维护组织结构，增强网络 管理能力，加强维护成本管理，组建网络资源管理系统，加强支撑能力，降低维护成本，满足市场竞争和经营服务的需要。

1、按照“三集中”的原则，深化维护体制改革，明确目标、建立手段、规范流程，提高维护管理工作的效率和质量。在集团公司关于本地网集中维护管理实施办法的基础上，根据我省情况进行了调研和讨论，初步确立了四川省本地网集中维护管理目标体制。在调查了解本地网网管系统现状的基础上，确定了我省本地网集中监控管理系统的技术要求和规范，制订了系统各个功能模块的流程。

2、按照集团公司关于运行维护工作逐步形成四

条线的要求,以及其中建立四级技术保障体系的要求,通过对省内集中技术支援的需求性分析,初步建立了省级技术支援中心,并已逐步开始启动对全网交换设备的技术支援工作。

3、按照电信网络完整性、统一性、先进性的要求,加强运行维护基础管理工作,加强对设备的维护和对网络的优化,确保设备的可靠运行和网络的安全畅通。对全省所有交换机、接入网硬件、软件设备进行了全面的清理工作,根据计费系统的要求,统一实施了软件升级测试、硬件改造的措施。同时通过对本地网的优化,逐步统一了机型,减少了交换机种类,使网络更加清晰。

回首2001年,我们为所做的工作、取得的成绩感到欢欣鼓舞;展望2002年,面对新的发展机遇,四川电信全体员工将以激昂的创新精神、饱满的工作热情、务实的工作作风,勤勉工作、真抓实干,为推动四川电信的持续健康发展,为全面提升四川电信的综合竞争实力,争取两到三年把四川电信建设成为西部一流企业。

改革创新 迎难而进 贵州电信事业健康发展

(贵州省电信公司)

2001年,贵州电信面对电信体制改革继续深化、市场竞争日趋激烈、电信资费全面下调等巨大压力,全省电信紧紧围绕中国电信集团战略目标和全省电信工作总体部署,在发展中改革,在改革中发展,全面完成全年各项生产任务,实现了持续、稳定、健康发展。2001年,贵州电信被评为全省首批“文明行业”和省委、省政府表彰的“1998——2000年全省有突出贡献的国有企业”。

一、大力开拓电信市场,企业经济效益稳步增长

坚持以市场为中心,以经营为龙头,狠抓电话放号和话务量经营,努力加快业务发展。“百万放号”任务顺利完成,业务收入稳步增长。全年业务收入完成20.0亿元,同比增长11.81%。通信企业全员劳动生产率34万元,同比增长40%。全省新增固定电话用户55.9万户,同比增长24.2%;用户总数达到209.6万户。数据基本业务用户新增1494户,达到6488户。数据IP业务发展势头强劲,净增13.8万户,完成年计划的153.1%。宽带接入终端用户达到2579户(端)。积极拓宽话源,促进话务量增长。本地电话通话次数完成54.3亿次,全省国内长途电话通话时长(含IP电话通话时长)达到10.82亿分钟,国际及港澳台长途电话通话时长(含IP电话通话时长)达到201.1万分钟,互联网用户上网时长完成13.82亿分钟。

二、通信网规模继续扩大,通信能力进一步增强

全省累计完成投资15.3亿元。新增交换机79.5万门,总容量(含接入网设备)达到329.5万门,交换机实占率为63.6%。新建开通贵阳本地网10万门无线市话系统,对部分地州无线市话网络进行优化调整。完成贵阳长途交换机3万路端扩容的全部硬件设备安装调测。贵阳长途枢纽间中继扩容和贵阳地球卫星站五期扩容完工。贵阳—兴义一干光缆工程已通过设备及部分线路终验,都匀—遵义二干光缆主要工程基本完工。全省长途干线光缆达到6539皮长公里。完成全省IP宽带网建设,开工建设全省ATM/FR网,基本完成全省九个地州市宽带城域网建设。新增数字数据端口1053个,累计达到7356个。新增IP拨号端口11100个,累计达到17280个。

三、继续推进企业内部改革，提高管理水平

继续深化劳动、人事、分配三项制度改革，对营销人员实行公开招聘、择优录用，部分管理、技术岗位人员实行竞聘上岗，进一步优化人员结构。做好主附、主辅分离的后续工作，明确对实业公司摸清家底、重组整合、转变机制、规范运作、形成优势、健康发展的总体思路，进一步规范主、实业公司之间的管理关系。根据省市公司合并后的运行情况，逐步调整完善了省公司现业生产管理体制。

按照建立现代企业制度的要求，以抓好“五个集中管理”为切入点，理顺企业管理关系、管理流程，促进企业管理从粗放型向集约型转变。先后出台一系列管理办法，规范全省固定资产投资管理、大宗物资采购、工程财务管理、建设资金集中管理、对外投资管理、本地网资源管理等工作。进一步理顺地（市）对县财务集中管理、省市公司合一的财务管理关系，积极探索省对地（市）“收支两条线”财务管理的改革。建立和推行以经济效益为中心的绩效评价体系，代替原有的经营责任制考核办法。完成对省实业公司的资产划转工作，建立规范的资本纽带关系。推行全面预算管理，制定《贵州省电信公司全面预算管理（暂行）办法》，为2002年编制全面预算做好前期准备。加强工程财务管理，对在建工程项目进行了重点清理，按规定处理了大量工程遗留问题和收缴结余资金；重点抓好帐外负债清查，积极采取有效措施进行处理，摸清企业真实财务状况。

认真做好全省网络资源清理工作，加强资源管理。进一步加强互联互通工作，规范互联工作流程，与各运营商签订了互联协议及结算协议并实现了互联互通。按照依法治企的方针，规范企业经营活动，加强法律事务工作，为企业的经营发展提供支撑。以财务收支审计和内部控制制度审计为重点，加大工程审计力度，开展经济责任审计和专项审计调查。认真贯彻执行安全生产各项规章制度，全年无重大安全生产责任事故发生。

四、加强运行维护工作，各项维护质量指标稳中有升

坚持“预防为主、防抢结合”的方针，在做好日常维护工作的基础上，重点抓线路、设备维护和应急抢修工作；以提高接通率为主攻目标，分析了影响接通率的主因并提出了解决办法，收到良好效果。集团公司效绩考核的各项通信质量指标全面完成。网络接通率早忙时累计完成95.32%，晚忙时累计完成94.04%。电话来及来转接通率早忙时累计完成52.81%，晚忙时累计完成51.29%。呼叫到达率早忙时累计完成95.77%，晚忙时累计完成94.5%。长途一级干线光缆全阻次数：直埋0.15次/百公里，架空为0。二级干线光缆全阻次数:架空0.077次/百公里,直埋0.133次/百公里。163、169拨号上网接通率分别达96.95%和96.94%。每百线用户障碍申告率为1.55%，每百线用户障碍历时为290分钟。电路开通及时率达98.34%。

五、强化服务意识，电信服务水平稳步提高

积极推进规范化服务，深入推行首问负责制、服务承诺制和值班长制度，按照“三项制度”，理顺工作流程。省公司拟定下发了《中国电信企业识别系统——营业厅装修应用规范》，全省新建、改扩建电信营业厅均按照统一标准进行装修，树立统一的品牌形象。进一步加强对用户投诉工作的管理，严格执行《电信服务标准》，以96180总经理服务热线为核心，认真做好用户投诉的受理，减少用户越级投诉。强化大客户管理工作，成立大客户服务管理机构，统一制定“绿色通道”管理办法、一站受理业务流程以及集团客户服务规范，全省电信大客户服务工作逐步走上正轨。整体服务水平稳步提高，用户投诉量比去年减少21.39个百分点，用户综合满意率达到85.15%，比去年提高6.49个百分点。

六、两个文明建设协调发展，职工队伍素质不断提高

坚持两个文明同布置、同安排、同考核，进一步加强企业领导班子建设，坚持民主集中制原则，推进干部工作的制度化和规范化。省公司党组领导班子深入开展“三讲”学习教育活动，加强党风廉政建设，取得明显成效。按照干部“四化”的方针和德才兼备的原则，加大干部异地交流力度，一批政治素质好、懂经营、会管理的优秀人才充实到各级班子，全省电信中层管理干部中，大专以上学历的占93%，干部队伍素质进一步提高。按照“下管一级、建立两级”的目标，完成后备干部滚动调整工作，后备干部实现“双

百”目标，即40岁以下的达到100%，大专及以上文化程度达到100%。高度重视企业人才队伍的建设，加强职工学历教育，积极开展职工教育培训，有效地提高了全员素质。

顶住压力 深化改革 加快发展

(云南省电信公司)

2001年是云南电信面临重大挑战的一年，面对不规范的市场竞争、资费调整、业务收入增长缓慢、异质竞争加剧、业务分流等因素带来的巨大压力，面对电信业深化改革和加入WTO带来的新课题，统一认识，团结拼搏，锐意进取，调整思路，突出重点，加快了“五项机制创新”改革的步伐，稳步推进“五项集中管理”，有效地扭转了业务分流、增收困难的局面，做到了发展不断、队伍不乱、人心不散，保持了通信业务持续、健康发展。

全年完成通信业务收入38.3亿元，比上年增长6.05%。本地网电话用户放号67.91万户，全省固定电话数达到356.81万户；窄带数据多媒体业务快速增长，新增用户50万户，宽带多媒体用户达到1.58万户。“用户至上、用心服务”理念得到全面、具体地实践，改善服务的努力取得较好成效，服务水平明显提高。

一、坚定信心，克服困难，调整经营策略，促进业务发展

2001年是云南电信全方位投入市场竞争的第一年，公司上下以积极进取的姿态应对内外环境的变化，最大限度地减少资费结构性调整造成的不利影响，全省电信以经营为龙头，加强经营分析，适时调整经营策略，加大经营力度，采取灵活的经营措施，不断开发市场，从各个方面寻找增收的突破点，重点抓好本地电话、数据业务、网络元素出租等业务发展，积极培植流动市话和数据业务作为新的业务增长点。在激烈的市场竞争中，固定电话、流动市话、宽带业务发展取得了历史最好水平。由于业务的高速发展，拉动了业务收入的增长。到年底，全公司业务收入完成38.3亿元,完成集团公司下达收入计划指标38.2亿元的106.4%，比上年同期增长6.05%。

二、注重效益，确保重点，把握好投资结构与投资方向

2001年云南省电信公司实行了计划建设的集中统一管理，投资结构得到优化，有效地压缩了非生产性投资，投资转向市场急需的、竞争性的项目，并向接入网、传输网、数据宽带网、管理网和支撑网倾斜，计划建设对市场的反应和支撑作用明显增强。

省内二级干线波分复用光缆传送系统两个环网和四条链路工程通过初验，省内传送网的传输速率从2.5Gb/s提速到80Gb/s和320Gb/s。交换机（含接入网）项目新建、扩容102.5万线，总容量达到590万线。光缆线路累计新增2200皮长公里，总长度达到51000公里。IP宽带骨干网二期、163/169四期、ATM二期、DDN项目、全省本地计费帐务系统改造、DCN网二期扩容、NO.7信令监测系统工程在年底前基本完成，部分地州市宽带城域网已投入使用。这些工程的完成，进一步提高了网络能力以及网络的安全可靠性能。网络运营对市场、服务的支撑作用明显增强。

三、五项机制创新逐步实施，企业改革迈出新步伐

云南电信积极推动企业加快建立现代企业制度，切实转换企业经营机制，建立高效、快速、灵敏的企业运营机制和新型的激励、约束机制，充分调动广大

员工的积极性和创造性，在2001年切实推进了一系列的机制创新。一是大胆地进行了“三项制度”改革的探索，先后开展了竞争上岗、分配制度改革、绩效考核、组织架构优化、编制岗位说明书、加强劳动关系管理、员工培训和完善员工社会保险体系等工作。二是实施薪酬激励、绩效考核、职业发展、竞争上岗、教育培训等人力资源管理的五项机制创新工作，并出台了一系列指导意见。三是按照先进生产力的发展要求优化、调整组织架构，建立云南电信科学、合理、适应市场竞争要求的管理组织架构，制定各部门的工作职责以及相应的岗位平台。四是坚定不移地执行了集团公司主附主辅分离的战略决策，主业公司与网信实业公司签订了“三代”协议。经过一年来的磨合运作，实业公司加大市场开拓力度，步入了正常的发展轨道。

在集团公司的支持下，2001年10月12日在昆明市分公司进行了本地网流程重组的试点项目，进行管理体制和内部管理流程的再造工作，年底昆明市分公司完成了内部调研诊断、关键流程筛选和流程设计等前期的工作。

四、推进五项集中管理初见成效，企业管理进一步加强

一年来，云南电信以五项集中管理为切入点全面推进管理创新。一是加大了财务管理和集中资金的力度，全省各分公司基本上实施了以本地网为中心的财务一体化核算，县局实行报账制度。通过实施财务集中管理，进一步建立健全了财务管理体制，加大了对基层财务控制的力度，各分公司财务状况有了不同程度的改善。

二是以集团公司和省公司为中心的两级投资计划和设备采购管理取得较好成效。省公司加大了投资计划、决策权限和设备采购集中管理力度，基本上实现了集中统一管理全省投资计划、建设资金和重点建设项目，地州市分公司在省公司的指导或授权下负责管理本地网的建设项目。

三是本地网计费帐务管理取得初步成效。在四个地州市试点的基础上，去年又进行了12个地州市分公司的本地网帐务计费管理的改造，已经基本投入使用。

四是加快推进本地网网络资源集中管理的实施工作。各分公司认真进行了本地网网络资源的清理工作，为本地网网络资源集中管理和网络资源管理系统的建设作好前期准备工作。在集团公司的支持下，大理州分公司进行了试点，目前该试点工作已基本完成。

五是以实现本地网局数据统一制作、重大技术故障集中维护和支撑、话务量集中控制为主要内容，以形成本地网为中心的生产流程组织为目标，推进网络集中维护管理。本地网集中维护管理在玉溪市、西双版纳州分公司进行试点。

在推进五项集中管理的同时，企业基础管理进一步加强。

五、加强大客户的服务工作，服务质量和水平明显提高

加强了后台网络对前台服务的支撑，窗口服务进一步标准化、规范化。用户投诉率明显下降，用户障碍的查修质量得到明显改善，用户满意率逐步提高。

各地更加重视高端客户、集团客户的经营工作，在理念、机制、制度、策略、流程、人员等方面全面加强大客户的经营服务工作，确定了大客户流失率控制指标；完善了三级大客户服务体系，全省性的“一站服务”全面开展；组建了省公司集团客户服务部，各分公司也都相应组建了大客户服务机构，全省电信大客户营销队伍得到充实和加强。加强了大客户的市场细分和行业化营销，从简单的上门服务和提供现有的业务产品逐步向提供个性化服务、解决方案式的服务转变，向战略合作转变。

六、加强队伍建设

职工队伍素质进一步提高，精神文明建设取得了新的成绩。

勇于开拓 坚持创新 搏击市场
——广东电信2001年在困境中业绩良好

(广东省电信公司)

2001年，是广东电信在逆境中争市场求发展并取得良好成绩的一年。这一年，企业的内外部环境发生了深刻的变化。中国电信上市计划搁浅、实施继续拆分、市场竞争加剧、业务分流加大，使企业的发展碰到前所未有的困难。但广东电信没有被困难吓倒，而是审时度势，认真分析市场，充分认识到异质竞争和业务替代的严重性，及时调整发展策略。一年来，广东电信先后组织实施了“五大战役”：通过IPO工作，加快了广东电信向现代企业迈进的步伐；资费调整，使广东电信的帐务系统更加优化和灵活；宽带会战，使广东电信找到一个新的业务增长点，也走出了一条数据通信发展的新路；主实磨合整合了队伍，理顺和规范了主实业的关系；收入保卫战转变了员工的观念，提高了企业效益，开始了作为带有政府色彩的企业走向市场的征途。

一、在改革中实现稳步发展

经过全省电信员工的共同努力，企业的各项工作都有了长足的进步，实现了在改革中稳步发展的目的。全年固定电话放号271万户，完成业务收入291亿元，业务收入占中国电信集团总收入的16%，居于全国前列。全省共完成固定资产投资156亿元，比上年增长15.1%；企业的网络能力和技术层次有了进一步的提高。全年新增固定电话交换机容量507万门，增开长途电路2.6万路，净增长途光缆2022皮长公里；完成了中国电信高速传输环网京汉广、南沿海高速环网等一批重点工程。规划工作以市场需求为导向，在扩大网络规模的同时提高了网络设备实装率和网络使用率；紧密依靠科技进步，积极采用先进技术提高网络的科技含量，在本地网骨干传输上引入了10G SDH技术，在大网上引入了IP上行ADSL、MPLS VPN等新技术，提高了广东电信网络技术水平。

2001年，全省网络维护部门以“盘活网络现有存量，提高网络资源利用率”为指导思想，加大力度优化和调整网络资源，强化对交换设备资源的发掘和对退网设备的改造利用，利用交换网、长途网和智能网现有资源，开放新业务，充分发掘了网络潜力。经过一年的优化调整和强化管理，全省网络运行质量明显提高，平均网络接通率达到96.6%，比上年增长近2个百分点；省际电路开通及时率达到95.66%，超过集团公司指标10个百分点；全省电路开通及时率达到96.5%，为企业拓展市场、改善服务提供了强有力的后台支撑。

二、企业管理创新

广东电信从创新机制入手，逐步建立新型的激励和约束机制，以人为本，充分调动广大员工的积极性和创造性，五项机制创新工作初见成效。一是制定了《广东省电信公司2001年绩效考核评价办法》、《广东省电信公司岗位津贴试行办法》、《2001年广东省电信公司效绩考核评价办法》等一系列人力资源管理办法，进一步打破了分配上的大锅饭，真正发挥了激励机制的作用。二是开展了评选“21世纪优秀人才”和选拔“突出贡献人员”活动，使优秀人才脱颖而出，稳定了企业人才队伍。三是加强了教育培训工作，制定了《广东省电信公司教育培训管理制度》，举办各级各类培训班237期，促进了全省员工队伍素质的提高。通过一系列扎扎实实的工作，尊重知识、尊重人才的观念在企业得到深化，企业的凝聚力和向心力进一步增强。

财务管理制度改革取得初步成果。广东电信按照“集中、调控、规范”的要求，制定了财务收支办法和各项管理制度，加大了对基层财务的控制力度，并和实业公司一起顺利完成了“三代”成本核算工作，企业财务状况有了明显的改善。企业的基础财务管理工作也取得较好的成绩。通过归口省公司统一管理，有效控制了企业的投资方向和规模，提高了全省固定资产投资调控能力；通过实施统一的会计制度，建立健全内部调控机制，清理企业帐外资产，进一步规范了企业财经纪律；通过采取资金运用分析、资金预算管理等措施，推进了企业财务从帐面会计收益向企业现金流管理过渡；通过清理在建工程，新增计提折旧13亿元，为企业争取了宝贵的建设资金。

三、资费调整工作

2001年国家对通信资费进行了结构性调整。广东电信精心组织，周密安排，积极做好各方面工作，顺利完成了资费调整的任务。这次资费调整涉及面广，时间要求紧，工作量大，是对广东电信综合实力的一次重大考验。广东电信在对资费结构进行科学分析和深入研究的基础上，制定了切实可行的方案。全省投入1.5万名技术人员和8亿元资金，上下齐动员，各部门紧密协作，艰苦奋战，先后进行了两次大规模测试，修改了相当部分的局数据，淘汰了一批陈旧设备，从技术上做好各项准备工作。省公司组织了5个检查组，到各地明查暗访，督促各项服务措施的落实。建成开通了专门的用户投诉和咨询网站，并针对用户的投诉和质疑进行解答，加强了与用户的沟通，赢得了用户的理解。经过全省上下的共同努力，资费调整工作取得了多项积极成果：一是市话资费提前三个月正式实施，为企业争取到最大利益。二是在最短时间内完成了最大省级通信网的调整工作，进一步优化了网络结构。三是显示了良好的队伍素质和积极向上的精神风貌。

四、宽带业务大会战

2001年上半年，针对宽带市场竞争日益激烈的状况，省公司党组经过认真分析论证，因势利导，果断地提出了培育新的业务增长点、发动宽带业务大会战的决策。广东电信各级领导高度重视，把宽带会战作为“一把手工程”来抓，制定了科学有效的营销方案，协调解决了存在的困难和问题。各专业部门加强联动，从项目启动、工程建设、设备调配、网络维护等方面积极做好宽带业务发展的支撑工作。广东电信各单位积极做好宣传动员工作，细分市场，主动出击，上门揽装，搞好服务，以最快的速度满足用户的需求，取得了出人意料的好成绩。在第一次会战的70天内，迅速发展宽带用户13.5万户，第四季度全省又进行了宽带二次会战，全面冲刺全年发展目标。到2001年底，全省共发展宽带用户20.6万户，并完成了全部宽带用户的回访工作，提高了售后服务水平。宽带会战不仅为企业发展找到了一个前景广阔的业务增长点，为企业增收开辟了新的来源；而且树立了中国电信的宽带品牌。

五、业务收入保卫战

2001年上半年，受多种因素影响，企业收入大幅减少，增长速度明显放缓，建设资金严重不足，市场份额不断下降；受各种拆分传闻影响，部分员工人心浮动。面对不利因素，广东电信没有向集团公司要求调减指标，而是鼓励广大干部职工迎难而上，自我加压，同心同德把业务抓上去，群策群力把市场夺回来，在全省发起了一场以保收入、增效益、夺市场、转观念为目的的业务收入保卫战。各地积极贯彻落实会战要求，调整发展思路，以话务量经营为核心，强化了市场分析，提高了营销水平。全省加强了对话音业务的促销，加大了电话信息开发力度，拓宽了销售渠道；实施了围绕效益抓放号的措施，加快发展卡类业务、公用电话、流动市话等传统强项；加强了与信息供应商和代理商的合作，推进了政企上网和学校上网；大客户营销试行了大客户经理责权利管理办法，加强了市场细分和业务整合，从简单的上门服务向提供个性化服务转变，从提供现有的业务产品向提供解决方案式服务转变，从基本的业务合作向长期的战略合作转变，减少了大客户的流失。经过全省员工的努力，收入保卫战取得了良好效果，业务收入实现了2.78%的增长，促进了企业的持续发展。

六、主实业磨合

2001年是广东电信主实业分营后进入实质性运作的第一年,各级主实业本着“顾全大局、相互依托、荣辱与共、促进发展”的指导思想，逐步规范和完善了主实业关联交易，初步明晰了业务界面和业务接口，缩短并顺利渡过了磨合期。广东省电信公司和广东省电信实业集团公司在代维、代营、工程、物资采购和综合服务等5项业务框架协议的基础上，制定了相关的业务处理、服务考核、财务结算等规章制度，使主实双方的业务往来做到了有章可循、有规可依，为促进双方的合作与发展奠定了基础。特别是在全省宽带

大会战、业务收入保卫战和部分地区抢险救灾的过程中，全省主实业都以大局为重，相互支持，真诚合作，促进了双方的共同发展。省实业集团公司在实行公司化运作的第一年里，明确了定位，找准了发展方向，改善了经营模式，成功搭建了实业运营体系的骨干框架，制定并规范了企业内部管理办法，运营体系初具雏形。全省“三产”公司的清理整顿工作也进展顺利。2001年实业集团公司实现业务收入52.24亿元，实现税后利润4.3亿元，步入了良性发展的轨道。

海南电信通信能力和经营服务工作迈上新台阶

(海南省电信公司)

2001年，海南省电信公司的综合实力得到进一步增强，通信能力、经营服务、内部管理和企业文化建设都登上了一个新的台阶。

一、通信能力快速增长，网络规模不断扩大

公司全年共下达建设项目560个，投资总额共7.2亿元。固定资产规模已达到61.5亿元。

年底，全省通信能力实际达到情况如下：长途业务电路28816路；长途光缆278皮长公里,省内光缆8516皮长公里；长途交换机容量5万路端；局用交换机（含接入网）容量138万门；全省接入网629个。DDN端口4392个；ATM/帧中继端口518个；拨号端口12700个。

二、用户规模直线上升，业务收入继续增长

通过“电信迎春世纪情”、“电信庆周年，装机送好礼”、“固定电话放号大战100天”等一系列电话放号促销活动，进一步激活了市场，有效地适应了初装费取消后高涨的用户需求，其中仅10月1日至7日，全省共受理固定电话20724部，创下短期内用户发展最高纪录。截止年末，全省固定电话用户净增24.4万户，用户数达到93.4万户。

小灵通电话自5月1日在海口和三亚市投放市场以来，采取了一系列促销政策，受到了中低消费群的青睐，年末用户规模达到12万户，容量实占率达到58%。包括小灵通在内的全省电话主线普及率达到每百人13.8线。

在激烈的市场竞争中，为做到“确保存量、激活增量、增量增收”，公司在话务营销方面采取了一系列措施，如在全省竞争激烈地区及全省大客户固定电话、全省小灵通电话上开放了17909IP直拨业务，开展了“金秋硕果共享”话务促销活动，针对住宅电话开展了“电话奖不停”抽奖活动及“休闲月光”国内长话促销活动，针对小灵通用户开展了“分时段优惠”、“全省互拨一个价”等话务促销活动。

在数据通信方面，通过开办“上网直通车”等业务，极大地方便了用户，因特网用户全年净增19万户，比上年底增长70%，用户规模达到33万户，全省普及率为4.4%。ADSL宽带用户发展也呈现良好势头。此外，较好地开展了“163/169上网直通车”业务，引发了用户上网热，全年累计上网时长达11亿分钟，带来话务收入930余万元。

电话卡业务也得到较快发展，全省电话卡销售收入为1.4亿元，比上年增长59.9%。

在业务发展过程中,加强了针对大客户的营销和服务工作,取得较好成绩。省公司以签订服务协议的方式稳定了海口地区264家有价值的大客户，大客户没有出现流失。海口地区有效益的住宅小区基本都签订了宽带接入协议。全年累计为省内大客户设计提供了20个大规模的通信组网方案。全省有85家单位撤点并

网，新装电话16130门。2001年全省大客户实现业务收入18240万元，占公司业务收入的15%。

通过上述一系列措施,公司较好地克服了电信资费下调、全省固定电话并网升位、业务分流、异质竞争等不利因素,固定电话单机收入月平均达到88.7元(含月租费,不含电话卡收入），小灵通单机收入月平均达到57.7元（不含月租费），全年公司业务收入实现13亿元，比上年度增长5%。

三、加大监督考核力度，业务服务和网络维护质量不断提高

坚持“用户至上、用心服务”的宗旨，出台了公用电话、电信窗口单位监督检查及考核办法、电信服务支撑及考核办法、电话装机超时考核办法等，较好地完成了各项服务考核指标。同时，以6月30日建成的1000客户服务热线为契机,建立和完善了以1000客户服务热线为核心的服务质量体系。第四季度在全省范围内开展的“客户大回访”活动，赢得了广大用户信任，拉近了与用户的距离，进一步塑造了中国电信的良好形象。在运行维护工作方面，制定和完善了交换设备维护等23个管理及考核办法，进一步开展了有效疏忙，各项通信维护指标均完成年度计划，全年未出现重大通信阻断事故。

四、强化流程管理、后台支撑和综合管理工作

围绕集团公司“三个创新”要求，在管理方面强调了以满足市场需求为核心，积极改革和整合内部各种流程，使后台支撑和内部管理工作不断适应前台需求和市场竞争的变化，各类流程围绕方便用户、方便抢占市场而进行了梳理，变得更加精简、高效。特别是通过第三季度经营管理分析会，省公司各部室对自身管理和工作流程中存在的问题进行了全面剖悉，采取针对性的解决措施100余条，进一步提高了公司总部的工作效率。在合同、资金、工程和审计方面着重强调了全过程管理,目前各相关部室正在积极实施中。通过全过程管理，加快了工程进度，提高了资金使用效率和企业经济效益。全年共执行148个采购合同。工程审减额达到5495万元。

基本完成了在财务、计费帐务、设备采购、本地网维护、网络资源方面的“五项集中管理”的改革，特别是财务集中、设备采购集中管理初见成效，给企业带来了较好效益，如将线材在内通信物资归口省公司统一采购后，全年采购量达2.9亿元，与1999年集中前比较，节约采购成本1.1亿元，节约率达到27.5%，此项工作受到集团公司领导的高度评价。在财务管理方面，还对公司总部的管理用车进行了改革，每年节约成本在250万元以上。人力资源管理力度也得到加强，特别是通过评定优秀人才、调整岗位奖金系数、设立总经理奖励基金等,使公司内部分配逐步拉开差距，更趋合理，为公司留住了一批骨干和人才。首次打破行业界限，面向社会公开、择优聘用了一批优秀的计算机人才和大客户经理，使公司用人机制与劳动力市场进一步接轨。

五、企业文化建设卓有成效

通过组织对“三个代表”重要思想的学习和各种形势教育，切实增强了全体员工做好电信工作的责任感和使命感。特别是通过一年多的公司化运作，全体员工在激烈竞争中接受了较好锻炼，积累了不少成功经验和失败教训，改革心理逐步趋于成熟。市场、竞争意识已经较好地扎根于员工头脑中。对工作一丝不苟的敬业精神，坚持“用户至上、用心服务”、齐心塑造中国电信新形象的服务精神，抢占市场、争创效益的拚搏精神，密切配合、相互支持的团队精神，不计个人得失、甘愿吃苦的奉献精神等五种精神，得到了弘扬。

各级领导班子能较好地执行党风廉政建设责任制，抓好党建工作和思想政治工作责任制的落实，在经营生产中较好地发挥了模范带头作用。

员工学习风气浓厚，全年开展各类培训达3815人次。有85人报考在职研究生学历等各类成人教育。员工文化生活更加丰富多彩，工资待遇水平进一步提高，企业凝聚力继续增强。

企业的外部新形象得到良好塑造。通过各类广告和媒体宣传，通过对全省各市县局主营业厅的统一改造，通过全体员工不断改善服务，特别是一对一的上门营销服务，给用户留下了“新电信、新服务、新形象”的深刻印象。第二届海南欢乐节开幕式在信息港大楼的成功举行，扩大了中国电信的知名度，为海南电信人赢得了骄傲，进一步增强了全体员工的向心力。

西藏电信2001年发展、建设、效益取得历史性突破

(西藏电信公司)

2001年是实施“十五”计划的开局之年。全区电信干部职工在集团公司、区党委、政府的正确领导下，坚持以邓小平理论和江泽民总书记“三个代表”重要思想为指导，深入贯彻中央第四次西藏工作座谈会精神，进一步拓宽发展思路，加大改革力度，加强基础管理，狠抓通信建设，以市场为导向，以客户为中心，以效益为目标，各项工作取得了新的成绩。

一、全区电信业务快速发展，经济效益实现历史性突破

2001年，全区电信部门在面临电信资费结构性调整对收入产生较大影响，以及电信市场竞争加剧，造成部分业务分流的情况下，通过加大市场开发力度，大力发展各类用户，努力提高用户通信使用量等有效措施，使各种因素造成的减收控制在较小的范围内，全区电信业务总量、业务收入保持了较快的增长。全年电信业务总量累计完成28032万元，同比增长38.71%。业务收入累计完成28665万元，同比增长17.86%。全员劳动生产率达到17.6万元。

全年新增固定电话用户40608户，累计达到151663户，同比增长41.1%；累计放号46733户，完成年计划的93.5%，平均每月放号3894.42户；新增因特网用户1691户，累计达到5000户，同比增长51.1%；新增分组交换用户18户，累计达到148户，同比增长13.85%；ISDN用户达到423户。

二、通信建设步伐加快，网络组织和资源配置进一步优化，通信能力不断提高

随着西部大开发战略向纵深发展，西藏电信抓住有利时机，继续加大基础网络的建设。坚持“保投产、保收尾”的原则，加快通信建设步伐，优化网络组织和资源配置。以传输网、接入网、市内管线、乡镇电话建设为重点，积极推进智能网、数据业务、ISDN等新业务的开发和推广应用。制定并实施了《西藏电信光缆施工招投标管理暂行办法》，以确保工程质量，缩短建设工期，提高投资效益。

西藏电信全年共下达固定资产投资计划28438万元，实际完成投资25555万元，完成计划的89.9%。全年新增光缆1273公里，总长达到7386公里。长途自动交换机容量新增17000路端，达到41000路端；局用交换机容量新增72772门，达到243000门；长途业务电路达到17866路。全区电话普及率达到6.3部，主线普及率达到5.8线。

昂仁——阿里光缆干线顺利建成开通，全长1239.4公里，总投资达15000万元。该光缆与拉萨——日喀则——昂仁光缆相联通，构成西藏西部地区的一条重要通信干线，结束了全国最后一个地区不通光缆的历史，从根本上改变了“世界屋脊的屋脊”阿里地区的通信面貌。

2001年中央第四次西藏工作座谈会胜利召开，掀起了援藏工作新的高潮。区电信公司成立了受援工作领导小组，充分利用好集团公司给予的扶持政策，全力配合好集团公司和各省市电信部门的援藏工作。这方面的工作已大见成效，在“十五”期间16个通信建设援藏项目中，昂仁——阿里光缆通信工程等已竣工投产；区内ChinaNet工程已开通并向用户开放业务；昌都——江达——贡觉、邦达——芒康——盐井、那曲——比如光缆通信工程已完成线路施工工作。

三、坚持“用户至上，用心服务”，服务水平明显提高，服务质量进一步改善

（一）继续落实服务承诺和“首问负责制”，建立完善服务工作的激励、约束机制，通过推行岗位考核、竞争上岗、加强培训，进一步提高窗口服务人员素质，优化队伍结构。

（二）加大企业绩效考核中服务工作的考核奖惩力度，增强企业与前台服务人员改善服务的压力和动力，完善内部流程，强化服务能力保障和后台支撑。

（三）狠抓话费争议、交费难、装移机时限等用户反映的热点、难点问题的解决，完善内外结合的服务监督检查机制，虚心听取社会各方面的意见，认真搞好大客户服务工作。

（四）在区公司的统一布署下，成立了以服务赢得用户、赢得市场为中心工作的大客户服务中心，在全区开展了大客户走访活动，共走访大客户一百余家。同时，利用区公司成立一周年的机会，召开大客户座谈会，与大客户进行互动交流，取得大客户的理解与主持，收到了较好的效果。

（五）高度重视互联互通、网间结算工作，积极调整电路为其它通信运营商开放业务，并且提供优质的服务。

通过以上措施，有效地促进了服务工作的改善和行业风气的转变，用户审告大大减少，社会对电信服务的满意率明显上升，电信信誉和企业形象进一步提高。在西藏成立50周年大庆活动中，西藏电信以优质、高效的通信保障及优质的通信服务，获得50年大庆活动“先进单位”光荣称号。自治区纠风领导小组经过社会调查、综合评议，授予西藏电信公司“群众满意单位”称号。

四、电信体制改革向纵深拓展，一系列措施有序推进

为适应电信改革和发展的需要，进一步提高和整合西藏电信综合竞争实力，精减机构，减少管理层次，提高工作效率，增强决策效果，经报请中国电信集团公司和自治区人民政府同意，将拉萨市电信分公司合并到区电信公司相关部门。“区市合一”工作从6月上旬开始，到6月底基本完成。经过几个月的磨合和过渡，建章立制，规范工作流程、理顺工作渠道，新体制运行基本正常。区电信公司全面履行对全区电信工作职能管理和对拉萨现业直接经营管理的职能，实行新的运作方式。

按照“摸清家底、合理整合、转换机制、规范运作、形成优势，健康发展”的思路和进一步深化改革，推进多元化经营工作的要求，根据《西藏电信国脉实业公司组建、规范、发展的实施意见》，各地区电信分公司的多经企业正在逐步进行规范。

本着“平战结合”的原则，于2001年3月份正式成立战备应急通信办公室，对区战备应急通信各方面的情况做了详细的了解和调查，并制定了我区《战备应急通信规定》。

配合集团公司人事部完成了区领导班子的考察和调整工作。完成了地区分公司和区公司机关二级正副经理及三级正副经理的考察和聘任。企业三项制度改革不断深入，力度不断加大，各项措施得到进一步落实。

五、采取灵活多样的营销手段和措施，积极开拓市场领域

2001年是我们国家、自治区大事、喜事特别多的一年，西藏电信借形造势，进一步加大了市场开发力度，推出了“缤纷献给新世纪，西藏电信大酬宾”活动。在西藏和平解放50周年大庆期间，为了向大庆献礼并宣传展示企业形象，在集团公司的支持下，推出了极具收藏价值的“西藏服饰”IC电话卡，并在拉萨举行了首发式，面向全国限量发售，取得了很好的效果。与有关单位合作，举行了“电信杯”全区话剧小品大赛。与区教育考试院合作，开通高考热线查询电话，同时推出网上查询业务。不仅让用户享受到了电信新业务的方便与快捷，而且增加了业务收入。与自治区教育厅联手，利用2001年国庆节、中秋节双节喜相逢，开展“北京、上海、西藏三地互动，一线通万家今宵大团圆”活动，传递了亲情、友情，很好地向社会各界展示、宣传了基于ISDN的可视电话业务。

各分公司在抓好传统业务的基础上，结合当地实际情况，因地制宜，大力开发各种新业务，拓展市场领域，提高服务水平。全年主推ISDN、163业务，收到了明显的效果：2000年ISDN用户仅有一户，2001年达到423户；西藏电信日喀则分公司还在全区首家开通了视频点播业务。通过各单位的努力，开拓了市场，树立良好的企业形象。

陕西电信2001年实现稳步健康发展

(陕西省电信公司)

2001年陕西电信在中国电信集团公司、省委省政府的正确领导下，面对体制改革、资费调整、市场结构调整和市场竞争加剧等一系列冲击和挑战，公司上下团结一心积极开拓，克服种种不利因素，取得了健康发展和喜人的佳绩。

一、经营效益持续增长

陕西电信2001年累计完成电信业务收入36.5亿元，比上年增长13.1%，增幅居全国第7位。各项电信业务稳步健康发展。电话用户总数突破400万。数据业务用户总数突破50万户。以互联网为代表的电信新业务市场发展速度明显加快。电话卡销售突破5亿元，成为推动业务增长的一个主要因素。与移动、联通、网通、吉通、铁通等五家公司签订了互联互通方面的有关协议，保证了网间合作的规范性。在此基础上，先后为各运营商开放了IP电话、计算机互联网、客户服务系统等业务，同时中国电信的国内长途190、17908等业务也相应在其他运营商的网上得以开放。

二、通信建设进展顺利

全年共下达固定资产投资计划18亿元。全省交换机总容量达到566万门(含接入网)，长途交换机容量达到12.4万路端，一二级干线光缆总长达到7838公里，本地网中继光缆达到1.78万公里，基础电信网的规模容量、技术层次及业务提供能力得到进一步增强和提高。

全国骨干高速环网工程、西安DXC扩容工程、京太西光缆波分复用二期工程、全省多媒体三期扩容工程、全省九地市接口局扩容工程建设任务全面完成。在建工程有：全省农市话接入网工程；全省农市话交换设备扩容工程；陕南、陕北光传输网工程；西安城域网传输工程；全省智能网扩容工程；全省客服1000号工程；全省ADSL宽带接入网工程；全省计费、九七扩容、网管改造、DCN网及IC卡管理系统工程等。

在土建方面，西安市二长枢纽大楼通过集团公司终验投入使用；省电信网管大楼、商洛电信大楼主体封顶；渭南、安康、汉中、铜川、宝鸡电信大楼相继动工建设。

三、网络运行维护质量良好

全面完成了集团公司下达的各项运行维护指标和通信保障任务。其中网络接通率完成96.07%，高出集团公司核定的效绩考核指标1.07个百分点。电路调度及时率达到99.87%，在全国排名前五位。

全省维护部门进一步明确了“维护就是服务”的新理念，围绕经营、面向服务、做好支撑，确保网络高效率运转。一是强化了资源调配管理。将网络资源管理体制的工作流程与计划、建设、维护、经营的相关工作流程相结合，对不适应需求的工作流程主动加以改进，制定了省内调度流程和应急电路调度流程，提高了工作效率，为各类调度需求尤其是集团客户的需求提供了保证。二是加强了资源数据管理。开展了资源清理、统计工作，严格审批制度，杜绝了乱占乱用网络资源现象的发生，提高了网络资源利用率。三是加大了网络运行分析力度。对资费调整后的话务量变化情况进行了跟踪分析，为经营部门制定营销决策提供了依据。

四、内部改革继续深化

2001年陕西电信积极推进机制创新，在深化企业内部运营机制和管理体制改革方面迈出了实质性步伐。

1、分配、用工制度改革逐步深化，推出了一系列新举措。一是制定并下发了《关于在通信企业中搞活奖金分配的指导性意见》，在奖金分配上向关键岗位倾斜，奖金分配与企业和个人效绩挂钩，打破了平均主义。二是制定了《岗位考核办法》和《竞争上岗办法》，各分公司在机构设置和编制定员工作的基础上，进行了岗位设置，为在2002年全面开展竞争上岗、薪酬改革做好了前期准备工作。三是对企业新进人员实行合同制用人机制，并制定了管理办法，对2001年及以后接收的各类大中专毕业生采取聘用接收办法，并明确合同期限和基本工资待遇，为在企业中形成优胜劣汰、双向选择的用人新机制积累了宝贵的经验。

2、集中统一管理得到加强。为增强总体调控能力，进一步提高企业管理效率，省公司在全省推行了五个集中管理，收到较好效果。在网络维护集中管理方面，省公司积极推行咸阳本地网维护体制改革试点工作，实现了整个本地网局数据统一制作、重大技术故障集中维护和支撑等，基本完成了本地网维护集中管理，取得了成功的经验，被集团公司列为全国三个试点的本地网之一，为下一步在全省的推广积累了经验。在加强财务集中管理方面，逐步完善了地市分公司对县局的收支两条线财务管理，在安康、商洛两地进行了收支两条线“预算拨款制”试点。在投资和设备采购方面，将所有50万元以上建设项目及主要设备采购集中到省公司，对于节约投资、控制负债、保证重点发挥了重要作用。

3、企业内部机构进一步理顺。按照专业化管理要求，成立了陕西省电话号簿局和陕西省电信卡管理中心；将原省公司计划建设部一分为二，成立了计划部和建设部；并成立了服务质量监督检查室和集团客户服务中心，加大了服务监督检查和集团客户营销力度；对省市公司部分职能进行调整与合并，完成了省公司与西安市分公司档案、报社、号簿的合并以及省公司对市公司的财务派驻工作。各地市也本着面向市场、适应竞争、有利于管理的原则对部分机构进行了重新整合。

4、实业公司发展走向正轨。省公司先后制定下发了《关于实业公司规范发展的指导意见》和《工程设计、施工、监理及物资供销的具体实施意见》，并与实业公司签订了关联协议，促进了实业公司工作逐步走向正轨。

五、通信服务取得佳绩

2001年陕西电信被陕西省委、省政府授予“创佳评差”活动“最佳单位”称号。全省电信部门遵循“用户至上、用心服务”理念，认真贯彻《电信服务标准》，不断创新服务管理，使电信服务质量显著提高，全省电信综合满意度平均达到86.1分，在省质量管理协会、省用户委员组织的全省电信行业用户满意度综合调查中，省公司及宝鸡、渭南、榆林、汉中分公司获得“电信服务用户满意”单位称号。

六、应急机动通信蜚声全国

2001年圆满完成多项重大社会活动应急通信保障任务。4月份在北京中国剧院为河南电视台《梨园春》节目组举办实况转播，受到中宣部部长丁关根亲切接见慰问。

5月份出动卫星通信、应急通信车20多部；参加了2001年第四届中国西北国际通信设备展览会，受到中国电信集团副总经理张继平，陕西省委副书记袁纯清、副省长潘连生亲切接见和好评。

9月份翻越唐古拉山、昆仑山为中央电视台、北京电视台等单位组织的“中国第二届青藏高原国际公路自行车拉力赛”提供实况转播服务，创造了首次在5231米高海拔现场转播的历史。

西安应急通信还为《经济日报》“青藏铁路三人行”沿青藏铁路施工现场采访提供通信服务；为“香港富豪西部访问团”、“2001年中国西部论坛”、中美蓝球对抗赛和全国甲A球赛西安赛区进行了现场实况转播。

西安机动通信局多次圆满完成重要国事活动、政治任务、军事演习通信任务，参与了省内外抢险救灾等重大活动，受到中央、省委、省政府和中国电信集团公司的表彰。被广大用户誉为中国西部的“应急通信轻骑兵”。2001年被中国电信集团公司授予“应急通信先进单位”称号。

甘肃电信“十五”计划开局良好

(甘肃省电信公司)

2001年是新世纪的第一年，也是“十五”计划的开局之年，更是甘肃电信全面工作取得重大突破的一年。这一年，甘肃省内通信市场环境发生了重大变化，市场竞争全面展开，中国电信面临再次拆分，全省电信企业经受着前所未有的严峻考验。在复杂多变的内外部环境下，甘肃电信适时提出了“保持稳定，健康发展，加强管理，改善服务，确保安全”的工作方针，正确处理改革、发展和稳定的关系，迎难而上，与时俱进，奋发进取，勇于创新，大力提升电信服务，毫不松懈地加快发展，走上了一条健康、稳定、效益型发展之路，圆满完成了年初确定的发展目标，各项工作都取得了较大进展，实现了“十五”计划良好开局。

一、业务收入、重点业务同步快速增长，经营指标提前完成全年计划

全省电信企业坚持早安排、早部署，从市场竞争和经济效益出发，加大了对城乡结合部、铁路沿线和富裕农村等地域电信市场的开拓力度。采取灵活措施，组织各种业务促销和竞赛活动，努力克服资费调整对增收不利的影响，市场份额、企业效益又有了明显提高，业务收入、电话放号等主要发展指标提前完成全年计划。

全年电信业务收入超过年计划2.4个百分点，比上年同期增长20%，提前一个月完成集团公司计划，增长幅度一直位居全国各省市区公司的前列。全省电话放号累计完成63万户，提前一个月完成集团公司计划，全省本地网电话用户总数达到245万户，两年翻了一番 。

电话网在西北五省中次于陕西位居第二。无线市话建设快、发展好，用户已突破30万户。数据业务呈现强劲发展势头，宽带业务起步良好。全年净增数据及因特网用户13.5万户，发展宽带业务用户3000户，全省上网用户总数超过20万户。话务量稳步增长。本地网通话次数比上年增长22.5%，长途电话通话次数比上年增长22.5%，通话时长增长4.8%。在同 质业务竞争上保持了主动。甘肃电信IP电话占同类业务市场的80%以上，IP上网业务更是占到95%以上的市场份额。

二、重点工程进展顺利，固定资产交付使用率稳步提高

全省电信企业坚持贯彻量质并重、分层次、抓重点的指导方针，以效益为先导，注重做好市场分析和市场预测，力求使有限的资金发挥最大效力。重点建设了DWDM骨干传输网、各类数据通信网、接入网和宽带城域网以及兰州第二长途枢纽、酒泉等四个分公司的生产场地，继续完善了城市电话网，对农村通信网进行补缺配套，扩容优化了无线市话网。同时，根据市场变化和项目效益情况，对宽带接入网、农村通信网以及部分土建工程进行了压缩和调整，使投资方向更加科学，投资效益更加突出。全年完成固定资产投资21亿元，资产交付使用率也提高到70%以上。全年新增光缆2355公里，局用电话交换机57万门，无线市话基站2504个，各类数据通信端口1.44万个，新建光接入点384个，信息点8.9万个；大幅度提升了省内IP骨干网带宽，完成了全省关口局、客服系统、计费系统、多媒体接入服务器扩容工程建设。

三、服务管理工作得到改进，通信质量稳中有升

全省电信企业重点加强了服务管理工作，在全体员工中深入开展了“用户至上、用心服务”的理念教育，提出了“学习海尔，追求卓越，提升服务，不争善胜”的服务工作指导方针和工作目标，以优质服务增强企业核心竞争力。实施了“环境、态度、技能”三个服务形象工程，改善前台服务质量，加强后台运维、建设、后勤对服务工作的支撑。作为全省电信发展战略重点，全省电信企业以贯彻落实集团公司《大客户经营服务管理办法》和省公司《补充规定》为中心，进

一步重视和加强了大客户服务工作，完善大客户服务流程，建立大客户服务绿色通道。2000年下半年以来，全省电信用户投诉数量逐月下降，服务形象得到改善。在全省行风评议回头看活动中，甘肃电信被评为通信业界第一名。在集团公司组织的2001年度用户满意度综合调查中，甘肃电信位居全国各省市区电信公司第八名，进入了全国电信服务质量的先进行列。2001年由于外力因素，给我省电信通信安全和通信质量带来很大影响，但全省电信企业加强检查巡视，改进维护工作，通信质量指标基本完成了核定目标。全年一、二级干线光缆全阻障碍比上年减少7次，网络接通率达到95.5%，163、169拨号上网接通率完成97.6%。进一步加强了互联互通工作，完成了联通、移动、吉通等业务的开放工作，与移动、联通网间话费结算工作也取得了突破性进展，保证了应收帐款的回笼。

四、管理创新工作稳步推进，主业、实业保持协调发展。

根据集团公司的部署，我省电信地市州分公司全部实行了财务集中管理，部分分公司进行了县局报账制的试点，资金利用率得到提高；推进了本地网集中维护管理工作，加快了交换机集中监控系统建设，对全省主导交换机型进行了调整和归并，召开了本地网集中维护体制改革现场会，明确了维护体制改革目标，各分公司正在积极落实维护体制改革方案。全省计费帐务集中管理工作已经启动，建成了全省统一的计费帐务系统，并已开始并网运行。开展了网络资源的调查，在试点的基础上，确定了全省本地网网络资源管理系统的建设方案。严格执行工程设备采购集中管理制度，在统谈分签的基础上，上年又将交换、光缆等设备纳入统谈统签的范围，同时加强合同综合管理，认真落实工程审计制度，既节约了建设资金，又促进了廉政建设。积极推进劳动、人事、分配制度改革，实行了员工绩效工资制度，全面开展了机构设置、定岗定编、竞争上岗工作。通过竞争上岗，各地市州分公司和电信传输局共有91名普通员工竞聘到中层管理岗位，原中层干部中有20人落聘，7人降级使用。省公司机关全员竞聘中新提拔部门正职1人，副职5人，二级部门负责人3人、高级业务经理10人，员工岗位交流达到25%。企业党风廉政建设、法律事务工作、工会工作和以企业文化为主要内容的精神文明建设工作取得明显成效，省公司已被省文明办、纠风办推荐为全国精神文明建设先进单位。积极主动做好离退休人员工作和职工思想政治工作，保证了企业稳定和各项工作措施的顺利实施。省公司和省实业公司共同拟定了代维、代营、物业管理、工程建设等框架协议，进一步明确了实业公司的经营服务范围。主业和实业在工作中坚持同安排、同落实、同检查、同奖惩，保证了全省电信发展不慢、工作不断、队伍不乱。

2001年我省通信发展虽然取得了较好的成绩，但随着通信市场的进一步开放以及竞争的不断加剧，全省电信企业存在的问题也不断凸现出来。一是全省电信企业处于新旧管理体制转型阶段，新的管理手段、方式还未能完全到位，改革创新的任务很重。二是省内其他运营商采取了不规范的竞争手段，吸引了大量低端客户，分流了话务量，给经营工作造成很大压力。三是由于初装费、附加费等的取消，企业资金紧张状况加剧。尤其是货币资金短缺，给企业的建设、运营带来了新的困难。四是大客户服务工作不到位，电信运营商对大客户的争夺激烈，个别大客户已有流失的危险。

青海电信2001年保持健康稳定发展

(青海省电信公司)

2001年是“十五”计划的开局之年，也是青海省电信公司完成主附、主辅分离改革后独立运作的第一年。一年来公司积极发展通信能力，大力开拓电信市场，转换企业经营机制，狠抓服务质量，保持了健康、稳定的发展势头。

一、量质并重，加快建设,综合通信能力进一步增强

全年共完成固定资产投资45478万元。新增市话交换机93638门，市话交换总容量达到651037门。建成多个省内光传输自愈环工程，新增长途光缆322皮长公里，全省长途光缆累计达到7240皮长公里。接入网建设加快，年内先后建成西宁、格尔木宽带城域网工程；实施了大批户线工程和市话线路、管道扩建工程，新增通信管道784.02公里，户线175.11公里，市话线路904.62公里。支撑网建设力度加大，全省LSTP支撑网、智能网、计费系统、“九七”工程和本地网网管监控系统工程相继竣工并投入使用。数据通信能力进一步增强，省内163、169并网扩容工程、DDN二期扩容工程建成并进入试运行阶段。全国骨干网各项工程进展顺利，完成了中国公众计算机互联网三期扩容及配套工程、多媒体宽带骨干网二期扩容工程、全国DDN三期扩容和全国数据通信网（DCN）骨干网二期工程。西宁第二长途枢纽楼开工建设，已完成主体60%的工程量。

二、强化经营，深挖市场，各项业务快速发展

各分公司紧紧抓住西部大开发带来的机遇，研究市场，细分市场，深挖市场，不断创新营销策略，积极拓展各项业务，取得了良好效果。电话放号完成103841部，完成年计划的127.02%，其中小灵通用户18105户。发展ISDN用户1735户，完成年计划的103.8%。数据业务发展逐步升温，年内新增基础业务用户434户，完成年计划的70.8%；信息业务用户22313户，完成年计划的208.5%。全省上网时长达15290万分钟，完成年计划的175.95%。

全网话务量经营取得成效。为增加话机单机产出量，各分公司认真组织开展电信资费宣传,大力发展电信新业务,并积极发展来电显示业务和各类卡式公用电话，有效地促进了全网话务量的增加。全年共发展来电显示用户30920户，新增IC卡电话2677部，各类电话卡销售额1952万元。

在电信各项业务快速发展的同时，各级电信企业努力化解资费调整带来的不利影响，使全省电信业务收入保持了稳步增长。2001年共实现电信业务收入49963万元，完成年计划的100.94%，较上年增长9.63%。其中本地网电话业务收入完成27636万元，增长13.33%；国内长话业务收入完成19525万元，增长0.95%；数据通信业务收入完成2498万元，增长69.33%。全省通信企业全员劳动生产率达到22.11万元，较上年增长33.43%。

三、坚持用户至上，推进服务创新，服务水平迈上新台阶

各分公司坚持把“用户至上，用心服务”的理念贯穿于服务的各个环节，以首问负责制为突破口，增强员工服务意识，理顺内部服务流程，狠抓窗口服务水平的提高，收到了积极的效果。一是员工改善服务的自觉性和责任感进一步增强，推诿扯皮的现象得到有效控制。二是把服务纳入标准化管理的轨道，窗口服务逐步规范。省公司制定了高于部颁标准的服务标准，数据通信障碍修复及时率和电话装移修机历时进一步缩短。三是服务监督检查力度加大。省公司组织检查组对十五个电信企业的服务情况进行了监督检查，对存在的问题进行现场整改。四是大客户服务工作进一步增强，围绕“全面服务，重点监控”的目标，全省建立了大客户服务反馈制度和分级管理制度，明确了大客户服务机构的职责和人员，努力为大客户提供

“三优”服务，得到了大客户的肯定。五是互联互通工作取得成效。在省公司各部门及相关电信企业的共同努力下，互联互通工作在网络资源确认与调度，数据开放，互联技术方案及互联工程等方面建立了绿色通道，各企业互联互通的服务和效益意识进一步增强。全年共实现网间结算收入2556万元。

四、推进企业改革，以改革促发展，提高企业素质

按照建立现代企业制度的改革方向，去年省公司以推进“三项”制度改革为突破口，大力转换企业经营机制，取得明显成效。全省大范围地实施了竞争上岗的员工动态管理办法，员工的危机感、紧迫感进一步增强。为适应公司化运作需要，进一步体现按劳分配和效率优先、兼顾公平的分配原则，打破平均主义的分配制度，合理拉开分配档次，省公司实行了效绩工资制改革，加大了分配向优秀人才倾斜的力度，充分调动了员工的积极性。与此同时，按照集团公司的部署，为减少管理层次，缩短管理链条，省公司实施了省会城市和省公司改革合并工作，使企业生产经营管理更加贴近市场，增强了管理的针对性和实效性。

五、加强企业管理，细化管理工作，向管理要效益

在企业改革和发展任务十分繁重的情况下，省公司所属各单位认真贯彻集团公司“五项集中管理”的要求，保证了企业健康有序发展。根据企业发展的需要，各部门及时补充完善和出台了一些新的规章制度，进一步理顺了内部管理流程，夯实了企业管理的基础。财务部门狠抓日常财务基础管理工作的监督和考核，强化全省有价卡和固定资产的管理，检查、清理在建工程支出及账务，进一步提高了资金利用率。审计部门加大了财务收支审计力度，全年共查出违纪金额2661万元，完成收支审计项目615个，工程审减金额1374万元。运行维护部门树立维护就是服务的观念，加强网络维护管理，调整和优化网络资源，努力做好经营后台技术支撑工作，为公司的发展提供了良好的网络保障。社保部门认真做好职工医疗保险制度改革，减轻了企业负担，保障了员工利益。离退休管理部门将省公司党组对离退休老同志的关心认真落到实处，赴省外看望离退休后异地安置的老同志，使他们感受到了电信大家庭的温暖，增进了他们对青海电信发展的理解与支持。此举也在集团公司和各相关省市电信公司引起了强烈反响。安全生产和保卫部门全面贯彻集团公司的工作思路，认真落实安全管理措施和资金，加强通信大楼火灾消防和通信要害管理，预防和打击破坏电信犯罪活动，大力整顿营业场所秩序，确保了企业生产的正常进行。

六、加强员工培训，提高队伍素质，精神文明建设取得新成绩

省公司重点贯彻落实集团公司《关于加强员工教育培训工作的指导意见》，围绕公司的发展战略目标，把员工教育培训作为人力资源管理的重要环节，规范员工教育培训工作，加大各层次人才的培训力度，增强了员工的素质。全年省公司举办了22期短训班，培训人数894人。党群组织围绕企业发展目标，加强基层组织建设，深入开展思想政治工作，狠抓员工职业道德教育，有效地促进了公司两个文明的协调发展。全省已建成文明单位42个，海东、海南分公司还建成了地区级文明行业单位。省公司继荣获“全国商业企业消费教育先进单位”称号后，又先后被评为“2001－2002年度绿色消费服务单位”和“全省商品和服务明码标价示范单位”。

深化改革 加快发展 宁夏电信圆满完成全年各项目标和任务

(宁夏电信公司)

2001年宁夏电信按照集团公司“三个创新”和“五集中管理”的总体要求，继续深化改革，积极探索新的管理模式，稳步实施为适应西部大开发宁夏电信“三步走”发展战略，圆满完成全年各项目标和任务，各项事业持续健康发展。

一、网络技术层次显著提高，通信能力进一步增强

全年完成固定资产投资3.17亿元，固定资产总值达到23.1亿元。全区长途光缆线路长度达到1908公里，本地中继光缆线路达到2505公里，长途业务电路达到34411路，长途电话交换机总容量达到51930路端，本地网电话交换机总容量达到76万门，无线市话容量达到16万门，接入网设备容量达到25万门。

数据网、传输网和接入网建设加快，建成全区ATM宽带骨干网、宽带ADSL接入网和IP电话网，数据通信网端口数达到4399个，IP网端口总数达到4193个，建成宽带信息化小区信息接入点4000个。全区二级干线波分系统和银川市10GSDH传速系统建成使用。银川及各地市接入网、无线市话接入工程顺利完成。全区智能网、No.7信令网、动力环境集中监控和本地网纵向联网系统、1000号客服中心系统相继建成。积极实施网络优化，完成了网上骨干机型F—150交换机的版本升级改造、区内二级干线扩容改造、163/69网络优化调整、银川和吴忠农话交换机计费改造及全区农话点电源改造等工程。

二、积极开拓市场，各项业务快速发展

全年电信业务总量完成6.81亿元，较上年增长14.7%。电话用户新增13万元，达到69.5万户。IP电话促销力度加大，IP国内长途电话通话时长达到1368万分钟，使用17909主叫直拨的用户达到23.6万人次，市场份额已从年初的62%迅速增长至年末的92%，话务量已占长途话务量的41%。IC卡电话新增话机1467部，累计达到6939部。数据分组交换和DDN业务达到2926户，因特网用户达到8.3万户，用户上网时长达到4.74亿分钟，完成年计划的158%。全年电信业务收入完成6.28亿元，较上年增长8.9%。完成集团公司下达计划的100.5%。全员劳动生产率达到24万元。

三、加快建立服务新机制，整体服务水平不断提高

不断加大服务工作力度。制定了一系列服务质量考核办法，认真执行“首问负责制”，加强监督检查。积极采取措施解决服务中的热点问题：加强对计费、账务数据的层层核查。确保计费数据准确无误，减少了话费纠纷；加强IC卡电话管理，话机完好率达到95%以上。认真执行电话装机修机及各项业务受理回访制度，电话装移机时限缩短为5天。经服务质量用户评价调查，全区固定电话用户满意度达到84.6分，满意率达到92%。

初步建立大客户服务体系。通过公开竞聘的方式充实客户经理队伍，并积极组织业务培训和测试，强化综合素质。修订完善大客户服务规章制度，制定了客户经理等级考核细则及一系列服务规范，理顺了业务流程，为做好大客户服务工作提供了有力保证。面对激烈的市场竞争，努力发掘潜在大客户市场，确定了200家自治区公司级大客户，与5家大客户单位签订了全面业务合作框架协议，与7家房地产公司签订了共建智能化小区的意向书，签订各类网元出租协议26份。

四、深化改革，注重创新，管理效率不断提高

电信实业公司成立后，主、实业双方密切配合，顺利完成通信非核心业务及人员的分离和各类多种经营

企业的初步清理规范。同时进行了实业公司内部子公司、分公司的改革和业务重组。

区市电信公司合一工作获得成功，银川业务部人员、机构得到精减，减少了管理层次，生产组织得以充实和加强，成本费用得到进一步控制，市场反应能力增强。针对市场竞争不断改进内部经营服务工作和业务流程，及时调整营销策略，加大新业务的推广力度。积极做好竞争中的合作与服务，与多家电信运营商签定互联互通和业务开放协议，实现网间互联。

全面实施“收支两条线”财务管理办法，进一步加大对分公司及县局的财务集中管理力度，初步建立了以资金管理为核心的财务管理机制，提高了投资决策的科学性，加大了宏观管理力度，有效控制了各分公司成本费用开支，提高了资金使用效率。加快推进从计划管理模式向预算管理模式的转变，为推行全面预算管理打下了良好的基础。积极清理欠费，用户欠费催缴及时率达到94.4%。

为进一步理顺计划投资管理体制，贯彻法人治理原则，加大对计划的调控力度，规范了基本建设投资程序，集中投资决策权，有效控制了投资规模。加强在建工程管理，全年共清理在建工程资金1.18亿元。同时，强化内部审计监督，全年共完成审计项目1022个，审计资金2.1亿元，审减工程费用852万元，较好地发挥了审计监督智能。

努力提高各级领导和全体员工的法制观念，在经营服务、基本建设、物质采购等容易出现纠纷的工作环节上，从规范合同订立、严格履约和正确处理诉讼案件入手，以加强和改进基础工作为重点，依法经营，在保护企业的合法权益方面取得了可喜成绩。全年公司订立各类经营合同415份，未出现合同纠纷；共参与各种诉讼43件，胜诉率达到90%以上，为企业挽回经济损失260万元。

按照“三步走”发展战略，积极调整、优化网络，推进维护体制改革，95%的交换机的监控与维护纳入本地网管，实施动力环境集中监控。加强线路维护，代维工作顺利开展。网络运行质量不断提高，全区长途来话接通率完成62%，网络接通率完成96.4%，呼叫达到率完成95.5%，长途来转话接通率完成58%，163、169网来话接通率完成94.4%，实现一、二级光缆干线全年零阻断，对新设机构和缺员岗位实行竞聘上岗，严格选拔、考核程序。制定了宁夏电信员工管理办法，对公司员工管理作了全面规范。完善劳动用工制度，树立效益优先观念，以精减机构、减少管理层次为重点实施劳动组织管理，完成了岗位描述工作，为开展竞争上岗、薪酬改革做了一定的准备。加强岗位绩效考核，试行岗位末位淘汰制，增强了员工的危机意识和工作积极性。

安全生产和安全保卫工作认真贯彻“安全第一，预防为主”的方针，加强物防、技防建设，定期进行安全检查，及时消除各种隐患，保证了通信安全和正常的生产秩序

五、加强精神文明建设，员工队伍素质不断提高

以“三个代表”的重要思想为指导，紧密联系公司实际，深入开展“三讲”教育活动，领导班子整体素质特别是思想政治素质和经营管理水平不断提高。采取公开民主的方式选拔年轻优秀的管理人员进入基层企业领导班子，在组织上为企业创新与发展提供保证。充分发挥职工代表大会参与民主管理作用，提供决策的民主性和科学性。进一步加强党风廉政建设，加大违规违纪问题查除力度，积极开展警示教育。针对“五集中”管理的新特点，及时加强内控，审计、监察部门全过程参与工程建设、通信器材招投标等工作，有效预防了违纪问题的发生。为适应企业发展需要，积极开展针对性、实效性的员工培训。全年共举办各类培训班184个，培训员工3556人次。积极开展专业技术评审工作，首次打破身份界限允许生产岗位人员审报职称。建立公司“百名优秀人才队伍”，首批宁夏电信优秀人才已经确定。对稳定公司员工和人才队伍，营造有利与人才发展的良好环境，起到了积极作用。

积极开展企业文化建设，各基层单位党政工团密切配合，通过开展形式多样的文体娱乐活动，编印出版《宁夏电信》、《宁夏电信年鉴》等刊物，丰富了员工的精神文化生活。积极推行司务公开，广大员工的主人翁意识和企业的向心力、凝聚力进一步增强。

新疆电信2001年发展速度快经济效益好

(新疆电信公司)

一、网络建设取得新成就

2001年新疆电信完成固定资产投资22.1亿元。以技术创新为先导，着重加大骨干传输网、本地电话网、宽带接入网以及高速互联网的建设力度，全网综合通信能力进一步增强。

在骨干传输网建设方面，采用先进的DWDM技术对全疆骨干光缆网进行了全面技术改造，进一步提升了网络的技术层次。新建光缆1283皮长公里，全区长途光缆总长度达到3.05万皮长公里；长途交换机容量达到10.68万路端；长途业务电路达到47.09万路。全区光缆骨干网的布局不断完善，全网综合通信能力和网络的安全性、可靠性进一步提高。

在接入网建设方面，加大建设力度，开展用户驻地网的建设，已具备了10.4万个端口的宽带接入能力。

在本地网建设方面，对全区本地电话网进行了全面改造、扩容和优化，完成新增和改造交换机容量99.5万门，局用交换机总容量达到383万门；完成了520个VSAT站的安装工程，实现了自治区人民政府提出的乡乡通电话的奋斗目标；积极开展了无线市话的建设，目前已有9个城市的无线市话系统开通运行。

在数据和多媒体网建设方面，建成了覆盖各地州市的ATM宽带骨干网；完成了全区多媒体通信网三期扩容工程，大部分地州市互联网出口带宽达到2.5G，出疆总带宽达到622M；数据和多媒体通信网新增各类端口5.4万个，总容量达到18.72万个端口。

在支撑网和管线建设方面，本地网集中计费工程已在7个地州市分公司割接开通；加快管道工程建设的步伐，全年建成管道3550孔公里，为加快各项业务的发展，提高市场份额奠定了良好的基础。

二、电信业务持续快速发展，经营效益稳步增长

2001年新疆电信不断加大市场营销力度，推出了“代理制”、“批量优惠”、“捆绑销售”、“百万网民免费培训”等一系列市场营销活动，努力拓展市场，各项业务保持了良好的发展势头。全年完成业务量28.9亿元，业务收入29.8亿元，同比增长15.9%。全年净增电话用户41.34万户（包含26895户无线市话用户），电话用户总数达到232.34万户，增长21.6%。固定电话主线普及率达到每百人12.59部。全区新增各类公用电话1.39万部，总数达到8.35万部。数据和多媒体业务发展迅猛，各类用户已达20.7万户。

1、本地电话

本地电话业务总量完成168,005万元，同比增长35.5%，占电信业务总量的58.1%；业务收入完成180,762万元，占通信业务总收入的61.56%，同比增收21,467万元，增长幅度为13.48%。为提高本地网通信能力，新疆电信加大了本地网、无线市话及通信管道工程的建设，在本地网建设方面，对全区16个本地电话网进行了全面改造、扩容和优化，新增和改造交换机容量99.5万门，局用交换机总容量达到383万门。积极开拓市场，牢牢抓住重点业务和现有客户，加大新业务的开发，努力发展新用户，全年共发展电话用户41.34万户，（包含26895户无线市话用户），电话用户总数达到232.34万户，增长21.6%。

2、长途电话

全疆电信长途电话业务总量完成110,833万元，比上年增长8.7%，占电信业务总量的38.3%；国内长途电话业务收入完成100,540万元，占总业务收入比重34.24%，比上年同期增收17,563万元，增长幅度为21.17%；国际通信业务收入完成1786万元，国际及港澳台通话次数71.7万次，通话时长59.5万分钟。IP电话2001年通话时长4.98亿分钟，同比增长1187.09%，IP通话次数11,255万次，占长话通信次数的33.63%。

3、数据通信

全疆电信数据和多媒体通信网新增各类端口5.4

万个，总容量达到18.72万个端口。有力地促进了数据通信业务的应用和发展。与乌鲁木齐海关联合进行了“中国电子口岸”网上报关、退汇业务，为新疆地区的对外贸易提供了网上灵活的申报方式，此项业务应用经初期推广，已发展多媒体业务用户约300户，取得了较好的社会效益和经济效益；与新疆自治区广播电视大学合作推出了“新疆远程教育网”，利用全疆宽带IP网真正意义地实现了全疆一个课堂的目标，可向全疆各级广播电视大学网络教室提供双向互动式网上教学；同时积极筹备与新疆自治区国税局合作开发“网上报税”项目。2001年新疆电信数据和多媒体业务发展迅猛，各类用户已达20.7万户，增长60.96%，数据通信业务收入完成9870万元，占业务收入比重的3.4%。

4、无线市话

为提高企业综合竞争力，培育业务新的增长点，2001年新疆电信投资3亿多元，在区内部分城市积极开展了无线市话建设。截止2001年底，哈密、石河子、喀什、阿克苏、巴州、昌吉、奎屯、乌鲁木齐、独山子等9个城市的无线市话系统已开通运行。制定了适合本地区发展的营销策略，在全区形成了统一宣传标识，统一宣传形象，统一宣传用语的强大的宣传阵势，并大胆尝试了“代理制”、批量优惠、筹建营销小分队等新的销售方式，取得了显著成效。到年底，发展无线市话业务用户26,895户。

5、运行维护

2001年新疆电信运行维护部门树立“维护也是服务”的观念，积极做好维护管理和改革工作，使全网运行质量进一步提高。长途自动网络接通率为94.08%，本地网综合来话接通率为53.01%，数据电路开通及时率为100%，Internet忙时拨号中继线接通率为96%，电路开通及时率为96.5%，一、二级干线光缆畅通率和一、二级干线卫星通信畅通率均为99.9%。网络运行质量各项指标均全面完成年度目标。对传输体制进行了改革重组，实现了光缆、微波、卫星的集中统一维护。认真开展本地网农话光缆的大修整治工作，提高了本地网农话光缆的维护质量。应急通信部门遵循平战结合、确保畅通的原则，完成短波发信业务4.1万路小时，增长32%；先后为中央电视台、香港广播电视公司和大型体育活动提供了优质的图像传送和实况转播服务。党政专线部门以“安全、保密、高效、优质”为宗旨，不断加强基础管理，努力做好专线维护，保证了重要通信的安全畅通。

三、坚持服务创新，服务水平进一步提高

一年来，全疆电信以提高客户满意率和信誉度为目标，建立健全了服务检查机构和规章制度，大力推行“首问负责制”和“用户回访制”，努力解决用户反映的热点、难点问题。开通了“96180总经理热线”，使服务工作监督机制进一步完善，用户投诉量大大减少；制定了服务质量领导责任制，加大了服务工作在绩效考核中的份量，逐步建立起改善服务工作的激励机制。全区新装电话用户回访率达到100%，装、移机及时率达到95%，修机及时率达到98%，集团客户租用专线及网元业务开通及时率基本达到100%。

2001年公司建立了互联互通工作机构，与区内移动公司、联通公司、铁通公司、网通公司和吉通公司等电信运营商实现了相关互联互通业务的开放，实现互联互通结算收入2.03亿元。

大客户服务工作得到各级电信企业的特别重视，公司市场经营部内设置了负责全区大客户经营服务管理工作的大客户部；以原乌鲁木齐市电信分公司大客户服务中心为基础，设立了新疆电信公司集团客户服务中心，为全疆集团客户及乌鲁木齐大客户提供一站服务，并做好日常的运作管理和统筹协调工作；在各地州市分公司市场经营部内也设置了相应的大客户服务部，主要负责辖区内大客户经营服务的管理工作，同时，在各县局还设置了大客户服务室，配备了专门人员。建立了以行业特征电信消费类别为主要内容的大客户档案资料，并以行业划分对大客户实行客户经理制，分片包干，分工负责，派驻客户经理。在企业内建立了大客户“绿色通道”，对大客户的工单实行优先处理，为集团客户提供专线出租、业务集成等“一点受理”、“一站购齐”的服务。这些措施使电信服务开始从用户满足型向满意型转变。

中 国 电 信 年 鉴

附录：文件选登

《电信服务质量监督管理暂行办法》

（2001年1月11日）

第一条 为了促进我国电信事业健康、有序、快速地发展，维护电信用户的合法权益，加强对电信业务经营者服务质量的监督管理，根据《中华人民共和国电信条例》及有关法律、行政法规的规定，制定本办法。

第二条 本办法适用于中华人民共和国境内所有获得经营许可的电信业务经营者。

第三条 信息产业部根据国家有关法律、行政法规对电信业务经营者提供的电信服务质量进行监督管理。省、自治区、直辖市通信管理局负责对电信业务经营者在本行政区域提供的电信服务质量进行监督管理。（信息产业部，省、自治区、直辖市通信管理局以下统称电信管理机构）

第四条 电信服务质量监督管理工作遵循公平、公正、公开的原则，实行政府监管、企业自律、社会监督相结合的机制。

第五条 电信服务质量监督管理的任务是对电信业务经营者提供的电信服务质量实施管理和监督检查；监督电信服务标准的执行情况；依法对侵犯用户合法利益的行为进行处罚；总结和推广先进、科学的电信服务质量管理经验。

第六条 电信管理机构服务质量监督的职责是：

（一）制定颁布电信服务质量有关标准、管理办法并监督实施；

（二）组织用户对电信服务质量进行评价，实时掌握服务动态；

（三）纠正和查处电信服务中的质量问题，并对处理决定的执行情况进行监督，实施对违规电信业务经营者的处罚，对重大的质量事故进行调查、了解，并向社会公布重大服务质量事件的处理过程和结果；

（四）表彰和鼓励电信服务工作中用户满意的先进典型；

（五）对电信业务经营者执行资费政策标准情况、格式条款内容进行监督；

（六）负责组织对有关服务质量事件的调查和争议的调解。

第七条 电信管理机构工作人员在监督检查服务质量和处理用户申诉案件时，可以行使下列职权：

（一）询问被检查的单位及相关人员，并要求提供相关材料；

（二）有权进入被检查的工作场所，查询、复印有关单据、文件、记录和其他资料，暂时封存有关原始记录。

电信管理机构工作人员实施监督检查过程中，应出示有效证件，并由两名或两名以上工作人员共同进行。

第八条 电信管理机构不定期组织对电信业务经营者的服务质量进行抽查，并向社会公布有关抽查结果。

第九条 电信管理机构将用户满意度指数作为对电信业务经营者服务质量评价的核心指标，组织进行电信服务质量的用户满意度评价活动。鼓励电信业务经营者建立科学的用户满意度评价体系。

第十条 电信管理机构定期向社会公布电信服务质量状况和用户满意度指数。

第十一条 电信管理机构可以依靠全国电信用户委员会以及社会舆论等，沟通与广大用户的联系，听取用户的意见与建议，充分发挥用户的监督作用。

电信用户申诉受理中心应当定期通报受理用户申诉和统计分析情况。

第十二条 电信用户有对电信业务经营者的服务质量及保护用户权益工作进行监督的权利，有权向电信业务经营者及电信管理机构提出改善电信服务的意见和建议，有权检举、控告损害用户权益的行为及有关工作人员在监督检查工作中的违法失职行为。

第十三条 电信管理机构有权要求并督促电信业务经营者采取有效措施，保证所提供的服务质量得以持续改进。

第十四条 电信业务经营者应当按规定向电信用户申诉受理中心交纳服务质量保证金。

第十五条 电信业务经营者制定和使用格式条款应当报电信管理机构备 案。格式条款应当符合国家有关法律、行政法规的规定，全面、准确地界定经营者与用户间的权利和义务，并采取合理的方式提请用户注意免除或限制电信业务经营者责任的条款，按照对方的要求，对该条款予以说明。根据业务发展情况，应及时规范和调整格式条款的有关内容。

第十六条 电信业务经营者应对外公布投诉电话，配备受理用户投诉的 人员；对用户投诉应在规定的时限内予以答复，不得互相推诿；对电信管理机构督办的事宜，应在规定的时限内将处理结果或处理过程向其报告；对用户提出的改善电信服务的意见和建议要认真研究，主动沟通。

第十七条 用户要求查询通信费用时，在计费原始数据保存期限内，电 信业务经营者应提供查询方便，做好解释工作。在与用户发生争议、尚未解决的情况下，电信业务经营者应负责保存相关原始资料。

计费原始数据保存期限为5个月。

第十八条 电信业务经营者应定期对照电信服务标准进行自查。跨省经 营的电信业务经营者将自查情况每半年向信息产业部报告，其分支经营单位及取得省内经营电信业务许可证的经营者将自查情况每半年向本省（自治区、直辖市）通信管理局报告。

为《电信服务标准（试行）》中规定的重大通信障碍阻断，电信业务经营者应立即向电信管理机构报告。

第十九条 代办电信业务单位（或个人）的服务质量，由委托的电信业 务经营者负责，并负责管理和监督检查。

第二十条 电信业务经营者必须配合电信管理机构的检查或调查工作，如实提供有关资料和情况，不得干扰检查或调查活动。

第二十一条 对电信业务经营者违反电信服务标准，并损害用户合法权 益的行为，由电信管理机构发出限期整改书；对逾期不改者，视情节轻重给予警告或者处以500元以上、10000元以下罚款。

第二十二条 电信业务经营者妨碍电信管理机构进行监督检查和调查工 作或提供虚假资料的，责令改正并予以警告，逾期不改的，处以10000元以下罚款。

第二十三条 电信业务经营者不能按期、如实向电信管理机构报告服务 质量自查情况的，给予警告。

第二十四条 电信业务经营者对行政处罚决定不服的，可以向其上一级 机关申请复议，对复议决定不服的，可以向人民法院提起诉讼；也可以直接向人民法院提起诉讼。

第二十五条 电信管理机构工作人员对调查所得资料中涉及当事人隐私 、商业秘密等事项有保密义务。

第二十六条 电信管理机构工作人员滥用职权、玩忽职守或包庇电信业 务经营者侵害用户合法权益的，由其所在部门或上级机关给予行政处分；情节严重，构成犯罪的，依法追究刑事责任。

第二十七条 本办法自发布之日起施行。

《电信用户申诉处理暂行办法》

（2001年1月11日发布）

第一章 总　则

第一条 为了保护电信用户的合法权益，规范用户申诉处理行为，根据《中华人民共和国电信条例》及其它有关法律、行政法规的规定，制定本办法。

第二条 本办法适用于处理用户在接受电信服务的过程中与电信业务经 营者发生的争议。

第三条 本办法所称电信管理机构，是指信息产业部或省、自治区、直 辖市通信管理局。

本办法所称申诉受理机构，是指全国电信用户申诉受理中心和省、自治区、直辖市电信用户申诉受理机构。

本办法所称申诉人，是指在使用电信业务、接受电信服务中，与电信业务经营者发生争议并向申诉受理机构提出申诉的电信用户。

本办法所称被申诉人，是指因与用户发生争议而被用户申告的电信业务经营者。

第四条 信息产业部对全国电信用户申诉处理工作进行监督指导。全国 电信用户申诉受理中心受信息产业部委托，依据本办法开展全国电信用户申诉受理工作。

省、自治区、直辖市通信管理局可以根据本地实际情况设立电信用户申诉受理机构。电信用户申诉受理机构受省、自治区、直辖市通信管理局的委托并在其监督指导下，依据本办法开展本行政区电信用户申诉受理工作。

第五条 申诉处理以事实为依据，以法律为准绳，坚持公正、合理、合 法的原则。

第六条 申诉受理机构对电信用户申诉案件实行调解制度，并可以出具 调解意见书。

第七条 申诉受理机构每季度将受理用户申诉的统计报表上报同级电信 管理机构。

第二章 受　　理

第八条 电信业务经营者应当认真受理用户的投诉，并在接到用户投诉 之日起15个工作日内答复用户。用户对电信业务经营者的处理结果不满意或者电信业务经营者在接到投诉后15个工作日内未答复的，可以向申诉受理机构提出申诉。

第九条 申诉人应当向被申诉人所在省、自治区、直辖市的申诉受理机 构提出申诉。被申诉人所在省、自治区、直辖市没有设立申诉受理机构的，申诉人可以向全国电信用户申诉受理中心提出申诉。

第十条 申诉受理机构对有下列情形之一的申诉案件不予受理：

（一）属于话费争议的申诉，申诉事项发生时距提起申诉时超过五个月的，其他申诉，申诉事项发生时距提起申诉时超过二年的；

（二）申诉人与被申诉人已经达成和解协议并执行的；

（三）申诉受理机构已经就申诉事项进行过调解并出具调解意见书的；

（四）人民法院、仲裁机构或者消费者组织已经受理或者处理的；

（五）国家法律、行政法律及部门规章另有规定的。

第十一条 用户申诉应当符合下列条件：

（一）申诉人是与申诉案件有直接利害关系的当事人；

（二）有明确的被申诉人；

（三）有具体的申诉请求和事实根据。

第十二条 申诉采用书面形式。申诉材料应当包括下列内容：

（一）申诉人姓名或名称、地址、电话号码、邮政编码；

（二）被申诉人名称、地址；

（三）申诉要求、理由、事实根据；

（四）申诉日期。

第十三条 申诉受理机构在接到用户申诉时，应当询问用户是否就申诉 事项向电信业务经营者提出过投诉，电信业务经营者是否给予处理或答复。

对于未经电信业务经营者处理的用户申诉，申诉受理机构应当告知用户先向电信业务经营者投诉。

对于咨询有关电信政策的用户申诉，申诉受理机构应当向用户作出解答。

第十四条 申诉受理机构应当于收到申诉之日，作出受理或者不予受理 的决定，并通过申诉人。对于不予受理的申诉，应当告知不予受理的理由。

第三章 办　　理

第十五条 对于决定受理的用户申诉，申诉受理机构应当在受理用户申 诉后2个工作日内将用户申诉内容和转办通知书发送被申诉人。

转办通知书应当载明申诉受理机构名称及联系方式、申诉人名称及联系方式、申诉人的申诉请求摘要、申诉受理机构对申诉处理的要求等。

第十六条 对申诉受理机构要求回复处理意见的，被申诉人收到转办通 知书后，应当在10个工作日内将申诉事项的事实情况和处理结果或者处理意见以及申诉人对处理结果的意见（满意程度）反馈给申诉受

理机构。

第十七条 申诉受理机构应当在收到申诉30个工作日内向申诉人作出答复，将申诉处理情况告知申诉人。

对于被申诉人与申诉人协商和解的申诉，申诉受理机构可以作结案处理。

对于被申诉人与申诉人未能协商和解的申诉，申诉受理机构可以进行调解。

第十八条 对于被申诉人侵犯申诉人合法权益的申诉，必要时申诉受理机构应当将申诉案件转呈同级电信管理机构依照相关法律、行政法规和部门规章对被申诉人进行行政处罚。

第四章 调　解

第十九条 对于属于民事争议的下列情形，申诉受理机构可以组织双方当事人进行调解：

（一）申诉人与被申诉人已经就申诉事项进行过协商，但未能和解的；

（二）申诉人、被申诉人同意由申诉受理机构进行调解的；

（三）信息产业部规定的其它情形。

第二十条 申诉受理机构就所争议的事项对双方当事人进行调解，达成协议的，可以制作调解书，视为结案；仍达不成调解协议的，应争议任何一方的要求，申诉受理机构可以出具调解意见书，视为结案。

第二十一条 申诉受理机构调解无效的，争议双方可以依照国家有关法律规定就申诉事项向仲裁机构申请仲裁或者向人民法院提起诉讼。

第五章 调　查

第二十二条 申诉受理机构可以通过电话、传真、书信以及实地调查等方式向申诉人和被申诉人了解有关情况，要求提供有关证据；申诉受理机构可以根据有关法律、行政法规和部门规章的规定，收集证据或者召集有关当事人进行调查。

第二十三条 申诉受理机构的调查人员有权行使下列权利：

（一）访问当事人和有关人员；

（二）要求有关单位和个人提供书面材料和证明；

（三）要求当事人提供有关技术材料；

（四）查阅、复制有关文件等。

第二十四条 调查应当由两名工作人员共同进行，调查时应当出示有效证件和有关证明，并应当制作调查笔录。调查人员对涉及当事人隐私、商业秘密等事项负有保密义务。

第二十五条 被调查人员必须如实回答调查人员的询问，提供相关证据。

第二十六条 申诉受理机构认为需要对有关设备、系统进行检测或者鉴定的，经同级电信管理机构批准后，交由指定检测或者鉴定机构进行检测、鉴定。被申诉的电信业务经营者应当予以配合。

第六章 附　则

第二十七条 申诉受理机构按照用户申诉人工作量从电信业务经营者交纳的服务质量保证金中扣除一定的处理费。

第二十八条 申诉受理机构每季度将受理用户申诉的统计报表向电信业务经营者进行通报。

第二十九条 对于电信用户与公用电信等代办点的争议，电信用户可以向委托代办的电信业务经营者投诉；对于电信用户与宾馆、饭店等电信业务代办点的争议，电信用户可以直接向申诉受理机构提出申诉。

第三十条 本办法自发布之日起施行。

《公用电信网间互联管理规定》

(2001年5月10日发布)

第一章 总 则

第一条 为了维护国家利益和电信用户的合法权益，保护电信业务经营者之间公平、有效竞争，保障公用电信网间及时、合理地互联，根据《中华人民共和国电信条例》，制定本规定。

第二条 本规定适用于中华人民共和国境内经营基础电信业务的经营者在下列电信网间的互联：

（一）固定本地电话网；

（二）国内长途电话网；

（三）国际电话网；

（四）IP电话网；

（五）陆地蜂窝移动通信网；

（六）卫星移动通信网；

（七）互联网骨干网；

（八）信息产业部规定的其他电信网。

第三条 电信网之间应当按照技术可行、经济合理、公平公正、相互配合的原则实现互联。

第四条 信息产业部和省、自治区、直辖市通信管理局（以下合称“电信主管部门”）是电信网间互联的主管部门。信息产业部负责本规定在全国范围内的实施工作；省、自治区、直辖市通信管理局负责本规定在本行政区域内的实施工作。

第五条 本规定下列用语的含义是：

（一）互联，是指建立电信网间的有效通信连接，以使一个电信业务经营者的用户能够与另一个电信业务经营者的用户相互通信或者能够使用另一个电信业务经营者的各种电信业务。互联包括两个电信网网间直接相联实现业务互通的方式，以及两个电信网通过第三方的网络转接实现业务互通的方式。

（二）互联点，是指两个电信网网间直接相联时的物理接口点。

（三）主导的电信业务经营者，是指控制必要的基础电信设施，并且所经营的固定本地电话业务占本地网范围内同类业务市场50%以上的市场份额，能够对其他电信业务经营者进入电信业务市场构成实质性影响的经营者。

（四）非主导的电信业务经营者，是指主导的电信业务经营者以外的电信业务经营者。

第二章 电信业务经营者的互联义务

第六条 电信业务经营者应当设立互联工作机构负责互联工作。互联工作机构应当建立正常的工作联系制度，保证电信业务经营者与电信主管部门之间以及电信业务经营者之间工作渠道的畅通。

第七条 主导的电信业务经营者应当根据本规定制定包括网间互联的程序、时限、互联点的数量、用于网间互联的交换机局址、非捆绑网络元素提供或出租的目录及费用等内容的互联规程。互联规程报信息产业部批准后执行。互联规程对主导的电信业务经营者的互联互通活动具有约束力。

第八条 电信业务经营者不得拒绝其他电信业务经营者提出的互联要求，不得违反国家有关规定擅自限制用户选择其他电信业务经营者依法开办的电信业务。

第九条 主导的电信业务经营者有义务向非主导的电信业务经营者提供与互联有关的网络功能（含网络组织、信令方式、计费方式、同步方式等）、设备配置（光端机、交换机等）的信息，以及与互联有关的管道（孔）、杆路、线缆引入口及槽道、光缆（纤）、带宽、电路等通信设施的使用信息。

非主导的电信业务经营者有义务向主导的电信业务经营者提供与互联有关的网络功能、设备配置的计划和规划信息。双方应当对对方提供的信息保密，并不得利用该信息从事与互联无关的活动。

第十条 非主导的电信业务经营者的电信网与主导的电信业务经营者的电信网网间互联，互联传输线路必须经由主导的电信业务经营者的管道（孔）、杆路、线缆引入口及槽道等通信设施的，主导的电信业务经营者应当予以配合提供使用，并不得附加任何不合理的条件。两个非主导的电信业务经营者的电信网网间直接相联，互联传输线路必须经由主导的电信业务经营者的楼层院落、管道（孔）、杆路、线缆引入口及槽道等通信设施的，主导的电信业务经营者应当予以配合提供使用，并不得附加任何不合理的条件。

前款主导的电信业务经营者的通信设施经省、自治区、直辖市通信管理局确认无法提供使用的，非主导的电信业务经营者可以通过架空、直埋等其他方式解决互联传输线路问题。

第十一条 主导的电信业务经营者应当在规定的互联时限内提供互联，非主导的电信业务经营者在规定的互联时限内实施互联。双方均不得无故拖延互联时间。

第十二条 电信业务经营者应当执行信息产业部制定的相关网间互联技术规 范、技术规定。

网间通信质量应当符合国家有关标准。电信业务经营者应当保证网间通信质量不低于其网络内部同类业务的通信质量。

第十三条 应非主导的电信业务经营者的要求，主导的电信业务经营者应当 向对方网的用户提供电话号码查询业务，并经双方协商后，可按查号规则查询到对方网的可查询用户号码。非主导的电信业务经营者应当按查号规则向对方提供本网的可查询用户号码资料。

应非主导的电信业务经营者的要求，主导的电信业务经营者应当向对方网的用户提供火警、匪警、医疗急救、交通事故报警等紧急特种业务。非主导的电信业务经营者应当每日进行紧急特种业务的拨叫例测。双方应当共同保证紧急特种业务的通信质量。

第十四条 电信业务经营者向本网开放的各种电信业务接入号码（含短号码）、其他特种业务号码（含电信业务经营者所用的业务号码、政府公务类业务号码、社会服务类业务号码）、智能业务号码等，应一方的要求，应当及时向对方网开放，并保证通信质量。

第十五条 两个非主导的电信业务经营者的电信网网间直接相联，由双方协 商解决。

两个非主导的电信业务经营者的电信网网间未直接相联时，其网间业务应当经第三方的固定本地电话网或信息产业部指定的机构的网络转接实现互通。非主导电信业务经营者选择主导的电信业务经营者的固定本地电话网作为第三方的网络时，主导的电信业务经营者不得拒绝提供转接，并应当保证转接的通信质量。

第三章 互联点的设置及互联费用的分摊与结算

第十六条 非主导的电信业务经营者的电信网与主导的电信业务经营者的电信网网间互联时，互联点应当设置在互联传输线路的一端，即远离非主导的电信业务经营者侧的设备的一端（例如，当互联传输线路为光缆时，互联点设置在主导的电信业务经营者光配线架外侧）。

两个非主导的电信业务经营者的电信网网间直接互联时，互联点的具体位置由双方协商确定。

第十七条 互联点数量应当根据双方业务发展以及网间通信安全的需要协商确定。在一个本地网内各电信网网间互联原则上应当有两个以上（含两个）互联点。

互联点两侧的电信设备可以由各电信网共用，也可以由各电信网分设。当互联点两侧的电信设备由各电信网共用时，如果各电信网网间结算标准不一致，双方又不易采用技术手段进行计费核查的，互联中继电路可以分群设置。

第十八条 非主导的电信业务经营者的电信网与主导的电信业务经营者的电信网网间互联的，互联传输线路及管道由双方各自承担一半。

两个非主导的电信业务经营者的电信网网间直接相联的，互联传输线路的费用分摊由双方协商确定。

第十九条 互联点两侧的电信设备（含各自网内的电信设备，下同）的建设 、扩容改造的费用（含信令方式、局数据修改、软件版本升级等费用）由双方各自承担。

互联点两侧的电信设备的配套设施（包括机房、空调、电源、测试仪器、计费设备及其他配套设施）的费用由双方各自承担。

第二十条 互联传输线路经由主导的电信业务经营者的管道（孔）、杆路、线缆引入口及槽道等通信设施的，主导的电信业务经营者应当按规定标准收取租用费。暂无规定标准的，相关费用以建设成本为基础由双方协商解决。

第二十一条 电信业务经营者在互联互通中应当执行信息产业部制定的《电信网间通话费结算办法》，不得在规定标准以外加收费用。

电信业务经营者应当按互联协议规定的结算周期进行网间结算，不得无故拖延应向对方结算的费用。

第二十二条 电信业务经营者应当按国家有关规定核算本网与互联有关的收支情况及互联成本，经相关中介机构审查验证后，于每年3月31将上一年度的数据报信息产业部。

网间结算标准应当以成本为基础核定。在电信业务经营者互联成本尚未确定之前，网间结算标准暂以资费为基础核定。

第四章 互联协议与工程建设

第二十三条 互联协议应当由电信业务经营者省级以上（含省级）机构之间 签订（含修订）。电信业务经营者省级以下机构不再另行签订互联协议。互联双方应当本着友好合作和相互配合的原则协商互联协议。

第二十四条 互联协商的主要内容包括：签订协议的依据、互联工程进度时 间表、互通的业务、互联技术方案（包括互联点的设置、互联点两侧的设备设置、拨号方式、路由组织、中继容量，以及信令、计费、同步、传输质量等）、与互联有关的网络功能及通信设施的提供、与互联相关的设备配置、互联费用的分摊、互联后的网络管理（包括互联双方维护范围、网间通信质量相互通报制度、网间通信障碍处理制度、网间通信重大障碍报告制度、网间通信应急方案等）、网间结算、违约责任等。

第二十五条 互联双方省级以上机构应当按照《中华人民共和国合同法》及 国家有关规定签订互联协议，互联协议不得含有歧视性内容和损害第三方利益的内容。

第二十六条 互联双方省级以上机构应当自协议签订之日起15日内将协议发 至各自下属机构，并向电信主管部门备案。

第二十七条 互联双方应当在规定的互联时限内，根据商定的互联工程进度 、互联技术方案，在各自的建设范围内组织施工建设，并协同组织互联测试，全部工程初验合格后即可开通业务。

第五章 互联时限与互联监管

第二十八条 涉及全国范围（跨省、自治区、直辖市）同步实施的网间互联，非主导的电信业务经营者应当根据本网工程进度情况或网络运行情况，向主导的电信业务经营者当面提交互联的书面要求，并向信息产业部备案，互联工作开始启动。

互联双方应当从互联启动之日起两个月内签订互联协议。

涉及全国范围同步实施的网间互联需要新设互联点的，应当自互联启动之日起七个月内实现业务开通。

涉及全国范围同步实施的网间互联不需新设互联点，只需进行网络扩容改造的，应当自互联启动之日起四个月内实现业务开通。

涉及全国范围同步实施的网间互联只涉及局数据修改的，应当自互联启动之日起两个月内实现业务开通。

必要时，信息产业部对涉及全国范围同步实施的网间互联提出具体的业务开通时间要求。

第二十九条 不涉及全国范围同步实施的网间互联，非主导的电信业务经营者省级以上机构应当根据本网工程进度情况或者网络运行情况，向主导的电信业务经营者省级机构当面提交互联的书面要求，并向省、自治区、直辖市通信管理局备案后，互联工作开始启动。主导的电信业务经营者省级机构不得拒收对方提交的互联书面要求。

互联双方应当在互联工程实施以前签订工程协议，工程协议的签订应当不影响整个互联工程的进度。双方应当在业务开通前签订网间业务互通、互联后的网络管理以及网间结算协议。协议的协商可与工程实施同步进行。

网间互联需新设互联点的，应当自互联启动之日起七个月内实现业务开通。

网间互联不需新设互联点，只需进行网络扩容改造的，应当自互联启动之日起四个月内实现业务开通。

网间互联只涉及局数据修改的，应当自互联启动之日起一个月内实现业务开通。

必要时，省、自治区、直辖市通信管理局对网间互联提出具体的业务开通时间要求。

第三十条 互联实施中，因客观原因致使互联不能在规定的互联时限内完成的，经互联双方认可并向电信主管部门备案后，可以顺延互联时间。

第三十一条 互联双方应当在业务开通后30日内，将互联启动日期、业务开通日期及业务开通后3日内的网间通信质量情况，以书面形式向电信主管部门报告。电信主管部门根据具体情况以适当方式予以公布。

第三十二条 电信主管部门应当定期或不定期地召开相关电信业务经营者的互联协调会，督促解决互联实施过程中存在的问题。

信息产业部电信管理局应当向省、自治区、直辖市通信管理局及相关电信业务经营者通报互联工作情况。

第六章 互联后的网络管理

第三十三条 在信息产业部确定的用于网间互联的交换机局址上实施的互联，互联点应当保持相对稳定，已设互联点原则上不允许变更。

主导的电信业务经营者对已设互联点单方面提出变更要求的，应当事先向相关电信业务经营者提交拟变更的方案，经与对方协商一致后，方可启动改造工程。改造工程应当在七个月内完成。改造工程的费用原则上由主导的电信业务经营者承担。

第三十四条 互联一方因网内扩容改造，可能影响对方网的用户通信的，应当提前三个月以书面形式向对方通报情况。

互联一方因网内发生路由组织、中继电路、信令方式、局数据、软件版本等的调整，可能影响到对方网的用户通信的，应当提前15日以书面形式向对方通报情况。

第三十五条 电信业务经营者对网间路由组织、中继电路、信令方式、局数据、软件版本等的调整应当予以配合，保证网间通信质量符合要求。

第三十六条 电信业务经营者应当明确划分网间运行维护责任，定期协同分析网间通信质量，建立网间通信质量相互通报制度，并定期向电信主管部门报告。电信主管部门根据具体情况组织召开通信质量协调会。

第三十七条 电信业务经营者应当建立网间通信障碍处理制度，互联一方发现网间通信障碍时，应当及时通知对方，双方相互配合共同处理网间通信障碍。网间通信障碍的处理时限与本网处理同类障碍的时限相同。

第三十八条 未经信息产业部批准，电信业务经营者不得擅自中断网间通信。电信业务经营者应当建立网间通信重大障碍报告制度。发生网间通信中断或网间通信严重不畅时，电信业务经营者应当立即采取有效措施恢复通信，并及时向电信主管部门报告。

前款所称网间通信严重不畅，是指网间接通率（应答试呼比）低于20%，以及用户有明显感知的时延、断话、杂音等情况。

第七章 互联争议的协调与处理

第三十九条 电信主管部门应当依据信息产业部制定的电信网间互联争议解决办法解决电信业务经营者之间的互联争议。

第四十条 在互联实施中，电信业务经营者发生下列争议，致使互联不能继续进行，或者互联后电信业务经营者发生下列争议影响网间业务互通时，任何一方均可以向电信主管部门申请协调：

（一）互联技术方案；

（二）与互联有关的网络功能及通信设施的提供；

（三）互联时限；

（四）电信业务的提供；

（五）网间通信质量；

（六）与互联有关的费用；

（七）其他需要协调的问题。

第四十一条 电信主管部门收到协调申请后，对申请的内容进行初步审核。经审核发现申请的内容与国家有关规定明显不符或者超出电信主管部门职责权限的，应当书面答复不予受理。经审查申请的内容符合要求的，电信主管部门正式开始协调工作。

第四十二条 电信主管部门组织相关人员对电信业务经营者的互联争议进行协调。

协调应当自开始协调之日起45日内结束。

第四十三条 协调结束后，争议双方不能达成一致意见的，电信主管部门应当随机邀请电信技术、经济、法律方面的专家进行公开论证。电信主管部门根据论证意见或建议对互联争议作出决定，强制争议双方执行。

第四十四条 决定应当在协调结束之日起45日内作出。省、自治区、直辖市通信管理局作出的决定应当向信息产业部备案。电信主管部门对作出的决定以适当方式向社会公布。

第四十五条 决定作出后，争议双方应当在决定规定的时限内予以履行。

争议一方或双方对决定不服，可以依法申请行政复议或者提起行政诉讼。复议或诉讼期间，决定不停止执行。

第八章 罚 则

第四十六条 违反本规定第九条、第十条、第十一条、第十二条第一款、第十三条、第十四条、第十五条、第二十一条第二款、第三十三条、第三十五条、第三十六条、第三十七条规定的，由电信主管部门视情节轻重，依据职权责令改正、处五千元以上三万元以下罚款。

因违反前款规定给其他的电信业务经营者造成直接经济损失的，应当予以经济赔偿。

第四十七条 违反本规定第八条、第十二条第二款、第四十五条规定的，由电信主管部门依据职权责令改正，并按《中华人民共和国电信条例》中的有关规定处以罚款。

第四十八条 违反本规定第二十一条第一款、第三十八条的，由电信主管部门依据职权责令改正，有违法所得的，没收违法所得，并按《中华人民共和国电信条例》中的有关规定处以罚款。

第九章 附 则

第四十九条 本规定自发布之日起施行。1999年9月7日信息产业部发布的《电信网间互联管理暂行规定》同时废止。

《通信行政处罚程序规定》

（2001年5月10日发布）

第一章 总 则

第一条 为了规范通信行政处罚行为，保障和监督各级通信主管部门有效实施行政管理，依法进行行政处罚，保护公民、法人和其他组织的合法权益，根据《中华人民共和国行政处罚法》及相关法律、行政法规，制定本规定。

第二条 公民、法人或者其他组织实施违反通信行政管理秩序的行为，依照法律、法规或者规章的规定，应当给予行政处罚的，由通信主管部门按照《中华人民共和国行政处罚法》和本规定的程序实施。

本规定所称通信主管部门，是指信息产业部、国家邮政局、省、自治区、直辖市通信管理局、邮政（管理）局及法律、法规授权的具有通信行政管理职能的组织。

第三条 各级通信主管部门实施行政处罚应当遵循公正、公开的原则。

第二章 管 辖

第四条 通信行政处罚由违法行为发生地的通信主管部门依照职权管辖。

法律、行政法规另有规定的，从其规定。

第五条 上级通信主管部门可以办理下级通信主管部门管辖的行政处罚案件；下级通信主管部门对其管辖的行政处罚案件，认为需要由上级通信主管部门办理时，可以报请上一级通信主管部门决定。

第六条 两个以上同级通信主管部门都有管辖权的行政处罚案件，由最初受理的通信主管部门管辖；主要违法行为发生地的通信主管部门管辖更为适宜的，可以移送主要违法行为发生地的通信主管部门管辖。

第七条 两个以上同级通信主管部门对管辖发生争议的，报请共同的上一级通信主管部门指定管辖。

第八条 通信主管部门发现查处的案件不属于自己管辖

时，应当及时将案件移送有管辖权的通信主管部门或者其他行政机关管辖，受移送的通信主管部门对管辖有异议的，应当报请共同的上一级通信主管部门指定管辖。

违法行为构成犯罪的，移送司法机关管辖。

第三章 行政处罚的决定

第九条 通信行政执法人员（以下简称执法人员）依法进行调查、检查或者当场作出行政处罚决定时，应当向当事人或者有关人员出示行政执法证件。

第十条 当事人进行口头陈述和申辩的，执法人员应当制作笔录。通信主管部门对当事人提出的事实、理由和证据应当进行复核，经复核能够成立的，应当采纳。通信主管部门不得因当事人申辩而加重处罚。

第十一条 经当事人口头或者书面申请，执法人员、听证主持人有下列情形之一的，应当回避：

（一）是本案当事人或者委托代理人的近亲属；

（二）与本案有利害关系；

（三）与本案当事人有其他关系，可能影响对案件公正处理的。

第十二条 当事人提出回避申请，应当说明理由。执法人员、听证主持人应当将当事人的回避申请报告本部门负责人，由本部门负责人决定其是否回避；本部门负责人担任听证主持人的，由本机关负责人决定其是否回避。

第一节 简易程序

第十三条 违法事实确凿并有法定依据，对公民处以50元以下、对法人或者其他组织处以1000元以下罚款或者警告的行政处罚的，可以当场作出处罚决定。

第十四条 执法人员当场作出行政处罚决定的，应当填写统一编号的《行政处罚（当场）决定书》，当场交付当事人，并告知当事人，如不服行政处罚决定，可以依法申请行政复议或者提起行政诉讼。

第十五条 执法人员应当自作出行政处罚（当场）决定之日起3日内向所属通信主管部门报告并备案。

第二节 一般程序

第十六条 实施通信行政处罚，除适用简易程序外，应当适用一般程序。

第十七条 除依法可以当场决定行政处罚外，执法人员发现公民、法人或其他组织有违法行为依法应当给予通信行政处罚的，应当填写《行政处罚立案呈批表》报本机关负责人批准。

第十八条 符合下列条件的，应当在7日内立案：

（一）有违法行为发生；

（二）违法行为依照法律、法规和规章应受通信行政处罚；

（三）属于本级通信主管部门管辖。

第十九条 通信主管部门应当对案件进行全面、客观、公正地调查，收集证据；必要时依照法律、法规和规章的规定，可以进行检查。

证据包括书证、物证、证人证言、视听资料、鉴定结论、勘验笔录和现场笔录。证据必须查证属实，才能作为认定事实的依据。

第二十条 执法人员调查收集证据或者进行检查时不得少于二人。

执法人员在调查案件时询问证人或当事人（以下统称被询问人），应当制作《询问笔录》。笔录经被询问人阅核后，由询问人和被询问人签名或盖章。

第二十一条 通信主管部门为调查案件需要，有权依法进行现场勘验，对重要的书证，有权进行复制。

执法人员对与案件有关的物品或者场所进行勘验检查时，应当通知当事人到场，制作《勘验检查笔录》，当事人拒不到场的，可以请在场的其他人作证。

第二十二条 通信主管部门在调查案件时，对专门性问题，交由法定鉴定部门进行鉴定；没有法定鉴定部门的，应当提交公认的鉴定机构进行鉴定。鉴定人进行鉴定后，应当制作《鉴定意见书》。

第二十三条 通信主管部门收集证据时，可以采用抽样取证的方法。在证据可能灭失或者以后难以取得的情况下，经本通信主管部门负责人批准，可以先行登记保存。

对证据进行抽样取证或者登记保存，应当有当事人在场。当事人不在场或者拒绝到场的，执法人员可以请有关人员见证并注明。

对抽样取证或者登记保存的物品，应当制作《抽样取证凭证》或《证据登记保存清单》。

第二十四条 对先行登记保存的证据，应当在7日内作出下列处理决定：

（一）需要进行技术检验或者鉴定的，送交检验或者鉴定；

（二）依法不需要暂扣的物品，退还当事人；

（三）依法应当移交有关部门处理的，移交有关部门。

第二十五条 执法人员在调查结束后，认为案件基本事实清楚，主要证据充分，应当制作《案件处理意见报告》，报本通信主管部门负责人审查。

第二十六条 通信主管部门负责人对《案件处理意见报告》审核后，认为应 当给予行政处罚的，通信主管部门应当制作《行政处罚意见告知书》，送达当事人，告知拟给予的行政处罚内容及事实、理由和依据，并告知当事人可以在收到该告知书之日起3日内，向通信主管部门进行陈述和申辩，符合听证条件的，可以要求该通信主管部门按照本章第三节的规定举行听证。

第二十七条 案件调查完毕后，通信主管部门负责人应当及时审查有关案件调查材料、当事人陈述和申辩材料、听证会笔录和听证会报告书，根据情况分别作出予以行政处罚、不予行政处罚或者移送其他有关机关处理的决定。

第二十八条 通信主管部门作出给予行政处罚决定的，应当制作《行政处罚决定书》。行政处罚决定书应当载明下列事项：

（一）当事人的姓名或者名称、地址；

（二）违反法律、法规或者规章的事实和证据；

（三）行政处罚的种类和依据；

（四）行政处罚的履行方式和期限；

（五）不服行政处罚决定，申请行政复议或者提起行政诉讼的途径和期限；

（六）作出行政处罚决定的通信主管部门的名称、印章和日期。

第二十九条 通信行政处罚案件应当自立案之日起60日内办理完毕；经通信主管部门负责人批准可以延长，但不得超过90日；特殊情况下90日内不能办理完毕的，报经上一级通信主管部门批准，可以延长至180日。

第三节 听证程序

第三十条 通信主管部门拟作出责令停产停业（关闭网站）、吊销许可证或 者执照、较大数额罚款等行政处罚决定之前，应当告知当事人有要求举行听证的权利。当事人要求听证的，应当组织听证。

本条前款所称较大数额，是指对公民罚款1万元以上、对法人或其他组织罚款10万元以上；地方通信主管部门也可以按照省、自治区、直辖市人大常委会或者人民政府规定的标准执行。

第三十一条 听证由拟作出行政处罚的通信主管部门组织。具体实施工作由 其法制工作机构或者承担法制工作的机构负责。

第三十二条 当事人要求听证的，应当在收到《行政处罚意见告知书》之日起3日内以书面或口头形式提出。口头形式提出的，案件调查人员应当记录在案，并由当事人签字。

案件调查人员应当在当事人要求听证之日起3日内告知法制工作机构或者承担法制工作的机构，并将案卷一并移送。

第三十三条 当事人提出听证要求后，法制工作机构或者承担法制工作的机 构应当在举行听证7日前送达《行政处罚听证会通知书》，告知当事人举行听证的时间、地点、听证会主持人名单及可以申请回避和可以委托代理人等事项，并通知案件调查人员。

第三十四条 当事人应当按期参加听证。当事人有正当理由要求延期的，经批准可以延期一次；当事人未按期参加听证并且未事先说明理由的，视为放弃听证权利。

第三十五条 听证会参加人由听证主持人、听证记录员、案件调查人员、当事人及其委托代理人组成。

听证主持人、听证记录员应当由法制工作机构工作人员或者其他相应工作人员等非本案调查人员担任。

当事人委托代理人参加听证的，应当提交委托书。

第三十六条 除涉及国家秘密、商业秘密或者个人隐私外，听证应当公开举行。

第三十七条 当事人在听证中的权利和义务：

（一）有权对案件涉及的事实、适用法律及相关情况进行陈述和申辩；

（二）有权对案件调查人员提出的证据质证并提出新的证据；

（三）如实回答主持人的提问；

（四）遵守听证程序。

第三十八条 听证应当按照下列程序进行：

（一）听证记录员宣布听证会纪律、当事人权利和义务。听证主持人宣布案由，核实听证参加人名单，宣布听证开始；

（二） 案件调查人员提出当事人违法的事实、证据，说明拟作出的行政处罚的内容及法律依据；

（三）当事人或者其委托代理人对案件的事实、证据、适用的法律等进行陈述和申辩，可以向听证会提交新的证据；

（四）听证主持人就案件的有关问题向当事人、案件调查人员、证人询问；

（五）案件调查人员、当事人或者其委托代理人经听证主持人允许，可以就有关证据进行质问，也可以向到场的证人发问；

（六）当事人或者其委托代理人作最后陈述；

（七）听证主持人宣布听证结束。听证笔录交当事人审核无误后签字或者盖章。

第三十九条 听证结束后，听证主持人应当依据听证情况，制作《行政处罚听证会报告书》并提出处理意见，连同听证笔录，报本通信主管部门负责人审查。

第四章 行政处罚决定的送达和执行

第四十条 行政处罚决定书应当在宣告后当场交付当事人，由当事人在送达回证上记明收到日期，签名或者盖章。当事人不在场的，应当在7日内依照民事诉讼法的有关规定，将行政处罚决定书送达当事人。

第四十一条 当事人拒绝接收行政处罚决定书的，送达人应当邀请第三方单位的代表到场见证，并说明情况，将行政处罚决定书留其单位或者住所，在送达回证上记明拒收事由、送达日期，由送达人、见证人签名或者盖章，即视为送达。

第四十二条 行政处罚决定依法作出后，当事人应当按照行政处罚决定书规定的内容、方式和期限，履行行政处罚决定。当事人对行政处罚决定不服申请行政复议或者提起行政诉讼的，行政处罚不停止执行，法律另有规定的除外。

第四十三条 执法人员当场收缴罚款的，应当向当事人出具省级财政部门统一制发的罚款收据。通信主管部门应当在法定期限内将罚款交付指定银行。

第四十四条 对生效的行政处罚决定，当事人逾期不履行的，作出行政处罚的通信主管部门可以依法申请人民法院强制执行，申请执行书应当自当事人的法定起诉期限届满之日起180日内向人民法院提出。

对当事人作出罚款决定的，当事人到期不缴纳罚款，作出行政处罚的通信主管部门可以依法从到期之次日起，每日按罚款数额的3%加处罚款。

第四十五条 当事人确有经济困难，需要延期或者分期缴纳罚款的，当事人应当书面申请，经作出行政处罚决定的通信主管部门批准，可以暂缓或者分期缴纳。

第四十六条 罚款、没收的违法所得或者拍卖非法财物的款项，必须全部上缴国库，任何单位和个人不得以任何形式截留、私分或者变相私分。

第四十七条 行政处罚案件终结后，应当填写《行政处罚结案表》，并将全部案件材料立卷归档。

第五章 附 则

第四十八条 通信主管部门查处违法案件，应当使用信息产业部统一格式的文书（附后）。

第四十九条 本规定自发布之日起施行。本规定施行前制定的规章和其他规范性文件与本规定不一致的，按本规定执行。原邮电部1995年10月27日发布的《通信行政处罚程序暂行规定》同时废止。

附件一：通信行政处罚文书格式（略）

附件二：通信行政处罚文书格式（略）

《电信设备进网管理办法》

（2001年5月10日发布）

第一章 总 则

第一条 为了保证公用电信网的安全畅通，加强电信设备进网管理，维护电信用户和电信业务经营者的合法权益，根据《中华人民共和国电信条例》，制定本办法。

第二条 本办法所称电信设备是指电信终端设备、无线电通信设备和涉及网间互联的设备。

电信终端设备是指连接在公用电信网末端，为用户提供发送和接收信息功能的电信设备。

无线电通信设备是指连接在公用电信网上，以无线电为通信手段的电信设备。

涉及网间互联的设备是指涉及不同电信业务经营者的网络之间或者不同电信业务的网络之间互联互通的电信设备。

第三条 国家对接入公用电信网的电信终端设备、无线电通信设备和涉及网间互联的电信设备实行进网许可制度。

实行进网许可制度的电信设备必须获得信息产业部颁发的进网许可证；未获得进网许可证的，不得接入公用电信网使用和在国内销售。

第四条 实行进网许可制度的电信设备目录由信息产业部会同国务院产品质量监督部门制定和公布。

第五条 电信设备生产企业（以下简称生产企业）申请电信设备进网许可必须符合国家法律、法规和政策规定。申请进网许可的电信设备必须符合国家标准、通信行业标准以及信息产业部的规定。电信设备生产企业应当具有完善的质量保证体系和售后服务措施。

第六条 生产企业申请电信设备进网许可，应当附送国务院产品质量监督部门认可并经信息产业部授权的检测机构出具的检测报告或者认证机构出具的产品质量认证证书。

检测机构对申请进网许可的电信设备进行检测的依据、检测规程和出具的检测报告应当符合国家或信息产业部的规定。

第七条 信息产业部电信管理局具体负责全国电信设备进网管理和监督检查工作。

省、自治区、直辖市通信管理局负责本行政区域内电信设备进网管理和监督检查工作。

经信息产业部授权的受理机构承担电信设备进网许可申请的具体受理事宜。

第二章 进网许可程序

第八条 生产企业申请电信设备进网许可，应当向信息产业部授权的受理机构提交下列申请材料：

（一）电信设备进网许可申请表（见附件）。申请表应当由生产企业法定代表人或其授权人签字并加盖公章。境外生产企业应当委托中国境内的代理机构提交申请表，并出具委托书；

（二）企业法人营业执照。境内生产企业应当提供企业法人营业执照。受境外生产企业委托代理申请电信设备进网许可的代理机构，应当提供代理机构有效执照；

（三）企业情况介绍。包括企业概况、生产条件、仪表配备、质量保证体系和售后服务措施等内容。对国家规定包修、包换和包退的产品，还应提供履行有关责任的文件；

（四）质量体系认证证书或审核报告。通过质量体系认证的，提供认证证书；未通过质量体系认证的，提供信息产业部授权的质量体系审核机构出具的质量体系审核报告；

（五）电信设备介绍。包括设备功能、性能指标、原理框图、内外观照片和使用说明等内容；

（六）检测报告或产品认证证书。应当是国务院产品质量监督部门认可并经信息产业部授权的检测机构出具的检测报告或者认证机构出具的产品认证证书。

申请进网许可的无线电发射设备，应当提供信息产业部颁发的“无线电发射设备型号核准证”。

无线电通信设备、涉及网间互联的设备或新产品应当提供总体技术方案和试验报告。

前列申请材料中证书、执照类材料应当提供原件和一份复印件，或者盖有发证机构证明印章的复印件；其它材料必须使用中文。

第九条 自受理机构收到完备的申请材料之日起60日内，信息产业部电信管理局对生产企业提交的申请材料进行审查，经审查符合条件的，颁发进网许可证并核发进网许可标志；不符合条件的，书面答复生产企业。

第十条 生产企业通过质量体系认证的，其提供检测机构检测的样品由生产企业按规定数量自行选取。

生产企业未通过质量体系认证的，其提供检测机构检测的样品由省、自治区、直辖市通信管理局按信息产业部规定的抽样办法执行，并由省、自治区、直辖市通信管理局组织经信息产业部授权的质量体系审核机构进行质量体系审核。

第十一条 申请进网许可的无线电通信设备、涉及网间互联的设备或者新产品，应当在中国境内的电信网上或者信息产业部指定的模拟实验网上进行至少三个月的试验，并由试验单位出具试验报告。

信息产业部电信管理局组织专家对前款电信设备总体技术方案、试验报告、检测报告等进行评审，根据专家评审意见，经审查符合条件的，颁发进网许可证。

第十二条 生产企业对获得进网许可证的电信设备进行技术、外型改动的，须进行检测或重新办理进网许可证。

对获得进网许可证的电信设备外型改动较小，生产企业要求减免测试项目的，可以将改动前后的照片、电路原理图、改动说明和改动后的样品等交检测机构进行审核。检测机构向信息产业部电信管理局出具审核意见，检测机构审核认为可以减免测试项目的，经信息产业部电信管理局同意，可以减免测试项目。

第十三条 实行进网许可制度但尚无国家标准、行业标准的电信新设备，由生产企业自行将样品送到检测机构，检测机构根据国际标准或者企业标准进行检测，并出具检测报告。

信息产业部电信管理局对检测报告和有关材料进行审查，在符合国家产业政策和不影响网络安全畅通的条件下，批准进网试验，待国家标准、行业标准颁布后再按程序办理进网许可证。

第十四条 我国与其它国家或地区政府间签署电信设备检测实验室和检测报告相互认可协议的，按协议规定执行。

第三章 进网许可证和进网许可标志

第十五条 生产企业应当在其获得进网许可的电信设备上粘贴进网许可标志 。进网许可标志由信息产业部统一印制和核发。进网许可标志属于质量标志。

未获得进网许可和进网许可证失效的电信设备上不得加贴进网许可标志。

第十六条 进网许可证和进网许可标志不得转让、涂改、伪造和冒用。

第十七条 进网许可证的有效期为3年。

生产企业需要继续生产和销售已获得进网许可的电信设备的，在进网许可证有效期届满前三个月，应当重新申请办理进网许可证，并附送一年内的送样检测报告或产品质量监督抽查报告，原证交回。

第十八条 电信设备进网许可证中规定的内容发生变化的，生产企业应当重 新办理进网许可证。

第十九条 获得进网许可证的生产企业应当向其经销商以及需要进网许可证复印件的用户提供复印件，复印件应当由生产企业负责人签字并加盖公章。生产企业应当对复印件编号登记。

第二十条 生产企业应当在获得进网许可的电信设备包装上和刊登的广告中标明进网许可证编号。

第四章 监督管理

第二十一条 信息产业部定期向社会公布获得进网许可证的电信设备和生产企业。

获得进网许可证的生产企业应当及时向所在的省、自治区、直辖市通信管理局备案，并接受监督管理。

任何单位不得对已获得进网许可证的电信设备进行重复检测、发证。

第二十二条 省、自治区、直辖市通信管理局应当于每年12月31日前，对本行政区域内获得进网许可的电信设备和生产企业进行年度检查，并于第二年1月31

日前，将年度检查情况汇总报信息产业部电信管理局。

第二十三条 获得电信设备进网许可证的生产企业应当保证电信设备获得进网许可证前后的一致性，保证产品质量稳定、可靠，不得降低产品质量和性能。

信息产业部配合国务院产品质量监督部门对获得进网许可证的电信设备进行质量跟踪和监督抽查，并向社会公布抽查结果。

第二十四条 获得进网许可的电信设备及其外包装必须标有国家规定的中文标识；产品必须附有中文说明书和保修卡；对国家规定包修、包换和包退的产品，还应有相应的凭证。

第二十五条 实行进网许可制度的电信设备未获得进网许可的，电信业务经营者不得使用。

第二十六条 用户有权自主选择电信终端设备，电信业务经营者不得拒绝用户使用自备的已经取得进网许可的电信终端设备。

第二十七条 电信设备检测机构或产品质量认证机构必须执行国家标准、行业标准和信息产业部规定。检测机构或产品质量认证机构及其工作人员不得弄虚作假，不得利用职务之便剽窃或泄露生产企业的技术秘密。

第五章 罚　则

第二十八条 违反本办法规定，销售未获得进网许可的电信终端设备的，由省、自治区、直辖市通信管理局责令改正，并处1万元以上10万元以下罚款。

第二十九条 违反本办法规定，伪造、冒用、转让进网许可证，编造进网许可证编号或粘贴伪造的进网许可标志的，由信息产业部或者省、自治区、直辖市通信管理局没收违法所得，并处违法所得3倍以上5倍以下罚款；没有违法所得或者违法所得不足1万元的，处1万元以上10万元以下罚款。

第三十条 违反本办法规定，生产企业获得进网许可证后降低产品质量和性能的，由产品质量监督部门依照有关法律法规予以处罚。

第三十一条 违反本办法规定，生产企业未在获得进网许可的设备外包装和刊登的广告中注明进网许可证编号的，由信息产业部或者省、自治区、直辖市通信管理局责令改正，并给予警告。

第三十二条 违反本办法规定，生产企业有下列行为之一的，由信息产业部给予警告；情节严重的，信息产业部取消其申请进网许可的资格或不再受理其进网许可申请：

（一）申请进网许可时提供不真实申请材料的；

（二）不能保证电信设备获得进网许可证前后的一致性的；

（三）售后服务不落实，对国家规定包修、包换和包退的产品不履行相应义务的；

（四）不按规定向省、自治区、直辖市通信管理局备案或者不参加年检的。

第三十三条 违反本办法规定，电信业务经营者拒绝用户自备的获得进网许可的电信终端设备进网的，由省、自治区、直辖市通信管理局责令改正，并向电信用户赔礼道歉，赔偿电信用户损失；拒不改正并赔礼道歉、赔偿损失的，处以警告，并处1万元以上10万元以下的罚款；情节严重的，责令停业整顿。

第三十四条 违反本办法规定，对已获得进网许可证的电信设备进行重复检测、发证的，由信息产业部责令改正。

第三十五条 违反本办法规定，检测机构、产品质量认证机构有下列行为之一的，信息产业部对其出具的检测报告或认证证书不予承认；情节严重的，信息产业部取消对其授权：

（一）弄虚作假，有作弊行为的；

（二）不按规定标准进行检测或认证的；

（三）不按信息产业部规定出具检测报告或认证证书的。

第三十六条 从事电信设备进网许可申请受理、检测、审批及有关工作的人员滥用职权、徇私舞弊或者利用职务之便剽窃、泄露生产企业技术秘密的，依法给予行政处分。构成犯罪的，依法追究刑事责任。

第六章 附　则

第三十七条 对进入公用电信网的电信设备抗震性能的检测管理办法，信息产业部另行制定。

第三十八条 未实行进网许可制度的电信设备可以由生产企业自愿向国务院产品质量监督部门认可的电信设备进网认证机构申请产品认证。

第三十九条 本办法自发布之日起施行。1998年12月31日信息产业部发布的《电信设备进网审批管理办法》同时废止。

附件：电信设备进网许可申请表（略）

《电信业务分类目录》

（2001年6月11日）

一、基础电信业务

（一）固定网国内长途及本地电话业务

1、固定网国内长途电话业务。

2、固定网本地电话业务。

（二）移动通信业务

1、模拟移动通信业务。

（1）大区制无线电移动通信业务。

（2）模拟集群通信业务。

（3）模拟蜂窝移动通信业务。

2、数字集群通信业务。

3、第二代数字蜂窝移动通信业务。

（1）TDMA（GSM）数字蜂窝移动通信业务。

（2）CDMA数字蜂窝移动通信业务。

4、第三代数字蜂窝移动通信业务。

（三）卫星通信业务

1、卫星移动通信业务。

2、卫星转发器出租、出售业务。

3、卫星固定通信业务。

4、甚小地球站（VSAT）通信业务。

（四）因特网及其它数据传送业务

1、因特网骨干网数据传送业务。

2、其他数据网传送业务。

（1）X.25数据传送业务。

（2）DDN数据传送业务。

（3）ATM数据传送业务。

（4）帧中继数据传送业务。

3、公众电报和用户电报业务。

4、无线数据传送业务。

（五）网络元素出租、出售业务

1、带宽、光通信波长的出租、出售业务。

2、电缆、光纤、光缆的出租、出售业务。

3、通信管孔的出租、出售业务。

（六）网络接入及网络托管业务

1、网络接入业务。

（1）有线接入。

（2）无线接入。

2、网络托管业务。

（七）国际通信基础设施、国际电信业务

1、国际通信基础设施服务业务。

（1）地面国际通信网络带宽、光通信波长、电缆、光纤、光缆及其它网络元素出租、出售业务。

（2）卫星国际专线业务。

2、国际电信业务。

（1）国际长途电话业务。

（2）国际数据通信业务。

（3）国际图像通信业务。

（八）无线寻呼业务

1、单向无线寻呼业务。

2、双向无线寻呼业务。

（九）转售的基础电信业务

第（二）项业务中的大区制无线电移动通信和模拟集群通信业务，第（三）项业务中的甚小地球站（VSAT）通信业务，以及第（八）项无线寻呼业务和第（九）项转售的基础电信业务比照增值电信业务管理。

二、增值电信业务

（一）固定电话网增值电信业务

1、电话信息服务业务。

2、呼叫中心服务业务。

3、语音信箱业务。

4、可视电话会议服务业务。

（二）移动网增值电信业务

（三）卫星网增值电信业务

（四）因特网增值电信业务

1、因特网接入服务业务。

2、因特网数据中心业务。

3、因特网信息服务业务。

4、因特网虚拟专用网业务。

5、因特网会议电视、图像服务业务。
6、因特网呼叫中心业务。
7、其他因特网增值电信业务。
（五）其它数据传送网络增值电信业务
1、计算机信息服务业务。
2、电子数据交换业务。
3、语音信箱业务。
4、电子邮件业务。
5、传真存储转发业务。
6、虚拟专用网业务。

注：《电信条例》所附《电信业务分类目录》中的“互联网”在本目录中统一改称为“因特网”。

《电信设备抗震性能检测管理暂行办法》

（2001年6月15日发布）

第一章 总 则

第一条 为了保证公用电信网的安全性、可靠性，提高公用电信网中主要电信设备的抗震性能，根据国家有关规定，制定本办法。

第二条 本办法适用于进入我国抗震设防烈度7烈度以上（含7烈度）地区的公用电信网的交换、传输、移动基站、通信电源等主要电信设备的抗震性能检测管理。

第三条 凡在我国抗震设防烈度7烈度以上（含7烈度）地区的公用电信网上使用的主要电信设备必须经过抗震性能检测，并获得信息产业部颁发的电信设备抗震性能检测合格证（以下简称“检测合格证”）。未获得检测合格证的电信设备，不得在抗震设防7烈度以上（含7烈度）地区的公用电信网上使用。

第四条 信息产业部综合规划司具体负责全国电信设备抗震性能检测管理工作。

第二章 检测管理

第五条 电信设备抗震性能的具体检测工作，由信息产业部授权的通信设备抗震性能质量监督检验机构（以下简称检验机构）负责。

第六条 检验机构应当依据国家标准、通信行业标准及信息产业部的有关规定对电信设备进行抗震性能检测。

第七条 检验机构应当在完成检测工作后出具产品抗震性能检测报告。

第八条 经信息产业部授权的受理机构具体负责受理检测合格证的申请。

第九条 电信设备生产企业应当向受理机构提出书面申请。

（一）申请表一式两份（格式附后），申请表应当由生产企业法定代表人或其授权人签字并加盖公章；境外电信设备生产企业应当委托中国境内的代理机构提交申请表，并出具委托书；

（二）实行进网许可制度的电信设备，应当提交信息产业部颁发的进网许可证，其他电信设备应当提交国家产品质量监督部门认可的产品质量认证报告或检测报告；

（三）通信设备抗震性能质量监督检验机构出具的电信设备抗震性能检测报告。

第十条 自受理机构收到完备的申请材料之日起30日内，信息产业部综合规划司对生产企业提交的申请材料审查完毕。经审查合格的，颁发检测合格证；

经审查不合格的，将申请材料退回受理机构，由受理机构通知生产企业。

第十一条 电信设备检测合格后，发生同种设备结构设计、焊接装配工艺、材料等变化可能影响抗震性能的，生产企业应当在3日内向信息产业部综合规划司报告。

信息产业部综合规划司对因前款原因可能造成抗震性能降低的电信设备,应当收回其检测合格证。生产企业应当按照本办法规定的程序重新办理检测和申请核发合格证书手续。

第三章 监督管理

第十二条 信息产业部定期向社会公布获得检测合格证的电信设备和生产企业。对获得检测合格证的电信设备进行抽查，并向社会公布抽查结果。

第十三条 生产企业获得检测合格证后，应当保证产品质量和性能稳定。

第十四条 生产企业有下列行为之一的,由信息产业部给予警告；情节严重的，收回其检测合格证或不再受理其检测合格证的申请：

(一) 申请检测合格证时提供不真实申请材料的；

(二) 获得检测合格证后降低电信设备抗震性能的。

第十五条 电信设备抗震性能检测报告、检测合格证不得伪造、冒用、涂改和转让。

违反前款规定、伪造、冒用、涂改、转证检测合格证的。由省、自治区、直辖市通信管理局 给予警告，可以并处1万元以下的罚款，情节严重的，可以并处1万元以上3万元以下罚款。对转让的检测合格证，由省、自治区、直辖市通信管理局收回。

第十六条 电信业务经营者不得在抗震设防7烈度以上（含7烈度）地区的公用电信网中使用未获得检测合格证的电信设备。

违反前款规定的，由省、自治区、直辖市通信管理局责令其改正。

电信业务经营者使用未获得检测合格证的电信设备，造成经济损失的，由有关部门依法追究有关人员的责任。

第十七条 检验机构及其工作人员，有下列行为之一的，由信息产业部责令改正；情节严重的，取消对检验机构进行电信设备抗震性能检测的授权；构成犯罪的，依法追究刑事责任：

（一）泄露被检设备的技术秘密的；

（二）出具虚假证明或者出具错误数据造成严重后果的。

第十八条 电信设备生产企业对检验机构出具的检测结论和检测收费有异议的，或者认为检验机构的工作人员有违法违纪行为的，可以向信息产业部有关部门提出申诉。

第十九条 从事检测合格证申请受理、审批的工作人员玩忽职守、滥用职权 、徇私舞弊的，依法给予行政处分；构成犯罪的，依法追究刑事责任。

第四章 附　则

第二十条 检验机构的收费标准，参照国家规定制定，并按规定的程序报有关主管部门批准后执行。

第二十一条 本办法自2002年1月1日起施行。

电信设备进网检测机构授权管理规定

（2001年6月7日公布）

第一章 总 则

第一条 为加强对电信设备进网检测机构的管理，规范对检测机构的授权行为，依据《中华人民共和国电信条例》和《电信设备进网管理办法》，制定本规定。

第二条 本规定适用于对承担电信设备进网检测的机构（以下简称检测机构）进行考核评估，并予授权。

第三条 信息产业部电信管理局负责组织和管理对检测机构的考核评估和授权工作。

具体考核评估工作由相关人员组成的考核小组进行。考核小组负责向电信管理局提交考核报告。

第四条 考核小组由下列人员组成：

（一）信息产业部主管部门人员；

（二）国家实验室认可委员会成员；

（三）生产企业或电信运营部门相关技术人员；

（四）同类检测机构中熟悉考核范围、技术标准和测试方法，并有实际测试经验的技术工程师。

必要时，可以邀请教学或科研机构的技术专家参加。考核小组一般由5～7人组成。

第五条 考核小组成员在考试评估过程中应当做到公平、公正、实事求是。考核小组不对受考核方提供咨询。

第二章 检测机构应当具备的条件

第六条 检测机构应当具有符合国家规定的法律地位。

第七条 检测机构应当获得国家实验室认可委员会按照国家实验室的通用要求进行的评审认可。

第八条 检测机构应当通过国家或信息产业部组织的计量认证。

第九条 检测机构在检测的环境条件、仪器设备、人员素质、质量保证能力方面，能够满足实施申请进网检测范围所规定的技术标准、检验规程、数据记录、报告形式的要求。

第十条 检测机构应当参加相关的实验室能力验证试验，并能够证实其能力水平持续满足要求。

第十一条 检测机构应当承诺遵循职业道德，保证报告的真实性、科学性，并承诺不以降低收费价格和降低要求作为竞争的手段。

第三章 考核评估程序

第十二条 申请承担相关电信设备进网检测的机构，应向信息产业部电信管理局提出书面申请。

申请书应附以下材料：

（一）法律地位证件材料及隶属关系说明；

（二）关于独立地位的说明；

（三）国家实验室认可组织的认可证书（含范围）；

（四）组织机构介绍；

（五）申请承担的检验范围及相关标准检验实施能力对照表（含标准、项目、使用的仪表、设备及环境）；

（六）质量手册及程序文件；

（七）申请范围内的各类检验报告、实例（含记录）。

第十三条 电信管理局收到申请书及相关材料后，根据申请范围，组成考核小组，由考核小组根据《文件审核表》的要求进行评审，并写出评审报告。文件审核合格后，由电信管理局安排现场评估。

第十四条 现场评估由考核小组进行，考核范围包括申请范围内的每一种产品所涉及的标准和项目。

考核内容包括：对法规、标准的理解和运用；仪器设备的适宜性和状态；环境和设备的适宜性；实验检验的能力和经验；检验结果正确和误差评估；记录和报告；质量控制和管理等。

第十五条 现场评估考核小组应当提前认真研究申请的情况和申请范围，分配各成员的任务，并制定计划。

第十六条 现场评估分为实验室质量体系的建立和执行情况及根据标准实施检验的实际能力两部分。

（一）评估实施检验的实际能力，可根据实际情况更换考核小组的技术成员，以保证有实际测试经验的人员参与现场评估。

（二） 考核小组应依据检验实验室通用要求（IEC/IS025或IEC/ISO17025）制作《质量体系审核表》，评估其质量体系的建立和执行情况。

（三）考核小组应根据不同标准，询问具体实施检验、审核、批准的人员对标准的掌握、理解和运用能力。检验人员应能正确使用标准；审核人员应能对检测数据和结论的正确性作出判断；批准人员应对标准的适用性、综合结论、报告的有效性作出判断。

（四）考核小组应根据相应标准，判断其所使用的仪表设备及现行状态是否满足测试的项目、精度、稳定、可靠性要求。

（五）考核小组应根据相应标准，判断其实施检测的环境条件和设备是否满足项目要求，确保测试结果可靠。

（六）考核小组通过观察、询问、分析测试数据等方法评估测试人员实施标准的能力和经验。

（七）考核小组通过人员之间测试、留样测试等方法对现场检验结果的正确性和误差进行评估。

（八）考核小组应对现场测试的记录形式、报告形式是否符合进网检验所规定的要求进行评估。

检验的实施应按规定的相关报告格式逐项完成。若因试验时段过长，经考核小组同意，可提前进行。但在现场评估时，应向考核小组示范实施的整个过程。

考核小组应根据本条第（三）至（八）项的要求，制作《标准实施审核表》，并现场填写。

第十七条 考核结束后，考核小组应向电信管理局提交评审报告和评估报告。电信管理局根据考核小组的评审报告和评估报告，对申请承担电信设备进网检测的机构进行审核。

（一）对不符合第十三条要求的，视为文件审核不通过，不予安排现场评估。评审报告经电信管理局审核后转申请单位。

（二）现场评估后，发现申请单位检验能力缺项或仪器设备、环境设施不能满足某项测试要求或不能正确实施检测等问题的，视为现场评估不通过。

（三）对申请范围内某一产品标准的检测不满足要求的，视为评估不通过，所有产品都不能被授权。

第十八条 电信管理局根据考核小组的评估报告，对申请承担电信设备进网检测的机构进行审核，符合条件的，给予授权，确定授权范围，并颁发授权书。

第四章 监督管理

第十九条 授权书有效期为三年。电信管理局每年组织一次复审，以确认检测机构的能力持续有效。

第二十条 授权有效期内，检测机构有关测试的条件和内容发生较大变化时，应在变化前后一个月内书面通知电信管理局。电信管理局根据变化情况决定是否组织复审。

第二十一条 获得授权的同类检测机构之间每年应当进行至少两次能力验证试验。能力验证试验由电信管理局指定的专家小组组织实施。

在能力验证试验中发现有问题的检测机构应在接到问题报告后15日内进行整改，并提交整改报告。整改不合格或逾期未提交整改报告的，暂停其承检资格。

第二十二条 对违反第十一条规定的，一经查实，应取消其承检资格。

《通信信息网络系统集成企业资质管理办法》

2001年8月16日（试行）

第一章 总 则

第一条 为维护通信建设市场秩序，适应我国通信信息网络建设的需要，保证通信信息网络系统集成工程的质量，制定本办法。

本办法所称通信信息网络包括通信网和计算机网。

第二条 通信信息网络系统集成是指从事通信信息网络建设工程总体方案策划、设计、设备配置与选型、软件开发、工程实施、工程后期的运行保障等活动的实施过程。

第三条 信息产业部负责全国通信信息网络系统集成企业资质认证和监督管理，各省、自治区、直辖市通信管理局负责本行政区内的通信信息网络系统集成企业资质认证和监督管理。

第四条 从事通信信息网络系统集成业务的企业，必须按照本办法取得《通信信息网络系统集成企业资质证书》，方可进行通信信息网络系统集成建设活动。

第五条 通信信息网络系统集成建设单位，应选择具有《通信信息网络系统集成资质证书》的企业承建通信信息网络系统工程。

第六条 通信信息网络系统集成企业资质分为甲、乙、丙三个级 别，新申请资质的企业为临时等级，临时等级分为临时甲级、临时乙级和临时丙级。

第七条《通信信息网络系统集成资质证书》由信息产业部统一 印制，证书分为正本和副本，正本和副本具有同等效力

第二章 资质申请和审批

第八条 信息产业部具体负责通信信息网络系统集成甲级企业的认证审批、发证工作；各省、自治区、直辖市通信管理局负责本行政区内甲级资质的初审和乙级、丙级资质的认证审批、发证工作。

第九条 申请《通信信息网络系统集成企业资质证书》的企业必须是专门从事通信信息网络系统集成业务的企业，并具备下列基本条件：

（一）符合国家规定，依照法定程序批准设立的企业；

（二）实行独立核算，自负盈亏的独立法人实体；

（三）具有固定的工作场所和先进的通信信息网络系统开发必需的计算机、仪器、仪表等设备；

（四）符合通信信息网络系统集成企业资质评定标准。

第十条 新设立的企业，到工商行政管理局办理登记注册手续并取得企业法人营业执照后，方可到省、自治区、直辖市通信管理局办理《通信信息网络系统集成企业资质证书》申请手续。

第十一条 凡属中央管理的企业申请通信信息网络系统集成企业资质的，将申报材料报信息产业部综合规划司。信息产业部综合规划司组织专家对企业的申请材料审查，对企业人员素质、专业技能、管理水平、资金情况、承担过的工程业绩等进行综合评定，必要时组织有关人员对申请企业承担过的通信信息网络系统集成项目进行实地考核，对符合通信信息网络系统集成企业资质标准的，颁发《通信信息网络系统集成企业资质证书》。

第十二条 非中央管理企业申请通信信息网络系统集成资质的，将申请材料报所在地通信管理局，由通信管理局组织对申请材料进行审查，必要时组织有关人员对申请企业承担过的通信信息网络系统集成项目进行实地考核。

申请甲级通信信息网络系统集成企业资质的，由通信管理局提出初审意见，报信息产业部综合规划司审批；申请乙级和丙级通信信息网络系统集成资质的，由通信管理局审批，并将取得《通信信息网络系统集成企业资质证书》的企业报信息产业部综合规划司

备案。

第十三条 申请《通信信息网络系统集成企业资质证书》的企业，应当向信息产业部或通信管理局提交下列资料：

（一）《通信信息网络系统集成企业资质申请表》（见附件一）一式3份；

（二）企业法人营业执照；

（三）企业章程；

（四）企业法定代表人、技术、财务负责人的任职文件、职称证书、身份证复印件。

第十四条 申请资质的审批期限，审批部门应当在受理之日起60日内完成审批，其中由通信管理局负责初审的，通信管理局应当从受理企业申请之日起30日内完成初审，并报到信息产业部，信息产业部在收到初审材料30日内完成审批。

第十五条 通信信息网络系统集成企业在取得临时等级两年后，根据承担业务实绩，向审批部门申请核定正式等级。申请定级时需要提交以下材料：

（一）《通信信息网络系统集成企业资质申请书》；

（二）《通信信息网络系统集成企业资质证书》（临时）、《企业法人营业执照》（副本）；

（三）企业章程；

（四）企业法定代表人、技术、财务负责人的任职文件、职称证书、身份证；

（五）能反映承担过的工程业绩的证明材料；

（六）其他有关文件。

第十六条 企业在定级两年后方可提出升级申请，升级程序按定级程序 办理。

临时等级、正式定级、升级均按本办法规定的等级标准进行评定，其中临时等级不考核承担工程业绩。

第三章 资质分级标准及业务范围

第十七条 通信信息网络系统集成资质按专业分类划分为：通信业务网 络系统集成、电信支撑网络系统集成、电信基础网络系统集成等。

第十八条 甲级企业资质等级标准：

（一）主要领导资历：企业负责人应有5年以上从事通信建设或管理的经历，并具有高级职称；企业技术负责人应有从事通信信息网络系统集成工作经验4年以上，并具有高级技术职称。企业负责人和企业技术负责人必须是本企业在职人员，不得由离退休人员担任。

（二）技术人员要求：企业具有专职从事系统集成工作的人员。具有初级以上职称的工程技术和经济管理人员不少于110人，其中具有通信信息网络系统集成经验的高级工程师或硕士毕业3年以上的人员不少于20人，具有通信信息网络系统集成经验的工程师或本科毕业3年以上的人员不少于40人，具有通信信息网络系统集成经验的初级职称人员或技术员不少于50人，具有通信工程的项目经理证书人员不少于15人，具有通信工程概预算资格人员20人以上。

企业聘用的离退休人员（年龄不得超过65岁）不得超过总人数的1／3。

（三）注册资金：注册资金不少于人民币15 00万元。

（四）业绩和能力：企业近3年内完成通信信息网络系统集成工程项目1亿元以上，并独立承担过至少2项4000万元以上或4项2000万元以上通信信息网络系统集成项目，所完成的项目的服务内容应包括从总体方案策划、设计、设备配置与选型、软件开发、工程实施及工程后期的运行保障等活动的至少5项内容以上；

（五）技术装备：具备相应的承担相应专业的计算机、设备、仪器仪表及质量检测手段。

第十九条 乙级企业资质等级标准：

（一）主要领导资历：企业负责人应有3年以上从事通信建设或管理的经历，具有中级以上职称；企业技术负责人应有从事信息网络系统集成工作经验2年以上，具有中级及以上技术职称；企业负责人和企业技术负责人必须是本企业在职人员，不得由离退休人员担任。

（二）技术人员要求：企业具有初级以上职称的工程技术和经济管理人员不少于80人，其中具有通信信息网络系统集成经验的高级工程师或硕士毕业3年以上的人员不少于10人，具有通信信息网络系统集成经验的工程师或本科毕业3年以上的人员不少于30人，具有通信信息网络系统集成经验的初级职称人员或技术员不少于40人，具有通信工程的项目经理证书人员不少于10人，具有通信工程概预算资格人员15人以上。

企业聘用的离退休人员（年龄不得超过65岁）不

得超过总人数的1／3。

（三）注册资金：注册资金不少于人民币800万元。

（四）业绩和能力：企业近3年内完成通信信息网络系统集成工程项目8000万元以上，并承担过3项1500万元以上或4项1000万元以上通信信息网络系统集成项目，所完成的项目的服务内容应包括从总体方案策划、设计、设备配置与选型、软件开发、工程实施、服务及工程后期的运行保障等活动的至少5项内容。

（五）技术装备：具备承担相应专业的计算机、设备、仪器仪表及质量检测手段。

第二十条 丙级企业资质等级标准：

（一）主要领导资历：企业负责人应有2年以上从事通信建设或管理的经历，具有中级以上职称；企业技术负责人应有从事通信信息网络系统集成工作经验2年以上，具有中级及以上技术职称；企业负责人和企业技术负责人必须是本企业在职人员，不得由离退休人员担任。

（二）技术人员要求：企业具有初级以上职称的工程技术和经济管理人员不少于40人，其中具有通信信息网络系统集成经验的高级工程师或硕士毕业3年以上的人员不少于5人，具有通信信息网络系统集成经验的工程师或本科毕业3年以上的人员不少于15人，具有通信信息网络系统集成经验的初级职称人员或技术员不少于20人，具有通信工程的项目经理证书人员不少于5人，具有通信工程概预算资格人员10人以上。

企业聘用的离退休人员（年龄不得超过65岁）不得超过总人数的1／3。

（三）注册资金：注册资金不少于人民币500万元。

（四）业绩和能力：企业近3年内完成通信信息网络系统集成工程项目4000万元以上，并承担过3项800万元以上或4项500万元以上通信信息网络系统集成项目，所完成的项目的服务内容应包括从总体方案策划、设计、设备配置与选型、软件开发、工程实施、服务及工程后期的运行保障等活动的至少5项内容。

（五）技术装备：具备承担相应专业的计算机、设备、仪器仪表及质量检测手段。

第二十一条 业务范围（具体承担工程业务范围在证书副本中明确）：

甲级（临时甲级）可在全国范围内承担经批准设置专业的各种规模的各类通信信息网络系统集成业务。

乙级（临时乙级）在全国范围内承担经批准设置专业的下列规模业务：

（一）通信业务网络系统集成专业：承担2000万元以下工程项目；

（二）电信支撑网络系统集成专业：承担2000万元以下工程项目；

（三）电信基础网络系统集成专业：承担1000万元以下工程项目。

丙级（临时丙级）在全国范围内承担经批准设置专业的下列规模业务：

（一）通信业务网络系统集成专业：承担1000万元以下工程项目；

（二）电信支撑网络系统集成专业：承担1000万元以下工程项目；

（三）电信基础网络系统集成专业：承担500万元以下工程项目。

第四章 监督管理

第二十二条 通信信息网络系统集成资质实行年检制度，每年进行一次。

中央管理企业的年检工作由信息产业部负责；非中央管理企业的年检工作按下列规定进行：

甲级资质：由省、自治区、直辖市通信管理局初审，报信息产业部终审；

乙级和丙级资质：由省、自治区、直辖市通信管理局审查批准，报信息产业部备案。

第二十三条 年检工作程序如下：

（一）持证单位每年5月底以前向信息产业部或省、自治区、直辖市通信管理局提交《通信信息网络系统集成企业资质年检表》、《通信信息网络系统集成企业资质证书》（副本），《企业法人营业执照》副本及其他有关资料。

（二）信息产业部或省、自治区、直辖市通信管理局收到企业年检资料后30天内做出结论，并在证书（副本）的年检记录栏内加盖年检专用章。

第二十四条 年检内容包括：企业资质情况、所承担工程项目完成情况、工程质量、安全、市场行为情况等。

第二十五条 企业年检结论分为："合格"、"基本合格"、"不合格"三种。

企业资质条件完全符合评定标准，且承担过2项以上所核定专业的工程项目，且质量合格，未发生重大质量、安全事故的，年检结论为“合格”。

企业注册资金或工程技术人员不低于标准的70%，并且未发生重大质量、安全事故的，年检结论为“基本合格”。

有下列情况之一的，年检结论为“不合格”：

（一）企业注册资金或通信工程技术人员未达到标准的70%；

（二）上年度年检结论为基本合格，本年度仍未达到标准的；

（三）发生重大质量、安全事故的；

（四）两年内未承担过所核定专业业务的。

第二十六条 年检不合格或未按时参加年检的企业，其证书 自行失效，由发证机关收回证书。

第二十七条 持证企业发生分立、合并时，应在30日内到原发证部门办理重新核定资质手续。

第二十八条 持证企业变更名称、地址、注册资金、法人、技术负责人等，应在每年年检时说明情况，由原发证机关审核后，在证书副本变更栏内注明，变更名称的由原发证机关换发新的证书正本。

第二十九条 企业因破产、倒闭、撤消、歇业的，应当将证书交回原发证机关，由原发证机关予以注销。

第三十条 通信信息网络系统集成资质实行公示制度。

信息产业部于每年通信信息网络系统集成资质企业的年检工作结束后，在媒体上公示所有年检合格企业及新审批企业名单。

第三十一条 企业在申请《通信信息网络系统集成企业资质证书》或年 检时，采取弄虚作假、行贿等不正当手段虚报资料的，信息产业部或通信管理局应根据情节轻重，不予核发资质证书或收回资质证书。

第三十二条 任何单位和个人不得涂改、伪造、出借或转让《通信信息网络系统集成企业资质证书》。持证企业违反本条规定的，信息产业部或通信管理局应根据情节轻重，给予警告或收回资质证书。

第三十三条 持证企业必须在批准的资质等级规定的业务范围内执业，不得越级或超范围承接业务，违反本条规定的，由信息产业部或通信管理局责令其改正，并视情节轻重，收回资质证书3至6个月，并将违规行为记录在案，作为年检的重要依据；对再次越级或超范围承接业务的，应收回资质证书。

第三十四条 持证企业不得允许他人以本企业名义承接业务。对违反本条规定的，由信息产业部或通信管理局责令改正，视情节轻重，收回资质证书3至6个月，并将违规行为记录在案，作为年检的重要依据。

第三十五条 未取得《通信信息网络系统集成企业资质证书》的企业或单位从事通信信息网络系统集成建设活动的，由违规行为发生地通信管理局责令停止建设活动，并在媒体上公示。

第三十六条 从事资质认证工作的部门和人员在资质认证过程中，必须坚持公正、科学的原则。在工作中严重失职、索贿、受贿或者是侵害企业合法权益的，由所在单位给予行政处分；构成犯罪的，依法追究刑事责任。

第五章 附　则

第三十七条 本办法由信息产业部负责解释。

第三十八条 本办法自发布之日起执行。

《电信网间互联争议处理办法》

(2001年11月19日发布)

第一条 为了妥善处理电信网间互联争议,保障电信网各方的合法权益，提高电信网的综合效益，根据《中华人民共和国电信条例》，制定本办法。

第二条 本办法适用于中华人民共和国境内的基础电信业务经营者之间及其与专用电信网单位（以下简称“专用网单位”）之间发生的下列电信网间的互联争议：

（一）因互联技术方案而产生的争议；

（二）因与互联有关的网络功能及通信设施的提供而产生的争议；

（三）因互联时限而产生的争议；

（四）因电信业务的提供而产生的争议；

（五）因网间通信质量而产生的争议；

（六）因与互联有关的费用而产生的争议；

（七）信息产业部规定应当依照本办法处理的其他电信网间互联争议。

第三条 信息产业部负责全国电信网间互联争议处理协调、指导和监督。信息产业部电信管理局具体负责对经营全国性基础电信业务公司总部之间及其与跨省、自治区、直辖市专用网单位之间的互联争议的处理。

省、自治区、直辖市通信管理局负责对全国性基础电信业务公司总部以下的经营机构之间及其与专用电信网单位之间的互联争议的处理。

第四条 基础电信业务经营者和专用网单位是电信网间互联争议的当事人。

第五条 处理电信网间互联争议应当遵循下列原则：

（一）着重协调，及时处理；

（二）以事实为基础，以法律、行政法规和部门规章为依据；

（三）当事人在适用法律、行政法规和部门规章上一律平等。

第六条 发生电信网间互联争议,争议双方当事人应当协商解决；协商不成的，可以向信息产业部或者省、自治区、直辖市通信管理局（以下简称“电信主管部门”）申请协调；协调不成的，由电信主管部门作出行政决定；对行政决定不服的，可以依法申请行政复议或者提起行政诉讼。

第七条 基础电信业务经营者之间及其与专用网单位之间发生互联争议，经双方当事人协商解决不成的，其中任何一方均可以向电信主管部门提出互联争议协调申请。

互联争议协调申请应当以书面形式提出（电信网间互联争议协调申请书格式附后）。

第八条 电信主管部门收到互联争议协调申请书后,对协调申请书的内 容进行初步审查。经审查发现申请协调的争议不符合本办法第二条规定的范围或者不属于本办法第三条规定的管辖范围的，应当在5个工作日内书面答复不予受理或告知由相关机构处理。经审查符合本办法规定要求的，电信主管部门应当在7日内正式开始进行协调。

第九条 电信主管部门的协调工作按下列程序进行：

（一）听取争议双方的陈述；确定主要分歧，开展必要的调查研究，提出初步协调意见。如争议双方接受初步协调意见，则结束协调工作。

（二）如争议一方或双方均不接受初步协调意见的，在征求争议双方的相关主管部门意见或有关专家意见后，提出最后协调意见，结束协调工作。

协调阶段应当自开始协调之日起45日内结束。

第十条 电信主管部门在协调的每个阶段,均应当出具《电信网间互联争议协调意见书》（格式附后）正本一式三份，副本若干份。正本由争议双方各执一份，电信主管部门存档一份。

省、自治区、直辖市通信管理局出具的《电信网间互联争议协调意见书》副本应当报信息产业部备案。

第十一条 协调不能使争议双方达成协议的,电信主管部门应当根据不同类型的互联争议，随机邀请电信技术、经济、法律方面的专家进行公开论证。电信主管部门至少应当在论证前7日向应邀专家通报论证事项和有关情况。

第十二条 论证会由下列人员参加：

（一）电信主管部门的代表；

（二）电信技术、经济、法律方面的专家；

（三）争议双方当事人。

必要时，可以邀请新闻单位参加。

论证会由电信主管部门主持。

第十三条 处理互联争议邀请的专家由电信技术、经济、法律方面的专 家组成。

每次论证会邀请的电信技术、经济、法律专家不少于5人。

第十四条 论证会应当遵循下列程序进行：

（一）争议双方的陈述；

（二）电信主管部门对争议协调的意见；

（三）专家发表论证意见或建议，并提出网间互联争议解决方案。

在论证期间，对需要进一步由有关方面说明的情况或需要现场调查的项目，由电信主管部门组织调查研究，并请专家再次论证和提出网间互联争议解决方案。

第十五条 电信主管部门应当根据所邀专家的公开论证结论和提出的网间互联争议解决方案，在45日内作出行政决定。

电信主管部门作出行政决定应当充分尊重专家的论证意见和建议。对未予采纳的建议和意见，应当向专家作出说明，但涉及国家机密的除外。行政决定一般应由电信主管部门领导集体讨论决定，由主要负责人签署。

行政决定作出后，应当向信息产业部行政复议机构备案。

电信主管部门对作出的行政决定应当以适当方式向社会公布。

第十六条 互联双方在电信主管部门作出的行政决定前，可以自行达成 互联协议，并报电信主管部门备案。

第十七条 行政决定作出后，争议双方应当在决定规定的时限内自觉履行。

第十八条 争议一方或双方对行政决定不服，可以依法申请行政复议或者提起行政诉讼。行政复议或行政诉讼期间，行政决定不停止执行。

第十九条 违反本办法规定，拒不执行电信主管部门依法作出的互联争议解决行政决定的，由电信主管部门依据《中华人民共和国电信条例》第七十三条的规定予以处罚。

第二十条 处理互联争议的电信主管部门工作人员在互联争议处理活动中，徇私舞弊、收受贿赂、滥用职权、泄露秘密，构成犯罪的，依法追究刑事责任；尚未构成犯罪的，依法给予行政处分。

第二十一条 本办法自2002年1月1日起施行。

附：

一、电信网间互联争议协调申请书

二、电信网间互联争议协调意见书

《通信工程质量监督管理规定》

（2001年12月19日发布）

第一章 总　则

第一条 为了加强对通信工程质量的监督管理，确保通信工程质量，根据国务院《建设工程质量管理条例》，结合通信工程的特点，制定本规定。

第二条 在中华人民共和国境内实施通信工程质量监督管理适用本规定。

第三条 信息产业部负责全国通信工程质量监督管理工作，省、自治区、直辖市通信管理局负责本行政区域内通信工程质量监督管理工作。

信息产业部或者省、自治区、直辖市通信管理局可以委托经信息产业部考核认定的通信工程质量监督机构，依法对通信工程质量进行监督。

第四条 通信工程建设、勘察设计、施工、系统集成、用户管线建设、监理等单位，必须遵守通信建设市场管理有关规定，依法对通信工程质量负责，依照本规定接受质量监督。

第五条 任何单位和个人有权对通信工程的质量事故、质量缺陷检举、控告和投诉。

第二章 质量监督内容及机构职责

第六条 通信工程质量监督工作的主要内容是对参与通信工程建设各方主体 的质量行为以及工程执行强制性标准的情况进行监督。具体内容包括：

（一）对建设单位相关质量行为进行监督；

（二）对勘察设计、施工、系统集成、用户管线建设、监理等单位的相关质量行为进行监督；

（三）对各参建单位和人员的资质和资格进行监督；

（四）对参建单位执行通信工程建设强制性标准的情况进行监督；

（五）受理单位或个人有关通信工程质量的检举、控告和投诉。

第七条 通信工程质量监督工作应依据国家和信息产业部发布的有关法律、法规及通信工程建设强制性标准进行。

第八条 部通信工程质量监督机构受信息产业部委托，负责全国通信工程质量监督工作，其主要职责是：

（一）对省级通信工程质量监督机构进行业务指导；

（二）组织通信工程质量监督工程师和质量监督员的培训考核工作；

（三）对国家重点通信工程实施质量监督，对跨省的通信工程组织、协调相关省通信工程质量监督机构共同实施质量监督；

（四）据信息产业部的委托，开展通信工程执法检查和通信工程质量检查，参与通信工程重大质量事故的调查和处理；

（五）收集、分析通信工程质量状况，总结通信工程质量监督工作经验，提出进一步搞好通信工程质量监督工作的建议。

第九条 省通信工程质量监督机构受省、自治区、直辖市通信管理局委托，负责本行政区内通信工程质量监督工作，并根据本行政区实际情况确定分支机构或派出人员。其主要职责是：

（一）负责本行政区通信工程质量监督工作及国家重点、跨省通信工程在本行政区内的具体监督工作；

（二）参与通信工程重大质量事故的调查和处理。

第十条 通信工程质量监督机构在履行质量监督职责时，有权采取下列措施 ：

（一）要求被监督工程的参建单位提供有关文件和资料；

（二）进入被监督工程的施工现场和有关场所进行检查、检测、拍照、录像；

（三）发现有影响工程质量的缺陷，可以责令改正；

（四）向有关单位和个人调查情况，并取得证明材料。

第十一条 通信工程质量监督机构、质量监督工程师及质量监督员资格应当按信息产业部的有关规定，经考核认定后方可实施通信工程质量监督。

第十二条 通信工程质量监督机构按国家有关规定收取质量监督费。

发生通信工程质量事故需要通信工程质量监督机构进行调查和处理时，所发生的费用由责任方承担。

第十三条 通信工程质量监督机构在履行质量监督职责时应遵循公平、公正 、公开的原则。任何单位和个人都有权对通信工程质量监督机构和质量监督人员进行监督，有权对其违法、失职行为向其主管部门提出检举、控告、投诉。

第三章 质量监督工作程序

第十四条 建设单位应在工程开工前的7日以前向通信工程质量监督机构办理质量监督申报手续，其中，国家重点通信工程、跨省通信工程应向部通信工程质量监督机构申报；省内通信工程应向所在省通信工程质量监督机构申报。

第十五条 建设单位办理质量监督申报手续，应填写《通信工程质量监督申报表》（见附表一），并提供以下资料：

（一）项目立项批准文件；

（二）施工图设计审查批准文件；

（三）工程勘察设计、施工、系统集成、用户管线建设、监理等单位的资质等级证书（复印件）；

（四）其他相关文件。

第十六条 通信工程质量监督机构受理申报后，应及时确定负责该项工程的质量监督人员，制定质量监督工作方案。质量监督工作方案应根据国家有关法律、法规和通信工程建设强制性标准，针对不同专业工程的特点，明确质量监督的具体内容和监督方式，做出实施监督的计划安排，并将《通信工程质量监督通知书》（见附表二）通知建设单位。

第十七条 通信工程质量监督机构应根据质量监督工作方案检查、抽查、监督通信工程建设各方主体的质量行为。内容包括：

（一）核查施工现场工程建设各方主体及有关人员的资质或资格；检查勘察设计、施工、系统集成、用户管线建设、监理等单位质量保证体系和质量责任制落实情况；检查建设工程从立项、勘察设计、设备采购、施工、验收全过程的质量行为和有关质量文件、技术资料是否齐全并符合规定。

（二）抽查涉及通信工程建设强制性标准内容的相关实体质量；对可能影响通信质量、设备安全、使用寿命的薄弱环节进行现场实际抽查。

（三）监督建设单位组织的工程竣工验收的组织形式、验收程序以及在验收过程中提供的有关资料和形成的质量评定文件是否符合有关规定，实体质量是否存有严重缺陷，工程质量是否符合通信工程验收标准。

第十八条 通信工程质量监督机构在质量监督过程中发现问题应填写《通信工程质量监督检查记录表》（见附表三），并以书面形式通知建设单位及有关责任单位，责令其改正。

第十九条 建设单位应在工程竣工验收合格后15日内到信息产业部或者省、自治区、直辖市通信管理局或者受其委托的通信工程质量监督机构办理竣工验收备案手续，并提交《通信工程竣工验收备案表》（见附表四），及工程验收证书。

第二十条 通信工程质量监督机构应在工程竣工验收合格后15日内向委托部门报送《通信工程质量监督报告》（见附表五），并同时抄送建设单位。报告中应包括工程竣工验收和质量是否符合有关规定、历次抽查该工程发现的质量问题和处理情况、对该工程质量监督的结论意见以及该工程是否具备备案条件等内容。

第二十一条 信息产业部及省、自治区、直辖市通信管理局或受其委托的通信工程质量监督机构应依据通信工程质量监督报告，对报备材料进行审查，如发现建设单位在竣工验收过程中有违反国家建设工程质量管理规定行为的，应在收到备案材料15日内书面通知建设单位，责令停止使用，由建设单位组织整改后重新组织验收和办理备案手续。

第二十二条 未办理质量监督申报手续或竣工验收备案手续的通信工程，不得投入使用。

第二十三条 通信工程质量事故发生后，建设单位必须在24小时以内以最快的方式，将事故的简要情况向信息产业部或省、自治区、直辖市通信管理局及相应的通信工程质量监督机构报告。

第四章 罚 则

第二十四条 通信工程的建设单位有下列行为之一的，信息产业部或省、自治区、直辖市通信管理局或受其委托的通信工程质量监督机构应责令其改正，并依据《建设工程质量管理条例》第五十六条的规定予以处罚：

（一）未按照本规定办理工程质量监督手续的；

（二）明示或者暗示设计单位或者施工单位违反工程建设强制性标准，降低工程质量的；

（三）建设项目必须实行工程监理而未实行工程监理的；

（四）未按照本规定办理竣工验收备案手续的。

第二十五条 建设单位选择未经信息产业部或省、自治区、直辖市通信管理局审查同意或不具有相应资质等级的勘察设计、施工、系统集成、用户管线建设、监理等单位承担通信建设项目的，信息产业部或省、自治区、直辖市通信管理局或受其委托的通信工程质量监督机构应责令其改正，并依据《建设工程质量管理条例》第五十四条的规定予以处罚。

第二十六条 通信工程的建设单位有下列行为之一的，信息产业部或者省、自治区、直辖市通信管理局或者受其委托的通信工程质量监督机构应责令其改正，并依据《建设工程质量管理条例》第五十八条的规定予以处罚：

（一）未组织竣工验收，擅自交付使用的；

（二）验收不合格，擅自交付使用的；

（三）对不合格的建设工程按照合格工程验收的。

第二十七条 勘察设计、施工、系统集成、用户管线建设、监理等单位超越本单位资质等级承揽通信工程或者允许其他单位或者个人以本单位名义承揽通信工程的，信息产业部或者省、自治区、直辖市通信管理局或者受其委托的通信工程质量监督机构应责令其停止违法行为，并依据《建设工程质量管理条例》第六十条、第六十一条的规定予以处罚。

第二十八条 通信工程承包单位将承包的工程转包或者违法分包的、监理单位转让工程监理业务的，信息产业部或者省、自治区、直辖市通信管理局或者受其委托的通信工程质量监督机构应责令其改正，并依据《建设工程质量管理条例》第六十二条的规定予以处罚。

第二十九条 勘察设计单位未按照通信工程建设强制性标准进行设计的，信息产业部或者省、自治区、直辖市通信管理局或者受其委托的通信工程质量监督机构应责令其改正，并依据《建设工程质量管理条例》第六十三条的规定予以处罚。

第三十条 施工单位在施工中偷工减料的，使用不合格材料和设备的，或者有不按照工程设计文件和通信工程建设强制性标准施工的其他行为的，信息产业部或者省、自治区、直辖市通信管理局或者受其委托的通信工程质量监督机构应责令其改正，并依据《建设工程质量管理条例》第六十四条的规定予以处罚。

第三十一条 通信工程监理单位与建设或者施工单位串通，弄虚作假、降低工程质量的、或者将不合格的通信工程按照合格签字的，信息产业部或者省、自治区、直辖市通信管理局或者受其委托的通信工程质量监督机构应责令其改正，并依据《建设工程质量管理条例》第六十七条的规定予以处罚；颁发资质证书的部门应降低其资质等级或者吊销资质证书；造成损失的，监理单位应承担连带赔偿责任。

第三十二条 发生重大通信工程质量事故隐瞒不报、谎报或者拖延报告期限的，有关单位应当依据《建设工程质量管理条例》的规定，对直接负责的主管人员和其他责任人员依法给予行政处分。

第三十三条 通信工程建设、勘察设计、施工、系统集成、用户管线建设、监理等单位违反国家规定，降低工程质量标准，造成重大安全事故，构成犯罪的，由有关部门对直接责任人员依法追究刑事责任。

第五章 附　则

第三十四条 抢险救灾通信工程，不适用本规定。

第三十五条 本规定自2002年2月1日起施行。

附表一：通信工程质量监督申报表（略）

附表二：通信工程质量监督通知书（略）

附表三：通信工程质量监督检查记录表（略）

附表四：通信工程竣工验收备案表（略）

附表五：通信工程质量监督报告（略）

《外商投资电信企业管理规定》

（2001年12月11日）

第一条 为了适应电信业对外开放的需要，促进电信业的发展，根据有关外商投资的法律、行政法规和《中华人民共和国电信条例》（以下简称电信条例），制定本规定。

第二条 外商投资电信企业，是指外国投资者同中国投资者在中华人民 共和国境内依法以中外合资经营形式，共同投资设立的经营电信业务的企业。

第三条 外商投资电信企业从事电信业务经营活动，除必须遵守本规定外，还必须遵守电信条例和其他有关法律、行政法规的规定。

第四条 外商投资电信企业可以经营基础电信业务、增值电信业务，具体业务分类依照电信条例的规定执行。外商投资电信企业经营业务的地域范围，由国务院信息产业主管部门按照有关规定确定。

第五条 外商投资电信企业的注册资本应当符合下列规定：

（一）经营全国的或者跨省、自治区、直辖市范围的基础电信业务的，其注册资本最低限额为20亿元人民币；经营增值电信业务的，其注册资本最低限额为1000万元人民币；

（二）经营省、自治区、直辖市范围内的基础电信业务的，其注册资本最低限额为2亿元人民币；经营增值电信业务的，其注册资本最低限额为100万元人民币。

第六条 经营基础电信业务（无线寻呼业务除外）的外商投资电信企业的外方投资者在企业中的出资比例，最终不得超过49%。

经营增值电信业务（包括基础电信业务中的无线寻呼业务）的外商投资电信企业的外方投资者在企业中的出资比例，最终不得超过50%。

外商投资电信企业的中方投资者和外方投资者在不同时期的出资比例，由国务院信息产业主管部门按照有关规定确定。

第七条 外商投资电信企业经营电信业务，除应当符合本规定第四条、第五条、第六条规定的条件外，还应当符合电信条例规定的经营基础电信业务或者经营增值电信业务应当具备的条件。

第八条 经营基础电信业务的外商投资电信企业的中方主要投资者应当 符合下列条件：

（一）是依法设立的公司；

（二）有与从事经营活动相适应的资金和专业人员；

（三）符合国务院信息产业主管部门规定的审慎的和特定行业的要求。

前款所称外商投资电信企业的中方主要投资者，是指在全体中方投资者中出资数额最多且占中方全体投资者出资总额的30%以上的出资者。

第九条 经营基础电信业务的外商投资电信企业的外方主要投资者应当符合下列条件：

（一）具有企业法人资格；

（二）在注册的国家或者地区取得基础电信业务经营许可证；

（三）有与从事经营活动相适应的资金和专业人员；

（四）有从事基础电信业务的良好业绩和运营经验。

前款所称外商投资电信企业的外方主要投资者，是指在外方全体投资者中出资数额最多且占全体外方投资者出资总额的30%以上的出资者。

第十条 经营增值电信业务的外商投资电信企业的外方主要投资者应当具有经营增值电信业务的良好业绩和运营经验。

第十一条 设立经营基础电信业务或者跨省、自治区、直辖市范围增值电信业务的外商投资电信企业，由中方主要投资者向国务院信息产业主管部门提出申请并报送下列文件：

（一）项目建议书；

（二）可行性研究报告；

（三）本规定第八条、第九条、第十条规定的合营各方投资者的资格证明或者有关确认文件；

（四）电信条例规定的经营基础电信业务或者增值电信业务应当具备的其他条件的证明或者确认文件。

国务院信息产业主管部门应当自收到申请之日起对前款规定的有关文件进行审查。属于基础电信业务的，应当在180日内审查完毕，作出批准或者不予批准的决定；属于增值电信业务的，应当在90日内审查完毕，作出批准或者不予批准的决定。予以批准的，颁发《外商投资经营电信业务审定意见书》；不予批准的，应当书面通知申请人并说明理由。

第十二条 设立外商投资电信企业经营基础电信业务或者跨省、自治区、直辖市范围增值电信业务，中方主要投资者依照本规定第十一条的规定提出申请时，可以根据实际情况先行报送可行性研究报告以外的其他文件，经国务院信息产业主管部门审查认可并书面通知后，再报送可行性研究报告；但是，自审查认可通知之日起至报送可行性研究报告之日止的期间不得超过1年，且该期间不计算在规定的审批期限之内。

第十三条 设立外商投资电信企业经营省、自治区、直辖市范围内增值 电信业务，由中方主要投资者向省、自治区、直辖市电信管理机构提出申请并报送下列文件：

（一）可行性研究报告；

（二）本规定第十条规定的资格证明或者有关确认文件；

（三）电信条例规定的经营增值电信业务应当具备的其他条件的证明或者确认文件。

省、自治区、直辖市电信管理机构应当自收到申请之日起60日内签署意见。同意的，转报国务院信息产业主管部门；不同意的，应当书面通知申请人并说明理由。

国务院信息产业主管部门应当自收到省、自治区、直辖市电信管理机构签署同意的申请文件之日起30日内审查完毕，作出批准或者不予批准的决定。予以批准的，颁发《外商投资经营电信业务审定意见书》；不予批准的，应当书面通知申请人并说明理由。

第十四条 外商投资电信企业项目建议书的主要内容包括：合营 各方的 名称和基本情况、拟设立企业的投资总额、注册资本、各方出资比例、申请经营的业务种类 、合营期限等。

外商投资电信企业可行性研究报告的主要内容包括：拟设立企业的基本情况、服务项目、业务预测和发展规划、投资效益分析、预计营业时间等。

第十五条 设立外商投资电信企业，按照国家有关规定，其投资项目需要经国务院计划主管部门或者国务院经济综合管理部门审批的，国务院信息产业主管部门应当在颁发《外商投资经营电信业务审定意见书》前，将申请材料转送国务院计划主管部门或者国务院经济综合管理部门审批。转送国务院计划主管部门或者国务院经济综合管理部门审批的，本规定第十一条、第十三条规定的审批期限可以延长30日。

第十六条 设立外商投资电信企业，属于经营基础电信业务或者跨省、自治区、直辖市范围增值电信业务的，由中方主要投资者凭《外商投资经营电信业务审定意见书》向国务院对外经济贸易主管部门报送拟设立外商投资电信企业的合同、章程；属于经营省、自治区、直辖市范围内增值电信业务的，由中方主要投资者凭《外商投资经营电信业务审定意见书》向省、自治区、直辖市人民政府对外经济贸易主管部门报送拟设立外商投资电信企业的合同、章程。

国务院对外经济贸易主管部门和省、自治区、直辖市人民政府对外经济贸易主管部门应当自收到报送的拟设立外商投资电信企业的合同、章程之日起90日内审查完毕，作出批准或者不予批准的决定。予以批准的，颁发《外商投资企业批准证书》；不予批准的，应当书面通知申请人并说明理由。

第十七条 外商投资电信企业的中方主要投资者凭《外商投资企业批准证书》，到国务院信息产业主管部门办理《电信业务经营许可证》手续。

外商投资电信企业的中方主要投资者凭《外商投资企业批准证书》和《电信业务经营许可证》，向工商行政管理机关办理外商投资电信企业注册登记手续。

第十八条 外商投资电信企业经营跨境电信业务，必须经国务院信息产业主管部门批准，并通过国务院信息产业主管部门批准设立的国际电信出入口局进行。

第十九条 违反本规定第六条规定的，由国务院信息产业主管部门责令 限期改正，并处10万元以上50万元以下的罚款；逾期不改正的，由国务院信息产业主管部门吊销《电信业务经营许可证》，并由原颁发《外商投资企业批准证书》的对外经济贸易主管部门撤销其《外商投资企业批准证书》。

第二十条 违反本规定第十八条规定的，由国务院信息产业主管部门责令限期改正，并处20万元以上100万元以下的罚款；逾期不改正的，由国务院信息产业主管部门吊销《电信业务经营许可证》，并由原颁发《外商投资企业批准证书》的对外经济贸易主管部门撤销其《外商投资企业批准证书》。

第二十一条 申请设立外商投资电信企业，提供虚假、伪造的资格证明 或者确认文件骗取批准的，批准无效，由国务院信息产业主管部门处20万元以上100万元以下的罚款，吊销《电信业务经营许可证》，并由原颁发《外商投资企业批准证书》的对外经济贸易主管部门撤销其《外商投资企业批准证书》。

第二十二条 外商投资电信企业经营电信业务，违反电信条例和其他有 关法律、行政法规规定的，由有关机关依法给予处罚。

第二十三条 境内电信企业在境外上市，必须经国务院信息产业主管部 门审查同意，并按照国家有关规定经批准。

第二十四条 香港特别行政区、澳门特别行政区和台湾地区的公司、企 业在内地投资经营电信业务，比照适用本规定。

第二十五条 本规定自2002年1月1日起施行。

《电信业务经营许可证管理办法》

（2001年1月1日）

第一章 总　则

第一条 为规范电信业务经营许可证的管理，根据《中华人民共和国电信条例》及其他法律、行政法规的规定，制定本办法。

第二条 在中华人民共和国境内申请、审批和管理电信业务经营许可证（以下简称“经营许可证”），适用本办法。国家另有规定的，从其规定。

采用招标等方式颁发基础电信业务经营许可证的具体办法，由信息产业部另行制定。

第三条 信息产业部和省、自治区、直辖市通信管理局（以下统称“电信主管部门”）是电信业务经营许可证的审批管理机构。

电信主管部门在电信业务经营许可证审批管理中应当遵循公开、公平、公正的原则。

第四条 电信业务经营者在电信业务经营活动中，应当遵守电信业务经营许可证的规定，接受电信主管部门的监督管理。

电信业务经营者按照电信业务经营许可证的规定经营电信业务受国家法律保护。

第二章 经营许可证的申请

第五条 申请经营基础电信业务的，应当符合《中华人民共和国电信条例》第十条的规定和下列条件：

（一）在省、自治区、直辖市范围内经营的，其注册资本最低限额为2亿元人民币；在全国或跨省、自治区、直辖市范围内经营的，其注册资本最低限额为20亿元人民币；

（二）最近三年内未发生过重大违法行为。

第六条 申请经营增值电信业务的，应当符合《中华人民共和国电信条例》第十三条的规定和下列条件：

（一）在省、自治区、直辖市范围内经营的，其注册资本最低限额为100万元人民币；在全国或跨省、自治区、直辖市范围内经营的，其注册资本最低限额为1000万元人民币；

（二）有可行性研究报告和相关技术方案；

（三）有必要的场地和设施；

（四）最近三年内未发生过重大违法行为。

第七条 申请基础电信业务经营许可证的，应当向信息产业部提交下列申请材料：

（一）公司法定代表人签署的经营基础电信业务的书面申请。内容包括：申请经营电信业务的种类、业务覆盖范围、公司名称、公司通信地址、邮政编码、联系人、联系电话、电子信箱地址等；

（二）公司的企业法人营业执照副本及复印件；

（三）公司概况。包括公司基本情况，拟从事电信业务的机构设置和管理情况、技术力量和经营管理人员情况，与从事经营活动相适应的场地、设施等情况；

（四）公司最近经会计师事务所审计的企业法人年度财务会计报告或验资报告及信息产业部规定的其他相关会计资料；

（五）公司章程，公司股权结构及股东的有关情况；

（六）业务发展可行性研究报告。包括：申请经营电信业务的业务发展和实施计划、服务项目、业务覆盖范围、市场调研与分析、收费方案、预期服务质量、投资分析、社会效益和经济效益分析等；

（七）组网技术方案。包括：网络结构、网络规模、网络建设计划、网络互联方案、技术标准、电信设备的配置、电信资源使用方案等；

（八）为用户提供长期服务和质量保障的措施；

（九）网络与信息安全保障措施；

（十）证明公司信誉的有关材料；

（十一）公司法定代表人签署的公司依法经营电信业务的承诺书。

申请经营无线电通信业务的，应当提交国家无线电管理机构出具的无线电频率资源预指配意见。

尚未获得企业法人营业执照的申请者，应当提交公司的企业名称预先核准通知书，无需提交第一款第（二）、（十）项规定的内容。第一款第（一）项规定的书面申请和第（十一）项规定的承诺书，拟成立有限责任公司的，应当由全体股东签署；拟成立股份有限公司的，应当由全体发起人签署。

第八条 申请增值电信业务经营许可证的，应当向电信主管部门提交下列申请材料：

（一）公司法定代表人签署的经营增值电信业务的书面申请。内容包括：申请电信业务的种类、业务覆盖范围、公司名称、通信地址、邮政编码、联系人、联系电话、电子信箱地址等；

（二）公司的企业法人营业执照副本及复印件；

（三）公司概况。包括：公司基本情况，拟从事增值电信业务的人员、场地和设施等情况；

（四）公司最近经会计师事务所审计的企业法人年度财务会计报告或验资报告及电信主管部门规定的其他相关会计资料；

（五）公司章程，公司股权结构及股东的有关情况；

（六）业务发展可行性研究报告和技术方案。包括：申请经营电信业务的业务发展和实施计划、技术方案、服务项目、业务覆盖范围、市场调研与分析、收费方案、预期服务质量、投资分析、社会效益和经济效益等；

（七）为用户提供长期服务和质量保障的措施；

（八）信息安全保障措施；

（九）证明公司信誉的有关材料；

（十）公司法定代表人签署的公司依法经营电信业务的承诺书；

（十一）申请经营的电信业务依照法律、行政法规及国家有关规定须经有关主管部门事先审核同意的，应当提交有关主管部门审核同意的文件。

申请经营无线电通信业务的，应当提交国家或者省级无线电管理机构出具的无线电频率资源预指配意见。

尚未获得企业法人营业执照的申请者，应当提交公司的企业名称预先核准通知书，无需提交第一款第（二）、（九）项中规定的材料。第一款第（一）项规定的书面申请和第（十）项规定的承诺书，拟成立有限责任公司的，应当由全体股东签署；拟成立股份有限公司的，应当由全体发起人签署。

第三章 经营许可证的审批

第九条 电信业务经营许可证分为《基础电信业务经营许可证》和《增值电信业务经营许可证》两类。其中《增值电信业务经营许可证》中又分为《跨地区增值电信业务经营许可证》和省、自治区、直辖市范围内的《增值电信业务经营许可证》。

《基础电信业务经营许可证》和《跨地区增值电信业务经营许可证》，由信息产业部负责审批。省、自治区、直辖市范围内的《增值电信业务经营许可证》，由省、自治区、直辖市通信管理局负责审批。

外商投资电信企业的电信业务经营许可证，根据《外商投资电信企业管理规定》第十七条的规定，由信息产业部负责审批。

第十条 信息产业部应当自收到经营基础电信业务的申请材料之日起15日内，完成对材料的初步审查。对申请材料齐备的，向申请者发出受理申请通知书。对申请材料不齐备的，书面通知申请者补齐，申请者将材料补齐后，信息产业部应当在15日内向申请者发出受理申请通知书。

信息产业部在发出受理申请通知书之后，应当组织专家对第七条第（六）、第（七）项申请材料进行评审，并根据专家评审意见作出批准或者不予批准的决定。信息产业部的审查工作应当在发出受理申请通知书之日起180日内完成。

对已经依法设立公司的申请者，予以批准的，颁发《基础电信业务经营许可证》。

对尚未获得企业法人营业执照的申请者，予以批准的，应当向申请者发出批准文件，同意其向工商行政管理部门申请设立公司经营该项基础电信业务，申请者持该批准文件到工商行政管理部门办理公司设立登记手续。在申请者取得企业法人营业执照后，信息产业部向其颁发《基础电信业务经营许可证》。

对申请不予批准的，应当书面通知申请者并说明理由。

审查中，对申请材料不符合要求的，应当通知申请者修改和补充，申请者应当自通知发出之日起30日内按要求完成，否则视为放弃申请。申请者修改和补充材料的时间不计算在审查工作时限内。

第十一条 电信主管部门应当自收到经营增值电信业务的申请材料之日起15日内，完成对材料的初步审查。对申请材料齐备的，向申请者发出受理申请通知书。对申请材料不齐备的，书面通知申请者补齐，申请者将材料补齐后，电信主管部门应当在15日内向申请者发出受理申请通知书。

电信主管部门应当自发出受理申请通知书之日起60日内完成审查工作，作出批准或者不予批准的决定。

对已经依法设立的公司的申请，予以批准的，颁发《跨地区增值电信业务经营许可证》或者省、自治区、直辖市范围内的《增值电信业务经营许可证》。

对尚未获得企业法人营业执照的申请者，予以批准的，应当向申请者发出批准文件，同意其向工商行政管理部门申请设立公司经营该项增值电信业务，申请者持该批准文件到工商行政管理部门办理公司设立登记手续。在申请者取得企业法人营业执照后，电信主管部门向其颁发《跨地区增值电信业务经营许可证》或者省、自治区、直辖市范围内的《增值电信业务经营许可证》。

对申请不予批准的，应当书面通知申请者并说明理由。

审查中，对申请材料不符合要求的，应当通知申请者修改和补充，申请者应当自通知发出之日起30日内按要求完成，否则视为放弃申请。申请者修改和补充材料的时间不计算在审查工作时限内。

第十二条 经营许可证由正文部分和附件部分组成。

经营许可证的正文部分应当载明公司名称、法定代表人、注册住所、业务种类、业务覆盖范围、有效期限、发证机关和发证日期、签发人、经营许可证编号等内容。

经营许可证的附件部分包括经营许可证使用规定、经营者的权利和义务、特别规定事项和年检情况记录表等附件。原发证机关根据管理需要可以按照信息产业部的规定增发经营许可证附件。

电信业务经营许可证的具体内容在本办法附件中列出。信息产业部根据实际情况，可以调整电信业务经营许可证附件的内容，重新公布。

第十三条 《基础电信业务经营许可证》的有效期限，根据电信业务种类分为5年、10年。

《跨地区增值电信业务经营许可证》和省、自治区、直辖市范围内的《增值电信业务经营许可证》的有效期限为5年。

第十四条 《基础电信业务经营许可证》、《跨地区增值电信业务经营许可证》以及外商投资电信企业的电信业务经营许可证由信息产业部部长签发。

省、自治区、直辖市范围内的《增值电信业务经营许可证》由省、自治区、直辖市通信管理局局长签发，并报信息产业部备案。

第十五条 电信业务经营许可证由公司法定代表人领取，或者由其委托的其他人凭委托书领取。

第十六条 电信主管部门在审查电信业务经营许可申请时，发现申请者提交虚假证明文件的，应当不批准其申请，并在3年内不再受理其经营电信业务的申请。

第四章 经营许可证的使用

第十七条 获准经营电信业务的公司，应当按照经营许可证正文中所载明的电信业务种类，在规定的业务覆盖范围和期限内，按照经营许可证的规定经营电信业务。

第十八条 获准经营电信业务的公司，持经营许可证到工商行政管理部门办理公司变更登记手续。

获准经营无线电通信业务的，持经营许可证到无线电管理机构申请办理无线电频率使用手续。

第十九条 获准跨地区经营电信业务的公司，应当在经营许可证载明的业务覆盖范围所在省、自治区和直辖市设立分公司或子公司等相应机构经营电信业务。

经营基础电信业务公司的子公司，国有股权或者股份的比例应当符合国家有关电信的法律、行政法规规定。

第二十条 获准经营电信业务的公司，经发证机关批准，可以授权其持有股份不少于51%并符合经营电信业务条件的子公司经营其获准经营的电信业务。该子公司的名称、法定代表人、注册住所、业务种类、业务覆盖范围等内容，由发证机关在获准经营电信业务公司的经营许可证正文附页中载明。在一个地区不能授权两家或两家以上子公司经营同一项电信业务。

第二十一条 获准经营基础电信业务或在两个以上省、自治区、直辖市范围内经营增值电信业务的公司，应当凭经营许可证到相关省、自治区、直辖市通信管理局办理备案手续，并提交下列备案材料：

（一）在当地开展业务的书面报告。内容包括：公司在当地设立的分公司或子公司等相应机构的名称、通信地址、邮政编码、联系人、联系电话、电子信箱地址等；

（二）经营许可证复印件；

（三）公司在当地设有分公司或子公司等相应机构的公司批准文件、分公司或子公司的营业执照（复印件）、章程、股权结构等有关材料；

（四）在当地开展业务的方案。

省、自治区、直辖市通信管理局在收到前款规定的备案材料后，对材料齐备的，应当在15日内向备案者发出备案确认书，并向信息产业部报告。对材料不齐备的，应当在15日内书面通知备案者。待材料补齐后，应当在10日内向备案者发出备案确认书。

未办理备案手续的，不得在当地经营电信业务。

第一款所列四项材料发生变化的，分公司或子公司等相应机构应当在变化后20日内，向当地省、自治区、直辖市通信管理局备案。

第二十二条 除经营许可证中有特别规定外，电信业务经营者取得经营许可证后，应当在1年内按照经营许可证规定的业务种类和业务覆盖范围提供电信服务。不能在1年内提供电信服务的，应当在申请经营许可证时提出，说明理由，报电信主管部门批准，并在经营许可证中作出特别规定。

对未在经营许可证规定时限内提供电信服务的，原发证机关可以注销其经营许可证，或者取消其未提供电信服务的业务覆盖范围。

第二十三条 相关基础电信业务经营者应当按照电信主管部门的规定，及时为取得经营许可证的公司提供经营电信业务所需的电路、设施等。

基础电信业务经营者不得为无经营许可证的公司提供用于经营电信业务的电路、设施等。

第二十四条 任何单位和个人不得伪造、涂改、冒用、租借、买卖和转让经营许可证。

第五章 经营许可证的变更和注销

第二十五条 经营许可证有效期届满，需要继续经营的，应当提前90日，向原发证机关提出续办经营许可证的申请。不再继续经营的，应当提前90日向原发证机关报告，并做好善后工作。

第二十六条 取得电信业务经营许可证的公司或者其获准授权经营电信业务的子公司，遇有合并或分立、有限责任公司股东变化、业务经营权转移等涉及经营主体需要变更的情形，或者业务覆盖范围需要变化的，应当自公司作出决定之日起30日内向原发证机关提出申请，经批准后方可实施。

第二十七条 在经营许可证有效期内，变更公司名称、注册住所、法定代表人的，应当在完成公司的工商变更登记手续后30日内向原发证机关办理电信业务经营许可证的变更手续。

第二十八条 在经营许可证有效期内，电信业务经营者需要终止经营的，应当自公司作出决定之日起30日内向原发证机关提出申请，在做好用户善后处理工作后，

原发证机关为其办理经营许可证注销手续。

第二十九条 电信业务经营者被国家行政、司法机关依法处罚，不能继续经营电信业务的，原发证机关应当将其经营许可证收回注销。

提交虚假证明文件或者采取其他欺诈手段，取得电信业务经营许可证的，由原发证机关将经营许可证收回注销。并在3年内不再受理其经营电信业务的申请。

第三十条 发证机关吊销或注销电信业务经营者的经营许可证后，应当通知相应的工商行政管理部门，并向社会公布。

被吊销或注销经营许可证的公司，应当及时到相应工商行政管理部门办理手续。

第六章 经营许可证的年检

第三十一条 发证机关对经营许可证实行年检制度。电信业务经营者应当在报告年的次年第一季度向原发证机关报送下列年检材料：

（一）公司的年检报告，包括：本年度的电信业务经营情况；网络建设、业务发展、人员及机构变动情况；服务质量情况；执行国家和电信主管部门有关规定的情况等；

（二）电信业务经营许可证原件；

（三）公司的企业法人营业执照复印件；

（四）公司年度财务会计报告及电信主管部门规定的其他相关会计资料；

（五）发证机关要求报送的其它有关材料。

业务覆盖范围在两个省、自治区、直辖市以上的，还须提供各地分公司或子公司等相应机构及全网业务的经营管理情况。

各地分公司或子公司等相应机构应当向当地省、自治区、直辖市通信管理局报送在当地开展电信业务的年度报告；分公司或子公司的营业执照复印件；财务报表等有关材料。年度报告内容包括：本年度的电信业务经营情况；网络建设、业务发展、人员及机构变动情况；服务质量情况；执行国家和电信主管部门有关规定的情况等。

第三十二条 省、自治区、直辖市通信管理局对跨地区电信业务经营者在当地的相应机构进行年度检查，并将结果报告信息产业部。

第三十三条 发证机关进行经营许可证年检时，应当对电信业务经营者报送的材料进行全面审核，并对其经营主体、经营行为、电信设施建设、电信资费和服务质量等进行必要的检查。对年检合格的在年检情况记录表上加盖印章；对未按规定参加年检的或年检中发现有不符合规定要求的，限期整改；整改仍不合格的，将经营许可证收回注销，通知相应工商行政管理部门，并向社会公布。

第七章 罚　则

第三十四条 违反本办法第十七条、第二十六条和第三十一条规定的，依照《中华人民共和国电信条例》第七十条规定予以处罚。

第三十五条 违反本办法第二十四条规定的，依照《中华人民共和国电信条例》第六十九条规定予以处罚。

第三十六条 违反本办法第四条第一款、第十九条、第二十条、第二十一条第三款、第四款、第二十三条、第二十五条、第二十七条和第二十八条规定的，由电信主管部门责令改正，予以警告，并处5000元以上3万元以下罚款。

第三十七条 当事人对电信主管部门作出的行政审批和行政处罚决定不服的，可以依法申请行政复议或者提起行政诉讼。

当事人逾期不申请行政复议也不提起行政诉讼，又不履行行政处罚决定的，由作出行政处罚决定的机关申请人民法院强制执行。

第三十八条 电信主管部门的工作人员在经营许可证管理工作中，玩忽职守、滥用职权、徇私舞弊，构成犯罪的，提请司法机关依法追究刑事责任；尚不构成犯罪的，由所在单位或者上级主管部门给予行政处分。

第八章 附　则

第三十九条 经营许可证由信息产业部统一印制。

第四十条 本办法自2002年1月1日起施行。

附件:《中华人民共和国基础电信业务经营许可证》正文及附件（略）

附件一：电信业务经营许可证使用规定（略）

附件二：电信业务经营者的权利和义务（略）

附件三：特别规定事项（略）

附件四：电信业务经营许可证年检情况记录表（略）

《电信建设管理办法》

（2002年1月4日信息产业部和计委联合颁布）

第一章 总　则

第一条 为加强电信建设的统筹规划和行业管理，促进电信业健康、有序发展，根据《中华人民共和国电信条例》和国家有关规定，制定本办法。

第二条 凡在中华人民共和国境内新建、改建和扩建公用电信网、专用电信网和广播电视传输网，均须遵守本办法。

第三条 信息产业部依法对全国公用电信网、专用电信网和广播电视传输网的建设实施监督管理。

各省、自治区、直辖市通信管理局，在信息产业部领导下，依法对本行政区域内的公用电信网、专用电信网和广播电视传输网的建设实施监督管理。

第四条 全国性电信网络工程和国际电信建设项目是电信建设管理的重点。

本办法所称全国性电信网络工程是指跨省（自治区、直辖市）公用电信网、专用电信网和广播电视传输网以及其组成部分的建设工程。

第五条 电信网络和电信设施建设须严格遵守国家有关法律、政策，符合电信网体制标准及通信工程建设标准、建设规范。

第六条 电信建设管理应维护国家通信主权，破除垄断，鼓励竞争，促进资源合理利用，维护通信建设市场秩序，营造公开、公平、公正的竞争环境。

第二章 规划编制与管理

第七条 信息产业部负责编制电信行业发展规划，各省、自治区、直辖市通信管理局负责编制所辖行政区电信行业发展规划。

投资建设公用电信网、广播电视传输网的企业（或单位），必须根据行业规划的要求，编制本企业（或单位）五年规划（含传输网五年专题规划），并逐年编制滚动规划（含传输网滚动专题规划）。

投资建设专用电信网的企业（或单位），应根据本企业（或单位）对通信传输线路及带宽的需求编制本企业（或单位）传输网五年专题规划，并根据实际建设和发展情况逐年编制传输网滚动专题规划（含自建、购买、租用等）。

企业（或单位）可以根据情况确定滚动规划期限为三年或五年。

第八条 企业（或单位）五年规划应当包括以下内容：

（一）本企业（或单位）电信网现状；

（二）本企业（或单位）五年发展思路、目标、重点；

（三）本企业（或单位）建设资金估算和资金筹措计划；

（四）本企业（或单位）五年重点建设项目框架等。

第九条 企业（或单位）滚动规划应当包括以下内容：

（一）本企业（或单位）电信网现状及上年度完成情况；

（二）本企业（或单位）当年发展目标、重点及建设项目框架、资金估算和资金筹措计划；

（三）本企业（或单位）滚动期末发展思路、目标。

第十条 传输网五年专题规划应当包括以下内容：

（一）本企业（或单位）传输网现状（含路由图）；

（二）本企业（或单位）传输网五年需求、发展目标、重点及规划路由图；

（三）本企业（或单位）传输网五年建设项目框架（含路由、距离、容量、投资等）。

第十一条 传输网滚动专题规划应当包括以下内容：

（一）本企业（或单位）传输网现状（含路由图、上一年度传输网建设项目完成情况）；

（二）本年度传输网项目建设计划（含项目路由、距离、容量、投资以及资金来源等）；

（三）本年度传输网建设路由图；

（四）滚动期末传输网发展思路、目标及建设项目框架。

第十二条 企业（或单位）五年规划、传输网五年专题规划和滚动规划实行备案制度。

企业（或单位）五年规划、传输网五年专题规划应于国家每个五年规划期开始前上报备案，滚动规划应于每年一月底前上报备案。

拥有全国性电信网络的非计划单列企业（或单位）的规划，报信息产业部。拥有全国性电信网络的计划单列企业的规划，同时报国家计委和信息产业部。

各省、自治区、直辖市行政区域内的公用电信网和广播电视传输网、专用电信网建设企业（或单位）的规划，报本省、自治区、直辖市通信管理局。

国家计委、信息产业部或省、自治区、直辖市通信管理局在收到上报备案规划30个工作日内未提出不同意见的，该规划即自动生效，国家另有规定的从其规定。

第十三条 企业（或单位）传输网滚动专题规划实行审批制度。

企业（或单位）年度传输网滚动专题规划应于当年一月底前报信息产业部或省、自治区、直辖市通信管理局。行业主管部门应在收到上报规划的45个工作日内作出审批。

信息产业部或省、自治区、直辖市通信管理局对企业（或单位）上报的传输网滚动专题规划组织专家咨询、评审，并在此基础上出具批复意见。

第十四条 国家计委、信息产业部和省、自治区、直辖市通信管理局，依据国民经济和社会发展五年规划及其重点专项规划、电信行业规划，指导各相关企业（或单位）规划、传输网五年专题规划和滚动规划、传输网滚动专题规划的编制工作，并监督检查其执行情况。

第三章 项目审批

第十五条 公用电信网、专用电信网、广播电视传输网的建设必须严格执行国家有关规定。其建设程序应包括编制和批准项目建设书、可行性研究报告、初步设计和进行竣工验收等。其中：利用外资的电信建设项目按照有关法律法规规定，履行报批手续；自筹资金的电信建设项目可由业主单位自行进行初步设计和竣工验收，限额以下项目可以可行性研究报告代项目建议书一并审批。

第十六条 建设项目要严格按照国家规定的项目审批权限进行审批。各项目建设单位不得将整体项目化整为零，规避主管部门审查。审批项目应以业主单位的电信业务许可证范围为依据。

第十七条 国内传输网新建或改建、扩建项目在按照国家基本建设程序审批前，须经相应通信主管部门初审，行业初审同意的项目方可获得批准。项目审批部门对行业初审结果有不同意见的，由项目审批部门和出具初审意见的部门协商解决。

第十八条 申报国内传输网跨省建设项目或国家规定的限额以上项目，应同时抄报信息产业部；申报国内传输网省内限额以下建设项目，应同时抄报本省、自治区、直辖市通信管理局。计划单列企业按照项目审批权限自行审批的限额以下国内传输网项目，应抄报国家计委和信息产业部。申报项目单位应提供电信业务经营许可证等材料。

行业主管部门在收到抄报文件20个工作日内，向项目审批部门出具行业初审意见。

第十九条 信息产业部或省、自治区、直辖市通信管理局对企业（或单位）当年传输网滚动专题规划的批复同意意见，视同对该滚动规划中国内传输网当年建设项目的行业初审同意。未列入企业（或单位）当年滚动规划内的项目，在审批前必须报信息产业部或者省、自治区、直辖市通信管理局初审。

第二十条 国际传输网、国际通信出入口等国际电信建设项目由国家统一审批。其中，限额以上基本建设项目或限额以上的技术改造项目经信息产业部初审同意后，由国家计委或国家经贸委审批或核报国务院审批；限额以下项目由信息产业部审批，其他部门（或单位）无权审批国际电信建设项目。投资建设或参与投资建设国际电信项目的单位必须拥有国际通信基础设施经营权。

信息产业部在受理国际电信建设项目行业初审申请后，应在30个工作日内予以答复。限额以下国际电信建设项目审批应在申请之日起45个工作日内予以批复。

第二十一条 国家鼓励有权建设传输网的电信运营企业和有关单位联合建设国内传输网络。联合建设项目应依照本办法第十七条规定按一个项目联合报批。申报联合建设项目除规定内容外，还应注明合建方及牵头单位，并补充各自的建设规模和出资额。

参与军民合建项目的地方企业或单位必须与经总参通信部批准的军队项目联合建设。

第二十二条 参与联合建设国内传输网的各投资方必须事先签署联合建设协议，并明确联合建设的牵头单位和各方的权利与义务。全国性网络联合建设协议报信息产业部备案，省、自治区、直辖市内网络联合建设协议报省、自治区、直辖市通信管理局备案。

第二十三条 项目审批或初审应采取专家咨询、专家评审等方式，并在此基础上批复或出具行业初审意见。

第四章 电信建设市场管理

第二十四条 信息产业部对全国电信建设市场、电信建设工程质量、招标投标等电信建设活动以及通信工程建设强制性标准的执行情况实施监督管理。

省、自治区、直辖市通信管理局对本行政区域内电信建设市场、电信建设工程质量、招标投标等电信建设活动，以及通信工程建设强制性标准的执行情况实施监督管理。

第二十五条 基础电信业务经营者可以在电信业务经营许可证规定的范围内投资建设和经营电信设施。

任何企业（或单位）不得从无网络元素出租、出售业务许可证的企业（或单位）购买、租用网络资源。

第二十六条 省、自治区、直辖市通信管理局负责本行政区内电信管道建设的统筹规划和协调。地方各级人民政府应将电信管道建设规划纳入城镇建设总体规划，电信管道的建设规模、容量应当满足电信业务发展的需要。

第二十七条 公共场所的经营者或管理者有义务协助基础电信业务经营者依法在该场所内从事电信设施建设，不得阻止或者妨碍基础电信业务经营者向电信用户提供公共电信服务。

第二十八条 在民用建筑物上设置小型天线、移动通信基站等公用电信设施时，必须满足建筑物荷载等条件，不得破坏建筑物的安全性。

第二十九条 建设地下、水底等隐蔽电信设施，应当设置标志并注明产权人。其中光缆线路建设应当按照通信工程建设标准的有关规定设置光缆线路标石和水线标志牌；海缆登陆点处应设置明显的海缆登陆标志，海缆路由应向国家海洋管理部门和港监部门备案。产权人发现标志受损或丢失的，应及时修复、补齐，并有权依法追究破坏电信设施标志的单位或个人的责任。

在已设置标志或备案的情况下电信设施损坏所造成的损失由责任方承担；因无标志或未备案而发生的电信设施损坏造成的损失由产权人自行承担。

第三十条 任何单位或者个人不得擅自改动或者迁移他人的电信线路及其他电信设施；遇有特殊情况必须迁改的，应当征得该电信设施产权人的同意，并签订协议。在迁改过程中，双方应采取措施尽量保证通信不中断。迁改费用、保证通信不中断所发生的费用以及中断通信造成的损失，由提出迁改要求的单位或者个人承担或赔偿，割接期间的中断除外。

第三十一条 从事施工、生产、种植树木等活动，应与电信线路或者其他电信设施保持一定的安全距离，不得危及电信线路等电信设施的安全或者妨碍线路畅通。可能危及电信安全时，应当事先通知有关电信业务经营者，并由从事该活动的单位或者个人负责采取必要的安全防护措施。建筑物、其他设施、树木等与电信线路及其他电信设施的最小安全距离应根据通信工程建设标准的有关规定确定。

第三十二条 从事电信线路建设，在路由选择时应尽量避开已建电信线路，并根据通信工程建设标准的有关规定与已建的电信线路保持必要的安全距离，避免同路由、近距离敷设。受地形限制必须近距离甚至同沟敷设或者线路必须交越的，电信线路建设项目的建设单位应当与已建电信线路的产权人协商并签订协议，制定安全措施，在双方监督下进行施工，确保已建电信线路的畅通。经协商不能达成协议的，根据电信线路建设情况，跨省线路由信息产业部协调解决，省内线路由相关省、自治区、直辖市通信管理局协调解决。

第三十三条 从事微波通信建设，应按国家无线电管理的有关规定到当地无线电管理机构办理设台手续，其微波传输通道应向当地城市规划部门备案。

建设微波通信设施、移动通信基站等无线通信设施不得妨碍已建通信设施的通信畅通。妨碍已建无线通信设施的通信畅通的，由当地省、自治区、直辖市无线电管理机构责令其改正。

第三十四条 信息产业部和省、自治区、直辖市通信管理局可委托经信息产业部考核合格的通信工程质量监督机构具体实施电信建设项目的质量监督。

参与电信建设的各方主体应当遵循国家法律、法规及强制性标准的规定，对其承接的项目质量和安全负责。

第三十五条 按有关规定必须进行招标的电信建设项目实行招标备案制。电信建设项目业主单位应在确定中标人之日起15日内填写“通信建设项目招标情况备案表”，其中跨省（自治区、直辖市）建设的项目报国家计委和信息产业部备案，其他建设项目报省、自治区、直辖市通信管理局备案。涉及机电设备的国际招标项目应遵守国家有关规定。

第三十六条 参与电信网络建设的单位应经信息产业部或省、自治区、直辖市电信建设管理部门审查同意后，按照国家有关规定，办理资质审批和年检手续，未经信息产业部或省、自治区、直辖市电信建设管理部门审查同意的，不得承接电信建设项目。

通信信息网络系统集成和通信用户管线建设企业，应当按信息产业部有关规定取得通信信息网络系统集成企业资质或通信用户管线建设许可证书。否则不得承接电信建设项目。

第三十七条 电信建设项目业主单位不得选择未经通信主管部门审查同意或未取得相应电信建设资质证书的设计、施工、监理、咨询、系统集成、用户管线建设、招投标代理单位承担电信建设项目。

第三十八条 信息产业部和省、自治区、直辖市通信管理局对电信建设进行监督检查时，被检查单位应当按要求提供有关电信建设的文件和资料，配合有关人员进入工作现场进行检查，并接受信息产业部和省、自治区、直辖市通信管理局对违规行为作出的处理。妨碍监督检查工作，或拒不接受处理的，应依法追究有关责任。

第五章 罚 则

第三十九条 违反本办法第十五条、第十六条、第十七条、第十九条、第二十条、第二十一条有关规定审批的项目，审批无效。

违反本办法规定擅自进行电信建设的，在建项目一律停止建设、整顿，并由国家计委、信息产业部或省、自治区、直辖市通信管理局会同有关部门依据职责查处，对建设单位及审批单位给予通报批评并责令改正，已建成的项目暂不允许投入运营。造成国家资源浪费、扰乱电信市场秩序、危害电信安全等后果的，对建设单位和审批单位的主管人员和直接责任人依法给予行政处分，构成犯罪的，移交司法机关追究刑事责任。

第四十条 企业（或单位）没有电信业务经营许可证或超出电信业务经营许可证规定范围进行电信建设活动的，信息产业部或省、自治区、直辖市通信管理局应当责令其改正；情节严重的，责令停业整顿，并处一万元以上、三万元以下罚款。

第四十一条 违反第三十条、第三十一条、第三十二条规定，危及电信线路等电信设施的安全或者妨碍线路畅通的，省、自治区、直辖市通信管理局应当责令其恢复原状或者予以修复，并赔偿由此造成的经济损失。中断电信业务给电信业务经营者造成的经济损失包括直接经济损失、电信企业采取临时措施疏通电信业务的费用以及因中断电信业务而向用户支付的损失赔偿费。情节严重的，处一万元以上、三万元以下罚款。

第四十二条 参与电信建设的各方主体违反国家有关电信建设工程质量管理规定的，信息产业部或省、自治区、直辖市通信管理局可依据《建设工程质量管理条例》的规定责令其改正或予以处罚，已竣工验收的须在整改后重新组织竣工验收。

第四十三条 电信建设项目投资业主单位委托未经通信主管部门审查同意或未取得相应电信建设资质证书的单位承担电信建设项目设计、施工、监理、咨询、系统集成、用户管线建设、招投标代理的，信息产业部或省、自治区、直辖市通信管理局应责令改正，已竣工的不得投入使用，造成重大经济损失的，电信建设单位和相关设计、施工、监理、咨询、系统集成、用户管线建设、招投标代理等单位领导应承担相应法律责任。

第四十四条 设计、施工、监理、咨询、系统集成、用户管线建设、招投标代理等单位发生违规、违纪行为，或出现质量、安全事故的，除按《建设工程质量管理条例》的规定予以相应处罚外，信息产业部或省、自治区、直辖市通信管理局应视情节轻重给予下列处罚：

（一）发生一般质量事故的，给予通报批评；

（二）转包、违法分包、越级承揽电信建设项目或者发生重大质量事故、安全事故的，取消责任单位1－2年参与电信建设活动的资格。

第六章 附 则

第四十五条 本办法由信息产业部、国家计委解释。

第四十六条 本办法自2002年2月1日起施行。

《互联网上网服务营业场所管理办法》

（2002年4月3日发布）

第一条 为了加强互联网上网服务营业场所的管理,促进互联网上网服 务活动健康发展,保护上网用户的合法权益，根据《互联网信息服务管理办法》、《计算机信息网络国际联网安全保护管理办法》和有关法律、其他行政法规的规定，制定本办法。

第二条 在中华人民共和国境内开办、经营、使用互联网上网服务营业场所 及对其实施监督管理,适用本办法。

本办法所称互联网上网服务营业场所，是指通过计算机与互联网联网向公众提供互联网上网服务的营业性场所（包括“网吧”提供的上网服务）。

第三条 国务院信息产业主管部门和省、自治区、直辖市电信管理机构负责，并有责任组织协调和督促检查同级有关部门,在各自职责范围内,依照本办法规定,负责互联网上网服务营业场所的监督管理工作。

省、自治区、直辖市电信管理机构负责互联网上网服务营业场所经营许可审批和服务质量监督。

公安部门负责互联网上网服务营业场所安全审核和对违反网络安全管理规定行为的查处。

文化部门负责对互联网上网服务营业场所中含有色情、赌博、暴力、愚昧迷信等不健康电脑 游戏的查处。

工商行政管理部门负责核发互联网上网服务营业场所的营业执照和对无照经营、超范围经营 等违法行为的查处。

第四条 开办互联网上网服务营业场所,应当经有关部门审核同意，取得经 营许可证并办理企业登记注册后，方可提供服务。

未取得审核批准文件、经营许可证和未办理企业登记注册的，不得开办互联网上网服务营业 场所。

第五条 开办互联网上网服务营业场所，应当遵守法律、行政法规和本办法 的规定，提供良好的服务，加强行业自律，接受有关部门依法实施的监督管理。

公民、法人和其他组织有权对互联网上网服务营业场所进行社会监督。

在互联网上网服务营业场所上网的用户，应当遵守法律、行政法规的规定，遵守社会公德，严格自律，文明上网，开展健康文明的网上活动。

第六条 申请开办互联网上网服务营业场所,应当具备下列条件：

（一）有与开展营业活动相适应的营业场所,营业场地安全可靠，安全设施齐备；

（二）有与开展营业活动相适应的计算机及附属设备；

（三）有与营业规模相适应的专业技术人员和专业技术支持；

（四）有健全完善的网络信息安全管理制度;

（五）有相应的网络安全技术措施;

（六）有专职或者兼职的网络信息安全管理人员;

（七）经营管理、安全管理人员经过有关主管部门组织的安全培训；

（八）符合法律、行政法规的其他规定。

开办互联网上网服务营业场所应当具有的计算机设备的具体数量，由省、自治区、直辖市电信管理机构会同同级公安、文化、工商行政管理等部门，根据本地实际情况确定。

第七条 申请开办互联网上网服务营业场所,应当向县级以上地方人民政府 公安、文化部门提交本办法第六条规定的相应证明材料;县级以上地方人民政府公安、文化部门应当自收到证明材料之日起30日内按照各自的职责审核完毕，经审核同意的，颁发批准文件。

获得批准文件的,应当持批准文件向省、自治区、直辖市电信管理机构申请办理经营许可证。省、自治区、直辖市电信管理机构应当自收到申请之日起60日内审查完毕，符合条件的，颁发经营许可证；不符合条件的，应当书面通知当事人。

取得经营许可证的，应当持批准文件和经营许可证到工商行政管理部门办理企业登记注册。

第八条 获准开办互联网上网服务营业场所的，应当持批准文件、经营许可证和营业执照，与互联网接入服务提供者办理互联网接入手续，并签订信息安全责任书。

无批准文件和经营许可证，未办理企业登记注册的，互联网接入服务提供者不得向其提供接入服务。

第九条 互联网上网服务营业场所需要与国际联网的，应当使用互联网接入服务提供者的接入网络进行国际联网，不得采取其他方式进行国际联网。

第十条 互联网上网服务营业场所经营者，应当履行下列义务：

（一）在核准的经营范围内提供服务；

（二）在显著的位置悬挂《经营许可证》和《营业执照》；

（三）记录有关上网信息，记录备份应当保存60日，并在有关部门依法查询时予以提供；

（四）不得擅自出租、转让营业场所或者接入线路；

（五）不得经营含有色情、赌博、暴力、愚昧迷信等不健康内容的电脑游戏；

（六）不得在本办法限定的时间外向18周岁以下的未成年人开放，不得允许无监护人陪伴的14周岁以下的未成年人进入其营业场所；

（七）落实网络信息安全管理措施；

（八）制止、举报利用其营业场所从事法律、行政法规明令禁止和本办法第十一条、第十二条所列行为。

第十一条 互联网上网服务营业场所经营者和上网用户不得从事下列危害网络安全和信息安全的行为：

（一）制作或者故意传播计算机病毒以及其他破坏性程序；

（二）非法侵入计算机信息系统或者破坏计算机信息系统功能、数据和应用程序；

（三）法律、行政法规禁止的其他行为。

第十二条 互联网上网服务营业场所经营者和上网用户不得利用互联网上网服务营业场所制作、复制、查阅、发布、传播含有下列内容的信息：

（一）反对宪法所确定的基本原则的；

（二）危害国家安全，泄露国家秘密，颠覆国家政权，破坏国家统一的；

（三）损害国家荣誉和利益的；

（四）煽动民族仇恨、民族歧视，破坏民族团结的；

（五）破坏国家宗教政策，宣扬邪教和愚昧迷信的；

（六）散布谣言，扰乱社会秩序，破坏社会稳定的；

（七）散布淫秽、色情、赌博、暴力、凶杀、恐怖或者教唆犯罪的；

（八）侮辱或者诽谤他人，侵害他人合法权益的；

（九）法律、行政法规禁止的其他内容。

第十三条 互联网上网服务营业场所的营业时间由经营者自行决定；但是，向未成年人开放的时间限于国家法定节假日每日8时至21时。

第十四条 违反本办法的规定，未取得经营许可证，擅自开办互联网上网服务营业场所，由省、自治区、直辖市电信管理机构根据《互联网信息服务管理办法》第十九条的规定，责令关闭营业场所，没收从事违法经营活动的全部设备器材和违法所得，并处1万元以上3万元以下的罚款。

第十五条 违反本办法的规定，擅自出租、转让营业场所的，由工商行政管理部门依照有关工商行政管理的法律、法规没收违法所得，处以罚款，吊销营业执照，并由有关主管部门撤销批准文件，吊销经营许可证。

第十六条 违反本办法的规定，擅自进行国际联网或者接入线路，擅自提供互联网接入服务的，由省、自治区、直辖市电信管理机构依照《互联网信息服务管理办法》第十九条的规定，责令改正，没收违法所得，并处违法所得3倍以上5倍以下的罚款；违法所得不足3万元的，处3万元以上10万元以下的罚款；逾期不改正或者再次违反规定的，责令关闭营业场所，并由有关主管部门撤销批准文件，吊销经营许可证和营业执照。

第十七条 违反本办法的规定，未记录上网信息、未按规定保存备份、未落实网络信息安全管理制度、未履行安全管理责任、未采取安全技术措施的，由公安机关责令限期改正，并处5000元以上3万元以下的罚款；情节严重或者拒不改正的，责令关闭营业场所，并由有关主管部门撤销批准文件，吊销经营许可证和营业执照。

第十八条 上网用户违反本办法的规定，实施危害网络安全和信息安全行为，制作、复制、查阅、发布、传播违法信息的，由公安机关依据《中华人民共和国治安管理处罚条例》、《计算机信息网络安全保护管理办法》和有关法律、其他行政法规的规定给予处罚。

互联网上网服务营业场所的经营者违反本办法的规定，实施危害网络安全和信息安全行为，制作、复制、查阅、发布、传播违法信息，或者对上网用户实施上述行为不予制止、疏于管理的，同公安机关依据前款规定给予处罚，并由有关主管部门责令停业整顿；对整顿后再次违反规定的，责令关闭营业场所，并由有关主管部门撤销批准文件，吊销经营许可证和营业执照。

第十九条 违反本办法的规定，在限定时间外向18岁以下的未成年人 开放其营业场所，或者允许无监护人陪伴的14周岁以下的未成年人进入其营业场所的，由省、自治区、直辖市电信管理机构予以警告，并处5000元以上1万元以下的罚款；对再次违反规定的，责令停业整顿，并处1万元以上3万元以下的罚款；对三次违反规定的，处1万元以上3万元以下的罚款，责令关闭营业场所，并由有关主管部门撤销批准文件，吊销经营许可证和营业执照。

第二十条 违反本办法的规定，经营含有色情、赌博、暴力、愚昧迷信等不 健康内容电脑游戏的，由文化行政部门给予警告，责令停业整顿，没收违法所得，并处违法所得1倍以上3倍以下的罚款，违法所得不足3万元的，处3万元以上5万元以下的罚款；再次违反规定的，除给予上述处罚外，责令关闭营业场所，并由有关主管部门撤销批准文件，吊销经营许可证和营业执照。

第二十一条 违反本办法的规定，未办理企业登记注册开办互联网上网服务营业场所、未按规定悬挂营业执照、超范围经营的，由工商行政管理部门依法给予处罚。

第二十二条 违反本办法的规定，被有关部门撤销批准文件、吊销经营许可 证的，应在被撤销批准文件、吊销经营许可证之日起10日内到工商行政管理部门办理变更登记或注销登记；逾期不办理的，工商行政管理部门依法予以处罚。

第二十三条 相关主管部门对互联网上网服务营业场所违反本办法规定的行 为应记录在案。

被撤销批准文件、吊销经营许可证、注销或者吊销营业执照的，不得重新申请开办互联网上网服务营业场所。

第二十四条 互联网上网服务营业场所经营者违反国家法律、行政法规和本办法规定，除依法追究其法律责任外，对有失职、渎职行为的审批管理部门直接负责人和直接责任人，依法给予行政处分；构成犯罪的，依法追究刑事责任。

互联网上网服务营业审批和监督管理部门的管理人员玩忽职守、滥用职权、徇私舞弊，构成犯罪的，依法追究刑事责任；尚不构成犯罪的，依法给予行政处分。

第二十五条 本办法自发布之日起施行。

中国电信集团上海市电信公司

做为一家经历百年风云的电信企业，上海市电信公司在邮电分营、移动剥离、政企分开、电信重组等一系列重大改革之后，于2000年7月1日成立。公司目前下设长途、数据、无线、电信卡等四个事业部，浦东、崇明等16个区县电信局，上海信息产业公司，号簿公司、帐务中心、机动局、电信技术研究所及实业集团公司等。

至2002年10月，上海电信主业拥有员工1万余人，资产总额超过265亿元，交换机容量达到789万门，电话用户662万户，主线普及率48.4%，宽带用户近26万户。

上海电信以国际化大都市的气魄快速发展，始终不懈地奋战于上海信息化建设的前沿。现已拥有了国内最大的城市电话网，亚洲第一的城市ATM宽带骨干网，国际、国内海光缆通信和微波通信，卫星通信、应急通信等，构建了上海电信四通八达的立体通信格局，上海“光城”的框架已展现在世人面前。

上海电信努力为社会各界提供优质高效的服务，积极拓展上海电信市场新空间。上海电信在扩大话务量销售，培育信息源，发展声讯电话、CALL CENTER、电话E-MAIL、电话银行、语音上网等业务方面进行了卓有成效的工作，实现了以话音业务为主的传统业务继续稳定增长和以数据为代表的新兴业务快速增长的可喜局面。同时，上海电信以宽带业务发展推动上海信息化进程，千方百计为社区信息化、社会公众服务信息化、政务信息化、企业信息化等提供全方位服务。

在“用户至上，用心服务”的理念指导下，上海电信各项服务指标全面达标，多次荣获“全国用户满意企业”、“上海市质量金奖企业”、“全国质量管理先进企业”、“全国五一劳动奖状”等荣誉。

上海电信通过BPR启动和ISO认证，将进一步提高管理水平，和谐、密切与合作伙伴、客户和职工的关系。在广大客户的热情支持、真诚关心下，上海电信更将呈现活力，实现“力争用三年左右时间，把上海市电信公司建成能够体现中国电信业实力、具有国际竞争力的信息通信和信息服务企业”这一战略目标。

上海电信期待着与您共创美好未来。

2002年，上海电信业务流程重组（BPR）工作启动，图为公司领导带队与江苏电信进行工作交流。

上海电信员工为用户介绍电信业务。

2002年11月18日，上海市电信有限公司揭牌仪式在上海通贸大厦举行。

上海电信公司整体通过ISO9001:2000质量管理体系认证。

“世界电信日”之际，上海电信在街头举办宣传活动。

2001年8月20日，浙江省电信公司总经理王继荣在固定电话用户突破1000万户庆祝仪式上致辞。

浙江电信公司技术人员在对大客户进行技术业务培训。

2001年，浙江电信周密部署、全力以赴做好抗灾保通信工作。

2001年4月6日，浙江省电信公司与浙江省工商银行签署牡丹卡客户上网业务合作协议。

中国电信集团浙江省电信公司

2001年是新世纪的起始年，浙江省电信公司在中国电信集团和省委、省政府的正确领导下，克服资费结构性调整、初装费取消，通信建设资金紧缺以及市场竞争更趋激烈等影响和困难，进一步解放思想、转变观念、与时俱进、创新有为、拓宽思路、扎实工作，圆满地完成了年度各项工作目标和任务，全省电信继续保持持续、平稳、健康的发展态势。一年来，浙江省电信公司坚持以市场和效益为中心，坚持"用户至上、用心服务"理念，开展调查研究，清理项目，清理资产，压缩投资，积极推进五项集中管理，优化资源配置，拓展内涵式发展的新路子；在梳理和整合基础上，调整经营、管理模式和理念，调整投资结构和方向，确保存量、激活增量，综合通信能力进一步增强；适时开展全省联动的"固话突破1000万户"和"金秋大行动"营销活动，开通"浙江信息港"，创建集团客户服务体系；加强领导班子和队伍建设，发挥优秀团队精神，确保两个文明建设协调发展。

2001年全省实现业务总量112亿，比上年增长25.30%，全员劳动生产率达74.94万元/人，全省固定电话用户数突破1000万户，固定电话普及率达39.36部/百人，电话主线普及率达24.78线/百人，互联网用户近200万户，并顺利完成杭州、宁波，温州三地固定电话升八位工作。截至2001年底，公司已拥有交换机近1700万门，光缆总长度超过6万皮长公里，固定资产300多亿元。目前，全省已建成以光纤通信为主，以卫星和数字微波为辅的大容量、高速率的信息传输网。

着眼未来，浙江省电信公司将继续坚持高举邓小平理论伟大旗帜，认真实践"三个代表"重要思想，与时俱进，创新管理，打造优秀团队，再创竞争优势，努力开创企业工作新局面，为全面建设小康社会作出新的贡献。

2001年5月18日零时，浙江省杭州、宁波、温州三市本地固定电话网号码同时由七位升至八位，这是中国电信史上省域内规模最大的固定电话升位。

中国电信集团江西省电信公司

中国电信集团江西省电信公司自2000年7月18日成立以来，坚持解放思想、与时俱进、全面创新、加快发展，不断深化五项集中管理、五项机制创新，坚持“用户至上、用心服务”理念，铸造优质服务品牌，始终站在技术、业务和产业发展的最前沿，努力打造优质网络，提供多种通信服务，取得了可喜的成绩。

2001年，在全球电信业由高速增长滑向低迷的困境中，江西电信继续保持快速发展的势头，业务收入同比增长11.1% 。截止2002年8月，全省固定电话用户突破500万户，互联网用户逾100万户，电话主线普及率达11.95%，基本实现了村村通电话；全省所有市级政府和70%的县级政府及6000家企业已经上网。目前，江西电信基础网、宽带骨干网和城域网络规模和技术已达到国际先进水平，基本满足了社会各界和各个层次的通信需求。

江西电信坚持物质文明和精神文明建设一起抓，全面推进企业文化建设，大力开展精神文明创建活动，涌现了章星火、向东等全国劳模、全国“五一”劳动奖章获得者和一批全国精神文明示范点；省公司及全省各市分公司均获得省文明单位称号。

面对激烈的市场竞争，江西电信正以中共十六大精神为指导，把发展作为治企兴业第一要务，坚持以市场为导向，以客户为中心，以效益为目标，与时俱进，加快发展，奋斗五年，把江西电信建设成为管理科学、服务卓越 、运营高效，能够体现中国电信实力的省级一流现代电信企业。

江西省电信公司总经理王孝槐。

江西电信电话用户突破500万庆祝大会。

江西电信宽带互联网业务推介会。

江西电信员工在九景高速公路新建的湖口大桥上布放跨越鄱阳湖的光缆。

中国电信集团福建省电信公司

2002年福建省电信公司面对日益激烈的市场竞争格局，认真贯彻“三个代表”重要思想，求真务实，全面创新，坚持以市场为导向，以客户为中心，以效益为目标，经过全省电信员工的共同努力，取得了显著的成绩。全年完成业务收入82.92亿元，增长8.36%，完成计划103.46%；实现收支差额 4.28亿元，为年计划152．86%。各项业务保持了持续快速发展势头，新增城乡电话用户184万户，完成年计划120.80%；尤其是无线市话发展非常迅猛，全年新增用户107万户，无线市话收入比上年增长两倍多；新增宽带终端接入用户13.4万户，完成年计划223.80%，在集团公司组织的“宽带极速之旅”竞赛活动中获得一类区第二名的好成绩；新增因特网接入用户66.4万户，完成年计划114.5%。话务量经营成果明显，国内长话比增24.70%，国际及港澳台话务量比增25.50%，本地网话务量比增23.80%，因特网通信时长比增10.20%。通信能力稳步增长，2002年全省共安排投资规模41.50亿元，新增城乡电话交换机167万门，新增ADSL端口15.51万线，新增LAN端口7.80万个。“用户至上，用心服务”的理念深入人心，服务水平全面提高。公司所属5家单位被评为2002年省级文明单位，被全国命名和认定的文明单位共6家。同时，企业加大改革创新力度，五项集中管理进一步深化，五项机制创新激发出新的活力，财务管理、安全生产管理、厂务公开、依法治企意识及党风廉政建设进一步增强，大大促进了企业运营效率的提高，为规范的公司化运作奠定了坚实的基础，2002年由国家经贸委等七部委、集团公司选定为企业总法律顾问试点单位。

“小灵通”成为福建电信新业务发展的又一亮点，图为用户通过“小灵通”上网。

“1000”客服热线成为电信服务的重要窗口。

遍布城乡的电信公话超市，方便百姓信息沟通。

坚持岗位练功，提高员工素质。

福建省通信指挥调度中心。

中国电信集团云南省电信公司

云南省电信公司成立后，紧紧抓住国民经济信息化和西部大开发的机遇，以市场为导向，以经济效益为中心，以发展为主线，以改革和创新为动力，迅速提升网络水平和服务质量，不断改善绩效状况，增强创利能力，在新的起点上，迈上了新的台阶。

按照建立现代企业制度的根本要求，云南电信不断深化企业改革，逐步建立适应市场竞争要求的企业运作模式。积极推进人力资源“五项机制创新”，使人事制度的改革迈出了突破性的步伐。在全员竞争上岗的基础上，建立了以岗位为基础的薪酬管理和绩效评价体系，采取管理岗位和技术岗位双重晋升的方式，为员工的职业生涯提供更多的选择和通道，以建立学习型企业为目标，开展不同层次的专业培训和MBA等高级管理培训。

云南电信坚持管理创新，以五项集中管理为重点，全面加强企业的基础管理，实施了以本地网为中心的财务一体化核算管理、计费帐务集中管理、网络资源集中管理、投资计划和设备采购集中管理、本地网集中维护管理，使基础管理水平得到较大提高，资金管理水平、投资效益、网路维护和运行水平都跃上了一个新台阶。

继中国电信集团公司在昆明本地网流程重组试点取得阶段性成果之后，云南电信在全省分类推广本地网流程重组工作，建立全面预算管理流程、资本投资管理流程、关键业绩指标考核体系流程及大客户服务与管理流程，根据业务流程按前后端设置本地网的组织架构，基本模式为业务部门为前端，网络和支撑部门为后端，并与企业信息化推进有机结合，逐步建立以市场为导向、以客户为中心、以效益为目标的企业新型运营机制和流程化运作模式，全面提升公司的核心竞争力。

在服务方面，通过积极贯彻“用户至上，用心服务”的理念，把服务工作当作企业的生命线来抓。大客户经理制、社区经理制、农村统包责任制和1000号客服中心制四大营销服务体系的推行，实现了面向大客户、商业客户、公众客户三类客户群的个性化、专业化、标准化服务，提高了整体服务水平和质量。

云南电信充分抓住信息网络化带来的发展机遇，加快信息和网络技术建设速度，扩大网络规模、提升技术层次，综合通信能力实现了质的飞跃。密集波分复用、ATM交换技术、IP网络技术等先进技术得到广泛运用，光纤、交换、数据、宽带等基础电信网络规模庞大、层次完整、覆盖面广。目前已建成四条出省大通道、省内骨干传输SDH环网、16个地州市SDH本地网、光缆总长度达到5万皮长公里，省到地密集波分复用系统传输速率达到320G。省内电话交换机总容量达到了650万门，固定电话用户突破400万户。建成了ATM宽带多媒体通信网、宽带IP网和城域网等，窄带数据互联网用户达到90多万户、宽带数据用户突破5万户，出省的带宽达到600多兆。

云南省电信公司凭借自身强大的网络优势、技术优势、管理优势，在激烈的市场竞争中成功地赢得商机和客户的信赖，用户遍及政府、金融、财税、海关、科教等行业和部门，为国民经济信息化和提高人民生活水平提供全方位的电信服务，为推动全省经济发展做出积极的贡献。

云南省电信公司党组书记、总经理吴永权。

吴永权总经理参观昆明出口交易会（2002年）信息产业馆“云南信息港”展示台。

云南省电信公司与云南澜沧江水电开发有限公司达成全面合作框架协议。

昆明市电信分公司一级干线光缆维护取得五年无全阻的优异成绩。

甘肃电信提出三年奋斗目标:用三年左右的时间把甘肃电信建成网络一流、服务一流、管理一流的现代电信企业。

甘肃电信电话放号突破300万户，提前实现三年三大步的目标。

中国电信集团甘肃省电信公司

2002年，甘肃省电信公司坚持以发展为主题，以市场为导向，以客户为中心，以效益为目标，使企业在困难环境中求发展，在市场竞争中争主动，在提升服务中树品牌，在机制创新中增活力，2002年9月份提前实现了3年电话用户发展目标，使全省电信电话用户数从公司成立前的118万户增加到300万户。全省电信通信网的规模容量，技术层次，服务水平都有了很大的提高，拥有固定资产原值115亿元，总资产达到83亿元，光缆近3万公里，局用交换机406万门，数据端口3.6万个，全省电话普及率达到12部/百人，已通电话的行政村比例达到70%。

在发展建设中，甘肃电信不断改善服务，在全省电信企业员工中强化"用户至上，用心服务"的理念教育，2001年在全省行风评议回头看活动中，甘肃电信被评为全省各大电信运营商第一名；文明创建工作再创佳绩。2002年8月，省公司获得中央文明委、国务院命名的"全国创建文明行业示范点"，并通过"全国文明单位"的验收；全省电信企业有16个单位获得了"地级文明单位"称号。

甘肃电信在今后发展中，将抓住机遇，不断解放思想，转变观念，求真务实，全面创新，同心协力，扎实工作，全面提升企业管理水平，用三年左右时间把甘肃电信建成网络一流、服务一流、管理一流，具有综合竞争实力的现代电信企业。

为全面提升员工的服务质量和服务水平，甘肃电信在全省范围内广泛开展"甘肃电信提升服务全员劳动竞赛"活动。

甘肃省电信公司总经理恩广礼陪同甘肃省精神文明办验收小组检查省电信文明行业创建工作。

图书在版编目（CIP）数据

中国电信年鉴．2002／《中国电信年鉴》编辑部编．北京：
北京燕山出版社，2003
ISBN 7-5402-1531-3

Ⅰ．中… Ⅱ．中… Ⅲ．邮电业—中国—2002—年鉴
Ⅳ．F632-54

中国版本图书馆CIP数据核字（2003）第022049号

中国电信年鉴

中国电信博物馆 编　　责任编辑：牛胜福　　北京燕山出版社出版发行　　北京百花彩印有限公司印刷　　开本：889×1194
1/16　2003年8月第1版　印张：36　2003年第1次印刷　印数：3，000册　ISBN 7-5402-1531-3　定价：190.00元